新闻出版实用知识丛书
合订本

"新闻出版实用知识丛书"编委会/主编

西南师范大学出版社
国家一级出版社 全国百佳图书出版单位

图书在版编目(CIP)数据

新闻出版实用知识丛书合订本 /“新闻出版实用知识丛书”编委会主编. — 重庆 ：西南师范大学出版社，2018.6

ISBN 978-7-5621-9401-9

Ⅰ. ①新… Ⅱ. ①新… Ⅲ. ①新闻工作－基本知识－中国②出版工作－基本知识－中国 Ⅳ. ①G219.2 ②G239.2

中国版本图书馆 CIP 数据核字(2018)第 141504 号

新闻出版实用知识丛书合订本

XINWEN CHUBAN SHIYONG ZHISHI CONGSHU HEDINGBEN

“新闻出版实用知识丛书”编委会 主编

责任编辑:卢渝宁 黄丽玉 周 松 张昊越 李 俊 廖小兰 刘 平 廖 伟 雷希路 秦 俭 谭小军 应 娟 卢 旭

装帧设计:闰江文化

排　　版:重庆大雅数码印刷有限公司·吴秀琴

出版发行:西南师范大学出版社

地址:重庆市北碚区天生路 2 号

网址:http://www.xscbs.com

邮编:400715　电话:023-68868624

印 刷 者:重庆荟文印务有限公司

幅面尺寸:185mm×260mm

印　　张:58.25

字　　数:1270 千字

版　　次:2018 年 6 月　第 1 版

印　　次:2018 年 6 月　第 1 次印刷

书　　号:ISBN 978-7-5621-9401-9

定　　价:328.00 元

总 PREFACE 序

党的十八大提出了全面建成小康社会和文化强国建设的目标。在全面建成小康社会和建设文化强国的进程中，新闻出版业将继续承担重要任务，扮演重要角色。

近年来，新闻出版业转型升级和融合发展对新闻出版从业技术人才队伍建设提出了更高的要求，新闻出版行业人才队伍素质的基础性、战略性、决定性作用将更加突显，这也成为新闻出版人才培养和成长的大好时机。《国民经济和社会发展第十三个五年规划纲要》明确指出：人才是“支撑发展的第一资源”，人才就是生产力，要加快建设人才强国。国家将推动新闻出版名家工程、新闻出版领军人才工程、数字出版千人计划、版权专业人才培养计划、经营管理人才素质提升工程、国际化外向型人才培养工程、民文出版人才支持计划、高技能人才培养工程、新闻出版智库建设等与国家规划重大人才工程相对应的重点人才建设工程，通过项目培养人才，促进人才发展，落实人才发展优先战略，一批复合型经营管理人才、数字出版人才、现代行政管理人才将不断地涌现出来。

不积跬步无以至千里。新闻出版人才队伍建设是一项长期性的基础工作。近年来，重庆市文化委员会一直在人才队伍、行业培训方面做着积极且有益的探索，配套出台了一系列政策措施，以重庆市出版工作者协会为枢纽，邀请业内相关专家，以定期开展讲座的形式，对全市新闻出版从业人员进行集中培训，为广大新闻出版一线工作者提供相互交流的机会，取得了良好的效果，为重庆新闻出版人才队伍建设做出了积极的贡献。

为帮助从业人员掌握行业知识、业务要求及流程，社会大众了解行业相关标准规范和国家相关政策，提升新闻出版行业的服务与管理水平，在重庆市文化委员会的大力支持下，由重庆市出版工作者协会牵头，聚集业内相关专家学者、行业管理人员等，组织编写一套可供新闻出版从业人员、社会大众和新闻出版管理人员学习、运用的实用性知识技能丛书——“新闻出版实用知识丛书”，这是重庆新闻出版人对出版认识的理性积累和宝贵经验的总结。

“新闻出版实用知识丛书”不是一套新闻出版专业技术人员职业资格考试辅导教材，而更多的是一套面向新闻出版行业，为从业者与行业管理者终身学习服务的工具书。它的出版对进一步推动我市乃至全国新闻出版专业技术人员的政治、业务学习和加强新闻出版人才队伍建设将发挥积极的作用。

丛书涵盖面广，分为《图书出版》《报刊出版》《数字出版》《音像电子出版》《著作权与版权贸易》《出版物印刷》《出版物发行》7册，每册力求做到密切结合新闻出版工作实际，注重突出基础知识、基本技能。丛书的编写融出版行业相关国家政策、行政管理法规、出版各环节实际操作于一体，有较强的实际操作性。丛书采用针对性更强的一问一答的形式进行编写，一看就会，一学就懂，使丛书面向更广的读者群体。

丛书的内容重在从业人员必须掌握的新闻出版行业法律法规、从业的基本知识和基本技能；丛书的编写也更加突出工作中应掌握的相关知识、从业者希望了解的知识和服务机构经常被咨询与受理的疑难问题。简而言之，丛书内容既有从业人员必须掌握的知识和技能，也有管理部门应告知服务对象的相关政策，是新闻出版行政管理人员、出版专业技术人员的常备工具书。

丛书内容繁多，尽管我们尽量吸收了目前最新的政策法规、吸纳了行业同人的意见和建议，但部分内容特别是一些政策法规会在改革中不断变化，加之编者水平有限，书中的错漏不足之处难免，还望读者批评指正。

重庆市出版工作者协会

目 CONTENTS 录

图书出版

第一部分　图书出版基本知识

一、图书的基本知识 / 3

1. 什么是出版物？出版物有哪些特性和种类？ / 3
2. 什么是图书？ / 3
3. 图书的外表形态包括哪些部位？ / 3
4. 图书的基本组成部分有哪些？什么是书芯、书页和书帖？书页有哪些类型？ / 4
5. 图书的页和面有什么联系？ / 4
6. 什么叫开本？开本主要有哪些种类？ / 4
7. 国内标准和国际标准各有哪些开本规格？ / 5
8. 图书装订样式分哪几类？各有什么特点？ / 6
9. 图书有几类结构部件？分别包括哪些部分？ / 7
10. 图书的封面、书名页、扉页、版权页各应载明哪些基本信息？ / 7
11. 什么是图书在版编目(CIP)数据？主要标注哪些内容？ / 7
12. 什么叫印张、版次和印次？印张如何计算？ / 8
13. 什么是版面字数？版面字数是如何计算的？图书总字数如何计算？ / 8
14. 什么是中国标准书号？中国标准书号是由哪些要素组成的？ / 9
15. 13 位书号校验码是如何计算的？ / 9
16. 如何正确分配和使用中国标准书号？ / 9
17. 什么是图书条码？图书条码应印在图书什么部位？ / 10
18. 什么是目录页？ / 10
19. 什么是正文书页？ / 10
20. 什么是腰封？ / 10
21. 什么是护封、书套和书函？ / 10

22. 什么是衬页和环衬？ / 11
23. 什么是插页？ / 11
24. 什么是辑封和篇章页？ / 12
25. 什么是图书辅文？ / 12
26. 图书页码的标示方式有哪几种？ / 12
27. 什么是空码？图书中哪些部件要用空码标示？ / 13
28. 什么是图书版面？图书版面有哪些类型？ / 13
29. 什么是版心？版心的组成成分有哪些？ / 13
30. 什么叫字行、字体、字级？ / 13
31. 什么是间空？间空包括哪些内容？ / 14
32. 什么是版口和周空？ / 14
33. 什么是天头、地脚和书眉？ / 14
34. 什么是订口和翻口？ / 14
35. 什么是图书的“中式翻身”和“西式翻身”？ / 14
36. 什么是图书的插图？ / 14
37. 什么是丛书？什么是套书？丛书与套书的主要区别是什么？ / 15

二、图书的策划与组稿 / 15

1. 图书出版编辑如何收集和处理图书出版信息？ / 15
2. 图书出版编辑如何利用好大数据？ / 15
3. 策划图书选题有哪些步骤和要求？ / 16
4. 图书选题策划中要考虑和分析哪些问题？ / 16
5. 图书选题策划时进行成本预测和定价估计的原则有哪些？ / 17
6. 图书选题申报列选有哪些程序？ / 17
7. 如何做好图书选题的论证？ / 17
8. 如何对立项图书选题进行管理和优化？ / 18
9. 什么叫选题计划？ / 18
10. 如何制订和调整图书选题计划？ / 18
11. 如何做好图书选题的组稿工作？ / 19
12. 什么是约稿合同？ / 19
13. 与作者约稿后，编辑还应该做好哪些工作？ / 19

三图书的审稿与编辑 / 20

1. 图书审稿的基本任务和要求是什么？ / 20
2. 什么是三审责任制？三审制的基本要求是什么？ / 20

3. 三审制中的各个审级分别应该承担哪些任务？ / 21
4. 对外审者有哪些要求？ / 21
5. 编辑应如何审读稿件？ / 22
6. 编辑如何对稿件形式质量进行衡量？ / 22
7. 如何做好审稿结论？ / 23
8. 如何撰写初审意见？ / 23
9. 如何撰写复审意见？ / 24
10. 如何撰写终审意见？ / 24
11. 三审意见撰写时应注意什么？ / 24
12. 如何签订图书出版合同？ / 25
13. 对稿件进行编辑加工整理有哪些步骤？ / 25
14. 对稿件进行编辑加工整理有哪些注意事项？ / 25
15. 正文内容的编辑加工整理应注意哪些问题？ / 26
16. 如何对正文形式进行编辑加工整理？ / 26
17. 如何进行辅文的编辑加工整理？ / 27
18. 编辑对复审、终审退回的稿件还要做哪些工作？ / 28
19. 什么是稿件发稿的“齐、清、定”？ / 28
20. 编辑如何发稿？ / 29
21. 编辑如何处理校样和样书？ / 29
22. 图书重印需要经过哪些程序？ / 30
23. 图书再版需要经过哪些程序？ / 31
24. 如何计算图书的重版率？ / 31

四、图书的整体设计 / 31

1. 图书整体设计的总体要求是什么？ / 31
2. 图书整体设计的具体内容是什么？ / 32
3. 如何根据图书的内容和功能选择开本？ / 32
4. 如何根据图书的类别选择开本？ / 32
5. 如何选择图书的结构部件？ / 33
6. 如何选择图书的装订样式？ / 33
7. 不同类型图书美术设计的特点是什么？ / 33
8. 图书美术设计包括哪些内容？ / 34
9. 如何进行图书面封的设计？ / 35
10. 如何进行图书底封的设计？ / 35
11. 如何进行图书封二、封三的设计？ / 35

12. 如何进行图书书脊的设计？ / 36
13. 如何进行平装图书封面勒口的设计？ / 36
14. 如何进行图书的护封设计？ / 36
15. 如何进行图书的环衬、衬页和插页设计？ / 36
16. 如何进行图书的扉页设计？ / 37
17. 如何进行图书的函套设计？ / 37
18. 如何进行图书的腰封设计？ / 37
19. 如何选择图书的书芯用纸？ / 37
20. 如何选择图书的装帧工艺材料？ / 38
21. 什么是图书表面整饰加工工艺？ / 38
22. 图书表面整体整饰工艺有哪些？ / 38
23. 图书表面局部整饰工艺有哪些？ / 39
24. 如何选择图书的表面整饰加工方案？ / 40
25. 什么是图书的版式设计？ / 40
26. 图书版式设计有哪些基本要求？ / 41
27. 如何进行图书版心大小的设计？ / 41
28. 如何进行图书版心位置的设计？ / 42
29. 图书的版面分为哪几种形式？ / 42
30. 如何选择图书正文主体文字的字体？ / 42
31. 如何选择图书正文主体文字的字号？ / 42
32. 如何进行图书版面字数的设计？ / 43
33. 如何进行图书版权页的排版？ / 43
34. 如何进行图书 CIP 数据的排版？ / 43
35. 如何选择图书标题的字体、字号？ / 44
36. 如何进行图书标题序号的设计？ / 44
37. 如何进行图书标题位置的设计？ / 45
38. 如何进行图书标题加空的设计？ / 45
39. 如何进行图书标题占行的设计？ / 45
40. 如何进行图书标题转行的设计？ / 46
41. 如何进行图书引文的版式设计？ / 46
42. 图书中的注释分哪几种？ / 46
43. 图书中的注释由哪几部分构成？ / 46
44. 如何进行图书注释中注文的版式设计？ / 47
45. 如何进行图书注释中注码的版式设计？ / 47
46. 如何进行图书注释中注线的版式设计？ / 48
47. 如何进行图书书眉的版式设计？ / 48

48. 如何进行图书页码的版式设计？ / 48
49. 如何进行图书目录的版式设计？ / 49
50. 如何进行图书前言、序言和后记等的版式设计？ / 49
51. 如何进行图书附录的版式设计？ / 50
52. 如何进行图书参考文献表的版式设计？ / 50
53. 图书中图片的版式设计包括哪些内容？ / 50
54. 如何进行图书中串文图的版式设计？ / 50
55. 如何进行图书中通栏图的版式设计？ / 51
56. 如何进行图书中跨栏图的版式设计？ / 51
57. 如何进行图书中超版心图的版式设计？ / 51
58. 如何进行图书中超版面图的版式设计？ / 51
59. 如何进行图书中图片排式的设计？ / 51
60. 如何进行图书中图文合成样式的设计？ / 52
61. 图书中图题和图注由哪些部分组成？ / 52
62. 如何进行图书中图题、图注的用字设计？ / 53
63. 如何进行图书中图题、图注的位置设计？ / 53
64. 如何进行图书中图题、图注的排式设计？ / 53
65. 图书中的表格分哪几种形式？如何选择？ / 53
66. 图书中的表格由哪几部分构成？ / 54
67. 如何进行图书表格中表题的排式设计？ / 54
68. 如何进行图书表格中表头的排式设计？ / 54
69. 如何进行图书表格中表身的排式设计？ / 55
70. 如何进行图书表格中表注的排式设计？ / 55
71. 如何进行图书中一般表格的位置设计？ / 55
72. 如何进行图书中一般表格的排式设计？ / 55
73. 图书中的特殊表格包括哪些类型？ / 55
74. 如何进行图书中跨栏表的排式设计？ / 56
75. 如何进行图书中和合表的排式设计？ / 56
76. 如何进行图书中续表的排式设计？ / 56
77. 如何进行图书中折栏表的排式设计？ / 56
78. 如何进行图书中叠栏表的排式设计？ / 56
79. 如何进行图书中插页表的排式设计？ / 56

五、图书校对 / 57

1. 什么是图书校对？ / 57

2. 校对的主要功能是什么？ / 57
3. 专业校对员应具备哪些素质？ / 57
4. 什么是责任校对制度和“三校一读”制度？ / 58
5. 责任校对和一般校对人员的职责有何区别？ / 58
6. 哪些书稿可以实行连校？哪些情况可以增加校次？ / 58
7. 校对有哪些基本的方法？ / 59
8. 校对有哪些基本操作工序？校对和通读的职责分别是什么？ / 59
9. 什么是对片？校对人员如何做好对片工作？ / 60
10. 校对人员应如何“核红”？ / 60
11. 图书校对如何做“誊样”工作？ / 60
12. 校对最常见的操作模式有哪几种？ / 60
13. 如何对校对进行量化管理？ / 61
14. 如何对社外校对进行管理？ / 61
15. 责任校对如何做文字技术整理工作？ / 62
16. 如何对校对工作进行规范化操作？ / 63
17. 如何做好校对阅读？ / 63
18. 如何“校异同”？如何“校是非”？校异同与校是非是为了消除哪些环节出现的错误？ / 64
19. 如何校对含有大量图表的图书？ / 64
20. 如何校对封面和扉页？ / 65
21. 如何校对再版书？ / 66
22. 校对应关注哪些由计算机系统引起的排版差错类型？ / 66
23. 电子化校对方法主要有哪些作用？ / 66
24. 校对人员如何正确使用校对软件？ / 67

六、图书的成本与定价 / 67

1. 什么是图书成本？图书成本的总体构成包括哪些？ / 67
2. 什么是本量利分析？本量利分析的作用是什么？ / 68
3. 本量利分析的特点和原则是什么？ / 68
4. 图书的变动成本项目及其特征有哪些？ / 68
5. 图书的固定成本项目及其特征有哪些？ / 68
6. 在本量利分析中要掌握哪些概念？ / 68
7. 本量利分析的基本公式是什么？如何使用本量利分析的基本公式？ / 69
8. 影响图书定价的因素有哪些？ / 69
9. 如何使用成本定价法来核定图书价格？ / 69
10. 如何使用印张定价法核定图书的价格？ / 69

11. 如何使用价值定价法核定图书的价格？ / 69
12. 使用需求差别定价法核定图书价格的注意事项是什么？ / 69
13. 为什么说用随行就市定价法来核定图书的价格是可行的？ / 70

七、图书出版编辑应用文的写作 / 70

1. 什么是图书出版编辑应用文？ / 70
2. 撰写图书出版编辑应用文有哪些基本要求？ / 70
3. 什么是选题调查报告？如何写好选题调查报告？ / 71
4. 什么是选题报告？如何写好选题报告？ / 71
5. 什么是编辑计划？如何写好编辑计划？ / 71
6. 什么是审稿意见？如何写好审稿意见？ / 72
7. 什么是送审报告？哪些情况下需要撰写送审报告？ / 72
8. 约稿信包括哪些内容？如何写好约稿信？ / 72
9. 退修信是什么？如何撰写退修信？ / 72
10. 退稿信包括哪些内容？撰写退稿信有哪些注意事项？ / 73
11. 哪些情况要撰写日常联系信件？编辑如何写好日常联系信件？ / 73
12. 哪些情况下需要撰写答读者信？如何写答读者信？ / 73
13. 内容提要有哪些类型？如何写好内容提要？ / 74
14. 什么是出版前言？如何撰写出版前言？ / 74
15. 什么叫编者按？如何撰写编者按？ / 74
16. 什么是凡例？如何撰写凡例？ / 75
17. 作者简介包括哪些内容？如何撰写作者简介？ / 75
18. 什么叫出版后记？如何撰写出版后记？ / 75
19. 如何撰写新书预告？ / 76
20. 如何撰写书讯？ / 76
21. 什么是图书广告？如何针对不同媒体撰写不同的图书广告文案？ / 76
22. 什么是书评？如何写作书评？ / 77

第二部分 图书出版管理

一、图书出版单位的设立与管理 / 78

1. 我国目前出版行政管理方面的重要法规、规章和规范性文件有哪些？ / 78
2. 国家对出版单位的管理涉及哪些制度？ / 78
3. 设立图书出版单位须具备哪些条件？应提交哪些申报材料？ / 79
4. 不同地域和性质的单位如何申请设立图书出版单位？ / 79

5. 图书出版单位在申请设立、注册登记上有哪些时间上的规定？ / 80
6. 获批准设立图书出版单位的主办单位如何办理注册登记手续？ / 80
7. 图书出版许可证上标识了哪些内容？ / 80
8. 图书出版单位的主办单位职责是什么？ / 81
9. 图书出版单位的主管单位职责是什么？ / 81
10. 图书出版单位如何变更注册登记项目？ / 81
11. 图书出版单位如何终止图书出版？ / 82
12. 组建出版集团有哪些基本条件？ / 82
13. 如何申请组建出版集团？ / 83
14. 什么是图书出版管理属地原则？ / 83
15. 图书出版管理实行哪些管理制度？ / 83
16. 图书出版单位年度核验有哪些程序？ / 84
17. 图书出版单位哪些情形应暂缓年度核验？ / 84
18. 图书出版单位哪些情形将被不予通过年度核验？ / 84
19. 对图书出版单位的违纪违规行为，新闻出版行政部门可采取哪些行政措施？ / 85
20. 图书出版单位出版违禁内容应受到哪些处罚？ / 85
21. 图书出版单位出售或转让本单位名称、书号的应受到怎样的处罚？ / 85

二、图书选题的管理 / 85

1. 什么是年度出版选题计划备案制度？ / 85
2. 什么是重大选题？ / 86
3. 中央在京出版单位如何申报重大选题备案？ / 86
4. 军队出版单位如何申报重大选题备案？ / 87
5. 地方出版单位如何申报重大选题备案？ / 87
6. 什么是图书重大选题备案申请表？ / 88
7. 什么是选题登录表？ / 88
8. 填写选题登录表有哪些基本要求？ / 89

三、图书内容的管理 / 89

1. 图书出版在语言文字上有哪些规定？ / 89
2. 出版物违禁内容有哪些？ / 90
3. 图书审读工作包括哪些内容？ / 90
4. 三级图书审读信息网指什么？ / 90
5. 哪些类型的图书出版实行资格准入制度？ / 90
6. 国家对涉嫌迷信和伪科学类的图书有哪些特别规定？ / 91

7. 地方志出版有哪些要求？ / 91
8. 中小学教材的出版有哪些规定？ / 92
9. 中小学教辅图书的出版有哪些规定？ / 92
10. 辞书出版有哪些特殊要求？ / 92
11. 养生保健类图书出版有哪些特殊要求？ / 93
12. 未成年人读物的出版有哪些特殊规定？ / 93
13. 学术著作出版有哪些规范性要求？ / 93
14. 出版古旧小说有哪些特别规定？ / 94
15. 地图书出版有哪些特别规定？ / 94

四、图书质量管理 / 94

1. 图书质量包括哪些内容？分为哪些等级？ / 94
2. 什么样的图书属于合格的图书？ / 95
3. 什么叫图书编校差错率？如何计算图书编校差错率？ / 95
4. 各级部门之间对图书质量管理是如何分工的？ / 95
5. 如何实施图书质量监督检查？ / 95
6. 检查一本书的质量时应检查哪些部分？ / 96
7. 对检查出质量不合格的图书应该怎样处理？ / 96
8. 建立图书质量保障体系的指导思想和基本原则是什么？ / 96
9. 编辑出版责任机制包括哪些内容？ / 97
10. 三审意见常见问题有哪些？ / 97
11. 责任编辑制度包括哪些内容？ / 97
12. 如何坚持责任设计编辑制度和设计方案三级审核制度？ / 97
13. 如何坚持图书印刷委托书制度？ / 98
14. 图书编辑中出版印制要坚持哪几项标准？ / 98
15. 图书出版有哪些后期保障制度？ / 98
16. 出版管理宏观调控机制包括哪几个方面？ / 98
17.《图书质量保障体系》中的社会监督机制是怎么规定的？ / 98

五、图书稿酬管理 / 99

1. 支付文字作品报酬有哪几种方式？ / 99
2. 如何支付基本稿酬？ / 99
3. 支付稿酬的字数应如何计算？ / 99
4. 如何支付印数稿酬？ / 99
5. 什么叫版税？版税应如何计算？ / 99

6. 国家对中小学教材应支付的稿酬有哪些特殊规定？ / 100

六、图书书号、样本及重大奖项的管理 / 100

1. 国家对书号有哪些规定？ / 100
2. 书号实名申领的原则是什么？如何实名申领书号？ / 100
3. 出版物样本缴送制度的主要内容是什么？ / 101
4. 如何申领 CIP 数据？ / 101
5. 如何上报成书信息？ / 101
6. 出版单位能否与境外出版机构联合冠名出版？ / 101
7. 当前国家在组织和扶持出版活动中有哪些政策？ / 101
8. 国家出版基金的资助范围是什么？ / 101
9. 申报国家出版基金资助项目有什么条件和要求？ / 102
10. 出版单位如何申报国家出版基金资助项目？ / 102
11. 古籍整理专项经费使用范围是什么？ / 102
12. 如何申报古籍经费资助？ / 102
13. 什么是中国出版政府奖？其评奖标准是什么？ / 103
14. 什么是“五个一工程奖”？其评奖标准是什么？ / 103
15. 什么是中华优秀出版物奖？其评奖标准是什么？ / 104

七、图书出版单位的财务与档案管理 / 104

1. 出版社的财务管理有哪些内容？ / 104
2. 出版单位图书销售的增值税如何计算？ / 104
3. 如何计算所得税？ / 105
4. 如何计算出版单位的附加税？ / 106
5. 出版单位财务管理中的业务预算包括哪些内容？ / 106
6. 如何做好出版社的书稿档案管理？ / 107

八、图书出版从业人员管理 / 108

1.图书出版行业岗位培训持证上岗制度的基本内容是什么？ / 108
2.图书出版业目前开展的岗位培训工作是如何组织实施的？ / 108
3.图书出版行业领导岗位在持证上岗上有什么要求？ / 108
4.图书出版行业岗位培训合格证书在管理上有哪些规定？ / 109
5.图书出版专业技术人员职业资格分为哪几类？ / 109
6.国家对图书出版专业技术人员在职业资格管理上有哪些要求？ / 109
7. 图书出版专业技术人员如何进行职业资格登记？ / 109

8. 图书出版专业技术人员如何进行职业资格续展登记？ / 110
9.什么是责任编辑？从事责任编辑工作需具备哪些条件？ / 110
10.责任编辑如何进行首次注册？ / 110
11.责任编辑如何进行续展注册？ / 110
12.责任编辑证书有哪些管理上的要求？ / 111
13.什么是图书出版专业技术人员继续教育？ / 111
14.国家对图书出版专业技术人员参加继续教育的时间有什么要求？ / 111
15.哪些形式的在职自学时间可折合为图书出版专业技术人员继续教育时间？ / 111
16.支持和促进图书出版专业技术人员参加继续教育有哪些政策措施？ / 112
17.图书出版单位总编辑有什么任职条件？ / 112
18.图书出版单位总编辑的职责是什么？ / 112
19.全国新闻出版行业领军人才遴选条件是什么？ / 113

附录

一、中华人民共和国国家通用语言文字法 / 114
二、使用文字作品支付报酬办法 / 117
三、图书出版合同（标准样式） / 119
四、字行、字体、字级 / 123
五、校对符号及其使用 / 125
六、图书编校质量差错率计算方法 / 128

报刊出版

第一部分 报纸出版

一、基本知识 / 133

1.什么是报纸？报纸有哪些类型？ / 133
2.什么是报纸的版面？ / 133
3.什么叫报纸的开本、版序、版组？ / 133
4.什么叫报头、报眉、报眼、报尾？ / 134
5.什么叫版心、报线、中缝？ / 134
6.什么叫栏、行、通栏、变栏、破栏？什么是通版？ / 134
7.报纸出版时须在每期固定位置标示哪些版本记录？ / 134

8.什么是报刊的国内统一连续出版物号？ / 135
9.什么是广告经营许可证号？ / 136
10.报纸有哪些常用的字体和字号？ / 136
11.什么叫版样、大样、清样？ / 136
12.什么叫头条、双头条、倒头条、假头条？ / 136
13.什么是专栏？什么是题花？ / 137
14.报纸的编辑出版流程包括哪些环节？ / 137
15.报纸版面内容有哪几大类？ / 137
16.报纸的主体是什么？ / 137
17.什么是新闻？新闻有哪五要素？ / 137
18.报纸新闻有哪些类别？ / 137
19.一则标准的报纸新闻包括哪些组成部分？ / 138
20.什么是新闻标题的主题、引题和副题？ / 138
21.什么是报纸的社论？什么是新闻评论？ / 139
22.什么是导读？什么是通稿？ / 139
23. 什么是副刊？什么是专版？ / 139
24.什么是特刊？什么是号外？ / 139
25.一家正规报社有哪些部门？ / 139
26.什么是报纸编委会？编委会的主要职责是什么？ / 139
27.如何组建报纸编辑部？编辑部的主要职责是什么？ / 140
28.报纸的记者与编辑各自的职责是什么？ / 140

二、报纸的编辑出版 / 140

(一)报纸内容策划 / 140
1.如何明确一段时间内报纸的宣传报道思想？ / 140
2.什么是新闻报道策划？ / 141
3.在新闻报道策划中如何选定主题？ / 141
4.日报类的报纸与周报类的报纸在选题的选定上有何不同？ / 141
5.新闻报道策划包括哪些种类？ / 141
6.新闻报道策划的参与主体是哪些？ / 141
7.进行新闻报道策划需要做哪些准备工作？ / 142
8.如何进行新闻报道策划？ / 142
9.如何及时地调整、修改新闻报道策划？ / 143
(二)新闻采访与写作 / 143
1.什么是新闻采写？什么是新闻采访？ / 143

2.记者如何判别新闻价值？ / 143
3.新闻记者如何增强新闻敏感？ / 143
4.什么是新闻线索？新闻线索从何而来？ / 144
5.常见的采访方法有哪些？ / 144
6.开展采访活动需要做好哪些采访准备？ / 145
7.采访过程中有哪些注意事项？ / 145
8.怎样在采访过程中确定主题？ / 145
9.什么是独家新闻？独家新闻有何特点？ / 145
10.如何采访名人？ / 145
11.时政新闻采访应注意哪些事项？ / 145
12.如何做好经济新闻的采访？ / 146
13.如何做好文化新闻的采访？ / 146
14.如何做好社会新闻的采访？ / 146
15.什么是灾害新闻？如何采访报道灾害新闻？ / 147
16.新闻体裁可分为哪几类？ / 147
17.消息有何特点？ / 147
18.如何写好消息？ / 147
19.什么是通讯？通讯包括哪些种类？ / 148
20.怎样写通讯？ / 148
21.什么是新闻特写、深度报道、人物专访等特色通讯？ / 148
22.如何使用采访对象的话语？ / 149
23.如何写新闻评论？ / 149
24.新闻报道中如何注明消息来源？ / 149
25.新闻记者如何预防虚假失实新闻的产生？ / 149
26.报纸的新闻报道如何规范署名？ / 150
(三)稿件编辑与审核 / 150
1.什么是报纸编辑工作？ / 150
2.报纸编辑如何分类？ / 150
3.新闻稿件有哪些来源？ / 151
4.编辑如何选择稿件？ / 151
5.报纸稿件编辑加工如何审核把关？ / 152
6.如何为新闻稿件制作标题？ / 152
7.编辑如何进行稿件修改？ / 152
8.编辑在修改稿件中有哪些常用的方法？ / 153
9.报纸图片选择的标准是什么？ / 153
(四)版面编排与设计 / 153

1.版面的编排与设计主要有哪些工作？ / 153
2.组版的工作流程分为哪几个步骤？ / 154
3.版面常用的编排方法有哪些？ / 154
4.如何做好一版的编排？ / 154
5.常见的新闻稿件配置方式有哪些？ / 155
6.如何撰写编者按和编后语？ / 155
7.如何区分新闻版面与广告版面？ / 155
(五)版面送审与签发 / 156
1.什么是四级审稿？如何对报纸进行四级审稿？ / 156
2.什么是“低俗新闻”？如何判断“低俗新闻”？ / 156
3.什么是“新闻炒作”？如何判断“新闻炒作”？ / 156
4.什么是“新闻逼视”？如何判断“新闻逼视”？ / 157
5.什么是“新闻歧视”？如何判断“新闻歧视”？ / 157
6.什么是新闻报道中的“再度伤害”？如何判断“再度伤害”？ / 157
7.如何把握对司法案件的报道？ / 157
8.如何判断“新闻传播侵权”？ / 158
9.新闻传播侵犯新闻作品著作权最常见的行为有哪些？ / 158
10.报社如何预防虚假失实新闻的产生？ / 159
11.报纸如何刊登医疗、药品、医疗器械广告？ / 159
12.报纸如何刊登保健食品广告？ / 160
13.报纸如何刊登农药、兽药、饲料和饲料添加剂广告？ / 160
14.报纸刊登哪些内容的广告为虚假广告？ / 161
15.如何完成报纸版面签发？ / 161
16.报纸稿件发排有哪些基本要求？ / 161
17.报纸付印后需要注意哪些问题？ / 161

三、报纸出版管理 / 162

(一)报纸的创办和变更 / 162
1.设立报纸出版单位应当具备什么条件？ / 162
2.创办报纸出版单位由什么机构审批？ / 162
3.两个以上主办单位合办报纸有何要求？ / 162
4.创办报纸、设立报纸出版单位需要提交哪些材料？ / 163
5.中央在京单位申请创办报纸需要提交哪些材料？ / 163
6.军队单位申请创办报纸需要提交哪些材料？ / 164
7.地方单位申请创办报纸需要提交哪些材料？ / 165

8.中央在京单位如何设立报纸出版单位？ / 167
9.军队报纸出版单位如何申请设立？ / 168
10.申报设立地方报纸出版单位需要准备哪些材料？ / 168
11.申请创办、设立报纸出版单位有哪些时效规定？ / 170
12.报纸主办单位办理注册登记手续的程序有哪些？ / 170
13.报纸变更名称如何准备申请材料？ / 170
14.报纸变更出版单位如何准备申请材料？ / 171
15.报纸变更业务范围(办报宗旨和文种)如何准备申请材料？ / 172
16.报纸变更主办单位如何准备申请材料？ / 173
17.报纸变更主管单位如何准备申请材料？ / 175
18.报纸变更资本结构如何准备申请材料？ / 177
19.报纸如何变更刊期、开版、登记地、法人代表、地址？如何办理相关手续？ / 177
20.报纸出版单位休刊和终止出版活动须办理哪些手续？ / 177
(二)报纸的出版 / 178
1.出版报纸有哪些违禁内容？ / 178
2.报纸刊载的内容须符合哪些要求？ / 178
3.报纸刊载虚假报道如何处理？ / 179
4.报纸出版中如何正确使用刊号？ / 179
5.报纸出版中对外形有什么要求？ / 179
6.报纸出版专版、专刊有哪些要求？ / 179
7.报纸出版增期、号外分别有哪些要求？ / 179
8.报纸刊登广告有哪些要求？ / 179
9.对报纸采编和经营有哪些专门要求？ / 180
(三)报纸的出版管理 / 180
1.什么是属地管理原则？ / 180
2.报纸出版实行哪些管理制度？ / 180
3.报纸如何实施事后审读？ / 180
4.报纸质量管理标准包括哪些内容？ / 180
5.如何对报纸进行年度核验？ / 181
6.出现哪些情形对报纸暂缓通过年度核验？ / 182
7.出现哪些情形的报纸不予通过年度核验？ / 182
8.报纸主办单位对所办报纸出版单位负有哪些职责？ / 182
9.报纸主管单位对所属报纸出版单位及其主办单位有哪些职责？ / 183
10.报纸出版单位违反出版管理规定，新闻出版行政部门可采取哪些行政措施？ / 183
11.如何下达报纸违规警示通知书？ / 183
12.报纸常见违规行为有哪几类？管理部门如何处罚？ / 183

13.报纸出版单位的哪些出版行为应给予警告？ / 184

四、记者证、记者站和新闻采编人员管理 / 185

(一)记者证的管理 / 185
1.什么是新闻记者？ / 185
2.什么是新闻记者证？新闻记者证有哪些特殊性？ / 185
3.新闻记者证如何申领？ / 185
4.申领新闻记者证须提交哪些申报材料？ / 186
5.领取新闻记者证的人员应具备哪些条件？ / 186
6.新闻单位中哪些人员不能申领新闻记者证？ / 186
7.新闻记者站的新闻采编人员如何申请记者证？ / 186
8.新闻记者如何使用新闻记者证？ / 187
9.如何更换或补办新闻记者证？ / 187
10.如何对新闻记者证进行监管？ / 187
11.什么是新闻记者证的年度核验？ / 187
12.新闻记者证年度核验的主要内容有哪些？ / 188
13.如何鉴别新闻记者证的真伪？ / 188
14.对新闻单位及其工作人员违反《新闻记者证管理办法》的行为有哪些处罚措施？ / 188
15.新闻机构工作人员违反《新闻记者管理办法》的行为有哪些？如何处罚？ / 188
16.新闻单位常见违反《新闻记者证管理办法》的行为有哪些？如何处罚？ / 189
17.非新闻单位人员违反《新闻记者证管理办法》的行为有哪些？如何查处？ / 189
(二)新闻单位驻地方机构管理 / 190
1.什么是新闻单位驻地方机构？ / 190
2.新闻单位驻地方机构由谁管理？ / 190
3.新闻单位驻地方机构及其人员从事新闻采编活动有哪些要求？ / 190
4.新闻单位设立驻地方机构应当具备哪些条件？ / 190
5.新闻单位如何申请设立驻地方机构？ / 191
6.设立新闻单位驻地方机构在审批和开展工作上有哪些时效要求？ / 191
7.新闻单位如何加强对驻地方机构的管理？ / 192
8.新闻单位驻地方机构须严格遵守哪些规定？ / 192
9.新闻单位终止驻地方机构业务活动应履行哪些手续？ / 193
10.新闻单位驻地方机构年度核验重点核查哪些内容？ / 193
11.新闻单位驻地方机构接受年度核验须提交哪些材料？ / 193
12.新闻单位驻地方机构有哪些常见的违规行为？有哪些处罚措施？ / 193
(三)新闻采编人员的管理 / 194

1.新闻采编人员是指哪些人？ / 194
2.新闻记者享有哪些权利？ / 194
3.新闻记者有哪些义务？ / 195
4.我国在保障新闻采编人员合法权益方面有哪些规定？ / 195
5.什么是新闻采编人员的回避制度？ / 196
6.确保新闻事实准确要求新闻采编人员遵守哪些规定？ / 196
7.新闻采编人员如何杜绝有偿新闻？ / 196
8.新闻采编人员如何执行新闻报道与经营活动分开的规定？ / 197
9.新闻采编人员如何规范使用社交媒体？ / 197
10.新闻从业人员以职务身份发布微博、微信有哪些规定？ / 197
11. 新闻采编人员不良从业行为包括哪些方面？ / 197
12.如何查询新闻采编人员不良从业行为记录？ / 198
13.被列入不良从业行为记录的人员有哪些限业规定？ / 198
14.被列入不良从业行为记录如何申诉？ / 198
15.关于报刊社社长、总编辑（主编）任职条件有哪些规定？ / 198
16.报社社长、总编辑任职须具有什么专业技术资格？ / 199
17.关于报刊社领导持证上岗有哪些规定？ / 199

第二部分 期刊出版

一、基本知识 / 200

1.什么是期刊？期刊和图书有什么不同？ / 200
2.期刊有哪些基本要素？ / 200
3.什么是期刊的外在形态？ / 200
4.什么是期刊的出版周期？什么是期刊的年、卷、期？ / 200
5.什么是期刊的增刊和专刊？ / 201
6.什么是期刊的信息时效与内在容量？ / 201
7.什么是期刊的刊名？ / 201
8.什么是期刊主要责任单位？ / 201
9.什么是期刊出版标识？ / 201
10.什么是期刊版权页？ / 202
11.什么是期刊 ISSN（国际标准连续出版物号）？ / 202
12.什么是期刊的刊号？什么是期刊的分类号？ / 202
13.什么是期刊条码？ / 203
14.期刊怎样分类？有哪些分类标准？ / 203

15.什么是学术期刊？ / 203
16.专业性学术期刊和综合性学术期刊有什么不同？ / 204
17.什么是高校学报？ / 204
18.什么是核心期刊？ / 204
19.什么是期刊评价？ / 205
20.什么是学术期刊的文摘转载？ / 205
21.什么是学术期刊的分区？ / 205

二、期刊的编辑出版 / 206

(一)策划与组稿 / 206
1.期刊的编辑出版活动包括哪些阶段？ / 206
2.什么是期刊整体策划？ / 206
3.期刊整体策划包括哪些步骤？ / 206
4.如何进行期刊策划方案制订？ / 207
5.如何进行期刊栏目策划？ / 207
6.期刊选题策划包括哪些环节？ / 207
7.如何做好期刊选题论证？ / 207
8.期刊选题计划包括哪些内容？ / 208
9.如何进行期刊选题立项？ / 208
10.如何进行专题策划？ / 208
11.期刊组稿有哪些方式？ / 208
12.期刊组稿有哪些步骤？ / 209
13.期刊如何组织自采稿件？ / 209
14.处理期刊约稿有哪些程序？ / 209
15.期刊约稿有哪些形式？ / 209
16.约稿后编辑应做好哪些工作？ / 210
17.怎样处理期刊投稿？ / 210
18.怎样进行期刊的稿件组配？ / 211
(二)稿件的审读与录用 / 211
1.什么是期刊的三个审级、两道程序、六个环节？ / 211
2.如何对稿件进行初审审读？ / 212
3.如何对稿件进行复审审读？ / 213
4.如何对稿件进行终审审读？ / 214
5.哪些稿件需要外审？外审如何进行？ / 214
6.期刊稿件审读在内容上有哪些要求？ / 215

7.学术期刊如何防范学术不端行为？ / 216
8.怎样根据审读意见确定审读结论？ / 216
(三)稿件的编辑加工与校对 / 217
1.期刊编校包括哪些环节？ / 217
2.什么是期刊编辑加工？ / 217
3.如何对稿件进行初审审订？ / 218
4.如何对稿件进行复审审订？ / 218
5.如何对稿件进行终审审订？ / 218
6.期刊编辑加工整理稿件需要避免哪些不当做法？ / 219
7.编辑加工怎样消灭原稿差错？ / 219
8.编辑加工怎样对原稿进行修改提升？ / 219
9.如何编辑加工稿件引文？ / 220
10.如何编辑加工稿件标题？ / 220
11.什么是期刊校对？ / 220
12.校对人员应具备哪些基本素质？ / 221
13.校对的基本方法是什么？ / 221
14.“三校一读”指的是什么？校对和通读的职责各自是什么？ / 221
15.什么是编校合一？ / 222
16.如何进行电子化校对？ / 222
17.校对应关注哪些由计算机系统引起的排版差错类型？ / 222
(四)编排与设计 / 223
1.什么是期刊的编排？ / 223
2.期刊设计的总体要求是什么？ / 223
3.期刊设计的具体内容是什么？ / 223
4.期刊设计的结构部件有哪些？ / 223
5.如何设计确定期刊的开本？ / 223
6.期刊封页设计包括哪些项目？ / 224
7.期刊封面和封底应该有哪些项目和标识？ / 224
8.如何设计期刊的刊脊？ / 225
9.如何设计期刊的扉页？ / 225
10.如何设计期刊的目录页？ / 225
11.如何进行期刊版面设计？ / 225
12.如何设计确定期刊正文主体的版面类型？ / 226
13.如何设计期刊的转接版？ / 226
14.怎样设计期刊的注释？ / 226
15.怎样设计学术期刊的参考文献著录？ / 227

16.学术论文的编排格式有哪些要求？ / 227
17.如何进行期刊插图的设计？ / 229
18.如何进行期刊表格的设计？ / 229
19.期刊编排规范有哪些？ / 230
20.什么是期刊的审定发稿？ / 230
21.期刊发稿的“齐、清、定”是什么？ / 230

三、期刊出版管理 / 231

（一）期刊的创办与变更 / 231

1.创办期刊、设立期刊出版单位需要具备哪些条件？ / 231
2.设立期刊出版单位由什么机构审批？ / 231
3.设立期刊出版单位对主办单位有何要求？ / 231
4.中央在京单位、军队单位和地方单位申请创办期刊需要提交哪些材料？ / 232
5.中央在京单位、军队单位和地方单位如何设立期刊出版单位？ / 232
6.申请创办期刊、设立期刊出版单位有哪些时效规定？ / 232
7.期刊主办单位办理注册登记手续的程序有哪些？ / 232
8.期刊变更登记项目如何准备办理相关手续？ / 233
9.期刊休刊和终止出版活动如何办理手续？ / 233

（二）期刊的出版 / 233

1.期刊在刊载内容上有什么要求？ / 233
2.如何规范刊印期刊名称？ / 234
3.期刊如何正确使用刊号？ / 234
4.期刊如何正确使用国际标准连续出版物号？ / 234
5.如何正确使用期刊条码？ / 235
6.期刊如何刊登广告？ / 235
7.如何规范标注期刊的主要责任单位？ / 235
8.如何规范标注期刊的印刷发行单位？ / 235
9.如何规范标注期刊的总编辑（主编）？ / 236
10.如何规范标注期刊的出版标识？ / 236
11.如何规范期刊的版权页？ / 236
12.如何规范期刊的标识性文字？ / 236
13.期刊出版增刊如何办理手续？ / 236
14.期刊出版合订本有什么要求？ / 237
15.期刊的广告业务和经营活动有什么要求？ / 237
16.新闻类期刊对新闻采编有哪些要求？ / 237

17.期刊的哪些选题须申报重大选题备案？ / 237
18.期刊如何申报重大选题备案？ / 238
19.期刊如何缴送样本？ / 238
（三）期刊出版监管 / 239
1.期刊监督管理有哪些制度？ / 239
2.如何开展对期刊的审读工作？ / 239
3.期刊年度核验有哪些程序和要求？ / 239
4.出现哪些情形期刊暂缓通过核验？ / 240
5.出现哪些情形期刊不予通过核验？ / 240
6.期刊出版单位违反规定可采取哪些行政措施？ / 240
7.期刊常见违规有哪几类？管理部门如何处罚？ / 241
8.期刊出版单位的哪些违规行为应给予警告？ / 242
9.期刊的主办单位应该承担什么职责？ / 242
10.期刊的主管单位有哪些职责？ / 242
11.期刊编辑出版工作制度由哪些部分组成？ / 242
（四）期刊的评估 / 243
1.期刊质量评估包含哪些内容？ / 243
2.期刊常用的国家标准有哪些？ / 243
3.社会科学期刊质量评估的标准是什么？ / 244
4.社会科学期刊的政治标准是什么？ / 245
5.科学技术期刊的政治标准是什么？ / 245
6.社会科学期刊考核评估的业务标准是什么？ / 246
7.社会科学期刊考核评估的编辑标准是什么？ / 247
8.社会科学期刊考核评估的出版标准是什么？ / 249
9.科学技术期刊考核评估的业务标准是什么？ / 250
10.科学技术期刊考核评估的编辑标准是什么？ / 252
11.科学技术期刊考核评估的出版标准是什么？ / 253
12.学术期刊的学术水平和影响力主要通过哪些指标来体现？ / 254
13.科学技术期刊的收录数据库主要有哪些？ / 255
14.社会科学期刊的收录数据库主要有哪些？ / 256
15.期刊的定性评价主要包括哪些方面的内容？ / 256
16.期刊编校质量差错率的最低标准和计算方式是什么？ / 257

四、期刊从业人员管理 / 257

1.期刊社领导岗位持证上岗有哪些要求？ / 257

2.期刊出版单位的从业人员的职业资格条件有哪些要求？ / 257
3.期刊出版专业技术人员职业资格分为哪几种？ / 258
4.期刊出版专业技术人员如何进行职业资格登记？ / 258
5.期刊出版专业技术人员如何进行职业资格续展登记？ / 258
6.期刊责任编辑需要具备哪些条件？ / 258
7.期刊责任编辑如何进行首次注册？ / 259
8.期刊责任编辑如何进行续展注册？ / 259
9.什么是期刊出版专业技术人员的继续教育？ / 259

第三部分　内部资料出版

一、内部资料创办 / 260

1.什么是内部资料？ / 260
2.申请编印一次性内部资料应当具备哪些条件？ / 260
3.如何申请编印一次性内部资料？ / 260
4.申请编印连续性内部资料应当具备哪些条件？ / 260
5.怎样申请编印连续性内部资料？ / 261
6.哪些情况下不予核发内部资料《准印证》？ / 261
7.如何审批核发内部资料《准印证》？ / 261

二、内部资料出版和管理 / 262

1.编印内部资料有哪些违禁内容？ / 262
2.编印内部资料须标注哪些内容？ / 262
3.编印内部资料须遵守哪些规定？ / 262
4.内部资料的印刷有什么规定？ / 262
5.对内部资料的管理有哪些规定？ / 263
6.常见的内部资料违规行为有哪几种？如何处罚？ / 263

附录

一、中国新闻工作者职业道德准则 / 264
二、新闻采编及出版流程管理规定 / 266
三、出版专业技术人员继续教育暂行规定 / 270
四、新闻出版许可证管理办法 / 273

数字出版

第一部分 数字出版的概念

1.什么是数字出版？ / 279
2.什么是网络出版？ / 279
3.什么是网络出版物？ / 279
4.什么是手机出版？ / 279
5.什么是电子出版？ / 279
6.什么是跨媒体出版？ / 280
7.什么是全媒体出版？ / 280
8.什么是按需出版？ / 280
9.传统出版与数字出版的各自优势及其关系是什么？ / 280
10.我国数字出版经历了哪些阶段？ / 281
11.数字出版如何分类？ / 281
12.我国数字出版产品主要包括哪些形态？ / 281

第二部分 数字出版的主要形态和商业模式

1.什么是电子图书？ / 282
2.电子图书的表现形式是怎样的？ / 282
3.电子图书有哪些基本格式？ / 282
4.电子图书主要商业模式有哪些？ / 282
5.国内电子图书主要的消费状况如何？ / 283
6.目前电子图书主要的销售平台有哪些？ / 283
7.什么是数字期刊？ / 283
8.数字期刊的表现形式是怎样的？ / 283
9.数字期刊有哪些特点？ / 284
10.数字期刊主要商业模式有哪些？ / 284
11.国内目前数字期刊主要技术提供商有哪些？ / 284
12.什么是数字报纸？ / 284
13.数字报纸的表现形式是怎样的？ / 284
14.数字报纸有哪些特点？ / 284
15.数字报纸的主要商业模式有哪些？ / 285
16.数字报纸主要的消费对象有哪些？ / 285
17.什么是网络游戏？ / 285

18.网络游戏是如何分类的？ / 285
19.客户端网络游戏的发展特征是怎样的？ / 286
20.我国网页游戏的发展状况是怎样的？ / 286
21.当前手机出版有哪些形态？ / 286
22.手机出版物有哪些特点？ / 286
23.手机音乐发展情况是怎样的？ / 287
24.我国手机阅读发展情况是怎样的？ / 287
25.我国手机游戏发展情况是怎样的？ / 287
26.我国手机动漫发展情况是怎样的？ / 288
27.我国手机视频发展情况是怎样的？ / 288
28.什么是数字动漫？ / 288
29.数字动漫的表现形式是怎样的？ / 288
30.什么是数字视频？其播放形式有哪些？ / 289
31.什么是网络文学？ / 289
32.网络文学的表现形式是怎样的？ / 289
33.什么是网络教育出版物？ / 289
34.网络教育出版物的表现形式是怎样的？ / 289
35.什么是资源数据库出版物？ / 290
36.资源数据库出版物是如何分类的？ / 290
37.什么是数字音乐？ / 290
38.数字音乐有哪些特点？ / 290
39.什么是网络地图？ / 291
40.网络地图是如何分类的？ / 291
41.网络地图有哪些特点？ / 291

第三部分　新媒体概念及常识

1.什么是新媒体？ / 292
2.新媒体的基本特征有哪些？ / 292
3.什么是数字媒体？ / 292
4.什么是全媒体？ / 292
5.什么是博客？ / 293
6.什么是微博？ / 293
7.什么是微信？ / 293
8.博客、微博有哪些特点？ / 293
9.微信有哪些特点？ / 293

10.什么是自媒体？ / 294
11.什么是多媒体印刷阅读出版物(MPR 出版物)？ / 294
12.什么是移动通信媒体形态？ / 294
13.如何认识新媒体产业的特征？ / 294
14.新媒体产业价值链的构成包括哪些部分？ / 295
15.新媒体经营的内容包括哪些？ / 295
16.什么是新媒体用户自主生成内容(UGC)？ / 296
17.新媒体环境下的碎片化传播主要有哪些特征？ / 296
18.二维码在图书出版行业的应用可以带来哪些好处？ / 296

第四部分 数字出版编辑及制作常识

1.数字出版产品的选题策划与传统出版物选题策划有什么区别？ / 298
2.数字出版编辑需要具备哪些业务素质？ / 298
3.数字出版物选题策划应当遵循哪些基本原则？ / 299
4.数字出版选题的读者定位应考虑哪些方面？ / 299
5.从哪些方面对数字出版物进行市场容量分析？ / 300
6.数字出版产品的市场调研能起到什么作用？ / 300
7.如何开展数字出版产品的市场调研？ / 300
8.如何定位数字出版物的底层支撑环境？ / 301
9.在设计数字出版物功能的时候，需要考虑哪些问题？ / 302
10.从哪些方面对数字出版物制作质量进行评测？ / 302
11.数字出版物内容信息采集要经历哪些过程？ / 302
12.什么是数字化信息内容？ / 302
13.数字内容资源可以分为哪几类？ / 302
14.数字内容概念中的素材和元数据分别指的是什么？ / 303
15.数字化内容资源出版包括哪些基本环节？ / 303
16.按照信息资源的产生和传播顺序，一般将信息源分为几种类型？ / 303
17.为确定信息源的可利用价值，需对信息源进行哪些方面的考察？ / 303
18.什么是信息网络传播权？ / 304
19.作品基于多种载体形式的有效授权怎么解决？ / 304
20.取得原创性作品的合法许可权应注意哪些方面？ / 304
21.在信息资源涉及邻接权的授予时，要注意哪几方面的问题？ / 305
22.从哪些方面来评价信息资源的质量？ / 305
23.数字资源内容的采集与整理包括哪些环节？ / 305
24.数字资源内容的识别主要考察哪些方面？ / 305

25.数字资源内容的标引主要考察哪些方面？ / 305
26.数字资源内容的存储主要考虑哪些方面？ / 306
27.什么是数字内容检索？ / 306
28.什么叫数字内容资源的元知识？什么是知识单元？ / 306

第五部分 数字出版传播常识

1.什么是数字出版物传播？ / 307
2.数字出版物的传播过程及基本模式有哪些？ / 307
3.数字出版物传播有什么特点？ / 308
4.数字出版物的传播包含哪些要素？ / 308
5.数字出版物传播者的主要特点有哪些？ / 308
6.数字出版物传播内容的主要特点有哪些？ / 309
7.数字出版物作为传播媒介有哪些主要特点？ / 309
8.数字出版物的接受者的主要特点有哪些？ / 309
9.数字出版物传播过程中存在哪些关键问题？ / 310
10.什么是数字出版传播载体？ / 310
11.数字出版传播载体有什么作用？ / 311
12.数字出版物的传播载体有哪些主要类型？分别包括哪些？ / 311
13.哪些情况下适合使用离线载体？ / 312
14.哪些情况下适合使用在线载体？ / 312
15.哪些情况下适合使用无线载体？ / 312
16.数字出版的显示方式和特点有哪些？ / 313
17.数字出版主流的显示格式有哪些？ / 313
18.数字出版保存技术和特点有哪些？ / 314
19.数字出版物保存中的主要问题有哪些？ / 315
20.什么是数字出版物的传播渠道？ / 316
21.数字出版物传播渠道分为哪两类？ / 316
22.什么是数字出版物的在线传播？ / 316
23.什么是数字出版物的无线传播？ / 317
24.什么是基于 RSS 推送模式的传播？ / 317

第六部分 数字出版运营常识

1.我国数字出版产业发展有哪些趋势？ / 318
2.数字出版主要有哪几种运营模式？ / 318
3.什么是内容运营商主导模式？ / 320

4.什么是技术提供商主导模式？ / 320
5.什么是电信运营商主导模式？ / 320
6.什么是终端制造商主导模式？ / 320
7.什么是 B2B 商业模式？ / 320
8.什么是 B2C 商业模式？ / 321
9.什么是 O2O 商业模式？ / 321

第七部分　数字版权保护常识

1.什么是数字版权的司法保护？ / 322
2.我国关于数字版权保护有哪些法律法规？ / 322
3.我国的法律法规对于网络著作权侵权行为主要有哪些处罚？ / 322
4.什么是数字版权的行政保护？ / 323
5.数字版权保护有哪些行政规章？ / 323
6.什么是数字版权的社会保护？ / 323
7.什么是版权集体管理制度？ / 323
8.集体管理组织在版权保护中应发挥哪些作用？ / 323
9.什么是行业协会与自律组织？ / 324
10.行业协会在版权保护中应发挥哪些作用？ / 324
11.数字版权保护技术是怎样发展起来的？ / 324
12.当今主要的数字版权保护研究机构和技术有哪些？ / 324
13.当前数字版权保护技术分哪些类别？ / 325
14.典型的数字版权保护技术应该如何构成？ / 325
15.数字版权保护技术的研究主要集中在哪些方面？ / 325

第八部分　数字出版技术常识

1.什么是数字出版关键技术？ / 326
2.数字出版关键技术包括哪些方面？ / 326
3.什么是阅读格式技术？ / 326
4.什么是版式文档格式？ / 326
5.什么是非版式文档格式？ / 327
6.什么是跨平台阅读技术？ / 328
7.什么是文档格式转换生成技术？ / 328
8.什么是数字版权保护技术？ / 329
9.数字版权保护技术包含哪些基础技术？ / 329
10.什么是语义分析技术？ / 330

11.什么是大数据？ / 330
12.什么是云计算？ / 331
13.什么是增强现实技术？ / 331
14.什么是虚拟现实技术？ / 331
15. 什么是人工智能？ / 331
16.数字出版相关技术包括哪些方面？ / 332
17.什么是数字内容创作技术？ / 332
18.文档编辑软件主要有哪些？ / 332
19.专业排版软件主要有哪些？ / 332
20.数字出版在互联网的基本服务形式有哪些？ / 333
21.数字内容电子商务网站是如何提供服务的？ / 333
22.数字报刊网站是如何提供服务的？ / 333
23.数字图书馆是如何提供服务的？ / 333
24.什么是阅读终端？ / 334
25.主流的移动阅读终端有哪些？ / 334
26.平板电脑的阅读优势有哪些？ / 334
27.手机的阅读优势有哪些？ / 334
28.当前主流移动阅读终端的操作系统有哪些？ / 335
29.什么是数字印刷？ / 335
30.数字印刷的核心技术和相关技术有哪些？ / 336
31.什么是按需印刷技术？ / 336
32.按需印刷技术包括哪些方面？ / 336
33.电子书数字出版系统主要由哪些部分组成？ / 336
34.电子书数字出版系统的主要功能有哪些？ / 337
35.数字报刊出版系统主要由哪些部分组成？ / 339
36.数字报刊出版系统的主要功能有哪些？ / 340

第九部分 互联网教育出版常识

1.什么是在线教育？ / 341
2.什么是云教育？ / 341
3.什么是云课堂？ / 341
4.什么是云学习？ / 342
5.什么是电子课本？ / 342
6.MOOC 是什么？ / 342
7.什么是数字化教学资源？ / 343

8.什么是数字化教学？ / 343
9.什么是数字化学习？ / 343
10.如何认识“互联网＋”时代的教育变革？ / 344
11.“互联网＋教育”模式的发展方向如何？ / 344
12.教育出版行业发展趋势如何？ / 345

第十部分 行业标准

1.目前我国数字出版标准化的进展情况是怎样的？ / 346
2.目前我国数字出版标准主要有哪些？ / 346
3.什么是数字出版资源的分类标准？ / 347
4.什么是数字出版资源的标识标准？ / 347
5.什么是数字出版参与方的标识标准？ / 347
6.什么是数字出版格式标准？ / 348
7.什么是版权保护标准？ / 348
8.什么是数字出版平台标准？ / 348
9.什么是新闻出版统计标准？ / 349
10.标准编制的原则是什么？ / 349
11.ISLI 标准是什么？ / 349
12.CNONIX 标准是什么？ / 350

第十一部分 管理服务指南

一、网络出版服务的申请及管理 / 351

1.什么是网络出版服务？ / 351
2.申请从事网络出版服务需要具备哪些条件？ / 351
3.从事网络出版服务需提供哪些申报材料？ / 352
4.网络出版服务单位应建立哪些内部管理规章及制度？ / 352
5.网络出版选题策划及选题管理包括哪些内容？ / 352
6.网站运行安全保障措施有哪些？ / 353
7.网站风险防控机制建设应注意哪几个方面？ / 353
8.从事网络出版服务应遵守哪些原则？ / 354
9.国家鼓励从事哪些方面的网络出版服务？ / 354
10.申请从事网络出版服务的程序是怎样的？ / 355
11.网络出版服务许可如何进行标示？ / 356
12.网络出版服务单位需要变更《网络出版服务许可证》许可登记事项、资本结构，合

并或者分立，设立分支机构，其程序是怎样的？ / 357
13.网络出版服务单位需中止/终止网络出版服务，应该办理哪些手续？ / 358
14.网络出版服务单位何时可开展网络出版服务？ / 359
15.未经批准，擅自从事网络出版服务，或者擅自上网出版网络游戏，将受到怎样的处罚？ / 359
16.什么是网络出版服务单位年检？ / 359
17.网络出版服务单位年检的程序是怎样的？ / 360
18.网络出版服务单位年检需要提交哪些材料？ / 360
19.网络出版服务单位年检通过或未予通过如何处理？ / 360
20.到期网络出版服务许可证如何更换？ / 360
21.网络出版服务许可证遗失、损坏后如何处理？ / 361
22.网络出版服务单位年检与通信管理年检是怎样的关系？ / 361

二、国产网络游戏出版申请及管理 / 361

1.什么是网络游戏？ / 361
2.什么是网络游戏上网运营？ / 361
3.什么是网络游戏虚拟货币？ / 361
4.国产网络游戏出版申请需要哪些条件？需要提交哪些材料？ / 361
5.出版境外著作权人授权的互联网游戏作品需提供哪些申报材料？ / 362
6.出版境外著作权人授权的电子游戏出版物需提供哪些申报材料？ / 362
7.国产网络游戏出版申请的程序及时限是怎样的？ / 362
8.国产网络游戏进行著作权登记需提交哪些材料？ / 363

第十二部分　行业法律法规

一、网络服务的相关规定 / 364

1.网络出版服务的主管部门有哪些？ / 364
2.图书、报刊、电子音像等传统出版单位从事网络出版服务应具备哪些条件？ / 364
3.非传统出版单位从事网络出版服务应具备哪些条件？ / 364
4.外资、合资、合营单位能否从事网络出版服务？ / 364
5.网络出版服务管理工作应当建立哪些制度？ / 365
6.网络出版服务从业人员应当遵循哪些规定？ / 365
7.网络出版物不得含有哪些内容？ / 365
8.出版含有违禁内容的网络出版物将受到哪些处罚？ / 365

二、互联网信息服务的相关规定 / 366

1.什么是互联网信息服务？ / 366
2.从事哪些互联网信息服务在申请经营许可或者履行备案手续前应依法经相关主管部门审核同意？ / 366
3.从事经营性互联网信息服务应具备哪些条件？履行哪些行政审批？ / 366
4.从事非经营性互联网信息服务，办理备案手续时应提交哪些材料？ / 366
5.什么是互联网新闻信息服务？ / 366
6.申请互联网新闻信息服务许可应当具备哪些条件？ / 367
7.申请互联网新闻信息服务许可应提交哪些材料？ / 367
8.互联网新闻信息服务提供者转载新闻信息时应注意哪些方面？ / 367
9.互联网新闻信息服务单位不得登载、发送或者提供哪些新闻信息或者时政类电子公告？ / 367
10.不得设立哪种类型的互联网新闻信息服务单位？ / 367
11.拟通过接入经营性互联网络从事非经营性互联网信息服务的要怎样办理备案、备案变更、备案注销手续？ / 367
12.互联网信息服务者应自觉遵守哪些互联网信息服务管理的规定，应自觉履行哪些互联网信息服务的自律义务？ / 368

三、互联网信息传播的保护 / 368

1.传播作品、表演、录音录像制品等网络信息是否需要许可？ / 368
2.什么是权利管理电子信息？ / 368
3.未经信息权利人许可，任何组织或者个人不得进行哪些行为？ / 368
4.什么是信息传播技术措施？能否被破坏或回避？ / 368
5.哪些情况下可以避开信息传播技术措施？ / 369
6.通过信息网络提供他人作品，哪些情形可以不经著作权人许可，不向其支付报酬？ / 369
7.不经信息权利人许可传播网络信息应注意和遵守哪些规定？ / 369
8.权利人认为网络服务提供者侵犯了自己的信息网络传播权或者被删除、改变了自己的权利管理电子信息的，如何维护自己的权利？ / 369
9.服务对象认为其提供的作品、表演、录音录像制品侵犯他人权利的，应该如何申述和处理？ / 370
10.哪些属于信息网络传播侵权行为？ / 370
11.在哪些情况下，网络服务提供者提供网络自动接入服务或自动传输服务可不承担赔偿责任？ / 370

12.在哪些情况下，网络服务提供者根据技术安排自动向服务对象提供服务可不承担赔偿责任？ / 371
13.在哪些情况下，网络服务提供者为服务对象提供信息存储空间可不承担赔偿责任？ / 371

四、网络游戏出版的相关规定 / 371

1.从事互联网游戏出版服务须经过谁的审批？ / 371
2.境外著作权人授权的进口网络游戏需经过谁的审批？ / 371
3.申请出版引进版电子游戏出版物需要提交哪些材料？ / 371
4.申请出版引进版网络游戏出版物应提交哪些材料？ / 372
5.经新闻出版广电总局前置审批或进口审批过的网络游戏，要增加新版本、新资料片或更新内容需要办理哪些手续？ / 372
6.外商可以在中国境内投资从事网络游戏运营服务吗？ / 372
7.经过新闻出版广电总局前置审批或进口审批过的网络游戏，变更运营单位的，需要重新办理前置审批或进口审批手续吗？ / 372

五、网络安全法的相关规定 / 373

1.《网络安全法》确立了网络安全法的哪几个基本原则？ / 373
2. 网络运行基本安全要求是什么？ / 373
3. 应急预案与响应要求是什么？ / 373
4. 个人信息保护规定有哪些？ / 374
5. 等保测评是什么？ / 374

附录

数字出版及相关产业分类 / 375

音像电子出版

第一部分　音像电子出版基本知识

一音像制品基本知识 / 385

1. 什么是音像制品？ / 385
2. 常见的音像制品有哪些？ / 385
3. 什么是密纹唱片？ / 387

4. 什么是录音带(AT)? / 387
5. 什么是CD? / 388
6. 什么是录像带(VT)? / 388
7. 什么是LD? / 390
8. 什么是VCD? / 390
9. 什么是DVD? / 391
10. 什么是BD(蓝光高清光盘)? / 392
11. 什么是CBHD? / 393
12. 光盘有哪些主要规格/尺寸? / 393
13. 音像制品具有哪些特点? / 393
14. 音像制品常见的外包装形式有哪些? / 394
15. 什么是录音? / 395
16. 什么是录像? / 396
17. 什么是混音合成? / 396

二 电子出版物基本知识 / 397

1. 什么是电子出版物? / 397
2. 电子出版物有哪些类别? / 397
3. 什么是只读光盘(CD-ROM、DVD-ROM)? / 399
4. 什么是一次写入光盘(CD-R、DVD-R\DVD+R)? / 399
5. 什么是可擦写光盘(CD-RW、DVD-RM/DVD+RM)? / 399
6. 什么是软磁盘? / 399
7. 什么是硬磁盘? / 399
8. 什么是集成电路卡(IC卡)? / 399
9. 什么是U盘? / 400
10. 电子出版物具备哪些特点? / 400
11. 电子出版物与数字出版物有什么异同? / 400
12. 什么是多媒体技术? / 400
13. 多媒体技术在电子出版中有哪些运用? / 400
14. 什么是电子书? / 400
15. 什么是电子书阅读器? / 401
16. 什么是用户界面? / 401
17. 什么是光电扫描? / 401
18. 电子编辑常用的各种图文、音视频文件格式有哪些? / 402
19. 什么是电子出版物的汉化和简体化? / 402

20. 什么是连续型电子出版物？ / 402

三 音像电子出版物的标识 / 402

1. 什么是中国标准录音制品编码(ISRC 号)？ / 402
2. 什么是音像电子出版物专用书号(ISBN 号)？ / 403
3. 什么是音像电子出版物的条码？ / 404
4. 音像电子出版物专用书号、条码与图书在使用方面有什么区别？ / 404
5. 什么是连续型电子出版物国内统一连续出版物号(CN 号)？ / 404
6. 什么是光盘类出版物的 SID 码？ / 404
7. 音像制品和电子出版物标识面和外包装按规定必须标注的内容包含哪些？ / 405
8. 国内外音像制品和电子出版物有哪些常见标识样例？ / 406

四 音像电子出版选题的策划与组稿 / 406

1. 什么是出版物的选题策划？ / 406
2. 音像制品选题策划与图书选题策划有什么不同？ / 407
3. 音像制品选题有哪些分类？ / 407
4. 音像制品选题策划编辑应具备哪些素质？ / 407
5. 如何策划音像选题？ / 407
6. 电子出版物选题策划需要考虑哪些因素？ / 408
7. 如何设计好电子出版物的框架结构？ / 408
8. 如何做好电子出版物选题总体方案的策划？ / 408
9. 电子出版物选题有哪些分类？ / 408
10. 如何优化已立项的音像电子出版物选题？ / 409
11. 什么是组稿？ / 409
12. 音像选题组稿相对于图书组稿有哪些特殊要求？ / 409
13. 如何进行电子出版物选题组稿？ / 409

五 音像电子出版物的编辑制作 / 410

1. 音像制品编辑包括哪些流程？ / 410
2. 音像制品编辑制作对编辑人员有什么特别要求？ / 410
3. 音像制品编辑需要掌握哪些音视频软件？ / 410
4. 责任编辑在音像节目制作过程中要承担哪些任务？ / 410
5. 责任编辑如何收集和保管音像制品编辑过程中的相关材料？ / 411
6. 如何做好录音节目的编辑制作？ / 411
7. 如何做好录像节目的编辑制作？ / 412

8. 如何审查评改音像节目？ / 412
9. 电子出版物的编辑制作对编辑人员有什么专业技能要求？ / 413
10. 电子编辑需要掌握哪些多媒体制作软件？ / 413
11. 对电子出版物加密主要有哪些方法？ / 413
12. 如何编辑制作原创性电子出版物？ / 413
13. 如何将纸介质书刊转化为电子书？ / 413
14. 如何做好引进版电子出版物的编辑制作？ / 414
15. 音像制品和电子出版物发稿后还有哪些编辑工作？ / 414

六 音像电子出版物的审稿和校对 / 415

1. 审稿在音像电子出版工作中有何重要作用？ / 415
2. 音像电子出版物有哪些审稿制度？ / 415
3. 如何做好音像电子出版物选题的初审、复审、终审？ / 415
4. 如何做好外审？ / 416
5. 音像节目审查评改与图书审稿有何不同？ / 416
6. 音像制品审稿中需要注意哪些基本的技术参数？ / 416
7. 如何对电子出版物进行审核发稿？ / 417
8. 电子出版物审稿中需要注意哪些基本的技术参数？ / 417
9. 音像电子出版物的校对有什么特别要求？ / 418
10. 音像电子出版物常见的文字差错类型及原因有哪些？ / 418

七 音像电子出版物的包装设计与定价 / 419

1. 什么是音像电子出版物的包装设计？ / 419
2. 音像电子出版物包装有哪些种类？ / 419
3. 如何做好音像电子出版物的包装设计？ / 420
4. 音像电子出版物的成本构成包括哪些要素？ / 420
5. 怎样做好音像电子出版物的成本预算？ / 420
6. 如何给音像制品和电子出版物定价？ / 420

八 音像电子出版物的复制和再版 / 421

1. 什么是母带（母盘）和子带（子盘）？ / 421
2. 什么是音像制品工作母带？ / 421
3. 如何复制录音带（AT）和录像带（VT）？ / 422
4. 什么是玻璃原版盘和压膜盘？ / 422
5. 如何复制光盘？ / 422

6. 复制CD类光盘与复制DVD类光盘有什么重要区别？ / 423
7. 如何检测控制音像制品和电子出版物的复制质量？ / 424
8. 音像电子出版物重印和再版加工需要注意哪些事项？ / 424

九 音像制品和电子出版物常见问题及对策 / 424

1. 如何区别、选择电子出版物和音像制品的各种载体形式？ / 424
2. 为确保录音录像节目的正确性，责任编辑应该如何减少后期制作环节中不必要的重复工作？ / 425
3. 已经录制完成的音像节目，在审看过程中发现部分节目内容达不到出版要求，应当如何处理？ / 425
4. 在审看讲座类节目时，发现授课老师或者配音员有误讲、误读现象，应当如何处理？ / 425
5. 在制作录像节目时，如果需要合理引用有其他版权标志或者节目LOGO的视频素材，应当如何处理？ / 426
6. 音像制品和电子出版物经常因为内容需要，要引用一些历史久远的视频素材或者图片资料，这些素材的清晰度往往都比较低，甚至有较为严重的失真、模糊等问题，应当如何处理？ / 426
7. 制作电子书时，责任编辑应当如何保证编校质量？ / 426
8. 为什么电子出版物的视频资料或者图片资料，并不是清晰度越高越好？ / 426
9. 制作多媒体电子出版物时，如何解决运行环境必备的软件（插件）问题？ / 426
10. 作者一般只是各自专业的专家，而普遍对电子出版物的载体形式、开发流程、发布方式等比较陌生，责任编辑在组稿的时候该如何与作者进行沟通？ / 427
11. 电子出版物开发流程长、涉及范围广，责任编辑如何协调团队成员及各环节工作？ / 427
12. 电子出版物和音像制品都对浏览或观看环境有一定要求，如何保证出版物在各种浏览或观看环境的兼容性和一致性？ / 428
13. 在设计开发产品过程中，如何保护自己和别人作品的知识产权？ / 428
14. 对于部分不需要外包装的音像电子出版物，如何解决相关版权信息、条码信息及出版信息的标注问题？ / 428
15. 对于超过作者授权时间（或者授权范围），而在市场动销的音像电子出版物，如何避免隐藏的版权纠纷？ / 429

第二部分 音像电子出版政策指南

一 音像制品出版管理 / 430

1. 目前我国主要有哪些关于音像制品出版的法律法规？ / 430

2. 设立音像出版单位须具备哪些条件？ / 430
3. 申请设立音像出版单位时应提交哪些材料？ / 430
4. 申请设立音像出版单位有哪些时间上的规定？ / 431
5.《音像制品出版许可证》上标识了哪些内容？ / 431
6. 音像制品出版单位的主办和主管单位的职责分别是什么？ / 431
7. 音像出版单位如何变更注册登记项目或终止音像制品出版？ / 432
8. 音像出版单位对从业人员有什么要求？ / 432
9. 如何管理音像制品中的非卖品？ / 433
10. 什么是音像制品的复制委托书？ / 433
11. 音像制品的复制有哪些要求？ / 434
12. 如何对音像出版单位进行审核登记？ / 434

二 音像制品制作管理 / 435

1. 申请设立音像制作单位应具备哪些条件？ / 435
2. 如何申请设立音像制作单位？ / 435
3. 音像制作单位如何变更登记项目和注销许可证？ / 435
4.《音像制品制作许可证》上有哪些内容？ / 435
5. 音像制作单位在制作音像制品时有哪些规定？ / 436
6. 如何对音像制作单位进行年度核验？ / 436
7. 音像制作单位如何与境外组织或个人合作制作音像制品？ / 436

三 音像制品进口管理 / 436

1. 国家对音像制品成品进口业务经营有哪些规定？ / 436
2. 设立音像制品成品进口经营单位应当具备哪些条件？ / 437
3. 如何设立音像制品成品进口经营单位？ / 437
4. 如何进口音像制品成品？ / 437
5. 如何进口用于出版的音像制品？ / 438
6. 如何进口用于展览展示的音像制品？ / 438
7. 什么是进口音像制品批准单？ / 438
8. 如何使用进口音像制品批准单？ / 438
9. 出版进口音像制品须注意哪些问题？ / 438

四 电子出版物出版管理 / 439

1. 设立电子出版物出版单位须具备哪些条件？ / 439
2. 申请设立电子出版物出版单位时应提交哪些材料？ / 439

3. 申请设立电子出版物出版单位有哪些时间上的规定？ / 439
4.《电子出版物出版许可证》上标识了哪些内容？ / 440
5. 电子出版物出版单位的主办和主管单位的职责分别是什么？ / 440
6. 电子出版物出版单位如何变更注册登记项目或终止电子出版物出版？ / 441
7. 如何申请出版连续型电子出版物？ / 441
8. 如何变更连续型电子出版物登记项目？ / 441
9. 对电子出版物制作单位的管理有何特殊规定？ / 441
10. 对电子出版物中的非卖品的制作有何要求？ / 441
11. 出版电子出版物须注明哪些版权信息？ / 442
12. 电子出版单位如何申请出版境外著作权人授权的电子出版物？ / 442
13. 电子出版单位如何与境外机构合作出版电子出版物？ / 442
14. 电子出版单位对从业人员有什么要求？ / 443
15. 如何对电子出版单位进行年度核验？ / 443
16. 如何设立电子出版物成品进口经营单位？ / 444
17. 如何审批进口电子出版物？ / 444
18. 进口电子出版物在包装上有何要求？ / 444
19. 什么是电子出版物的复制委托书？ / 444
20. 电子出版物的复制有哪些要求？ / 445

五 音像电子出版选题和内容管理 / 446

1. 什么是音像电子出版物年度选题出版计划？ / 446
2. 音像电子出版物出版单位如何报送年度出版计划？ / 446
3. 什么是音像电子出版物补报选题计划？ / 446
4. 音像电子出版单位如何补报选题计划？ / 446
5. 什么是重大选题？ / 446
6. 涉及重大选题的音像电子出版物如何备案？ / 447
7. 音像电子出版物在语言文字方面有什么要求？ / 448
8. 图书出版单位如何出版配合本版出版物的音像制品和电子出版物？ / 448
9. 音像制品质量检测包括哪些内容？具体标准是什么？ / 448
10. 电子出版物质量检测包括哪些内容？具体标准是什么？ / 449

六 音像电子出版著作权及稿酬管理 / 450

1. 在我国著作权法中，关于音像电子出版物作品的著作权归属有哪些规定？ / 450
2. 在我国著作权法中，关于音像电子出版物作品的权利保护期是如何规定的？ / 451

3. 在我国著作权法中，关于音像电子出版物作品的权利限制是如何规定的？ / 451
4. 怎样签订音像电子出版物著作权许可使用合同？ / 452
5. 音像电子出版物使用他人未发表和已发表的作品制作录音制品，有什么不同的规定？ / 452
6. 如何避免音像电子出版物侵权现象的发生？ / 453
7. 什么是音像电子出版物的稿酬？ / 453
8. 音像电子出版单位应向哪些人支付稿酬？ / 453
9. 音像电子出版物稿酬一般通过什么方式支付？ / 453
10. 如何计算音像电子出版物稿酬的税费？ / 453
11. 如何向教科类音像电子出版物的汇编者支付稿酬？ / 453
12. 在无法与作者取得联系的情况下，如何向音像制品的作者支付稿酬？ / 453

七 音像电子出版业的人事管理 / 454

1. 出版行业岗位培训持证上岗制度的基本内容是什么？ / 454
2. 电子音像出版业目前开展的全国性岗位培训工作是如何组织实施的？ / 454
3. 电子音像出版行业对领导岗位持证上岗有什么要求？ / 454
4. 电子音像出版行业《岗位培训合格证书》在管理上有哪些规定？ / 455
5. 电子音像出版专业技术人员职业资格分为哪几类？ / 455
6. 国家对电子音像出版专业技术人员在职业资格上有哪些要求？ / 455
7. 出版专业技术人员如何进行职业资格登记手续？ / 455
8. 出版专业技术人员如何进行职业资格续展登记？ / 456
9. 什么是责任编辑？从事责任编辑工作须具备哪些条件？ / 456
10. 责任编辑如何进行首次注册？ / 456
11. 责任编辑如何进行续展注册？ / 456
12. 责任编辑证书有哪些管理上的要求？ / 457
13. 什么是出版专业技术人员继续教育？ / 457
14. 国家对出版专业技术人员参加继续教育的时间有什么要求？ / 457
15. 哪些形式的在职自学时间可折合为出版专业技术人员继续教育时间？ / 457
16. 支持和促进专业技术人员参加继续教育有哪些政策措施？ / 458
17. 出版单位总编辑有什么任职条件？ / 458
18. 出版单位总编辑的职责是什么？ / 458
19. 全国新闻出版行业领军人才的遴选条件是什么？ / 459

八 其他管理 / 460

1. 中国标准录音制品编码在使用中有什么要求（ISRC 号）？ / 460

2. 音像电子出版物专用书号在使用中有什么要求(ISBN 号)? / 461
3. 连续型电子出版物如何使用国内统一连续出版物号(CN 号)? / 461
4. 如何在网上实名申领音像电子出版物号? / 461
5. 如何缴送音像制品和电子出版物样品? / 462

附录

一 音频节目常用技术术语 / 463

1. 立体声 / 463
2. 环绕立体声 / 463
3. 低音 / 463
4. 分贝(dB) / 463
5. 频率 / 464
6. 颤动 / 464
7. 抖晃 / 464
8. 轰隆声 / 464
9. 现场感 / 464
10. 杜比 B,C,S / 464
11. 杜比 HX Pro / 464
12. 杜比环绕声(Dolby Surround) / 464
13. 杜比定向逻辑(Dolby Pro-Logic) / 464
14. 杜比数字(Dolby Digital) / 464
15. THX / 465
16. THX 5.1 / 465
17. DTS / 465
18. SRS / 465

二 录像节目常用技术术语 / 465

1. 白平衡 / 465
2. 黑平衡 / 465
3. 灰度 / 465
4. 色度 / 466
5. 色相 / 466
6. 抠像 / 466
7. 像素 / 466

8. RGB / 466
9. 非线性编辑(NLE) / 466
10. 扫描线 / 466
11. 解析度 / 466
12. 逐行扫描 / 467
13. 隔行扫描 / 467
14. γ校正(伽马校正) / 467
15. 顺光 / 467
16. 逆光 / 467
17. 侧光 / 467
18. 蒙太奇 / 467

三 音像电子出版审稿工作中常用专业术语 / 468

1. 音量 / 468
2. 音色 / 468
3. 音质 / 468
4. 声音层次 / 468
5. 发音规范 / 469
6. 声道 / 469
7. 声音平衡 / 469
8. 复音、断音、漏音 / 469
9. 杂音 / 469
10. 静音 / 469
11. 声效(音效) / 469
12. 音频采样率 / 469
13. 常用的采样频率 / 469
14. 音频编码 / 470
15. 音频压缩 / 470
16. 画面的宽高比 / 471
17. 帧 / 471
18. 关键帧 / 471
19. 丢(失)帧 / 471
20. 夹帧 / 471
21. 蓝屏 / 471
22. 彩条 / 471

23. 黑(白)场 / 472
24. 淡入、淡出 / 472
25. 硬(软)切 / 472
26. 叠化 / 472
27. 色彩还原 / 472
28. 色彩的饱和度 / 473
29. 黑白对比(对比度) / 473
30. 偏色、失色(色彩平衡) / 473
31. 声画对位 / 473
32. 画面效果常会出现的失误 / 473
33. 曝光过度和曝光不足 / 473
34. 视觉效果 / 474
35. 字幕安全区域 / 474
36. 视频编码方式 / 474
37. 封装格式 / 474
38. 常见视频文件(封装)格式 / 474
39. 视频的码率 / 474
40. 视频的分辨率 / 475
41. 高清 / 475
42. 视频的压缩格式 / 476

出版物印刷

第一部分 印刷材料

一、纸张 / 479

1.纸张的主要成分是什么? / 479
2.用于造纸的植物纤维主要有哪几类? / 479
3.植物纤维原料的化学成分是什么? / 480
4.纤维素、半纤维素及木素的特点是什么? / 480
5.造纸工艺中施胶的目的、方式和作用是什么? / 480
6.纸张生产中加入填料的目的及影响是什么? / 481
7.纸张生产中加入色料的目的及影响是什么? / 481
8.造纸工艺主要有哪些环节? / 481

9.涂料纸与非涂料纸的表面情况有什么差异？ / 482
10.涂料纸易产生哪些印刷问题？ / 482
11.纸张的两面性及其影响是什么？ / 483
12.如何区分纸张的正反面？ / 483
13.纸张的方向性及其印刷选择是什么？ / 483
14.如何判断纸张的方向性？ / 484
15.纸张的匀度及其影响是什么？ / 485
16.纸张的外观质量缺陷主要有哪些？ / 485
17.纸张的主要质量指标有哪些？ / 485
18.什么是纸张的定量？ / 485
19.纸张厚度对印刷有何影响？ / 485
20.什么是纸张的紧度？ / 485
21.纸张的紧度和纸张的松厚度有什么关系？ / 486
22.纸张伸缩与其形稳性的关系是什么？ / 486
23.纸张卷曲变形对印刷的影响及如何预防？ / 486
24.出版物常用纸张种类及其特性有哪些？ / 487
25.出版物如何选用纸张？ / 488
26.纸张入库时如何检查验收？ / 489
27.纸张对印刷车间环境的温度和湿度要求是什么？ / 490
28.印后半成品如何管理？ / 490
29.纸张的开切方法有哪些？ / 490
30.纸张是如何计量及计算的？ / 491
31.计算书籍印张数的注意事项有哪些？ / 493
32.如何计算书籍的用纸量？ / 493
33.纸张的出纸率是什么？ / 493
34.印刷类特种纸的种类及特点有哪些？ / 494
35.出版物选用特种纸应考虑哪些因素？ / 495

二、其他承印材料 / 496

1.纸板有哪些特点？ / 496
2.常用纸板有哪些性能和用途？ / 496
3.瓦楞纸板的结构是什么？ / 496
4.瓦楞纸板有什么性能及用途？ / 497
5.印刷包装中常用的塑料薄膜有哪些？ / 497

三、油墨 / 497

1.油墨的组成与分类是怎样的？ / 497
2.油墨黏度对印刷有什么影响？ / 498
3.什么是油墨的触变性能？ / 498
4.什么是油墨的转移性能？ / 498
5.什么是油墨的干燥性能？ / 499
6.如何评价油墨颜色质量？ / 499
7.常用的胶印油墨有哪些？ / 499
8.油墨辅助剂的作用是什么？ / 500
9.去黏剂的作用是什么？ / 501
10.稀释剂有哪些类型？ / 501
11.防蹭脏剂在印刷中的作用是什么？ / 501
12.常用的干燥性调整剂有哪些？ / 501
13.冲淡剂的主要作用是什么？ / 501
14.如何进行专色墨的调配？ / 502
15.什么是PANTONE(潘通)油墨？ / 502

四、平版印刷中的橡皮布和润版液 / 503

1.橡皮布的作用是什么？ / 503
2.橡皮布如何进行分类？ / 503
3.橡皮布有哪些规格？ / 503
4.橡皮布的主要性能有哪些？ / 503
5.橡皮布应具备哪些印刷适性？ / 504
6.常用的橡皮布有哪些类型？ / 504
7.橡皮布如何使用和维护？ / 506
8.润版液的种类有哪些？ / 506
9.润版液的作用是什么？ / 507
10.润版液主要技术参数有哪些？ / 507

五、胶辊 / 508

1.胶辊的分类有哪些？ / 508
2.胶辊的规格参数有哪些？ / 508
3.胶辊有哪些基本性能？ / 508
4.胶辊的主要印刷适性是什么？ / 509

5.常用的胶辊有哪些？ / 509
6.如何正确选择胶辊？ / 510
7.使用胶辊时要注意什么？ / 510
8.如何对胶辊进行保养和维护？ / 510

六、胶片和印版 / 511

1.胶片的感光原理是什么？ / 511
2.胶片的种类主要有哪些？ / 511
3.胶片的质量标准是什么？ / 511
4.如何使用和保存胶片？ / 511
5.什么是PS版？ / 512
6.如何制作胶印PS版？ / 512
7.小胶印印版有哪些特性？ / 512
8.CTP版的种类及特性有哪些？ / 512
9.柔性版的种类及特性有哪些？ / 512
10.丝网印版的组成、使用及保养是怎样的？ / 513
11.凹版的结构及特性有哪些？ / 513

第二部分 出版物印刷

一、图像输入技术 / 515

1.扫描作业前应该对扫描仪和稿件进行哪些处理？ / 515
2.如何对扫描仪进行颜色校准？ / 515
3.如何创建平面扫描仪的Profile文件？ / 516
4.平面扫描仪的工作过程是什么？ / 516
5.如何消除扫描透射稿时的牛顿环？ / 516
6.如何解决扫描过程中龟纹出现在图像特定区域的现象？ / 517
7.图像黑白场定标的原则是什么？ / 517
8.如果用铜版纸印刷，扫描时应该怎样确定黑白场？ / 518
9.如何根据密度值来确定黑白场？ / 518
10.对偏色原稿进行黑白场定标和扫描处理的方法是什么？ / 518
11.如何扫描逆光照片？ / 519
12.曝光处理不当的原稿如何扫描？ / 519
13.如何正确扫描人物彩照？ / 519
14.如何对条码、票据进行扫描？ / 519

15.对应用于彩报印刷的图片如何进行扫描？ / 520
16.如何扫描诸如地图类大幅面原稿？ / 520
17.如何扫描图像可以得到理想的灰度图像？ / 521
18.扫描时对图像进行清晰度增强应注意什么？ / 521
19.扫描仪扫描图片时速度特别缓慢的原因可能有哪些？ / 521
20.如何正确选择数码相机的拍摄模式？ / 522
21.如何正确运用数码相机的分辨率？ / 522
22.拍摄照片模糊的原因是什么？ / 522
23.拍摄的照片偏暗或偏亮的原因是什么？ / 523
24.如何合理设置数码相机的白平衡？ / 523
25.如何正确设置 ISO(感光度)值？ / 523
26.调节曝光补偿的技巧有哪些？ / 524
27.如何判断照片的曝光是否正确？ / 524

二、图文处理技术 / 525

1.什么是色温？显示器的色温值应该设定为多少？ / 525
2.如何对显示器进行校准？ / 525
3.如何选择合适的色彩管理系统？ / 526
4.如何在 Photoshop 中设置油墨选项？ / 526
5.如何在 Photoshop 中设置分色选项？ / 526
6.黑版在彩色复制中的作用是什么？ / 528
7.印前制版中的短调黑版、长调黑版是什么意思？ / 528
8.对于风景类彩色原稿在印刷制版中如何正确地选用黑版？ / 529
9.对于以人物肤色为主体的照片原稿在印刷制版中如何正确地选用黑版？ / 529
10.对于黑白照片原稿在印刷制版中如何正确地选用黑版？ / 530
11.对于高反差原稿在印刷制版中如何正确地选用黑版？ / 530
12.对于国画原稿在印刷制版中如何正确地选用黑版？ / 530
13.对于版画原稿在印刷制版中如何正确地选用黑版？ / 530
14.对于油画原稿在印刷制版中如何正确地选用黑版？ / 530
15.对于其他绘画原稿在印刷制版中如何正确地选用黑版？ / 531
16.如何利用反差系数来调节图像的中间调再现？ / 531
17.如何使用 Photoshop 修复破损的照片？ / 531
18.在 Photoshop 中如何处理通常的天空颜色？ / 531
19.在 Photoshop 中如何使用“暗调/高光”调整图像？ / 532
20.在 Photoshop 中如何使用“色阶”调整图像？ / 532
21.在 Photoshop 中如何使用“曲线”调整图像？ / 533

22.在 Photoshop 中制作阴影应该选择什么颜色？ / 533
23.图像“发闷”是什么意思？该如何处理？ / 533
24.Photoshop 中制作图像黑版能不能压印？ / 534
25.使用 Photoshop 进行印刷图像处理时，应遵循什么顺序？ / 534
26.如何解决 CorelDraw 输出时涉及的字体问题？ / 534
27.CorelDraw 中的段落文字如何转成曲线？ / 534
28.为什么 CorelDraw 文字在转曲线的时候会跑位？ / 535
29.CorelDraw 中设置渐变有哪些注意事项？ / 535
30.在 Illustrator 中如何将矢量图转换为位图？ / 535
31.在 Illustrator 中彩色图像转灰度有哪几种方法？ / 535
32.如何在 Illustrator 中设置陷印值？ / 536
33.如何在 Illustrator 页面输出时添加印刷标记？ / 536

三、印前输出技术 / 536

1.在激光照排机上应用的胶片有什么要求？ / 536
2.照排胶片在使用中应注意哪些问题？ / 536
3.进行胶片线性化的步骤是什么？ / 537
4.进行胶片线性化有哪些注意事项？ / 537
5.如何检测激光照排机的输出质量？ / 538
6.如何创建输出设备的 Profile 文件？ / 538
7.在印版或胶片输出前应该检查哪些方面的内容？ / 538
8.如何选择输出挂网角度？ / 539
9.如何根据图像的特点来选择不同的网点形状？ / 539
10.为什么黑版出现镂空的现象，而不是黑版压印？ / 539
11.怎样正确选择方正世纪 RIP 中的“用户定义挂网参数”和“网点类型”？ / 539
12.在方正世纪 RIP 中，怎样正确设置“图形镂空参数”？ / 540
13.怎样正确地设定“挂网灰度层次数”？ / 540
14.什么是陷印？ / 540
15.在方正世纪 RIP 中输出调频网点时应该注意哪些内容？ / 540
16.Windows 系统自带的字体能否用于排版和输出？ / 540
17.输入稿件内的 RGB 色块未转 CMYK 便输出，其结果和解决办法是什么？ / 541
18.怎样正确设置“输出页面”？ / 541
19.输出胶片时，怎样正确设置“拼页参数”？ / 541
20.FreeHand 文件在输出时常会碰见哪些问题？如何解决？ / 542
21.FreeHand 中字体采用“加粗”功能后输出时出现糊字现象，如何解决？ / 542
22.在报业印刷中，异地输出时在字体方面应该注意什么？ / 542

23.照排机输出时文字沿出片方向缩短或四色胶片对位不准的原因及解决方法是什么？ / 542
24.使用照排机输出时，出现黑线怎么办？ / 543
25.在输出胶片上有不规则的断线、划痕、黑点、脏点等现象，原因分别是什么？ / 543
26.如果印刷胶片冲洗出来，发现底灰过大或光学密度不够，原因分别是什么？ / 543
27.如何正确识别胶片的药膜面？ / 544
28.如何正确识别胶片的网点大小？ / 544
29.如何正确识别胶片的颜色信息？ / 544
30.导致印刷胶片意外曝光的原因有哪些？ / 545
31.胶片输出时发现版面内容不全的原因是什么？ / 545
32.文件输出后只有黑版才有角线，其他版没有角线，怎么办？ / 545
33.输出时发现黑版尺寸有误，补出的黑版与原来的色版套不准，怎么办？ / 545
34.如何解决CTP印版输出时暗调糊版的问题？ / 545
35.如何解决CTP印版输出时平网不均匀的问题？ / 545
36.如何解决使用外鼓式CTP机输出印版时平网粗糙、出现线条状的问题？ / 546
37.如何解决CTP印版输出时高光处网点丢失的问题？ / 546
38.如何解决CTP印版输出时印版上残留药膜的问题？ / 546
39.如何解决CTP印版输出时印版上出现划痕的问题？ / 546
40.如何解决CTP印版输出时印版上出现条杠的问题？ / 547

四、印刷方式及工艺 / 547

1.什么是凸版印刷？ / 547
2.什么是平版印刷？ / 547
3.什么是凹版印刷？ / 548
4.什么是孔版印刷？ / 548
5.需要印刷的出版物有哪些？ / 548
6.什么是出版物印刷？ / 548
7.出版物印刷工艺有哪些流程？ / 548
8.什么是付印样核检？ / 548
9.什么是印装工艺审核？ / 549
10.什么是拼版工艺？ / 549
11.拼版工艺注意事项有哪些？ / 549
12.晒版工艺注意事项有哪些？ / 549
13.印刷要素有哪些？ / 549

14.出版物印刷注意事项有哪些？ / 550

五、印刷设备 / 551

1.印刷机如何命名？ / 551
2.胶印机如何进行分类？ / 552
3.单面单色平版印刷机的印刷原理及用途是什么？ / 552
4.三滚筒单色胶印机的滚筒排列方式有哪几种？ / 552
5.单面多色胶印机有哪几种常见结构？ / 553
6.双面胶印机有哪几种常见结构？ / 554
7.单张纸印刷机和卷筒纸印刷机的特点是什么？ / 555
8.平版印刷机有几大机构？ / 556
9.单张纸胶印机中输纸机构的作用是什么？ / 556
10.输纸的工艺要求有什么？ / 556
11.输纸机构的分类有哪些？ / 556
12.胶印机输纸机构中分纸头的作用是什么？ / 556
13.分纸头上有哪些结构？ / 556
14.分纸头上的三大主要结构的作用分别是什么？ / 556
15.单张纸胶印机中输纸台上的纸张如何准确定位？ / 557
16.前规主要由哪些部件组成？ / 557
17.前规定位有什么基本要求？ / 557
18.侧规定位有什么基本要求？ / 557
19.什么是递纸机构？ / 557
20.输纸过程中出现空张的原因及排除方法有哪些？ / 557
21.输纸过程中出现双张的原因及排除方法有哪些？ / 558
22.输纸过程中出现歪张的原因及排除方法有哪些？ / 558
23.输纸过程中出现纸张早到的原因及排除方法有哪些？ / 558
24.输纸过程中出现纸张晚到的原因及排除方法有哪些？ / 558
25.输纸过程中出现侧规拉纸不到位的原因及排除方法有哪些？ / 559
26.印刷机构由哪些基本构件组成？ / 559
27.滚筒由哪几部分结构组成？ / 559
28.什么是滚枕？ / 559
29.印版滚筒的装版装置有哪几种？ / 559
30.橡皮滚筒由哪几部分组成？ / 559
31.压印滚筒由哪几部分组成？ / 559
32.输墨机构的作用是什么？ / 559
33.输墨机构由哪几部分组成？ / 560

34.对输墨机构有哪些基本要求？ / 560
35.如何评价输墨机构的工作性能？ / 560
36.润湿机构的作用是什么？ / 561
37.润湿机构有哪些基本分类？ / 561
38.润湿机构由哪几部分组成？ / 561
39.单张纸胶印机收纸机构的作用是什么？ / 561
40.收纸机构由哪些部件组成？ / 561
41.卷筒纸胶印机有哪些类型？ / 561
42.卷筒纸胶印机的输纸机有哪些机构和要求？ / 561
43.卷筒纸两种自动接纸方式有何不同？ / 562
44.卷筒纸胶印机的收纸系统由哪些部分组成？ / 562
45.卷筒纸胶印机折页装置的作用是什么？ / 562
46.卷筒纸胶印机折页装置有哪些技术要求？ / 562
47.卷筒纸胶印机烘干装置的作用是什么？ / 562
48.卷筒纸胶印机冷却装置的作用是什么？ / 562
49.卷筒纸胶印机的收帖装置的作用是什么？ / 562
50.印刷机的维修工作有哪几种？ / 563
51.印刷机大修的主要依据是什么？ / 563
52.印刷机在保养时要注意哪些方面？ / 563
53.印刷机有哪几种保养制度？ / 563

六、印后装订 / 563

1.什么叫印后装订？ / 563
2.印后装订的特点是什么？ / 564
3.装订工序对出版物质量有什么影响？ / 564
4.什么叫骑马订？ / 564
5.什么叫无线胶订？ / 565
6.什么叫精装？ / 565
7.什么叫烫印？ / 565
8.什么叫勒口？ / 565
9.什么叫书槽？ / 566
10.什么叫飘口？ / 566
11.什么叫堵头布？ / 566
12.什么叫护封？ / 566
13.什么叫锁线订？ / 566
14.什么叫开料？ / 567

15.配页方法有哪两种？ / 567
16.什么叫浆背？ / 567
17.什么叫铣背？ / 567
18.配页机有哪几种形式？ / 567
19.无线胶订的工艺流程是什么？ / 567
20.锁线订的工艺流程是什么？ / 567
21.骑马订的工艺流程是什么？ / 568
22.精装书的工艺流程是什么？ / 568
23.精装书为何要扒圆？ / 568
24.精装书常用纸板厚度应是多少？ / 568
25.精装书制成后为何要堆放 12 小时后才可进行检查与包装？ / 568
26.什么叫覆膜？ / 568
27.油性溶剂型即涂膜工艺有哪些缺陷？ / 568
28.开料的质量标准与要求是什么？ / 569
29.折页的质量标准与要求是什么？ / 569
30.配页的质量标准与要求是什么？ / 569
31.切书的质量标准与要求是什么？ / 569
32.锁线订的质量标准与要求是什么？ / 570
33.骑马订的质量标准与要求是什么？ / 570
34.无线胶订的质量标准与要求是什么？ / 570
35.精装书成品外观的质量标准与要求是什么？ / 570
36.覆膜的质量标准与要求是什么？ / 571
37.为什么要加强印后装订的工艺管理？ / 571
38.印后装订应建立和健全哪些工艺管理制度？ / 571
39.质量检验员应具备哪些条件？ / 571
40.装订之前需做哪些准备工作？ / 571
41.切纸机的操作规程是什么？ / 571
42.折页机的操作规程是什么？ / 572
43.配页机的操作规程是什么？ / 572
44.锁线机的操作规程是什么？ / 573
45.无线胶订单机的操作规程是什么？ / 573
46.单面、三面切书机的操作规程是什么？ / 573
47.无线胶订联动生产线的操作规程是什么？ / 574

七、书籍印后装订材料及设备 / 574

1.印后装订材料分几部分？ / 574

2.什么是烫印材料？ / 574
3.装订用黏结材料有哪些？ / 574
4.装订用黏结剂有哪些要求？ / 574
5.什么叫 EVA 热熔胶？ / 575
6.使用 EVA 热熔胶为何要先预热？ / 575
7.怎样预热 EVA 热熔胶？ / 576
8.EVA 热熔胶在使用时应注意掌握哪几个温度？ / 576
9.EVA 热熔胶的使用温度与书刊黏结拉力有何关系？ / 576
10.EVA 热熔胶的温度与书刊纸张质地有何关系？ / 576
11.使用 EVA 热熔胶需要何种环境和条件？ / 576
12.使用 EVA 热熔胶的注意事项有哪些？ / 577
13.什么是聚氨酯(PUR)热熔胶？ / 577
14.如何使用 PUR 热熔胶？ / 577
15.PUR 热熔胶的温度与黏度怎样控制？ / 578
16.使用 PUR 热熔胶怎样掌握室内温湿度？ / 578
17.PUR 热熔胶有何特点？ / 578
18.无线胶订单机使用哪种黏结剂比较好？ / 578
19.无线胶订联动生产线如何选用黏结剂？ / 578
20.常用印后装订单机有哪些？ / 578
21.栅栏式折页机的工作原理是什么？ / 579
22.刀式折页机的工作原理是什么？ / 579
23.无线胶订联动生产线由哪几个机组组成？ / 579
24.什么是骑马订联动生产线？ / 580
25.精装书联动生产线由哪些部分组成？ / 580
26.配锁联动生产线由哪几部分组成？ / 580
27.什么是长条式包本机？ / 581
28.什么是圆盘式包本机？ / 581
29.什么是椭圆式包本机？ / 581
30.什么是勒口机？ / 582
31.什么是三面切书机？ / 582
32.什么是 PUR 胶全自动覆膜机？ / 582

第三部分 出版物印装质量

一、出版物印装质量的基本内容 / 583

1.出版物质量体系包含哪些内容？ / 583

2.绿色印刷环保质量的基本要求是什么？ / 584
3.出版物的印刷质量有哪些要求？ / 584
4.出版物的装订质量有哪些基本要求？ / 584
5.出版物质量如何划分等级？ / 585
6.什么是批次产品质量检测？ / 585

二、出版物印装质量主体与印装质量 / 586

1.我国在加强出版物产品质量管理采取的措施有哪些？ / 586
2.出版社应如何看待出版物印装质量？ / 586
3.出版社对出版物印装质量有何影响？ / 587
4.出版社应如何把握节约成本与印装质量的关系？ / 587
5.编辑、设计人员应从哪些方面入手，掌握图书印装知识？ / 588
6.什么是书籍装帧设计？ / 588
7.为保证出版物印装质量，出版物装帧设计要注意哪些原则？ / 588
8.为保证出版物印装质量，出版物印前设计中的注意事项有哪些？ / 589
9.印刷企业应如何看待印装质量？ / 591
10.印刷企业应掌握哪些质量管理原则？ / 591
11.印刷企业应采取哪些质量管理措施？ / 592
12.什么是印刷标准化？ / 592
13.印刷过程控制有哪些环境要求？ / 593
14.如何对印刷品质量进行流程控制？ / 593
15.印刷材料质量控制主要内容有哪些？ / 593
16.印前质量控制主要内容有哪些？ / 594
17.印刷过程质量控制注意事项有哪些？ / 594

三、印装质量问题及规避办法 / 595

1.印装质量的评判方法有哪些？ / 595
2.什么是严重质量缺陷？ / 595
3.什么是一般质量缺陷？ / 596
4.出版物印装质量问题大致可以分为几类？ / 596
5.印刷过程中的质量问题有哪些？ / 597
6.水墨平衡对印刷质量有什么影响？ / 597
7.印刷过程中如何控制水墨平衡？ / 597
8.印刷压力对印刷质量有什么影响？ / 598
9.印刷过程中如何控制印刷压力？ / 598
10.如何测定印刷压力？ / 598

11.怎样解决折页中出现的“八”字形褶皱？ / 599
12.折齐边误差超标的原因是什么？ / 599
13.如何解决配页所出现的各种差错？ / 599
14.骑马订的钉脚将书页扎破导致落页的原因是什么？ / 599
15.无线胶订后掉页的原因有哪些？ / 600
16.无线胶订书背不平的原因有哪些？ / 600
17.无线胶订后书芯断裂的原因有哪些？ / 600
18.无线胶订后书背两端有孔眼的原因有哪些？ / 600
19.无线胶订溢胶、拉丝和脏带的原因有哪些？ / 600
20.精装书飘口不一致的原因是什么？如何解决 / 600
21.书刊裁切成品的过程中常出现的问题有哪些？ / 600
22.应如何规避折页不当造成的质量问题？ / 601
23.应如何规避胶粘不当造成的质量问题？ / 601
24.应如何规避骑马订不当造成的质量问题？ / 602
25.应如何规避精装书装订过程中的常见问题？ / 602
26.应如何规避烫印不当造成的常见问题？ / 603
27.应如何规避覆膜不当造成的常见问题？ / 604

第四部分 数字印刷

一、数字印刷简介 / 606

1.什么是数字印刷？ / 606
2.数字印刷与传统印刷的区别是什么？ / 606
3.与传统印刷相比数字印刷的优势是什么？ / 606
4.数字印刷的主要特点是什么？ / 607
5.数字印刷的主要局限是什么？ / 607
6.数字印刷对图书出版的意义是什么？ / 607
7.数字印刷对于企业商务的意义是什么？ / 608
8.数字印刷在印刷加工方面具有什么显著特点？ / 608

二、数字印刷的现状和发展趋势 / 609

1.数字印刷的定位是什么？ / 609
2.目前数字印刷发展中存在哪些认识误区？ / 610
3.数字印刷在中国的发展存在什么问题？ / 610
4.在中国影响数字印刷发展的因素有哪些？ / 611

5.数字印刷的发展趋势是什么？ / 611
6.数字印刷设备的发展方向是什么？ / 612

三、数字印刷对材料和企业的要求 / 613

1.哪些纸张不适合用于数字印刷？ / 613
2.数字印刷用纸在储存和运输过程中有什么特殊要求？ / 613
3.数字印刷的油墨有哪些类别？ / 614
4.开展数字印刷，传统印刷企业应当怎样再造生产加工流程？ / 614
5.开展数字印刷，要求传统印刷企业在运营、营销模式上进行怎样的改变？ / 615
6.数字印刷的客户群有哪些？ / 616

第五部分 绿色印刷

一、绿色印刷概述 / 617

1.什么是绿色印刷？ / 617
2.绿色印刷有哪些内涵？ / 617
3.什么是绿色印刷标识？ / 617
4.绿色印刷有哪些特征？ / 618
5.实施绿色印刷要达到怎样的目的？ / 618

二、实施绿色印刷 / 618

1.绿色印刷的范围有哪些？ / 618
2.实施绿色印刷需要具备哪些条件？ / 618
3.我国推动绿色印刷经历了哪几个阶段？ / 618
4.绿色印刷认证的主要途径是什么？ / 619
5.绿色印刷认证有哪些内容？ / 619
6.绿色印刷认证有哪几种方式？ / 620

三、实施绿色印刷对印刷企业和产品的要求 / 620

1.绿色印刷的标准是什么？ / 620
2.绿色印刷对产品的要求是什么？ / 621
3.绿色印刷标准实施的环境效益有哪些？ / 623

第六部分 出版物印刷行政管理

1.什么是印刷业经营者？ / 624

2.印刷企业的管理类别有哪些？ / 624
3.单位内部设立印刷厂(所)，如何办理手续？ / 624
4.申请设立出版物印刷企业应当具备哪些条件？ / 624
5.经营包装装潢印刷品印刷业务、其他印刷品印刷业务等的企业，需具备什么条件？ / 625
6.外商投资印刷企业是指什么？ / 625
7.设立外商投资印刷企业，应当具备什么条件？ / 625
8.出版行政管理部门受理设立从事印刷经营活动的企业申请审批时间为多少天？ / 626
9.设立外商投资印刷企业，应提供哪些材料？ / 626
10.印刷企业如何办理变更主要登记事项或者终止印刷经营活动？ / 626
11.印刷企业办理变更主要登记事项备案应提供哪些材料？ / 627
12.《印刷业管理条例》对印刷经营活动的管理有何规定？ / 627
13.根据《印刷业管理条例》的规定，禁止印刷哪些印刷品？ / 627
14.从事出版物印刷的企业，不得印刷哪些印刷品？ / 627
15.承印验证制度的内容是什么？ / 627
16.印刷企业接受委托印刷出版物时，必须注意什么？ / 629
17.承印登记制度的内容是什么？ / 629
18.印刷品保管制度的内容是什么？ / 629
19.印刷活动残次品销毁制度的内容是什么？ / 629
20.印刷品交付制度的内容是什么？ / 630
21.出版物的委托印刷单位和印刷企业之间应签订什么合同？ / 630
22.出版物委托印刷必须在出版物上刊载哪些信息？ / 630
23.印刷企业是否需要报送统计资料？ / 630

出版物发行

第一部分 出版物

一、出版物 / 633

1.什么是出版物？ / 633
2.什么是正式出版物？ / 633
3.什么是内部发行出版物？ / 633

4.什么是内部资料性出版物？ / 633
5.什么是多卷出版物？ / 634
6.什么是系列出版物？ / 634
7.什么是连续出版物？ / 634
8.什么是专题出版物？ / 634
9.什么是非法出版物？ / 634
10.什么是淫秽出版物？ / 634
11.什么是违禁出版物？ / 634
12.什么是伪书？ / 635
13.什么是盗版？ / 635

二、图书 / 635

1.什么是图书？ / 635
2.什么是大众类图书？ / 635
3.什么是一般图书？ / 636
4.什么是专业类图书？ / 636
5.什么是普及读物？ / 636
6.什么是学术著作？ / 636
7.什么是教育类图书？ / 636
8.什么是教材？ / 636
9.什么是平装书？ / 636
10.什么是精装书？ / 636
11.什么是豪华本？ / 637
12.什么是线装书？ / 637
13.什么是畅销书？ / 637
14.什么是常销书？ / 637
15.什么是长销书？ / 637
16.什么是滞销书？ / 637
17.什么是残破书？ / 637
18.什么是特价书？ / 638
19.什么是常备书？ / 638
20.什么是库存书？ / 638
21.什么是样书？ / 638
22.什么是开本？ / 638
23.什么是印张？ / 638

三、报刊 / 639

1.什么是报纸？ / 639
2.什么是副刊？ / 639
3.什么是号外？ / 639
4.什么是机关报(刊)？ / 639
5.什么是期刊？ / 639
6.什么是增刊？ / 639
7.什么是专刊？ / 639
8.什么是丛刊？ / 639
9.什么是学报？ / 640
10.什么是创刊号？ / 640
11.什么是邮发报刊？ / 640
12.什么是期刊合订本？ / 640
13.什么是期刊精华本？ / 640

四、音像制品及电子出版物 / 640

1.什么是音像出版物(音像制品)？ / 640
2.什么是录音带？ / 640
3.什么是激光唱盘？ / 640
4.什么是录像带？ / 640
5.什么是数码激光视盘？ / 641
6.什么是高密度激光视盘？ / 641
7.什么是电子出版物？ / 641
8.什么是只读光盘？ / 641
9.什么是交互式光盘？ / 641
10.什么是多媒体电子出版物？ / 641
11.什么是磁盘？ / 641
12.什么是集成电路卡？ / 642
13.什么是照片光盘？ / 642
14.什么是网络出版物？ / 642
15.什么是网络游戏？ / 642
16.什么是有声读物？ / 642

五、出版物版印 / 642

1.什么是版本？ / 642

2.什么是版次？ / 642
3.什么是修订版？ / 642
4.什么是增订版？ / 642
5.什么是增补版？ / 643
6.什么是限量版？ / 643
7.什么是印次？ / 643
8.什么是重印书？ / 643
9.什么是再版书？ / 643
10.什么是绝版书？ / 643
11.什么是影印本？ / 643

第二部分 出版物发行业务术语与出版物分类

一、出版物发行业务术语 / 644

1.什么是出版物发行？ / 644
2.什么是公开发行？ / 644
3.什么是内部发行？ / 644
4.什么是自办发行？ / 644
5.什么是系统发行？ / 644
6.什么是发行渠道？ / 644
7.什么是征订？ / 645
8.什么是包销？ / 645
9.什么是征订包销？ / 645
10.什么是征订经销？ / 645
11.什么是特约经销？ / 645
12.什么是经销包退？ / 646
13.什么是寄销？ / 646
14.什么是批发？ / 646
15.什么是零售？ / 646
16.什么是出租？ / 646
17.什么是展销？ / 647
18.什么是发行折扣？ / 647
19.什么是订货？ / 647
20.什么是订单？ / 647
21.什么是目录(书目)？ / 647

22.什么是征订书目？ / 647
23.什么是脱销？ / 648
24.什么是滞销？ / 648
25.什么是积压？ / 648
26.什么是退货？ / 648
27.什么是流动销售？ / 648
28.什么是图书展销？ / 648

二、出版物分类 / 648

1.什么是出版物分类？ / 648
2.出版物分类有哪些方法？ / 649
3.什么是《中国图书馆分类法》？ / 649
4.《中国图书馆分类法》对图书是如何分类的？ / 649
5.什么是部类？ / 649
6.什么是一级类目？ / 650
7.什么是二级类目？ / 650
8.部类、一级类目和二级类目是什么关系？ / 650
9.什么是《中国科学院图书馆图书分类法》？ / 650
10.《中国科学院图书馆图书分类法》是如何分类的？ / 651
11.什么是《中国人民大学图书馆图书分类法》？ / 652
12.《中国人民大学图书馆图书分类法》是如何分类的？ / 652
13.什么是《营销分类法》？ / 652
14.《营销分类法》是如何分类的？ / 653
15.什么是农家书屋图书分类法？ / 654
16.农家书屋图书是如何分类的？ / 654
17.什么是马克(MARC)数据？ / 654
18.什么是中国机读目录(CN-MARC)？ / 655
19.综合卖场出版物如何分类？ / 655
20.专业卖场出版物如何分类？ / 655
21.零售卖场出版物如何分类？ / 656
22.书报刊亭出版物如何分类？ / 656
23.流动销售的出版物如何分类？ / 656
24.什么是出版物发行分类标识？ / 656
25.出版物发行分类标识的区分有哪些？ / 656

第三部分 出版物发行人员和发行企业

一、出版物发行人员 / 657

1.对发行人员有哪些基本要求？ / 657
2.发行员仪表形象有哪些要求？ / 657
3.什么是接待礼仪？ / 657
4.接待礼仪有哪些基本内容？ / 657
5.什么是形体动作？ / 658
6.发行员形体动作有哪些规范要求？ / 658
7.出版物发行服务用语大致有哪些？ / 658
8.出版物发行服务禁忌用语大致有哪些？ / 659
9.营业前应做好哪些服务准备？ / 659
10.营业过程中的接待有哪些技巧？ / 660
11.营业结束时有哪些接待技巧？ / 660
12.门市(店堂)服务应重点注意些什么？ / 660
13.摊亭服务应注意些什么？ / 661
14.流动服务应注意些什么？ / 661
15.开架销售服务应注意些什么？ / 661
16.如何了解消费者需求？ / 662
17.如何做好导购服务？ / 663
18.如何做好咨询服务？ / 663
19.推介出版物重点要做好哪些工作？ / 663
20.如何开展出版物预订？ / 664
21.如何进行缺货代办？ / 664
22.如何做好配套供应？ / 664
23.如何对待摘抄资料的消费者？ / 664
24.如何发展基本消费者？ / 665

二、出版物发行企业 / 665

1.出版物发行企业有哪些种类？ / 665
2.什么是出版物批发企业？ / 665
3.什么是出版物零售企业？ / 665
4.设立出版物批发企业需要哪些条件？ / 665
5.申请从事出版物批发业务需要提交哪些申请材料？ / 666
6.设立出版物零售企业需要哪些条件？ / 666

7.申请从事出版物零售业务需要提交哪些申请材料？ / 666
8.设立外商投资出版物发行企业需要哪些条件？ / 666
9.设立从事出版物发行的书友会、读者俱乐部或者其他类似组织需要哪些条件？ / 666
10.设立出版物临时销售点有哪些要求？ / 667
11.出版物发行单位设立不具备法人资格的发行分支机构需要哪些条件？ / 667
12.变更出版物经营许可证登记事项应履行哪些手续？ / 667
13.终止出版物经营活动应履行哪些手续？ / 667

第四部分 出版物进货、储运和管理

一、出版物进货 / 668

1.购进出版物一般要注意把握哪些原则？ / 668
2.如何尽可能减少进货工作失误？ / 668
3.供货渠道有哪些类型？ / 669
4.出版物进货的主要渠道有哪些？ / 669
5.选择供货渠道的方法有哪些？ / 669
6.如何做好集中进货管理？ / 670
7.分散进货一般采取哪些形式？ / 670
8.单店进货一般采取哪些形式？ / 670
9.进货需要把握的基本要领有哪些？ / 671
10.进货的基本流程有哪些？ / 671
11.如何收集进货信息？ / 672
12.如何制定进货计划？ / 672
13.出版物订货方式有哪些？ / 673
14.如何洽谈进货业务？ / 674

二、出版物储运 / 675

1.如何收货？ / 675
2.如何处理收货中出现的问题？ / 675
3.如何退货？ / 675
4.如何处理退货中出现的问题？ / 676
5.怎样做好出版物入库工作？ / 676
6.如何码放管理库存出版物？ / 676
7.如何分发待运出版物？ / 677

8.拣配出版物的主要方法有哪些？ / 677
9.如何复核拣配打包的出版物？ / 678
10.储运出版物应如何包装？ / 678
11.如何调剂出版物？ / 678
12.如何更换问题出版物？ / 679
13.停售出版物如何封存？ / 679
14.如何处理报废出版物？ / 679
15.如何处理残次出版物？ / 679

三、出版物管理 / 679

1.如何做好出版物仓储管理？ / 679
2.周转仓出版物如何管理？ / 680
3.备货仓出版物如何管理？ / 680
4.如何运用账卡管理出版物？ / 681
5.出版物物流管理信息系统需要具备哪些功能？ / 681
6.出版物物流管理信息系统基本查询功能有哪些？ / 681
7.如何按类别分析出版物库存总量？ / 682
8.如何按品种分析出版物库存总量？ / 682
9.如何按库存周转次数分析出版物库存总量？ / 682
10.如何按出版或印刷年限分析出版物库存总量？ / 682
11.如何做好库存出版物盘存清库？ / 683
12.造成盘存账实不符的原因有哪些？ / 683

第五部分　出版物陈列、销售

一、出版物陈列 / 684

1.出版物发行分类陈列有哪些方法？ / 684
2.如何分类和陈列同类出版物？ / 684
3.如何陈列出版物跨类品种？ / 685
4.出版物陈列的基本原则是什么？ / 685
5.如何陈列不同形态的出版物？ / 685
6.如何在书架上陈列出版物？ / 686
7.如何在书台上陈列出版物？ / 686
8.如何在柜台上陈列出版物？ / 686
9.大开张图片等出版物如何陈列？ / 687

10.立体码放(书墩)有哪些基本要求? / 687

二、出版物销售 / 687

1.门市组织一般有哪些构架? / 687
2.如何制订销售计划? / 688
3.如何做好岗位管理? / 688
4.如何规范门市、卖场、柜组负责人的岗位作业? / 689
5.如何规范出版物发行员的岗位作业? / 689
6.如何规范收银员的岗位作业? / 690
7.如何确认员工个人工作业绩? / 690
8.如何拟定进销比例? / 690
9.如何拟定进销平衡计划? / 691
10.如何进行常备、常销出版物需求总量分析? / 691
11.如何做好销售结构变化分析? / 691
12.如何做好销售对象增减分析? / 691
13.如何做好销售方式运用分析? / 692
14.如何开展市场调查? / 692
15.如何掌握供求相对平衡? / 692
16.如何分析所获取的出版物发行市场经营环境信息? / 693
17.如何分析市场机会? / 693
18.如何捕捉市场机会? / 694
19.如何细分出版物市场? / 694
20.如何运用出版物促销推动策略? / 694
21.出版物促销方式有哪些? / 695
22.如何设计出版物分销渠道? / 695
23.如何组织人员推销? / 696
24.如何组织促销活动? / 696
25.POS系统管理进销存业务的功能有哪些? / 697
26.进销业务往来有哪些票据? / 697
27.如何做好应收账款管理? / 697
28.如何处理进销业务信息资料? / 698
29.如何做好进销存分类统计和管理? / 698
30.如何编制征订目录? / 698
31.如何制订年度计划销售指标? / 698
32.如何制订库存指标? / 699

33.如何制订进货指标？ / 699
34.如何确定劳动生产率定额？ / 699
35.如何核定盘亏率？ / 699
36.如何计算分析年度利润？ / 700
37.如何处理出版变更？ / 700
38.如何处理供货脱期？ / 700
39.如何处理发货差错？ / 701
40.如何解决出版物质量引起的矛盾和纠纷？ / 701
41.如何解决店堂服务引发的矛盾和纠纷？ / 701
42.如何解决消费者无理取闹引起的矛盾和纠纷？ / 702
43.如何避免或减少门市出版物丢失？ / 702
44.发行企业如何参与出版物展销活动？ / 702

三、网上书店 / 703

1.什么是网上书店？ / 703
2.开设网上书店需要哪些条件？ / 703
3.与实体书店图书销售相比网上图书销售有哪些优势？ / 703
4.出版物网络销售渠道建设主要有哪些方式？ / 703
5.国内图书销售电商主要有哪些？ / 704
6.电商初级运营基础岗位有哪些？ / 704
7.电商各个岗位考核要点有哪些？ / 704
8.传统书店拓展电商渠道要注意哪些问题？ / 704
9.店铺运营需要哪些辅助软件？ / 704
10.店铺数据分析有哪些关键指标？ / 705
11.店铺如何进行商品规划？ / 705
12.线上营销与线下营销各有何优劣？ / 705
13.新开线上店铺如何获取流量？ / 705
14.如何解读店铺流量来源？ / 705
15.如何提升上架商品搜索排名？ / 706
16.线上店铺手机端装修要点有哪些？ / 706
17.线上店铺日常营销方式有哪些？ / 706
18.如何考核售前客服？ / 706
19.如何考核售后客服？ / 706
20.客服团队自建好还是外包好？ / 706
21.客服主要工作职能有哪些？ / 707

22.什么是 CRM 系统？ / 707
23.CRM 系统针对网店能解决哪些问题？ / 707

第六部分　出版物公共服务及政府采购

一、公共图书馆和基层书屋 / 708

1.什么是公共图书馆？ / 708
2.公共图书馆的主要职能是什么？ / 708
3.我国公共图书馆大致有哪些？ / 709
4.我国公共图书馆发展状况如何？ / 709
5.什么是基层书屋？ / 709
6.公共图书馆和基层书屋出版物采购有哪些方式？ / 709
7.如何做好馆配服务？ / 710

二、政府采购 / 710

1.什么是政府采购？ / 710
2.政府采购有哪些方式？ / 710
3.政府采购有哪些程序？ / 711
4.出版物政府采购有哪些主要特点？ / 711
5.如何获取出版物政府采购信息？ / 711
6.什么是公开招标？ / 712
7.什么是邀请招标？ / 712
8.什么是竞争性谈判？ / 713
9.什么是单一来源采购？ / 713
10.什么是询价采购？ / 713
11.什么是招标？ / 714
12.什么是招标人？ / 714
13.什么是招标代理机构？ / 714
14.什么是标的？ / 714
15.什么是标底？ / 715
16.公开招标公告具体内容有哪些？ / 715
17.邀请招标资格预审公告基本内容有哪些？ / 715
18.什么是招标文件？ / 715
19.招标文件的主要内容有哪些？ / 716
20.什么是投标？ / 716

21.什么是投标人？ / 716
22.法律法规对投标人有哪些具体要求？ / 717
23.什么是投标文件？ / 717
24.开标有哪些法定要求？ / 718
25.评标有哪些法定要求？ / 718
26.中标后如何签定和履行书面合同？ / 719
27.如何确定和收取履约保证金？ / 719
28.政府采购合同包括哪些主要内容？ / 719
29.对政府采购如何质疑和投诉？ / 720
30.投诉处理决定公告应当包括哪些内容？ / 720

第七部分 出版物发行活动管理

一、出版物识别和发行活动规范 / 721

1.如何识别非法图书？ / 721
2.如何识别非法报刊？ / 722
3.如何识别非法音像制品？ / 723
4.如何识别非法电子出版物？ / 723
5.从事出版物发行的单位和个人必须遵守哪些规定？ / 724
6.出版物发行单位年度核验(年检)如何实施？ / 724

二、违法违规发行活动处罚 / 725

1.规范出版发行活动的业内法规主要有哪些？ / 725
2.未经批准，擅自设立出版物发行单位，或者擅自从事出版物发行业务的，应受何种处罚？ / 725
3.发行违禁出版物，应受何种处罚？ / 725
4.发行侵犯他人著作权或者专有出版权的出版物，应受何种处罚？ / 725
5.出版物发行单位未依照规定办理变更审批手续，应受何种处罚？ / 726
6.被吊销出版物经营许可证，其法定代表人或主要负责人将受到何种处罚？ / 726
7.不能提供近两年出版物发行进销货清单等有关非财务票据或者清单、票据未按规定载明有关内容的，应受何种处罚？ / 726
8.超出新闻出版行政主管部门核准的经营范围经营，应受何种处罚？ / 726
9.张贴、散发、登载有法律、法规禁止内容的或者有欺诈性文字、与事实不符的征订单、广告和宣传画，应受何种处罚？ / 726
10.擅自更改出版物版权页，应受何种处罚？ / 726

11.出版物经营许可证未在经营场所明显处张挂或者未在网页醒目位置公开出版物经营许可证和营业执照登载的有关信息或者链接标识的，应受何种处罚？ / 727
12.出售、出借、出租、转让或者擅自涂改、变造出版物经营许可证，应受何种处罚？ / 727
13.公开宣传、陈列、展示、征订、销售或者面向社会公众发送规定应由内部发行的出版物，应受何种处罚？ / 727
14.委托无出版物批发、零售资质的单位或者个人销售出版物或者代理出版物销售业务，应受何种处罚？ / 727
15.未从依法取得出版物批发、零售资质的出版发行单位进货，应受何种处罚？ / 727
16.提供出版物网络交易平台服务的经营者未按《出版物市场管理规定》履行有关审查及管理责任，应受何种处罚？ / 727
17.应按规定进行备案而未备案，应受何种处罚？ / 727
18.不按规定接受年度核验，应受何种处罚？ / 728

三、中小学教科书发行管理 / 728

1.从事中小学教科书发行业务需要哪些条件？ / 728
2.从事中小学教科书发行业务必须遵守哪些规定？ / 728
3.中小学教辅材料发行有哪些要求？ / 729
4.中小学教辅材料质量要求有哪些？ / 729
5.中小学教辅材料定价要求有哪些？ / 729
6.发行单位发行未经依法审定的中学小学教科书，应受何种处罚？ / 730
7.未经法定方式确定的单位从事中学小学教科书的发行业务，应受何种处罚？ / 730

四、进口出版物发行管理 / 730

1.什么是进口出版物？ / 730
2.什么是出版物进口经营单位？ / 730
3.进口出版物是如何管理的？ / 730
4.进口图书备案申请包括哪些信息？ / 731
5.进口音像制品（成品）及电子出版物（成品）备案申请包括哪些信息？ / 731
6.进口报纸、期刊备案申请包括哪些信息？ / 732
7.进口境外数字文献数据库备案申请包括哪些信息？ / 732
8.出版物进口经营单位未履行审读责任将受到何种处罚？ / 733
9.出版物进口经营单位备案时提交的材料不齐备、不真实或违反《出版物进口备案

管理办法》其他规定将受到何种处罚？ / 733
10.进口出版物发行管理中的订户指的是什么？ / 733
11.进口出版物发行管理中的订购指的是什么？ / 733
12.进口出版物如何分类管理？ / 733
13.限定发行范围的进口出版物如何发行？ / 733
14.订户订购非限定发行范围的进口报纸、期刊应如何办理？ / 734
15.订户订购限定发行范围的进口报纸、期刊、图书、电子出版物等应如何办理？ / 734
16.在华外国机构、外商投资企业和在华长期工作、学习、生活的外籍人士和港、澳、台人士订购进口报纸、期刊，应如何办理？ / 734
17.订购限定发行范围的进口报纸、期刊、图书、电子出版物的订户如何审核？ / 734
18.未经批准，擅自从事进口出版物的订户订购业务，应受何种处罚？ / 734

第八部分 国内、国际书展

1.全国图书交易博览会 / 735
2.北京国际图书博览会 / 735
3.北京图书订货会 / 735
4.上海书展暨“书香中国”上海周 / 736
5.香港书展 / 736
6.法兰克福图书博览会 / 736
7.伦敦书展 / 737
8.博罗尼亚国际儿童图书展 / 737
9.莫斯科国际图书博览会 / 738
10.美国书展 / 738
11.澳大利亚国际图书博览会 / 738
12.莱比锡书展 / 739
13.首尔国际书展 / 739
14.开罗国际图书博览会 / 739
15.巴黎图书沙龙 / 740
16.东京国际图书博览会 / 740
附录 1《中国图书馆分类法》(第五版)简表 / 741

著作权与版权贸易

第一篇 著作权概述

一、著作权基本概述 / 753

1.什么是著作权,著作权是一种什么权利? / 753
2.著作权有何特征? / 753
3.著作权和版权有什么区别? / 753
4.著作权自何时产生?如何判断? / 754
5.构思和创作思路受《著作权法》保护吗? / 754
6.著作权由哪一个行政机关主管? / 754
7.著作权登记的作用是什么? / 755
8.什么是创作? / 755
9.什么是作品的独创性? / 755
10.著作权保护期届满后的作品如何处理? / 755
11.出版者的版式设计是否受到保护? / 756
12.著作权人遇到出版格式合同或条款时,应当如何处理? / 756
13.著作人身权属于一般人身权吗? / 756
14.著作权与一般财产权利有什么不同? / 757
15.图书封面设计和插图是否有著作权? / 757
16.报社、期刊社能否取得作品的专有出版权? / 757
17.通过信息网络向公众提供作品,可以不经著作权人许可的情形有哪些? / 758
18.什么是网络服务提供者的"避风港原则"?如何适用该原则? / 758
19.计算机软件为什么要单独保护? / 759
20.如何享有软件著作权? / 759
21.软件著作权的内容是什么? / 759
22.软件著作权的保护范围是什么? / 760
23.能否以学习和研究为目的免费使用软件? / 760

二、著作权的主体 / 761

24.著作权的主体包括哪些? / 761
25.什么是原始主体? / 761
26.什么是继受主体? / 761

27.什么是完整主体与不完整主体？ / 762
28.本国主体、外国主体的区别是什么？ / 762
29.中国公民特别是香港地区、澳门地区的中国公民，都是由我国《著作权法》保护的吗？ / 763
30.国家与自然人、法人或其他组织同为著作权的主体，有何特殊之处？ / 763

三、著作权的客体 / 763

31.著作权的客体是什么？有哪些种类？ / 763
32.不受《著作权法》保护的作品有哪些？ / 764
33.什么是文字作品？ / 764
34.什么是口述作品？ / 764
35.什么是摄影作品？ / 764
36.什么是建筑作品？ / 764
37.什么是音乐作品？ / 765
38.什么是美术作品？ / 765
39.什么是电影作品和以类似摄制电影的方法创作的作品？ / 765
40.什么是计算机软件？ / 765
41.什么是民间文学艺术作品？ / 766
42.未做著作权声明的作品能否受到著作权相关法律的保护？ / 766
43.未发表的作品能否受到著作权保护？ / 766
44.作品受保护是否要求一定要以有形形式固定？ / 766
45.对于不符合有关出版规定或未履行报批手续的作品，我国《著作权法》是否予以保护？ / 766
46.科技作品能否受《著作权法》的保护？ / 766
47.思想内容本身是著作权的客体吗？ / 767
48.互联网上数字化的作品受《著作权法》保护吗？ / 767
49.实用艺术品受《著作权法》保护吗？ / 767
50.如何正确地引用他人的作品？ / 767
51.使用他人作品进行演出应当遵循何种规定？ / 767

四、邻接权 / 768

52.什么是邻接权？有哪些种类？ / 768
53.邻接权与著作权之间有什么样的联系和区别？ / 768
54.出版者权的内容有哪些？ / 768
55.表演者权的内容有哪些？ / 769

56.录音录像制作者权的内容有哪些？ / 769
57.广播电视组织权的内容有哪些？ / 769
58.邻接权如何取得？ / 769
59.邻接权应当如何使用才不侵犯著作权人的合法权益？ / 769

第二篇　著作权的内容

一、著作人身权 / 771

60.著作人身权与民法上的人身权利有何异同？ / 771
61.什么是作者身份权？ / 771
62.如何理解发表权？ / 771
63.如何理解署名权？ / 772
64.前言或引言提名是否等于署名？ / 772
65.如何理解修改权？ / 772
66.什么是保护作品完整权？ / 772

二、著作财产权 / 773

67.什么是著作财产权？ / 773
68.什么是复制权？ / 773
69.网络环境下个人观看盗版作品构成对复制权的侵犯吗？ / 773
70.什么是发行权？ / 773
71.如果合法购买某一电子书再通过网络提供给他人，属于侵犯著作权人的发行权吗？ / 774
72.什么是出租权？ / 774
73.什么是展览权？ / 774
74.什么是表演权？ / 774
75.什么是放映权？ / 774
76.什么是广播权？ / 775
77.什么是信息网络传播权？ / 775
78.什么是摄制权？ / 775
79.什么是改编权？ / 775
80.什么是翻译权？ / 776
81.什么是汇编权？ / 776

三、著作权保护期限 / 776

82.著作权的保护期限是多久？ / 776

83.如何确定作者身份不明的作品的保护期？ / 777
84.著作权的保护期能否延长？ / 777
85.作品保护期届满是否可以随意使用？ / 777

四、著作权的限制 / 777

86.什么是著作权的限制，为什么要对著作权进行限制？ / 777
87.著作权限制的类型有哪些？ / 778
88.什么是著作权的合理使用？ / 778
89.合理使用的必备条件是什么？ / 778
90.合理使用中的个人使用需满足何种条件？ / 778
91.合理使用的具体情形有哪些？ / 778
92.什么是“三步检验标准”？ / 779
93.什么是著作权的法定许可？ / 780
94.法定许可使用的情形有哪些？ / 780
95.什么是报刊转载、摘编的法定许可？ / 780
96.学习用的教科书可不可以未经允许使用他人的作品？ / 781
97.录音制作者可否使用他人的音乐作品制作录音制品？ / 781
98.广播电台、电视台能否播放他人未发表的作品？ / 781
99.能否通过网络传播学习课件？ / 781
100.图书馆能否通过信息网络向大众提供本馆收藏的数字化作品？ / 781
101.能否对室外艺术品进行复制，并将复制品用于其他用途？ / 782
102.报纸上能否刊登会议上的讲话？ / 782
103.媒体为了报道时事新闻能随意使用已发表的作品吗？ / 782
104.网络服务提供者能否自动存储从其他网络服务提供者获得的作品、表演、录音录像制品？ / 783
105.能否免费表演已经发表、出版的作品？ / 783
106.在法定许可的情况下如何向著作权人支付报酬？ / 783
107.能否合理使用已发表的少数民族语言文字作品翻译成汉语言文字作品进行出版发行？ / 783
108.经过法定许可的录音制品制作者可以不经过著作权人许可发行音乐作品吗？ / 783
109.出版者转载、摘抄报纸文章需要作者许可吗？ / 784

第三篇 著作权的管理

一、著作权行政管理 / 785

110.著作权的行政管理包括哪些内容？ / 785
111.国家版权局主要有哪些职责？ / 785
112.地方著作权行政管理机关主要有哪些职责？ / 785
113.行政处罚事先告知书应以何种方式送达当事人？ / 786
114.当事人如何向著作权行政管理部门申请陈述、申辩？ / 786
115.著作权转让流程及登记需要提供哪些文件？ / 786
116.著作权转让是否可以不经备案？ / 786
117.著作权登记与否对著作权的取得有什么影响？ / 786
118.哪些人可以申请著作权登记？ / 787
119.著作权登记由哪个机构负责？ / 787
120.著作权登记需要准备哪些材料？ / 787
121.著作权登记需要填写什么资料？ / 787
122.著作权登记的流程是怎样的？ / 789
123.著作权登记需要缴费吗？ / 789
124.什么叫著作权质权？ / 789
125.什么情况下著作权质权将不予登记？ / 790
126.哪些情况可能导致计算机软件著作权登记申请失败？ / 790
127.著作权登记申请递交后可以撤回或者撤销该登记申请吗？ / 790
128.著作权登记的撤回与撤销有什么区别？ / 790
129.撤回著作权登记申请需要准备什么材料？ / 791
130.撤回软件著作权登记的条件有什么？ / 791
131.对已登记的作品如何查询相关信息？ / 791
132.登记机关不确定申请人所申请的著作权的归属时应该如何处理？ / 791
133.同一作品可以多次进行著作权登记申请吗？ / 791
134.著作权登记申请有时间限制吗？ / 791
135.进行著作权相关登记时信息填写错误可以修改吗？ / 792
136.申请人发现登记机关的登记有误可以采取什么救济方法？ / 792

二、著作权集体管理 / 792

137.著作权集体管理组织成立的条件有哪些？ / 792
138.著作权集体管理组织设立的程序是什么？ / 792
139.著作权人如何加入著作权集体管理组织？ / 793

140.著作权的权利人加入著作权集体管理组织后主要有什么权利和义务？ / 793
141.著作权集体管理组织主要有什么权利和义务？ / 794
142.外国人可以加入我国的著作权集体管理组织吗？需要符合什么条件？ / 795
143.著作权集体管理组织有哪些行为是违反《著作权集体管理条例》的？ / 795
144.著作权集体管理组织的负责人在什么情况下可能会被罢免或解聘？ / 795
145.在哪些情况下著作权的权利人、使用者及其他人可以检举著作权集体管理组织？ / 796
146.著作权集体管理组织与著作权的使用者订立合同时有什么条件？ / 796
147.著作权集体管理组织的主管单位可以通过哪些方式对著作权集体管理组织进行监督？ / 796
148.在什么情况下著作权集体管理组织会被撤销或取缔？ / 797

第四篇 著作权的保护

一、著作权的侵权行为 / 798

149.侵犯著作权的行为有哪些？ / 798
150.著作权侵权行为应当如何认定？ / 798
151.互联网环境下著作权的直接侵权和间接侵权有何区别？ / 799
152.侵犯计算机软件著作权的行为有哪些？ / 799
153.将已发表的合作作品经过改编或加工后以本人名义发表，对其他合作作者是否构成侵权？ / 800
154.部分研究人员将集体讨论的思路、创意撰写成文字作品发表，是否侵害其他共同研究人员的著作权？ / 800
155.作者将已出版的图书重新编写后再次出版，是否侵犯原图书出版者的专有出版权？ / 800
156.冒用他人名义发表作品是否构成侵权？ / 800
157.不同作者创作相同主题的作品会构成侵权吗？ / 801
158.可否以创作历史性、纪实性的作品为由，对他人就同一史实或事实创作的作品进行完全或实质的模仿？ / 801
159.在何种情况下使用自己的作品也会构成侵权？ / 801
160.公开表演作品不指明作者姓名是否构成侵权？ / 801
161.随意更改歌曲中的词或曲是否侵害原歌曲著作权？ / 802
162.媒体为报道时事新闻能随意使用已发表的作品吗？ / 802
163.报刊能否随意转载他人的作品？ / 802
164.报刊单方刊登对其发表的作品享有专有出版权的启事，是否符合《著作权法》的

规定？ / 802
165.出版社出版的图书被证实存在抄袭，是否要承担侵权责任？ / 803
166.出版社出版有作者担保的侵权作品，是否要承担侵权责任？ / 803
167.出版社擅自将专有出版权转让，是否构成侵权？ / 803
168.出版社能否因出版合同中的瑕疵担保条款而免除侵权责任？ / 803
169.编辑人员在编辑工作中对作品进行修改、删节是否属于侵权行为？ / 803
170.编辑人员利用职务之便抢先发表译作是否构成侵权？ / 804
171.印刷厂受委托复制侵权作品的行为是否构成侵权？ / 804
172.商场、宾馆等经营场所播放背景音乐的行为是否构成侵权？ / 804
173.音像制品销售商为顾客刻录歌曲CD、出租音像制品的行为是否构成侵权？ / 804
174.出版者将盗版误认为是正版而进行商业性使用，是否构成著作权直接侵权？ / 805
175.公民转录录音磁带进行销售的行为是否违法？ / 805
176.网络服务提供者如何应对服务对象侵权的行为？ / 805
177.《著作权法》中侵害邻接权的行为有哪些？ / 806

二、著作权救济措施 / 806

178.我国目前关于著作权保护的法律法规主要有哪些？ / 806
179.著作权侵权责任形式有哪些？ / 806
180.著作权受他人侵犯时可以通过哪些途径解决？ / 806
181.人民法院受理哪些著作权民事纠纷案件？ / 807
182.哪些人有权提起著作权侵权诉讼？ / 807
183.发生著作权纠纷，应当向哪一级人民法院起诉？ / 807
184.著作权纠纷如何确定地域管辖？ / 807
185.网络著作权侵权如何确定地域管辖？ / 808
186.著作权侵权行为人需承担的民事责任主要有哪些？ / 808
187.发生著作权侵权纠纷时如何申请诉前责令停止侵权？ / 808
188.著作权行政管理部门可对哪些著作权侵权行为人给予哪些行政处罚？ / 809
189.著作权行政管理部门可以对著作权违法行为做出哪些行政处罚？ / 809
190.如何确定行政处罚的地域管辖？ / 810
191.哪些侵犯著作权的行为需要承担刑事责任？ / 810
192.侵犯著作权的违法行为何时构成“情节严重”？应如何处理？ / 810
193.如何确定权利人的实际损失？ / 810
194.著作权侵权应如何赔偿？ / 810
195.遇有侵权纠纷时，出版者、制作者应承担何种举证责任？ / 811

196.如何认定侵犯著作权犯罪案件中的“以营利为目的”？ / 811
197.侵犯著作权犯罪中“未经著作权人许可”如何认定？ / 811
198.对侵权行为人能否同时追究不同的法律责任？ / 812
199.著作权侵权如何计算赔偿的金额？ / 812
200.何为诉前禁令？适用的前提是什么？ / 812
201.何为财产保全？需要满足何种条件？ / 813
202.何为诉前证据保全？著作权侵权案件中的诉前证据保全措施有哪些？ / 814
203.什么是著作权纠纷仲裁？ / 814
204.著作权侵权纠纷能否通过调解协商解决？ / 814
205.著作权侵权的诉讼时效为多长时间？ / 814
206.《著作权法》对侵权行为有无溯及力？ / 815

第五篇 著作权的利用

一、著作权的归属 / 816

207.如何判断作品的权利归属？ / 816
208.什么是演绎作品？如何确定演绎作品的著作权归属？ / 816
209.公民死亡后，其作品的著作权如何处理？ / 817
210.著作权如何取得？有哪些分类？ / 817
211.汇编作品的著作权如何归属？ / 817
212.职务作品的著作权如何归属？ / 817
213.委托作品的著作权如何归属？ / 818
214.合作作品的著作权如何归属？ / 818
215.电影作品的著作权如何归属？ / 819
216.境外作品在我国可以取得著作权吗？ / 819
217.政府文件的制定单位是否对其制定的文件享有著作权？为什么？ / 819
218.法人或其他组织变更、终止后其享有的著作权如何归属？ / 819
219.遗作的著作权如何取得和行使？ / 820
220.一张CD的著作权人、作品的表演者、录音录像制品的制作者分别享有什么权利？ / 820
221.广播电台、电视台对自己播放的含有他人作品的节目享有著作权吗？ / 820
222.作者身份不明的作品其著作权如何归属？ / 820
223.时事新闻享有著作权吗？ / 821
224.教师对自己授课的过程是否享有著作权？ / 821
225.自传体作品的著作权如何归属？ / 821

二、著作权的许可 / 822

226.如何理解著作权许可使用合同？ / 822
227.著作权许可使用合同主要包括哪些内容？ / 822
228.著作权许可使用的权利种类有哪些？ / 822
229.著作权许可包含哪些种类？ / 823
230.著作权许可使用的付酬标准和办法如何约定？ / 823
231.著作权许可使用是否改变著作权的权属？ / 823
232.被许可人取得专有使用权时有何权利保障和限制？ / 823
233.著作权人的著作权在专有许可的情况下能否许可第三人使用？ / 823
234.如何对待著作权许可使用合同中未约定许可使用权的性质的情况？ / 824
235.被许可人对第三人侵犯自身权益的行为能否以自己的名义提起诉讼？ / 824

三、著作权的转让 / 824

236.著作权转让可通过哪些方式完成？ / 824
237.著作权转让合同一般采用何种形式？ / 824
238.著作权转让合同包括哪些主要内容？ / 824
239.著作权转让合同中应如何标明作品名称？ / 825
240.著作权转让的权利种类有哪些？ / 825
241.约定著作权转让费时应注意什么？ / 825
242.著作权中的各项财产权能否分别转让给不同的受让方？ / 825
243.著作权转让与著作权许可使用最主要的区别有哪些？ / 825
244.图书的出版应订立什么合同？ / 826
245.出版社可否同外商签订翻译出版合同？ / 826
246.著作权人可否向报社、期刊社一稿多投？ / 826
247.出版单位在何种情况下构成共犯，应如何论处？ / 826

四、著作权的其他使用 / 827

248.出版境外音像制品如何进行登记？ / 827
249.出版境外影音制品进行登记时应提交什么材料？ / 827
250.著作权出质需要满足哪些条件？ / 827
251.著作权质权登记成功后将产生什么法律后果？ / 828
252.申请著作权质权登记应提交什么材料？ / 828
253.《著作权质权登记证书》与《著作权质权登记簿》有何异同？ / 829
254.著作权出质期间可以将原著作权变更登记吗？ / 829

255.什么情况下著作权质权登记会被撤销？ / 829

第六篇 著作权国际保护与国际贸易

一、著作权国际保护 / 831

256.著作权国际保护的主要方式有哪些？ / 831
257.著作权国际保护有哪些基本原则？ / 831
258.我国《著作权法》是否保护外国人、无国籍人的作品？ / 832
259.对境外著作权人的保护是否有追溯性？ / 832
260.境外著作权人的作品在我国享有保护的期限是否与我国公民相同？ / 832
261.《保护文学艺术作品伯尔尼公约》是何时制定的？公约的核心内容是什么？我国于哪一年加入该公约？ / 832
262.《保护文学艺术作品伯尔尼公约》的基本原则有哪些？ / 833
263.《保护文学艺术作品伯尔尼公约》对著作权内容有何规定？ / 833
264.《保护文学艺术作品伯尔尼公约》对保护范围如何规定？ / 833
265.《保护文学艺术作品伯尔尼公约》对作品的保护期如何规定？ / 833
266.《保护文学艺术作品伯尔尼公约》是否具有追溯力？ / 834
267.《世界版权公约》是何时制定的？公约的核心内容是什么？我国于哪一年加入该公约？ / 834
268.《世界版权公约》的客体范围如何规定？ / 834
269.《世界版权公约》规定的权利内容有哪些？ / 834
270.《世界版权公约》中国民待遇原则如何体现？ / 834
271.何为《世界版权公约》的非自动保护原则？ / 835
272.《世界版权公约》对保护期限如何规定？ / 835
273.《世界版权公约》是否具有追溯力？ / 835

二、著作权国际贸易 / 835

274.开展国际著作权贸易的必要条件有哪些？ / 835
275.国际版权贸易的基本原则有哪些？ / 836
276.以我国为来源国的境外作品主要有哪些？ / 836
277.我国使用者能否对境外作品进行合理使用？ / 836
278.我国使用者能否对境外作品适用法定许可相关规定？有何限制？ / 836
279.我国使用者对境外作品能否取得强制许可？ / 837
280.出版外国图书是否需要进行著作权合同登记？ / 837
281.复制境外音像制品委托合同登记表格和合同登记章是否有统一规格样

式？ / 837
282.在著作权国际贸易和保护中可依照哪些国际条约？ / 837
283.《保护文学艺术作品伯尔尼公约》对发展中国家有何特殊待遇？ / 838
284.《与贸易有关的知识产权协定》的核心内容是什么？我国于哪一年加入该协定？ / 838
285.《与贸易有关的知识产权协定》的目标和原则是什么？ / 838
286.《与贸易有关的知识产权协定》的保护范围有哪些？ / 838
287.最惠国待遇在《与贸易有关的知识产权协定》中如何体现？ / 839
288.《世界知识产权组织版权条约》是哪一年制定的？制定目的是什么？在我国何时生效？ / 839
289.《世界知识产权组织版权条约》的重点内容有哪些？ / 839
290.《世界知识产权组织表演和录音制品条约》是哪一年制定的？其制定的目的是什么？ / 840
291.《世界知识产权组织表演和录音制品条约》中规定表演者和录音制品制作者的权利分别有哪些？ / 840
292.《世界知识产权组织表演和录音制品条约》如何规定保护期？ / 840
293.《保护录音制品制作者防止未经许可复制其录音制品公约》是哪一年制定的？我国于哪一年加入该协定？其制定目的是什么？ / 840
294.《保护录音制品制作者防止未经许可复制其录音制品公约》如何规定保护范围和保护期限？ / 841
295.《保护录音制品制作者防止未经许可复制其录音制品公约》中规定在何种情况下可颁发强制许可证？ / 841
296.世界主要国际书展有哪些？ / 841
297.从事出版物进口业务的主体及设立条件是什么？ / 842
298.出版物进口经营单位对进口出版物的内容有何注意事项？ / 843

后记

图书出版

本书以介绍图书出版从业知识技能为主要内容，立足于服务图书出版行业从业人员和管理人员以及想了解图书出版知识的读者。内容包括：图书出版基本知识、图书出版管理及附录。全书采用问答式编写，通过对问题的具体回答逐步解读图书出版的方方面面，并配有必要的插图说明，言简意赅，形式活泼。

第一部分
图书出版基本知识

一、图书的基本知识

1. 什么是出版物？出版物有哪些特性和种类？

出版物是指已出版的以传播为目的贮存知识信息并具有一定物质形态的作品。

出版物的特性主要有：①出版物是精神文化内容的载体。②出版物具有一定的物质载体，是一种商品。③出版物是精神文化内容和物质产品形态两者统一的出版活动产品。

出版物的种类有：图书、报纸、期刊、音像制品、电子出版物、互联网出版物等。

2. 什么是图书？

图书是出版物的主要类型，即用印刷方式复制，以纸为载体，可以重印的非连续性出版物。《图书出版管理规定》中所称的图书主要是指书籍、地图、年画、图片、画册，含有文字、图画内容的年历、月历、日历，以及由国家新闻出版行政部门认定的其他内容载体形式。

3. 图书的外表形态包括哪些部位？

图书外表形态主要包括面封、底封、书脊、书口、书顶、书根，如图 1 所示：

面封又称“前封面”“封一”，位于图书的最前面，是广义的封面的组成部分。面封应印上书名、作者名和出版者名，多卷书要印明卷次。

底封又称“封底”“封四”，位于图书的最后面，是广义的封面的组成部分。底封的右下角应印上中国标准书号及其条码和定价。

书脊又称“脊封”，是广义的封面的组成部分，位于图书的书页订合处，与书口相对应。

书口又称“外切口”，它的主体部分是图书的内文书页的一侧边缘。因为这里的各页书页并未订合在一起，因此图书可以在书口处自由打开。

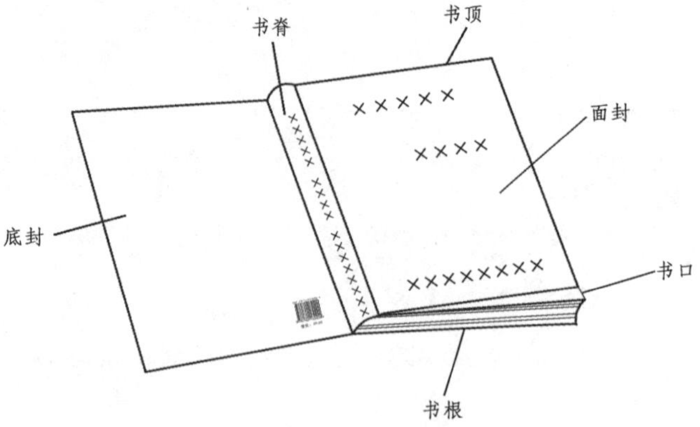

图1 图书的外表形态

书顶位于图书的最上端，又称“上切口”“书首”，它的主体部分是图书的内文书页的一侧边缘。

书根与书顶相应，又称“下切口”，它的主体部分也是图书的内文书页的一侧边缘，只是所处的位置在图书的最下端。

4. 图书的基本组成部分有哪些？什么是书芯、书页和书帖？书页有哪些类型？

图书的基本组成有两大部分，即书芯和外部装帧物。

书芯是图书的主体，是图书中承载图书主体内容的部分，包含图书内文全部书页。

书页指有一定幅面尺寸，通常印有图文的单张纸页。

书帖指成叠的书页集合体，由一定规格的纸张经正反两面印刷并经若干次折页后形成。

书页按组合方式可分为两种，即集合型书页和单页型书页。

集合型书页即是以书帖形式存在书刊中的书页。

5. 图书的页和面有什么联系？

图书中的“页”类似于“张”，指书页的张数，而一张纸的正反两面，都用“面”指称。一页包含两个页码，或者说包括两面，因此两个页码或两面算一页。如出版印刷中提到的“四页”，即指“八个页码”。

6. 什么叫开本？开本主要有哪些种类？

开本是表示图书幅面大小的用语，指图书成品正面的几何尺寸，是用全张印刷纸开切的若干等分。

从不同角度进行分类，开本的种类是不一样的。按纸张开切法的不同，开本可分为正规开本和特殊开本；按开数大小，开本可分为大型开本、中型开本和小型开本；按边长比例，开本可分为竖开本和横开本。

7. 国内标准和国际标准各有哪些开本规格？

国内标准和国际标准的开本及其幅面尺寸如表 1 和表 2 所示：

表 1　国内标准开本及其幅面尺寸

开本	成品尺寸（mm×mm）	开本	成品尺寸（mm×mm）	开本	成品尺寸（mm×mm）
16 开(720×1020)	165×235	16 开(850×1168)	205×285	32 开(889×1194)	108×210
	170×230	16 开(889×1194)	180×285		140×170
	170×242		210×285		140×190
	160×237	16 开(890×1240)	210×285		140×197
	160×240		210×297		140×210
	165×235	24 开(787×1092)	170×185		140×213
	167×242	24 开(889×1194)	175×190		145×210
	169×239		190×210	32 开(890×1240)	148×210
	169×242	32 开(710×1020)	105×165		148×220
	170×235	32 开(787×1092)	105×185	32 开(940×1360)	152×220
	170×240		117×184		153×220
	172×242		130×185		155×220
16 开(787×960)	185×230	32 开(800×1100)	129×189		160×200
16 开(787×1092)	177×235	32 开(850×1168)	135×209		160×225
	180×255		140×202	48 开(787×1092)	92×172
	180×256		140×203	64 开(890×1240)	105×148
	180×260		140×210		92×130
	183×260	32 开(880×1240)	148×210	横 8 开(787×1092)	230×305
	185×250	32 开(880×1230)	140×210		370×260
	185×260		148×208		
	190×260		148×210		

备注：表内开本数后括注的数字为未裁切单张纸尺寸。

表 2　国际标准开本及其幅面尺寸

单位:mm

系列	未裁切单张纸尺寸	已裁切成开本	
		代号	成品尺寸(允差±1mm)
A	890×1240M	A4	210×297
	890M×1240	A5	148×210
	890×1240M	A6	105×144
	900×1280M	A4	210×297
	900M×1280	A5	148×210
	900×1280M	A6	105×144
B	1000M×1400	B5	169×239
	1000×1400M	B6	119×165
	1000M×1400	B7	82×115

备注:①表中的 A,B 表示开本尺寸系列的代号。
②A 和 B 代号后面的数字,表示将全张纸对折长边裁切的次数。如 A4 表示将全张纸对折长边 4 次裁切为 16 开;A5 表示将全张纸对折长边 5 次裁切为 32 开。
③表中未裁切单张纸尺寸后面的 M,表示纸张的丝缕方向与该尺寸边平行。

8. 图书装订样式分哪几类？各有什么特点？

图书的装订样式有平装、精装、骑马订装、线装和散页装等。

①平装亦称“简装”,分普通平装和勒口平装两种。平装封面通常为较牢固、厚实的软质纸,封面把书芯包住后,封面书脊与书芯的书背粘牢构成一个整体;封面与书芯大小相同并且平齐。

②精装封面通常质地较硬,保护书芯的作用超过平装所采用的软质纸封面;封面表面装帧讲究、耐用,不易磨损;封面略大于书芯。精装又分为全纸面精装、纸面布脊精装和全面料精装三种。全纸面精装保护书芯作用较强,制作成本相对较低;纸面布脊精装保护书芯作用也较强,但相比全纸面精装制作成本相对高一些;全面料精装往往在书壳外面再包裹护封,因其考究、精致的程度胜过前两种精装样式,制作成本相对较高。三种精装样式还要选择确定书脊的形状是平脊还是圆脊。

③骑马订装封面通常为较牢固、厚实的软质纸;封面与书芯大小完全相同并且平齐;书脊窄,呈圆弧形,不能印刷文字;订书用的铁丝明显露出;只适合书页数较少的图书。

④线装是中国传统的书籍装订样式,主要用于古籍类图书,目前也为其他图书装帧设计所借鉴。线装的封面通常为合适的软质纸,书芯与封面用线订联成册,订线露在外面。

⑤散页装书页不订合成册,以单页的形态装在专用的外包装袋或外包装盒内,形成卡片式或挂图式图书。

除上述几种装订样式外，还有软精装等样式。所谓“软精装”，实际上是平装图书样式吸收了精装图书封面比较硬的特点发展而来的一种装订样式，又称“半精装”，是在勒口的前封面和底封面内各添加一张一定厚度的卡纸，使封面的硬度、挺括程度超过一般平装图书。

9. 图书有几类结构部件？分别包括哪些部分？

图书的结构部件分为必备结构部件和可选结构部件两大类。必备结构部件包括封面、主书名页和正文书页。可选结构部件包括腰封、护封、书函、书套、环衬、衬页、附书名页、目录页、插页、辑封与篇章页。

10. 图书的封面、书名页、扉页、版权页各应载明哪些基本信息？

图书封面由面封（封一）、底封（封四）、书脊、封里（封二）和底封里（封三）构成。面封应载明的基本信息有书名、作者名和出版者名，多卷书要印明卷次；底封应载明的基本信息是中国标准书号及其条码和定价；按照规定，宽度大于或等于 5 毫米的书脊应载明的基本信息是主书名和出版者名（或其图案标志）；图书的封里、底封里一般保持空白，也可根据设计需要，设置一些与图书内容相关的图文。

书名页指图书正文之前载有完整书名信息的书页，包括主书名页和附书名页。图书必须有主书名页，附书名页可选用。主书名页上应载明的基本信息有书名、作者名、出版者名、版权说明、图书在版编目（CIP）数据、版本记录等。主书名页包括扉页和版权页两部分。附书名页应列载丛书、多卷书、翻译书、多语种书、会议记录等信息。

扉页是书籍封面或衬页之后、正文之前载明书名、作者、出版者信息的一页，位于主书名页的正面，即单数页码面。

版权页又称“版本记录页”，位于主书名页的背面，即双数页码面，主要是对每一种书的出版做历史性记录，让读者了解本书的出版情况。版权页应载明的基本信息包括图书的版权说明、图书在版编目（CIP）数据和版本记录等。如果空间允许，一些图书在版权页的上方载有本书的内容简介。

11. 什么是图书在版编目（CIP）数据？主要标注哪些内容？

图书在版编目（CIP）数据是指依据一定的标准，在图书出版过程中编制并印在图书上的书目数据，排印在版权页的中部位置。

图书在版编目（CIP）数据主要标注的内容为著录数据和检索数据两部分，著录数据包括书名与作者项、版本项、出版者项、丛书项、附注项、标准书号项，检索数据包括图书识别特征的检索点和内容主题的检索点。如图 2 所示：

图书在版编目(CIP)数据

龟兹文化词典 / 王建林等主编 . — 重庆 : 西南师范大学出版社, 2014.3

ISBN 978-7-5621-6689-4

Ⅰ. ①龟… Ⅱ. ①王… Ⅲ ①龟兹— 文化 — 词典 Ⅳ. ① K294.5-61

中国版本图书馆CIP数据核字 (2014) 第035719号

图 2 图书在版编目(CIP)数据

12. 什么叫印张、版次和印次？印张如何计算？

印张是计算出版物篇幅量的单位，一张全张纸的一半(一张对开纸)两面印刷后为一个印张。

版次即出版的次数，指同一本书经修改再出版的次数。不经修改而再次出版的称为重版或重印。

印次指一本书印刷的次数。

在开本确定的前提下，一个印张书页的面数与开数相同，而页数是开数的 1/2。如对于 16 开本的图书来说，一个印张有 16 面，合 8 页。计算一本图书的印张数量，用图书的面数除以开数即可得出，即印张数＝面数÷开数。例如，某 16 开图书正文有 320 个页码，那么，其正文印张数的计算是：320(页码数)÷16(开数)＝20(印张)

13. 什么是版面字数？版面字数是如何计算的？图书总字数如何计算？

(1)版面字数及其计算方法

版面字数有两种含义，一种是从容纳正文数量角度定义，即每个版心可以容纳的印刷符号数量，一般不包括书眉、页码。计算版面字数时，须先根据版心的高与宽以及所选定的字级和行距(有时还有字空)大小，计算确定每行应排字数和每面应排行数，然后再将每行字数乘以每面行数。另外一种是版权页标注的出版字数，也叫图书的总字数。根据《图书差错率计算方法》的规定，书眉和页码也要计入总字数。受各种因素的影响，实际字数总是少于版面字数。

(2)图书总字数计算方法

根据《图书差错率计算方法》的要求，图书总字数的计算一律以该书的版面字数为准，即：总字数＝每行字数×每面行数×总面数，并且规定：

①除环衬等空白面不计字数外，凡连续编排页码的正文、目录、辅文等，不论是否排字，均按一面满版计算。分栏排版的图书，各栏之间的空白也计算版面字数。

②书眉(或中缝)和单排的页码、边码作为行数或每行字数计入正文，一并计算字数。

③索引、附录等字号有变化时，分别按实际版面计算字数。

④用小号字排版的脚注文字超过 5 行不足 10 行的，该面按正文满版字数加 15 ％ 计算；超过 10 行的，该面按注文满版计算字数。对小号字排版的夹注文字，可采用折合行

数的方法，比照脚注文字进行计算。

⑤封一、封二、封三、封底、护封、封套、扉页，除空白面不计以外，每面按正文满版字数的 50% 计算；版权页、书脊、有文字的勒口，各按正文的一面满版计算。

⑥正文中的插图、表格，按正文的版面字数计算；插图占一面的，按正文满版字数的 20%计算。

⑦以图片为主的图书，有文字说明的版面，按满版字数的 50%计算；没有文字说明的版面，按满版字数的 20%计算。

⑧乐谱类图书、地图类图书，按满版字数全额计算。

⑨外文图书、少数民族文字图书、拼音图书的拼音部分，以对应字号的中文满版字数加 30%计算。

14. 什么是中国标准书号？中国标准书号是由哪些要素组成的？

中国标准书号是国际标准书号（ISBN）系统的组成部分，是 ISBN 系统为在中国依法设立的出版者所出版或制作的每一专题出版物及其每一版本提供的唯一确定的和国际通用的标准化识别代码，相当于我国出版物的“身份证”。

中国标准书号由标识符 ISBN 和 13 位数字组成。其中 13 位数字分别由 EAN・UCC 前缀、组区号、出版者号、出版序号、校验码五部分组成，数字的各部分以短横线隔开。EAN・UCC 前缀由三位数字组成，是国际物品编码协会分配的产品标识编码。中国的 EAN・UCC 前缀为 978。组区号是一个语言或地理区域、国家或集团的代码，由国际标准书号中心分配。我国大陆所分得的组区号为 7，香港为 962，澳门为 972，台湾为 957。出版者号标识具体的出版者。其长度为 2 至 7 位数，由中国 ISBN 中心设置和分配。出版序号是按出版物的出版次序连续编制的序号。未使用国家新闻出版广电总局书号实名申领系统前，图书的出版序号由出版社自行编制分配；使用书号实名申领系统后，上版序号根据出版社申报批准顺序自动生成。出版者号和出版序号连在一起共为 8 位数字。校验码采用模数 10 的加权算法对前 12 位数字计算后得出。

15. 13 位书号校验码是如何计算的？

第一步，计算加权和：将 ISBN 后 12 位中的奇数位数字相加，得一和数。再将偶数位数字分别乘以 3 相加得另一和数，将两和数相加即得到加权和。第二步，计算余数：将加权和除以 10，取其余数。第三步，计算校验码：即用 10 减去余数，所得之差即为校验码。

16. 如何正确分配和使用中国标准书号？

①对每一种不同形式的图书分别使用一个 ISBN 编号，即同一种图书的不同装帧形式（精装、平装等），同一种图书的不同版本（修订版、年度版），相同内容不同开本的图书和相同内容不同文字类别的图书，都应单独使用书号。

②多卷本的丛书、套书（含上、中、下册图书），应根据定价分配书号。丛书、套书的每分卷（册）分别定价，可分卷（册）销售，每分卷（册）应分别使用一个 ISBN 编号，分别统计品种；若丛书、套书的各分卷（册）不分别定价，全套书只有一个总定价，不能分册销售，可

作为一个品种使用一个 ISBN 编号。

③重印或再版没有 ISBN 编号的库有图书,必须补编 ISBN 编号。

17. 什么是图书条码?图书条码应印在图书什么部位?

图书条码是出版物条码的一种,是中国标准书号的机读形式,由一组根据 EAN 规则排列的条、空及其对应字符组成的表示一定信息的出版物标识。凡在中国注册出版的图书必须在使用中国标准书号的同时,使用相对应的条码。

图书上的条码印制优选位置为封底右下角,且距外切口和下切口的距离不小于 15mm。非纸质封面的条码印刷在图书封二的左上角或图书的其他显著位置。条码符号条的方向与装订线平行。

18. 什么是目录页?

目录页指列载图书目录的书页。目录页将正文内容的全部标题或者主要标题按次序编排成条目,通常随正文书页一起印制,是其中第一个书帖中的一部分,属集合型书页。目录从单页码面起排,位于主书名页之后、正文之前,用纸宜与其之前的书页相同,或与其之后的正文书页相同。部分图书因设计要求采用与正文书页不同的纸张对目录另行印制,以单页型书页形式出现。

19. 什么是正文书页?

图书中承载该书主要精神文化内容的物质载体,就是正文书页。正文书页是任何图书不可或缺的重要结构部件,与主书名页一起构成书芯,一般是用同种纸张一起印刷并折成书帖后再行裁切,属于集合型书页。在出版实践中,"正文"是多义的,就一本书的整体来说,正文既可泛指书芯,不把部分辅文分离出去,又可把书芯中的部分辅文排除在外,而包括大部分集合型书页所载的图文内容。最单纯的正文书页,仅承载作为图书内容的作品本身及根据版面的需要而添加的页码,有时加一些辅助文字或装饰图案等。一般来说,图书中承载各种内容的书页,如果与作品本身一起采用相同纸张印制,都可归属正文书页。无论是否存在辅文,作品本身都应该在正文书页中从正面即单页码面起排。

20. 什么是腰封?

腰封属于图书的外部装帧物,是包勒在图书封面中部或底部的一条纸带,可印与图书有关的宣传图文。

腰封的设置需符合以下几方面的要求:一般用牢固度较高的纸张制作,高度相当于图书高度的三分之一(也可更大一些,但不超过图书高度的二分之一),宽度必须达到能包裹封面的面封、书脊和底封,而且两边各有一个勒口;在设计上,要注意腰封文案和封面文案不要混淆,要根据其不同特点,把握好书载广告在腰封和封面上的合理布局;腰封所载图文切忌浮夸。

21. 什么是护封、书套和书函?

护封就是为了保护封面而包裹在硬质(或厚纸)封面外的护书纸。

书套就是规格略大于需要放置的图书的一侧开口的硬质纸盒。

书函类似一个盒子，用厚纸板作里层，外裱织物，其作用为安放、保护图书。

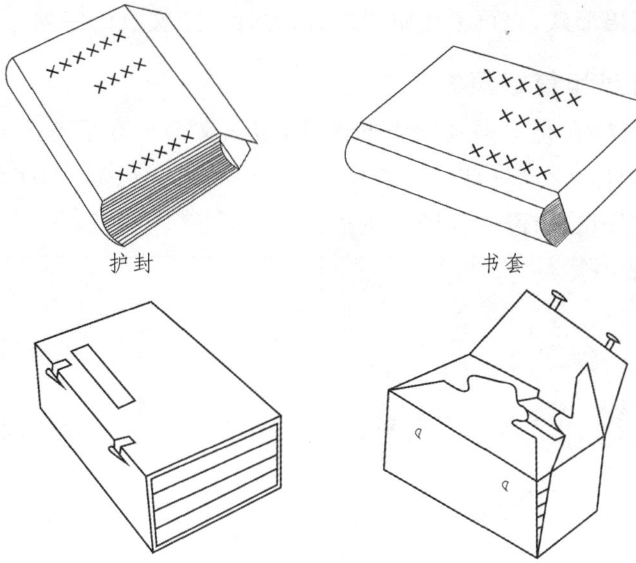

书函

图 3　护封、书套和书函

22. 什么是衬页和环衬？

衬页就是衬垫在封面和书芯之间的过渡性单页型书页。衬页一般用比封面纸稍薄、比正文纸稍厚的纸张制作。衬页既可选用白纸，也可选用彩色纸。它既可以保护书名页，也可以美化装帧。衬页一般衬在封里与书名页之间，底封里与书芯末页之间也可加衬页。其页面通常是空白的，也可在一面或两面印上装饰性图案。

环衬是设置在封面与书芯之间的过渡性单页型双连书页。环衬由两张与正文书页一样大小的书页组成。每个环衬共有四个页面。设在书芯之前的称“前环衬”，设在书芯之后的称“后环衬”。对精装图书而言，环衬是必备的结构部件，必须前、后环衬同时使用。对平装图书而言，环衬是可供选择的结构部件，可以只用前环衬不用后环衬。如果前环衬的后一页印有主书名页或者附书名页上必须具备的各种文字，则其可兼作主书名页或附书名页。

23. 什么是插页？

插页指印有与图书内容相关的图形、图像或题词、口号、献词等文字的书页。插页用纸要比正文书页稍厚，可根据数量或者图书性质来选择用集合型书页形式或者单页型书页形式。

插页在图书中的位置较灵活。一般来讲，插页内容较为重要，印有口号或献词的单页型插页，应该设在图书前部，位于主书名页之前，也可紧接其后；印有题词的插页，无论是哪种书页，都应设在图书前部，紧接在主书名页之后；印有各种图形、图像的插页，可以视设计需要置于图书前部、中部或末尾。

位于图书前部的插页，页码一般采用暗码形式，不计入正文页码序列。位于图书中间或末尾的插页，如是集合型插页，页码采用明码形式，不计入正文页码序列；如是单页型插页，可以采用明码形式，也可采用暗码形式，并计入正文页码序列。

24. 什么是辑封和篇章页？

辑封和篇章页是插在正文书页当中的部件，与正文书页在形态上是相同的，但所载内容稍有不同。辑封印有分辑（部、卷、编）图书中各辑（部、卷、编）的序次或名称，篇章页印有图书各篇、章的序次或标题，如图 4 所示：

辑封

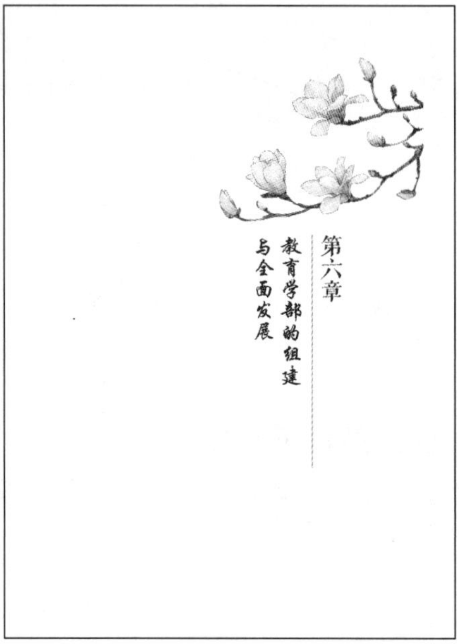

篇章页

图 4　辑封和篇章页

25. 什么是图书辅文？

图书辅文是相对图书的正文而言的，是正文的辅助文字，是对正文的必要补充。

图书常见的辅文有：封面文字、书脊文字、口号页文字、呈献页文字、题词、主书名页正面文字、主书名页背面文字、附书名页文字、内容介绍、作者介绍、出版前言、出版后记、序言、凡例、目录、跋、注释、附录、参考文献、索引、大事年表、名词解释、译名对照表、人物表、宣传语、勘误表。根据所处的位置与正文的关系，图书辅文又可分为文前辅文、文内辅文、文后辅文。

26. 图书页码的标示方式有哪几种？

页码是标明版面顺序的序号。按照标示方式的不同，页码分为明码和暗码。

明码是指在版面上显性标出的页码，也是最为多见的页码标示方式。

暗码是指不在版面上印出的页码。虽然没有标出，但必须分配页码，也就是暗码页面前后的明码页面上的页码是非连续的，中间应跳过分配给暗码页码的序号。

暗码通常用于辑封、篇章页、另页起排时必须留的空白页等。如果页码设计在天头处，一级标题的第一面一般采用暗码。印有各种图形、图像的插页，如果是单页型书页，一般采用明码，也可以采用暗码；如果是集合型书页，则必须采用明码。

27. 什么是空码？图书中哪些部件要用空码标示？

空码指页面不编页码，没有页码。它是不存在的页码，不同于暗码。

环衬、衬页、主书名页、附书名页等，位于图书前部的口号页、印有献词的呈献页、题词页等插页，都采用空码。为了印刷工艺的需要，图书最后不得不保留的没有任何内容的空白页，作空码处理。夹在图书中的单页型插页，也可采用空码。

28. 什么是图书版面？图书版面有哪些类型？

图书版面是成品图书页面上图文与空白部分的总称。

按不同标准可将图书版面分为不同的类型。按形成方式，可分为普通版面与和合面（和合面是由前一张书页的反面页面与后一张书页的正面页面对合构成的一个大版面）；按文字排列方向，可分为横排版面、竖排版面、混合型版面；按版心分割情况，可分为通栏版面、多栏版面、复合分栏版面。

29. 什么是版心？版心的组成成分有哪些？

版心就是版面中除去周边空白后文字和图表所在的区域，如图 5 所示。版心由文字、符号、图表、线表、底纹以及间空组成，一般不包括书眉、中缝和页码。

图 5　版心

30. 什么叫字行、字体、字级？

字行是图书版心中印刷字的基本组合形式，由若干文字和各种符号接续线性排列形成。

字体是指供排版印刷用的规范化文字形体。汉字的印刷字体常用的有宋体（老宋体或古宋体）、楷体、仿宋体（真宋体）、黑体、长仿宋体、扁体、长黑体等。

字级又称字号，是指版面所排文字的大小级别。目前常用的字号有初号、小初号、一号、二号、三号、四号、小四号、五号、小五号、六号、七号等十一种。详见附录一。

31. 什么是间空？间空包括哪些内容？

间空是指图书版心中的空白部分，包括字空、行空、空白行、段空、栏空和图表的边缘空白。

32. 什么是版口和周空？

版口指图书版心四周的边沿。

周空指页面边沿的四个狭长的矩形空白，分别称为天头、地脚、订口、翻口。

33. 什么是天头、地脚和书眉？

天头指处于版心上方的白边，又称“上白边”。

地脚指处于版心下方的白边，又称“下白边”。

书眉指版面天头处排列的文字及符号。一般用来检索篇章内容，也具有装饰作用。

34. 什么是订口和翻口？

订口指位于版心内侧的白边，又称“内白边”，紧挨着书页的订合处。

翻口指位于版心外侧的白边，又称“外白边”，沿着它可翻动书页。

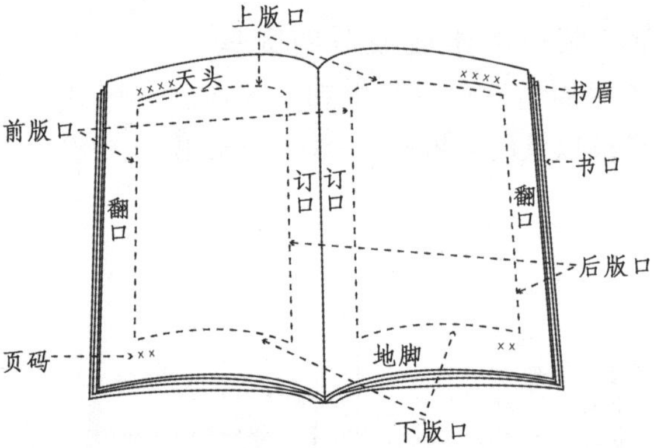

图 6　图书的版面

35. 什么是图书的“中式翻身”和“西式翻身”？

“中式翻身”指图书的翻口在读者的左边，订口或书背在读者的右边，文字一般是竖排，翻阅时从左至右。

“西式翻身”指图书的翻口在读者的右边，订口或书背在读者的左边，文字横排，翻阅时从右至左。

36. 什么是图书的插图？

图书的插图是图书版面的组成部分和版式设计要素之一，指以文字为主的图书版面中所附的图，有的印在正文中间，有的用插页方式，是对正文叙述文字的形象说明，可弥补文字表述的不足，也可起艺术欣赏作用。

图7　图书的插图

37. 什么是丛书？什么是套书？丛书与套书的主要区别是什么？

丛书指按一定的目的，在一个总名之下，将各种著作汇编于一体的一种集群式图书，也称丛刊、丛刻、汇刻书、套书。

套书并不是专称，只是一套书的简称。一般所谓的套书，至少在题材或内容上有一定的内在延续性。

丛书多为同一类型，不同作者，分为多册出版，内容无连贯性；套书一般是同一作者或同一编者完成，内容上下连贯，两册或以上。

二、图书的策划与组稿

1. 图书出版编辑如何收集和处理图书出版信息？

图书出版信息收集的方法主要有：①图书交易场所调研。这是获取消费者信息、出版业市场信息最主要的渠道。主要是调研图书品种、向直接销售人员咨询、向消费者做口头或问卷调查以及参与和观摩国际书展等。②文献检索。利用图书馆、档案馆、出版单位资料室以及专为出版界提供出版信息服务的机构，获取相关的图书出版信息。③关注大众媒体。图书出版编辑要学会利用传统媒体和信息网络，包括出版单位网站、网上书店、出版信息服务网站、网上报刊、网上图书馆等进行出版信息收集。④人际交往。编辑通过与作者沟通和联系、与同行进行交流、参加各种学术会议等社会活动，获取第一手资料。⑤专业市场调查。可借助专业的市场调查机构收集相关信息。

信息的处理是信息采集的关键部分，是把收集到的信息通过筛选、加工，转化成便于传递、存储和使用的形式的过程，包括筛选（经识别、整理、核实，剔除无用信息）、加工（经组合、整理、分析，使信息有序化、系统化）、存储（建立信息库）、使用四个步骤。

2. 图书出版编辑如何利用好大数据？

大数据又称巨量数据、海量数据、大资料，指的是所涉及的数据量规模巨大到在合理时间内无法通过人工进行截取、管理、处理，并整理成为人类所能解读的信息。大数据时代的到来对传统出版产业带来众多影响，并由此对图书编辑提出了许多新要求，只有适应这些影响且具备相应的应对能力，才能顺应出版产业新形态的时代发展，履行推动文化传播的重要职责。出版单位的核心数据包括选题、印制、发行、重印、销售、人力、办公。其中销售数据是其他数据的源泉，所有环节都由销售数据驱动。

图书编辑要学会对核心数据进行分析，要牢牢把握图书市场趋势，通过搜集、记录、整理、分析图书从生产到消费全过程的供需情况，系统掌握显在市场和潜在市场的情报和数据，为市场预测和经营决策提供依据，确保选题的有效实施。

3. 策划图书选题有哪些步骤和要求？

选题策划是出版工作的重要环节，出版社的全体编辑人员应认真履行编辑职责，积极参与选题策划工作。

(1)图书选题策划的步骤

①收集和梳理信息。要注意广泛收集、积累、研究与本社出书内容有关的信息，注意加强与相关学术、科研、教学、创作等部门和专家、学者的联系，倾听他们的意见，提高策划水平。特别要注意筛选和识别信息，能够筛选出对自己工作有用的信息，将其中过时的、重复的、不准确的信息剔除，把有价值的信息保留下来，去粗取精、去伪存真。在此基础上进一步整理和分析，建立自己的信息资料库。

②设计和构思选题。就是整合信息并在此基础上设计出具体的选题，构思图书的总体结构。要着重把握几个问题：一是选题内容涉及领域的发展状况；二是社会生活的发展态势；三是时代的文化脉搏。

③选题论证。选题论证是指结合出版社的特色定位、作者的写作能力、编辑的学养与专长等实际情况，确定选题能否成立，或者对选题存在的问题进行更正的过程。选题论证是保证选题质量的重要环节，出版单位应严格执行选题的三级论证制度。一般一级为拟任责任编辑的人员，二级为编辑部，三级为出版社选题论证委员会。出版社大都建立有论证机制。选题论证既要论证选题的可行性，又要考虑各类选题的合理结构。

④选题优化。选题的优化就是结合出版各个环节的实际情况，对原有选题不断地进行修改和完善。选题优化会使原有选题更加清晰，可操作性更强。

(2)图书选题策划的要求

选题策划的要求分为原则要求和具体要求。任何图书的选题策划都必须符合以下原则要求：贯彻出版方针，严格遵守法律法规，处理好社会效益和经济效益的关系，正确引导消费者，具有独创性。选题策划除必须遵循以上原则要求之外，还应注意针对性、前瞻性、可行性等。

4. 图书选题策划中要考虑和分析哪些问题？

图书选题策划中要考虑和分析以下三个方面的问题：

①图书的内容与形式。确定图书的内容与形式首先要确定目标读者群即读者对象。

读者对象的确定，关系到图书内容层次、篇幅、表现形式、发行范围、促销方式的规划等各个方面。确定了读者对象后，编辑就可以提出选题的内容及形式设想。内容主要包括主题和体裁；形式主要包括书名、篇幅、开本、装订样式、版面形式等。只有充分考虑图书的内容与形式才能使选题更加具体。同时，为了使自己策划的选题能够保持一定的市场竞争力，编辑在策划选题时必须做好与同类图书的比较工作。在与同类图书进行比较时，主要从选题的基本内容、主要特点、设计形式、出版时机、写作方法、读者反应等方面进行客观细致的分析，进而确定自己的着力点。

②图书的实施。要想将选题构思顺利转化为产品，首先要确定拟请的作者。要从作者的工作单位、专业技术职务、学术水平、研究成果、写作能力和风格等方面进行全面考虑，选择最适合的作者。其次是尊重编辑出版工作的规律，合理安排交稿时间、发稿时间、出版时间、宣传时间、销售时间等。

③选题的营销。编辑策划选题时应对目前图书市场状况进行充分的分析，并对未来市场状况做出有效预测，包括社会效益预测和经济效益预测。社会效益预测包括选题的学术价值和文化价值，即图书的出版能够对先进生产力的发展、对先进文化的前进方向的引导和对中国最广大人民根本利益的提高产生哪些积极作用。经济效益预测是用本量利分析原理（利用成本费用、销售数量、利润三者之间变量关系的内在规律），在对印数做出估计的基础上分析资金投入、产出状况，最终确立营销策略。

5. 图书选题策划时进行成本预测和定价估计的原则有哪些？

图书的成本预测有助于选题的实现与风险的控制。编辑必须要有成本意识和市场风险意识，从成本的角度、市场的高度寻求和开发适销对路的选题，追求图书成本的最小化和利润的最大化。策划编辑要在确保质量的前提下充分考虑如何降低成本、缩短生产周期、确定合理的印数、减少库存积压等问题，运用本量利分析原理进行数据测算，在工艺使用、纸张材料选择、成本确定和控制、定价、出版数量、出版周期等方面做出全面分析，以确定最经济的成本、最符合市场需求的定价、合理的出版数量和最佳出版时机。图书成本预测和定价方法在本书中另有涉及。

6. 图书选题申报列选有哪些程序？

图书选题申报列选的程序一般如下所示：

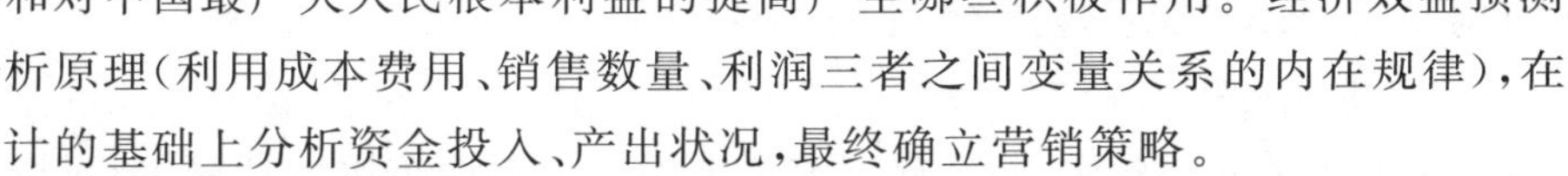

7. 如何做好图书选题的论证？

《图书质量保障体系》第七条明确要求出版社“坚持选题论证制度”，并指出：“选题质量的优劣，直接影响图书质量，也影响出版社的整体水平。出版社要对选题进行多方面的考察，既要从微观上论证选题的可行性，又要从宏观上考虑各类选题的合理结构。”

做好选题论证工作要坚持以下三点原则：

①选题论证应当坚持以马克思列宁主义、毛泽东思想、邓小平理论、“三个代表”重要思想及科学发展观为指导，坚持党的基本路线，贯彻“为人民服务、为社会主义服务、为全党全国工作大局服务”和“百花齐放、百家争鸣”的方针，坚持把社会效益放在首位，实现社会效益和经济效益相统一，使选题论证结果符合质量第一的原则，符合控制总量、优化结构、提高质量、增进效益的总体要求。

②要加强调研工作，充分运用各方面的信息资源和群体的知识资源，进行深入的调查研究，研究有关的学术、学科发展状况，了解读者的需求，掌握图书市场的供求情况，使选题的确定建立在准确、可靠、科学的基础上。

③坚持民主和集中相结合的论证方法。召开选题论证会议，论证时，人人平等，各抒己见，重科学分析，有理有据，力争取得一致意见。在意见不一致的情况下，由社长或总编辑决定。具体的选题论证内容主要包括以下四点：一是选题的精神文化价值，看是否有引导性与独创性；二是选题的市场适应性，看是否有市场的针对性与前瞻性；三是选题的效益分析，看是否以社会效益为前提再获取经济效益；四是选题的可行性，看是否具备选题实施的必要条件。

8. 如何对立项图书选题进行管理和优化？

已立项图书选题应进行管理，主要包括：①一般选题报总编室编入出版单位选题计划，并按要求报上级主管部门审批；②属国家规定的重大选题范围的选题，须履行重大选题备案手续，经审查通过后方可纳入出版单位选题计划。

选题的优化涉及选题计划的优化以及计划执行过程中的必要的调整，如集中人力、物力等突出重点选题，舍弃不必要的或过时的选题等。已立项图书选题的优化一方面是使选题的清晰度进一步提高，增强可操作性；另一方面是结合市场需要，再一次调整既有选题的内容，对已有思路进行补充和完善。

9. 什么叫选题计划？

选题计划是按照一定的编辑思想形成的选题的组合，是出版社根据社会需要和著译者的写作情况制订的一定时期内的图书编辑出版计划，是出版社贯彻出版方针的具体表现，是出版社各项工作的基本依据。选题计划分为年度选题计划与长期选题计划。年度选题计划指出版单位在一年里准备实施的选题品种；长期选题计划指大中型的、比较稳定的、需要用较长时间来准备的项目。

10. 如何制订和调整图书选题计划？

出版单位每年要出版成百上千种图书，要在相同的时间里创造出更多的利润与回报，选题计划的制订非常重要。制订选题计划时，首先由编辑人员提出总体构思，然后反复分析、论证，最后对确定的选题进行整理、汇总并报主管部门审批。出版单位的年度选题计划应报上级主管部门审批后再报国家新闻出版行政部门备案。审核通过后，选题计划才能最终确定。

为提高选题的实现率，出版单位会适时根据社会环境、图书市场变化和消费者需求等，对选题计划做相应的调整。对作者有变化的、已过时的或原有设计不完善的选题，可以结合实际情况变更或撤销；对新选题也可做增补。选题计划的变更、撤销或增补须按国家规定和要求履行相应的审批程序。

11. 如何做好图书选题的组稿工作？

组稿是发现、选择、组织作者完成作品创作的活动。组稿的方式包括个别约稿、社会征稿和群体集稿等。组稿的整个过程一般包括四个步骤：

①组稿的准备。首先要明确选题的性质要求，深入研究选题的性质和要求，特别是市场的需求、选题的价值和设计的合理性，以增强选题的吸引力和说服力。其次要认真制订组稿方案，做好充分的准备，占据主动地位。最后要选择合适的作者。作者是选题成功的关键，编辑平时必须注意收集作者资料，不仅要关注名家、专家的动态，更要善于发现尚无名望但有潜力的新人，建立作者数据库。

②联系作者。跟作者进行沟通和交流，促使作者同意创作。

③商讨撰稿事宜。作者编写编撰大纲或目录，编辑根据实际情况确定是否采用，对不熟悉的作者还应请其提交样稿，以确保写作质量。

④确定约稿关系。编撰大纲或样稿经认可后，可口头约定或签订约稿合同。确定约稿关系后，作者正式开始创作。

12. 什么是约稿合同？

约稿合同包括作品名、内容、篇幅、图片数、交稿时间、稿酬标准、违约责任等。约稿合同与出版合同不同。约稿合同一般是在作者作品尚未完成（多是尚未开始写作）的情况下，双方就预约稿件而达成的协议。对约稿者来说，合同主要保障两种权利：第一是优先出版权，即约稿者在作品完成后，如无违约行为，依法享有作品的优先出版权，作者不能干涉；第二是附期限的对作品的处置权。但约稿者也须同时履行三项义务：一是收到稿件后要在约定期限内通知著译者是否采用或是否需要修改。二是签约或退稿的义务。所约稿件符合出版要求，应及时与著译者签订出版合同；稿件如不能采用，应书面通知废除约稿合同并将稿件退还著译者。三是按合同约定确定作品版面字数及稿费标准，预支部分稿费或支付约稿费。出版合同须在稿件全部完成并合格后签订。

13. 与作者约稿后，编辑还应该做好哪些工作？

为确保组稿工作的具体落实，在签订约稿合同后，编辑还要做好以下工作：第一，当好作者参谋。帮助作者完善创作计划，坚定创作信心，选择最佳创作方案。第二，做好服务工作。编辑要辅以真诚、热情的服务，全心全意地帮助作者尽早完成创作。

三、图书的审稿与编辑

1. 图书审稿的基本任务和要求是什么?

审稿即把关,图书审稿是通过对拟出版的稿件进行审读,对稿件做出基本评价,决定稿件的取舍,并对有一定基础的稿件进行加工修改和整理,使稿件达到出版要求的编辑活动。图书审稿是图书编辑工作的中心环节,其基本任务就是按照当前出版工作的方针和原则,通过对书稿的审读和评价,决定书稿的取舍,提高书稿的质量,促进导向正确、内容健康、社会效益和经济效益俱佳的优秀图书顺利出版,防止有害或低劣的作品流入社会。

对审稿工作的要求就是衡量稿件的要求。对书稿的衡量是对书稿内容和形式的考量。在对稿件内容的审查上,考量思想性是审稿的首要标准,就是要审查书稿的思想内容是否健康,是否符合党的方针政策和国家法律法规的要求,特别是不得含有《出版管理条例》《图书出版管理规定》等法律法规中规定的禁载内容。其次是要衡量书稿的知识性,就是要审查书稿是否能为读者提供丰富的科学文化信息,是否能让读者在阅读中受到教益,是否能使读者得到一些帮助。衡量书稿还要审查书稿的独创性,审查书稿是否在前人的基础上有创新的地方,是否有超越前人的东西或前所未有的新内容。此外,还需要衡量书稿的稳定性和艺术性。衡量稳定性就是要审查书稿内容是否相对稳定,是否有益于文化的积累,是否有较长时间的使用价值。衡量艺术性就是要审查书稿内容是否表现出独特的艺术特点,是否能对读者产生审美感染力,是否有可读性,能否吸引读者。对书稿内容的衡量和评估,不同内容的书稿衡量的侧重点不同,这要根据具体书稿来确定。如对政治理论类的书稿,就要侧重于从思想性、独创性上进行衡量;对科技类书稿,就要侧重于对其知识性进行评估;对音乐美术类书稿,则侧重于从艺术性上进行审读。

书稿的形式千差万别,在审稿中对形式衡量的要求也就各有不同,但最基本的要求应该是一样的。如一部书稿在结构上应完整统一,须体现出书稿的系统性,在逻辑上应严密,不允许出现残缺、断层、矛盾的内容;在格式上应层次分明,章节的安排不可混乱无序,要使读者能轻松地理清全书的头绪;在语言文字上要求符合规范,切合当前读者的阅读习惯。

2. 什么是三审责任制? 三审制的基本要求是什么?

三审责任制是我国长期以来实行的审稿制度。简单地说,三审责任制就是由初审、复审、终审三个审级组成的审稿制度,简称三审制。初审是指编辑人员对书稿进行的初步审读;复审是指有更高职称的编辑对书稿的再次审读;终审是指有较强把关能力的编辑对书稿的最终审读。三审制要求初审、复审、终审分别由具备不同出版专业职业资格的人担任,前一审级服从后一审级,后一审级制约前一审级,各审级工作侧重点不同，不同审级相互补充。

三审制的基本要求是：①各审级由不同专业职称的人担任。根据《图书质量保障体系》的要求，初审，应由具有编辑职称或具备一定条件的助理编辑人员担任（一般为责任编辑）。复审，应由具有正、副编审职称的编辑室主任一级的人员担任。终审，应由具有正、副编审职称的社长、总编辑（副社长、副总编辑）或由社长、总编辑指定的具有正、副编审职称的人员担任（非社长、总编辑终审的书稿意见，要经过社长、总编辑审核）。②三审制是出版单位必须严格坚持的基本制度，任何时候都不能减少审级，各审级的责任也不能互相取代，任何两个环节的审稿工作不能同时由一个人担任。对于难以把握的书稿，同一审级可以适当增加审次。③前一审级对后一审级负责并提供本审级的审稿意见作为后一审级的审稿基础，后一审级对前一审级起制约作用，并对前一审级的审稿结果做出评判和补充。只有三审通过后，才能对稿件正式做出处理。经过退稿修改的稿件同样也要再次进行三审。

3. 三审制中的各个审级分别应该承担哪些任务？

三审制中各个审级的任务因审级的不同而各有差异。

初审的任务包括：①通读全稿，对书稿的政治导向、思想倾向和价值（社会价值、科学价值、文化艺术价值等）进行审查。②审查书稿的体例、结构、形式、文字，分析书稿的优点和不足，对书稿质量做出客观评价，并对书稿出版的社会效益和经济效益进行评估。③撰写审稿意见，表明对该书稿的态度，并将书稿及意见呈送下一审级。对书稿的态度应包括是否可以采用，是否需要退修，是否需要请外审参与，是否存在遗留问题或初审无法判断的地方。

复审的任务包括：①通读全稿，对稿件质量和初审意见进行审核与判断，表明自己对初审提出的意见的态度，并对稿件做总体评价。②回答初审提出的问题或遗留的问题。对原则性问题要注意分析；对于与初审不同的看法，应充分说明自己的意见；对遗留的问题，复审应帮助解决；对不符合质量标准或者有严重问题的初审，复审应要求其返工。

终审的任务包括：① 充分了解初、复审意见，对稿件的内容，包括思想政治倾向、学术质量、社会效益、是否符合党和国家的政策规定等方面做出评价。②解决初、复审提出的问题或遗留的问题。对初、复审意见相左的情况，终审要在充分了解的基础上做出判断。一般书稿，终审可抽查部分内容进行审读，重点书稿或内容复杂、难度较大的书稿，终审应通读书稿。③如果书稿涉及国家安全、社会安定等方面内容，属于应当由主管部门转报国务院出版行政管理部门备案的重大选题，终审应通读书稿，在此基础上决定书稿的取舍。④根据本出版社专业分工、出书范围、出书特色、图书结构、品牌打造等特点，决定书稿的取舍。

4. 对外审者有哪些要求？

所谓外审，就是出版单位以外的人员参与审稿。随着社会分工越来越细，社会科学和自然科学的架构越来越缜密，一个出版单位不可能拥有各个行业或学术领域的专业人才。对于一些重大选题或者是专业性特别强的书稿,出版社无法或者不容易把握其内容,为了提高出版质量,出版单位必要时须聘请本出版单位以外的专家学者参与审稿,或根据审批要求,将书稿报送有关部门审查。这种审稿方式,出版业谓之外审。外审不是三级审稿的组成部分,而是对三审制的一种必要补充。只有那些因为出版单位缺少相应专业的编辑人员或难以把握其中专业性内容质量的书稿,才需要进行外审。而且,外审不能替代三审制中的任何一个审级,也就是说,需要送外审的书稿,同样也需要经过出版社的三审。外审人员可以以特约编辑、特约编审、编委会委员等身份出现,但不能担任责任编辑,更不能取代复审或终审。一般外审意见只可供出版社决策者参考,不能作为最终决定。但重大选题备案的外审书稿,须按相关审读意见进行修改。

出版社安排外审时,要求外审者:①必须是专业人员,有较高的学术专业水平,熟悉学科的最新进展和该学科当前的最新出版状况;②有较强的文字功底和文字驾驭能力,对出版业有一定的了解;③有较强的学术精神,敢于和善于质疑、发现、扶持有价值的学术创新,没有门户之见,客观公正;④着眼于出版单位无法判断的重大问题和专业性问题,无须过多关注文字修改和构架、体例等枝节问题。

5. 编辑应如何审读稿件?

审稿的过程是一个由浅入深的过程。编辑拿到稿件后,首先要确定自己是否对稿件内容有所了解,如完全不了解,就必须先做一些准备工作或者请了解稿件内容的编辑来审稿。对稿件内容的了解一是对稿件内容所涉及的知识的了解,二是对目前出版界出版该内容的情况的了解。有所了解后才正式进入审稿环节。

审稿的基本方法就是通读。通读稿件是审稿的基础,也是责任编辑和复审的必要工作。责任编辑必须通读稿件两次以上,重要部分要反复阅读。这里说的通读除通读正文外,还包括通读前言、后记与章节目录。通读要解决以下问题:了解稿件的基本内容和总体框架、创作特色、整体质量、存在的不足或问题及稿件是否达到出版水平、是否需要修改或润色。

在通读中要对稿件进行甄别分析。甄别分析就是对稿件质量的衡量,就是对稿件内容质量高低和价值大小进行判断,确定内容是否符合出版的要求,判断书稿的主题的真伪,材料是否可靠,内容安排是否恰当,是否符合本出版单位的出版要求和出版风格,是否有社会效益和经济效益。这是审稿工作的核心,是书稿能否出版的关键。

编辑通过通读和甄别分析,就可以得出审稿结论。

6. 编辑如何对稿件形式质量进行衡量?

确定可以出版的书稿,编辑须在形式上使稿件完美。稿件形式质量的衡量主要包括书稿结构的合理化、行文格式的统一化和语言文字的规范化。

书稿的结构根据书稿主题来安排。合理的结构表现为:①章节推进有层次性。即内容的各个部分前后安排有逻辑性,形成一个系统。或者是明确的总分关系,或者是按时间推进,或者是按事件发展过程推进,层次要明显。②内容前后有统一性。各个部分的内容互相不矛盾，对两个部分中有交叉情况的，不简单机械重复，而是详略有别，相互照应。③阐述方式有一致性。在同一个部分中对内容的阐述方式应保持一致，不同部分的阐述方式可以不同，但整个书稿要形成一个整体。

同一书稿，行文格式应统一。统一的行文格式表现为：①相同模块采用相同的格式标志。相同模块指书稿中同一类型的要素，如同一级标题、同一级正文、同一位置的注释等。这些相同模块的格式标志应保持一致，不同级的模块应有所区别。如同为一级标题，其字体、字号、字间距等格式标志应保持相同，一级标题与二级标题可有所区分。书稿正文格式上除特殊需要（如字体加粗、引文变体、字号改变等）外，也应保持一致。②数字、图片、表格和公式等要素的标注形式一致并符合规范。一些公式在字母的大小写、正斜体、上下标等方面有特殊的要求，数字和符号的形式也有不同规定，在全书稿中应统一并合规。③空格、空行、留白合理合规。如不应出现末行为标题、下页是正文的情况，也要尽量避免单字一行、单行一页的情况。④特殊要求。如相同性质的条目要求统一模式。如同是人物介绍，其介绍的项目顺序应尽可能保持一致；或同为国家介绍，介绍的内容项目的次序也应尽量保持一致。

语言文字规范即要求编校质量合格。编校质量合格是图书最基本的要求。语言文字的规范主要表现为：①没有错别字，用字符合国家对语言文字的规范要求。②使用词语准确无差错，不生造词、不混乱搭配。③语句结构规范，表达准确，无病句错句，无知识性、逻辑性和语法性差错。④数字、字母、标点及其他符号的用法准确，符合国家相关标准的要求。⑤量和单位的使用规范，应与《中华人民共和国计量法》的规定和国家相关标准的要求相符，与书稿的主题内容和目标读者相适应。

7. 如何做好审稿结论？

审稿结论是编辑在全面衡量书稿内容后做出的是否采用的最终结论。审稿结论一般有接受出版、退修、退稿三种。

接受出版是经过三级审稿后，对认为符合出版要求的书稿所做出的接受出版的结论。

退修是对基本符合出版要求，但还需作者做进一步修改后才可继续编辑出版的书稿所做的结论，也叫退改。做出书稿退修结论后，编辑需给作者去退修信。退修信要说明稿件目前存在的问题以及要求进行修改的理由，并提出修改意见，使作者能清楚了解出版单位的意图，并根据意图进行修订。

退稿是对不符合出版要求的稿件做出的结论。和退修一样，退稿也需给作者写退稿信。退稿信中要说明稿件未能采用的原因。

8. 如何撰写初审意见？

初审是整个审稿工作的基础，要对整个书稿做全面的评估和判断，因此初审意见在三审中起着至关重要的作用。一份完整的初审意见必须包括以下内容：

①稿件的基本情况。包括稿件的来源、稿件的成稿过程、来稿的主要意图，属于丛

书、套书组成部分的要介绍丛书、套书的整体构架和丛书、套书出版的情况。如果是组稿，还应介绍组稿的目的、设想和计划。

②稿件的作者。要介绍作者的基本情况，包括作者的年龄、职业、职务、职称及与书稿内容相关的专业领域的造诣和水平、学术或其他研究成果，是集体创作的要介绍集体创作人员的情况。

③稿件的内容。要介绍稿件内容范围、主题、结构、规模，文艺作品如小说，应简要叙述其主要情节。对稿件的内容可以做较详细的介绍。

④稿件的评价。这是审读的核心内容。要对书稿的性质、层次内容、文字水平、读者对象等进行评价，要写出书稿的优点和不足，并对成书后可能产生的社会效益和经济效益进行预估。对审读时遇到的不能解决的问题或存在疑虑之处，应指明具体的章节和页码，并提出初步解决方案，如送外审或提请复审、终审审核。

⑤稿件处理意见。处理意见即对书稿做出的审读结论。即上文说到的退稿、退修和接受出版。

9. 如何撰写复审意见？

复审意见是对初审意见的确认和补充，复审意见也是在通读全书的基础上做出的。主要包括三个方面：

①确认初审意见。主要是确认初审对书稿的内容、性质、文字水平的评价是否正确，对书稿的价值和质量的判断是否准确，对初审预估的社会效益和经济效益是否认可。如复审与初审的意见不同，则需要在意见中指明，并提请终审判断。

②补充意见。对初审在报告中未提及的但需要做进一步说明的情况进行补充。

③处理意见。复审在意见中也需要表明自己的审读态度，并对初审提请的问题进行复核，不能做决定的要加以说明并提请终审决定。

10. 如何撰写终审意见？

终审意见是终审提出的决定性意见。终审意见是在认真审核初审意见和复审意见的基础上做出的。终审意见主要包括两个方面：

①确认初、复审意见。对初、复审意见较一致的书稿表明自己的态度；对初审和复审存在分歧的地方，应审读书稿后对两者意见进行确认；如果初审和复审意见分歧较大，或者书稿中涉及的内容比较重大或敏感，终审须与初、复审沟通，在充分听取意见的基础上做出自己的判断。

②处理意见。对书稿做出最终评价。对初、复审意见中提请的问题做出判断，对一些重大题材的书稿或涉及民族、宗教、军事、外交等内容的书稿，做出送审的决定，表明是否可出版。

11. 三审意见撰写时应注意什么？

三审意见是编辑在审读书稿后做出的具体处理意见。撰写三审意见是每位图书编辑的基本工作和基本职责。三审意见的写作水平直接体现编辑的业务水平。

三审意见的撰写是编辑的基本功，须在不断练习中提高。切忌长篇大论却不得要领、内容一带而过过于简单，或者把一些枝节问题写得过多而核心问题太过简略，评价含糊不清，结论模棱两可，要做到观点鲜明、意见具体、结构清楚、文字畅晓。

12. 如何签订图书出版合同？

书稿达到出版要求后，根据《中华人民共和国著作权法》的规定，出版单位应就出版事宜与作者签订出版合同。出版合同是对双方的权利和义务进行的约定，也是对双方合法权益进行的保障。出版合同一般是在确定稿件可以出版，双方也有合作意愿的情况下签订。在组稿和修改阶段一般不宜签订出版合同。出版合同主要由责任编辑或项目负责人、组稿人代表出版单位与作者协商后起草，并由编辑室主任和出版单位领导审核后签订。本书附录中收录有国家版权局 1999 年颁布的《图书出版合同(标准样式)》，目前，各出版单位的出版合同主要参照此样式。但所附合同标准样式只是总体的合同框架，实际的出版合同还需要加入一些双方约定的特殊条款。因此，不同性质的书稿，出版合同的内容也不尽相同。责任编辑在起草合同时，不能生搬硬套，也不可粗枝大叶，应在双方充分讨论并报出版单位领导审核后确定。

13. 对稿件进行编辑加工整理有哪些步骤？

这里所说的编辑加工整理是对经三级审稿后确定符合出版要求的书稿进行的质量再提高。当前不少出版社在三审过程中已经开始对书稿进行编辑加工整理，这虽然节省了时间，但遇到书稿因某种原因不能出版时，就会造成时间和精力的浪费，还可能产生著作权纠纷，甚至导致不合格产品流入市场。因此，规范的做法是把编辑加工整理放在三审之后，让三审从宏观上把握稿件的整体质量，对稿件做出评价，决定书稿的取舍；而编辑加工整理则是从微观上着手加工优化书稿，侧重从消灭差错、修饰润色、统一规范等方面进一步提高书稿质量。

一般来说，编辑加工整理主要有书稿全文检查、拟订加工方案、进行编辑加工、撰写加工记录等几个步骤。书稿全文检查，即检查书稿的要件是否齐全、清晰、确定，对未达到“齐、清、定”要求的，请作者补充完善；拟订加工方案，即对编辑加工整理的内容、重点、标准、难点及时间做出详细的安排；进行编辑加工，就是着手对书稿进行加工修改；撰写加工记录，就是把编辑加工整理的内容填入记录表，包括已修改的内容和需要复审或终审定夺的内容。编辑加工整理既可由责任编辑完成，也可由其他编辑进行。目前，大多数出版社采用责任编辑负责稿件加工整理的方式。

14. 对稿件进行编辑加工整理有哪些注意事项？

在编辑加工整理过程中，有一些事项需要编辑特别注意：①编辑人员要反复地审读书稿。这种审读与三审不同，需要更细致地了解书稿内容，在认为有必要进行加工的地方做出记号，在审读中要反复斟酌，与作者密切沟通，深度把握书稿。②要统一编辑加工整理的标准。最好是能列出一套标准的体例，特别是对丛书的编辑加工整理要参考已出版的分册体例和标准，再确定需要编辑加工整理的分册的标准。③大处着眼，小处着手。

在进行编辑加工整理时要先确定稿件的整体框架，即对书稿的内容、行文格式进行修改确定，然后对书稿各个部分，包括段落、语句、字词进行润色加工。④留下编辑加工整理的痕迹。编辑要在原稿上突出自己修改的地方，一般采用不同颜色的笔来修改，不同的人修改应采用不同颜色的笔进行标记。在电子稿上修改最好使用编辑程序中的修订功能，如 Microsoft Word 的修订功能，不同的人进行的编辑加工整理都应留下修改后的备份，以便查证。⑤不同性质的书稿编辑加工整理的侧重点不同，要具体书稿具体分析。如少儿类书稿要侧重在生动易懂上下功夫，翻译类书稿要在符合国情和校正译文上下功夫等。

15. 正文内容的编辑加工整理应注意哪些问题？

书稿的正文是书稿的主体部分，也是编辑加工整理的重点。正文的编辑加工要紧密联系作者，在与作者的充分沟通情况下进行。对于一部有出版价值的书稿，不可简单地把问题提出后甩给作者自行处理，这个过程中要充分体现编辑的责任心，要积极参与其中，充分尊重作者的同时主动加工整理。编辑加工整理内容方面主要应注意的问题有：

①消除和修正原稿存在的错误观点。一些书稿有可能整体上观点是正确的或者是符合当前形势和价值观的，但局部内容可能存在表述不当或者引用事例、数据不当的情况，这种现象在书稿中比较常见。这需要编辑在编辑加工整理中特别注意，要对这些内容进行认真修改和完善。删除存在偏差的内容，消除前后矛盾或说法不一的情况，严密全书的逻辑性，提高书稿的说服力。

②纠正常识性错误。一部书稿内容庞杂，作者在写作过程中很难把每一个事件或数据论证得完全准确。这需要编辑在加工整理过程中发现这些知识性的差错，如史实性差错、不合理的情节、量和单位的误用等。编辑要勤于动手查证，大胆怀疑，小心求证，避免常识性错误。

③核实引文正误。引文是书稿特别是理论性书稿中常见的表述方式。对引文的核实是编辑加工整理的重要内容。核实引文主要是检查引文是否恰当，是否与原文相符，有无断章取义或张冠李戴的情况。核实引文要忠实于原著，保证引文的文字和标点与原著一致，同时要确定引文引用的必要性，以及引文在上下文中的逻辑性是否恰当。

16. 如何对正文形式进行编辑加工整理？

①理清书稿的结构脉络。书稿的整体框架确定后，编辑要在加工整理过程中对书稿的段落层次进行必要调整，如调整段落的顺序、重新组织章节下的各个条款等，使书稿的结构脉络更加清晰。

②统一结构标志。一部作品，不同层次的标题标志应有所不同。编辑在加工整理过程中，要注意理清这些层次标志。同一层次的标志保持相同，不同层次的标题采用不同形式的数字表示，或用不同的字体、字号进行区分，避免标志混乱，扰乱读者思维。

③提高编校质量。一是消灭书稿中的错别字；二是规范书稿中字词的用法；三是改正书稿中有语病的句子；四是除去书稿中多余的字词句；五是修改不正确的标点符号；六

是规范数字用法及量和单位的使用。在提高编校质量时，还应对各级标题进行审订。对不准确的标题，如不能涵盖内容的标题、与稿件性质不吻合的标题、模棱两可的标题等，应进行修订。

④完善特别内容。一是要完善书稿中的图片和表格。除检查图片和表格内容的准确性外，还要特别注意检查其主题是否唯一、编序方式是否全书统一、位置安排是否合理。二是完善书稿中的名词术语、人名、机构名及地名等。严格统一使用国家标准或行业有关专业领域的行业标准，没有统一标准的，应根据约定俗成的做法，保持全书统一。三是完善数字和计量单位的使用。数字和计量单位在国家标准中有严格的规定，在加工整理中要严格执行，做到科学规范。四是完善其他的特殊情况。

17. 如何进行辅文的编辑加工整理？

目前，国家标准中对很多辅文的格式做了明确的规定，特别是科技类稿件的辅文格式，国家标准中有详细的规定。对辅文的编辑加工整理应严格遵守这些标准，认真对照执行。一般来说，辅文的加工整理是在正文加工整理之后进行的。

①注解的加工整理。注解也称注释，是对正文中的某些内容或文字做补充说明的文字。注解主要有夹注、脚注和文后注。夹注是穿插在正文中的注释，一般在正文的加工整理中已检查。脚注和文后注在加工整理中主要是检查它们的格式和注文是否正确，注文与注码是否对应，注码顺序是否正确，标示的相关内容与正文是否一致等。尤其应注意因使用不同的电脑系统可能使原来确定的注释页码发生改变。另外，一本书稿中同一内容可能多次出现，但对同一内容一般只注释一次，而且要在第一次出现处加注，避免注后不注前或重复注释的情况。

②参考文献的加工整理。参考文献出现在理论性书稿中比较多，一般列于全书正文之后。编辑在加工整理参考文献时，要认真参阅国家标准《信息与文献　参考文献著录规则》(GB/T 7714—2015)，按照规则来检查参考文献列表，力求符合规范。

③索引的加工整理。索引主要出现在工具书、资料性图书、汇编类图书中。对索引的加工整理，主要是检查索引的编制与原稿的内容和性质是否相符，索引的编排方式是否合理、有无差错，是否有遗漏，索引的条目与正文相关文字是否一致。索引条目里的页码要在正式样稿出来后进行填写，避免找到索引找不到正文或者有正文无索引的情况。

④附录的加工整理。附录是附在正文后面的补充性材料，各类图书中都比较常见，如《新华字典》《现代汉语词典》后面就有较多附录。附录的加工整理主要包括检查附录与正文是否存在矛盾，附录内容是否准确无误，是否为补充正文内容所必需。对于完全不相干的附录，应删除。

⑤目录的加工整理。目录的加工整理应在全部正文的编辑加工整理完成后进行，此后只要正文发生变化，都要对目录进行再检查。加工整理目录，一是要检查目录中所收录的正文标题级别是否统一；二是要检查目录的文字表述形式是否与正文中的标题完全一致；三是要检查目录对应的页码是否与正文相应内容所在页码一致；四是要检查目录

的排版是否合理。

⑥序言、后记的加工整理。序言即序和前言，两者性质和要素大体相同。序有自序和他序之分，一般自序应放在他序之后。后记是放在书末的说明性文字，与前言相对。对序言进行加工整理主要是看内容上是否与原稿相契合，对书稿的评价是否客观公允，自序与他序的顺序是否正确。后记的加工整理主要是看内容是否言之有物，是否有新的情况和补充说明的内容。

此外，对于内容提要、凡例、出版说明等其他各种辅文的检查，都应该按照正文编辑加工整理的规范进行，要求客观、准确、与正文对应，脱离正文的辅文是无用的，也是多余的。

18. 编辑对复审、终审退回的稿件还要做哪些工作?

编辑加工过程是一个互动的过程，三审工作也是在互动中进行的。在实际的三审过程中，并非初审完交复审，复审完交终审的单向活动，而是往返交互的过程。初审后，责任编辑把书稿和初审意见交复审。复审后，一般把书稿、复审意见、修改意见交回责任编辑，责任编辑在与作者商量的基础上，对书稿进行修改，提出对复审意见的确认或不确认意见，并与复审进行讨论，取得统一看法，对分歧较大的地方，责任编辑记录在遗留问题中提请终审决定。其后责任编辑把新的书稿和初审、复审意见及修改记录、初复审存在的分歧等提交终审。终审在完成审核后，同样会将书稿及相关意见退回责任编辑，责任编辑也须根据终审意见对稿件进行再处理。在处理中，责任编辑应与复、终审及作者保持密切沟通，特别是对有分歧的地方，要经认真商讨达成共识并与作者沟通取得一致意见后再对稿件进行处理。完成最后修改后，稿件才可送出版单位负责人签发。目前，不少出版单位已采用全网络化办公，这期间，使用的办公软件应设计复审后退回责任编辑、终审后退回责任编辑的流程，避免使用初审发复审、复审发终审的单向流程。

19. 什么是稿件发稿的“齐、清、定”?

稿件的“齐、清、定”是图书出版流程中对编辑发稿的技术要求。它与三审三校制度一样，是图书出版的重要管理规章。能否做到“齐、清、定”，是检查编辑工作质量的一个重要标准。稿件只有达到了“齐、清、定”才可以发稿。

稿件的“齐”是指稿件齐全，即稿件的各个组成部分不可缺少。主要包括：正文齐全——要求篇、章、节以及段落词句完整，有图表配合的，不得遗缺图表；辅文齐全——书稿应该具备的辅文必须齐全；编辑记录齐全——要有完整的编辑加工流程记录，以备查考。

稿件的“清”是指稿件清晰。特别是非电子版的书稿，要求加工整理后的稿件文字、图表、符号等清楚可辨，文字与图表的配合关系清楚，稿件版面整齐，清晰不乱，没有模糊及线路勾画交叉的地方；特别的要求及规定清楚明确。

稿件的“定”是指稿件必须是定稿，即原稿的各个组成部分从内容到语言表达形式都已确定。框架结构、章节安排、段落布置等已不用更改，文本体例、字体字号、表述方式、图表比例等已最终确立，没有遗留问题，发稿后一般不需要做大的改动。

20. 编辑如何发稿？

审定发稿是将编辑加工整理后达到“齐、清、定”要求的稿件提交审定，然后根据审定意见，正式发往有关部门安排复制。

发稿时，编辑需先对书稿进行整理。书稿整理是对书稿进行统一检查整理的技术性工作，其目的在于保证书稿达到“齐、清、定”的发稿要求。书稿整理主要包括四个方面：一是复查。对书稿进行一次全面检查，确保无差错、遗漏和其他技术性的错误。二是誊抄。主要是针对手写稿件，是对编辑加工后的稿件进行重新誊抄。誊抄后的稿件应再次检查，以免发生新的错误。三是整理。对书稿逐页进行检查，确定与编辑加工过程中的意见一致。四是编序。排列全部书稿，进行编码并注明页码总数。

发稿前，责任编辑还需提出设计要求。书稿形态的整体设计一般由美术编辑和技术编辑具体实施，但设计的整体要求由责任编辑提出。为此，在发稿时责任编辑要把自己的要求通过填写书稿设计单的方式明白地告诉美术编辑和技术编辑。设计完成后，还需经责任编辑和编辑室主任、出版社领导审核同意，才能进行制作。

编辑发稿前要征得作者签字同意，即作者在看完整理后的书稿的形态设计后，签字同意发稿。

编辑发稿时要办理发稿手续，具体来说要做好五项工作。一是提供编辑三审意见表。说明三审对书稿的评价和处理意见。二是填写发稿单。发稿单是编辑部门交给制作、发行部门的有关书稿情况及对整体设计、排印、发行等工作的意见和要求的通知单。内容包括书稿的基本情况（书名、编著类别、字数等）、读者对象、发行范围等。三是填写书籍装帧设计单。内容与书稿形态的整体设计要求一致。四是填写征订单。征订单是供发行部门了解图书内容以便做好征订工作的材料，其内容包括图书的基本情况、图书估计定价、预计出版时间、读者对象及内容的简要介绍。五是填写图书在版编目（CIP）数据申报单。CIP 数据申报单各出版单位均有固定格式，只需要如实填写即可。CIP 数据须报中国版本图书馆 CIP 数据中心，由中心统一核发。CIP 数据申报须在书号申领后进行。以上材料完成后交编辑室主任审核，并经总编辑签发后随书稿发出。

书稿发稿后，出版单位会将相关材料报送行政主管部门申领书号。目前，全国出版系统已统一采用了网上实名申领书号制度，只需通过网络填报相关数据，经出版单位的行政主管部门核实同意后，即可报国家新闻出版广电总局申领书号。

21. 编辑如何处理校样和样书？

书稿进入物质生产过程后，首先出来的是校样。编辑应该对校样进行审读。审读校样主要是为了纠正书稿在排版过程中出现的排版错误，检查加工时的疏漏，解决校对员提出的问题及处理版式方面的问题。审读校样的方式是通读，通读中重点检查校样是否与编辑加工整理后的稿件一致，检查印版过程中新加入的要素（如封面、书脊、扉页、版本记录、前后勒口、书号、CIP 数据等）是否正确规范，检查是否出现新的问题（如跳页、缺码、错行、背题等)。在处理校样的过程中,编辑要与校对人员密切配合,分工合作,共同把关。同时也要与作者进行沟通,处理作者在校样上的修改。校样处理完成后,退回排版部门更改,形成付印清样。最后由编辑对付印清样进行检查,无误后即可制成样书。

根据《图书质量保障体系》的规定,出版单位必须在图书成批装订前进行样书检查。即印制厂在每种图书封面和内文印刷完毕未成批装订前,必须先装订十本样书,送出版单位查验。出版单位有关人员要从总体上对装订样书的质量进行审核,如发现问题,应及时处理。样书检查须逐页进行,一是检查印刷质量,二是核对以下项目:各部分出现的书名、著译者署名、出版者名是否正确和一致;书号、CIP 数据、书名汉语拼音、字数、定价是否准确;目录、书眉、页码是否正确;是否有新的错误;等等。如无问题,则正式具文通知印装厂开始大批量印制和装订。

22. 图书重印需要经过哪些程序?

图书重印指图书在首次印刷后,在改动很少或者不做改动的情况下再次印制。它对初版的胶片仅做少量改动或基本上不做改动,在加快了出书的速度的同时,还大大降低了图书成本。图书重印,开本、版式、书号是不变的,封面与扉页可以重新设计。图书的中国标准书号条码一般也不变,如果定价有调整,就要在原来的条码后加上附加码,这种情况下,整个条码需要重新申请制作。重印书应在版本记录中标明印次,每重印一次记录一次,逐次累计。重印书的印数也是从初版第一次印刷起逐次累计。图书重印需要经过以下程序:

①市场调查。主要是了解重印图书上一版的市场销售情况和销售潜力,包括销售数量、销售速度、读者反应、市场覆盖率、同类书销售情况、市场饱和度和销售空间估量。通过市场调查做出是否重印的决定。

②提交重印报告单。通过市场调查写出调查报告,并填写书面的重印报告单,送交编辑部门会签;编辑部门会签并陈述意见;送交社领导审批。重印报告单的内容包括:书名、作者、出版合同编号和有效期、初版或上次重印时间、字数、印张数、重印理由、重印数量、出书时间、市场调查情况、效益估计。

③征求著作者意见。按照出版合同约定,若重印图书需征得著作者的同意,则做出重印决定前要与著作者沟通,如著作者不同意重印,出版单位不可单方面进行重印。如果与著作者的合同过期,重印则须重新签订出版合同。

④审读重印书。责任编辑要对重印的图书进行重新审读,并写出审读报告,对有修改的地方一一说明并提供改正的样本。

⑤办理重印发稿手续。包括填写重印书征订单,需要更换封面或扉页的填写封面装帧单,填写重印书发稿单。

⑥重印。将以上材料交总编室登记后发制作部门,开始重印。

重印需特别注意以下四点:一是重印书不可改动太多,如果改动的地方太多,则应按再版处理;二是重印过程中一定要与作者联系沟通,不论是更换积压图书的封面后再次推向市场，还是作者自费出版的图书的重印等，都需要与作者进行协商；三是重印是在原出版单位进行，更换出版单位则不是重印，而是新出版单位的新版书；四是要把握重印的时间和数量，避免重印图书积压。

23. 图书再版需要经过哪些程序？

图书再版是对原书做了较大修改后重新排版印制。它的特点是：改动较大、作者配合度高、前期成本与初版相同、在原出版单位进行。再版图书的程序与重印书不同，与初版书相似。在一定意义上说，再版书就是出版一种新书，只是这种新书是在原版基础上进行的。再版书的内容修订在原稿基础上进行，一般由著作者承担。出版单位收到著作者的再版书稿后，应该按初版书的要求进行三审、编辑加工整理、三校等。虽然在此过程中，编辑可以借初版的基础来减少工作量，但所有环节均不可掉以轻心。

24. 如何计算图书的重版率？

重印和再版对出版单位有着特别重要的意义：一是能及时满足读者的需要，二是能取得更好的经济效益，三是能打造出版单位的品牌。重印和再版书越多，对社会的影响就越大，产生的社会效益也就越好，因此，全年重印和再版品种数占出版单位出版总品种数的比例就成为衡量出版单位图书好与不好的重要标志。年度重印和再版品种数占出版单位出版总品种数的比例就是重版率。公式为：

$$\text{年度重版率} = \frac{\text{年度重印品种数} + \text{再版品种数}}{\text{年度出书总品种数}} \times 100\%$$

四、图书的整体设计

1. 图书整体设计的总体要求是什么？

对图书进行整体设计，需从整体性、艺术性、实用性、经济性等方面进行把握。

图书整体设计的整体性要求包括：对图书材料与工艺的选择、技术要求和艺术构思要与图书出版过程中的各环节紧密配合、协调，通过高度艺术化的设计创意，表现图书的内容主题和使用价值；对书籍从内到外进行整体设计，即设计者在对书稿内容加以理解分析后，提炼出需要用到设计上的文字、图形与符号，把封面、护封、环衬、扉页、版式等作为一个整体来进行考虑和设计。

图书整体设计的艺术性要求包括：要有独创性；要根据图书的内容、性质和门类，体现独特的艺术风格；要体现出一定的时代特点和民族特色，能充分反映一种时代精神和时代风貌，充分反映一个民族、一个国家的深厚文化底蕴，富有自身的文化品格。

图书整体设计的实用性要求，是指图书的整体设计要充分考虑不同类别图书的读者对象在使用上的便利、经济上的承受能力、个体的审美观念以及阅读兴趣等因素。

图书整体设计的经济性要求，是指图书整体设计在保证图书阅读和鉴赏实际效果的前提下，要充分考虑图书的成本和可能带来的实际经济收益的关系、定价与读者心理承受能力的关系等。

2. 图书整体设计的具体内容是什么？

图书整体设计包括外部的装帧设计和内部的版式设计两个方面。

图书装帧设计包含图书的形态设计、美术设计和表面整饰设计三个方面。形态设计是对图书开本、必备结构部件与可选结构部件，以及装订样式的选择和确定；美术设计是对封面、扉页等必备结构部件和护封、环衬、衬页、函套等可选结构部件的设计创意；表面整饰设计是对封面包括护封、函套等结构部件的纸张、装饰工艺材料的选用，以及表面整饰工艺方案的制订。

图书版式设计包括图书版心大小、位置和行距的确定，正文和辅文字体字号的选择及其排式设计，标题、书眉、注释、引文和页码等的设计，图片和表格的设计编排，等等。

3. 如何根据图书的内容和功能选择开本？

①根据图书中的图表和公式选择开本。如果图书中图表多且较大，公式多且较长，为便于图表、公式的排版，宜采用大中型开本。

②根据文字结构和编排形式选择开本。诗歌集、谜语集、名言警句集等，因每行的字数少，应采用长开本；儿童读物，因文字少，为激发儿童的好奇心和阅读兴趣，多采用特殊开本或横开本。

③根据篇幅容量选择开本。篇幅较大的图书，多采用大中型开本；篇幅较小的图书，多采用中小型开本。篇幅很大而又不适宜分卷出版的书，应采用较大的开本，以免书页太多，书脊厚度过大，造成书口凸肚、装订断线、翻阅不便等缺陷。

④根据图书的用途选择开本。查检类、鉴赏类、藏本类图书多采用大中型开本，阅读类图书多采用中型开本，便携类图书多采用小型开本。

⑤根据发行量选择开本。为便于印刷装订和充分利用纸张，畅销书、中小学教材教辅和发行量较大的大中专教材，应采用常规开本。

⑥根据读者对象选择开本。成人类读物，一般采用大中型开本；低幼读物、农村通俗性读物、连环画等，一般采用中小型开本。

4. 如何根据图书的类别选择开本？

①大型画册、大型图集、音乐的乐谱、插图和表格较多的技术类书籍等，多采用大开本或特殊开本。

②大型图书、大型工具书、高校教材等，多采用 16 开。

③经典著作、学术著作，多采用小 16 开或大 32 开。

④中小学教材教辅一般采用小 16 开或大 32 开，但现在的高中教材教辅采用 16 开甚至大 16 开的也较多。

⑤科技类图书，多采用小 16 开或大 32 开。

⑥普及型读物、科普读物，以 32 开为主。

⑦诗集一般采用狭长的小开本。

⑧小说、传记、剧本等文艺类读物和一般参考书，一般选用 32 开，以方便阅读。

⑨少儿读物，开本与一般书籍有所不同，它有文有图，图形大小不一，文字量一般较少，文字位置也不固定，通常采用 24 开、28 开等近于正方形的开本。

⑩小型的字典、词典、手册等便携类图书，一般采用大 64 开或小 64 开。

5. 如何选择图书的结构部件？

图书结构部件分必备结构部件和可选结构部件两类。必备结构部件是任何图书都必须具备的部件；可选结构部件是根据图书的性质和用途进行选择配备的部件。选择图书结构部件，其实是选择可选结构部件，即根据图书的性质和用途恰当选择环衬、附书名页、插页、护封、函套、腰封、书签带等部件，而必备结构部件的设计是必须进行的。

进行图书结构设计时，应考虑到图书的性质、类别、篇幅、用途、读者对象，以及可提供的材料、工艺等因素。如环衬多用于精装书，一般的平装图书则不必选用。不过有些加了硬衬的平装书，为了增加图书的牢固度，也选用了环衬。讲究的精装本，如名家文集、大型工具书、志书、高档艺术画册等，常采用护封，既可起到保护封面的作用，又能给人以雅致、厚重之感。这类图书还常设有书签带，以方便读者使用。经典类图书、主要用于赠送的礼品书等，因具有特殊意义，可选用函套。有时图书为了强化其纪念意义，还可增加藏书票。现在很多大众类图书特别是畅销书，常设有腰封，让读者很直观地接收到图书的最主要信息。

6. 如何选择图书的装订样式？

①平装。较小篇幅的通俗读物、少儿读物、教科书、生活类用书等，多采用结构相对简约的平装样式。普通平装多用于书页相对较少、开本相对较小的图书；勒口平装多用于书页相对较多的中型开本的图书。

②软精装。比较讲究但成本又不能太高的图书，可以考虑采用软精装样式。

③精装。较大篇幅的经典著作、学术性著作、中高档画册等，多采用考究程度不等的精装样式。全纸面精装多用于既需适度考究、精致，又有较大发行量的图书；纸面布脊精装多用于既需考究、精致，又有一定发行量的图书；全面料精装多用于发行量较小，但外观形式需精致、考究的高档图书。

④骑马订装。书页不多（少于 100 面）的图书，一般采用骑马订装的样式。

⑤线装。考究的古籍图书采用线装的样式。

⑥散页装。教育类挂图和美术小品集，多采用散页装的样式。

7. 不同类型图书美术设计的特点是什么？

图书美术设计是造型艺术在书籍装帧艺术中的具体表现，不同类型的图书应具备不同的美术设计特点。

（1）社科类图书

社科类图书的美术设计应契合图书内容的理性色彩和论述性质。如：政治类图书的美术设计，宜采用简洁的构图和明快的色彩；学术类、经济类图书的美术设计，应选用象征性图形及深沉的色彩；通俗读物的美术设计，则应选用代表性图像及明快的色彩。

(2)文学类图书

文学类图书的美术设计应根据作品的体裁、内容及作者国籍、所处的时代，体现各自的特点和风格。如：诗歌、散文类图书的美术设计，采用表现作者品格和情感表达方式的抽象构图和色彩；文集、随笔类图书的美术设计，多采用体现作者独特的人生感悟的抽象构图和不同色彩；小说类图书的美术设计，则多以凸现作品塑造的典型环境或抽象构图及色彩为主。

(3)科技类图书

科技类图书有初级、中级和高级读物三个级别，不同级别的图书，美术设计特点各异。初级读物主要是指科普读物，多采用形象化的构图和较鲜明、强烈的色调；中级读物主要是指应用科学和实用技术读物，其构图应略显平稳、概括，色彩以明朗为主；高级读物则主要是指基础理论、专业技术理论著作等，其构图和用色一般不过于繁复。

(4)画册类图书

画册类图书可以分为普通型、精致型、豪华型三种。普通型画册，设计较为简朴，多采用简略的图文和单一的色彩；精致型画册，多采用丰富的色彩；豪华型画册，多采用浓墨重彩和镶嵌烫印等。

(5)辞书类图书

辞书类图书，无论是百科全书、专科词典还是语言文字的字典和词典，其美术设计多以强烈的艺术效果突出其书名，并辅之以象征性图饰和色彩。

(6)少儿类图书

少儿类图书的美术设计要充分体现不同层次少儿读物的特性。如：低幼读物的美术设计，多采用卡通类、拟人化动物形象及幼稚的文字和鲜艳的色彩；少年读物多采用略带夸张、变幻的图像和文字。

(7)古籍类图书

古籍类图书的美术设计，多采用书法字和古雅的色彩配以与图书内容相关的标志性文物图形或历史图像。

(8)丛书类图书

丛书类图书，既有综合各个学科门类的，也有仅为某一学科门类的。丛书类图书的美术设计，多以某一图案和色彩显示丛书的标志和基调，同时以不同的构图和色彩表现各分册主题内涵，既显示出丛书的整体特点，又体现出单本书各自的独特风格。

8. 图书美术设计包括哪些内容？

图书美术设计包括封面、护封、环衬、衬页、扉页、插页、函套、腰封等的设计。封面设计又包括面封（封一）、底封（封四）、封二（封里）、封三（底封里）和书脊的设计，有的平装图书还需考虑勒口的设计。

9. 如何进行图书面封的设计?

封面设计是图书美术设计的主体,而面封设计是图书美术设计的重中之重。面封上的图案、纹饰、颜色及其变化,应能很好地契合图书的内容和风格。

面封上必须著录主书名、作者姓名和出版者名称,有的图书会有副书名和丛书名。面封上各著录项目文字的字体、字号、颜色和排式,应根据面封背景的风格来设计处理。

主书名是视觉要点,是读者关注的中心,要处于面封的关键位置,其他要素的设计都应围绕着主书名来展开。主书名一般用较大字号的字,字体的选择是图书美术设计中最丰富的。副书名的字号要小于主书名,字体与主书名既要有所区别,又要协调呼应、浑然一体。

作者姓名的字号应小于副书名;作者为两人以上时,姓名与姓名之间应空一字,中间不加标点符号,而且一般将只有两个字的作者名的中间空一字;翻译图书应在原作者姓名前的方括号内注明国籍。

出版者名称较多使用的是出版单位专门设计的字体(或题字),其他的也一般采用专用的固定字体,字号小于或等同于作者姓名;出版者的图案标志一般加在名称之前或之上。

面封文字横排时,一般是主书名、副书名、作者姓名依次从上往下排在面封的上半部,出版者名称排在下方靠近书根处。面封文字竖排时,一般是主书名、副书名、作者姓名由右至左依次排在面封的右半部上方,出版者名称排在书脊旁靠近书根处。如果有丛书名,丛书名一般排在面封的左上角或右上角。根据图书性质、风格和美化要求,设计时对面封上各著录项目的位置也可做一些调整,但不能颠倒主书名与副书名的位次。

根据国家标准(在面封、底封、扉页或版权页上必须著录书名汉语拼音)的要求,以及面封视觉效果的需要,有的封面上常设计有书名的汉语拼音或英文。

10. 如何进行图书底封的设计?

底封与面封、书脊同为封面的有机组成部分,设计时要注意把握与面封设计的统一性和连贯性,无论是背景的设计还是文字的安排,都要与面封相呼应,同时要注意与面封设计的主从关系。底封右下角要按国家标准放置中国标准书号及其条码,在条码的下方放置图书的定价。有的图书在底封的左上角著录有责任编辑、美术设计(封面设计)等的姓名。市场类图书一般在封底安排有图书的内容提要、专家荐书等内容。丛书底封一般安排有丛书目录。

11. 如何进行图书封二、封三的设计?

图书的封二、封三一般设计成空白页。一些比较考究的图书也对封二、封三进行设计,主要是设计一些图案或者色块。在对封二、封三进行设计时,要注意与扉页、面封和底封的设计协调,与图书的内容相呼应。有些大型的系列书,特别是中小学教辅材料,为了节省篇幅,常在封二、封三上安排系列书的介绍等内容。

12. 如何进行图书书脊的设计?

书脊的设计是封面设计的重要环节。书脊位于面封和底封之间,一方面起连接面封和底封的作用,另一方面起使面封设计和底封设计自然过渡的协调作用,所以书脊的色彩和图案设计应当与面封和底封相协调。为便于装订,书脊与面封、底封交界处的底色过渡不能太明显,更不能用细线隔开。

根据国家相关规定,宽度大于或等于5毫米的书脊,均应印上相应的书脊内容。

当书籍排列在书架上时,书脊担负着标示书名、编著者名、出版者名等说明任务,所以书脊上一般安排有书名、作者名和出版者名,并根据书脊空间的大小,选择安排丛书名等信息。

书脊设计要具有艺术魅力,体现图书的内容个性,并以其有趣的艺术形式、直观的形象,产生强烈的视觉冲击力和符号意识,使读者过目不忘。书脊上的文字要保持与封面文字完全一致。为了便于读者查找,书脊上的字体变化不宜过多,一般采用正规的印刷体,较少用书法体或手写体。

13. 如何进行平装图书封面勒口的设计?

现在越来越多的平装图书都设有勒口。作为封面设计的组成部分,勒口的设计也要与封面保持协调。

勒口上一般安排内容提要、作者简介或其他宣传性文字,也有的排印责任编辑、装帧设计人员等的姓名。也可以前后勒口不排印任何文字,或者前勒口有文字后勒口没有。相比后勒口,前勒口一般安排的是更重要的内容,如前勒口排印第一作者的简介,后勒口排印第二作者的简介。勒口上无论有没有文字,都一定要注意面封和底封的底纹与勒口部分的过渡,以保持勒口折叠后的视觉效果。勒口上的文字颜色,要根据勒口上底纹的情况进行设计,保证勒口上的文字与底纹形成强烈的视觉反差。若有底纹特别是颜色较深的底纹,一般用灰白字;颜色很浅或没有底纹时,一般排深色的文字。

14. 如何进行图书的护封设计?

护封是图书外层与图书分离的一张单页,即封面外的包装纸,一是保护图书不被损坏,二是装饰书籍,以提高档次。护封上一般印有书名、作者名、出版者名和简单的装饰图案。精装图书多有护封,护封须设有勒口。护封的勒口设计与平装书勒口设计相似。

由于护封在图书的最外层,故护封的面封、脊封和底封都应该像封面一样印有规范著录项目。同时,护封的设计同封面设计既要有区别,又要有联系。在色彩、造型上应与封面设计相呼应,在风格上要求和谐、统一。

15. 如何进行图书的环衬、衬页和插页设计?

图书的环衬、衬页和插页整体上起结构性的装饰作用,对它们的设计,一是应体现这些部件各自的结构性特点;二是发挥它们对封面、护封所起的补充、映衬、联系作用,做到与封面、护封主次有别;三是要同封面和护封一起与图书的整体形象保持和谐、一致的审美效果。

16. 如何进行图书的扉页设计？

扉页是图书封面到书芯的过渡，因此，进行扉页设计时要考虑与封面、书芯的前后关系。这种关系包括与封面、书芯的节奏关系及与封面、书芯的和谐关系。扉页设计要求简洁、大方，书名文字明显、突出，其他信息的字体、字号得当，位置有序。

不同性质的图书，对扉页设计的重视程度不同。考究的、经典的图书，一般会把扉页的设计纳入封面、护封等整体设计之中，保证与封面、护封的和谐统一；教科书、教学参考书、普通读物等，讲究一点儿的也只是提炼一些封面的元素与之呼应，更多的则是封面文字的编排。

扉页上的书名、作者名、出版者名等信息应按国家标准标注。封面上一般只标注主要的作者如主编，而扉页上应标注所有应该著录的作者名。

17. 如何进行图书的函套设计？

图书函套设计是图书美术设计的重要组成部分，函套在图书的保护、收藏和美化中起着重要的作用。函套的设计首先要与封面的设计相呼应，同时要根据图书的性质和读者对象做好装帧材料的选用和印刷以及加工工艺的选择，还要注意函套的形状设计与函套上的配饰（如书名标志、花纹烫印和徽记镶嵌等）相匹配。

18. 如何进行图书的腰封设计？

腰封主要起宣传、介绍图书的作用。由于腰封的空间比较小，设计的宣传文字一定要简明，应具有“一语中的”的效果，但切忌使用浮夸和与图书毫无关联的语言。腰封的图案和色彩应该与封面、护封相协调，具有相互补充的作用，这样才能形成良好的整体审美效应。

19. 如何选择图书的书芯用纸？

书芯用纸要根据图书的性质和印刷要求进行选择。

工具书由于内容信息量大，又需经常翻阅，开本小、字数多的字典、辞典、手册等工具书，宜选择字典纸。

胶版印刷纸或胶印图书纸价格低廉，市场上绝大多数要求不高的黑白图书和部分彩色图书，都是选用的这两种纸，如教材、科普读物、通俗读物等。

以图片为主或图文并茂的精美画册，书芯多采用铜版纸、哑粉纸或轻涂纸。这些纸由于纸面上涂有白色涂料，表面平整度高，彩色图像的还原效果好。

近年来，书芯选择轻质印刷纸的日益增多。这种纸相比其他类型的纸张，同克重的纸显得要厚一些，所以文字遮盖性好。纸质挺度好，手感柔和，因不含荧光增白剂，多为奶白色、淡米色，不刺激眼睛，读者阅读时不会造成视觉疲劳，保存多年也不会变质。轻质印刷纸的另一个特点就是重量较轻，便于携带。

选择了纸的品种后，是选择平板纸还是卷筒纸，则要根据图书的印数来定，印数大的选择卷筒纸，印数小的则选择平板纸。

20. 如何选择图书的装帧工艺材料?

同样的创意设计,如果选择不同的装帧工艺材料,会产生截然不同的装帧效果。选择恰当的材质元素,对美术设计者来说,显得非常重要。

随着科学技术的发展,各种新型的图书装帧工艺材料大量涌现。面对品种繁多、各有特色的图书装帧工艺材料,一是要选择坚实、轻便、防潮、符合环保要求的材料,二是要根据图书的性质和可能的销售量选用成本合适的材料。

装帧工艺材料主要包括书壳(函套)材料、封面(护封)面料、环衬(主、附书名页)材料,以及烫印用的电化铝箔和粉箔等。

①书壳材料主要有封面纸板、制作书套的封套纸板及用于制作软质书壳和封套的单面白纸板等。

②封面面料有纸质、织物和非织物三类。纸质面料有胶版纸、铜版纸、书皮纸、复合加工纸、涂塑纸、花纹纸及漆纸等;织物面料有棉布、丝绸、麻布、化纤纺织品、漆布等;非织物面料有皮革、塑料等。

③环衬材料有胶版纸、铜版纸及米卡纸等。

21. 什么是图书表面整饰加工工艺?

所谓表面整饰,就是对印刷品表面进行加工,改善和增强印刷品表面性能,提高印刷品表面的视觉效果,给人以精美、高贵等印象。这样可以促进销售,同时也能扩大装帧设计的创意空间。

随着新材料和新技术的快速发展,尤其是印后加工技术和设备的发展,图书表面整饰加工工艺也逐渐多样化、自动化和精美化。图书表面整饰加工工艺按照加工方式和功能大致分为整体整饰工艺和局部整饰工艺两类。

22. 图书表面整体整饰工艺有哪些?

整体整饰工艺是现代图书出版加工最基础的表面整饰工艺,主要包括覆膜、上光、过油等整体性工艺技术。

(1)覆膜

覆膜是目前书封加工最常见的工艺技术。书封印刷后通过覆膜工艺,在印刷品表面贴合一层透明的薄膜保护层,一方面提高了印刷品表面的光泽度,使封面图文具有更加鲜亮的色泽和品相,增强了图书的货架展示效果;另一方面,通过该工艺加工可以提高纸张的防潮、防水、防脏污和耐折等效果,大大提高了图书的使用寿命。

覆膜材料有多种选择,常见的平装书籍较多选用亮光膜。该类薄膜表面光泽度好,覆膜后印刷品具有较好的光泽度,同时能够提高书封表面图文的视觉效果。还有一类是亚光膜。该薄膜具有磨砂朦胧效果,贴合在印刷品表面给人以高贵之感,往往较多使用在高档精装书籍封面上。

近年来,随着数字出版和传统出版工艺的革新,图书出版时订单数量差异较大,多则上万本甚至几十万本,少则几本。如果都选择传统工艺加工,往往会造成浪费,因此对于采用数字化印刷的、印数较少的图书，往往选择预涂型覆膜工艺，该工艺尤其适合当下数字化个性印刷图书。

(2)上光、过油

上光、过油也是书封整体表面加工的一种常见工艺。该工艺充分利用镜面反射原理，在印刷品表面涂布一层薄薄的具有较强光泽的涂料，干燥后形成有较强光泽效果的保护层。

上光和过油一般较覆膜节省成本，同时利于纸张的回收等，是一种比较环保的表面加工工艺。

目前上光涂料主要有溶剂型上光涂料、水性上光涂料、UV上光涂料等，分别适用于不同档次的印刷品表面加工。其中水性上光涂料因使用水和醇等作为溶剂，涂布上光后无有害残留，是上光涂料中最环保的品种。UV上光涂料是近些年较为流行的一种高品质的上光涂料，在印刷品表面涂布固化后，形成的涂布层具有非常好的光泽度和视觉效果，广泛用于质量要求较高的书封表面加工，且成本低于覆膜。

23. 图书表面局部整饰工艺有哪些?

局部整饰工艺是书封印后加工的重要环节，工序种类繁多、加工效果突出，被设计师广泛采用。局部整饰工艺主要包括：烫印、凹凸压印、局部上光、水晶滴塑、磨砂、植绒等工艺技术。

烫印，包括印金、烫金、烫银等工艺，是现代图书广泛使用的一种局部加工工艺技术，尤其是高档次的精装书籍更是广泛使用烫印技术。经过烫印，在印刷品表面形成光泽度极好的具有金属质感的图文，极大地提高了图书的品位和档次。近年来随着烫印工艺的快速发展，新技术也不断出现，如冷烫印技术、扫金技术、激光烫印箔等。新技术和新材料的出现，使得表面整饰加工锦上添花。

凹凸压印是目前书封加工的主流印后加工工艺，凹凸压印加工时使用凹凸啮合的预定形状模板，在模切压痕机上对书封预定位置进行压印，形成凹凸图文。该工艺一般对书封上的标题文字、主体图案等需要强调的部分图文进行凹凸加强，压印后在书封表面形成明显的浮雕效果和立体效果。该工艺常和其他表面整饰工艺如局部印刷上光等组合使用，以增强书封的艺术效果。

局部上光是现代上光工艺的一个新方向，该工艺与传统型全面上光工艺有一定的区别，其生产加工主要利用印刷原理，先将预上光部分图文出片制版，再利用印刷设备在待上光区域进行印刷上光。局部上光和全面上光相比，一方面节约生产成本，另一方面常和其他整饰工艺相结合，凸显加工效果，给人更多的创意想象空间。

水晶滴塑是近些年兴起的一种局部加工技术，该技术一般用于加工图书标题和主体图案表面，加工时利用PVC等健康环保材料进行热熔滴塑，冷却后在预定图文表面形成具有凸透效果的透明塑胶层，使文字看起来具有一定的立体感和浮雕感，且塑胶层具有无毒、柔软透明、耐折抗压和手感好等特性。

磨砂、植绒等整饰工艺是典型的个性表面加工技术，其加工原理和局部上光工艺很相似，主要利用印刷原理，先制版，再覆盖胶剂等，最后利用黏合剂的黏合性能将绒毛和晶砂粘附，形成特定的加工效果。

当然局部整饰工艺远不止上述工艺，在实际生产中，局部工艺常和其他工艺技术组合使用，以增强其加工艺术效果。

24. 如何选择图书的表面整饰加工方案？

进行图书表面整饰加工方案设计时，要充分考虑设计方案在生产加工上的可行性。如特种纸张不能用于过于细密的图像的印刷，以免造成图像失真；织物材料主要用在简洁的美术设计方案中；等等。设计者必须熟悉现代各种类型表面整饰加工工艺的特性，熟悉各种装帧工艺材料的性能和规格，从而有针对性地选择相应的材料和工艺。否则，不仅达不到设计所要求的效果，反而会导致生产成本大幅度上升。

不同性质的图书，在表面整饰加工工艺的选择上存在较大的差异。珍藏类图书、学术类图书、成套的大型工具书等，可选用凹凸压痕、浮雕压痕等工艺，并采用与之相适应的富有弹性的装帧材料。普及型礼品书，可使用烫印或凹凸压痕等表面整饰加工工艺。面向儿童的图书，其装帧材料和表面整饰加工工艺的选用既要充分考虑儿童的特点，又要考虑这类图书的表现特性；既要耐磨、耐污，又要显示鲜艳的色彩，还有就是尽量选用环保材料。面向大众的图书，因读者面广，发行量大，其装帧就不宜多用高档材料和特种印制工艺，以尽量降低图书的成本，适应大部分读者的购买力。

不同的表面整饰加工工艺，工价相差很大，直接影响到图书的生产成本。选用得当，能提升图书的质量品位，增强市场竞争力；过度使用，只会徒增成本、造成浪费。从图书生产成本的角度出发，图书一般分为三类，应根据图书的类别，选择适宜的表面整饰加工方案。大中专教材、中小学教材、教辅图书、普及读物等经济型图书，使用周期一般相对较短，不宜增加过多的生产成本投入，只需对书封进行基础性的整饰加工，往往直接在印刷品表面进行简单的上光、覆膜等。各种读物类、技术类等实用型图书，要求具有一定的使用寿命和储存周期，在合理控制成本的前提下，往往采用两种以上的组合工艺生产加工，如覆膜（上光）＋ 烫印、覆膜＋ 局部 UV（一般 UV、七彩 UV、磨砂等）、覆膜＋ 凹凸压印＋ 局部压纹等。各种典籍、工具类图书等考究型图书，制作要求精良，需要长期保存，成本只要在预算范围内即可，往往选取多种组合工艺设计加工，常见的有覆膜（上光）＋ 凹凸压印＋ 烫印＋ 局部磨砂（植绒）等。

图书的表面整饰加工既是一门技术，更是一门艺术。设计师在进行图书美术设计时，较少使用单一的整饰工艺，往往同时将多种工艺技术组合搭配使用，以提高图书的精美度和档次。同时，作为设计者，一方面要考虑设计方案生产加工的可行性，另一方面更要考虑图书的性质和加工成本等因素，做到组合优化和选择合理。

25. 什么是图书的版式设计？

图书版面的构成要素一般有版心、行距、文字的字体字号、标题、图表、页码、装饰符号等。图书版式设计就是根据图书的性质、内容、读者对象和可利用的工艺技术手段，对每个版面构成要素的位置、大小和式样做出平面上的安排的一种视觉传达设计方法。

26. 图书版式设计有哪些基本要求？

图书版式设计是具有思想性、艺术性和技术性的一项工作，设计时应满足以下基本要求：

①结构合理，层次清楚，能很好地表达书稿内容。

图书版式的结构合理包括整体结构合理和局部结构合理。整体结构合理体现为：正文、辅文、表格等附件的排序合理，总的成书结构有利于表达书稿内容，符合广大读者的阅读习惯和使用要求等；局部结构合理体现为：各部分、各章节的排列和连接合理，图、表、公式与正文的衔接妥当等。图书版式的层次清楚，是指图书的体例合理，如标题级别明确，占行醒目，字号大小、字体轻重搭配合理，全书另页、另面、另行、回行等符合规范、安排得当等。

②编排紧凑，配置适当，最大限度地扩大信息容量。

图书版式设计的作用是利用有限的平面空间，将一定量的文字信息传递给读者。编排适当紧凑，既可以避免图书体积过大，影响阅读和携带；又可以避免浪费纸张，给读者增加不必要的经济负担。配置恰当，是指版心不宜过大或过小，标题与正文衔接适当，正文字号及容量要适度，图、表与正文衔接要紧密。总之，版面要求紧凑而不拥挤，疏松而不散乱，各种配置综合考虑，在不影响使用和版面美观的前提下，最大限度地扩大文字信息的容量。

③提示扼要明确，总体布局得当，便于读者检索。

图书的各种提示信号，对读者起着重要的引导作用。从内容上讲，图书的内容提要、作者简介、编写说明、目录等辅文、附件都具有提示作用。所有提示内容的图书版式都不应复杂，要采用简单常规的、广大读者所熟悉的形式，否则就违背了图书版式服务于图书内容的基本要求。图书的总体布局也对方便读者检索起着重要作用。图书的各种辅文、附件有着不同的作用，其位置有一定规律，图书版式设计的一个方面，就是决定图书各部分内容的顺序，这就要求全书的总体布局要得当，能为读者检索提供方便。

27. 如何进行图书版心大小的设计？

图书版心大小的设计直接影响读者的阅读感受和图书的成本。若版心较小，则周空较大，版面显得疏朗、爽目，阅读起来感觉轻松，但图书的成本会增加；若版心较大，则周空较小，虽减少了图书的成本，但读者阅读起来会有一种压抑感。

版心的大小，应根据图书的性质、种类和开本来选择。实用型、通俗型图书和经济型小开本图书，版心不宜过小，以容纳较多的图文内容；休闲类、随笔类、诗歌类等中型开本图书，版心可以设计得小一些，方便读者翻阅、做笔记；美术欣赏类等大型开本图书，以图为主，版心应较大，以展示图片的魅力。

图书正文部分全部页面的版心必须大小一致，但图书辅文部分的版心，可以与正文一致，也可以与正文不同。

28. 如何进行图书版心位置的设计?

从视觉效果出发,图书版心在版面上的位置一般是左右居中略偏下,即天头略大于地脚(一般比例为1.4∶1),具体到某种图书,版心在版面上的位置视内容而定:专业图书,为方便读者加批注,天头或翻口应留得大一些;摄影集、画册等艺术类图书,为追求版面的艺术效果,常将靠近天头或翻口的图片设计成超版心或出血形式。

版心位置的设计还要考虑图书采用的装订形式,也要考虑到不同装订方式订缝占用的空间不同,不得将订口设计得过窄而导致靠近订口的图文无法正常阅读。

29. 图书的版面分为哪几种形式?

图书的版面分通栏版面、双栏版面和多栏版面三种。

通栏版面是指每行文字均从版心的一侧一直排到版心的另一侧。采用通栏版面类型的图书,除小型开本的图书及文内辅文外,这种版面所用字号一般不得小于五号。

双栏版面是将版心纵向分割成宽度大小完全相等的两部分而形成的版面。双栏版面的行长约为通栏版面的一半。行长缩短,正文字号可相应变小,这样可以使版心获得尽可能多的图文容纳量,从视觉上也不影响读者的阅读。

多栏版面是将版心纵向分割成宽度大小完全相等的三块或更多块而形成的版面。选用这种版面,是为了解决图书开本相对较大、字号又相对较小的问题。

图书的版面以通栏为主,有些篇幅较大的教辅类图书、大型开本的工具书和资料性质的图书,为节省版面,常采用双栏甚至多栏的版面类型。采用双栏或多栏类型时,各栏的栏宽都必须相等,栏与栏之间要留1～2字宽的空白或再加上栏线。

30. 如何选择图书正文主体文字的字体?

不同的字体会带给阅读者不同的感受。字体的选用是形成版式设计风格不可缺少的元素。

图书正文主体文字主要选用的字体有宋体、楷体和仿宋体三种。在众多印刷字体中,宋体字最适于阅读,所以图书正文主体文字多选用宋体字。楷体字接近手写体,易写易认,字形活泼,常用于儿童读物和小学一至四年级教科书。仿宋体字形秀美、典雅,刚柔并济,常用于诗集、散文集等文学类读物。

字体的选择不能太多,一般两三种最为理想,否则版面会显得凌乱而缺乏整体感。在选用的字体中,为体现丰富多彩的变化效果,可适当采用加粗、变细、拉长、压扁等方式来变化字体。

31. 如何选择图书正文主体文字的字号?

图书正文主体文字的字号应依据图书的性质、类别、开本而定。文字太小,阅读起来会非常吃力;文字太大,会使版面显得粗笨。一般图书采用五号字;开本较大的通俗类图书、休闲类图书、老年读物等可采用小四号字;儿童读物多采用小四号字或更大字号的字。双栏排的工具书等多采用小五号字;多栏排的工具书可用六号字。

对中小学教科书字号的选用，国家颁布了相应的国家标准：小学一至二年级各科教科书采用二号或三号字，小学三至四年级采用四号字，小学五至六年级和初中、高中采用小四号字，高中理科教科书宜采用五号字。

32. 如何进行图书版面字数的设计？

图书的版面字数等于每行的字数乘以每面的行数。图书版面字数的多少，直接影响整本图书的篇幅大小，进而影响图书的成本和定价。

每行的字数与版心宽度、字号和字距相关，每面的行数与版心高度、字号和行距相关。所以，图书版面字数的设计实际上就是对版心大小、正文主体文字字号、字距和行距的设计。

如前所述，版心大小和正文主体文字字号的设计应根据图书的性质、种类、开本、读者的阅读感觉等来选择。

字距有标准、加宽和紧缩三种。一般默认为标准值，即字与字之间的距离为 0；特殊情况可以加宽，如少儿类图书；紧缩则不可取，否则阅读起来很吃力，影响图书的阅读效果。

行距为上行与下行之间的距离，分为标准行距、宽行行距和密行行距三种。行距应根据图书的性质灵活设计，扩大行距，版面疏松；缩小行距，版面严谨。标准行距为字高的 1/2，用于一般的普通读物；宽行行距为字高的 2/3～7/8，多用于经典著作或者休闲类、艺术类、少儿类图书；密行行距小于或等于字高的 1/3，常用于篇幅较大的图书，尤其是便携式的小开本书和工具书。

33. 如何进行图书版权页的排版？

对于版权页的排版，国家制定了相应的国家标准。

版权页又叫版本记录页，用于提供图书的版权说明、图书在版编目（CIP）数据、版本记录等信息。位于主书名页的背面。

①版权说明：作者或版权所有者授权出版的作品，可标注版权符号，并注明版权所有者的姓名及首次出版年份，位置排在版权页的上部。引进版图书，国外出版社都要求在版权页上标注版权说明；国内作者的作品，一般只是注明“版权所有、不得翻印”等字样。

②图书在版编目（CIP）数据：图书在版编目（CIP）数据前应冠以“图书在版编目（CIP）数据”字样，其结构和印刷格式应按相关国家标准执行，且排印在版权页的中部位置。

③版本记录：著录 CIP 数据未包括的印刷发行、载体形态等记录，以及出版责任人记录等项目。印刷发行记录包括印刷者、发行者的全称，第 1 版、本版的年月，本次印刷的年月及印次，印张数、字数、插页数、印数、定价等。载体形态记录包括图书的开本和幅面尺寸，图书附件（如 CD，CD-ROM 等）的类型和数量等。出版责任人记录指责任编辑、装帧设计、责任校对和其他有关责任人信息。

34. 如何进行图书 CIP 数据的排版？

对于 CIP 数据的排版，国家也制定了相应的国家标准。

CIP数据的内容由四个段落组成，依次为：图书在版编目标题、著录数据、检索数据、其他注记。

第一段是图书在版编目标题，即标明“图书在版编目(CIP)数据”的标准字样，放在首行，用黑体字排版。

第二段是著录数据，与第一段之间空一行。一般分成两行：书名与著作责任者项、版本项、出版者项连续著录；丛书项、附注项、标准书号项单独另起行著录。

第三段是检索数据，与第二段之间空一行。排版次序为：书名检索点、著作责任者检索点、主题检索点、分类检索点，各检索点依次用大写罗马数字排序。除分类检索点外，同类检索点中的数据超过一个时，依次用置于圆圈符号中的阿拉伯数字排序。分类检索点中的数据超过一个时，各数据之间要有间隔，不用任何数字排序。

第四段是其他注记，与第三段之间空一行。一般是著录“中国版本图书馆CIP数据核字(年份)第×号”的字样。

图书出版前，出版社都要向国家CIP数据中心申领CIP数据。各出版社必须严格按照CIP数据中心提供的样稿格式排印CIP数据。

35. 如何选择图书标题的字体、字号？

图书标题字体、字号的选用，必须依据图书的类别、开本和相应标题的级次来确定，并遵循以下基本原则：

①开本越大，字号越大；开本越小，字号越小。

②标题选用的字号与正文主体文字所用字号的对比不宜过于强烈。

③同一种图书中，相同级次标题的字体字号要一致。

④标题所用字体以黑体、标宋体、宋体、楷体、仿宋体等为主。

⑤分级要明晰，富有层次感。要按照“由大到小、由重到轻”的原则选择各级次标题的字体、字号。“由大到小”是指字号的选用按照标题级次的降低逐级变小；“由重到轻”是指所选字体按照标题级次的降低由粗到细。

⑥最小一级标题的字体、字号不得轻于和小于正文主体文字的字体、字号。

36. 如何进行图书标题序号的设计？

(1)标题序号的主要形式

图书标题分为有序号标题和无序号标题两类。对于有序号的标题，标题序号主要有以下四种形式：

①采用篇章节的形式，即“第×篇”“第×章”“第×节”等。采用这种形式，序号可以在题文上方单独占行，也可以空一字后接排题文。

②采用改变数字(包括汉字数字和阿拉伯数字)、字母的写法的形式，如“一、”“(一)”“1.”“(1)”“①”“A.”“a.”等。序号的选用规则是汉字数字在前，阿拉伯数字在后，字母更后；不带括号的在前，带括号的在后，加外圈的数字最后；大写字母在前，小写字母在后。

采用这种形式的序号需要注意的是：单纯的汉字数字后加顿号，单纯的阿拉伯数字或字母后加下脚点“.”,带有括号或者外圈的数字后不加任何标点符号。

③国际通用的形式,如“1”“1.1”“1.1.1”等形式,目前为越来越多的科技图书包括国家标准所采用。采用这种形式的序号,末尾数字之后不加任何标点符号,而是空1字后排题文。

④特殊的标题序号形式,如数学类教科书常采用“§1”“§1.1”等形式。

(2)标题序号的设计要求

①同一本书只能选用一种标题序号形式。

②所有标题序号的顺序不可倒置。

③标题可以跳级,可以根据标题的实际层级,跳过某些形式的序号。

④序号的字号应与题文相同。

⑤序号的字体一般与题文相同,但若序号是阿拉伯数字、字母或其他非汉字字符,可以选用与题文字体相近的字体。

37. 如何进行图书标题位置的设计?

标题位置的设计,应根据图书性质、开本大小、标题文字多少及版面整体布局等因素综合考虑。

一级标题的位置有四种:第一种是另页排,在单页码上单独占一面,背面为空白页;第二种也是另页排,但在标题下面接排正文主体文字;第三种是另面排,而且是单独占一面;第四种也是另面排,但在标题下面接排正文主体文字。

一级标题一般左右居中排,也有从版面的整体效果考虑,居左或居右排。

一级标题以下的各级标题,可以左右居中排或居左排。可以不接排正文主体文字,也可以接排正文主体文字。如果一本书的标题有多种排法时,应按照标题级次从大到小顺序,先是左右居中排的标题,然后是居左排的标题,最后才是接排正文主体文字的标题。

需要特别注意的是,标题不能位于页末,即标题不能沉底,形成背题。

38. 如何进行图书标题加空的设计?

对于字数较少的标题,为了让标题不显得拘束、失衡,可以适当增加字间距。字间距的大小没有统一的标准,应根据标题字数的多少、字号的大小,从美观、大方的角度灵活选择。如果标题的字数在五字及以上或已占版心宽度1/2及以上,字间则不用加空。

39. 如何进行图书标题占行的设计?

独立成行的标题在版心中一般不止占一行的位置,这主要是因为标题的字号比主体文字大或字体比主体文字重,通过多占行,可让标题更加突出、醒目。

标题占行的多少没有统一的标准,除了有的图书的一级标题单独占整个页面外,只要标题下面接排文字,每级标题所占的行数,按标题的级次逐级减少。一般来说,四级以下的标题可以只占一行,在标题后空一个字的间距再接排正文主体文字。

占一行以上的标题,一般是上面要多空一些。一是从人的视觉效果考虑,二是因为标题与下面的内容联系更为紧密。

各级标题占行一经设定，全书必须统一。只有在两级标题连排的情况下，可以减少占行，以避免造成两级标题之间过于稀疏。

40. 如何进行图书标题转行的设计？

左右居中的标题，其长度超过版心宽度的 3/4 时，应做转行处理。

标题转行有三种形式：一是转行齐左，即所转文字的第一字与标题序号平齐；二是转行齐肩，即所转文字的第一字与标题序号后的第一字平齐；三是转行居中。

标题转行时，必须严格遵守“不损文意、便于阅读”的原则，即标题转行不能割裂复音词，虚词不能转为下一行的第一字，介词、连词不能单独留在上行末尾，更不能让转行的标题排在两个不同的页面。

41. 如何进行图书引文的版式设计？

图书中的引文分短句引文和大段引文两种。引用的文字少于四行时，为短句引文；引用的文字在四行及以上时，为大段引文。短句引文又分直接引用和间接引用两种。

在对图书引文进行版式设计时，应注意以下几个方面：

①被直接引用的短句引文须用双引号标示，随主体文字一起表述，版式与前后的主体文字一致。被间接引用的文字一般不加双引号。

②大段引文应另行，单独成段，引文不用双引号。大段引文一般设计为与主体文字不一样的版式。如果主体文字是宋体，引文的字体多选用仿宋体或楷体；将每行行首缩进两个字或将行首、行尾均缩进两个字，以便引文更为清晰。

③对诗歌的引用，若只是诗歌的一行，则采用短句引文的标示方式用引号引出；如果是两行，可以将其改成不分行的接排形式，中间用斜线“/”分隔，斜线前后各空 1/2 字距；如果是三行及以上，应采用大段引文的版式设计。

④直接引用的引文要与原文保持完全一致，包括标点符号。如果希望省略引文中不重要或与前后内容不相关的部分，可以使用省略号。

⑤若引文是用双引号引出的，则引文中的引号只能用单引号。

⑥要在引文后括注引文的出处。

42. 图书中的注释分哪几种？

注释是对图书正文中局部内容的解释性文字。根据其所处的位置，注释可分为处于主体文字之中的夹注，处于段与段之间的段后注，处于某一页面地脚处的脚注，处于某一章末的章后注，处于某一篇文章末尾的篇后注，处于全书最后的书后注，等等。

43. 图书中的注释由哪几部分构成？

注释一般由注文、注码、注线构成，且都应排在版心之内。有些类别的注释没有注线、注码，有的只是没有注线。同一本书中，同一类别的注释的格式应前后一致。

44. 如何进行图书注释中注文的版式设计?

注文是注释的主体部分,不同类型的注释,注文的格式也有所不同。

夹注一般采用加括号的形式,把注文直接插在被注解的文字之后,字体一般比主体文字稍轻或与主体文字相同,字号等同于主体文字或比主体文字略小。夹注只有注文,没有注码、注线。

段后注主要用于需注之处较多的图书,如古籍类图书、文言文读物等。段后注要在进行注释的某个段落之后另行起排,采用比主体文字略小的字号或与主体文字相区别的字体。注文转行有"齐肩排"和"顶格排"两种形式,使注码排列清晰、齐整。段后注没有注线,但有注码,要在注文和主体文字对应处各用一定样式的注码标明各自的对应关系。

脚注也称"页下注",位于版心的最下方,其排式与段后注大体相同。不同之处在于脚注有注线,位于末行主体文字与脚注之间,长度约为版心宽度的 1/3;脚注要与所注正文内容处于同一个页面,注码的序号以一个页面为单元连续编制。脚注因检阅相对比较方便,是图书中使用得较多的一种注释形式。

篇后注是把注文全部排在一篇文章的最后,主要用于注文相对集中、字数又较多的文集类作品中。采用这种形式,就不会在版面不够时出现注不随文的现象。其排式与段后注基本相同,所不同的是注码序号以篇为单元编制,注释部分与正文之间可以使用注线,也可以在其上方排"注释""附注""注"等标题。与"篇后注"相似的有图书中"编"或"章"后的"编后注"或"章后注"。

书后注就是把所有的注释排在全书正文之后,主要用于注文不多的图书。书后注一般另面起排,没有注线,与篇后注类似,在注释上方加"注释""附注""注"等标题。注码序号以全书为单元连续编制。

45. 如何进行图书注释中注码的版式设计?

除夹注以外,其他类型的注释都必须在被注释文字处和注释的首部设置注码,标明正文主体文字中被注释文字与各注释条目之间的对应关系,以方便读者对照查阅。

①注码一般采用数字或"[注]"或星花"*"等形式。

数字形式的注码,又分为数字外加圆圈的阳码(如①②等),数字为白色、圆圈内背景为黑色的阴码(如❶❷等),以及数字与方括号(或六角括号)组合而成的拼合码(如[1]或〔1〕等)三种形式。

"[注]"和星花"*"形式的注码用在注文很少的情况下。只有一条注文时,可以采用"[注]"和星花"*"形式;有两条注文时,可用单星花和双星花相区别;注文多于两条时,要采用数字形式的注码。

②无论用何种形式的注码,全书必须统一。

③注码一般采用上标形式接排在需要解释的主体文字之后。

④注释中的注码应与后续的注文间隔 1/2 字空。

⑤对文集类图书,若需对标题或作者进行注释时,绝大多数用星花作注码,并排在该标题或作者姓名所在页面的最下面一行。

46. 如何进行图书注释中注线的版式设计？

注线的作用是把注文与正文主体文字隔开，其长度一般为版心宽度的1/3。注线一般用正线，通常顶格排，也可与注文左齐。注线与正文间的间距应等于或略大于正文主体文字间的行距；注线与注文间的间距要小于正文主体文字间的行距，但大于注文间的行距。

47. 如何进行图书书眉的版式设计？

书眉是在图书版心以外空白处印有图书名、篇章名等项目的文字。书眉的作用一是方便读者查阅，二是起装饰版面的作用。

书眉文字的内容一般是图书中篇（章）、节等一级、二级标题的名称。书眉排序的总原则是双页码面标题的级次比单页码面大，即双页码面的书眉为上一级标题，单页码面的书眉为下一级标题。有时也把丛书名或书名作为书眉，这样的书眉仅起装饰作用，不具有方便读者检索的功能。如果标题文字过多，可以对书眉文字做适当删节，但不能割裂意义，且全书必须保持一致。图书正文中，一级标题的开始页面上一般不设计书眉。辞书及各种工具书为方便读者检索，可将本页面上的关键检索点作为书眉，通常列出本页面上的全部部首、字头或起讫字头（单词）。书眉文字的字号必须小于正文字号，字体则不限。

为使书眉和正文隔开，一般在书眉的下方排一根细线，即书眉线。书眉线可以是正线，也可以是虚线。书眉线一般是版心宽度的2/3左右。如果把页码和书眉安排在一起，书眉线可以和版心等长。

书眉一般占一行。横排书通常将书眉排在天头处，也有排在地脚或翻口处的，排在天头的书眉居中、靠翻口或靠订口都可以。竖排书一般排在翻口，文字位置大多为靠天头，适当上空若干字，一般不用书眉线。

如果页码设为书眉内容，其位置一般靠近翻口。只有辞书中的书眉为方便检索而将检索标志置于翻口处，页码位置可以居中或靠订口。

48. 如何进行图书页码的版式设计？

图书页码的版式设计应遵循以下原则：

①横排图书的页码用阿拉伯数字。字号一般小于或等于正文。为便于读者检索，页码位置大多设置在地脚或天头的靠近翻口处，也可以直接设置在翻口的中部。大开本图书，页码可以设置在地脚或天头的居中位置。对于按照字母顺序编排词条的外文辞典和按照四角号码法编排词条的汉语词典，页码可以设置在地脚或天头的靠近订口处。

②竖排图书的页码一般用汉字数字。页码排在版心之外的翻口上，根据中缝是否有文字，居中或居上或居下排。字号一般略小于正文，字体按和正文相和谐的标准选择。需要特别注意的是汉字数字不能横卧，数字垂直排列或水平排列均可。

③页码无论设计为靠翻口处还是订口处，各个数离版口的距离应全书前后一致，不应因为位数不同而有差异。也就是说，不同位数的页码不能呈塔形，应呈阶梯形。

④页码两边可以加装饰点或装饰线，两边装饰点或装饰线之间的距离要以位数最多的页码为准，即所有页码所占的宽度全书一致。对页码还可以做其他装饰，如围上或方或圆或椭圆的线框，加网线底纹框，设为阴字（黑底白字），等等。

49. 如何进行图书目录的版式设计？

目录的版式设计一般不同于正文，而是作为一个相对独立的部分单独设计。目录的版式设计应根据图书的性质和种类，体现各自不同的风格。目录页的版心大小宜等于或稍小于正文版心。

目录应另页起排，其页码应单独成序列，与正文页码的排式可以相同，也可以不同。

图书目录的标题即“目录”两字，其版式可以与全书的一级标题的版式一致，也可以单独设计，多居中排或居左排，也可以居右排，字间加两个字距。

目录中所收录的正文标题，按实际需要而定，一般以两级标题为宜，大多不超过三级。特殊情况下，若三级以下每一级标题包含的文字内容较多，可以列到四级甚至五级标题。

目录条目字号的安排一般是第一层级的字号大一些，以下各级逐渐减小。不同层级也可以使用同一字号，而按照“由重到轻”的原则，通过选择不同字体来区分不同的层级。同一层级条目的字体字号必须一致。

目录条目中的著录项目，一般只列出正文的标题及其所在页面的页码，只有文集类图书可能列出作者姓名。在一个条目内部，通常是正文标题文字居左、页码居右，标题与页码之间用细点线相连；也可在标题后接排页码，并用分隔号“/”相隔。不同层级的条目常采用依次前缩的方式排版。一级标题一般顶格排，以下各级每低一级缩进1～2字，以此来显示标题的层级。对三级或以下层级的条目，若字数较少且同一层级的条目较多时，可做接排处理，中间用分隔号“/”相隔，同时在标题与对应的页码之间空1～2字距。但各层级的排式应保持前后一致。标题过长而需转行的，转行后的标题文字一般与上行齐肩排。如果目录条目较多，但各级条目的字数不太多，并且图书开本也较大时，可考虑将目录排成双栏或多栏形式。目录所收标题对应的页码，必须与正文相应标题所在页码一一对应，且样式必须相同，既可以全部单独用数字，也可以全部在数字外加括号。如果加括号，所有括号大小应一致，且前后括号之间的距离以位数最多的页码为准。

目录应位于前言之后、正文之前，目录中不应包含正文之前的内容标题。目录应单独编排页码，不得与前面的前言和后面的正文页码连续。

50. 如何进行图书前言、序言和后记等的版式设计？

同一本图书中，前言、序言和后记等一般采用相同的版式设计。其用字的字体、字号，可以与正文相同，也可以与正文不同，但字号不得小于正文；版心可以与正文相同，也可以根据内容的多少调整版心的宽度和高度，使前言、序言和后记等的版心区别于正文，产生别具一格的效果。

51. 如何进行图书附录的版式设计?

附录的范围较广,其版式设计应区别于正文。

附录用字的字体可以与正文不同,字号一般应小于正文,但若附录中的文字性质与正文相同,字体字号可与正文相同。某些附录,如索引类的附件,因每个条目文字相对都比较少,可排成双栏或多栏,不仅检索方便,而且版面清晰、节省空间。

52. 如何进行图书参考文献表的版式设计?

参考文献表一般排在全书正文的后面,也有排在各篇、章后面的。列在全书正文后面的参考文献表,应另面起排,并设置标题,标题的排式可以与图书中其他辅文(如前言、序言、后记等)的标题保持一致,而各条目的排式与篇后注或书后注基本相同。列在各篇、章之后的参考文献表,可以设置标题,也可以不设置标题而仅以注线与正文主体文字相隔。各条目的排式与篇后注或书后注基本相同。

参考文献表中各条目的著录项目内容及其标志符号,应严格执行国家标准《信息与文献　参考文献著录规则》(GB/T 7714—2015)的规定。

53. 图书中图片的版式设计包括哪些内容?

图书中图片的版式设计包括图片版面位置的设计、图片排式的设计、图文合成样式的设计,以及图题、图注的版式设计。而图片版面位置的设计又包括串文图、通栏图、跨栏图、超版心图和超版面图 5 种设计形式。

54. 如何进行图书中串文图的版式设计?

串文图是指在图片的一侧排有正文主体文字的图片版面位置设计形式。这一形式中的图片位于版心之内。普通图书中,串文图的宽度应小于版心宽度的2/3;若为辞书、百科全书等工具书,为了节约版面,图片旁只要能排下 4～5 字时,都应采用串文图的形式。

串文图的设计要求如下:

①图与正文文字之间应留不小于1字距的空白。

②所串文字中如果包含公式,应调整图片位置,而把公式排成通栏。

③一个版面上只有一幅图时,图片原则上靠翻口排;一个版面上有两幅图时,图片应对角交叉排,且上下两图之间必须排有两行以上的文字;一个版面上有三幅图时,图片应三角交叉排。

④辞书等工具书,为方便读者查阅,常将全书图片排在相对统一的版面位置,如将图片一律靠翻口或靠版面右侧排。

⑤处于同一视觉范围的双页码和单页码两个页面均有串文图时,应把两个页面作为一个整体,遵循匀称、协调、具有艺术感等原则对所有图片进行设计。

⑥尽量避免把串文图排在版心的四角。

55. 如何进行图书中通栏图的版式设计?

通栏图是图片两侧不串排文字的图片版面位置设计形式。这一形式中的图片也位于版心之内。图片宽度超过版心宽度2/3的普通图书,及要求版面有较大空白的少儿读物,都应采用通栏图的形式。

通栏图的设计要求如下:

①尽量不要把图插在一段文字中间,以免文字被中途切断而影响阅读。

②图片最好排在版面居中偏上一些的位置,版面较为美观。

③图片应避免排在靠近版首或版末的位置,其上下应该至少各有两行文字,保持版心四边整齐。

56. 如何进行图书中跨栏图的版式设计?

跨栏图是在双栏或多栏的分栏版面中图片位置超出一栏,但又不横贯版心的图片版面位置设计形式。这一形式中的图片也要排在版心之内。与通栏图不同的是,跨栏图不横贯整个版心,而在图片的一侧串排有正文主体文字。跨栏图在版面中的位置和图片一侧串排文字的版式与通栏图和串文图相同。

57. 如何进行图书中超版心图的版式设计?

超版心图是指图片边沿超出版心但在版面之内的图片版面位置设计形式。

超版心图的设计要求如下:

①只有在美化版面或图片规格太大的情况下才采用这一设计形式。

②超版心图应尽量不要占用书眉或页码的位置。

③图片边沿距离切口的尺寸应不小于 5 毫米,避免裁切图书时切到图片。

58. 如何进行图书中超版面图的版式设计?

超版面图又称“出血图”,是指图片的一边或几边超出成品图书版面,在图书裁切成型时图片会被切去一部分的图片版面位置设计形式。

超版面图的设计要求如下:

①超版面图的设计主要是为了美化版面,提高读者的阅读兴趣,主要用在画册和少儿读物等图书中。

②被切去的部分应是图片的次要部分。

③图片超出切口边缘的尺寸一般为 3 毫米。

59. 如何进行图书中图片排式的设计?

对常规开本即版心高度大于版心宽度的图书,图书中图片的基本排式有竖排图和卧排图两种。竖排图又有和合图和插页图两个特例。

图片的宽度小于版心宽度、高度不大于版心高度时,采用竖排图的排式。图书中的图片广泛采用这一排式。

图片的宽度大于版心宽度、高度不大于版心宽度时,采用卧排图的排式,即把图片逆时针旋转90°排在版面上。

图片的宽度大于版心宽度、高度大于版心宽度但小于版心高度时，采用和合图的排式，即把图片排在由双页码面、单页码面两个页面拼合成的一个大版面（即“和合面”）上。采用这一排式时，应考虑折页时双页码面和单页码面的纵向尺寸误差对图片整体性的影响，而在骑缝处避开图的主要形象或信息比较密集的部分。和合图多见于图文类图书和大型画册。

当图片用和合面排式也排不下，即图片的宽度大于两倍版心宽度或高度大于版心高度时，图片应采用插页图的排式。

和合图在成书后可能会破坏图片的整体效果，插页图在图书装订时会增加手工的工作量，影响图书的生产周期，因此，这两种排式不要随便使用。

60. 如何进行图书中图文合成样式的设计？

图文合成样式是指图片与相应文字在版面上编排、组合的形式。图文合成样式主要有文主图辅样式、图文并重样式、图主文辅样式三种：

①文主图辅样式：这种样式是以文为主，图起辅助作用。科技类的教材和学术著作基本采用这种样式。这种样式中的图俗称插图。插图一般要进行编号，并在相应的文字处标注插图编号，与插图呼应。为便于阅读，每一幅插图须遵循“图随文走”“文先图后”的规则，即插图应出现在主体文字中第一次提到它的文字段后面，而不宜先见插图后见文字，或把插图远移到后续的主体文字中。如果主体文字中提及插图的所在页面剩下的版面不大，已放不下插图时，可以把插图后移。有时为了使前后相邻的插图放在一起以加强对比效果，也可以把后面的插图提前编排，但这样的提前程度是有限制的，除了须保持图号的顺序外，还要注意前移后的插图位置应尽量控制在同一个章节，而且与提及的主体文字在同一个视野中，即原该在双页码面上的插图后移到下页，或原该在双页码面上的插图前移到上页。

②图文并重样式：这种样式是文字和图具有同等重要的地位。知识普及读物、休闲读物、幼儿读物、连环画等图书一般都采用这种样式。这种样式要求图和文须在同一版面上。文字的字号一般不宜过小。

③图主文辅样式：这种样式是以图为主，文字起辅助作用。配有图片说明文字的画册和图书中的图片插页一般采用这种样式。这种样式中的图是主体，文字只是对图的说明。文字的字号可以设计得小一些。

61. 图书中图题和图注由哪些部分组成？

从正文叙述的方便出发，特别是以文字为主的科技类教材和学术著作，为了形象、直观地表达科学思想和技术知识，对书中的图片一般要加上图题和图注。

①图题的结构：图题包括图序和图名两个部分。非科技类图书中的图题有的只有图序而没有图名。图序是按照图片在文中出现的先后进行编排的顺序号。非科技类图书，图序一般是全书连续编号。而科技类图书，应根据全书插图的多少，可以全书连续编号，

也可以按章甚至按节进行编号。按章或按节编号时，章号与顺序号之间，章号与节号、节号与顺序号之间，用半字线或下圆点分隔，如“图 2-3”“图 3-4-1”“图 10.5”“图 4.2.7”。图名是图片的名称。图名要求简洁明确，但不得为了追求形式上的简洁而使用“设备图”“框图”等过于泛指的图名，应具有较好的说明性和专指性。

②图注的结构：图注是对图片中各个构成部分的文字说明，由注码和注文构成。注码应与图片中附加的指引性注码一一对应。当图片由多个小图组成时，可用图注分别说明每个小图的名称和内容。

62. 如何进行图书中图题、图注的用字设计？

图题一般用比正文小的字号，如小五号，字体常用黑体或楷体。全书的图题用字应前后一致。

图注的字号要比图题更小。字体不受限制，以版面美观、清晰为宜。

63. 如何进行图书中图题、图注的位置设计？

图题和图注位于图片的正下方。图注一般置于图片与图题之间。

插图（包括图题、图注）与上下正文主体文字之间、图题与图片之间、图题与图注之间的空距，应力求美观。整个插图与上下正文主体文字之间的空距，一般应等于或小于主体文字的行高，但要大于其行距；图题与图片的空距，一般大致等于正文主体文字行距；图题与图注之间的空距，一般稍小于正文主体文字行距。

如图题或图注过长而必须转行时，图题的行距为图题字高的 1/2，图注的行距为图注字高的 1/2。

64. 如何进行图书中图题、图注的排式设计？

①图题的排式设计：在以文为主的科技类图书中，图题一般居中排；图文并重或以图为主的图书，图题有的在图下靠一边排，有的在图侧竖排。图序与图名之间应加一字空。图题的长度一般不应超过图的宽度。图题如果较长而必须转行时，应从意义相对完整的停顿处转行，第二行的题文可采用齐肩排或居中排。上下两行的字数长短要较均匀，不宜相差过多，最好是第二行略短于第一行。

②图注的排式设计：图注一般居中排。图注的长度一般也不应超过图的宽度。图注如果较长而必须转行时，应按照图题的转行规则转行。图注用的注码应与插图中所用的注码相同。注码与注文间应用一字线连接，或加 1/2 字空。图注文字若较短时可采用分栏排，这时，每栏的注码必须对齐，每个注文后可不加标点符号。如图注接排，每一个图注后排分号，最后一个图注后不排标点符号；或每一个图注后不用标点符号，而加一字空。

65. 图书中的表格分哪几种形式？如何选择？

图书中的表格，按形态样式可分为全线表、省线表、无线表和挂线表四种形式。

全线表是表格外框有表框线、表项之间有栏线和行线的表格。表框线用反线，行线和栏线用正线。全线表是表格的最基本形态。采用全线表，各单元格中的数据被分割得很清楚，隶属关系一一对应，读起来不易串行，版面显得比较紧凑，但容易产生“密不透风”甚至“沉闷”的感觉。

省线表是省略一部分线条的表格。一般是省略左右两边的墙线；栏线和表头以外的行线，在不影响表格内各项之间关系的准确表达的情况下，也可以省略。科技类图书一般选用省线表。

无线表是既没有表框线，也没有行线和栏线的表格。当表格中的项目和数据比较少，内容也比较简洁时，可选用无线表。注意无线表不要造成表格内各个项目之间的对应关系不清晰。

挂线表也没有框线、行线和栏线，而是将具有隶属关系的各项目的相互关系通过线条挂连起来。挂线表大多采用插图的形式表示。

66. 图书中的表格由哪几部分构成？

一个完整的表格由表题、表头、表身和表注四个部分构成。

67. 如何进行图书表格中表题的排式设计？

表题一般由表序和表名两部分组成，不过有时也可只有其中之一，即只有表序或表名。表序表示表格在全书或当前章节中的次序，是按表格在文中出现的先后顺序，用阿拉伯数字进行连续编排的序号。和图序一样，表序可以全书连续编号，也可以按章甚至按节进行编号。按章或按节编号时，章号与顺序号之间，章号与节号、节号与顺序号之间，用半字线或下圆点分隔，如“表 2-3”“表 10.5”“表 3-4-1”“表 4.2.7”。表名是表格的名称，揭示表格的主要内容。表名要求简洁明确，但不得使用“数据表”“参量变化表”等泛指的表名，应具有较好的说明性和专指性。

表题一般用比正文小、比表内文字大的字号，常用小五号；字体不受限制，多用黑体字。全书的表题用字须前后一致。

表题必须排在表的上面。完整表题有整体居中排；整体居左排；表名居中排，表序齐左或距左墙线两字排等三种排式。表题整体居中和整体居左排时，表序与表名之间须加一字空。只有表名的表题，一般左右居中排；只有表序的表题，可以距左墙线两字排，也可以左右居中排。若表题较长而必须转行，应从意义相对完整的停顿处转行，第二行的题文可采用齐肩排或居中排。

68. 如何进行图书表格中表头的排式设计？

表头一般由项目栏头、数据栏头和备注栏头三部分组成，并有单层和多层之分。表头的排式设计包括表头的高度设计和表头中各单元格内文字的排式设计。表头的高度（包括单层表头和多层表头的高度）应大于或等于表身中表行的高度。表头中单元格内的文字应排均匀。字数少的单元格内的文字，可以通过字间加空调整字距；表头中文字若需转行，各行的文字字数要基本相等，或最后一行的文字少于上面各行；表头栏过窄时，文字可改为竖排，字数不同时要尽量排得上下均衡；表头中单元格内的文字一般设计为上下左右居中。

69. 如何进行图书表格中表身的排式设计?

表身为表格的主体,由一系列单元格组成。表身的排式设计包括项目栏的排式设计,栏宽和行高的设计,表身中各单元格的排式设计。

表身中最左边项目栏的排式设计与表头相似。若各行文字有多有少,要把字少的行通过加空增加字距,尽量使各行两端对齐;若字数太多而需要转行,按表头的转行规则转行。

表身的栏宽应根据表头和表身内文字的多少与版心尺寸大小而定。

表身的行高应根据各行文字是否需要转行而定,不一定每行行高完全相同。

表身中各单元格内如果是文字,则可居中排,也可左齐排,如果是数值,则同一栏中各单元格内的数值应个位对齐或小数点对齐排;表格内的数字一般不带单位,百分数也不带百分号(%),而将单位符号和百分号归并在表头的栏目中;上下左右相邻单元格中的文字或数字相同时,不得用“同上”“同左”等字样;单元格中如果没有内容,要分情况处理,不能简单标注为“0”或“—”。

70. 如何进行图书表格中表注的排式设计?

表注是对表格中有关内容做补充说明的文字。表注一般排在表格底线的下方,也有的排在表格最后一行的备注栏。注文前应用“附注:”或“注:”或“说明:”等字符作为标题;若注文多于一项,各项前一般加上用阿拉伯数字表示的序号;对表中某项的注解、说明,一般用互相对应的圈码等作为标志,排式与脚注相同;表注的宽度应不大于表身的宽度;注文所用的字号应等于或小于表格中文字的字号。

71. 如何进行图书中一般表格的位置设计?

和图片的位置设计一样,图书中表格位置的设计原则是“表随文走”“文先表后”,即表格应出现在主体文字中第一次提到它的文字段后面。如果主体文字中提及表的所在页面剩下的版面不大,已放不下表格时,可以把表格顺序后移到下一页面,但后移的表格的位置应尽量控制在同一个章节内。

72. 如何进行图书中一般表格的排式设计?

对常规开本即版心高度大于版心宽度的图书,表格的基本排式有竖排表和卧排表两种。当表格的宽度小于版心宽度、高度不大于版心高度时,采用竖排表的排式。图书中的表格广泛采用这一排式。竖排表适用于横向表项相对较少、纵向表项相对较多的表格。当表格的宽度大于版心宽度、高度不大于版心宽度时,采用卧排表的排式,即把表格逆时针旋转90°排在版面上。卧排表适用于横向表项相对较多、纵向表项相对较少的表格。

73. 图书中的特殊表格包括哪些类型?

相对于一般表格而言,对于因尺寸较大或内容较多而在相对独立的某个区域内(一栏内或者一个版面内)难以容纳的表格,俗称特殊表格,主要包括跨栏表、和合表、续表、折栏表、叠栏表、插页表等。对特殊表格需要进行专门的设计处理。

74. 如何进行图书中跨栏表的排式设计？

跨栏表是在双栏或多栏的分栏版面中表格版面的位置设计形式。

在分栏版面中，表格一般应该排在一栏中。如果表格比较宽而难以在一栏内安排，则应采用跨栏表的形式。跨栏表的排式设计与跨栏图类似。如果表格的宽度与版心宽度相差无几，那么跨栏表就成为通栏表。

75. 如何进行图书中和合表的排式设计？

如果表格很宽而在一个页面上排不下时，可采用和合表的排式。

和合表也称“跨版表”，其排式与和合图类似，即排在由双页码面、单页码面两个页面拼合成的一个大版面（即“和合面”）上。和合表适用于无论采用竖排还是卧排都难以安排在一个页面上的表格。

需要注意的是，对于纵向表项较多的表格，如果能够利用排“续表”的方法安排在两个或更多页面中，应尽量少用和合表的形式，因为和合表排版不方便，图书装订时，很容易造成两个页面上的相关项目错位。

76. 如何进行图书中续表的排式设计？

对于纵向表项特别多且宽度又超过版心宽 1/2，而在一个页面中排不下的表格，可以设计成续表形式，即由后面页面的表格接续前一个页面上的表格内容。

续表可以占用一个页面的部分区域或整个页面，甚至可以连续依次占用数个页面。

续表一般重复排表头，但不加表题，而是在表头上方标上“续表”字样。“续表”两字可居中排，也可靠翻口或订口顶格或缩两个字排。

77. 如何进行图书中折栏表的排式设计？

若表格纵向表项多、横向表项少，每栏里的文字又不多，表格呈竖长横窄状，可以将表格拦腰拆开，排成两栏或多栏，即排成折栏表。

排折栏表时，每一折栏必须加排表头，折栏之间排双线，所有折栏的顶线和底线通线排。各折栏的栏宽要相等，每一折栏的行数应基本一致。如果表格内容不能恰好占满各栏全部表行时，可在最末一折栏里留下空表行。

78. 如何进行图书中叠栏表的排式设计？

与折栏表相反，若表格纵向表项少、横向表项多，表的高度远比版心的高度小，表格呈横宽竖短状，且表的宽度大于版心的高度，则可把表格沿中部拆开，分成两段，上下叠排，排成叠栏表。

排叠栏表时，下段表应重复排原表格最左边的项目栏。上下两段表格的高度要相等。上下两段表格间用通长的双线隔开。

79. 如何进行图书中插页表的排式设计？

对于有些面积特别大，宽度和高度远远超出版心的表格，即使用卧排表、和合表或续表的形式都无法排，也不能排成折栏表和叠栏表，则应考虑排插页表的形式。

排插页表时，要尽量减少折叠次数；只要表格的纵向或横向可以小于或等于图书开本的，就应该尽量把表格设计成只向一个方向折叠的形式，并且最好是沿翻口向订口折；插页表的页码应编为空码。

需要特别注意的是，除了插页表，其他形式的所有表格，都应排在图书的版心之内。

五、图书校对

1. 什么是图书校对？

校对是图书付印之前，在校样上或样本上所进行的校读核对、改正差错的工作。

校对运用校对技术和校对方法，以原稿（加工定稿后的编辑发排文本）为依据，改正校样（依据原稿排版打印出来的样张）中一切与原稿不符的地方；同时，对原稿内在的矛盾进行是非判断，发现并改正错漏。从事校对工作的人员，也被称为校对。

2. 校对的主要功能是什么？

①校异同。这是指以原稿为依据，以校样来核对原稿，分辨两者的异同：同则通过，异则以原稿为准对校样进行改正。其功能是：保证原稿不错、不漏地转换成印刷文本。这是传统校对的基本功能。

②校是非。这是指凭借校对人员储备的知识或其他权威的信息、资料来判断原稿中的是非，确认其“是”就通过，确认其“非”就提出疑问，请编辑核实后处理。其功能是：弥补编辑工作的疏漏，使书稿更加完善。由于书稿电子化，目前校是非已上升为校对的主要功能。

3. 专业校对员应具备哪些素质？

①熟悉现代汉语通用文字，掌握现代汉字使用规范，能够敏锐地辨识错别字、繁体字、异体字并加以改正。

②掌握汉语拼音规则、汉语语法规则以及数字、标点、量和单位用法的国家标准，并加以运用，解决书稿相关问题。

③掌握图书版面格式知识，对版面格式错误有较强的识别和处理能力。

④了解学术出版规范，熟练地掌握利用工具书和计算机网络检索资料的方法，能够快捷地查难解疑。

⑤熟练地掌握各种校对方法和校对技术，进行书稿校对和文字技术处理。

⑥具备比较丰富的知识积累，能够发现并改正违反语法规则和逻辑规则的错误及事实性、知识性、政治性错误。

⑦具备良好的心理素质，耐得住寂寞，情绪稳定，注意力集中，能自我调整心理状态，克服心理障碍。

4. 什么是责任校对制度和“三校一读”制度？

（1）责任校对制度

根据《图书质量保障体系》第十一条的规定，出版社每出一种书，都要指定一名具有专业技术职称的专职校对人员为责任校对，负责校样的文字技术整理工作，监督检查各校次的质量，并负责付印样的通读工作。该规定的重点在于：一是责任校对必须由具有专业技术职务的专职校对人员担任；二是责任校对应当参与本稿件校对工作，重点是承担稿件的文字技术整理任务；三是责任校对承担各校次的质量监督检查工作，并负责付印样的通读工作。根据出版专业职业资格制度的相关规定，责任校对应该具备中级或以上的出版专业职业资格。

（2）“三校一读”制度

“三校”，即三个校次，通常的程序是：一校—退改，二校—退改，三校—退改。三校必须由本社具有中级或以上专业技术职称的专职校对人员担任。“一读”，即三校改版后的通读检查。“三校一读”实质上是四个校次，这是《图书质量保障体系》规定的必须坚持的最低限度的校次。事实上，有些图书对校对质量要求更高，校对难度更大，还应相应增加校次。“三校一读”除三个校次和通读检查外，同时还要进行一校、二校后的核红和文字技术整理，作者、编辑校后的“对红”，以及终校后的全面文字技术整理。

5. 责任校对和一般校对人员的职责有何区别？

书稿发排后，需要确定责任校对。与一般校对人员不同的是，责任校对需由具备中级或以上出版专业职业资格的专职校对人员担任，并对书稿的校对质量承担主要责任。责任校对的职责有：了解书稿的出版日期，确定本书校对周期，安排本书校对进程；检查校改质量，进行文字技术整理；承担终校或付印样的通读检查，协助责任编辑解决校对质疑。

6. 哪些书稿可以实行连校？哪些情况可以增加校次？

（1）书稿连校

连校即三次校对并不一定要改三次版，有时可以对一份差错不多的校样连续两次或三次校对，这样可以减少改版次数，缩短出书周期。如再版书，或者编辑加工精细、留错较少的书稿，可以实行一二连校或二三连校，或一二连校，三校接着通读检查。实行哪种程序，要根据书稿的实际情况和出版校对周期的要求确定，其前提条件是确保校对质量。

（2）增加校次的情况

为了保证校对的质量，《图书校对工作基本规程》还提出，凡遇到如下情况之一的校样，校对者有权提出增加1～2个校次：①初校样的差错率超过15/10000的；②编辑发排的书稿没有齐、清、定，而在校样上修改的页码超过1/3的；③终校样的差错超过3/10000的。另外，有些图书如经典著作、政策法规、辞书、教科书和教辅读物、古籍、学术著作，对校对质量要求更高，校对难度更大，还应相应增加校次。增加校次的决定权属于专业校对机构。

7. 校对有哪些基本的方法?

校对的基本方法有四种:对校法、本校法、他校法、理校法。

①对校法:主要是将原稿与依据原稿录排打印的校样比照"校异同",若发现校样上与原稿不符的"异",原则上依据原稿改正校样。

②本校法:是一种用本书校本书的校勘方法,集中注意力辨别校样上文字的形态,理解文句的含义,通过比较、前后互证,进行是非判断来发现错误。现代校对的通读检查采用的便是本校法。

③他校法:是运用权威的工具书、著作以及国家法定的标准或规范,以其作为判断是非、改正错误的可靠依据,从而达到校对目的。

④理校法:理,即推理,"理校法"即运用自己的知识储备和判断能力,进行分析、推理,从而做出是非判断的校对方法。

四种校对方法,必须综合运用。在存在原稿与校样两个客体的情况下,必须首先运用对校法,将校样与原稿对照。电子书稿校对,一校时要将版式转换后的校样与编辑加工过的原稿对校,防范版式转换过程中可能发生的内容丢失和错乱,以及编辑修改部分文字的漏改和错改。之后再运用本校法,发现并改正原稿可能存在的错漏。运用本校法发现了"前后互证"解决不了的问题,则要运用他校法,从相关工具书和权威著作中寻找改错的依据。当无据可查或数本互异时,则可运用理校法进行推理判断。

8. 校对有哪些基本操作工序?校对和通读的职责分别是什么?

(1)校对的基本操作工序

校对工作的基本操作工序包括一校、二校、三校、通读、誊样、核红、文字技术整理、对片等各环节。

(2)校对的主要职责

①校正校样与原稿不符的文字、标点符号、图片、表格、版式等差错。

②核对校样页码的顺序,书眉与正文、注文和注码的对应,注码、图表的顺序,图表与正文的衔接。

③解决版面格式和文字、图表等的统行、统版、缩面工作。

④解决简、繁、异体和数码等用字的统一与规范使用问题。

⑤妥善保管原稿,不得涂改、损坏和丢失。在校样上书写必须字迹端正,引线清楚,符号明确。

(3)通读的主要职责

①逐字逐句认真校读,仔细推敲模棱两可的字词句。

②尽可能查阅资料,校核引文,确保无误。

③核实正文、附件是否齐全,检查全书的图、表、公式等是否符合要求。

④通过查阅资料核实书稿中的专业知识、事实表述的正误。

⑤检查全书体例是否统一。

9. 什么是对片？校对人员如何做好对片工作？

对片即将按照付印清样输出的胶片，与付印清样进行核对，防止在出片过程中由于机器原因或操作人员失误而出现差错。

对片时要将胶片压在清样上面，通过缓慢移动胶片，使胶片上的字符图表与清样完全重合；如果出现不重合，则要将胶片与清样对校，找到不能重合的原因，进而改正错漏。

采用CTP制版印刷的图书，则需编辑和校对人员根据打样进行付印前的检查。

10. 校对人员应如何“核红”？

核红，即核对上一个校次纠错的字符是否改正，检查有无错改并改正其未改之处。核红是一项细致的技术性工作，必须按照技术要领操作。核红的技术要领是：

第一步，核对上一个校次改动的字符。

第二步，如果发现应改而未改的字符，除了重新改正外，还要检查该字符上下左右相邻字符有无错改，以防邻行邻位错改。

第三步，正文标题在校对过程中如有改动，则要在核红时以改后的正文标题为依据，核对目录和书眉。

第四步，比对红样（上校次校改样）与校样（改后打印样）四周字符有无胀缩，如有胀缩，则要对相关行及其上下行逐字逐符细查，找出胀缩原因，改正可能存在的差错。

如果文字增删导致转行转面，要特别注意：是否因增行、缩行导致邻行文字错乱；排有着重点的文字，要核对着重点的位置，以防着重点错位；正文注码、脚注注码是否因转面而需进行调整；是否因文字增删导致转面从而破坏文图、文表的衔接。

11. 图书校对如何做“誊样”工作？

“誊样”又称“过红”“过录”“誊录”“并样”，是在结束某次校样的校对之前，将几份校样上确认需做的改动誊抄合并至一份校样上的工作，一般是把副样（作者、编辑看的校样）上所做的改动誊录到正样（校对人员看的校样）上。

为了避免错误，对誊过的文字必须仔细过目，潦草模糊的文句，切不可依样画葫芦，应该想一想这些句子通不通，上下句是否能连接起来。

为了防止誊样出错，最好一人誊写，再由另一人核对。遇到编辑、作者样改动较多，可将另一份校样上校出的错字誊到编辑、作者样上去，以节省时间，避免誊写时出错。为了防止誊样出错，必须按行序进行，自左而右、自上而下逐行誊写、改正，以保证次序分明，不致遗漏。

誊样时，校对人员还必须把缩行、伸行或串版的工作做好，也可以请编辑处理，以减少改版次数。

为了保持校样的整齐清洁，校对人员必须使用标准校对符号和规定的笔色，以便分清作者或编辑的修改，避免混淆不清，并方便发生问题时查考。

12. 校对最常见的操作模式有哪几种？

因各校工序组合方式的不同，校对的操作模式多种多样，最常见的有基本模式、分校模式、连校模式三种。

(1)基本模式

一校→改版→核红＋二校＋誊样→改版→核红＋三校＋文字技术整理→改版→核红＋通读＋文字技术整理→改版→付印清样核红→付印。

基本模式流程环节最多，尤其是改版次数多，对于保证图书编校质量效果最好。但是，由于其环节多，所以出版周期较长，成本也较大。

(2)分校模式

一校＋二校＋誊样＋文字技术整理→改版→核红＋三校＋通读＋文字技术整理→改版→付印清样核红→付印。

分校模式是出版单位目前采用较多的校对操作模式，其流程环节较少，可以缩短出版周期，并且由于三校是在校样已经改过一次版的基础上进行的，需要改动的地方相应减少，付印样的改动也随之减少，有利于保证付印清样的质量，从而保证图书编校质量。

(3)连校模式

一校＋二校＋三校＋誊样＋文字技术整理→改版→核红＋通读＋文字技术整理→改版→付印清样核红→付印。

连校模式的流程环节最少，出版周期相应缩短。但是，由于对初校样连续进行三个校次的校对，校样上需改动的地方相对较多，改版时稍有疏忽就会漏改，付印样改版也随之会有较多改动，对于保证图书编校质量不利。

13. 如何对校对进行量化管理?

校对量化管理是保证图书质量和生产运行的常用管理措施，包括任务量化管理和质量量化管理两个方面。

校对任务量化管理，又称定额管理，即以字数为单位对校对工作量进行定额管理。每人一个工作日应当完成的校对字数为日定额；每人一个月的工作日内应当完成的校对字数为月定额；当月实际完成的校对字数与月定额之差，即为当月的超额或缺额。不同类型的书稿，计算校对工作量要有所区别。校对工作是脑体并用的智力劳动，需合理确定工作量定额，确保校对质量。

校对质量量化管理是将校对质量进行量化，即针对不同校次规定“灭错率”或遗留差错率。书稿经过三校，遗留差错率不超过万分之一的为合格。每一种图书均以校对记录表记载各校次发现的差错，待图书付印后，即可计算出各校次的灭错率和遗留差错率。

实施校对量化管理，既要计算校对人员完成的校对工作量，又要考核其校对质量。如果校对质量没有达到规定的量化标准，应予以惩罚；如果校对质量长期好于规定的标准，则应给予奖励；还可视发现的差错的性质对校对人员给予奖励。

14. 如何对社外校对进行管理?

社外校对(简称“外校”)是指出版单位约请社外人员帮助进行校对工作。

外校人员是在社内专职校对人员不足的情况下，适当补充的校对力量。一般只承担一校、二校的任务。对外校力量进行有效的管理，既可以保证校对力量，又可以提高校对质量。对社外校对的管理，主要从以下几个方面进行：

①根据本出版单位业务范围的需要，建立专业合适、素质较高、相对稳定的外校队伍。

②对外校人员进行岗前培训，培养他们的校对业务能力和工作责任心，经考核符合要求的方可安排校对任务。

③指导并要求外校人员正确使用工具书。

④实行收发原稿与校样登记管理制度，明确责任。

⑤安排高水平的专职校对人员检查、监督外校质量，建立外校人员工作质量档案；检查中发现质量问题，要及时指出，并给予指导，让外校人员从实践中提高校对业务水平。

⑥实行计件付酬和质量量化考核相结合的管理制度，按照外校人员在某一阶段完成工作的质量情况，定期评定等级，按质论价。定期就外校人员工作中存在的共性问题组织培训，交流工作经验。对工作质量好的外校人员给予精神和物质奖励，对校对质量不能达标的外校人员要及时淘汰。

⑦及时发放校对费，激发外校人员的主动性和创造性。

15. 责任校对如何做文字技术整理工作？

文字技术整理指由责任校对负责对校样的体例、格式方面进行整理与规范。

(1)核对相关文字

①核对主要标志文字，即书名、作者名及著作方式、出版单位名称、出版时间、版次等相关项目，检查封面、扉页和版本记录页相关信息是否一致。

②核对目录，即根据正文核对目录(或要目)条目，要保证标题层次得当，与正文标题文字表述完全一致，与正文页码一一对应。

③核对书眉，要保证书眉文字与目录、正文、标题文字一致。

④检查序号，即插图、表格、公式、附录等的编号形式是否恰当，同一类型编号格式是否一致，是否连续、无重复、无缺漏。检查采用顺序编码制的参考文献编号是否连续无跳跃。

⑤检查呼应内容，即插图、表格、公式内容应与正文文字叙述正确呼应，文中引用参考文献应与参考文献表一一对应，其他相关联的内容应保持一致。

(2)检查版面格式

①检查标题体系，逐一检查正文全部标题，使同级标题的序号连续、版式保持一致，并符合版式设计要求。标题的占行、位置、字体、字号等应符合版式设计要求，应注意转行时不能割裂词义，特别注意虚词不能转为下一行的第一个字。对于由主标题与副标题构成的多行标题，要注意主标题与副标题既要在字号、字体等方面有所区别，又要整体协调。采用花边装饰标题，应注意花边图形是否一致。

②检查图文格式和位置，应该按照发稿单和版式设计要求，检查校样上正文主体文

字、标题、引文、注文的字体字号等，检查页码与书眉在版面上的位置和格式。引用参考文献时，引用标注和著录格式均应规范。

③检查图片、表格、公式、化学结构式等在版心中的位置，对其周边多余空白要进行技术处理；复杂公式转行应合理。

④检查引文、注文的格式是否一致，注文（包括脚注）的顺序是否与正文中的注码相对应，脚注的注文与所注正文是否在同一页面上。

⑤通观全部校样，检查版面，如有标题位于末行（即“背题”）或单行成面的现象，或出现不恰当的转行、换段现象，要进行适当处理；对超出版心、掩盖了页码的插图和表格，要在校样上注明暗码第几页；通常篇章页或辑封要放在单页码面上，如背面需空白，应注明“背白”。

16. 如何对校对工作进行规范化操作？

①校前准备：书稿发排后，指定专业接近、对校对业务较熟练的校对员为责任校对。校对室人员应了解送审、出书时间的要求，以便组织力量，确定校对工序。校样排出后，责任校对先查对校样，检查全书各级标题用字、正文（包括引文）用字、页码、版心、格式、图、表等是否与版式设计单相符。责任校对应了解书稿内容，初步提出校对时应注意的地方。

②一校、二校、三校或二校、三校连校毕，协同编辑解决校对时发现的原稿疑问，由责任校对（一般是三校者）过录编辑、作者校样，退排版公司改样。

③改样后，要复核改动处是否改正，一般复核需要两人次，责任校对任第二复次。

④通读。先核红，然后通读。读毕连同原稿疑问记录表、工作记录表交责任编辑，会同责任编辑解决原稿或编辑、作者校样中遗留的问题。

⑤责任校对、责任编辑签字付印，一些重点图书、大型图书最后要由总编辑签字付印。责任校对将付印清样交调度员转出版部门，付印副样连同原稿交校对室归档。

⑥付印后如发现错误，须及时请编辑处理。重点图书出版后须做成品检查。

⑦校后小结。全书校读完毕签字付印后，由责任校对收集各批校样、原稿疑问记录表、工作记录表等，做简略的分析汇总，并对全书校对过程中执行情况提出评价、看法和建议。总结要突出重点，不必面面俱到。对排校过程中存在的问题加以归纳，供有关部门进行研讨。做好校后小结是考核和提高校对人员业务水平的一个重要方面，也是专业培训、业务交流中最生动的活资料。

17. 如何做好校对阅读？

①猎错查漏“一字不略过”。校对阅读的目的是猎错查漏，对校样和原稿做改错补漏的工作。校对阅读是“同”中猎“异”、“是”中搜“非”，搜捕隐藏在字里行间个体字符的错漏和局部错误。因而必须以字词、符号、公式等为阅读单位，做到“一字不略过”，以字词为阅读单位，仔细地辨形析义。

②将字符群分解细化为“注意元”。校对阅读必须把字、词、词组、公式、数码组、标点

符号等作为阅读单位，逐字逐符地阅读。校对的这种阅读方式被称为“点性阅读”，其特征是“切割式”，即将句子切割成字、词、词组、公式、数码组、标点符号。这种阅读方式符合校对活动的客观规律。在校对客体中，以具有各维度特征的基本字符为单元，组合成字符群，如词、词组、公式、音乐曲谱、数码组等，各种字符群又进一步组成句群。如果字符群与字符群之间的各维度特征（组合特征、结构特征、形貌特征）相近、相似，就容易导致校对失检。所以，校对阅读时，要将字符群分解细化为“注意元”。如下表所示：

表 3 字符群分解因素细化表

字符群类	一级元	二级元	三级元
汉语字符群（构成词语）	单字	偏旁部首	—
外语字符群（构成单词）	字母组	单个字母	—
数学字符群（构成公式）	单项	单个因素	位置角标

③心静如水，专心致志。校对阅读是运用已有的知识和经验进行是非正误判断。校对的这种“切割式”阅读，必须缓慢而匀速地推进，只有这样，才能做到一字一符不略过。在进行校对阅读时，必须有“心静如水”的心态，不急不躁，从容不迫；专心致志，不心猿意马。

18. 如何“校异同”？如何“校是非”？校异同与校是非是为了消除哪些环节出现的错误？

校异同，是将校样与原稿进行逐字逐句的比照，查找两者的异同，进而发现并改正录排错漏，保证原稿不错不漏地转换成印刷文本。

校是非，就是指校对者凭借自身储备的知识或其他权威资料来判断原稿中的是非。校是非主要注意：第一，发现并改正常见错别字；第二，发现并改正违反国家规范、标准的语言文字、标点符号、数字、量和单位等方面的错误；第三，发现并改正违反语法规则和逻辑规律的错误；第四，发现并改正事实性、知识性和政治性错误；第五，做好版面格式规范统一的工作。

校异同与校是非主要是为了消除以下几个环节的错误：第一，作者写稿环节中的写作差错和电脑录入错误引起的文字错误，甚至是政治性错误。第二，编辑改稿过程中产生的错误。第三，拼版过程中的漏改、错改与“掉尾巴”、图文不符等错误。第四，付印前的改动所引起的错误。

19. 如何校对含有大量图表的图书？

（1）以图文配合为主的图书

①图文并重的图书或以图为主的图书，要注意图与文是否紧密配合，是否被分离安排在不同页面上。

②以文为主、以图为辅的图书，要注意其版式设计是否贯彻了“文先图后”的原则。

③以图为主的图书，版面上文字较少，要注意文字有无遗漏、图的位置是否平齐、图的次序有无错误等。

④占版心一半的图，图前文字最好成一段落，如果必须把一段文字截断，要尽可能只将行末有标点的字行截断；占版心一大半的图，图旁可不串正文而排说明文字。

⑤和合图不能拆开，不论竖排还是卧排，都必须排成双页跨单页的形式。竖排的和合图，其图注必须跨面居中排录。

⑥在排版中根据原稿重新绘制的线条图，往往差错较多，需仔细核对图中的线条和文字。

(2)含有大量表格的图书

①检查表线绘制是否正确，检查标题格式、表头排版样式，注意同一栏内上下文字的对齐方式、各栏之间文字的对齐方式。

②对于纵向表项多、横向表项少，呈竖长横窄状，而每栏里的文字又不多的表格，可排成折栏表，即将全表拦腰拆开，回转成两栏或多栏。每一折栏必须加排表头，每两折栏之间必须排双线或反线，而且要连同表头一起通线排，各折栏间互相对应的栏宽应当基本一致。

③对宽度超出版心、栏多行少、横宽竖短的表格可排成叠栏表，即可把表格沿中部拆开，分成两段，上下叠排。转在下段的表，应另加上左边项目栏，并在上下两段的中间用通长的双线隔开。

④对于宽度大大超出版心宽度的表格，如果其横行也较多，可改设和合表。如果排成竖排和合表，其表题要跨两个页面居中排录；如有表注，也应跨面排录。

20. 如何校对封面和扉页？

封面、扉页的校对，有的出版单位由设计部门或美编室进行，有的则是由校对员完成，校对封面必须具备一些相关的常识。

这里所说的封面，实际包括面封、底封和脊封。因为这三者共同构成一本书的封面，印刷时是同时完成的，设计版样时也是同时进行的。

封面同正文密切相关。封面图案、内容跟正文内容为表里关系，封面的尺寸亦和正文篇幅有关。比如正文是几十万字的图书，印张较多，书脊的宽度(即书本的厚度)就大；正文只是一两万字的小册子，只有一两个印张，就没有书脊(用骑马订)。

校对员在校对封面、扉页时应注意：

首先，注意文字内容，包括书名、著译者名、出版者名，如果是丛书，还有丛书名称等。脊封内容，应与面封一致。底封的内容一般是书号和定价两项。要注意面封与扉页上相应的信息要一致；底封的书号、定价要和版权页上的完全相同。有的封面设计包括勒口在内，有的利用勒口排印内容提要或作者简介，校对时都应注意细校。

其次，注意版样的尺寸。封面、扉页上字行间的距离，比如书名和著译者名之间的距离，小了显得局促、大了显得松散，由于设计师的想象与对实物的直观感觉有时并不一致，所以应根据版样的实际情况进行修正。书脊上的天空（书名之上）、地空（出版者名之下）应留得适当，特别是作为丛书或套书之一的，更应保持全套书的统一，以保证陈列在书架上时整齐、悦目，不会给人以参差零乱之感。封面版样大小，应稍大于实际开本大小，以免裁切后露白。

21. 如何校对再版书？

再版书是对原书稿做较大修改后重新排版印制的图书，所以操作时应完全按照生产新品种图书的程序进行。

结合再版书本身的情况，校对再版书应注意：①再版书的校对工作如新书的校对工作一样，需要严格地遵守图书校对工作的基本制度，即坚持责任校对制度与“三校一读”制度；②按照校对工作的基本操作工序，包括一校、二校、三校、通读、誊样、核红、文字技术整理、对片八个工序。

另外，与新书相比，校对再版书要特别注意：①留心是否有内容陈旧、过时的情况；②所述内容的最新研究成果、动态是否体现出来；③相关领域最新的国内外大事、要事是否有所反映等。

22. 校对应关注哪些由计算机系统引起的排版差错类型？

校样中有时会出现不该修改的地方发生了变化，甚至冒出一些奇怪的文字符号的情况。这类差错常常是由计算机系统引起的。

①系统不兼容。用办公自动化的文字处理软件所形成的电子原稿，当用排版软件转换格式后，有时会因两个系统不完全兼容而出现字体、字号、格式变更的错误，特别是不常用的符号更易产生差错。一些复杂的图稿，在不同的计算机上打开，可能出现线条、文字变形甚至乱码、丢失现象。

②简化字、繁体字转换差错。简化字转换为繁体字的情况较为复杂，尤其是一个简化字对应几个繁体字的情况，计算机软件无法做出智能转换，就会导致较多谬误。

③感染病毒导致出错。计算机受到病毒感染后，有时会对排版结果造成各种意想不到的严重后果。如发现这类差错，应认真检查全部校样。

23. 电子化校对方法主要有哪些作用？

①使用电子文本，在电脑上人工校对，替代纸质“三校”过程。电子化校对打破了传统校对模式，在校对之初就使用电子文本，免去了排版打印校样的过程。校对结果只需应用专业的校对软件就可以进行修改。这种校对软件的使用与流行的办公软件 Word 的使用相似，只是需要在任务栏上添加与校对相关的模块。它的工作界面将电脑屏幕一分为二，一半显示原稿，一半显示校样。校对时可以方便地校异同，在文本中直接修改，并且修改好的成品会直接在电脑上显示，“所见即所得”。每校完毕，将新生成的文本存储在内部的网络系统中即可。到了下一个校次，校对人员只需从系统中提取文件进行校对，完全省略了照排修改和文本打印的过程，实现了校对无纸化。

②利用校对软件进行机械校对，弥补人工校对的疏漏。以常用的黑马编校软件为

例，黑马编校软件的设计原理是利用分词及词与词之间的接续关系，检查校样的正误。在纠正常见的错别字和人名、地名、成语的差错方面，效果明显，可以弥补人工校对的疏漏。但是，对于辨别语法、逻辑及标点符号、数字、量和单位等用法的错误，它几乎是无能为力的。此外，计算机校对软件所采用的语法模型不可能同汉语语言完全吻合，机器怀疑有错的地方不一定全都真错，误报率很高，机校报错需要人工一一判断。

③利用数据库、网络资源达到资源共享，配合校对工作。电子化校对体系中有一个重要的组成部分是数据库，它是专门用来存放校对相关资料的。校对的稿件从原稿开始，就被存放在数据库指定的空间内，每个校次依序排放。相关人员查找时，只需在数据库里输入文件名、校次、校对者、编辑等与文件有关的信息，数据库就会自动搜索，列出符合条件的资料，大大提高了工作效率。

24. 校对人员如何正确使用校对软件？

在出版过程中，恰当使用校对软件可以显著提高编校工作效率，使用不当则会留下质量隐患。使用校对软件必须注意以下几点：

①使用校对软件校对必须与人工校对相结合：人工校对，校对人员可能会因身体疲劳、注意力分散、先入为主的思维定式以及知识的局限等方面的影响导致漏检或误判。计算机校对软件查检常见错别字、成语、专有名词中的错误辨识率高、速度快，是校对的得力工具。但计算机校对软件也存在局限性，除形式化问题，其他问题误报率较高，这就需要人工校对进行一一判断。因此，人工校对与计算机校对软件相结合，两者取长补短、相得益彰，可提高校对质量。

②校对软件校对与人工校对应各有侧重：对作者提交的电子原稿、排版后的校样均可采用人工校对与计算机校对相结合的校对模式。人工校对的对象是纸质校样和纸质原稿，而计算机校对的对象是电子排版文件。人工初校，经文字技术整理后，可以基本消除缺行、漏句等情况，为计算机校对提供较好的基础。计算机校对后，需要校对人员对计算机的校对结果做初步筛选、判断，再在纸质校样上做出差错标记。三校和通读则可以发现并改正计算机校对中的漏校（校是非），起到最后把关的作用。

③提高校对软件的应用性能：尽管计算机校对软件易学易用，但积累使用经验对改善校对效果作用显著。计算机校对存在一定比例的差错误报和漏报现象，为提高工作效率，校对人员可根据本人或本单位经常处理的图书的特征，利用校对软件自行编制和使用个性化的用户词库，或利用成批查找功能，以大幅度降低计算机校对的误报率，提高有效报错率，从而改善计算机校对软件的应用效果，提高校对质量和工作效率。

六、图书的成本与定价

1. 什么是图书成本？图书成本的总体构成包括哪些？

图书成本是指出版单位为生产产品、提供劳务而发生的各种耗费，也可以说是出版单位在进行图书的编辑、复制和发行等活动中所支付的所有费用。

图书成本的总体构成包括直接成本、间接成本和期间费用。直接成本包括稿酬、校订费、租型费、原材料及辅助材料费、制版费、印装制作费、出版损失、其他直接费用等；间接成本即编录经费，包括编辑部门的人工成本、会议费、办公费、资料费、业务招待费等；期间费用包括管理费用、财务费用和营业费用等。

2. 什么是本量利分析？本量利分析的作用是什么？

本量利分析是指利用成本费用、销售数量、利润三者变量关系的内在规律进行数据测算的分析。

本量利分析的作用包括：①可以预测图书的保本销售量（即保本点）；②可以预测目标利润；③可以根据目标利润确定图书的定价和销售收入；④可以制订定额和考核标准；⑤可以作为出版单位经营决策、收支平衡控制和投入产出能力分析的依据。

3. 本量利分析的特点和原则是什么？

本量利分析的特点有：本量利分析和计算必须以许多假设为前提条件；本量利分析的结果与实际情况不可能完全吻合，必然会存在差异；本量利分析具有较大的动态性。

本量利分析的原则为：产品的成本费用必须划分为变动成本和固定成本；需假设计划生产的产品可以全部实现销售，即假设生产量等同于销售量；可以假设一些变量的值；固定成本总额和单位变动成本只是在一定范围内保持不变；将销售数量视为影响成本的唯一因素。

4. 图书的变动成本项目及其特征有哪些？

图书的变动成本是指总额在一定范围内随着生产量的变动而呈线性变动的成本。

图书的变动成本项目及其特征如下：版税与印数稿酬，与生产量同步增减；租型费用，其计算方式与版税比较类似，发行数量越多付费越多；原材料与辅助材料费用，随生产量的变化而变化；印装费用，出版单位委托加工单位印装图书而支付的加工费，随生产量的变化而变化。

5. 图书的固定成本项目及其特征有哪些？

图书的固定成本是指总额在一定范围内不随生产量变动的成本。

图书的固定成本项目及其特征如下：相对固定的稿酬，基本稿酬根据字数向作者付酬，与生产量无关。制版费用，纸介质图书的制版费用指印前的排版、出片、打样、晒上版等费用；其他费用，主要是可以明确归属于某一个图书品种的前期策划、组稿和编辑加工费用等，都与生产量无关。

6. 在本量利分析中要掌握哪些概念？

出版专业人员在本量利分析中要掌握定价、发行折扣率、销售数量、单位销售收入、销售收入总额、单位销售税金、销售税金总额、变动成本总额、单位变动成本、固定成本总额和单位固定成本等概念。

7. 本量利分析的基本公式是什么？如何使用本量利分析的基本公式？

本量利分析的基本公式是：

利润 =（单位销售收入－单位销售税金－单位变动成本）×生产数量－固定成本总额

本量利分析的基本公式可以用在对图书生产的保本点、预期利润以及目标销售量和定价的预算上。测算保本点，即已知图书的成本，测算全部实现销售的生产数量是多少，才能达到销售收入与成本和税金相等。测算预期利润，即已知图书成本，测算所生产的图书在全部实现销售后可以获得多少利润。测算目标销售量，即已知图书成本，测算全部实现销售的图书生产数量是多少，才能获得预定的利润。

8. 影响图书定价的因素有哪些？

影响图书定价的因素有：生产成本、预期利润、生产数量、市场需求、同类图书价格、出版社或系列套书品牌等。

9. 如何使用成本定价法来核定图书价格？

利用成本定价法来核定图书价格应遵循以下步骤：第一，根据图书的内容和形式特点，做充分的市场调查，估计它的第一次印数和总共预期印数；第二，测算该图书的变动成本总额和固定成本总额；第三，根据图书批销市场的状况，参照市场平均折扣率来设定本图书的发行折扣率；第四，根据图书市场状况和本出版单位的经营情况，设定该图书的目标利润额；第五，根据国家对图书征税的规定，选定该图书的税种及税率；第六，运用本量利分析，测算出该图书的合理定价，并在综合考虑各种影响定价的因素和本出版单位对该图书的定价目标后，做适当调整；最后，将测算出的定价报请相关部门和出版单位领导审核，并按照审核意见再正式确定图书定价。

10. 如何使用印张定价法核定图书的价格？

首先，核算该图书的印张数和各类插页数；其次，选用适当的正文印张价格标准、插页的价格标准和封面的价格标准；再次，用印张定价法测算出图书的定价，并在综合考虑各种影响定价的因素和本出版单位对该图书的定价目标后，做适当调整；最后，将测算出的定价报请相关部门和出版单位领导审核，并按照审核意见再正式确定图书定价。

11. 如何使用价值定价法核定图书的价格？

第一，通过市场调研，确定图书的质量、销售服务、广告宣传等因素在读者心中所产生的影响和由此形成的价值感，再据此确定图书的定价，并估计在这种价格水平下能达到的销售量；第二，根据预期销售量计算所需要的生产量、投资总额和单位成本；第三，计算在这样的定价和成本下能否获得满意的利润。

12. 使用需求差别定价法核定图书价格的注意事项是什么？

第一，确定市场能够细分，能明确区分需求的差异；第二，确定在价格上获得优惠者没有转手销售给未得到优惠者的机会；第三，确定不会因销售价格的不同而引起读者的不满，进而失去读者。

13. 为什么说用随行就市定价法来核定图书的价格是可行的？

第一，一般来说，行业的平均价格都具有相当的合理性，可以保证自己获得与其他出版单位相近的利润；第二，在成本难以准确计算的情况下，行业的平均价格反映了实现全行业合理利润的集体智慧；第三，按通行平均价格定价，将最小限度损害行业的协调性；第四，另行提高平均定价将很难预料读者的反应，图书滞销的可能性很大。

七、图书出版编辑应用文的写作

1. 什么是图书出版编辑应用文？

图书出版编辑应用文，是编辑人员在图书出版编辑业务工作过程中，为处理各种事务而写作的应用文。图书出版编辑应用文主要有四种类型：①内部编辑业务文件。即编辑人员为完成有关选题策划、稿件审读与加工处理等工作所撰写的文字材料，如选题报告、编辑计划、审稿意见、送审报告等。②编辑工作书信。即为做好编辑出版业务工作，同作者、读者进行联系而撰写的工作信件，如约稿信、退修信、退稿信、答读者信等。③图书辅文。即为完善图书内容，阐明编者观点和编辑思想，对正文进行必要的补充而撰写的辅助性文字，如出版前言、编者按、凡例、内容提要、作者简介、出版后记等。④图书宣传文字。即为使图书发行单位和广大读者了解图书的信息，推广介绍图书的情况而撰写的宣传性文字，如新书预告、书讯、图书广告、书评等。

2. 撰写图书出版编辑应用文有哪些基本要求？

撰写图书出版编辑应用文要遵循以下基本要求：①有的放矢，观点鲜明。撰写编辑应用文要主旨明确，编辑人员撰写应用文时首先必须明确将要解决的问题是什么，明确撰写应用文的目的，做到有的放矢。撰写编辑应用文时，编辑人员应该态度鲜明，对想要解决的什么问题、达到什么目的，要鲜明地表达观点，赞成的要讲出理由，反对的更要辨析清楚，理由要充分，道理要令人信服，在表述上绝不能含糊不清、模棱两可。②文字精练，表达适中。编辑应用文的撰写要言简意赅，为此，要舍得删减，竭力将可有可无的字、句、段删去，将与主旨无关或联系不紧密的内容删去，尽力做到语言简明扼要、准确贴切、严密规范。但也应注意不能一味求简，要服从行文目的的需要，该详则详，该略则略。在力求文字精练的同时，还要做到表述适中。言辞要恳切、真诚，既不盛气凌人，也不恭维卑下。对于稿件的意见甚至批评，不用反驳式的语气或反问的句式，有时意见可以提得尖锐一些，但决不能用刺人的字眼和伤人感情的语言。③结构严谨，条理清晰。编辑应用文有长有短，表现方式也多种多样，但都要结构严谨、条理清晰。要围绕主题表达的需要，合理地安排和展开材料，观点与材料要组织得当，材料的安排顺序和相互之间的衔接要合乎逻辑、通达事理，做到中心突出、层次清楚、主次分明。

3. 什么是选题调查报告？如何写好选题调查报告？

选题调查报告就是编辑人员为了组织策划选题而对读者、作者、市场行情等情况，进行深入的调查研究，并结合调查研究的情况及得出的相应结论写出的书面报告。

选题调查报告由前言、正文、结论三部分构成。撰写选题调查报告要在占有大量现实和历史材料的基础上，用叙述性的语言实事求是地反映某一客观事物。充分了解实情和全面掌握真实可靠的素材是写好调查报告的基础。选题调查报告要能够正确反映选题的客观实际及其规律性，写明调查的事项和调查的对象以及调查中总结的经验和发现的问题，对存在的问题进行探讨，提出解决的途径和办法，并在选题价值、读者需求、本选题的未来市场和市场吸引力、真正实施该选题的主客观条件等事实基础上做出结论。写作时要坚持观点和材料相统一，观点来自材料，用最典型最有代表性的材料来说明观点。从材料中提炼观点，必须坚持“去粗取精，去伪存真，由此及彼，由表及里”的原则。在撰写选题调查报告的过程中，既要防止以偏概全，又要防止面面俱到、不分主次、不分真伪。其语言文字要通俗简洁，做到层次分明、条理清楚、结构严谨、中心突出。

4. 什么是选题报告？如何写好选题报告？

选题报告也称“选题策划报告”，是为提出选题设想而由编辑人员撰写的关于选题构思与设计的书面报告。选题报告经过论证确认后，即编入全社的选题计划。

选题是出版工作的前提和基础，选题得到认可和确定的前提是写好选题报告。因此，作为内部编辑业务重要文件，写选题报告是每个编辑人员应熟练掌握的基本功。撰写好选题报告，要明确选题报告涉及的内容，包括选题名称，提出选题的原因、依据及目的，内容简介，作者情况，选题的学术文化价值和出版价值，选题酝酿、形成的过程，读者对象与同类图书的比较，时间安排，效益预测，市场营销设想等。以上内容因具体选题的不同可详可略，其顺序也可调整，且格式不止一种，可采用表格式，也可采用文本式。选题报告根据来源的不同，写法也有所不同。对于从来稿中发现的选题，因为已有稿子作为基础，在撰写选题报告时可简介稿子的内容、特点、质量等；对于从编辑自己所获得的信息中提出的选题，因为还没有现成的稿子，在撰写选题报告时可写明选题的内容及写作要求、拟请的作者等。不管选题报告采用哪种写作方法，都要求文字简练，内容具体，切实可行。

5. 什么是编辑计划？如何写好编辑计划？

编辑计划也称“编辑方案”，是选题报告被批准后实现选题的具体计划和操作方案。它一般用于一些重点图书、系列图书、大型工具书选题，或是几个出版社合作出版的图书选题。

编辑计划是选题计划的具体化，必须具有可操作性。要写好编辑计划，首先要明确编辑方针或指导思想，反映读者对象、所编图书的主要内容、分工情况、组织机构和编写力量、组织活动和经费预算情况，以及工作日程安排等具体要素。但各项具体内容并不是固定不变、都要写全，各项内容的排序也可以适当调整。撰写编辑计划要从实际出发，需要几项就写几项，各项内容也可粗可细，可详可略，但都要明白、具体，切实可行，便于落实、操作和检查。

6. 什么是审稿意见？如何写好审稿意见？

审稿意见是审稿人审稿后，对所审稿件做出价值评估、质量判断并提出书面处理意见的文件。审稿意见根据不同层次的不同审稿人，可分为初审意见、复审意见和终审意见三种。

编辑人员审读完全部稿件后，先要对稿件的内容、特点和问题等加以分析研究，然后撰写审稿意见。审稿意见的内容一般包括书稿的基本情况、作者简介、内容简述、对稿件的价值评估和质量判断、对稿件的处理意见和建议等。为了写好审稿意见，审稿时可做审稿记录和写审稿摘要。审稿记录就是把审稿时出现的观感、意见和发现的问题随时记录下来，供整理审稿意见时参考。审稿摘要是将各个章节的内容要点摘写下来，以便了解全稿的面貌，有个总的印象。撰写审稿意见要注意提纲挈领，主次分明，结构上要注意详略得当，轻重有致。对本质性的、全局性的问题，宜多花笔墨写得详细些，对枝节性的问题可以简略些。对书稿的取舍要做出明确的判断，对书稿的修改意见、建议尽可能提得具体并切实可行，尽量少用抽象的概念和笼统的提法。审稿意见在写法上也无固定的格式，但不论采取何种写法，都要做到观点鲜明、意见具体、条理清楚、文字简明通畅。

7. 什么是送审报告？哪些情况下需要撰写送审报告？

送审报告也称“外审报告”，是编辑人员请示本出版单位领导，要求将稿件送请有关主管部门或本单位以外的专家审阅而撰写的书面文件。

责任编辑在审稿的过程中，遇到两种情况时需写送审报告：一是发现稿件中有重大的政治问题、涉外问题、民族问题、宗教问题、军事问题等，按照国家规定需送有关主管部门审定；二是稿件中存在学术理论问题或专业性特别强的专业问题，编辑觉得单凭自己的水平难以把握，需要送请有关专家审阅。

8. 约稿信包括哪些内容？如何写好约稿信？

约稿信是以出版社名义或以编辑个人名义约请作者撰稿的信函，大致内容包括稿件的题目、写作的内容和要求、读者对象、字数和交稿时间、可供参考的资料、写作中应注意的事项、对著作方式的具体要求等。

写约稿信的目的是约请作者为本出版单位撰写书稿，所以必须明确地告诉作者出版意图、目的要求、写作方法、读者对象、有哪些资料可供参考以及对写稿方式有哪些具体要求等。因此，写约稿信要根据选题报告写明选题的内容和要求，必要时附上示例性的样稿；写明读者对象的职业、年龄、性别等基本情况；给作者提供可参考的资料；著作方式等其他事宜要具体写明，供作者参考。编辑在撰写约稿信时，要语言委婉，尊重作者，表述上要做到观点鲜明、意见具体、条理清楚、文字简明通畅。

9. 退修信是什么？如何撰写退修信？

退修信是出版单位将初步决定采用但认为还需做修改的稿件退回作者，要求其对稿件进行修改所撰写的信函。

撰写退修信时应注意既要尊重作者,又要明确提出修改意见。首先,应充分肯定稿件的长处;然后,指出稿件中需要修改的地方,并提出明确的、切实可行的修改意见或建议。语言要有分寸、有讲究,所有意见均应通过客气、商量的口气表述,不要表现出命令的语气,特别要考虑怎样写更容易让作者接受,有利于调动作者修改稿件的积极性。修改意见要主次分明,突出重点。退修信中对全局性的修改意见应花些笔墨,尽量写得详细一些,局部性的意见可以写得简要一些。

10. 退稿信包括哪些内容?撰写退稿信有哪些注意事项?

退稿信的主要内容一是要明确告诉作者其稿件未被采用,二是要说明稿件未能采用的原因。退稿信的内容与退稿的情况有关。被退的稿件大多是自投稿,也有少数是约请写作的稿件。稿件未被采用的原因主要有以下三种:①稿件质量差,未达到出版要求。对这类稿件,退稿的原因容易说得清楚,退稿时写明其主要不足之处即可。②选题内容重复,本社已组织同类稿件或已出版过同类图书。此类稿件退稿的原因一说便明。③稿件不属本社的出版范围。对这种稿件,退回时也可向作者建议向相关的出版社投稿。

撰写退稿信,首先要认真审稿,谨慎地对待退稿。撰写时要仔细斟酌,态度要诚恳,语气要平和,摆事实,讲道理,尽量做到使作者比较心平气和地接受,做到稿退人不退。要从帮助、鼓励的愿望出发,不能用刺激甚至挖苦打击的语气说话,以保护作者的创作积极性,使作者收到退稿信后心悦诚服而不是心灰意冷。不过,还要特别注意在保护作者、留有余地的同时,千万不要模糊了退稿信的主要目的,不要模糊了退稿与退修的界限。退稿信必须把“不拟接受出版”的信息明白地告诉作者,以免作者误解为“退修”。

11. 哪些情况要撰写日常联系信件?编辑如何写好日常联系信件?

日常联系信件是指编辑在日常工作中与作者、相关业务单位联系的信件。与作者日常联系信件的内容范围比较广,只要是出版工作中与作者相关的事宜,编辑都可以与作者以书信的方式联系,目前更多的是采用 e-mail 或微信等电子方式联系。日常联系信件(或电子邮件)的内容主要有:了解作者创作的进程,是否可按原计划的时间交稿;与作者探讨稿件内容;向作者提供写作中可参考的资料;告知稿件目前处理的进度;转达读者的意见和建议;了解作者其他相关情况等。

撰写日常联系信件或电子邮件,首先,要明确撰写的目的,做到有的放矢。其次,要语言委婉,掌握分寸。再次,要联系及时,注意对内对外的区别,不透露编辑部内部的不同意见。日常联系信件或电子邮件可以编辑部或出版单位的名义发出,也可以编辑个人名义发出。日常联系信件(或电子邮件)是为解决编辑工作中的具体问题而写的,因此必须简要具体,态度明朗,表达清楚,力戒空泛议论。

12. 哪些情况下需要撰写答读者信?如何写答读者信?

应由编辑撰写答读者信的,主要有以下几种情况:①对某一种图书提出意见的;②对出版社的工作提出希望或建议的;③就图书中的某个理论问题或学术问题与编辑探讨的；④向出版社提供有关信息的；⑤向编辑请教有关问题或要求帮助联系作者的。

编辑应该重视和热情地回复读者的来信。答读者信一般有两种发出形式及写法：①以公函的形式发出。该形式属于公文体裁，可由编辑按照公函的格式拟稿，以编辑室或出版社的名义发出。②以日常书信形式发出。该形式属于日常应用文体裁。读者写给编辑的信，可由编辑个人署名回信。以编辑个人名义撰写的答读者信，采用日常书信形式的写法。这种书信比较灵活，自由度也高，可采用言理、抒情、议论、叙事、说明等多种形式，篇幅也不受限制，可长可短。只是要特别注意：这是处理编辑出版业务的职务行为，与撰写纯粹的私人函件在性质上是有重要区别的。

13. 内容提要有哪些类型？如何写好内容提要？

内容提要的格式多种多样，但主要有以下几种类型：①鉴定型内容提要。也称评论型内容提要，适用于各类图书，但主要用于学术著作。②说明型内容提要。常用于科技文化类图书，一些普及读物及汇编本、选编本和资料性读物等也常用。此类只说明情况，不表达撰写者的个人观点。③梗概型内容提要。适用于文艺类图书。④悬念型内容提要。常用于少儿读物，侦探类小说、惊险类小说、科普读物等，此类以提出问题、在情节紧张处戛然而止、造成悬念的方式，激发读者阅读学习的兴趣。

内容提要就是用最简明扼要的文字介绍一本书的梗概和要点，以使销售者和读者一目了然，对图书内容有个大致的了解。写好图书内容提要，有利于图书发行和读者阅读。编辑要十分重视内容提要的撰写。为此，编辑必须认真读懂该作品，把握精髓，写作之前要充分准备和酝酿。内容提要的写法可以有所不同，但必须注意以下几点：①要提纲挈领，揭示要点。内容提要要紧扣作品的关键之处，深入挖掘，高度概括，提炼出作品内容的要点。②要言简意赅，文风质朴。内容提要无论置于面封、底封还是勒口，文字都要尽可能简短精练，表意清楚，让人一看就知道作品的读者对象、主要内容和写作特色。同时，内容提要还要根据不同读者对象的阅读或购买心理，选择最能吸引和打动他们的语言形式，切忌千篇一律、语言干瘪。③要注意分寸，留有余地，不要言过其实。对作品内容的介绍或评论，一定要实事求是，不夸饰，不说过头的话，切忌浮夸吹嘘。

14. 什么是出版前言？如何撰写出版前言？

出版前言又称“出版说明”“编纂说明”“编辑说明”等，是以出版单位或作者名义，从编辑工作或写作的角度向读者说明有关该书出版情况的文字。

撰写出版前言力求精练，篇幅以短为宜，一般占一两个页面较为合适。出版前言要写明出版的目的和价值，以及简单介绍图书的内容和特点，以便让读者一目了然。通常会说明该书的出版及创作过程，介绍作者的成就和影响。在写法上必须与图书的个性贴合。交代的内容应根据图书的特点有所侧重，有所突出，而不必面面俱到。涉及的材料都应该认真核实，切忌主观臆断。出版前言是代表出版单位的，所以不署撰稿人姓名。

15. 什么叫编者按？如何撰写编者按？

编者按是编者经过考核、研究之后，为说明、提示或考证书中的问题或某一观点而撰写的文字,也叫“按语”或“案语”。“编者按”与“内容提要”“前言”“后记”等不同,它的论述范围可大可小,有时可以综合分析许多问题,有时只是针对某一问题或某一观点进行评论。在书籍中,编者按不是一种固定的单独运用的文体,而是在编稿过程中经常使用的一种处理方式。它是最简短、最轻便的言论形式之一,在编辑工作中用途很广。

编者按分为介绍型、提示型、评论型三种。撰写编者按要以短为宜,力求精练。编者按通常一两百字,甚至更短,有时仅三言两语,但要能够切中要点。它没有独立的标题,位置也较自由。评价必须十分慎重,要有充分的事实材料作为依据,行文要平实,态度要冷静、客观,尽量不要使用修饰词。

16. 什么是凡例? 如何撰写凡例?

凡例也称“义例”“例言”等,是作者或编辑为方便读者而撰写的介绍图书内容、编纂体例、使用方法的说明性文字,多用于工具书、资料汇编、地图册、科技专业书等。其主要内容包括编纂意图、基本内容、读者对象、编纂体例、资料来源、选文标准、收词原则、条目编排、释义范围、释文要求、行文规格、检索方法,以及其他所有必需的技术性说明。一般图书通常可以不设专门的凡例,相关的内容可以在出版前言或前言中简要说明,但专业性较强的工具书、资料汇编等,则应有独立的凡例。

撰写凡例应力求明确、通俗、具体,让人一看就知道是怎么回事。因此,撰写凡例时,除了关于内容的原则说明外,重点是介绍体例。如词典的条目安排、注音规则、释义原则、格式安排、符号含义、检索方法等,要分条分款列出。条款形式要脉络分明、直截了当,不必有承上启下的文字,且要准确而周密,避免因空洞或歧义引起误会。

17. 作者简介包括哪些内容? 如何撰写作者简介?

作者简介是对作者生平和主要成就的简要说明。作者简介主要包括以下主要内容:①作者的基本情况,包括作者的出生年月、籍贯、学历等;②作者的社会职业及职务,包括工作经历、专业技术职务、行政职务等;③作者的主要成就和贡献,包括作者的著述和获奖情况,以及其他值得介绍的有关情况。

撰写作者简介,主要是为了让读者了解作者,特别是了解与出版的图书有直接关系的情况,也是为了宣传作者,扩大其影响。作者简介在写法上有多种样式,形式上可不拘一格。作者简介要实事求是,对作者及其作品的评价要恰如其分。因为受篇幅的限制,撰写时要注意突出重点特色,只能介绍作者的主要事迹和成就,不求面面俱到。撰写作者简介还应该注意核实材料的真实性和价值,确保材料真实可信,对一些没什么价值或不稳定的材料不宜使用。文字要简洁精练,无需修饰。

18. 什么叫出版后记? 如何撰写出版后记?

出版后记也称“编后记”“编后的话”等,是编辑人员完成编辑工作之后向读者说明有关该书出版情况的文字。它置于全书的最后。

出版后记主要是编辑人员编稿之后,就编辑工作中的未尽之言进行补充,对正文中的各类问题做出说明,表达的是编辑人员的一些感想和体会。其写作可采用多种文体,表述的方式比较随意。其内容也比较灵活，几乎没有什么限制，可以评价书籍内容，也可以说明写作背景或编辑过程及体会、感谢语和对读者的希望等。无出版前言时，出版后记可以包括出版前言的内容；如有出版前言，则出版后记主要应补充出版前言的不足，或对书稿出版过程中的某些事务性、技术性问题予以交代，要注意前后的分工，避免重复。其实在许多情况下，出版前言和出版后记的主要内容和写法是相近的。出版后记与出版前言的不同之处在于，出版后记往往更随意，有时甚至可以脱离正文，直接和读者谈心。

19. 如何撰写新书预告？

新书预告一般由该书的责任编辑撰写，它的主要用途是出版单位把出书信息提供给图书发行部门，以便其组织征订。新书预告通常采用表格式的写法，内容包括书名、作者、类别、出版社、版别、出版时间、字数、读者对象、开本、定价、内容介绍等项目。新书预告的核心是不超过两百字的内容介绍，它是了解新书内容和特点的最主要部分，切忌空泛笼统，撰写时要反复思考，提炼出作品的核心思想和实质内容，用最精练的文字对图书的主要内容和特点进行高度的概括，并结合当时的形势和读者的需要，突出宣传重点。新书预告主要是给发行机构的订货人员看的，撰写时要尽量用比较浅显的文字来介绍，尽量做到文字通俗易懂，避免使用枯燥的专业术语和生硬的文句。在表达方式上力求新颖独特，用最少的文字达到最大的宣传效果。

20. 如何撰写书讯？

书讯的内容比较广泛，其范围也不限于对某一种图书情况的报道，还可以是对一类图书或者一批图书情况的报道，凡是图书在编印发过程中的各个环节有新闻价值的信息，都可以成为书讯的素材。书讯作为一种新闻体裁，应该遵循新闻报道的写作要求，要将所报道图书的情况、问题等信息及时明白地反映出来。撰写书讯时要特别注意材料的剪裁和文字的精练，篇幅要短小精悍，不宜写得过长，一般只要抓住人们最感兴趣而又有新闻价值的内容说清楚即可。书讯的内容要准确、客观，注意核实时间、地点、人物、数字等是否有误，表述上要客观中立，不能带有主观感情和色彩，不需要撰写者自己发表评论和议论。

21. 什么是图书广告？如何针对不同媒体撰写不同的图书广告文案？

图书广告是出版单位为了让读者了解其出版图书的内容、特色、优势和价值所在，努力激发读者的购买欲望而撰写的宣传文字。它是向读者提供图书信息，宣传和推广图书的重要形式。图书广告不仅具有促销的商业效应，而且也是传播科学文化知识、提高鉴赏水平的重要手段，具有文化引导的作用。

撰写图书广告，要针对读者的需求，广告文字一定要实事求是，要说得恰到好处，不言过其实，不哗众取宠。语言要通俗、精练，力求生动，富有创造性。随着出版事业的发展、科学技术的进步，图书广告不仅在内容上，而且在形式上都有很大的发展。现在的广告，除了报刊广告等传统媒体投放外，还出现了互联网、手机等新兴媒体投放。这些媒体在送达率、频率和影响价值方面互有差异。对在不同媒体上登载的图书广告，要做多方面的考虑，要了解各类媒体的特性及其优点和局限性，对不同媒体受众的职业和受教育程度等做深入的调研分析。撰写的广告文字，要根据媒体性质、传播特点及受众等做出恰当的选择，切忌以“统发稿”的形式撰写供所有媒体宣传的广告文字。否则，难以收到好的效果。

22. 什么是书评？如何写作书评？

书评即图书评论的简称，是对某一种图书的内容及形式进行评论的文章。也就是以图书为对象，在阅读和研究的基础上，对图书提出明确的观点和倾向性的介绍、评论。书评对大众阅读具有引导作用，可以帮助读者提高欣赏能力和鉴别能力，促进学术交流，积累科学文化知识，推动科学文化事业的发展。

广义的书评包括读后感，但书评和读后感还是有很明确的区别。读后感的主要任务不是对书籍进行价值判断，而是偏重写自己的主观感受，记录个人阅读某种书籍后的所感、所想、所悟；是以读者的心理活动为中心，而不是以阅读对象为中心；在写作上它通常只是围绕阅读对象的某一个点而抒发开去，几乎可以不考虑书籍的整体情况，甚至可以仅仅把阅读对象作为引子，然后就大谈其感想、大发其议论、大抒其情怀。书评是对书籍进行价值判断后的成果。任何不涉及对某本书进行评价的文字，都不能称作书评。

书评的写作方法和表现形式多种多样，篇幅也可长可短。书评是评者对作品的认识与评论，既要准确地反映原作的本质特点，又是一种创造性的思维活动。撰写书评时应认真、全面地阅读原作，要在深入细致地阅读和研究图书全面情况的基础上，把握原作的精神实质及其特点，结合相关的文化背景，与同类图书进行参稽比较，然后按照评判的客观标准，做出审慎的评价。所写的书评，既可以是原作的比较全面的评析或评论，也可以是局部内容或某一点上的评论，不必面面俱到。撰写书评要采取客观公正的、实事求是的态度，既不可带个人偏见，有意贬低原作，也不能因某种私人目的，拔高或吹捧所评的原作。应做到好处说好，坏处说坏；是推荐还是否定，要有明确的观点；是赞成还是反对，应有鲜明的倾向。

第二部分
图书出版管理

一、图书出版单位的设立与管理

1. 我国目前出版行政管理方面的重要法规、规章和规范性文件有哪些?

行政法规有:《出版管理条例》《音像制品管理条例》《印刷业管理条例》《计算机软件保护条例》《著作权法实施条例》《著作权集体管理条例》《信息网络传播权保护条例》《广播电台电视台播放录音制品支付报酬暂行办法》等。其中,《出版管理条例》是最基本、最重要的行政法规。

重要规章有:《图书出版管理规定》《图书质量管理规定》《期刊出版管理规定》《音像制品出版管理规定》《电子出版物出版管理规定》《互联网出版管理暂行规定》《出版物市场管理规定》《出版专业技术人员职业资格管理规定》等。

规范性文件有:《图书、期刊、音像制品、电子出版物重大选题备案办法》《书号实名申领管理办法》《关于严格禁止买卖书号、刊号、版号等问题的若干规定》《出版文字作品报酬规定》等。

2. 国家对出版单位的管理涉及哪些制度?

国家对出版单位的管理制度主要有:出版单位设立的审批制度;出版单位变更登记事项审批和注销登记制度(主要包括出版单位的变更登记事项审批、出版单位中止出版活动的备案、出版单位的注销登记);出版单位年度核验制度。

(1)出版单位设立的审批制度

出版单位的设立,须经国务院出版行政主管部门审批。出版物应当由依法设立的出版单位出版,设立出版单位应当具备必要的条件,并履行申请、审批、注册、登记等程序。

(2)出版单位变更登记事项审批和注销登记制度

①出版单位的变更登记事项审批。

须经国务院出版行政主管部门审批的变更登记事项有:出版单位变更名称、主办单位或主管单位、业务范围、资本结构,合并或者分立,设立分支机构。出版单位出现上述变更情形时，属于事业单位法人的，应当持批准文件到事业单位登记管理机关办理相应的登记手续；属于企业法人的，应当持批准文件到工商行政管理部门办理相应的登记手续。

出版单位如有其他事项的变更，应当经主办单位及其主管机关审查同意，向所在地省、自治区、直辖市人民政府出版行政主管部门申请变更登记，并报国务院出版行政主管部门备案。出版单位出现其他事项的变更时，属于事业单位法人的，还应当持批准文件到事业单位登记管理机关办理变更登记；属于企业法人的，还应当持批准文件到工商行政管理部门办理变更登记。

②出版单位中止出版活动的备案。

出版单位中止出版活动的，应当向所在地省、自治区、直辖市人民政府出版行政主管部门备案并说明理由和期限；出版单位中止出版活动不得超过 180 日。

③出版单位的注销登记。

出版单位因实际情况发生重大变化而主动停业，或者因经营不善、资不抵债而被迫停业，或者有违法行为被吊销出版许可证，都应当向所在地省、自治区、直辖市人民政府出版行政主管部门办理注销登记，并报国务院出版行政主管部门备案。

(3)出版单位年度核验制度

出版行政主管部门对出版单位实行年度核验制度(也称“年检登记制度”)。图书出版单位的年度核验每两年进行一次，年度核验资料提交所在地省、自治区、直辖市人民政府出版行政主管部门。

3. 设立图书出版单位须具备哪些条件？应提交哪些申报材料？

根据《图书出版管理规定》第九条规定，设立图书出版单位须具备下列条件：(一)有图书出版单位的名称、章程；(二)有符合国家新闻出版行政部门认定条件的主办单位、主管单位；(三)有确定的图书出版业务范围；(四)有 30 万元以上的注册资本；(五)有适应图书出版需要的组织机构和符合国家规定资格条件的编辑出版专业人员；(六)有确定的法定代表人或者主要负责人，该法定代表人或者主要负责人必须是在境内长久居住的具有完全行为能力的中国公民；(七)有与主办单位在同一省级行政区域的固定工作场所；(八)法律、行政法规规定的其他条件。设立图书出版单位，除前款所列条件外，还应当符合国家关于图书出版单位总量、结构、布局的规划。

根据《图书出版管理规定》第十一条规定，申请设立图书出版单位时应提交八项材料：(一)按要求填写的设立图书出版单位申请表；(二)主管单位、主办单位的有关资质证明材料；(三)拟任图书出版单位法定代表人或者主要负责人简历、身份证明文件；(四)编辑出版人员的出版专业职业资格证书；(五)由依法设立的验资机构出具的注册资本验资证明；(六)图书出版单位的章程；(七)工作场所使用证明；(八)设立图书出版单位的可行性论证报告。

4. 不同地域和性质的单位如何申请设立图书出版单位？

根据《图书出版管理规定》第十条规定，中央在京单位设立图书出版单位，由主办单位提出申请，经主管单位审核同意后，由主办单位报国家新闻出版行政部门审批。中国人民解放军和中国人民武装警察部队系统设立图书出版单位，由主办单位提出申请，经中国人民解放军总政治部宣传部新闻出版局审核同意后，报国家新闻出版行政部门审批。其他单位设立图书出版单位，经主管单位审核同意后，由主办单位向所在地省、自治区、直辖市新闻出版行政部门提出申请，所在地省、自治区、直辖市新闻出版行政部门审核同意后，报国家新闻出版行政部门审批。

5. 图书出版单位在申请设立、注册登记上有哪些时间上的规定？

图书出版单位的申请设立和注册登记在时间上对出版行政主管部门和申请设立图书出版单位的主办单位均有时间上的要求。国家新闻出版行政部门应当自收到设立图书出版单位的申请之日起 90 日内，做出批准或者不批准的决定，并直接或者由所在地省、自治区、直辖市新闻出版行政部门书面通知主办单位；不批准的，应当说明理由。申请设立图书出版单位的主办单位应当自收到国家新闻出版行政部门批准文件之日起 60 日内，持批准文件向所在地省、自治区、直辖市新闻出版行政部门领取图书出版单位登记表，经主管单位审核签章后，报所在地省、自治区、直辖市新闻出版行政部门。登记事项由国务院出版行政主管部门规定。图书出版单位的主办单位自收到国家新闻出版行政部门批准文件之日起 60 日内未办理注册登记表，批准文件自行失效，登记机关不再受理登记，图书出版单位的主办单位须将有关批准文件缴回国家新闻出版行政部门。图书出版单位自登记之日起满 180 日未从事图书出版的，由原登记的新闻出版行政部门注销登记，收回图书出版许可证，并报国家新闻出版行政部门备案。因不可抗力或者其他正当理由不能按时办理注册登记手续或不能按时从事图书出版的，图书出版单位可以向原登记的新闻出版行政部门申请延期。

6. 获批准设立图书出版单位的主办单位如何办理注册登记手续？

根据《图书出版管理规定》第十三条规定，申请设立图书出版单位的主办单位应当自收到国家新闻出版行政部门批准文件之日起 60 日内办理如下注册登记手续：(一)持批准文件到所在地省、自治区、直辖市新闻出版行政部门领取图书出版单位登记表，经主管单位审核签章后，报所在地省、自治区、直辖市新闻出版行政部门；(二)图书出版单位登记表一式五份，图书出版单位、主办单位、主管单位及省、自治区、直辖市新闻出版行政部门各存一份，另一份由省、自治区、直辖市新闻出版行政部门在收到之日起 15 日内，报送国家新闻出版行政部门备案；(三)国家新闻出版行政部门对图书出版单位登记表审核后，在 10 日内通过中国标准书号中心分配其出版者号并通知省、自治区、直辖市新闻出版行政部门；(四)省、自治区、直辖市新闻出版行政部门对图书出版单位登记表审核后，在 10 日内向主办单位发放图书出版许可证；(五)图书出版单位持图书出版许可证到工商行政管理部门办理登记手续，依法领取营业执照。

7. 图书出版许可证上标识了哪些内容？

图书出版许可证分正副本，正本标识了出版单位名称、法定代表人、出版单位地址、主管机关、主办单位、业务范围以及证件有效期;副本标识的除正本的内容外,还有出版单位成立时间、批准文件号、年度检验工作登记记录、变更记录。

8. 图书出版单位的主办单位职责是什么?

主办单位即图书出版单位的上级领导部门,其职责有:(一)领导、监督出版单位遵照中国共产党的基本路线、方针、政策和国家的法律、法规、政策以及办社方针、宗旨、专业范围,做好出版工作及有关各项工作;审核出版单位的重要宣传、报道或选题计划,审核批准重要稿件的出版或发表;决定所属出版单位的图书发行或不发行;对出版单位在图书内容等方面发生的严重错误和其他重大问题,承担直接领导责任。(二)依照国家的有关规定为出版单位的设立提供和筹集必要的资金、设备,并创造其他必要条件,办理核准登记手续,依法取得企业法人或者事业单位法人资格。(三)依照国家的有关规定,决定出版单位经营管理国有资产的责任制形式;遵循国家有关规定和责、权、利相统一的原则,保证出版单位的经营自主权,但应对出版单位各项经营活动切实担负监督职责;监督出版单位严格执行国家财政、税收和国有资产管理的法律、法规,定期进行审计,确保出版单位财产的保值、增值。出版单位为实现社会效益目标而形成政策性亏损,主办单位应当给予相应的补贴或者其他方式的补偿。(四)审核出版单位的内部机构的设置,考核并提出任免出版单位的负责人的建议,报主管单位批准。(五)向主管单位汇报出版单位的工作情况,贯彻落实主管单位的有关决定和意见。(六)承担出版单位或图书停办后的资产清算、人员安置和其他善后工作。(七)国家规定的和上级主管部门规定的其他职责。

9. 图书出版单位的主管单位职责是什么?

主管单位是指出版单位创办时的申请者,并是该出版单位的主办单位(两个或两个以上主办单位的则为主要主办单位)的上位主管部门,其对所属的出版单位及其主办单位负有下列职责:(一)监督出版单位及其主办单位贯彻执行中国共产党的基本路线、方针、政策和国家的法律、法规、政策;采取行政措施和经济措施保证出版单位的出版工作坚持为人民服务、为社会主义服务的方向,坚持以社会效益为最高准则;有权决定所属出版单位的图书发行或不发行;对出版单位在图书内容等方面发生的严重错误和其他重大问题,承担领导责任。(二)审核批准出版单位的重大宣传、报道或选题计划,批准有重要影响的稿件的出版或发表;决定出版单位或图书的停办或变更,并向新闻出版行政管理部门提出书面报告。(三)对主办单位对出版单位的领导和管理工作进行检查、监督、指导,并可提出意见或做出决定。(四)扶持、协助主办单位为出版单位提供或筹措资金、购置设备。(五)与主办单位共同负责出版单位或图书停办后的资产清算、人员安置和其他善后工作。(六)国家规定的其他职责。

10. 图书出版单位如何变更注册登记项目?

图书出版单位变更名称、主办单位或主管单位、业务范围,分立或合并,改变资本结构,属于重大变更。应按图书出版单位设立申请和注册登记程序的规定办理登记手续,即变更以上项目的申请和注册登记与新设立一家图书出版单位相同。

图书出版单位变更其他事项的，如变更地址、法人等，手续相对要简单些。应当经图书出版单位的主办单位和主管单位审查同意，向所在地省、自治区、直辖市新闻出版行政部门申请变更登记，由省、自治区、直辖市新闻出版行政部门报国家新闻出版行政部门备案，同时完善相关登记手续。

11. 图书出版单位如何终止图书出版？

图书出版单位终止图书出版要由主办单位提出申请并经主管单位同意后，由主办单位向所在地省、自治区、直辖市新闻出版行政主管部门办理注销登记，并由省、自治区、直辖市新闻出版行政部门报国务院出版行政主管部门备案。图书出版单位同时要完成工商部门的注销登记手续。

12. 组建出版集团有哪些基本条件？

组建集团的地区，出版事业要有良好的发展势头，市场发育健康，发展潜力较大。集团核心明确，至少由 5 家出版社（杂志社）和相关单位构成，规模较大。同时，具备下列条件：

①坚持正确的出版方向。必须具有一定的品牌优势。集团中的主要单位应是社会效益与经济效益较好、具有一定社会影响力和创新能力的单位，其中优秀和良好出版单位应占 30%左右，且集团组成单位近三年无严重违规违纪现象。集团须具备一定数量的获得党和国家奖励、具有较大影响或权威性、有较广读者群或一定市场覆盖率的名优出版物。集团应能够承担国家重点出版项目。

②有较强的经济实力。沿海经济发达地区组建出版集团，其总资产一般应在 15 亿元以上，近三年年平均销售收入一般在 10 亿元以上，近三年年平均利润一般在 1.5 亿元以上。中西部地区组建出版集团，其总资产一般应在 4 亿元以上，近三年年平均销售收入一般在 3 亿元以上，近三年年平均利润一般在 4000 万元以上。

③有较为完善的管理制度和运行机制。应建立合理的奖励机制和可追溯的责任制度；制订切实可行的中长期发展规划；建立资产经营责任制；组建财务结算中心，实行财务管理和财务人员统一委派，在财务集中管理的前提下逐步实行二级单位独立核算。建立资产经营责任制。

④主业突出，结构优化，积极稳妥地发展相关文化产业。集团出版物中重版书的比例一般应占全年出书品种的 40%以上；一般图书的销售收入的利润应达到总额的 30%左右。集团应拥有组织创作、编辑大型出版物的能力，并拥有一定数量的重要出版物的自主出版权。

⑤具有一定的多媒体经营能力。组建集团应具有一定规模的多媒体经营基础，在报纸、期刊、音像、电子、网络出版等方面具有一定的优势或发展潜力。

⑥能运用高新技术，提高创新能力，推动产业升级。集团应具备一定的数字化、网络化水准。通过产业升级来拓展业务领域，扩大市场份额，降低成本，提高效率。

⑦有较强的领导班子和专业队伍。组建集团应具备合理的人员配置结构。要有一个政治强、业务精、作风正、纪律严、懂经营、善管理、团结协作、锐意进取的集团领导班子;有一支有较高编辑策划能力,熟悉国际出版与版权贸易规则,掌握高科技知识的出版队伍。集团在职编辑人员中有高级(含副高)专业职称的应占编辑人员总数的20%以上,经营管理和技术人员中有高级(含副高)专业职称的应占总数的15%以上。制订有适应现代管理与经营需要的人才培训制度,并能贯彻实施。

13. 如何申请组建出版集团?

中央级出版社申请组建集团,由出版社主管部门根据有关规定对申办单位资格进行审核后,分别向中宣部和国家新闻出版行政部门提出申请;省级出版社申请组建集团,由省级党委宣传部和新闻出版局根据有关规定对申办单位资格进行审核,并报经省级党委和政府同意后,分别报中宣部和国家新闻出版行政部门。中宣部和国家新闻出版行政部门共同负责组织对申请组建出版集团的单位进行考察,并联合召开审批集团的论证会,进行审定,由国家新闻出版行政部门根据审定结果予以批复。

14. 什么是图书出版管理属地原则?

根据《图书出版管理规定》第三十五条规定,图书出版的监督管理实行属地原则,即省、自治区、直辖市新闻出版行政部门依法对本行政区域内的图书出版进行监督管理,负责本行政区域内图书出版单位的审核登记、年度核验及其出版图书的审读、质量评估等管理工作。

15. 图书出版管理实行哪些管理制度?

根据《图书出版管理规定》第三十六条规定,图书出版管理实行审读制度、质量保障管理制度、出版单位分级管理制度、出版单位年度核验制度和出版从业人员职业资格管理制度。

审读制度:国家新闻出版行政部门负责全国图书审读工作。省、自治区、直辖市新闻出版行政部门负责对本行政区域内出版的图书进行审读,并定期向国家新闻出版行政部门提交审读报告。

质量保障管理制度:新闻出版行政部门可以根据国家新闻出版行政部门《图书质量管理规定》等规定,对图书质量进行检查,并予以奖惩。

出版单位分级管理制度:国家新闻出版行政部门制定图书出版单位等级评估办法,对图书出版单位进行评估,并实行分级管理。

出版单位年度核验制度:图书出版单位实行年度核验制度,年度核验每两年进行一次。

出版从业人员职业资格管理制度:图书出版从业人员,应具备国家规定的出版职业资格条件;图书出版单位的社长、总编辑须符合国家规定的任职资格和条件。图书出版单位的社长、总编辑须参加新闻出版行政部门组织的岗位培训,取得岗位培训合格证书后才能上岗。

16. 图书出版单位年度核验有哪些程序？

根据《图书出版管理规定》，图书出版单位年度核验每两年进行一次。年度核验按照以下程序进行：

（一）图书出版单位提出年度自查报告，填写由国家新闻出版行政部门统一印制的图书出版年度核验表，经图书出版单位的主办单位、主管单位审核盖章后，在规定时间内报所在地省、自治区、直辖市新闻出版行政部门；

（二）省、自治区、直辖市新闻出版行政部门在收到图书出版单位自查报告、图书出版年度核验表等年度核验材料 30 日内予以审核查验、出具审核意见，报送国家新闻出版行政部门；

（三）国家新闻出版行政部门在收到省、自治区、直辖市新闻出版行政部门报送的图书出版单位年度核验材料和审核意见 60 日内做出是否予以通过年度核验的批复；

（四）图书出版单位持国家新闻出版行政部门予以通过年度核验的批复文件、图书出版许可证副本等相关材料，到所在地省、自治区、直辖市新闻出版行政部门办理登记手续。

17. 图书出版单位哪些情形应暂缓年度核验？

图书出版单位有下列情形之一的，暂缓年度核验：

（一）正在限期停业整顿的；

（二）经审核发现有违法情况应予处罚的；

（三）主管单位、主办单位未认真履行管理责任，导致图书出版管理混乱的；

（四）所报年度核验自查报告内容严重失实的；

（五）存在其他违法嫌疑需要进一步核查的。

暂缓年度核验的期限为 6 个月。在暂缓年度核验期间，图书出版单位除教科书、在印图书可继续出版外，其他图书出版一律停止。缓验期满，按照本规定重新办理年度核验手续。

18. 图书出版单位哪些情形将被不予通过年度核验？

图书出版单位有下列情形之一的，不予通过年度核验：

（一）出版导向严重违反管理规定并未及时纠正的；

（二）违法行为被查处后拒不改正或者在整改期满后没有明显整改效果的；

（三）图书出版质量长期达不到《图书出版管理规定》标准的；

（四）经营恶化已经资不抵债的；

（五）已经不具备《图书出版管理规定》第九条规定条件的；

（六）暂缓登记期满，仍未符合年度核验基本条件的；

（七）不按规定参加年度核验，经催告仍未参加的；

（八）存在其他严重违法行为的。

对不予通过年度核验的图书出版单位，由国家新闻出版行政部门撤销图书出版许可证，所在地省、自治区、直辖市新闻出版行政部门注销登记。

19. 对图书出版单位的违纪违规行为，新闻出版行政部门可采取哪些行政措施？

国家新闻出版行政部门或者省、自治区、直辖市新闻出版行政部门对违纪违规的图书出版单位可以采取下列行政措施：

（一）下达警示通知书并抄送违法图书出版单位的主办单位及其主管单位；

（二）通报批评；

（三）责令公开检讨；

（四）责令改正；

（五）核减中国标准书号数量；

（六）责令停止印制、发行图书；

（七）责令收回图书；

（八）责成主办单位、主管单位监督图书出版单位整改。

以上所列行政措施可以并用。

20. 图书出版单位出版违禁内容应受到哪些处罚？

图书出版单位出版违禁内容触犯刑律的，依照刑法有关规定，依法追究刑事责任；尚不够刑事处罚的，由出版行政主管部门责令限期停业整顿，没收图书、违法所得，违法经营额1万元以上的，并处违法经营额5倍以上10倍以下的罚款；违法经营额不足1万元的，可以处5万元以下的罚款；情节严重的，由发证机关吊销许可证。

21. 图书出版单位出售或转让本单位名称、书号的应受到怎样的处罚？

图书出版单位出售或转让本单位名称、书号触犯刑律的，依照刑法有关规定，依法追究刑事责任；尚不够刑事处罚的，由出版行政主管部门责令停止违法行为，给予警告，没收图书、违法所得，违法经营额1万元以上的，并处违法经营额5倍以上10倍以下的罚款；违法经营额不足1万元的，可以处5万元以下的罚款；情节严重的，由发证机关吊销许可证。

二、图书选题的管理

1. 什么是年度出版选题计划备案制度？

图书出版实行年度出版计划备案制度。图书出版单位的年度出版计划，须经省、自治区、直辖市新闻出版行政部门审核后报国家新闻出版行政部门备案。

图书出版必须坚持年度选题计划审批和备案制度。各省、自治区、直辖市新闻出版行政主管部门和出版社的主管部门负有对所辖、所属出版社选题计划的审批责任，必须按有关法规、规定严格把关；同时要送交本省（自治区、直辖市）党委宣传部门备案。经省（自治区、直辖市）新闻出版局和出版社主管部门批准的各出版社的选题计划，必须报国家新闻出版行政部门备案。国家新闻出版行政部门可对导向、总量、结构和趋势等问题提出指导性意见，对不符合国家法规、规定的选题进行调整或通知撤销。

2. 什么是重大选题？

《图书、期刊、音像制品、电子出版物重大选题备案办法》所称重大选题，是指涉及国家安全、社会安定等方面的内容，对国家的政治、经济、文化、军事等会产生较大影响的选题，具体包括：

（一）有关党和国家的重要文件、文献选题；

（二）有关党和国家曾任和现任主要领导人的著作、文章以及有关其生活和工作情况的选题；

（三）涉及党和国家秘密的选题；

（四）集中介绍政府机构设置和党政领导干部情况的选题；

（五）涉及民族问题和宗教问题的选题；

（六）涉及我国国防建设及我军各个历史时期的战役、战斗、工作、生活和重要人物的选题；

（七）涉及“文化大革命”的选题；

（八）涉及中共党史上的重大历史事件和重要历史人物的选题；

（九）涉及国民党上层人物和其他上层统战对象的选题；

（十）涉及前苏联、东欧以及其他兄弟党和国家重大事件和主要领导人的选题；

（十一）涉及中国国界的各类地图选题；

（十二）涉及香港特别行政区和澳门、台湾地区图书的选题；

（十三）大型古籍白话今译的选题（指 500 万字以及 500 万字以上的项目）；

（十四）引进版动画读物的选题；

（十五）以单位名称、通讯地址等为内容的各类“名录”的选题。

前款所列重大选题的范围，国家新闻出版行政部门将根据情况适时予以调整并另行公布。

3. 中央在京出版单位如何申报重大选题备案？

中央在京出版单位（包括党中央和国务院各部委、直属机构，各民主党派和全国性群众团体及其直属单位）申报重大选题备案，经主管单位审核同意后，由主管单位报国家新闻出版行政部门审批。申报时需报送下列材料：

①图书主管单位报国家新闻出版行政部门的备案申请文件。主送单位为国家新闻出版行政部门，应有版头、标有文号、公章齐全、文种为请示或者函；申请文件一事一文，报送规格为 A4 纸，加盖正式公章，一式三份。

②图书重大选题备案申请表。表格内容必须真实、准确、完整，标明盖章处应按规

定加盖公章。

③齐清定的书稿(打印版)。送审书稿必须齐清定,不能为花脸稿或手写稿;如无特殊情况,送审书稿应装订成册。

④书稿三审意见复印件。三审意见为出版社三审人员对书稿的内容审读意见,不用提供编校过程稿。

⑤其他必要材料。包括:需要履行立项手续的选题应附有关部门批复的同意立项材料;需送审照片的应附照片样稿;其他与备案工作有关的材料(需要时提供)。

4. 军队出版单位如何申报重大选题备案?

军队图书出版单位申报重大选题备案须经总政宣传部新闻出版局审核同意后,由总政宣传部新闻出版局报国家新闻出版行政部门审批。需报送下列材料:

①总政宣传部新闻出版局报国家新闻出版行政部门的申请文件。主送单位为国家新闻出版行政部门,应有版头、标有文号、公章齐全、文种为请示或者函;申请文件一事一文,报送规格为 A4 纸,加盖正式公章,一式三份。

②图书重大选题备案申请表。表格内容必须真实、准确、完整,标明盖章处应按规定加盖公章。

③齐清定的书稿(打印版)。送审书稿必须齐清定,不能为花脸稿或手写稿;如无特殊情况,送审书稿应装订成册。

④书稿三审意见复印件。三审意见为出版社三审人员对书稿的内容审读意见,不用提供编校过程稿。

⑤其他必要材料。需要履行立项手续的选题应附相关部门批复的同意立项材料;需送审照片的应附照片样稿;其他与备案工作有关的材料(需要时提供)。

5. 地方出版单位如何申报重大选题备案?

地方图书出版单位申报重大选题备案由省级出版行政主管部门审核同意后,由省级出版行政主管部门报国家新闻出版行政部门审批。需报送下列材料:

①所在地省级出版行政主管部门报国家新闻出版行政部门的备案申请文件。主送单位为国家新闻出版行政部门,应有版头、标有文号、公章齐全、文种为请示或者函;申请文件一事一文,报送规格为 A4 纸,加盖正式公章,一式三份。

②图书重大选题备案申请表。表格内容必须真实、准确、完整,标明盖章处应按规定加盖公章。

③齐清定的书稿(打印版)。送审书稿必须齐清定,不能为花脸稿或手写稿;如无特殊情况,送审书稿应装订成册;

④书稿三审意见复印件。三审意见为出版社三审人员对书稿的内容审读意见,不用提供编校过程稿。

⑤其他必要材料。需要履行立项手续的选题应附相关部门批复的同意立项材料;需送审照片的应附照片样稿;其他与备案工作有关的材料(需要时提供)。

6. 什么是图书重大选题备案申请表？

图书重大选题备案申请表是国家新闻出版行政部门设制的报送重大选题备案的专用表格，样式如下：

图书重大选题备案申请表(2014版)

选题名称			
出版单位		著作责任者	
涉及重大选题备案类别			
字/幅数(千字/幅)		拟出版时间	
著作责任者简介：			
书稿内容简介：			
拟审核问题：			
出版单位主管部门意见： 年 月 日(盖章)			
总编室联系人		电话	
书稿终审人		电话	
出版社联系电子邮箱			

填报说明：表格内容必须真实、准确、填写完整，否则备案申请不予受理。

7. 什么是选题登录表？

选题登录表是各出版单位报送年度选题计划时反映各选题具体情况的记录表，不同出版单位对此表命名不尽相同，如发稿和出书计划登录表，或者出版计划上报表等，但表格的内容大同小异。下面是较多出版单位使用的发稿和出书计划登录表。

发稿和出书计划登录表

编室： 组稿人：

顺序号		类　别		文　种		重点选题	
书名							
副题							
丛(套)书名							
著(译、编)者							
读者对象							
类型词	(1)		(2)		(3)		
责任编辑		发稿时间		出版时间			

续表

<table>
<tr><td colspan="2">字（幅）数</td><td></td><td>千字（幅）</td><td>发行范围</td><td></td><td>出版方式</td><td></td></tr>
<tr><td>版次</td><td></td><td>印次</td><td></td><td>开本</td><td></td><td>装帧形式</td><td></td></tr>
<tr><td colspan="2">起始印数</td><td></td><td>册（张）</td><td>累计印数</td><td>册（张）</td><td>定价</td><td></td></tr>
<tr><td>内容简介</td><td colspan="4"></td><td>备注</td><td colspan="2">出书条件：</td></tr>
<tr><td colspan="2">出版单位负责人审签</td><td colspan="3"></td><td colspan="2">主管单位审签</td><td></td></tr>
</table>

8. 填写选题登录表有哪些基本要求？

①凡当年发稿、当年出书的选题，都必须列入计划，并填写年度发稿和出书计划登录表。凡由出版社正式编辑出版的每一种书籍、课本均应算作一个选题；属多卷本或多种开本、装帧形式者，以一个定价、一种开本、一种装帧形式算为一个选题；多卷本统一定价者算为一个选题。无论是初版、再版、重印，还是租型印刷，都要列入年度计划。

②每一种选题都单独填写一张年度发稿和出书计划登录表，并严格按照登录表所规定的栏目填写。

③在年度计划执行过程中，如果需要增补选题，增补的选题也应严格填写年度计划登录表。

④年度计划登录表填完后，一律装订成册，在封面上注明出版单位和本出版单位的“前缀号”。“前缀号”即 ISBN 中国出版者前缀。各出版单位的前缀号必须根据中国 ISBN 中心颁发的《全国出版者前缀》中确定的前缀号填写。

⑤选题登录表的基本信息要真实完整，以便主管部门全面掌握选题情况。

⑥选题登录表的内容简介要求尽可能完整、真实、准确地对选题的基本内容进行介绍和概括，并对选题做简要评述。一些特殊选题须说明其特殊性。填写中要防止避重就轻，隐藏或略述重大备案内容，防止以部分内容代替整体，防止只有评述没有内容或者内容过度简略等情况。

⑦有的登录表有对著（编）者介绍的栏目。介绍著（编）者时须提供著（编）者的真实姓名、籍贯、任职情况以及简要背景材料。翻译作品也须介绍译者姓名、籍贯、任职情况及相关背景资料。

三、图书内容的管理

1. 图书出版在语言文字上有哪些规定？

《图书出版管理规定》规定，图书使用语言文字须符合国家语言文字法律规定。《中华人民共和国国家通用语言文字法》规定，汉语文出版物应当符合国家通用语言文字的规范和标准。汉语文出版物中需要使用外国语言文字的，应当用国家通用语言文字做必要的注释。出版、教学、研究中确需使用方言、繁体字、异体字的，可以使用方言、繁体字和异体字。

2. 出版物违禁内容有哪些？

《出版管理条例》第二十五条明确规定任何出版物不得含有下列内容：(一)反对宪法确定的基本原则的；(二)危害国家统一、主权和领土完整的；(三)泄露国家秘密、危害国家安全或者损害国家荣誉和利益的；(四)煽动民族仇恨、民族歧视，破坏民族团结，或者侵害民族风俗、习惯的；(五)宣扬邪教、迷信的；(六)扰乱社会秩序，破坏社会稳定的；(七)宣扬淫秽、赌博、暴力或者教唆犯罪的；(八)侮辱或者诽谤他人，侵害他人合法权益的；(九)危害社会公德或者民族优秀文化传统的；(十)有法律、行政法规和国家规定禁止的其他内容的。同时，第二十六条规定：以未成年人为对象的出版物不得含有诱发未成年人模仿违反社会公德的行为和违法犯罪的行为的内容，不得含有恐怖、残酷等妨害未成年人身心健康的内容。

3. 图书审读工作包括哪些内容？

图书的审读包括出版前审读和出版后审读。出版前审读主要是指出版单位对拟出版书稿的审读，服务于出版行政部门对选题，尤其是对重点选题、重大备案选题及书稿的审读核准。出版后审读，主要检查图书是否有违反《出版管理条例》所规定的内容，评判质量优劣。

4. 三级图书审读信息网指什么？

三级图书审读信息网是依据《出版管理条例》规定，在图书出版单位与出版行政主管部门之间建立的图书审读信息网。具体内容有：(一)图书出版单位是图书审读信息网中的第一级。主要任务是通过选题论证制、书稿“三审制”、图书审读制等对本单位图书选题、书稿和成书进行自我审读，发现问题及时纠正，并将需要上报的情况及时上报。(二)省级新闻出版行政管理部门是图书审读信息网中的第二级。各省级新闻出版行政管理部门负责本地区图书审读工作的组织、实施、执法及信息交流工作。省级新闻出版行政管理部门可根据本地区图书出版规模及以往的经验，建立一支图书审读队伍，也可以设立专门的审读机构。各省级新闻出版行政管理部门审读部门每季度须向国家新闻出版行政部门出版管理司书面报告一次本地区的相关情况。中央级出版单位的主管部门，负责所属出版单位的图书审读与信息交流工作，有条件的要设专人负责此项工作。(三)国家新闻出版行政部门是图书审读信息网中的第三级。主要负责全国图书审读工作的组织、协调、监督、指导与部署，开展重点或专项审读工作。国家新闻出版行政部门的图书审读工作由出版管理司具体承担。

5. 哪些类型的图书出版实行资格准入制度？

根据《图书出版管理规定》，出版辞书、地图、中小学教科书等类别的图书，实行资格准入制度，出版单位须按照国家新闻出版行政部门批准的业务范围出版。

6. 国家对涉嫌迷信和伪科学类的图书有哪些特别规定？

国家鼓励和支持优秀科技学术著作出版。对迷信和伪科学问题，国家新闻出版行政部门根据《出版管理条例》《音像制品管理条例》《印刷业管理条例》的有关规定，要求所有出版单位不得出版借气功、练功、健身之名，散布荒诞言论和歪理邪说，宣传愚昧迷信和伪科学的出版物；不得出版借研究民俗、传统文化之名，宣扬看相、算命、占卜、看风水等愚昧迷信、伪科学的出版物；不得登载法律、法规和有关出版管理规定禁止的内容。同时严禁买卖书号、刊号、版号出版上述出版物。有关涉及气功、练功类的出版物限于国家出版行政管理部门指定的体育、卫生类出版单位出版，其他出版单位一律不得出版。上述出版单位在出版有关气功、练功类出版物时，要严格履行选题论证制度、稿件审核制度，其主管部门也要严格把关。对出版中把握不准的问题，要及时请示有关部门。所有印刷、复制企业在印制、复制出版单位正式出版的有关气功、练功类出版物时，必须严格按《印刷业管理条例》《出版物印刷管理规定》《音像制品管理条例》《音像制品复制管理办法》《电子出版物管理规定》办理委印和承印手续，并严格执行《图书、期刊印制委托书》《录音录像制品复制委托书》《电子出版物复制委托书》制度。印刷、复制企业不得擅自加印、翻印、盗印、销售上述出版物。所有印刷、复制企业不得印制、复制宣扬愚昧迷信、伪科学内容的非法出版物。具有总发行权的发行单位在征订发行有关气功、练功类的出版物时，必须严格执行征订发行委托书制度；零售单位只能从正式渠道进货，并严格履行进货手续，完整保存进货凭证；任何发行单位不得经营非法出版物。

7. 地方志出版有哪些要求？

地方志，包括地方志书、地方综合年鉴。《地方志工作条例》对地方志的出版做出了明确规定：①国家地方志工作指导机构统筹规划、组织协调、督促指导全国地方志工作。县级以上地方人民政府负责地方志工作的机构主管本行政区域的地方志工作。②编纂地方志应当做到存真求实，确保质量，全面、客观地记述本行政区域自然、政治、经济、文化和社会的历史与现状。③以县级以上行政区域名称冠名的地方志书、地方综合年鉴，分别由本级人民政府负责地方志工作的机构按照规划组织编纂，其他组织和个人不得编纂。④编纂地方志应当吸收有关方面的专家、学者参加。地方志编纂人员实行专兼职相结合，专职编纂人员应当具备相应的专业知识。⑤以县级以上行政区域名称冠名、列入规划的地方志书经审查验收，方可以公开出版。对地方志书进行审查验收，应当组织有关保密、档案、历史、法律、经济、军事等方面的专家参加，重点审查地方志书的内容是否符合宪法和保密、档案等法律、法规的规定，是否全面、客观地反映本行政区域自然、政治、经济、文化和社会的历史与现状。对地方志书进行审查验收的主体、程序等由省、自治区、直辖市人民政府规定。⑥以县级以上行政区域名称冠名的地方综合年鉴，经本级人民政府或者其确定的部门批准，方可以公开出版。

8. 中小学教材的出版有哪些规定？

根据《出版管理条例》规定，中学小学教科书由国务院教育行政主管部门审定；其出版、发行单位应当具有适应教科书出版、发行业务需要的资金、组织机构和人员等条件，并取得国务院出版行政主管部门批准的教科书出版、发行资质。纳入政府采购范围的中学小学教科书，其发行单位按照《中华人民共和国政府采购法》的有关规定确定。其他任何单位或者个人不得从事中学小学教科书的出版、发行业务。

9. 中小学教辅图书的出版有哪些规定？

2015 年国家新闻出版行政部门、教育部、国家发改委联合下发《中小学教辅材料管理办法》，其中规定中小学教辅材料是指与教科书配套，供中小学生使用的各种学习辅导、考试辅导等出版物，包括：教科书同步练习类出版物，寒暑假作业类出版物，中小学习题、试卷类出版物，省级以上新闻出版行政主管部门认定的其他供中小学生使用的学习、考试辅导类出版物。其产品形态包括图书、报纸、期刊、音像制品、电子出版物等。并对中小学教辅材料的编写出版、印刷、复制、发行、质量、评议、选用、价格管理等做出明确规定。出版单位出版中小学教辅材料必须符合依法批准的出版业务范围。中小学教辅材料出版单位要严格规范对外合作行为，严禁任何形式的买卖书号、刊号、版号和一号多用等违法违规行为。教辅材料主要编写者应当具有相关学科教学经验且熟悉相关教材；各级行政主管部门和负责实施考试命题、监测评价的单位不得组织编写有偿使用的同步练习册、寒暑假作业、初中和高中毕业年级考试辅导类中小学教辅材料。鼓励有条件的单位组织开发供学生免费使用的教学辅助资源。在中小学教科书发行中，不得搭售中小学教辅材料。

10. 辞书出版有哪些特殊要求？

根据《关于规范图书出版单位辞书出版业务范围的若干规定》，辞书出版有下列特殊要求：①辞书包括语文类辞书、专科类辞书、综合类辞书。②辞书出版必须严格履行图书按专业分工出版的规定，尤其是单语或双语辞书（辞典）的出版。只有在出版范围中包括此类业务的出版单位才能出版，其他出版单位一律不得超范围安排出版单语或双语辞书（辞典）。对违规的出版单位，出版行政部门将依法予以处罚。③申请增加辞书出版业务的图书出版单位，必须具备如下条件：第一，必须具备足够的编辑出版力量，原则上需成立专门的辞书编辑室，辞书编辑室的编辑人员不少于五名，其中具有高级职称的不少于一名；第二，辞书编辑室的编辑人员，必须通过汉语、英语等相关语言学专业学习，获得本科以上学历或同等学力，参加过国家新闻出版行政部门组织的辞书出版业务培训，并通过考核，获得持证上岗资格；第三，在图书质量方面，五年内无被省、自治区、直辖市新闻出版行政部门和国家新闻出版行政部门处罚的记录。④申请增加辞书出版业务的图书出版单位，应提交以下申请材料：第一，申请书；第二，辞书编辑人员的职业资格证书、学历证明、辞书出版业务培训证明；第三，省、自治区、直辖市新闻出版行政部门的审核意见。

11. 养生保健类图书出版有哪些特殊要求?

为了加强养生保健类图书的管理,保护人民群众的健康,国家专门对养生保健类图书做出了特别规定,具体包括:①出版养生保健类图书实行资质准入制度。养生保健类图书是指涉及运用中西医知识和方法预防疾病以及养生强体的科普和生活类图书。凡出版养生保健类图书的出版社必须具备相应的编辑出版力量,设立专业的编辑室,室内编辑人员不少于五名。编辑人员须具有正规医学院校本科以上学历,获得图书编辑专业资格中级以上上岗证书,其中具有高级职称的编辑人员不少于二名。出版单位设立编辑室一个月内须将编辑人员的情况通过主管部门报国家新闻出版广电总局出版管理司备案。不具备上述编辑出版资质或设立编辑室后未履行备案手续的出版单位一律不得出版养生保健类图书。②出版养生保健类图书要严格执行选题论证制度、稿件"三审"责任制度和"三校一读"制度。负责"三审"的专业编辑必须以对人民、对社会高度负责的态度,把社会效益放在首要位置,加强对作者专业背景的审核,从专业的角度对图书的科学价值和出版价值进行全面审查,把好知识关、学术关、文字关,确保图书的内容质量和编校质量。

12. 未成年人读物的出版有哪些特殊规定?

《出版管理条例》第二十六条规定,以未成年人为对象的出版物不得含有诱发未成年人模仿违反社会公德的行为和违法犯罪的行为的内容,不得含有恐怖、残酷等妨害未成年人身心健康的内容。

2004 年,中共中央宣传部、国家新闻出版行政部门下发了《关于进一步加强和改进未成年人出版物出版工作的意见》,意见要求:①所有图书、报刊、音像、电子、网络出版单位都要增强责任感,在新闻出版的各个环节上,体现未成年人思想道德教育的要求,营造良好的舆论导向和文化氛围。严格把关,防止出版物中出现不利于未成年人健康成长的文化垃圾和不良信息。②面向未成年人的报纸、刊物和其他出版物,要把加强未成年人思想道德教育放在首要位置,体现在工作的各个环节。③所有出版物经销场所都要尽可能在显著位置设立未成年人出版产品专卖场或专柜,陈列展示、推荐介绍、导读评价未成年人思想道德教育读物,拒绝一切不利于未成年人健康成长的出版物进场交易,培育健康的消费市场。④在所有电子游戏出版物和互联网游戏出版物的首页显著位置刊登《健康游戏忠告》,凡未按要求刊登者,将一律停止出版、运营、服务和销售活动。⑤制订选题规划,增加未成年人出版物的品种和数量,提高其在出版总量中的比重。⑥改进行政管理,加大政策投入,通过对未成年人读物的出版实行出版资源倾斜政策、资金扶持政策,完善各项奖励政策、健全创新机制、落实人才战略等方面,建立有利于未成年人优秀读物出版发行的长效机制。

13. 学术著作出版有哪些规范性要求?

2012 年国家新闻出版行政部门下发《关于进一步加强学术著作出版规范的通知》,通知要求:①学术著作是作者根据某一学科或领域的研究成果而撰写的作品。包括哲学社会科学、自然科学等学科的研究型著作，通俗理论读物、科普读物等不在其列。②学术著作出版必须坚持为人民服务、为社会主义服务的方向，贯彻“百花齐放、百家争鸣”的方针，促进学术创新、学术交流、学术积累，有益于经济发展和社会进步，有益于提高民族素质，弘扬优秀文化，促进国际文化交流。③出版单位应加强学术著作选题论证，组织相关学科领域专家学者，对学术著作的学术水平、创新成果、出版价值等进行认真评估，提高学术著作出版质量。④引文、注释、参考文献、索引等是学术著作不可或缺的重要组成部分，体现了学术研究的真实性、科学性与传承性，必须加强出版规范，严格执行国家相关标准。学术译著应尊重原作者研究成果，力求准确完整，不应随意删改原著的引文、注释、参考文献、索引等内容。⑤学术著作的出版必须弘扬科学精神，杜绝学术抄袭、剽窃；必须保障内容、编校、装帧设计、印制质量；必须符合国家相关法律、法规、规章和标准。⑥出版单位应安排具备较强学科背景的专业编辑人员担任学术著作的责任编辑。责任编辑应积极主动了解相关学科领域的学术信息，加强与相关学科领域专家学者的联系和沟通，对学术著作中的学术信息进行必要的查证、核实，确保学术质量。

14. 出版古旧小说有哪些特别规定？

根据《关于部分古旧小说出版的管理规定》的相关规定：①出版有淫秽、色情内容或夹杂淫秽、色情内容的古旧图书，包括其删节本、缩写本、改编本，必须事先报国家新闻出版行政部门审批。②部分古旧小说确有文学价值，但有较多性描写内容、不适合青少年阅读的，也需专题报批。出版社的上级主管部门应认真负责审核把关。③经正式批准出版此类图书的，如需要重印或再版，必须事先专题报批。④凡违反以上规定的，一律予以行政处罚。

15. 地图书出版有哪些特别规定？

根据《地图管理条例》的相关规定：①县级以上人民政府出版行政主管部门应当加强对地图出版活动的监督管理，依法对地图出版违法行为进行查处。②出版单位从事地图出版活动的，应当具有国务院出版行政主管部门审核批准的地图出版业务范围，并依照《出版管理条例》的有关规定办理审批手续。③出版单位根据需要，可以在出版物中插附经审核批准的地图。④任何出版单位不得出版未经审定的中小学教学地图。⑤出版单位出版地图，应当按照国家有关规定向国家图书馆、中国版本图书馆和国务院出版行政主管部门免费送交样本。⑥地图著作权的保护，依照有关著作权法律、法规的规定执行。

四、图书质量管理

1. 图书质量包括哪些内容？分为哪些等级？

图书质量包括内容质量、编校质量、设计质量、印制质量四项，分为合格、不合格两个等级。

2. 什么样的图书属于合格的图书?

内容、编校、设计、印制四项均合格的图书,其质量才属合格。具体包括:①符合《出版管理条例》相关规定的图书,其内容质量属合格。②差错率不超过万分之一的图书,其编校质量属合格。③图书的整体设计和封面(包括封一、封二、封三、封底、勒口、护封、封套、书脊)、扉页、插图等设计均符合国家有关技术标准和规定,其设计质量属合格。④符合中华人民共和国出版行业标准《印刷产品质量评价和分等导则》(CY/T 2—1999)规定的图书,其印制质量属合格。

3. 什么叫图书编校差错率? 如何计算图书编校差错率?

图书编校差错率,是指一本图书的编校差错数占全书总字数的比率,用万分比表示。实际鉴定时,可以依据抽查结果对全书进行认定。如检查的总字数为 10 万,检查后发现两个差错,则其差错率为 0.2 / 10000。图书编校质量差错的判定以国家正式颁布的法律、法规、国家标准和相关行业制定的行业标准为依据。图书编校质量差错率的计算按照《图书质量管理规定》附件《图书编校质量差错率计算方法》执行。

4. 各级部门之间对图书质量管理是如何分工的?

图书质量管理坚持分级管理责任制度。①国家新闻出版行政部门负责全国图书质量管理工作,依照《图书质量管理规定》实施图书质量检查,并向社会及时公布检查结果。②各省、自治区、直辖市新闻出版行政部门负责本行政区域内的图书质量管理工作,依照《图书质量管理规定》实施图书质量检查,并向社会及时公布检查结果。③图书出版单位的主办单位和主管机关应当履行其主办、主管职能,尽其责任,协助新闻出版行政部门实施图书质量管理,对不合格图书提出处理意见。④图书出版单位应当设立图书质量管理机构,制定图书质量管理制度,保证图书质量合格。

5. 如何实施图书质量监督检查?

根据《图书质量保障体系》的规定,图书质量监督检查的方式有四类:①随机抽样审读。各级出版行政部门组织审读人员,对所辖地区出版社出版的和市场上销售的图书内容进行随机抽样审读,对优秀图书要向读者大力推荐;对有问题的图书要及时处理并向上报告;对倾向性问题及时向上汇报,向下打招呼。②图书出版定期综合分析制度。各省、自治区、直辖市新闻出版行政部门对本地区各出版社出版的图书进行跟踪了解,每半年对已出版的图书做一次综合性分析(包括重点审读情况,出书结构、特点、趋势、问题等),写出书面报告,报国家新闻出版行政部门。③图书编校、印装质量检查制度。各出版社和主管部门每年至少分别进行两次图书编校、印装质量检查。国家新闻出版行政部门每年不定期对部分图书进行抽样检查。对不合格的图书或不合格图书的比例超过规定标准的出版社,按有关规定进行处罚。新闻出版行政部门实施图书质量检查,须将审读记录和检查结果书面通知出版单位。出版单位如有异议,可以在接到通知后 15 日内提出申辩意见,请求复检。对复检结论仍有异议的,可以向上一级新闻出版行政部门请求裁定。④图书市场的动态监测制度。巩固和完善图书市场动态监测网络，有利于图书市场朝着健康、有序的方向发展，各地图书市场管理部门要密切配合，做到信息准确，反馈灵敏、措施有力。

6. 检查一本书的质量时应检查哪些部分？

对图书质量实施的检查包括：图书的正文、封面（包括封一、封二、封三、封底、勒口、护封、封套、书脊）、扉页、版权页、前言（或序）、后记（或跋）、目录、插图及其文字说明等。正文部分的抽查必须内容（或页码）连续且不少于10万字，全书字数不足10万字的必须检查全书。

7. 对检查出质量不合格的图书应该怎样处理？

根据《图书质量管理规定》，对检查出质量不合格的图书应做如下处理：①对图书内容违反《出版管理条例》第二十五、二十六条规定的，根据《出版管理条例》第六十二条实施处罚。②对出版编校质量不合格图书的出版单位，由省级以上新闻出版行政部门予以警告，可以根据情节并处3万元以下罚款；经检查属编校质量不合格的图书，差错率在万分之一以上万分之五以下的，出版单位必须自检查结果公布之日起30日内全部收回，改正重印后可以继续发行；差错率在万分之五以上的，出版单位必须自检查结果公布之日起30日内全部收回。出版单位违反本规定继续发行编校质量不合格图书的，由省级以上新闻出版行政部门按照《中华人民共和国产品质量法》的相关规定处理。③对于印制质量不合格的图书，出版单位必须及时予以收回、调换。出版单位违反本规定继续发行印制质量不合格图书的，由省级以上新闻出版行政部门按照《中华人民共和国产品质量法》的相关规定处理。④一年内造成三种以上图书不合格或者连续两年造成图书不合格的直接责任者，由省、自治区、直辖市新闻出版行政部门注销其出版专业技术人员职业资格，三年之内不得从事出版编辑工作。

8. 建立图书质量保障体系的指导思想和基本原则是什么？

建立和实施图书质量保障体系的指导思想：以马克思列宁主义、毛泽东思想和邓小平建设有中国特色社会主义理论为指导，坚持党的基本路线和基本方针，以建立适应社会主义市场经济体制、符合社会主义精神文明建设要求、体现出版工作自身规律的出版体制为目的，坚持为人民服务、为社会主义服务的方向，坚持百花齐放、百家争鸣的方针，坚持精神文明重在建设，繁荣出版重在质量的思想，把能否提高图书质量当作衡量出版工作是否健康发展、检验出版改革成功与否的重要标志。提高认识，强化管理，使出版事业朝着健康、有序、优质、高效的方向发展。

实施图书质量保障体系的基本原则：图书质量保障体系是一项系统工程，要有严密的组织，需要各出版社、出版社的主管部门、各级出版行政部门以及社会各界的共同参与，形成网络；要有科学、严格、有效的机制，根据图书生产、销售和管理的规律，分部门、分阶段、分层次组织实施，分清任务，明确责任，提高管理和运行水平；要有称职的队伍，各单位要制订计划，对各级、各类的出版从业人员，特别是从事编辑工作和出版行政管理工作人员，进行考核和培训，提高思想、政策、职业道德、专业技术水平。

9. 编辑出版责任机制包括哪些内容？

编辑出版责任机制包括前期保障机制、中期保障机制、后期保障机制。其中前期保障机制包括按专业分工出书制度、选题策划工作、选题论证制度；中期保障机制包括稿件三审责任制度、责任编辑制度、责任设计编辑制度和设计方案三级审核制度、责任校对制度和“三校一读”制度、印刷质量标准和《委托书》制度、图书书名页使用标准、中国标准书号和图书条码使用标准；后期保障机制包括图书成批装订前的样书检查制度、出书后的评审制度、图书征订广告审核制度、图书样本缴送制度、图书重版前审读制度、稿件及图书质量资料归档制度、出版社与作者和读者联系制度。

10. 三审意见常见问题有哪些？

三审意见常见的问题有：①各审次职责分工体现不明。存在三审意见大同小异或者有的终审比初审还细致，有的复审、终审又过于简单的现象。②三审意见多停留在介绍图书内容的层面上，对出版价值与导向、文化与学术价值、作品内容水平、作品制作水平等评价较少，对图书的不足也很少涉及。③重大选题在三审过程中没有提出备案意见，把重大选题按一般选题处理。④编辑加工记录与修改结果不统一。⑤三审之间无相互照应，初审、复审、终审各自为营，自说自话。初审发现和提出的问题，复审未做回应，复审提出的问题，终审也不做回应。对复审、终审提出的意见，责任编辑未记载处理结果。⑥三审意见表填写不规范。⑦三审人员资质、职称未达到相关要求。

11. 责任编辑制度包括哪些内容？

责任编辑制度是图书质量管理最重要的制度。《图书质量保障体系》要求：坚持图书出版的责任编辑制度。图书的责任编辑由出版社指定，一般由初审者担任。责任编辑除负责初审工作外，还要负责稿件的编辑加工整理和付印样的通读工作，使稿件的内容更完善，体例更严谨，材料更准确，语言文字更通达，逻辑更严密；消除一般技术性差错，防止出现原则性错误；并负责对编辑、设计、排版、校对、印刷等出版环节的质量进行监督。为保证图书质量，可根据稿件情况，适当增加责任编辑人数。

12. 如何坚持责任设计编辑制度和设计方案三级审核制度？

责任设计编辑制度和设计方案三级审核制度是两项图书质量管理的重要制度。图书的整体设计包括图书外部装帧设计和内文版式设计。设计质量是图书整体质量的重要组成部分。提高图书的整体设计质量，是提高图书质量的重要方面。出版社每出一种书，都要指定一名具有相应专业职称的编辑为责任设计编辑，主要负责提出图书的整体设计方案、具体设计或对委托他人设计的方案和设计的成品质量进行把关。图书的整体设计也要严格执行责任设计编辑、编辑室主任、社长或总编辑（副社长或副总编辑）三级审核制度。

13. 如何坚持图书印刷委托书制度?

出版社印制图书必须到有“书报刊印刷许可证”的印装厂印制。印装厂承接图书印制业务时,必须查验出版社开具的全国统一的由国家新闻出版行政部门监制的委托书,否则,不得承印。

14. 图书编辑中出版印制要坚持哪几项标准?

图书编辑出版印制需要坚持以下标准:①坚持图书书名页使用标准。主书名页应载有完整的书名、著作责任说明、版权说明、图书在版编目数据、版本记录等内容;附书名页应载有多卷书、丛书、翻译书等有关书名信息。②坚持中国标准书号和图书条码使用标准。中国标准书号是目前国际通用的一种科学合理的图书编码系统。条码技术是国际上通行的一种主要的信息标识技术。出版社必须严格按照国家标准和有关规定,正确使用中国标准书号和条码技术。③坚持印刷质量标准。印制时必须严格按照国家技术监督部门和出版行政部门制定的有关书刊印刷标准和书刊印刷产品质量监督管理规定执行。

15. 图书出版有哪些后期保障制度?

图书出版的后期保障制度包括:①图书成批装订前的样书检查制度。印装厂在各种图书印刷完毕、未成批装订前,必须先装订 10 本样书送出版社检查,出版社需在 3 日内通知印装厂是否可装订。②出书后的评审制度。③图书征订广告审核制度。④图书样本缴送制度。出版社每出一种图书,应在出书后一月内,分别向国家新闻出版行政部门、中国版本图书馆、国家图书馆免费缴送样书一册(套)备查。⑤稿件及图书质量资料归档制度。⑥出版社与作者和读者联系制度。

16. 出版管理宏观调控机制包括哪几个方面?

出版管理宏观调控机制包括:预报机制、引导机制、约束机制、监督机制、奖惩机制、责任机制六个方面。其中,预报机制包括坚持年度选题计划审批和备案制度;坚持重大选题备案制度;坚持对全国发排新书目的审核制度。引导机制包括:坚持出版通气会制度;坚持法规强化培训制度;坚持舆论引导制度,坚持制定和实施中长期出版规划制度;坚持出版基金保障制度。约束机制包括:坚持出版社年检登记制度;坚持书号使用总量宏观调控制度;坚持图书跨省印制审批制度;坚持图书售前送审制度。监督机制包括:坚持随机抽样审读制度;坚持图书出版定期综合分析制度;坚持图书编校、印装质量检查制度;坚持图书市场的动态监测制度。奖惩机制包括:坚持优秀图书奖励制度;坚持优秀编辑出版人员表彰制度;坚持优秀和良好出版社表彰制度;坚持对违规出版社和责任人的处罚制度。责任机制包括:坚持分级管理责任制度;坚持主管、主办单位负责制度;坚持出版社业务人员持证上岗制度。以上相关制度在本书相关章节中均有涉及。

17.《图书质量保障体系》中的社会监督机制是怎么规定的?

《图书质量保障体系》中的社会监督机制规定,出版行政部门和出版社对社会各界人士通过各种媒介对图书质量发表的意见要予以高度重视，充分发挥社会舆论的监督作用，对维护良好的出版秩序，依法进行出版行政管理具有重要意义。特别是在社会主义市场经济条件下，有利于抵制部门和地方保护主义对图书质量保障体系的干扰，防止出版行政部门在行使管理职权时，有法不依、滥用职权，甚至执法犯法。

五、图书稿酬管理

1. 支付文字作品报酬有哪几种方式？

根据《使用文字作品支付报酬办法》规定，以纸介质出版方式使用文字作品支付报酬可以选择版税、基本稿酬加印数稿酬或者一次性付酬等方式。

版税支付，指使用者以图书定价×实际销售数或者印数×版税率的方式向著作权人支付的报酬。

基本稿酬，是指使用者按作品的字数，以千字为单位向著作权人支付的报酬。

印数稿酬，是指使用者根据图书的印数，以千册为单位按基本稿酬的一定比例向著作权人支付的报酬。作品重印时只支付印数稿酬，不再付基本稿酬。

一次性付酬，指使用者根据作品的质量、篇幅、作者的知名度、影响力以及使用方式、使用范围和授权期限等因素，一次性向著作权人支付的报酬。

2.如何支付基本稿酬？

根据国家版权局2014年颁布的《使用文字作品支付报酬办法》的规定。原创作品，可以每千字80～300元支付基本稿酬，注释部分参照该标准执行。演绎作品的改编类，可以每千字20～100元支付基本稿酬；汇编类，可以每千字10～20元 支付基本稿酬；翻译类，可以每千字50～200元支付基本稿酬。支付基本稿酬以千字为单位，不足千字部分按千字计算。

3. 支付稿酬的字数应如何计算？

支付基本稿酬以千字为单位，不足千字部分按千字计算，支付报酬的字数按实有正文计算，即以排印的版面每行字数乘以全部实有的行数计算。占行题目或者末尾排不足一行的，按一行计算。诗词每十行按一千字计算，作品不足十行的按十行计算。辞书类作品按双栏排版的版面折合的字数计算。

4. 如何支付印数稿酬？

根据《使用文字作品支付报酬办法》规定，每印一千册，按基本稿酬的1%支付。不足一千册的，按一千册计算。作品重印时只支付印数稿酬，不再支付基本稿酬。

5. 什么叫版税？版税应如何计算？

版税，又称版权使用费，是知识产权的原创人或版权持有人对其他使用其知识产权的人所收取的金钱利益。版税的计算方法为图书单价乘一定百分比乘图书销售量或印刷量。一定的百分比称作版税率，标准一般为：①原创作品3%～10%；②演绎作品1%～7%。

首次出版发行数不足千册的，按千册支付版税，但在下次结算版税时对已经支付版税部分不再重复支付。

6. 国家对中小学教材应支付的稿酬有哪些特殊规定？

《教科书法定许可使用作品支付报酬办法》规定：

① 在教科书中汇编已经发表的作品片断或者短小的文字作品、音乐作品或者单幅的美术作品、摄影作品，除作者事先声明不许使用的外，可以不经著作权人许可，但应当支付报酬，指明作者姓名、作品名称，并且不得侵犯著作权人依法享有的其他权利。

②使用改编作品编写出版教科书，按照本办法第四条的规定确定报酬后，由改编作品的作者和原作品的作者协商分配，协商不成的，应当等额分配。

使用的作品有两个或者两个以上作者的，应当等额分配该作品的报酬，作者另有约定的除外。

③教科书出版发行存续期间，教科书汇编者应当按照本办法每年向著作权人支付一次报酬。报酬自教科书出版之日起2个月内向著作权人支付。

教科书汇编者未按照前款规定向著作权人支付报酬，应当在每学期开学第一个月内将其应当支付的报酬连同邮资以及使用作品的有关情况交给相关的著作权集体管理组织。教科书汇编者支付的报酬到账后，著作权集体管理组织应当及时按相关规定向著作权人转付，并及时在其网站上公告教科书汇编者使用作品的有关情况。

六、图书书号、样本及重大奖项的管理

1. 国家对书号有哪些规定？

对于书号的管理，国家相继出台了《书号实名申领管理办法（试行）》《关于禁止"买卖书号"的通知》《关于严格禁止买卖书号、刊号、版号等问题的若干规定》《关于禁止中国标准书号"一号多用"的规定》《关于重申不得以书号出刊规定的通知》等办法通知，规定书号不能相互替代使用、不得"一号多用"、实行实名申领制度、严禁买卖书号等。

2. 书号实名申领的原则是什么？如何实名申领书号？

书号实名申领的原则是按书稿实名申领、见稿给号，一书一号。实名申领书号是通过书号实名申领信息系统实现的。书号实名申领信息系统的基本程序是：选题申报→选题审批→出版社完成三审→网上申领（书号实名申领系统）→省（市）局网上核发→出版社向总局申领图书在版编目CIP数据→成书上传→缴送样书。

3. 出版物样本缴送制度的主要内容是什么?

出版单位缴送出版物样本是指出版单位发行其出版物前须向国家新闻出版行政部门、中国国家图书馆、中国版本图书馆免费缴送出版物样本,数量为各一份,缴送时间为图书出版30日内,所缴样本必须品相完整,不得缺失。出版行政主管部门通过审读样本,可以及时发现出版物内容有无问题,采取相应对策。

4. 如何申领CIP数据?

出版社完成书号实名申领需申报图书在版编目(CIP)数据,其基本程序是:出版社向中国版本图书馆标引图书在版编目(CIP)数据,中国版本图书馆收到出版社标引后审校图书在版编目(CIP)数据,审校通过后将数据发送给出版社,最后出版社接收标准图书在版编目(CIP)数据。出版社对图书在版编目(CIP)数据进行再次检查确认无误后排印。完成上述流程后,中国版本图书馆将在本馆网站上发布相关信息,供全社会查询。

5. 如何上报成书信息?

成书信息上传是书号实名申领信息的重要环节,具体操作程序是:在书号实名申领系统里,点开"成书信息上传"一栏,选"未上传"搜索要报的成书,点开该书,按照成书版权页的信息将页面上必填的信息补全,然后保存上报。

6. 出版单位能否与境外出版机构联合冠名出版?

《关于加强对出版单位与境外出版机构联合冠名管理的通知》明确指出:未经国家新闻出版行政部门批准,任何出版单位不得与境外出版机构在合作出版中联合冠名。在版权合作中确需与境外出版机构联合冠名的,出版单位需经主管部门同意后报国家新闻出版行政部门备案,国家新闻出版行政部门在30个工作日内予以答复。

7. 当前国家在组织和扶持出版活动中有哪些政策?

当前国家在组织和扶持出版活动中的政策主要有:①对出版业支持和优惠经济政策。主要包括投资政策、税收政策、价格政策、分配政策等。②扶持教科书的出版发行。从制度上确保教科书出版发行秩序,在政策和物质上支持教科书的出版发行。③扶持少数民族语言文字出版与盲文出版。④对特殊地区和农村发行出版实行优惠政策。⑤大力构建出版公共体系,组织和扶持重大出版工程。⑥为支持和鼓励优秀的、重点的出版物出版,设立了国家出版基金、国家古籍整理出版专项经费、少数民族文字出版专项资金、国家科学技术学术著作出版基金等专项出版资金项目。

8. 国家出版基金的资助范围是什么?

国家出版基金主要用于对不能通过市场资源完全解决出版资金的优秀公益性出版物的直接成本补助。主要资助范围包括:①具有相当规模,代表现阶段思想政治、文学艺术、科学文化最高研究水平的出版项目;②具有填补某一学科领域空白,对我国政治、经济、文化、社会发展等具有积极推动作用的出版项目。③具有重要思想价值、科学价值或文学艺术价值，对弘扬民族优秀文化和及时反映国内外新的科学文化成果有重大贡献的出版项目。④具有很高史料价值，集学术之大成的出版项目。⑤对维护国家稳定、民族团结具有特殊意义的出版项目。⑥优秀盲文、少数民族文字出版项目。⑦优秀“三农”、未成年人读物出版项目。⑧对推动中国文化“走出去”具有重要意义和作用的出版项目。⑨国家委托的重点出版项目。⑩其他优秀公益性出版项目。

9. 申报国家出版基金资助项目有什么条件和要求？

申报国家出版基金资助项目的条件和要求如下：

①申报单位是经国务院新闻出版广电行政主管部门批准设立的出版机构；②申报单位须具有良好的社会信誉、管理水平和出版业绩，具备完成资助项目的能力水平。③联合申报项目应当明确主申单位和辅申单位及各自承担的主要工作和责任。主申单位是项目的主承担单位，辅申单位须符合第一条规定。④申报项目须严格遵守《中华人民共和国著作权法》等有关知识产权法律规定，不存在违法侵权等问题。⑤申报单位须严格按照申报指南要求编制项目申请书，并从实际出发，编制科学合理的项目总预算，结合预计发行收入，提出项目资助金额申请。

10. 出版单位如何申报国家出版基金资助项目？

国家出版基金规划管理办公室（简称“基金办”）每年 6 月 30 日前发布下一年度资助项目申报指南，出版单位根据申报指南要求，申报资助项目。地方出版单位须通过所在地省级出版行政管理部门申报项目。中央在京出版单位可通过中央主管单位申报。项目申报程序如下：①初核。省级出版行政管理部门按基金办的申报指南和申报条件要求，对申报单位资质及申报材料进行审查，并于每年申报截止日期前将审查合格的申报材料报送基金办，中央在京出版单位须经过中央主管单位的审查。②复核。基金办对通过初核的申报单位资质及报送材料的完整性、规范性、合理性等进行复核并报出版基金管理委员会审定，通过复核即完成申报。

11. 古籍整理专项经费使用范围是什么？

根据《国家古籍整理出版专项经费资助管理项目管理办法（试行）》的相关规定，古籍经费的资助对象是具有较高版本价值和重要文化传承价值，整理方法有所创新、整理成果有所突破的古籍整理出版项目。其重点资助的范围包括：①公益性古籍整理出版项目；②具有较高的版本价值、学术价值和文化传承价值，弘扬中华民族优秀传统文化的古籍整理出版项目；③具有较高史料价值、集大成的古籍整理出版项目；④对推动中国文化“走出去”具有重要意义和作用的古籍整理出版项目；⑤已列入《2011—2020 年国家古籍整理出版规划》的项目。少数民族文字的古籍整理出版项目，其出版资助另有安排，不在此项经费资助之列。

12. 如何申报古籍经费资助？

古籍办每年 10 月 31 日前发布下一年度资助项目申报通知。出版单位按照申报要求申报资助项目，申报项目须签订出版合同并列入下一年度出版计划，且已收到书稿并可保证在要求的时间内如期完成，以前申报过的重大项目，如有新增子项目也须重新申报参与评审。申报单位要在规定时间内报送项目申报材料，包括国家古籍整理出版资助项目申报表、申报项目的详细目录、样稿（不少于50%）、出版合同复印件以及项目的著作权情况等。申报单位按有关要求认真填写申报表后，由出版单位法定代表人审核签字并加盖公章，报主管部门审核后统一报送。

13. 什么是中国出版政府奖？其评奖标准是什么？

中国出版政府奖是由国家新闻出版行政部门主办的全国性奖项，是我国新闻出版领域的最高奖，每三年评选一次，旨在表彰和奖励国内新闻出版业优秀出版物、出版单位和个人。其参评标准为：

①参评出版物必须出版一年以上，质量优秀，并具备以下条件之一：内容健康向上，对于传播、积累科学技术和文化知识，促进经济发展和社会进步有较大贡献；社会效益显著，在本学科领域、本行业或在全国有较大影响，具有较高的知名度和品牌效应；深受读者喜爱，有一定的市场占有量；具有重要思想价值、科学价值或者文化艺术价值；获奖的印刷、复制品应代表我国印刷复制技术最高水平；装帧设计新颖、美观、有创意，代表装帧艺术先进水平。

②先进出版单位参评标准为：按照邓小平理论和“三个代表”重要思想的要求，模范执行党和国家各项方针、政策，一贯遵纪守法，坚持正确的出版方向，自觉为全党全国工作大局服务；认真落实科学发展观，力促发展，勇于改革，不断创新，取得了明显的社会效益和经济效益，在社会主义物质文明、精神文明和政治文明建设中取得显著成绩；领导班子团结，作风优良，管理科学，重视职工队伍建设，人员整体素质好；在同类新闻出版单位中有较高的知名度和影响力。

③优秀出版人物评奖标准为：努力学习邓小平理论和“三个代表”重要思想，积极宣传、贯彻执行党的路线、方针、政策，一贯坚持正确导向和出版方向；自觉执行有关新闻出版的法律、法规，遵守职业道德，作风正派，廉洁自律，坚持原则，诚信服务；爱岗敬业，勤奋学习，刻苦钻研，锐意改革创新，在本职岗位上成绩卓著；具有较深的专业造诣、较高的业务素养和较强的工作能力，在新闻出版工作中有突出贡献。

14. 什么是“五个一工程奖”？其评奖标准是什么？

“五个一工程奖”由中共中央宣传部组织，主要包括一部好戏剧作品、一部好电视剧（片）、一部好图书、一部好理论文章、一部好广播剧、一首好歌曲等。其标准每年略有不同，但总体要求是参评作品需坚持思想性、艺术性、观赏性相统一，坚持社会效益和经济效益相统一，坚持贴近实际、贴近生活、贴近群众，坚持公平、公正、公开，坚持导向性、权威性、群众性。要体现时代要求和人们在时代进程中的奋斗精神、奉献精神，体现正确的历史观、民族观、国家观、文化观，体现积极向上向善、求真求美求好，具有弘扬民族精神、凝聚爱国力量、展示时代进步、引领社会风尚的思想内涵。

15. 什么是中华优秀出版物奖？其评奖标准是什么？

中华优秀出版物奖由中国出版工作者协会主办的出版物奖，每两年评选一次，设图书奖、音像、电子和游戏出版物奖、优秀出版科研论文奖三个子项奖。

图书奖的评选条件是根据作品的选题导向、学术价值、内容质量、技术指标、装帧水平进行综合评比，注重“三贴近”要求，有较好的社会效益和经济效益。

音像、电子和游戏出版物奖的评选条件是依据作品的选题导向、学术价值、创意、编导质量、艺术表现、技术运用、知识产权保护、装帧水平、外观标识及发行数量等指标，进行综合评比，注重“三贴近”要求，有较好的社会效益和经济效益。

优秀出版科研论文奖的评选条件是要高举中国特色社会主义伟大旗帜，以邓小平理论和“三个代表”重要思想为指导，全面贯彻落实科学发展观，具有一定的思想价值、科学价值或文化价值，体现了良好的导向作用；内容属于出版科研领域里的基础研究和应用研究方面的学术成果，具有新的研究视角和独到见解，具有一定的创新性；论点明确，内容翔实，论据可靠，数据充实，图表清晰规范，文字表达准确流畅，不能有抄袭行为。

七、图书出版单位的财务与档案管理

1. 出版社的财务管理有哪些内容？

出版单位的财务管理包括筹资管理、投资管理、运营资金管理、成本管理、利润及分配管理、税费管理等几个主要方面。

①筹资管理，是指对资金的筹集活动的管理。出版单位作为国有企业，其筹集资金的方式主要是国家投入或增拨的资本和信用贷款。筹资管理一方面要满足企业经营与投资的需要；另一方面还要控制筹资风险；再者就是要降低筹资成本。

②投资管理，是指对出版单位投资资金流出的管理。图书出版的投资一般属于短期投资，提交前要认真分析项目情况，按出书计划掌握和控制资金的流出，并认真考核其资金回收期。

③运营资金管理，是指对周转资金的管理。主要涉及出版单位流动资产与流动负债的管理，关键是加快出版资金的周转，提高资金的使用效果。

④成本管理，即对图书成本加以有效监督和控制，是出版单位财务管理的中心任务。

⑤利润及分配管理，是指出版单位对经营活动纯利润及其分配的管理。利润分配关系着国家、出版单位、从业人员各方面的利益，是一项政策性较强的工作，必须严格按照国家的法规和制度执行。

⑥税费管理即出版单位对本单位各类税务的管理。

2. 出版单位图书销售的增值税如何计算？

出版单位所涉及的税种很多，与图书出版有直接关系的税种主要有增值税、所得税和附加税。

增值税是对商品生产、流通、劳务服务中多个环节的新增价值或商品的附加值征收的一种流转税，实行价外税。以出版单位销售图书来说，出版单位收到的款项包括两个部分，一部分是购买图书的一方上交的税款，另一部分是出版单位应取得的收入。因此，出版单位收到的款项中已包含增值税款。目前，根据《中华人民共和国增值税暂行条例》规定，图书销售的增值税率为13%。出版单位增值税计算方法（按一个月为例）为：

分步计算法：

$$当月不含税销售额=\frac{当月含税销售额}{1+增值税率}$$

$$当月增值税销项税额=当月不含税销售额\times 增值税率$$

$$当月应交增值税税额=当月增值税销项税额-当月累计进项增值税额$$

合并以上公式并代入增值税率可得：

$$当月应交增值税税额=\frac{当月含税销售额\times 13}{113}-当月累计进项增值税额$$

简单说就是，当月应交增值税税额就是13/113倍的当月含税销售额与当月累计进项增值税额的差。

当月含税销售额——出版单位当月销售图书所获得的所有收入，其中有买方支付的增值税款；

当月不含税销售额——出版单位当月除掉含税销售额中的增值税税款后的销售收入部分；

当月增值税销项税额——按不含税销售额计算应交的增值税额；

当月累计进项增值税额——出版单位当月增值税进项税额与此前未抵扣完而剩余的增值税进项税额之和。

例：某出版社1月份图书销售总收入（含税销售额）为316.4万元，当月累计进项增值税共18万，则：

$$当月应交增值税税额=316.4\times 13\div 113-18=18.4\ 万$$

从上可知，要计算一个出版单位图书一个时间段的图书销售增值税，须知道这段时间内图书销售总收入和累计进项增值税额。

3. 如何计算所得税？

所得税是指以纳税人的所得额为课税对象的各种税收的统称，这里所说的纳税人既可以是法人，也可以是自然人。因此，所得税有企业所得税和个人所得税两种。

（1）企业所得税的计算

目前，企业所得税税率为25%，以应纳税所得额为纳税基数计征。公式为：

$$应纳所得税额=应纳税所得额\times 税率=应纳税所得额\times 25\%$$

即企业所得税占企业应纳税所得额的四分之一。

（2）个人所得税的计算

出版单位的个人所得税主要包括出版社职工的工资薪金涉及的个人所得税和各种

稿酬等所涉及的个人所得税。这里主要对稿酬的个人所得税进行介绍。

根据国家税务总局的规定，稿酬的个人所得税，按个人在同一个品种图书所取得的稿酬总收入为纳税基数计算征收，稿酬所得适用20%的比例税率，并按应纳税额减征30%。

具体的计算方法如下：

应缴个人所得税＝应纳税所得额×20%×(1－30%)

根据规定，公式中的稿酬应纳所得税额为：稿酬所得收入不超过4000元的，减除800元的免税额；4000元及以上的，减除20%的免税额，其余额为应纳税所得额。

如：徐某的散文集出版后，一共得到3800元稿酬，出版单位在实际支付时须代为扣缴个人所得税额为：

应缴个人所得税额＝(3800－800)×20%×(1－30%)＝420(元)

谢某的长篇小说出版后，一共得到15000元稿酬，出版单位在实际支付时须代为扣缴个人所得税额为：

应缴个人所得税额＝15000×(1－20%)×20%×(1－30%)＝1680(元)

4. 如何计算出版单位的附加税？

附加税是随着增值税按一定比例征收的税。出版单位的附加税主要有城市维护建设税和教育费附加。城市维护建设税适用差别比例税率，纳税所在地是城市市区的，税率为7%。教育费附加适用比例税率，税率为3%。纳税的基数均为实际缴纳的增值税额。计算公式为：

应纳税额＝当期应纳增值税税额×税率

如，某出版社位于城市中心，其1月应纳增值税税额为100000元，其附加税费应为：

城市维护建设税额＝100000×7%＝7000(元)

教育费附加额＝100000×3%＝3000(元)

5. 出版单位财务管理中的业务预算包括哪些内容？

出版单位的业务预算主要包括：图书营销、图书印制计划和经营管理费用支出的预算，是以出版计划为依据编制的。

①图书营销预算，出版单位的营销预算按书名、印张、字数、定价、折扣、售价、预计印数、预计销售收入等分栏列表计算。可以按全部出书种数汇总编制一张，也可以按图书门类分别编制后汇总成一张总表。

②图书印制计划预算，即图书的生产费用预算。是书稿编辑开始至图书印制完成进入销售的全过程中所产生的各项费用的总预算。包括图书的直接成本与间接成本。印制计划预算按书名、印张、字数、直接成本(纸张费、印制加工费、装帧材料费、稿费等)、间接成本分摊数(分摊比例、金额)分栏列表计算。间接成本分编辑部门并按编辑部门人员工资资金、差旅费、办公费、编辑共用费等成本项目分栏列表计算。

③经营管理费用支出预算，包括管理费用、财务费用、销售费用等，不直接归属于某一特定图书成本中，而是在发生当期全部转入本期损益。

6. 如何做好出版社的书稿档案管理？

做好图书书稿档案工作是图书出版质量后期保障的重要制度。出版单位的书稿管理工作应建立专门的工作机构，集中统一管理本社档案。出版社的书稿档案由编辑部门收集、整理、立卷后，总编室负责归档、管理，并定期移交出版社档案机构。

立卷归档是书稿档案管理的基础。每一种图书的书稿档案，应反映编辑出版的全过程，为此，立卷归档的文件、材料包括：①选题、约稿、组稿、出版情况记录和书稿的有关合同、协议书（包括合作出版）；②各级审稿意见，包括责任编辑初审、编辑室主任复审、总编辑（副总编辑）终审意见和外审、会审意见及责任编辑加工、整理记录；③出版单位有关书稿出版过程中的请示、报告，上级的指示、批复，重要电话、面洽、会议的记录；④著（译、画）作原稿或复制件（原稿退还作者后应有原稿退还签收单）；⑤封面设计、重要人物的题词手迹等材料；⑥与作者有关书稿问题的往来信件和退改意见；⑦图书出版通知单、清样、样书；⑧发稿后的变动（如书名、作者署名、发行方式的改变，停发、停印、停售及报废等）情况及变动的根据；⑨稿酬、版税通知单；⑩获奖、受查处情况的记录，有参考价值的读者来信、对图书的重要评论等。

书稿档案以书名立卷，每出一种书立一卷或数卷，并按卷夹封面所列项目填写。书稿档案按出版年度归档，跨年度的书稿档案，应在图书出版年度内归档。出版社编辑部门应在出书后三个月内将完整的书稿档案移交出版社总编室。作品出版以后原稿（手迹）归作者所有，除双方合同约定者外，一般原稿保存两三年后，退还作者，并办理清退手续。原稿退还签收单应归档。卷内材料以左下方对齐，在左侧装订。遇有照（底）片、音像制品，须标明标题和作者（按国家档案局《照片档案管理规范》），可分类集中保管，但要注明编号，以便查找。样书也可分类集中保管。书稿档案的全宗号由上级档案部门确定。

凡具有重要历史价值、艺术价值、科学价值的书稿档案，列为“永久”保管。凡比较重要的，具有长期借鉴、利用价值的书稿档案，列为“长期”保管。凡是一般的、在一定时期内有参考利用价值的书稿档案，列为“短期”保管。对列为“长期”“短期”保管的书稿档案，到期经过鉴定，需要继续保存的，可升为“永久”“长期”保管；对确无继续保存价值的，可经出版社领导批准后按规定销毁。

出版社应根据保存的书稿档案的数量，设置必需的专用库房，购置必备的箱柜。库房要坚固，并有防盗、防光、防高温、防火、防潮、防尘、防虫、防鼠等设施。案卷上架可按图书的出版时间顺序或类别排列。再版的书稿案卷放在本书初版的书稿案卷后面。出版社档案机构应建立“书稿案卷接收登记簿”“书稿档案借阅登记簿”“书稿档案销毁清册”。出版社档案机构应建立书稿档案“人名索引卡”“书名索引卡”“书稿、校样保管卡”等，作为辅助查找工具。

八、图书出版从业人员管理

1.图书出版行业岗位培训持证上岗制度的基本内容是什么?

图书出版行业开展岗位培训,实施持证上岗制度是国家对图书出版行业从业人员的要求。其基本内容是:按照图书出版行业的岗位规范和培训要求,对图书出版单位主要岗位的工作人员进行培训,使受培训者按相应教学计划学完规定的全部课程并考试、考核合格,取得该岗位的岗位培训合格证书,持该证书上岗(在岗)。这里所指的主要岗位,在图书出版单位主要是指出版社社长、总编辑、编辑室主任。

岗位培训与持证上岗是此项制度的主要环节,在岗位培训中取得合格证书是持证上岗的前提,是上岗任职的必备条件。图书出版单位在聘任或任命本单位各主要岗位职务时,应从已取得该岗位岗位培训合格证书的人员中选拔,或派送拟任命人员参加岗位培训并取得相应岗位培训合格证书。

2.图书出版业目前开展的岗位培训工作是如何组织实施的?

目前,图书出版业开展的岗位培训主要是由国家新闻出版行政部门和省(自治区、直辖市)新闻出版行政部门组织实施。国家新闻出版行政部门委托新闻出版广电总局培训中心负责组织全国出版社社长、总编辑,中央部门在京出版社编辑室主任的培训。同时负责组织制定和颁发出版行业岗位规范、培训要求,制定和颁发指导性教学计划和教学大纲;组织编写培训教材;制定岗位培训教学单位的资格认定标准和教学质量检查评估标准;制定全行业岗位培训规划和年度计划;对全行业岗位培训进行指导和监督。各省(自治区、直辖市)新闻出版行政部门组织在本地区的出版社编辑室主任及其他主要岗位人员的培训,并负责制定本地区岗位培训计划,建立培训基地,检查认定培训教学单位,对全地区出版行业岗位培训工作进行指导和检查。

3.图书出版行业领导岗位在持证上岗上有什么要求?

图书出版行业实施持证上岗的领导岗位主要是出版社社长、副社长、总编辑、副总编辑。《新闻出版行业领导岗位持证上岗实施办法》要求:以上领导岗位人员在经主管机关(部门或单位)批准任职时,须持国家新闻出版行政部门统一印制的岗位培训合格证书上岗。各图书出版单位要根据国家新闻出版行政部门或各省、自治区、直辖市新闻出版行政部门的规定,定期向国家新闻出版行政部门书面报告本单位领导持证上岗情况。图书出版单位领导持证上岗情况列入图书出版单位年检内容。规定:①图书出版单位领导持证上岗率达不到80%的(非本单位原因除外),图书出版单位年检主管机关将视不同情况给予警告。②图书出版单位领导持证上岗率达不到50%的,暂缓年检。对受到警告、暂缓年检的图书出版单位,要在图书出版单位年检主管机关规定的时间内,达到持证上岗要求。

4.图书出版行业岗位培训合格证书在管理上有哪些规定？

岗位培训合格证书是参加岗位培训人员的岗位培训凭证。该证在管理上有以下要求：①岗位培训合格证书由国家新闻出版行政部门统一印制并用印，分别由国家新闻出版行政部门和各省、自治区、直辖市新闻出版行政部门指定的培训机构颁发，在全国图书出版行业有效。②图书出版相关人员按规定参加由国家新闻出版行政部门或各省、自治区、直辖市新闻出版行政部门组织或指定培训机构举办的相应岗位的岗位培训班，学完规定的全部课程，并经考试、考核合格后，方可获得岗位培训合格证书。③岗位培训合格证书有效期为五年，持有岗位培训合格证书的人员要在有效期满后的第一年内，参加岗位培训，并重新取得岗位培训合格证书。④持有岗位培训合格证书的人员，调离原单位，但不改变任职岗位性质的，其岗位培训合格证书继续有效；脱离原岗位工作，并改变岗位性质三年以下，又回原岗位工作的，其岗位培训合格证书要经新闻出版管理机关核验，方可有效；脱离原岗位工作并改变岗位性质三年以上的，其岗位培训合格证书自行失效。⑤任何单位和个人不得伪造、涂改、出借、转让岗位培训合格证书。岗位培训合格证书如有遗失，须由本人提出书面申请，经本单位确认，方可由国家新闻出版行政部门或省（自治区、直辖市）新闻出版行政部门指定的培训机构按相关规定审核补发。

5.图书出版专业技术人员职业资格分为哪几类？

图书出版专业技术人员包括在图书出版单位内承担内容加工整理、装帧和版式设计等工作的编辑人员和校对人员。国家对从事图书出版专业技术工作的人员实行职业资格制度，对职业资格实行登记注册管理。

图书出版专业技术人员职业资格分为初级、中级和高级。初级、中级职业资格通过全国出版专业技术人员职业资格考试取得。高级职业资格通过考试，按规定评审取得。

6.国家对图书出版专业技术人员在职业资格管理上有哪些要求？

根据《出版专业技术人员职业资格管理规定》：①凡在出版单位从事图书出版专业技术工作的人员，必须在到岗两年内取得出版专业职业资格证书，并按《出版专业技术人员职业资格管理规定》办理登记手续。否则，不得继续从事出版专业技术工作。在图书出版单位担任责任编辑的人员必须在到岗前取得中级以上出版专业职业资格，并办理注册手续，领取责任编辑证书。②在图书出版单位担任社长、总编辑、编辑室主任（均含副职）职务的人员，除应具备国家规定的任职条件外，还必须具有中级以上出版专业职业资格并履行登记、注册手续。③图书出版专业技术人员应按照规定参加继续教育。

7. 图书出版专业技术人员如何进行职业资格登记？

《出版专业技术人员职业资格管理规定》指出：中央在京图书出版单位出版专业技术人员职业资格登记注册工作由国家新闻出版行政部门负责。各省、自治区、直辖市新闻出版行政部门负责本行政区域内的出版专业技术人员职业资格登记注册及管理工作。规定指明：①已取得出版专业技术人员职业资格证书的人员应当在取得证书后三个月内申请职业资格登记;未能及时登记的,在按规定参加继续教育的情况下,可以保留其五年内申请职业资格登记的资格。②职业资格首次登记,应提供以下三种材料:出版专业职业资格证书原件、身份证复印件、职业资格登记申请表。③职业资格登记材料由申请人所在出版单位统一报送,登记部门在受理后二十日内办理职业资格登记手续。

8. 图书出版专业技术人员如何进行职业资格续展登记?

《出版专业技术人员职业资格管理规定》指明:①职业资格登记有效期为三年,每三年续展登记一次。续展登记时,由申请人所在出版单位于有效期满前三十日内申请办理续展登记手续;如有特殊情况,登记有效期可适当延长,但最长不超过三个月,逾期仍不办理续展登记手续的,原登记自动失效。职业资格登记失效后,按规定参加继续教育的,可以保留其五年内申请职业资格续展登记的资格。②已按规定办理责任编辑注册手续并取得责任编辑证书的人员,无需办理续展登记。③职业资格续展登记需要提交三种材料:出版专业职业资格证书原件、职业资格续展登记申请表、近三年继续教育证明。④已登记的图书出版专业技术人员变更图书出版单位或取得高一级职业资格的,应在三个月内申请变更登记。

9.什么是责任编辑?从事责任编辑工作需具备哪些条件?

责任编辑是指在出版单位为保证出版物的质量符合出版要求,专门负责对拟出版的作品内容进行全面审核和加工整理并在出版物上署名的编辑人员。从事责任编辑的人员必须具有中级以上出版专业职业资格,并进行了职业资格登记,办理了责任编辑注册,取得责任编辑证书。

10.责任编辑如何进行首次注册?

《出版专业技术人员职业资格管理规定》要求:①申请责任编辑注册的人员应具备与责任编辑岗位相适应的政治素质、业务能力和职业道德,图书出版单位应对拟申请责任编辑注册人员的上述情况进行审核。②责任编辑首次注册应当提交四种材料:中级以上出版专业职业资格证书原件、身份证复印件、责任编辑注册申请表、继续教育证明材料。缺少以上任何材料,均不能进行注册。③责任编辑注册材料由申请人所在出版单位统一报送。国家新闻出版行政部门负责中央在京出版单位注册材料的受理,其他出版单位注册材料由所在地省、自治区、直辖市新闻出版行政部门受理。注册部门应在受理后二十日内办理责任编辑注册手续,为同意注册者颁发责任编辑证书。

11.责任编辑如何进行续展注册?

责任编辑注册有效期三年,每三年续展注册一次。《出版专业技术人员职业资格管理规定》要求续展注册时:①由申请人所在出版单位于有效期满前三十日内申请办理续展注册手续;如有特殊情况,注册有效期可适当延长,但最长不超过三个月,逾期仍不办理续展注册手续的,原注册自动失效。②责任编辑注册失效后,按规定参加继续教育的,可以保留其五年内申请责任编辑续展注册的资格。③申请责任编辑续展注册应提交以下三种材料：责任编辑证书原件、责任编辑续展注册申请表、近三年继续教育证明材料。若不符合以上要求，则不能进行责任编辑的续展注册。④责任编辑受到出版行政部门警告情节严重的，或连续两次年度考核达不到岗位职责要求的，有国家新闻出版行政部门认定不予续展注册的其他特殊情形的，不予续展注册，并注销责任编辑证书。

12.责任编辑证书有哪些管理上的要求？

责任编辑证书是新闻出版行政部门对取得中级以上出版专业职业资格的技术人员进行职业资格登记，同意其注册申请时所颁发的证明该人员具有责任编辑资格、可从事责任编辑工作的证书。

责任编辑证书由国家新闻出版行政部门统一印制，须在持证人照片加盖全国或省级出版专业技术人员职业登记注册机构钢印后方有效。责任编辑证书有效期为三年，每满三年进行一次审核。有参与买卖书号、刊号、版号等违反出版法规行为，或担任责任编辑的出版物出现内容质量、编校质量等违法问题，情节严重的，将被注销责任编辑证书。被注销责任编辑证书的人员，三年内不得进行责任编辑注册。责任编辑调离出版单位并不再从事责任编辑工作的，由原所在的出版单位收回责任编辑证书，并交原注册机构统一销毁。国家新闻出版行政部门定期向社会公布取得责任编辑证书的人员姓名、所在单位、证书编号等信息，接受社会监督。

13.什么是图书出版专业技术人员继续教育？

图书出版专业技术人员继续教育是指对图书出版专业技术人员进行的以政治理论、法律法规、业务知识、技能训练和职业道德等为内容的教育活动，其目的是促进图书出版专业技术人员坚持正确的出版方向，不断增加、补充、拓展专业知识，提高业务技能，提高创新水平和专业技术水平。

14.国家对图书出版专业技术人员参加继续教育的时间有什么要求？

图书出版专业技术人员每年参加继续教育的时间累计不少于72小时。其中，接受国家新闻出版行政部门当年规定内容的面授形式继续教育不少于24小时。其余48小时可自愿选择参加省级以上新闻出版行政部门认可的继续教育，这些教育形式主要包括：省级以上新闻出版行政部门公布的继续教育机构组织的各类培训活动；省级以上新闻出版行政部门认可的全国出版专业技术职业资格考试考前培训；被省级以上新闻出版行政部门认可的其他形式，包括国际出版培训活动、国内专业研讨活动等。

15.哪些形式的在职自学时间可折合为图书出版专业技术人员继续教育时间？

根据《出版专业技术人员继续教育暂行规定》，在职自学是出版专业技术人员继续教育的重要补充。国家鼓励出版专业技术人员参加在职自学。在职自学时间可折合为继续教育时间。省级以上新闻出版行政部门视具体情况确定折合方式。在职自学形式主要包括：参加普通高等院校或成人院校举办的国家承认相关专业学历、学位的教育；接受省级以上新闻出版行政部门认可的与出版业务相关的远程教育和网上培训；省级以上新闻出版行政部门认可的其他在职自学形式。

16.支持和促进图书出版专业技术人员参加继续教育有哪些政策措施？

根据《出版专业技术人员继续教育暂行规定》：①出版单位应当按照有关规定足额提取职工工资总额的1.5%～2.5%作为职工教育经费；应当将出版专业技术人员参加继续教育情况作为其任职、晋升的依据之一；应当加强出版专业技术人员业务档案、诚信档案建设，如实记载出版专业技术人员接受继续教育情况。②出版专业技术人员由于伤、病、孕等特殊原因，无法在当年完成继续教育时间的，可由本人所在出版单位提供证明，经归口管理的省级以上新闻出版行政部门审核确认后，其应参加继续教育的时间可以顺延下一年度合并完成。省级以上新闻出版行政部门将在下一年度的继续教育合格证书中予以注明。③省级以上新闻出版行政部门负责对出版专业技术人员参加继续教育情况进行考核。对未按规定参加继续教育或者无正当理由未完成继续教育规定时间的出版专业技术人员，不予进行出版职业资格的登记、注册或续展登记、注册；对未按规定参加继续教育或者无正当理由未完成继续教育规定时间的出版专业技术人员所在出版单位，视情节轻重，采取通报批评、责令改正等处理措施。

17.图书出版单位总编辑有什么任职条件？

国家相关文件要求，图书出版单位必须设置总编辑岗位，中小型出版社可由符合总编辑任职条件的社长兼任总编辑，行使总编辑职责。出任图书出版单位总编辑的人员必须符合四大任职条件：①政治立场坚定，坚持正确的出版方向，有强烈的事业心和责任感。②具有出版专业副高级以上专业技术职务，具备对编辑出版业务把关和管理的能力，熟悉国家有关出版的法律、法规及相关政策。③一般应具有五年以上编辑工作实践经验，三年以上出版单位副职领导工作经历。④须经过新闻出版行政部门组织的岗位培训，取得岗位培训合格证书后持证上岗。

18.图书出版单位总编辑的职责是什么？

图书出版单位总编辑属于行政职务，负责业务工作的领导，其工作职责是：①把握出版导向和出版方向，坚持以社会效益为最高准则，努力实现社会效益与经济效益的有机结合。②负责组织制订并落实中长期选题规划、年度选题计划和出版计划；负责组织选题策划和产品研发，特别是加强具有原创性内容的选题策划和产品研发；组织选题的论证和审批；组织重点选题的立项工作。③组织、指挥、协调图书特别是重点图书的组稿、编辑、校对、生产等工作，确保出版业务流程各环节畅通有序；负责组织实施新技术在出版业务中的运用，促进出版主业的科学发展和提升。④负责图书质量工作，实施图书质量保障体系，落实图书责任编辑制度和三审责任制度，组织制订并落实图书质量管理办法，确保图书质量。⑤协助法定代表人进行经营管理工作，提出图书营销方案建议，并且推动营销计划的实施。⑥负责版权管理工作，受法定代表人的委托，代表出版单位与作者签订“约稿合同”及“出版合同”，做好作者队伍建设工作。负责出版业务的对外交流与合作工作。⑦负责出版单位编辑等出版专业技术人员的人力资源建设工作，指导出版专业技术人员的业务培训和考核工作。⑧负责完成法定代表人授权、交办的其他工作任务。

19.全国新闻出版行业领军人才遴选条件是什么?

遴选新闻出版行业领军人才是国家新闻出版行政部门组织实施新闻出版行业领军人才工程所开展的一项工作，旨在联系、宣传、培养适应国家新闻出版事业发展需要的领军人才。新闻出版行业领军人物的遴选条件如下：

(1)热爱祖国，热爱人民，认真学习贯彻邓小平理论和“三个代表”重要思想，牢固树立科学发展观和社会主义荣辱观，拥护党的路线、方针、政策，具有强烈的事业心和高度的社会责任感，有良好的思想品德和职业道德，遵守国家的法律法规。

(2)具有本科以上文化程度，被评聘为新闻出版或相关专业副高级(含)以上专业技术职务，身体健康，年龄在50周岁以下(个别资深专家和各领域的代表人物不受此限)。其中，45周岁以下的要占一定的比例。

(3)工作实绩突出，专业成果显著，在本领域拥有较高的知名度，在全行业具有一定的影响力。①学术领军人才条件：有较高的新闻或出版理论研究水平，出版或发表过有较高水准和较大影响的学术专著、论文，主持完成或正在主持国家或省部级以上与本行业发展密切相关的科研课题，担任省部级以上理论研究和学术创新团队学术带头人。②业务领军人才条件：有较高的新闻采编或出版选题策划与编辑业务水平，有同行公认的高水平业绩，其成果在国家政治文明、社会文明及和谐文化建设等方面发挥了重要作用，获得过国家级新闻或出版奖项。③管理领军人才条件：有较强的行政管理能力和领导水平，深刻了解新闻、出版领域状况，积极探索创新国家和地方新闻出版行政管理与执法的思路和方式，在国家和地方新闻出版体制改革进程中取得突出成绩，在行业建设、人才培养、事业发展等方面发挥了重要作用。④经营领军人才条件：有较强的经营管理和市场开发能力，大胆探索出版单位经营体制机制改革，把社会效益和经济效益有机结合起来，在出版单位自身经营管理和国际化营销工作中业绩突出，在产业化建设和版权贸易工作中成果显著，引领本单位健康、协调和可持续发展，打造出为同行所公认的品牌产品和经营模式。⑤技术领军人才条件：有较高的印刷、复制、校对、发行技能水平，在生产技术和工艺流程创新，采用科学管理和先进技术，提高出版物生产和发行质量等方面取得显著成绩。

(4)获得国务院政府特殊津贴及省部级以上新闻出版等业务奖项的可优先推荐。不具备上述个别条件，但德才素质好、发展潜力大、近年来工作业绩突出的优秀中青年人才可适当放宽条件。

(5)新闻出版行业领军人才遴选与培养工作要坚持优中选优、涵盖各领域及专业方向的原则，每年在全国遴选25～30人，以构成新闻出版行业领军人才的“国家队”。

附录

一、中华人民共和国国家通用语言文字法

（2000 年 10 月 31 日第九届全国人民代表大会常务委员会第十八次会议通过）

第一章 总则

第一条 为推动国家通用语言文字的规范化、标准化及其健康发展，使国家通用语言文字在社会生活中更好地发挥作用，促进各民族、各地区经济文化交流，根据宪法，制定本法。

第二条 本法所称的国家通用语言文字是普通话和规范汉字。

第三条 国家推广普通话，推行规范汉字。

第四条 公民有学习和使用国家通用语言文字的权利。

国家为公民学习和使用国家通用语言文字提供条件。

地方各级人民政府及其有关部门应当采取措施，推广普通话和推行规范汉字。

第五条 国家通用语言文字的使用应当有利于维护国家主权和民族尊严，有利于国家统一和民族团结，有利于社会主义物质文明建设和精神文明建设。

第六条 国家颁布国家通用语言文字的规范和标准，管理国家通用语言文字的社会应用，支持国家通用语言文字的教学和科学研究，促进国家通用语言文字的规范、丰富和发展。

第七条 国家奖励为国家通用语言文字事业做出突出贡献的组织和个人。

第八条 各民族都有使用和发展自己的语言文字的自由。

少数民族语言文字的使用依据宪法、民族区域自治法及其他法律的有关规定。

第二章 国家通用语言文字的使用

第九条 国家机关以普通话和规范汉字为公务用语用字。法律另有规定的除外。

第十条 学校及其他教育机构以普通话和规范汉字为基本的教育教学用语用字。法律另有规定的除外。

学校及其他教育机构通过汉语文课程教授普通话和规范汉字。使用的汉语文教材，应当符合国家通用语言文字的规范和标准。

第十一条　汉语文出版物应当符合国家通用语言文字的规范和标准。

汉语文出版物中需要使用外国语言文字的，应当用国家通用语言文字做必要的注释。

第十二条　广播电台、电视台以普通话为基本的播音用语。

需要使用外国语言为播音用语的，须经国务院广播电视部门批准。

第十三条　公共服务行业以规范汉字为基本的服务用字。因公共服务需要，招牌、广告、告示、标志牌等使用外国文字并同时使用中文的，应当使用规范汉字。

提倡公共服务行业以普通话为服务用语。

第十四条　下列情形，应当以国家通用语言文字为基本的用语用字：

（一）广播、电影、电视用语用字；

（二）公共场所的设施用字；

（三）招牌、广告用字；

（四）企业事业组织名称；

（五）在境内销售的商品的包装、说明。

第十五条　信息处理和信息技术产品中使用的国家通用语言文字应当符合国家的规范和标准。

第十六条　本章有关规定中，有下列情形的，可以使用方言：

（一）国家机关的工作人员执行公务时确需使用的；

（二）经国务院广播电视部门或省级广播电视部门批准的播音用语；

（三）戏曲、影视等艺术形式中需要使用的；

（四）出版、教学、研究中确需使用的。

第十七条　本章有关规定中，有下列情形的，可以保留或使用繁体字、异体字：

（一）文物古迹；

（二）姓氏中的异体字；

（三）书法、篆刻等艺术作品；

（四）题词和招牌的手书字；

（五）出版、教学、研究中需要使用的；

（六）经国务院有关部门批准的特殊情况。

第十八条　国家通用语言文字以《汉语拼音方案》作为拼写和注音工具。

《汉语拼音方案》是中国人名、地名和中文文献罗马字母拼写法的统一规范，并用于汉字不便或不能使用的领域。

初等教育应当进行汉语拼音教学。

第十九条　凡以普通话作为工作语言的岗位，其工作人员应当具备说普通话的能力。

以普通话作为工作语言的播音员、节目主持人和影视话剧演员、教师、国家机关工作人员的普通话水平，应当分别达到国家规定的等级标准；对尚未达到国家规定的普通话等级标准的，分别情况进行培训。

第二十条　对外汉语教学应当教授普通话和规范汉字。

第三章　管理和监督

第二十一条　国家通用语言文字工作由国务院语言文字工作部门负责规划指导、管理监督。

国务院有关部门管理本系统的国家通用语言文字的使用。

第二十二条　地方语言文字工作部门和其他有关部门，管理和监督本行政区域内的国家通用语言文字的使用。

第二十三条　县级以上各级人民政府工商行政管理部门依法对企业名称、商品名称以及广告的用语用字进行管理和监督。

第二十四条　国务院语言文字工作部门颁布普通话水平测试等级标准。

第二十五条　外国人名、地名等专有名词和科学技术术语译成国家通用语言文字，由国务院语言文字工作部门或者其他有关部门组织审定。

第二十六条　违反本法第二章有关规定，不按照国家通用语言文字的规范和标准使用语言文字的，公民可以提出批评和建议。

本法第十九条第二款规定的人员用语违反本法第二章有关规定的，有关单位应当对直接责任人员进行批评教育；拒不改正的，由有关单位做出处理。

城市公共场所的设施和招牌、广告用字违反本法第二章有关规定的，由有关行政管理部门责令改正；拒不改正的，予以警告，并督促其限期改正。

第二十七条　违反本法规定，干涉他人学习和使用国家通用语言文字的，由有关行政管理部门责令限期改正，并予以警告。

第四章　附则

第二十八条　本法自2001年1月1日起施行。

二、使用文字作品支付报酬办法

（2014 年 8 月 21 日经国家版权局局务会议通过，并经国家发展和改革委员会同意，于 2014 年 9 月 23 日公布，自 2014 年 11 月 1 日起施行。）

第一条　为保护文字作品著作权人的著作权，规范使用文字作品的行为，促进文字作品的创作与传播，根据《中华人民共和国著作权法》及相关行政法规，制定本办法。

第二条　除法律、行政法规另有规定外，使用文字作品支付报酬由当事人约定；当事人没有约定或者约定不明的，适用本办法。

第三条　以纸介质出版方式使用文字作品支付报酬可以选择版税、基本稿酬加印数稿酬或者一次性付酬等方式。

版税，是指使用者以图书定价×实际销售数或者印数×版税率的方式向著作权人支付的报酬。

基本稿酬，是指使用者按作品的字数，以千字为单位向著作权人支付的报酬。

印数稿酬，是指使用者根据图书的印数，以千册为单位按基本稿酬的一定比例向著作权人支付的报酬。

一次性付酬，是指使用者根据作品的质量、篇幅、作者的知名度、影响力以及使用方式、使用范围和授权期限等因素，一次性向著作权人支付的报酬。

第四条　版税率标准和计算方法：

（一）原创作品：3%～10%

（二）演绎作品：1%～7%

采用版税方式支付报酬的，著作权人可以与使用者在合同中约定，在交付作品时或者签订合同时由使用者向著作权人预付首次实际印数或者最低保底发行数的版税。

首次出版发行数不足千册的，按千册支付版税，但在下次结算版税时对已经支付版税部分不再重复支付。

第五条　基本稿酬标准和计算方法：

（一）原创作品：每千字 80～300 元，注释部分参照该标准执行。

（二）演绎作品：

1.改编：每千字 20～100 元

2.汇编：每千字 10～20 元

3.翻译：每千字 50～200 元

支付基本稿酬以千字为单位，不足千字部分按千字计算。

支付报酬的字数按实有正文计算，即以排印的版面每行字数乘以全部实有的行数计算。占行题目或者末尾排不足一行的，按一行计算。

诗词每十行按一千字计算，作品不足十行的按十行计算。

辞书类作品按双栏排版的版面折合的字数计算。

第六条　印数稿酬标准和计算方法：

每印一千册，按基本稿酬的1%支付。不足一千册的，按一千册计算。

作品重印时只支付印数稿酬，不再支付基本稿酬。

采用基本稿酬加印数稿酬的付酬方式的，著作权人可以与使用者在合同中约定，在交付作品时由使用者支付基本稿酬的30%～50%。除非合同另有约定，作品一经使用，使用者应当在6个月内付清全部报酬。作品重印的，应在重印后6个月内付清印数稿酬。

第七条　一次性付酬的，可以参照本办法第五条规定的基本稿酬标准及其计算方法。

第八条　使用演绎作品，除合同另有约定或者原作品已进入公有领域外，使用者还应当取得原作品著作权人的许可并支付报酬。

第九条　使用者未与著作权人签订书面合同，或者签订了书面合同但未约定付酬方式和标准，与著作权人发生争议的，应当按本办法第四条、第五条规定的付酬标准的上限分别计算报酬，以较高者向著作权人支付，并不得以出版物抵作报酬。

第十条　著作权人许可使用者通过转授权方式在境外出版作品，但对支付报酬没有约定或约定不明的，使用者应当将所得报酬扣除合理成本后的70%支付给著作权人。

第十一条　报刊刊载作品只适用一次性付酬方式。

第十二条　报刊刊载未发表的作品，除合同另有约定外，应当自刊载后1个月内按每千字不低于100元的标准向著作权人支付报酬。

报刊刊载未发表的作品，不足五百字的按千字作半计算；超过五百字不足千字的按千字计算。

第十三条　报刊依照《中华人民共和国著作权法》的相关规定转载、摘编其他报刊已发表的作品，应当自报刊出版之日起2个月内，按每千字100元的付酬标准向著作权人支付报酬，不足五百字的按千字作半计算，超过五百字不足千字的按千字计算。

报刊出版者未按前款规定向著作权人支付报酬的，应当将报酬连同邮资以及转载、摘编作品的有关情况送交中国文字著作权协会代为收转。中国文字著作权协会收到相关报酬后，应当按相关规定及时向著作权人转付，并编制报酬收转记录。

报刊出版者按前款规定将相关报酬转交给中国文字著作权协会后，对著作权人不再承担支付报酬的义务。

第十四条　以纸介质出版方式之外的其他方式使用文字作品，除合同另有约定外，使用者应当参照本办法规定的付酬标准和付酬方式付酬。

在数字或者网络环境下使用文字作品，除合同另有约定外，使用者可以参照本办法规定的付酬标准和付酬方式付酬。

第十五条　教科书法定许可使用文字作品适用《教科书法定许可使用作品支付报酬办法》。

第十六条　本办法由国家版权局会同国家发展和改革委员会负责解释。

第十七条　本办法自2014年11月1日起施行。国家版权局1999年4月5日发布的《出版文字作品报酬规定》同时废止。

三、图书出版合同（标准样式）

（国家版权局1999年3月修订）

甲方（著作权人）：　　　　　　地址：

乙方（出版者）：　　　　　　　地址：

作品名称：

作品署名：

甲乙双方就上述作品的出版达成如下协议：

第一条　甲方授予乙方在合同有效期内，在（中国大陆、中国香港、中国台湾、或其他国家和地区、全世界）* 以图书形式出版发行上述作品（汉文、×文）* 文本的专有使用权。

第二条　根据本合同出版发行的作品不得含有下列内容：

（一）反对宪法确定的基本原则；

（二）危害国家统一、主权和领土完整；

（三）危害国家、荣誉和利益；

（四）煽动民族分裂，侵害少数民族风俗习惯，破坏民族团结；

（五）泄露国家机密；

（六）宣扬淫秽、迷信或者渲染暴力，危害社会公德和民族优秀文化传统；

（七）侮辱或者诽谤他人；

（八）法律、法规规定禁止的其他内容。

第三条　甲方保证拥有第一条授予乙方的权利。因上述权利的行使侵犯他人著作权的，甲方承担全部责任并赔偿因此给乙方造成的损失，乙方可终止合同。

第四条　甲方的上述作品含有侵犯他人名誉权、肖像权、姓名权等人身权内容的，甲方承担全部责任并赔偿因此给乙方造成的损失，乙方可以终止合同。

第五条　上述作品的内容、篇幅、体例、图表、附录等应符合下列要求：

（补充具体要求）

第六条　甲方应于　　年　　月　　日前将上述作品的誊清稿交付乙方。甲方不能按时交稿的，应在交稿期限届满前　　日通知乙方，双方另行约定交稿日期。甲方到期仍不能交稿的，应按本合同第十一条约定报酬的　　%向乙方支付违约金，乙方可以终止合同。

甲方交付的稿件应有作者的签章。

第七条　乙方应于　　年　　月　　日前出版上述作品，最低印数为　　册，乙方不能按时出版的，应在出版期限届满前　　日通知甲方，并按本合同第十一条约定报酬的　　%向甲方支付违约金，双方另行约定出版日期。乙方在另行约定期限内仍不出版的，除非因不可抗力所致，乙方应按本合同第十一条约定向甲方支付报酬和归还作品原件，并按该报酬的　　%向甲方支付赔偿金，甲方可以终止合同。

第八条　在合同有效期内，未经双方同意，任何一方不得将第一条约定的权利许可第三方使用。如有违反，另一方有权要求经济赔偿并终止合同。一方经对方同意许可第三方使用上述权利，应将所得报酬的　　%交付对方。

第九条　乙方尊重甲方确定的署名方式。乙方如需更动上述作品的名称，对作品进行修改、删节、增加图表及前言、后记，应征得甲方同意，并经甲方书面认可。

第十条　上述作品的校样由乙方审校。（上述作品的校样由甲方审样。甲方应在　　日内签字后退还乙方。甲方未按期审校，乙方可自行审校，并按计划付印。因甲方修改造成版面改动超过　　%或未能按期出版，甲方承担改版费用或推迟出版的责任。）*

第十一条　乙方采用下列方式及标准之一向甲方支付报酬：

（一）基本稿酬加印数稿酬：　　元/每千字×千字＋印数（以千册为单位）×基本稿酬　　%。

或

（二）一次性付酬　　元。

或

（三）版税：　　元（图书定价）×　　%（版税率）×印数。

第十二条　以基本稿酬加印数稿酬方式付酬的，乙方应在上述作品出版后　　日内向甲方支付报酬，但最长不得超过半年。

或

以一次性支付方式付酬的，乙方在甲方交稿后　　日内向甲方付清。

或

以版税方式付酬的，乙方在出版后　　日内向甲方付清。

乙方在合同签字后　　日内，向甲方预付上述报酬的　　%（　　元）。*

乙方未在约定期限内支付报酬的，甲方可以终止合同并要求乙方继续履行付酬的义务。

第十三条　甲方交付的稿件未达到合同第五条约定的要求，乙方有权要求甲方进行修改，如甲方拒绝按照合同的约定修改，乙方有权终止合同并要求甲方返还本合同第十二条约定的预付报酬。如甲方同意修改，且反复修改仍未达到合同第五条的要求，预付报酬不返还乙方；如未支付预付报酬，乙方按合同第十一条约定报酬的　　%向甲方支付酬金，并有权终止合同。

第十四条　上述作品首次出版　　年内，乙方可以自行决定重印。首次出版　　年后，乙方重印应事先通知甲方。如果甲方需要对作品进行修改，应于收到通知后　　日内答复乙方，否则乙方可按原版重印。

第十五条　乙方重印、再版，应将印数通知甲方，并在重印、再版　　日内按第十一条的约定向甲方支付报酬。

第十六条　甲方有权核查乙方应向甲方支付报酬的账目。如甲方指定第三方进行核查，需提供书面授权书。如乙方故意少付甲方应得的报酬，除向甲方补齐应付报酬外，还应支付全部报酬　　%的赔偿金并承担核查费用。如核查结果与乙方提供的应付报酬相符，核查费用由甲方承担。

第十七条　在合同有效期内，如图书脱销，甲方有权要求乙方重印、再版。如甲方收到乙方拒绝重印、再版的书面答复，或乙方收到甲方重印、再版的书面要求后　　月内未重印、再版，甲方可以终止合同。

第十八条　上述作品出版后　　日内乙方应将作品原稿退还甲方。如有损坏，应赔偿甲方　　元；如有遗失，赔偿　　元。

第十九条　上述作品首次出版后　　日内，乙方向甲方赠样书　　册，并以　　折价售予甲方图书　　册。每次再版后　　日内，乙方向甲方赠样书　　册。

第二十条　在合同有效期内乙方按本合同第十一条(一)基本稿酬加印数稿酬方式，或者按本合同第十一条(二)一次性付酬方式向甲方支付报酬的，出版上述作品的修订本、缩编本的付酬的方式和标准应由双方另行约定。

第二十一条　在合同有效期内，甲方许可第三方出版包含上述作品的选集、文集、全集的，须取得乙方许可。

在合同有效期内，乙方出版包含上述作品的选集、文集、全集或者许可第三方出版包含上述作品的选集、文集、全集的，须另行取得甲方书面授权。乙方取得甲方授权的，应及时将出版包含上述作品选集、文集、全集的情况通知甲方，并将所得报酬　　% 交付甲方。

第二十二条　在合同有效期内，甲方许可第三方出版上述作品的电子版的，须取得乙方的许可。

在合同有效期内，乙方出版上述作品电子版或者许可第三方出版上述作品电子版的，须另行取得甲方书面授权。乙方取得甲方授权的，应及时将出版上述作品电子版的情况通知甲方，并将所取得报酬的　　%交付甲方。

第二十三条　未经甲方书面许可，乙方不得行使本合同第一条授权范围以外的权利。

[甲方授权乙方代理行使　　（本合同第一条授权范围以外）* 使用上述作品的权利，其使用所得报酬甲乙双方按　　比例分成。]

第二十四条　双方因合同的解释或履行发生争议，由双方协商解决。协商不成将争议提交　　仲裁机构仲裁（向人民法院提起诉讼）。*

第二十五条　合同的变更、续签及其他未尽事宜，由双方另行商定。

第二十六条　本合同自签字之日起生效，有效期为　　年。

第二十七条　本合同一式两份，双方各执一份为凭。

甲方：	乙方：
（签章）	（签章）
年　月　日	年　月　日

注：带 * 的为选择性内容。

四、字行、字体、字级

初小一小二小三小四小五小六小七八

号初号一号二号三号四号五号六号号

杨杨杨杨杨杨杨杨杨杨杨杨杨杨杨（黑体）

杨杨杨杨杨杨杨杨杨杨杨杨杨杨杨（宋体）

杨杨杨杨杨杨杨杨杨杨杨杨杨杨杨（楷体）

杨杨杨杨杨杨杨杨杨杨杨杨杨杨杨（仿宋）

杨杨杨杨杨杨杨杨杨杨杨杨杨杨杨（小标宋）

杨杨杨杨杨杨杨杨杨杨杨杨杨杨杨（隶书）

杨杨杨杨杨杨杨杨杨杨杨杨杨杨杨杨（魏碑）

杨杨杨杨杨杨杨杨杨杨杨杨杨杨杨杨（行楷）

杨杨杨杨杨杨杨杨杨杨杨杨杨杨杨杨（准圆）

杨杨杨杨杨杨杨杨杨杨杨杨杨杨杨杨（粗圆）

杨杨杨杨杨杨杨杨杨杨杨杨杨杨杨杨（姚体）

五、校对符号及其使用

编号	符号形态	符号作用	符号在文中和页边用法示例	说明
一、字符的改动				
1	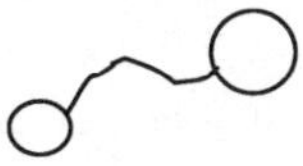	改正	马千堆 王	改正的字符较多，圈起来有困难时，可用线在页边画清改正的范围。 必须更换的损、坏、污字也用改正符号画出。
2		删除	洋溢着鲜明的内蒙古民族风格	
3		增补必须提高	必须提高 图书编校质 量。	增补的字符较多，圈起来有困难时，可用线在页边画清增补的范围。
4	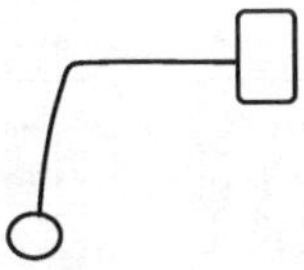	改正上下角	$9=3^2$ CO_2 达.芬奇 5.2+4.3=9.5 周总理说:为中华之崛起而读书。 X:Y=5:6	
二、字符方向位置的移动				
5	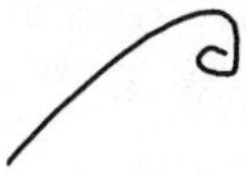	转正	编校会	
6	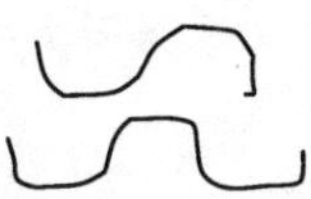	对调	编辑编辑与职责 编辑与责辑职编	用于相邻的字词。 用于隔开的字词。
7	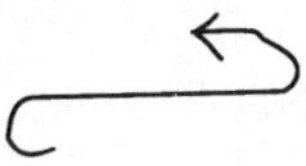	接排	书稿符合图书出版要求， 可进入编辑加工流程。	

续表

编号	符号形态	符号作用	符号在文中和页边用法示例	说明
8		另起段	是否达到法定的出版标准。编辑加工的 目的……	
9	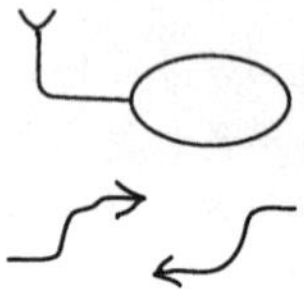	转移	基本职责包括校异同和校是非两个方 面校对的。 ”。以上引文均见《 马克思恩格斯全集》(第六卷) 编者　年　月 …… 各位编委:	用于行间附近的转移。 用于相邻行首末衔接字符的转移。 用于相邻页首末衔接行段的转移。
10		上下移	编号 姓名 年龄 001 李婷 19	字符上移到缺口左右水平线处。 字符下移到箭头所指的短线处。
11	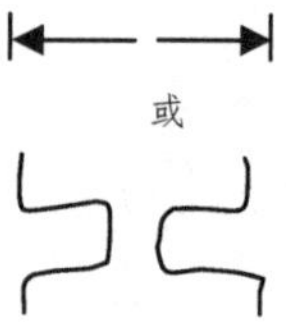	左右移	编辑和校对人员在标注修 改时，必须使用正确的校对符号。 传统基本校对方法包括 4 种：对校法、 本校法、他校法和理校法。	字符左移到箭头所指的短线处。 字符左移到缺口上下垂直线处。 符号画得太小时，要在页边重标。
12	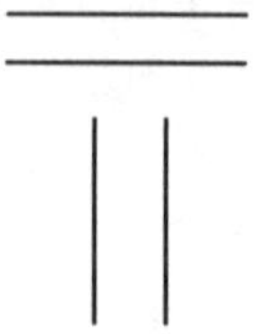	排齐	校对是出版 工 作 的一个重要环节。 必须提高印刷 质量，缩短印制 周期。 图 书 质 量	

续表

编号	符号形态	符号作用	符号在文中和页边用法示例	说明
13	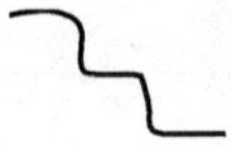	排阶梯形	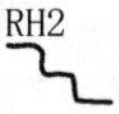	按标注修改后正确的为：R_{H_2}。
14	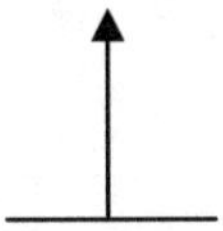	正图	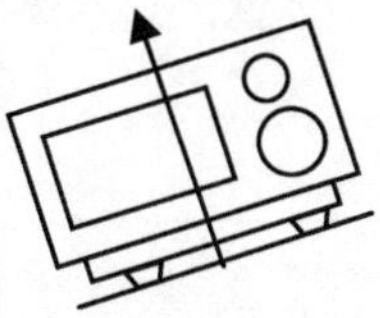	符号横线表示水平位置，竖线表示垂直位置，箭头表示上方。
三、字符间空距的改动				
15		加大空距	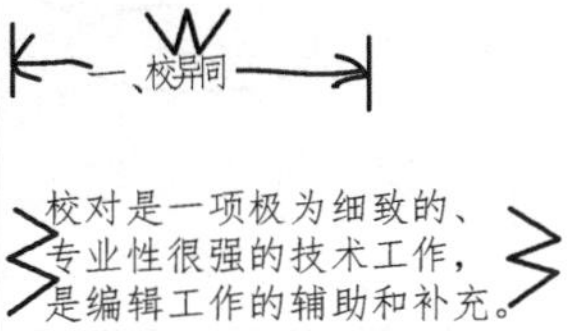	表示在一定范围内适当加大字距。 横式文字画在字头和行头之间。
16		减小空距	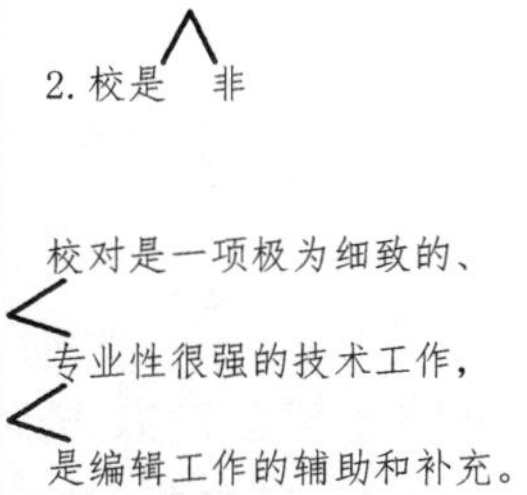	表示不空或在一定范围内适当减小字距。 横式文字画在字头和行头之间。
17		空 1 字距 空 1/2 字距 空 1/3 字距 空 1/4 字距	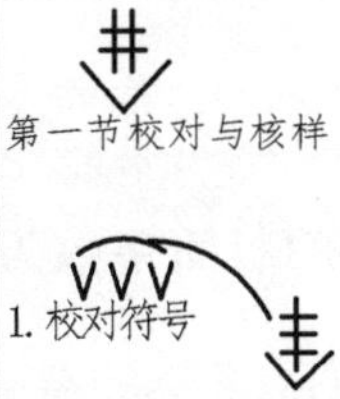	多个空距相同的，可用引线连出，只标示一个符号。
18		分开	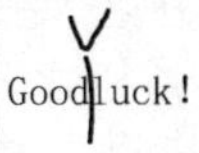	用于外文。
四、其他				
19		保留		除在原删除的字符下面画△外，并在原删除符号上画两竖线。

续表

编号	符号形态	符号作用	符号在文中和页边用法示例	说明
20	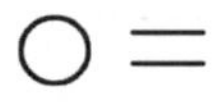	代替	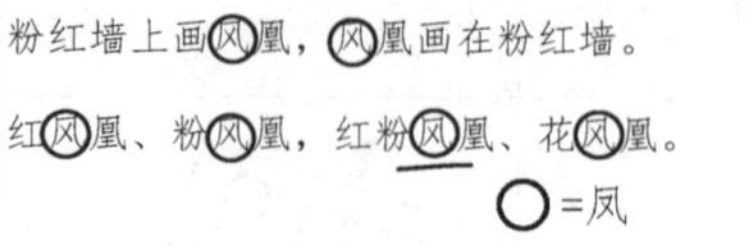	同页内有两个或多个相同的字符需要改正的，可用符号代替，并在页边注明。
21		说明		说明或指令性文字不要圈起来，在其字下画圈，表示不作为改正的文字。如说明文字较多时，可在首末各三字下画圈。

六、图书编校质量差错率计算方法

一、图书编校差错率

图书编校差错率，是指一本图书的编校差错数占全书总字数的比率，用万分比表示。实际鉴定时，可以依据抽查结果对全书进行认定。如检查的总字数为10万，检查后发现两个差错，则其差错率为0.2／10000。

二、图书总字数的计算方法

图书总字数的计算方法，一律以该书的版面字数为准，即：总字数＝每行字数×每面行数×总面数。

1. 除环衬等空白面不计字数外，凡连续编排页码的正文、目录、辅文等，不论是否排字，均按一面满版计算字数。分栏排版的图书，各栏之间的空白也计算版面字数。

2. 书眉（或中缝）和单排的页码、边码作为行数或每行字数计入正文，一并计算字数。

3. 索引、附录等字号有变化时，分别按实际版面计算字数。

4. 用小号字排版的脚注文字超过5行不足10行的，该面按正文满版字数加15％计算；超过10行的，该面按注文满版计算字数。对小号字排版的夹注文字，可采用折合行数的方法，比照脚注文字进行计算。

5. 封一、封二、封三、封底、护封、封套、扉页，除空白面不计以外，每面按正文满版字数的50％计算；版权页、书脊、有文字的勒口，各按正文的一面满版计算。

6. 正文中的插图、表格，按正文的版面字数计算；插图占一面的，按正文满版字数的20％计算字数。

7. 以图片为主的图书，有文字说明的版面，按满版字数的 50%计算；没有文字说明的版面，按满版字数的 20%计算。

8. 乐谱类图书、地图类图书，按满版字数全额计算。

9. 外文图书、少数民族文字图书，拼音图书的拼音部分，以对应字号的中文满版字数加 30%计算。

三、图书编校差错的计算方法

1. 文字差错的计算标准

(1)封底、勒口、版权页、正文、目录、出版说明（或凡例)、前言(或序)、后记(或跋)、注释、索引、图表、附录、参考文献等中的一般性错字、别字、多字、漏字、倒字，每处计 1 个差错。前后颠倒字，可以用一个校对符号改正的，每处计 1 个差错。书眉(或中缝)中的差错，每处计 1 个差错；同样性质的差错重复出现，全书按一面差错基数加 1 倍计算。阿拉伯数字、罗马数字差错，无论几位数，都计 1 个差错。

(2)同一错字重复出现，每面计 1 个差错，全书最多计 4 个差错。每处多、漏 2～5 个字，计 2 个差错，5 个字以上计 4 个差错。

(3)封一、扉页上的文字差错，每处计 2 个差错；相关文字不一致，有一项计 1 个差错。

(4)知识性、逻辑性、语法性差错，每处计 2 个差错。

(5)外文、少数民族文字、国际音标，以一个单词为单位，无论其中几处有错，计 1 个差错。汉语拼音不符合《汉语拼音方案》和《汉语拼音正词法基本规则》(GB/T 16159－2012)规定的，以一个对应的汉字或词组为单位，计 1 个差错。

(6)字母大小写和正斜体、黑白体误用，不同文种字母混用的(如把英文字母 N 错为俄文字母 И)，字母与其他符号混用的(如把汉字的〇错为英文字母)，每处计 0.5 个差错；同一差错在全书超过3 处，计 1.5 个差错。

(7)简化字、繁体字混用，每处计 0.5 个差错；同一差错在全书超过3 处，计 1.5 个差错。

(8)工具书的科技条目、科技类教材、学习辅导书和其他科技图书，使用计量单位不符合国家标准《量和单位》(GB 3100～3102－1993)的中文名称的、使用科技术语不符合全国科学技术名词审定委员会公布的规范词的，每处计 1 个差错；同一差错多次出现，每面只计 1 个差错，同一错误全书最多计 3 个差错。

(9)阿拉伯数字与汉语数字用法不符合《出版物上数字用法的规定》(GB/T 15835－2011)的，每处计 0.1 个差错。全书最多计 1 个差错。

2. 标点符号和其他符号差错的计算标准

(1)标点符号的一般错用、漏用、多用，每处计 0.1 个差错。

(2)小数点误为中圆点，或中圆点误为小数点的，以及冒号误为比号，或比号误为冒号的，每处计 0.1 个差错。专名线、着重点的错位、多、漏，每处计 0.1 个差错。

(3)破折号误为一字线、半字线，每处计 0.1 个差错。标点符号误在行首、行末的，每处计 0.1 个差错。

(4)外文复合词、外文单词按音节转行,漏排连接号的,每处计 0.1 个差错;同样差错在每面超过 3 个,计 0.3 个差错,全书最多计 1 个差错。

(5)法定计量单位符号、科学技术各学科中的科学符号、乐谱符号等差错,每处计 0.5 个差错;同样差错同一面内不重复计算,全书最多计1.5 个差错。

(6)图序、表序、公式序等标注差错,每处计 0.1 个差错;全书超过3 处,计 1 个差错。

3. 格式差错的计算标准

(1)影响文意、不合版式要求的另页、另面、另段、另行、接排、空行,需要空行、空格而未空的,每处计 0.1 个差错。

(2)字体错、字号错或字体、字号同时错,每处计 0.1 个差错;同一面内不重复计算,全书最多计 1 个差错。

(3)同一面上几个同级标题的位置、转行格式不统一且影响理解的,计 0.1 个差错。

(备注:文中括注的涉及拼音、标点符号、数字用法的国家标准已修订,现按最新标准标注。)

报刊出版

本书以介绍报刊出版从业知识技能为主要内容，立足服务于报刊出版行业从业人员和管理人员，以及想了解报刊出版知识的读者。内容包括：报纸和期刊的基本知识、报纸和期刊出版各环节的基本技能、报纸和期刊出版的管理、与报纸和期刊有关的人员机构以及内部资料的管理、报纸和期刊有关法规政策的解读等。全书采用问答式编写，通过对问题的具体回答逐步展示报纸和期刊出版的方方面面。

第一部分 报纸出版

一、基本知识

1.什么是报纸？报纸有哪些类型？

报纸，是指有固定名称、刊期、开版，以新闻与时事评论为主要内容，每周至少出版一期的散页连续出版物。

报纸的分类有多种角度，根据不同的途径有不同的分类方法：

（1）以报纸内容分，可分为综合性报纸和专业性报纸，前者如《人民日报》《文汇报》等，后者如《中国健康报》《中国机械报》《中国商业报》《中国科学报》《中国少年报》等。

（2）以读者对象分，可分为《中国少年报》《中国青年报》《中国老年报》《工人日报》《中国妇女报》《农民日报》等。

（3）以发行范围分，有全国性报纸和地方性报纸，前者以全国的新闻为报道范围，向全国各地发行，如《人民日报》《光明日报》等，后者以报道某一地区新闻为主，并主要向该地区发行。各省（自治区、直辖市）的党委机关报以及地、市、县报，都属于此类报纸。

（4）以出版时间分，有日报、晚报、周报和星期刊报。日报：大多是全国性报纸和各种机关报，在每天上午发行。晚报：每天下午或傍晚发行。周报：每周发行一次。星期刊报：大部分依附于大报，一般在周末发行，如《中国青年报》的《星期刊》、《南京日报》的《周末》、《天津日报》的《采风报》、《湖北日报》的《楚天周末》等。

（5）以版面大小分，有大报和小报之分，大报一般指对开报纸，小报一般指四开报纸。

（6）以所使用的文字分，有中文报纸和外文报纸、汉文报和少数民族文字报纸。

2.什么是报纸的版面？

报纸的版面指的是报纸各版的页面。它由各类稿件（文字稿、图片稿等）组合而成。这些稿件经编辑人员选择、加工，并根据一定的宣传报道主题组织在一起，集中体现报纸的宣传报道意图。

3.什么叫报纸的开本、版序、版组？

单页出版物的大小叫开本。报纸的开本是以全张白报纸作为基数来计算的。通常把一张按国家标准(我国一般通用的是 787mm×1092mm)分切好的平板原纸称为全开纸,全开纸对折裁切后的幅面称为对开或半开,把对开纸再对折裁切后的幅面称为四开,以此类推,可裁为八开、十六开、三十二开等。幅面大小为对开的称为对开版,幅面大小四开的称为四开版。

版序,即报纸版面的先后次序。如第一版、第二版、第三版……

版组,即版面的内容分工。如时政版、体育版等。

4.什么叫报头、报眉、报眼、报尾?

报头是指报纸第一版放报名的地方,通常放在上角或上端中央。横排报纸大多在上端偏左,坚排报纸大多在上端偏右,也有把报头放在上端正中的。

报眉,即眉线上方所印的文字,包括报名、版次、出版日期、版面内容标识等。

报眼,一般被安排在报头的两侧或右侧,通常被用来刊登比较重要的文字、图片及简短而又相对独立的稿件;也有的刊登当日的内容提要、天气预报、日历与广告等。

报尾是用来集中标明报社地址、电话等一些报社具体信息的部分。通常放在第一版或最后版的底部,通栏宽。

5.什么叫版心、报线、中缝?

报纸版面除掉四周应留的空白外,中间容纳文字和图片的部分叫版心。它的面积小于版的面积。各类稿件的编排布局都在版心范围内进行,最终在版心的面积上形成整体,所以版心也就是通常所说的版面。

报线,指版心的边线。多数报纸只有上端的边线,其宽度与版心相同,叫天线,又叫眉线;只有最后一版既有天线又有地线。

中缝是指报纸左右两版之间的狭长部分。

6.什么叫栏、行、通栏、变栏、破栏?什么是通版?

栏,就是报纸每个版面上用线条或者空白隔开的各个部分。面积均等而又相对固定的栏称之为基本栏。

行,在每一栏中,以文字排列成行的称为行。行的数量因报纸幅面、所用铅字大小和基本栏多少的不同而不尽相同。

通栏,就是自上而下或自左至右并成一行。通栏只用于标题,文字排通栏因阅读极为不便而被视为禁忌。

版面文字如果都以基本栏排列,就会较为单调,因此需要适当采用变栏。变栏有将基本栏成倍合并的,通常称之为长栏;也有将基本栏非成倍合并的,通常称之为破栏。

通版,指报纸同一个版面上两个相邻的版而形成的版,通版的面积包括两个版和这两个版之间的中缝,常用于报道重大事件和新闻。

7.报纸出版时须在每期固定位置标示哪些版本记录?

报纸出版时须在每期固定位置标示如下版本记录:

(1)报纸名称。

(2)报纸出版单位、主办单位、主管单位名称。

(3)国内统一连续出版物号。

(4)总编辑(社长)姓名。

(5)出版日期、总期号、版数、版序。

(6)报纸出版单位地址、电话、邮政编码。

(7)报纸定价(号外须注明“免费赠阅”字样)。

(8)印刷单位名称、地址。

(9)广告经营许可证号。

(10)国家规定的涉及公共利益或者行业标准的其他标识。

8.什么是报刊的国内统一连续出版物号?

国内统一连续出版物号又称国内统一刊号,是国家新闻出版行政部门负责分配给连续出版物的代号。由报刊登记号和分类号两部分组成,前者为国内统一刊号的主体,后者为补充成分,其间以斜线“/”隔开,结构形式为:CN 报刊登记号/分类号。

CN 为 GB/T 2659—2000 所规定的中国国名代码。

报刊登记号为定长的 6 位数字,由地区号(2 位数字)和序号(4 位数字)两部分组成,其间以连字符“-”相接,亦即报刊登记号=地区号+序号。地区号按 GB/T 2260—2007 所规定的省、自治区、直辖市地区代号给出。连续出版物较多的北京地区,当地区代码“11”使用完毕后,北京地区的连续出版物使用“10”为扩充代码。各自治区、直辖市的地区代号如下:

10	北京市(扩充代码)	41	河南省
11	北京市	42	湖北省
12	天津市	43	湖南省
13	河北省	44	广东省
14	山西省	45	广西壮族自治区
15	内蒙古自治区	46	海南省
21	辽宁省	50	重庆市
22	吉林省	51	四川省
23	黑龙江省	52	贵州省
31	上海市	53	云南省
32	江苏省	54	西藏自治区
33	浙江省	61	陕西省

34	安徽省	62	甘肃省
35	福建省	63	青海省
36	江西省	64	宁夏回族自治区
37	山东省	65	新疆维吾尔自治区

报刊登记号的后 4 位序号为地区连续出版物的序号，一律从 0001～9999，其中 0001～0999 统一作为报纸的序号，1000～4999 统一作为期刊的序号。

分类号作为国内统一刊号的补充成分用以说明报刊的主要学科范畴，以便于分类统计、订阅、陈列和检索。分类号主要用于期刊。

9.什么是广告经营许可证号？

报纸开展广告经营时，须办理《广告经营许可证》。《广告经营许可证》是广告经营单位从事广告经营活动的合法凭证。《广告经营许可证》分为正本、副本，正本、副本具有同样的法律效力。《广告经营许可证》载明证号、广告经营单位（机构）名称、经营场所、法定代表人（负责人）、广告经营范围、发证机关、发证日期等项。广告经营许可证号即《广告经营许可证》上载明的证号。该证号须在报纸出版时标注在报纸版面上。

10.报纸有哪些常用的字体和字号？

报纸的字体主要有三大类：宋体、黑体、楷体。在报纸版面设计中，为追求版面效果，一些标题或文字也使用其他字体或美术字，但主体一般是宋体。

标题一般为方正粗宋简、方正超粗黑简、方正大黑简，11 号。

内文一般为方正报宋简、方正楷体简、方正黑体简，6 号。

11.什么叫版样、大样、清样？

版样：报刊版面的总体设计图样，是编辑组版思想的产物，拼版工作要据此拼出报刊的样张。版样有两种，一种如报纸版面大小，一种按报纸比例缩小，称为袖珍版样。

大样：报纸版面拼好后打印出来的，供编辑进一步修改、订正用的样张，又称为拼版样。

清样：版面已经改正清楚、不必再校对的样张。

12.什么叫头条、双头条、倒头条、假头条？

头条，指报纸的一个版上最重要的新闻稿件，通常都放在最显著的版位，并运用多种编排手法加以突出。头版头条，一般置于头版上端偏左、偏右或居中的位置。版面头条一般置于该版上端偏左或居中的位置。

双头条，指在报眼位置或版面右下方刊登一条与头条同样重要的稿件，形成“双头条”。其特点是两个头条的标题同样突出，图片、围框使用等造成的强势均等，都是最大。

倒头条，双头条的一种，即在版面右下方与头条同等规格处理的重要稿件。

假头条，处于版面重要位置，但实际并非头条的稿件。一般位于真正的头条之上、之左，标题小于头条，涉及重要人物、机构、活动。

13.什么是专栏？什么是题花？

专栏，是指由一些具有某种共同点的文章构成的自成格局的局部版面。

题花，专为报纸的某个专栏而设计，题花好比专栏的眼睛，精美的题花能起到美化专栏、为版面增色的效果。

14.报纸的编辑出版流程包括哪些环节？

一般来说，一张普通的报纸在编辑出版过程中主要有以下流程：

(1)策划、准备。

(2)制订时间表。

(3)采写与收稿。

(4)编辑、校对、组稿。

(5)审稿。

(6)设计排版。

(7)定版。

(8)审查付印。

(9)发行。

15.报纸版面内容有哪几大类？

报纸版面内容可归纳为文字、图片、广告三大类。其中文字、图片稿件的来源主要有以下几个途径：记者采访、通讯员等投稿、新华社电稿、网络下载、报社相互间交流等。广告来源为：客户上门要求登载、各广告公司组稿、报社广告部门组稿等。图片是新闻表述的重要形式，也是版面中重要的组成部分，常被称为报纸版面的眼睛。图片主要有新闻照片、绘画、图表等。

16.报纸的主体是什么？

报纸的主体是新闻，报纸又称新闻纸，是以刊登新闻为主而得名的。

17.什么是新闻？新闻有哪五要素？

新闻概念有广义与狭义之分。广义上：除了发表于报刊、广播、互联网、电视上的评论与专文外的常用文本都属于新闻，包括消息、通讯、特写、速写(有的将速写纳入特写之列)等；狭义上：用概括的叙述方式，以较简明扼要的文字，迅速及时地报道附近新近发生的、有价值的事实，使一定人群了解。

新闻五要素即新闻的五个W，指一则新闻报道必须具备的五个基本因素，分别为何时(when)、何地(where)、何事(what)、何因(why)、何人(who)。这是新闻中不可缺少的五个方面，是对新闻报道的基本要求。

18.报纸新闻有哪些类别？

报纸新闻根据不同分类标准，可分为不同种类，主要有：

(1)按事实发生状态分:有突发性新闻、持续性新闻、周期性新闻。

(2)按事实发生与报道的时间差距分:有事件性新闻与非事件性新闻。

(3)按新闻发生的地区与影响范围分:有国际性新闻、国内性新闻、地方性新闻。

(4)按新闻事实的材料组合分:有典型新闻、综合新闻、系列新闻。

(5)按传播渠道与信息载体分:有文字新闻、图片新闻、电声新闻、音像新闻。

(6)按反映社会生活的内容分:有政治新闻、经济新闻、法律新闻、军事新闻、科技新闻、文教新闻、体育新闻、社会新闻等。

19.一则标准的报纸新闻包括哪些组成部分?

新闻在结构上一般包括标题、导语、主体、结语和背景五部分。前三者是主要部分,后二者是辅助部分。

新闻标题即新闻的题目,是在新闻正文内容前面,对新闻内容加以概括或评价的简短文字。其字号大于正文,作用是显示新闻内容,吸引读者阅读。

导语,一般指电头后的第一句或第一段文字,用来提示消息的重要事实,使读者一目了然。

主体,随导语之后,是消息的主干,是集中叙述事件、阐发问题和表明观点的中心部分,是全篇新闻的关键所在。

结语,一般指消息的最后一句或一段话,是消息的结尾,它根据内容的需要,可有可无。

背景,是事物的历史状况或存在的环境、条件,是消息的从属部分,常插在主体部分,也插在导语或结语之中。

20. 什么是新闻标题的主题、引题和副题?

新闻标题从结构上来分,有两种形式,即单式题和复式题。单式题一般由一行式主题构成,也可以由双行式主题构成。复式题一般由两个或两个以上新闻标题按一定的规律组合而成,常见的有引题与主题的组合式,主题与副题的组合式,引题、主题与副题的组合式。

主题又称标题,是多行题的主体,字号最大、最醒目,地位最突出。常用于概括和提示新闻中最主要的事实或思想,是新闻内容的精华所在,或者是编者以为需要强调的东西。

引题又称眉题、肩题。用于多行题中,置于主题之前。其作用是将新闻中的一个侧面作为前导引出主题,同时负有辅助阐明主题思想的任务。常用于交代背景、说明原因、烘托气氛、揭示意思。

副题又称子题、辅题。常用于多行题中,位于主题之后。常用于补充交代新闻中的次重要事实,补充主题的不足或证实主题,也用于说明问题、背景、来源或根据。较之引题,副题一般是实题。除新闻外,通讯、特写、调查、社论也可采用副题,用于解释主题,交代具体的事实要素。

21.什么是报纸的社论？什么是新闻评论？

社论，是新闻评论的一种，是最为重要的新闻评论和舆论工具，是报纸编辑部就重大问题发表的评论。

新闻评论，是社会各界对新近发生的新闻事件所发表的言论的总称，是新闻媒体对当前重大的新闻事件或重要的社会问题发议论、讲道理、明是非的一种议论文体。新闻评论在舆论监督中处于一种显要的地位，在弘扬先进思想和精神的同时，还要不断揭露和抨击各种腐败现象和不正之风，对不良之风和现象形成强大的舆论压力。

22.什么是导读？什么是通稿？

导读，近几年出现的一种标题形式，它类似于20世纪80年代中期出现的标题新闻，主要是通过版面元素的组合，引导和方便读者阅读，为读者快速了解报纸内容提供指南的一种新闻样式。一般放在版面醒目位置，在"厚报"时代比较常见。

新闻通稿起源于美国，原是一些新闻通讯社的专利。新闻通讯社在采访到重要新闻后，会以一种统一的稿件方式发给全国的媒体，媒体再转发该新闻。发展到现在，很多企业在对外发布新闻时，为统一宣传口径，也会组织新闻通稿。新闻通稿是一个传播术语，具有覆盖范围广、传播速度快、真实性强的特性。

新闻通稿基本都是模仿平面媒体的稿件形式来写的，按照基本的形式来分，可以分为消息稿和通讯稿。

23.什么是副刊？什么是专版？

副刊，是报纸上用文学体裁反映社会、文艺色彩较浓、能给读者提供美的享受的固定版面，定期出版，一般有刊名，有别于新闻的版面和栏目。如《重庆日报》的《两江潮》等。

专版，就是在一个版面上刊登同样主题的稿件或者图片、漫画等，突出表现一个主题，形式多样。

24.什么是特刊？什么是号外？

特刊，指报纸为纪念某一节日、事件、人物等而编辑出版的一期或一版。

号外，指定期出版的报纸在前一期已出版、下一期尚未出版的一段时间内，对发生的重大新闻和特殊事件，为迅速及时地向读者报道而临时编印的报纸，因不列入原有的编号，故而得名。

25.一家正规报社有哪些部门？

一家正规的报社一般分设有编委会、编辑部、新闻部、评论部、夜编部、发行部、广告部、总编室、考评办、通联部等部门，报社根据所出版报纸的内容可有不同的设置。

26.什么是报纸编委会？编委会的主要职责是什么？

编委会是编辑委员会的简称。编委会通常由正副总编辑和一些重要编辑部门的负责人组成。编委会是报纸编辑部的领导机构，主要负责学习并研究宣传中央的路线、方针、政策，执行上级指示，完成各项新闻报道任务；审议和制订编辑部定期或专题的报道计划，并组织实施；组织相关业务研究、人才培养等工作。编委会的主要职责是：

(1)制订和执行办报方针，并在实施过程中起监督作用。

(2)对报纸编辑部工作以及稿件质量进行指导和把关。

(3)组织策划采访报道选题。

(4)加强对报纸的宣传，提高报纸的影响力。

(5)培养和发现人才，壮大采编队伍，充实编审力量。

(6)收集反馈意见，总结办报经验。

27.如何组建报纸编辑部？编辑部的主要职责是什么？

编辑部可按管辖范围和责任大小组建，包括：总编辑、编辑部主任、版面主编、编辑、校对等。

编辑部可按业务程序划分组织，包括：日班编辑，即编辑部内组织日常宣传报道的人员；夜班编辑，负责每天报纸最后发排工作的编辑；编务，即负责编辑部内部业务事宜的工作人员。

编辑部还可以按编辑内容的专业组建，分为时政部、文教部、经济部、体育部等。

编辑部是新闻出版机构负责编辑业务的综合性部门。有些编辑部还负责采访、编辑与通联(通讯联络)的全面工作。

28.报纸的记者与编辑各自的职责是什么？

媒体从事信息采集和新闻报道工作的人通常称为记者，记者属于职业的一种。记者的职责与任务，可以说是多方面的，主要有三点：第一，敏锐地去发现事实；第二，忠实地去报道事实；第三，当好党和人民的耳目喉舌。

文字编辑的主要职责是报纸的选题策划、组稿约稿、相关稿件的编辑工作。

组版编辑需完成每期报纸的设计、排版工作。

二、报纸的编辑出版

(一)报纸内容策划

1.如何明确一段时间内报纸的宣传报道思想？

报道思想是一定时间内组织宣传报道的指导思想，包括报道的内容、范围、重点和具体要求，是进行采访活动的依据和出发点。报道思想的确立来自三个方面：(1)党的方针和政策；(2)编辑部的报道提示；(3)广大群众、通讯员以及有关部门提供的新闻线索和背景情况。

2.什么是新闻报道策划？

新闻报道策划，是新闻编辑为使某些报道选题获得预期的传播效果，对新闻报道活动进行规划和设计，并且在报道实施过程中不断接收反馈，修正原先设计的行为。

从实际操作的层面上看，新闻报道策划之所以能够存在，是由于新闻资源具有可被认识、开发、配置、转换和利用的特性。

新闻报道策划既不能脱离客观存在的新闻事实而凭空产生，也不能摒弃报道主体的主观意识而运行。新闻报道策划要有可受性，策划的选题必须是大多数受众想知道的、应知道的；要有时新性，对于事件性报道，要有较强的时效性，对于没有准确时间要素的非事件性报道，可在特定时间坐标系或特定背景下实现其时新性；要有深度，对客观事实应有整体把握，并具有高屋建瓴的宏观认识，以开阔的思维去观察和思考，宏观把握，微观着手；要有前瞻性，做到准确把握热点，要求编采人员具有高度的新闻敏感，要将新闻触觉伸展到各个角落，要做全天候的新闻人；策划中要体现忧患意识和人文情怀。

3.在新闻报道策划中如何选定主题？

新闻报道策划中主题的确立往往建立在掌握种种资料和整合种种资源的基础上。

一个新闻可以从不同的角度来做，不同的角度有不同的重点，不同的角度会产生不同的方案，所以一般在讨论后都要从多个方案中选择并确定一个主题而不是多个。

而确定这个主题的标准即新闻价值的大小，即追求新闻价值的最大化。这里所形成的主题往往比较宽泛并有待于进一步细化。必须说明的是，在最初的讨论时期，主题的宽泛有利于从多个层次展开新闻采访活动。

4.日报类的报纸与周报类的报纸在选题的选定上有何不同？

每天出刊的日报类报纸，在选题的选定上更讲求时效性和预见性。而相对来说，周报对时效性的要求没有那么强，但在深度上要求更高。

5.新闻报道策划包括哪些种类？

新闻报道策划关注的主要有三类选题：(1)可以预知的、有重大社会影响的活动和事件性或非事件性新闻。(2)非可预见、有重大社会影响的突发性事件，需要在及时发出第一条消息的基础上进一步进行跟踪报道。(3)新闻媒介自己设立的重要问题性报道、活动性报道。

这三类新闻选题有一个共同的特点，就是选题本身的潜在社会影响力及其内容的复杂性决定了报道不能停留在简单、肤浅的层次上，而必须对报道客体进行充分的发掘、展示和分析，以多个稿件在空间或时间上的组合，使受众从多种角度、多个层面了解事物的全貌和本质。

6.新闻报道策划的参与主体是哪些？

新闻报道策划的参与主体主要包括以下几个层次：

第一层次是总编辑策划。总编辑就是总策划，重点抓带全局性的策划，在新闻报道策划活动中起主导作用。

第二层次是部门主任策划，包括部门编辑策划。部门主任、编辑的积极性，是做好新闻报道策划不可忽视的重要因素。

第三层次是记者策划。总编辑、部门主任在报道方面的策划，最终要通过记者的采写工作去实现。也就是说，记者是新闻报道策划的实施者，同时，记者也应该是策划主体的一个层次。因此，记者既是新闻报道策划的实施者，又是参与者。

7.进行新闻报道策划需要做哪些准备工作？

首先，要全方位地收集与选题相关的新闻素材，素材收集得越多，对策划的帮助越大。

其次，对收集到的素材进行进一步的研究，从中发掘最有新闻价值的东西。

再次，准备召开选题会议，会议上参与人员充分讨论选题。

8.如何进行新闻报道策划？

一般来说，新闻报道策划大体分为以下五个步骤：

(1)确定主题。主题的选择是整个新闻报道策划的灵魂，是统率整个活动的思想纽带和思想核心。

(2)确定体裁与风格。体裁关系到报道的性质。可以选择解释性报道或是预测性报道、调查性报道的新闻体裁，也可以在分析研究的基础上提出对策性很强的研究报告，还可以策划为整合报道或是连续报道、组合报道。

文章的风格，关乎文章的外在表现形式，更重要的是它可以产生独特的叙事修辞。在风格策划的细致之处，甚至会涉及是否采用倒叙写法，要不要"编者按"等，如何对待日常用语、科学用语，重视讲故事还是重视说服力这一类细微的问题。

(3)确定文章的结构。一个重点策划，有可能是由数篇文章组成，为了构成整体宣传效果，文章的总体结构和每一个单元就需要仔细策划。有的策划以时间为序，有的策划按照文章的重要性来推出，还有的按照总—分—总的结构进行，形式较多，没有统一的格式。

(4)任务描述。这是一个对文章结构总体和每一个单元的任务做进一步细化的过程：每一单元将会包括哪些内容？具体要采访什么？难点和重点是什么？成稿后的面貌如何？等等。对于职业新闻记者而言，任务的描述无异于是对相关文本的工作量的描述。

(5)分工与计时。具体分工包括：基于文本单元或者采访工作的不同侧面，把采访对象和采访内容分配到每一个相关人员，提出注意事项。

分工的策划将会最终形成两张表：任务人表和日程表，交与主持者和每个相关人员共享、掌握。

任务人表使参与者有章可循，主持者通过对任务人做必要的讲解、认真的督促，为新闻活动保驾护航。

日程表主要用于时间的控制，一般以时间进度表(倒计时)的方式来表现。时间的安排要合理，在考虑新闻同业竞争的同时也要留有余地，一般来说，日程表上前面的时间进度较紧凑，后面可以留一些时间出来调整。

9.如何及时地调整、修改新闻报道策划？

策划在实施过程中有可能随着记者的深入采访而发现新的问题，甚至和原有的策划报道方案有很大出入。此时记者应第一时间向后方报道负责人汇报，根据实际情况及时更改、调整策划方案。

（二）新闻采访与写作

1.什么是新闻采写？什么是新闻采访？

新闻采写，就是指新闻采访和写作。

新闻采访是指记者为获取新闻而对客体所进行的观察、询问、倾听、思索和记录等活动，是新闻写作的前提，是一种特殊的调查研究。新闻采访是新闻传播的起点，采访使新闻写作在摄取素材方面有别于文学创作，新闻采访体现了记者职业的重要特点。

2.记者如何判别新闻价值？

新闻价值是选择和衡量新闻事实的客观标准，即事实本身所具有的足以构成新闻的特殊素质的总和，素质的级数越丰富越高，价值就越大。也有一种观点认为，新闻价值主要是指新闻事实的政治价值，即它对人民群众的启发、教育作用，对实际工作的指导作用等。还有一种观点认为，新闻价值是新闻机构发布的新闻在群众中受到重视的程度。

新闻价值的要素包括：

（1）时新性，即客观事实发生的新近性及事实内容的新鲜性。

（2）重要性，即事实对受众的影响程度，受影响的受众的数量多少，以及事实对社会的影响时间的长短、影响空间的大小。

（3）显著性，包括新闻人物的显著性、事情本身的显著性。

（4）接近性，既包括物理距离又包括心理距离。

（5）趣味性。

3.新闻记者如何增强新闻敏感？

新闻工作是一项实践性很强的劳动，新闻敏感是通过实际工作锻炼培养出来的。不深入实际，新闻敏感就无从得来。培养新闻敏感，从三个方面入手：

（1）社会责任感和政治敏感是培养新闻敏感的前提。记者要具备社会责任感和政治敏感度。要对党的路线、方针、政策有总体把握和全面理解，这是新闻敏感的核心所在。新闻记者的社会责任感越强，触及新闻敏感的机会就会越多，工作积极性也就越高。

（2）丰富的实践经验和知识储备是培养新闻敏感的基础。在日常工作、生活、学习中留心观察，用心思考，用心积累知识，关键时候就会得心应手。

(3)善于观察和学习是提高新闻敏感的重要途径。新闻记者既要观察有形的事物，又要观察无形的东西。新闻记者不仅要看到常人读不出、看不到的东西，还要从常人习以为常、司空见惯的东西里发现有价值的新闻，从平常的外表下挖掘出深层的内涵。

4.什么是新闻线索？新闻线索从何而来？

新闻线索也称采访线索、报道线索，是指为新闻采访报道提供的有待证实、扩展和深化的讯息，它给新闻记者提供了到哪里去采访、采访什么的大体方向。新闻线索不等于新闻事实，是记者发掘题材的一种凭据。

获取新闻线索，有以下几种途径：

(1)发布新闻的党和政府的有关机关提供线索，或者是编辑部向记者提供新闻线索。

(2)到基层单位去寻找线索，这是获取新闻线索的主要渠道。

(3)来自基层的广大通讯员和读者(受众)提供的新闻线索，这是一条广泛获得新闻线索的渠道。

(4)来自记者的发现、寻找和挖掘。

寻找新闻线索不能完全依赖他人提供，更多的是记者自身的发现、寻找和挖掘。常见的渠道包括：捕捉相关新闻媒体的报道，浏览互联网的最新报道，广交各方朋友，重视新闻热线，制作特殊日历，重大节日、纪念日、人物日志、季节变化，等等。对记者来说，这些都是重要的新闻源。

(5)参加各类会议，从领导讲话、会议文件和有关工作简报上寻找新闻线索。这是较常见的一种获取线索的渠道。

5.常见的采访方法有哪些？

采访的方法多种多样，常见的有以下六种：

(1)现场观察，指到会议现场、活动现场、突发事件现场，以及其他发生新闻的现场做采访调查。

(2)个别采访，即向新闻人物和掌握新闻的人物收集新闻素材，新闻记者的采访一般都离不开个别采访。

(3)开座谈会，围绕一个报道的内容，邀请当事人、了解情况的人，或是有代表性的人一起座谈，从而进行采访。

(4)蹲点调查，适用于人物、典型事迹、重要题材等方面的报道，它要求记者对所选择的“点”进行由表及里、由浅入深的较全面深入的采访。

(5)查阅文字材料。查阅各种书面材料，如会议记录、工作总结、信件、日记等，了解事件的梗概。

(6)电话采访。这是被采访者不在当地，或者确实无法与被采访者面谈，而不得已采取的一种采访方式。其优点是抢占了时间的先机，缺点是因为是电话交谈，无法畅所欲言。

6.开展采访活动需要做好哪些采访准备?

采访必须明确报道思想,做好准备工作。采访前的准备包括:学习领会有关方针政策,研究采访题材与对象,查阅有关资料,了解背景情况,以往经验的汇集,技术与设备的筹备,以及访问计划、实施方案的拟定等。

7.采访过程中有哪些注意事项?

采访是一门技术,需要在提问、态度和言行上重视。

(1)提问。应就所提问题在采访前列出提纲,对当事人的基本情况进行初步了解,区别不同情况,对不同对象采取不同的问法。采访提问时,要避免问一些大而无当、不合时宜的问题,可以从具体的小切口入手,让被采访者容易开口。

(2)态度。采访时态度要真诚,尊重被采访者,不卑不亢,理性客观,做好采访笔记。

(3)言行。注意自己的形象,不要迟到,借用采访对象的材料、物件要如期归还。

8.怎样在采访过程中确定主题?

在采访之初,记者的主要任务是最大量、最充分地了解情况、掌握素材,摸索、发现主题,继而随着采访的深入,从酝酿主题到选择主题、提炼主题、深化主题,最终确立主题。

9.什么是独家新闻? 独家新闻有何特点?

独家新闻是指由一家新闻媒体发出的具有较高新闻价值的新闻。

独家新闻具有如下特点:

(1)独有的新闻事实。

(2)独有的远见和时效。

(3)独有的地方特色。

(4)独有的问题。

(5)独有的视野。

(6)独特的角度。

(7)独特的见解。

(8)独有的深度。

(9)独有的结构。

10.如何采访名人?

对名人的采访是新闻工作者(记者)最常见的工作,采访名人要做好以下几点:

(1)采访名人前,要做足“功课”,了解他因何而出名。

(2)对于名人所在的专业领域,要有一定的了解。

(3)提的问题可以是大众关心的,也可以是相对专业的。

(4)采访名人的朋友、家人,以增加对名人的了解。

11.时政新闻采访应注意哪些事项?

时政新闻是指对国家政治生活中新近或正在发生的事实的报道。时政新闻具有政治性、政策性、广泛性、信息性、时效性等特点。

时政新闻记者需要立场坚定、头脑冷静，实事求是、保持真实，作风踏实、深入实际，宏观选题、微观选材，知识广博。

时政新闻采访要把握以下几点：

(1)遵守由上至下的采访原则。把相应的政策当成接下来采访的导向，由政策指引采访。(2)要有全局意识，站在整体的高度去看待采访的问题，确保时政新闻采访的线、面的结合。(3)紧抓具备鲜明特点的采访细节和内容，彰显出新闻采访报道的特殊之处。(4)全方位采访，使新闻更加立体化。(5)有效加强对比，提高采访效果和新闻说服力。

12.如何做好经济新闻的采访?

经济新闻是对新近发生的具有新闻价值的经济活动或经济工作事实的报道，是有关生产、流通、分配、消费等一切经济领域新闻的总称。

经济新闻有广义和狭义之分。广义的经济新闻包括经济消息、经济通讯、经济调查报告和经济时事评论等文种；狭义的经济新闻专指经济消息。

经济新闻相对比较专业，做好经济新闻报道，应做到如下几点：

(1)学习、掌握社会主义经济建设的理论和政策。

(2)熟悉经济领域的基本知识和情况。

(3)善于从业务技术堆里跳出来。采访中，记者要善于抓问题、抓事实、抓角度、抓趣味、抓通俗。

13.如何做好文化新闻的采访?

文化新闻的采访要求如下：

(1)体现文化新闻的特点，文化新闻报道应有文化味。

(2)强调现场采访，剧场、舞台、展场……记者一定要到现场，而且要认真观察，这样写出来的报道才有现场感，让受众感受到艺术性。

(3)实事求是，准确评价。对文艺作品、舞台表演的评价要客观，不要滥用溢美之词。

(4)写作中加入背景，增加深度。记者在写稿时加入背景，可以令报道有深度和厚度。

14.如何做好社会新闻的采访?

社会新闻属于新闻的一种，是对涉及人民群众日常生活的社会事件、社会问题、社会风貌的报道。

与政治新闻、军事新闻、经济新闻、科技新闻、文化新闻相比，社会新闻具有社会性、广泛性、生动性、趣味性等特点。

社会新闻的采访要求：

(1)行动迅速。许多社会新闻都是突发的，记者一接到线索，应第一时间赶到现场采访。

(2)要有好奇心。虽然很多社会新闻都是突发的，但记者平时就应该对某些事物具有好奇心，对一些社会现象应多思考，这样才能遇事不慌。

(3)客观全面。做社会新闻报道切忌偏听偏信，应全面采访新闻中的当事人，客观报道。

15.什么是灾害新闻？如何采访报道灾害新闻？

灾害新闻是对灾害事件的报道，包括自然灾害和人为灾害。

灾害新闻具有很高的新闻价值，具有突发性、严肃性、客观性、科学性等方面的特点。

采访报道灾害新闻，一要灵活应变。灾害新闻有很强的不确定性，对灾害新闻的采访报道既要有预见性，也要做好应变预案，随时改变报道计划，及时应对灾害的突变，牢牢把握报道的主动权。二要有创新视角。在采写灾害新闻时，应力求创新，变换视角，切不可落于俗套，让人有似曾相识的陈旧感。三要有现场感。深入灾害现场非常危险，但只有深入现场，才能捕捉到最生动最真实的场景，才有可能挖掘到最感人的故事，才有可能真正写出受灾群众的心声，才有可能抓住灾害背后更深层次的东西。四要求真务实。对灾害新闻，读者更多的是希望了解损失，采访写作中必须以准确真实的报道维护报媒的公正性、权威性。

16.新闻体裁可分为哪几类？

新闻体裁大体分三类：

(1)新闻报道，有消息、通讯、新闻特写、新闻公报、调查报告、专访等。

(2)新闻评论，有社论、述评、编辑部文章、评论员文章、思想评论、理论文章等。

(3)副刊体裁，有散文、杂文、小品、诗歌、小说、剧本、报告文学、回忆录、曲艺等。

17.消息有何特点？

消息是以简要的文字迅速报道新闻事实的一种体裁，是最广泛、最常用的新闻体裁。消息报道事实一般比较单一，突出最新鲜、最重要的事实，文字简洁，时效性最强。

消息的特点是：

(1) 比较短，多为几百字，内容简明扼要，文字干净利落。

(2) 常有一段导语，开门见山，吸引读者。

(3) 叙事朴实、实在，通常一事一报，讲求用事实说话。

(4) 时间性强，注重时效，报道快速及时。

(5) 结构严密，层次分明。

(6) 交代必要的背景。

18.如何写好消息？

消息的结构比较固定、简单，大多数消息的结构都是“倒金字塔式”的，即最重要的材料放在开头，次要材料放在后面。消息的结构具体表现为：标题、导语、主体、结尾，并在文中穿插背景。

(1)标题。标题是消息的眼睛，拟写得好，可以吸引读者；拟写得差，一篇好消息也会被埋没。

(2)导语。导语是指一篇消息的第一自然段或第一句话。它是用简明生动的文字，写出消息中最主要、最新鲜的事实，鲜明地提示消息的主题思想。新闻导语的写作要求走出套路，简明扼要，不冗长，求特点，不能一般化；多用实词和富有动作色彩的动词，不要用抽象名词和难懂的术语；在交代新闻来源和新闻依据时，不出现长串人名、地名、官衔、机构名称等。

(3)主体。消息的主干部分，紧接导语之后，对导语做具体全面的阐述，具体展开事实或进一步突出中心，从而写出导语所概括的内容，表现全篇消息的主题思想。应按"时间顺序"或"逻辑顺序"写作，但仍然要先写主要的，再写次要的。

(4)背景。交代背景目的在于帮助读者深刻理解消息的内容和价值，起到衬托、深化主题的作用，也就是回答五个"w"中的"why(为什么)"。

(5)结尾。消息的结尾有小结式、启发式、号召式、分析式、展望式等。这些结尾的写作与一般记叙文结尾的写作并无大的不同。

19.什么是通讯？通讯包括哪些种类？

通讯是详细报道有新闻价值的人物、事件的一种新闻体裁。通讯是一种详细、深入的报道，也是一种具有多种表现方法的新闻体裁。通讯报道生动形象，具有感染力，其容量大、范围广、写法活。它所报道的内容是现实中具有典型意义的人或事，要有一定的思想性与群众性；选择的材料丰富多样、系统全面，有故事，有细节，有起伏；写作中综合运用叙述、描写、议论、抒情等多种手法。

通讯一般分为人物通讯、事件通讯、工作通讯、风貌通讯等。

20.怎样写通讯？

通讯以叙述描写的形象性、故事性和细致性与消息相区别，其写作的基本要求和方法有以下几点：

(1)叙事要有明确的目的性。

(2)事件情节的交代要清楚明了，线索要清晰。

(3)叙事要生动，灵活运用多种表现手法，突出重点，有详有略。

(4)在叙事中要选好人物，写人物时注意精练、生动形象。

(5)注重通讯的语言特点和细节描写：语言要求准确严谨，简明扼要，鲜明生动，具体真切，通俗易懂；多运用朗朗上口的群众语言。

21.什么是新闻特写、深度报道、人物专访等特色通讯？

新闻特写，是以描写为主要表现手段，截取新闻事实中某个最能反映其特点或本质的片段、剖面或细节，做形象化的再现与放大的一种新闻体裁。

新闻特写的写作要领：

(1)抓住生动的形象。

(2)抓住事物的特征。

(3)抓住情节的高潮。

(4)抓住富有特征的细节。

深度报道,是一种完整地反映重要新闻事件和社会问题,深入挖掘和阐明事件的因果关系以揭示其实质和意义,追踪和探索其发展趋向的报道方式。其报道形式包括单篇类和集合式。

人物专访,就某个人物或者某个问题进行的专门的访问。

22. 如何使用采访对象的话语?

在采访中,采访对象的话语存在临时性、随意性和口语化的特点,甚至有语句不连贯、逻辑不明确、语法错误等问题。在新闻写作中,对采访对象的话语是可以有所修改的,但改动必须符合规范,做到"形微变而神不变",一般这种改动只适用于间接引语。采访对象原话调整的基本规则主要有四条:

(1)原语有语病,不适用于书面表达,在忠于原话意思的同时,可以将其适当修改成没有语病的引语。

(2)表达模糊,不清不楚,可以适当修改使之表达清楚。

(3)多余字词可以删减。

(4)翻译外语或解释方言时,可以将其转换成符合读者阅读习惯的表达方式,但要进行必要说明。

23.如何写新闻评论?

写好新闻评论,首先要读懂新闻。要深入了解新闻报道的是什么事件,新闻发生的背景,新闻事件发生的过程,新闻的结果是什么,新闻事件反映出什么样的问题等。其次要选好点评的角度。新闻评论要切中要害,要针对新闻抓住事件的本质,准确提炼观点。再次要点评精当、独到,要鞭辟入里,以理服人。针对新闻所报道的事件,从理和法的角度去看待,然后旗帜鲜明、是非分明地把或褒或贬的态度表述出来,最后新闻评论要讲究艺术性。要认真选择表述的角度,力求新颖、独到,做到生动形象、文采斐然、言简意赅、干净利落,才能使人耳目一新。切忌陈旧、老套、死板。

24.新闻报道中如何注明消息来源?

报道中注明消息来源一般采用三种方式:

(1)明确交代信息来源。新闻稿件中涉及观点、数据等,需要明确交代消息来源。

(2)说明信息来源提供者的具体职务和姓名。对个人单位、职务和姓名的交代,一般会遵循这些规范:要准确,要核对名字的写法;不要滥用"资深""著名"等太过拔高的形容词;有些消息提供者有多重身份,一般应选择与这次报道主题最相关的职务。

(3)转载媒体报道要说明来源。这是一种对版权尊重、对同行尊重的职业规范。

25.新闻记者如何预防虚假失实新闻的产生?

新闻记者开展新闻采访活动必须遵守国家法律法规,严禁编发虚假新闻和失实报道。

(1)境内所有新闻机构的新闻记者从事新闻采访活动必须坚持持证采访。在常规的新闻采访活动中应主动向采访对象出示新闻记者证表明身份,并自觉接受社会监督。

(2)新闻记者从事新闻采访报道必须坚持真实、准确、全面、客观、公正的原则,深入新闻现场调查研究,充分了解事实真相,全面听取新闻当事人各方意见,客观反映事件各相关方的事实与陈述,避免只采用新闻当事人中某一方的陈述或者单一的事实证据。

(3)新闻记者编发新闻报道必须坚持实事求是,不得发布虚假新闻,严禁依据道听途说编写新闻或者虚构新闻细节,不得凭借主观猜测改变或者杜撰新闻事实,不得故意歪曲事实真相,不得对新闻图片或者新闻视频的内容进行影响其真实性的修改。

(4)新闻记者报道新闻事件必须坚持实地采访,采用权威渠道消息或者可证实的事实,不得依据未经核实的社会传闻等非第一手材料编发新闻。

(5)新闻记者开展批评性报道至少要有两个以上不同的新闻来源,并在认真核实后保存各方相关证据,确保新闻报道真实、客观、准确,新闻分析及评论文章要在事实准确的基础上做到公正评判、正确引导。

26.报纸的新闻报道如何规范署名?

报纸新闻记者的署名,是新闻事实的重要组成部分。记者署名的真实性,是新闻报道可信度的重要保证。记者在报道中要署真名,以便使读者清楚地知道谁应该对报道内容负责。因各种原因记者不得不使用笔名或别名时,须经媒体认可并备案;若有关报道会威胁记者的人身安全而不得不使用化名时,须告知媒体批准。

记者处理的通讯员来稿和读者来函,也应署上记者真名。为了鼓励记者自采稿件,不鼓励与通讯员联合署名;凡采用了通讯员的稿件超过八成的,不许再署记者姓名;凡采用了通讯员稿件中部分内容的,要把通讯员的名字署在前面;联合署名的稿件,只按半条记工作量。在有多个署名的情况下,除非是信息提供方有特殊要求,一般第一个姓名应是该文执笔记者,以便告知读者谁是内容的第一负责人。

(三)稿件编辑与审核

1.什么是报纸编辑工作?

报纸编辑工作指编辑通过对一定的新闻信息进行策划、优先与组合,使这些新闻信息汇聚在新闻纸上,提供给读者想要的信息和享受,从而实现报纸的传播贮存功能。报纸编辑工作是一项由众多环节组成的系统工程,主要包括策划、编稿和组版三部分。策划是指报纸的整体设计和新闻报道的策划与组织;编稿是指分析与选择稿件、修改稿件和制作标题;组版是指配置版面的内容和设计报纸版面。

2.报纸编辑如何分类?

报纸编辑工作种类的划分较为复杂,划分的标准不同,编辑工作种类也不同。主要的划分方式有：

按管辖范围和责任大小划分，有以下几类：

(1)总编辑，采编部门总负责人。

(2)编辑部主任，编辑部下属各具体业务部门的负责人。

(3)版面主编，负责设计、组拼报纸版面的编辑。

(4)编辑，协助编辑部主任和版面主编工作，担负一定范围的稿件编辑任务的人员。

(5)校对，从事新闻出版过程中校对工作的专职人员。

按业务程序划分，有以下几类：

(1)日班编辑，编辑部组织日常宣传报道的人员。

(2)夜班编辑，负责每天报纸最后发排工作的编辑，因上夜班，故名。

(3)内务编辑，又称编务，是负责编辑部内部业务事宜的工作人员。

此外，新闻编辑工作还可以按编辑内容所属的专业划分，可分为时政编辑、文教编辑、经济编辑、体育编辑等。

3.新闻稿件有哪些来源？

一张报纸并非所有的新闻都来自该报记者的自采稿，一般来说，报纸的新闻主要有以下来源：一是通讯社提供的新闻；二是新闻媒体记者自己采写的新闻；三是媒体之外的通讯员或其他作者提供的新闻稿件；四是从其他新闻媒体上获得的线索与资料或可供转载的稿件。

4.编辑如何选择稿件？

编辑选择稿件要坚持新闻价值和新闻政策两个标准。新闻价值标准决定新闻事实值不值得报道，属于新闻选择的业务标准。新闻政策标准决定新闻事实允不允许报道，属于新闻选择的政治标准。

(1)新闻价值选择的标准：一是符合媒体受众需要，要考虑受众的兴趣与需要；二是符合新闻市场取向，要考虑一定时期新闻市场的需求和取向，也要防止在新闻传播中出现“只顾市场，不讲立场”的情况，一味地去迎合新闻市场需求，不考虑实际社会效果，导致新闻传播发生方向性的错误；三是符合记者经验积累，要经得起新闻价值理论与实践的检验和验证；四是符合社会控制要求，符合自身所处社会的政治制度、法律制度、文化传统、社会理念、道德及价值观念等。

(2)新闻政策选择的标准：一是符合国家和人民利益，要考虑是否有利于维护国家和人民的根本利益，是否有利于促进国家和人民各项事业的发展；二是符合社会公共利益，要注意尊重公众的“知政权”和“知情权”；三是符合新闻传播规律。

新闻选择是一个十分复杂的过程，除了上述内容外，它还要受到新闻媒介及新闻传播者所处的各种内外环境及诸多主客观因素的制约和影响。如：国内外的政治、经济和文化环境；社会的文化及道德水准；民众的心理、心态及承受能力；新闻行业的从业规范与传播惯例；传播者自身的道德、涵养、能力；等等。

新闻传播者需要靠自己长期的经验积累，靠自己的新闻敏感和新闻悟性，靠自己对新闻政策与新闻价值理论的正确理解、对社会需要与受众需求的准确把握，在最短的时间内对自己捕捉到的新闻事实信息迅速做出鉴别、衡量和取舍，将那些最具有新闻价值，最能满足社会与公众需要，同时又最能体现新闻政策的新闻奉献给广大读者、听众和观众。

5.报纸稿件编辑加工如何审核把关？

报纸稿件编辑加工要求把好以下三个基本关口：

(1)把好政治关。编辑要不断增强政治敏锐性和政治鉴别力，牢固树立政治意识、大局意识、责任意识、阵地意识，始终保持清醒而冷静的头脑，做到大事面前不糊涂，原则面前不让步，高屋建瓴，保证报道的真实、准确、全面、客观。编辑稿件时，对涉及的政治问题，要认真分析，判断其观点是否正确，与党的路线、方针和政策是否保持一致。

(2)把好文稿质量关。一是文稿的观点是否新颖，是否显示了时代精神；二是文稿的价值是否具有较强的稳定性；三是文稿能否较好地满足读者需要，被读者认可。而要达到上述要求，就必须做到抓好选题，抓好组稿，抓好审稿，抓好稿件加工，等等。

(3)把好校对关。校对以校错改错为基本职责，对稿件文字差错、词语差错、语法错误、数字使用差错、标点符号使用差错、量和单位使用差错、版面格式错误、事实性错误、知识性错误与政治性错误进行修改。校对除了机械死板地改正明显的错别字及标点符号错误等外，还包括对版面、图片、文章布局、遣词造句的斟酌与修改。

6.如何为新闻稿件制作标题？

新闻标题的作用是概括和提示新闻的基本内容，帮助读者理解新闻的意义；揭示新闻事实的实质，表明编辑部的立场、观点与态度；促使读者产生阅读新闻报道的兴趣。为此，新闻标题的制作至关重要。

制作新闻标题一是要求准确。标题的准确，表现为主次反映得当，概括事实无误，遣词造句确切等。二是要求鲜明。鲜明包含两层意思：一是个性鲜明，二是态度鲜明。所谓个性鲜明，即有个性，有特色，新鲜可看；所谓态度鲜明，就是标题要对新闻事实表现出报纸的立场和看法。旗帜鲜明的标题，能够帮助读者明方向，辨是非，察真伪，识优劣，起到较好的宣传作用。三是要求生动。标题的作用只有通过人们的阅读才有可能发挥。这就需要把标题做得生动活泼，惹人喜爱。四是要求简练。标题不简洁、拖泥带水就会缺少气势和力量，标题要力求“一言理尽，两字穷形”。标题的准确、鲜明、生动和简练之间相互依存，密不可分，制作标题都要先求准确，然后才考虑鲜明、生动和简练。

制作标题，是新闻编辑的主要工作之一。要做到精心阅读稿件，分清主次，抓住要领，精心构思立意，准确遣词造句，仔细推敲。

7.编辑如何进行稿件修改？

修改稿件是编辑的经常性工作之一。新闻稿件的修改，即根据传播工具的特点和宣传报道的要求，在充分尊重作者的基础上，对原稿进行修改加工，使之准确、鲜明、生动地体现报道意图，并为广大读者所喜闻乐见。

修改稿件的要点是：突出主题，校正差错，修饰文字。要注意事实的客观性、观点的正确性和要素的完整性，还要尊重作者、排字和校对人员的劳动。

8.编辑在修改稿件中有哪些常用的方法？

修改稿件常用的方法有：

(1)校正。校核和修正稿件中的各种差错，包括事实、文字、观点等。

(2)压缩。删繁就简。

(3)增补。增加稿件需要的背景资料，需要与作者沟通并核实内容的准确性。

(4)改写。最好请作者自己改写，编辑人员可提出修改意见。

(5)综合。把几篇不同类型的文章综合成一篇稿件。

9.报纸图片选择的标准是什么？

报纸图片具有客观纪实、美化装饰版面、记录场景的作用。

报纸图片的选择标准包括：

一是有要“四性”，即新闻性、真实性、思想性、艺术性；

二是要有“五求”，即求真、求新、求活、求情、求意；

三是要有“三感”，即时代感、现场感和真情实感。

同时，图片也要求讲求构图、光线效果和表现力。

（四）版面编排与设计

1.版面的编排与设计主要有哪些工作？

版面的编排是指报纸版面稿件的布局，对报纸内容和形式起着重要的影响和作用，可反映报纸的风格和特色。故报纸版面的编排能集中体现报纸的宣传报道意图，能鲜明地表现编辑部对新闻事实的立场、观点与态度，被称为“报纸的面孔”。

版面的编排与设计工作概括起来，主要有两大方面：

一是安排稿件，指的是稿件在版面上所占位置的上下、左右及大小、多寡等相互关系的处理。安排稿件要注意主次分明、条理清楚；注意中心与一般的结合；注意处理好各类稿件之间的关系。

二是美化版面，指的是为稿件的布局“梳妆打扮”，通过题文配合、图文配合以及长短块、大小题、横竖排的配文，再加上字体、字号、花线、花框、题花装饰和色彩的运用等，使版面的内容和形式完美结合。

版面的美化主要应注意以下几点：要醒目、要和谐、要美观、要大方、要新颖、要有变化。

2.组版的工作流程分为哪几个步骤?

组织版面大体分为以下几个步骤:

(1)通读全部稿件。包括文字稿件和图片稿件,包括新闻稿件和广告信息,通读后才可谋篇布局。

(2)明确组版版面的思想。编辑在组版之前,一定要搞清楚本期版面有哪些稿件、版面的中心是什么等问题,确定主题和思想。

(3)配置稿件。指通过对稿件的分类组合和补充搭配,来实现版面信息的优化呈现。

(4)构思版面轮廓。就是对组成版面的稿件的数量、顺序、类型、位置等做出大致的规划安排。

(5)计算字数。这是一项非常具体细致的工作,明确了版面思想后,接下来就是汇总当天见报稿件,每一篇的字数是多少,图片有多少,广告有多少,都要心中有数。

(6)设计版样。这是一项综合性的设计工作,设计出来的版样,就是本期报纸版面的设计图。

(7)电脑组版。排版人员按照版样将稿件准确地排入版面,并将样张打出供编辑和校对人员检查、校对、修改。

(8)结尾。确定版样后,版面内容还要经过三审三校,查错补漏,编辑人员还要认真看大样和清样,直到值班总编辑签字付印后,组版工作才算完成。

3.版面常用的编排方法有哪些?

版面编排常用的方法有:

(1)集中编排。

用较多的篇幅,把同一主题的多种稿件编排在一起,有时候是全版,有时候是大半个版或者是半个版等。这种版面稿件集中、主题突出、声势较大。

(2)连续编排。

在一定的时间内,报纸每天或者定期在相对固定的位置,安排一个主题的文章。这种编排有一定的连贯性,便于阅读和收藏。

(3)重点编排。

对一些单独而重要的稿件,做突出醒目的处理,比如放在重要的版面位置上、用大字标题等。

(4)对比编排。

在内容有可比性的前提下,把揭示同一事物矛盾双方的稿件安排在一起,以显示其差异,促使读者分析比较,从中得到启发。

4.如何做好一版的编排?

报纸的一版是最重要的版面,它是报纸的当家版面、门面版面,是整张报纸中分量最重、质量也最高的一部分,掌握舆论的主要导向,并重点体现报纸性质和特色。

办好第一版,需要强有力的采编力量。头版的编排,要选取有分量的头条、有新意的评论、精彩的通讯和特写、有特色的图片等，要让一张报纸最精彩、最有价值的新闻集中在头版。既要体现报纸的权威性，也要对读者产生视觉冲击。

版面的设计上要体现报纸的风格，一版的设计一般要庄重、大方、明快、丰富多彩。

5.常见的新闻稿件配置方式有哪些？

大体说来，新闻稿件的配置主要有两种方式：

一是文配文。指不同文字稿件之间进行配置，其相互间多有并列、连续的关系或者补充、解释的关系。

二是文配图。指新闻稿件和图片之间的搭配关系。这里指的图片包括新闻照片、漫画及图表等。

6.如何撰写编者按和编后语？

编者按是报纸编辑对将要发表的消息、通讯、文章所加的按语，表明某种观点、态度，给读者一些启示性的说明。常依附于新闻报道或文稿的简短评论，是新闻传媒编者常用的一种发言形式。编者按通常 200 字左右，甚至更短，有时仅三言两语，但要能够切中要点。编者按由标题和正文两部分组成。标题，一般都标为“编者按”。正文主要是指出新闻事实中有带普遍性和引人深思的问题，以引导读者思考，达到更好的宣传效果；或者是明确地表示编者自己的观点，发表旗帜鲜明的议论，或点明编辑意图，以启迪读者。

编后语是报纸编辑在编一期报纸或一篇文章后所写的介绍有关情况、表达自己意见的简短文章，一般最长不超过千字，多附在该文之后，常以“编者的话”“编后絮语”“附记”代标题，不署作者姓名。常对所编新闻或文章发表议论，有利于读者了解编辑意图，掌握阅读重点，提高阅读兴趣。编后语写法上更接近随感和短评，需要必要的分析议论，也可以抒情、联想和借题发挥，形式比较灵活，不拘一格，可以用散文笔调，甚至可以用诗歌和对话的形式。

7.如何区分新闻版面与广告版面？

新闻版面与广告版面的划分要从版面形式和报纸内部管理上进行控制。从版面形式上说，报纸广告版面必须标注“广告”字样；不得开办以介绍产品和服务为主要内容的新闻栏目，不得以专版、专刊、专题等形式刊载广告；由广告部门掌握的版面，应在字体、版式和设计上与新闻版面有明显区别，以防读者混淆广告和新闻。从报纸内部管理上说，各报纸内部人员须严格遵守以下规定，严格按规定执行。一是由采编部门制作的内容，只能用在编辑部门掌握的新闻版面上；二是对于广告内容与新闻内容容易发生混淆的广告版面，应在发布前提交跨采编与经营的广告审核委员会审核，审核通过，方可刊发；三是新闻采编人员不可向报社经营人员透露未发表的报道内容和未实施的采访计划，并不得在报道中刻意迎合广告主的诉求；四是采编人员在采访中涉及任何与经营业务相关的内容，应及时向经营部门转达，不要自行接洽或决定；五是报社要严禁为经营人员办理新闻记者证或所谓的“新闻采访证”“新闻工作证”，不得派无新闻记者证人员单独执行新闻采访任务，保持新闻采编队伍的专业性和严肃性。

(五)版面送审与签发

1.什么是四级审稿?如何对报纸进行四级审稿?

四级审稿是指在新闻采编出版流程中,严格执行责任编辑初审、部门主任审核、值班(主管)副总编辑审定、总编辑终审。责任编辑在初审了当日上版的记者稿件后,进行拼版并出第一遍大样。第一遍大样由部门主任审核,同时送校对部门进行第一次核校,改后版样交由责任编辑参改,改后出第二遍大样。第二遍大样由值班副总编辑审定后,报总编辑终审,领导提出的修改意见,责任编辑均应遵照修改,改后出第三遍大样。第三遍大样经校对部门进行最后校对,经审核无误后签付"最后付印样",之后由编辑部主任签字,并由当日值班总编辑签字。

2.什么是"低俗新闻"?如何判断"低俗新闻"?

"低俗新闻"是指新闻记者及其所在媒体单纯以增加发行量、收听率、收视率、点击率等为目的,放弃社会责任,突破新闻伦理底线所报道的片面迎合受众低级趣味的新闻。

低俗新闻的表现主要有六种:

(1)一味追求娱乐化,即通过娱乐化选择、娱乐化加工、娱乐化讲述等方式对事件进行"改造",从而对受众注意力资源进行掠夺式获取;(2)一味追求明星化,即大量从明星等名人身上选取题材,追求明星新闻、名人绯闻,道听途说,捕风捉影,进行各种炒作;(3)一味追求惊悚化,关注大量血腥、暴力、惊悚的场面,追求强烈视觉、情感刺激;(4)一味追求情色化,通过大量情色化内容来强化对受众的感官刺激;(5)一味追求猎奇化,即充满奇谈怪论,关注新奇事物;(6)一味追求审丑化,对"丑态"大肆展示。

3.什么是"新闻炒作"?如何判断"新闻炒作"?

"新闻炒作"是指新闻媒体或个人为吸引公众"眼球",实现最终的经济利润或其他利益,有意虚构新闻事件,刻意介入新闻事件,或者把一些不具有新闻价值的事件局部放大,通过媒体有计划、有组织地实施渲染式报道的行为。

新闻炒作的表现有:

(1)媒体主动策划的新闻炒作。媒体利用公众关注的名人、热点事件、热点问题,夸大某些事物的新闻价值,片面放大事件中的某个局部、某个片段、某个人物,有时为了达到轰动效果,甚至制造虚假新闻。

(2)机构或个人策划的新闻炒作。某些机构或个人为达到吸引媒体采访以及受众注意的目的,挖空心思制造一些所谓的"轰动事件"。这类事件中,一些新闻媒体被利用,在其中扮演了帮闲的角色。

(3)媒体和机构或个人合谋策划的新闻炒作。

4.什么是"新闻逼视"？如何判断"新闻逼视"？

所谓"新闻逼视"，是指新闻媒体或新闻记者，以社会事务仲裁者或道德法律审判官的角色，刻意选择一些迎合公众情绪的素材，违背当事人的真实意愿，通过密集而持续的过度报道，营造"围观"和"逼视"的舆论氛围，使新闻事件朝着其所期望的方向发展的新闻失范行为。

新闻逼视的基本特征及表现有：

(1)报道目的"逼人就范"。逼迫当事人做出符合自己意愿的行为或营造大众"围观"和"逼视"的舆论氛围。(2)报道人员"身份错位"。新闻媒体或新闻记者越俎代庖，代替司法机关、政府行政机关，利用话语霸权。(3)报道素材"迎合公众"。精心选择能够迎合公众情绪的素材。(4)报道手段"超过适度"。通过大篇幅、长时段截取或放大事件中的某些内容或要素，直接增加倾向性的意见或观点，尽量引来其他新闻媒体的跟进报道，使原本简单的新闻事件被过度报道。(5)报道"违背当事人意愿"。如未经许可曝光当事人的家庭住址、家庭成员、个人财产、婚姻状况等个人隐私。

5.什么是"新闻歧视"？如何判断"新闻歧视"？

"新闻歧视"是指新闻媒体或新闻记者，不能够平等地对待不同社会阶层的群体，对特定人群带有偏见或歧视地进行不公正报道。这些特定人群主要集中于女性、农民工、残疾人、传染病患者、犯罪分子、流浪人员、外地人等弱势或边缘人员。

新闻歧视的主要表现包括：缺少对弱势或边缘人员的关注；倾向报道弱势或边缘人员的负面新闻；对弱势或边缘人员不够尊重；对弱势或边缘人员的报道采用歧视性语言；等等。

6.什么是新闻报道中的"再度伤害"？如何判断"再度伤害"？

新闻报道中的"再度伤害"是指在重大或严重突发事件，如地震、洪水、飓风、火山爆发等自然灾害，食物中毒、列车出轨等公共突发事件，以及枪杀、强奸、抢劫等犯罪事件的采访报道中，新闻记者缺乏应有的同情心或保护受害者的意识，造成受害人及其亲属的身心再次受到伤害的失德行为。

新闻报道中再度伤害的表现包括：第一时间进行不妥当的采访报道；不保护受害人隐私，使其被无辜曝光；采访受拒后，依然冷漠追问受害人；等等。

7.如何把握对司法案件的报道？

新闻媒体报道司法活动时，除必须严格坚持真实性、准确性、公正性外，还有几项具体限制：

(1)对于正侦查、起诉或审理的案件，以及尚未做出终审判决的案件，不得公开报道。

(2)个别必须见报的，要先报道破案、起诉或审理的消息，以后再报道判处结果，不得超越司法程序抢先报道，更不得利用新闻报道制造对司法机关施加压力的舆论。

(3)没有把握的案件或有争议的案件，不公开报道。

(4)对已发生法律效力的终审判决,如有不同意见,可在内部提出或登内参反映。

媒体对司法的监督,必须遵守以下限制:

(1)案件判决前不做定罪、定性报道。

(2)对当事人正当行使权利的言行不做倾向性的评论。

(3)对案件涉及的未成年人、妇女、老人和残疾人等的权益予以特别关注,在采访报道未成年人案件、涉及个人隐私案件时注意保护当事人隐私。

(4)不宜详细报道涉及国家机密、商业秘密、个人隐私的案情。

(5)不对法庭审判活动进行暗访。

(6)不做诉讼一方的代言人。

(7)评论一般在判决后进行。

(8)判决前发表质疑和批评限于违反诉讼程序的行为。

(9)批评性评论应避免针对法官个人的品行学识。

(10)不在自己的媒体上发表自己涉诉的报道和评论。

(11)不能随意以与官员、公众人物、公共利益、公共兴趣相关为借口而谋求采访报道的特权等。

8.如何判断“新闻传播侵权”?

“新闻传播侵权”指新闻传播媒体发布了含有侵害他人权利内容的新闻作品,侵害了他人的民事权利。包括新闻报道内容失实、新闻评论不当、新闻作品暴露公民隐私、新闻作品故意损毁名誉等几种。新闻传播侵权行为的构成条件主要有四个,四个要件缺一不可。分别是:

(1)新闻传播的侵权作品侵害了他人人格权。

(2)新闻传播的侵权作品已经发表。

(3)新闻传播的侵权行为人有过错。

(4)新闻传播的侵权内容指向特定的人。

9.新闻传播侵犯新闻作品著作权最常见的行为有哪些?

新闻传播侵犯新闻作品著作权的行为主要有:

(1)未经著作权人许可,发表其作品的。

(2)未经合作作者许可,将与他人合作创作的作品当作自己单独创作的作品发表的。

(3)没有参加创作,为谋取个人名利,在他人作品上署名的。

(4)歪曲、篡改他人作品的。

(5)剽窃他人作品的。

(6)未经著作权人许可,以展览、摄制电影和以类似摄制电影的方法使用作品,或者以改编、翻译、注释等方式使用作品的。

(7)使用他人作品,应当支付报酬而未支付的。

(8)其他侵犯著作权以及与著作权有关的权益的行为。

10.报社如何预防虚假失实新闻的产生？

新闻机构要建立健全内部防范虚假新闻的管理制度。

(1)新闻机构要严格规范新闻采编流程，建立健全稿件刊播的审核制度。严格实行新闻稿件审核的责任编辑制度和新闻稿件刊播的总编辑负责制度，明确采编刊播流程各环节的审稿职责，坚持“三审三校”，认真核实新闻来源和报道内容，确保新闻报道真实、客观、准确。

(2)新闻机构要规范使用消息来源。无论是自采的还是转发的新闻报道，都必须注明新闻消息来源，真实反映获取新闻的方式。除危害国家安全、保密等特殊原因外，新闻报道须标明采访记者和采访对象的姓名、职务和单位名称，不得使用权威人士、有关人士、消息人士等概念模糊新闻消息来源。

(3)新闻机构要严格使用社会自由来稿和互联网信息制度，不得直接使用未经核实的网络信息和手机信息，不得直接采用未经核实的社会自由来稿。对于通过电话、邮件、微博、博客等传播渠道获得的信息，如有新闻价值，新闻机构在刊播前必须派出自己的编辑记者逐一核实无误后方可使用。

(4)新闻机构必须完善新闻转载的审核管理制度。转载、转播新闻报道必须事先核实，确保新闻事实来源可靠、准确无误后方可转载、转播，并注明准确的首发媒体。不得转载、转播未经核实的新闻报道，严禁在转载转播中断章取义，歪曲原新闻报道事实，擅自改变原新闻报道内容。

(5)新闻机构要建立健全新闻作品的署名规则。刊播新闻报道必须署采访记者和责任编辑的真实姓名；不是亲自采编的稿件不得署名；刊播经核实的社会自由来稿应署作者的真实姓名。

(6)新闻机构必须完善民意调查结果的刊播制度。刊播涉及民意调查的报道，要使用权威规范的数据来源，谨慎使用网络调查、民间调查、市场随机访问等调查数据，报道中要说明调查的委托者、执行者、调查目的、调查总体、抽样方法、样本数量等，客观反映调查结果。

(7)新闻机构要严格人事管理制度，坚持新闻记者、编辑职业准入制度。要及时为通过考录和考评合格的记者、编辑办理新闻记者证等从业资格相关证件。所有采编人员必须是与新闻机构依照《中华人民共和国劳动合同法》签订聘用合同的人员，严禁临时人员、无证记者和无职称的编辑执行采访任务或者担任责任编辑。严禁聘用有新闻采编不良从业行为记录且正处于限制从业期限的人员从事新闻采编工作。

11.报纸如何刊登医疗、药品、医疗器械广告？

根据《中华人民共和国广告法》，麻醉药品、精神药品、医疗用毒性药品、放射性药品等特殊药品，药品类易制毒化学品，以及戒毒治疗的药品、医疗器械和治疗方法，不得做广告。报刊刊登医疗、药品、医疗器械广告不得含有下列内容：

(1)表示功效、安全性的断言或者保证。

(2)说明治愈率或者有效率。

(3)与其他药品、医疗器械的功效和安全性或者其他医疗机构比较。

(4)利用广告代言人做推荐、证明。

(5)法律、行政法规规定禁止的其他内容。

药品广告的内容不得与国务院药品监督管理部门批准的说明书不一致，并应当显著标明禁忌、不良反应。处方药广告应当显著标明“本广告仅供医学药学专业人士阅读”，非处方药广告应当显著标明“请按药品说明书或者在药师指导下购买和使用”。

推荐给个人自用的医疗器械的广告，应当显著标明“请仔细阅读产品说明书或者在医务人员的指导下购买和使用”。医疗器械产品注册证明文件中有禁忌内容、注意事项的，广告中应当显著标明“禁忌内容或者注意事项详见说明书”。

除药品、医疗器械广告外，禁止其他任何广告涉及疾病治疗功能，并不得使用医疗用语或者易使推销的商品与药品、医疗器械相混淆的用语。

12.报纸如何刊登保健食品广告?

根据《中华人民共和国广告法》，报刊刊登保健食品广告不得含有下列内容：

(1)表示功效、安全性的断言或者保证。

(2)涉及疾病预防、治疗功能。

(3)声称或者暗示广告商品为保障健康所必需。

(4)与药品、其他保健食品进行比较。

(5)利用广告代言人做推荐、证明。

(6)法律、行政法规规定禁止的其他内容。

保健食品广告应当显著标明“本品不能代替药物”。

报纸不得以介绍健康、养生知识等形式变相发布医疗、药品、医疗器械、保健食品广告。

禁止在大众传播媒介或者公共场所发布声称全部或者部分替代母乳的婴儿乳制品、饮料和其他食品广告。

13.报纸如何刊登农药、兽药、饲料和饲料添加剂广告?

根据《中华人民共和国广告法》，报刊刊登农药、兽药、饲料和饲料添加剂广告不得含有下列内容：

(1)表示功效、安全性的断言或者保证。

(2)利用科研单位、学术机构、技术推广机构、行业协会、专业人士、用户的名义或者形象做推荐、证明。

(3)说明有效率。

(4)违反安全使用规程的文字、语言或者画面。

(5)法律、行政法规规定禁止的其他内容。

14.报纸刊登哪些内容的广告为虚假广告?

广告以虚假或者引人误解的内容欺骗、误导消费者的,构成虚假广告。广告有下列情形之一的,为虚假广告:

(1)商品或者服务不存在的。

(2)商品的性能、功能、产地、用途、质量、规格、成分、价格、生产者、有效期限、销售状况、曾获荣誉等信息,或者服务的内容、提供者、形式、质量、价格、销售状况、曾获荣誉等信息,以及与商品或者服务有关的允诺等信息与实际情况不符,对购买行为有实质性影响的。

(3)使用虚构、伪造或者无法验证的科研成果、统计资料、调查结果、文摘、引用语等信息做证明材料的。

(4)虚构使用商品或者接受服务的效果的。

(5)以虚假或者引人误解的内容欺骗、误导消费者的其他情形。

15.如何完成报纸版面签发?

校对签发"最后付印样"后,各版面值班主编应对大样做最后的技术检查:版面稿件是否存在漏行、错行、丢尾,标题是否有错字,以及插图、照片、刊头是否有差错,版面上是否有其他问题。

经审核完成的版面,在校对签发"最后付印样"后,责任编辑应将"最后付印样"交照排中心,由其负责在电脑上签发。

16.报纸稿件发排有哪些基本要求?

报纸稿件发排要求做到齐、清、定:

"齐"就是要求稿件的文字、图片等都齐全无缺;"清"就是要求文稿、图稿等缮写、描绘清晰,稿面清楚,符合排版、制版的需要;"定"就是要求内容确定,发稿后不再改动。

17.报纸付印后需要注意哪些问题?

报纸付印后,各报设立的"第一读者"负责审阅报纸各版签发后的大样和第一时间阅读印刷出来的第一张报纸,杜绝重大差错发生。

值班编辑或副总编辑(或总编辑)每天签字确认的 PDF 纸样由各报总编室(或校对科)收集贮存,并保存三个月以上,未保存大样或者保存时间不足三个月的,总编室主任应承担责任。

三、报纸出版管理

(一)报纸的创办和变更

1.设立报纸出版单位应当具备什么条件?

设立报纸出版单位,应当具备下列条件:

(1)有确定的、不与已有报纸重复的名称。

(2)有报纸出版单位的名称、章程。

(3)有符合国家新闻出版行政管理部门认定条件的主管、主办单位。

(4)有确定的报纸出版业务范围。

(5)有30万元以上的注册资本。

(6)有适应业务范围需要的组织机构和符合国家规定资格条件的新闻采编专业人员。

(7)有与主办单位在同一行政区域的固定的工作场所。

(8)有符合规定的法定代表人或者主要负责人,该法定代表人或者主要负责人必须是在境内长久居住的中国公民。

(9)法律、行政法规规定的其他条件。

除前款所列条件外,还须符合国家对报纸及报纸出版单位总量、结构、布局的规划。

2.创办报纸出版单位由什么机构审批?

中央在京单位创办报纸并设立报纸出版单位,经主管单位同意后,由主办单位报国家新闻出版行政部门审批。

中国人民解放军和中国人民武装警察部队系统创办报纸并设立报纸出版单位,由中国人民解放军总政治部宣传部新闻出版局审核同意后报国家新闻出版行政部门审批。

其他单位创办报纸并设立报纸出版单位,经主管单位同意后,由主办单位向所在地省、自治区、直辖市新闻出版行政部门提出申请,省、自治区、直辖市新闻出版行政部门审核同意后,报国家新闻出版行政部门审批。

3.两个以上主办单位合办报纸有何要求?

两个以上主办单位合办报纸,须确定一个主要主办单位,并由主要主办单位提出申请。报纸的主要主办单位应为其主管单位的隶属单位。报纸出版单位和主要主办单位须在同一行政区域。

4.创办报纸、设立报纸出版单位需要提交哪些材料?

创办报纸、设立报纸出版单位,由报纸出版单位的主办单位提出申请,并提交以下材料:

(1)按要求填写的《报纸出版申请表》。

(2)主办单位、主管单位的有关资质证明材料。

(3)拟任报纸出版单位法定代表人或者主要负责人的简历、身份证明文件及国家有关部门颁发的职业资格证书。

(4)新闻采编人员的职业资格证书。

(5)报纸出版单位办报资金来源及数额的相关证明文件。

(6)报纸出版单位的章程。

(7)工作场所使用证明。

(8)报纸出版可行性论证报告。

在实际审批中,不同单位申请报纸、设立报纸出版单位所准备的材料也不尽相同。

5.中央在京单位申请创办报纸需要提交哪些材料?

中央在京单位申请创办报纸需提交以下材料:

(1)主要主办单位报国家新闻出版行政部门的请示文件。文件的主送单位为国家新闻出版行政部门。正文应载明主管、主办、出版单位名称以及拟申请事项内容;拟创办新报有多家主办单位的,主要主办单位的请示文件须包含拟设多家主办单位的具体理由、必要性论证,以及其主办报纸的资质、条件和承担的责任,同时另附主办方之间的协议或合同;申请报纸的名称,应同时提供1～2个备用名称。

(2)主管单位同意文件。文件中主管单位要针对主办单位提出的申请事项内容作出明确的同意意见,内容须一致;正文应载明主管、主办及出版单位名称以及拟申请事项内容;申请报纸创办,应同时提供1～2个备用名称。

(3)其他主办单位同意文件(多家主办单位须提供)。

(4)出版单位报拟创办报纸的主要主办单位的请示文件(拟新设立报纸出版单位不提供);文件中须明确申请报纸的名称,应同时提供1～2个备用名称。

(5)出版单位的出版许可证复印件(拟新设立报纸出版单位不提供)。

(6)主办单位、主管单位法人证明文件复印件(《事业单位法人证书》/《企业法人营业执照》/《社会团体法人登记证书》/机关法人证明文件)。主管单位、主办单位及出版单位应具备明确的隶属关系,隶属关系可通过《事业单位法人证书》《社会团体法人登记证书》或具备法律依据的二者隶属关系的证明文件证明。

(7)出版单位法人证明文件复印件(《事业单位法人证书》/《企业法人营业执照》)。

(8)主办单位、主管单位的国有资产证明文件(事业单位、机关法人不提供)。经济性质为全民所有制的企业法人提供企业信息登记证明文件,认可为国有资产;企业法人提供《国有资产产权登记证》,认可为国有资产;除上述条件的企业法人,须证明其股东是国有资产(具体要求同上),并提供工商行政部门出具的企业信息登记证明文件,才能认可为国有资产;社会团体法人,由其业务主管部门(以《社会团体法人登记证书》登记内容为准)证明社团不含非公资本。

(9)出版单位同主办单位、主管单位隶属关系或出资关系的证明材料(拟新设立报纸出版单位不提供)。材料中须证明主管单位、主办单位及出版单位应具备明确的隶属关系,可通过《事业单位法人证书》《社会团体法人登记证书》上的隶属信息证明;也可通过具备法律依据的二者隶属关系的证明文件证明。出版单位为非法人编辑部的,申报材料中应明确主办单位主体变更后,非法人编辑部为何主办单位的内设机构。

(10)《报纸出版申请表》。申请表可在国家新闻出版行政部门官方网站下载后填写。

(11)拟任出版单位法定代表人或主要负责人的身份证复印件及出版专业职业资格证书复印件(中级以上)。出版单位的法定代表人或主要负责人应为该单位在职人员,不得为离退休人员或兼职。出版专业职业资格证书包括通过全国出版专业职业资格考试后获得的证书;经人力资源和社会保障部认可或同意的有人事权规定资格的单位评定的出版专业职称证书;在国家新闻出版行政部门注册登记过的责任编辑注册证书。出版专业岗位培训证书及其他行业职称不被认定为出版专业职业资格。

(12)编辑出版人员的身份证复印件及出版专业职业资格证书复印件(至少 3 人,其中 2 人中级以上)。出版专业职业资格证书包括通过全国出版专业职业资格考试后获得的证书;经人力资源和社会保障部认可或同意的有人事权规定资格的单位评定的出版专业职称证书;在国家新闻出版行政部门注册登记过的责任编辑注册证书。

(13)工作场所使用证明文件复印件(租赁合同或自有产权证书)。

(14)《报纸出版单位基本信息登记表》。登记表可在国家新闻出版行政部门官方网站下载后填写。

6.军队单位申请创办报纸需要提交哪些材料?

军队单位申请创办报纸需提供以下材料:

(1)总政治部宣传部新闻出版局报国家新闻出版行政部门的请示文件。文件主送单位为国家新闻出版行政部门。正文应载明主管、主办、出版单位名称以及拟申请事项内容;总政治部宣传部新闻出版局有权力不同意主办单位提出的部分申请,但应在文件中明确说明;请求文件中须明确申请报纸的名称,同时提供 1~2 个备用名称。

(2)主要主办单位报总政治部宣传部新闻出版局的请示文件。文件的主送单位为总政治部宣传部新闻出版局,正文应载明主管、主办、出版单位名称以及拟申请事项内容;拟创办新报有多家主办单位的,主要主办单位的请示文件须包含拟设多家主办单位的具体理由、必要性论证,以及其主办报纸的资质、条件和承担的责任,同时另附主办方之间的协议或合同;文件须注明申请报纸的名称,同时提供 1~2 个备用名称。

(3)主管单位同意文件。文件须针对主办单位提出的申请事项内容作出明确的同意意见,内容须一致;正文应载明主管、主办及出版单位名称以及拟申请事项内容。

(4)其他主办单位同意文件(多家主办单位须提供)。

(5)出版单位报拟创办报纸的主要主办单位的请示文件(拟新设立报纸出版单位不提供)。文件须明确申请报纸的名称,同时提供1～2个备用名称。

(6)出版单位的出版许可证复印件(拟新设立报纸出版单位不提供)。

(7)主办单位、主管单位有关资质证明文件。

(8)出版单位法人证明文件复印件(《事业单位法人证书》/《企业法人营业执照》)。

(9)出版单位同主办单位、主管单位隶属关系的证明材料(拟新设立报纸出版单位不提供)。主管单位、主办单位及出版单位应具备明确的隶属关系,可通过《事业单位法人证书》《社会团体法人登记证书》上的隶属信息证明;也可通过具备法律依据的二者隶属关系的证明文件证明。出版单位为非法人编辑部的,申报材料中应明确主办单位主体变更后,非法人编辑部为何主办单位的内设机构。

(10)《报纸出版申请表》。申请表可在国家新闻出版行政部门官方网站下载后填写。

(11)拟任出版单位法定代表人或主要负责人的身份证复印件及出版专业职业资格证书复印件(中级以上)。出版单位的法定代表人或主要负责人应为该单位在职人员,不得为离退休人员或兼职。出版专业职业资格证书包括通过全国出版专业职业资格考试后获得的证书;经人力资源和社会保障部认可或同意的有人事权规定资格的单位评定的出版专业职称证书;在国家新闻出版行政部门注册登记过的责任编辑注册证书。出版专业岗位培训证书及其他行业职称不被认定为出版专业职业资格。

(12)编辑出版人员的身份证复印件及出版专业职业资格证书复印件(至少3人,其中2人中级以上)。出版专业职业资格证书包括通过全国出版专业职业资格考试后获得的证书;经人力资源和社会保障部认可或同意的有人事权规定资格的单位评定的出版专业职称证书;在国家新闻出版行政部门注册登记过的责任编辑注册证书。

(13)工作场所使用证明文件复印件(租赁合同或自有产权证书)。

(14)《报纸出版单位基本信息登记表》。登记表可在国家新闻出版行政部门官方网站下载后填写。

7.地方单位申请创办报纸需要提交哪些材料?

各省、自治区、直辖市申请创办报纸需提交以下材料:

(1)所在地省级出版行政主管部门报国家新闻出版行政部门的请示文件。文件的主送单位为国家新闻出版行政部门。正文应载明主管、主办、出版单位名称以及拟申请事项内容。省级出版行政主管部门有权力不同意主办单位提出的部分申请,但应在文件中明确说明。请示文件中要明确申请报纸的名称,同时提供1～2个备用名称。

(2)主要主办单位报所在地省级出版行政主管部门的请示文件。文件的主送单位为所在地省级出版行政主管部门,正文应载明主管、主办、出版单位名称以及拟申请事项内容。拟创办新报有多家主办单位的,主要主办单位的请示文件须包含拟设多家主办单位的具体理由、必要性论证,以及其主办报纸的资质、条件和承担的责任,同时另附主办方之间的协议或合同。文件要明确申请报纸的名称，应同时提供 1～2 个备用名称。

(3)主管单位同意文件。文件须针对主办单位提出的申请事项内容作出明确的同意意见，内容须一致。正文应载明主管、主办及出版单位名称以及拟申请事项内容。请示中注明申请报纸的名称，应同时提供 1～2 个备用名称。

(4)其他主办单位同意文件(多家主办单位须提供)。

(5)出版单位报拟创办报纸的主要主办单位的请示文件(拟新设立报纸出版单位不提供)。请示中注明申请报纸的名称，应同时提供 1～2 个备用名称。

(6)出版单位的出版许可证复印件(拟新设立报纸出版单位不提供)。

(7)主办单位、主管单位法人证明文件复印件(《事业单位法人证书》/《企业法人营业执照》/《社会团体法人登记证书》/机关法人证明文件)。主管单位、主办单位及出版单位应具备明确的隶属关系，可通过《事业单位法人证书》《社会团体法人登记证书》上的隶属信息证明；也可通过具备法律依据的二者隶属关系的证明文件证明。

(8)出版单位法人证明文件复印件(《事业单位法人证书》/《企业法人营业执照》)。

(9)主办单位、主管单位的国有资产证明文件(事业单位、机关法人不提供)。经济性质为全民所有制的企业法人提供企业信息登记证明文件，认可为国有资产；企业法人提供《国有资产产权登记证》，认可为国有资产；除上述条件的企业法人，须证明其股东是国有资产(具体要求同上)，并提供工商行政部门出具的企业信息登记证明文件，才能认可为国有资产；社会团体法人，由其业务主管部门(以《社会团体法人登记证书》登记内容为准)证明社团不含非公资本。

(10)出版单位同主办单位、主管单位隶属关系或出资关系的证明材料(拟新设立报纸出版单位不提供)。主管单位、主办单位及出版单位应具备明确的隶属关系，可通过《事业单位法人证书》《社会团体法人登记证书》上的隶属信息证明；也可通过具备法律依据的二者隶属关系的证明文件证明。出版单位为非法人编辑部的，申报材料中应明确主办单位主体变更后，非法人编辑部为何主办单位的内设机构。

(11)《报纸出版申请表》。申请表可在国家新闻出版行政部门官方网站下载后填写。

(12)拟任出版单位法定代表人或主要负责人的身份证复印件及出版专业职业资格证书复印件(中级以上)。出版单位的法定代表人或主要负责人应为该单位在职人员，不得为离退休人员或兼职；出版专业职业资格证书包括通过全国出版专业职业资格考试后获得的证书；经人力资源和社会保障部认可或同意的有人事权规定资格的单位评定的出版专业职称证书；在国家新闻出版行政部门注册登记过的责任编辑注册证书。出版专业岗位培训证书及其他行业职称不被认定为出版专业职业资格。

(13)编辑出版人员的身份证复印件及出版专业职业资格证书复印件(至少 3 人，其中 2 人中级以上)。出版专业职业资格证书包括通过全国出版专业职业资格考试后获得的证书；经人力资源和社会保障部认可或同意的有人事权规定资格的单位评定的出版专业职称证书；在国家新闻出版行政部门注册登记过的责任编辑注册证书。

(14)工作场所使用证明文件复印件(租赁合同或自有产权证书)。

(15)《报纸出版单位基本信息登记表》。登记表可在国家新闻出版行政部门官方网站下载后填写。

8.中央在京单位如何设立报纸出版单位?

中央在京单位(即中央和国务院各部委、直属机构,各民主党派和全国性群众团体及其直属单位)设立报纸出版单位,须经主管单位审核同意后,由主办单位报国家新闻出版行政部门审批。申报材料如下:

(1)主要主办单位报国家新闻出版行政部门的请示文件。文件的主送单位为国家新闻出版行政部门。正文应载明主管、主办、出版单位名称以及拟申请事项内容。

(2)主管单位同意文件。文件须针对主办单位提出的申请事项内容作出明确的同意意见,内容须一致。正文应载明主管、主办及出版单位名称以及拟申请事项内容。

(3)其他主办单位同意文件(多家主办单位须提供)。

(4)主办单位、主管单位法人证明文件复印件(《事业单位法人证书》/《企业法人营业执照》/《社会团体法人登记证书》/机关法人证明文件)。主管单位、主办单位及出版单位应具备明确的隶属关系,可通过《事业单位法人证书》《社会团体法人登记证书》等证书复印件证明,也可提供具备法律依据的二者隶属关系的证明文件证明。

(5)主办单位、主管单位的国有资产证明文件(事业单位、机关法人不提供)。经济性质为全民所有制的企业法人提供企业信息登记证明文件,认可为国有资产。企业法人提供《国有资产产权登记证》,认可为国有资产。除上述条件的企业法人,须证明其股东是国有资产(具体要求同上),并提供工商行政部门出具的企业信息登记证明文件,才能认可为国有资产。社会团体法人,由其业务主管部门(以《社会团体法人登记证书》登记内容为准)证明社团不含非公资本。

(6)出版单位章程复印件(已设立企业加盖工商查询章,其他加盖主办单位公章)。

(7)《报纸出版申请表》。申请表可在国家新闻出版行政部门官方网站下载后填写。

(8)拟任出版单位法定代表人或主要负责人的身份证复印件及出版专业职业资格证书复印件(中级以上)。出版单位的法定代表人或主要负责人应为该单位在职人员,不得为离退休人员或兼职。出版专业职业资格证书包括通过全国出版专业职业资格考试后获得的证书;经人力资源和社会保障部认可或同意的有人事权规定资格的单位评定的出版专业职称证书;在国家新闻出版行政部门注册登记过的责任编辑注册证书。出版专业岗位培训证书及其他行业职称不被认定为出版专业职业资格。

(9)编辑出版人员的身份证复印件及出版专业职业资格证书复印件(至少 3 人,其中 2 人中级以上)。出版专业职业资格证书包括通过全国出版专业职业资格考试后获得的证书;经人力资源和社会保障部认可或同意的有人事权规定资格的单位评定的出版专业职称证书;在国家新闻出版行政部门注册登记过的责任编辑注册证书。

(10)工作场所使用证明文件复印件(租赁合同或自有产权证书)。

(11)《企业名称预先核准通知书》复印件或事业单位批准设立文件复印件。《企业名称预先核准通知书》须到所在地工商管理部门办理。

(12)《报纸出版许可证》复印件(同时创办报纸可不提供此项)。

(13)《报纸出版单位基本信息登记表》。登记表可在新闻出版总局官方网站下载后填写。

9.军队报纸出版单位如何申请设立?

军队设立报纸出版单位须报送以下材料:

(1)总政治部宣传部新闻出版局报国家新闻出版行政部门的请示文件。文件主送单位为国家新闻出版行政部门。正文应载明主管、主办、出版单位名称以及拟申请事项内容。总政治部宣传部新闻出版局有权力不同意主办单位提出的部分申请,但应在文件中明确说明。

(2)主要主办单位报总政治部宣传部新闻出版局的请示文件。文件的主送单位为总政治部宣传部新闻出版局,正文应载明主管、主办、出版单位名称以及拟申请事项内容。

(3)主管单位同意文件。文件须针对主办单位提出的申请事项内容作出明确的同意意见,内容须一致。正文应载明主管、主办及出版单位名称以及拟申请事项内容。

(4)其他主办单位同意文件(多家主办单位须提供)。

(5)主办单位、主管单位的有关资质证明文件。

(6)出版单位章程复印件(已设立企业加盖工商查询章,其他加盖主办单位公章)。

(7)《报纸出版申请表》。申请表可在国家新闻出版行政部门官方网站下载后填写。

(8)拟任出版单位法定代表人或主要负责人的身份证复印件及出版专业职业资格证书复印件(中级以上)。出版单位的法定代表人或主要负责人应为该单位在职人员,不得为离退休人员或兼职。出版专业职业资格证书包括通过全国出版专业职业资格考试后获得的证书;经人力资源和社会保障部认可或同意的有人事权规定资格的单位评定的出版专业职称证书;在国家新闻出版行政部门注册登记过的责任编辑注册证书。出版专业岗位培训证书及其他行业职称不被认定为出版专业职业资格。

(9)编辑出版人员的身份证复印件及出版专业职业资格证书复印件(至少 3 人,其中 2 人中级以上)。出版专业职业资格证书包括通过全国出版专业职业资格考试后获得的证书;经人力资源和社会保障部认可或同意的有人事权规定资格的单位评定的出版专业职称证书;在国家新闻出版行政部门注册登记过的责任编辑注册证书。

(10)工作场所使用证明文件复印件(租赁合同或自有产权证书)。

(11)《企业名称预先核准通知书》复印件或事业单位批准设立文件复印件。《企业名称预先核准通知书》须到所在地工商管理部门办理。

(12)《报纸出版许可证》复印件(同时创办报纸可不提供此项)。

(13)《报纸出版单位基本信息登记表》。登记表可在国家新闻出版行政部门官方网站下载后填写。

10.申报设立地方报纸出版单位需要准备哪些材料?

地方报纸出版单位设立申请材料包括:

(1)所在地省级出版行政主管部门报国家新闻出版行政部门的请示文件。文件主送单位为国家新闻出版行政部门。正文应载明主管、主办、出版单位名称以及拟申请事项内容;省级出版行政主管部门有权力不同意主办单位提出的部分申请,但应在文件中明确说明。

(2)主要主办单位报所在地省级出版行政主管部门的请示文件。主送单位为所在地省级出版行政主管部门,正文应载明主管、主办、出版单位名称以及拟申请事项内容。

(3)主管单位同意文件。文件须针对主办单位提出的申请事项内容作出明确的同意意见,内容须一致;正文应载明主管、主办及出版单位名称以及拟申请事项内容。

(4)其他主办单位同意文件(多家主办单位须提供)。

(5)主办单位、主管单位法人证明文件复印件(《事业单位法人证书》/《企业法人营业执照》/《社会团体法人登记证书》/机关法人证明文件)。主管单位、主办单位及出版单位应具备明确的隶属关系,可通过《事业单位法人证书》《社会团体法人登记证书》等证书复印件证明,也可提供具备法律依据的二者隶属关系的证明文件证明。

(6)主办单位、主管单位的国有资产证明文件(事业单位、机关法人不提供)。经济性质为全民所有制的企业法人提供企业信息登记证明文件,认可为国有资产;企业法人提供《国有资产产权登记证》,认可为国有资产;除上述条件的企业法人,须证明其股东是国有资产(具体要求同上),并提供工商行政部门出具的企业信息登记证明文件,才能认可为国有资产;社会团体法人,由其业务主管部门(以《社会团体法人登记证书》登记内容为准)证明社团不含非公资本。

(7)出版单位章程复印件(已设立企业加盖工商查询章,其他加盖主办单位公章)。

(8)《报纸出版申请表》。申请表可在国家新闻出版行政部门官方网站下载后填写。

(9)拟任出版单位法定代表人或主要负责人的身份证复印件及出版专业职业资格证书复印件(中级以上)。出版单位的法定代表人或主要负责人应为该单位在职人员,不得为离退休人员或兼职。出版专业职业资格证书包括通过全国出版专业职业资格考试后获得的证书;经人力资源和社会保障部认可或同意的有人事权规定资格的单位评定的出版专业职称证书;在国家新闻出版行政部门注册登记过的责任编辑注册证书。出版专业岗位培训证书及其他行业职称不被认定为出版专业职业资格。

(10)编辑出版人员的身份证复印件及出版专业职业资格证书复印件(至少3人,其中2人中级以上)。出版专业职业资格证书包括通过全国出版专业职业资格考试后获得的证书;经人力资源和社会保障部认可或同意的有人事权规定资格的单位评定的出版专业职称证书;在国家新闻出版行政部门注册登记过的责任编辑注册证书。

(11)工作场所使用证明文件复印件(租赁合同或自有产权证书)。

(12)《企业名称预先核准通知书》复印件或事业单位批准设立文件复印件。《企业名称预先核准通知书》须到所在地工商管理部门办理。

(13)《报纸出版许可证》复印件(同时创办报纸可不提供此项)。

(14)《报纸出版单位基本信息登记表》。登记表可在国家新闻出版行政部门官方网站下载后填写。

11.申请创办、设立报纸出版单位有哪些时效规定?

国家新闻出版行政部门自收到创办报纸、设立报纸出版单位的申请之日起 90 日内，做出批准或者不批准的决定，并直接或者由省、自治区、直辖市新闻出版行政部门书面通知主办单位；不批准的，应当说明理由。

报纸主办单位自收到国家新闻出版行政部门批准决定之日起 60 日内办理注册登记手续。报纸主办单位自收到国家新闻出版行政部门批准文件之日起 60 日内未办理注册登记手续，批准文件自行失效，登记机关不再受理登记，报纸主办单位须把有关批准文件缴回国家新闻出版行政部门。报纸出版单位自登记之日起满 90 日未出版报纸的，由国家新闻出版行政部门撤销《报纸出版许可证》，并由原登记的新闻出版行政部门注销登记。因不可抗力或者其他正当理由发生前款所列情形的，报纸出版单位可以向原登记的新闻出版行政部门申请延期。

12.报纸主办单位办理注册登记手续的程序有哪些?

报纸主办单位应当自收到国家新闻出版行政管理部门批准决定之日起 60 日内办理注册登记手续：

(1)持批准文件到所在地省、自治区、直辖市新闻出版行政部门领取并填写《报纸出版登记表》，经主管单位审核签章后，报所在地省、自治区、直辖市新闻出版行政部门。

(2)《报纸出版登记表》一式五份，由报纸出版单位、主办单位、主管单位及省、自治区、直辖市新闻出版行政部门各存一份，另一份由省、自治区、直辖市新闻出版行政部门在 15 日内报送国家新闻出版行政部门备案。

(3)省、自治区、直辖市新闻出版行政部门对《报纸出版登记表》审核无误后，在 10 日内向主办单位发放《报纸出版许可证》，并编入国内统一连续出版物号。

(4)报纸出版单位持《报纸出版许可证》到工商行政管理部门办理登记手续，依法领取营业执照。

13.报纸变更名称如何准备申请材料?

报纸变更名称的申请材料与申办新的报纸的材料大体相同，主要包括以下方面(以地方单位变更报纸名称为例)：

(1)所在地省级出版行政主管部门报国家新闻出版行政部门的请示文件。请示文件的主送单位为国家新闻出版行政部门。正文应明确具体变更内容。省级出版行政主管部门有权力不同意主办单位提出的部分申请，但应在文件中明确说明。

(2)主要主办单位报所在地省级出版行政主管部门的请示文件。文件的主送单位为所在地省级出版行政主管部门，正文应载明主管、主办、出版单位名称以及拟申请事项内容。

(3)主管单位同意文件。文件须针对主办单位提出的申请事项内容作出明确的同意意见，内容须一致。正文应载明主管、主办及出版单位名称以及拟申请事项内容。文件须明确新拟定的报纸名称，应同时提供 1～2 个备用名称。

(4)其他主办单位同意文件(多家主办单位须提供)。

(5)《报纸变更申请表》。申请表可在国家新闻出版行政部门官方网站下载后填写。

(6)出版单位法定代表人或主要负责人的身份证复印件及出版专业职业资格证书复印件(中级以上;报名随主要主办单位名称变更时,可不提供此项)。出版单位的法定代表人或主要负责人应为该单位在职人员,不得为离退休人员或兼职。出版专业职业资格证书包括通过全国出版专业职业资格考试后获得的证书;经人力资源和社会保障部认可或同意的有人事权规定资格的单位评定的出版专业职称证书;在国家新闻出版行政部门注册登记过的责任编辑注册证书。出版专业岗位培训证书及其他行业职称不被认定为出版专业职业资格。

(7)编辑出版人员的身份证复印件及出版专业职业资格证书复印件(至少3人,其中2人中级以上;报名随主要主办单位名称变更时,可不提供此项)。出版专业职业资格证书包括以下几种类型:通过全国出版专业职业资格考试后获得的证书;经人力资源和社会保障部认可或同意的有人事权规定资格的单位评定的出版专业职称证书;在国家新闻出版行政部门注册登记过的责任编辑注册证书。

(8)《报纸出版许可证》复印件。

(9)连续两期最近出版的样报;样报须是截至提交申请材料前的连续两期最近出版的样报;涉及休刊,应由所在地出版行政主管部门出具休刊证明文件并提供休刊之前出版的最近两期样报。

(10)《报纸出版单位基本信息登记表》。登记表可在国家新闻出版行政部门官方网站下载后填写。

在京单位和军队单位变更报纸名称与地方单位变更报纸名称所须提供的材料大体相同,可参照准备。

14.报纸变更出版单位如何准备申请材料?

报纸变更出版单位包括两种情况,一是出版单位自身名称变更;二是变更为已存在的出版单位。变更申请中申请材料分别如下(以地方单位变更报纸出版单位为例):

(1)出版单位自身名称变更。

①所在地省级出版行政主管部门报国家新闻出版行政部门的请示文件。请示文件的主送单位为国家新闻出版行政部门。请示正文应明确具体变更内容。省级出版行政主管部门有权力不同意主办单位提出的部分申请,但应在文件中明确说明。

②主要主办单位报所在地省级出版行政主管部门的请示文件。请示的主送单位为所在地省级出版行政主管部门,正文应明确具体变更内容。

③主管单位同意文件。文件中须针对主办单位提出的申请事项内容作出明确的同意意见,内容须一致。正文应明确具体变更内容,可加盖业务主管部门公章。

④其他主办单位同意文件(多家主办单位须提供)。

⑤出版单位报主要主办单位请示文件。

⑥出版单位法人证明文件复印件(《事业单位法人证书》/《企业法人营业执照》)。

⑦《报纸出版许可证》复印件。

⑧连续两期最近出版的样报。样报须是截至提交申请材料前的连续两期最近出版的样报。涉及休刊,应由所在地出版行政主管部门出具休刊证明文件并提供休刊之前出版的最近两期样报。

⑨《报纸出版单位基本信息登记表》。登记表可在国家新闻出版行政部门官方网站下载后填写。

(2)变更至既有出版单位。

①所在地省级出版行政主管部门报国家新闻出版行政部门的请示文件。文件的主送单位为国家新闻出版行政部门。正文应明确具体变更内容。省级出版行政主管部门有权力不同意主办单位提出的部分申请,但应在文件中明确说明。

②主要主办单位报所在地省级出版行政主管部门的请示文件。文件的主送单位为所在地省级出版行政主管部门,正文应明确具体变更内容。

③主管单位同意文件。文件中须针对主办单位提出的申请事项内容作出明确的同意意见,内容须一致。正文应明确具体变更内容,可加盖业务主管部门公章。

④其他主办单位同意文件(多家主办单位须提供)。

⑤拟任出版单位报主要主办单位的请示文件。

⑥原出版单位同意文件。

⑦拟任出版单位法人证明文件复印件(《事业单位法人证书》/《企业法人营业执照》)。

⑧拟任出版单位同主办单位之间的隶属关系或出资关系的证明材料。主管单位、主办单位及出版单位应具备明确的隶属关系,可通过《事业单位法人证书》《社会团体法人登记证书》证明,也可提供具备法律依据的二者隶属关系的证明文件。出版单位为非法人编辑部的,申报材料中应明确主办单位主体变更后,非法人编辑部为何主办单位的内设机构。

⑨拟任出版单位的出版许可证复印件。

⑩拟变更报纸的《报纸出版许可证》复印件。

⑪连续两期最近出版的样报。样报须是截至提交申请材料前的连续两期最近出版的样报。涉及休刊,应由所在地出版行政主管部门出具休刊证明文件并提供休刊之前出版的最近两期样报。

⑫《报纸出版单位基本信息登记表》。登记表可在国家新闻出版行政部门官方网站下载后填写。

在京单位和军队单位变更报纸出版单位与地方单位变更报纸出版单位所须提供的材料大体相同,可参照准备。

15.报纸变更业务范围(办报宗旨和文种)如何准备申请材料?

地方单位变更办报宗旨和文种须向国家新闻出版行政部门申请。其申请材料如下

(以地方单位变更报纸业务范围为例)：

(1)所在地省级出版行政主管部门报国家新闻出版行政部门的请示文件。文件主送单位为国家新闻出版行政部门。正文应明确具体变更内容。省级出版行政主管部门有权力不同意主办单位提出的部分申请，但应在文件中明确说明。

(2)主要主办单位报所在地省级出版行政主管部门的请示文件。主送单位为所在地省级出版行政主管部门，正文应明确具体变更内容。

(3)主管单位同意文件。文件须针对主办单位提出的申请事项内容作出明确的同意意见，内容须一致。正文应明确具体变更内容，可加盖业务主管部门公章。

(4)其他主办单位同意文件(多家主办单位须提供)。

(5)《报纸变更申请表》。

(6)出版单位法定代表人或主要负责人的身份证复印件及出版专业职业资格证书复印件(中级以上)。

(7)编辑出版人员的身份证复印件及出版专业职业资格证书复印件(至少 3 人，其中 2 人中级以上)。出版专业职业资格证书包括通过全国出版专业职业资格考试后获得的证书；经人力资源和社会保障部认可或同意的有人事权规定资格的单位评定的出版专业职称证书；在国家新闻出版行政部门注册登记过的责任编辑注册证书。

(8)《报纸出版许可证》复印件。

(9)连续两期最近出版的样报。样报须是截至提交申请材料前的连续两期最近出版的样报。涉及休刊，应由所在地出版行政主管部门出具休刊证明文件并提供休刊之前出版的最近两期样报。

(10)《报纸出版单位基本信息登记表》。登记表可在国家新闻出版行政部门官方网站下载后填写。

在京单位和军队单位变更报纸业务范围与地方单位变更报纸业务范围所须提供的材料大体相同，可参照准备。

16.报纸变更主办单位如何准备申请材料?

报纸变更主办单位须向国家新闻出版行政部门申请。变更主办单位主要包括两种情况：一是主办单位变更名称；二是主办单位主体变更。变更申请材料分别如下(以地方单位变更报纸主办单位为例)：

(1)主办单位变更名称。

①所在地省级出版行政主管部门报国家新闻出版行政部门的请示文件。文件的主送单位为国家新闻出版行政部门。正文应明确具体变更内容。省级出版行政主管部门有权力不同意主办单位提出的部分申请，但应在文件中明确说明。

②主办单位报所在地省级出版行政主管部门的请示文件(主管单位加盖公章)。文件主送单位为所在地省级出版行政主管部门，正文应明确具体变更内容。主管单位直接在主办单位请示文件上加盖业务主管部门公章作为同意意见。

③主办单位变更名称批准文件复印件。

④更名主办单位的法人证明文件复印件(《事业单位法人证书》/《企业法人营业执照》/《社会团体法人登记证书》/机关法人证明文件)。主管单位、主办单位及出版单位应具备明确的隶属关系,可通过《事业单位法人证书》《社会团体法人登记证书》证明,也可出具具备法律依据的二者隶属关系的证明文件证明。

⑤更名主办单位的国有资产证明文件(出资人、资本性质、资本结构发生变化的企业或社团法人提供)。事业单位法人、机关法人无须证明。经济性质为全民所有制的企业法人提供企业信息登记证明文件,认可为国有资产。企业法人提供《国有资产产权登记证》,认可为国有资产。除上述条件的企业法人,须证明其股东是国有资产(具体要求同上),并提供工商行政部门出具的企业信息登记证明文件,才能认可为国有资产。社会团体法人,由其业务主管部门(以《社会团体法人登记证书》登记内容为准)证明社团不含非公资本。

⑥《报纸出版许可证》复印件。

⑦《报纸出版单位基本信息登记表》。登记表可在国家新闻出版行政部门官方网站下载后填写。

(2)主办单位主体变更。

①拟任主要主办单位所在地省级出版行政主管部门报国家新闻出版行政部门的请示文件。文件的主送单位为国家新闻出版行政部门。正文应明确具体变更内容。省级出版行政主管部门有权力不同意主办单位提出的部分申请,但应在文件中明确说明。

②拟任主要主办单位报所在地省级出版行政主管部门的请示文件。文件的主送单位为所在地省级出版行政主管部门,正文应载明主管、主办、出版单位名称以及拟申请事项内容。拟申请增加主办单位(或拟创办新报有多家主办单位)的,主要主办单位的请示文件须包含拟新增(或设有多家)主办单位的具体理由、必要性论证,以及其主办报纸的资质、条件和承担的责任,同时另附主办方之间的协议或合同。

③主管单位同意文件。文件须针对主办单位提出的申请事项内容作出明确的同意意见,内容须一致。正文应明确具体变更内容,可加盖业务主管部门公章。

④其他主办单位同意文件(多家主办单位、拟新增或退出主办单位须提供)。

⑤拟任主办单位的法人证明文件复印件(《事业单位法人证书》/《企业法人营业执照》/《社会团体法人登记证书》/机关法人证明文件)。主管单位、主办单位及出版单位应具备明确的隶属关系,可通过《事业单位法人证书》《社会团体法人登记证书》等证书证明,也可出具具备法律依据的二者隶属关系的证明文件证明。

⑥拟任主办单位同主管、出版单位之间的隶属关系或出资关系的证明材料。主管单位、主办单位及出版单位应具备明确的隶属关系,可通过《事业单位法人证书》《社会团体法人登记证书》等证书证明,也可出具具备法律依据的二者隶属关系的证明文件证明。出版单位为非法人编辑部的,申报材料中应明确主办单位主体变更后,非法人编辑部为何主办单位的内设机构。

⑦拟任主要主办单位国有资产证明文件(事业单位、机关法人不提供)。经济性质为全民所有制的企业法人提供企业信息登记证明文件,认可为国有资产。企业法人提供《国有资产产权登记证》,认可为国有资产。除上述条件的企业法人,须证明其股东是国有资产(具体要求同上),并提供工商行政部门出具的企业信息登记证明文件,才能认可为国有资产。社会团体法人,由其业务主管部门(以《社会团体法人登记证书》登记内容为准)证明社团不含非公资本。

⑧《报纸出版许可证》复印件。

⑨连续两期最近出版的样报。样报须是截至提交申请材料前的连续两期最近出版的样报。涉及休刊,应由所在地出版行政主管部门出具休刊证明文件并提供休刊之前出版的最近两期样报。

⑩《报纸出版单位基本信息登记表》。登记表可在国家新闻出版行政部门官方网站下载后填写。

在京单位和军队单位变更报纸主办单位与地方单位变更报纸主办单位所须提供的材料大体相同,可参照准备。

17.报纸变更主管单位如何准备申请材料?

报纸变更主管单位须向国家新闻出版行政部门申请。变更主管单位主要包括两种情况:一是主管单位变更名称;二是主管单位主体变更。变更申请材料分别如下(以地方单位变更报纸主管单位为例):

(1)主管单位变更名称。

①所在地省级出版行政主管部门报国家新闻出版行政部门的请示文件。文件的主送单位为国家新闻出版行政部门。正文应明确具体变更内容。省级出版行政主管部门有权力不同意主办单位提出的部分申请,但应在文件中明确说明。

②主要主办单位报所在地省级出版行政主管部门的请示文件(主管单位加盖公章)。文件的主送单位为所在地省级出版行政主管部门,正文应明确具体变更内容。主管单位直接在主办单位请示文件上加盖业务主管部门公章作为同意意见。

③主管单位变更名称批准文件复印件。

④主管单位的法人证明文件复印件(《事业单位法人证书》/《企业法人营业执照》/《社会团体法人登记证书》/机关法人证明文件)。主管单位、主办单位及出版单位应具备明确的隶属关系,可通过《事业单位法人证书》《社会团体法人登记证书》等证书证明,也可提供具备法律依据的二者隶属关系的证明文件证明。

⑤主管单位的国有资产证明文件(事业单位、机关法人不提供)。经济性质为全民所有制的企业法人提供企业信息登记证明文件,认可为国有资产;企业法人提供《国有资产产权登记证》,认可为国有资产;除上述条件的企业法人,须证明其股东是国有资产(具体要求同上),并提供工商行政部门出具的企业信息登记证明文件,才能认可为国有资产;社会团体法人,由其业务主管部门(以《社会团体法人登记证书》登记内容为

准)证明社团不含非公资本。

⑥《报纸出版许可证》复印件。

⑦《报纸出版单位基本信息登记表》。登记表可在国家新闻出版行政部门官方网站下载后填写。

(2)主管单位主体变更。

①所在地省级出版行政主管部门报国家新闻出版行政部门的请示文件。文件的主送单位为国家新闻出版行政部门。正文应明确具体变更内容。省级出版行政主管部门有权力不同意主办单位提出的部分申请,但应在文件中明确说明。

②主要主办单位报所在地省级出版行政主管部门的请示文件。主送单位为所在地省级出版行政主管部门,正文应明确具体变更内容。

③拟任主管单位同意文件。文件须针对主办单位提出的申请事项内容作出明确的同意意见,内容须一致。正文应明确具体变更内容,可加盖业务主管部门公章。

④原主管单位同意文件。

⑤拟任主管单位的法人证明文件复印件(《事业单位法人证书》/《企业法人营业执照》/《社会团体法人登记证书》/机关法人证明文件)。主管单位、主办单位及出版单位应具备明确的隶属关系,可通过《事业单位法人证书》《社会团体法人登记证书》等证书证明,也可出具有法律依据的二者隶属关系的证明文件证明。

⑥拟任主管单位同主办单位之间的隶属关系或出资关系的证明材料。主管单位、主办单位及出版单位应具备明确的隶属关系,可通过《事业单位法人证书》《社会团体法人登记证书》等证书证明,也可提供具备法律依据的二者隶属关系的证明文件证明。出版单位为非法人编辑部的,申报材料中应明确主办单位主体变更后,非法人编辑部为何主办单位的内设机构。

⑦拟任主管单位的国有资产证明文件(事业单位、机关法人不提供)。经济性质为全民所有制的企业法人提供企业信息登记证明文件,认可为国有资产;企业法人提供《国有资产产权登记证》,认可为国有资产;除上述条件的企业法人,须证明其股东是国有资产(具体要求同上),并提供工商行政部门出具的企业信息登记证明文件,才能认可为国有资产;社会团体法人,由其业务主管部门(以《社会团体法人登记证书》登记内容为准)证明社团不含非公资本。

⑧《报纸出版许可证》复印件。

⑨连续两期最近出版的样报。样报须是截至提交申请材料前的连续两期最近出版的样报。涉及休刊,应由所在地出版行政主管部门出具休刊证明文件并提供休刊之前出版的最近两期样报。

⑩《报纸出版单位基本信息登记表》。登记表可在国家新闻出版行政部门官方网站下载后填写。

在京单位和军队单位变更报纸主管单位与地方单位变更报纸主管单位所须提供的材料大体相同,可参照准备。

18.报纸变更资本结构如何准备申请材料?

报纸变更资本结构须向国家新闻出版行政部门申请。申请材料如下(以地方单位变更报纸资本结构为例):

(1)省级人民政府出版行政主管部门报国家新闻出版行政部门的请示文件。文件的主送单位为国家新闻出版行政部门。正文应载明报纸出版单位拟申请变更资本结构的基本情况。

(2)报纸主办单位报所在地省级新闻出版行政部门的请示文件。主送单位为省级新闻出版行政部门,正文应载明报纸出版单位拟申请变更资本结构的基本情况。

(3)报纸主管单位同意文件(网络出版单位不需要提供)。主管单位应针对主办单位提出的申请事项内容作出明确的同意意见,内容须一致。

(4)《出版单位变更资本结构申请表》(加盖出版单位公章)。申请表可在国家新闻出版行政部门官方网站下载后填写。

(5)报纸出版单位的《报纸出版许可证》《企业法人营业执照》复印件。须提供报纸出版单位《报纸出版许可证》副本复印件和《企业法人营业执照》副本复印件。

(6)报纸出版单位的企业章程。须加盖工商查询章。

(7)报纸出版单位变更资本结构有关决定或协议。

(8)拟变更投资人的资质证明文件。投资人的《企业法人营业执照》和章程的复印件,章程需加盖工商查询章。个人投资的,提供身份证复印件,并加盖出版单位公章。

(9)《报纸出版单位基本信息登记表》。需加盖主办单位公章。登记表可在国家新闻出版行政部门官方网站下载后填写。

军队单位变更报纸主管单位与地方单位变更报纸资本结构所须提供的材料大体相同,可参照准备。

19.报纸如何变更刊期、开版、登记地、法人代表、地址?如何办理相关手续?

报纸变更刊期,须向省级新闻出版行政部门申请,文件中须说明变更的理由、变更后的刊期、变更的起始时间。省级新闻出版行政部门根据报纸出版情况予以审批。报纸出版单位变更报纸开版、法定代表人或者主要负责人,以及在同一登记地内变更地址,经其主办单位审核同意后,由报纸出版单位在15日内向所在地省级新闻出版行政部门备案。报纸变更登记地,须经主管、主办单位同意后,由报纸出版单位到新登记地省级新闻出版行政部门办理登记手续。

20.报纸出版单位休刊和终止出版活动须办理哪些手续?

报纸休刊连续超过10日的,报纸出版单位须向所在地省、自治区、直辖市新闻出版行政部门办理休刊备案手续,说明休刊理由和休刊期限。

报纸休刊时间不得超过180日。报纸休刊超过180日仍不能正常出版的,由国家新闻出版行政部门撤销《报纸出版许可证》,并由所在地省、自治区、直辖市新闻出版行政部门注销登记。

报纸出版单位终止出版活动的，经主管单位同意后，由主办单位向所在地省、自治区、直辖市新闻出版行政部门办理注销登记，并由省、自治区、直辖市新闻出版行政部门报国家新闻出版行政部门备案。

报纸注销登记，以同一名称设立的报纸出版单位须与报纸同时注销，并到原登记的工商行政管理部门办理注销登记。

注销登记的报纸和报纸出版单位不得再以该名称从事出版、经营活动。

(二)报纸的出版

1.出版报纸有哪些违禁内容？

报纸出版不得含有下列内容：

(1)反对宪法确定的基本原则的。

(2)危害国家统一、主权和领土完整的。

(3)泄露国家秘密、危害国家安全或者损害国家荣誉和利益的。

(4)煽动民族仇恨、民族歧视，破坏民族团结，或者侵害民族风俗、习惯的。

(5)宣扬邪教、迷信的。

(6)扰乱社会秩序，破坏社会稳定的。

(7)宣扬淫秽、赌博、暴力或者教唆犯罪的。

(8)侮辱或者诽谤他人，侵害他人合法权益的。

(9)危害社会公德或者民族优秀文化传统的。

(10)有法律、行政法规和国家规定禁止的其他内容的。

(11)以未成年人为对象的出版物不得含有诱发未成年人模仿违反社会公德的行为和违法犯罪的行为的内容，不得含有恐怖、残酷等妨害未成年人身心健康的内容。

2.报纸刊载的内容须符合哪些要求？

报纸开展新闻报道必须坚持真实、全面、客观、公正的原则，不得刊载虚假、失实报道。

报纸发表或者摘转涉及国家重大政策、民族宗教、外交、军事、保密等内容，应严格遵守有关规定。报纸转载、摘编互联网上的内容，必须按照有关规定对其内容进行核实，并在刊发的明显位置标明下载文件网址、下载日期等。

报纸发表新闻报道，必须刊载作者的真实姓名。

报纸出版质量须符合国家标准和行业标准。报纸使用语言文字须符合国家有关规定。

3.报纸刊载虚假报道如何处理？

报纸刊载虚假、失实报道，致使公民、法人或者其他组织的合法权益受到侵害的，其出版单位应当公开更正，消除影响，并依法承担相应民事责任。

报纸刊载虚假、失实报道，致使公民、法人或者其他组织的合法权益受到侵害的，当事人有权要求更正或者答辩，报纸应当予以发表；拒绝发表的，当事人可以向人民法院提出诉讼。

报纸因刊载虚假、失实报道而发表的更正或者答辩应自虚假、失实报道发现或者当事人要求之日起，在其最近出版的一期报纸的相同版位上发表。

报纸刊载虚假、失实报道，损害公共利益的，国家新闻出版行政部门或者省、自治区、直辖市新闻出版行政部门可以责令该报纸出版单位更正。

4.报纸出版中如何正确使用刊号？

一个国内统一连续出版物号只能对应出版一种报纸，不得用同一国内统一连续出版物号出版不同版本的报纸。出版报纸地方版、少数民族文字版、外文版等不同版本（文种）的报纸，须按创办新报纸办理审批手续。

报纸出版单位不得出卖、出租、转让本单位名称及所出版报纸的刊号、名称、版面，不得转借、转让、出租和出卖《报纸出版许可证》。

5.报纸出版中对外形有什么要求？

同一种报纸不得以不同开版出版。报纸所有版页须作为一个整体出版发行，各版页不得单独发行。

6.报纸出版专版、专刊有哪些要求？

报纸专版、专刊的内容应与报纸的宗旨、业务范围相一致，专版、专刊的刊头字样不得明显于报纸名称。

7.报纸出版增期、号外分别有哪些要求？

报纸在正常刊期之外可出版增期。出版增期应按变更刊期办理审批手续。增期的内容应与报纸的业务范围相一致；增期的开版、文种、发行范围、印数应与主报一致，并随主报发行。

报纸出版单位因重大事件可出版号外；出版号外须在报头注明“号外”字样，号外连续出版不得超过3天。报纸出版单位须在号外出版后15日内向所在地省、自治区、直辖市新闻出版行政部门备案，并提交所有号外样报。

8.报纸刊登广告有哪些要求？

报纸刊登广告须在报纸明显位置注明“广告”字样，不得以新闻形式刊登广告。

报纸出版单位发布广告应依据法律、行政法规查验有关证明文件，核实广告内容，不得刊登有害、虚假等的违法广告。

9.对报纸采编和经营有哪些专门要求?

报纸出版单位不得在报纸上刊登任何形式的有偿新闻。

报纸出版单位及其工作人员不得利用新闻报道牟取不正当利益,不得索取、接受采访报道对象及其利害关系人的财物或者其他利益。

报纸的广告经营者限于在合法授权范围内开展广告经营、代理业务,不得参与报纸的采访、编辑等出版活动。

报纸采编业务和经营业务必须严格分开。新闻采编业务部门及其工作人员不得从事报纸发行、广告等经营活动;经营部门及其工作人员不得介入新闻采编业务。

报纸出版单位不得以不正当竞争行为或者方式开展经营活动,不得利用权力摊派发行报纸。

(三)报纸的出版管理

1.什么是属地管理原则?

报纸出版活动的监督管理实行属地原则。省、自治区、直辖市新闻出版行政部门依法负责本行政区域报纸和报纸出版单位的登记、年度核验、质量评估、行政处罚等工作,对本行政区域的报纸出版活动进行监督管理。其他地方新闻出版行政部门依法对本行政区域内报纸出版单位及其报纸出版活动进行监督管理。

2.报纸出版实行哪些管理制度?

报纸出版管理实施报纸出版事后审读制度、报纸出版质量评估制度、报纸出版年度核验制度和报纸出版从业人员资格管理制度。报纸出版单位应当按照国家新闻出版行政部门的规定,将从事报纸出版活动的情况向新闻出版行政部门提出书面报告。

3.报纸如何实施事后审读?

国家新闻出版行政部门负责全国报纸的审读工作。地方各级新闻出版行政部门负责对本行政区域内出版的报纸进行审读。下级新闻出版行政部门要定期向上一级新闻出版行政部门提交审读报告。

主管单位须对其主管的报纸进行审读,定期向所在地新闻出版行政部门报送审读报告。

报纸出版单位应建立报纸阅评制度,定期写出阅评报告。新闻出版行政部门根据管理工作需要,可以随时调阅、检查报纸出版单位的阅评报告。

4.报纸质量管理标准包括哪些内容?

报纸的质量管理标准包括:

(1)办报方针、宗旨、舆论导向。报纸出版必须以中国特色社会主义理论为指导,坚持为社会主义服务、为人民服务的基本方针,坚持四项基本原则和正确的舆论导向,坚持为全党全国工作大局服务的思想,正确宣传党和国家的方针政策,为社会主义精神文明建设和物质文明建设服务。报纸的各项内容必须符合本报的办报宗旨和专业分工范围;在本报的专业分工范围内开展和从事新闻报道及有关信息的传播活动。

(2)依法出版。报纸的各项出版活动必须遵守国家宪法、法律和有关规定,严格执行《报纸出版管理规定》等报纸管理方面的行政法规及有关规章制度。报纸的出版、印刷、发行、登记项目的变更、经营及各项有关活动,都必须符合行政管理方面的审批登记程序。

(3)版面的综合质量。报纸所载内容必须真实、准确。报纸稿件的选用要求具有指导性、新闻性、时效性、可读性,格调高雅、文章生动。报纸版面要求信息量大,内容丰富,充分利用各种新闻体裁和新闻手段。报纸文章标题要求题文相符,表达准确,文字精练,生动形象。报纸栏目设置要求合理、特色鲜明、丰富多彩,符合办报宗旨和专业分工范围。报纸文字校对要求严格准确,无明显差错。每期报纸文字差错率不得高于万分之三。报纸印刷质量要求字体清晰、墨色均匀、套色准确,无缺笔断画、模糊不清的现象。

(4)广告质量。报社经营广告业务必须遵守《中华人民共和国广告法》及其他有关法律法规。报纸刊登任何形式的广告,均应用明显的广告形式刊出或在报纸明显位置注明"广告"字样,严禁刊登"有偿新闻",以新闻形式刊登广告,收取费用。报纸刊登广告内容必须真实、可信,语言文字必须文明、规范,不得刊登虚假广告,不得违反社会公德或损害国家利益。报纸广告设计应美观、健康。

(5)社会信誉。报纸应在读者中建立良好的整体形象和必要的社会信誉。报社必须满足读者和客户的正当要求,应具有良好的遵纪守法表现及记录。对报纸的社会形象和信誉的综合质量标准,结合新闻出版行政部门的报纸审读、日常管理和社会综合反映(读者来信、社会调查)等手段给予评定。

(6)发行量。发行量应达到与本报专业分工和读者对象范围相适应的水平。发行量指报纸的实际征订、零售数量,不包括赠送、交换的报纸数量。

5.如何对报纸进行年度核验?

年度核验是报纸出版管理的基本制度。省、自治区、直辖市新闻出版行政部门负责对本行政区域的报纸出版单位实施年度核验。年度核验内容包括报纸出版单位及其所出版报纸登记项目、出版质量、遵纪守法情况、新闻记者证和记者站管理等。

《报纸出版许可证》加盖年度核验章后方可继续使用。有关部门在办理报纸出版、印刷、发行等手续时,对未加盖年度核验章的《报纸出版许可证》不予采用。不按规定参加年度核验的报纸出版单位,经催告仍未参加年度核验的,由国家新闻出版行政部门撤销《报纸出版许可证》,所在地省、自治区、直辖市新闻出版行政部门注销登记。

年度核验结果,核验机关可以向社会公布。

6.出现哪些情形对报纸暂缓通过年度核验？

有下列情形之一的，暂缓年度核验：

（1）正在限期停刊整顿的。

（2）经审核发现有违法情况应予处罚的。

（3）主管单位、主办单位未履行管理责任，导致报纸出版管理混乱的。

（4）存在其他违法嫌疑需要进一步核查的。

7.出现哪些情形的报纸不予通过年度核验？

有下列情形之一的，不予通过年度核验：

（1）违法行为被查处后拒不改正或者没有明显整改效果的。

（2）报纸出版质量长期达不到规定标准的。

（3）经营恶化已经资不抵债的。

（4）已经不具备《报纸出版管理规定》第八条规定条件的。

不予通过年度核验的，由国家新闻出版行政部门撤销《报纸出版许可证》，所在地省、自治区、直辖市新闻出版行政部门注销登记。

未通过年度核验的，报纸出版单位自第二年起停止出版该报纸。

8.报纸主办单位对所办报纸出版单位负有哪些职责？

报纸主办单位对所办报纸出版单位负有下列职责：

（1）领导、监督出版单位遵照中国共产党的基本路线、方针、政策和国家的法律、法规、政策以及办社（报、刊）方针、宗旨、专业范围，做好出版工作及有关各项工作；审核出版单位的重要宣传、报道或选题计划，审核批准重要稿件（书稿、评论、报道等）的出版或发表；决定所属出版单位的出版物发行或不发行；对出版单位在出版物内容等方面发生的严重错误和其他重大问题，承担直接领导责任。

（2）依照国家的有关规定为出版单位的设立提供和筹集必要的资金、设备，并创造其他必要条件，办理核准登记手续，依法取得企业法人或者事业单位法人资格。

（3）依照国家的有关规定，决定出版单位经营管理国有资产的责任制形式；遵循国家有关规定和责、权、利相统一的原则，保证出版单位的经营自主权，但应对出版单位各项经营活动切实担负监督职责；监督出版单位严格执行国家财政、税收和国有资产管理的法律、法规，定期进行审计，确保出版单位财产的保值、增值。出版单位为实现社会效益目标而形成政策性亏损，主办单位应当给予相应的补贴或者其他方式的补偿。

（4）审核出版单位的内部机构的设置，考核并提出任免出版单位的负责人的建议，报主管单位批准。

（5）向主管单位汇报出版单位的工作情况，贯彻落实主管单位的有关决定和意见。

（6）承担出版单位或出版物停办后的资产清算、人员安置和其他善后工作。

（7）国家规定的和上级主管部门规定的其他职责。

9.报纸主管单位对所属报纸出版单位及其主办单位有哪些职责？

报纸主管单位对所属的报纸出版单位及其主办单位负有下列职责：

（1）监督出版单位及其主办单位贯彻执行中国共产党的基本路线、方针、政策和国家的法律、法规、政策；采取行政措施和经济措施保证出版单位的出版工作坚持为人民服务、为社会主义服务的方向，坚持以社会效益为最高准则；有权决定所属出版单位的出版物发行或不发行；对出版单位在出版物内容等方面发生的严重错误和其他重大问题，承担领导责任。

（2）审核批准出版单位的重大宣传、报道或选题计划，批准有重要影响的稿件的出版或发表；决定出版单位或出版物的停办或变更，并向新闻出版行政部门提出书面报告。

（3）就主办单位对出版单位的领导和管理工作进行检查、监督、指导，并可提出意见或做出决定。

（4）扶持、协助主办单位为出版单位提供或筹措资金、购置设备。

（5）与主办单位共同负责出版单位或出版物停办后的资产清算、人员安置和其他善后工作。

（6）国家规定的其他职责。

10.报纸出版单位违反出版管理规定，新闻出版行政部门可采取哪些行政措施？

报纸出版单位违反出版管理规定，新闻出版行政部门视其情节轻重，可采取下列行政措施：

（1）下达警示通知书。

（2）通报批评。

（3）责令公开检讨。

（4）责令改正。

（5）责令停止印制、发行报纸。

（6）责令收回报纸。

（7）责成主办单位、主管单位监督报纸出版单位整改。

所列行政措施可以并用。

11.如何下达报纸违规警示通知书？

警示通知书由国家新闻出版行政部门制订统一格式，由国家新闻出版行政部门或者省、自治区、直辖市新闻出版行政部门下达给违法的报纸出版单位，并抄送违法报纸出版单位的主办单位及其主管单位。

12.报纸常见违规行为有哪几类？管理部门如何处罚？

报纸在出版过程中常出现的违规行为包括：

（1）未经批准，擅自设立报纸出版单位，或者擅自从事报纸出版业务，假冒报纸出版单位名称或者伪造、假冒报纸名称出版报纸。依照《出版管理条例》由出版行政主管部门、工商行政管理部门依照法定职权予以取缔;依照刑法关于非法经营罪的规定,依法追究刑事责任;尚不够刑事处罚的,没收出版物、违法所得和从事违法活动的专用工具、设备,违法经营额1万元以上的,并处违法经营额5倍以上10倍以下的罚款,违法经营额不足1万元的,可以处5万元以下的罚款;侵犯他人合法权益的,依法承担民事责任。

(2)出版含有《出版管理条例》和其他有关法律、法规以及国家规定禁载内容报纸。依照《出版管理条例》,对触犯刑律的,依照《中华人民共和国刑法》有关规定,依法追究刑事责任;尚不够刑事处罚的,由出版行政主管部门责令限期停业整顿,没收出版物、违法所得,违法经营额1万元以上的,并处违法经营额5倍以上10倍以下的罚款,违法经营额不足1万元的,可以处5万元以下的罚款;情节严重的,由原发证机关吊销许可证。

(3)报纸出版单位出卖、出租、转让本单位名称及所出版报纸的刊号、名称、版面,转借、转让、出租和出卖《报纸出版许可证》。依照《出版管理条例》,由出版行政主管部门责令停止违法行为,给予警告,没收违法经营的出版物、违法所得,违法经营额1万元以上的,并处违法经营额5倍以上10倍以下的罚款;违法经营额不足1万元的,可以处5万元以下的罚款;情节严重的,责令限期停业整顿或者由原发证机关吊销许可证。

(4)报纸出版单位允许或者默认广告经营者参与报纸的采访、编辑等出版活动。依照《出版管理条例》,由出版行政主管部门责令停止违法行为,给予警告,没收违法经营的出版物、违法所得,违法经营额1万元以上的,并处违法经营额5倍以上10倍以下的罚款,违法经营额不足1万元的,可以处5万元以下的罚款;情节严重的,责令限期停业整顿或者由原发证机关吊销许可证。

(5)报纸出版单位擅自变更名称,合并或者分立,改变资本结构,出版新的报纸,未按规定办理审批手续;报纸变更名称、主办单位、主管单位、刊期、业务范围、开版,未按规定办理审批手续;报纸出版单位未依照《报纸出版管理规定》缴送报纸样本。依照《出版管理条例》,由出版行政主管部门责令改正,给予警告;情节严重的,责令限期停业整顿或者由原发证机关吊销许可证。

13.报纸出版单位的哪些出版行为应给予警告?

报纸出版单位有下列行为之一的,由国家新闻出版行政部门或者省、自治区、直辖市新闻出版行政部门给予警告,并处3万元以下罚款:

(1)报纸出版单位变更单位地址、法定代表人或者主要负责人、承印单位,未按照规定报送备案的。

(2)报纸休刊,未按照规定报送备案的。

(3)刊载损害公共利益的虚假或者失实报道,拒不执行新闻出版行政部门更正命令的。

(4)在其报纸上发表新闻报道未登载作者真实姓名的。

(5)违反规定发表或者摘转有关文章的。

(6)未按照规定刊登报纸版本记录的。

(7)违反规定“一号多版”的。

(8)违反规定出版不同开版的报纸或者部分版页单独发行的。

(9)违反关于出版报纸专版、专刊、增期、号外的规定的。

(10)报纸刊登广告未在明显位置注明“广告”字样,或者以新闻形式刊登广告的。

(11)刊登有偿新闻或者报纸出版单位及其工作人员利用新闻报道牟取不正当利益,索取、接受采访报道对象及其利害关系人的财物的。

(12)以不正当竞争行为开展经营活动或者利用权力摊派发行的。

四、记者证、记者站和新闻采编人员管理

(一)记者证的管理

1.什么是新闻记者?

新闻记者是指新闻机构编制内或者经正式聘用,专职从事新闻采编岗位工作,并持有新闻记者证的采编人员。

2.什么是新闻记者证?新闻记者证有哪些特殊性?

新闻记者证是新闻记者职务身份的有效证明,是境内新闻记者从事新闻采编活动的唯一合法证件,由国家新闻出版行政部门依法统一印制并核发。境内新闻机构使用统一样式的新闻记者证。

新闻记者证由国家新闻出版行政部门统一编号,并签印国家新闻出版行政部门印章、新闻记者证核发专用章、新闻记者证年度核验标签和本新闻机构(或者主办单位)钢印方为有效。其他任何单位或者个人不得制作、仿制、发放、销售新闻记者证,不得制作、发放、销售专供采访使用的其他证件。

3.新闻记者证如何申领?

新闻记者证由新闻机构向新闻出版行政部门申请领取。

中央单位所办新闻机构经主管部门审核所属新闻机构采编人员资格条件后,向国家新闻出版行政部门申领新闻记者证,国家新闻出版行政部门批准后发放新闻记者证。

省和省以下单位所办新闻机构经主管部门审核所属新闻机构采编人员资格条件后,向所在地省、自治区、直辖市新闻出版行政部门申领新闻记者证,由省、自治区、直辖市新闻出版行政部门审核并报国家新闻出版行政部门批准后,发放新闻记者证。

其中,地、市、州、盟所属新闻机构申领新闻记者证须经地、市、州、盟新闻出版行政部

门审核后，报省、自治区、直辖市新闻出版行政部门。

记者站的新闻采编人员资格条件经设立该记者站的新闻机构审核，主管部门同意后，向记者站登记地省、自治区、直辖市新闻出版行政部门申领新闻记者证，由省、自治区、直辖市新闻出版行政部门审核并报国家新闻出版行政部门批准后，发放新闻记者证。在地、市、州、盟设立的记者站，申领新闻记者证应报当地新闻出版行政部门逐级审核后，报省、自治区、直辖市新闻出版行政部门。

解放军总政治部宣传部新闻出版局负责军队系统新闻机构新闻记者证的审核发放工作，并向国家新闻出版行政部门备案。

除军队系统外，新闻记者证申领、审核、发放和注销工作统一通过国家新闻出版行政部门的“全国新闻记者证管理及核验网络系统”进行。

4.申领新闻记者证须提交哪些申报材料？

申领新闻记者证须由新闻机构如实填写并提交《领取新闻记者证登记表》《领取新闻记者证人员情况表》以及每个申领人的身份证、毕业证、从业资格证（培训合格证）、劳动合同复印件等申报材料。

5.领取新闻记者证的人员应具备哪些条件？

新闻机构中领取新闻记者证的人员须同时具备下列条件：

（1）遵守国家法律、法规和新闻工作者职业道德。

（2）具备大学专科以上学历并获得国务院有关部门认定的新闻采编从业资格。

（3）在新闻机构编制内从事新闻采编工作的人员，或者经新闻机构正式聘用从事新闻采编岗位工作且具有1年以上新闻采编工作经历的人员。

“经新闻机构正式聘用”是指新闻采编人员与其所在新闻机构签有劳动合同。

6.新闻单位中哪些人员不能申领新闻记者证？

新闻记者证是新闻记者职务身份的证明。非新闻记者职务的不发放记者证。包括新闻单位中的下列人员均不得发放新闻记者证：

（1）新闻机构中党务、行政、后勤、经营、广告、工程技术等非采编岗位的工作人员。

（2）新闻机构以外的工作人员，包括为新闻单位提供稿件或者节目的通讯员、特约撰稿人，专职或兼职为新闻机构提供新闻信息的其他人员。

（3）教学辅导类报纸、高等学校校报工作人员以及没有新闻采访业务的期刊编辑人员。

（4）有不良从业记录的人员、被新闻出版行政部门吊销新闻记者证并在处罚期限内的人员或者受过刑事处罚的人员。

7.新闻记者站的新闻采编人员如何申请记者证？

记者站的新闻采编人员的资格条件经设立该记者站的新闻机构审核，主管部门同意后，向记者站登记地省、自治区、直辖市新闻出版行政部门申领新闻记者证，由省、自治区、直辖市新闻出版行政部门审核并报国家新闻出版行政部门批准后，发放新闻记者证。

在地、市、州、盟设立的记者站，申领新闻记者证应报当地新闻出版行政部门逐级审核后，报省、自治区、直辖市新闻出版行政部门。

8.新闻记者如何使用新闻记者证？

新闻记者从事新闻采访工作必须持有新闻记者证，并应在新闻采访中主动向采访对象出示。新闻机构中尚未领取新闻记者证的采编人员，必须在本新闻机构持有新闻记者证的记者带领下开展采访工作，不得单独从事新闻采访活动。

新闻记者证只限本人使用，不得转借或者涂改，不得用于非职务活动。

新闻记者与新闻机构解除劳动关系、调离本新闻机构或者采编岗位，应在离岗前主动交回新闻记者证，新闻机构应立即通过“全国新闻记者证管理及核验网络系统”申请注销其新闻记者证，并及时将收回的新闻记者证交由新闻出版行政部门销毁。

9.如何更换或补办新闻记者证？

新闻记者证因污损、残破等各种原因无法继续使用，由新闻机构持原证到发证机关更换新证，原新闻记者证编号保留使用。

新闻记者证遗失后，持证人须立即向新闻机构报告，新闻机构须立即办理注销手续，并在国家新闻出版行政部门或者省、自治区、直辖市新闻出版行政部门指定的媒体上刊登遗失公告。

需要重新补办新闻记者证的，可在刊登公告 1 周后到发证机关申请补领新证，原新闻记者证编号同时作废。

10.如何对新闻记者证进行监管？

新闻机构撤销，其原已申领的新闻记者证同时注销。该新闻机构的主管单位负责收回作废的新闻记者证，交由发证机关销毁。新闻记者证每 5 年统一换发一次。

国家新闻出版行政部门和各省、自治区、直辖市新闻出版行政部门以及解放军总政治部宣传部新闻出版局负责对新闻记者证的发放、使用和年度核验等工作进行监督管理。

各级新闻出版行政部门负责对新闻记者在本行政区域内的新闻采编活动进行监督管理。

新闻出版行政部门根据调查掌握的违法事实，建立不良从业人员档案，并适时公开。

11.什么是新闻记者证的年度核验？

新闻记者证实行年度核验制度。由国家新闻出版行政部门和各省、自治区、直辖市新闻出版行政部门以及解放军总政治部宣传部新闻出版局分别负责中央新闻机构、地方新闻机构和军队系统新闻机构新闻记者证的年度核验工作。

新闻记者证年度核验每年 1 月开始，3 月 15 日前结束，各省、自治区、直辖市新闻出版行政部门和解放军总政治部宣传部新闻出版局须在 3 月 31 日前，将年度核验报告报国家新闻出版行政部门。

新闻机构未按规定进行新闻记者证年度核验的，由发证机关注销其全部新闻记者证。

12.新闻记者证年度核验的主要内容有哪些？

新闻记者证年度核验工作由新闻机构自查，填写《新闻记者证年度核验表》，经主管单位审核后，报新闻出版行政部门依法核验。年度核验的主要内容是：

（1）检查持证人员是否仍具备持有新闻记者证的所有条件。

（2）检查持证人员本年度内是否出现违法行为。

（3）检查持证人员的登记信息是否变更。

通过年度核验的新闻记者证，由新闻出版行政部门核发年度核验标签，并粘贴到新闻记者证年度核验位置，新闻记者证的有效期以年度核验标签的时间为准。未通过年度核验的新闻记者证，由发证机关注销，不得继续使用。

13.如何鉴别新闻记者证的真伪？

鉴别新闻记者证的真伪有以下三种方式：

方式一：二维码扫描。用智能手机扫描照片下方的二维码，核验新闻记者证信息，如显示被查询人的样证信息和照片，说明是真记者证；如不显示，说明不是真记者证。

方式二：短信查询。移动手机用户发送“CXXM 记者姓名＃单位名称”到 10660840 查询，如收到被查询人的证件信息，说明是真记者证；如收到“您查询的记者信息未找到”等字样，说明不是真记者证。

方式三：网站查询。登陆中国记者网（http://press.gapp.gov.cn/）首页新闻记者证查询栏，输入新闻记者证相关信息，如显示被查询人的样证信息和照片，说明是真记者证；如显示“没有找到您想要查询的内容”等字样，说明不是真记者证。

14.对新闻单位及其工作人员违反《新闻记者证管理办法》的行为有哪些处罚措施？

新闻单位及其工作人员违反《新闻记者证管理办法》的，新闻出版行政部门视其情节轻重，可采取下列行政措施：

（1）通报批评。

（2）责令公开检讨。

（3）责令改正。

（4）中止新闻记者证使用。

（5）责成主管单位、主办单位监督整改。

上述条所列行政措施可以并用。

15.新闻机构工作人员违反《新闻记者证管理办法》的行为有哪些？如何处罚？

新闻机构工作人员常见的违反《新闻记者证管理办法》的行为有：

(1)新闻机构非采编岗位工作人员假借新闻机构或者假冒新闻记者进行新闻采访活动。

(2)新闻记者编发虚假报道,刊播虚假新闻,徇私隐匿应报道的新闻事实。

(3)转借、涂改新闻记者证或者利用职务便利从事不当活动。

(4)未在离岗前交回新闻记者证。

有以上行为之一的,由国家新闻出版行政部门或者省、自治区、直辖市新闻出版行政部门给予警告,并处 3 万元以下罚款。情节严重的,吊销其新闻记者证;构成犯罪的,依法追究刑事责任。

16.新闻单位常见违反《新闻记者证管理办法》的行为有哪些?如何处罚?

新闻单位常见违反《新闻记者证管理办法》的行为有:

(1)擅自制作、仿制、发放、销售新闻记者证或者擅自制作、发放、销售采访证件。

(2)申请领取记者证时提交虚假申报材料。

(3)没有严格审核采编人员资格或者擅自扩大发证范围。

(4)新闻机构内未持有新闻记者证的人员从事新闻采访活动。

(5)未及时注销已解除劳动关系的人员的新闻记者证。

(6)持证人遗失新闻记者证后,新闻机构未及时办理注销手续。

(7)未履行监管责任,未及时为符合条件的采编人员申领新闻记者证或者违规聘用有关人员。

(8)未公示新闻记者证持有人名单和新申领新闻记者证人员名单,未公布"全国新闻记者证管理及核验网络系统"的网址和举报电话。

(9)未按时参加年度核验。

(10)本新闻机构工作人员出现严重违反《新闻记者证管理办法》的行为。

新闻机构有上述行为之一的,由国家新闻出版行政部门或者省、自治区、直辖市新闻出版行政部门没收违法所得,给予警告,并处 3 万元以下罚款,可以暂停核发该新闻机构新闻记者证,并建议其主管单位、主办单位对其负责人给予处分。

17.非新闻单位人员违反《新闻记者证管理办法》的行为有哪些?如何查处?

非新闻单位人员常见违反《新闻记者证管理办法》的行为主要有:

(1)擅自制作、仿制、发放、销售新闻记者证或者擅自制作、发放、销售采访证件。

(2)假借新闻机构、假冒新闻记者从事新闻采访活动。

(3)以新闻采访为名开展各类活动或者谋取利益。

社会组织或者个人有以上行为之一的,由新闻出版行政部门联合有关部门共同查处,没收违法所得,给予警告,并处 3 万元以下罚款,构成犯罪的,依法追究刑事责任。

(二)新闻单位驻地方机构管理

1.什么是新闻单位驻地方机构?

新闻单位驻地方机构,是指依法批准的新闻单位设立的从事新闻采编活动的派出机构。这里的新闻单位主要指:报纸出版单位、新闻性期刊出版单位、通讯社、广播电台、电视台、广播电视台、新闻网站、网络广播电视台及其他新闻单位。

2.新闻单位驻地方机构由谁管理?

国家新闻出版行政部门负责全国驻地方机构的监督管理,制订全国驻地方机构的设立规划,确定总量、布局、结构。县级以上地方新闻出版行政部门负责本行政区域内驻地方机构的监督管理。新闻单位负责其驻地方机构从事新闻采编等活动的日常管理,保障驻地方机构依法运行。

3.新闻单位驻地方机构及其人员从事新闻采编活动有哪些要求?

新闻单位驻地方机构及其人员从事新闻采编活动应当以人民为中心,坚持为人民服务、为社会主义服务,坚持正确的舆论导向,弘扬社会主义核心价值观,弘扬民族优秀文化。

驻地方机构及其人员从事新闻采编活动应当遵守法律法规,尊重社会公德,恪守职业道德,深入基层、深入群众、深入生活,确保新闻报道真实、全面、客观、公正。

驻地方机构及其人员从事新闻采编等活动受法律保护;任何单位和人员不得干扰、阻挠驻地方机构及其人员的正常工作,不得假冒、盗用驻地方机构名义开展活动。

4.新闻单位设立驻地方机构应当具备哪些条件?

国家对设立驻地方机构实行许可制度,未经批准不得设立,任何单位和人员不得以驻地方机构名义从事新闻采编活动。新闻单位不得以派驻地记者方式代替设立驻地方机构从事新闻采编活动。

新闻单位设立驻地方机构应当符合国家新闻出版行政部门对驻地方机构总量、布局、结构的规划,并具备下列条件:

(1)在派驻地确有新闻采编需要。

(2)有健全的驻地方机构人员、财务、新闻采编活动等管理制度。

(3)有指导、管理驻地方机构的条件和能力。

(4)驻地方机构负责人具有新闻、出版、播音主持等专业的中级以上职称或者有5年以上新闻采编、新闻管理工作经历。

(5)驻地方机构有符合业务需要的持有新闻记者证的新闻采编人员。

(6)驻地方机构有满足业务需要的固定工作场所和经费。

(7)国家规定的其他条件。

此外,申请设立驻地方机构的报纸出版单位,仅限于每周出版四期以上的报纸出版单位,不包括教学辅导类报纸、文摘类报纸、高等学校校报等出版单位。申请设立驻地方机构的新闻网站,仅限于中央主要新闻单位所办中央重点新闻网站。申请设立驻地方机构的新闻性期刊出版单位、广播电台、电视台、广播电视台、网络广播电视台,应当经国家新闻出版行政部门认定。

新闻单位在同一城市只能设立一个驻地方机构。报业集团、期刊集团或者有多家子报子刊的新闻单位应当以集团或者新闻单位名义设立驻地方机构,其下属新闻单位不得再单独设立驻地方机构。

5.新闻单位如何申请设立驻地方机构?

新闻单位设立驻地方机构,须经其主管单位审核同意后,向驻地方机构所在地省、自治区、直辖市新闻出版行政部门提出申请。其中,中央主要新闻单位设立驻地方机构,须先经国家新闻出版行政部门审核同意。中央重点新闻网站设立驻地方机构,须经驻地方机构所在地省、自治区、直辖市网信主管部门审核,并经国家网信主管部门审查同意后,向所在地省、自治区、直辖市国家新闻出版行政部门提出申请。

新闻单位设立驻地方机构,应提交申请书及下列材料:

(1)驻地方机构负责人、新闻采编人员等的基本情况及其从业资格证明。

(2)符合《新闻单位驻地方机构管理办法(试行)》规定的驻地方机构人员编制或者劳动合同、聘用合同等证明。

(3)驻地方机构经费来源的证明。

(4)驻地方机构工作场所的证明。

(5)主管单位同意设立驻地方机构的证明。

(6)报纸出版单位出具报纸刊期的证明。

(7)新闻性期刊出版单位、广播电台、电视台、广播电视台、网络广播电视台出具国家新闻出版行政部门认定的证明。

(8)中央重点新闻网站出具国家网信主管部门审查同意的证明。

需要提交的申请书内容包括:

(1)设立驻地方机构的理由。

(2)驻地方机构的业务范围、活动方式。

(3)新闻单位对驻地方机构的管理方式、管理制度和必要的保障条件及管理责任等。

6.设立新闻单位驻地方机构在审批和开展工作上有哪些时效要求?

省、自治区、直辖市国家新闻出版行政部门自受理申请之日起 20 日内,做出批准或者不批准的决定。批准的,发放新闻单位驻地方机构许可证;不批准的,应当说明理由。新闻单位驻地方机构许可证由国家新闻出版行政部门统一印制,有效期 6 年。

新闻单位应当在取得《新闻单位驻地方机构许可证》后 30 日内派遣新闻采编人员等

到驻地方机构开展工作。

新闻单位驻地方机构的登记地址、联系方式、负责人、新闻采编人员等发生变更，驻地方机构应当在变更后90日内到所在地省、自治区、直辖市新闻出版行政部门办理变更登记手续。

新闻单位终止其驻地方机构业务活动，应当在30日内到所在地省、自治区、直辖市新闻出版行政部门办理注销登记手续，交回《新闻单位驻地方机构许可证》。

7.新闻单位如何加强对驻地方机构的管理？

新闻单位对驻地方机构的采编工作和正常运行工作负责。为此新闻单位对驻地方机构应建立相应的管理制度。

(1)建立健全新闻线索集中管理和统一安排采访制度，规范驻地方机构的新闻采编活动。

(2)建立规范的驻地方机构人员用工制度，签订劳动合同或者聘用合同，保障员工的薪酬、社会保障等各项权益。

(3)确保驻地方机构正常开展工作所需经费，不得向驻地方机构及其人员下达经营创收指标、摊派经营任务、收取管理费等。

(4)建立健全驻地方机构人员培训和在职教育制度，提升从业人员素质。

(5)建立健全驻地方机构负责人任期、轮岗、审计、约谈、问责等内部管理制度，对出现违法违规问题造成恶劣影响的，要撤换驻地方机构负责人并依法依规追究责任。

(6)建立健全巡视检查制度，定期开展巡视检查，强化对驻地方机构的日常管理。

(7)建立健全社会监督机制，公示驻地方机构及其负责人、新闻采编人员名单，接受社会监督。

8.新闻单位驻地方机构须严格遵守哪些规定？

驻地方机构作为新闻单位的派出部门，须严格遵守新闻单位相关规定，同时须遵守以下规定：

(1)驻地方机构及其人员不得以承包、出租、出借、合作等任何形式非法转让驻地方机构的名称、证照、新闻业务等。

(2)驻地方机构应当在批准范围内从事与新闻单位业务范围相一致的新闻采编活动。

(3)驻地方机构及其人员不得从事广告、出版物发行、开办经营实体等与新闻采编业务无关的活动。

(4)驻地方机构负责人应当落实国家有关新闻采编的管理规定，对本机构的新闻采编工作全面负责，应建立新闻采编工作记录制度、自查评估制度。

(5)驻地方机构及其人员不得有下列违法违规和违反职业道德的行为：编发虚假报道；有偿新闻、有偿不闻、新闻敲诈；利用职务影响和职务便利要求采访、报道对象及相关单位和人员做广告、订报刊、提供赞助；其他谋取不正当利益的行为；等等。

(6)驻地方机构不得以任何名义设立分支机构、聘用人员，不得与党政机关混合设立，党政机关工作人员不得在驻地方机构兼职。

(7)驻地方机构负责人原则上不得同时在两个以上驻地方机构任职。

9.新闻单位终止驻地方机构业务活动应履行哪些手续？

新闻单位终止其驻地方机构业务活动，应当在30日内到所在地省、自治区、直辖市新闻出版行政部门办理注销登记手续，交回《新闻单位驻地方机构许可证》。

10.新闻单位驻地方机构年度核验重点核查哪些内容？

新闻单位驻地方机构实行年度核验制度。省、自治区、直辖市新闻出版行政部门每两年对本行政区域内驻地方机构统一组织年度核验，重点核查驻地方机构下列内容：

(1)新闻采编工作情况。

(2)负责人、持有新闻记者证的新闻采编人员等变更情况。

(3)是否存在违反《新闻单位驻地方机构管理办法(试行)》的行为及其处理情况。

11.新闻单位驻地方机构接受年度核验须提交哪些材料？

新闻单位驻地方机构应当按时将下列材料报省、自治区、直辖市新闻出版行政部门进行年度核验：

(1)驻地方机构年度工作总结报告。

(2)驻地方机构年度主要新闻报道目录或者证明其新闻采编业绩的有关材料。

(3)新闻单位对驻地方机构的年度评估报告。

(4)其他必需的有关材料。

中央重点新闻网站驻地方机构还应当提供省、自治区、直辖市网信主管部门提出的审核意见。

省、自治区、直辖市新闻出版行政部门应当及时向社会公告年度核验合格的驻地方机构名录；在年度核验中发现驻地方机构及其人员有违法行为的，应当依法处理；对不再具备行政许可法定条件的，应当责令限期改正，未按期改正的，应当依法撤销行政许可。

12.新闻单位驻地方机构有哪些常见的违规行为？有哪些处罚措施？

新闻单位驻地方机构常见违规行为及相应处罚措施有：

(1) 新闻单位所设立的驻地方机构不具备设立条件；新闻单位设立驻地方机构后30日内未派遣新闻采编人员等到驻地方机构开展工作。这两种违规行为由国家新闻出版行政部门或者省、自治区、直辖市新闻出版行政部门责令新闻单位限期改正；新闻单位未按期改正的，由省、自治区、直辖市新闻出版行政部门撤销其《新闻单位驻地方机构许可证》。

(2) 驻地方机构的登记地址、联系方式、负责人、新闻采编人员等发生变更，或者新闻单位终止其驻地方机构业务活动，未在法定期限内办理有关手续；新闻单位未按规定履行管理驻地方机构的职责，未建立相关制度，落实有关责任；驻地方机构负责人未按规定落实有关责任或者未建立有关制度；驻地方机构未按规定参加年度核验。对以上 4 种违规行为，国家新闻出版行政部门或者省、自治区、直辖市新闻出版行政部门可以采取通报批评、责令公开检讨、责令整改等行政措施，情节严重的，可以给予警告，可以并处 3 万元以下罚款。

(3)新闻单位向驻地方机构及其人员下达经营创收指标、摊派经营任务、收取管理费；非法转让驻地方机构的名称、证照、新闻业务等；从事与新闻采编业务无关的活动或者从事违法违规和违反职业道德行为；驻地方机构违规设立分支机构、聘用人员，与党政机关混合设立，党政机关工作人员在驻地方机构兼职。对以上 4 种违规行为，国家新闻出版行政部门或者省、自治区、直辖市新闻出版行政部门可以采取通报批评、责令公开检讨、责令整改等行政措施，可以给予警告，可以并处 3 万元以下罚款，情节严重的，撤销其《新闻单位驻地方机构许可证》。

(4)擅自设立驻地方机构或者采取假冒、盗用等方式以驻地方机构或者驻地记者名义开展活动。由省、自治区、直辖市新闻出版行政部门予以取缔，可以并处 3 万元以下罚款，没收违法所得。

(三)新闻采编人员的管理

1.新闻采编人员是指哪些人？

新闻采编人员是指在中华人民共和国境内经批准设立的报社、新闻性期刊社、通讯社、广播电台、电视台、新闻网站等新闻单位内的记者、编辑、制片人、主持人、播音员、评论员、翻译等从事新闻采访、编辑、制作、刊播等新闻报道业务的人员。

2.新闻记者享有哪些权利？

新闻记者持新闻记者证依法从事新闻采访活动受法律保护。各级人民政府及其职能部门、工作人员应为合法的新闻采访活动提供必要的便利和保障。任何组织或者个人不得干扰、阻挠新闻机构及其新闻记者合法的采访活动。

我国目前对于新闻记者享有的权利没有明确的法律法规进行规定。根据相关法律法规和实践中的具体情况可知，新闻记者享有以下权利：

(1)合法采集新闻的权利。

新闻记者有权在法律范围内自由接近新闻来源，多方采访、搜集新闻素材。在采访报道范围之内，新闻记者享有充分的采集新闻的权利，任何人不得非法阻挠和干涉；当超出采访报道范围时，该权利只能有限地行使。

(2)独立完成新闻作品并予以发表的权利。

新闻记者有权在法律范围内将采集的新闻素材通过一定的整理、编辑后，在报纸、广播、电视、网络等新闻媒介上公之于众，予以传播。这项权利是第一项采集权的延伸。

(3)公正评论的权利。

新闻记者有权结合新近发生的新闻事实或当前人们关注的与公众利益有关的问题,公平合理地发表自己的观点和见解。

(4)人身不受侵犯的权利。

包括生命健康权、人身自由权、人格尊严权等。

(5)著作权。

新闻记者的新闻作品享有著作权,这些作品不管发表与否均受保护。著作权内容一般包括发表权、署名权、修改权、保护作品完整权。

3.新闻记者有哪些义务?

(1)采访报道应当真实、客观、公正。

真实有两层含义:一是新闻记者要坚持实事求是,深入实际,加强调查研究,不得捕风捉影、道听途说,不得主观臆断或想象虚构,不得为追求轰动效应而篡改歪曲事实。二是一旦发现新闻内容有虚假失实或歪曲之处,新闻记者应当就当事人的要求尽最大努力予以更正,并交媒体发表,或采取其他相应的补救措施,即有错必纠。客观是指新闻记者要坚持唯物主义观点,反映事物的本来面目,正确地、忠实地传播事件的全部真相,不得掺杂新闻记者的个人意见。公正是指对一项有争执的事件,新闻记者应努力发表各方意见,不以偏概全,不偏袒任何一方,不干扰行政司法。采访报道中若有对个人或组织进行批评的内容,应给予受批评者辩解、反驳的机会,以期做到公正。

(2)应保守由其采访报道所得知的秘密。

首先,应保守国家秘密。公民有保守国家秘密的义务,新闻传播活动也应当遵守有关保密规定,不得泄露国家秘密。新闻记者应具体依据《新闻出版保密规定》来履行该项义务。其次,应保守商业秘密。对那些不为公众所知悉,能为权利人带来经济利益,具有实用性并经权利人采取保密措施的技术信息和经营信息,新闻记者未经权利人许可,不得采访报道。最后,应保守职业秘密。

(3)不得用不正当的手段获取新闻。

新闻记者要通过合法和正当的手段获取新闻,尊重被采访者的正当声明和要求。即不能用欺骗、敲诈和威胁等方法来获得事实。

(4)不得利用采访报道牟取任何非法利益。

我国新闻工作者职业道德要求新闻记者禁止刊载有偿新闻,不得向采访报道对象索要钱物,不能接受被采访报道一方的礼金或有价证券;记者不得从事广告或其他经营活动,从中牟利。

4.我国在保障新闻采编人员合法权益方面有哪些规定?

(1)党政机关及其工作人员要为新闻机构合法的新闻采访活动提供便利和必要保障。

(2)新闻采编人员合法的新闻采访活动受法律保护,任何组织和个人不得干扰、阻碍新闻采编人员合法的新闻采访活动。

(3)新闻单位要为所属新闻采编人员从事新闻采访活动提供必要保障。

(4)新闻单位加强对新闻采编人员的考核、培训、教育和管理,及时为符合资格条件的新闻采编人员申请发放新闻记者证。同时加强新闻采编人员的安全教育工作,增强新闻采编人员的自我保护意识。

(5)在新闻采访过程中如遇到可能发生冲突的情况,新闻采编人员应迅速与有关党政部门取得联系,请求协调或援助,有关部门应及时进行协调或提供援助。

(6)新闻记者证是我国境内新闻单位的新闻采编人员从事新闻采访活动使用的有效工作身份证件,由国家新闻出版行政部门统一印制并核发,其他单位和个人不得制作、仿制新闻记者证,不得制作、发放专供采访使用的其他正式证件。

5.什么是新闻采编人员的回避制度?

新闻采编人员从事新闻报道活动时如遇以下情形应实行回避,并不得对稿件的采集、编发、刊播进行干预或施加影响:

(1)新闻采编人员与报道对象具有夫妻关系、直系血亲关系、三代以内旁系血亲以及近姻亲关系。

(2)新闻采编人员采访报道涉及地区系本人出生地、曾长期工作或生活所在地。

(3)新闻采编人员与报道对象属于素有往来的朋友、同乡、同学、同事等关系。

(4)新闻采编人员与报道对象存在具体的经济、名誉等利益关系。

6.确保新闻事实准确要求新闻采编人员遵守哪些规定?

新闻采编人员必须坚持新闻真实性原则。要把真实作为新闻的生命,坚持深入调查研究,报道做到真实、准确、全面、客观。一是要通过合法途径和方式获取新闻素材,新闻采访要出示有效的新闻记者证;认真核实新闻信息来源,确保新闻要素及情节准确。二是报道新闻要不夸大、不缩小、不歪曲事实,不摆布采访报道对象,禁止虚构或制造新闻;刊播新闻报道要署作者的真名。三是摘转其他媒体的报道要把好事实关,不刊播违反科学和生活常识的内容。四是刊播了失实报道要勇于承担责任,及时更正致歉,消除不良影响。

7.新闻采编人员如何杜绝有偿新闻?

有偿新闻是新闻工作者采取不正当手段向采访报道对象索取物质报酬的活动。有偿新闻还包括故意隐匿和扣押新闻的活动。有偿新闻是任何意识形态、任何社会制度的新闻从业人员都不齿的行为。无论东方、西方,有偿新闻都是新闻职业道德所明令禁止的。新闻采编人员在采编过程中应严禁有偿新闻,不得利用采编报道牟取不正当利益,不得接受可能影响新闻报刊客观公正的宴请和馈赠,不得向采访报道对象或利益关系人索取财物和其他利益,不得从事与职业有关的有偿中介活动,不得个人经商办企业,不得在无隶属关系的其他新闻单位或经济组织兼职取酬。

8.新闻采编人员如何执行新闻报道与经营活动分开的规定?

新闻采编人员应严格执行新闻报道与经营活动分开的规定。不得以记者、编辑、审稿人等身份拉广告,不得以新闻报道换取广告,不得以变相新闻形式刊播广告内容,不得利用采编活动要求采访报道对象订阅报刊,严禁以批评曝光、编发内参等方式要挟采访报道对象订阅报刊、投放广告或提供赞助。

9.新闻采编人员如何规范使用社交媒体?

鼓励新闻采编人员使用社交媒体。新闻采编人员开通个人微博,必须分清个人行为与职务行为,必须服从单位对个人微博的领导和管理,自觉抵制有害信息的渗透和传播。新闻采编人员使用社交媒体发新闻要审慎,视同媒体发稿;发表观点要讲理据,谨防偏激、夸张、乖戾、敌对等文字出现。不发表任何正在进行或新闻单位要求不得外泄的工作信息;未经媒体或新闻单位许可,不得擅自发表任何本媒体未曾公开发表的单位信息;未经允许,不得使用工作身份在社交网络上公开进行任何工作性承诺;在社交网络上讨论涉及过往工作内容时,应避免未发表部分,以免泄露新闻单位商业秘密;不得言及新闻单位的工作计划。

10.新闻从业人员以职务身份发布微博、微信有哪些规定?

《关于加强新闻采编人员网络活动管理的通知》要求进一步加强博客和微博管理。新闻单位设立官方微博,须向其主管单位备案,并指定专人发布权威信息,及时删除有害信息。新闻采编人员设立职务微博须经所在单位批准,发布微博信息不得违反法律法规及所在媒体的管理规定,未经批准不得发布通过职务活动获得的各种信息。

11. 新闻采编人员不良从业行为包括哪些方面?

新闻采编人员不良从业行为主要包括:

(1)以提供虚假、伪造的证明文件等欺骗手段申领新闻记者证。

(2)利用新闻采编工作之便从事广告、发行等经营活动。

(3)被吊销新闻记者证且未满5年的人员从事新闻采编活动。

(4)编写虚假新闻,包括在采写新闻报道中采取凭空捏造、无中生有、隐瞒事实、制造假象等方式,造成发表的新闻报道与事实严重不符的行为。

(5)从事有偿新闻活动,包括为发表新闻报道而主动索取或者被动收受采访对象或者利益关系人的财物等行为。

(6)徇私隐匿应报道的新闻事实,包括为不发表新闻报道而主动索取或者被动收受采访对象或者利益关系人的财物等行为。

(7)其他以新闻采访为名谋取不正当利益的活动,包括利用舆论监督进行敲诈勒索、打击报复等滥用新闻采访权利的活动。

(8)因新闻采编违法活动被追究刑事责任。

(9)其他违反新闻出版管理法规、规章等有关规定的行为。

12.如何查询新闻采编人员不良从业行为记录?

国家新闻出版行政部门根据登记结果建立全国新闻采编人员不良从业行为记录查询系统，定期通报情节恶劣或者造成严重影响的不良从业行为，社会公众可以通过中国记者网查询不良从业行为记录。

13.被列入不良从业行为记录的人员有哪些限业规定?

被列入不良从业行为记录的人员按照以下规定期限限制从事新闻采编工作：

(1)存在以提供虚假、伪造的证明文件等欺骗手段申领新闻记者证或者利用新闻采编工作之便从事广告、发行等经营活动的，3 年内不得从事新闻采编工作。

(2)存在被吊销新闻记者证且未满 5 年的人员从事新闻采编活动的，限业期限增加 3 年。

(3)存在编写虚假新闻，或者从事有偿新闻活动，或者徇私隐匿应报道的新闻事实，或者其他以新闻采访为名谋取不正当利益，或者被吊销新闻记者证的，5 年内不得从事新闻采编工作。

(4)存在因新闻采编违法活动被追究刑事责任的，终身不得从事新闻采编工作。

(5)存在其他违反新闻出版管理法规、规章等有关规定的行为的，视情节严重程度，3～5 年内不得从事新闻采编工作。

被列入不良从业行为记录的新闻采编人员限业期满后，由国家新闻出版行政部门注销其不良从业行为记录登记，留存其不良从业行为记录档案。被列入不良从业行为记录的新闻采编人员重新获得新闻采编从业资格后，3 年内再次违反新闻出版法规的，终身不得从事新闻采编工作。

14.被列入不良从业行为记录如何申诉?

被列入不良从业行为记录的人员可以进行申诉。省级以上新闻出版行政部门在确定新闻采编人员不良从业行为记录前，应事先向当事人告知拟将其列入新闻采编不良从业行为记录的事实、理由和依据，当事人应在接到告知书之日起 7 日内提出陈述和申辩。以新闻出版行政部门的行政处罚决定书和人民法院的判决书等有效文书作为认定新闻采编不良从业行为记录依据的，无须另行告知当事人。

被列入不良从业行为记录的人员对不良从业行为的认定存在异议，可向新闻出版行政部门申请撤销不良从业行为记录的登记，并提供相关有效证据，经省级以上新闻出版行政部门重新调查核实后，根据调查结果由国家新闻出版行政部门做出撤销登记或者不撤销登记的决定，并以书面形式告知当事人。

15.关于报刊社社长、总编辑(主编)任职条件有哪些规定?

报刊社社长、总编辑(主编)任职须符合以下条件：

(1)报刊社社长、总编辑(主编)应有较高的马克思主义理论修养和政策水平，有强烈的事业心和高度的责任感，有积极的开拓精神和良好的职业道德。

(2)报刊社社长、总编辑(主编)应坚持中国特色社会主义理论和党的基本路线,坚持为人民服务、为社会主义服务的方针,坚持为全党全国大局服务的原则,执行社会主义新闻出版的工作方针和政策,遵守国家的有关法律、法规。

(3)报刊社社长、总编辑(主编)应熟悉报刊编辑出版及经营管理业务,熟悉与报刊有关的专业知识,具有较丰富的采编工作经验和较高的写作能力,胜任终审定稿工作,有较强的组织协调和经营管理能力。

(4)报刊社社长、总编辑(主编)须参加国家新闻出版行政部门(或本省、自治区、直辖市新闻出版行政部门)按相应岗位规范和培训要求举办的培训班,并取得社长、总编辑(主编)《岗位培训合格证书》。

16.报社社长、总编辑任职须具有什么专业技术资格?

报社社长、总编辑应具有以下专业技术资格:

(1)中央及国务院各部委、直属机构主办的报纸,地方省级党委机关报,其社长、总编辑应具有副高级以上(含副高级)的新闻专业技术职称,或相应专业技术职称,并有5年以上编采工作经历。

(2)省、自治区、直辖市厅局级主办的报纸,地区(市)党委机关报,其社长、总编辑应具有副高级以上(含副高级)的新闻专业技术职称,或相应专业技术职称。

(3)其他报纸,其社长、总编辑应具有中级以上(含中级)的新闻专业技术职称。

17.关于报刊社领导持证上岗有哪些规定?

报纸期刊主要负责人应在任职前或任职当年或任职后半年内参加岗位培训并取得国家新闻出版行政部门统一印制的《岗位培训合格证书》,证书有效期为5年,在证书有效期满的当年应再次参加岗位培训。

第二部分
期刊出版

一、基本知识

1.什么是期刊？期刊和图书有什么不同？

期刊是出版物的重要类型，是用印刷方式复制、以纸张为载体、不可重印的连续性出版物。《期刊出版管理规定》中所称的期刊，又称杂志，是指有固定名称，用卷、期或者年、季、月顺序编号，按照一定周期出版的成册连续出版物。

期刊作为重要的出版物类型，有着与图书明显不同的区别性特征：一是连续性，可以无限期地连续出版不同内容的单册期刊；二是时效性，贴近现实社会生活和学术文化前沿，信息传达较新，传播速度较快；三是周期性，按固定周期出版；四是一次性，不能再版或重印，仅可出版作为资料保存的合订本或精选本等；五是定向性，每种期刊都有明确的办刊宗旨和特定读者群。

2.期刊有哪些基本要素？

构成期刊的要素有六点：一是固定名称；二是连续出版；三是按一定的周期出版；四是用卷、期或者年、季、月按顺序编号；五是相对固定数量的页面集合成册并有封面；六是由众多作者的不同作品汇编成册。

3.什么是期刊的外在形态？

期刊的外在形态指期刊区别于图书和报纸的外表形态。

期刊和图书都采用成册的方式，但同一种期刊的开本、厚度较固定，面封、底封、书脊、书口、书顶、书根较固定。

期刊和报纸不同，期刊是按不同开本装订成册的集合形态，报纸则采用大纸张折叠的散页形态。

4.什么是期刊的出版周期？什么是期刊的年、卷、期？

期刊的出版周期，指两期期刊出版时间之间的间距，从一周到一年不等。根据这一时间间距，期刊按出版周期分为周刊、旬刊、半月刊、双月刊、季刊、半年刊、年刊等。

期刊按出版时间分为年、卷、期。年指期刊出版的当年年份，以公元年表示；卷是一定时间段内全部期刊的编号，一般一年为一卷，从期刊创刊开始按年度顺序累加编号，但也有以其他时间作为一卷的，比如*nature*以两个月为一卷；期是一卷或一年内依时间顺序出版发行的期数的编号。

5.什么是期刊的增刊和专刊？

期刊的增刊指在期刊按正常时间出版的期数之外因特殊需要临时增加的期数。按《期刊出版管理规定》，每种期刊每年可以出版两期增刊。

期刊的专刊是期刊针对某一特定主题出版的刊物，其形式可以是正常出版的期数之外的增刊，也可以是正常出版的期数之内的正刊。以增刊形式出版专刊，需要按《期刊出版管理规定》办理相关手续。

6.什么是期刊的信息时效与内在容量？

期刊的信息时效指期刊文章涉及内容与期刊出版之间的时间间隔及其效率。期刊刊登的内容太多与社会现实有较密切关系或处于学术前沿，由于出版周期的原因，期刊的信息时效多数情况下要短于图书而长于报纸。

期刊的内在容量指期刊能够容纳的内容总量。期刊每期篇幅相对固定，内在容量相对恒定。和图书相比，缺乏图书内在容量的灵活性，期刊内在容量因此有可能小于图书。和报纸相比，期刊信息时效较长，可能集中容量讨论一些较大的问题。

7.什么是期刊的刊名？

刊名即期刊名称。期刊的刊名应是唯一的，不得与其他已有的期刊名称重复。

由同一主要责任单位出版的系列期刊，有的还分为主刊名和版本刊名，主刊名相同，版本刊名标明同一主刊名下的不同版本。多数高等学校学报都有不同的版本，比如《西南大学学报》《重庆大学学报》等都有社会科学版和自然科学版。主刊名相同而版本刊名不同的期刊，是两种各自独立的期刊，拥有各自独立的出版标识。

8.什么是期刊主要责任单位？

期刊主要责任单位包括期刊的主管单位、主办单位和出版单位。

期刊主管单位是主办单位的上级管理部门。

期刊主办单位是出版单位的上级领导部门，但同时应为其主管单位的隶属单位。

期刊出版单位是指依照国家有关规定设立，经国家新闻出版行政部门批准并履行登记注册手续的期刊社。法人出版期刊不设立期刊社的，其设立的期刊编辑部视为期刊出版单位。期刊出版单位具体负责期刊出版事宜。期刊出版单位和主要主办单位须在同一行政区域。

9.什么是期刊出版标识？

期刊出版标识包括期刊编号、刊期、期刊版式设计等。

期刊编号指期刊在编辑出版过程中所采用的卷、期、年、月标识，可采用卷号和（或）

总期号方式标识，凡采用卷号和总期号标识的期刊，其卷号和(或)总期号应连续编排，不应随意更改，不得使用卷号和总期号代替年、月、期号。

期刊刊期指一种期刊每年出版的频次，按期刊的刊期可分为周刊、旬刊、半月刊、双月刊、季刊、半年刊、年刊等。一种期刊的每一期应为一册。

期刊版式设计指期刊的封页、目录页和正文页设计。

10.什么是期刊版权页？

期刊版权页是期刊出版情况的记录，列载供国家版本管理部门、出版发行单位、信息资源管理等部门使用的版本资料。期刊版权页应记录期刊名称、主管单位、主办单位、出版单位、印刷单位、发行单位、出版日期、总编辑(主编)姓名、定价、国内统一连续出版物号、广告经营许可证号。

11.什么是期刊 ISSN(国际标准连续出版物号)？

期刊 ISSN 即国际标准连续出版物号，又称国际标准刊号，是连续出版物的代码标识，由 ISSN 中心负责分配。国际标准连续出版物号的结构格式为：ISSN XXXX-XXXX。

国际标准连续出版物号由前缀 ISSN 和 8 位数字组成。ISSN 与 8 位数字之间空半个汉字空。8 位数字分为两段，每段 4 位数字，中间用半字线“-”隔开。8 位数字的最后一位是校验码。国际标准连续出版物号不反映连续出版物的语种、国别或出版者。

12.什么是期刊的刊号？什么是期刊的分类号？

期刊的刊号即国内统一连续出版物号。其性质、结构、地区代码与报纸相同(参照第 4 页“什么是报刊的国内统一连续出版物号？”)。

期刊的分类号用以说明期刊的主要学科范畴。目前，期刊的分类号按《中国图书馆图书分类法》的基本大类给出，其中文化教育(G 类)、自然科学(O 类)和工业技术(T 类)的期刊按该分类法的二级类目给出。主要分类如下：

A 马克思主义、列宁主义、毛泽东思想、邓小平理论

B 哲学、宗教　　C 社会科学总论

D 政治、法律　　E 军事

F 经济

G 文化、科学、教育、体育(包括 G0 文化理论，G1 世界各国文化与文化事业，G2 信息与知识传播，G3 科学、科学研究，G4 教育，G8 体育)

H 语言、文字　　I 文学

J 艺术　　K 历史、地理

N 自然科学总论　　O 数理科学和化学

P 天文学、地球科学　　Q 生物科学

R 医药、卫生　　S 农业科学

T 工业技术　　U 交通运输

V 航空、航天　　X 环境科学、安全科学

Z 综合性期刊

以《课堂内外》(高中版)为例,《课堂内外》(高中版)为 G 文化、科学、教育、体育类中的教育类,其刊号为:CN50－1080/G4。

13.什么是期刊条码?

期刊条码即期刊的条形码,是出版物条形码的一种,是中国标准刊号机读形式,是由一组根据 EAN 规则排列的条、空及其对应字符组成的表示一定信息的出版物标识。凡在中国注册并获准使用 ISBN、ISSN、ISRC 号的出版单位,必须办理和使用出版物条码。期刊的条码须向国家新闻出版行政部门的条码中心申办。无条码的期刊或所印条码不符合质量标准的期刊不得上市销售。

14.期刊怎样分类?有哪些分类标准?

期刊分类有多种角度,可以按内容性质、出版周期、读者对象、载体性质、主办单位、学术影响等进行分类。

第一,按内容性质分类。国家对期刊的管理和评价,主要按内容性质来对期刊进行两级分类。第一级是将期刊分为社会科学期刊和科学技术期刊两个大类。第二级是对两个大类进行细分:社会科学期刊分为七类,分别是学术理论类、工作指导类、时事政治类、文学艺术类、综合文化生活类、教学辅导类、信息文摘类;科学技术期刊分为五类,分别是指导(综合)类、学术类、技术类、检索类、科普类。

第二,按出版周期分类。可分为周刊、旬刊、半月刊、月刊、双月刊、季刊、半年刊、年刊等。年刊较为特殊,主要是年鉴类。

第三,按读者对象分类。一是按读者接受领域的不同需求,分为专业期刊和大众期刊;二是按读者年龄层次和性别的不同需求,分为老年、青年、少年儿童、女性时尚类等类型的期刊。

第四,按载体性质分类。可分为纸质期刊、缩微胶片期刊、电子载体期刊。

第五,按主办单位分类。一是学术团体、研究机构和高等院校编辑出版的期刊;二是出版社、报社出版的期刊;三是政府有关部门编辑出版的期刊;四是公司企业出版的期刊。

第六,按学术影响分类。可分为核心期刊和非核心期刊。

15.什么是学术期刊?

根据《关于规范学术期刊出版秩序促进学术期刊健康发展的通知》,学术期刊是指经国家新闻出版行政部门批准,持有国内统一连续出版物号,领取期刊出版许可证,以刊载研究发现和创新成果的学术论文、文献为主的定期连续出版物。

学术期刊由国家新闻出版行政部门认定,应符合以下条件:由科研教学机构、学术团体或具备学术出版能力的出版社、报刊社主办;经国家新闻出版行政部门批准的办刊宗旨及业务范围明确为学术研究与交流等;出版单位拥有相应的符合条件的学术编辑人员和其他必需的办刊条件;刊发的学术论文、文献或在理论上有创新见解,或在实践中有创新应用，或具有重要的文化积累价值；刊发的学术论文、文献具有严谨的格式规范；执行严格规范的组稿、编辑、审稿和同行评议制度。

根据上述精神，国家新闻出版行政部门对学术期刊实行认定制度，进入国家新闻出版行政部门认定的学术期刊名单的期刊，才是正式的学术期刊。

16.专业性学术期刊和综合性学术期刊有什么不同？

专业性学术期刊是指论文发表范围为某一专业学科或专业领域的学术研究期刊。

综合性学术期刊是指论文发表范围涵盖多学科或多个专业领域的学术研究期刊。

两类学术期刊相比较而言，专业性学术期刊具有类聚性优势，更容易聚集某个学科的专家对该学科相关问题进行专门探讨。专业性学术期刊提供的专门平台集中展示该学科领域的研究成果，也便于研究人员查询相关信息。但专业性学术期刊的优势同时也是其局限，即专业性学术期刊学科单一化，难以进行跨学科、交叉学科研究成果的策划和发表。

综合性学术期刊的优势在于跨学科的宏大视野，由于涵盖多学科、多领域，易于形成不同学科领域之间的交互，开拓新的领域。同时，由于我国有以高等学校为主办单位创办高校学报的传统，也为多学科的研究机构提供了学术成果发表平台。但综合性学术期刊的劣势也是显而易见的，往往存在着学科求全、聚焦零散的不足，形成了综合性学术期刊在评价上的劣势，导致综合性学术期刊的影响因子往往不如专业性学术期刊。

由于专业性和综合性学术期刊的不同特点，在期刊数据库收录及评价时，一般采取分类评价的办法。如CSSCI（2017—2018）收录的553种学术期刊中，就将“综合社科期刊”47种和“高校综合性学报”70种与专业性期刊分列开来。其他期刊数据库也大多采用类似办法。

17.什么是高校学报？

高校学报即高等学校学报，根据教育部《高等学校学报管理办法》，高等学校学报是高等学校主办的、以反映本校科研和教学成果为主的学术理论刊物，是开展国内外学术交流的重要园地。

随着我国学术的发展，目前，高校学报已不限于以反映本校科研和教学成果为主，而是进一步强化了国内外学术交流的功能，高校学报常常大量发表校外的科研成果，也发表一部分海外的科研成果。

综合性高等学校的学报一般是综合性学术期刊，多数学报分为自然科学版和社会科学版（或称为人文社会科学版、哲学社会科学版），也有部分学报还分为教育科学版、工程科学版、信息科学版、医学版等版别。

18.什么是核心期刊？

核心期刊即学科核心期刊，根据北京大学图书馆主编的《中文核心期刊要目总览》，将采用文献计量学方法筛选出的学科核心期刊定义为：刊载某学科（或专业）论文较多，能够反映该学科最新成果和前沿动态，使用率（包括被引率、文摘率、流通率等）较高，学术影响力较大，受到该学科(或专业)读者重视的期刊。

核心期刊是一个相对的概念，是根据某学科论文信息和使用情况在期刊中的分布，来揭示一定时期内某学科期刊的发展概貌，为图书情报界、出版界等需要对期刊进行评价的用户提供参考，不具备全面评价期刊优劣的功能，不能作为衡量期刊质量的标准，更不能作为学术评价的标准。要正确理解核心期刊概念，合理使用核心期刊表，避免因不合理使用核心期刊而产生负面作用。

19.什么是期刊评价？

期刊评价指的是运用文献计量学原理对期刊进行评价，从而评估期刊影响力的活动。不同期刊评价系统的评价指标体系略有差异，以下列出几种主要的期刊评价指标体系：

(1)中国科学院文献情报中心《中国科学引文数据库(CSCD)来源期刊遴选报告(2017—2018年度)》在遴选指标均采用期刊他引频次的基础上，设定了8个指标：他引影响因子、他引频次、Eigenfactor Score、Article Influence Score、扩散因子、优秀指数、论文利用指数、互引指数。

(2)北京大学图书馆《中文核心期刊要目总览》自1992年开始编制以来，不断丰富评价指标，根据2014年版(第7版)研究报告，评价指标体系由12项指标组成：被索量、被摘量、被引量、他引量、被摘率、影响因子、他引影响因子、被重要检索系统收录、基金论文比、Web下载量、论文被引指数、互引指数。

(3)武汉大学《中国学术期刊评价研究报告(武大版)(2017—2018)：RCCSE权威、核心期刊排行榜与指南》的评价指标体系包含7个指标：基金论文比、总被引频次、影响因子、Web即年下载率、社会科学期刊被二次文献转载次数、自然科学期刊被国外重要数据库收录、专家评审。

此外，在南京大学“中文社会科学引文索引”(CSSCI)的评价体系中，总被引频次、影响因子、即年指标是3个最重要的指标。

20.什么是学术期刊的文摘转载？

学术期刊的文摘转载主要应用于社会科学学术期刊领域，指论文在学术期刊首次发表后，被重要二次文献期刊转载或摘要。文摘转载的形式主要有：全文转载、长篇摘要、专题摘要、论点摘编、学术卡片等。

重要二次文献期刊，按《中文核心期刊要目总览》的评价体系，指“人大复印报刊资料全文数据库”及《新华文摘》《中国社会科学文摘》《高等学校文科学术文摘》。

21.什么是学术期刊的分区？

学术期刊分区是一种对期刊学术影响力进行等级划分的学术期刊评价体系。目前主流期刊分区评价体系均基于SCI收录期刊影响因子基础之上进行分区，有汤森路透JCR的Journal Ranking和中科院JCR期刊分区表两种方式。

汤森路透JCR分区体系以学科级别进行分区，将收录期刊分为176个不同学科类别，每个学科分类按照期刊的当年的影响因子高低，平均分为Q1、Q2、Q3和Q4四个区，四个区各占25%。海外大多数大学和研究机构将其汤森路透JCR分区体系作为期刊影响力评判标准。

中科院JCR期刊分区表将JCR中所有期刊分为数学、物理、化学、生物、地学、天文、工程技术、医学、环境科学、农林科学、社会科学、管理科学及综合性期刊13大类。然后，将13个大类的期刊按照各类期刊三年平均的影响因子分为四个区。前5%为该类一区、6%～20%为二区、21%～50%为三区，其余为四区。中科院分区中四个区的期刊数量是从一区到四区呈金字塔状分布。国内大多数大学和研究机构将中科院JCR期刊分区表作为期刊影响力评判标准。

二、期刊的编辑出版

（一）策划与组稿

1.期刊的编辑出版活动包括哪些阶段？

根据《期刊编辑出版规程》，期刊的编辑出版活动分为以下阶段：

（1）整体策划阶段。

（2）组稿阶段。

（3）审稿阶段。

（4）校对阶段。

（5）样刊监制阶段。

2.什么是期刊整体策划？

根据《期刊编辑出版规程》，“整体策划”包括两方面含义：一是指确定期刊性质和读者对象定位，制订年度出版计划，进行栏目设置；二是指在某个期刊选题项目立项时，对选题内容及期刊编辑、制作、营销全过程所做的战略性筹划。

实施整体策划的目的是：在重视开展调查研究、培养编辑策划能力和形成有利策划工作内部环境的基础上，将编辑过程的各个环节合理组成相互作用、相互影响的有机整体，形成不断创新的编辑策划机制，出精品，创品牌。

3.期刊整体策划包括哪些步骤？

期刊整体策划包括以下步骤：一是制订计划；二是栏目设置；三是选题策划；四是策划方案实施；五是营销及传播方案策划；六是选题立项。完成以上六个步骤之后，就可以进入整体策划实施了。

4.如何进行期刊策划方案制订?

期刊的刊名是在创刊之时就已确定的,期刊的开本也具有较长时期的稳定性。以上两项一般不宜轻易变动,如确实需要变动,属于重大变更事项,已超出一般策划范围。

期刊策划方案制订主要针对一段时间而言,一般以年为单位,当年下半年制订次年期刊整体策划方案。具体进行期刊策划方案制订时,主要是根据期刊性质和读者对象制订年度出版计划,包括栏目设置、选题计划、出刊计划、封面设计、版式设计等。

5.如何进行期刊栏目策划?

期刊栏目又称专栏,是由同类稿件组成的版面集合,是在内容及表现形式上体现出统一特色,有固定的揭示性、概括性名称的板块。栏目可分为重点栏目、特色栏目、一般栏目、常设固定栏目、轮换栏目等。

期刊的栏目设置关系到刊物个性特色的发挥和社会目标的实现,依据一定的出版意图组织编排,体现编辑的主导思想和风格,是期刊编辑策划工作的重要环节。进行栏目策划,需要重点考虑如下方面:

(1)栏目的主题及名称。

(2)栏目的主要内容、规模及体裁。

(3)栏目的风格特色。

(4)读者对象。

6.期刊选题策划包括哪些环节?

选题即选择题目,指经多方面分析、考量而选中主题后拟实施的期刊出版项目。期刊选题策划包含以下三个环节:

(1)信息采集,从调研入手,有意识、有计划地搜集社会发展信息、科学文化信息、出版行业信息、期刊市场信息、作者和读者信息,掌握大量一手材料。

(2)使用科学方法和现代技术手段对其进行分类、综合、分析。

(3)寻找选题方向,进行选题论证,做好选题策划,进行选题立项。

7.如何做好期刊选题论证?

选题策划是期刊工作的重点之一,选题论证是选题策划的关键。期刊策划要坚持选题论证制度,对选题进行多方面考察,既从微观上论证选题的可行性,又从宏观上考虑各类选题的合理结构。做好选题论证工作要坚持以下三个方面:

第一,选题论证应当坚持在马克思列宁主义、毛泽东思想、邓小平理论、“三个代表”重要思想、科学发展观、习近平新时代中国特色社会主义思想指引下,坚持党的基本路线,贯彻“为人民服务、为社会主义服务、为全党全国工作大局服务”和“百花齐放、百家争鸣”的方针,始终以社会效益为最高准则,在此前提下注意经济效益,力争做到“两个效益”的最佳结合,使选题论证结果符合质量第一的原则,符合控制总量、优化结构、提高质量、增进效益的总体要求。

第二，加强调研工作，充分运用各方面的信息资源和群体的知识资源，进行深入的调查研究，研究有关的学术、学科发展状况，了解读者的需求，掌握期刊市场的供求情况，使选题的确定建立在准确、可靠、科学的基础上。

第三，坚持民主和集中相结合的论证方法进行选题论证。具体的选题论证内容主要包括以下四点：一是选题的精神文化价值，看是否有引导性与独创性；二是选题的市场适应性，看是否有市场的针对性与前瞻性；三是选题的效益分析，看是否以社会效益为前提再获取经济效益；四是选题的可行性，看是否具备选题实施的必要条件。

8.期刊选题计划包括哪些内容？

选题计划是在信息分析的基础上，在期刊内容符合质量要求的前提下，根据文化、政治、经济和社会发展的需要，根据各类读者的不同需求，构思并策划选题，进行选题论证而形成的期刊选题出版计划。选题计划应包括以下五个方面：一是选题的主题及名称；二是选题的内容、规模、体裁；三是选题的价值及预期效应；四是与同类期刊相比较的选题的优点及特色；五是选题的读者对象。

9.如何进行期刊选题立项？

选题立项是在选题策划及其实施方案比较成熟的前提下，申请立项。申请立项涉及如下事宜：

(1)撰写选题报告。选题报告的主要内容包括选题的原因、依据、目的、进度安排、特殊情况及应对措施、社会效益与经济效益的预测、可能会出现的问题及对策等。

(2)进行三级审批。一级为该选题的责任编辑，二级为编辑部主任，三级为期刊主编。

(3)集体论证。一般放在编辑部主任批准之后、送交主编审批之前，由编辑部门、营销部门、财务部门的有关人员参加，论证选题的可行性，供主编决策参考。

(4)建档备案。一般选题经主编批准、签字便成为可以实施的正式项目，由编辑部门实施。

10.如何进行专题策划？

专题指围绕同一主题而组织系列稿件集中推出的期刊内容板块形式。专题不同于专栏，专栏具有较长期的稳定性，专题则是临时策划、组织和编辑的短期栏目。专题策划可按以下步骤进行：

(1)基于产生深远社会影响或较大学术影响的预期，选择好具有重要性、前沿性、深刻性等内容特征的重点、热点、难点问题等作为专题策划的选题。

(2)确定专题的体裁和容量，以及专题是集中在一期还是连续几期刊出。

(3)根据专题的主题进行组稿，使专题各篇稿件的组合具有一定的系统性和完整性。

(4)确定专题的风格特色与读者对象。

11.期刊组稿有哪些方式？

期刊组稿即期刊编辑部门按计划向作者约定和组织稿件，是期刊编辑发现、选择、组织作者完成作品创作的活动。期刊组稿主要包含自采稿、约稿和投稿三类。

12.期刊组稿有哪些步骤？

期刊组稿的整个过程一般包括四个步骤：

第一，组稿的准备。一是明确选题要求，特别是文化内涵、市场需求、选题价值与设计的合理性，增强选题对于作者的吸引力和说服力。二是制订组稿方案，做好充分的准备。三是选择合适的作者。编辑平时要注意收集作者资料，不仅要关注名家、专家，更要善于发现新人，建立作者数据库，在选择作者时做到游刃有余。

第二，联系作者。明确作者人选后，通过各种方式联系作者，与作者进行沟通交流，最终取得作者同意，由作者提供稿件。

第三，商讨撰稿事宜。编辑针对作者稿件初稿与期刊对稿件的要求进行对照，进一步完善稿件，包括内容修改和格式规范修改等，确保稿件质量。

第四，确定约稿关系。通过稿件评审之后，确定采用稿件，与作者形成约稿关系，双方就约稿达成协议。

13.期刊如何组织自采稿件？

自采稿件指期刊工作人员根据期刊整体策划而采写的稿件。组织自采稿件一般有以下步骤：

(1)根据期刊整体策划确定采写选题。

(2)进行信息收集，确定采写计划和人员分工。

(3)根据采写情况进行稿件撰写。

(4)对稿件进行评审，并根据评审情况进行修改，确定是否采用。

14.处理期刊约稿有哪些程序？

约稿是根据期刊整体策划，由期刊编辑向作者预约稿件的活动。根据《期刊编辑出版规程》，约稿应包含以下程序：

(1)选择合适的作者。

(2)与作者商讨撰稿事宜。包括向作者全面介绍选题策划的意图及内容；帮助作者了解稿件的结构、体例；确定作者所要撰写的内容及各部分的篇幅；如需配图，向作者提出有关图稿的要求；约定交稿时间。

(3)与作者签订约稿合同。这一程序在多数期刊以口头或书面要约为准，不一定签订书面合同。

(4)关注作者写作情况。在撰稿过程中，与作者保持联系，随时沟通情况，作者拟出写作纲目后，及时审读并与作者商量修改。

(5)按约定时间收稿。

15.期刊约稿有哪些形式？

根据期刊整体策划，约稿可分为三大类：个别约稿、群体集稿、社会征稿。

个别约稿是编辑向作者个人进行约稿。个别约稿又可分为约作者和约选题两种情况：第一，约作者即编辑根据作者的水平进行稿件预约，比如向著名作家、著名学者的约稿，借助作者知名度和影响力来扩大期刊的社会影响，稿件内容常常是根据作者写什么为主来确定；第二，约选题即编辑根据选题的需要进行稿件预约，比如向熟悉该选题情况的相关人员或专家进行约稿，这是根据选题整体策划的系统性安排，体现选题策划思路，以高水平的内容组合实现策划目的，许多专题策划采用约选题的方式。

群体集稿是编辑通过有效的组织工作，约请一批有实力的作者创作稿件的约稿方式。比如和一些专业机构合作，与机构组织合作设立特色栏目，由机构协助期刊物色作者、提供稿件，期刊负责审稿和编辑出版。

社会征稿指通过一定的传播手段，公布选题计划，向社会广泛公开征求稿件。采用社会征稿的方式进行约稿，主要基于三个原因：一是作者数量基数大，比如面向的是整个学科领域的众多作者；二是选题质量要求高，从众多来稿中进行优化选择，获得最优质的稿件；三是通过社会征稿，向社会宣传期刊的特色，让期刊得到更广泛的认同，从而提高选题和期刊的知名度与影响力。

16.约稿后编辑应做好哪些工作？

与作者建立约稿关系之后，实际上在作者正式提交稿件之前还存在许多变化因素，比如：稿件质量不理想，后期修改难度较大；热点稿、畅销稿可能被其他单位挖走；作者因主客观因素可能耽误出版时机；等等。因此，为确保约稿工作的顺利实施，编辑还要做好以下工作：

(1)当好作者参谋，帮助作者完善写作计划，坚定写作信心，选择最佳写作方案。

(2)做好服务工作，编辑要辅以真诚、热情的服务，全心全意地帮助作者尽早完成稿件。

(3)做好督促工作，由于期刊需要严格按照一定时间节奏按时出版，约稿具有相当强烈的时效性，编辑必须督促作者按照期刊策划的时间点完成稿件，以保证相关栏目按时出刊，确保期刊整体策划的顺利实施。

17.怎样处理期刊投稿？

期刊投稿是作者将自己享有著作权的未发表作品投寄给期刊社并希望被采用的行为。处理期刊投稿有以下方面需要注意：

(1)投稿作者与期刊社的合同法律关系。

作者自投稿之日起便与期刊社形成了合同法律关系，投稿是形成这一关系的前置环节；从合同法角度看，投稿这一民事行为应属于“要约邀请”而非“要约”。最终的法律关系形成，需要满足有投稿→愿接受→遵守事先公约。因而，许多期刊社以“稿约”或“投稿须知”的书面形式在期刊网站或期刊纸本的适当位置对作者投稿进行要约邀请，向期刊投稿即默认接受期刊与作者之间的格式合同关系。作者一旦向期刊投稿，也就认可了期刊与作者之间关于责任和义务的合同规定，同时认可了期刊对稿件的专有权，因而期刊普遍将一稿多投现象进行直接退稿处理,并将一稿多投作为学术不端现象。

(2)处理投稿的主要工作及有关事项。

一是公布投稿地址或邮件地址,如期刊采用投稿系统则公布投稿网址。二是由专人对投稿进行以形式审查为主的初选。三是将通过初选的投稿根据其选题分配到期刊的相关部分,并确定该稿件的责任编辑,由责任编辑按照流程提交选题,进行审批立项。

18.怎样进行期刊的稿件组配?

期刊的稿件组配又称作品组配或稿件组合,是根据期刊结构的要求,为每一期刊物选择长短不一、内容各异的作品并将之合理地组配成一个整体。作品组配通常分栏目进行,由负责各栏目的编辑提出组配设想,经主编审核同意后实施。期刊稿件组配要兼顾每期刊物中重点文章与一般文章的统一,考虑期刊的整体定位和一贯风格,考虑作品的篇数和作品的字数。由于每期期刊页码相对恒定,因而对每期期刊全部作品的总字数需要严格控制。

从组配程序看,根据《期刊编辑出版规程》,稿件组配应包括以下三项内容:

(1)内容设计。内容设计是体现选题设想的作品内容的组织形式。一般采用切割、归类、分层、组合的方法,将作品内容编织起来,使之成为架构合理、层次分明、前后协调、内容完整的组织系统。

(2)形式设计。形式设计是体现选题设想的作品内容的书面表现形式。以贴切、恰当展示作品内容为目的,涉及行文的语体,标题的形式,层次的区别,字体的安排,数字、年代、引文、注释的样式等。凡行文形式可能产生歧义的地方都要做出限定。

(3)美术设计。美术设计是期刊的审美形式,运用艺术手段对期刊整体及各个部件的形式进行艺术构思,做出艺术处理方案。

(二)稿件的审读与录用

1.什么是期刊的三个审级、两道程序、六个环节?

审稿是编辑流程的中心工作。基本要求可以概括为三个审级、两道程序、六个环节。

(1)三个审级:初审、复审、终审。这也就是我们通常所说的三审责任制。

三审责任制是我国长期以来实行的审稿制度。三审责任制就是由初审、复审、终审三个审级组成的审稿制度,简称三审制。三审制的初审、复审、终审要求分别由具备不同期刊出版专业职业资格的人担任,具有从初级到中级至高级的递进特点,前一审级服从后一审级,后一审级制约前一审级,各审级工作侧重点不同,不同审级相互补充。

三审制的各个审级由不同专业职称的人担任。根据《期刊编辑出版规程》的要求,三个审级有不同的责任限定要求:初审由责任编辑负责,责任编辑由具有中级以上出版专业技术职务的人员担任,初级出版专业技术人员可以在责任编辑的指导下从事初审工作，但稿件必须经过责任编辑认可、签批；复审由具有副编审以上专业技术职务的编辑部主任或副主任负责，也可以委托其他正、副编审代审，但必须由具有副编审以上专业技术职务的编辑部主任或副主任复查、决断、签批；终审由具有副编审以上专业技术职务的主编或副主编负责，也可以委托其他正、副编审代审，但必须由具有副编审以上专业技术职务的主编或副主编复查、决断、签批。

三审制是期刊出版单位必须严格坚持的基本制度，任何时候都不能减少审级，各审级的责任也不能互相取代，任何两个环节的审稿工作不能同时由一个人担任。对于难以把握的稿件，同一审级可以适当增加审次。三审制中前一审级对后一审级负责并提供本审级的审稿意见，作为后一审级的审稿基础。后一审级对前一审级起制约作用，并对前一审级的审稿结果做出评判和补充。三审全部通过后才能对稿件做出正式处理意见。经过退回作者修改的稿件，同样也要再次进行三审。

(2)两道程序：审读、审订。

审读即审查阅读，指带着审查的目的进行的稿件阅读，即通常所说的稿件评审。审读旨在从宏观上把关，任务是鉴别稿件是否可以采用，有没有加工基础，最终做出采用、退修、退稿的决断，并对退修的稿件提出修改意见。

审订即审查订正，指带着审查的目的进行的稿件订正，即通常所说的稿件编辑加工，也就是编稿。稿件审订旨在全面把关，任务是对已决定采用并具有加工基础的稿件进行润饰优化、统一规范、消灭差错，使之达到出版水平。

(3)六个环节：初审审读、复审审读、终审审读、初审审订、复审审订、终审审订。稿件审读和稿件审订都需要经过初审、复审、终审三个程序，并严格执行。

2.如何对稿件进行初审审读？

根据《期刊编辑出版规程》，初审审读是稿件三级审读中的第一级审读。

(1)初审审读的任务要求。

初审应通读稿件，在此基础上完成下列审读任务要求：

第一，在对稿件的政治导向、思想倾向和价值(社会价值、科学价值、文化艺术价值等)进行审查的基础上，衡量稿件是否符合内容质量要求，是否符合约稿合同约定，是否具有出版价值。

第二，在指出稿件的立论是否成立、逻辑是否严密、结构是否合理、体例是否妥帖一致、行文是否通顺规范的基础上，审查稿件的体例、结构、形式、文字等方面，分析稿件的优点和不足，对稿件质量做出客观评价，并对稿件发表的效益进行评估。

第三，在上述评估的基础上做出决策：质量、价值都符合要求且具备加工基础的采用；质量、价值基本符合要求但尚不具备加工基础的退修；质量、价值有一项不符合要求的退稿；对准备退修的稿件提出具体修改意见。

第四，写出审读意见，随同稿件一并送交复审。

(2)初审审读意见的撰写。

初审审读是整个审稿工作的基础，要对整个书稿做全面的评估和判断，因此初审审读意见在三审责任制中起着至关重要的作用。一份完整的初审审读意见必须包括以下内容：

第一，稿件的基本情况。包括稿件的来源、稿件的成稿过程、来稿的主要意图，属于专题栏目组成部分的要介绍专题栏目的整体构架和出版情况。如果是组稿，还应介绍组稿的目的、设想和计划。

第二，稿件的内容。要介绍稿件内容范围、主题、结构、规模，如稿件为叙事性作品则应简要叙述其主要情节。如有必要，对稿件内容可以做较详细的介绍。

第三，稿件的作者。要介绍作者的基本情况，包括作者的供职机构、学位、职业、职务、职称及与稿件内容相关的情况。如果是学术论文，还应介绍作者承担的与稿件密切相关的基金项目情况。如果是课题组等集体创作，则应介绍集体创作人员的情况。

第四，稿件的评价。这是审稿的核心内容。要对稿件的性质、层次内容、文字水平、读者对象等进行评价，要写出稿件的优点和不足，并对发表后可能产生的效益进行预估。对稿件中的政治、政策、敏感问题等，要特别做出分析和判断，说明处理方式。对审稿时遇到的不能解决的问题或存在疑虑之处应具体指明并提出初步方案，如送外审或提请复审审核等。

第五，稿件处理意见。即对稿件提出处理意见，并说明采用、退修、退稿的理由。

3.如何对稿件进行复审审读？

根据《期刊编辑出版规程》，复审审读是稿件三级审读中的第二级审读。

(1)复审审读的任务要求。

复审应通读稿件，在此基础上完成下列审读任务要求：

第一，通读全稿，对稿件质量和初审审读意见进行审核与判断，表明自己对初审提出的意见的态度，并对稿件进行总体评价。

第二，处理初审提出的问题或遗留的问题。对原则性问题要注意分析；对于与初审不同的看法，应充分说明自己的意见；对遗留的问题，复审应帮助解决；对不符合质量标准或者有严重问题的初审审读意见，复审应要求其返工。

第三，复审者在把握全稿基本情况的基础上，对某些需要特别注意的部分进行更加深入、细致的审读，站在比初审更高的层次上，以更高的要求来审视稿件，撰写复审审读意见，为终审提供决断依据。

第四，在对初审审读意见进行审核和判断的基础上，提出复审处理意见，写出复审审读意见，随同初审审读意见和稿件一并送交终审。

(2)复审审读意见的撰写。

复审审读意见是对初审审读意见的确认和补充，也是在通读稿件的基础上做出的。复审审读意见主要包括三个方面：

第一，确认初审审读意见。主要是确认初审对稿件的内容、性质、文字水平等各个方面的评价是否准确，对稿件的价值和质量的判断是否准确，对初审预估的效益是否认可。如复审与初审的审读意见不同，则需要在意见中指明，并提请终审进一步判断。

第二，复审补充意见。对初审审读意见中未提及的但需要进一步说明的情况进行补充。

第三，稿件处理意见。复审在审读意见中需要表明自己的审读态度，并对初审提请的问题进行复核，不能做决定的要加以说明并提请终审决定。

4.如何对稿件进行终审审读？

根据《期刊编辑出版规程》，终审审读是稿件三级审读中的第三级审读，也是最后一级审读。

(1)终审审读的任务要求。

终审应浏览稿件，在此基础上完成下列审读任务要求：

第一，在浏览全稿的基础上，根据稿件的内容、性质和初审审读意见、复审审读意见，有目的地重点选读部分章节，充分了解初审、复审的审读意见，对稿件的内容包括思想政治倾向、学术质量、社会效益、是否符合党和国家的政策规定等方面做出评价。

第二，对初审、复审审视过的问题进行思考，做出判断；对初审、复审提出的处理意见给予答复，解决初审、复审提出的问题或遗留的问题。对初审、复审意见相左的情况，终审要在充分了解的基础上做出判断。

第三，根据期刊整体策划、宗旨特色、栏目设置、专业分工、各类结构、品牌打造等特点，决定稿件是否采用。

第四，写出审读意见，随同初审审读意见、复审审读意见和稿件依次退复审、初审，由责任编辑负责三审责任制后续处理，以终审审读意见为依据，对稿件做出采用、退修、退稿处理。

(2)终审审读意见的撰写。

终审审读意见是终审提出的决定性意见。终审审读意见是在认真审核初审审读意见和复审审读意见的基础上做出的。终审审读意见主要包括两个方面：

第一，确认初审、复审的审读意见。对初审、复审的审读意见较一致的稿件表明自己的态度；对初审和复审存在分歧之处，在审读稿件后对两者意见进行确认，如果初审和复审的审读意见分歧较大，或者稿件中涉及重大选题或敏感内容，终审须与初审、复审沟通，在充分听取意见的基础上做出终审判断。

第二，处理意见。对稿件做出最终评价，对初审、复审的审读意见中提请的问题做出判断，对一些重大题材的稿件或涉及民族、宗教、军事、外交等内容的书稿，做出送审决定，表明是否可以发表。

5.哪些稿件需要外审？外审如何进行？

所谓外审，就是将稿件请本期刊出版单位以外的人员进行审读。外审人员包括两种身份：一是相关领域的专家学者；二是相关领域的管理人员。

随着社会分工越来越细，社会科学和自然科学的架构越来越缜密，一个期刊出版单位不可能拥有各个行业或学术领域的顶级人才，对于一些重大选题或专业性特别强的稿件，期刊社无法或者不容易把握其内容，为了提高期刊出版质量，必要时须聘请本单位以外的专家学者进行审读，或根据审查备案的要求将稿件报送有关部门审查。

外审不是三审责任制三级审读的组成部分，只是对三级审读的一种必要补充，因而并非全部稿件都要经过外审环节，只有那些因为期刊出版单位缺少相应专业的编辑人员以致难以把握其中专业性内容质量的稿件才需要进行外审。外审不能替代三级审读中的任何一个审级，即便是送了外审的书稿，同样也需要经过期刊社的三审。外审人员不能担任责任编辑，更不能取代复审或终审，外审意见只供三审审读的决策者参考，不能作为最终决定。但重大选题备案的外审稿件，须按相关审读意见进行修改。

期刊社安排外审时，对于外审者有必要的资格要求：第一，必须是专业人员，有较高的学术专业水平，熟悉学科的最新进展和该学科当前的前沿动态；第二，有较强的文字功底和文字驾驭能力，对出版政策和期刊市场有一定的了解；第三，有较强的学术精神，敢于和善于质疑、发现、扶持有价值的学术创新，没有门户之见，不因稿件与自己观点不同而否定稿件，能做到客观公正。

由于期刊的性质特征，外审在学术期刊的审读中拥有非常特殊的地位。由于学术期刊的稿件专业性非常强，即便同一学科的专业人员，对于不同专业方向的稿件往往也难以把握，因而需要该专业学科方向的专业人员进行外审，这样，外审专业人员与学术稿件的关联度，往往就不只限于一级学科之内，甚至延伸到二级学科、专业方向以及更专门的领域。大部分学术期刊都规定，凡是采用的稿件，必须经过专家外审。对于学术期刊来说，外审已经成了必不可少的环节，体现了学术共同体参与学术期刊建设与发展的学术精神。

6.期刊稿件审读在内容上有哪些要求？

期刊稿件审读在内容上的要求主要包含四个方面，即思想性、科学性、知识性、独创性。在具体的稿件审读过程中，对于不同类型期刊的稿件，可以在上述四个内容方面有所侧重，并不需要面面俱到。

(1)思想性。

思想性指稿件中反映的思想内容和思想倾向，有时与政治性相联系。审稿过程中对思想性的把握，除了审查稿件是否符合《中华人民共和国宪法》对党的方针政策的要求、是否符合国家法律法规的要求之外，还需要特别注意是否反映了健康的思想倾向和先进的文化内涵。

(2)科学性。

科学性指稿件要反映客观事物的真实性和准确性。科学性的具体内容，体现为尊重历史、尊重事实，透过现象揭示事物的本质和规律，准确表述各门学科的基本概念、基本原理和基本规律，正确使用和解释科学术语，认真分析和选择材料，引证真实准确的材料，包括图表和数据等。

（3）知识性。

知识性是稿件能否为读者提供丰富、准确的科学文化知识信息容量和价值。知识性的基本要求是稿件内容应该是经过条理化、系统化的人类优秀文明成果和生产实践的经验总结。

（4）独创性。

独创性是指稿件在内容和形式上的创新特点，是否有超越前人的东西或前所未有的新内容。独创性包括理论创新、技术创新、艺术创新等。

7.学术期刊如何防范学术不端行为？

学术不端行为花样繁多，包括剽窃、伪造、篡改、不当署名、一稿多投等等。学术不端是一种比较复杂的现象。学术期刊要防范学术不端行为，应做到以下几项：

（1）编辑要树立明确的学术规范意识。编辑是抵制和防范学术不端行为的主体，必须具有相应的意识和能力。一是要树立明确的学术规范意识，坚决抵制学术不端行为。二是要明确学术不端行为的构成及具体表现。三是要提高自身的政治思想素质、职业道德素质和学科专业素质，增强科学素养和信息能力，拥有发现学术不端行为的能力。

（2）要在审稿环节把好拒绝学术不端行为的关口。学术期刊的论文专业性很强，范围较广，许多文章并非编辑所能准确判断其原创价值。要建立一支优秀的审稿专家队伍，充分发挥审稿专家在防范学术不端行为方面的作用，加大识别学术不端行为的力度和信度。

（3）优化稿件处理程序，不给学术不端行为提供可乘之机。一是要科学利用学术不端行为检测系统，遵循新投稿检测和刊登前二次检测的原则，提高检测效率和精度，同时尽可能使用在线投稿系统并建立学术期刊之间的信息共享机制，增强识别学术不端行为的科学性，将学术不端行为的危害降到最低。二是要加快稿件处理速度，缩短发表周期，让作者的成果及时面世，消除由于周期错位而导致的重复发表和一稿多投等学术不端现象。

（4）强化作者的学术诚信意识，从源头消除学术不端行为。学术不端行为的源头是作者，学术期刊在录用作者稿件时应签署《学术诚信承诺书》。同时建立学术不端行为的惩罚机制，特别是建立学术期刊之间学术不端行为的惩罚联动机制，出现此类问题及时处理和曝光，提高作者制造学术不端行为的成本，使作者对学术不端行为望而却步。

8.怎样根据审读意见确定审读结论？

审读结论是在三审（包括部分稿件的外审）完成之后，根据终审结论，通过全面衡量稿件质量水平之后做出的是否采用的最终结论。

审读结论一般有采用、退修、退稿三种。

（1）采用是经过三级审读后，对认为符合期刊发表要求的稿件所做出的接受发表的结论。

(2)退修是对基本符合发表要求,但还需作者做进一步修改后才可继续编辑发表的稿件所做的结论,也叫退改。做出退修结论后,编辑需要给作者写退修信。退修信要说明稿件目前存在的问题以及要求进行修改的理由,并提出修改意见,使作者能清楚了解编辑意图,并根据意图进行修订。

(3)退稿是对不符合发表要求的稿件做出的结论。和退修一样,退稿也需要给作者写退稿信。退稿信中要说明稿件未能采用的原因。

(三)稿件的编辑加工与校对

1.期刊编校包括哪些环节?

期刊编校即期刊稿件的编辑和校对。

稿件的编辑环节。按照《期刊编辑出版规程》,期刊审稿阶段有审订环节,包括初审审订、复审审订、终审审订和审订的后续处理。初审审订即责任编辑对稿件进行编辑加工,复审审订和终审审订是对初审审订编辑加工后的稿件进行审订。

稿件的校对环节。作用是将文字差错和其他差错消灭在期刊出版之前,保证期刊编校质量的合格。

2.什么是期刊编辑加工?

期刊编辑加工即《期刊编辑出版规程》所称之审订,是对经三级审读后确定符合期刊发表要求的稿件进行的质量再提高。编辑加工与审读不同,二者有明确分工,审读在于从宏观上把握稿件的整体质量,对稿件做出评价,决定稿件的取舍;而编辑加工则是从微观上着手加工优化稿件,侧重从消灭差错、修饰润色、统一规范等方面进一步提高书稿质量。

编辑加工主要有稿件全文检查、拟订加工方案、进行编辑加工、撰写加工记录等几个步骤:

(1)稿件全文检查,即检查稿件的要件是否齐全、清晰、确定,对未达到要求的,请作者补充完善。

(2)拟订加工方案,即对编辑加工的内容、重点、标准、难点及时间做出详细的安排。

(3)进行编辑加工,即着手对稿件进行加工修改。

(4)撰写加工记录,就是把编辑加工的内容填入记录表,包括已修改的内容和需要复审审订或终审审订定夺的内容。

在编辑加工过程中,有一些事项需要特别注意:

(1)编辑人员要反复审订稿件,在认为有必要进行加工的地方做出记号,在审订中要反复斟酌,与作者密切沟通,深度把握稿件。

(2)要统一编辑加工的标准,最好是能够列出一套标准的体例,要做到全刊体例一致。

(3)从大处着眼,由小处着手,在进行编辑加工时要先确定稿件的整体框架,对稿件的内容、行文格式进行修改确定,然后对稿件各个部分,包括段落、语句、字词等进行润色加工。

(4)留下编辑加工的痕迹,要在原稿上突出经过编辑加工修改的地方,一般采用不同颜色的笔来修改,不同人修改应采用不同颜色的笔,在电子稿上的修改最好留下修改后的备份,以便查证。

(5)不同性质的稿件,编辑加工的侧重点不同,要具体稿件具体分析。

3.如何对稿件进行初审审订?

初审审订是期刊编辑"三个审级、两道程序、六个环节"中审订程序的第一个环节,是由编辑在已经决定采用稿件后对稿件进行的第一个编辑加工环节。根据《期刊编辑出版规程》,已决定采用的稿件可以进入初审审订环节。结合稿件的审读意见,逐字逐句精读稿件;以优化稿件为目的,以达到发表水平为标准,对稿件进行字斟句酌的编辑加工。

初审审订的主要任务和职责包括:

(1)完善原稿的观点,消除政治性差错,纠正思想性差错,订正知识性差错。

(2)优化标题,统一层次,调整结构,润饰文字。

(3)规范标点,规范数字,规范计量,规范符号。

(4)审查图表,核对引文,检查注释,对校目录。

(5)核对索引,审查文献,统一用语,整理附录。

(6)与装帧设计方案融为一体。

(7)需要其他工作配合的要做出批注,签发初审审订意见一同交复审审订。

4.如何对稿件进行复审审订?

复审审订是期刊编辑"三个审级、两道程序、六个环节"中审订程序的第二个环节,是由编辑在对决定采用的稿件进行初审审订后,提交复审审订进行的第二个编辑加工环节。

根据《期刊编辑出版规程》,复审审订要通读稿件,对初审审订的工作做全面检查,处理初审审订的遗漏问题,对初审审订的结果做出评价,对稿件的质量做出判断,对初审审订提出的处理意见做出回应,写出审订意见。同意发稿则签批发稿单,随同全部稿件材料送终审;需要退审则写明理由,指出重审范围、内容,在可能的情况下提出指导性方案,随同全部稿件材料退初审重新审订。

5.如何对稿件进行终审审订?

终审审订是期刊编辑"三个审级、两道程序、六个环节"中审订程序的第三个环节,是对已经通过复审审订的稿件做出最终结论的第三个编辑加工环节。

根据《期刊编辑出版规程》,终审审订要浏览全稿,根据稿件内容、性质和初审审订报告、复审审订意见,有目的地重点选读部分章节。处理初审审订、复审审订的遗漏问题,对初审、复审讨论的问题做出回应,对稿件的内容质量、语言文字质量、体例的一致性、结构的合理性、装帧设计的水平做出判断，重新衡量稿件的价值，做出发稿、退审、退修、退稿的决断，写出审订意见。同意发稿则签批发稿单，随同全部稿件材料依次退复审、初审；需要退审则写明退审理由，指出重审范围、内容，在可能的情况下提出指导性方案，随同全部稿件材料依次退复审、初审；退修、退稿是在特别特殊或不得已的情况下做出的决策，需与复审、初审共同研究具体措施。

6.期刊编辑加工整理稿件需要避免哪些不当做法？

期刊编辑加工整理稿件，是在确认稿件基本质量的基础上确保期刊质量、体现期刊出版单位对稿件严格把关的必要环节，也要注意避免不当的做法。

(1)尊重作者，切忌强加于人。尊重作者就是要尊重作者的著作权。编辑加工整理的职责，是对稿件进行文字性修改，而不是内容性修改。内容性修改应当在审稿环节以退修的方式向作者提出。尊重作者与原稿的具体内容包括：第一，尊重作者的学术观点；第二，尊重作者的写作风格。

(2)改必有据，忌无故妄改。对稿件的修改要有充分的依据和理由，做到改必有据。凡是仅有疑问而没有把握的地方，一定要通过查资料或请教专业人员解决，得到确切结论后才能动笔修改。

(3)依据规范，忌随意改造。编辑加工整理过程中一定要有规范意识，做到“依规办刊”，其中最重要的是各种相关国家标准规范，比如标点符号、数字使用、汉语拼音、参考文献、量和单位等，不能仅仅根据个人的理解随意对原稿规范进行改造。

7.编辑加工怎样消灭原稿差错？

编辑加工的重要任务就是消灭差错。原稿差错包括三个方面：一是政治性、思想性差错；二是语言文字性差错；三是知识性差错。

(1)政治性、思想性差错首先应在审稿过程中解决，但也不免会有遗留问题存在，比如由于数据片面、忽视背景、举例不当等而得出了错误的或与事实不符的结论。在编辑加工过程中，一旦发现这类差错，必须进行消除或修正。

(2)语言文字性差错的消除：一是消灭稿件中的错别字，二是规范稿件中字词的用法，三是改正稿件中有语病的句子，四是除去稿件中多余的字词句，五是修改不正确的标点符号，六是规范数字用法及量和单位的使用。

(3)知识性差错如事实错误、前后矛盾、不合情理等，编辑要大胆怀疑，勤于查证，避免出现常识性错误。

8.编辑加工怎样对原稿进行修改提升？

编辑加工一般不对稿件内容进行修改，但可以从润饰加工的角度对原稿进行提升。

一是调整结构，理清稿件的结构脉络。稿件的整体框架确定后，编辑要在加工整理过程中对稿件的段落层次进行必要的调整，如调整段落的顺序，重新组织各个部分下的二、三级构件，等等，使稿件的结构脉络更加清晰。

二是修正标题，统一结构标志。一篇稿件，不同层次的标题标志应有所不同。编辑在加工整理过程中，要注意进行理清。同一层次的标志保持相同，不同层次的标志采用不同形式的数字表示，或用不同的字体、字号进行区分，避免标志混乱，扰乱读者思维。

三是润饰文字，提高编校质量。润色、修饰文字，指对原稿进行字、词、语句及语法、修辞方面的修改。一是更正原稿中的错字、别字；二是按照相应的国家标准及行业标准，规范原稿中异体字、不规范的简化字、非推荐使用的异形词的用法；三是改正原稿中生造的词语、修辞上不得体的词语、不规范的翻译名称；四是改正多字和漏字；五是改正句子不完整、词语搭配不当、词序不合理、关系不明确等语法错误；五是消除自相矛盾、偷换概念、混淆概念、模棱两可、因果无据、主客颠倒等逻辑错误；六是修改不准确的表述、多余啰唆的表述，使语言文字的表达更简洁，更精确，更流畅。

9.如何编辑加工稿件引文？

引文是期刊稿件的重要组成部分，必须做到恰当、准确。编辑加工稿件引文，主要是检查核对引文，确认引文是否恰当，是否与原文相符，有无断章取义、歪曲原意或张冠李戴等情况。编辑加工引文时，要对下列引文差错进行修改、补充、更正：

(1)引文的作者、题名、出版者、出版时间、页码等来源项标注不全或错误的。

(2)引文文字及标点符号与原文不符、存在错误的。

(3)存在多个版本的引文，所据版本与引用文字不符的。

(4)引文内容上随意截取或拼接，导致断章取义、原意歪曲的。

(5)引文过多，超出论证所需范围的。

(6)重要引文，要保证引文来源的权威性，并在编辑和校对时多次核对。

(7)引用的数据、时间、地点、人物、公式、图片等，同样要仔细核对，确保无误。

10.如何编辑加工稿件标题？

期刊稿件的标题，虽然是由作者自己确定的，但编辑也要仔细推敲，标题必须准确概括相应部分的内容，否则应做修改。同时，标题的风格形式应全文统一，标题的设置要考虑稿件的性质，如学术论文以严肃凝重、直截了当为宜而不宜用形象化的标题，通俗读物以通俗易懂为宜而不宜太专业化，文艺作品以意境深远、精练含蓄为宜而不宜过长及过于直白。

11.什么是期刊校对？

根据《期刊编辑出版规程》，校对工作是期刊生产流程中的独立工序，其作用是将文字差错和其他差错消灭在期刊出版之前，从而保证期刊的传播和积累价值。它与编辑工作相互衔接又相互独立，共同构筑期刊质量保障体系。

校对工作包括两个基本职责：(1)“校异同”，即忠于原稿，依据原稿逐一核对校样，消灭一切排版上的错误，包括文字、数字、符号、标点、图表以及格式等错误。其功能是：保证原稿不错、不漏地转换成印刷文本。这是传统校对的基本功能。(2)“校是非”，即凭借校对人员储备的知识或其他权威的信息、资料来判断原稿中的是非，确认其“是”就通过，确认其“非”就提出疑问，请编辑核实后处理。其功能是：弥补编辑工作的疏漏，使书稿更加完善。由于书稿电子化，目前“校是非”已上升为校对的主要功能。

12.校对人员应具备哪些基本素质？

校对人员应具备下列七项基本素质：(1)熟悉现代汉语通用文字，掌握现代汉字使用规范，能够敏锐地辨识错别字、繁体字、异体字并加以改正。(2)掌握汉语拼音规则、汉语语法规则以及数字、标点、量和单位用法的国家标准，并加以运用，解决稿件相关问题。(3)掌握期刊版面格式知识，对版面格式错误有较强的识别和处理能力。(4)了解学术出版规范，熟练地掌握利用工具书和计算机网络检索资料的方法，能够快捷地查难解疑。(5)熟练地掌握各种校对方法和校对技术，进行稿件校对和文字技术处理。(6)具备比较丰富的知识积累，能够发现并改正违反语法规则和逻辑规则的错误及事实性、知识性、政治性错误。(7)具备良好的心理素质，耐得住寂寞，情绪稳定，注意力集中，能自我调整心理状态，克服心理障碍。

13.校对的基本方法是什么？

校对的基本方法有四种：对校法、本校法、他校法、理校法。

(1)对校法：主要是将原稿与依据原稿录排打印的校样比照"校异同"，若发现校样上与原稿不符的"异"，原则上依据原稿改正校样。

(2)本校法：是一种用本书校本书的校勘方法，集中注意力辨别校样上文字的形态，理解文句的含义，通过比较、前后互证，进行是非判断来发现错误。现代校对的通读检查采用的便是本校法。

(3)他校法：是运用权威的工具书、著作以及国家法定的标准或规范，以其作为判断是非、改正错误的可靠依据，从而达到校对目的。

(4)理校法：理，即推理，理校法即运用自己的知识储备和判断能力，进行分析、推理，从而做出是非判断的校对方法。

四种校对方法必须综合运用。在存在原稿与校样两个客体的情况下，必须首先运用对校法，将校样与原稿对照。电子稿件校对，一校时要将版式转换后的校样与编辑加工过的原稿对校，防范版式转换过程中可能发生的内容丢失和错乱，以及编辑修改部分文字的漏改和错改。之后再运用本校法，发现并改正原稿可能存在的错漏。运用本校法发现了"前后互证"解决不了的问题，则要运用他校法，从相关工具书和权威著作中寻找改错的依据。当无据可查或数本互异时，则可运用理校法进行推理判断。

14."三校一读"指的是什么？校对和通读的职责各自是什么？

根据《期刊编辑出版规程》，校对阶段的工作分为初校、二校、三校和通读检查四个阶段，称为"三校一读"。

(1)初校的职责，是依据原稿和对校样，完成"校异同"的任务，在文稿质量达到规定标准即差错率为 2/10000 的前提下，做到灭错率为 85%，同时兼顾"校是非"。

(2)二校的职责，是依据原稿和对校样，完成"校异同"的任务，继续消灭初校遗留的错误，并核对初校所改是否正确，做到灭错率为80%，同时兼顾“校是非”。

（3）三校的职责，是依据原稿和对校样，完成“校异同”的任务，消灭初校、二校遗留的错误，并核对初校所改是否正确，同时兼顾“校是非”。

（4）通读检查的职责，是消灭校对过程中所遗留的所有错误，尤其要注意隐性的政治性、思想性差错以及病句及其他语法错误，还要注意人名、地名、书刊名、组织机构名等的前后统一。

15. 什么是编校合一？

编辑和校对是两项职责不同的工作，因而大型出版机构一般都设立了专职校对人员。许多期刊社人员较少，因而未设立专职校对人员，编辑和校对两项职责均由责任编辑承担，称为“编校合一”。由于编辑和校对均为责任编辑，除了责任编辑自身承担初校、二校、三校职责外，许多期刊还增加了不同编辑之间交叉校对和请期刊社之外的专业人员社外校对的程序，以确保最大限度地消灭差错。

16. 如何进行电子化校对？

目前期刊编辑排版都已经实现了电子化，期刊校对除了沿袭传统方式之外，也增加了电子化的校对途径，与传统校对相比，电子校对主要在工作方式上发生了改变。一是使用电子文本，在电脑上人工校对，替代纸质三校过程。二是利用校对软件进行机器校对，弥补人工校对的疏漏。但校对软件所采用的语法模型不可能同汉语语言完全吻合，机校报错需要人工进行逐一判断。三是利用数据库、网络资源达到资源共享，配合校对工作，可以大大提高工作效率。

17. 校对应关注哪些由计算机系统引起的排版差错类型？

校样中有时会出现不该修改的地方发生了变化，甚至冒出一些奇怪的文字符号的情况。这类差错常常是由计算机系统引起的，主要有以下三种类型：

（1）文字处理软件系统不兼容。用办公自动化的文字处理软件所形成的电子原稿，当用排版软件转换格式后，有时会因两个系统不完全兼容而出现字体、字号、格式变更的错误，特别是不常用的符号更易产生差错。一些复杂的图稿和表格，在不同的计算机上打开，可能出现线条、文字变形甚至乱码、丢失等现象。

（2）简化字、繁体字转换差错。简化字转换为繁体字的情况较为复杂，尤其是一个简化字对应几个繁体字的情况，计算机软件无法做出智能转换，就会导致较多谬误。

（3）感染病毒导致出错。计算机受到病毒感染后，有时会对排版结果造成各种意想不到的严重后果。如发现这类差错，应认真检查全部校样。

(四)编排与设计

1.什么是期刊的编排?

编排指按照一定的目的对期刊内容及形式进行调配和安排。期刊的编排有两个方面:一是稿件的内容调配,即稿件组合或称稿件组配,也就是将不同稿件组合成为一期完整的杂志,是期刊组稿阶段的最后环节;二是对组合后的稿件进行设计,交付排版程序,运用排版软件对稿件进行呈现。

2.期刊设计的总体要求是什么?

完成稿件编排之后要进行期刊设计,包括期刊的装帧设计和版式设计。期刊设计要遵循如下总体要求:一是整体性。对期刊材料与工艺的选择、技术要求和艺术构思要与期刊出版各环节紧密配合、协调,通过高度艺术化的设计创意,表现期刊的内容主题和使用价值。二是艺术性。要根据期刊的内容、性质和门类,体现独特的艺术风格,体现一定的时代特点和民族特色,能充分反映一种时代精神和时代风貌,充分反映一个民族、一个国家的深厚文化底蕴,富有自身的文化品格。三是实用性。要充分考虑不同类别期刊的读者对象在使用上的便利、个体的审美观念以及阅读兴趣等因素。四是经济性。在保证阅读和鉴赏实际效果的前提下,要充分考虑期刊设计的成本因素。

3.期刊设计的具体内容是什么?

期刊设计包括外部装帧设计和内部版式设计两个方面。

外部装帧设计包含期刊的形态设计、美术设计和表面整饰设计三个方面。形态设计是对期刊开本、必备结构部件与可选结构部件,以及装订样式的选择和确定;美术设计是对封面、扉页等必备结构部件及可选结构部件的设计创意;表面整饰设计是对封面等结构部件的纸张、装饰工艺材料的选用以及表面整饰工艺方案的设计。

版式设计包括版心大小、位置和行距的确定,正文和辅文字体字号的选择及其排式设计,标题、书眉、注释、引文和页码等的设计,图片和表格的设计编排,等等。

4.期刊设计的结构部件有哪些?

期刊设计的结构部件包括必备结构部件和可选结构部件。必备结构部件包括开本、封页、目录页和正文书页。可选结构部件相对较少,通常只有插页和腰封。

5.如何设计确定期刊的开本?

开本指书刊成品正面的几何尺寸,即用全张印刷纸开切的若干等分,表示书刊的幅面和大小。从不同角度进行分类,开本种类不同。按纸张开切法的不同,可分为正规开本和特殊开本;按开数大小,可分为大型开本、中型开本和小型开本;按边长比例,可分为竖开本和横开本。期刊的开本设计规律和图书不同，图书可以一书一开本，而期刊则需要保持开本的稳定性，且在申请创办期刊时就已确定期刊的开本大小，如需变更开本需要向管理部门履行相关备案手续。

期刊开本的确定，受到下列因素的制约和影响：

(1)根据期刊的用途选择开本。文化生活类、科普类、时政类等主要面向广大社会读者的期刊，开本设计灵活；学术类期刊，开本比较稳重，多采用大16开本。

(2)根据期刊中的图表和公式选择开本。如果期刊中图表较多且较大，公式较多且较长，为便于排版，一般采用大中型开本。

(3)根据篇幅容量选择开本。篇幅容量较大的期刊，多采用大中型开本；篇幅容量较小的期刊，多采用中小型开本。

(4)根据读者对象选择开本。成人类期刊一般采用大中型开本，低幼期刊、农村通俗性期刊等，一般采用中小型开本。

6.期刊封页设计包括哪些项目？

期刊的封页包括封面(封一)、封里(封二、封三)、封底(封四)和刊脊。

期刊的封面也称封一，封面设计应庄重、简明、美观，突出学科内容特点和出版特色，形式力求相对稳定，但可以考虑美观或广告布局的需要而变换色彩和图案等。

封二可作为封面标识项目的延续。封二、封三和封底均可视情况刊印版权标识、目录，或刊印广告，但版权标识和目录的位置应相对固定。对封二、封三无特别规定。

封底(封四)主要用于刊印版权标识等。期刊每期在封四下方或其他固定位置登载版权标志。

刊脊根据期刊的厚度设计，如果期刊页码较少，装订形式采用骑马订时，也可以不要刊脊。

7.期刊封面和封底应该有哪些项目和标识？

期刊的封面应标明以下项目：(1)刊名，包括封面上应标示的中文刊名(包括刊名汉语拼音或自治民族文字刊名)、英文刊名，也包括可能有的副刊名和并列刊名；(2)出版年、卷号、期号，或出版年、期号，出版增刊时封面须注明“增刊”字样，不得以总期号代替年、月、期号；(3)主办者(刊名已表明主办单位者除外)；(4)出版者(必要时)；(5)中国标准连续出版物号，含国际标准连续出版物号ISSN和国内统一连续出版物号CN；(6)中国标准连续出版物号(ISSN部分)条码，优先位置为封一的左下角，也可为封四的右下角。封面上标识项目中的数字应按规定采用阿拉伯数字。

期刊每期在封底下方或其他固定位置登载版权标志，内容应包括：(1)刊名；(2)刊期；(3)创刊年份；(4)卷号(或年份)和期号；(5)出版日期；(6)主管者；(7)主办者；(8)承办者或协办者(必要时)；(9)总编辑(主编)姓名；(10)编辑者及其地址；(11)出版者及其地址；(12)印刷者；(13)发行者；(14)中国标准连续出版物号；(15)增刊批准号(必要时)；

(16)广告经营许可证号和商标注册号(必要时);(17)定价(必要时)。用少数民族文字或外文出版发行的期刊,其版权标志应采用相应的文字。

8.如何设计期刊的刊脊?

平订期刊厚度大于或等于 5 mm,应设计刊脊并编排刊脊名称。刊脊名称应包括刊名、卷号、期号和出版年月。骑马订期刊或厚度小于 5 mm 的平订期刊,应在封底上方距刊脊边缘不大于 15 mm 处排边缘名称,内容为刊名、卷号、期号和出版年月。中文刊脊名称和边缘名称纵排,其中的数字排汉字。英文刊脊名称及边缘名称按国际惯例横排,阅读顺序为由上至下,其中的数字排阿拉伯数字。刊脊名称字体、大小、颜色、距离在同一卷的各期应保持一致。

9.如何设计期刊的扉页?

期刊的扉页是期刊封面功能的延续,主要登载刊名、编委会名单等事项,也可选择性标明年、卷、期以及期刊荣誉称号、入选数据库等辅助性内容。

10.如何设计期刊的目录页?

期刊的目录页也叫目次页,上端应标明刊名(包括副刊名),卷号、期号(或仅期号)和出版年月,如果是周刊、旬刊还应标明出版日。目录页应使用较大的字号标明“目录”或“目次”,作为目录表的标题。

目录页应列出本期的下列内容:全部作品(包括封面和插页上的重要图片、表格等)的完整题名(如有副题名应一并列出),作者姓名,各篇文章的起始页码(或起止页码),栏目名称。广告应单列广告目录,并在其上方标明“广告”。

目录页可以同时使用不止一种文字。

期刊目录页的位置,一般应置于封里之后的第一页,如需转页可转到第二页。目录也可以置于封面、封底、封里等位置。目录页所在位置,在一种期刊中应各期相同。如需变更,应从新的一卷或新的一年的第一期开始。

目录页的页码可以编入期刊正文的页码序列,也可以不编入。

期刊的版本记录如果不在封底,也可以刊载于目录页。

11.如何进行期刊版面设计?

期刊版面的构成要素有版心、行距、文字的字体字号、标题、图表、页码、装饰符号等。期刊版面设计就是根据期刊的性质、内容、读者对象和可利用的工艺技术手段,对每个版面构成要素的位置、大小和式样做出平面安排的一种视觉传达设计方法。

版心是期刊成品页面中的图文印刷区域,也就是版面上容纳作品主体图文的部位。版心的尺寸取决于版面的幅面大小和周空所占空间的大小,应根据期刊内容和读者对象设计版心。有的期刊类型需要多容纳图文内容,有的则需要留出空白以便读者批注、做笔记,以图为主的期刊版心应设计得较大以充分展示图片的魅力。

行距是两行文字之间的间距，通过行距的设计来调整版面的疏密。行距较小时，可以容纳更多文字。行距较大，则便于阅读，不易引起视疲劳。

字体分为基本字体、基本字体的变体、艺术字体三类，应根据期刊内容进行设计选用。书刊的各种常用排版软件都有几十种不同的汉字字体、字母字体和数字字体。其中，正文主体文字主要选用的字体有宋体、楷体和仿宋体三种，它们识别性强，符合大众的审美要求和审美认同。在众多印刷字体中，宋体字最适于阅读，大多数期刊正文主体文字选用宋体字。楷体字接近手写体，易写易认，字形活泼，常用于儿童读物等。

字号指字的大小，可用号数和磅数表示。常用字号由小至大为号数从小七号到初号、磅数从 5.25 磅到 36 磅不等，还可以用磅数进行自由调整。多数期刊采用五号；开本较大的通俗类、休闲类、老年类期刊可采用小四号；儿童读物多采用小四号或更大字号。

12.如何设计确定期刊正文主体的版面类型？

期刊正文主体文字主要采用横排。版面设计则较为多样化，主要有如下几种：

（1）双栏版面。这是大开本期刊普遍采用的版面形式，将版心纵向分割成宽度大小完全相等的两部分，行长缩短，正文字号可相应变小，可使版心获得尽可能多的图文容纳量，从视觉上不影响读者的阅读。

（2）通栏版面。每行文字均从版心的一侧一直排到版心的另一侧。随着电子化阅读的普及，在笔记本电脑上阅读电子期刊时，通栏版面比双栏版面更加方便，不用频繁上下拉动进度条，因此越来越多的学术期刊采用通栏版面。

（3）多栏版面。将版心纵向分割成宽度大小完全相等的三块或更多块而形成的版面。选用这种版面，是为了解决期刊开本相对较大、字号又相对较小的问题。

（4）复合分栏版面。同一个版心中一部分为通栏，一部分为多栏，主要适用于同一页面上需要安排两篇或多篇文章的场合，可使各篇文章的区域范围相对明确。不同栏别之间可加线条分隔。

13.如何设计期刊的转接版？

转接版用于转页，是在版面紧张或空白较大时的版面设计方式，指将某篇文章的末尾的部分文字转到另外一个页面。留在原来页面上的文章主体部分最后一句句末注明“（下转××页）”，所转页面开头注明“（上接××页）”。

由前往后转接称为顺转，由后往前转接称为逆转。一般情况下只能顺转，不能逆转。一本期刊转接页不宜过多，不然会影响版面的美观，也影响读者的阅读体验。因此，在一般情况下，应尽可能避免转接版。

在学术期刊的参考文献表中著录转接页时，有两种方式，可将页码著录为“××－××，××”，也可著录为“××－××＋××”。

14.怎样设计期刊的注释？

注释是对期刊正文中局部内容的解释性文字，主要应用于学术期刊。根据其所处的位置，注释可分为处于主体文字之中的夹注，处于页面地脚处的脚注，处于文章末尾的文后注。同一种期刊，注释格式应前后一致。参考文献是对一个信息资源或其中一部分进行准确和详细著录的数据，是位于文末或文中的信息源。注释和参考文献有着不同的功能，注释的功能是说明和解释，可置于页脚，也可放在文末；参考文献的功能是著录引用文献来源，可放于文中，也可放于文末，在文末著录参考文献表。

期刊注文有两种格式，即脚注和尾注。(1)脚注也称“页下注”，位于版心的最下方。脚注有注线，位于末行主体文字与脚注之间；脚注要与所注正文内容处于同一个页面，注码的序号以一个页面为单元连续编制。脚注因检阅比较方便，是使用得较多的一种注释形式。(2)尾注也称“篇后注”或“文末注”，把注文全部排在一篇文章的最后，采用这种形式，不会在版面不够时出现注不随文的现象。篇后注的注码序号以篇为单元编制，注释部分与正文之间可以使用注线，也可以在其上方排“注释”“附注”“注”等标题。

注释必须在被注释文字处和注释的首部设置注码，标明正文主体文字中被注释文字与各注释条目之间的对应关系，以方便读者对照查阅。注码多数采用数字外加圆圈的阳码(如①②等)，用上标形式排在需要解释的主体文字之后。

注线的作用是把注文与正文隔开，其形式和长度通常由排版系统自动设定。

15.怎样设计学术期刊的参考文献著录？

参考文献是对一个信息资源或其中一部分进行准确和详细著录的数据，是位于文末或文中的信息源，主要用于学术期刊。参考文献的设计有“顺序编码制”和“著者－出版年制”两种标注体系。参考文献的设计，是在正文中标注编码或标志，页脚或文末列出参考文献表。

顺序编码制是按正文中引用的文献出现的先后顺序连续编码，将序号置于方括号“[]”中。如果顺序编码制采用脚注方式时，序号可由计算机自动生成圈码。多次引用同一著者的同一文献时，在正文中标注首次引用的文献序号，并在序号的“[]”外著录引文页码。顺序编码制的参考文献表可以置于文末，也可以分散著录在页脚。参考文献表采用顺序编码制时，各篇文献按正文部分标注的序号先后依次列出。

著者－出版年制是正文引用的文献采用著者－出版年制时，各篇文献的标注内容由著者姓氏与出版年构成，以“(著者，出版年)”的格式标出。著者－出版年制的参考文献表只能列于文末，各篇文献首先按文种集中，可分为中文、日文、西文、俄文、其他文种五个部分；同一文种按著者字顺排列，中文著者可按汉语拼音字顺排列，也可按著者笔画顺序排列；同一著者按出版年先后排列；同一著者同一出版年分别在年后加英文小写字母 a，b，c 等进行区别。

16.学术论文的编排格式有哪些要求？

按照国家标准《科学技术报告、学位论文和学术论文的编写格式》的规定，学术论文分为前置部分、主体部分、附录部分、结尾部分。其中，前置部分、主体部分为必要项；附录部分、结尾部分为非必要项,仅在必要时出现。

(1)前置部分。

第一,题名,即论文标题。题名是以最恰当、最简明的词语反映报告、论文中最重要的特定内容的逻辑组合。题名所用每一词语必须考虑到有助于选定关键词,以及为编制题录、索引等二次文献提供可以检索的特定实用信息。题名应该避免使用不常见的缩略词、首字母缩写字、字符、代号和公式等。题名一般不宜超过 20 字。题名应确切地概括论文的论点或中心内容,做到文题相符,含义明确。

第二,副题。下列情况可以有副题名:题名语意未尽,用副题名补充说明报告、论文中的特定内容;报告、论文分册出版,或是一系列工作分几篇报道,或是分阶段的研究结果,各用不同副题名区别其特定内容;其他有必要用副题名作为引申或说明者。

第三,作者、单位、基金项目。作者可以是个人作者、合作作者或团体作者,合作作者或团体作者一般按照对文章贡献的大小进行排列。作者拥有著作权并对论文负有政治上、科学上、伦理上和法律上的责任。作者单位及其通讯地址是作者的重要信息,一般要求写至二级,如××大学××学院。基金项目名称要准确并注明编号,或者以全称方式著录,分别注明项目类别、名称、编号、负责人。

第四,摘要。摘要是报告、论文的内容不加注释和评论的简短陈述。摘要应具有独立性和自含性,即不阅读报告、论文的全文,就能获得必要的信息。摘要中有数据,有结论,是一篇完整的短文,可以独立使用,可以引用,可以用于工艺推广。摘要的内容应包含与报告、论文同等量的主要信息,供读者确定有无必要阅读全文,也供文摘等二次文献采用。摘要一般应说明研究工作目的、实验方法、结果和最终结论等,而重点是结果和结论。中文摘要一般为 200～300 字;外文摘要不宜超过 250 个实词。如遇特殊需要,字数可以略多。除了实在无变通办法可用以外,摘要中不用图、表、化学结构式,以及非公知公用的符号和术语。

第五,关键词。关键词是为了文献标引工作,从论文、报告中选取出来用以表示全文主题内容信息款目的单词或术语。每篇报告、论文选取 3～8 个词作为关键词。

(2)主体部分。

第一,引言。引言(或绪论)简要说明研究工作的目的,范围,相关领域的前人工作和知识空白,理论基础和分析,研究设想,研究方法和实验设计,预期结果和意义,等等。引言应言简意赅,不要与摘要雷同,不要成为摘要的注释。一般教科书中有的知识,在引言中不必赘述。一般来说,论文的引言部分应包括如下必要项:一是选题依据,二是研究综述,三是研究设计,四是研究假说,五是研究价值。引言的功能是便于读者了解论文概貌,主要是起导读作用,因而不必展开讨论。

第二,正文。正文一般包括材料与方法、结果与讨论两大部分。材料与方法部分主要回答两个基本问题,即用什么做研究和怎样做研究。结果是论文的核心,主要回答发生了什么,讨论回答所获得的结果是否为前言中提出的关键问题的答案,结果怎样支持答案。

第三，结论。报告、论文的结论是最终的、总体的结论，不是正文中各段的小结的简单重复。结论应该准确、完整、明确、精练。如果不可能导出应有的结论，也可以没有结论而进行必要的讨论。可以在结论或讨论中提出建议、研究设想、仪器设备改进意见、尚待解决的问题等。结论即文章的总结，也可以"结语"等方式进行小标题命名。结论要回答研究出了什么，需要简洁地指出：由研究结果所揭示的原理及其普遍性；研究中有无例外或本论文尚难解决的问题；与已发表论文的异同；在理论与实践上的意义；对进一步研究的建议。

第四，参考文献。参考文献主要著录引用文献，即与本研究相关的文献，在文中或文末进行著录。当著录于文末时，列出的参考文献，全称为"参考文献表"，简称"参考文献"。参考文献的著录要求准确、完整、规范，并必须在文章引用处注明。参考文献的著录格式，一般应按国家标准《信息与文献　参考文献著录规则》执行。

17.如何进行期刊插图的设计？

插图是期刊的重要组成部分，期刊插图和其他媒介相比，有自己的特点。非学术期刊的插图无特殊要求，以与文字主题相关为基本原则。

对学术期刊插图的规定，具体要求如下：图包括曲线图、构造图、示意图、图解、框图、流程图、记录图、地图、照片等。图应具有自明性和可读性。图应能够被完整而清晰地复制或扫描，考虑到图的复制效果和成本等因素，图中宜尽量避免使用颜色。照片的主题和主要显示部分的轮廓鲜明，便于制版，如采用放大或缩小的复制品，应图像清晰，反差适中，照片上应有表示目的物尺寸的标度。图应有编号。图宜有图题，置于图的编号之后，图的编号和图题应置于图的下方，宜将图上的符号、标记、代码，以及实验条件等，用最简练的文字，作为图注附于图下，图注应置于图题之上。图宜紧置于首次引用该图的文字之后，如果电子版科技报告中的正文和所引用的图不在同一屏，引用时宜插入内部链接。图应尽可能显示在同一页(屏)，如图太宽，可逆时针方向旋转 90 度放置，图页面积太大时，可分别配置在两页上，次页上应注明"续图×"并注明图题。图、表、公式等一律用阿拉伯数字分别依序连续编号，可以按出现先后顺序，从引言开始一直到附录之前，连续统一编号，如图 1、表 2、式(3)等。大中型报告，图、表、公式可以分章或篇依序分别连续编号，即前一数字为章、篇的编号，后一数字为本章、篇内的顺序号，两数字间用半字线连接，如图 2-1、表 3-1、式(3-1)等，全文编号方式应一致。

18.如何进行期刊表格的设计？

表格在期刊中主要用于学术期刊，具体规范要求如下：

表应具有自明性和可读性。表应有编号。表宜有表题，置于表的编号之后，表的编号和表题应置于表的上方，宜将表中的符号、标记、代码，以及需要说明事项，用最简练的文字，作为表注附于表下。表宜紧置于首次引用该表的文字之后，如果电子版报告中的引用表的文字和所引用的表不在同一屏，引用时宜插入内部链接。表的编排，一般是内容和测试项目由左至右横读，数据依序竖读，建议采用国际通行的三线表格式。如表转页接排，在随后的各页上应注明“续表×”并注明表题。续表均应重复表头。图、表、公式等一律用阿拉伯数字分别依序连续编号，可以按出现先后顺序，从引言开始一直到附录之前，连续统一编号，如图1、表2、式(3)等。大中型报告，图、表、公式可以分章或篇依序分别连续编号，即前一数字为章、篇的编号，后一数字为本章、篇内的顺序号，两数字间用半字线连接，如图2-1、表3-1、式(3-1)等，全文编号方式应一致。

19.期刊编排规范有哪些？

已公布的期刊编排规范主要有三种：(1)CAJ－CD B/T1—2006《中国学术期刊（光盘版）检索与评价数据规范》；(2)《中国高等学校社会科学学报编排规范（2000年修订版）》；(3)《中国高等学校自然科学学报编排规范（2004年修订版）》。

20.什么是期刊的审定发稿？

审定发稿是将编辑加工整理后达到“齐、清、定”要求的稿件提交审定的过程。发稿是稿件处理的最后一道程序，此后，期刊即进入物质生产过程。

编辑发稿要办理发稿手续，具体来说要做好五项工作：一是提供编辑三审意见表，说明三审对书稿的评价和处理意见；二是填写发稿单，发稿单是编辑部门交给制作、发行部门的有关稿件情况及对整体设计、排印、发行等工作的意见和要求的通知单；三是填写稿件设计单。以上材料完成后交编辑室主任审核，并经主编签发后随稿件发出。

21.期刊发稿的“齐、清、定”是什么？

稿件的“齐、清、定”是期刊编辑出版流程中对编辑发稿的技术要求。它与三审三校制度一样，是期刊编辑出版的重要规定，稿件只有达到了“齐、清、定”才可以发稿。

“齐”指稿件齐全，即稿件的各个组成部分不可缺少。主要包括：正文齐全，要求篇、章、节以及段落词句完整，有图表配合的，也不得遗缺图表；编辑记录齐全，要有完整的编辑加工流程记录，以备查考。

“清”指稿件清晰。要求加工整理后的稿件文字、图表、符号等清楚可辨，文字与图表的配合关系清楚，稿件版面整齐，清晰不乱，特别的要求及规定清楚明确。

“定”指稿件必须是定稿，即原稿的各个组成部分从内容到语言表达形式都已确定，完成了所有的编辑加工、校对及设计流程。框架结构、章节安排、段落布置等已不用更改，文本体例、字体字号、表述方式、图表比例等已最终确立，没有遗留问题，发稿后一般不能做大的改动，等全部流程走完确定无误后，即可交付印刷厂制版印刷。

三、期刊出版管理

(一)期刊的创办与变更

1.创办期刊、设立期刊出版单位需要具备哪些条件?

创办期刊、设立期刊出版单位,应当具备下列条件:

(1)有确定的、不与已有期刊重复的名称。

(2)有期刊出版单位的名称、章程。

(3)有符合国家新闻出版行政部门认定条件的主管、主办单位。

(4)有确定的期刊出版业务范围。

(5)有 30 万元以上的注册资本。

(6)有适应期刊出版活动需要的组织机构和符合国家规定资格条件的编辑专业人员。

(7)有与主办单位在同一行政区域的固定的工作场所。

(8)有确定的法定代表人或者主要负责人,该法定代表人或者主要负责人必须是在境内长久居住的中国公民。

(9)法律、行政法规规定的其他条件。

除前款所列条件外,还须符合国家对期刊及期刊出版单位总量、结构、布局的总体规划。

2.设立期刊出版单位由什么机构审批?

中央在京单位(即中央和国务院各部委、直属机构,各民主党派和全国性群众团体及其直属单位)创办期刊并设立期刊出版单位,经主管单位审核同意后,由主办单位报国家新闻出版行政部门审批。

军队系统创办期刊并设立期刊出版单位,由中国人民解放军总政治部宣传部新闻出版局审核同意后报国家新闻出版行政部门审批。

其他单位创办期刊并设立期刊出版单位,经主管单位审核同意后,由主办单位向所在地省、自治区、直辖市新闻出版行政部门提出申请,省、自治区、直辖市新闻出版行政部门审核同意后,报国家新闻出版行政部门审批。

3.设立期刊出版单位对主办单位有何要求?

期刊出版单位的主办单位提出申请,两个以上主办单位合办期刊,须确定一个主要主办单位,并由主要主办单位提出申请。

期刊的主要主办单位应为其主管单位的隶属单位。期刊出版单位和主要主办单位须在同一行政区域。

4.中央在京单位、军队单位和地方单位申请创办期刊需要提交哪些材料?

中央在京单位、军队单位和地方单位申请创办期刊与申报创办报纸所需材料大体相同(参见本书第一部分“报纸出版”之“报纸出版管理”中“报纸的创办和变更”第5、6、7条)。

5.中央在京单位、军队单位和地方单位如何设立期刊出版单位?

中央在京单位、军队单位和地方单位设立期刊出版单位与设立报纸出版单位所需要材料相同(参见本书第一部分“报纸出版”之“报纸出版管理”中“报纸的创办和变更”第8、9、10条)。

6.申请创办期刊、设立期刊出版单位有哪些时效规定?

国家新闻出版行政部门自收到创办期刊、设立期刊出版单位的申请之日起90日内,做出批准或者不批准的决定,并直接或者由省、自治区、直辖市新闻出版行政部门书面通知主办单位;不批准的,应当说明理由。

期刊主办单位自收到国家新闻出版行政部门批准决定之日起60日内办理注册登记手续。期刊主办单位自收到国家新闻出版行政部门批准文件之日起60日内未办理注册登记手续,批准文件自行失效,登记机关不再受理登记,期刊主办单位须把有关批准文件缴回国家新闻出版行政部门。期刊出版单位自登记之日起满90日未出版期刊的,由国家新闻出版行政部门撤销《期刊出版许可证》,并由原登记的新闻出版行政部门注销登记。因不可抗力或者其他正当理由发生前款所列情形的,期刊出版单位可以向原登记的新闻出版行政部门申请延期。

7.期刊主办单位办理注册登记手续的程序有哪些?

(1)持批准文件到所在地省、自治区、直辖市新闻出版行政部门领取《期刊出版登记表》,填写一式五份,经期刊主管单位审核签章后,报所在地省、自治区、直辖市新闻出版行政部门,省、自治区、直辖市新闻出版行政部门应在15日内,将《期刊出版登记表》报送国家新闻出版行政部门备案。

(2)公开发行的期刊,可以向ISSN中国国家中心申领国际标准连续出版物号,并向国家新闻出版行政部门条码中心申领条形码。

(3)省、自治区、直辖市新闻出版行政部门对《期刊出版登记表》审核无误后,在10日内向主办单位发放《期刊出版许可证》。

(4)期刊出版单位持《期刊出版许可证》到工商行政管理部门办理登记手续,依法领取营业执照。

《期刊出版登记表》由期刊出版单位、主办单位、主管单位及所在地省、自治区、直辖市新闻出版行政部门各留存一份。

8.期刊变更登记项目如何准备办理相关手续?

期刊变更登记项目主要分两类情况:一类为变更名称、变更出版单位、变更主办单位、变更主管单位、变更业务范围、变更资本结构等。这类变更需要报国家新闻出版行政部门审批。其报送材料与报纸变更报送材料相同(参见本书第一部分“报纸出版”之“报纸出版管理”中“报纸的创办和变更”第13、14、15、16、17、18条)。另一类为变更刊期、开本、登记地、法人代表、地址等,这类变更须向省级新闻出版行政部门申请,其材料及手续与报纸相同(参见本书第一部分“报纸出版”之“报纸出版管理”中“报纸的创办和变更”第19条)。

9.期刊休刊和终止出版活动如何办理手续?

期刊休刊,期刊出版单位须向所在地省级新闻出版行政部门备案并说明休刊理由和期限。期刊休刊时间不得超过一年。休刊超过一年的,由国家新闻出版行政部门撤销《期刊出版许可证》,所在地省级新闻出版行政部门注销登记。

期刊出版单位终止期刊出版活动的,经主管单位同意后,由其主办单位向所在地省级新闻出版行政部门办理注销登记,并由省级新闻出版行政部门报国家新闻出版行政部门备案。期刊申请休刊和终止出版活动须提供的材料包括:出版单位关于休刊或终止期刊出版活动的申请,以正式文件形式报送;主管主办单位同意休刊或终止期刊出版活动的正式文件。

期刊注销登记,以同一名称设立的期刊出版单位须与期刊同时注销,并到原登记的工商行政管理部门办理注销登记。注销登记的期刊和期刊出版单位不得再以该名称从事出版、经营活动。

(二)期刊的出版

1.期刊在刊载内容上有什么要求?

期刊出版实行编辑责任制度,保障期刊刊载内容符合国家法律、法规的规定。期刊不得刊载《出版管理条例》和其他有关法律、法规以及国家规定禁止的内容。

期刊刊载的内容不真实、不公正,致使公民、法人或者其他组织的合法权益受到侵害的,期刊出版单位应当公开更正,消除影响,并依法承担其他民事责任。期刊刊载的内容不真实、不公正,致使公民、法人或者其他组织的合法权益受到侵害的,当事人有权要求期刊出版单位更正或者答辩,期刊出版单位应当在其最近出版的一期期刊上予以发表;拒绝发表的,当事人可以向人民法院提出诉讼。期刊刊载的内容不真实、不公正,损害公共利益的,国家新闻出版行政部门或者省级新闻出版行政部门可以责令该期刊出版单位更正。

期刊刊载涉及国家安全、社会安定等重大选题的内容，须按照重大选题备案管理规定办理备案手续。

公开发行的期刊不得转载、摘编内部发行出版物的内容。期刊转载、摘编互联网上的内容，必须按照有关规定对其内容进行核实，并在刊发的明显位置标明下载文件网址、下载日期等。

期刊使用语言文字须符合国家有关规定。

期刊须严格按确定的宗旨和定位来组织刊载内容，非学术期刊不得出版理论版、学术版等，不得收取论文发表费。

2.如何规范刊印期刊名称？

期刊使用的名称，包括期刊中文刊名和外文刊名。中文期刊使用中文刊名，外文期刊使用相应语种刊名，少数民族文种期刊使用相应语言刊名。刊名包括分册（分辑）刊名、不同内容版本刊名。期刊的外文刊名须是中文刊名的直译，期刊外文刊名的翻译应准确并与中文刊名保持一致，不能使用不相关的外文名称。外文期刊封面上必须同时刊印中文刊名，少数民族文种期刊封面上必须同时刊印汉语刊名。期刊名称应印在期刊封面、版权页等处。期刊名称应明显于期刊封面的其他标识性文字。期刊名称在封面、版权页、封底、书脊等处应保持一致。

期刊名称由国家新闻出版行政部门批准并同时为该刊名分配CN。一个刊名对应一个CN为一种期刊。期刊名称变更须经批准并获得新的CN；未经批准不得在刊名中增加、删减和更改字词。

一种期刊不得以任何形式出版两种或两种以上期刊，不得使用同一个CN出版不同刊名的期刊，如：一种期刊不能以增加类似版别方式，分别出版两种或两种以上期刊；一种期刊不能以“社会科学版”“自然科学版”“教师版”“学生版”等字样，交替出版两种或两种以上期刊；一种教育辅导类期刊不能分别使用“××年级”“小学版”“语文版”“英语”等字样出版两种或两种以上期刊。

3.期刊如何正确使用刊号？

期刊刊号是由国家新闻出版行政部门负责分配给一种期刊的唯一代码。CN应按规定格式和字体印在期刊封面、版权页或封底上。一个CN对应一种期刊唯一刊名，期刊更名、变更登记地（跨行政区域）应获得新的CN。一个CN只能出版一种期刊的一个版本。不同文种、不同载体的期刊应分别有各自的CN。CN编号后面不允许附加任何其他标识信息。CN分类号应以国家新闻出版行政部门批准文件为准，不能任意跨学科更改和在刊印时省略。期刊出版单位不得出售、出租和转让CN给其他期刊使用。

4.期刊如何正确使用国际标准连续出版物号？

国家标准连续出版物号是由ISSN中国国家中心分配给每一种获得CN并公开发行的期刊的唯一识别代码。期刊出版单位持国家新闻出版行政部门批准创办期刊文件复印件、《期刊出版许可证》复印件和《期刊出版登记表》复印件向ISSN中国国家中心申请

ISSN。ISSN执行《中国标准连续出版物号》和《期刊出版管理规定》相关规定。获得ISSN的期刊应持有ISSN中国国家中心颁发的ISSN证书并在该中心数据库注册。期刊更名须获得国家新闻出版行政部门批准后重新申请ISSN。

ISSN应按规定格式和字体印在期刊封面右上角、版权页或封底上。一个ISSN应与该刊的CN及刊名保持一致。一个ISSN只能出版一种期刊的一个版本。不同文种、不同载体的期刊应分别有各自的ISSN。

5.如何正确使用期刊条码?

期刊条码由前缀码977(3位)、数据码(ISSN前7位)、年份码(2位)、校验码(1位)以及附加码(2位)组成,由国家新闻出版行政部门的条码中心负责制作。期刊条码执行《出版物条码管理办法》和GB/T 16827—1997《中国标准刊号(ISSN部分)条码》等相关规定。

期刊条码应印在规定的位置,印刷质量和色彩应清晰并便于识别。期刊条码应与该刊的ISSN及刊名保持一致。一种期刊的条码只能用于一种期刊的一个版本,不同文种、不同载体的期刊应分别有各自的期刊条码。期刊条码的附加码应与期刊出版的刊期和(或)出版的年份、月份或期号保持一致。期刊条码印刷优先位置为封面的左下角,也可根据需要将条码印刷在期刊封底的右下角。条码符号条的方向应与装订线平行或垂直。期刊条码可以通过相关设备识读。

6.期刊如何刊登广告?

期刊刊登广告应在工商管理部门注册登记。期刊广告经营执行《期刊出版管理规定》和相关法律法规。期刊刊登广告应持有工商管理部门颁发的《广告经营许可证》。广告经营许可证号应印在期刊版权页上。刊登广告的期刊须将广告经营许可证号印在每一期期刊版权页或封底上。

7.如何规范标注期刊的主要责任单位?

期刊主要责任单位包括期刊的主管单位、主办单位和出版单位。期刊主要责任单位执行《期刊出版管理规定》等相关规定。两个以上主办单位合办期刊,须确定一个主要主办单位。期刊的主要主办单位应为其主管单位的隶属单位。期刊出版单位须与主要主办单位在同一行政区域。

期刊主管单位、主办单位、出版单位应印在期刊版权页或期刊封面等处。期刊主管单位、主办单位、出版单位未经批准不得变更。未经注册成立具有法人资格的期刊社(杂志社)的期刊,出版单位应标识为:“××编辑部”。

8.如何规范标注期刊的印刷发行单位?

期刊印刷发行单位须是具有《印刷经营许可证》、可以印制期刊的机构。期刊的发行单位是承担期刊发行的部门。印刷单位、发行单位应印在期刊版权页或封底上。期刊印刷单位和发行单位的刊印不应省略。

9.如何规范标注期刊的总编辑(主编)?

总编辑(主编)是主持期刊编辑和终审等工作的负责人。总编辑(主编)执行《期刊出版管理规定》和相关法规。总编辑(主编)姓名应印在期刊版权页等处。期刊上不得出现多个总编辑(主编)。

10.如何规范标注期刊的出版标识?

期刊出版标识包括期刊编号、刊期、期刊版式设计等。期刊编号指期刊在编辑出版过程中所采用的卷、期、年、月标识。期刊刊期指一种期刊每年出版的频次。期刊出版标识执行《期刊出版管理规定》相关规定。

期刊须在封面的明显位置刊载期刊名称和年、月、期、卷等顺序编号,不得以总期号代替年、月、期号。每期期刊封面和版权页等处的年、月、期号标识不能省略。期刊的年、月、期号标识可采用卷号和(或)总期号方式标识,凡采用卷和总期号标识的期刊,其卷号和(或)总期号应连续编排,不应随意更改,不得使用总期号和卷号代替年、月、期号。同一期刊每年出版的各期不得分别独立设置编号体系交叉出版。一种期刊的每一期应为一册。任何期刊不得以不同刊期或增加刊期频率方式变相出版两种以上期刊。期刊不得随意脱期出版,不应任意增减出版刊期。同一期刊在每年度中的版式设计风格应基本保持一致。同一期刊在每年度中各期的幅面尺寸应保持一致。

11.如何规范期刊的版权页?

期刊版权页是期刊出版情况的记录,列载供国家版本管理部门、出版发行单位、信息资源管理等部门使用的版本资料。期刊版权页执行《期刊出版管理规定》相关规定。期刊版权页记录:期刊名称、主管单位、主办单位、出版单位、印刷单位、发行单位、出版日期、总编辑(主编)姓名、定价、国内统一连续出版物号、广告经营许可证号。

期刊须设立版权页,版权页位于期刊正文之前,也可设在期刊封底上。期刊版权页记录的各个项目应完整,且应与封面或封底上记录的相同项目保持一致。

12.如何规范期刊的标识性文字?

期刊的标识性文字是指期刊版权页规定的记录项目之外,在期刊封面或显著位置上对期刊进行宣传的文字。期刊标识性文字执行《期刊出版管理规定》相关规定。

期刊封面其他文字标识不得明显于刊名。期刊标识性文字不得使用毫无实据的、过于夸张的宣传语言,如:“世界排名第×名”“全球发行量最大”“中国唯一的”“××领域最早期刊”“获奖最多”等。期刊名称的补充文字说明、期刊内容宣传等标识性文字不得明显于期刊名称,不得通过颜色、位置等手段突出显示。

13.期刊出版增刊如何办理手续?

期刊出版单位出版增刊,应当经其主管单位审核同意后,由主办单位报所在地省、自治区、直辖市新闻出版行政部门备案。备案文件应当说明拟出增刊的出版理由、出版时间、文章编目、期数、页码、印数、印刷单位等;所在地省、自治区、直辖市新闻出版行政部门备案后，发给备案证明文件，配发增刊备案号。

增刊内容必须符合正刊的业务范围，开本和发行范围必须与正刊一致；增刊除按规定刊印正刊版权页所列的期刊名称、主管单位、主办单位、出版单位、印刷单位、发行单位、出版日期、总编辑（主编）姓名、发行范围、定价、国内统一连续出版物号、广告经营许可证号、国际标准连续出版物号等版本纪录外，还须刊印增刊备案号，并在封面刊印正刊名称和注明“增刊”。

14.期刊出版合订本有什么要求？

期刊合订本须按原期刊出版顺序装订，不得对期刊内容另行编排，并在其封面明显位置标明期刊名称及“合订本”字样。期刊因内容违法被新闻出版行政部门给予行政处罚的，该期期刊的相关篇目不得收入合订本。被注销登记的期刊，不得制作合订本。

15.期刊的广告业务和经营活动有什么要求？

期刊出版单位不得出卖、出租、转让本单位名称及所出版期刊的刊号、名称、版面，不得转借、转让、出租和出卖《期刊出版许可证》。期刊出版单位利用其期刊开展广告业务，必须遵守广告法律规定，发布广告须依法查验有关证明文件，核实广告内容，不得刊登有害的、虚假的等违法广告。期刊的广告经营者限于在合法授权范围内开展广告经营、代理业务，不得参与期刊的采访、编辑等出版活动。期刊出版单位不得以不正当竞争行为或者方式开展经营活动，不得利用权力摊派发行期刊。

16.新闻类期刊对新闻采编有哪些要求？

新闻类期刊从业人员可以从事新闻采访活动，可以按规定申领新闻记者证。新闻类期刊采编人员须严格遵守新闻采编相关规定。采编业务与经营业务必须严格分开，禁止以采编报道相威胁，以要求报道对象做广告、提供赞助、加入理事会等损害报道对象利益的行为牟取不正当利益。新闻类期刊不得刊登任何形式的有偿新闻。

具有新闻采编业务的期刊出版单位在登记地以外的地区设立记者站，须严格按照《新闻单位驻地方机构管理办法（试行）》审批、管理。其他期刊出版单位一律不得设立记者站。期刊出版单位是否具有新闻采编业务由国家新闻出版行政部门认定。

17.期刊的哪些选题须申报重大选题备案？

期刊刊登重大选题实行“重大选题备案制度”，应依照规定办理备案手续。

重大选题指涉及国家安全、社会安定等方面的内容，对国家的政治、经济、文化、军事等会产生较大影响的选题，具体包括：

（1）有关党和国家的重要文件、文献选题。

（2）有关党和国家曾任和现任主要领导人的著作、文章以及有关其生活和工作情况的选题。

（3）涉及党和国家秘密的选题。

（4）集中介绍政府机构设置和党政领导干部情况的选题。

(5)涉及民族问题和宗教问题的选题。

(6)涉及我国国防建设及我军各个历史时期的战役、战斗、工作、生活和重要人物的选题。

(7)涉及“文化大革命”的选题。

(8)涉及中共党史上的重大历史事件和重要历史人物的选题。

(9)涉及国民党上层人物和其他上层统战对象的选题。

(10)涉及苏联、东欧以及其他兄弟党和国家重大事件和主要领导人的选题。

(11)涉及中国国界的各类地图选题。

(12)涉及香港特别行政区和澳门、台湾地区图书的选题。

(13)大型古籍白话今译的选题(指 500 万字以及 500 万字以上的项目)。

(14)引进版动画读物的选题。

(15)以单位名称、通讯地址等为内容的各类“名录”的选题。

18.期刊如何申报重大选题备案?

期刊向新闻出版行政部门申报重大选题备案时,应当填写备案登记表并提交下列材料:

(1)备案申请报告。所在地省级新闻出版行政部门报国家新闻出版行政部门的请示文件。文件的主送单位为国家新闻出版行政部门,应有版头,标有文号,公章齐全,文种为请示或函。

(2)备案稿件(2 份)。报送的文稿须是打印稿,要求齐、清、定,如有照片,须图像清晰。报送文稿需标明稿件字数、拟出版时间、内容简介、作者简介等相关信息。

(3)出版单位的上级主管部门或所在地党委宣传部门的审核意见。出版单位的上级主管部门是指:①中央各部门的期刊出版单位,其主管部门是中共中央和国务院各部委、各民主党派和人民团体;②解放军系统的出版单位,其主管部门是解放军总政治部宣传部;③属地方的出版单位,其主管部门是所在地省级新闻出版行政部门或音像出版行政部门。

新闻出版行政部门自决定受理备案之日起 30 日内,对备案申请予以答复或者提出意见,逾期未予答复或者提出意见的,备案即自动生效。

19.期刊如何缴送样本?

期刊出版单位须在每期期刊出版 30 日内,分别向新闻出版行政部门、中国版本图书馆、国家图书馆以及所在地省、自治区、直辖市新闻出版行政部门缴送样刊 3 本。

(三)期刊出版监管

1.期刊监督管理有哪些制度?

期刊出版活动的监督管理实行属地原则。省、自治区、直辖市新闻出版行政部门依法负责本行政区域内期刊和期刊出版单位的登记、年度核验、质量评估、行政处罚等工作,对本行政区域内的期刊出版活动进行监督管理。其他地方新闻出版行政部门依法对本行政区域内期刊出版单位及其期刊出版活动进行监督管理。

期刊出版管理实施期刊出版事后审读制度、期刊出版质量评估制度、期刊年度核验制度和期刊出版从业人员资格管理制度。期刊出版单位应当按照国家新闻出版行政部门的规定,将从事期刊出版活动的情况向新闻出版行政部门提出书面报告。国家新闻出版行政部门制订期刊出版质量综合评估标准体系,对期刊出版质量进行全面评估。经期刊出版质量综合评估,期刊出版质量未达到规定标准或者不能维持正常出版活动的,由国家新闻出版行政部门撤销《期刊出版许可证》,所在地省、自治区、直辖市新闻出版行政部门注销登记。

2.如何开展对期刊的审读工作?

期刊出版管理实行出版事后审读制度。国家新闻出版行政部门负责全国期刊审读工作。地方各级新闻出版行政部门负责对本行政区域内出版的期刊进行审读。下级新闻出版行政部门要定期向上一级新闻出版行政部门提交审读报告。主管单位须对其主管的期刊进行审读,定期向所在地新闻出版行政部门报送审读报告。期刊出版单位应建立期刊阅评制度,定期写出阅评报告。新闻出版行政部门根据管理工作的需要,可以随时调阅、检查期刊出版单位的阅评报告。

3.期刊年度核验有哪些程序和要求?

期刊年度核验制度是实施期刊出版管理的基本管理制度。由省、自治区、直辖市新闻出版行政部门负责对本行政区域内的期刊实施年度核验。年度核验内容包括期刊出版单位及其所出版期刊的登记项目、出版质量、遵纪守法情况等。

年度核验按照以下程序进行:

(1)期刊出版单位提出年度自检报告,填写由国家新闻出版行政部门统一印制的《期刊登记项目年度核验表》,经期刊主办单位、主管单位审核盖章后,连同本年度出版的样刊报省、自治区、直辖市新闻出版行政部门。

(2)省、自治区、直辖市新闻出版行政部门对期刊出版单位自检报告、《期刊登记项目年度核验表》及样刊进行审核查验。

(3)经核验符合规定标准的,省、自治区、直辖市新闻出版行政部门在《期刊出版许可证》上加盖年度核验章;《期刊出版许可证》上加盖年度核验章即为通过年度核验,期刊出版单位可以继续从事期刊出版活动。

(4)省、自治区、直辖市新闻出版行政部门在完成期刊年度核验工作30日内向国家新闻出版行政部门提交期刊年度核验工作报告。

《期刊出版许可证》加盖年度核验章后方可继续使用。有关部门在办理期刊出版、印刷、发行等手续时,对未加盖年度核验章的《期刊出版许可证》不予采用。

不按规定参加年度核验的期刊出版单位,经催告仍未参加年度核验的,由国家新闻出版行政部门撤销《期刊出版许可证》,所在地省、自治区、直辖市新闻出版行政部门注销登记。

年度核验结果,核验机关可以向社会公布。

4.出现哪些情形期刊暂缓通过核验?

在期刊的年度核验中,如出现下列情形之一的,暂缓年度核验:

(1)正在限期停业整顿的。

(2)经审核发现有违法情况应予处罚的。

(3)主管单位、主办单位未履行管理责任,导致期刊出版管理混乱的。

(4)存在其他违法嫌疑需要进一步核查的。

暂缓年度核验的期限由省、自治区、直辖市新闻出版行政部门确定,报国家新闻出版行政部门备案。缓验期满,重新办理年度核验。

5.出现哪些情形期刊不予通过核验?

期刊年度核验中,有下列情形之一的,不予通过年度核验:

(1)违法行为被查处后拒不改正或者没有明显整改效果的。

(2)期刊出版质量长期达不到规定标准的。

(3)经营恶化已经资不抵债的。

(4)已经不具备《期刊出版管理制度》第九条规定条件的。

不予通过年度核验的,由国家新闻出版行政部门撤销《期刊出版许可证》,所在地省、自治区、直辖市新闻出版行政部门注销登记。

未通过年度核验的,期刊出版单位自第二年起停止出版该期刊。

6.期刊出版单位违反规定可采取哪些行政措施?

期刊出版单位违反有关规定,新闻出版行政部门可视其情节轻重,采取下列行政措施:

(1)下达警示通知书。

(2)通报批评。

(3)责令公开检讨。

(4)责令改正。

(5)责令停止印制、发行期刊。

(6)责令收回期刊。

(7)责成主办单位、主管单位监督期刊出版单位整改。

警示通知书由国家新闻出版行政部门制订统一格式，由国家新闻出版行政部门或者省、自治区、直辖市新闻出版行政部门下达给违法的期刊出版单位，并抄送违法期刊出版单位的主办单位及其主管单位。上述行政措施可以并用。

7.期刊常见违规有哪几类？管理部门如何处罚？

期刊在出版过程中常出现的违规行为包括：

(1)未经批准，擅自设立期刊出版单位，或者擅自从事期刊出版业务，假冒期刊出版单位名称或者伪造、假冒期刊名称出版期刊。依照《出版管理条例》由出版行政主管部门、工商行政管理部门依照法定职权予以取缔；依照《中华人民共和国刑法》关于非法经营罪的规定，依法追究刑事责任；尚不够刑事处罚的，没收出版物、违法所得和从事违法活动的专用工具、设备，违法经营额1万元以上的，并处违法经营额5倍以上10倍以下的罚款，违法经营额不足1万元的，可以处5万元以下的罚款；侵犯他人合法权益的，依法承担民事责任。

(2)期刊出版单位擅自出版增刊、擅自与境外出版机构开展合作出版项目。依照《出版管理条例》由出版行政主管部门、工商行政管理部门依照法定职权予以取缔；依照《中华人民共和国刑法》关于非法经营罪的规定，依法追究刑事责任；尚不够刑事处罚的，没收出版物、违法所得和从事违法活动的专用工具、设备，违法经营额1万元以上的，并处违法经营额5倍以上10倍以下的罚款，违法经营额不足1万元的，可以处5万元以下的罚款；侵犯他人合法权益的，依法承担民事责任。

(3)期刊出版含有《出版管理条例》和其他有关法律、法规以及国家规定禁载内容。依照《出版管理条例》，对触犯刑律的，依照《中华人民共和国刑法》有关规定，依法追究刑事责任；尚不够刑事处罚的，由出版行政主管部门责令限期停业整顿，没收出版物、违法所得，违法经营额1万元以上的，并处违法经营额5倍以上10倍以下的罚款；违法经营额不足1万元的，可以处5万元以下的罚款；情节严重的，由原发证机关吊销许可证。

(4)期刊出版单位出卖、出租、转让本单位名称及所出版期刊的刊号、名称、版面，转借、转让、出租，以及出卖《期刊出版许可证》。依照《出版管理条例》，由出版行政主管部门责令停止违法行为，给予警告，没收违法经营的出版物、违法所得，违法经营额1万元以上的，并处违法经营额5倍以上10倍以下的罚款，违法经营额不足1万元的，可以处5万元以下的罚款；情节严重的，责令限期停业整顿或者由原发证机关吊销许可证。

(5)期刊出版单位允许或者默认广告经营者参与期刊采访、编辑等出版活动。依照《出版管理条例》，由出版行政主管部门责令停止违法行为，给予警告，没收违法经营的出版物、违法所得，违法经营额1万元以上的，并处违法经营额5倍以上10倍以下的罚款，违法经营额不足1万元的，可以处5万元以下的罚款；情节严重的，责令限期停业整顿或者由原发证机关吊销许可证。

(6)期刊擅自变更名称、主办单位或主管单位、业务范围、刊期，期刊出版单位擅自变更名称、合并或分立、改变资本结构、出版新的期刊；期刊出版单位未将涉及国家安全、社会安定等方面的重大选题备案的；期刊出版单位未依照《期刊出版管理规定》缴送样刊的。依照《出版管理条例》，由出版行政主管部门责令改正，给予警告；情节严重的，责令限期停业整顿或者由原发证机关吊销许可证。

8.期刊出版单位的哪些违规行为应给予警告？

期刊出版单位有下列行为之一的，由国家新闻出版行政部门或者省、自治区、直辖市新闻出版行政部门给予警告，并处3万元以下罚款：

(1)期刊出版单位变更期刊开本、法定代表人或者主要负责人及在同一登记地内变更地址，未按规定报送备案的。

(2)期刊休刊未按规定报送备案的。

(3)刊载损害公共利益的虚假或者失实报道，拒不执行新闻出版行政部门更正命令的。

(4)公开发行的期刊转载、摘编内部发行出版物内容的。

(5)期刊转载、摘编互联网上的内容，未对其内容进行核实，未在明显位置标明下载文件网址、下载日期的。

(6)未按照规定刊载期刊版本记录的。

(7)违反规定未在期刊封面的明显位置刊载期刊名称和年、月、期、卷等顺序编号，或以总期号代替年、月、期号的；期刊封面其他文字标识明显于刊名的；期刊的外文刊名不是中文刊名的直译的；外文期刊封面未同时刊印中文刊名的；少数民族文种期刊封面未同时刊印汉语刊名的。

(8)“一号多刊”的。

(9)出版增刊违反有关增刊规定的。

(10)违反规定制作期刊合订本的。

(11)刊登有偿新闻或者违反相关经营规定的。

(12)以不正当竞争行为开展经营活动或者利用权力摊派发行的。

9.期刊的主办单位应该承担什么职责？

期刊的主办单位对所办期刊承担的职责与报纸主办单位对所办报纸承担的职责相同，请参照第一部分之“报纸出版管理”中“报纸的出版管理”第 8 条内容。

10.期刊的主管单位有哪些职责？

期刊的主管单位对所属的期刊出版单位及其主办单位承担的职责与报纸主管单位对所属的报纸出版单位及其主办单位承担的职责相同，请参照第一部分之“报纸出版管理”“报纸的出版管理”第 9 条内容。

11.期刊编辑出版工作制度由哪些部分组成？

期刊编辑出版工作制度主要包括四个部分：

(1)章程。章程由期刊编辑出版的主办单位制订,主要规定具有稳定性和约束性的期刊编辑出版单位的基本纲领和行动准则,规定期刊编辑出版单位的组织规程和办事规则。章程一般应包括总则、分则和附则三个部分。

(2)规划。规划是基于期刊章程而制订的较全面和长远的发展计划。期刊发展规划应基于国家五年计划及产业政策,制订符合本部门的发展规划。规划一般应包含指导思想、发展环境、发展目标、保障措施等内容。

(3)岗位职责。期刊编辑出版岗位包括社长(主任)、主编、编辑、编务等类别,应分别根据单位的具体情况,制订不同的岗位职责规定。

(4)规章制度。期刊编辑出版规章制度种类较多,涵盖期刊编辑出版的全流程,是对具体工作事项的规定和约束。主要的规章制度,包括《稿件处理规定》《质量标准及差错责任追究办法》《学术道德建设规定》《组稿实施办法》《期刊审读规定》等。

(四)期刊的评估

1.期刊质量评估包含哪些内容?

期刊质量评估主要包含四个方面:(1)政治标准;(2)业务标准;(3)编辑标准;(4)出版标准。期刊质量评估的具体内容,遵循分类制订标准的办法。首先将期刊分为社会科学期刊和科学技术期刊两大类别,两类再分别根据不同小类进行评估。以国家相关行政部门的文件法规为基准,各省级新闻出版行政部门分别根据具体情况制订相关标准的执行细则。

2.期刊常用的国家标准有哪些?

期刊常用的国家标准主要涉及如下三个方面(以下按发布时间为序分类排列):

(一)语言文字规范

GB/T 3259—1992《中文书刊名称汉语拼音拼写法》

GB/T 7408—2005《数据元和交换格式　信息交换　日期和时间表示法》

GB/T 8170—2008《数值修约规则与极限数值的表示和判定》

GB/T 15835—2011《出版物上数字用法》

GB/T 15834—2011《标点符号用法》

GB/T 16159—2012《汉语拼音正词法基本规则》

(二)量和单位

GB 3100—1993《国际单位制及其应用》

GB 3101—1993《有关量、单位和符号的一般规则》

以及标准号为 GB 3102.1 至 3102.13 的各类具体学科的量和单位国家标准。

(三)期刊编排

GB/T 3468—1983《检索期刊编辑总则》

GB/T 6447—1986《文摘编写规则》

GB/T 7713—1987《科学技术报告、学位论文和学术论文的编写格式》

GB/T 11668—1989《图书和其他出版物的书脊规则》

GB/T 788—1999《图书和杂志开本及其幅面尺寸》

GB/T 9999—2001《中国标准连续出版物号》

GB/T 3179—2009《期刊编排格式》

GB/T 13417—2009《期刊目次表》

GB/T 7714—2015《信息与文献　参考文献著录规则》

3.社会科学期刊质量评估的标准是什么?

社会科学期刊质量评估的标准是:

社会科学期刊所载内容必须真实、准确、及时,稿件选用应积极传播和积累一切有益于经济发展和社会进步的科学技术和文化知识,丰富人民的精神生活,有益于弘扬民族文化,促进国际文化交流。

学术理论类期刊:能反映国内学术水平,论点明确、论据充分,并具有创新性、探索性和较高学术价值。

工作指导类期刊:选题应面向本行业、本系统,信息传递及时,提出的观点针对性强,有很强的指导性。

时事政治类期刊:必须正确宣传中国共产党和我国政府的方针、政策,报道内容要真实、准确、及时,注重宣传实效,融思想性、知识性、可读性于一体。

文学艺术类期刊:应积极弘扬主旋律,做到题材多样化,反映时代精神,继承、弘扬民族优秀文化,汲取、借鉴世界优秀文化,格调健康,品位高雅,有较高的艺术水平,能多方面地满足人民的审美需要。

综合文化生活类期刊:内容应健康向上,思想性强,知识面广,具有较强的科学性和可读性,作品题材新颖,富有独创性,报道真实、准确,正确引导人民的人生观及道德观。

教学辅导类期刊:所用文章应科学精练,正确无误,适合刊物读者对象,具有针对性、教育性、实用性,有助于学习、掌握科学文化知识,开阔视野,培养创造能力。

信息文摘类期刊:选登的信息应真实,时效性强,信息量大,有利于社会的发展,有利于传播和积累科学文化知识。

社会科学期刊的编辑加工,应遵守国家颁布的有关标准及出版、印刷等有关规定;版式设计疏密得当,图文协调,主题突出,转接页少;封面、插图、图片设计新颖、大方、健康,具有艺术美感,与办刊宗旨和刊物内容相一致;版本记录项目齐全;文字没有繁简混用情况。

社会科学期刊印成品应字体清晰,墨迹浓淡适宜、不浸不透,图幅清洁,线条规范,无倒转，照片层次分明，反差适度；装帧整齐、坚固、美观，无夹、缺、损、折、联、白页等；按期出版，无拖期现象。

4.社会科学期刊的政治标准是什么？

社会科学期刊总的政治标准为：

（1）严格遵守国家宪法和法律。

（2）坚持党的基本路线，全面准确地宣传党的路线、方针、政策，严格遵守党的有关宣传纪律。

（3）遵守《中华人民共和国保守国家秘密法》，维护国家利益。

（4）认真贯彻党的民族、宗教政策，维护国家统一，促进民族团结和社会稳定。

（5）严格遵守党和国家有关新闻出版的方针、政策和法规，严格执行《期刊管理暂行规定》等期刊管理法规和制度。

分类政治标准为：

学术理论类：严格按照办刊宗旨及专业分工范围出刊，坚持为人民服务、社会主义服务的方向，认真贯彻党的“双百方针”，促进社会科学学术事业的繁荣与发展。

工作指导类：能够按办刊宗旨及专业分工范围出刊，积极、有效地指导本系统、本行业、本地区的工作，坚持把社会效益放在首位。

时事政治类：严格按照办刊宗旨及专业分工范围出刊，坚持正确的舆论导向和政治方向，把社会效益放在首位。

文学艺术类：能够按办刊宗旨及专业分工范围出刊，坚持为人民服务、为社会主义服务的方向，认真贯彻党的“双百方针”，弘扬时代主旋律，多层次、多侧面反映时代风貌，坚持把社会效益放在首位。

综合文化生活类：能够按照既定办刊宗旨及专业分工范围出刊，坚持把社会效益放在首位，贯彻党的“双百方针”，弘扬社会主义主旋律，多层次、多侧面反映时代风貌，为广大人民群众服务。

教学辅导类：能够按照办刊宗旨及专业分工范围出版，坚持社会效益第一的原则，保护和促进中小学生身心健康成长。

信息文摘类：能够按照办刊宗旨及专业分工范围出版，坚持社会效益第一的原则，大力弘扬主旋律，促进社会主义精神文明建设，提高全民族的文化素质。

5.科学技术期刊的政治标准是什么？

科学技术期刊的政治标准为：

（1）坚持“一个中心，两个基本点”的基本路线，坚持“科学技术工作必须面向经济建设”的方针。

（2）认真贯彻和体现国家有关科学技术和出版方面的政策、法令、条例。

（3）正确执行有关保密、版权、专利、国家等项规定。

(4)在学术上要认真贯彻执行“百花齐放，百家争鸣”的方针，坚持辩证唯物主义和历史唯物主义。

(5)积极倡导社会主义科技道德、编辑道德，重视社会主义精神文明建设。

(6)在注重社会效益(包括潜在效益)的前提下，不断努力提高经济效益。

6.社会科学期刊考核评估的业务标准是什么？

(1)学术理论类。

①学术水平：能代表该学科的学术水平，反映该学科的研究前沿和研究热点，在该学科的研究中起到促进作用。

②社会影响：关心社会现实，理论联系实际，在解决实际问题上做出突出贡献，或者对决策部门和管理部门的工作有较大的帮助。符合或基本符合上述要求并具有较大社会影响的文章占有一定比例。

③写作质量：所载文章论点明确，论据充分，概念严谨，推理逻辑严密，没有自相矛盾不能自圆其说的情况。

④刊物特色：与同一学科的众多期刊相比，在学术内容和风格上具有自己的特色。

(2)工作指导类。

①严格遵守刊物既定办刊宗旨和编辑方针，期刊能充分体现本系统、本行业的特点。

②体现办刊宗旨和直接指导本系统、本行业、本地区开展工作的栏目，应占本刊栏目总数和期刊篇幅的60%以上。栏目所刊文章要在指导工作方面发挥较大作用。

③在办刊宗旨和刊物特点所涉及的范围内，注意传播信息的广泛性。每期刊物要保证一定量的信息，本刊首发稿占总篇幅的60%以上。

④所刊内容要及时、准确，既要体现正确的舆论导向和政治方向，又要体现生动活泼的形式，并符合本系统、本行业、本地区的有关规定。

(3)时事政治类。

①严格遵守刊物既定办刊宗旨和编辑方针，特色鲜明。

②正确宣传党的基本理论和路线、方针、政策，指导性强。

③刊载内容全面、正确地体现“团结、稳定、鼓励”“正面宣传为主”“弘扬主旋律”等重要宣传报道方针。

④舆论导向正确，深刻反映社会生活的本质和主流，善于引导社会热点，正确发挥舆论监督作用。

⑤刊载内容真实准确，观点鲜明，报道及时，现实针对性强；见解深刻，入情入理，富于创见和感染力，注重宣传实效。

⑥刊载内容格调健康高雅，积极向上，不迎合低级趣味；讲究宣传艺术；体现思想性、知识性、可读性的统一。

(4)文学艺术类。

①弘扬主旋律，坚持题材、形式和风格多样化。

②继承、发扬民族优秀文化，汲取、借鉴世界优秀文化；在继承和借鉴的基础上，能进行成功的创新和发展。

③能不断坚持艺术理论和艺术形式的创新和探索，多方面地满足人民群众的审美需求。

④刊载作品格调健康，品位高雅，语言生动流畅，语法规范；刊载信息、资料及知识介绍准确无误。

⑤刊载作品在读者中有较强反响，刊物社会声誉较好。

⑥刊载内容与形式协调统一。

(5)综合文化生活类。

①刊载作品题材新颖，独家专稿(组稿)比重大。每期转载、转摘其他媒介(书报刊)文章不超过本刊总篇幅的5%。

②刊载作品观点鲜明、导向正确，表现形式多样化，积极反映现实生活，坚持以正面宣传为主。

③刊载内容丰富、健康、向上，知识面广且新。正确引导人民群众尤其是青少年的人生观、价值观及道德观。

④刊载记实性作品，内容必须真实、准确。无假新闻和变相有偿新闻。

⑤刊载内容思想性强，并具有较强的可读性、科学性。无伪科学或反科学的文章及观点。

⑥刊物具有读者喜爱的名牌栏目1～2个。刊载过的文章获奖率或被其他媒介转载、改编、转摘率较高。

(6)教学辅导类。

①导向性：期刊内容符合全面发展的教育方针和教育法规，不偏离教育规律，贯彻教育改革精神。格调健康，能够激励读者奋发进取，陶冶情操，有助于读者学习知识、技能、方法，开阔视野，提高能力。

②科学性：期刊内容中的基础知识、基本观点、史实、公式、数据、图表等无科学性错误，语法、修辞、逻辑应规范，计量单位应符合国家标准。

③可读性：语言文字生动、流畅、层次清晰，通俗易懂，适应读者对象的年龄特征和要求。

(7)信息文摘类。

①刊摘内容健康，积极向上，品位高雅，弘扬真善美，传播有利于读者身心健康的知识和信息。

②刊摘内容知识面广，思想性强，信息丰富且客观真实，具有实用性或启迪性。

③刊摘内容注重思想性、知识性、可读性的结合，适应读者需求，符合时代特点。

④刊摘内容在读者中有较强反响，普遍受到读者欢迎，刊物的社会声誉较好。

7.社会科学期刊考核评估的编辑标准是什么？

(1)学术理论类。

①尊重知识产权，遵守《中华人民共和国著作权法》，在每篇文章后标明足够的参考

文献，并在醒目位置标有英文目次、摘要及版权说明。

②文字无繁简字混用。使用语言规范，语句简练，无病句，无生造名词、概念；无知识性、常识性错误；标题、目标页无差错，内文差错率符合规定标准。

③标题、目录、图表、注释、公式、参考文献等编排规范；标点符号、数字及计量单位等书写格式符合国家规定。

④版本记录齐全、完整和规范，主管单位、主办单位、印刷单位、发行单位、出版日期、刊期、主编（总编）姓名、发行范围、定价、刊号（包括分类号及取得国际标准连续出版物号者）、《广告经营许可证》等无缺漏。

⑤整体设计思想鲜明，符合刊物专业特色，全年具有连续性。

⑥封面、插图、图片设计健康、新颖大方。封面刊名突出，年度、期号及各种标识规范完整。

⑦版式设计疏密得当，图文协调，字号选择既能体现编辑思想，又有较好的视觉效果。文章标题突出，转接页少、无逆转。

(2)工作指导类。

①尊重知识产权，遵守《中华人民共和国著作权法》。

②标题、目录、图表、注释、公式、参考文献等编排规范。

③标点、符号、数字及计量单位等书写格式符合国家规定。

④文字无繁简混用，无语病及知识性、常识性错误。标题、目录无差错，内文差错率符合有关标准。

⑤版本记录符合规定，主管单位、主办单位、印刷单位、发行单位、出版日期、刊期、主编（总编）姓名、发行范围、定价、刊号（包括分类号及取得国际标准连续出版物号者）、《广告经营许可证》等无缺漏。

⑥整体设计思想鲜明，并能体现刊物专业特色，全年具有连续性。封面、插图、图片设计健康、新颖大方，具有艺术感染力和审美情趣，与办刊宗旨和内容相一致。封面刊名突出，年度、期号及各种标识规范完整。

⑦版式设计疏密得当，图文协调，字号选择既能体现编辑思想，又有较好的视觉效果，文章标题突出，转接页少、无逆转。

(3)文学艺术类。

①尊重知识产权，遵守《中华人民共和国著作权法》。

②文章无知识性、常识性错误。纪实性质的文学作品和学术论文中使用的资料、引文，属实可靠、准确。使用语言、文字、标点符号等规范、准确，文字无繁简混用情况。

③标题、目录面无差错，内文差错率符合有关标准。

④遵守国家颁布的有关标准、法定计量单位，数字、计量单位等书写格式符合国家规定。

⑤版本记录符合规定，主管单位、主办单位、印刷单位、发行单位、出版日期、刊期、主

编(总编)姓名、发行范围、定价、刊号(包括分类号及取得国际标准连续出版物号者)、《广告经营许可证》等无缺漏。

⑥整体设计及封面设计体现办刊宗旨,刊名突出,位置适当,年度、期号完整规范,全年具有连续性。

⑦版式设计疏密得当,图文协调,字号选择既能体现编辑思想,又有较好的视觉效果,文章、作品标题突出,转接页少、无逆转。

(4)教学辅导类。

①遵守知识产权,遵守《中华人民共和国著作权法》。

②标题、目录面无差错,内文差错率(包括文字、数字、标点符号、外文字母、拼音字母等)符合有关标准。

③版本记录齐全完整,主管单位、主办单位、印刷单位、发行单位、出版日期、刊期、主编(总编)姓名、发行范围、定价、刊号(包括分类号及取得国际标准连续出版物号者)、《广告经营许可证》等无缺漏。

④整体设计及封面设计体现办刊宗旨,刊名突出,位置恰当,年度、期号完整、齐全、规范,全年具有连续性。

⑤版式设计疏密得当,图文协调;选用字号恰当,幼儿、少儿、低年级读物应以四号字为宜,成人读物也不宜小于五号字。文章标题突出,转接页少、无逆转。

(5)信息文摘类。

①尊重知识产权,严格遵守《中华人民共和国著作权法》。

②使用语言、文字、标点符号等规范、准确,文章无知识性、常识性错误,文字无繁简混用情况。

③标题、目录面无差错,内文差错率符合有关标准。

④遵守国家颁布的有关标准、法定计量单位,数字、计量单位等书写格式符合规定。

⑤版本记录齐全、规范。主管单位、主办单位、印刷单位、发行单位、出版日期、刊期、主编(总编)姓名、发行范围、定价、刊号(包括分类号及取得国际标准连续出版物号者)、《广告经营许可证》等无缺漏。

⑥整体设计及封面设计体现办刊宗旨,刊名突出,位置适当,年度、期号完整规范,全年具有连续性。

⑦版式设计疏密得当,美观大方,图文并茂,富有特色,刊摘文章标题突出,转接页少、无逆转。

8.社会科学期刊考核评估的出版标准是什么?

社会科学期刊考核评估的出版标准包括统一标准和分类标准两个类型。

(1)统一标准。

①期刊的出版、印刷、发行、核验,以及登记项目的变动,符合审批登记的有关规定。

②按规定日期出版,不无故拖(脱)期,不随意出版增刊、合刊。

③印成品字迹清晰、字体完整，版心周正；照片反差适度，层次分明；装订整齐、牢固，无缺损。

(2)分类标准。

①学术理论类：积极做好刊物的宣传征订工作，在创刊两年后，发行量达到与其读者对象相适应的水平；遵守国家经营广告的有关法律、法规，刊载广告内容必须真实可靠，导向正确，广告设计美观、健康、大方。

②工作指导类：积极、合理、有效地做好刊物的宣传征订工作，在创刊两年后，其发行量达到与读者对象相适应的水平；遵守国家经营广告的有关法律、法规，刊物广告内容必须真实可靠，导向正确，广告设计美观、健康、大方；杜绝有偿新闻和隐形广告。

③时事政治类：积极做好刊物的宣传征订工作，在创刊两年后，其发行量达到与读者对象相适应的水平；遵守国家经营广告的有关法律、法规，刊物刊载广告内容必须真实可靠，导向正确，广告设计美观、健康、大方；杜绝有偿新闻与隐形广告。

④文学艺术类：积极、有效地做好刊物的宣传征订工作，在创刊两年后，发行量达到与其读者对象相适应的水平；遵守国家经营广告的有关法律、法规，刊载广告内容真实、可靠，导向正确，广告设计健康、美观。

⑤综合文化生活类：刊物发行量稳定并逐年增长。平均期发数 3 万册以上；新创办期刊须在三年内达到 3 万册以上，少数民族地区及文种的同类期刊发行量除外；严格遵守国家经营广告的有关法律、法规，所刊广告内容真实可信、健康有益，导向正确，广告设计美观大方，无低级趣味及虚假广告。

⑥教学辅导类：印成品字迹清晰、墨色均匀，图像完整、清楚，装订整齐、牢固，无缺损；积极、合理地做好刊物的宣传征订工作，在创刊两年后，发行量达到与其读者相适应的水平；遵守国家经营广告方面的有关法律、法规，刊载广告内容真实可信，符合读者对象特征和要求，广告设计健康、大方。

⑦信息文摘类：发挥信息文摘类期刊的优势，达到比其他类期刊较大的发行量。信息文摘类期刊期发行量必须达到 3 万份以上；新创办期刊期发行量须在三年内达到 3 万册以上，少数民族地区及文种的同类期刊发行量除外；遵守国家经营广告的有关法律、法规，刊载广告内容真实、可靠，导向正确，广告设计健康、美观。

9.科学技术期刊考核评估的业务标准是什么？

(1)指导(综合)类。

科学性：论文立论应符合事物发展的客观规律，应根据社会现实需要，做到论据充分，材料丰富，数据齐全可靠，分析透彻，观点明确，层次分明，论证有力，推理有逻辑性，结论正确，有普遍的现实意义，并结合实际，有切实可行的建议。

创新性：文章应有新论点、新认识，或提出具有研究意义的新问题。切忌材料陈旧，论证肤浅，无新意。

导向性：应充分利用自身作为信息源的优势，为科研工作的正确开展，为生产建设、经贸活动的顺利进行，为加速科研成果的诞生，发挥导向作用。

预见性：文章所披露的信息，除应紧密结合当时的社会需要，还应具有超前意义。

(2)学术类。

反映本学科学术水平和发展动向，及时报道本学科重大科研成果(含阶段性成果)和科研进展，代表学科发展前沿，有超前意识。

发表的文章有创新，有突破性，立论科学、正确、充分，有较高的学术价值。

注重理论与实践、当前与长远、应用与储备、学科发展与新学科生长点，填补空白，注重高新技术基础性研究和科学技术转化为生产力。

努力增强在国际上的学术地位和影响。

(3)技术类。

创新性：文章内容应具有新论点、新认识、新发现、新发明、新方法或提出具有研究意义的新问题，力求达到国际水平或国内领先水平。

实用性：所载内容应紧密结合本行业生产、科研、教学、决策的需要。

系统性：在报道内容上应始终保持一定数量的基础技术、高技术和应用技术等方面的文章，以保障各种技术科学研究的系统性。

导向性：应充分利用自身作为信息源的优势，通过报道综述性文章、具有超前信息的文章、本学科前沿课题的文章以及争鸣的文章，为科研工作的正确开展，为生产建设的顺利进行，为加速科研成果诞生，发挥预见和导向作用。

(4)检索类。

①搜集和报道的文献要“全”。

学科类目：任一学科检索期刊所报道的文献范围，应包括本学科的各有关类目。

文献类目：任一学科检索期刊应取材于各种类型文献，如期刊、图书、资料、报告、专利、标准等。凡取材于单一类型文献的检索期刊应予以说明。

报道数量：任一学科检索期刊的年报道量中，所反映本学科的文献齐全。文摘类检索期刊应报道本学科(专业)核心文献源的85%以上，目录类检索期刊应报道本学科(专业)全部文献源的75%以上。

②读者查找使用要“便”。

标引：检索期刊必须具有反映内容特征的标引，其方式可采用主题法或分类法。

索引：检索期刊必须编有索引，并不断提高质量，确保读者使用方便，满足检索需要。各检索期刊至少应编有年度主题索引或年度分类索引，有条件的检索期刊也可增编其他索引。

检索期刊每年第一期应刊登引用文献源一览表，引用的核心期刊，应在一览表中予以注明。

报道形式：检索期刊可以采用文摘、简介、题录三合一的形式，也可采用单一报道形式。凡属文摘类期刊，每期文摘、简介的报道量不得少于60%。

著录：检索期刊著录格式应符合国家标准GB 3793—83《检索期刊条目著录规则》中

所规定的格式。

③报道的时差要“快”。

文摘类期刊，报道国内文献的时差（指文献源出版时间与检索期刊出版时间之差），不应超过一年，目录类期刊还应在此基础上再进一步缩短时差。

（5）科普类。

内容丰富，科学健康，思想和方法正确，导向性强，选题符合办刊方针。

涉猎的知识面广，文章通俗易懂。思路开阔，既生动活泼，又严肃认真地宣传和普及科学技术知识，交流科学技术思想方法和信息。吸引、鼓励并引导人们去进行科学实验和探索。为提高全民族的科学文化素质服务。培养社会主义经济建设的科技人才。

宣传和推广科技成果，为科学技术转化为第一生产力服务。

10.科学技术期刊考核评估的编辑标准是什么？

（1）指导（综合）类。

根据自己所属专业的特点和自身的技术优势，将编辑学、实用美学、技术科学结合起来，对本刊的报道内容、报道形式、报道项目和内容水准有总体构思，力争将自身办成有特色、高水平的期刊。

报道计划：应有为实现其办刊方针和具体任务而制订的报道大纲和年度报道计划。计划要求内容先进、具体，年有重点、期有中心。

编排设计：除正文外，报道项目还应包括：封面、版权（中、英文）、月次（中、英文）、页眉、摘要（中、英文）、参考文献、年终索引、收稿日期、作者简介等。

信息密度：期刊应利用编辑与排版技巧，深入挖掘版面潜力，努力扩大信息容量，同时还应剔除文章中不必要的字句，以提高期刊的价值。

报道时差：应以最快的速度，把信息报道出去，以减少信息贬值。

文字加工：所载文章应层次清楚，结构严谨，文字精练，文理通顺，主题突出，逻辑性强。

标准与规范：在编辑、出版工作中，应全面贯彻执行有关的国家标准。

（2）学术类。

贯彻执行国家有关出版标准，学科专业名词和术语统一、标准、规范。

根据学科发展情况和读者需要提出近、中、远期报道计划。

努力减少稿件在编辑部的滞留时间，以最快的速度报道出去，减少信息贬值。

信息容量高，稿源丰富。

选题配置得当，栏目设计合理，体例一致。

确保学术上无误，数据、公式、反应式、结构式等正确真实。

文章层次分明，结构严谨，条理清晰，逻辑性强，文字精炼，标点符号、数字使用正确。

（3）技术类。

报道计划：应有为实现期刊方针而制订的报道大纲和每年的报道计划，报道计划要求内容先进、具体，年有重点、期有中心。应根据期刊所属专业的特点和自身的技术优势，将编辑学、实用美学和技术科学结合起来，对其报道内容、报道形式、报道项目和内容水准有个总体构思，力争将自身办成有特色、高水平的期刊。

编排设计：除正文外，报道项目还应包括：封面、版权（中、英文）、目次（中、英文）、页眉、摘要（中、英文）、主题词（中、英文）、参考文献、年度索引（中、英文）、收稿日期、作者简介等。

信息密度：应利用编辑与排版技巧，深入挖掘版面潜力，努力扩大信息容量，尽量剔除文章中不必要的字句，提高期刊价值。

报道时差：应努力减少稿件在编辑部的滞留时间，把文章以最快的速度报道出去，减少信息贬值。

标准与规范：应全面贯彻国家现行的有关标准。实现标准化，努力创造条件实施有关的国家标准，努力实现规范化，降低差错率。

文字加工：应注意文章的修饰润泽，增强感染力，做到层次清楚，结构严谨，文字精练，文理通顺，主题突出，逻辑性强。

(4)检索类。

检索类期刊的编辑工作应符合国家标准《检索期刊编辑总则》。

刊名要长期保持稳定。

每期均应附有使用说明和著录格式解释。

文摘的编写要符合国家标准《文摘编写规则》。

(5)科普类。

信息容纳量高。

稿源丰富。

文章层次和结构严谨，逻辑性强，语言精练，文理通顺。

编辑加工认真、负责。

标点符号、数字使用正确、标准、规范，差错率低。

图表设计合理，线条粗细得当，图表的标号和文字使用与正文呼应。

11.科学技术期刊考核评估的出版标准是什么？

(1)指导（综合）类。

版式设计：版式应和谐醒目，图表规范，字型考究，装饰适度，清新活跃，封面美观庄重，主题突出，构思新颖，简洁明快，著录项目符合国家标准。

印刷与装订：印刷要求字体清晰，线条规范，墨迹浓度适宜，不浸不透，无压痕，无“重影”，版面清洁，照版强弱适度，层次分明，装订牢固、平整、规范。

出版发行：上报期刊的发行份数和出版日期，以报刊发行局的印数通知单为准，以全年各期统计。

(2)学术类。

版式设计科学、规范、合理、美观、布局协调，版权、目次页内容符合标准，错字率低，四封庄重，富有特色。

印刷清晰，墨色浓淡相宜、均匀、无污迹，印刷装订无差错，装帧整齐、规范、坚固。

创造条件，提高用纸质量，按期出版发行。

(3)技术类。

版式设计：要求设计规范，协调醒目，字型考究，体例统一，倒转排少，装饰适度，清新活跃，富有特色。封面应做到美观庄重，内涵丰富，构图新颖，简洁明快，主题突出，印刷精良，质地良好，著录项目齐全规范。

印刷装订：要求字体清晰，线条规范，墨迹浓淡适宜，不浸不透，无“重影”，无压痕，版面清洁，照版强弱反差适度，层次分明。装订要求牢固平整，裁切整齐，无缺、损、倒、联、白页。

出版发行：创造条件，提高用纸质量，缩短出版周期，按期出版发行。

(4)检索类。

版面设计与印刷质量力求实用、清晰、美观、大方，按时出版发行。

要注意提高刊物的社会效益和经济效益。

编辑部应机构健全，工作制度完善。

错误率，指标引、出处、译文、数据、错别字、标点符号和著录等，不超过万分之五。

(5)科普类。

版面设计合理，美观大方，图文并茂，有特色。四封色调和谐，设计高雅、清新。版权、目次页内容符合标准。

四封印刷套色准确。正文及图表印刷墨迹均匀，版面清洁，层次分明。装订牢固、整齐、规范、美观，切口一致，无缺、倒、损、联、白页。

创造条件，提高用纸质量，尽量缩短出版周期，按时出版发行。

12.学术期刊的学术水平和影响力主要通过哪些指标来体现？

学术期刊的影响力，指期刊在一定时期内发表的学术研究成果，在某段时间里促进相关学术研究与应用之发展的能力。随着近年来学术期刊评价领域的繁荣发展，对学术期刊学术水平和影响力进行评价，出现了不同的评价指标体系。各种指标体系中，以下指标使用最为常见。

(1)影响因子。

某一期刊前两年发表的论文在统计当年的被引用次数除以该期刊在前两年发表的论文总数。具体算法为：影响因子＝该刊前两年发表的论文在统计当年被引用的总次数/该刊前两年发表论文总数。两年影响因子是国际上通用的算法。通常，期刊影响因子越大，它的学术影响力和作用也越大。

(2)他引影响因子。

某种期刊前 N 年发表的论文在第 N＋1 年被其他期刊所引用的总次数除以该期刊在前 N 年发表的论文总数。CSCD 的他引影响因子以 5 年计算。

(3)总被引频次。

该刊自创刊以来所登载的全部论文在统计当年被引用的总次数。

(4)他引频次。

某种期刊前 N 年发表的论文在第 N+1 年被其他期刊所引用的频次。

(5)基金论文比。

来源期刊中各类基金资助的论文占全部论文的比例。

(6)Web 即年下载率。

来源期刊统计当年出版并上网的文献数与其在当年被全文下载篇次之比。该指标表征上网期刊的即年反应速率，可用以测度该期刊在当年网上的扩散度，是研究期刊在网络环境下传播效率的一个新指标。计算公式为：Web 即年下载率 = 该刊当年出版并上网的文献在当年被下载的次数/该刊当年出版并上网的文献数。

(7)互引指数。

某一期刊的互引指数为该刊被其他期刊引用频次数据的偏度系数，偏度系数用来度量该刊的被引频次数据分布的偏斜程度。该值越大，互引行为越频繁。

13.科学技术期刊的收录数据库主要有哪些？

(1)国内数据库。

中国科学引文数据库(CSCD)；

《中文核心期刊要目总览》(GCJC)；

《中国科技期刊引证报告》(CJCR)；

RCCSE 权威、核心期刊；

中国科技论文与引文数据库(CSTPCD)；

《中国学术期刊综合引证报告》(CAJCCR)；

中国万方数据资源系统；

维普资讯；

中国知网。

(2)国外数据库。

美国《科学引文索引》(SCI)；

美国《工程索引》(EI)；

美国《医学索引》(IM)；

美国《化学文摘》(CA)；

英国《科学文摘》(SA)；

俄罗斯《文摘杂志》(AJ)；

日本《科学技术文献速报》(JICST)；

美国《剑桥科学文摘》(CSA)；

英国《动物学记录》(ZR)；

英国 INSPEC 数据库；

美国《数学评论》(MR)；

德国《数学文摘》(Zbl MATH);

荷兰《医学文摘》(EM);

波兰《哥白尼索引》(IC);

联合国粮农组织统计数据库。

14.社会科学期刊的收录数据库主要有哪些?

(1)国内数据库。

中文社会科学引文索引(CSSCI);

《中文核心期刊要目总览》(GCJC);

《中国人文社会科学核心期刊要览》(CHSSC);

RCCSE权威、核心期刊;

人大复印报刊资料;

中国万方数据资源系统;

维普资讯;

中国知网。

(2)国际数据库。

美国《社会科学引文索引》(SSCI);

美国《艺术与人文科学引文索引》(A&HCI)。

15.期刊的定性评价主要包括哪些方面的内容?

刊物的定性评价必须基于各项定性评价指标来进行,各类评价体系根据评价目的不同,自主选择相应的评价指标。期刊的定性评价指标主要有政治标准、学术质量、编辑质量、出版质量、社会影响、质量保障水平等。

(1)政治标准。

政治标准分为思想指导和法律规定两大类。思想指导类标准要求刊物坚持正确的舆论导向,全面、准确地宣传党的路线、方针、政策,严格按照办刊宗旨及专业分工范围出刊,促进社会科学的繁荣与发展。法律规定类标准要求刊物严格遵守国家宪法和法律,遵守《中华人民共和国保守国家秘密法》《中华人民共和国著作权法》等法律,严格执行《出版管理条例》《期刊出版管理规定》等法规。

(2)学术质量。

刊物的学术质量来自于刊发论文的整体学术研究价值和学术影响,包括学理框架的创新和构建、学术前沿的探索和突破、科学研究的互通和融合、实践经验的梳理和提炼、对后续学术研究的影响和激活等。刊物的学术质量是评价学术期刊的主要标准。

(3)编校质量。

编校质量的评价是考评编辑和校对对刊物的贡献度。要求学术刊物注重学术规范建设,所刊发论文学风严谨;刊文符合学术论文的写作要求,遵守国家语言文字规范和学术期刊编排体例,论文注释和参考文献注引标准化;刊物整体文字差错率控制在较低水平；图表编排和标点符号的使用正确等。

(4)出版质量。

出版质量包括刊物能否按时出刊，封面、版式的设计是否得体，刊物印刷的精美程度和装订水平的优劣。

(5)社会影响。

刊物的社会影响包括刊物的学术影响、行业影响、经济效益、公益贡献等内容。具体体现为刊物在学科领域中的地位，对学术人才的培养和支持力度，在发现和培养科研人才方面所起的直接或间接作用；刊物对行业实践的指导价值和意义；促进相关的研究成果应用所获得的经济效益；刊物自身的发行收入水平；等等。

(6)质量保障水平。

质量保障水平包括刊物人员状况、制度建设、工作流程、硬件条件等。人员状况指刊物主编的政治素质、业务水平、学术素养和学术声望，编辑人员的职称、学历、年龄结构等；制度建设指刊物的内部管理制度、审稿制度、用稿制度、考核制度和分配制度等的合理公正程度，是否体现科学管理、鼓励先进的原则，是否建立符合实际需要的用人制度和严格、科学的绩效考核指标体系；工作流程是否科学高效，有没有质量监督和管控设计；硬件条件包括办公用房、办刊经费、图书资料建设、办公设备等是否达标，在编辑、审稿、出版、稿件管理等工作中的现代化程度等。

16.期刊编校质量差错率的最低标准和计算方式是什么？

(1)期刊编校质量差错率。

期刊编校差错率，是指一本期刊的编校差错数占全书总字数的比率，用万分比表示。实际鉴定时，可以依据抽查结果对全书进行认定。

(2)期刊编校差错率的最低标准。

期刊编校的差错率不超过万分之三的，其质量为合格。差错率超过万分之三的，其质量为不合格。

四、期刊从业人员管理

1.期刊社领导岗位持证上岗有哪些要求？

期刊社社长、总编辑(主编)应具有副编审以上(含副编审)的职称，或相应专业技术职务；专业技术类刊物，其社长、总编辑应具有本专业中级技术职务，或相应专业职称。期刊主要负责人应在任职前或任职当年或任职后半年内参加岗位培训并取得国家新闻出版行政部门统一印制并用印的《岗位培训合格证书》，证书有效期为5年，在证书有效期满的当年应再次参加岗位培训。

2. 期刊出版单位的从业人员的职业资格条件有哪些要求？

根据《出版专业技术人员职业资格管理规定》：(1)凡在期刊出版单位从事出版专业

技术工作的人员，必须在到岗2年内取得出版专业职业资格证书，并按《出版专业技术人员职业资格管理规定》办理登记手续，否则，不得继续从事期刊出版专业技术工作。在期刊出版单位担任责任编辑的人员必须在到岗前取得中级以上出版专业职业资格，并办理注册手续，领取责任编辑证书。(2)在期刊出版单位担任社长、总编辑、编辑室主任(均含副职)职务的人员，除应具备国家规定的任职条件外，还必须具有中级以上出版专业职业资格并履行登记、注册手续。(3)期刊出版专业技术人员应按照规定参加继续教育。

3.期刊出版专业技术人员职业资格分为哪几种？

期刊出版专业技术人员包括在期刊出版单位内承担内容加工整理、装帧和版式设计等工作的编辑人员和校对人员。国家对期刊出版专业技术工作的人员实行职业资格制度，对职业资格实行登记注册管理。

期刊出版专业技术人员职业资格分为初级、中级和高级。初级、中级职业资格通过全国出版专业技术人员职业资格考试取得。高级职业资格通过考试，按规定评审取得。

4.期刊出版专业技术人员如何进行职业资格登记？

《出版专业技术人员职业资格管理规定》指出：中央在京期刊出版单位出版专业技术人员职业资格登记注册工作由国家新闻出版行政部门负责。各省(区、市)新闻出版行政部门负责本行政区域内的期刊出版专业技术人员职业资格登记注册及管理工作。规定指明：(1)已取得期刊出版专业职业资格证书的人员应当在取得证书后3个月内申请职业资格登记；未能及时登记的，在按规定参加继续教育的情况下，可以保留其5年内申请职业资格登记的资格。(2)职业资格首次登记，应提供以下3种材料：期刊出版专业职业资格证书原件；身份证复印件；职业资格登记申请表。(3)职业资格登记材料由申请人所在期刊出版单位统一报送，登记部门在受理后20日内办理职业资格登记手续。

5.期刊出版专业技术人员如何进行职业资格续展登记？

《出版专业技术人员职业资格管理规定》指明：(1)职业资格登记有效期为3年，每3年续展登记一次。续展登记时，由申请人所在出版单位于有效期满前30日内申请办理续展登记手续；如有特殊情况，登记有效期可适当延长，但最长不超过3个月，逾期仍不办理续展登记手续的，原登记自动失效。职业资格登记失效后，按规定参加继续教育的，可以保留其5年内申请职业资格续展登记的资格。(2)已按规定办理责任编辑注册手续并取得责任编辑证书的人员，无须办理续展登记。(3)职业资格续展登记需要提供3种材料：期刊出版专业职业资格证书原件；职业资格续展登记申请表；近3年继续教育证明。(4)已登记的期刊出版专业技术人员变更出版单位或取得高一级职业资格的，应在3个月内重新进行职业资格登记。

6.期刊责任编辑需要具备哪些条件？

期刊责任编辑是指在期刊出版单位为保证期刊质量符合出版要求，专门负责对拟出版期刊内容进行全面审核和加工整理并在出版物上署名的编辑人员。从事责任编辑的人员必须具有中级以上出版专业职业资格，并进行了职业资格登记，办理了责任编辑注册，取得责任编辑证书后，方可从事责任编辑工作。

7.期刊责任编辑如何进行首次注册？

《出版专业技术人员职业资格管理规定》要求：(1)申请责任编辑注册的人员应具备与责任编辑岗位相适应的政治素质、业务能力和职业道德，出版单位应对拟申请责任编辑注册人员的上述情况进行审核。(2)责任编辑首次注册应当提交4种材料：中级以上期刊出版专业职业资格证书原件；身份证复印件；责任编辑注册申请表；继续教育证明材料。缺少以上任何材料，均不能进行注册。(3)责任编辑注册材料由申请人所在期刊出版单位统一报送。国家新闻出版行政部门负责中央在京期刊出版单位注册材料的受理，其他期刊出版单位注册材料由所在地省、自治区、直辖市新闻出版行政部门受理。注册部门应在受理后20日内办理责任编辑注册手续，为同意注册者颁发责任编辑证书。

8.期刊责任编辑如何进行续展注册？

期刊责任编辑注册有效期为3年，每3年续展注册一次。续展注册时，《出版专业技术人员职业资格管理规定》要求：(1)由申请人所在出版单位于有效期满前30日内申请办理续展注册手续；如有特殊情况，注册有效期可适当延长，但最长不超过3个月，逾期仍不办理续展注册手续的，原注册自动失效。(2)期刊责任编辑注册失效后，按规定参加继续教育的，可以保留其5年内申请责任编辑续展注册的资格。(3)申请期刊责任编辑续展注册应提供以下3种材料：期刊责任编辑证书原件；期刊责任编辑续展注册申请表；近3年继续教育证明材料。若不符合以上要求，则不能进行期刊责任编辑的续展注册。(4)期刊责任编辑受到出版行政部门警告且情节严重的，或连续2次年度考核达不到岗位职责要求的，或其他特殊情形的，不予续展注册，并注销责任编辑证书。

9.什么是期刊出版专业技术人员的继续教育？

期刊出版专业技术人员继续教育是指对期刊出版专业技术人员进行的以政治理论、法律法规、业务知识、技能训练和职业道德等为内容的教育活动，其目的是促进期刊出版专业技术人员坚持正确出版方向，不断增加、补充、拓展专业知识，提高业务技能，提高创新水平和专业技术水平。

注：有关继续教育方面的内容见本书附录：《出版专业技术人员继续教育暂行规定》。

第三部分 内部资料出版

一、内部资料创办

1.什么是内部资料？

内部资料性出版物(简称内部资料)，是指在本行业、本系统、本单位内部，用于指导工作、交流信息的非卖性单本成册或连续性折页、散页印刷品，不包括机关公文性的简报等信息资料。

内部资料分为一次性内部资料和连续性内部资料。

2.申请编印一次性内部资料应当具备哪些条件？

一次性内部资料是指只印刷一次、相对独立、无期数、不连续的内部资料。

申请编印一次性内部资料，须符合以下条件：

(1)申请方应为党政机关、企事业、社会团体等单位。

(2)编印目的及发送范围符合相关规定，编印内容与编印单位的性质和能力相一致。

(3)稿件内容符合《出版管理条例》的相关规定。

(4)拟委托印刷的单位为出版物印刷企业。

3.如何申请编印一次性内部资料？

申请编印一次性内部资料，应当提交申请书和稿件清样。申请书应当载明一次性内部资料的名称、申请单位、编印目的、内容简介、印数、印张数、开本、发送对象、印刷单位等项目。

编印一次性内部资料，应当向所在地省、自治区、直辖市新闻出版行政部门提出申请，经审核批准，领取《内部资料性出版物准印证》(以下简称《准印证》)后，方可从事编印活动。

4.申请编印连续性内部资料应当具备哪些条件？

连续性内部资料是指按年度分期定时印刷的内部资料。

申请编印连续性内部资料，须符合以下条件：

(1)申请方应为党政机关、企事业、社会团体等单位。

(2)有确定的名称,名称应充分体现编印宗旨及地域、行业或单位特征。

(3)有确定的编印目的和固定的发送对象,编印目的应限于与编印单位业务相一致的工作指导、信息交流;编印内容应与编印单位的性质和能力相一致;企业编印散页连续性内部资料,应主要用于指导本企业的生产经营、企业文化和精神文明建设。

(4)有适应编印活动需要的人员。

(5)有稳定的资金来源和固定的办公场所。

(6)拟委托印刷的单位为出版物印刷企业。

5.怎样申请编印连续性内部资料?

申请编印连续性内部资料,应当提交下列材料:

(1)编印连续性内部资料的申请书,内容包括:连续性内部资料的名称、编印目的、栏目设置、印数、印制周期、开本、发送对象和经费来源等项目。

(2)编印单位资质证明材料。

(3)编印人员的基本情况及身份证明。

(4)拟承印单位的《印刷经营许可证》复印件。

编印连续性内部资料,应当向所在地省、自治区、直辖市新闻出版行政部门提出申请,经审核批准,领取《准印证》后,方可从事编印活动。

6.哪些情况下不予核发内部资料《准印证》?

具有下列情形之一的,不予核发内部资料《准印证》:

(1)不符合内部资料的定义和分类,不符合编印内部资料条件的。

(2)广告印刷品、介绍推广本单位基本情况的宣传资料,或者仅含有历法信息及广告内容的挂历、台历、年历等无须申领《准印证》的一般印刷品。

(3)中小学教科书及教辅材料、地图、个人画册、个人文集等应由出版单位出版的作品。

7.如何审批核发内部资料《准印证》?

省、自治区、直辖市新闻出版行政部门自受理申请之日起20日内做出审批决定。决定批准的,核发一次性内部资料或者连续性内部资料《准印证》;不予批准的,应当书面说明理由。

《准印证》按一种内部资料一证的原则核发,其中对一次性内部资料,一次性使用有效;连续性内部资料的《准印证》有效期为1年,期满须重新核发。

《准印证》不得转让和出租出借,内部资料停办后,《准印证》应及时交回发证部门。

二、内部资料出版和管理

1.编印内部资料有哪些违禁内容？

内部资料不得含有《出版管理条例》所列违禁内容，包括：

(1)反对宪法确定的基本原则的。

(2)危害国家统一、主权和领土完整的。

(3)泄露国家秘密、危害国家安全或者损害国家荣誉和利益的。

(4)煽动民族仇恨、民族歧视，破坏民族团结，或者侵害少数民族风俗、习惯的。

(5)宣扬邪教、迷信的。

(6)扰乱社会秩序，破坏社会稳定的。

(7)宣扬淫秽、赌博、暴力或者教唆犯罪的。

(8)侮辱或者诽谤他人，侵害他人合法权益的。

(9)危害社会公德或者民族优秀文化传统的。

(10)法律、行政法规和国家规定禁止的其他内容的。

2.编印内部资料须标注哪些内容？

内部资料必须在封面完整印刷标注《准印证》编号和“内部资料，免费交流”字样，并在明显位置(封面、封底或版权页)标明编印单位、发送对象、印刷单位、印刷日期、印数等，连续性内部资料还须标明期号。

3.编印内部资料须遵守哪些规定？

编印内部资料，应严格按照批准的名称、开本(开版)、周期印制，不得用《准印证》印制其他内容，一次性内部资料不得一证多期，连续性内部资料不得一期多版；严格限定在本行业、本系统、本单位内部交流，不得标价、销售或征订发行，不得在公共场所摆放，不得向境外传播；不得将服务对象及社会公众作为发送对象，也不得以提供信息为名，将无隶属关系和指导关系的行业、企事业单位作为发送对象；不得以工本费、会员费、版面费、服务费等任何形式收取任何费用，不得刊登广告，不得搞经营性活动；编印单位不得利用登记、年检、办证、办照、评奖、验收、论证等工作之便向服务和管理对象摊派或变相摊派；不得将内部资料承包给其他组织和个人，不得与外单位以“协办”等其他形式进行编印和发送。

连续性内部资料不得使用“××报”“××刊”或“××杂志”“记者××”“期刊社”“杂志社”“刊号”等字样，不得在内文中以“本报”“本刊”自称。

4.内部资料的印刷有什么规定？

内部资料必须在编印单位所在地省、自治区、直辖市内的出版物印刷企业印刷。印刷企业接受委托印刷内部资料，须验证所在地新闻出版行政部门核发的《准印证》原件并收存《准印证》复印件；接受委托印刷宗教内容的内部资料，还须验证省、自治区、直辖市人民政府宗教事务管理部门的批准文件。编印和承印单位必须严格按照《准印证》核准的项目印制，严禁擅自更改《准印证》核准项目。《准印证》复印件须保存 2 年，以备查验。内部资料的印刷质量应符合印刷质量标准。内部资料的编印单位须在印刷完成后 10 日内向核发《准印证》的新闻出版行政部门送交样本。

5.对内部资料的管理有哪些规定？

各级新闻出版行政部门负责本行政区域内内部资料的日常监督管理工作。内部资料实行审读制度和质量检查制度，新闻出版行政部门要配备必要的人员和经费对内部资料进行内容审读和质量监管。

连续性内部资料编印单位的有关人员应按照省、自治区、直辖市新闻出版行政部门的要求，参加有关法规、业务培训。

连续性内部资料编印单位需要延续《准印证》有效期的，应当在《准印证》有效期届满 30 日前向省、自治区、直辖市新闻出版行政部门提出申请。省、自治区、直辖市新闻出版行政部门负责审核连续性内部资料的内容、质量、是否符合许可条件以及是否遵守《内部资料性出版物管理办法》各项规定情况等。审核通过的，重新核发《准印证》；审核未通过或者逾期 1 个月不办理延期申请的，原《准印证》自动失效，予以注销。《准印证》由省、自治区、直辖市新闻出版行政部门按照国家新闻出版行政部门统一确定的格式制作。

省、自治区、直辖市新闻出版行政部门可根据本地区内部资料管理的情况，对《内部资料性出版物管理办法》规定的内部资料的审批条件和审批程序做出具体规定，也可以规定由副省级以下新闻出版行政部门承担部分审批职责。各级各类学校学生自行编印仅面向本校发送的内部资料由该校校内有关主管部门负责审批和管理。

6.常见的内部资料违规行为有哪几种？如何处罚？

常见的内部资料违规行为有：

(1)未经批准擅自编印内部资料。

(2)编印内部资料有违法违规内容。

(3)编印、发送的内部资料未严格按照登记项目和出版管理要求规范出版，存在刊登广告、有偿发行及协办合办、拉赞助、委托承办等问题，出版不正常(存在脱期、拖期、擅自合期、增期情况)；

(4)委托非出版物印刷企业印刷内部资料或者未按照《准印证》核准的项目印制。

(5)印刷后未及时按规定送交样本。

(6)违反《内部资料性出版物管理办法》其他规定。

有以上行为之一的，由县级以上地方人民政府新闻出版行政部门责令改正、停止违法行为，根据情节轻重，给予警告，并处 1 千元以下的罚款；以营利为目的从事以上行为的，并处 3 万元以下罚款。其中，有前款第(1)项至第(3)项违法行为的，对非法编印的内部资料予以没收，超越发送范围的责令收回。未取得《准印证》，编印具有内部资料形式，但不符合内部资料内容或发送要求的印刷品，经鉴定为非法出版物的，按照《出版管理条例》相关规定处罚。

附录

一、中国新闻工作者职业道德准则

（中华全国新闻工作者协会第七届理事会第二次全体会议 2009 年 11 月 9 日修订）

中国新闻事业是中国特色社会主义事业的重要组成部分。新闻工作者要坚持以马克思列宁主义、毛泽东思想、邓小平理论和“三个代表”重要思想为指导，深入贯彻落实科学发展观，高举旗帜、围绕大局、服务人民、改革创新，贴近实际、贴近生活、贴近群众，用马克思主义新闻观指导新闻实践，学习宣传贯彻党的理论、路线、方针、政策，继承和发扬党的新闻工作优良传统，积极传播社会主义核心价值体系，努力践行社会主义荣辱观，恪守新闻职业道德，自觉承担社会责任，敬业奉献、诚实公正、清正廉洁、团结协作、严守法纪，做到政治强、业务精、纪律严、作风正。

第一条　全心全意为人民服务。要忠于党、忠于祖国、忠于人民，把体现党的主张与反映人民心声统一起来，把坚持正确导向与通达社情民意统一起来，把坚持正面宣传为主与加强和改进舆论监督统一起来，发挥党和政府联系人民群众的桥梁纽带作用。

1.积极宣传党和政府的重大决策部署，及时传播国内外各领域的信息，满足人民群众日益增长的新闻信息需求，保证人民群众的知情权、参与权、表达权、监督权；

2.牢固树立群众观点，把人民群众作为报道主体和服务对象，多宣传基层群众的先进典型，多挖掘群众身边的具体事例，多反映平凡人物的工作生活，多运用群众的生动语言，使新闻报道为人民群众喜闻乐见；

3.积极反映人民群众的正确意见和呼声，批评侵害人民利益的现象和行为，依法保护人民群众的正当权益。

第二条　坚持正确舆论导向。要坚持团结稳定鼓劲、正面宣传为主，唱响主旋律，不断巩固和壮大积极健康向上的舆论。

1.始终坚持以经济建设为中心，服从服务于改革发展稳定大局不动摇，着力推动科学发展、促进社会和谐；

2.宣传科学理论、传播先进文化、塑造美好心灵、弘扬社会正气，增强社会责任感，坚决抵制格调低俗、有害人们身心健康的内容；

3.加强和改进舆论监督，着眼于解决问题、推动工作，坚持准确监督、科学监督、依法监督、建设性监督；

4.采访报道突发事件要坚持导向正确、及时准确、公开透明，全面客观报道事件动态及处置进程，推动事件的妥善处理，维护社会稳定和人心安定。

第三条　坚持新闻真实性原则。要把真实作为新闻的生命，坚持深入调查研究，报道做到真实、准确、全面、客观。

1.要通过合法途径和方式获取新闻素材，新闻采访要出示有效的新闻记者证。认真核实新闻信息来源，确保新闻要素及情节准确；

2.报道新闻不夸大不缩小不歪曲事实，不摆布采访报道对象，禁止虚构或制造新闻。刊播新闻报道要署作者的真名；

3.摘转其他媒体的报道要把好事实关，不刊播违反科学和生活常识的内容；

4.刊播了失实报道要勇于承担责任，及时更正致歉，消除不良影响。

第四条　发扬优良作风。要树立正确的世界观、人生观、价值观，加强品德修养，提高综合素质，抵制不良风气，接受社会监督。

1.强化学习意识，养成学习习惯，不断提高政治和业务素质，增强政治意识、大局意识、责任意识，努力成为专家型新闻工作者；

2.深入基层、贴近群众、体验生活，在深入中了解社情民意，增进与群众的感情；

3.坚决反对和抵制各种有偿新闻和有偿不闻行为，不利用职业之便谋取不正当利益，不利用新闻报道发泄私愤，不以任何名义索取、接受采访报道对象或利害关系人的财物或其他利益，不向采访报道对象提出工作以外的要求；

4.尊重新闻同行，反对不正当竞争。尊重他人的著作权益，引用他人的作品要注明出处，反对抄袭和剽窃行为；

5.严格执行新闻报道与经营活动分开的规定，不以新闻报道形式做任何广告性质的宣传，编辑记者不得从事创收等经营性活动。

第五条　坚持改革创新。要遵循新闻传播规律，提高舆论引导能力，创新观念、创新内容、创新形式、创新方法、创新手段，做到体现时代性、把握规律性、富于创造性。

1.深入研究不同传播对象的接受习惯和信息需求，主动设置议题，善于因势利导，不断提高舆论引导能力和传播能力；

2.认真研究传播艺术，利用现代传播手段，采用受众听得懂、易接受的方式，增强新闻报道的亲和力、吸引力、感染力；

3.善于利用新载体、新技术收集信息、发布新闻，提高时效性，扩大覆盖面。

第六条　遵纪守法。要增强法治观念，遵守宪法和法律法规，遵守党的新闻工作纪律，维护国家利益和安全，保守国家秘密。

1.严格遵守和正确宣传国家的民族区域自治制度、各民族平等团结和宗教信仰自由政策，维护国家主权和社会稳定；

2.维护采访报道对象的合法权益，尊重采访报道对象的正当要求，不揭个人隐私，不诽谤他人；

3.维护未成年人、妇女、老年人和残疾人等特殊人群的合法权益，注意保护其身心健康；

4.维护司法尊严，依法做好案件报道，不干预依法进行的司法审判活动，在法庭判决前不做定性、定罪的报道和评论；

5.涉外报道要遵守我国涉外法律、对外政策和我国加入的国际条约。

第七条　促进国际新闻同行的交流与合作。要努力培养世界眼光和国际视野，积极搭建中国与世界交流沟通的桥梁。

1.在国际交往中维护祖国尊严和国家利益，维护中国新闻工作者的形象；

2.积极传播中华民族的优秀文化，增进世界各国人民对中华文化的了解；

3.尊重各国主权、民族传统、宗教信仰和文化多样性，报道各国经济社会发展变化和优秀民族文化；

4.积极参加有组织开展的与各国媒体和国际（区域）新闻组织的交流合作，增进了解、加深友谊，为推动建设持久和平、共同繁荣的和谐世界多做工作。

附则：对本《准则》，中国记协各级会员单位要结合实际制定相应实施细则，认真组织落实；全国新闻工作者要自觉执行；各级各专业记协要积极宣传和推动，欢迎社会各界监督。

二、新闻采编及出版流程管理规定

（摘自人民出版社《新闻记者培训教材 2013》）

出版流程管理在报刊业的发展中有举足轻重的地位，加强内部管理，设立采编、出版及发行流程管理负责制，进一步规范采编运作，让全体从业人员都能自觉恪守职业道德和工作准则，是报刊业发展进步的原动力。只有从政治上、思想上严格把关，从业务上严格管理，才能保障报刊出版的严谨和准确。

为明确采编流程，保证各新闻媒体采访、编辑、组版等各采编环节衔接顺畅、有序高效，编者汇总了人民日报社、广州日报报社、北京日报社、深圳报业集团、南方都市报编辑部的相关规定，供业界借鉴。

第一章　总则

第一条　为确保报纸正常出版，减少和杜绝延误出报、迟送报事故发生，规范报业采编、出版及发行流程管理，特制定本规定。

第二条　出版流程包括稿件（含照片、刊头和广告等，以下同）采写、稿件传递、稿件编审和传版、制版、印刷、运输、投递全过程。

第三条　报纸各采编和广告部门应早交稿、早签版，努力减少版面差错；技术管理部门应做好稿件、版面安全传递及技术平台保障工作；印刷部门应做好印刷设备运营保障工作，确保早出报、出好报；发行部门提供安全运送、投递保障。

第四条　新闻单位监督出版流程的部门对本规定的实施进行监督，按规定确定奖罚，上报社领导签字审定后，交集团财务部门执行奖罚。

第二章　采访及发稿

第五条　编辑记者按分工在本领域或区域采写稿件。重大主题稿件或舆论监督稿件，应经记者所在采访室、部门（分社）领导批准后采访。突发热点新闻线索须口头报请所在部门负责人审批后方可采访。

第六条　需当晚上版的稿件，一般应在下午编前会上通报内容和交稿时间；拟次日见报的周刊、专版稿件，也应在编前会上通报内容。

第七条　一般情况下，记者应独立或与本单位同事合作完成采写任务，确有必要与其他新闻单位同行合作，应提前报部门（报社）领导同意；如稿件要上要闻版，应事先通报值班总编辑知晓。

第八条　记者发稿时，应在电子稿开头或纸质稿稿签上注明各项提请编辑注意事项，重点包括：送审稿应注明主管部门审稿意见和审稿人姓名、职务、电话等；征求被报道单位意见或请其校定稿，应注明被征求人或校定人的姓名、职务及具体意见；采访稿应注明被采访人的姓名、职务和电话等。同时应提供所在部门（分社）领导意见等。

第三章　派稿及编稿

第九条　报刊社须建立编前会制度、新闻监测制度、重大选题策划制度，使采编部门前后方沟通顺畅，有针对性地操作重点报道。

第十条　编辑部各部门领导、版面主编可直接向记者派稿，如有重要稿件和重大选题策划，须经部门策划会讨论决定。

第十一条　由编辑部编辑向社外人员、单位或各地记者站、分社记者约写的稿件，编辑应请示所在部门负责人后再约稿，以便统筹考虑。

第十二条　编辑应在政治导向、标题制作等问题上严格把关。把握不准的，应报请所在部门领导审定。

第十三条　白班编辑向夜班编辑提供稿件时，应注明稿件来源、作者通讯地址和联系方式、处理建议和注意事项等。

第十四条　编发新华社通稿，编辑要通读全文。发现问题或疑点，应报告值班主编、值班主任，并与新华社联系处理。

第十五条　编辑处理新闻图片，参照上述规定。

第四章　评论编发

第十六条　社论选题主要由总编辑决定，当日值班的副总编负责落实。

第十七条　社论送审程序为：责任编辑→编辑部主任→分管副总编辑、总编辑。

第五章　重要图片编发

第十八条　收到重要领导同志图片后，版面编辑负责选用，其图片的制作、加工，由版面主编、美术编辑和图片制作员共同完成。

第十九条　图片制作员在制作加工中央主要领导同志彩色图片前，应将原片打印一份。按照会商意见制作加工后，再次打印图片彩样，请制作车间负责人、美术编辑、版面主编、总编室值班主任审看。审看合格后，再出报纸彩样。

第二十条　签版时，版面编辑要把重要领导同志图片与原片进行比较，特别要注意面部细节。

第六章　外来稿件审核

第二十一条　对爆料新闻不能直接刊发，编辑必须派记者进行采访，对事实核实无误后，经过审核把关，确定无报道风险后，方可发稿。通讯员来稿必须经过报社记者补充采访核实，对稿件的事实、文本进行重新加工后，由记者和通讯员联合署名发稿，以强化记者对通讯员来稿的把关责任。

第二十二条　由责任编辑根据版面需求特约的稿件，比如专栏作者的稿件，对作者背景、基本立场要审查清楚，背景不明的撰稿人，一律不约稿、用稿。特约稿件要严把政治导向关，通过严格审核后方可刊发见报。

第二十三条　对自由投稿，基于作者背景等审核的困难，原则上不予刊用。如来稿导向正确，不存在事实偏差、侵权风险，在核实清楚来稿作者背景及事实情况后，经严格把关，可考虑刊发。

第二十四条　对于转载稿件，要严格根据有关部门规范新闻信息源的要求和原则，在可转载范围内选取和使用稿件，如新华社发稿，则一律采用新华社通稿，且务必严格把关，按规定刊发。未经批准，任何人或部门不得转载境外媒体稿件，不得擅自采用其他媒体未见报稿件，也不得向其他媒体提供任何稿件。

第七章　版面编排

第二十五条　各版面的稿件编辑、版式设计、大样修改等，由各版主编、责任编辑负责，要闻版稿件须经值班总编辑同意后拼版。

第二十六条　版面编辑在指导操作员拼版过程中，如有改变版式、调整稿件等较大改动时，须经所在部门主编同意方可进行。

第二十七条　各版均应在规定时限内，完成选稿、编稿、拼版等工作和校检、一读等工序，相关完成时间应记录在案。

第二十八条　稿件撤换原则上应由当日值班社领导向相关部室值班主任做出安排，在要求撤换、修改稿件或调整版面位置时应提出相应的理由。撤换稿件、调整版面一般应在二校之前提出。遇有须及时刊发的急稿可随时要求撤换。

第八章　版面送审

第二十九条　在新闻采编出版流程中，要严把审稿关。原则上应严格执行责任编辑初审、部门主任审核、值班(主管)副总编辑审定、总编辑终审的四级审稿制度。

责任编辑在初审了当日上版的记者稿件后,进行拼版并出第一遍大样。

第一遍大样由部门主任审核,同时送校对部门进行第一次核校,改后版样交由责任编辑参改,改后出第二遍大样。

第二遍大样由值班副总编辑审定后,报总编辑终审,领导提出的修改意见,责任编辑均应遵照修改,改后出第三遍大样。

第三遍大样经校对部门进行最后校对,经审核无误后签付“最后付印样”,之后由编辑部主任签字,并由当日值班总编辑签字。

第三十条　白班成版的版面,在校对组签“最后付印样”后,应送夜班值班社领导一份定版的纸质大样,以备夜班查验。

第三十一条　夜班成版的各版大样,每遍均送夜班值班社领导、总编室值班主任各一份。

第九章　版面签发

第三十二条　校对组签发“最后付印样”后,各版面值班主编应对大样做最后的技术检查:版面稿件是否存在漏行、错行、丢尾;标题是否有错字,以及插图、照片、刊头是否有差错;版面上的其他问题。

第三十三条　经审核完成的版面,在校对组签发“最后付印样”后,责任编辑应将“最后付印样”交照排中心,由其负责在电脑上签发。

第三十四条　各版值班主编是版面最后把关人,在版面签发前不得离开岗位。

第三十五条　版面签发后,由印刷厂和卫星传输室根据“最后付印样”和“贴样”进行制版和传输。

第三十六条　各报(包括各报外地分印点)要设立“第一读者”岗位。“第一读者”负责审阅报纸各版签发后的大样和第一时间阅读印刷出来的第一张报纸,杜绝重大差错发生。

第三十七条　值班编委或副总编辑(或总编辑)每天签字确认的 PDF 纸样,由各报总编室(或校对科)收集贮存,并保存三个月以上,未保存大样或者保存时间不足三个月的,总编室主任应承担责任。

第十章　印务与发行

第三十八条　各部门按照以上采编流程盖章后的版面文件,印务公司负责确保成功拷贝各版大样、图片和刊头等到安全隔离服务器后,从服务器出版及传外地版。

第三十九条　印务部门数字制版部必须安排好值班,每天定时重新启动安全隔离服务器,及时发现系统提示出来的版面问题,并与版面编辑沟通;当发现重要敏感词系统出现报警提示时,值班人员必须立即查明原因并与编辑沟通。

第四十条　报纸付印前,印务部门须先出大样比对各版面的质量、版序等,确保出版安全。

第四十一条　印务部门应充分利用现有设备力量，尽量将最后交报时间提前；如遇采编环节延误时间的，应根据采编部门的事先通知启动必要的提效预案。

第四十二条　以各叠报纸最后签发时间计算，印务部门要在规定时间内印刷完毕。开印时间及每叠报纸印刷所需标准时间根据印力状况和报纸数量变化而调整，调整方案应经社领导批准公布后执行。超时印报视为迟出报，应予以处罚（以各报《印刷流程日报表》为依据）。

第四十三条　在印报过程中如发现差错，应迅速报告印务部门值班领导并由值班领导决定：如为重大政治差错，立即停印，并第一时间向社长、总编辑、总经理报告；如为严重差错，值班经理立即向社长、总编辑、总经理报告，并请示是否停印；如为一般差错，立即向所印报纸的总编辑报告，并请示是否停印。

第四十四条　印务部门必须将版面编辑提交的最终纸样及《出片流程表》上的编辑签字保留三个月以上，以做事后审核追查之用。

第四十五条　新闻网必须在各报版面付印并经“第一读者”审读之后从采编系统中取 PS 版面文件，建立全文数据库和发布上网。

第四十六条　印务部门将印好的报纸交给发行公司后，发行公司必须以最短时间将报纸投递到读者手中，杜绝漏投。如因前面流程环节延误，发行公司要积极缩短正常投递时间，抢回前面流程延误时间的予以奖励。

第四十七条　在投递过程中发现报纸内容有重大差错，应在第一时间报告发行公司值班负责人，经请示社长、总编辑、总经理后，方可停送。发现重大差错者视挽回损失大小给予奖励。

第四十八条　发行公司应加强发行过程的稽查管理，对发行过程出现的迟送报、漏投等发行问题负领导责任。同时，报社应派员介入监督。

三、出版专业技术人员继续教育暂行规定

第一条　为推进出版专业技术人员继续教育科学化、制度化、规范化，培养造就高素质的出版专业技术人员队伍，根据《中华人民共和国职业教育法》（中华人民共和国主席令第 69 号）、《全国专业技术人员继续教育暂行规定》（人核培发〔1995〕131 号）、《出版专业技术人员职业资格管理规定》（新闻出版总署令第 37 号）和《关于加强专业技术人员继续教育工作的意见》（国人部发〔2007〕96 号）等制定本规定。

第二条　本规定所称继续教育是对出版专业技术人员进行的以政治理论、法律法规、业务知识、技能训练和职业道德等为内容的教育活动，其目的是促进出版专业技术人员坚持正确出版方向，不断增加、补充、拓展专业知识，提高业务技能，提高创新水平和专业技术水平。

第三条　出版专业技术人员享有参加继续教育的权利和接受继续教育的义务。

第四条　继续教育应当遵循下列基本原则：

(一)以人为本，按需施教。把握出版业发展趋势和出版专业技术人员从业基本要求，以需求为导向，遵循出版人才成长发展规律，科学施教。坚持强化服务，质量第一。

(二)突出重点，提高能力。注重提升出版专业技术人员岗位胜任能力和解决实际问题的能力。以提升创新能力为重点加强高层次出版人才培养。进一步改善出版队伍人才结构和知识结构。继续教育工作要面向现代化、面向世界，注重更新知识，注重培养出版专业技术人员数字出版、国际贸易、现代市场开拓经营的能力。

(三)加强指导，创新机制。不断完善培训内容体系，创新培训内容、方式。在统筹规划的前提下，有效利用各方面教育资源，建立开放的继续教育格局和激发继续教育机构活力的竞争择优机制。

第五条　新闻出版总署负责全国出版专业技术人员继续教育的管理。

(一)制定出版专业技术人员继续教育规划；

(二)制定出版专业技术人员继续教育管理办法；

(三)审定出版专业技术人员继续教育大纲；

(四)组织开发、推荐、评估出版专业技术人员继续教育重点教材，加强对继续教育教材的编写、评估、推荐、出版、发行、使用情况的管理和监督；

(五)组织全国出版专业技术人员继续教育师资培训；

(六)评估、整合、公布全国继续教育机构；

(七)指导、督促、检查各地区和有关部门开展出版专业技术人员继续教育工作。

第六条　各省(区、市)新闻出版行政部门负责本行政区域内出版专业技术人员继续教育的组织管理工作。

(一)依据本规定，制定本行政区域内人员的继续教育实施办法；

(二)制定本行政区域内人员的继续教育规划并组织实施；

(三)组织开发、推荐、评估适合本地区人员的继续教育教材，加强对继续教育教材的编写、评估、推荐、出版、发行、使用情况的管理和监督；

(四)评估、整合、公布本行政区域内的继续教育机构，并向新闻出版总署备案；

(五)指导、监督本行政区域内出版专业技术人员继续教育工作，规范继续教育市场。

第七条　出版专业技术人员每年参加继续教育的时间累计不少于 72 小时。其中，接受新闻出版总署当年规定内容的面授形式继续教育不少于 24 小时。其余 48 小时可自愿选择参加省级以上新闻出版行政部门认可的继续教育形式：

(一)参加省级以上新闻出版行政部门公布的继续教育机构组织的各类培训活动；

(二)参加省级以上新闻出版行政部门认可的全国出版专业技术职业资格考试考前培训；

(三)被省级以上新闻出版行政部门认可的其他形式，包括参加国际出版培训活动、国内专业研讨活动等。

第八条　在职自学是出版专业技术人员继续教育的重要补充。鼓励出版专业技术人员参加在职自学。在职自学时间可折合继续教育时间，省级以上新闻出版行政部门视具体情况确定折合方式。在职自学形式包括：

（一）参加普通高等院校或成人院校举办的国家承认相关专业学历、学位的教育；

（二）接受省级以上新闻出版行政部门认可的与出版业务相关的远程教育和网上培训；

（三）省级以上新闻出版行政部门认可的其他在职自学形式。

第九条　省级以上新闻出版行政部门颁发继续教育合格证书，作为出版专业技术人员每年参加符合要求的继续教育的依据。

第十条　出版专业技术人员由于伤、病、孕等特殊原因，无法在当年完成继续教育时间的，可由本人所在出版单位提供证明，经归口管理的省级以上新闻出版行政部门审核确认后，其应参加继续教育的时间可以顺延下一年度合并完成。省级以上新闻出版行政部门将在下一年度的继续教育合格证书中予以注明。

第十一条　加强继续教育机构建设，构建分工明确、优势互补、布局合理、竞争有序的继续教育网络。充分发挥新闻出版总署所属教育培训机构和各省（区、市）新闻出版培训机构（基地）主渠道作用，鼓励并引导行业协会、学术团体、大专院校、科研院所等具备培训条件的社会办学单位参与继续教育工作。

第十二条　继续教育机构必须同时符合下列条件：

（一）具备承担与培训工作相适应的教学场所和设施；

（二）拥有与承担培训工作相适应的师资队伍和管理力量；

（三）能够完成所承担的培训任务，保证培训质量。

第十三条　中央部委出版单位出版专业技术人员的继续教育工作由新闻出版总署公布的继续教育机构负责。

第十四条　省级以上新闻出版行政部门应当按照管理权限，定期对继续教育机构的培训情况进行检查、评估，并将检查、评估结果向行业公布。视检查、评估具体情况对继续教育机构进行及时调整，并定期公布出版专业技术人员继续教育机构名称等相关信息。

第十五条　省级以上新闻出版行政部门指导加强教材建设，逐步形成教材体系，以适应不同层次出版专业技术人员继续教育的需要。教材开发、编写遵循一纲多本原则，提倡出版专业技术人员继续教育教材开发社会化，鼓励业内有能力的部门和单位按照统一的继续教育大纲，参与开发、编写继续教育教材。

第十六条　继续教育机构应将各项收费标准分项报省级以上新闻出版行政部门备案，应在每次培训完成后10日内提交书面备案材料。

第十七条　从事继续教育工作的师资队伍，应结构合理、专兼职比例适当。应选聘党政优秀领导干部、企业经营管理人员和知名专家学者担任兼职教师。继续教育培训机构应推行教师竞聘上岗并建立、完善师资考核评价体系。

第十八条　出版单位应当遵循教育、考核、使用相结合的原则，负责组织并支持出版专业技术人员参加继续教育。

出版单位应当按照有关规定足额提取职工工资总额的1.5%～2.5%作为职工教育经费，支持出版专业技术人员继续教育。

出版单位应当将出版专业技术人员参加继续教育情况作为其任职、晋升的依据之一。

出版单位应当加强出版专业技术人员业务档案、诚信档案建设，如实记载出版专业技术人员接受继续教育情况。

第十九条　省级以上新闻出版行政部门负责对出版专业技术人员参加继续教育情况进行考核。对未按规定参加继续教育或者无正当理由未完成继续教育规定时间的出版专业技术人员，不予进行出版职业资格的登记、注册或续展登记、注册。

第二十条　对未按规定参加继续教育或者无正当理由未完成继续教育规定时间的出版专业技术人员所在出版单位，视情节轻重，省级以上新闻出版行政部门将采取通报批评、责令改正等处理措施。

第二十一条　继续教育机构有下列情形之一的，由省级以上新闻出版行政部门责令限期整改；逾期不改正的，由省级以上新闻出版行政部门予以通报：

（一）采取虚假、欺骗等不正当手段招揽生源的；

（二）以继续教育名义组织境内外公费旅游或者进行其他消费活动的；

（三）违反国家有关规定擅自印发学历或学位证书、职业资格证书或培训证书的；

（四）借继续教育之名乱收费的；

（五）违反本规定的其他行为。

第二十二条　本规定由新闻出版总署负责解释。

第二十三条　本规定自2011年1月1日起施行。

四、新闻出版许可证管理办法

第一章　总则

第一条　为加强新闻出版许可证（以下简称许可证）管理，规范新闻出版市场秩序，维护公民、法人和其他组织的合法权益，根据《中华人民共和国行政许可法》《出版管理条例》《音像制品管理条例》《印刷业管理条例》等相关法律、法规制定本办法。

第二条　本办法所称许可证，是指新闻出版行政部门根据公民、法人或其他组织的申请，经依法审查，准予其从事新闻出版活动的行政许可证件。

许可证的设立、设计、印刷、制作、发放、使用、换发、补发、变更、注销等管理适用本办法。

第三条　新闻出版行政部门在许可证管理中应当遵循依法、公开、规范、便民的原则。

无法律法规依据，不得以任何名义和形式向行政相对人收取涉及许可证的相关费用。

第四条　国家新闻出版广电总局负责全国新闻出版许可证监督检查、统一备案和信息公示等职责；地方新闻出版行政部门负责本辖区许可证的监督检查职责。

各级新闻出版行政部门负责对所发放、注销、吊销的许可证在政府网站或经批准公开发行的报纸上进行公示。

第二章　许可证的设立、设计、印刷、制作与发放

第五条　许可证设立，是指对依法设定的行政许可项目，决定以颁发许可证的形式作为许可证件。

许可证设立，必须以法律法规设定的行政许可为依据。

第六条　许可证设计，是指对许可证的登记项目和样式进行的设计。设计许可证时须规定其有效期限。

国家新闻出版广电总局负责各类许可证的设立与设计。

第七条　许可证印刷，是指按照许可证的设计样式，印刷不含登记内容的纸质许可证或复制不含登记内容的电子许可证。

许可证的印刷原则上由实施行政许可的新闻出版行政部门负责，根据实际情况也可由上级新闻出版行政部门统一印刷。

第八条　许可证制作，是指空白许可证的内容填写、盖章、封装等。

许可证须由新闻出版行政部门依法作出行政许可批准决定或按本办法及有关规定履行补发、换发手续后制作。

许可证的许可登记项目内容必须与行政许可决定内容相一致。许可证不得交由行政相对人自行填写或由其他机构代为填写。

许可证登记事项发生变更的，由办理变更登记的新闻出版行政部门在许可证相应位置加盖变更专用章。

许可证加盖实施行政许可的或办理变更登记的新闻出版行政部门公章或变更专用章后，正本、副本具有同等的法律效力，其他任何部门或单位不得在许可证上加盖公章。

第九条　许可证发放，是指将许可证送达行政相对人。

许可证原则上由实施行政许可的新闻出版行政部门发放。为方便行政相对人，也可由实施行政许可的新闻出版行政部门依法委托下级新闻出版行政部门代为发放。

新闻出版行政部门应当自作出行政许可批准决定之日起 10 个工作日内，将许可证送达行政相对人。

委托发放许可证的，下级新闻出版行政部门应自收到行政许可批准决定和许可证后 4 个工作日内送达行政相对人，并不得要求行政相对人另行办理许可证申领手续。

第三章　许可证的使用、换发与补发

第十条　许可证持证者应按照许可证所载明的业务范围和期限从事新闻出版活动。

第十一条　许可证不得伪造、涂改、冒用，或者以买卖、租借等任何形式转让。

第十二条　许可证有效期满即失效。持证者需要延续依法取得的许可证的，应当在该许可证有效期限届满30日前，向原发证机关提出换发许可证申请。

第十三条　许可证发生损坏、丢失的，持证者应持损坏许可证原件或在经批准公开发行报纸上发表的遗失声明，向原发证机关申请补发新证。原发证机关应在自收到损坏许可证原件或遗失声明5个工作日内，注销旧证，发放新证。

第十四条　换发新的许可证时，应同时收回旧证。除国家新闻出版广电总局直接换发的许可证外，其余旧证按属地管理原则由属地许可证换发部门统一登记销毁，并于销毁后1个月内将换发、销毁情况逐级报上级新闻出版行政部门备案。

第四章　许可证的变更与注销

第十五条　许可证登记的许可事项发生变更的，实施行政许可的新闻出版行政部门应根据持证者提出的许可申请，履行审批程序，按审批权限在变更记录页上办理变更登记或由原发证机关换发新证。

第十六条　许可证登记的非许可事项发生变更的，实施行政许可或受委托的新闻出版行政部门根据持证者提出的变更申请，原则上应现场即时完成许可证副本变更记录页的变更登记或由原发证机关换发新证，为行政相对人提供便捷高效的服务。

第十七条　实行年度核验制度的行政许可，许可证在年度核验合格并加盖核验章后继续使用。

第十八条　有《行政许可法》第七十条规定情形的，由实施行政许可的新闻出版行政部门在1个月内注销许可证并公示。

第五章　许可证的电子信息化管理

第十九条　国家实行统一的许可证信息化管理。国家新闻出版广电总局负责“全国新闻出版许可证信息管理系统”的总体设计、建设指导以及应用协调等工作，实行许可证信息的全国联网、集中公示和有效管理。

第二十条　地方各级新闻出版行政部门按要求做好“全国新闻出版许可证信息管理系统”的衔接、应用工作，严格履行信息采集、报送等职责。

第二十一条　新闻出版行政部门在条件具备时制作发放电子许可证。电子许可证与纸质许可证具有同等的法律效力。

第六章　法律责任

第二十二条　新闻出版行政部门有下列行为之一的，依据《行政许可法》第六十九条、第七十四条，由其上级行政机关或者监察机关责令纠正违法违规行为，撤销行政许可，注销所发放的许可证并予以通报批评；情节严重的，追究部门主要领导和直接责任人员的行政责任：

（一）无法定行政许可依据或超越权限设立许可证的；

（二）未经法定行政许可，擅自制作、发放许可证的；

（三）违规在许可证上加盖公章的；

（四）擅自改变许可证样式、登记项目并制作、发放许可证的。

第二十三条　新闻出版行政部门有下列行为之一的，由其上级行政机关或者监察机关责令改正并通报批评：

（一）由行政相对人或其他机构代为填写许可证内容的；

（二）不按行政许可决定填写许可证内容的；

（三）发放许可证时要求行政相对人另行办理申领手续的；

（四）未按规定及时发放许可证的；

（五）未按规定逐级报备废旧许可证销毁情况的。

第二十四条　违法违规收取涉及许可证有关费用的，依据《行政许可法》第七十五条，由其上级行政机关或者监察机关追究有关领导和直接责任人员的行政责任，监督退还所收取的费用并通报批评；情节严重的，移交有关部门查处。

第二十五条　新闻出版行政部门工作人员在涉及许可证的有关工作中，利用职务获取不当利益的，依据《出版管理条例》第六十条规定处罚。

第二十六条　行政相对人有下列行为之一的，依据《行政许可法》《出版管理条例》《音像制品管理条例》《印刷业管理条例》和有关部门规章的规定处罚；没有相应规定的，由新闻出版行政部门责令改正，情节严重的，并处警告或 3 万元以下罚款：

（一）许可证登记事项发生改变，未依法依规进行变更登记的；

（二）涂改、出卖、租借或者以其他形式非法转让许可证的；

（三）以欺骗、贿赂等不正当手段取得许可证的；

（四）未按许可证载明的业务范围从事新闻出版活动的。

第七章　附则

第二十七条　《新闻记者证》等有关人员资格证书不适用本办法。

第二十八条　省级新闻出版行政部门可根据本地区实际制定实施办法。

第二十九条　电子许可证和“全国新闻出版许可证信息管理系统”的管理办法由国家新闻出版广电总局另行制定。

第三十条　地方性法规设定行政许可的许可证的设立、设计、印刷、制作、发放、变更登记事项、注销等，可参照本办法进行管理。

第三十一条　本办法自 2016 年 3 月 1 日起施行。

数字出版

本书以介绍数字出版从业知识技能为主要内容,立足于服务数字出版行业从业人员和管理人员以及想了解数字出版知识的读者。内容包括:数字出版的概念、数字出版的主要形态和商业模式、新媒体概念及常识、数字出版编辑及制作常识、数字出版传播常识、数字出版运营常识、数字版权保护常识、数字出版技术常识、互联网教育出版常识、行业标准、管理服务指南、行业法律法规等十二部分。全书采用问答式编写,通过对问题的具体回答逐步解读数字出版的方方面面,并配有必要的插图说明,言简意赅,形式活泼。

第一部分 数字出版的概念

1.什么是数字出版?

数字出版是指利用数字技术对内容进行编辑加工、制作,形成数字内容产品,并将数字内容产品储存在光盘、U盘和服务器硬盘等数字存储设备中,供读者利用计算机或其他具有类似功能的设备,或借助网络进行读取的出版方式。其主要特征为内容生产数字化、产品形态数字化和阅读形态数字化。

2.什么是网络出版?

网络出版是指具有合法出版资质的出版机构,以互联网以及其他网络为载体和流通渠道,出版并销售网络出版物的行为。其基本特征在于主体合法化、作品数字化、传输网络化、交易电子化。网络出版和传统出版不同,它是没有物化形态的出版方式。网络出版是数字出版的一种形态。

3.什么是网络出版物?

按照《网络出版服务管理规定》,网络出版物是指通过信息网络向公众提供的,具有编辑、制作、加工等出版特征的数字化作品,主要包括:①文学、艺术、科学等领域内具有知识性、思想性的文字、图片、地图、游戏、动漫、音视频读物等原创数字化作品;②与已出版的图书、报纸、期刊、音像制品、电子出版物等内容相一致的数字化作品;③将上述作品通过选择、编排、汇集等方式形成的网络文献数据库等数字化作品;④国家新闻出版广电总局认定的其他类型的数字化作品。

4.什么是手机出版?

手机出版是指手机出版服务提供者使用文字、图片、音频、视频等表现形式,将自己创作或他人创作的作品经过选择和编辑加工制作成数字化出版物,通过无线网络、有线互联网络或内嵌在手机载体上,供用户利用手机或类似的移动终端阅读、使用或者下载的传播行为。

5.什么是电子出版?

电子出版是指以数字代码方式将图、文、声、像等信息编辑加工后存储在磁、光、电等介质上,供读者通过计算机或其他具有类似功能的设备读取使用的出版方式。电子出版主要的载体形式是光盘和U盘，其优点是容量大、携带方便。电子出版也是数字出版的一种形态。

6.什么是跨媒体出版？

所谓跨媒体，即横跨平面媒体（书、报、刊）、磁光介质媒体（磁带、CD-ROM、VCD、DVD等）、网络媒体（Website）和移动媒体（Mobile）的多媒体、多渠道平台。一句话来说，跨媒体出版就是出版者同时传输相同内容到不同媒体上以满足受众不同需求的过程。

7.什么是全媒体出版？

全媒体出版（Federated Media Publishing），强调多渠道的同步出版：图书一方面以传统方式进行纸质图书出版，另一方面以数字图书的形式通过互联网、手机、手持阅读器等终端数字设备进行同步出版。2010年以纸质出版、线上阅读、手机阅读和手持阅读器阅读4种方式同时推出的冯小刚作品《非诚勿扰》被认为是“全媒体出版第一书”。全媒体出版目前有以下两种代表性的解释：其一，全媒体出版就是同一个内容同时发布在纸质媒体、互联网、手机和手持阅读器等媒体上，即内容资源一方面以传统方式进行纸质图书出版，另一方面以数字图书的形式通过互联网平台、手机平台、手持阅读器等终端数字设备进行同步出版。其二，数字复合出版，即全媒体出版，包括多种符号（文字、语言、图形、影像）的复合、多种信息媒体（视觉、听觉）的复合、多种传播载体（印刷、光盘、网络、磁盘、集成电路）的复合、多种传媒形态（报纸、杂志、音像制品）的复合、多种显示终端（计算机、阅读器、移动电话）的复合以及多种制作技术的复合等，也包括传统出版全流程数字化，并生成各种传统出版载体需要的形式和格式。因此，数字复合出版可以实现作品和媒体的“一次创作、多样展现”。因为信息的“结构化加工、数据库存储”，突破了单一作品和媒体的传播局限，可以把作品和媒体分解之后再聚类传播，实现个性化的按需服务，从而构造信息社会出版的新业态。

8.什么是按需出版？

按需出版（Publish On Demand）是指采用数据库技术、网络技术等，将出版物信息存储在计算机系统中，根据读者的个性化需求，即时下载到计算机（或类似设备）上阅读，或直接数码印刷成书的出版方式。按需出版强调的是出版活动的精确性，是一种基于对读者需求的准确把握而开展的出版活动。

9.传统出版与数字出版的各自优势及其关系是什么？

答：传统出版与数字出版各有优势。传统出版的优势体现在对内容的选择和编辑加工能力，对权威内容资源的积累和组合能力，成熟的销售模式和赢利模式。数字出版的优势则在于内容呈现形式直观、多样，内容更为丰富，出版时间短，信息更新快，传播面广，产品形态和赢利模式多样化，对读者的服务更方便、直接。无论是传统出版还是数字出版，有一个共同的、至关重要的要素就是出版内容。传统出版与数字出版可各自发挥优势，以先进技术为支撑，内容建设为根本，优势互补，实现融合发展。因此，数字出版与传统出版既不是对立关系,也不是取代关系,而是一种相辅相成、不断融合的关系。

10.我国数字出版经历了哪些阶段?

自21世纪初以来,伴随着数字出版理论及技术研究、数字出版实践活动的逐步深化和拓展,出版界、信息产业界等领域对数字出版的内涵、外延及经历的阶段不断发生变化。简单来说,我国数字出版经历了三个阶段:一是电子出版时代(1990～2000年),实现了加工工艺的数字化与产品形态的数字化;二是互联网出版阶段(2000～2005年),突破了数字化产品的单机出版形式,将出版数字化由作品的数字化、编辑加工的数字化,扩展到发行的数字化和阅读方式的数字化;三是数字出版阶段(2005年至今),实现出版全流程的数字化,拥有了独立的阅读终端,产业链逐渐形成。

11.数字出版如何分类?

数字出版包含了传统出版业数字化的全部过程和结果,同时也包括新兴的数字媒体,以及发展中的传统出版业的数字化和新兴的数字媒体产业向各种媒体的渗透、融合的业态。具体分类详见书后附录。

12.我国数字出版产品主要包括哪些形态?

我国数字出版产品形态主要包括电子图书、数字报纸、数字期刊、网络原创文学、网络教育出版物、网络地图、数字音乐、网络动漫、网络游戏、数据库出版物、手机出版物(彩信、彩铃、手机报纸、手机期刊、手机小说、手机游戏)等。

第二部分 数字出版的主要形态和商业模式

1.什么是电子图书?

答:电子图书(E-book)是指通过计算机、专用阅读器或类似设备直接呈现文字、图像、音频、视频等内容,具有相当文字篇幅的数字出版物。常见的电子图书主要有两类:一类是已经出版图书的原版原式电子图书;另一类是内容为原创的电子图书。

2.电子图书的表现形式是怎样的?

电子图书具有纸质图书的结构,一般包括封面、内封、版权页、目录、正文、附录、参考文献等。一般支持查询、翻页、书签、笔记等功能。电子图书按表现形式可分为两类:一类是静态电子图书,只呈现文字和图表;另一类是多媒体电子图书,除了呈现文字和图表外,还动态呈现相关内容,如动画、视频和音频等。多媒体电子图书也称增强型电子书。

3.电子图书有哪些基本格式?

在数字环境下,电子图书没有了物化的形式,取而代之的是电子图书的格式。出于数字版权保护(DRM)、表现形式、产品传播和各个技术公司利益等原因,电子书格式多达几十种。一般可分为通用格式和专用格式。通用格式有:EXE(可执行文件格式)、TXT(常用的文本格式)、HTML(网页格式)、HLP(帮助文件格式)、CHM(已编译的帮助文件格式)、EPUB(国际流行的开放的电子书格式,文字内容可以根据阅读设备的特性自动重新编排,以最适于阅读的方式显示);专用格式有:Adobe 的 PDF、微软的 LIT、亚马逊的 AZW、北大方正阿帕比的 CEB、清华同方的 CAI、书生公司的 SEP、超星公司的 PDG、中国学术期刊网的 CAJ、维普公司的 VIP、华康公司的 WDL、国家图书馆的 NLC 和上海通力公司的 ABM 和 BOK 格式等。这些文件格式一般在电脑上使用,但必须下载专门的软件后方可阅读。目前手机上使用的格式一般有 UMD、TXT 和 JAR 等,手持电子书阅读器一般有 TXT、DOC、PDF、HTML、CHM、JPG 等格式。

4.电子图书主要商业模式有哪些?

国外具有代表性的几种商业模式有:一是亚马逊电子书商业模式,以电子阅读器为主导的全产业链模式,是一种"阅读终端+交易平台+内容销售"的垂直整合模式,阅读终端不对其他厂家的平台开放,内容也不对其他厂家的终端开放。二是苹果公司的"开放平台＋IPad终端”的半开放模式。三是谷歌的数字图书馆模式，这是一种倡导“任何地点在任何设备上读任何书”的完全开放性商业模式。国内具有代表性的商业模式有：盛大文学的“平台＋终端＋内容”的商业模式；方正的“整合内容＋阅读平台＋终端”的商业模式；中国移动的“手机阅读基地”的商业模式；汉王的“终端＋下载平台”的商业模式。随着技术的不断发展和产业环境的变化，越来越多的企业参与到出版电子图书的行业之中，相信未来的电子图书产业会有更加创新的商业模式产生。

5.国内电子图书主要的消费状况如何？

根据第十四次全国国民阅读调查数据显示，2016年我国成年国民数字化阅读方式（网络在线阅读、手机阅读、电子阅读器阅读、光盘阅读、Pad阅读等）的接触率为68.2％，较2015年上升了4.2个百分点，实现了连续8年的增长。在各类数字化阅读载体中，网络和手机的阅读接触率分别上涨了4.0个百分点和6.1个百分点，而电子阅读器、Pad（平板电脑）的接触率则分别下滑了1.0个百分点和0.7个百分点。2016年手机阅读接触率为66.1％，连续3年超过网络在线阅读的接触率，两者的差距也逐渐拉大。在数字化阅读方式接触者中，86.3％为18～49岁人群，其中，18～29岁人群占36.3％，30～39岁人群占27.1％。

6.目前电子图书主要的销售平台有哪些？

近年来随着数字出版的发展，电子图书销售平台逐年增加，目前主要的电子图书销售平台有当当数字馆、阿帕比数字资源平台、亚马逊Kindle电子书店、苹果商城上的电子书应用程序、淘宝阅读、京东电子书刊、盛大文学云中书城、百度阅读等。

7.什么是数字期刊？

数字期刊又称为数字化期刊或电子期刊，是指以数字形式存储在光、磁等媒介上并通过电子或网络媒介发行，通过计算机或类似设备阅读使用的连续出版物。对于数字期刊的理解，有广义与狭义之分。从狭义上说，数字期刊的出版形式与内容基本同于普通印刷型期刊，只是载体属于电子型、网络型而非纸质型。从广义上说，数字期刊包括所有电子形式的连续出版物。有的数字期刊是印刷型期刊的翻版，更多的是印刷型期刊的扩版，也有一部分数字期刊是没有印刷版原型的纯电子出版物。

8.数字期刊的表现形式是怎样的？

目前，数字期刊的存在形式基本上有以下几种：一是光盘版形式。将源期刊的内容刻录到光盘上，制成光盘形式的期刊，这种形式的数字期刊，一般以源期刊为单位，或将同类期刊同期的内容刻录到一张或多张光盘上，如《中国学术期刊（光盘版）》所经营的光盘版期刊就是这种形式。二是数据库形式。将源期刊的内容按照一定的格式转储到独立建立的数据库中，如万方数据中心数据库即属于这种形式。三是磁带版形式。将源期刊的内容用大型磁带机录入磁带，这是一种大容量信息存储方法，目前应用的已经很少。

9.数字期刊有哪些特点?

与传统期刊相比,数字期刊具有以下特点:在表现形态方面,体现出表现手段多样化、版面和容量的无限制性以及容易更新等特性。使用效率方面,体现出内容可检索性、超文本链接功能等优势,但同时又具有设备依赖性和保存安全性相对较低的劣势。在传播性能方面,体现出传播的实时性、高度的共享性和良好的互动性。成本效益方面,体现出维护成本的稳定性、无供不应求或供过于求的不稳定性、销售渠道的便捷性。

10.数字期刊主要商业模式有哪些?

数字期刊的主要商业模式有以下两种:一是目前最成功、最普遍存在的技术与内容相结合的模式——期刊数据库。期刊出版商通过期刊网络化、数字化,达到期刊的再营销。二是技术提供商与期刊社联合经营的模式——版权代理。技术提供商不仅做技术支持,而且高价买断期刊的数字版权,成为数字期刊的独家代理。

11.国内目前数字期刊主要技术提供商有哪些?

目前,国内比较有代表性的数字期刊技术提供商有同方知网(北京)技术有限公司、万方数据科技有限公司、维普资讯有限公司、龙源数字传媒有限公司。这四家公司已占据了绝大部分市场份额,其生产能力及年生产规模也同样占有绝对优势。他们最早面向机构用户市场,在对知识资源有最强烈需求的高校、科研机构、公共图书馆等领域最先开始应用,后来逐渐向更广泛的行业领域扩展。

12.什么是数字报纸?

报社或者技术提供商通过数字技术(当今最新的媒体技术和网络传输手段),把纸质报纸上的内容转换成适合计算机、手机等各种数字终端使用的格式,并通过电子屏幕显示出来。数字报纸继承了传统媒体的内容信息,又融合了视频、音频、动画等全新内容,声像并茂、绿色环保、操作直观、简洁方便,令人耳目一新。

13.数字报纸的表现形式是怎样的?

在数字化转型的过程中,数字报纸的表现形式主要有以下几种:手机报、网络报纸等。就受众可感受到的媒介形态变化而言,实际上主要基于三种基本的接触界面,即手机、计算机和电子显示器。

14.数字报纸有哪些特点?

数字报纸不仅继承了传统报纸的核心精髓,同时借用网络技术进行了传播功能的延伸和创新。因此,与传统报纸以及与传统新闻网站相比,数字报纸具备以下几方面的特点:一是传统报纸的版面信息可以完整呈现。一方面再现报纸版面语言的魅力,让读者在全新的网络环境中能够快速抓住兴趣点,提高阅读效率,另一方面还实现了报纸内容和广告内容在网络上的有效延伸。二是形式功能的多媒体化。一方面,数字报纸在内容上突破了只有文字和图片的天然局限,可以方便地插入音频或者动画,使得新闻报道真正做到“有声有色”。另一方面，读者不仅可以任意放大、缩小页面与字体，而且可以利用先进的导航和检索技术，查询自己所需的新闻。同时，数字报纸的更新速度大大提高，打破了地域和时间的限制。

15.数字报纸的主要商业模式有哪些？

数字报纸的商业模式，并不等同于在维持传统报业的经营格局同时，简单增加网络、手机、电子报纸、数据库等新媒介的经营部分，而是在统一的数字平台上，实现新的经营方式的对接，把价值链延伸到相关产业。在数字报纸商业模式的探索中，要注意以下几个方面：一是从单点赢利到多点赢利。数字报纸的核心专长是内容信息生产，但其传播手段、产品模式、对象用户、收入结构等都已经多样化。通过技术融合和平台融合打造多终端媒体，生产的产品通过多媒介多渠道传播和销售。二是从以读者为中心到以用户为中心。数字媒体时代，就是将读者视为用户，了解用户信息，分析用户画像，提高用户对内容的满意度，同时根据用户数据库开拓其他赢利模式。三是从粗放管理到精细管理。报纸的精准营销需得到重视，要更加注重用户对报纸本身的反馈以及发行效果。

16.数字报纸主要的消费对象有哪些？

目前的数字报纸类型中，无论是以固定阅读终端为依托的新闻网站、多媒体数字报，以移动阅读终端为依托的手机报、APP版数字报纸，还是户外公共阅读终端为依托的电子阅报栏，都是通过互联网或移动网络进行信息传输的。因此数字报纸的潜在消费对象就是互联网用户、手机网络的移动互联网用户。截至2017年6月，我国网民数量规模达7.51亿人，互联网普及率为54.3%，手机网民数量规模达7.24亿人。

17.什么是网络游戏？

根据中国互联网络信息中心对网络游戏的定义，网络游戏是以电脑为客户端，互联网络为数据传输介质，必须通过TCP/IP协议实现多个用户同时参与的游戏产品，用户可以通过对游戏中人物角色或者场景的操作实现娱乐、交流的目的。另据2010年8月1日起开始实施的《网络游戏暂行管理办法》，其对网络游戏的定义是：由软件程序和数据结构构成，通过互联网、移动通信网等信息网络提供的游戏产品和服务，其表现形式主要包括以客户端、网页浏览器及其他终端运行的各种网络游戏。主要包括了PC端网络游戏、网页游戏、手机游戏及其他移动互联网游戏。

18.网络游戏是如何分类的？

网络游戏与网络音乐、网络视频等是当前人们网络休闲娱乐的主要方式之一。当今的网络游戏类型已经比较健全，分支繁多，而业界对网络游戏的分类也是多种多样。中国互联网信息中心在网络游戏产品历次调查中，都将网络游戏划分为浏览器游戏（如《天书奇谭》《天地英雄》等）、休闲类网络游戏（如《斗地主》《跑跑卡丁车》等）、MMORPG大型多人在线角色扮演游戏（如《魔兽世界》等）三大类。将休闲类网络游戏又细分为对战平台类游戏、棋牌类网络游戏、大型休闲游戏三小类。其中MMORPG大型多人在线角色扮演游戏和大型休闲游戏被统称为大型多人在线游戏(MMOG)。另从技术的角度,网络游戏也可分为2D、2.5D、3D游戏。从游戏运行对游戏终端的依赖程度,可将网络游戏分为客户端网络游戏、浏览器网页游戏和移动网络游戏。

19.客户端网络游戏的发展特征是怎样的?

根据《2016年中国游戏产业报告》来看,我国客户端网络游戏市场,销售收入同比下降4.8%,用户同比增长1.4%。虽然客户端网络游戏受电子竞技影响而出现用户回流,用户出现增长。但相比于传统的角色扮演类客户端游戏,竞技类客户端游戏用户付费率与ARPU偏低,对市场收入增长带动有限,无法抵消角色扮演类游戏用户流失造成的收入减少。此外,不少客户端游戏市场主力产品改编成同名移动游戏,造成的用户分流,也拉低了客户端游戏市场实际销售收入。

20.我国网页游戏的发展状况是怎样的?

网页游戏历经多年发展,呈现出以下状况:网页游戏市场规模迅速扩大、网页游戏市场占有率持续上升、网页游戏付费用户数量增加、网页游戏产品数量增长速度放缓、精品化网页游戏周期增长、网页游戏销售强度明显增加、企业开拓海外网页游戏市场的活跃度快速提升。

21.当前手机出版有哪些形态?

手机报纸、手机期刊、手机小说、手机音乐、彩信、彩铃、手机动漫、手机游戏、手机视频等。

22.手机出版物有哪些特点?

与传统互联网出版相比,手机出版物有以下几个特点:一是突破了数字内容资源应用的两大发展瓶颈。一方面实现了用户数量的飞跃,手机出版物相对互联网出版物更容易实现突破的原因在于,手机用户多于互联网用户,庞大的用户群体为手机出版物的发展提供了丰厚的土壤;另一方面解决了支付瓶颈的约束,手机本身的计费功能,解决了困扰B2C市场的支付难题,如今微信、支付宝等支付方式的兴起,也让用户的支付渠道更加畅通了。二是手机出版物门类齐全。从内容上看,目前,传统新闻出版单位和数字内容及技术提供商纷纷推出手机出版物。各大主流媒体均推出了自己的手机报业务,出版社着手出版手机小说,数字内容提供商也是如此。我国已经初步形成了手机小说、手机报纸、手机期刊、手机原创文学、手机游戏、手机音乐等门类齐全、灵活多样的手机出版格局,受众可以在较大的空间里按需所取。三是手机出版物表现形式丰富。随着移动通信技术在我国的广泛使用,音频、视频等数据的无线网络传输速度得到飞跃性提升,流媒体兼容性更强,手机出版也突破了图书传统的图片、文字表现形式,而以视频、音频、图片、文字、动画等多媒体形式来表现,手机出版的内容吸引力和表现方式得到极大增强,也将成为整合视频、音频、图片、文字等多媒体资源的全媒体,手机出版物会有更大的发展潜力和空间。

23.手机音乐发展情况是怎样的?

手机音乐是各种手机音乐服务的总称,主要包括各大电信运营商向用户提供炫铃、在线试听、音乐下载、音乐点播等服务,并结合音乐资源向用户提供音乐资讯、音乐搜索、音乐排行榜、彩信音乐杂志、音乐俱乐部等综合音乐服务。总体来看,手机音乐的发展历史,主要经历了以下几个发展阶段:一是起步阶段(2000~2007年):西门子6688手机推出,创造了手机MP3+存储卡+JAVA功能,用户可将MP3格式音乐导入手机存储卡中,通过播放器进行手机音乐的播放,开始了手机音乐新篇章。二是初步发展阶段(2008~2011年):2008年,苹果IPhone开始向全球22个国家发售,并最终增至80个国家和地区,IPhone手机开始进入中国市场,智能手机开始发展。与此同时,手机音乐播放器功能开始多样化、个性化,并发展成能够支持在线收听的手机音乐APP。手机音乐APP、手机网页、社交应用等在线音乐开始启蒙,天天动听、酷狗音乐、酷我音乐相继开发针对IOS和安卓系统的手机音乐APP。三是快速发展阶段(2012~2016年):2012年,中国智能手机出货量首次超过功能机。在小米、联想、华为、酷派等国内手机厂商的推动下,安卓智能手机价格降至千元以下,推动了国内智能手机出货量猛增。国家工信部数据显示,2012年国内智能手机出货量累计2.58亿部,同比增长166.8%,出货量超历年总和。在智能手机快速普及带动下,手机音乐APP快速发展,已经成为手机音乐的主要组成部分,截至2016年上半年,中国手机音乐APP市场规模达到43.1亿元,手机音乐用户达到4.34亿人。受益于智能手机的普及,手机音乐目前已进入快速发展阶段。现阶段手机音乐APP已成为手机音乐行业增长主力军。

24.我国手机阅读发展情况是怎样的?

相对于美国、日本等国家,我国的手机阅读发展比较晚,而且手机阅读开端于短信息这种渠道传播的手机文学。在2004年,出现了第一部手机小说《城外》。电信运营商、第三方增值业务商以及一些早期的互联网公司很早就开始注意到手机阅读的市场前景,并与出版社、杂志社和网络小说家合作,开始进入手机阅读领域。与此同时,一些早期的手机阅读软件被开发出来投向市场。发展到2009年,三大电信运营商纷纷推出自己的3G网络,也先后建立自己的手机阅读基地。2010年开始,随着智能手机和3G网络的普及,各种围绕手机开发出来的阅读软件层出不穷,我国的手机阅读也开始进入一个全新的阶段。截至2016年6月,我国使用手机上网的网民规模达到6.56亿人。如今,手机阅读已经成为中国网民所熟悉并广泛使用的阅读方式。手机阅读应用也在高速发展中,目前市场能找到的手机阅读软件有上百种。随着越来越多的互联网巨头进入手机阅读行业,手机阅读应用市场的竞争也将进入异常激烈的阶段。

25.我国手机游戏发展情况是怎样的?

我国的手机游戏是随着移动互联网的发展而发展的。在2012年6月手机网民数量便超过了PC网民数量,也是在这一年,手机游戏出现井喷式增长。如今,全网用户中超八成是手机网民,而在所有的手机应用中,手机游戏所占比例最高。纷繁的手机游戏已成为人们线上娱乐生活不可或缺的一部分了。2016年，中国游戏市场实际销售收入达到1655.7亿元，同比增长17.7%，增长率相对上年有所放缓，但销售收入增量保持稳定。中国游戏产业各个细分市场发展逐渐明朗，客户端游戏与网页游戏市场份额同时出现下降，移动游戏继续保持高速增长，家庭游戏机游戏尚处于布局阶段。按细分市场划分，2016年，移动游戏市场占比超过客户端游戏市场达到49.5%，成为份额最大、增速最快的细分市场。

26.我国手机动漫发展情况是怎样的？

手机动漫从字面上来讲是以手机作为主要体验载体的动漫传播和体验。2006年以前，我国整个动漫行业是自然发展的过程，2006年以后在政府的大力推动下开始蓬勃发展。到2013年以后，随着智能手机的普及，手机动漫又带给了行业新的发展高峰。在消费形式上，由看动漫变成了玩动漫，手机动漫给消费者带来了体验感。而且动漫源于真实生活记录以外想象的再创造，是文化内容的一种体现形式。因此，有专家预言，整个世界未来可能都要跨入动漫时代，包括电影、新闻播出都开始进行虚拟影像播出。这些都为手机动漫发展带来更大的机遇。

27.我国手机视频发展情况是怎样的？

手机视频是指基于移动网络，通过手机终端，向用户提供影视、娱乐、体育、音乐等各类音视频内容直播、点播、下载等服务的业务。我国的手机视频业务类型主要有以下三种：一是基本延续传统电视形态的手机电视；二是手机网络视频，分为网页版与客户端两种；三是手机视频使用与分享，有可视电话、视频会议、视频邮件、即时通信等。随着移动网络和智能手机的发展，手机视频的用户还将呈爆发式增长。手机视频产业也将迎来新的发展高峰。

28.什么是数字动漫？

数字动漫是指漫画和动画作品突破以往单一的传播渠道，以手机、网络、移动电视、数字电视、触摸媒体等平台向观众展示。目前，数字动漫作品主要通过数字化出版平台展现，这开启了我国动漫作品的数字化征程，带领我国动漫作品进入全球竞争阶段。数字动漫经过最初的网络动漫阶段，随着技术变革，逐渐发展到以智能手机为载体的崭新阶段，动漫内容呈现方式更加丰富，传播载体更加多样化。在不同的移动终端之间，数字动漫都可以做到游刃有余。特别是随着最新移动通信技术商用的推广，具有强大娱乐功能的动漫作品直接带来了用户体验的根本性变化。

29.数字动漫的表现形式是怎样的？

新媒体的出现，让漫画传播如虎添翼，传播更为广阔。我国数字动漫的发展已经起步并且进入快速发展的阶段，目前拥有以下几种传播方式：一是网络动漫。网络动漫是一个相对完整的动漫内容传媒领域，包括动漫企业或个人通过互联网制作和传播动漫作品，发表相关信息，以及提供以动漫形态表现的各种增值应用服务，并从中获得收益。网络动漫具备传媒的所有特征,包括明确的动漫作品及其制作者与传播者、传播途径和手段,还有受众。二是手机动漫。动漫产品在手机媒体中传播内容的主要表现形式可以分为网页浏览、客户端阅读、彩信浏览等,这些形式优势互补,为用户带来全面、便利、贴心的观赏体验。

30.什么是数字视频?其播放形式有哪些?

数字视频指由动态的影像画面所构成的影像。从媒体的格式来说,电视节目、电影等都是视频。数字视频即以数字形式呈现的视觉信息。目前数字视频的播放形式主要是围绕人们户外的楼宇电视、公交电视、地铁电视,以及围绕电脑和智能终端的网络视频。

31.什么是网络文学?

所谓网络文学,就是以网络为载体而发表的文学作品。业界关于网络文学也存在诸多讨论,归纳起来有两类:一种观点认为网络只是单纯的媒介,不会改变文学的本质,网络文学其实和依托印刷媒介的纸质文学没什么两样。另一种观点认为网络文学在创作、题材、发表和传播阅读方式等方面都很大程度上区别于传统文学。就目前来看,可以从广义上和狭义上来界定网络文学:广义上,只要是通过网络传播的文学作品就是网络文学。狭义上,利用多媒体技术和网络交互作用创作的超文本、多媒体作品,以及借助特定电脑软件生成的“机器之作”,这类作品离开网络就不能生存,是真正意义上的网络文学。

32.网络文学的表现形式是怎样的?

网络文学与传统的文学相比,其表现形式更加多样化。传统的文学主要是通过纸制品的形式表现出来,可以做到图文并茂的效果,但是内容是静态、固定的。但网络文学以计算机和网络为载体,采用网状结构组织块状信息,读者可以随机进行非线性的重新组合。可以结合多媒体在文中插入声音、图像、影像等资料,极大地丰富了网络文学的表现形式。

33.什么是网络教育出版物?

网络教育是利用网络技术、多媒体技术等现代信息技术手段开展起来的新型教育形式。相对于面授教育而言,网络教育最大限度地突破了教育的时空限制,是师生分离、非面对面组织的教学活动,是一种跨学校、跨地区的教育体制和教学模式。网络教育出版就是基于网络的教育出版,是融网络技术、教育知识、出版形态的三合一的跨界行为。网络教育出版物,即出版机构满足人们进行网络教育与学习过程的数字产品。

34.网络教育出版物的表现形式是怎样的?

网络教育出版物最主要的表现形式是网络教材、网络教育资源、网络教辅 3 种产品。

网络教材是网络版的学生教材,是实现教育信息化最核心的内容,需要体现课程标准和教学要求,并能充分体现网络教学的特点。

网络教育资源是供网络教学使用的各种数字化资源,包括教学课件、试题及参考答案、教参、教学素材等。

网络教辅是网络教材的辅助读物，是充分利用网络资源辅助教学的工具。网络教辅既可能是一个数据库，也可能是一个网站或其他形式。网络教辅一般具有师生互动功能。

35.什么是资源数据库出版物？

资源数据库出版物是将同一体系的内容通过数据库形式集成出版，方便用户查询某一领域的信息。数据库出版物的制作耗费时间久，信息要求全面、准确，具有很强的专业性，一般需要专业人士有组织地进行编撰。

36.资源数据库出版物是如何分类的？

资源数据库出版物包括集成性网络全文数据库出版物和专题知识数据库出版物。集成性网络全文数据库出版物是相对于独立网络出版物来说的。独立网络出版物，比如单个期刊的网络版，其内容范围往往没有超出纸质版；而集成性网络全文数据库，则是将某个领域的甚至是全国范围正式出版的某类出版物（如期刊）集中起来，以数据库形式整合汇编到一起，提供具有增值服务功能的一种网络出版物。比如中国知网出版的《中国学术期刊网络总库》、维普资讯出版的《中文科技期刊数据库》等。专题知识数据库出版物是基于集成性网络全文数据库出版物而面向用户的个性化出版物。它是指根据某个行业、某类用户群的需求特点，以他们关心的主题选择内容，以他们的分类思维和使用方式编辑内容、定制服务功能，为他们量身定制的一种网络出版物。比如中国知网推出的《汽车维修技术数字图书馆》《政协参政议政知识库》等。

37.什么是数字音乐？

数字音乐按其基本内涵来讲，就是用数字格式存储，可以通过网络进行传输，运用数字技术进行处理的音乐，它的实质是一串由“0”和“1”组成的二进制数字信号。

38.数字音乐有哪些特点？

由于数字音乐是以数字格式记录和存储的，一般具有如下特点：一是无实物载体。传统音乐总是附着在某种实物介质上，如唱片、磁带、光盘等。数字音乐的出现打破了这一传统，它以数字信号的方式被储存在服务器里，在网络空间中流动传输，根据人们的需要被下载和删除，它的传播不再依赖于某种实物载体。二是传输速度快。数字音乐以数字信号的方式在网络空间中传输，其速度不是以物流方式进行传播的传统音乐可比拟的。三是音质不产生损耗。传统音乐载体，如磁带、光盘等，在多次使用后会产生不同程度的磨损。数字音乐没有实体形态，所以不存在磨损的情况，无论被下载、复制、播放多少遍，其音质都不会发生变化。四是易于计算机处理。传统音乐的制作和传播必须由受过严格训练的专业人士使用复杂的器材、通过专用的渠道进行。数字音乐的制作则可以运用各种便捷的音频编辑软件对其进行处理，并可以达到采用很多传统手段难以实现的效果。普通的音乐爱好者使用软件就能制作属于自己的个性音乐，并将其放到网上交流。这降低了音乐制作和传播的门槛。

39.什么是网络地图?

网络地图是利用计算机技术,以数字方式存储和查阅的地图。网络地图储存资讯的方法,一般使用向量式图像储存,地图比例可放大、缩小或旋转而不影响显示效果。现代电子地图软件一般利用地理信息系统来储存和传送地图数据。目前我国用户较常用的几个网络地图有百度地图、腾讯地图、高德地图、谷歌地图以及搜狗地图等。

40.网络地图是如何分类的?

目前互联网上的电子地图从功能上来讲主要有两大类:一类是阅读型的网络电子地图。主要用于单一的地图显示和阅读,只提供放大、缩小、漫游等功能,没有空间信息数据库的支持,不能用于查询分析,即该地图不能被点击。如微软 Encarta 网站提供的地图,分析功能很少。另一类是交互型的电子地图。交互型电子地图是在数据库和软硬件资源支持下,能实现对电子地图各种操作,如显示阅读、属性查询、空间检索分析、热点链接、打印输出、发送邮件等。交互型的电子地图是当前研究的主要方向之一,在数据组织管理、功能操作、用户界面友好等诸多方面,都体现了电子地图技术水平,已成为网络电子地图的主流。目前大多数网络电子地图产品均属于这一类。

41.网络地图有哪些特点?

网络地图主要有以下特点:一是适应性强。由于网络电子地图是基于互联网和移动互联网的,因而它是全球性的。地图使用者可以在地球任意位置用网络终端浏览、查询任意地区的地图,不受地域的限制。二是即时性好。网络电子地图是在网上发布的,能对地图进行实时更新,因而人们可以通过互联网得到最新地图,获取最新信息。三是使用简单。网络电子地图用户可以直接从网上下载阅读软件以及获取所需要的各种地图,而不用关心地图阅读软件及地图的开发、维护、更新和管理。四是数据共享、资讯便利。网络电子地图能够避免数据的重复采集和处理,节约了费用,并且能够实现数据共享。

第三部分 新媒体概念及常识

1.什么是新媒体?

新媒体是相对传统媒体而言的数字媒体,是继书、报、刊、广播、电视等传统媒体之后发展起来的新的媒体形态,是利用数字技术、网络技术、移动通信技术,通过互联网、无线通信网、卫星等传播渠道,以及电脑、手机、数字电视等终端,向用户提供信息、娱乐服务的传播形态和媒体形态。

2.新媒体的基本特征有哪些?

新媒体的基本特征:①新媒体是数字媒体。新媒体建立在数字技术和网络技术的基础上。新媒体是主要以计算机信息处理技术为基础,以互联网、卫星网络、移动通信网等作为运作平台的媒体形态,它包括使用有线与无线通道的传送方式,如果说传统媒体是工业社会的产物,那么新媒体就是信息社会的产物;②新媒体是一种复合的多媒体。传统媒体是单一媒体,新媒体的内容呈现方式可以根据需要在各种媒体之间转换或兼而有之;③新媒体是具有充分互动性的媒体。新媒体内容的发送者与接收者之间可以借助网络充分互动、交流;④新媒体具有全天候和全覆盖的特征。受众接收新媒体信息,大多不受时间、空间的制约;⑤新媒体的边界不断变化,呈现出媒介融合的趋势。

3.什么是数字媒体?

数字媒体是建立在数字技术基础上的新兴媒体,由此衍生的媒体形态就是数字媒体形态。按照百度百科的解释,数字媒体是指以二进制数的形式记录、处理、传播、获取过程的信息载体,这些载体包括数字化的文字、图形、图像、声音、视频影像和动画等感觉媒体和对这些感觉媒体的编码等,统称为逻辑媒体,以及存储、传输、显示逻辑媒体的实物媒体。但通常意义上所说的数字媒体指感觉媒体。数字媒体形态包括数字广播媒体、数字电视媒体和 IPTV 等。

4.什么是全媒体?

对于"全媒体"概念及内涵的探究,目前学术界并未提出具有很强的概括力和描述性的核心定义。通过对全媒体发展实践的观察发现,全媒体概念的出现,是随着近年来信息技术和通信技术的发展、应用和普及,在以往的"新媒体""媒介融合""跨媒体""多媒体”等概念和实践应用的基础上逐步衍生出来的新形态。从广义上看，全媒体是指对媒介形态、媒介生产和传播的整合性应用。从狭义上看，全媒体是指立足于现代技术的发展和媒介融合的传播观念，综合传统媒体与新兴媒体，在媒介内容生产、媒介形态、传播渠道和传播方式、媒介运营模式、媒介营销观念等方面的整合性运用。

5.什么是博客?

博客，英文名为 Blogger，为 Web Log 的合成词。它的正式名称为网络日志，是一种通常由个人管理、不定期张贴新文章的网站。博客上的文章通常根据张贴时间，以倒序方式由新到旧排列。许多博客专注在特定的课题上提供评论或新闻，其他则被作为个人的日记。一个典型的博客结合了文字、图像、其他博客或网站的链接及其他与主题相关的媒体，能够让读者以互动的方式留下意见。大部分的博客内容以文字为主，仍有一些博客专注在艺术、摄影、视频、音乐等各种主题。博客是社会媒体网络的一部分，比较著名的有新浪、网易等博客。

6.什么是微博?

微博(Weibo)，微型博客(MicroBlog)的简称，即一句话博客，是一种通过关注机制分享简短实时信息的广播式的社交网络平台。微博是一个基于用户关系信息分享、传播以及获取的平台。用户可以通过 WEB、WAP 等各种客户端组建个人社区，以最多 140 字(包括标点符号)的文字更新信息，并实现即时分享。微博的关注机制分为可单向、可双向两种。

7.什么是微信?

微信，是一款为智能终端提供即时通信服务的免费应用程序，微信支持跨通信运营商、跨操作系统平台，通过网络快速发送免费(需消耗网络流量)语音短信、视频、图片和文字，同时，也可以使用通过共享流媒体内容的资料和基于位置的社交插件“摇一摇”“漂流瓶”“朋友圈”“公众平台”“语音记事本”等服务插件。

8.博客、微博有哪些特点?

从传播主体来讲，博客、微博都存在较强的草根性和去角色化特征；从文本特征来讲，博客、微博呈现出一种交汇于公共性与私密性之间、更为中性与杂糅的文本风格；从传播方式来讲，博客、微博不同于 IM、Email 的“一对一”、BBS 的“多对多”“群言式”的讨论特点，它们同时包容了“一对一”(如微博私信、博客的好友关注)、“多对多”(如博客群、微话题)、“一对多”(公民新闻和名人博客)的传播模式。

9.微信有哪些特点?

微信作为一款定位于移动端的社交软件，主要有以下几个特点：一是即时性、互动性。微信可以像对讲机一样即时对话、互动。二是强社交性。微信倡导的是一种半熟社交，现实中可能完全陌生的人，可能因为共同的爱好通过微信平台而进行广泛的交流。三是沟通方式的同步性与异步性相结合。同步性指同时做出动作，以达到交流的目的，例如“摇一摇”。异步性是指非同时做出的动作也可以实现交流的目的，如“漂流瓶”。另外微信推出的企业、个人公众号、网络购物支付平台等，为企业宣传、人民生活都提供了一个全新的平台。

10.什么是自媒体？

自媒体又称“公民媒体”或“个人媒体”，是指一般大众而非专业媒体组织所产制的媒体。微博、维基百科等属于自媒体。

11.什么是多媒体印刷阅读出版物(MPR 出版物)？

MPR(Multimedia Print Reader)出版物，即多媒体印刷阅读出版物，是以 MPR 码将音视频等数字媒体文件与印刷图文关联，实现同步呈现，满足读者视听需求的一种复合形态出版物；是一种以唯一性关联编码为基础，以印刷矩阵式二维码为机读符号，对多种出版载体和表现形式进行整合和精确关联，形成以纸质印刷载体为基础的多媒体复合数字出版形态的出版物。MPR 出版物将数字技术引入传统印刷技术支持的出版活动，实现了纸质出版物的有声听读，可以满足阅读者通过视听，多感官、抽象化与具象化全方位获取信息的需求，可实现基于新技术手段的横向阅读、深度阅读、多维度阅读，是数字技术时代对出版形式的突破，是一种全新的出版物种。MPR 出版物技术具有编码容量巨大、成本低廉、可靠性强和印制便捷等特点，与数字出版实现了良好的衔接，对我国传统出版产业完成改造升级、平稳转型将发挥重要的支撑作用。MPR 作为我国具有完全自主知识产权的技术标准，代表了信息资源整合应用的发展方向。

12.什么是移动通信媒体形态？

移动通信媒体形态，即手机媒体形态，它是将移动通信与互联网结合在一起的媒体形态，是继报刊、广播、电视和网络媒体之后的“第五媒体”。人类进入智能手机时代以后，手机不仅是用来打电话、接电话的通信工具，而且还可以在上面进行阅读、看视频，成为名副其实的媒体形态。手机媒体形态包括：短信彩信、手机报纸、手机期刊、手机图书和手机电视。

13.如何认识新媒体产业的特征？

与传统的传媒产业相比，新媒体产业具有其自身的特点。这一方面是源于新媒体与传统媒体的差异性，另一方面是源于新媒体存在的社会环境具备了新的要素。

新媒体产业的特征：①由媒介融合带来的产业融合：媒介融合是媒体发展的一个大趋势，新媒体的出现更是加剧了其向前的进程。而媒介融合除了改变媒介本身的存在形式与业务流程之外，如今其影响力也逐步渗透到其他产业，由媒介融合带来全新的产业融合；②社交属性与文化属性的结合：新媒体的低门槛限制意味着人人都有了接近媒介的可能。伴随着媒介接近而来的是一种普遍的社会交往与文化衍生。社交属性与文化属性的结合是新媒体产业经济的一大特征；③媒介属性与商业属性结合：新媒体承担着媒体的一些公共职能，在社会运行过程中发挥着传播信息，协调社会，舆论监督等作用。

在新媒体时代媒介信息的生产主体更加多元，传播渠道更加丰富，影响效果更加广泛。然而承担媒介职责不过是新媒体的一部分，由于缺少公共的资金支持，它们需要自负盈亏。因此在发挥媒介职能的同时，它们也在不断结合自身的特色进行商业应用。新媒体在媒介属性的基础上建立起自己生存发展的优势并不断发展壮大；④信息经济与产品经济结合：新媒体产业经济是虚拟的信息经济与实体的产品经济的混合体。从信息到产品，在这样一个过程中新媒体产业打破了传统产业之间的界限，实现了优势在不同领域之间的转换。经营新媒体需要有非常广阔的视野，能够打通不同行业之间的壁垒，充分发现在繁杂的资讯信息用户数据背后所隐含的商机，并且具备将商机转化为实际资本回报的能力。

14.新媒体产业价值链的构成包括哪些部分？

新媒体产业链构成要素包括内容联盟、技术设备支撑系统、平台运营系统三个部分。①内容联盟：新媒体产业价值链当中的内容提供商，其内容来源主要是传统媒体、自媒体用户、其他新媒体；②技术设备支撑系统：技术设备支撑系统的形成，从技术层面保障产业价值链的顺利运行。它包括基础性的网络设施、硬件设备、软件服务等。基础性网络设施诸如宽带、移动网等；硬件设备包括电脑、手机、其他移动终端及连接设备等；软件服务包括操作系统、各类软件等；③平台运营系统：平台运营系统由用户、广告主、平台运营商、营销机构组成。这个系统是整个新媒体产业价值链的关键所在。它建立在内容联盟与技术设备支撑系统之上，并在实际的运作过程中，为内容的提供、技术的改进提供反馈。在平台运营系统中，各个主体基于一定的利益诉求相互关联起来，各取所需，互利共生。其核心是实现用户与广告主的有效沟通，促进商品供应信息与用户需求信息达成匹配。

15.新媒体经营的内容包括哪些？

新媒体经营的内容主要包括渠道和产品。①广告服务：对于具有丰富流量资源的新媒体而言，广告是其收入的一个重要方面，也是新媒体经营的一个最为基础的内容。在新媒体时代，广告是通过大规模的数据运算，实现更为精准实时的定位与个性化的广告传播；②专业化的信息服务：专业化的信息服务源自于海量信息不断占据我们生活的这个事实。专业化的信息服务具有多种类型，如信息内容的付费订阅、数据报告与问题咨询、沟通需求与供给的信息服务（提供分类信息的网站和应用）、个性化定制（如旅行方案、医疗体检）等；③网络游戏：游戏经营已经成了新媒体经营的一个重要组成部分，作为营收的来源，为其他业务的开展提供资金支持。游戏根据用户在游戏中的需求设置相关的付费点和付费情境，并创造出一种长期持续的投入机制从而获得长久的收益。腾讯、网易、搜狐这些新媒体巨头们都表现出对游戏经营的高度依赖；④增值服务：增值服务主要是指在免费的基础性的服务之上所提供的一种附加性的服务，最为典型的代表就是会员制度。增值服务的服务对象并非产品的所有用户，而是对产品有着更为深度需求的一部分人；⑤智能产品：智能产品从虚拟跨越到实体，是软件向硬件的过渡。专业的新媒体公司如今已经开始在软件信息的基础上向智能产品迈进，将自身的优势向人们的日常生活延伸。这些在信息、软件基础上发展而来的智能产品正在改变我们的生活形态，也成了新媒体公司未来的一个发展方向。

16.什么是新媒体用户自主生成内容(UGC)？

UGC(User Generated Content)指用户自主生成内容，最早起源于互联网领域，即用户将自己原创的内容通过互联网平台进行展示或者提供给其他用户。UGC是伴随着以提倡个性化为主要特点的Web 2.0概念兴起的，它并不是某一种具体的业务，而是一种用户使用互联网的新方式，即由原来的以下载为主变成下载和上传并重。随着互联网运用的发展，网络用户的交互作用得以体现，用户既是网络内容的浏览者，也是网络内容的创造者。

17.新媒体环境下的碎片化传播主要有哪些特征？

人人都是传播者，多种可供选择的媒介、内容，以及无处不在的信息接收者，这些因素共同造就了新媒体的碎片化传播特征。这种碎片化传播特征为新媒体所独有，它主要包括内容碎片化、媒介多元化和受众具象化。

①内容碎片化：主要表现在用户接收到的信息零碎而庞杂。新媒体传播的低门槛使得任何用户都能参与到媒介内容的生产当中，虽然丰富了新媒体上的信息，但也使得媒介内容变得碎片化，包括事实性信息传播的碎片化与意见性信息传播的碎片化；②媒介多元化：主要表现在用户接收信息的情境与方式不再固定。新媒体赋予了用户信息接收的主动权，而不必受制于信息接收的环境。人们可以在任意时间任意地点读报纸、听广播、看电视，无论是在餐厅、商场、住所，还是在各类交通工具上；③受众具象化：受众的时间与思维在频繁的媒介接触和海量信息的裹挟中变得支离破碎。由于传播渠道的整合，人们可以通过移动终端随时随地接收信息；由于传播内容的极大丰富，人们可以很容易找到自己感兴趣的内容。

新媒体的这些特点如同一把双刃剑，其负面效果是人们花在媒介接触上的时间更长，“媒介依赖症”进一步加深；新媒体对用户时间的切割，还造成了用户思维的碎片化。

18.二维码在图书出版行业的应用可以带来哪些好处？

二维码在图书出版行业的应用可以带来以下好处：①降低成本，延伸内容。利用二维码储存信息，可以大大减少图书版面数量，降低印刷成本；也可以替代现有配盘业务，减少光盘成本；实现出版物内容延伸与扩展；②多样化呈现，实现媒体融合。扫描二维码可将与图书内容相关的音频、视频、动画、图文等数字信息通过移动智能终端进行多样化呈现，实现媒体融合；③线上线下，整合营销。扫描二维码可与在线商城实现O2O无缝连接，提高图书销售转化率，提升图书市场价值；④互动分享，多渠道传播。用户扫描二维码获取的数字信息，可通过微信、微博、QQ空间等形式分享，实现图书信息的再次传播，扩大图书出版影响力；⑤跟踪读者互动，实现选题规划。可实现与读者的双向沟通交流，获取用户的反馈意见，有助于图书修订和完善，帮助图书选题策划；⑥掌控用户数据，促进市场营销。可跟进每一本书对于读者的后续服务，有效统计图书的读者群信息，评估发行及销量，为市场营销提供帮助；⑦推进传统出版数字化进程。二维码是移动互联网重要入口，传统出版编辑掌握了最基本的“二维码＋图书”应用技能，会增强图书编辑互联网思维的形成，加快人才队伍建设，促进“互联网＋出版”产业链的形成，呈现良性互动，有利于传统出版数字化进程的整体推进。二维码在图书出版行业的应用很多，但二维码只是一个提供“数据链接”的工具，二维码链接背后应该为读者提供更多的内容增值和衍生服务。

第四部分 数字出版编辑及制作常识

1.数字出版产品的选题策划与传统出版物选题策划有什么区别?

传统出版物选题策划是指编辑人员开发出版资源、设计选题的创造性活动,是对即将出版作品的题目及其基本要素的构思、设计,它是出版工作流程中的前期准备工作,一般包括信息梳理、选题设计、选题论证和选题优化等步骤。而数字出版产品策划从一开始就是一种整体策划,它是对数字出版产品从创意、研发、生产到销售全过程的构思和设计。因此,在数字出版产品的选题策划过程中,我们的编辑不但要做好数字出版产品的研发策划,还要特别重视数字出版产品的市场营销策划。

2.数字出版编辑需要具备哪些业务素质?

数字出版有别于传统出版的特征是:具有数字技术记录、储存、呈现、检索、传播、交易的特点;具有在网络上运营,实现即时互动、在线搜索等功能;具有创造、合作和分享的特性;能够满足大规模定制、个性化服务的需要。因此,数字出版编辑应是通晓内容、技术、出版、经营、管理的高素质复合型人才。

第一,应具备数字出版策划的能力。在数字出版与传统出版共生的今天,编辑在策划能力上不能仅局限于传统出版,要具备较强的整合能力,数字出版并非简单地把传统出版的图书报刊转化成电子书的形式,而是要深度挖掘传统出版中的内容,将其内容进行再次加工整合,形成有效的数字内容,然后用数字载体形式进行传播。

第二,应成为数字产品的设计师和组织者。数字出版编辑不仅是数字产品的设计者,更是数字产品项目负责人。对于数字产品生产流程的各个环节,如立项、需求分析、设计实现、数据处理、系统测试、试运行、正式上线运行、后期维护等,数字出版编辑都需要进行整体设计和监控。同时,还要在现代传播中发挥组织和协调的作用。编辑在制定选题之后,必须把成熟的决策分解成个别相关部门的行动,推动、组织作者进行创作,协调各方面的工作,使传播渠道畅通,保证设计蓝图成为现实。

第三,应当是数字出版新技术的应用者。数字出版是依托技术的出版,虽然开发工作由专门的技术人员完成,但是在项目策划、项目开发、内容加工和运营维护的过程中,都需要编辑具备足够的技术能力来参与和完成。如果编辑不了解、不适应数字化出版的流程,不把工作模式尽快地转变到跨媒体、多介质同时交互运行的新流程中,就很难使编辑的工作与数字化出版的新环境对接，就很难实现对内容的科学管理，利用多媒体的传播渠道对内容资源进行全方位、立体化的开发。因此，作为数字内容的提供者，编辑必须把数字出版新技术作为一项必不可少的基本技能。

3.数字出版物选题策划应当遵循哪些基本原则？

选题策划是各类出版物，特别是数字出版物策划工作的灵魂，必须坚持以马克思列宁主义、毛泽东思想、邓小平理论、“三个代表”重要思想、科学发展观、习近平新时代中国特色社会主义思想为指导。选题策划是一个出版物成功与否最为重要的环节，也是拟定选题走向市场后获得较好社会效益和经济效益的根本保障。为了更好地促进我国出版产业的繁荣发展，更好地适应市场竞争和读者的需要，选题的论证审核就成为数字出版物选题策划中重中之重的工作环节。

数字出版物大多是汇编作品，其选题一般是由题目、原创者或汇编者、出版意图、读者对象、基本内容、基本需求、体例规范、素材储备、技术支撑、市场需求等部分组成。因此，选题策划的论证审核工作要从选题的导向性、作者和编纂者的资质水平、读者的定位、读者或用户基本需求、内容定位、体例、技术应用和市场需求等方面进行分析。

4.数字出版选题的读者定位应考虑哪些方面？

在选题策划时，要解决的一个重要问题是读者定位，即读者的具体构成，只有锁定了读者群，才能根据这个特定读者群的信息需求和使用信息技术的水平，以及信息消费的心理和习惯，策划出针对性强的选题。

第一，确定读者的类型。按照年龄，可以分为低幼（学龄前）儿童、在校中小学生、青少年、中年和老年读者；按照职业，可以分为国家公务员、教师、公司职员、农业从业人员、军事人员、科研人员和其他专业人员等不同领域的读者；按照地域，可分为城市读者和农村读者、经济发达地区读者和内地经济欠发达地区读者、国内读者和国外读者等。这些不同年龄、不同职业、不同地域的读者，在阅读需要、阅读兴趣、购买能力等方面，都会有较大差异。因此，认真研究他们之间的差别，对于做好选题策划工作具有重要意义。

第二，确定读者阅读需求层次。划分读者阅读需求层次，除要考虑读者的文化水平、文化素养以外，还要考虑读者的思想状况、生活态度、生活经验等多种因素。以文化水平、文化素养为主，综合考虑其他因素，可以把读者分为四个层次：一是专家型读者，包括科研机关的研究人员，或者在文教、金融、工程技术、医药卫生等行业的高级专业人员。他们主要是为了专业工作和科研活动需要查阅有关科学文化的发展动态和科研成果，收集有关的数据和文献资料等，因而阅读需要有明确的方向。二是高学历读者，他们一般具有本科以上学历，文化程度较高，有较好的阅读习惯，有较高的阅读、鉴赏能力。他们的阅读需要、阅读兴趣和阅读方向比较稳定。三是中等文化水平读者，这部分读者是大众文化信息消费的主体，主要包括具有中等文化程度的工人、农民、战士和机关、企业职工。他们除阅读实用性、专业性较强的业务技术培训教材外，主要阅读娱乐休闲类的科学文化普及读物和文艺作品。内容选择的从众心理较强，缺乏目的性和计划性。四是初等文化水平读者。这部分读者由于文化水平低、阅读书籍以消遣为主要目的，也是低俗文化容易泛滥的市场。对这类读者的阅读需求要加强引导，提高其自觉抵制不良文化的能力和意识。

第三，确定读者结构。不同类型和不同文化水平的读者组成一定的社会读者结构。系统研究不同读者群的阅读需求和阅读能力，是选题内容策划的重要环节。一是潜在读者与现实读者。有一定文化水平、有阅读需要和购买动机的人，都是选题的潜在读者。不仅有阅读需要和购买动机，而且在这种需要和动机的驱动下，有购买、阅读行为的人，便成为选题的现实读者。二是基本读者与随机读者。有些读者有明确的阅读目的和阅读要求，主动寻找他们需要购买和阅读的书籍，这类读者是书籍的基本读者。还有许多读者购买、阅读行为往往是由于偶然因素的触发和影响。如追随周围的人，或追随某一时期的读书潮流、读书热点而购买、阅读某些书籍。他们的购买、阅读行为缺乏自觉性、计划性和稳定性。

5.从哪些方面对数字出版物进行市场容量分析？

由于不同选题的消费模式和消费能力差异很大，其市场容量也有所不同。市场容量分析重点要解决三个问题，一是未出版的同类选题或相近选题的情况，这些资料大多可在各大出版单位、制作单位新产品预告中找到。了解未出版选题的情况，有利于对策划选题立意的创新和区分不同选题之间的差异。二是要了解同类选题和相近选题已出版的情况，由于已出版的选题对现有市场已进行了切分，如果策划的选题没有新意，则很难从现有市场中有效切割出读者来，这些资料，还有利于对读者需求的分析。三是要对已出版发行选题的销售情况进行分析，从中可获得真实的消费需求。只有最终从市场获得真实信息，才有利于对所策划选题的市场定位进行准确判断。

6.数字出版产品的市场调研能起到什么作用？

开展数字出版产品市场调研的作用有：一是有助于编辑和出版单位了解相关产品的技术应用背景。二是为数字出版产品的策划立项提供决策依据。三是可以增强出版单位的数字出版产品的竞争能力和企业的生存能力。

7.如何开展数字出版产品的市场调研？

数字出版产品的市场调研包含以下 7 个步骤：确定信息采集目标、设计信息采集方案、制订信息采集计划、组织实地调查、查阅文献资料、整理分析数据资料、撰写调研（立项）报告等。

确定信息采集目标是开展市场调研工作的前提和基础。按照数字出版产品类型、出版单位发展战略和市场需求的不同，编辑应该确定不同的信息采集目标。数字出版产品类型很多，在用户对象、发行渠道、价格策略、服务模式等方面差别很大，编辑需要进行信息采集的方向、渠道、内容也完全不同。同时，编辑还需要根据本单位数字出版战略规划，注意重点采集宏观市场环境的发展变化趋势，尤其要对出版单位所处行业未来的发展状况加以关注。而如果是调研具体的数字出版产品的实施，则要采集相关产品的市场需求信息、竞争状况信息和消费者购买行为信息等。

设计信息采集方案是指针对数字出版产品市场调查的需求，制订出信息采集的内容和来源、采集步骤和方法等具体工作事项的书面报告。信息采集的主要内容和来源包括相关数字出版产品的信息采集的目的、价格、用户情况、消费规模、信息采集来源和渠道状况等。信息采集的步骤和方法中应明确开展上述信息采集时的具体程序、信息采集表格、调查方法、样本采集范围、数量和抽样要求等。信息采集方案的设计既要客观具体、条理清晰、便于操作，又要避免面面俱到、内容过多、程序过繁。

制订信息采集计划是指明确信息采集工作的组织领导、人力配备、资金预算和进度安排等工作事项。计划中应明确是否建立信息采集的组织机构、负责部门、工作职责、问题反馈措施和协调机制；明确是否雇佣相关信息采集人员并开展培训指导；应明确投入资金总额、各科目费用安排、各阶段交付成果、时间要求、风险管理和相应的保障措施等。

在开展实地调查时，应根据信息采集方案和计划要求，综合采用观察法、实验法和问卷法或其中之一，做好信息采集线路安排、实地的用户问卷填写、信息采集中遇到的问题解决和信息采集材料的初步整理归类。文献调查是通过查询图书报刊、专利文献、政府公报、统计数据、学术数据库及商业数据库等文献源采集市场信息的调查方法，要注意确定好信息查询范围、文献类型和领域，选择好检索词组和策略，还要做好文献资料真实性的鉴定，确保做到真、新、全、准。

整理分析数据资料是指将原始调查资料和文献调查结果进行适当的清理、分类、合并和分析研究等工作。编辑应对原始调查表格和问卷逐份检查，剔除不合格的调查表，然后将合格调查表统一编号，以便于调查数据的统计。应将文献调查所获得的资料进行认真阅读、编号计数、时间排序、数据抽取和分类统计。在分析研究时，应根据调研方案要求，选择适当的方法开展数据挖掘和数据分析，如数据描述性统计分析、线性回归分析、方差分析和聚类分析等。编辑也可以将整理后的数据输入 Excel 等数据处理软件，生成统计结果及可视化图形，完成数据分析工作。

撰写调研(立项)报告是市场调研的最后一项工作内容，市场调研的成果将体现在最后的调研(立项)报告中。调研(立项)报告提交出版单位相关部门和领导审阅后可作为数字出版产品的立项依据。市场调研(立项)报告要按规范的格式撰写，一般的报告应包括题目、目录、概要、正文、结论、建议和附件。

8.如何定位数字出版物的底层支撑环境？

数字出版物的底层支撑环境，主要指的是数据采集环境、数据集成环境和数据回放环境，这些环境的搭建，主要是由软硬件来支撑的。一套数字出版物制作环境的配置，从前端的数据采集到中间的数据集成，再到后期的多级输出，少则数十万元，多则上千万元，而对于不同的出版物、不同的载体和不同的回放环境，其支持环境各有不同。如何根据业务需求，构建合适的底层支撑环境，对于数字出版物的制作是至关重要的。因此，选题策划中另一个重要的内容就是底层支撑环境的定位。一般说来，要根据出版物最终回放的环境，来确定整个制作环境的需求。例如，制作以数据为主要对象的出版物，需要根据库存数据量的大小，瞬时访问量和同时在线访问量的大小，以及网络带宽，来配置服务器和路由器。

9.在设计数字出版物功能的时候，需要考虑哪些问题？

数字出版物的制作是依托数字信息技术的，因此，现有数字技术所能实现的功能，都能移植到出版物中来。我们在设计出版物功能时，首先要考虑此类选题的使用目的是什么，读者会如何使用这个产品，读者在使用产品的过程中，可能会遇到什么问题，如何利用现有技术提供有效帮助，都是在功能定位时必须要解决的问题。一般来说，数字出版物要具有浏览、查找、输入、输出、定位等五大基本功能。例如浏览就包括自动浏览、延时浏览、时间可调的延时浏览、手控浏览、自由路径浏览、快速提要性浏览、欣赏性浏览等功能，查找包括全文检索、有条件的字符串查找、组合检索、智能型检索、在线检索等功能，输入输出主要包括文件导入、字符输入、非标字符输入、在线输出、离线输出等形式。

10.从哪些方面对数字出版物制作质量进行评测？

可以从以下几个方面对数字出版物制作质量进行评测：一是内容与素材处理的质量，如图、文、声、像等信息资料的来源以及处理效果；二是结构与功能设计的质量，如结构与功能设计是否规范和标准；三是实现技术与性能的质量，如采用技术手段及格式标准是否通用，技术性能是否先进；四是艺术表现与效果的质量，如内容美化设计与界面视听效果的好坏。

11.数字出版物内容信息采集要经历哪些过程？

对于数字出版物而言，要将其内容信息有序地组织起来并完整地展现给读者，一般是从以下几个方面分阶段进行的：一是对内容信息的来源及所选择的内容信息进行分析；二是对内容信息进行数字化采集；三是对采集的数据进行编辑；四是根据出版物要求将经过编辑加工的内容信息有序地组织并在特定的环境中集成起来；五是建立能便利访问所有内容的导航系统，使其成为一件完整的可供读者交互播放的作品。

12.什么是数字化信息内容？

数字化信息内容是指人类在社会实践过程中，按照结构化、组织化和关联性的编辑加工原则，经过系统收集、识别记录、规范化整理和数字化集成等工序，将反映事物运动状态和方式的知识、事实和数据等基本信息变成可被认知、理解、传递和检索，并以文本、数字、图像、动画、音频和视频等多种媒体形式呈现出来的一类非物质要素的内容集合。

13.数字内容资源可以分为哪几类？

数字内容资源按表现形式分类：数据、文本、图像、音频、视频、软件、复合数字对象；按产生方式分类：原创数字内容和非原创数字内容；按数据类型分类：结构化数字内容、非结构化数字内容和半结构化数字内容；按加工环节分类：素材型内容资源、产品型内容资源。

14.数字内容概念中的素材和元数据分别指的是什么？

可以把数字内容理解为两部分：素材和元数据。素材指以文本、图片、声音、视频、动画等形式存在的实际的数字对象。它独立于物理载体存在，是一种编码的数字信息。元数据指的是描述实际素材和其不同形式的信息，包括：第一，与内容相关的元数据，给出了实际内容的主题描述、关键词、权益信息。第二，与形式相关的元数据，用于描述素材格式、编码参数等信息。第三，与位置相关的元数据，描述内容的位置、数量、载体等信息。

15.数字化内容资源出版包括哪些基本环节？

数字化内容资源出版包括选题策划、项目组织、多媒体素材采集、脚本设计、程序设计、媒体编制、数据集成、内容审查、产品测试、终审发稿、征订包装、样盘刻录、复制发行、上线测试、正式发布、售后服务、读者反馈、再版修订、数据更新、在线监控、系统维护等。

16.按照信息资源的产生和传播顺序，一般将信息源分为几种类型？

信息源一般是指信息资源的出处，包括信息资源的生产地和发生地。一般根据信息产生和传播的先后次序，可以将信息源分成以下三类：

初始源，指人类在政治、经济、军事、文化和社会生活各领域的活动中产生和积累的原始信息和原始数据，如国家统计信息资源、市场信息资源和生物信息资源等。

次生源，指现实社会中各种媒体以及网络，各种传媒机构如通讯社、报社，出版机构如杂志社、出版社、互联网出版机构以及信息中介机构所采集、发布、传播的信息产品和服务，如：新闻、电讯稿、图书、报纸、杂志、音像制品、数字出版物、网络出版物、数据库等。它们所提供的信息一方面直接来自初始源，另一方面则可能来自再生源。

再生源，主要是指人类社会历代流传和积累下来的文化遗产和活动成果，如中国文化资源（历史文化、民族文化、语言文化、宗教文化等）以及文化典籍、考古发现、历代的文化遗存等。

17.为确定信息源的可利用价值，需对信息源进行哪些方面的考察？

不同的信息由于采自不同的源，因此其可靠性、准确性、权威性以及可追溯性的差异很大，要使其成为可供使用的资源，就要对信息的可靠性、准确性、权威性、时效性、稀缺性和可追溯性等六个方面进行综合分析。

可靠性，对信息与信息源相关性的判断，如果源不正、数不准，则可靠性就差。对不同的知识主题，源的可靠性判断标准和要求也不一样，初始源数据的可靠性最强，次生源数据由于经过人工的整理和编辑加工，可靠性次之，要慎重对待，要通过多种途径校验后才能使用，再生源信息由于是长期历史积淀下来的，使用中要对源数据的出处和引用的版本仔细考证，对涉及历史、考古以及相关学科内容的主题，还要注意引用最新的科研成果。

准确性，由于不同的源，其数据质量参差不齐，因此，一旦确定了采集的数据源后，还要对源数据的准确性加以判断，不准确的数据、未经校验的数据和失效及不可控的数据，其准确性差，未经复合校验，不宜引用。

权威性，权威性是一个相对的概念，但对一类基础性的信息，则显得十分重要，如政府公告、名词术语、官方统计数据、国家标准、行业标准和国际主导企业标准等。权威性要在综合考察信息源的可靠性和准确性的基础上，再根据信息发布者的资质来综合地加以判断。

时效性，许多信息资源，特别是具有时间属性的信息，都具有高度的时间敏感性，即要求及时性和适时性。因此，对此类信息一要注意信息源的跟踪与确认，二是要注意实时地更新数据。

稀缺性，由于真正有价值的且可以获得的信息资源往往是稀缺的，或是在二次开发和深度开发过程中挖掘出来的，而用户对这类信息资源的需求（不仅在数量上而且在质量上）又是极旺盛的，因此，是否拥有稀缺的信息资源，也就成为评价一部作品信息采集的重要指标。

可追溯性，为确保信息的准确和有效，我们要求信息采集的链路是连通的，可连续的，在任一节点上是可以追根溯源的。因此，采集过程中要将采集路径完整地保留下来，使信息资源具有可维护性和再生性。

18.什么是信息网络传播权？

互联网等信息网络的产生和发展带来了人类社会生产方式、生活方式的深刻变革，网络技术的广泛应用促进了人类精神文化活动向互联网的延伸，极大地改变了文化生产、传播和消费方式，互联网成为重要的文化创作生产平台、文化产品传播平台和文化消费平台。与此同时，网络环境下的知识产权保护问题也日益突出，首当其冲的就是网络传播作品引发的版权保护问题，这已成为当前世界各国在知识产权保护领域最为普遍关注的问题。根据《信息网络传播权保护条例》，所谓信息网络传播权，是指以有线或者无线方式向公众提供作品、表演或者录音录像制品，使公众可以在其个人选定的时间和地点获得作品、表演或者录音录像制品的权利。

19.作品基于多种载体形式的有效授权怎么解决？

由于过去媒体间的独立性，因而大部分著作权基于载体都是分立的，即不同载体形式的著作权许可是分别授予的。但在新媒体中，尤其是数字环境下，跨媒体出版已成现实，这就意味着原有媒体授权的扩展已成为制约新媒体产业发展的重要因素。这个问题如不能有效解决，将极大地制约新媒体产业的发展。而这个问题的解决，也要从两个方面来考虑。一是要解决新产生的作品的多载体、多介质出版形式或传播形式的授权问题，二是要解决传统媒体数字化以后产生的新载体的授权问题。一般来说，新作品的授权可通过与作者签订出版合同或著作权授予合同来实现，而传统媒体的授权，目前国际上流行的做法是通过著作权集体管理机构来实现。

20.取得原创性作品的合法许可权应注意哪些方面？

对于原创性作品，出版商或传播商要解决版权的原始获取、专有获取或非专有获取。

第一,在取得上述各种类型的著作权许可时,要特别注意排除作品中非原创的内容,即要特别注意作品中是否引用了他人的作品或作品片断,如动画中的角色造型、背景音乐、故事情节、场景及其他涉及他人享有著作权的内容,如有此类内容,则需要作者解决相关著作权有效使用的法律问题。

第二,关于专有版权,为了更好地进行产品市场的保护和开发,一般出版商和传播商都希望对所占有内容信息取得专有许可。这就需要对内容信息的增值价值以及市场运作能力做出准确判断,如有一定的把握并有实力解决市场独占的问题,则要尽量取得独家许可,即专有许可,以期获得最大的市场效益。

第三,关于非专有版权。由于大部分作品的专有许可费用过高,一般的出版商和传播商都难以接受。因此,非专有许可就成为业界较为流行的一种许可方式。但要注意许可的时间、地域、语种、载体及方式。

21.在信息资源涉及邻接权的授予时,要注意哪几方面的问题?

邻接权是目前大多数版权纠纷中最多的一类,由于著作权中邻接权的产生相当复杂,且权益的主体和权益的有效性很难判断,在信息资源涉及邻接权的授予时,一是要明确授予方是否有此权利,即授予的有效性;二是要明确授权的真实性,即授权对象与所授的权利是否一致;三是要签订合同,明确双方的法律责任,但这里要特别提出的是,如果合同的签订损害了第三方的利益,则这种合同应视为无效合同,不能用于对第三方权益的抗辩。

22.从哪些方面来评价信息资源的质量?

信息资源质量是个相对概念,不仅随着社会经济的发展和信息技术的进步而不断变化,而且不同地区、行业、市场环境以及不同的信息需求对应着不同的评估标准。目前,信息资源质量评估还处于探索阶段,现在大家主要从四个维度来对信息资源质量进行评价:正确性、明确性、完整性和重要性。

23.数字资源内容的采集与整理包括哪些环节?

数字资源内容采集与整理包含识别、截取、挑选、分类、标引、编码、组织、存储、传递、积累、维护等环节,这是内容信息处理最核心、最基础的工作,也是全面提高内容信息编辑加工质量的关键所在。

24.数字资源内容的识别主要考察哪些方面?

数字资源内容的识别是指对采集到的信息按信息构成要素进行有效性判断,判断的依据一是与主题的相关性,二是提取信息的有效性,三是信息量的丰富性,四是采集信息的可理解性。

25.数字资源内容的标引主要考察哪些方面?

标引工作是提高内容信息处理水平的重要环节,主要考察数据标识水平和深度,也就是对一个知识主题或知识点,考察其内涵是否切割得足够小、外延是否足够大、外延部分与相关知识点的关联是否足够丰富、超链是否足够长、链径是否合理、链点是否准确、点上的知识是否可被理解、在相应的知识体系结构中的占位及对位关系是否准确合理,这一点对边缘学科和交叉学科的知识点尤其重要。

26.数字资源内容的存储主要考虑哪些方面?

数字资源内容的存储主要考虑的是底层环境的问题,一是数据格式,二是信息还原质量,三是数据存储空间布局的合理性,四是存储介质的先进性和性价比,五是存储方式的可行性,六是存储介质的普及性。

27.什么是数字内容检索?

数字内容检索就是根据用户的信息需求,从组织好的内容资源库中找到所需内容资源的过程。按检索的对象和目的划分,可以将信息检索分为 5 种类型:数据检索、书目检索、全文检索、多媒体检索和事实检索。基本原理可以概括为对信息资源集合与信息需求集合的匹配与选择。

28.什么叫数字内容资源的元知识? 什么是知识单元?

元知识,是指设计大型专家系统时,有时把知识分为两个层次:知识集及控制知识集(知识的知识)。后者称为元知识。

知识单元是指构成整个知识集合系统的最基本单元形态。即独立表达某种最基本思维对象的形象、属性、关系的意象、概念和事物。它是知识控制和处理的基本单位,是一切知识管理活动的前提。

第五部分 数字出版传播常识

1.什么是数字出版物传播?

数字出版物传播是指以出版者和作者为代表的传播主体,以互联网或其他信息网络为传播渠道和平台,以数字化图、文、声、像、动画及超文本等为表现形式,以计算机、手机及类似设备为阅读终端,以作品内容的系统编辑为中心,以公之于众为目的,实现社会信息及知识的传播与共享的行为与过程。

2.数字出版物的传播过程及基本模式有哪些?

数字出版物的传播是在多媒体技术、网络技术、数字技术和各类数字阅读终端设备的支持下,以信息网络为载体形成的新兴的传播系统。与传统出版模式相比,在数字出版物传播过程中,作者、出版者、图书馆或书店、用户,这四者之间的联系不再是一维的、单向的,任何一方都可以跟其他三方直接联系,信息的流动和传播在这里是灵活的、多向的。

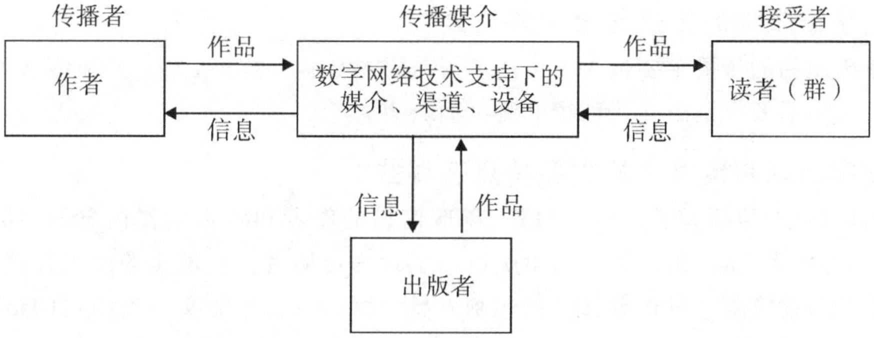

图 5-1 数字出版物的传播过程及基本模式

数字出版物的传播有多种模式。早期的数字出版是有形载体的离线式单机交互传播模式,网站初期也只是线性的网络传播模式。如今,借助于社会性网络、手机和移动智能终端,数字出版物传播模式有了更多的新发展。

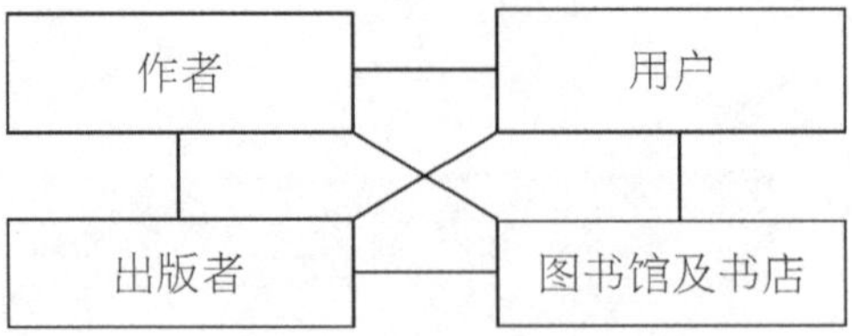

图 5-2 数字出版平台下作者、出版者、图书馆及书店与用户之间的网状关系

3.数字出版物传播有什么特点?

从技术角度看,数字出版物传播的信息表示是数字化的,传播平台是网络化的,传播过程是自动化的,传播方式是交互式的。在信息处理上,数字出版物中的文字、图片、声音都是转换成二进制计算机数据进行处理的,更加方便、快捷、准确。在信息显示上,数字出版物通过文字、图片、声音、动画、影像等,呈现出一种立体、直观、多元化的形式,在不同类型的数字出版物中,读者能够"身临其境",有着不同的阅读体验。在信息的获取方式上,是一种互动的方式。读者获取信息也是采取交互的方式,在获取信息的同时,通常还反馈信息,比如发帖、跟帖、推荐等。

从社会角度看,数字出版物的传播特征总体上表现为传播者、多种传播方式、更多的内容、更复杂的管理要求综合呈现。比如,数字出版物超文本的信息组织方式、超媒体的信息呈现方式、互动的信息获取方式和开放的信息形成方式。这种信息传播方式的出现,融合了广播、电视、纸媒等多种传播模式,模糊了传统的媒介分类。另外,传播主体方面多个传播者共存、传播者和接受者之间相互作用,相互影响,使传播方式更加复杂。海量的传播内容和多元的显示方式也让数字出版物的管理更复杂。

4.数字出版物的传播包含哪些要素?

数字出版物的传播主要包含了传播者、传播内容、传播媒介、接受者和传播效果五大要素。其中传播效果是由一系列指标测试而获得。

5.数字出版物传播者的主要特点有哪些?

在出版领域,传播者通常包含写作、创造信息的作者和编辑制作信息的出版者。一般情况下,将作者、编辑出版人员与出版机构统称为传播者。在现实的出版传播过程中,内容作品的传播需要经过作者、编辑、印制人员、发行人员,才能实现出版物的传播,传播者通常是一个由不同工种人员组成的群体,这些人员大部分往往又是在固定的出版机构工作。因此,传播者又应该是一个完整的系统,作者、编辑、制作者、发行者以及技术人员是出版传播者系统内部彼此分工、相互协作的统一整体。作者处于出版传播的起点,是内容的生产和创作者,是传播的主动发起者;编辑、制作者、发行者以及技术人员都是出版者,但在这里又可以分为出版人和出版机构两个层面。

在传统出版过程中,传播者往往具有权威性和精英性,作者往往是大学问家、社会政治精英人物,编辑出版人员也基本是这样的。数字出版技术的出现,为传播者从职业化、精英化向全民性、平民化的转变提供了技术条件。"草根"网民可以在网络上发表文章、创作小说、传播新闻等,每个人都可以通过互联网或其他网络向社会公众传播信息。数字出版扩大了出版传播者的群体规模,内容创作和提供者大量涌现。而传播者规模的扩大、层次的丰富,为传播内容的多样性、丰富性提供了可能。因此,数字出版不仅影响了出版传播者的结构及组成,而且也对出版传播组织及机构产生了很大的影响。这种影响主要表现在出版组织机构的扁平化、网络化,出版理念上的创新、快节奏,管理文化上的重心下移等方面。

6.数字出版物传播内容的主要特点有哪些?

内容在出版物传播过程中总是用特定的符号表达的,是比较系统的、有计划的,而不是零碎的、随机的,并以特定样式、结构完整的作品形式而存在。因此,作品是出版传播系统中独立于传播媒介范畴之外的重要概念,是作为传播的内容而存在于传播过程中的,是出版传播的直接对象。在数字出版物传播中,作品同样是数字出版传播的对象。

在传播内容的组织形式上,传统出版物往往受媒介物理结构和信息空间排列的制约,作品文本体现为一种稳定不变的结构,迫使读者从头到尾地阅读并被迫接受。网络时代的数字出版物,其超文本的信息处理方式,使文本的边界消除了。只要有应用需要,每一个文本都可以向其他文本开放,相互指引。在网络上,点击一个网站某个网页,可能会出现其他相关的网内或者网间链接,可能会打破媒介原有的信息调用模式,实现"像"人脑那样来调用信息,重构读者的阅读空间。数字出版物为实现"以读者为中心"的内容服务提供了条件,读者可以根据自己的喜好选择数字出版物的内容和形式。特别要注意的是,数字出版传播的内容主要以作品形式存在,其系统性、知识性、文化性更强。而一般的论坛、网评信息,大多比较零散,不具有系统性。

7.数字出版物作为传播媒介有哪些主要特点?

数字出版物作为当今社会的主流传播媒介之一,在传播时效性、经济性、可用性、可控性等多个方面具有不可替代的优势。在传播时效上,数字出版物无论是传播速度、更新速度,都比传统出版物更快、更便捷。在传播范围上,数字出版物可以突破地域的阻碍,在全球范围内传播,并且存放在网络上的数字出版物能实现随时随地的分享,传播范围比传统的媒介大得多。在传播形态上,数字出版物形态更加自由、形式也更多元,相较于书报、电视较为固定的传播形态,数字出版物形式更为多样。

8.数字出版物的接受者的主要特点有哪些?

在出版领域,出版物内容的接受者通常被称为"读者"。传统出版物传播中,由于技术条件和出版形态的限制,传播关系是固定单向的,即从传播者到接受者的单向关系,接受者无法及时、有效地反馈阅读体会,更难以在接受者之间开展有效交流。

数字出版物传播中,大量地采用了计算机技术、信息通信技术,一方面使得传播内容变得碎片化,传播内容更易检索和查找,更能满足读者个性化、多层次的需求;另一方面为传播者、接受者之间建立了便捷的信息交换渠道,接受者及时反馈信息、交流信息变成可能。因此,接受者由被动变为主动,开始转变为个性化、参与性显著的读者。传者和受者已经不再是那样界限分明的主体和对象的关系，两者之间可以进行转化，传受关系是一种可变的互动。此时，“读者”不仅可以选择自己感兴趣的内容阅读，和与自己兴趣和价值观相近的内容进行讨论，还可以成为传播的参与者。

9.数字出版物传播过程中存在哪些关键问题？

数字出版对传统出版方式进行了巨大的变革和发展，改变了作者、出版者、发行者、读者之间的相互关系，大大改变了原来的信息传播模式，也形成了不同于以往的关键性传播问题。

一是数字出版平台的建设和管理问题。数字出版平台对传统出版单位的数字化转型升级的支撑带动作用不够，数字出版平台的建设规范和标准还未能完善，无法很好地整合产业资源。

二是数字出版物的安全存储和可用性问题。数字出版存储介质对环境的要求很高，湿度、温度、磁场的变化都会使这些材料迅速退化，从而会造成保存信息的衰减和丢失。而由于技术和设备的不断升级，数字出版物存储格式也在不断变化和发展，这可能会使早期制作出版的数字读物不能被识别和读出，影响早期数字出版物的可读性。

三是数字出版物的版权保护问题。数字化技术使得信息的复制和传播更加简单、容易，但这也使侵权盗版行为变得更加方便，网络的便捷性、易得性、共享性使得盗版现象更为严重，数字版权保护问题将成为制约数字出版发展的重要因素。

四是数字出版物的管理及标准化问题。目前市场上存在着形态各异、标准各异的数字出版物，给数字出版物的管理提出了很高的要求。如电子书就存在着 PDF、TXT、CEB 等多种格式，由于格式之间一般互不兼容，这就使得读者需要安装不同的阅读软件，这将大大降低读者的数字阅读体验，严重影响到数字出版消费市场的形成。

五是数字出版物的阅读习惯问题。数字出版交互式、碎片化的阅读方式，与传统的阅读方式、收听收看方式有很大的不同，颠覆了人类习惯的阅读模式。这需要读者和听众改变原有的阅读方式和习惯，也需要通过技术完善来提升阅读体验。

10.什么是数字出版传播载体？

在新闻传播学学科中，“传播载体”与“传播媒介”比较接近，媒介被描述为是实现社会信息在空间上移动、在时间上保存的载体，是扩大社会信息交流范围和能力的中介物。同时，“载体”也是一个相对的概念，比如，纸张是书写文字符号的载体，文字符号是内容描述的载体，也可以将某本书、某份报纸视作文化传播的载体。而在数字出版传播中，不仅是出版内容的数字化，还要将数字化的内容传播到互联网、电脑、手机等具体的载体上，在这个过程中，互联网、电脑、手机和其他移动终端都作为数字出版的载体。但是它们在数字出版传播过程中所处的位置和作用是不同的，互联网通常是作为数字出版物的基本存储和传播平台，而读者的电脑和手机则一般是作为阅读终端。由此可见，与传统出版不同，数字出版的存储载体、传输载体和阅读载体是各自独立的。这些存储载体、传输载体和阅读载体共同构成数字出版的传播载体。随着数字出版技术的发展，数字出版物的传播载体不断发展更新，数字出版物载体的形态也日益多样化，不断涌现出新的载体形式，如 Kindle 等。更多的数字出版传播载体将为出版单位与读者之间更为直接的传播提供支撑，减少中间出版物交易过程和流通过程，缩短出版周期，更方便出版单位直接从读者那里获得反馈信息。

11.数字出版传播载体有什么作用？

数字出版传播载体具有存储、传输、阅读三个方面的主要作用。

一是在存储作用上，传统的出版以纸质介质存储出版内容，数字出版物改变了以往传统出版的储存方式，使得存储的介质变得更加丰富，如光盘、磁盘、硬盘甚至互联网等，同时由于存储方式的多样性和便捷性，可以根据读者需求随时复制、发行。可以说数字出版存储介质不但改变了原来的存储方式，而且使得存储介质更加环保，相同内容的存储成本也更加低廉。

二是在传输作用上，数字出版单位可以利用互联网平台实现数字出版物快捷、广泛的传播，而传统出版则需要将其印刷出来，通过物流的形式，才能实现出版物的传播扩散。数字出版传输载体的发展为数字出版高效、便捷的传播提供了可能。

三是在阅读作用上，数字出版传播介质帮助读者更方便、更迅捷地阅读。通过无线或者有线网络，利用各种终端最终实现随时随地阅读，另外读者可以直接从出版商获得出版物，简化了出版的环节。在实现数字阅读的同时，各种无线或有线的设备为读者提供了超大容量的空间，供读者存储更多的数字出版物，构建了读者个人的数字图书馆，这是传统出版物所不及的。

12.数字出版物的传播载体有哪些主要类型？分别包括哪些？

根据使用方式和环境来划分，数字出版物传播载体主要可以分为离线载体、在线载体和无线载体等三种大的类型。

一是离线载体。离线数字载体主要是以磁光电介质为基础，以数码方式将信息压缩存储，可以存储图、文、声、影像等信息，必须依赖于计算机或者类似的设备才能阅读、检索和打印。离线载体的典型代表是 CD-ROM（光盘），主要用于单机型电子出版物，由计算机进行最终的阅读和使用。

二是在线载体。在线载体最大的特点就是连接进入了以互联网为代表的信息网络，一般同时具有存储和阅读的功能，主要包括在线台式电脑、在线笔记本电脑等。由于连接了信息网络，信息的复制、传输变得非常便捷，因此大大提高了出版传播效率，同时由于信息网络内容更加丰富和多样，也为读者提供了更多更丰富的选择。

三是无线载体。无线载体主要是指接入移动网络的数字阅读终端，一般也同时具有存储和阅读的功能，主要包括，手机、平板电脑等通过移动通讯网络获得数字化内容的阅读设备。无线移动载体可以随时利用无线网络来接受数字出版物，不受时间和地点的限制；方便携带，连线时间长，使用频率高，但不同移动载体之间存在硬件和软件上的差异，需要开发出适合各种载体的客户端。

13.哪些情况下适合使用离线载体?

从载体信息量上看,离线载体传播过程中往往承载了较大的信息量,一般是当时信息存储规模最大的载体,一张CD-ROM光盘往往能存储几十上百本传统图书承载的内容。从载体内容类型上看,离线载体所承载的内容主要是文本、图像、视频和音频,在互联网普及之前,离线载体是出版单位最普遍选择的载体类型。

与其他载体相比,离线数字载体的优势还在于技术成熟,对通信网络要求不高,制作成本较低,而所包含的信息量又远远大于普通纸质的图书、报纸和期刊,因而,适用于绝大多数普通图书、报纸、期刊和电子音像产品的数字化出版。但是,离线载体也有很多不足,离线载体的数字出版物需要运用一定的设备才能呈现出来,受到硬件条件和地点的限制;另外,离线载体的数字出版物大多是固化在载体上,不能进行更改,必须进行新的制作,而不能在原来版本上直接进行改版;离线载体的盗版现象比较严重,为解决盗版问题,电子音像产品逐渐转变成为与图书或者网络配套销售,尤其是教辅类图书。

14.哪些情况下适合使用在线载体?

在线载体主要包括连接进入互联网的电脑及其他设施。相对于实体的电脑,还有一种虚拟的在线传播载体,就是为数字出版物实现在线传播和发行的数字出版平台,包括网络数据库系统、网络出版系统等。这些载体通常是一个集成系统,为数字出版提供了综合性支撑。

一是网络数据库系统。数据库技术目前是计算机存储与处理数据最有效的技术,计算机网络为资源共享提供了技术支持。因此,数据库与资源共享的结合就成为如今被广泛应用的网络数据库服务。同方知网、万方数据、维普资讯就是最为典型的网络数据库。

二是网络出版系统。网络出版,是指出版机构借用特定的互联网出版平台,将自己创作或他人创作的作品进行编辑加工,发布在互联网上,并发送到用户客户端供公众阅读的在线传播行为。网络出版系统,主要由产业链上的内容提供商、技术支持商和内容销售商三者构成,是一个集成的系统,集合了多个子系统、多种资源。上游出版社进行内容资源的数字化生产,中游技术支持商向内容提供商转型,下游网上书店则进行多元化销售。

15.哪些情况下适合使用无线载体?

无线载体,主要是指手机、平板电脑、电子阅读器等用于移动阅读的终端,主要适用于户外等难以连接互联网情景下的阅读。手机出版是通过移动网络技术、智能移动设备为支撑,结合互联网技术、计算机技术、流媒体、云存储等信息技术,整理、加工、传播数字出版内容的一种出版形式。根据手机载体的传播特性,可以主要分为语音、彩信、WAP、客户端等传播方式。

一是彩信。彩信可传播文字、图片、音频、动画等,具有信息承载量大、支持多媒体内容传输等优势,目前手机报普遍采用彩信的形式传输内容。二是WAP。基于WAP协议的手机网站,同互联网一样,可以传播文字、图片、动画、音频、视频等多种内容,与出版结合具有良好的发展前景。三是客户端软件。基于移动互联网的，安装在能手机上的软件，通过应用程序实现各种强大的功能及用户体验。随着手机的智能化以及通讯技术的快速发展，功能强大的客户端软件将成为主流。

16.数字出版的显示方式和特点有哪些?

数字出版的显示是实现数字出版传播的基本手段和方式，是面向读者的窗口，是受众及读者接受数字出版物的接口，涉及对阅读内容的合理编排，适应读者的阅读心理和阅读环境等。

数字出版的显示，是在多媒体技术支持下，阅读内容以文字、声音、图像、视频等形式综合地表现出来，大大丰富了传播和表现形式，为读者提供多元化的信息获取方式，使读者十分容易地掌握各种知识。多媒体的运用能造成有趣的情形，如阅读时配有背景音乐、还原书刊描写的微观世界的图形、神奇的自然景观影像等。

与图文声像数字化的过程不同，“显示”是由数字信号转化为声光信息，进而呈现为图、文、声和影像的过程。图文声像数字化的过程，是从文化多样性到技术统一性的过程，是为了使社会传播的信息都可以用数字编码的形式储存、传输和接收，打破以往各类信息传播和接受媒介的物质形态限制，可以实现统一的技术处理，提高信息处理的效率和效果。但是，数字出版物的显示阶段则不同，是将数字化的数据信号，按照出版设计的目标和读者的阅读要求呈现为相应的文字、图片、声音和影像，为读者提供所需的阅读内容和阅读体验，为此，数字出版物的呈现是一个文化再现和创新的过程，是一个用户体验的过程，是一个与阅读环境相互作用的过程。

17.数字出版主流的显示格式有哪些?

所谓显示格式，通常是指文本、图表等文本元素的显示位置、大小及相互关系等。读者对象不同、内容不同，出版物的显示格式也会不同。每种数字出版物的格式都有它的优点和弊端。对于出版者来讲，格式的选用应以读者为中心，以满足读者的需求为最根本的原则。目前主流的显示格式有：

Adobe公司的 PDF 格式。由 Adobe Systems 创建的文件格式，文件格式名称是 Adobe 便携文档，发布文件后缀是“pdf”，专用阅读工具是 Adobe Reader 软件。由于 PDF 文件可以真实地反映出原文档中的格式、字体、版式和图片，并能确保文档打印出来的效果不失真，并可包含一个或多个可缩放的页面图片，因此，此类文件可以用于出版说明书、产品手册、杂志文章，乃至一本书。

方正阿帕比公司的 CEB 电子图书格式。CEB 电子图书格式是由北大方正电子公司开发的拥有自主知识产权的一种数字出版物格式，发布文件后缀是“ceb”，专用阅读工具是方正 Apabi Reader 软件。CEB 格式在文档转换过程中采用了“高保真”技术，从而可以使 CEB 格式的电子书最大限度地保持原来的样式，生成的所有结果文件都可以方便地转换成 CEB 格式。正是基于这种特点，不少电子书发行机构和数字化图书馆都已经开始采用这种格式，国家有关部门还把 CEB 格式作为电子公文传递的标准格式。Apabi

Reader 还具有字体缩放、书签、笔记、书籍管理、翻译和文字部分拷贝功能。

清华同方公司的 CAJ 电子期刊格式。CAJ 电子期刊格式是由同方知网(北京)技术有限公司开发的支持中国学术期刊全文数据库中文件的一种格式,发布文件的后缀是"caj",专用阅读工具是 CAJ Viewer 软件。CAJ 是 Chinese Academic Journal 的缩写,可以使用 CAJ Viewer 在本机阅读和打印通过"全文数据库"获得的 CAJ 文件。CAJ 全文浏览器是中国学术期刊网的专用全文格式阅读器,支持中国学术期刊网的 CAJ、NH、KDH 和 PDF 格式文件,可以在线阅读中国期刊网的原文,也可以阅读下载到本地硬盘的中国学术期刊网全文,打印效果可以达到与原版显示一致的程度。

超星公司的 PDG 电子书格式。PDG 电子书格式是由超星公司创建的用于超星数字图书馆上的一种数字图书格式,发布文件的后缀是"pdg",专用阅读工具是 SSReader 软件。PDG 电子书格式是一种专用光驱图片压缩和捆绑格式。超星阅读器(SSReader)是超星公司拥有自主知识产权的图书阅读器,是专门针对数字图书的阅览、下载、打印、版权保护和下载计费而研究开发的。

书生公司的 SEP 格式。SEP 格式是由书生公司研制的在中文平台上通用的文档分发和交换格式,发布文件的后缀是"sep",专业的阅读工具是 SEP Reader 软件。SEP 格式符合传统纸张特性,可用于将基于纸张的应用 e 化。每一个 SEP 文件都相当于若干页纸张文档,并能附加很多数字特性和智能特性。SEP 软件可以完整地原版原貌地转换各种来源的应用程序所生成的电子文档,对文字、图像、图形、文档布局等都可以完整地保留。书生 SEP 文件采用分类压缩方式,对于图像、文字、图形、影像等都采用了相应的先进压缩算法,方便于电子文档的共享、交换和归档。

18.数字出版的保存技术和特点有哪些?

数据存储是数字出版传播的基础,其基本原理就是将各种内容信息转换成二进制的数据保存起来,没有可靠、有效的存储,数字出版传播就无法进行。数据存储涉及到安全、有效等多方面,覆盖了数字出版的全过程,不同传播环节对保存的要求是不同的。数字出版物存储形式多种多样,可以分为磁介质、光介质和固态介质。

一是磁存储技术。磁存储介质主要有磁带、磁盘和磁鼓,都是将薄层的磁性材料沉积在基体上,并以相对于磁头运动的方式来存储信息,因而统称为表面存储器。磁带存储器记录密度高,存储容量大,价格低廉且可脱机存储,但磁带存储器的最大缺点是平均存取时间太长,是一种顺序存取存储器。磁盘存储器可由多个盘片组成,盘的两面均可记录信息,不但空间利用率高,存储容量大,可脱机存储,而且存取时间短,也可直接存取。磁鼓是表面涂有磁性材料的圆柱体,磁鼓绕轴旋转,通过装在支架上的磁头对磁鼓表面进行存取。

二是光存储技术。光存储介质大大提高了信息存储容量,使大规模存储文字、图形、图像、声音等成为可能。以 CD-ROM 为代表的光盘存储技术具有易用、存储容量大的特点,因而受到普遍欢迎,成为数字出版物的主要存储介质。与磁盘相比,光盘能够有高存储密度(存储密度是指记录介质单位长度或单位面积内所能存储的二进制位数)、高数据传输速率、长存储寿命、低价格等优点。

三是固态存储技术。不同于磁带、硬盘、光盘等需要依托机械运动实现读写的存储技术,固态存储完全基于半导体技术,通过改变芯片内部固态存储介质的状态来存储数据。闪存(Flash Memory)是固态存储的典型代表,具有延迟小、功耗低、并行度高、价格适中、容量大和非易失等特点,其应用已经非常广泛,包括数字家电、服务器、高性能计算机以及大规模存储领域。

虽然数字出版物在保存的过程中采用了更多先进的技术,但是保存在存储介质上数字出版物容易因为操作不当而丢失,或者由于受到磨损、震动、受潮、火烧、水浸等破坏而失效,一旦受到破坏通常是无法补救的。数字出版物保存也会因为阅读器的硬件或者软件故障而受到破坏。因此针对数字出版物的保存,无论是硬件上还是软件上都必须加大研发力度,及时跟进。

19.数字出版物保存中的主要问题有哪些?

数字出版物保存中的问题主要表现在以下四个方面。

一是数字出版物的易损性。首先,数字出版物的记录介质比较容易损坏,这些介质具有易碎、易损、易变质等特性,受湿度温度等环境因素的影响也很大,也就使得数字出版内容极易丢失。其次存储的数字内容难以进行修复,一旦数字内容丢失就很难再找回来,相对传统的纸张、木简、石碑等传统介质,数字出版物的记录介质保存的时间相对较短,且难以进行修复。最后,目前数字出版内容格式标准很多,各个国家级公司都有自己的一套数据存储标准,缺乏统一的协议、标准和方法,在没有统一标准和规范情况下存储的数字出版物,在未来使用时存在很大的风险。

二是数字出版内容对存储介质依赖度过高。由于数字出版内容的生产、传输和存储都需要计算机得以实现,因此数字出版内容与计算机系统中的各种设备特别是存储介质有着密不可分的关系。存储介质既是数字内容临时或长期驻留的物理媒介,也是数字内容的保护伞和提供利用的工具。离开存储介质及计算机的软硬件平台,数字内容既看不见也摸不着,这就决定了数字出版内容对存储介质的依赖性。

三是数字出版内容的动态性。数字出版内容不同于传统的印刷文献内容,当文献发布后就固定不变了。数字出版内容时刻处于一个动态的状态中,随时可以被更改、复制、删除,由于这种动态性,会经常出现用户检索到的文章和实际的原文不相符,存在信息修改、丢失甚至恶意篡改的风险。数字出版内容始终处于动态的过程中,内容的数量也是在变化着的,因此必须确保数字出版内容在动态变化中的准确性。

四是数字出版内容资源使用权问题。在现实的数字出版版权交易中,内容提供商往往只提供数字出版内容的使用权或镜像资源服务权,比如相关科研机构购买了中国知网、万方数据的镜像资源,如果采购合同终止,使用已购买数字内容的权利将会受到威胁,因为数字资源实际是存储在内容提供商的数据库中,机构用户只有访问和使用权。

另外，由于自然灾害、人为破坏、法律纠纷、计算机系统故障等原因，造成内容提供商或其委托镜像服务商终止经营或者停止向用户提供服务，有可能造成相关机构无法继续使用自己购买的资源。

20.什么是数字出版物的传播渠道?

出版传播渠道是指为了实现出版物向广大读者的有效传播，出版信息在传播过程中必要的环节及通道的总和，主要包括出版物从出版者向读者扩散过程中的所有中间环节和机构。数字出版物传播渠道是数字出版物在传播过程中必要的环节及通道的总和，涉及互联网平台运营、传输服务、网上支付服务等各个环节，由不同的著作权人、出版商、技术服务商、网络运营商及读者构成。

目前，互联网是最主要的传播渠道，依靠互联网而产生的诸如论坛、视频网站、博客、即时通信等等都是新型的传播渠道。因此，传统出版渠道正受到技术更新的冲击，传统的单一渠道的传播方式将逐渐向多种渠道复合传播的模式发展，由传统的单一方向传播逐渐向双向传播的方向发展，与此同时传播的效果也将会更显著，数字出版商将更容易获得出版反馈信息，传播的受众范围将会更为广泛。

21.数字出版物传播渠道分为哪两类?

数字出版物传播渠道主要分为直接渠道传播和间接渠道传播。

一是直接传播渠道，是指数字出版单位不通过任何中间商进行传播而直接到达最终读者的传播方式。这样出版商和读者之间就省去了其他的流通过程，减少了数字出版物的流通环节，这样出版商可以缩短出版时间，直接从读者获取反馈信息，减少交易成本。二是间接传播渠道，是指中间的传播过程通过一个或一个以上的中间商来实现传播的传播方式。通常间接渠道中包括了营销渠道、内容服务渠道等等环节，在传播过程中能够得到各个环节的充分重视，最大程度发挥其作用，帮助数字出版物达到预期的社会效益和经济效益。此外，各环节分工协作更有利于资源的合理配置，有助于数字出版市场的健康有序发展。但是间接渠道使得传播渠道的级数增加，数字出版商就无法最直接对数字出版物的市场反应进行管理，同样会增加数字出版的风险和成本，也加大了读者对数字出版物的经济负担。

在传播渠道的选择问题上，数字出版单位需要结合出版物的特点选择合适的传播渠道，而单一的传播渠道会影响出版物的社会效益和经济效益。我国数字出版物的传播渠道会逐渐向复合渠道发展，数字出版商也需要根据单位实际情况，选择合适的传播渠道进行传播，从而保证出版物的社会效益和经济效益。

22.什么是数字出版物的在线传播?

数字出版物的在线传播，是指数字出版单位利用网络技术，在线编辑加工数字内容，及时出版发行和传播的行为。数字出版物的在线传播，对于数字出版单位而言，需要与众多合作伙伴建立起互利共赢的合作方式，需要建立严格的数字出版物的审核流程，保证数字出版物的质量，需要形成对数字出版物版权的保护机制。数字出版物的在线传播还可以改变传统出版物的发行结构，实现真正无纸化阅读，创造了绿色阅读的概念，为国内数字出版营造了一个健康绿色的发展环境。

23.什么是数字出版物的无线传播?

数字出版物的无线传播是用户利用无线阅读器(手机、平板电脑等)通过无线网络直接接收数字出版物内容的方式。数字出版物的无线传播丰富了在线传播读者接收数字出版物的形式。

24.什么是基于RSS推送模式的传播?

RSS是基于XML技术的因特网内容发布和集成技术。RSS推送服务能够直接将最新的信息即时发布到读者桌面，方便读者不必访问网站就可以获得最新的内容消息。RSS的方便之处就在于读者定制RSS之后直接利用RSS阅读器就可以看到即时更新内容。

第六部分 数字出版运营常识

1.我国数字出版产业发展有哪些趋势?

随着数字化时代的到来,我国数字出版产业获得了很大的发展,从当前的情况看,我国数字出版产业的发展主要有以下五大趋势:一是我国数字出版产业未来的收入规模仍将保持快速增长。据统计数据显示,我国数字出版产业年度总收入从2006年的213亿元发展到2015年的4404亿元,整整涨了20倍。目前我国数字出版已发展到成熟阶段,因此全国数字出版产业的收入规模还会保持快速增长态势。二是传统出版单位仍将不断加快数字化转型步伐。为了更快地适应新的环境发展,满足越来越多读者的数字化阅读需要,以及数字化技术的进一步发展,可以预期,传统出版单位数字化转型步伐仍会不断加快。三是内容资源的重组和整合力度将会加大。以往传统出版单位和数字技术公司通常都是委托与代理的关系,存在着资源的多头授权和重复出版的情况。而通过资源的重组和整合后两者逐渐向价值一体、独家合作的方向发展,有利于优化资源配置和重建行业秩序,实现双赢。四是移动终端媒体作用将会进一步发挥。目前手机上网已经成为人们获得资讯、进行娱乐和购物等活动的主要渠道。随着移动阅读基础条件的越来越完善及移动阅读领域的逐渐整合,手机移动媒体的作用将会继续提高。五是数字印刷机也会越来越普及,实现按需出版。数字印刷是出版业从结构化出版数据到数据输出这一数字化革命的重要一环,因此随着出版业数字化进程的深化,数字印刷机必然会越来越普及。

2.数字出版主要有哪几种运营模式?

数字出版主要有以下几种运营模式:

①教育数字出版模式

教育数字出版模式是指教育出版领域的数字出版模式。即出版机构针对学校、培训机构和个人提供在线课程、电子教材教辅、在线测试、家庭作业管理、虚拟实验等教学内容。这种模式注重学习效果分析,一般会提供使用者、教师和教学机构之间的互动交流,提供个性化的定制学习方案。代表机构有培生教育集团、一起作业网、沪江网等。

②专业数字出版模式

专业数字出版模式是指专业出版领域的数字出版模式。即依托专业领域的巨量资源，建设在线数字资源平台，为用户提供专业知识和信息服务。代表机构有约翰·威利、斯普林格、知识产权出版社、中国大百科全书出版社等。

③大众数字出版模式

大众数字出版模式是指大众出版领域的数字出版模式。即出版机构打造集原创、版权、运营等为一体的数字出版平台，为读者提供小说、财经、生活、艺术、科普等各类数字内容。代表机构有中国出版集团（大佳网）、重庆出版集团（天健网）等。

④"终端＋内容＋平台"模式

手持阅读器生产厂商通过与出版社、作者等合作，建设内容平台，并在手持阅读器内预装部分内容资源，然后将手持阅读器销售给用户。用户需要新的内容可以通过阅读器联网到内容平台上下载。这种模式的成功依托的是终端的使用体验、较低的内容定价、丰富内容资源和庞大的用户资源。汉王电子书模式、亚马逊 Kindle 电子书模式是此类代表。

⑤"终端＋内容平台"模式

苹果公司创建的 IPad 电子书模式就是"终端＋内容平台"模式。苹果公司不参与内容运营，内容产品由出版商自行制作、定价、上传。这种模式对出版商而言更为主动。

⑥数字图书馆模式

一般是电子图书出版商或技术公司通过出版机构或作者获取内容版权，组织内容资源，建立数字图书馆，为机构用户或个人提供电子图书检索、借阅和购买服务。这种模式的代表机构有方正阿帕比、书生电子、超星以及谷歌等。

⑦学术期刊数据库模式

一般是学术期刊数字出版商或技术公司通过与众多学术期刊社合作，通过获取内容授权，并建立期刊数据库，供机构用户或个人在线查询、阅读或下载使用。这种模式的代表机构有中国知网、万方数据、维普资讯、爱思维尔等。

⑧原创网络文学模式

数字出版机构接收作者的原创文学作品，经编辑加工及审核后通过网站发布，读者免费试读部分章节，继续阅读其他内容需要付费，所得收入由出版机构与作者共同分成。此模式的代表机构有盛大文学等。

⑨移动出版模式

移动出版模式的核心业务是移动阅读，是基于用户对于各类图书、杂志、漫画、报刊和多媒体读物以及各类原创作品的阅读需求，整合各类内容资源，通过手机、平板电脑、手持阅读器等终端以 WAP、WEB、彩信、短信、APP 客户端等展现形式给用户的多媒体互动式阅读服务及阅读衍生服务。此模式的成功有赖于通信运营商与内容提供商的紧密合作。内容提供商提供优秀的适合移动阅读的内容，通信运营商负责技术支撑、营销推广、内容运营等。此模式的代表有中国移动的咪咕阅读、中国电信的天翼阅读、中国联通的沃阅读。

除上述模式外，还有其他的数字出版商业模式，如卫星直播模式等。数字出版的商业模式是传统出版单位实现数字化转型最为关键的问题。随着技术的发展、人们需求的变化，数字出版商业模式也必将发生变化并不断涌现出新的模式。

3.什么是内容运营商主导模式？

业界所称的内容运营商主导模式，是指立足于数字内容资源开发数字出版业务的一种出版模式。这一模式的核心是针对数字环境下不同用户的内容资源需求特征，发展有针对性的内容资源组织与服务方式。内容运营商主导模式大致有三种基本实现形式，即大量占有高端内容资源、充分获取原创内容资源和内容资源的高度集成。其中大量占有高端内容资源主要适用于学术与专业出版；充分获取原创内容资源主要适用于大众文学出版；内容资源高度集成则同时适合专业出版、大众出版和教育出版。

4.什么是技术提供商主导模式？

技术提供商主导模式，是指立足于数字出版技术创新发展数字出版业务的一种出版模式。这一模式的核心是针对出版流程的特定技术需求，开发服务于出版业务发展与读者需求的数字出版相关设备和系统，进而开展数字出版活动。技术提供商主导的出版模式大致有基于阅读终端技术、数字出版平台技术和数字权利管理技术三种基本实现途径。其中，基于阅读终端技术的数字出版实现方式的关键是“终端”与“内容”的结合，而基于数字出版平台与基于数字权利管理技术的数字出版实现方式，则强调的是平台与技术的通用性。

5.什么是电信运营商主导模式？

电信运营商主导模式是指国内三大电信运营商利用自己庞大的用户群、便捷的支付模式、强大的推送能力、方便的阅读工具等核心优势，实现对数字出版产业链的强力把控。目前的电信运营商承担了多重角色，包括运营商、技术提供商、接入服务商、推广商，占据了定价、利益分配的绝对主导权。目前国内三大运营商都推出了自己的移动阅读平台：中国移动的“咪咕阅读”、中国联通的“沃阅读”、中国电信的“天翼阅读”均可通过网站和客户端两种方式轻松访问，实现在线阅读和下载电子书离线阅读。而且电信运营商并不满足于单一的手机阅读方式，逐渐向阅读器、平板电脑领域渗透，将手机阅读基地建设成为无线图书发行平台，成为产业链的整合者。

6.什么是终端制造商主导模式？

随着数字化阅读和移动阅读日益普及，阅读终端市场日益火爆。电子阅读器凭借其舒适的阅读体验、强大的续航能力和价格优惠，逐渐被更多人士认定为最适用于数字阅读的移动终端。以终端制造商主导的数字出版运营模式就是指阅读终端制造商以阅读终端为依托介入数字出版领域，以终端优势带动内容资源的发展，进而构建“终端＋内容”的发展战略，即俗称的“既卖阅读器也卖书”，成为一种重要的运营模式。

7.什么是 B2B 商业模式？

B2B 一词最开始是出现在有关电子商务的文章中。B2B 是英文 Business-To-

Business 的缩写，B2B 中两个 B 均代表 Business，2 则是英语 To 的谐音。最初意指电子商务的一种模式，即商业对商业，或者说企业间的电子商务，即企业与企业之间通过互联网进行产品、服务及信息的交换。数字出版的 B2B 模式是指传统出版社等内容提供商与方正阿帕比公司等技术提供商合作的商业模式，也指技术提供商与图书馆等机构合作的商业模式。

8. 什么是 B2C 商业模式？

B2C 是电子商务的一种模式，是英文 Business-To-Consumer 的缩写，即商家对消费者，也就是通常说的商业零售，直接面向消费者销售产品和服务。最具有代表性的 B2C 电子商务模式就是网上零售网站。数字出版的 B2C 商业模式就是指商家直接向读者销售书籍或者直接为消费者提供数字阅读服务。比较典型的 B2C 电子商务网站有当当网、亚马逊网上商店等。

9. 什么是 O2O 商业模式？

O2O 这一概念最早由美国人提出，是英文 Online-To-Offline 的缩写。O2O 是一种利用互联网技术把电子商务延伸至线下实体商业，或将线下实体资源借由互联网络推送给线上电子商务用户，以实现线上消费与线下实体商业相融合，将互联网视为线下实体商业前台的一种商业模式。对数字出版产业来说，O2O 商业模式意味着数字出版具有了线上线下两个渠道进行互动的一种新的运营方式，使数字出版更加贴近读者。

第七部分 数字版权保护常识

1.什么是数字版权的司法保护?

我国对包括数字出版在内的整个社会的知识产权保护非常重视。从保护的途径上来看,主要有司法保护、行政保护、社会保护以及技术保护。其中数字版权的司法保护是指人民检察院、法院、公安机关以及司法行政部门等依照法律履行职责,对各类出版物、信息资料的网络出版权实施的一种专门保护措施。

2.我国关于数字版权保护有哪些法律法规?

我国关于数字版权保护的法律、法规和司法解释有:《中华人民共和国著作权法》《互联网著作权行政保护办法》《中华人民共和国著作权法实施条例》《信息网络传播权保护条例》《最高人民法院关于审理涉及计算机网络著作权纠纷案件使用法律若干问题的解释》《最高人民法院关于审理著作权民事纠纷案件适用法律若干问题的解释》《最高人民法院关于审理涉及计算机网络著作权纠纷案件适用法律若干问题的解释》以及《关于规范网络转载版权秩序的通知》等。

3.我国的法律法规对于网络著作权侵权行为主要有哪些处罚?

2005 年我国颁布的《互联网著作权行政保护办法》第十一条规定:互联网信息服务提供者明知互联网内容提供者通过互联网实施侵犯他人著作权的行为,或者虽不明知,但接到著作权人通知后未采取措施移除相关内容,同时损害社会公共利益的,著作权行政管理部门可以根据《中华人民共和国著作权法》第四十七条的规定责令停止侵权行为,并给予下列行政处罚:没收违法所得;处以非法经营额 3 倍以下的罚款;非法经营额难以计算的,可以处 10 万元以下的罚款。

另根据《中华人民共和国刑法》第二百一十七条关于侵犯著作权罪的规定,如有以下侵犯著作权的情形,违法所得数额较大或者有其他严重情节的,处三年以下有期徒刑或者拘役,并处或者单处罚金;违法所得数额巨大或者有其他特别严重情节的,处三年以上七年以下有期徒刑,并处罚金;未经著作权人许可,复制发行其文字作品、音乐、电影、电视、录像作品、计算机软件及其他作品的;出版他人享有专有出版权的图书的;未经录音录像制作者许可,复制发行其制作的录音录像的;制作、出售假冒他人署名的美术作品的。

4.什么是数字版权的行政保护？

对于数字版权保护，我国一直在走司法保护和行政保护相结合的道路。我国对数字版权进行行政管理和行政执法保护是我国数字版权保护制度的重要组成部分，也是我国现阶段数字版权保护的一大特点。由于我国现阶段关于数字版权方面的相关法律还不够完备、人们对版权的法律意识还有待增强，因此需要通过行政手段辅助来遏制盗版、侵权等现象。而行政保护最主要的体现是由著作权行政管理部门制定并颁布相关管理规定和集中展开各项打击违法行为的整治行动。

5.数字版权保护有哪些行政规章？

2005 年，我国实施了第一部网络著作权行政管理规章《互联网著作权行政保护办法》，为打击侵权盗版奠定了坚实的法律基础；2006 年，国家版权局发布了《著作权行政投诉指南》，为著作权人及与著作权有关的权利人向行政机关投诉指明了门径。

6.什么是数字版权的社会保护？

数字版权的社会保护是指将所有权利人联合在一起，如各社会团体、组织及公民，通过专业的方式和专业的机构，用专业的流程对数字版权进行保护，用真正的社会力量进行反盗版。目前，一些社会团体、维权组织逐步加入到对数字版权的社会保护行列中来，为知识产权权利人提供法律咨询、收集侵权证据，对权利人展开司法保护，协助行政机关执法等。行业自律也是一种不可忽视的社会保护力量。2005 年，40 余家互联网企业共同签署了《中国互联网网络版权自律公约》，倡导网络行业自律，逐渐形成尊重知识产权的氛围。

7.什么是版权集体管理制度？

版权集体管理制度是指版权集体管理组织在获得版权人授权后，集中行使版权人的有关权利并以自己的名义进行相应工作的制度。这种制度最早起源于欧洲，世界上最早成立的版权集体管理组织是法国著名戏剧家博马舍在 1777 年创立的法国戏剧作者和作曲者协会。我国的版权集体管理制度产生和发展的时间相对较晚，1992 年才成立了第一家版权集体管理组织——中国音乐著作权协会。截至目前，我国先后成立了 5 家版权集体管理组织。除了上述的中国音乐著作权协会，还有中国音像著作权集体管理协会、中国文字著作权协会、中国摄影著作权协会、中国电影著作权协会。这些集体管理组织在版权人与作品之间架起一座便捷的桥梁，有效地维护权利人的合法权益，促进版权贸易有序地发展与繁荣。对数字版权保护来说，集体管理制度也是一种有效的方式。

8.集体管理组织在版权保护中应发挥哪些作用？

集体管理组织是指为权利人的利益依法设立，根据权利人授权、对权利人的著作权或者与著作权有关的权利进行集体管理的社会团体。数字版权集体管理组织应建立自己的作品数据库，实现在线询问、在线许可，以及在线收费等功能。集体管理组织可以代表作者去发放许可证、收取使用费，并向作者分配版税。通过集体管理组织，作者的版权能得到更好的保护。

9.什么是行业协会与自律组织？

行业协会是指介于政府和企业之间、商品生产者与经营者之间，并为其服务、咨询、沟通、监督、公正、自律、协调的社会中介组织。充分发挥行业协会的作用，能有效协助政府规范市场竞争秩序，引导数字出版产业健康有序发展。行业协会是一种非政府组织，不属于政府的管理机构，因此需要协会自律来进行管理和运营。我国互联网协会于2004年底发布了《互联网信息服务自律公约》，加强了行业版权保护等方面的意识。

10.行业协会在版权保护中应发挥哪些作用？

行业协会应协助政府部门开展国内外行业版权调查和研究工作，积极参与到版权相关的政府立法工作中，利用所掌握的行业内版权现状等信息，为政府提供版权保护的可行性分析报告，反馈企业和整个行业在版权应用中的问题，协助政府及时做出有利于行业发展的决策。另外，行业协会还应该充分发挥版权政策的导向作用，建立行业引导机制。数字出版行业协会则应为数字出版企业提供全面、便捷的版权服务。同时通过对外交流与合作，扩大行业协会获取全球数字版权信息的范围，为会员企业了解国外版权动态提供信息支持；定期组织企业进行交流活动，研讨版权保护措施，形成一个启发创新的良性环境。

11.数字版权保护技术是怎样发展起来的？

1994年后，随着互联网的普及和数字化技术的发展，特别是P2P技术的发展，网络传播的数字内容越来越多，盗版侵权现象也日益严重。传统的版权保护方式已不能很好地对数字内容进行版权保护。1994年，Xerox PARC研究室的Mark Stefik博士在他的文章“Letting Loose the Light：Igniting Commerce in Electronic Publication”中，首次将人们引入了一个自动定义和控制版权的世界，给出了第一个数字内容版权描述语言DPRL和一个控制数字内容使用的可信系统。但是，Stefik的可信系统并不是一个DRM系统，它不支持数字内容的交易和版权的转移。在接下去的两年内，出现了第一个基于硬件的DRM系统（EPR公司的End to End系统）和纯软件的DRM系统（IBM公司的InfoMarket系统）。尽管Xerox的DPRL、IBM的InfoMarket和EPR的DRM系统都不是很成功，但是数字版权保护技术从此开始成为新兴的热门课题。当前，Xerox（现在的ContentGuard）的DPRL已经发展成为XrML，InfoMarket已经发展成为一个主要的流媒体版权保护系统EMMS，而EPR则发展成为业界最为著名的DRM研究机构和产品提供商InterTrust。此后，数字版权保护技术得到了工业界和学术界的普遍关注，其被视为数字内容交易和传播的关键技术。国际上许多著名的计算机公司和研究机构纷纷推出了各自的产品和系统。

12.当今主要的数字版权保护研究机构和技术有哪些？

如今数字版权保护技术已得到大力发展，国内外参与到DRM技术的研究和开发中的著名的计算机公司和研究机构主要来自美国、中国、韩国、日本、加拿大、澳大利亚等，包括 Microsoft、Adobe、InterTrust、OverDrive、NetLibrary、IBM、Intel、RealNetworks、ContentGuard、Reciprocal、香港大学、北京大学、清华大学、中国科学院、北京邮电大学、西安交通大学和北京方正阿帕比技术有限公司等等，主要的产品和系统有微软的 WMRM 和 Digital Asset Server、InterTrust 的 DigiBox 和 Rights System、IBM 的 Cryptolope 和 EMMS、RealNetworks 的 RMCS 和 HelixDRM、Adobe Content Server、SealedMedia DRM、Authentica Active Rights Management、OMA DRM、Apabi DRM 等等。

13.当前数字版权保护技术分哪些类别？

数字版权保护技术主要有三类：一是采用数字水印技术。数字水印技术是在数字内容中嵌入隐蔽的不容易被发现的标记，这种标记只能通过专用的检测工具才能提取。水印技术不会对原始文件造成损害，也不会影响用户使用文件的感受。但是数字水印技术只能在发现盗版后用于取证和追踪，无法做到侵权和盗版之前事先预防。二是以数据加密和防拷贝为核心的 DRM 技术。数据加密和防拷贝为核心的 DRM 技术，是把数字内容进行加密，只有授权用户才能得到解密的密钥，而且密钥是与用户的硬件信息绑定的，用户无法脱离密钥和硬件的双重局限对数字内容进行使用。这种技术，现已为很多公司和研究所使用，它弥补了数字水印技术的缺陷，对盗版和侵权行为进行事前控制，有效地对数字内容进行了保护。三是前两者相结合的方式。两者相结合的数字版权保护方式，则能更有效、完整地对数字版权进行保护。

14.典型的数字版权保护技术应该如何构成？

典型的数字版权保护技术，应该做到以下几点：一是对原始数字文件进行加密，保证数据在传输过程中的完整性；二是对用户的行为进行跟踪分析，避开不法利用和违规操作；三是对用户的操作平台和环境进行安全检测，保证文件运行安全，不被侵犯；四是避免非法文件通过特殊方式进入网络；五是赋予用户接触和使用文件的特权，如网上交易使用的文件；六是对媒体文件和其他数据信息进行安全存储。

15.数字版权保护技术的研究主要集中在哪些方面？

目前对数字版权保护技术的研究，主要集中在以下方面：数字版权保护体系构成、被保护内容的完好性、内容传输过程的顺利、信息的可统计性、用户身份的验证以及用户权利的控制等。

第八部分 数字出版技术常识

1.什么是数字出版关键技术?

关键技术是某个技术应用领域至关重要、不可或缺、起决定性作用的技术。数字出版关键技术即为数字出版技术领域的核心部分,决定了数字出版未来的发展方向。

2.数字出版关键技术包括哪些方面?

数字出版关键技术目前包括四个大的方面。一是阅读格式技术,就是将数字出版物制作成什么样的电子文档格式,通过某种特定的文档格式来传播、展现数字出版内容。二是转换生成技术,就是在确定数字出版物的电子文档格式后,将出版内容加工转换为要求的格式,并建立数字出版所要求的其他数据。三是跨平台阅读技术,就是通过各种各样的设备来阅读出版物。由于目前人们进行数字阅读的工具很多,包括电脑、手机、平板电脑、手持阅读器等等,这些设备的硬件配置、操作系统和应用软件都存在很大的差异,因此,要满足大众多样化、多设备的阅读需求,实现数字出版物在各种设备的有效兼容和传播展示,跨平台的阅读技术的应用就势在必行。四是数字版权保护技术。无论是传统出版物还是数字出版物,都具有版权,如何保证在网络环境下,数字出版物不被非法传播和利用,版权不被随意侵犯,这就需要数字版权保护技术。

3.什么是阅读格式技术?

阅读格式技术就是确定数字出版物的电子文档格式,即通过何种方式在电子文档中表达文字、图形、图像、表格、音频、视频、动画、版式等各种内容,并使该电子文档符合数字出版的要求。阅读格式技术具有以下基本要求:便于各种出版内容的格式化转换,便于电子文档在网络环境中传播,便于电子文档在各种阅读设备中的呈现和阅读,在新的网络发展环境和新的媒体传播方式下,具备技术升级和扩展的空间。目前,阅读格式主要分为版式文档格式和非版式文档格式两大类别。版式文档格式以 CEB、PDF 为代表,非版式文档格式以 TXT、XEB、EPub、HTML 为代表。

4.什么是版式文档格式?

版式文档格式是版面呈现效果固定的电子文档格式。其特点是:版面固定、不跑版,即所见即所得;电子文档在使用过程中,呈现效果不会因为软硬件环境、操作者的变化而变化，在版面、字体、字号等方面与纸质文件保持完全一致。PDF、XPS、CEB、CEBX是当前应用最广泛的版式文档格式。

PDF(Portable Document Format)文档格式是Adobe公司开发的电子文件格式。该文件格式兼容所有操作系统，PDF文件无论在Windows、Unix、Linux还是Mac OS操作系统中都是通用的。这一特点使它成为在Internet上进行电子文档发行和数字信息传播的理想文档格式。目前大多数的电子图书、产品说明、公司文告、网络资料、电子邮件都使用了PDF文件格式。PDF格式文件目前已成为数字化信息事实上的一个工业标准。

XPS(XML Paper Specification)文档格式是微软公司开发的一种文档保存与查看的规范格式。XPS最为显著的特点是其所用的置标语言是WPF所用的XAML的一个子集，因此显示Windows应用程序所用的方法可以用于XPS文档，这也就决定了该格式与Windows操作系统以及.Net技术等具有高度的融合性。XPS是一个静态文档格式，其并不包括类似于PDF所具有的动态特性。

CEB(Chinese E-paper Basic)文档格式是北大方正于2000年推出的一种版式文件格式。CEB由于在文档转换过程中采用了“高保真”技术，从而可以最大限度地保持原来的样式。文档本身与平台无关，独立于创建它的操作系统、应用软件和硬件，每个文档页面由与设备和分辨率无关的文字、图形、图像等元素组成。目前不少电子书发行机构和数字化图书馆都已经开始采用这种格式，国家有关部门还把CEB格式作为电子公文传递的标准格式，方正Apabi Reader(阿帕比)则是CEB格式的指定阅读软件。

CEBX(Common E-Document of Blending XML)文档格式是北大方正于2009年推出的一种文档格式。这种格式的文档具有数据结构化、原版原式呈现、设备自适应性、动态与交互性、更好的安全性以及面向互联网等特点，应用领域相当广泛，包括电子图书、电子公文、电子期刊、电子报纸以及安全文档等多个方向。CEBX保留并改进了CEB的基本特性优点，并针对网络应用、移动阅读等新的阅读模式添加了许多新特性。

5.什么是非版式文档格式?

非版式文档格式是版面呈现效果并不固定的电子文档格式。非版式文档不能带来原版原式的显示效果，甚至不能精确地描述一些特定的内容，如复杂的表格、公式等。但是非版式文档能够按照阅读的顺序记录内容，能够根据不同的现实屏幕自动调整显示比例，适用于多种阅读设备，特别是手机、平板电脑、手持阅读器。因此，随着人们阅读方式逐渐向更加便携的手持终端转移，非版式文档格式也得到了较大的发展。其中也涌现了TXT、DOC、EPub、XEB、HTML等一批经典文档格式。

TXT文档格式是微软在操作系统上附带的一种文档格式。是最常见、最通用的一种文档格式，早在DOS时代就开始应用，可以兼容不同的操作系统，主要保存文本信息，即文字信息，但不能插入图表，不能建立超链接等。目前绝大部分的阅读器都支持该格式。

JAR 文件格式以流行的 ZIP 文件格式为基础。与 ZIP 文件不同的是，JAR 文件不仅用于压缩和发布，而且还用于部署和封装库、组件和插件程序，并可被像编译器和 JVM 这样的工具直接使用。在 JAR 中包含特殊的文件，如 Manifests 和部署描述符，用来指示工具如何处理特定的 JAR。该格式的电子书在非智能手机上大量存在。

XEB 文件格式是北大方正为适应移动阅读终端而推出的电子书格式，XEB 与国际标准接轨，以 OEB(Open EBook)为基础，以 XML 为核心技术，可以自动调整、适应屏幕大小，显示电子书内容。

AZW 文件格式是亚马逊(Amazon)公司为自己的 Kindle 阅读器设计的专有电子书格式。由于 Kindle 阅读器的成功，该格式在专有电子书格式中牢牢地占据了一线地位，因此在中国也具有一定的影响力。

EPub 文件格式是一个开放的电子书格式标准，属于一种可以“自动重新编排”的内容，也就是文字内容可以根据阅读设备的特性，以最适于阅读的方式显示。它于 2007 年 9 月成为国际数字出版论坛(IDPF)的正式标准，目前有较多的电子图书支持 EPub。

6.什么是跨平台阅读技术?

数字阅读是指人们在各类阅读终端设备上阅读和使用数字出版内容，这是数字出版的最重要的环节。在这个过程中，一旦作为阅读对象的电子文档格式确定下来，就必须使用与之匹配的数字阅读软件。数字阅读软件通过读取并解析电子文档，根据版面描述将电子文档内容渲染和呈现出来。然而同一个数字阅读软件需要在电脑、手机、平板电脑、手持阅读器等多种硬件终端使用，不同的硬件终端采用的软件应用系统也是不同的。由于硬件终端多种多样，数字阅读软件是通过跨平台阅读技术实现在各类硬件终端设备上的数字阅读功能的。

跨平台阅读技术就是在数字阅读软件中，将电子文档呈现的核心部分以跨平台、跨语言的方式进行界面和逻辑处理的分离。逻辑处理部分与编程平台和阅读终端设备无关，易于软件移植；界面则与编程平台和阅读终端相关，必须根据指定的编程平台和阅读终端进行重新研发和适配。之所以在数字阅读软件中采用跨平台技术，就是为了尽可能减少研发各类阅读终端上数字阅读软件的成本，并尽可能保持同一阅读软件在各类阅读设备上的一致性。

7.什么是文档格式转换生成技术?

转换生成技术就是在确定版式文档格式后，将其他文档转换为该种类型的格式文档，以便生成数字资源文档，在相应的数字出版系统中流转，在各类阅读终端上呈现。目前，转换生成技术主要应用于电子书转换生成软件，该软件主要功能就是将数字内容生产过程中涉及的各类文档转换生成相应格式的电子书。同时，电子书格式不同也决定了相应的转换生成软件也不相同，例如，方正电子书转换软件为 Apabi Maker，Adobe 的电子书转换软件为 Distiller。

在技术实现方面，电子书转换生成软件主要基于两种技术：文档解析转换技术和虚拟打印技术。一是文档解析转换技术，主要是对原始文档进行解析分析，解析出其中的各种文字、图形、表格等原始元素，然后根据文档格式规定的元素要求，对照进行再次加工和转换，最后生成符合文档格式要求的目标文档。这种转换技术在文档格式转换时，能够较好地保留文档的基本逻辑结构信息，达到最好的转换效果。二是虚拟打印技术，在众多的文档格式中，还大量存在一些封闭文档格式，由于其文件结构不对外开放，无法通过文件格式的解析进行转换，此时可先通过虚拟打印驱动，通过原有软件的打印功能，实现其他格式到目标电子书文档格式的转换。

8.什么是数字版权保护技术?

数字版权保护，英文为 Digital Rights Management，简称 DRM。数字版权保护技术，简称 DRM 技术，包含了数字内容使用权限的描述、认证、交易、保护、监测、跟踪等功能，以及对使用者拥有者之间关系的管理，所有这些功能完整覆盖了整个数字出版的周期和环节。以电子书数字版权保护为例，DRM 技术就是从技术上防止数字内容的非法复制，或者在一定程度上使复制变得困难，迫使用户必须得到授权后才能使用数字内容。典型的电子书 DRM 系统结构如下图：

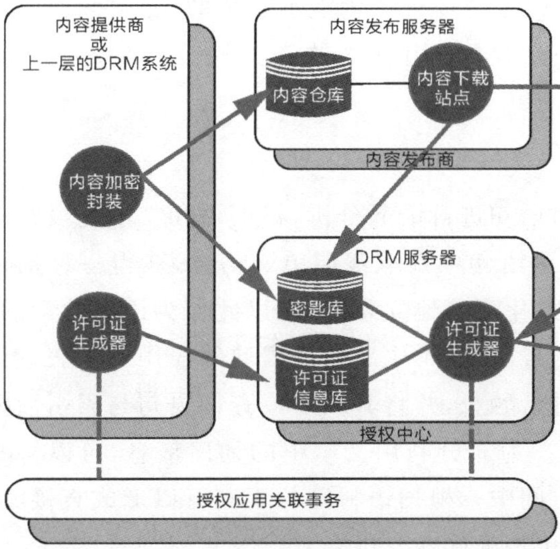

图 8-1 电子书 DRM 系统结构图

数字版权保护技术主要的基础技术包括：密码技术、安全电子交易协议、身份鉴别技术、数字内容标识技术、权利描述语言和防篡改技术等。

9.数字版权保护技术包含哪些基础技术?

数字版权保护技术主要的基础技术包括：密码技术、安全电子交易协议、身份鉴别技术、数字内容标识技术、权利描述语言和防篡改技术等。

密码技术：密码技术是实现所有安全服务的重要基础，是实现机密性、数据完整性、认证和不可否认性的关键。与 DRM 相关的一些密码技术，包括密码体制、消息摘要、数字签名与密钥管理等。加解密技术在 DRM 系统中应用比较广泛，如消息通信加密、证书内容加密、数据库信息加密等。

安全电子交易协议：DRM 涉及目前常见的安全电子交易协议主要有安全套接层(SSL)协议和安全电子交易(SET)协议。

身份鉴别技术：身份鉴别技术多种多样，从最简单的用户名密码、硬件标识技术到公钥基础设施(PKI)技术，甚至正在研究的生物识别技术。

数字内容标识技术：数字内容标识技术用于唯一标识数字内容，帮助内容提供商管理和追踪数字内容的使用，是 DRM 的基本技术之一。

权利描述技术：DRM 权利描述语言用于描述数字内容或服务的使用权利，即描述参与者对资源拥有的使用权利。权利(Rights)、资源(Asset)和参与者(Party)是 REL 三个最基本的实体。权利是关于资源的使用或访问许可，包括权限、前提条件和限制条件等。资源指的是与权利相关的具有唯一标识的数字内容或服务。参与者是与资源相关的法人实体或个人，包括版权所有者、作者、内容提供商和用户等等。

防篡改技术：现有的大部分 DRM 系统中，数字内容的解密使用、使用权利的解析验证都由客户端 DRM 应用程序(如 DRM 控制器)负责，而客户端设备是由用户控制的。对 PC 机等通用设备而言，DRM 应用程序的运行环境是不安全的，必须采取一定的防篡改(Tamper Resistance)技术来保护 DRM 应用程序的安全性，确保数字内容的合法使用。

10.什么是语义分析技术？

语义分析技术就是利用计算机对语句进行语义分析，将词语和文本片段在一个较低维的概念空间中进行表示，从现代汉语语句中提取浅层语义信息，获得一种描述语句浅层语义信息的形式化表示，对这种形式化表示建立索引，并以此作为语义检索的数据源。语义分析技术大部分用于文本信息的过滤、文本主题信息提取等应用。将表达语义联系的多层次相似度通过信息融合技术进行融合，并将其映射成查询语句与索引数据之间的相似度，以此来达到语义检索的目的。为充分利用文本中的词序信息，可以将文本表示在被类标派生出来的概念所构成的空间中。根据语料库的不同可以形成直接派生、拆分派生和组合派生三种派生方式，以便更加准确地分析语义。

11.什么是大数据？

大数据(Big Data)，或称巨量资料，指的是所涉及的资料量规模巨大到无法通过目前主流软件工具，在合理时间内达到撷取、管理、处理、并整理成为帮助企业经营决策更积极目的的资讯。对于“大数据”，研究机构 Gartner 给出了这样的定义：“大数据”是需要新处理模式才能具有更强的决策力、洞察发现力和流程优化能力的海量、高增长率和多样化的信息资产。

从技术上看，大数据与云计算的关系就像一枚硬币的正反面一样密不可分。大数据具有 4V 特点：Volume(大量)、Velocity(高速)、Variety(多样)、Value(价值)。大数据必然无法用单台的计算机进行处理，必须采用分布式计算架构。它的特色在于对海量数据的挖掘，但它必须依托云计算的分布式处理、分布式数据库、云存储和虚拟化技术。

12.什么是云计算？

云计算(Cloud Computing)是基于互联网的相关服务的增加、使用和交付模式，通常涉及通过互联网来提供动态易扩展且经常是虚拟化的资源。云是网络、互联网的一种比喻说法。过去在图中往往用云来表示电信网，后来也用来表示互联网和底层基础设施。用户通过电脑、笔记本、手机等方式接入数据中心，按自己的需求进行运算。

对云计算的定义有多种说法。对于到底什么是云计算，至少可以找到100种解释。目前广为接受的是美国国家标准与技术研究院(NIST)的定义：云计算是一种按使用量付费的模式，这种模式提供可用的、便捷的、按需的网络访问，进入可配置的计算资源共享池(资源包括网络、服务器、存储、应用软件、服务)，这些资源能够被快速提供，只需投入很少的管理工作，或与服务供应商进行很少的交互。云计算包括以下几个层次的服务：基础设施即服务(IaaS)，平台即服务(PaaS)和软件即服务(SaaS)。

13.什么是增强现实技术？

增强现实技术(Augmented Reality，简称AR)，是一种实时地计算摄影机影像的位置及角度并加上相应图像、视频、3D模型的技术，这种技术的目标是在屏幕上把虚拟世界套在现实世界并进行互动。这种技术1990年提出。随着随身电子产品CPU运算能力的提升，预期增强现实的用途将会越来越广。

增强现实技术包含了多媒体、三维建模、实时视频显示及控制、多传感器融合、实时跟踪及注册、场景融合等新技术与新手段。增强现实提供了在一般情况下，不同于人类可以感知的信息。

AR技术是一种将虚拟世界重叠到现实世界上，给观众(读者)带来超现实的体验。目前，在少儿出版和专业出版领域应用较为广泛。

14.什么是虚拟现实技术？

虚拟现实技术(Virtual Reality，简称VR)，是一种可以创建和体验虚拟世界的计算机仿真系统，它利用计算机生成一种模拟环境，是一种多源信息融合的、交互式的三维动态视景和实体行为的系统仿真，使用户沉浸到该环境中。

虚拟现实技术主要包括模拟环境、感知、自然技能和传感设备等方面。模拟环境是由计算机生成的、实时动态的三维立体逼真图像。感知是指理想的VR应该具有一切人所具有的感知。

VR技术与传媒对接形成的VR形态，使得呈现内容逐步向数据真实、内涵丰富、更新快速方向转化；呈现画面逐步向灵动鲜活、高清晰度方向转化；呈现方式逐步向简约便捷、人机交互和分布式方向转化；呈现领域逐步向多层次、多元素、全方位方向转化。目前，在教育出版、少儿出版、专业出版领域应用较为广泛。

15. 什么是人工智能？

人工智能(Artificial Intelligence，简称AI)，它是研究、开发用于模拟、延伸和扩展人的智能的理论、方法、技术及应用系统的一门新的技术科学。AI 技术将广泛应用于教育、知识服务等领域。

16.数字出版相关技术包括哪些方面?

数字出版相关技术是指在数字出版中经常涉及的技术。这些技术是数字出版发展的重要基础和前提条件。数字出版相关技术包括三个大的方面,即:数字内容创作技术,为数字出版提供内容来源;互联网技术,为数字出版提供内容传播的手段;数字印刷和按需印刷技术,为数字出版提供满足用户个性需求、向传统图书接轨的手段。

17.什么是数字内容创作技术?

数字内容创作技术为数字出版提供内容来源,主要包括数字出版内容的作者创作时使用的相关技术和软件。目前,主流的内容创作工具有文档编辑软件和专业排版软件等。

18.文档编辑软件主要有哪些?

文档编辑软件主要用于撰写出版物内容,基本功能有:文字编辑、文字排版、表格排版、公式编辑、图像插入、简单图形和图像处理、目录自动生成、页码自动生成,有的软件还支持 PDF、XPS、HTML 的输出,具有更复杂的文档合并、版面控制功能。除了基本的文档编辑功能外,文档编辑软件往往还提供一些帮助作者高效写作的智能功能,如:拼写检查、排版样式、格式刷、图表自动编号等。目前主要的文档编辑软件有国产的 WPS 和微软的 Mircosoft Word。

WPS(Word Processing System)是金山软件公司于 1989 年推出的一款办公软件。最新版本已经更新到 WPS 2017,包括 WPS 文字、WPS 表格、WPS 演示、WPS 云文档等功能。其中 WPS Word 是专用于文字处理的应用程序。WPS 可运行于 Windows 和 Linux 平台。

Mircosoft Word 是微软公司开发的一套基于 Windows 操作系统的办公软件套装 Microsoft Office 的组件之一。借助 Windows 操作系统的影响力,以及自身所特有一些产品特性,Mircosoft Word 在全球占有极大的市场份额,已经成为了文档开发、编辑、加工的主要软件。

19.专业排版软件主要有哪些?

专业排版软件的使用群体主要为出版及印刷机构,主要用于图书、报纸、期刊等纸质出版物的专业排版,以高效批量生产为主要目标。专业排版软件具备版面控制、图形图像处理、文字自动排版、特效制作、模板功能、印刷和打印接口等功能。目前,常用的专业排版软件有飞腾(FanTart)创艺和 InDesign。

方正飞腾(FanTart)创艺是北京北大方正电子有限公司研发的一款集图像、文字和表格于一体的综合性排版软件,它以强大的图形图像处理能力、人性化的操作模式、顶级中文处理能力和表格处理能力,能出色地表现版面设计思想,适于报纸、杂志、图书、宣传册和广告插页等各类出版物排版。方正飞腾在国内出版社、报刊社具有较大的市场份额,是国内主流的专业排版软件。

InDesign 软件是一个定位于专业排版领域的设计软件,是面向公司专业出版方案的新平台,由 Adobe 公司于 1999 年 9 月 1 日发布。它是基于一个新的开放的面向对象体系,可实现高度的扩展性,还建立了一个由第三方开发者和系统集成者可以提供自定义杂志、广告设计、目录、零售商设计工作室和报纸出版方案的核心。

20.数字出版在互联网的基本服务形式有哪些?

互联网(或信息网络)为数字出版提供了形式多样、灵活便捷的传播渠道,广大的用户和读者群体通过互联网阅读、购买、消费数字出版内容,互联网的快速普及应用为数字出版的快速发展奠定了坚实的基础。因此,互联网技术是数字出版重要的应用和传播技术,互联网服务也成为了数字出版重要的服务方式。目前,数字内容的互联网服务的基本形式有电子商务网站、数字报刊网站、数字图书馆等。

21.数字内容电子商务网站是如何提供服务的?

数字内容电子商务网站是以数字内容产品(如电子图书)作为销售对象的电子商务网站,采用 B2C 的服务及销售模式。国内典型的代表有:起点中文网、纵横中文网、红袖添香等。数字内容电子商务网站主要有以下基本功能。

一是数字内容展示及宣传,网站一般会展示出版物的封面、目录等信息,发布热门作品的宣传及推介广告,提供作品及作者的相关新闻资讯等等,同时提供部分作品的试读功能。二是数字内容排行和检索,网站会根据作品的热度进行排名,按照作品的点击量、下载量、推荐量等进行分类排行,同时也支持基于关键词的精准搜索;大量应用基于用户大数据分析的个性化服务技术,为读者提供个性化、精准化的阅读服务。三是数字内容订购及支付,便捷地为读者提供订阅服务,定期根据用户需求推送数字内容,创造安全便捷的网上支付平台,通过银行或第三方支付平台实现网上支付。四是读者信息管理及服务,建立完善的读者信息管理系统,充分利用读者信息挖掘数字内容销售潜力;利用书评、论坛、官方微博微信等方式,建立网站与读者、读者与读者、读者与作者之间的沟通及互动平台,促进三者之间的信息交流;面向读者提供在线客服功能。

22.数字报刊网站是如何提供服务的?

数字报刊网站以数字化的报纸或期刊作为销售对象,数字报刊网站一般支持原版原式的阅读,或者按照报刊文章为单元实现阅读。网站支持报刊或文章的搜索和展示、在线阅读和离线下载阅读。对于收费阅读,网站还支持各类支付方式或订阅套餐的管理,以及相关广告的展现、读者互动等。其基本功能与数字内容电子商务网站比较类似。

23.数字图书馆是如何提供服务的?

数字图书馆是数字内容服务的 B2B 形式,即由图书馆采购数字出版物,而后通过网站供读者选择和阅读数字内容。数字图书馆的首要任务是接受读者检索资源,因此一般都提供了高级检索功能。数字图书馆的电子图书一般都提供在线阅读和离线下载的功能,图书内容的浏览和阅读一般是在另一个阅读软件(如 Apabi Reader)中进行的,阅读软件会与数字图书馆网站自动关联,自动启动并下载、打开、展现和管理图书资源。

24.什么是阅读终端?

阅读终端是数字出版的呈现和消费环节,也就是数字内容的呈现和消费环节。移动阅读技术就是要解决数字出版的阅读终端的问题,常用的阅读终端包括桌面电脑、平板电脑、手机、电子阅读器,用户通过终端的显示屏幕和阅读软件,来阅读和消费数字内容产品。

25.主流的移动阅读终端有哪些?

移动阅读器以其无纸阅读性、方便携带、超低功耗、以及超长待机等优异性能,正发展成为移动阅读市场的主力军。桌面电脑是最早成为阅读终端的,具有屏幕大、处理能力强、扩展性和兼容性强、互联网能力强、发展较为成熟的特点,它仍然是当前数字出版的主要阅读终端之一,几乎所有的数字出版方案,如电子图书、数字图书馆、数字期刊、数字报纸、原创文学、多媒体资源等都支持桌面电脑阅读。未来,桌面电脑依然是数字出版的标配阅读终端。但随着其他便携设备的发展,其体积笨重、供电不便等缺点制约了阅读体验,已经不再是人们热衷追求的重点。平板电脑、手机、电子阅读器等设备因具备便携和可移动性已成为主流的移动阅读终端,设计在移动终端上进行阅读的业务被称为移动阅读业务或移动出版业务。在数字出版时代,移动阅读已经成为重要的业务模式。

26.平板电脑的阅读优势有哪些?

平板电脑与普通笔记本电脑相比优势非常明显。它不但体积小,携带方便,可在移动中完成所有功能运行,应用范围更加广泛。在户外作业、旅行、娱乐等方面,平板电脑都以便于携带、接入互联网速度快等优势领先于普通电脑。另外,支持移动通话的平板电脑更是比普通的智能手机在数据处理速度、功能种类以及操作便捷方面胜出一筹。与电子阅读器相比,其速度、性能、综合应用、外观、多媒体功能、网络接入能力、使用体验、触控操作、娱乐性、显示屏等均高出甚多,唯一不能赶上电子阅读器的就是能耗和长时间阅读。因此,PAD 的出现对电子阅读器造成了很大的压力,很多没有平台服务支撑的电子阅读器就此遇冷。

27.手机的阅读优势有哪些?

在数字出版的众多模式中,以手机为平台的数字阅读尤其令人瞩目。一是市场广泛性,手机的全民普及性是其他阅读终端所无法比拟的。中国有超过 10 亿的手机用户,他们都可以成为手机阅读的潜在用户,而且手机用户对于阅读的需求也在不断加大,这样庞大的用户市场是不可忽视的。二是阅读便携性,手机阅读将手机和阅读结为一体,随着手机工艺水平和技术的不断进步,功能多样、外形精美、操作方便、体型适中的手机使读者能够在任何时间都能享受阅读新体验,获取知识和信息。三是商品交易的便利性,手机既可以随时下载更新内容,又免去了繁琐复杂且风险性较高的网银支付。用固定的手机运营商来代替其他第三方支付平台,以手机话费代扣的方式作为支付手段,远比其他网络银行更安全、便捷、有效。

28.当前主流移动阅读终端的操作系统有哪些?

当前主流的移动终端操作系统主要有 IOS 系列、Android 系列、Windows 系列、Symbian 系列和 Linux 系列,市场占有率最高、用户数量最多的是以下三个系统。

一是 IOS 操作系统,苹果 IOS 是由苹果公司开发的手持设备操作系统。苹果公司最早于 2007 年 1 月公布这个系统,最初是设计给 IPhone 使用的,后来陆续套用到 IPod Touch、IPad 以及 Apple TV 等苹果产品上。

二是 Android 操作系统,Android 是一种以 Linux 为基础的开放源代码操作系统,主要适用于便携设备,目前中国大陆地区一般称之为"安卓"。Android 操作系统最初由 Andy Rubin 开发,最初主要支持手机。2005 年由 Google 收购注资,并组建开放手机联盟开发改良,逐渐扩展到平板电脑及其他领域上。

三是 Windows 移动操作系统,Windows 是微软的操作系统品牌,微软有三个基于 Windows 的嵌入式操作系统,即 Windows CE、Windows Mobile、Windows Phone。其一,Windows CE 是微软公司嵌入式、移动计算平台的基础,是基于掌上型电脑类的电子设备操作系统,它是精简的 Windows 95,主要面向掌上电脑(Pocket PC)。其二,Windows Mobile 是微软针对移动设备而开发的操作系统。该操作系统的设计初衷是尽量接近于桌面版本的 Windows,微软按照电脑操作系统的模式来设计 WM,以便能使得 WM 与电脑操作系统一模一样。其三,Windows Phone 是微软发布的一款手机操作系统,它将微软旗下的 Xbox Live 游戏、Zune 音乐与独特的视频体验整合至手机中。2010 年 10 月,微软公司正式发布智能手机操作系统 Windows Phone(即 Windows Phone 7,WP7)。

29.什么是数字印刷?

国家标准 GB/T 9851.1-2008《印刷技术术语第 1 部分:基本术语》对数字印刷(Digital Printing)给出的定义为:"使用数据文件控制相应设备,将呈色剂、色料(如油墨)直接转移到承印物上的复制过程。"

根据这一定义,数字印刷具有如下基本特征。一是承印物、非脱机载体图文直接成像性,即由数字信息形成并传递呈色剂相关的图文影像,借助成像装置,在机内影像载体或承印物上直接形成影像,无需脱机制作图文影像信息恒定的印版实体。二是图文影像信息随印张可变性,在印刷过程中,各印张的图文信息可以改变而各不相同。这一属性与前述非脱机载体直接成像特性联系,形成"按需印刷""可变信息印刷"的特点。

因此,数字印刷可以定义为:由数字信息生成随印张可变的图文影像,借助成像装置,直接在承印物上成像或在非脱机影像载体上成像,并将呈色剂及辅助物质间接传递至承印物而形成印刷品,且满足工业化生产要求的印刷方法。数字印刷的按需出版满足了出版业的个性化、可变化、多品种、小批量、短周期的发展趋势，是一种绿色印刷手段。

30.数字印刷的核心技术和相关技术有哪些？

数字印刷的核心技术包括硬件、软件和印刷材料三部分。

一是硬件核心技术，包括：成像技术、成像装置制造技术、呈色剂传递技术、承印介质传输技术、印刷品后处理技术、高速数据传输和驱动技术等。其中，数字成像技术又是数字印刷技术核心的核心，所有成像技术都是借助某种技术手段，将呈色剂传递到承印物上，形成所需图文影像。现有的数字印刷成像技术有：静电照相成像、喷墨成像、离子成像、磁成像、热升华及转移成像、色粉喷射成像、电凝聚成像技术等，其中喷墨成像技术是目前发展的主流技术。

二是软件核心技术，包括：字库及其兼容技术、数字页面图文描述技术、静态与可变信息整合技术、动态排版技术、数字页面高速解释技术、数字栅格化和加网技术、色彩管理技术、数字资产管理技术、数字印刷流程集成管理技术、网络远程调控技术等。

三是印刷材料制造核心技术，包括：数字印刷呈色剂和承印材料制造技术。

四是其他相关技术：计算机硬件、网络硬件、印刷机设计制造技术等；操作系统、数据库、网络、信息安全技术等；相关印刷材料制造技术。

31.什么是按需印刷技术？

按需印刷是以按需印刷思想为先导、以按需印刷制度为保障、以按需印刷技术为支撑的现代全新印刷模式。

按需印刷的基本内涵至少应包括以下方面：①即时印刷（按时印刷），即按照顾客时间要求随时开机印刷；②按地印刷（远程印刷），即按照顾客地点要求就地或远程印刷；③按量印刷（短版印刷），即按照顾客数量要求可以多印也可以少印（一册起印）；④可变印刷（个性印刷），即按照顾客要求随时对印刷内容和形式进行调整；⑤随选印刷（可选印刷），即有丰富的内容和形式供顾客选择后印刷；⑥直接印刷（数字印刷），即不需要经过实物载体的转换而直接进行印刷；⑦快速印刷（闪电印刷），即以非常快的速度完成各环节的印刷任务；⑧绿色印刷（环保印刷），即整个印刷过程环保卫生且浪费极小；⑨永续印刷（随时印刷），即可按照顾客要求永久保存内容数据以后随时印刷；⑩预售印刷（零库存印刷），即根据销售订单进行定量印刷。

32.按需印刷技术包括哪些方面？

按需印刷技术主要包括数字印刷技术和以下的各项技术。一是版权控制技术，对于数字作品控制印刷版权，确保印刷数量与版权许可数量一致。二是支付控制技术，确保在满足支付条件时实施印刷。三是流程控制技术，控制前端设计、印刷设备和后端折手、装订等设备的协同，确保印刷流程的一体化控制。四是物流控制技术，确保印刷和物流之间的协同，保证零库存和读者的零等待。

33.电子书数字出版系统主要由哪些部分组成？

电子书数字出版系统是以数字版权保护 DRM 为核心技术，通过子系统配合，保证销售的电子书可计数(并且这种计数是不可抵赖的),为出版社提供版权保护和出版发行服务,为读者提供借阅、购买和阅读电子书的服务。整个电子图书数字出版系统的组成如下图所示:

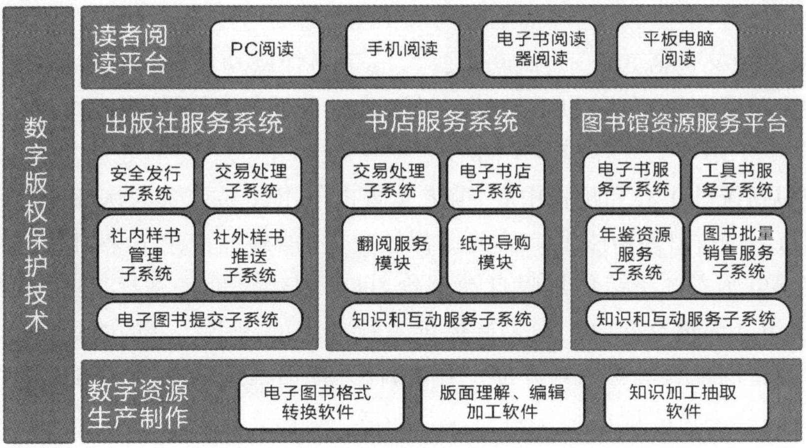

图 8-2 电子图书数字出版系统组成图

从系统组成图中可以看出,数字出版系统的结构可以分为三个层次。

一是数字资源生产制作层,这是进行数字资源产品加工的地方,其中的电子图书格式转换软件用于将其他格式的电子文档转换为统一的电子书格式,如 CEB、PDF、CEBX 等,以便形成数字出版的资源库;版面理解、编辑加工软件用于对非结构化的电子文档进行理解和识别,形成结构化的文档,以便进行数字资源知识加工和数字资源优化;知识加工抽取软件用于对电子文档进行细粒度的知识加工,形成知识结构、知识点和知识关联,为深层次的数字出版服务提供基础。

二是数字资源服务层,以互联网技术为基础,提供各类数字资源服务。目前的服务主要有三类。其一,出版社服务系统,主要为出版社提供数字出版通道,帮助出版社进行数字出版;其二,书店服务系统,即电子书零售系统,是 B2C 服务的主要形式;其三,图书馆资源服务平台,是 B2B 服务的主要形式,主要是为机构提供读者借阅、阅读平台。

三是读者阅读平台层,以阅读终端技术为基础,向各类读者提供阅读电子书的系统。目前,主要的阅读终端有个人电脑、平板电脑、手机、手持阅读器等。

34.电子书数字出版系统的主要功能有哪些?

主流电子书数字出版系统有五大主要功能。

一是电子书生产制作功能。通过各种应用软件,实现电子书的编辑、加工、制作,其中又包括 4 个子方面。其一,电子书格式转换功能,将多种格式的文件(如 DOC、图片、HTML、TXT 等)转换为统一的电子图书格式(如 CEB、CEBX、PDF、EPUB、XEB 等),转换过程中尽可能保证保持版本原样和内容结构并提供多文档合并、批量转换等功能。其二,信息编辑、内容链接处理功能,对电子书内容进行编辑加工,为电子书添加超级链接、电子书元数据信息,添加多媒体链接,以加工制作带有声音、动画、多媒体的电子书。其三，版面理解功能，实现对文档智能理解和结构化信息抽取，用于加速和优化电子书制作过程，或者为数字资源的深度知识化加工做数据准备。其四，知识加工功能，在抽取数字资源信息后，整合数个资源，形成资源知识结构，为后期的知识服务做准备。

二是出版服务功能。在已经加工好的电子图书基础上，为出版社提供版权保护和出版发行服务，其中又包括5个子方面。其一，电子书加密功能，对电子书资源进行加密、管理密钥并发放数字许可证，和交易处理子系统一起实现数字版权管理和保护、防止非法拷贝、控制电子书安全分发和电子图书交易。其二，电子书交易处理功能，电子书交易服务子系统包括统计中心和价格中心，前者实现电子书交易信息的认证、统计，通过网站销售的数据(B2C)和销售给图书馆的数据都被完整、准确地记录下来，且数据不可篡改，后者可以实现电子书按照销售年限自动调价，也可创建定价策略。其三，社内样书管理功能，可为出版社编辑及社内工作人员提供本社出版的图书样书的查询及阅读服务，并且防止图书经过内部人员扩散到外部。其四，社外样书推送功能，发送DRM技术保护的电子样书，并对样书被阅读的情况进行统计。其五，电子书提交功能，将排版文件、已经加工好的电子书资源文件或用于章节试读翻阅的内容文件安全、快速地提交给数字资源生产服务中心。

三是发行服务功能。发行服务功能应该包括电子书安全发行与销售、纸书导购、电子样书推送、在线原版翻阅、POD按需打印、知识和互动服务等功能，主要包括以下5个子方面。其一，电子书店服务功能，电子书店往往以门户网站的形式为用户提供服务，主要方式有电子书的信息查询、检索、章节试读、纸书导购，电子书的购买、支付、下载等功能，还有的电子书店提供电子书内容按需打印、知识推荐和电子书推荐、读者互动，如论坛、书评等。其二，电子书安全交易功能，保证相关交易活动在DRM技术保障下进行，确保交易过程中的版权安全。其三，翻阅服务功能，在浏览器中展现图书的可翻阅部分，提供的图书章节试读、翻阅服务。其四，导购服务功能，在显示图书信息的同时，引导读者到书店购买纸书。其五，知识和互动服务功能，通过电子书店门户网站实现相关电子书的知识推荐、知识服务和读者互动功能。

四是图书馆服务功能。图书馆资源服务平台将模拟纸书为图书馆服务的模式，是电子书迈入图书馆、为机构提供服务的平台。可以提供电子图书借阅服务、条目数据检索，以及与之相关的图书批量销售功能。这些服务和功能一般都是通过网站的方式实现，主要包括以下4个子方面。其一，电子书管理功能，以管理图书馆购买的电子书，并向读者提供借阅、归还服务，还可以根据需要设定用户对资源的访问权限。其二，查询检索服务功能，可以提供诸如工具书条目或者年鉴文章等条目式数据的查询、检索服务，并可以按分类进行原文阅读和展示；还可以进行引用、打印及收藏电子书。其三，图书批量销售服务功能，将包括批量图书选购、授权及发货三个部分，通过DRM技术保证销售的图书种类、数量、复本能完整地到达用户单位，并根据购买订单进行批量授权，销售信息进入交易统计系统进行自动统计。其四，知识和互动服务功能，与发行服务功能类似，支撑图书馆服务平台中的知识阅读、知识推荐和互动服务。

五是读者阅读功能。各类阅读终端通过互联网与电子书店、数字图书馆等网站实现数据交换，将购买或借阅的电子书下载或转移到阅读终端上，并通过在线或离线的方式对电子书进行呈现。一般提供以下功能：图书管理、下载管理、购买和借阅管理；页面笔记功能，支持全文查找、全文朗读功能；支持播放多媒体文件；兼容电子词典功能，支持阅读模式，支持多文种切换；可阅读版权保护下的电子图书。

35.数字报刊出版系统主要由哪些部分组成？

数字报刊出版系统是建立在报刊纸本基础上的全媒体数字出版，主流的系统主要由四个部分组成。

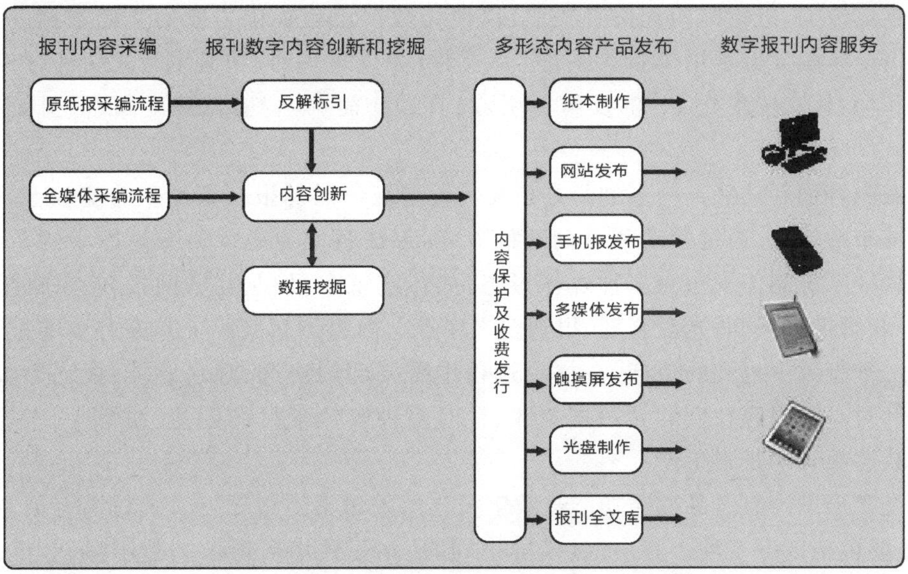

图 8-3 数字报刊出版系统图

一是报刊内容采编系统。在原来的纸报采编流程之外，增加全媒体采编流程，主要负责数字报刊部分的内容采编，且包括多种媒体形式（如图片、视频、音频、动画等）和采编方式（电子稿件、互联网稿件、智能手机稿件等）。

二是报刊数字内容创新和挖掘系统。主要负责报刊数字内容资源的制作、创新和进一步的知识挖掘。制作是将纸报或其他来源的稿件转换或加工成为将要出版的数字报刊资源格式（如 PDF、HTML 等）；创新是指根据数字报刊发布的平台，形成新的报刊资源，如附加新的版式和格式、增加广告、形成摘要等；知识挖掘是指利用数据挖掘技术，对报刊内容进行知识化加工，如形成相关知识框架、新闻事件演变脉络等，以便为读者提供深层次的知识服务。

三是多形态内容产品发布系统。以已有的报刊数字资源为基础，根据应用和读者的需要，提供多种渠道的报刊资源服务应用形式，如印刷传统纸本报刊，满足传统读者的需求；形成互联网服务，让读者通过互联网访问报刊资源；形成手机媒体发布，让读者通过手机阅读报刊资源；形成多媒体资源，允许读者以多媒体的形式获得报刊信息（如多媒体杂志)；形成触摸屏报刊，允许用户通过大屏幕触摸屏查看报刊资源；形成合刊，通过光盘向用户发布；形成报刊全文库，提供给机构用户，以满足数据收集和研究需要。

四是数字报刊内容服务系统。以多种阅读平台向用户提供报刊内容阅读服务，阅读终端有多种，如个人电脑、手机、平板电脑、电子阅读器等，除了内容阅读外，还可提供内容浏览、下载、内容评论、分享等互动功能。

36.数字报刊出版系统的主要功能有哪些?

主流数字报刊出版系统主要有四大功能。

一是反解标引功能。版面反解标引子系统是数据采集的最前端，它的功能是对纸本报刊的生成数据，进行结构化信息提取，以便为数字出版提供主要的文档数据。主流的反解标引子系统支持常用排版软件的排版文件(如飞腾系列)和通用版式文件(PS、PDF)的反解和标引，支持华光 PS 的反解标引，具有操作简单、智能化程度高、标引效率高的特点。

二是内容创新功能。内容创新是指在传统采编形成的报刊稿件库的基础上，根据各类媒体发布的特点，通过手动和自动选稿方式，形成各类专题库。专题库中的专题可由相应的软件系统制作发布为多种媒体形态，如传统纸本报刊、互联网报刊、手机报刊、多媒体报刊、触摸屏报刊、光盘合刊、报刊全文库等。内容创新实际上是在有数字报刊资源的基础上进行数字报刊的生产，在这个过程中需要部门协调、统一监控、报刊出版管理，还包括针对不同内容粒度的元数据更改、针对多种媒体素材的创建、编辑、调序等功能，以保障数字报刊的正常生产。

三是多形态内容产品发布功能。数字报刊的发布渠道或传播方式较为灵活，有多种形式，主要包括以下 5 种。其一，触摸屏报刊，是在公共场所展示的数字报刊，供人们阅读或操作。其二，互联网报刊，是将报刊的数字内容以网站页面的形式在数字报刊网站发布，读者通过访问数字报刊网站阅读数字报刊内容和信息。其三，多媒体报刊，是将报刊数据以多媒体的形式发布，让读者通过丰富的图片、音视频、互动操作等元素来获取报刊的信息和内容，给读者以强烈的感官刺激。其四，手机报刊，是指将报刊内容以适于手机阅读和传播的形式发布，一般报刊内容被发布到手机阅读网站上，订阅该内容的用户手机可主动获取和自动接收内容，进行在线或离线阅读。其五，报刊全文库，主要是按主题集成报刊内容，向客户(一般为机构)提供专题服务的一种报刊内容发布形式。

四是内容服务功能。数字报刊内容服务是指数字报刊系统为用户提供阅读和各类服务，数字报刊内容服务以阅读终端为载体，并通过互联网网站或专有发布平台(如手机可阅读为手机平台特定发布的手机报，IPad 可阅读专为 IPad 定制的多媒体报刊等)，为广大用户提供阅读服务，同时还可提供内容检索、下载、评论、分享等服务功能。

第九部分 互联网教育出版常识

1.什么是在线教育?

在线教育以网络为介质的教学方式,通过网络,使得学员与教师即使相隔万里也可以开展教学活动;此外,借助网络课件,学员还可以随时随地进行学习,真正打破了时间和空间的限制,对于工作繁忙,学习时间不固定的职场人而言网络远程教育是最方便的学习方式。

2. 什么是云教育?

云教育(Cloud Computing Education,简称 CCEDU),《著云台》的分析师团队结合云发展(Cloud Development)的理念总结认为,是指基于云计算商业模式应用的教育平台服务。在云平台上,所有的教育机构、培训机构、招生服务机构、宣传机构、行业协会、管理机构、行业媒体、法律机构等都集中云整合成资源池,各个资源相互展示和互动,按需交流,达成意向,从而降低教育成本,提高效率。云教育是在云技术平台的开发及其在教育培训领域的应用。云教育打破了传统的教育信息化边界,推出了全新的教育信息化概念,集教学、管理、学习、娱乐、分享、互动交流于一体。让教育行政部门、学校、教师、学生、家长及其他教育工作者这些不同身份的人群,可以在同一个平台上,根据权限去完成不同的工作。云教育包含了云培训中的教育培训管理信息系统、远程教育培训系统和培训机构网站,属于大型教育平台涉及技术领域。在这个覆盖世界的教育平台上,共享教育资源,分享教育成果,教育者和受教育者实现互动。

3. 什么是云课堂?

所谓"云课堂",是一类面向教育和培训行业的互联网服务。使用机构无需购买任何硬件和软件,仅仅通过租用网络互动直播技术服务的方式,就可以实现面向全国的高质量的网络同步和异步教学及培训,是一种真正完全突破时空限制的全方位互动性学习模式。"云课堂"是基于云计算技术的一种高效、便捷、实时互动的远程教学课堂形式。使用者只需要通过互联网界面,进行简单易用的操作,便可快速高效地与全球各地学生、教师、家长等不同用户同步分享语音、视频及数据文件,而课堂中数据的传输、处理等复杂技术由云课堂服务商帮助使用者进行操作。

4. 什么是云学习？

“云学习”系统是在云计算(Cloud Computing)环境中，围绕学习服务，以心理学、教育学、知识工程和系统工程的理论为指导，建立云知识、云任务、云资源、云组件、云网站和学习者认知结构等关键模型，利用软件架构和Web互动技术开发的、具有互动探究特色的、开放式可持续发展的、个性化、分布式学习系统；是互动探究式学习资源开发、交易、运行与发展的技术规范。一是以学习者为主体。云学习系统以人脑在学习过程中的特征规律为参考，设置情境，激发动机、训练能力、培养兴趣，提高成绩和素质。二是以知识为核心。为此云学习建立了词汇型知识库、句子型知识库、组件化知识库、互动视频库、百科知识库等各种知识库。在云学习的世界里，知识具有类似人脑的知识形态：网状、可成长。并且通过这种网络化的知识，来表示知识学习要求，匹配学习资源，管理学习过程，实现闭环控制和个性化推送。三是以互动探究为资源特色。不仅人与知识互动，并且人与人之间也实现了互动探究。人与知识之间的互动，主要通过操作学习对象或与之关联的对象来实现，它包括人对学习对象的认知、探索、实验、模仿、训练、重构、游戏、评价、合作协同等来实现。人与人之间的互动，则主要通过教育者对学习者活动流程的设置，对活动型组件和学习资源的配置来实现。四是开放式可持续成长。通过云系统内部的资源商店机制、学习组件程序商店机制、云网站机制以及云客户端机制，将知识开发者、组件开发者、运营者、学习者、课程开发者等不同类型用户有机结合起来，不仅实现了资源共建共享、逐步成长的目标，还形成了多类型用户共赢的局面。

5. 什么是电子课本？

电子课本(E-Textbook)是指通过数字化、交互功能的智能化将教材内容以科学直观的图、文、声、像展现并通过电子介质阅读的课本。电子课本多角度、多维度地呈现教材内容，方便学生理解和掌握教材知识，为传统教材模式向网络化教材转变提供了良好范式。此外，电子课本加入书签、笔记和标注等功能，更好地提高了学生的积极性。电子课本不是把传统教材简单地扫描放置在学习网上，而是以纸质主体教材为基础，对教材内容及知识点进行深度挖掘和加工，以影、音、图、文等科学直观地实现了教材内容的数字化、交互功能的智能化。

6. MOOC 是什么？

MOOC(Massive Open Online Courses)，指大型开放式网络课程，又称“慕课”。2012年，美国的顶尖大学陆续设立网络学习平台，在网上提供免费课程，Coursera、Udacity、Edx 三大课程提供商的兴起，给更多学生提供了系统学习的可能。2013年2月，新加坡国立大学与美国公司 Coursera 合作，加入大型开放式网络课程平台。新加坡国立大学是第一所与 Coursera 达成合作协议的新加坡大学，它2014年率先通过该公司平台推出量子物理学和古典音乐创作的课程。这三个大平台的课程全部针对高等教育，并且像真正的大学一样，有一套自己的学习和管理系统，而且它们的课程都是免费的。大型开放式网络课程成功实现了一种高端的知识交换。它可适用于专家培训，各学科间的交流学习以及特别教育的学习模式——任何学习类型的信息都可以通过网络传播。而网络课堂可以给你带来很多益处。让每个人都能免费获取来自名牌大学的资源,可以在任何地方、用任何设备进行学习,这便是MOOC的价值所在。

7. 什么是数字化教学资源?

数字化教学资源是指经过数字化处理,可以在多媒体计算机及网络环境下运行的多媒体教学资料。按信息的呈现方式划分,数字化教学资源可分为数字化课件、数字化音频、数字化视频、数字化网上教学资源等。与传统的教学资源相比,数字化教学资源有以下几个方面的特点:①处理技术数字化——数字化处理技术将声音、图形、图像、动画等音频视频信号经过转换器抽样量化,使其由模拟信号转换成数字信号。数字信号的可靠性远比模拟信号高,对它进行纠错处理也容易实现;②处理方式多媒体化——指利用多媒体计算机技术存储、传输、处理多种媒体形成的教学资源。与传统的纯文字或图片处理信息的方式相比,经多媒体计算机处理的教学资源更加丰富多彩;③信息传输网络化——数字化教学资源可以通过网络实现远程传输,学习者可以在任何一台上网计算机上获取自己需要的信息;④学习资源系列化——指数字化教学资源可由资源管理人员或教学人员进行系统分类,在教学过程中向不同的学习者提供不同系列的教学信息;⑤使用过程智能化——指教学资源可根据不同学生的特点选择最恰当的教学内容和教学方法,并对学生进行有针对性的指导;⑥资源建设可操作化——指教学资源允许学生和教师运用多种信息处理方式对其进行运用和再创造,师生还可将自己制作的资源(如电子作业)加入数字化资源库中。数字化教学资源是教学媒体数字化的产物。随着人们对教学过程本质认识的不断深入,人们将研究的重点由教学媒体逐步转移到教学资源的层面上,即由对教学媒体物理特性的研究转移到从学习者出发研究学习资源,以实现包括媒体在内的一切学习资源的使用方法与使用目的的紧密结合。

8. 什么是数字化教学?

数字化教学是指教师和学习者在数字化的教学环境中,遵循现代教育理论和规律,运用数字化的教学资源,以数字化教学模式进行培养适应新世纪需要的具有创新意识和创新能力的复合型人才的教学活动。简单地说,数字化教学就是利用多媒体教室、电脑、网络等现代化多媒体载体进行的教学。数字化校园是以数字化信息和网络为基础,在计算机和网络技术上建立起来的对教学、科研、管理、服务等校园信息的收集、处理、整合、存储、传输和应用,使数字资源得到充分优化利用的一种虚拟教育环境。通过实现从环境(包括设备、教室等)、资源(如图书、讲义、课件等)到应用(包括教、学、管理、服务、办公等)的全部数字化,在传统校园基础上构建一个数字空间,以拓展现实校园的时间和空间维度,提升传统校园的运行效率,扩展传统校园的业务功能,最终实现教育过程的全面信息化,从而达到提高管理水平和效率的目的。

9. 什么是数字化学习?

数字化学习是指在教育领域建立互联网平台,学生通过网络进行学习的一种全新学习模式，又称为网络化学习。以数字化学习为核心的信息技术与课程的整合，不同于传统的学习方式。数字化学习具有三个要素：一是数字化的学习环境，也就是所谓信息技术学习环境。它经过数字化信息处理具有信息显示多媒体化、信息传输网络化、信息处理智能化和教学环境虚拟化的特征。它包括设施、资源、平台、通信和工具。二是数字化学习资源。它是指经过数字化处理，可以在多媒体计算机上或网络环境下运行的多媒体材料。包括数字视频、数字音频、多媒体软件、网站、电子邮件、在线学习管理系统、计算机模拟、在线讨论、数据文件以及数据库等等。数字化学习资源是数字化学习的关键，它可以通过教师开发、学生创作、市场购买以及网络下载等方式获取。数字化学习资源具有切合实际、即时可信；可用于多层次探究；可操纵处理；富有创造性等特点。三是数字化学习方式。利用数字化平台和数字化资源，教师、学生之间开展协商讨论、合作学习，并通过对资源的收集利用、探究知识、发现知识、创造知识以及展示知识的方式进行学习，具有资源利用、自主发现、协商合作和实践创造几种途径。

10. 如何认识“互联网＋”时代的教育变革？

对于中国教育领域，“互联网＋”意味着教育内容的持续更新、教育样式的不断变化、教育评价的日益多元，中国教育正进入一场基于信息技术的更伟大的变革中。“互联网＋课程”，不仅仅产生网络课程，更重要的是它让整个学校课程，从组织结构到基本内容都发生了巨大变化。“互联网＋教学”，形成了网络教学平台、网络教学系统、网络教学资源、网络教学软件、网络教学视频等诸多全新的概念，由此，不但帮助教师树立了先进的教学理念，改变了课堂教学手段，大大提升了教学素养，而且，更令人兴奋的是传统的教学组织形式也发生了革命性的变化。“互联网＋学习”，创造了如今十分红火的移动学习，但它绝对不仅仅是作为简单的即时随地可学习的一种方式而存在的概念，它代表的是学生学习观念与行为方式的转变。“互联网＋评价”，这就是另一个热词“网评”，在教育领域里，网评已经成为现代教育教学管理工作的重要手段。学生通过网络平台，给教师的教育教学打分，教师通过网络途径给教育行政部门及领导打分，而行政机构也通过网络大数据对不同的学校、教师的教育教学活动及时进行相应的评价与监控，确保每个学校、教师都能获得良性发展。换句话说，在“互联网＋”时代，教育领域里的每个人都是评价的主体也是评价的对象，而社会各阶层也将更容易通过网络介入对教育的评价。此外，“互联网＋评价”改变的不仅仅是上述评价的方式，更大的变化还有评价的内容或标准。例如传统教育教学体制下，教师的教育教学水平基本由学生的成绩来体现，而在“互联网＋”时代，教师的信息组织与整合、教师教育教学研究成果的转化、教师积累的经验通过互联网获得共享的程度等等，都将成为教师考评的重要指标。

11.“互联网＋教育”模式的发展方向如何？

近几年来，我国教育现代化程度越来越高，这得益于我国教育在信息化领域取得的巨大成就。在国家“十二五”期间基本完成了全国中小学互联网的接入，基本实现每个学校至少拥有一套多媒体教学设备；基本实现各级各类学习互联网全覆盖，拥有网络教学和学习环境，我国教育信息化程度得到更加全面的提升。2015年，国务院总理李克强在政府工作报告中首次将“互联网＋”行动计划提升为国家战略。“互联网＋”行动计划将提供以大数据、云计算和人工智能为代表的新一代信息技术，为我国教育信息化建设和教育资源的优化配置方面提供技术支撑，促进教育教学模式创新，推动教育理念变革。当“互联网＋”遇到教育的时候，互联网对教育变革作用也体现得很明显。互联网教育模式的本质就是在师生分离的情况下，借助于互联网信息技术开展新型的教育教学模式。这种新型教学模式是对原有教学结构的创新，实现了“以学生为中心”的教学理念，而教师则成为了整个教学活动的组织者和引导者。

12. 教育出版行业发展趋势如何？

教育出版行业目前有三个发展趋势：第一、从整个的规模上看，中国教育行业成为全球规模最大的教育市场。从发展的速度上看，九年义务教育全面普及，高等教育进入大众化阶段。在过去的二十多年里，我国教育经历了基础教育课程改革，数字教育历年冲击，职业教育快速进步，民营教育机构蓬勃发展，可以预测中国教育行业蓬勃发展趋势，将伴随着全球经济发展，特别是中国经济发展、社会进步的步伐有不可逆转的大发展。第二、教育出版行业将从一个内容产业变成一个服务行业。在传统出版领域，出版社的编辑主要是在现有的资源里选择最优秀的作品提供给读者，提供给学生，这是一种单项的内容生产和供给的过程。随着教育出版的发展和变革，读者对信息化的要求、知识的要求越来越高，单纯的模式已不能满足读者的需要，未来教育出版机构可能会像软件商那样成为教育服务的提供商。第三、在数字化时代，学生最需要的是个性化的学习解决方案，而教师最需要的是适量的内容资源、易于掌握的知识、便于分享的交流平台，这就要求传统的教育出版商具备整合多方面资源的能力，为客户提供个性化定制服务。相信教育出版成功的关键，不仅是硬件系统的先进与普及，更重要的是教育内容的创新和系统化，为受教育者提供比传统教育形式更有价值，更有效的教育服务。

第十部分
行业标准

1.目前我国数字出版标准化的进展情况是怎样的?

近年来,我国数字出版业的蓬勃发展为数字出版标准化提供了坚实的产业基础,各种数字出版的行业标准正在渐次颁布。由于标准化能在实现数字出版行业资源共享之时增进产业效益,因此,无论是政府主管部门还是市场主体都对数字出版标准化表现出了积极的态度。在各方的推动下,数字出版标准化建设取得了很大进展,《数字出版标准体系》的颁布,标志着我国数字出版标准化的整体框架正初步形成。将数字出版标准体系分为数字报纸、电子图书、数字期刊、网络原创文学、数据库出版、手机出版等 11 个分领域。加之全国新闻出版标准化技术委员会已经制定和正在制定的数字出版行业标准和国家标准项目,数字出版标准化体系的基本脉络已大致清晰。

2.目前我国数字出版标准主要有哪些?

从整体上看,目前我国数字出版标准的研制主要集中在以下几个方面:标准体系研制、标识研制、元数据、手机出版标准、电子书标准、数字有声出版物(MPR 出版物)标准、数字版权保护标准以及发行信息流通标准。标准体系方面,包括《数字出版标准体系》《手机出版标准体系》《动漫出版标准体系》《数字版权保护标准体系》《游戏出版标准体系》《数字印刷标准体系》等等。标识研制方面,《新闻出版数字资源唯一标识符 PDRI》《中国标准名称标识 ISNI》《中国标准乐谱出版物号 ISMN》等多项行业标准已经发布,《中国标准录音制品编码》也全面颁布实施了。元数据方面,《出版元数据》在 2013 年发布实施。电子书标准方面,全国新闻出版标准化技术委员会成立了"电子书内容标准项目组",成员超过 50 余家,包括内容出版商、平台运营商、技术提供商、设备生产商,涉及电子书的内容生产、加工、传播、版权、检测和管理。目前已颁布实施了《电子书内容标准体系表》《电子书内容术语》《电子书内容格式基本要求》《电子图书元数据》《电子图书标识》《电子图书质量基本要求》《电子图书版权记录》《电子图书阅读功能要求》《电子图书质量检测方法》《电子书版权保护通用规范》《电子书内容平台基本要求》《电子书内容平台服务基本功能》以及《电子图书版权信息检测方法》等 13 项行业标准。数字有声出版物方面,《MPR 出版物》系列国家标准已经发布,以此为基础研制的《国际标准关联标识符 ISLI》于 2015 年 5 月由国际标准化组织 ISO/TC46/SC9 正式发布实施。除此之外,随着市场的发展和数字出版新兴领域的不断涌现，一批新的标准项目已经或正在启动。如目前全国新闻出版标准化技术委员会启动了《数字出版内容卫星传输规范》《数字出版统计》等数字出版标准。这些标准将成为标准体系的重要组成部分，并为我国新闻出版业的发展提供重要的技术支撑。

3.什么是数字出版资源的分类标准？

对信息进行分类是实现信息表达、交换、集成以及信息管理的基础。信息分类是一种涉及多学科、多专业的综合性技术。对数字资源的分类可以方便数字资源的检索、查找、统计和管理等。根据不同的目的和用途，对数字资源的分类方法也不尽相同。在制定我国数字出版资源分类行业标准时，要首先确定分类的用途，站在行业的高度上为行业的发展提供支持，确立分类的依据，并在参考现有分类方法的基础上建立我国的数字出版资源分类标准。根据《关于加快我国数字出版产业发展的若干意见》，数字出版产品主要包括电子图书、数字报纸、数字期刊、网络原创文学、网络教育出版物、网络地图、数字音乐、网络动漫、网络游戏、数据库出版物、手机出版物（彩信、彩铃、手机报纸、手机期刊、手机小说、手机游戏）等。全国新闻出版信息技术委员会的公益质检项目《数字出版标准体系研究》，也将数字出版标准体系分为以上 11 个分领域。除了对数字出版整体进行分类外，我们还需要根据不同的用途和各种纬度对数字出版进行进一步的分类。根据数字资源的不同应用，也有必要制定不同的分类标准。

4.什么是数字出版资源的标识标准？

随着信息技术的发展，人们获取信息资源的方式越来越多样化，如何在数字环境下对数字内容资源方便地进行查找、版权保护和监管已经成为大家普遍关注的话题。用于数字内容资源标识的标准有很多。传统的标识符，如图书编码 ISBN、连续出版物号 ISSN、录音制品编码 ISRC 等等，经过修订，目前都可用于数字出版产品或资源的标识。在国际上被英美等发达国家广泛使用的对数字资源进行标识的系统是 DOI 系统，该系统以美国全国研究创新联合会（简称 CNRI）研发的“解析系统”作为支撑技术，用于因特网信息的命名、解析和管理，以实现网络环境下数据的交换和互操作。2006 年 ISO/TC46/SC9 将 DOI 系统作为国际标准制定项目，目前已经发布为 ISO 26324《数字资源唯一标识符》。2010 年我国也启动了《新闻出版数字资源唯一标识符》行业标准。该标准根据国际标准规定了我国新闻出版业数字资源唯一标识符编码结构、编码规则和管理规范。该标准 2012 年发布，标准号为 CY/T 82-2012。

5.什么是数字出版参与方的标识标准？

数字出版内容相关的参与方（如：作者、出版商、音像制作者、发布者等）对数字内容的创作、发布和传播等起着关键性作用。人们在建立内容资源库的同时，也需要建立内容资源参与方和版权人的编码体系，目的是方便大家对内容资源参与方信息的收集、储存、查找和整理。给相关参与方进行编码有利于信息的检索和内容资源的版权保护。在国际上，2006 年 ISO/TC46/SC9 开始制定 ISO27729《国际标准数字出版参与各方标识》

(简称 ISPI),目的是在数字环境下为不同参与方的公开身份提供有效的标识途径,以便他们在内容创作、生产、管理和发行产业链上能被准确识别,以及与他们相关的内容能被有效管理。该标准在研制过程中将名称改为《国际标准名称标识》(简称 ISNI)。在我国,2008 年《中国数字出版参与方标识》立项为原新闻出版总署行业标准项目,后根据国际标准名称相应改为《中国标准名称标识》,目前该标准已经发布 CY/T 83-2012。该标准将为我国的数字出版资源的版权保护和版权交易奠定基础。

6.什么是数字出版格式标准?

从整体上看,数字出版格式仍处于纷繁复杂的发展阶段,但也存在一些主导性的格式标准。PDF 是国内外应用最广泛的电子文档格式,因能够比较真实地反映源文档的格式、字体、版式和图片等要素,获得众多出版商的认可,成为公认的行业标准。但随着移动终端的兴起,PDF 无法自动调整页面宽度以适应不同尺寸屏幕,以及无法方便地实现图文分置等数据解析以适应日益复杂的应用需求等缺点显示了出来。Epub 在 2011 年的国际数字出版论坛上通过表决,成为了最新开放式数字图书格式推荐规范。它支持数字出版物实现跨平台和跨系统的兼容,目前已经成为快速发展的数字出版产业的关键格式标准。与此同时,全国新闻出版标准化技术委员会也组织制定了《面向长期保存的数字出版文挡格式》《数字出版呈现格式》等行业标准,以及《电子书内容格式基本要求》等数字出版格式标准。

7.什么是版权保护标准?

网络技术和数字出版的发展拓展了新闻出版的空间,给出版内容提供者带来了新的经济增长点,但由于在网络环境下数字内容很容易被复制、修改,网络上传播的数字内容存在大量的盗版和侵权问题,新媒体环境对内容资源的保护手段提出了更高的要求,版权保护问题也成为业界越来越关注的问题。业界越来越清楚地认识到网络出版是以技术开发与版权增值为核心的产业,版权保护是其发展的核心问题。这就要求内容提供者、技术提供商、运营商和终端厂商等产业链各环节应相互协作,形成利益共同体,共同推动数字出版的发展。目前,我国在多个领域展开数字版权保护标准,2013 年 12 月经总局批准成立了全国版权标准化技术委员会。先后启动了《数字版权唯一标识符(DCI)》《版权服务基础代码集》《版权服务基础数据元》《版权权利描述元数据》《版权资产管理通用规范——基本规则》《版权资产管理通用规范——软件资产管理》《版权资产管理通用规范——作品版权资产管理》《嵌入式版权服务接口标准》等多项版权保护标准,版权标准体系正逐步形成。新闻出版的重大科技工程——数字版权保护技术研发工程,以研究制定一套数字版权保护标准体系和一系列工程标准与接口规范为主要任务之一,并在工程标准的基础上突破多项数字版权保护关键基础技术和核心应用技术,开发一系列数字版权保护应用系统与技术支撑平台。

8.什么是数字出版平台标准?

近年来数字出版平台不断出现。有各个出版集团搭建出版、分销于一体的出版平台，如三大电信运营商、新华E店、四川文轩九月网、汉王书城、当当期刊网等打造的数字出版物分销平台。但众多平台在研发、运营的过程中，由于缺乏统一技术规范，其服务、接口显现出较大差异，不利于内容信息的传播和交流。同时，由于缺乏统一监管，各平台以及平台与版权所有者之间关于版权的纠纷也不断出现。在这种背景下，建立关于电子书内容平台的准入要求、技术规范迫在眉睫。目前国家已颁布《电子书内容平台基本要求》和《电子书内容平台服务基本功能》等两项行业标准。标准规范了电子书内容平台所需要具备的基本要素和必须具备的基本功能，为建设电子书内容平台提供了依据。

9.什么是新闻出版统计标准？

统计工作是我国新闻出版业的一项重要和长期的工作，担负着为政府决策和行业发展提供重要参考的责任。随着信息技术的发展，新闻出版业出现了崭新的出版媒体和内容形式，如网络出版、手机出版、电子书出版等数字出版媒体，以及动漫出版、语音出版等内容形式。我国新闻出版领域大大拓展，为我们的统计工作提出更高的要求。将新兴领域纳入我国的统计工作中，是新闻出版工作贯彻落实科学发展观的必然要求，也是新闻出版业深化改革、加快发展新形势的必然要求。但我国对新媒体的统计还没有形成统一的标准，制定新闻出版业的统计标准可以为我国政府和行业的统计工作提供技术支撑，有助于我国统计数据与国外和国际同行业的对比。目前我国新闻出版行业正在组织该标准的制定。2013年总局颁布了《中国图书、报纸、期刊和电子出版物的出版和发行统计》行业标准，同年，全国新闻出版标准化技术委员会提案立项了《数字出版统计》行业标准，目前该标准处于研制阶段。

10.标准编制的原则是什么？

数字出版工作的标准化是各出版单位进行数字出版转型升级工作的基础，是实现数字出版工作模式化、集群化的重大转变，是实现融合发展的必经之路。新闻出版领域行业标准的制定、修订与发布应本着公开透明、科学合理、技术先进、协调配套、切实可行和符合经济社会发展需要的原则进行。

11.ISLI标准是什么？

ISLI是国际标准关联标识符的简称，英文全名为International Standard Link Identifier，由ISO第46技术委员会的第9分技术委员会制定和维护。ISLI是标识信息与文献领域中实体之间关联的全球通用标识符。

《中国标准关联标识符(ISLI)》国家标准是使用重新起草法修改采用《ISO 17316：2015信息与文献——国际标准关联标识符(ISLI)》的国家标准。ISLI国际标准是由我国主导制定的首项信息文献标识符标准领域国际标准，由国际标准化组织(ISO)于2015年5月15日正式发布，同时批准总部设在中国香港的国际信息内容产业协会(ICIA)为ISLI国际标准注。ISLI标准旨在通过对信息文献领域相关实体之间的“关联关系”进行标识，以实现诸如共同呈现等使用目的。ISLI标准将促进信息文献领域标识符标准体系的完善，从而实现信息内容资源管理的编码化，有效提升新闻出版单位对信息内容资源的管控能力。ISLI标准的应用将进一步推进新闻出版业的技术创新与应用,催生新的产品形态和服务模式,有利于信息内容资源元数据的沉淀与聚集,促进新闻出版业的数字化转型升级,推动传统出版与新兴出版的融合发展,加速新闻出版与广播影视的融合、加快信息内容产业与信息技术产业的融合,进而推动信息产业、文化产业的繁荣与发展。

12.CNONIX标准是什么?

Online Information Exchange(在线信息交换)的缩写ONIX是一种以元数据描述图书产品信息的数据交换协议。包括ONIX for Books(图书在线信息交换)、ONIX for Serials(连续出版物在线信息交换)、ONIX for Publications Licenses(出版许可在线信息交换)、Licensing Terms & Rights Information(许可条款和版权信息)等多项协议。该协议是1999年由美国出版者协会(AAP)提出并开发的一份产品信息交换协议,旨在让哥哥出版者能以一致的格式发送丰富的产品元数据给零售商,特别是开展网上零售业务的电商。该协议主要解决图书产品信息的在线交换问题。

CNONIX是CN Online Information Exchange(中国在线信息交换)的简称,《中国出版物在线信息交换CNONIX》国家标准由中国国家标准化管理委员会于2014年颁布。该标准采用了ONIX for Books的元数据描述体系和结构。CNONIX标准的建立旨在为我国出版产业链上的出版商、发行商、数据集成商等各类机构提供标准的图书信息交换格式,实现产业链上的图书信息的互联互通,既可以通过加速产品信息的流动,促进图书产品的流通效率,又可以通过产品信息一次制作、多方应用的方式,降低行业信息的应用成本,提高行业各机构的信息系统应用效率。

第十一部分 管理服务指南

(一)网络出版服务的申请及管理

1.什么是网络出版服务?

网络出版服务指通过信息网络向公众提供具有编辑、制作、加工等出版特征的数字化作品。其范围主要包括:文学、艺术、科学等领域内具有知识性、思想性的文字、图片、地图、游戏、动漫、音视频读物等原创数字化作品;与已出版的图书、报纸、期刊、音像制品、电子出版物等内容相一致的数字化作品;将上述作品通过选择、编排、汇集等方式形成的网络文献数据库等数字化作品;国家新闻出版广电总局认定的其他类型的数字化作品。我国实行网络出版服务许可制度,从事网络出版服务必须依法经过出版行政主管部门批准,取得《网络出版服务许可证》。

2.申请从事网络出版服务需要具备哪些条件?

按照《网络出版服务管理规定》第九条和第十条规定,图书、音像、电子、报纸、期刊出版单位从事网络出版服务,应当具备下列条件:有确定的从事网络出版业务的网站域名、智能终端应用程序等出版平台;有确定的网络出版服务范围;有从事网络出版服务所需的必要的技术设备,相关服务器和存储设备必须存放在中华人民共和国境内。其他单位从事网络出版服务,除上述所列条件外,还应当具备以下条件:有确定的、不与其他出版单位相重复的,从事网络出版服务主体的名称及章程;有符合国家规定的法定代表人和主要负责人,法定代表人必须是在境内长久居住的具有完全行为能力的中国公民,法定代表人和主要负责人至少 1 人应当具有中级以上出版专业技术人员职业资格;除法定代表人和主要负责人外,有适应网络出版服务范围需要的 8 名以上具有国家新闻出版广电总局认可的出版及相关专业技术职业资格的专职编辑出版人员,其中具有中级以上职业资格的人员不得少于 3 名;有从事网络出版服务所需的内容审校制度;有固定的工作场所;法律、行政法规和国家新闻出版广电总局规定的其他条件。

中外合资经营、中外合作经营和外资经营的单位不得从事网络出版服务。网络出版服务单位与境内中外合资经营、中外合作经营、外资经营企业或境外组织及个人进行网络出版服务业务的项目合作，应当事前报国家新闻出版广电总局审批。

表 11-1 职称对照表

类别	初级	中级	高级（副高）	正高级
出版编审系列	助理编辑	编辑	副编审	编审
出版编辑系列	助理技术编辑	技术编辑		
新闻记者系列	助理记者	记者	主任记者	高级记者
新闻编辑系列	助理编辑	编辑	主任编辑	高级编辑

3.从事网络出版服务需提供哪些申报材料？

按照《网络出版服务管理规定》第十二条规定，网络出版服务申报需提供以下材料：《网络出版服务许可证申请表》；单位章程及资本来源性质证明；网络出版服务可行性分析报告，包括资金使用、产品规划、技术条件、设备配备、机构设置、人员配备、市场分析、风险评估、版权保护措施等；法定代表人和主要负责人的简历、住址、身份证明文件；编辑出版等相关专业技术人员的国家认可的职业资格证明和主要从业经历及培训证明；工作场所使用证明；《域名注册证书》复印件；相关服务器存放在中华人民共和国境内的承诺《互联网信息服务增值业务经营许可证》复印件（①已从事互联网信息服务活动的单位须提供《互联网信息服务增值电信业务经营许可证》复印件或 ICP 备案信息；②未从事互联网信息活动的单位须提供 ICP 备案信息）；《网络出版服务单位基本信息登记表》。图书、音像、电子、报纸、期刊出版单位从事网络出版服务的，提交申请单位的法人证明文件复印件（事业单位法人证书/企业法人营业执照/社会团体法人登记证书/机关法人证明文件）；申请单位的出版许可证副本复印件；《网络出版服务许可证申请表》；工作场所使用证明；《域名注册证书》复印件；相关服务器存放在中华人民共和国境内的承诺《互联网信息服务增值业务经营许可证》复印件（①已从事互联网信息服务活动的单位须提供《互联网信息服务增值电信业务经营许可证》复印件或 ICP 备案信息；②未从事互联网信息活动的单位须提供 ICP 备案信息）；《网络出版服务单位基本信息登记表》。

4.网络出版服务单位应建立哪些内部管理规章及制度？

内容审核机制建设情况，包括选题策划论证制度、内容三审责任制度、责任编辑制度、责任校对制度等内部规章制度等；信息安全保障制度建设情况，保障网站信息安全特别是出版内容安全的制度；风险防控机制建设情况，是有效防范和控制由于出版不当内容可能带来的风险和及时处理并有效控制其传播的措施、方法等。

5.网络出版选题策划及选题管理包括哪些内容？

选题策划根据《出版管理条例》和《网络出版服务管理规定》等法律法规的有关规定，明确网络出版定位、提高工作效率、规范工作秩序，网络出版选题策划及选题管理工作主要包括以下几方面内容：一是选题策划的指导思想和基本原则。坚持以马克思列宁主义、毛泽东思想、邓小平理论、“三个代表”重要思想、科学发展观、习近平新时代中国特色社会主义思想为指导，以国家有关出版的法律、法规为准绳，坚持“为人民服务、为社会主义服务、为科研服务”的出版方向，传播和积累有益于提高民族素质、有益于经济发展和社会进步的科学技术和文化知识，弘扬民族优秀文化，促进国际文化交流，丰富和提高人民的精神生活。坚持社会效益第一，力求社会效益与经济效益的最佳结合。加强管理，优化结构，提高质量。抓住机遇，整合资源，扩大规模，在发展中创建品牌。二是选题策划的主要方向和工作方针。以反映新兴科学技术和时代特征的数字出版物为主，逐步实现系列化、配套化、立体化、优质化及多层次化的出版格局。坚持“巩固、拓展、精品、高效、服务”的十字工作方针。三是数字出版物选题的结构。选题的开发与建设是出版活动的先导工作，是出版基础的工作之一，数字时代的选题策划凸显了全方位、立体化的特点，主要包括内容策划、营销策划、服务策划几个层面。而选题结构更是体现数字出版发展方向、品牌特色的标志。

为了高效、有序地执行数字出版计划，应当强化编辑部的管理职能，修订、完善有关的规章制度，加强对选题实施的监督与管理。

6.网站运行安全保障措施有哪些？

主要措施有：一是网站服务器和其他计算机之间设置经公安部认证的防火墙，并与专业网络安全公司合作，做好安全策略拒绝外来的恶意攻击，保障网站正常运行。二是在网站的服务器及工作站上均安装了正版的防病毒软件，对计算机病毒、有害电子邮件有整套的防范措施，防止有害信息对网站系统的干扰和破坏。三是做好生产日志的留存。网站具有保存60天以上的系统运行日志和用户使用日志记录功能，内容包括IP地址及使用情况，主页维护者、邮箱使用者和对应的IP地址情况等。四是交互式栏目具备有IP地址、身份登记和识别确认功能，对没有合法手续和不具备条件的电子公告服务立即关闭。五是网站信息服务系统建立双机热备份机制，一旦主系统遇到故障或受到攻击导致不能正常运行，保证备用系统能及时替换主系统提供服务。六是关闭网站系统中暂不使用的服务功能及相关端口，并及时用补丁修复系统漏洞，定期查杀病毒。七是服务器平时处于锁定状态，并保管好登录密码；后台管理界面设置超级用户名及密码，并绑定IP以防他人登入。八是网站提供集中式权限管理，针对不同的应用系统、终端、操作人员，由网站系统管理员设置共享数据库信息的访问权限，并设置相应的密码及口令。不同的操作人员设定不同的用户名，且定期更换，严禁操作人员泄漏自己的口令。对操作人员的权限严格按照岗位职责设定，并由网站系统管理员定期检查操作人员权限。九是公司机房是电信机房，内有必备的独立UPS不间断电源、高灵敏度的烟雾探测系统和消防系统，定期进行电力、防火、防潮、防磁和防鼠检查。

7.网站风险防控机制建设应注意哪几个方面？

一是确保网络与信息安全保密责任的落实。应严格按照“谁主管、谁负责”“谁主办、谁负责”的原则，落实责任制，明确责任人和职责，细化工作措施和流程，建立完善管理制度和实施办法，确保使用网络和提供信息服务的安全。二是网站信息内容更新全部由网站工作人员完成，工作人员素质高、专业水平好、有强烈的责任心和责任感。网站所有信息发布之前都经分管领导审核批准。工作人员采集信息将严格遵守国家的有关法律、法规和相关规定。严禁通过公司接入网络及平台散布《互联网信息管理办法》等相关法律法规明令禁止的信息（即“九不准”），一经发现，立即删除。三是遵守对网站服务信息监视，保存、清除和备份的制度。开展对网络有害信息的清理整治工作，对违法犯罪案件，报告并协助公安机关查处。四是所有信息都及时备份。按照国家有关规定，网站将保存60天内系统运行日志和用户使用日志记录。五是制定并遵守安全教育和培训制度。加大宣传教育力度，增强用户网络安全意识，自觉遵守互联网管理有关法律、法规，不泄密、不制作和传播有害信息，不链接有害信息或网页。

8.从事网络出版服务应遵守哪些原则？

应当遵守宪法和有关法律、法规，坚持为人民服务、为社会主义服务的方向，坚持社会主义先进文化的前进方向，弘扬社会主义核心价值观，传播和积累一切有益于提高民族素质、推动经济发展、促进社会进步的思想道德、科学技术和文化知识，满足人民群众日益增长的精神文化需要。网络出版服务单位应当按照批准的业务范围从事网络出版服务，不得超出批准的业务范围从事网络出版服务。网络出版服务单位不得转借、出租、出卖《网络出版服务许可证》或以任何形式转让网络出版服务许可。网络出版服务单位实行编辑责任制度，保障网络出版物内容合法。网络出版服务单位实行出版物内容审核责任制度、责任编辑制度、责任校对制度等管理制度，保障网络出版物出版质量。在网络上出版其他出版单位已在境内合法出版的作品且不改变原出版物内容的，须在网络出版物的相应页面显著标明原出版单位名称以及书号、刊号、网络出版物号或者网址信息。网络出版服务单位出版涉及国家安全、社会安定等方面重大选题的内容，应当按照国家新闻出版广电总局有关重大选题备案管理的规定办理备案手续。未经备案的重大选题内容，不得出版。网络出版服务单位应当按照国家有关规定或技术标准，配备必要的设备和系统，建立健全各项管理制度，保障信息安全、内容合法，并为出版行政主管部门依法履行监督管理职责提供技术支持。网络出版服务单位在网络上提供境外出版物，应当取得著作权合法授权。其中，出版境外著作权人授权的网络游戏，须在出版前向所在地省、自治区、直辖市出版行政主管部门提出申请，经审核同意后，报国家新闻出版广电总局审批。

9.国家鼓励从事哪些方面的网络出版服务？

国家鼓励宣传科学真理、传播先进文化、倡导科学精神、塑造美好心灵、弘扬社会正气等有助于形成先进网络文化的网络出版服务，推动健康文化、优秀文化产品的数字化、网络化传播。国家还支持、鼓励下列优秀的、重点的网络出版物的出版：对阐述、传播宪法确定的基本原则有重大作用的；对弘扬社会主义核心价值观，进行爱国主义、集体主义、社会主义和民族团结教育以及弘扬社会公德、职业道德、家庭美德、个人品德有重要意义的；对弘扬民族优秀文化，促进国际文化交流有重大作用的；具有自主知识产权和优秀文化内涵的；对推进文化创新，及时反映国内外新的科学文化成果有重大贡献的；对促进公共文化服务有重大作用的；专门以未成年人为对象、内容健康的或者其他有利于未成年人健康成长的；其他具有重要思想价值、科学价值或者文化艺术价值的。

10.申请从事网络出版服务的程序是怎样的？

按照《网络出版服务管理规定》第二章第十二条规定，申请从事网络出版服务，应当首先向所在地省、自治区、直辖市出版行政主管部门提出申请，经审核同意后，报国家新闻出版广电总局审批。国家新闻出版广电总局应当自受理申请之日起 60 日内，做出批准或者不予批准的决定。不批准的，应当说明理由。申请者自收到批准决定之日起 30

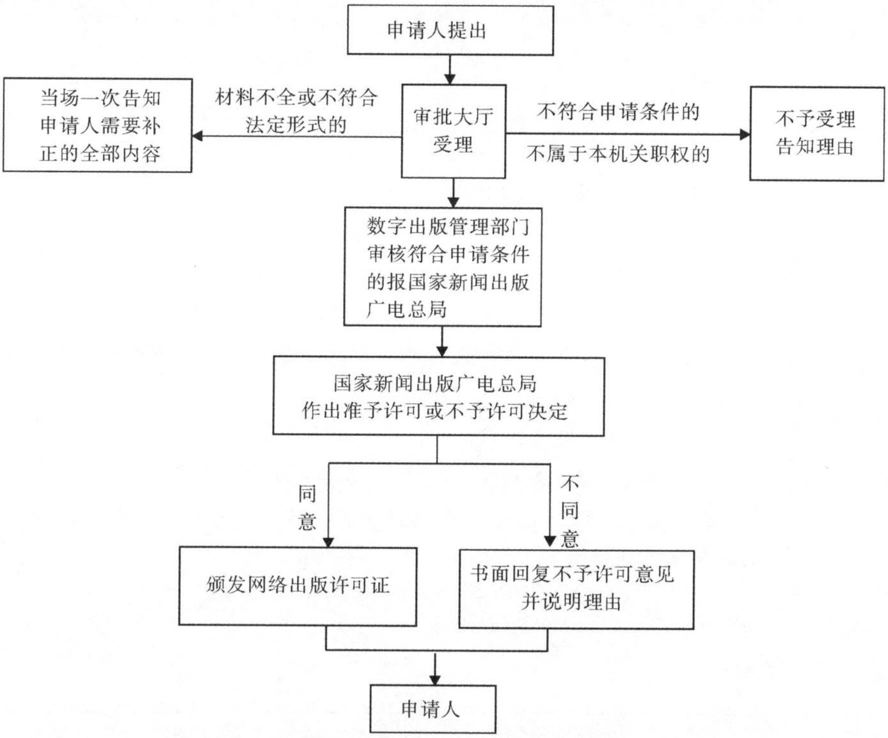

图 11-1 网络出版服务许可证核发(流程图)

日内办理如下注册登记手续：持批准文件到所在地省、自治区、直辖市出版行政主管部门领取并填写《网络出版服务许可登记表》；省、自治区、直辖市出版行政主管部门对《网络出版服务许可登记表》审核无误后，在 10 日内向申请者发放《网络出版服务许可证》；《网络出版服务许可登记表》一式三份，由申请者和省、自治区、直辖市出版行政主管部门各存一份，另一份由省、自治区、直辖市出版行政主管部门在 15 日内报送国家新闻出版广电总局备案。网络出版服务经批准后，申请者应持批准文件、《网络出版服务许可证》到所在地省、自治区、直辖市电信主管部门办理相关手续。

表 11-2 网络出版服务许可证核发办事指南

审批类型	行政审核	权力来源	法定本级行使
实施机关	省级新闻出版单位	责任处室	数字出版管理部门
法定期限	20个工作日	承诺时限	20个工作日
咨询电话	×××××××××	监督电话	×××××××××
申请人需提供材料	1. 主办单位请示文件。 2.(a)《网络出版服务许可证申请表》; (b)单位章程及资本来源性质证明; (c)网络出版服务可行性分析报告,包括资金使用、产品规划、技术条件、设备配备、机构设置、人员配备、市场分析、风险评估、版权保护措施等; (d)法定代表人和主要负责人的简历、住址、身份证明文件; (e)编辑出版等相关专业技术人员的国家认可的职业资格证明和主要从业经历及培训证明; (f)工作场所使用证明; (g)网站域名注册证明、相关服务器存放在中华人民共和国境内的承诺。 图书、音像、电子、报纸、期刊出版单位从事网络出版服务的,仅提交(a)、(f)、(g)项规定的材料。		
是否收费	否		
备　注			

11.网络出版服务许可如何进行标示?

网络出版服务单位应当在其网站首页上标明出版行政主管部门核发的《网络出版服务许可证》编号。如:在网站首页最下方标明网络出版服务许可证号:新出网证(×××)字 ×××号。

12.网络出版服务单位需要变更《网络出版服务许可证》许可登记事项、资本结构，合并或者分立，设立分支机构，其程序是怎样的？

按照《网络出版服务管理规定》第二章第十六条规定，网络出版服务单位变更《网络出版服务许可证》许可登记事项、资本结构，合并或者分立，设立分支机构的，应向所在地省、自治区、直辖市出版行政主管部门提出申请，经审核同意后，报国家新闻出版广电总局审批。并且申请单位须持批准文件到所在地省、自治区、直辖市电信主管部门办理相关手续。

表 11-3　网络出版服务单位变更登记事项、资本结构，合并或者分立，设立分支机构或者其以外登记事项和网络出版服务单位注销登记(基本信息)

<table>
<tr><td>审批类型</td><td colspan="3">行政许可</td></tr>
<tr><td>审核部门</td><td>省级新闻出版单位</td><td>行使层级</td><td>省级新闻出版单位</td></tr>
<tr><td>设立依据</td><td colspan="3">网络出版服务单位变更《网络出版服务许可证》许可登记事项、资本结构，合并或者分立，设立分支机构的，应依据《网络出版服务管理规定》第十一条办理审批手续，并应持批准文件到所在地省、自治区、直辖市电信主管部门办理相关手续。
网络出版服务单位中止网络出版服务的，应当向所在地省、自治区、直辖市出版行政主管部门备案，并说明理由和期限；网络出版服务单位中止网络出版服务不得超过180日。
网络出版服务单位终止网络出版服务的，应当自终止网络出版服务之日起30日内，向所在地省、自治区、直辖市出版行政主管部门办理注销手续后到省、自治区、直辖市电信主管部门办理相关手续。省、自治区、直辖市出版行政主管部门将相关信息报国家新闻出版广电总局备案。
网络出版服务单位自登记之日起满180日未开展网络出版服务的，由原登记的出版行政主管部门注销登记，并报国家新闻出版广电总局备案。同时，通报相关省、自治区、直辖市电信主管部门。
因不可抗力或者其他正当理由发生上述所列情形的，网络出版服务单位可以向原登记的出版行政主管部门申请延期。</td></tr>
<tr><td>备　注</td><td colspan="3"></td></tr>
</table>

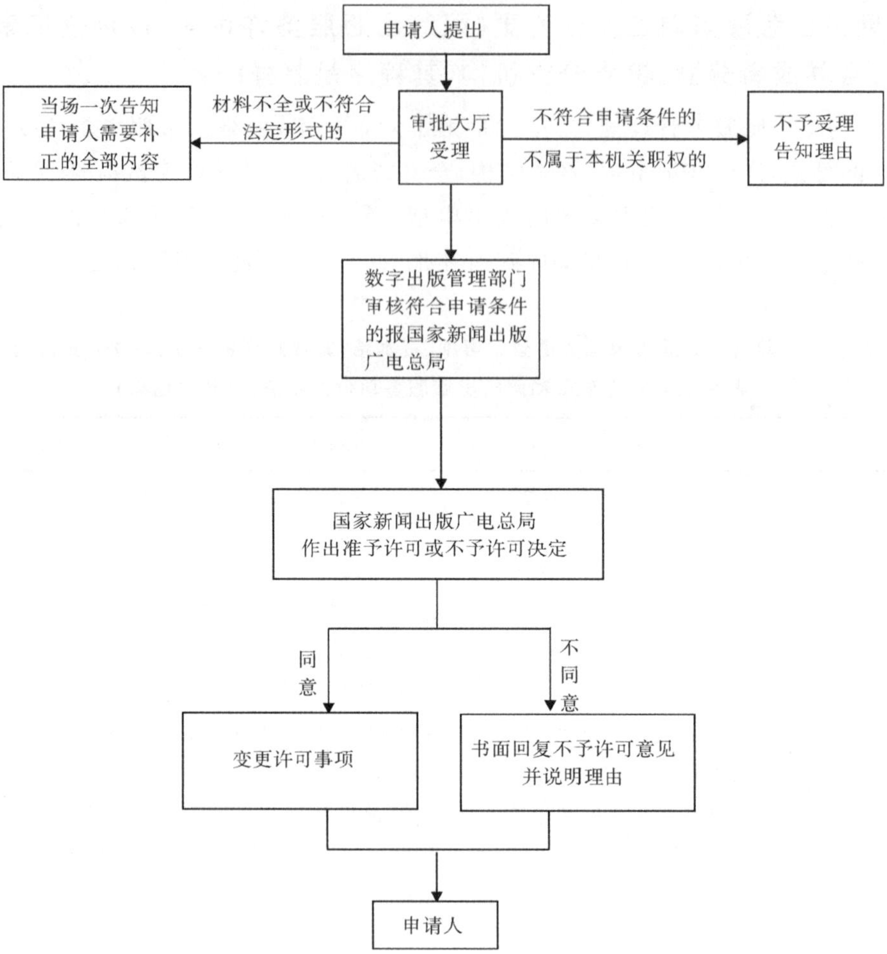

图 11-2 **网络出版服务单位变更登记事项、资本结构,合并或者分立,设立分支机构或者其以外登记事项和网络出版服务单位注销登记(流程图)**

13.网络出版服务单位需中止/终止网络出版服务,应该办理哪些手续?

按照《网络出版服务管理规定》第二章第十七条规定,网络出版服务单位中止网络出版服务的,应当向所在地省、自治区、直辖市出版行政主管部门备案,并说明理由和期限,中止时间不得超过180日。网络出版服务单位终止网络出版服务的,应当自终止网络出版服务之日起30日内,向所在地省、自治区、直辖市出版行政主管部门办理注销手续,然后到省、自治区、直辖市电信主管部门办理相关手续。省、自治区、直辖市出版行政主管部门将相关信息报国家新闻出版广电总局备案。

表 11-4 网络出版服务单位变更登记事项、资本结构,合并或者分立,设立分支机构或者其以外登记事项和网络出版服务单位注销登记(办事指南)

审批类型	行政审核	权力来源	法定本级行使
实施机关	省级新闻出版单位	责任处室	数字出版管理部门
法定期限	20个工作日	承诺时限	20个工作日
咨询电话	××××××××	监督电话	××××××××
申请人需提供材料	1. 主办单位请示文件; 2. 有关申请材料。		
是否收费	否		
备　注			

14.网络出版服务单位何时可开展网络出版服务?

按照《网络出版服务管理规定》第二章第十八条规定,网络出版服务单位自登记之日起可开展网络出版服务,且在180日内必须开展网络出版服务。满180日未开展网络出版服务的,由原登记的出版行政主管部门注销登记,并报国家新闻出版广电总局备案。同时,通报相关省、自治区、直辖市电信主管部门。因不可抗力或者其他正当理由发生上述所列情形的,网络出版服务单位可以向原登记的出版行政主管部门申请延期。

15.未经批准,擅自从事网络出版服务,或者擅自上网出版网络游戏,将受到怎样的处罚?

按照《网络出版服务管理规定》第二章第五十一条规定,未经批准,擅自从事网络出版服务,或者擅自上网出版网络游戏(含境外著作权人授权的网络游戏),由出版行政主管部门、工商行政管理部门依照法定职权予以取缔,并由所在地省级电信主管部门依据有关部门的通知,按照《互联网信息服务管理办法》第十九条的规定给予责令关闭网站等处罚;已经触犯刑法的,依法追究刑事责任;尚不够刑事处罚的,删除全部相关网络出版物,没收违法所得和从事违法出版活动的主要设备、专用工具,违法经营额1万元以上的,并处违法经营额5倍以上10倍以下的罚款;违法经营额不足1万元的,可以处5万元以下的罚款;侵犯他人合法权益的,依法承担民事责任。

16.什么是网络出版服务单位年检?

为全面掌握网络出版服务单位的基本情况,依法加强网络出版管理,根据《出版管理条例》和《网络出版服务管理规定》的规定,新闻出版行政主管部门在每年年底下发《关于开展××××年度网络出版服务单位年检登记工作的通知》,各网络出版服务单位根据

《通知》要求,按时提供年检材料,接受各省、自治区、直辖市出版行政主管部门核验,各省、自治区、直辖市出版行政主管部门核验后将有关情况报国家新闻出版广电总局备案。

17.网络出版服务单位年检的程序是怎样的?

年检程序主要有四步:一是单位自查。内容包括:本年度政策法律执行情况,奖惩情况,网站出版、管理、运营绩效情况,网络出版物目录,对年度核验期内的违法违规行为的整改情况,编辑出版人员培训管理情况等进行全面自查;并填写由国家新闻出版广电总局统一印制的《网络出版服务年度核验登记表》,形成年度自检报告。年检材料经主管主办单位审核盖章确认后,报所在地省、自治区、直辖市出版行政主管部门。二是专家审查。各省、自治区、直辖市出版行政主管部门组织审读专家对各网络出版服务单位报送的年检材料进行集中审读和评测。三是集中审核。各省、自治区、直辖市出版行政主管部门对网络出版服务单位报送的年检材料进行集中审核,并根据审读和评测情况,综合评定各单位年检结果。四是年检总结。各省、自治区、直辖市出版行政主管部门根据年检情况,召开年检情况通报会,总结年检工作的相关问题,并办理年检登记及换证手续。

18.网络出版服务单位年检需要提交哪些材料?

年检需要提供以下材料:各单位年度自检报告;《网络出版服务年度核验登记表》;取得的主要成绩,经营状况;相关法律法规执行情况;所获奖励和接受处罚情况;存在的问题及改进措施;本单位出版资质许可登记记录是否存在相应变更情况;下一年工作计划;《网络出版服务许可证》(副本)。

19.网络出版服务单位年检通过或未予通过如何处理?

根据年检审读结果,有如下几种处理意见:一是准予登记。对符合年度核验要求的网络出版服务单位予以登记,并在其《网络出版服务许可证》上加盖年度核验章。二是暂缓年度核验。暂缓年度核验的情形有:正在停业整顿的违反出版法规规章,应予处罚的;未按要求执行出版行政主管部门相关管理规定的;内部管理混乱,无正当理由未开展实质性网络出版服务活动的;存在侵犯著作权等其他违法嫌疑需要进一步核查的。暂缓年度核验的期限由省、自治区、直辖市出版行政主管部门确定,报国家新闻出版广电总局备案,最长不得超过180日。暂缓年度核验期间,须停止网络出版服务。暂缓核验期满,按本规定重新办理年度核验手续。三是注销登记。网络出版服务单位已经不具备《网络出版服务管理规定》第八条、第九条规定条件的,责令限期改正;逾期仍未改正的,不予通过年度核验,由国家新闻出版广电总局撤销《网络出版服务许可证》,所在地省、自治区、直辖市出版行政主管部门注销登记,并通知当地电信主管部门依法处理。

20.到期网络出版服务许可证如何更换?

《网络出版服务许可证》有效期为5年。有效期届满,需继续从事网络出版服务活动的,应于有效期届满60日前,持《网络出版服务许可证》(正副本)向所在省、自治区、直辖市新闻出版行政主管部门提出申请,由出版行政主管部门负责更换许可证的相关事宜。

21.网络出版服务许可证遗失、损坏后如何处理?

若《网络出版服务许可证》遗失,应及时在媒体上登载有关遗失信息,并报所在省、自治区、直辖市新闻出版行政管理部门备案,20 日后向所在地省、自治区、直辖市新闻出版行政主管部门正式申请补办;若《网络出版服务许可证》损坏,持损坏的原许可证正副本向所在地省、自治区、直辖市出版行政主管部门提出更换许可证申请。

22.网络出版服务单位年检与通信管理年检是怎样的关系?

网络出版服务单位年检是新闻出版行政主管部门对依法设立的网络出版服务单位进行管理的重要手段,实行一年一检制,在每年的第一季度进行。《网络出版服务许可证》的有效期是 5 年。通信管理年检是工信部组织的,对所有的互联网企业进行网站年检,也就是我们所熟知的 ICP 经营许可证年检。根据国家相关规定,《ICP 经营许可证》的有效期是 5 年,在有效期内实行一年一检制,每年的年检都在原颁证单位,ICP 的年检时间在每年的第一季度,若是连续两年错过了年检或年检不合格的,将被吊销《ICP 经营许可证》,且 3 年内不得再从事相关业务。

(二)国产网络游戏出版申请及管理

1.什么是网络游戏?

网络游戏是指由软件程序和信息数据构成,通过互联网、移动通信网等信息网络提供的游戏产品和服务。包括但不限于:大型角色扮演类网络游戏(MMORPG)、网页游戏(WebGame)、休闲游戏、单机游戏的网上下载、具有联网功能的游戏、联网的对战游戏平台、手机网络游戏。

2.什么是网络游戏上网运营?

网络游戏上网运营是指通过信息网络,使用用户系统或者收费系统向公众提供游戏产品和服务的经营行为。网络游戏上网出版前,必须向所在地省、自治区、直辖市出版行政主管部门提出申请,经审核同意后,报国家新闻出版广电总局审批。网络游戏经国家新闻出版广电总局审批后方可上网运营,未经审批的网络游戏不得上网运营。

3.什么是网络游戏虚拟货币?

网络游戏虚拟货币是指由网络游戏经营单位发行,网络游戏用户使用法定货币按一定比例直接或者间接购买,存在于游戏程序之外,以电磁记录方式存储于服务器内,并以特定数字单位表现的虚拟兑换工具。

4.国产网络游戏出版申请需要哪些条件?需要提交哪些材料?

经国家新闻出版广电总局批准设立的网络游戏出版单位和电子出版社,均可办理网络游戏出版申请。申请国产网络游戏出版需提交的材料有:省新闻出版广电局审核同意文件；申报单位审读意见；著作权登记证书及著作权人企业法人营业执照；运营方 ICP 证及企业法人营业执照；游戏内容介绍与彩色打印图片；游戏中文脚本全文；游戏屏蔽字库；防沉迷系统情况介绍及身份证验证中心出具的防沉迷系统证明材料；游戏“管理人员”账号 3 个，防沉迷系统测试账号 3 个(均分高、中、低等级)；网页游戏请提供游戏测试网址，客户端游戏提交客户端光盘 2 张，移动端游戏提交测试设备 2 部(其中至少有 1 部是带有一定余额 SIM 卡的手机)；所有申报文字材料的电子文档光盘 2 张，游戏演示视频光盘 2 张。

5. 出版境外著作权人授权的互联网游戏作品需提供哪些申报材料？

申请出版境外著作权人授权的互联网游戏作品应提交以下材料：省、自治区、直辖市新闻出版广电局审核同意文件；《出版境外著作权人授权互联网游戏作品申请书》(包含出版机构情况、引进游戏出版物情况、运营机构情况等内容)；国家版权局著作权合同登记批复(复印件)；运营机构企业法人营业执照及 ICP 证(复印件)；出版机构的审读报告；游戏作品内容介绍(包含游戏背景、人物角色、游戏 NPC、主要情节、场景、系统功能、游戏商城等内容)；游戏防沉迷系统功能设置说明；用于内容审查的“管理人员”账号 3 套(分高、中、低等级)及游戏防沉迷系统测试账号 3 个；游戏出版物中文脚本全文及游戏屏蔽词库(电子文档)；客户端游戏需提交客户端光盘 3 张，网页游戏需提供游戏登录网址，移动游戏需提交下载网址或安装程序光盘 3 张或已安装游戏的专用审查设备 3 部；包含除省、自治区、直辖市新闻出版广电局审核同意文件以外所有书面材料的电子扫描件或电子文档光盘 3 张。

6.出版境外著作权人授权的电子游戏出版物需提供哪些申报材料？

出版境外著作权人授权电子游戏出版物应提交以下材料：省、自治区、直辖市新闻出版广电局审核同意文件；《出版境外著作权人授权电子游戏出版物申请书》(包含申请报告、详细内容介绍、审读报告等内容)；国家版权局著作权合同登记批复(复印件)；出版合同及游戏代理机构营业执照(复印件)；发行合同及发行单位发行许可证(复印件)；电子游戏出版物关卡介绍或过关攻略；电子游戏出版物主要人物和主要场景的彩色图片(电子文档)；电子游戏出版物中文脚本全文(电子文档)；电子游戏出版物样盘 2 张；包含除省、自治区、直辖市新闻出版广电局审核同意文件外所有书面材料的电子扫描件或电子文档光盘 2 张。

7.国产网络游戏出版申请的程序及时限是怎样的？

从事国产网络游戏出版的单位应当向所在省、自治区、直辖市新闻出版行政主管部门提出申请。各省、自治区、直辖市新闻出版行政主管部门自收到申请之日起 20 日内做出审核意见，并报国家新闻出版广电总局审批。国家新闻出版广电总局自收到申请材料后在 60 个工作日内做出批准或不批准的决定。不批准的，应当书面通知申请人并说明理由。

8.国产网络游戏进行著作权登记需提交哪些材料?

国产网络游戏软件著作权登记需提交以下材料:申请者身份证明(单位为营业执照副本或法人证书副本,个人为身份证或护照,非法人单位为相关证明。均为复印件一份;单位身份证明加盖公章)、作品著作权登记申请表一份(需通过“数字版权云端服务平台”打印并签字盖章)、权利保证书一份、作品样本(如提交纸介质,则为复印件两份;如提交电子介质,则为刻录光盘一份)、其他相关材料。

第十二部分 行业法律法规

（一）网络服务的相关规定

1.网络出版服务的主管部门有哪些？

国家新闻出版广电总局作为网络出版服务的行业主管部门，负责全国网络出版服务的前置审批和监督管理工作。工业和信息化部作为互联网行业主管部门，依据职责对全国网络出版服务实施相应的监督管理。地方人民政府各级出版行政主管部门和各省级电信主管部门依据各自职责对本行政区域内网络出版服务及接入服务实施相应的监督管理工作并做好配合工作。

2.图书、报刊、电子音像等传统出版单位从事网络出版服务应具备哪些条件？

要有确定的从事网络出版业务的网站域名、智能终端应用程序等出版平台；要有确定的网络出版服务范围；要有从事网络出版服务所需的必要的技术设备，相关服务器和存储设备必须存放在中华人民共和国境内。

3.非传统出版单位从事网络出版服务应具备哪些条件？

除要具备传统出版从事网络出版服务的条件外，还要有确定的、不与其他出版单位相重复的，从事网络出版服务主体的名称及章程；要有符合国家规定的法定代表人和主要负责人，法定代表人必须是在境内长久居住的具有完全行为能力的中国公民，法定代表人和主要负责人至少1人应当具有中级以上出版专业技术人员职业资格；除法定代表人和主要负责人外，有适应网络出版服务范围需要的8名以上具有国家新闻出版广电总局认可的出版及相关专业技术职业资格的专职编辑出版人员，其中具有中级以上职业资格的人员不得少于3名；要有从事网络出版服务所需的内容审校制度；要有固定的工作场所；以及法律、行政法规和国家新闻出版广电总局规定的其他条件。

4.外资、合资、合营单位能否从事网络出版服务？

中外合资经营、中外合作经营和外资经营的单位不得从事网络出版服务。网络出版服务单位与境内中外合资经营、中外合作经营、外资经营企业或境外组织及个人进行网络出版服务业务的项目合作，应当事前报国家新闻出版广电总局审批。

5.网络出版服务管理工作应当建立哪些制度?

网络出版服务单位实行编辑责任制度，保障网络出版物内容合法，应配套建立出版物内容审核责任制度、责任编辑制度、责任校对制度等管理制度，保障网络出版物出版质量。同时，网络出版服务单位应当按照国家有关规定或技术标准，配备应用必要的设备和系统，建立健全各项安全管理制度，保障信息传播安全。

6.网络出版服务从业人员应当遵循哪些规定?

从事网络出版服务的编辑出版等相关专业技术人员及其负责人应当符合国家关于编辑出版等相关专业技术人员职业资格管理的有关规定。网络出版服务单位的法定代表人或主要负责人应按照有关规定参加出版行政主管部门组织的岗位培训，并取得国家新闻出版广电总局统一印制的《岗位培训合格证书》。未按规定参加岗位培训或培训后未取得《岗位培训合格证书》的，不得继续担任法定代表人或主要负责人。

7.网络出版物不得含有哪些内容?

不得含有以下内容：反对宪法确定的基本原则的；危害国家统一、主权和领土完整的；泄露国家秘密、危害国家安全或者损害国家荣誉和利益的；煽动民族仇恨、民族歧视，破坏民族团结，或者侵害民族风俗、习惯的；宣扬邪教、迷信的；散布谣言，扰乱社会秩序，破坏社会稳定的；宣扬淫秽、色情、赌博、暴力或者教唆犯罪的；侮辱或者诽谤他人，侵害他人合法权益的；危害社会公德或者民族优秀文化传统的；以及有法律、行政法规和国家规定禁止的其他内容的。同时，为保护未成年人合法权益，网络出版物不得含有诱发未成年人模仿违反社会公德和违法犯罪行为的内容，不得含有恐怖、残酷等妨害未成年人身心健康的内容，不得含有披露未成年人个人隐私的内容。

8.出版含有违禁内容的网络出版物将受到哪些处罚?

出版、传播含有禁止内容的网络出版物的，根据《出版管理条例》第六十二条、《互联网信息服务管理办法》第二十条的规定，由出版行政主管部门责令删除相关内容并限期改正，没收违法所得，违法经营额1万元以上的，并处违法经营额5倍以上10倍以下罚款；违法经营额不足1万元的，可以处5万元以下罚款；情节严重的，责令限期停业整顿或者由国家新闻出版广电总局吊销《网络出版服务许可证》，由电信主管部门依据出版行政主管部门的通知吊销其电信业务经营许可或者责令关闭网站；构成犯罪的，依法追究刑事责任。同时责令提供人工干预搜索排名、广告、推广等相关服务的单位，停止为该网络出版服务单位提供相关服务。

(二)互联网信息服务的相关规定

1.什么是互联网信息服务?

互联网信息服务,是指通过互联网向上网用户提供信息的服务活动。分为经营性和非经营性两类。经营性互联网信息服务指通过互联网向上网用户有偿提供信息或者网页制作等服务活动。非经营性互联网信息服务指通过互联网向上网用户无偿提供具有公开性、共享性信息的服务活动。经营性互联网信息服务实行许可制度,非经营性互联网信息服务实行备案制度。

2.从事哪些互联网信息服务在申请经营许可或者履行备案手续前应依法经相关主管部门审核同意?

从事新闻、出版、教育、医疗保健、药品和医疗器械等互联网信息服务,在申请经营许可或者履行备案手续前,应当依法经有关主管部门审核同意。

3.从事经营性互联网信息服务应具备哪些条件?履行哪些行政审批?

从事经营性互联网信息服务,除应当符合《中华人民共和国电信条例》规定的要求外,还应当具备下列条件:有业务发展计划及相关技术方案;有健全的网络与信息安全保障措施,包括网站安全保障措施、信息安全保障措施、信息安全保密管理制度、用户信息安全管理制度;服务项目属于新闻、出版、教育、医疗保健、药品和医疗器械等范围的,已取得有关主管部门同意的文件。

从事经营性互联网信息服务,应当向省、自治区、直辖市电信管理机构或者国务院信息产业主管部门申请办理互联网信息服务增值业务经营许可证。省、自治区、直辖市电信管理机构或者国务院信息产业主管部门应当自收到申请之日起60日内审查完毕,做出批准或者不予批准的决定。予以批准的,颁发经营许可证;不予批准的,应当书面通知申请人并说明理由。申请人取得经营许可证后,应当持经营许可证向企业登记机关办理登记手续。

4.从事非经营性互联网信息服务,办理备案手续时应提交哪些材料?

从事非经营性互联网信息服务,在向省、自治区、直辖市电信管理机构或者国务院信息产业主管部门办理备案手续时,应当提交以下材料:主办单位和网络负责人的基本情况;网站网址和服务项目;服务项目属于新闻、出版、教育、医疗保健、药品和医疗器械等范围的,需取得有关部门同意的文件。

5.什么是互联网新闻信息服务?

新闻信息,是指时政类新闻信息,包括有关政治、经济、军事、外交等社会公共事务的报道、评论,以及有关社会突发事件的报道、评论。互联网新闻信息服务,包括互联网新闻信息采编发布服务、转载服务、传播平台服务。

6.申请互联网新闻信息服务许可应当具备哪些条件?

答:申请互联网新闻信息服务许可应具备下列条件:在中华人民共和国境内依法设立的法人;主要负责人、总编辑是中国公民;有与服务相适应的专职新闻编辑人员、内容审核人员和技术保障人员;有健全的互联网新闻信息服务管理制度;有健全的信息安全管理制度和安全可控的技术保障措施;有与服务相适应的场所、设施和资金。申请互联网新闻信息采编发布服务许可的,应当是新闻单位(含其控股的单位)或新闻宣传部门主管的单位。

7.申请互联网新闻信息服务许可应提交哪些材料?

答:申请互联网新闻信息服务许可应当提交下列材料:主要负责人、总编辑为中国公民的证明;专职新闻编辑人员、内容审核人员和技术保障人员的资质情况;互联网新闻信息服务管理制度;信息安全管理制度和技术保障措施;互联网新闻信息服务安全评估报告;法人资格、场所、资金和股权结构等证明;法律法规规定的其他材料。

8.互联网新闻信息服务提供者转载新闻信息时应注意哪些方面?

答:互联网新闻信息服务提供者转载新闻信息,应当转载中央新闻单位或省、自治区、直辖市直属新闻单位等国家规定范围内的单位发布的新闻信息,注明新闻信息来源、原作者、原标题、编辑真实姓名等,不得歪曲、篡改标题原意和新闻信息内容,并保证新闻信息来源可追溯。

9.互联网新闻信息服务单位不得登载、发送或者提供哪些新闻信息或者时政类电子公告?

互联网新闻信息服务单位登载、发送的新闻信息或者提供的时政类电子公告服务,不得含下列内容:违反宪法确定的基本原则的;危害国家安全,泄露国家秘密,颠覆国家政权,破坏国家统一的;损害国家荣誉和利益的;煽动民族仇恨、民族歧视,破坏民族团结的;破坏国家宗教政策,宣扬邪教和封建迷信的;散布谣言,扰乱社会秩序,破坏社会稳定的;散布淫秽、色情、赌博、暴力、恐怖或者教唆犯罪的;侮辱或者诽谤他人,侵害他人合法权益的;煽动非法集会、结社、游行、示威、聚众扰乱社会秩序的;以非法民间组织名义活动的;含有法律、行政法规禁止的其他内容的。

10.不得设立哪种类型的互联网新闻信息服务单位?

任何组织不得设立中外合资经营、中外合作经营和外资经营的互联网新闻信息服务单位。互联网新闻信息服务单位与境内外中外合资经营、中外合作经营和外资经营的企业进行涉及互联网新闻信息服务业务的合作,应当报经国家互联网信息办公室进行安全评估。

11.拟通过接入经营性互联网络从事非经营性互联网信息服务的要怎样办理备案、备案变更、备案注销手续?

拟通过接入经营性互联网络从事非经营性互联网信息服务的,可以委托因特网接入服务业务经营者、因特网数据中心业务经营者和以其他方式为网站提供接入服务的电信业务经营者代为履行备案、备案变更、备案注销等手续。

12.互联网信息服务者应自觉遵守哪些互联网信息服务管理的规定,应自觉履行哪些互联网信息服务的自律义务?

互联网信息服务者应自觉遵守国家以下互联网信息服务管理的规定,自觉履行互联网信息服务的自律义务:不制作、发布或传播危害国家安全、危害社会稳定、违反法律法规以及迷信、淫秽等有害信息,依法对用户在本网站上发布的信息进行监督,及时清除有害信息;不链接含有有害信息的网站,确保网络信息内容的合法、健康;制作、发布或传播网络信息,要遵守有关保护知识产权的法律、法规;引导广大用户文明使用网络,增强网络道德意识,自觉抵制有害信息的传播。

(三)互联网信息传播的保护

1.传播作品、表演、录音录像制品等网络信息是否需要许可?

权利人享有的信息网络传播权受著作权法保护。除法律、行政法规另有规定的外,任何组织或者个人将他人的作品、表演、录音录像制品通过信息网络向公众提供,应当取得权利人许可,并支付报酬。

2.什么是权利管理电子信息?

权利管理电子信息是信息网络传播权领域的一个专有词汇,是指说明作品及其作者、表演及其表演者、录音录像制品及其制作者的信息,作品、表演、录音录像制品权利人的信息和使用条件的信息,以及表示上述信息的数字或者代码。

3.未经信息权利人许可,任何组织或者个人不得进行哪些行为?

未经权利人许可,任何组织或者个人不得进行以下行为:一是故意删除或者改变通过信息网络向公众提供的作品、表演、录音录像制品的权利管理电子信息,但由于技术上的原因无法避免删除或者改变的除外;二是通过信息网络向公众提供明知或者应知未经权利人许可被删除或者改变权利管理电子信息的作品、表演、录音录像制品。

4.什么是信息传播技术措施?能否被破坏或回避?

信息传播技术措施,是指用于防止、限制未经权利人许可浏览、欣赏作品、表演、录音录像制品的或者通过信息网络向公众提供作品、表演、录音录像制品的有效技术、装置或者部件。为了保护信息网络传播权,权利人可以采取技术措施,任何组织或者个人不得故意避开或者破坏技术措施,不得故意制造、进口或者向公众提供主要用于避开或者破坏技术措施的装置或者部件,不得故意为他人避开或者破坏技术措施提供技术服务,但是,法律、行政法规规定可以避开的除外。

5.哪些情况下可以避开信息传播技术措施?

属于下列情形的,可以避开技术措施,但不得向他人提供避开技术措施的技术、装置或者部件,不得侵犯权利人依法享有的其他权利:为学校课堂教学或者科学研究,通过信息网络向少数教学、科研人员提供已经发表的作品、表演、录音录像制品,而该作品、表演、录音录像制品只能通过信息网络获取;不以营利为目的,通过信息网络以盲人能够感知的独特方式向盲人提供已经发表的文字作品,而该作品只能通过信息网络获取;国家机关依照行政、司法程序执行公务;在信息网络上对计算机及其系统或者网络的安全性能进行测试。

6.通过信息网络提供他人作品,哪些情形可以不经著作权人许可,不向其支付报酬?

以下情形,可以不经著作权人许可,不向其支付报酬:为介绍、评论某一作品或者说明某一问题,在向公众提供的作品中适当引用已经发表的作品;为报道时事新闻,在向公众提供的作品中不可避免地再现或者引用已经发表的作品;为学校课堂教学或者科学研究,向少数教学、科研人员提供少量已经发表的作品;国家机关为执行公务,在合理范围内向公众提供已经发表的作品;将中国公民、法人或者其他组织已经发表的、以汉语言文字创作的作品翻译成的少数民族语言文字作品,向中国境内少数民族提供;不以营利为目的,以盲人能够感知的独特方式向盲人提供已经发表的文字作品;向公众提供在信息网络上已经发表的关于政治、经济问题的时事性文章;向公众提供在公众集会上发表的讲话。

7.不经信息权利人许可传播网络信息应注意和遵守哪些规定?

不经著作权人许可、通过信息网络向公众提供其作品的,还应当遵守以下规定:不得提供作者事先声明不许提供的作品;应指明作品的名称和作者的姓名(名称);按照国家相关规定支付报酬;采取技术措施,防止其他人获得著作权人的作品对著作权人利益造成实质性损害;不得侵犯著作权人依法享有的其他权利。

8.权利人认为网络服务提供者侵犯了自己的信息网络传播权或者被删除、改变了自己的权利管理电子信息的,如何维护自己的权利?

对提供信息存储空间或者提供搜索、链接服务的网络服务提供者,权利人认为其服务所涉及的作品、表演、录音录像制品,侵犯自己的信息网络传播权或者被删除、改变了自己的权利管理电子信息的,可以向该网络服务提供者提交书面通知,要求网络服务提供者删除该作品、表演、录音录像制品,或者断开与该作品、表演、录音录像制品的链接。通知书应当包含下列内容:权利人的姓名(名称)、联系方式和地址;要求删除或者断开链接的侵权作品、表演、录音录像制品的名称和网络地址;构成侵权的初步证明材料。但同时,权利人应当对通知书的真实性负责。

网络服务提供者接到权利人的通知书后,应当立即删除涉嫌侵权的作品、表演、录音录像制品，或者断开与涉嫌侵权的作品、表演、录音录像制品的链接，并同时将通知书转送提供作品、表演、录音录像制品的服务对象；服务对象网络地址不明、无法转送的，应当将通知书的内容同时在信息网络上公告。

9.服务对象认为其提供的作品、表演、录音录像制品侵犯他人权利的，应该如何申述和处理？

服务对象接到网络服务提供者转送的通知书后，认为其提供的作品、表演、录音录像制品未侵犯他人权利的，可以向网络服务提供者提交书面说明，要求恢复被删除的作品、表演、录音录像制品，或者恢复与被断开的作品、表演、录音录像制品的链接。书面说明应当包含下列内容：服务对象的姓名（名称）、联系方式和地址；要求恢复的作品、表演、录音录像制品的名称和网络地址；不构成侵权的初步证明材料。同时，服务对象应当对书面说明的真实性负责。

网络服务提供者接到服务对象的书面说明后，应当立即恢复被删除的作品、表演、录音录像制品，或者可以恢复与被断开的作品、表演、录音录像制品的链接，同时将服务对象的书面说明转送权利人。权利人不得再通知网络服务提供者删除该作品、表演、录音录像制品，或者断开与该作品、表演、录音录像制品的链接。

10.哪些属于信息网络传播侵权行为？

信息网络传播侵权行为包括：通过信息网络擅自向公众提供他人的作品、表演、录音录像制品的；故意避开或者破坏技术措施的；故意删除或者改变通过信息网络向公众提供的作品、表演、录音录像制品的权利管理电子信息，或者通过信息网络向公众提供明知或者应知未经权利人许可而被删除或者改变权利管理电子信息的作品、表演、录音录像制品的；为扶助贫困通过信息网络向农村地区提供作品、表演、录音录像制品超过规定范围，或者未按照公告的标准支付报酬，或者在权利人不同意提供其作品、表演、录音录像制品后未立即删除的；通过信息网络提供他人的作品、表演、录音录像制品，未指明作品、表演、录音录像制品的名称或者作者、表演者、录音录像制作者的姓名（名称），或者未支付报酬，或者未依照本条例规定采取技术措施防止服务对象以外的其他人获得他人的作品、表演、录音录像制品，或者未防止服务对象的复制行为对权利人利益造成实质性损害的。

11.在哪些情况下，网络服务提供者提供网络自动接入服务或自动传输服务可不承担赔偿责任？

网络服务提供者根据服务对象的指令提供网络自动接入服务，或者对服务对象提供的作品、表演、录音录像制品提供自动传输服务，并具备以下条件的，不承担赔偿责任：未选择并且未改变所传输的作品、表演、录音录像制品；向指定的服务对象提供该作品、表演、录音录像制品，并防止指定的服务对象以外的其他人获得。

12.在哪些情况下，网络服务提供者根据技术安排自动向服务对象提供服务可不承担赔偿责任？

网络服务提供者为提高网络传输效率，自动存储从其他网络服务提供者获得的作品、表演、录音录像制品，根据技术安排自动向服务对象提供，并具备下列条件的，不承担赔偿责任：未改变自动存储的作品、表演、录音录像制品；不影响提供作品、表演、录音录像制品的原网络服务提供者掌握服务对象获取该作品、表演、录音录像制品的情况；在原网络服务提供者修改、删除或者屏蔽该作品、表演、录音录像制品时，根据技术安排自动予以修改、删除或者屏蔽。

13.在哪些情况下，网络服务提供者为服务对象提供信息存储空间可不承担赔偿责任？

网络服务提供者为服务对象提供信息存储空间，供服务对象通过信息网络向公众提供作品、表演、录音录像制品，并具备下列条件的，不承担赔偿责任：明确标示该信息存储空间是为服务对象所提供，并公开网络服务提供者的名称、联系人、网络地址；未改变服务对象所提供的作品、表演、录音录像制品；不知道也没有合理的理由应当知道服务对象提供的作品、表演、录音录像制品侵权；未从服务对象提供作品、表演、录音录像制品中直接获得经济利益；在接到权利人的通知书后，根据本条例规定删除权利人认为侵权的作品、表演、录音录像制品。

（四）网络游戏出版的相关规定

1.从事互联网游戏出版服务须经过谁的审批？

任何企业在中国境内从事网络游戏出版服务，必须经新闻出版广电总局进行前置审批，取得具有网络游戏出版服务范围的网络出版服务许可证。未经审批许可，擅自从事网络游戏出版服务，一经发现，立即依法取缔。

2.境外著作权人授权的进口网络游戏需经过谁的审批？

新闻出版广电总局是经国务院授权负责境外著作权人授权的进口网络游戏的审批部门。

3.申请出版引进版电子游戏出版物需要提交哪些材料？

申请出版引进版电子游戏出版物应提交以下材料：电子出版单位的申请报告。内容包括电子游戏出版物的中外文名称、著作权人情况（中外文名称、所在国家或地区、经营情况等）、引进前的出版经营情况、详细的作品内容介绍、责任编辑审读意见、预计的出版时间等；所在地区省级新闻出版局或主管单位审核同意文件；著作权合同备案机构出具的《著作权合同备案证书》；送审的电子游戏出版物样盘和中文脚本全文；电子游戏出版物中主要人物和主要场景彩色图片;代理公司营业执照及电子出版物发行许可证复印件。

4.申请出版引进版网络游戏出版物应提交哪些材料?

申请出版引进版网络游戏出版物应提交以下材料:网络游戏出版机构的申请报告。内容包括网络游戏出版物的中外文名称、著作权人情况(中外文名称、所在国家或地区、经营情况等)、引进前的出版经营情况、详细的作品内容介绍、责任编辑审读意见、预计的出版(公测)时间等;网络游戏出版机构所在地省级新闻出版局的审核同意文件;著作权合同备案机构出具的《著作权合同备案证书》;网络游戏出版物中文脚本全文;网络游戏出版物中的主要人物和主要场景彩色打印图片和演示光盘。表现网络游戏出版物中的主要人物、场景、道具、情节等,能反映网络游戏出版物的基本面貌。

5.经新闻出版广电总局前置审批或进口审批过的网络游戏,要增加新版本、新资料片或更新内容需要办理哪些手续?

经新闻出版广电总局前置审批或进口审批过的网络游戏,增加新版本、新资料片或更新内容,必须重新履行前置审批或进口审批手续。对未经新闻出版广电总局前置审批或进口审批,擅自运营新版本、新资料片或更新内容的,新闻出版广电总局将取消原前置审批或进口审批文件,通知有关地方新闻出版管理部门依法责令其停止运营服务,按非法网络出版予以查处。对擅自增加新版本、新资料片或更新内容,且增加或更新内容存在违法违规问题的,将从重处理,通知电信管理部门取消相关接入服务,关闭网站。

6.外商可以在中国境内投资从事网络游戏运营服务吗?

外商不得以独资、合资、合作等方式在中国境内投资从事网络游戏运营服务。外商不得通过设立其他合资公司、签订相关协议或提供技术支持等间接方式实际控制和参与境内企业的网络游戏运营业务。也不得通过将用户注册、账号管理、点卡消费等直接导入由外商实际控制或具有所有权的游戏联网、对战平台等方式,变相控制和参与网络游戏运营业务。

7.经过新闻出版广电总局前置审批或进口审批过的网络游戏,变更运营单位的,需要重新办理前置审批或进口审批手续吗?

经过新闻出版广电总局前置审批或进口审批过的网络游戏,变更运营单位的,需重新办理前置审批或进口审批手续。自运营单位变更之日起至重新获得批准之间,网络游戏应停止一切运营服务。

（五）网络安全法的相关规定

1.《网络安全法》确立了网络安全法的哪几个基本原则？

第一，网络空间主权原则。《网络安全法》第一条“立法目的”开宗明义，明确规定要维护我国网络空间主权。网络空间主权是一国国家主权在网络空间中的自然延伸和表现。习近平总书记指出，《联合国宪章》确立的主权平等原则是当代国际关系的基本准则，覆盖国与国交往各个领域，其原则和精神也应该适用于网络空间。各国自主选择网络发展道路、网络管理模式、互联网公共政策和平等参与国际网络空间治理的权利应当得到尊重。第二条明确规定《网络安全法》适用于我国境内网络以及网络安全的监督管理。这是我国网络空间主权对内最高管辖权的具体体现。

第二，网络安全与信息化发展并重原则。习近平总书记指出，安全是发展的前提，发展是安全的保障，安全和发展要同步推进。网络安全和信息化是一体之两翼、驱动之双轮，必须统一谋划、统一部署、统一推进、统一实施。《网络安全法》第三条明确规定，国家坚持网络安全与信息化并重，遵循积极利用、科学发展、依法管理、确保安全的方针；既要推进网络基础设施建设，鼓励网络技术创新和应用，又要建立健全网络安全保障体系，提高网络安全保护能力，做到“双轮驱动、两翼齐飞”。

第三，共同治理原则。网络空间安全仅仅依靠政府是无法实现的，需要政府、企业、社会组织、技术社群和公民等网络利益相关者的共同参与。《网络安全法》坚持共同治理原则，要求采取措施鼓励全社会共同参与，政府部门、网络建设者、网络运营者、网络服务提供者、网络行业相关组织、高等院校、职业学校、社会公众等都应根据各自的角色参与网络安全治理工作。

2. 网络运行基本安全要求是什么？

《网络安全法》第二十一条规定：国家实行网络安全等级保护制度。网络运营者应当按照网络安全等级保护制度的要求，履行下列安全保护义务，保障网络免受干扰、破坏或者未经授权的访问，防止网络数据泄露或者被窃取、篡改：①制定内部安全管理制度和操作规程，确定网络安全负责人，落实网络安全保护责任；②采取防范计算机病毒和网络攻击、网络侵入等危害网络安全行为的技术措施；③采取监测、记录网络运行状态、网络安全事件的技术措施，并按照规定留存相关的网络日志不少于六个月；④采取数据分类、重要数据备份和加密等措施；⑤法律、行政法规规定的其他义务。

3. 应急预案与响应要求是什么？

《网络安全法》第二十五条规定：网络运营者应当制定网络安全事件应急预案，及时处置系统漏洞、计算机病毒、网络攻击、网络侵入等安全风险；在发生危害网络安全的事件时，立即启动应急预案，采取相应的补救措施，并按照规定向有关主管部门报告。

4. 个人信息保护规定有哪些?

《网络安全法》第四十一、四十二、四十三条规定:第四十一条:网络运营者收集、使用个人信息,应当遵循合法、正当、必要的原则,公开收集、使用规则,明示收集、使用信息的目的、方式和范围,并经被收集者同意。网络运营者不得收集与其提供的服务无关的个人信息,不得违反法律、行政法规的规定和双方的约定收集、使用个人信息,并应当依照法律、行政法规的规定和与用户的约定,处理其保存的个人信息。第四十二条:网络运营者不得泄露、篡改、毁损其收集的个人信息;未经被收集者同意,不得向他人提供个人信息。但是,经过处理无法识别特定个人且不能复原的除外。网络运营者应当采取技术措施和其他必要措施,确保其收集的个人信息安全,防止信息泄露、毁损、丢失。在发生或者可能发生个人信息泄露、毁损、丢失的情况时,应当立即采取补救措施,按照规定及时告知用户并向有关主管部门报告。第四十三条:个人发现网络运营者违反法律、行政法规的规定或者双方的约定收集、使用其个人信息的,有权要求网络运营者删除其个人信息;发现网络运营者收集、存储的其个人信息有错误的,有权要求网络运营者予以更正。网络运营者应当采取措施予以删除或者更正。

5. 等保测评是什么?

国家实行网络安全等级保护制度。等保测评就是有资质的测评机构对非涉密的信息系统按照不同等级要求对这些系统进行安全测评,出具相应的信息系统测评报告。

附录
数字出版及相关产业分类

根据《国民经济行业分类》(GB/T4754-2017),结合《新产业新业态新商业模式统计分类》(试行)对新产业新业态新商业模式的分类方法,将数字出版类分类数字出版产品生产、数字出版支撑服务、数字出版设备制造、数字出版管理与服务和数字出版科学研究五大类,其中核心层数字出版内容生产 20 个小类,属于具体产品生产服务。

序号	大类	中类	小类	名称	说明	国民经济代码
	01			数字出版生产	应用数字技术生产、加工和复制信息和知识,通过网络传播的内容生产出版活动。	
		0101		数字出版服务		
1			010101	社会科学出版服务		8626
2			010102	科学技术出版服务		8626
3			010103	文学出版服务		8626
4			010104	艺术出版服务		8626
5			010105	游戏出版服务	指通过信息网络向公众提供下载或者在线交互使用等上网出版运营服务行为。	8626
6			010106	动漫出版服务		8626
7			010107	网络教育出版服务	不包括在线教育	8626
8			010108	互联网视听出版服务	是指制作、编辑、集成并通过互联网向公众提供视音频节目,以及为他人提供上载传播视听节目服务的活动。	8626
9			010109	软件出版服务		8626

续表

序号	大类	中类	小类	名称	说明	国民经济代码
10			010110	网络读物出版服务	以数据库和电信网络为基础，以计算机主机的硬盘为存储介质，向用户提供阅读内容的出版活动	8626
		0102		数字出版内容服务		
11			010201	数据库出版服务	将文献进行标准化和结构化加工，用户通过网络或其他渠道实现检索和其他方式使用的出版活动	6450
12			010202	网络图片出版服务	指以互联网为传输媒介，通过运营商的服务器提供图片下载和欣赏的出版活动	6429
13			010203	网络地图出版服务	指以互联网为传输媒介，通过运营商的服务器提供实时在线或下载地图的出版活动。	6429
14			010204	网络新闻传播服务	指网络出版单位以互联网络为媒介进行新闻传播的活动	6429
15			010205	在线教育服务	指通过应用信息科技和互联网技术进行内容传播和快速学习的方法，即在线培训、网络学院、网络教育和在线学习等为主的互联网职业技能培训	8391
16			010206	数字报纸出版服务	指由新闻出版单位按一定周期推送新闻信息到终端的传播活动	
17			010207	数字期刊出版服务	应用数字技术手段，对原创和已经出版的作品等定期通过移动互联网络向终端传播的活动。不包括8626中列举的数字出版服务	
18			010208	互联网广告出版服务	指提供互联网推送及其他互联网广告服务。包括网络电视、网络手机广告的服务。	7251
		0103		数字出版娱乐服务		

续表

序号	大类	中类	小类	名称	说明	国民经济代码
			010301	游戏服务	指以互联网为传输媒介,以游戏运营商服务器和用户计算机为处理终端,以游戏客户端软件为信息交互窗口,旨在实现娱乐、休闲、交流和取得虚拟成就的具有可持续性的个体性多人在线游戏。包括互联网电子竞技服务。	6422
19			010302	网络音乐	指以互联网为传输媒介的音乐传播服务	6429
20			010303	网络视频	批以互联网为传输媒介的视频传播服务	6429
	02			数字出版支撑服务	为移动出版提供技术和环境支撑的活动。	
		0201		数字内容加工制作服务		
21			020101	数字内容创意服务	指基于文化资源基础,运用现代数字、网络、通信等技术进行的文化价值创造和传播服务	
22			020102	地理信息加工服务	指运用数字化技术,对地理信息进行采集、编辑、校准、校正、管理等,以满足各种应用需求的服务	6751
23			020103	数字内容加工	指将生产、生活中的图片、文字、视频、音频等信息内容运用数字化技术进行加工、处理、制作并整合应用的服务,使其通过互联网传播,在计算机、手机、电视等终端播放,在存储介质上保存。	6759
24			020104	数字动漫设计制作服务	仅包括数字动漫制作活动	6752
			020105	游戏制作服务	仅包括游戏设计制作活动	6752
		0202		网络接入服务		

续表

序号	大类	中类	小类	名称	说明	国民经济代码
25			020201	互联网络接入服务	由基础电信运营商提供为数字出版内容传播和接收提供的互联网接入服务	6410
26			020202	移动互联网接入	由基础电信运营商提供为移动出版或移动出版内容接收提供的移动互联网接入服务。	6312
27			020203	卫星信息接入	通过人造卫星向移动终端传输声音、数据、文本、视听图像信号的卫星通信活动。	6339
28			020204	公共 WIFI 接入	由基础电信运营商或第三机构提供为移动出版或移动出版内容接收提供的公共场所 WIFI 接入服务。	6410
			020205	互联网数据服务	指以互联网技术为基础的大数据处理、云存储、云计算、云加工等服务	6450
		0202		数字出版运营平台	指为数字出版提供交易、支付、数据存储、加工、传播的自办或第三方主办平台。	
29			020201	数字内容服务平台	指为移动出版企业提供的信息和数据的分析、整理、计算、编辑、存储等加工处理服务，以及应用软件、业务运营平台、信息系统基础设施等的租用服务。	6550
30			020202	数字信息平台	指通过数字化和网络化手段，对数字出版信息进行存储、加工和传播的服务平台	6579
31			020203	第三方支付平台	指非金融机构在数字出版商和数字内容用户之间作为中介机构提供下列部分或全部货币资金转移服务，包括网络支付、预付卡的发行与受理、银行卡收单及中国人民银行确定的其他支付等服务	6930

续表

序号	大类	中类	小类	名称	说明	国民经济代码
32			020204	互联网络教育平台	指专网络教育提供服务的第三方平台	6432
33			020205	互联网读书平台	提专为读书服务的第三方平台	6432
		0204		数字出版软件服务	指为数字出版加工制作、编辑、传播的软件	
34			020401	数字出版软件	指数字出版企业为数字出版生产使用的数字出版软件等	6513
35			020402	数字出版基础和通用软件	指能够对硬件资源进行调度和管理,为应用软件提供运行支撑的软件,以及非特定行业使用的应用软件,包括操作系统、数据库、中间件、各类固件、开发工具和集成环境,以及办公软件、经营管理软件、智能交互软件等	6511
36			020403	数字出版软件平台	为移动出版企业提供虚拟化、存储管理、数据处理等信息系统平台软件,包括支撑云计算、大数据信息系统平台软件等	6513
37			020404	移动客户端	指集成数字出版内容的专用客户端策划、编写的服务	6513
		0205		数字出版信息咨询服务	移动出版信息技术管理咨询服务	6560
38			020501	数字网络与信息安全评估认证	指互联网与信息安全的评估认证活动,仅包括测试评估服务	6560
39			020502	数字出版安全咨询服务	指互联网与信息安全的咨询活动,仅包括网络咨询服务、信息技术管理咨询服务	6560

续表

序号	大类	中类	小类	名称	说明	国民经济代码
40			020503	数字出版技术中介服务	指为移动出版活动提供社会化服务与管理，在政府、各类科技活动主体与市场之间提供居间服务的组织，主要开展信息交流、技术咨询、技术孵化、科技评估和科技鉴证等活动。	7520
41			020504	数字出版知识产权服务	指移动出版活动中的专利、商标、版权、软件、技术秘密、地理标志等各类知识产权的代理、转让、登记、鉴定、检索、分析、咨询、评估、运营、认证等服务	7520
	03			数字出版设备制造		
		0301		数字阅读设备		
42			030101	平板电脑	为接收和体验移动出版内容而需要的终端设备。	3911
43			030102	掌上游戏机	接收和参与移动出版互动内容的掌上终端设备	3911
44			030103	电子词典	接收和可查询数字词汇的移动学习工具。	3911
45			030104	电子阅读器	接收和显示书籍、杂志、报纸、图片、音视频的移动终端	3911
46			030105	智能手机	指具有独立的操作系统，独立的运行空间，可以由用户自行安装第三方服务商提供的程序的并通过无线网络实现通话功能的移动终端。	3922
47			030106	导航设备	手持或车载移动导航设备	3962
		0302		智能设备		
48			030201	可穿戴智能设备	指由用户穿戴和控制，并且自然、持续地运行和交互的个人移动计算设备产品的制造	3961

续表

序号	大类	中类	小类	名称	说明	国民经济代码
49			030202	虚拟现实设备	为接收和丰富体验移动终端呈现内容的层次感、参与感，而使用虚拟现实设备。	3969
	04			数字出版管理与服务		
		0401		数字出版管理		
50			040101	数字出版政府管理	指政府部门为规范和指引数字出版业健康发展进行的管理活动	9224
51			040102	数字出版协会活动	指数字出版业及相关产业单位成立的群众团体	9522
	05			数字出版科学研究		
		0501		数字出版理论研究		
52			050101	数字出版理论研究	指为数字出版业科学发展进行的基础理论和理论应用研究活动	7350
		0502		数字出版技术研究		
53			050201	信息科学与信息科学研究	指将信息科学应用到数字出版业的基础性研究活动	7310
54			050202	电子、通信与自动控制技术研究服务； 计算机科学技术研究服务；	指将电子、通信和计算机技术应用到数字出版的研究活动	7320

音像电子出版

本书是针对从事音像电子出版工作的编辑，尤其是初涉编辑岗位的年轻编辑所编纂的实用性工具小手册。出版工作具有很强的政治性、科学性、专业性和实践性，编辑往往需要掌握和涉猎跨多个学科的综合性知识，因此，本书尽可能地搜集了音像电子出版物编辑出版过程中会涉及的知识点，各种政策、法规，以及会遇到的各类问题，采用了条目式的一问一答的形式，简明扼要，为编辑快速解决工作中的疑惑、理清工作程序和提高业务能力提供帮助。

第一部分 音像电子出版基本知识

一、音像制品基本知识

1. 什么是音像制品?

一般来说,音像制品就是用数字或模拟信号,将图、文、声、像记录下来,经过编辑加工后,复制在电、光、磁介质的载体上,通过视听设备播放使用的出版物。

2. 常见的音像制品有哪些?

根据2004年颁布的《音像制品出版管理规定》,音像制品指录有内容的录音带(AT)、录像带(VT)、激光唱片(CD)、数码激光视盘(VCD)及高密度光盘(DVD)等。随着存储技术的进步,又陆续出现了蓝光高清光盘(BD)、中国蓝光高清光盘(CBHD)。

录音带(AT)

激光唱片(CD)

高密度光盘(DVD)

蓝光高清光盘(BD)

数码激光视盘(VCD)

录像带(VT)

图 1-1 常见音像制品

音像制品按功能可分为录音制品和录像制品两大类。

录音制品用于记录声音，具有再现音乐作品、语言等功能，主要有盒式录音带(AT)、激光唱盘(CD)等载体形式。盒式录音带曾是我国音像制品市场上销售量最多的产品，但随着激光唱盘和网络音频市场占有率的逐渐扩大，盒式录音带在市场上逐步减少，并且承载的多为语言学习方面的内容。

录像制品用于记录动作、表情和场景画面等，具有类似或再现电影、电视剧(片)的功能，主要有盒式录像带(VT)、激光视盘等载体形式。激光视盘又有 LD、VCD、DVD 等多种类型。目前在我国的音像制品市场上，盒式录像带和激光视盘中的 LD 基本上已退出市场，VCD、DVD 还有市场需求，BD 和 CBHD 开始进入市场。

可以预见，随着现代科学和技术的进步、发展，音像制品的物质形态、复制方法等，都将发生许多革命性的变化。音像节目的数字出版已显现出强劲的发展势头，利用互联网和无线通信网络发布的音像节目日益增多。

3. 什么是密纹唱片？

密纹唱片是指 1949 年出现的每分钟转 33.5 转的唱片，它是以氯乙烯-醋酸乙烯共聚树脂为原料压制成型，因颜色多为黑色，也被称为黑胶唱片。

图 1-2　密纹唱片

密纹唱片的英文是 Long Playing Record，所以人们经常称密纹唱片为 LP。密纹唱片（黑胶唱片）作为一种声音和音乐的载体几乎占据了整个 20 世纪，直到 1984 年 CD 诞生。我国在 1992 年进入 CD 时代，1998 年国内最后一条黑胶生产线关闭。由于市场需求，2004 年，国内重开黑胶生产线；2016 年，太平洋影音公司又投入使用一条全新生产线。目前国内市场的黑胶唱片珍藏版本价格可达上千元。

4. 什么是录音带(AT)？

录音带是磁带的一种，按外形结构的不同可分为盘式和盒式两种。我们通常所说的录音带是指盒式录音带，其专业英文名称为 Compact Audio Cassette（紧凑音频盒带）。

图 1-3　盒式录音带

中国在 20 世纪 60 年代初开始生产录音带，1975 年试制盒式录音带，并达到了较高水平。在干燥、低温的环境下，录音带保存时间为 10 年左右，优质的可以保证 30 年音质不变。

5. 什么是 CD?

激光唱片简称“CD”，是指利用激光束扫描，通过光电转换，重现语言和音乐的唱片。类型分为 DDD、ADD 和 AAD 三类。

激光录放音是 20 世纪 70 年代末期唱片向数字化方向发展的成果。激光数字唱片直径 120mm，厚度 1.2mm，单面录音，可放唱 1 小时立体声节目，动态范围为 90dB。激光唱片具有记录密度大、重放音质好、体积小、易保存等优点。

图 1-4 激光唱片

6. 什么是录像带(VT)?

录像带是磁带的一种，主要用来录制、播放影音。一般以录放像机来录制和播放，它是一种线性式(linear)的影像储存方式。近年来，因数字储存技术的发展，录像带不再是主流的影像录制媒介，只在特定领域使用，比如数码 DV 机。

一般来说，录像带按照它所适用的录像机种类划分，可分为 VHS 型、Beta 型、V2000 型、8 毫米录像带和 DV 带等几种。家庭一般使用的录像带是 VHS 型的。VHS 型录像带按性能划分，可分为标准型录像带、高级录像带和高保真录像带这三种类型。标准型录像带具有 ST(标准型)、HS(高标准型)、SP(超高标准型)和 FR(优质分辨型)这四种标记，它是普通型录像机所适用的。高保真录像带标有 Hi-Fi 的标记，它适合于具有高保真伴音功能的录像机所使用，可以用来录制具有保存价值的电视节目。

VHS

8毫米录像带

BETACAM

DV

DVCAM

DVCPRO

图 1-5 录像带类型

7. 什么是 LD?

LD 为 Laser Disc 的缩写,即镭射影碟、激光视盘,这种影像储存媒介始于 20 世纪八十年代至九十年代流行的用于电视、电影和卡拉 OK(主要是卡拉 OK 的应用)的双面视频光盘。

“镭射”是中国台湾和香港地区对英语 laser(激光)的译音。镭射影碟即电影光盘,光盘记录和存储系统使用的是激光技术。2009 年 1 月 15 日,日本先锋公司宣布,将在最后一批 3000 台产品制造完成后,正式停产 Laser Disc(LD)播放机。由于先锋数十年来一直是 LD 格式的最大厂商,这一消息也标志着 LD 格式正式退出历史舞台。

图 1-6 激光视盘

8. 什么是 VCD?

VCD　　　　超级 VCD

图 1-7 VCD 光盘

VCD,影音光碟(Video Compact Disc),是一种在光碟上存储视频信息的标准。VCD 可以在个人电脑、VCD 播放器以及大部分 DVD 播放器中播放。VCD 是一种全动态、全屏播放的视频标准。它的格式可分为:分辨率为 352×240 像素,每秒 29.97 幅画面(适合 NTSC 制式电视播放);分辨率为 352×288 像素,每秒 25 幅画面(适合 PAL 制式电视播放)。整体来说,VCD 的分辨率大约是对应电视制式分辨率的四分之一,视频质量和 VHS 录像带相当。一张标准的 700M 的 CD 可以存放大约 74 分钟的 VCD 格式的视频。

VCD 比 DVD 廉价，制作成本也较低。但是，VCD 缺乏 DVD 提供的很多额外特性，如多语言、多字幕、多角度、菜单、超链接及大容量等。

9. 什么是 DVD?

DVD 的英文全称为“Digital Versatile Disc”，即“数字通用光盘/数字多功能光盘”，是 CD/LD/VCD 的后继产品，简称 DVD。它是一种光盘存储器，通常用来播放标准电视清晰度的电影与高质量的音乐，并用作大容量数据存储。DVD 与 CD 的外观极为相似，它们的直径都是 120mm 左右。最常见的 DVD，即单面单层 DVD 的资料容量约为 VCD 的 7 倍，这是因为 DVD 和 VCD 虽然是使用相同的技术来读取深藏于光盘片中的资料（光学读取技术），但是由于 DVD 的光学读取头所产生的光点较小，因此在同样大小的盘片面积上，DVD 的资料储存密度便可提高。

DVD 刻录技术有三大类、五种规范（DVD-RAM、DVD-R/RW、DVD + R/RW）。DVD 光盘依记录方式区分有单面单/双层与双面单/双层的规格，不同的规格，会有不同的容量，因此根据容量的不同可将 DVD 分成四种规格，分别是 DVD-5、DVD-9、DVD-10 与 DVD-18。市面上比较常见的是 DVD-5 和 DVD-9 光盘。

DVD 出版物

DVD-R 空白盘

图 1-8 DVD 光盘

DVD-5 的规格：单面单层，标准的资料记录量为 4.7GB。该规格的生产成熟度高，市场中以这种规格的 DVD 光盘居多。DVD-9 的规格：单面双层，也就是将资料层增加到两层，中间夹入一个半透明反射层，如此一来读取第二层资料的时候，不需要将 DVD 盘片翻面，直接切换激光读取头的聚焦位置就可以了。理论上来说，其资料记录量可以提升到 9.4GB，但是由于双层的构造会干扰信号的稳定度，所以实际上的最高资料记录量只能够达到 8.5GB。

DVD 联盟为保护知识产权，将全世界依地理区域分为 1—6 区，若光碟与影碟机的区域码不符，则可能无法播放。部分碟片和影碟机会拥有多于 1 个区的支持（或全区支持）。

第一区：美国、加拿大、东太平洋岛屿区。

第二区：日本、西欧、中东、南非、格陵兰、法属圭亚那。

第三区：中国台湾地区、韩国、东南亚。

第四区：美国以南的美洲国家(除法属圭亚那)、澳大利亚、新西兰、南太平洋岛屿。

第五区：非洲大部分地区、中南半岛、蒙古、朝鲜、前苏联等地区。

第六区：中国大陆。

还有一个特殊区域：只能在飞机上使用的八区碟。

设置区域码实际意义并不大，它虽是为保护知识产权，但有时也会造成一些麻烦(碟片无法播放)；而且很多碟片和影碟机都拥有全区支持功能。

10. 什么是BD(蓝光高清光盘)？

BD空白盘

BD出版物

图1-9 蓝光光盘

蓝光，也称蓝光光碟，英文Blu-ray Disc，简称BD，是DVD之后的下一代高画质影音储存光盘媒体(可支持Full HD影像与高音质规格)。蓝光(或称蓝光盘)利用波长较短的蓝色激光读取和写入数据，并因此而得名。蓝光极大地提高了光盘的存储容量，对于光存储产品来说，蓝光提供了一个跳跃式发展的机会。

在这之前，以东芝为代表的HD-DVD与蓝光光碟(Blu-ray Disc)相似，盘片均是和CD同样大小(直径为120mm)的光学数字储存媒介。但在2008年，随着原先支持HD DVD的华纳公司宣布脱离HD DVD，以及美国数家连锁卖场决定支持蓝光产品，东芝公司终在2月19日正式宣布将终止HD DVD业务。这场持续了数年的存储规格之争，最终以索尼为代表的蓝光阵营获得了胜利。新一代蓝光(BD)光碟将世界分为3个区。即A区：北美洲、中美洲、南美洲(不包括法属圭亚那)、日本、中国香港、中国台湾、朝鲜半岛及东南亚；B区：欧洲、格陵兰、法属殖民地、中东、非洲、澳洲及新西兰；C区：印度、俄罗斯、中国大陆、孟加拉、尼泊尔、巴基斯坦及中亚。

蓝光光盘的直径为12cm，和普通光盘(CD)及数码光盘(DVD)的尺寸一样。一个单层的BD光盘的容量为22GB或25GB,双层的可以达到46GB或54GB的容量,比DVD的容量大5倍以上(DVD的容量一般为4.7GB),可录制13小时普通电视节目或2小时高清晰度电视节目。BD光盘的存储采用传统的沟槽进行记录,通过更加先进的抖颤寻址实现了对更大容量的存储与数据管理,已经达到惊世骇俗的100GB。与传统的CD或是DVD存储形式相比,BD光盘显然拥有更好的反射率与存储密度,这是其实现容量突破的关键。

11. 什么是CBHD?

CBHD原名是CHDVD,即中国版高清DVD。CHDVD原来是东芝推广的HD-DVD联盟的中国版本,不过随着2008年2月19日东芝宣布停止HD-DVD生产,中国的高清光盘也改名为CBHD(中国蓝光高清光盘)。我国依然是发展中国家,消费者对价格非常敏感。单层CBHD光盘容量为15GB,采用很低的成本就可以实现双层结构并达到30GB的容量,完全可以满足高清内容存储的市场需求。因此,CBHD性价比高,更适合我国国民消费的实际水平。CBHD还可以最大限度地利用现有的产业基础。我国是国际上公认的最大DVD加工基地,相比完全不能利用现有设备、必须重新进行产业投资并且成本相当高的其他蓝光光盘格式,CBHD在DVD生产线基础上只需稍加改造就可生产,可以最大限度地利用已有投资。另外,我国在CBHD中采用了具有自主知识产权的数字版权保护系统,安全的版权保护系统为出版、复制管理以及打击盗版提供了更有效的技术手段。

12. 光盘有哪些主要规格/尺寸?

(1)普通标准120型光盘

尺寸:外径120mm,内径15mm

厚度:1.2mm

容量:DVD-5:4.7GB

DVD-9:8.5GB

CD:650MB/700MB

(2)小圆盘80型光盘

尺寸:外径80mm,内径15mm

厚度:1.2mm

容量:最大200MB

(3)名片光盘

尺寸:外径58mm×85mm,内径15mm

厚度:1.2mm

容量:最大50MB

13. 音像制品具有哪些特点?

(1)音像制品几乎可以承载所有的文化艺术形式,运用各种艺术和技术手段,以形象、生动、直观的方式表达思想、展现艺术和传授知识。与其他类型的出版物相比，音像制品更具有视觉、听觉的冲击力，更具有强烈的立体感染力，因而也更受大众的喜爱。

(2)音像制品是可批量生产的精神文化产品，但因为前期节目制作资金投入相对较高，后期复制成本相对较低，因此销量越大，利润越高。此外，制作好的节目可以多次利用，多级开发，叠加效益非常明显。

(3)音像制品的载体小、轻、薄，可以方便、快捷地通过分销渠道转移到消费者手中。

(4)在消费方面，音像制品具备重复率高(反复收听、收看)，后续需求多(购置视听设备和各种音像制品)和趋同性(热点和流行会助推音像制品销量规模)三大特点。

14. 音像制品常见的外包装形式有哪些？

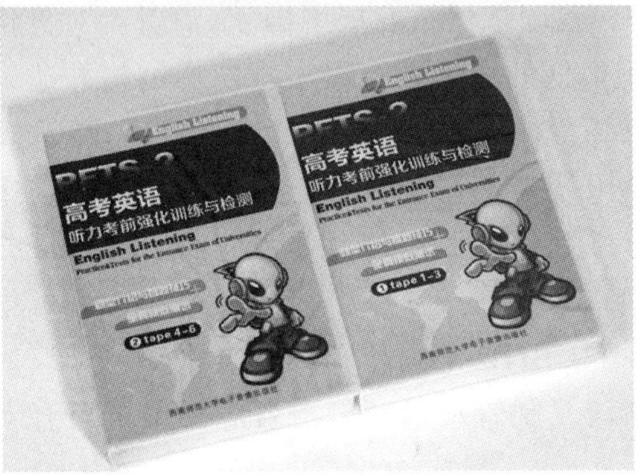

录音带 PP 盒装

录音带成套盒装

光盘简易包装

光盘单片包装

系列光盘套装

光盘纸盒装

特殊规格的卡纸盒 1

特殊规格的卡纸盒 2

图 1-10　**常见音像制品包装形式**

音像制品一般都有配套的塑料盒，包上封面与塑料薄膜后直接作为外包装。有的也会在塑料盒外再套上彩印卡纸纸盒。

有些低价的激光唱盘或激光视盘用纸袋简单包装。

有些与图书配套的录音带、光盘，或若干录音带、光盘成套销售，会专门设计特殊规格的纸盒或塑料盒包装。

15. 什么是录音？

录音，简单地说，就是把所需要的声音信号收集起来并存储记录在磁带、磁盘、光盘等各种载体上。编辑制作录音节目的专业人员包括编辑、录音师、缩混工程师等。

专业录音有现场实况录音和录音棚录音两种。现场实况录音一般适用于录制现场演出的节目。供制作录音制品用的节目大多在具有良好声学条件的录音棚里录制。

16. 什么是录像?

录像,简而言之,就是把动态的画面以及伴音信号记录在磁带、磁盘、光盘等各种载体上。编辑制作录像节目,需要编剧、策划、导演、演员、摄像师、录音师、灯光、美工、场记、剧务、化妆、服装、录像剪辑和编辑等许多工作人员组成摄制组来完成。

录像一般分两步进行:首先,摄像设备把被摄对象的光学图像转变成相应的电信号,形成被记录对象的信号源;第二,录像设备把摄像设备送来的电信号通过电磁转换或模拟数字转换系统变成磁信号或数字信号,并将其记录在录像带或记录数字信号的载体上。录像节目中的声音,有的是拍摄现场的同步录音,但大多数是后期配音。

17. 什么是混音合成?

混音(Audio Mixing,常简称为 MIX)是录音制作中的一个步骤,即把多种来源的声音,整合至一个立体音轨(Stereo)或单音音轨(Mono)中。这些原始声音信号,可能分别来自不同的乐器、人声,收录自现场演奏或录音室内。在混音的过程中,混音师会将每一个原始信号的频率、动态、音质、定位、残响和声场单独进行调整,让各音轨最佳化,之后再叠加于最终成品上。这种处理方式,能制作出一般听众在现场录音时不能听到的层次分明的完美效果。

调音台 1

调音台 2

图 1-11　混音设备

过去用于混音的常见设备,主要是合成器(Sound Module)、音效处理器(Signal Processor)与混音座(Mixing Console);近年来随着电脑科技进步,开始流行用音乐制作软件混音,即仅需使用一台电脑及混音软件,便可完成复杂的混音作业。

二、电子出版物基本知识

1. 什么是电子出版物?

《电子出版物出版管理规定》认定:本规定所称电子出版物,是指以数字代码方式,将有知识性、思想性内容的信息编辑加工后存储在固定物理形态的磁、光、电等介质上,通过电子阅读、显示、播放设备读取使用的大众传播媒体,包括只读光盘(CD-ROM、DVD-ROM 等)、一次写入光盘(CD-R、DVD-R 等)、可擦写光盘(CD-RW、DVD-RW 等)、软磁盘、硬磁盘、集成电路卡等,以及国家新闻出版广电总局认定的其他媒体形态。

2. 电子出版物有哪些类别?

按载体分类:磁盘类(含软磁盘、硬磁盘、磁介质光盘、数据磁带等)、光盘类(含只读光盘、可擦写光盘)、集成电路卡等。

按对用户操作的反应情况分类:单向类(如照片光盘 Photo-CD)、交互类(交互式光盘 CD-I)。

按所含信息的表现形式分类:文字类、图文类、图片类、声音类、图像类、动画类、图文声像并茂的多媒体类等。

按基本用途分类:计算机软件类、信息检索类、阅读类、素材类、教育类、游戏类等。

按所含传播媒体特征分类:电子图书类、电子期刊类、电子报纸类等。电子图书又称为"非连续型电子出版物",电子期刊类、电子报纸类合称"连续型电子出版物"。

软磁盘

卡片光盘

DVD-ROM 影视库光盘

DVD-ROM 教育资源光盘

卡片式U盘

青花瓷工艺U盘

图 2-1 常见电子出版物载体

3. 什么是只读光盘(CD-ROM、DVD-ROM)?

只读光盘是电子出版物常用载体,按照记录信息的格式又分为普通只读光盘 CD-ROM 和高密度只读光盘 DVD-ROM。

交互式光盘(CD-I)、图文光盘(CD-G)和照片光盘(Photo-CD)实际上均为 CD-ROM,只是装载的内容不同。通用的 CD-ROM 盘直径 120mm,容量 700MB,小型盘直径 80mm,容量 200MB。

DVD-ROM 分四种规格,单面单层容量为 4.7GB,单面双层容量为 8.5GB,双面单层容量为 9.4GB,双面双层容量为 17GB。随着技术进步,现在已经出现容量达到几十 GB 的蓝光高密度只读光盘。

4. 什么是一次写入光盘(CD-R、DVD-R/DVD+R)?

一次性写入光盘,又叫刻录盘,是一种能够将电脑内的数据通过光驱复刻到光盘上的存储设备,一次性写入光盘上的数据无法删除、添加或修改。一次性写入光盘同样有普通盘和高密度盘之分,高密度盘又分为 DVD-R 和 DVD+R 两种。其实,无论是 DVD-R 还是 DVD+R,其容量都是 4.7GB,盘片的构成也是基本一样的。比较而言,DVD+R 数据的读写性能要强于 DVD-R,技术优势要明显一些。

5. 什么是可擦写光盘(CD-RW、DVD-RM/DVD+RM)?

可擦写光盘相对于其他光盘的优势在于刻录后可以使用软件擦除数据,再次使用。从理论上说,其擦写次数可达 1000 次,但由于存放环境和磨损度等外界因素的影响,实际可擦写次数不会达到 1000 次之多。可擦写光盘同样有普通盘和高密度盘之分,DVD-RM 和 DVD+RM 的区别同 DVD-R 和 DVD+R 一样。

6. 什么是软磁盘?

软磁盘是 20 世纪 70 年代早期电子出版物的主要载体,以塑料为基材,表层涂布磁粉以记载电磁信号。盘的直径一般为 88.9mm(3.5 英寸),容量为 1.44MB。目前软磁盘基本上已不被人们所使用。

7. 什么是硬磁盘?

硬磁盘,即硬盘,是电脑主要的存储媒介之一,由一个或者多个铝制或者玻璃制的碟片组成。碟片外覆盖有铁磁性材料。硬盘有固态硬盘(SSD 盘,新式硬盘)、机械硬盘(HDD 盘,传统硬盘)、混合硬盘(HHD 盘,一种基于传统机械硬盘创造出来的新硬盘)。SSD 采用闪存颗粒来存储,HDD 采用磁性碟片来存储,混合硬盘(HHD)是把磁性硬盘和闪存集成到一起的一种硬盘。绝大多数硬盘都是固定硬盘,被永久性地密封固定在硬盘驱动器中。

8. 什么是集成电路卡(IC 卡)?

集成电路卡简称"IC 卡",容量一般为几十 MB。利用集成电路卡记录图文(或多媒体)信息的卡式电子出版物,常用于游戏、教科书和掌上电子字典类电子出版物。

9. 什么是U盘?

全称USB闪存驱动器,英文名为USB Flash Drive。它是一种使用USB接口的无需物理驱动器的微型高容量移动存储产品,通过USB接口与电脑连接,实现即插即用。现在人们也开始使用U盘来存储电子出版物。

10. 电子出版物具备哪些特点?

电子出版物的特点分内在和外在两个方面。

内在:存储信息量大;检索便捷;具备多媒体的表现方式;交互式结构可实现用户的参与;超链接设置拓展用户视野。

外在:携带方便;必须借助设备阅读;复制成本低廉;版本更新快捷。

11. 电子出版物与数字出版物有什么异同?

对于电子出版物的概念,国内外的定义是有所不同的。国际标准化组织对电子出版物的定义是:以数字形式出版的文献,可通过互联网或者物理载体(CD-ROM、DVD-ROM)获取。并将凡是用数字编码方式记录内容信息的都归为电子出版物。但我国的定义则考虑到了出版物的载体和传播途径,把"电子出版物"和"数字出版物"区分开来。简单的说,电子出版物与数字出版物都是以数字编码的方式记录信息,但电子出版物是将信息存储在固定物理形态的载体当中,而数字出版物是通过互联网传送。当然,随着技术的进步,关于电子出版物的概念在不断延伸和发展,电子出版也在不断朝着数字出版的方向转型、融合。

12. 什么是多媒体技术?

多媒体技术(Multimedia Technology),就是将文本、图形、图像、动画、视频和音频等形式的信息,通过计算机处理,在多种媒体之间建立逻辑连接,集成为一个具有实时性和交互性的系统化表现信息的技术。简而言之,多媒体技术就是综合处理图、文、声、像信息,并使之具有集成性和交互性的计算机技术。

13. 多媒体技术在电子出版中有哪些运用?

要策划好一个电子出版物选题,首先就要考虑对各种媒体的运用和设计,包括:音频、视频、动画、虚拟现实、三维建模及其他多媒体素材的使用与规格,素材的播放控制,动画合理使用的场合与形式(二维还是三维),特种图文处理,图片格式与精度,等等。简而言之,电子出版物就是建立在多媒体技术上发展起来的,所有的电子出版物都是因为多媒体技术才得以存在。

14. 什么是电子书?

电子书的概念有广义和狭义之分。广义的电子书也称数字图书,指文字、图片、声音、影像等信息内容已经数字化的出版物,既可以与相应的阅读设备封装在一起销售给消费者,也可以复制在光盘、磁盘等物理载体上提供给消费者,还可以通过互联网或无线通信网络发送给消费者。狭义的电子书则特指植入或下载数字化文字、图片、声音、影像等信息内容,集存储介质和显示终端于一体的手持阅读器。

15. 什么是电子书阅读器?

电子书阅读器指的是专门为了显示文本而设计的设备。电子书阅读器是一种采用LCD、电子纸为显示屏幕的新式数字阅读器,可以阅读网上绝大部分格式的电子书,比如PDF、CHM、TXT等。现在的电子书阅读器越来越多采用电子纸技术,并特指使用EINK显示技术,提供类似纸张阅读感受的电子阅读产品。而应用于电子书阅读器屏幕的技术有电子纸技术、LCD等显示技术。

图 2-2　Kindle

16. 什么是用户界面?

用户界面(User Interface,简称UI,亦称使用者界面)是指对软件的人机交互、操作逻辑、界面美观的整体设计。好的UI设计不仅要让软件变得有个性、有品味,还要让软件的操作变得舒适、简单、自由,充分体现软件的定位和特点。

在优秀的电子出版物中,用户界面的元素都是经过精心设计,其造型与主题结合巧妙,成为电子出版物的重要组成部分。它是出版物风格的体现,是多媒体技术表演的舞台,是互动性阅读时环境与指示内容之间相互关联的工作面板。背景图像、文字、选单和图标等,都是组成界面的元素,通过它们,用户才能查询信息,实现多媒体的播放。

17. 什么是光电扫描?

在电子出版物的编辑制作中,处理准备文字文件时,会利用计算机的光电扫描自动识别技术(OCR)将文字文件逐页扫描,把纸质书刊上的印刷文字转换成文字代码。这种方法比较适合文艺小说等版式简单、文种单一的图书,识别正确率可达95%以上。

图 2-3 光电扫描仪

18. 电子编辑常用的各种图文、音视频文件格式有哪些?

图片格式一般压缩成 JPG 格式或者 GIF 格式(16 位或 24 位色彩,中、高等精度),尺寸很小的图标使用 BMP 格式。

音频文件使用的格式主要有 WAV、MIDI 和 WMA 等,但随着音频压缩技术的发展,新的多媒体制作软件都支持音质较好而压缩比很大的 MP3 格式。

视频文件的格式主要有 AVI、MPEG、MOV 和 WMV 等,二维动画文件的格式为 SWF 格式和 GIF 格式,三维动画文件有 AVI 和 MAX 等多种格式可选。

19. 什么是电子出版物的汉化和简体化?

引进的电子出版物的出版有两类,一类是将国外(境外)电子出版物汉化(将计算机软件翻译成中文版,习称"汉化"),二是将其简体化(将繁体字转为简化字)。

20. 什么是连续型电子出版物?

连续型电子出版物,是指有固定名称,用卷、期、册或者年、月顺序编号,按照一定周期出版的电子出版物。

出版连续型电子出版物,必须经主管单位同意,由主办单位向所在的省级新闻出版管理机构提出申请,经核准同意并报国家新闻出版广电总局审批,获批准后方可出版。

三、音像电子出版物的标识

1. 什么是中国标准录音制品编码(ISRC 号)?

从 1993 年起,我国出版的音像制品都采用中国标准音像制品编码,作为出版物的标准化识别代码,所依据的是国家标准《中国标准音像制品编码》(GB/T 13396-1992)。2009 年 9 月,该国家标准经修订后改名《中国标准录音制品编码》(GB/T 13396-2009)并重新发布。这次修改采用了国际标准《信息与文献——国际标准录音制品编码(ISRC)》

(ISO 3901:2001),国际标准录音制品编码的英文全称是 International Standard Recording Code,缩写为 ISRC,在我国一般习称"ISRC 码""ISRC 编码"或者"ISRC"。

中国标准录音制品编码适用于在中国登记的录音制品和音乐录像制品,并分配给每一个录音制品、音乐录像制品或者每一个可以独立使用的曲目篇节,作为其在世界范围内的永久的唯一标准化识别代码。

中国标准录音制品编码由标识符"ISRC"和 12 个字符(拉丁字母或阿拉伯数字)组成。

ISRC 国家码-登记者码-登记年-制品码

例:ISRC CN-Z13-15-00543

图 3-1 **中国标准录音制品编码**

2. 什么是音像电子出版物专用书号(ISBN 号)?

中国标准录音制品编码不再分配给录音、录像制品的载体,它就不再承担原有的"版号"功能,不再作为出版物的标准化识别代码。我国各种合法出版的音像制品和电子出版物,按规定都使用中国标准书号(ISBN 号)作为出版物的标准识别代码。

中国标准书号主要作为图书、音像制品、非连续型电子出版物的标准化识别码,由不同长度的 5 段、共 13 位阿拉伯数字组成,段之间以短线隔开,前面冠以 ISBN 作为标识符。

ISBN EAN. UCC 前缀-组区号-出版者号-出版序号-校检码

例：ISBN 978-7-5064-2595-7

ISBN 978-7-88905-345-7

9 787889 053457 >

图 3-2 音像电子出版物专用书号

3. 什么是音像电子出版物条码？

条码，也就是条形码（barcode），是将宽度不等的多个黑条和空白，按照一定的编码规则排列，用以表达一组信息的图形标识符。常见的条形码是由反射率相差很大的黑条（简称条）和白条（简称空）排列成的平行线图案。条形码可以标出物品的生产国、制造厂家、商品名称、生产日期、图书分类号、邮件起止地点、类别、日期等许多信息，因而在商品流通、图书管理、邮政管理、银行系统等许多领域都得到了广泛的应用。

音像电子出版物条码是配合专用中国标准书号（ISBN 号）使用的。

ISBN 978-7-88905-285-6

9 787889 052856 >

图 3-3 音像电子出版物条码

4. 音像电子出版物专用书号、条码与图书在使用方面有什么区别？

音像电子出版物使用的书号、条码与图书不能混合使用，只能用于音像制品和电子出版物，所以又称作音像电子出版物专用中国标准书号。

同一内容，不同载体形态、格式的音像制品和电子出版物，应当分别使用不同的中国标准书号和条码。

5. 什么是连续型电子出版物国内统一连续出版物号（CN 号）？

出版连续型电子出版物，必须使用国内统一连续出版物号（即 CN 号），不得使用中国标准书号。

中国标准连续出版物号是报纸、期刊、年鉴和连续型电子出版物等连续出版物的标准化识别代码，也称“刊号”。由国际标准连续出版物号和国内统一连续出版物号两部分组成。其中国际标准连续出版物号是主体。

国际标准连续出版物号：ISSN XXXX-XXXX

国内统一连续出版物号：CN XX-XXXX/YY

6. 什么是光盘类出版物的 SID 码？

SID 码的中文全称是“激光数码存储片来源识别码”。这组由英文字母和阿拉伯数字组成的编码，刻压在光盘内圈表面。持有国家审核颁发的《复制经营许可证》的光盘复制单位的每一条复制生产线，均具有新闻出版广电总局核发的全国统一编制的 SID 码，其所生产的每张光盘内圈都压刻有 SID 码。

例：IFPI R200

7. 音像制品和电子出版物标识面和外包装按规定必须标注的内容包含哪些？

根据《音像制品出版管理规定》，音像制品及其包装的明显位置应标明出版单位的名称、地址和音像制品的版号、出版时间、责任编辑、著作权人和条形码。经新闻出版广电总局批准出版进口的音像制品，还应当标明进口批准文号。

根据《电子出版物管理规定》，须在电子出版物载体的印刷标识面或其装帧的显著位置载明电子出版物制作、出版单位的名称，中国标准书号或国内统一连续出版物号及条码，著作权人名称以及出版日期等其他有关事项。经新闻出版广电总局批准出版的境外著作权人授权的电子出版物，还应当载明出版批准文号和著作权授权合同登记证号。

此外，出版物的名称、载体的形式（如 CD/VCD/DVD/CD-ROM 等），也都是要在标识面注明的必要信息。

外包装封面（局部）

外包装效果图及标识信息

图 3-4 出版物外标识

8. 国内外音像制品和电子出版物有哪些常见标识样例?

图 3-5 常见标识

四、音像电子出版选题的策划与组稿

1. 什么是出版物的选题策划?

选题是对出版物内容和形式等的总体设计。选题策划是编辑人员依据一定的方针和主客观条件,开发出版资源,设计选题的创造性活动。它是编辑过程中的重要环节。编辑工作在进入审稿阶段之前,通常要经历信息采集、选题策划和组稿三个环节。其中,信息采集是为选题策划打基础,组稿是选题策划的具体化,这三者构成相对独立的出版物产品设计阶段,而选题策划是中心环节。

2. 音像制品选题策划与图书选题策划有什么不同?

音像制品载有的精神文化内容,是以音像节目形式表现出来的,所以,音像制品的选题策划,主要就是对音像节目的策划。它与纸介质出版物选题策划相比较,显著的不同在于策划过程中要充分考虑电、光、磁介质载体的特殊之处,进行综合策划。另外,根据我国音像制品管理的现行规定,音像出版单位均有确定的业务范围,而音像节目的选题策划,也应在规定的业务范围内进行。

3. 音像制品选题有哪些分类?

按来源划分:原创性选题,再次开发性选题,引进性选题。

按内容题材划分:文化、艺术类选题,教育类选题,社科、科技类选题,等等。

4. 音像制品选题策划编辑应具备哪些素质?

担任音像制品选题策划的编辑应该具备这些素质:首先要视野开阔,力求创新,音像制品编辑要着眼于社会调查,捕捉信息,充分运用高新技术优势,为社会各行各业服务;其次,实事求是,量力而行,必须充分考虑本出版单位的制作技术水平、相应的经济实力等客观条件;最后还要有抓住社会热点,开发衍生产品的能力。

音像制品选题策划编辑一定要牢记,始终将把握选题的内容质量和政治方向放在首位。中共中央办公厅、国务院办公厅印发了《关于推动国有文化企业把社会效益放在首位、实现社会效益和经济效益相统一的指导意见》,其明确指出,文化企业提供精神产品,传播思想信息,担负文化传承使命,必须始终坚持把社会效益放在首位、实现社会效益和经济效益相统一。

5. 如何策划音像选题?

音像制品编辑策划一个新选题的一般过程,与图书、电子出版物等的选题策划基本相同。编辑首先要依据音像制品的特点,通过周密的市场需求调研采集信息,在自己熟悉的类别范围内寻找适合用音像形式表现的内容,设计成一个较完整的选题,以此作为提出选题报告的客观依据。选题策划的基本步骤分为:信息梳理、选题设计、选题论证和选题优化。其中选题设计又包含两方面的工作,一是编辑要善于捕捉新的选题生长点,随时发现现实生活中的“亮点”“热点”,使之成为可以形成新选题的基点。另一项重要工作就是构思出版物的总体结构,这项工作需要重点思考选题内容所涉及领域的新发展,以保证选题立意上能出新;思考社会生活发展态势与选题的契合度以充分实现选题的社会效应;思考社会文化需求与选题特色的关联性以增强未来出版物的竞争力。

音像制品的选题报告的内容一般包括:策划该选题的基本思路,预期的社会效益和经济效益;节目名称,内容介绍,著作权情况,出版方式,出版类别和主创人员情况介绍;经费预算,资金来源,预计完成时间;发行对象和预计发行量等。选题经过一定程序批准通过并列入选题计划后,编辑就可以开始实施。

6. 电子出版物选题策划需要考虑哪些因素？

策划电子出版物选题要遵循的原则和程序，与图书基本一致。但在需要考虑的因素上有其自身的独特之处。

第一，策划电子出版物选题时，编辑不仅要考虑到市场和用户的需求、制作成本和销售方式，还要考虑到选题是否适宜用多媒体形式表现。只有表现方式丰富、交互性强、信息容量大的作品，才能充分发挥电子出版物的长处。第二，编辑既要考虑制作者的软、硬件设备条件和人力财力资源，还要兼顾计算机硬件升级的趋势和大多数用户的计算机运行环境。第三，载体形式对选题也有一定的影响。编辑在策划选题时应该充分考虑电子出版物拟采用什么载体、其容量大小是否合理等因素，例如选题规模较大，就应该放弃价格相对便宜但需要多张的 CD-ROM，而考虑使用 DVD-ROM，这样更方便读者使用并且总体价格适中。

7. 如何设计好电子出版物的框架结构？

框架结构的设计，是电子出版物选题策划的基础工作，它能确定电子出版物应该具有哪些功能以及这些功能的使用场合，规划电子出版物的模块、层次、分配各种媒体的比例，设计模块与层次之间、各种媒体之间的互动关系，等等。多媒体电子出版物的典型结构是树状结构，也有一些电子出版物采用数据库结构，也就是网状结构。要设计好框架结构，就必须要知道哪些表现方式已经可以利用当前的计算机技术实现，哪些暂时还做不到。

在电子出版物基本框架结构已形成的基础上，还需要进行艺术创意设计，包括美术、动画创意、音响效果设计和音乐创作等。其中美术创意又包括界面元素、背景图片、文字版式、整体包装和宣传品的创意设计。要做好框架结构的艺术设计，还要考虑到多媒体表现方式的特点及其局限性，考虑到载体容量对图片、动画、声音、影视文件的数量和规格大小以及精度等的制约。

最后，要注意形式与用户需求和内容的统一，把握“选题是为国家、产业和市场服务的，内容是为用户需求服务的，结构与创意是为内容服务的，产品的功能是为作品服务的，作品是为用户服务的”这一原则，力求简洁明了、恰到好处。

8. 如何做好电子出版物选题总体方案的策划？

在电子出版物的出版中，做好总体方案策划是至关重要的。优秀的总体方案策划就是要合理地调动可以利用的资源，用各种方式有效地表现出版物的内容。框架结构设计是电子出版物选题策划总体方案的重要内容，除此之外，电子出版物选题总体方案策划还要做好其他几方面的工作：模块和层次的编制，多媒体设计，交互设计，链接设计，功能设计，数据库的应用，文件名的规范化编制，加密手段的选择确定。

9. 电子出版物选题有哪些分类？

按出版形式划分：非连续型电子出版物选题，连续型电子出版物选题。

按来源划分：原创性选题，利用纸介质出版物转化的选题，接受制作单位所制作的作品（自投稿）的选题，引进性选题。

按出版类型划分：哲学、社会科学类，文化、教育类，文学、艺术类，自然科学、技术类，少儿读物类，大中专教材类，中小学课本类，教参类，教辅类，其他出版物类。

10. 如何优化已立项的音像电子出版物选题？

对已立项的选题来说，选题优化一方面是使选题的清晰度进一步提高，可操作性进一步增强；另一方面是根据出版物市场的变化，适时对选题的内容进行修改、补充和调整。

例如，某电子音像出版社，策划并通过了名为《三峡影像志》电子出版物选题，力图向读者反映三峡大坝建成前后库区地理环境、人文风貌的历史变迁和旧貌新颜。出版社在选题实施过程中，恰逢改革开放三十周年的节点，通过对社会热点话题的论证，调整了编辑思路，将选题更名为《我们的三十年——三峡影像纪录》。该电子出版物出版后不仅达到了原有的出版目的，而且广受好评，这正是选题优化的结果。

另外，从出版单位选题配置的层次上讲，选题优化亦涉及选题计划的优化和计划执行期间的必要调整，例如，出版单位集中品牌、人力、物力等方面的优势，突出重点选题，舍弃某些不必要的或过时的选题等，都是对已立项的音像电子出版选题的优化手段。

11. 什么是组稿？

组稿是发现、选择、组织作者完成作品创作的活动。在选题策划通过之后，编辑就要为使选题形成稿件而落实作者，并进行一系列相关工作。从我国出版单位的实践情况来看，组稿的方式主要有三种：个别约稿、社会征稿和集体集稿。

12. 音像选题组稿相对于图书组稿有哪些特殊要求？

音像制品的选题组稿与图书选题组稿有许多相同之处，但也有自身的特殊要求。首先，音像选题组稿内容多样化。音像编辑为落实一个选题所需要组织的作者往往不止一名，而是需要选择各种专业人才，例如词曲作者、导演、编剧，等等。而且音像编辑在组稿工作中常常还包括“组人”，即组织和物色适合展现选题内容的演播人员。所以音像选题的组稿工作程序更复杂，专业性要求更多。其次，音像编辑在组稿中参与创作的程度很高。音像编辑不但关注作者创作中的技术问题，还要关注作者创作的内容是否适合用某种特定方式进行制作。还有稿件的容量、时间长度等，都是编辑要随时关注的。最后，音像选题组稿时对作者的要求也比较高，因为音像稿本不仅应该具备一定的精神文化创意，还要适合导演、演播人员进行二度创作，便于录音师、摄像师进行技术加工，所以选择的作者不仅要具有相应的创作才能，还必须熟悉音像制品的编辑制作流程，了解音像制品生产过程中的一些工艺技术。

13. 如何进行电子出版物选题组稿？

由于电子出版物具有很强的专业性，其组稿工作与图书组稿略有不同，集中体现在为制作电子出版物准备素材的阶段，这一阶段的工作主要是素材的收集、审查和加工。

素材收集是根据选题设计的需要，备齐各种必要的文字作品、图片、照片、录像资料、录音资料、动画资料等。这项工作与图书编辑过程中的稿件组织类似。需要注意的是，凡是享受著作权保护的素材，都必须获得著作权人的正式许可方可使用。素材审查主要是对已经准备好的素材在政治性、思想性、科学性、知识性和艺术性等方面进行仔细审核，发现存在问题的素材要及时处理、更换。素材加工包括对文字、图片、音视频资料等的加工。

五、音像电子出版物的编辑制作

1. 音像制品编辑包括哪些流程?

音像编辑工作是音像制品出版工作的重要环节，包括信息采集、选题策划、组稿、审稿、加工整理和样品检查、出版物宣传等编辑工作的主要环节。

2. 音像制品编辑制作对编辑人员有什么特别要求?

音像制品的编辑工作有许多区别于纸介质出版物的特点，譬如，音像编辑需要考虑媒体的选择、声音的配置、画面的安排、解说词的撰写，甚至音响效果、拍摄场地等。编辑工作的每一步都要围绕成品的传播目的、受众对象和传播效果，因此，对音像编辑人员的特殊要求主要是：注重声像优化，要在音像制品编辑工作中使解说、配乐和画面的编排结合达到最佳状态，达到相互补充、相得益彰的音像效果；善于利用信息浓缩，在同样物理载体容量内尽可能扩大音像制品信息量，充分发挥音像制品的传播优势；音像编辑人员要有全面综合的能力，在编辑出版过程中要全面统筹考虑，从整体上进行系统规划，既要保证各个工作环节严谨周密，又要综合考虑编辑、制作、生产、销售等各环节的统筹安排。

3. 音像制品编辑需要掌握哪些音视频软件?

常用的音频编辑软件是 MS Media Encoder。常用的视频编辑软件主要是 Premiere 和 MS Media Encoder，Premiere 也可以用于配音的编辑加工。二维动画制作一般使用 Adobe 公司的 Flash 软件，三维动画制作常用 3DS Max 软件。此外，图形图像加工软件 PhotoShop、CorelDraw 也需要编辑人员掌握。当然，随着技术的日新月异，音视频软件也在不断推陈出新，音像电子编辑应当对新版工具软件加深了解，不断掌握新技术。如音频软件 Sound Forge、Adobe Audition、MP3 剪切合并大师，视频软件 Adobe After Effects、Edius、Sony Vegas Pro 等。

4. 责任编辑在音像节目制作过程中要承担哪些任务?

音像节目的制作主要是由导演、录音师、摄像师、监听等负责，但音像制品的责任编辑也必须参与其中，做好以下几方面的工作：第一，及时做好与导演等主创人员、主要演员和其他参与者签订有关合同的工作。第二，要充分考虑到哪些环节可能会发生哪些问题以及会产生什么影响，并在录制现场及时提出意见，以免后期返工造成损失。第三，监督制作组按照审定的制作方案，在经费预算范围内组织拍摄工作。第四，在音像素材编辑合成前，根据出版需要，对每张光盘的容量、盒式录音带的分面、成套节目的分盘等问题提出处理方案。第五，参与节目制作最后阶段的音像素材编辑合成工作，以便及早发现问题采取补救措施。第六，提出音像制品的包装、宣传的设计要求，提供所需的文字材料，联系美术设计和印刷等环节的负责人，并对外包装、说明书和宣传材料上的文字进行校核。

5. 责任编辑如何收集和保管音像制品编辑过程中的相关材料？

责任编辑应重视音像制品编辑过程中的有关材料的收集和保管，整理好后交出版单位档案部门验收归档，以便日后查考或调用。这类材料包括音像制品编辑制作过程中的各种文字、录音、录像资料。

文字资料包括：音像节目的著作权使用或转让合同，海外引进节目的原始著作权证明书；国家有关部门的各种批准文件，如批准引进出版的文件，重大选题备案答复文件，批准合作录制的文件等；音像节目审稿单；《音像制品复制委托书》存根联，复制加工合同；音像制品彩封及宣传品审稿单和印刷小样；影视节目剧本（或其译本）；录音制品的歌词（组织创作的节目应有总谱或曲谱）；委托发行或联合发行合同，联合录制节目的联合录制合同，与主创、主演等有关人员签订的劳务合同以及其他有关业务文件等。

录音、录像资料包括：原始母带（或母盘），送审样带（或样盘），成品样带（或样盘）；音像节目编辑制作过程中有保留价值的录音、录像素材。

6. 如何做好录音节目的编辑制作？

编辑制作录音节目按流程分为三个阶段：第一，前期准备，主要是进行选题策划，直到稿件决定出版。第二，节目录制，录制音乐节目要采用多轨录音的方式，语言节目则相对简单。第三，后期混录合成，音乐节目采用分轨对伴奏素材作音色修饰、方向定位，再综合平衡歌声与伴奏，最后将多轨信号合并成左、右声道的立体声信号。

母带（或母盘）经过三审通过后，便可以作为据以进行批量复制的原版发稿。

录音棚工作台

录制现场

图 5-1 录音棚

7. 如何做好录像节目的编辑制作?

录像节目拍摄现场

摄制棚

图 5-2 摄制现场

编辑制作录像节目的流程分为三个阶段:第一,前期准备,主要是进行选题策划,完成稿件以决定出版。第二,拍摄录像,摄像师按照导演指挥,根据分镜头剧本拍摄。第三,后期编辑合成。录像节目中的声音,有在拍摄现场同步录的,但大多是在后期制作时再配的。

母带(或母盘)经过三审通过后,便可以作为据以进行批量复制的原版发稿。

8. 如何审查评改音像节目?

在音像节目的审查评改中,首先要对文字稿本进行审查评改,然后对基本完成制作的母带(母盘)进行审查评改,最后还需要对音像制品成品中的音像节目进行测试性审查。

不同的音像节目,有着不同的审查方式。对文字稿本的审查,与纸介质出版物稿件的审查一样,主要是采用阅读的方式。对于母带(母盘)以及音像制品成品,审查录音节目主要靠听,审查录像节目需要又看又听,眼耳并用。特别提醒音像制品编辑注意的是,声音转瞬即逝，画面一闪而过，这就需要编辑全神贯注、思想高度集中地进行审查和记录。

9. 电子出版物的编辑制作对编辑人员有什么专业技能要求？

能熟练使用多媒体计算机，包括熟悉硬件和操作系统、熟练运用相关的应用软件和网络设施；能设计体现电子出版物特色的框架架构，包括把握框架结构设计的内容、进行框架结构的艺术创意设计和不断提高框架结构设计能力；熟悉保护著作权的技术手段，包括硬件加密、软件加密和数据加密。

10. 电子编辑需要掌握哪些多媒体制作软件？

计算机编程工具，包括 Visual Basic、Visual C/C ++ 、Java、Delphi 等。

基础工具软件，包括 Photoshop、Flash 等图像处理软件。

专用工具软件，包括 Authorware（美国 Macromedia 公司的流程图标式多媒体编著系统）、Director（美国 Adobe 公司的单元编辑控制式多媒体编著系统）、ToolBook（美国 Asymetrix 公司的卡片式多媒体编著系统）和“奥斯”（我国北大方正电子有限公司研制的多媒体制作工具）等。

11. 对电子出版物加密主要有哪些方法？

硬件加密：加密盘、加密“狗”、专用阅读器等。

软件加密：设置密码、设定时效等。

数据加密：密匙加密、授权控制等。

12. 如何编辑制作原创性电子出版物？

电子出版物的编辑制作流程始于信息采集、选题策划、素材收集加工，直至可以据此批量复制的电子出版物原版盘制成。具体到编辑制作原创性电子出版物，第一，在完成了前期的选题策划和框架设计后，就要开始素材的收集、审查和加工，包括文字加工、图片加工、音频资料和视频资料加工。第二，设计界面，需要把握风格与选题内容一致、元素成套化、模块层次系列化和体现界面友好性。第三，编辑集成，在这个过程中，往往会发现之前的结构设计、素材加工和界面设计方面所存在的问题，可以加以调整、修改。第四，检测质量，这一步也是电子出版物初审报告形成的基础，需要检查文字、图片、声音、动画、影视是否正确，交互性是否符合预定的设计目标，各种功能可否实现，容错功能是否完善，数据库的调用和存储是否准确、顺利，还要测试运行环境以及进行杀毒灭毒。最后，按三审制的要求对出版物整体状况再次进行审核，在终审批准后，责任编辑安排发稿。

13. 如何将纸介质书刊转化为电子书？

把已有纸介质书刊的各种内容资源重新组合，通过高附加值的审读编辑加工而制成多媒体电子书，不仅能展现书刊上的文字、图片，同时还可以附带音频、视频等多媒体内容，满足消费者的不同需求。与原创性电子出版物的编辑制作流程相比，将纸介质书刊转化为电子书主要在准备素材这一个环节上有所不同。这个转化过程包括：第一，准备数字文件，包括准备文字文件和图片文件。文字文件可以利用已有的计算机排版文件，光电扫描和重新输入三条途径。图片文件则可利用印刷版的电子分色图片文件，或者重新扫描。第二，选择转换工具软件，一种是适用于利用计算机排版电子文件制作的电子书，如方正公司的 Apabi 和华康公司的 Dynadoc，转换形成的电子书格式分别为 CEB 和 WDL；还有一种适用于以页面扫描图片制作的电子书，如北京超星数字图书馆使用的专用转换工具软件；还有专门供手持阅读设备阅读的电子书的转换软件。第三，数据转换，目前国内书刊排版大都采用方正公司的排版软件，而且方正书版排版软件从 9.0 版起已启用 GKB 平台，如果同时使用方正公司的 Apabi 电子书制作系统，则不需要进行数据转换。但如果采用了其他公司的电子书制作系统，就需要先把方正排版文件或其他中文排版软件生成的书刊排版文件中的排版指令删除，并将文件从 GB 码转换到 GBK 码，同时将书版排版文件中的内码字换成 GBK 码。

14. 如何做好引进版电子出版物的编辑制作？

国外（境外）的电子出版物种类繁多，要引进优良国外（境外）电子出版物，必须符合以下原则：第一，内容必须符合《出版管理条例》第二十五、二十六条的规定。第二，内容具有知识性、科学性或娱乐性。第三，技术上具有先进性，并考虑到广大用户当前和未来的软、硬件配置情况。第四，国家规定的必备文件要齐全。第五，版税额及支付方式符合出版单位的支付能力。

为了做好引进产品的审核工作，除了按电子出版物的审核要求严格审核外，还须做好两件工作：一是审查隐藏文件，二是要求提供全部文字脚本。另外，对引进版电子出版物的汉化要有整体分析和策划，文字翻译应该由专业外语工作人员翻译或审核；界面、选单、按钮和图标的汉化要与原有风格保持一致；配音汉化力求音像同步、内容准确，编辑集成必须细致；汉化质量检测务必保证全面，应由多名检测员在多台配置不同的普通计算机上进行测试。

15. 音像制品和电子出版物发稿后还有哪些编辑工作？

音像制品和电子出版物发稿后，责任编辑要将编辑过程中的有关材料进行收集和保管，整理好后交由出版单位档案部门验收归档，以便日后查考或调用。编辑还要对出版物成品进行抽样检测，确保销往市场的产品内容与母版一致，质量可靠。另外，编辑还须配合发行人员，做好产品的宣传推广工作，收集反馈信息，并及时了解市场的销售动态，拟定重印或者再版计划。

六、音像电子出版物的审稿和校对

1. 审稿在音像电子出版工作中有何重要作用？

在出版工作中，审稿从广义上来说，指的是对稿件进行审读、评价、选择，并通过加工整理使决定采用的稿件达到出版水平的编辑活动。审稿在稿件处理的各个环节中都有体现，包括审读、审改和审定等工作内容。具体到编辑的日常工作上来讲，审稿也可特指作为编辑过程环节之一的，对稿件进行审读、评价，决定取舍，并对可接受出版但需要修改的稿件提出修改要求和建议的活动。

在音像电子出版工作中，审稿的主要目的是通过审读人员把关，决定稿件的取舍，提高稿件的质量，让那些导向正确、内容健康、有益于读者、有益于社会的音像电子出版物顺利面世，防止有害或低劣的作品出版，从而对社会文化负责，对读者负责，对作者负责。这是实施选题的具体步骤和进行稿件加工整理的前提条件，也是出版工作者所担负的最重要的职责。通过审稿，编辑还可以发现创作人才，扩大作者队伍。

2. 音像电子出版物有哪些审稿制度？

音像电子出版物作为出版物的种类之一，跟图书一样，具备两种审稿制度。第一种是根据国家规定，凡是选题需要报请备案的，其稿件必须按规定送交国家有关部门审读，这是出版单位必须认真、严格执行的制度。第二种就是出版单位内部实行的通常简称“三审制”的审稿制度。另外，在“三审制”以外，还有外审制度可作为审稿工作的一种补充。

3. 如何做好音像电子出版物选题的初审、复审、终审？

由初审、复审和终审组成的审稿制度称为“三级审稿制度”或“三级责任制度”，简称“三审制”，是我国出版单位长期实行的审稿制度。国家有关出版的规范性文件历来对三审制有明确规定，要求出版单位必须坚持稿件三审责任制。其中，初审应由具有编辑职称或具备一定条件的助理编辑人员担任；复审应由具有正、副编审职称的编辑室主任等一级人员担任；终审应由具备正、副编审职称的社长、总编辑（副社长、副总编辑）或由社长、总编辑指定的具有正、副编审职称的人员担任（非社长、总编辑终审的稿件意见，要经社长、总编辑审核）。同时还规定，三个环节缺一不可，三个环节中，任何两个环节的审稿工作不能同时由一人担任。

在音像电子出版物的三审制中，各个审级的职责、任务各有差异。初审要在通读全稿的基础上，对稿件的政治导向、思想倾向和价值，稿件的具体内容、文字、图片、声音、影像、程序等进行全面审查和研究，对稿件可产生的社会效益以及经济效益进行评估。复审亦应通读全稿，对初审关于稿件优缺点、价值、质量、效益的审稿意见进行审核与判断。复审应站在比初审更高的层次上，以更高的要求来审视稿件，并以复审意见向终审提供决断依据。终审主要审查稿件的政治导向与思想倾向，要从更高的角度审视稿件是否有违法违规的内容，是否有悖于社会主义精神文明建设的宗旨和社会道德规范，是否有学术价值或文化艺术价值，是否可产生一定的社会效益和经济效益。同时要考虑避免重复出版、毫无特色、浪费人力财力等情况发生。从编辑到编辑室主任再到总编辑的三审制，具有前一审级服从后一审级，后一审级制约前一审级的特点，力求保证对稿件判断、评价的客观性，最大限度避免由于某级审稿者的知识不足或责任心不强、或工作疏漏而导致的检查失误。另外，如果稿件决定被采用，一般由初审者担任责任编辑，负责加工整理等后续工作；稿件如需退修或不采用，也由初审者根据终审意见草拟退修信或退稿信。

需要强调的是，在任何情况下绝不容许开任何减少审级的"口子"，每个审级的职责在任何情况下都不能被随便取代，经过退修的稿件也要再次进行三审。

4. 如何做好外审？

外审是指请本出版单位以外的专家或有关部门审读稿件。外审不属于三级审稿制度，是对出版单位审稿工作的一种补充，因此并非每种稿件都要经过外审，只有那些因为缺少相应专业的编辑人员，难以把握其中专业性内容质量的稿件，才需要外审。选择的外审者必须是其他出版单位相应专业的编辑或者相关专业的专家，其主要任务不是文字方面的修改或者枝节问题的解决，而是重点解决送审单位审稿者无法判断、解决的相关专业问题。需要注意的是，外审不能替代三审制中的任何一个审级，外审者可以以特约编辑、特约编审、编委会委员等身份出现，但不能担任责任编辑，更不能取代复审者或终审者。外审意见只供参考，不能作为最终决定。

5. 音像节目审查评改与图书审稿有何不同？

对音像节目进行审查评改是音像制品编辑工作的重要内容，就如同图书的审稿制度，须经过初审、复审和终审的三级审查和编辑加工后，才可能转化成音像制品。图书的审稿基本要求也适用于音像制品编辑的审查评改，但其步骤、方法与图书审稿又有所不同。

按照音像节目的制作特点，编辑进行审查评改的时候，还必须特别注意一些事项：充分重视文字稿本的审查评改，它们是音像节目制作的基础，使其尽可能完美，才能保证节目的质量；审查评改要全面，音像节目的信息量很大，编辑要从声音、画面、文字等多方面对其政治性、思想性、科学性、艺术性、知识性等进行全面审查评改；注意语言文字的把关，音像出版单位一般不设专职校对人员，因此音像制品编辑特别要注意语言文字规范，尤其是教育类音像节目；做好加工整理工作，对文字稿本的加工整理要达到"齐、清、定"，从而避免在进行音像节目的编辑制作时出现大量的返工现象。

6. 音像制品审稿中需要注意哪些基本的技术参数？

音像制品审稿中，在音频技术方面，编辑需要注意：音效应清晰明朗，通透感强，高中低音的表现应富有层次；人声发音应标准规范，教育类音像电子出版物应由专业人员配音；多声道的节目，不同声道的音效应准确有效，不能有断音、漏音或复音；放音时不能出现各种杂音；不同声道的音效不能出现混杂的情况；不应有严重失真和明显走调的情况。

在视频技术方面，编辑需要注意：画面清晰流畅，色彩还原度高；黑白对比适中，画面具有层次；声音、画面、字幕始终保持同步；细节表现力较强。画面不能出现严重的锯齿形毛边和非正常马赛克现象；不能出现丢帧、夹帧现象；不能出现明显的偏色和失色现象；不应出现各种杂影和非正常光斑。

7. 如何对电子出版物进行审核发稿？

对电子出版物进行审核，其基本要求与纸介质出版物的审稿相同，如属于重大选题范围的应履行申报备案手续；内容要符合宪法、法律和法规的规定，不存在政治性、思想性方面的错误；内容在科学性、知识性上经得起检验，具有一定的独创性、艺术性，语言文字表述符合规范；应执行三级审稿制度；必要时应进行外审，等等。

同音像制品一样，电子出版物制作完成之后，也须按三审制的要求对其整体状况再次进行审核。责任编辑在对电子出版物的成品进行质量检测的时候，就是在做初审工作，电子出版物检测合格后，就可以写出初审意见报请复审和终审。复审者和终审者经过审核后，如认为还有必要修改，责任编辑要及时安排修改。经修改后的有关材料，还须再次报请复审和终审。在终审批准后，方可安排发稿。责任编辑需要将电子出版物完整的资料，包括内容文件包、安装程序和授权文件都存入数据光盘，用于发稿和备份。责任编辑特别要注意用于发稿的必须是经过检测和修正的最终版本。

另外，电子出版物的审读同纸介质出版物稿件的审读相比较，其要求和范围也有所不同：内容审核的范围扩大，从文字、图片扩展到声音、影像和动画；对于著作权问题要特别加强审核，注意其中支撑软件的使用是否符合著作权法的相应规定；审读的方法也有不同，必须在计算机屏幕上通过多种路径反复审核；增加了对产品功能的审核，要检测产品的兼容性，对超链接、动画和影视片段播放、数据记录和跟踪、打印输出等功能，都要一一审核；要对出版物附带的“帮助”“专业词典”等附件进行审核；要对文件夹或文件进行彻底清查，杜绝夹带不良或无用信息。

8. 电子出版物审稿中需要注意哪些基本的技术参数？

电子出版物审稿过程中，首先要注意图片、音频和视频等素材资料的技术参数，如图片的分辨率一般采用 150dpi，图片格式一般压缩成 JPG 格式或者 GIF 格式(16 位色彩，中、高等精度)，尺寸很小的图标使用 BMP 格式。音频文件的质量与采样频率、采样位数和通道数等有关，使用的格式主要有 WAV、MIDI 和 WMA 等。随着音频压缩技术的发展，新的多媒体制作软件都支持音质较好而压缩比很大的 MP3 格式，APE、FLAC、AAC 也是常用到的音频格式，另外，HiFi 音像制品近年比较常用到的格式是 DSD。视频文件的格式主要有 AVI、MPEG、MOV、WMV、MKV 等，还有主要用于流媒体的 3GP、FLV、F4V 和 WebM 等格式，二维动画文件的格式为 SWF、GIF、FLIC，三维动画文件有 AVI 和 MAX 等多种格式可选。

另外，“界面”对于电子出版物十分重要，它是选题风格的体现，是读者进行互动性阅读时环境与指示内容之间相互关联的工作面板。菜单和图标等是组成界面的元素，可细分为背景图像、文字、导航条、选单、线框、光标和按纽等。界面上会设置“热字”“热区”，是以文字或图案等标示的链接入口处。

在电子出版物的审读工作中，编辑还需要注重脚本程序质量，不能出现严重的系统错误，而导致系统功能丧失；不能出现严重的语法性和逻辑性错误；不应出现程序漏洞。

9. 音像电子出版物的校对有什么特别要求？

音像电子出版单位一般不设专职校对，但并不意味着音像电子出版物就不需要校对这一编辑环节，该环节由责任编辑兼任。实际上，音像电子出版物涉及到的文字内容相比图书会更加复杂，如录像节目的字幕，电子出版物的文字内容，外包装，配套的使用手册、培训手册等，都需要校对。甚至录音录像节目和电子出版物音、视频语音的发音是否正确，都是编辑的校对工作之一。

音像电子出版物的校对工作随着编辑工作一同开展，其功能与图书基本一致，都是校异同与校是非。对音像电子产品的脚本，以及对外包装，配套的使用手册、培训手册等的文字稿件，编辑使用的校对方法与图书一致，包括对校法、本校法、他校法和理校法，使用的校对符号、用法和规范操作也跟图书一样。

对于录音制品，责任编辑要检查音乐节目说明书的歌词与实际演唱的歌词是否一致，语言教学节目的播讲内容与教材是否一致。对于录像节目，则要求编辑将文字稿件、节目字幕和语音解说结合起来，检查语音解说与字幕、画面是否一致、同步。

电子出版物内容的校对要特别注意文字加工环节，因为电子出版物在文字资料录入后，往往要根据出版要求重新排列、分段和组合，容易出现错漏。另外要注意缺字补字的问题。工具书类电子出版物中，冷僻汉字和特殊符号较多，因有检索的需要，一般的图片补字法是行不通的，通常要提供专门的挂接字库或者扩充字库。对于电子书的校对，后文有专门讨论，这里就不再赘述。

10. 音像电子出版物常见的文字差错类型及原因有哪些？

音像电子出版物常见的文字差错一般出现在出版物节目所配的文章、字幕，出版物外包装上的内容简介，配套赠送的使用手册、培训手册等文字内容中。

常见的差错类型和原因同图书一致，所以，音像电子出版物的编辑应根据《图书质量管理规定》的相关要求，对所有文字内容进行编辑校对，不能出现文字、词语、语法、逻辑、知识性、标点符号、数字用法、量和单位、版面格式等方面的差错。

七、音像电子出版物的包装设计与定价

1. 什么是音像电子出版物的包装设计?

音像电子出版物的包装设计如同图书的装帧设计,首先要选定包装方式,然后再进行内容设计。包装设计的要求和审稿程序,与图书装帧设计基本相同。实际上,高质量的印刷包装也是一种防盗版的手段。

总的来说,音像电子出版物的包装设计涉及五个方面:光盘表面(盒式磁带 AB 贴)的印刷内容设计,塑料盒面封、底封设计,说明书(手册)设计,纸袋设计,外包装盒设计。

需要说明的是,电子出版物包装设计有两种特殊类型,一种是内容直接植入手持阅读器,这类产品的外包装即是电子设备产品的包装形式。另一种类型是内容只存在于出版单位的服务器中,作为售后服务通过互联网、无线通信网等网络渠道提供给消费者使用,这类产品无需外包装设计。此外,音像电子出版物的外盒尺寸一般较小,需要特别注意选择合适的图文比例和字级,国家规定标明的有关内容也必须齐全。

图 7-2　音像电子出版物的包装设计

2. 音像电子出版物包装有哪些种类?

音像电子出版物的包装方式有精装和简装之分。精装主要是纸盒包装,还有少量采用织物裱制纸盒。简装一般是塑料盒包装或纸袋包装。另外,部分音像电子出版物是配套图书出版,只需用塑料垫或塑料袋简易封装,插入图书或粘贴在图书内页即可。当然,随着技术的进步,出版物的载体形式也越来越多样化,如异形光碟、U 盘、磁卡等,包装形式也随之愈加丰富多彩。总体来说,外包装就是为了体现出版理念、标识出版信息、增强出版效果而存在。

3. 如何做好音像电子出版物的包装设计?

音像电子出版物的包装设计如同图书的装帧设计,是音像电子出版物生产过程中的一个重要环节。它通过运用艺术造型手法和先进的科学技术手段,使音像电子出版物能够具备美观、实用的外部形态,并把外包装同产品的内容、性质相匹配,体现出出版单位的特色。编辑有意图、有组织地对外包装进行编排设计,必须符合整体性、艺术性、实用性及经济性四项要求。另外,前面已经提到过,大多数音像电子出版物的外盒尺寸一般都较小,需要特别注意选择合适的图文比例和字级,并且国家规定标明的有关内容必须齐全。

4. 音像电子出版物的成本构成包括哪些要素?

音像电子出版物成本是出版单位为生产产品、提供劳务而产生的各种耗费,是出版单位在进行出版物的编辑、复制和发行等活动中所支付的费用;可以分为直接成本、间接成本和期间费用。

直接成本包括稿酬及编校费、租型费用、制作费用(录音录像、特效、后期编辑、编程等)、包装费用(包装设计、印装、外盒等)、复制压盘费用、出版损失和其他直接费用。

间接成本又叫编录经费,指出版单位编辑部门产生的、但不能分清为哪种产品所消耗,不能直接计入某一种音像电子出版物成本,而必须按照一定标准分配计入的各项间接生产费用。

期间费用是指不能直接归属某种产品或者服务、全部归由当期损益的费用,包括营业费用、管理费用和财务费用。

5. 怎样做好音像电子出版物的成本预算?

出版单位在出版音像电子产品的过程中,必须考虑成本预算,包括需要投入多少成本,销售多少数量的出版物才能够收回成本,销售一定数量的出版物会带来多少利润,需要销售多少出版物才能实现利润目标等问题,都是编辑必须考虑的。

所以,编辑必须了解和掌握本量利分析这一财务方法。作为本量利分析对象的成本费用、销售数量和利润三者之间的关系,可用下列公式表示:

$$\text{利润}=\left(\frac{\text{出版物定价}\times\text{发行折扣率}}{1+\text{增值税率}}-\text{单位成本费用}-\text{单位销售税金}\right)\times\text{销售数量}$$

6. 如何给音像制品和电子出版物定价?

出版物价格的高低是消费者选择购买时考虑的重要因素之一,定价是否合理会直接影响出版物的销量。价格的确定,会受成本、利润、生产数量、市场需求、同类产品价格、消费者心理和品牌等各种因素的影响，同时出版单位经营管理的目标也与出版物的定价息息相关，比如是以销售为重，还是以树立品牌为前提，又或是追求利润最大化，等等。

编辑在给音像制品和电子出版物定价的时候，除了要考虑以上因素外，还可以采用以下具体的办法：以成本为基础、以期望利润值为目标核定价格的成本定价法；以消费者对商品价值的感受及理解程度作为定价基本依据的理解价值定价法；根据市场需求差异及紧迫程度的不同而采取的需求差别定价法；按照行业的平均现行价格水平来定价的随行就市定价法。

八、音像电子出版物的复制和再版

1. 什么是母带(母盘)和子带(子盘)？

录制完成后，经过编辑加工，以用于复制、生产制作音像制品的磁带（光盘），俗称母带（母盘），包括音乐类和语言类的录音制品与录像制品母带（母盘）。

图 8-1　母盘成品

用母带（母盘）翻制成的若干个内容与母带一模一样的制品，就是子带（子盘）。

图 8-2　光盘成品

2. 什么是音像制品工作母带？

模拟技术时期，作为音像制品原版的母带（母盘）不能直接用于复制，须先由专门技术人员据以制作出适合高速复录母机循环播放的工作母带。

3. 如何复制录音带(AT)和录像带(VT)?

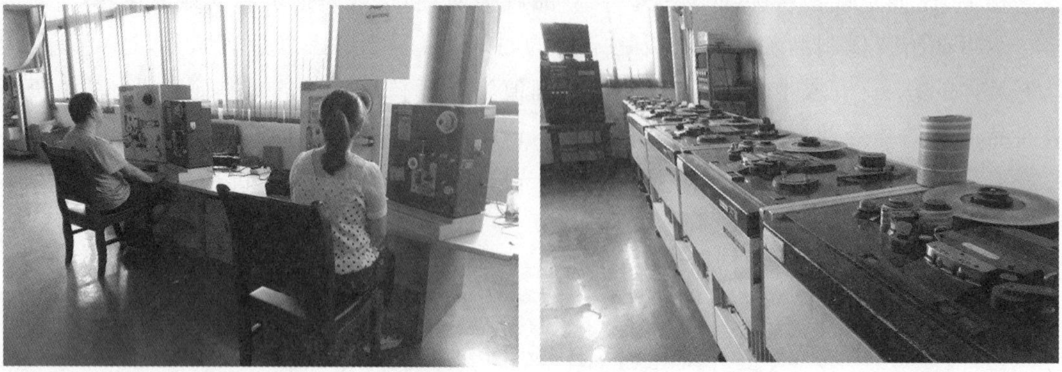

图 8-3 录音带复制厂现场

录音带(AT)、录像带(VT)的复制,是指利用快速复录设备将母版磁带上的信息复制到子带上,并将子带加工成家用盒式磁带的过程。一般有四道工序:制作工作母带;子带复录,采用多路高速复录方式,用一台高速复录母机连接若干台高速复录子机,工作母带上的信号通过这套系统复录到圈绕成饼状的子带上;切割灌装,将已经录有音像节目内容的饼状子带用机器切割后装入盒子;产品包装。

4. 什么是玻璃原版盘和压膜盘?

作为音像制品原版的母盘也不能直接用于复制,须先由专门技术人员据以制作玻璃原版盘,再在玻璃原版盘上通过电铸工艺 ,制作成金属压膜盘。一般情况下,一个优质的压膜盘可复制约 3 万张光盘。

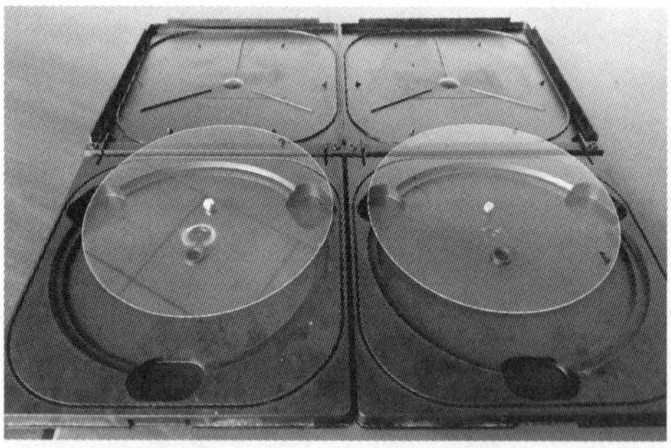

图 8-4 玻璃原版盘

5. 如何复制光盘?

激光唱盘和激光视盘的复制特点是物质载体(基材盘片)和数据记录同时形成,几道工序在一条生产线上连续完成。主要工序包括:检测原版母盘质量;制作玻璃原版盘;利用玻璃原版盘制作压模盘;模压加工;印刷图文;检测产品质量。

DVD 生产线

包装车间 ID 码检测机

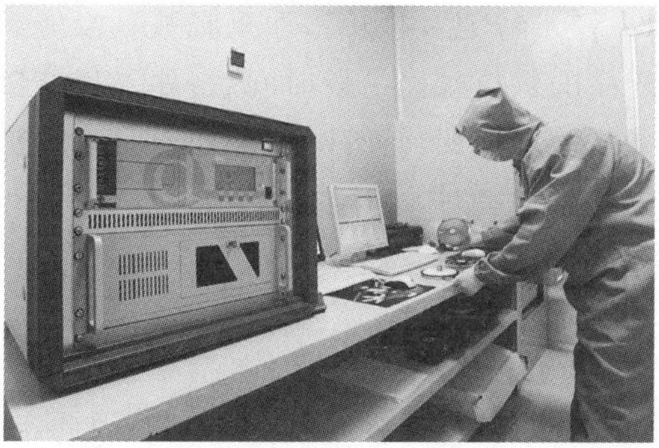

母盘检测设备

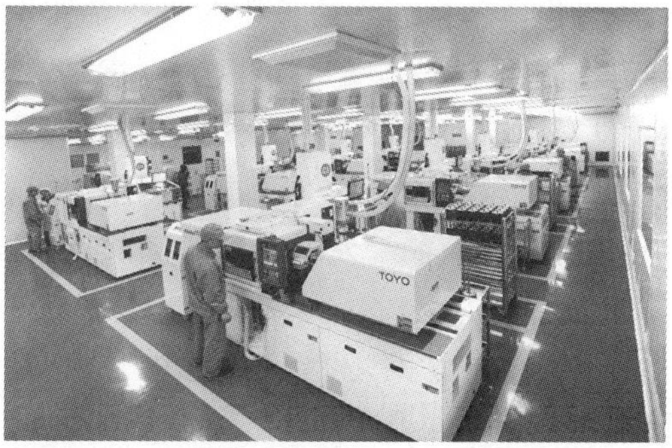

生产场景

印刷车间胶印机

印刷车间丝印机

图 8-5　光盘生产线

6. 复制 CD 类光盘与复制 DVD 类光盘有什么重要区别?

从材质上来说,CD 和 DVD 所使用的制作材料大致一样,前期的制作流程也基本一致,其主要区别在于复制 CD 是使用一张片基,而复制 DVD 是使用两张片基,然后粘在一起,因而两者的复制设备不一样。

7. 如何检测控制音像制品和电子出版物的复制质量？

盒式录音、录像带的产品质量检验，一般采取随机抽查方式，其质量标准的依据是国家发布的《盒式音带高速复制系统技术要求和测试方法》。

光盘的产品质量检测环节主要是：检测材料品质、光盘的光电信号和印刷质量，剔除残次品；抽样检测产品的运行状况，并留存样品存档。

除以上由复制单位进行的检测工作外，出版单位也要抽样进行内容质量检测。产品的内容要与提供的原版带（盘）完全一致，质量符合出版要求。如果存在问题，须与复制单位协商解决。

8. 音像电子出版物重印和再版加工需要注意哪些事项？

音像电子出版物的重印和再版加工与图书一样，在产品出版后，如果其数量没能满足市场的需求，出版单位可以通过重印来增加产品的供应量。一段时间后，如果仍有较大市场需求，而产品的内容又有必要根据客观情况的发展变化，与时俱进地进行大规模修改，就可以考虑音像电子出版物的再版。同样的，决定重印后，责任编辑要对拟重印的产品进行审核，如果发现必须改动的地方超过整个篇幅的三分之一，就不宜重印，须修订后再版。

但需要注意的是，由于音像电子出版物的自身特点，些许修订、改动都会带来大量的录制、剪辑、制作合成等工作，且如果前期的工程文件没有保留，将会更为繁琐。因此，音像电子出版物的再版须谨慎，不宜过于频繁。编辑在初版时就应充分考虑到市场的需求，对产品内容精益求精，预先考虑技术上的进步空间，让产品在短期内不落伍，这样一旦确定重印，使用初版的母带（母盘）就可以了。如果决定再版，就需要把产品当作初版产品一样对待，重新编辑制作，按三审制流程严格把关，确保音像电子出版物的出版质量。

九、音像制品和电子出版物常见问题及对策

1. 如何区别、选择电子出版物和音像制品的各种载体形式？

在出版电子出版物和音像制品之初，责任编辑首先要进行选题策划，而选择与选题相匹配的载体形式则是策划的重要组成部分。比如，音乐类的节目可以选择 CD，MV 类的音乐节目可以选择 VCD/DVD，语言类的教学节目可以选择录音磁带（AT），电子书类的产品既可以选择植入手持阅读器，也可以复制在光盘、磁盘等物质载体上，还可以通过互联网或无线通信网发送给消费者，等等。

如何确定出版物的载体形式，应从这几方面考虑：首先是选题的内容适合用什么载体进行存储；其次，成本和利润，选择可以使成本、利润和产品质量之间保持最佳平衡点的载体形式；再次，消费者的心理，编辑应站在消费者的角度，既要做到物美价廉，又要有

质量保障；最后，应注重品牌效应，所有的出版物都是在为其出版单位的品牌服务，所以，选择适合选题内容、面向市场需求、顺应技术发展趋势的载体形式，是确保出版单位不断发展的重要元素之一。

2. 为确保录音录像节目的正确性，责任编辑应该如何减少后期制作环节中不必要的重复工作？

在录音录像节目开始录制前，责任编辑必须拟定详细的前期制作大纲，认真审读录音录像脚本，将节目录制的每个环节都推演一遍，做到心中有数。其中，对脚本的审读是重中之重。编辑应就整个节目的导向、主题，所涉及的史实，所使用的语言风格，等等，做出符合出版要求的判断和修订意见，并反复与作者交流、沟通，尽量把有可能出现的问题化解在脚本阶段，最大程度减少后期制作环节不必要的重复工作。

对于已经是成品的投稿或者引进稿件，因为无需进行前期的录制，所以对稿件中存在的问题，就必须运用各种后期制作的技术手段，进行必要的修订、完善。

3. 已经录制完成的音像节目，在审看过程中发现部分节目内容达不到出版要求，应当如何处理？

在这种情况下，责任编辑应该先把节目通读、审看，判定质量有问题的段落在整个节目中的地位、篇幅，删除后是否会对节目的主题有重大影响等。如果影响较轻微，删除后不影响节目的流畅和完整性，就整段删除。

如果出现问题的段落篇幅较小，但事关整个节目的连贯性，起重要的过渡作用，对于录音作品可以考虑另外聘请配音员重新配音，而录像节目还须补拍跟主题相关的空镜头，用视频编辑技术制作插播段落，或者制作相关字幕加以弥补。

如果出现问题的段落篇幅过大，已影响到整个节目的完整性，又没办法补录、重录，责任编辑在这个时候应该选择退稿。

4. 在审看讲座类节目时，发现授课老师或者配音员有误讲、误读现象，应当如何处理？

对于讲座类节目，前期审读讲稿尤为重要。责任编辑必须在节目录制前对讲稿反复审读，对其中的不当之处认真提出修改意见，并要与授课老师反复沟通，达成一致。若条件允许，责任编辑最好能到节目录制现场全程参与录制，对出现的错漏及时提醒，当场补录。但有时的确有授课老师或者配音员误讲、误读，但限于客观因素已无法重新录制或者配音时，责任编辑可通过以下手段进行弥补：(1)充分运用剪辑手段，在误讲、误读部分插入合理的画面，剪去错误的语句，并尽量让语义通顺。(2)如误讲、误读部分较长，而且比较重要不能删除，可请另外的配音员按正确文稿重新配音，插入相关画面，制作成画外音讲解。(3)对少量的误讲、误读，也可通过唱词字幕的形式进行纠正。

5. 在制作录像节目时，如果需要合理引用有其他版权标志或者节目 LOGO 的视频素材，应当如何处理？

第一，必须保证引用素材的合理性，不得有违反著作权法规定的行为。第二，尽力寻找同类无版权标志或节目 LOGO 的授权使用素材进行替换。第三，在授权的条件下，可采用一些技术手段规避其他版权标志或者节目 LOGO。如：通过剪辑素材，避开有标志的部分；裁剪或者放大画面；使用边框、遮罩进行遮挡等。

6. 音像制品和电子出版物经常因为内容需要，要引用一些历史久远的视频素材或者图片资料，这些素材的清晰度往往都比较低，甚至有较为严重的失真、模糊等问题，应当如何处理？

首先，应考虑所引用视频素材和图片资料的著作权是否合规合法。其次，要考虑引用的这些素材是否与主题内容相符，是不是必不可少。再次，可以在技术和资金资源充裕的情况下，对画面进行一定程度的修复。最后，可以通过界面的表现形式，艺术表现力的运用等手段弥补素材失真、画面模糊带来的不良观感。比如缩小画面，添加遮罩、边框，加粗画面颗粒和划痕营造历史的沧桑感，在素材上标注“历史资料”等。

7. 制作电子书时，责任编辑应当如何保证编校质量？

电子书的稿源一般分为自主约稿、接受投稿和已出版的纸介质出版物转换而来的稿件。对于前两种，可以要求作者提供文稿的电子文档或纸介质稿件，按照图书稿件的编校方式，进行稿件的前期审读。然后，把编校好的文稿交制作团队按前期制定好的框架结构制作成电子书，再按三审制的要求对其整体状况进行审核，确保电子书的编校质量。

对于由纸介质出版物转化而成的电子书，应提前拿到纸介质出版物的清样电子文档，交给制作团队进行后期制作。如果无法拿到电子文档，则需通过光电扫描（OCR）或重新输入，制作成电子文档，并由责任编辑按图书稿件的编校方式进行前期审读后，交给制作团队进行后期制作；再按三审制的要求对其整体状况进行审核，确保电子书的编校质量。

8. 为什么电子出版物的视频资料或者图片资料，并不是清晰度越高越好？

在制作电子出版物（特别是以光盘、手持电子阅读器封装的电子书）的时候，使用的视频资料和图片资料一般来说，清晰度越高，文件的规模就越大，所需要的存储空间也就越多。而电子出版物的载体形式则是需要责任编辑根据市场需求、定价、发布方式等来综合考量，无论选择哪一种载体，其容量大小也都是有限度的。此外，还需要考虑整体的运行环境，视频资料和图片资料清晰度越高，规模越大，其运行的速度也就会相应减缓，容易造成待机过长、甚至死机，给读者带来不良的使用体验。所以，制作电子出版物时，应该从资源管理的角度出发来选择使用所需要的视频和图片素材的清晰度。

9. 制作多媒体电子出版物时，如何解决运行环境必备的软件（插件）问题？

插件是一种遵循一定规范的应用程序接口编写出来的程序。很多软件都有插件，插件有无数种。例如在IE中,安装相关的插件后,WEB浏览器能够直接调用插件程序,用于处理特定类型的文件。值得注意的是,因为插件程序由不同的开发商研制、发布,其技术水平也良莠不齐,插件程序很可能与其他运行中的程序发生冲突,从而导致诸如各种页面错误、运行时间错误等现象,阻塞了正常浏览。

制作多媒体电子出版物时,首先要考虑到的是出版物的运行环境和表现手法,应尽量选择独立可执行文件来打包制作,不依赖于读者的系统环境,从而得到充分的运行保障。如果必须使用到插件时,在符合著作权法相应规定和获得软件著作权人合法授权的前提下,以自动运行优于手动安装、免费优于付费为原则,考虑选择适用的插件。同时,插件发行商的技术水平也是考虑的必要条件。对于必须使用插件的电子出版物,要在外包装的显著位置予以标注相关的说明,在光盘内容里也应考虑写入相应的文本文件,加以说明。

10. 作者一般只是各自专业的专家,而普遍对电子出版物的载体形式、开发流程、发布方式等比较陌生,责任编辑在组稿的时候该如何与作者进行沟通?

在实际工作中,有很大一部分电子出版物是出版单位自行策划、组织和审核稿件并进行编辑加工后制作出版的,或者由其他已有介质的出版物转化制作而来。因此通俗上来说,无论是出版单位约稿,还是已有其他出版介质的稿件,其作者都是电子出版物内容的提供者,而责任编辑则是作者与电子出版物之间的桥梁,联系着作者(内容)、制作团队(程序)和出版物(成品)。所以,责任编辑在组稿时一定要做到有的放矢,要事先做好准备工作。首先,要充分了解所邀约作者擅长的领域,对已有介质的作品要认真阅读,领会精髓。其次,做好电子出版物框架结构的设计,就是确定电子出版物应该具有哪些功能以及这些功能的使用场合,规划电子出版物的模块、层次,分配各种媒体的比例,设计模块与层次之间、各种媒体之间的互动关联,等等。最后,在和作者沟通时,要明确作者的工作范围,需要作者提供的文字、图片、视频、音乐,等等;同时用尽可能简单的语言描述成品电子出版物的框架构成,增加的链接和检索功能,程序设计团队所起的作用,让作者对电子出版物的载体形态、开发流程和发布方式等有所了解,明确自己将要承担的角色和任务。

11. 电子出版物开发流程长、涉及范围广,责任编辑如何协调团队成员及各环节工作?

责任编辑在电子出版物的开发过程中,做好产品的总体策划方案至关重要,要依据选题所需的素材资源和制作力量资源,合理调动团队成员,前后协调各个工作环节,运用各种方式有效表现出版物内容。

电子出版物的责任编辑首先必须能熟练掌握多媒体计算机,熟悉硬件和操作系统,运用相关的应用软件和局域网设施,这样在工作中才能得心应手。其次,由于电子出版物开发流程一般都较长,范围也较广,责任编辑既要考虑到制作团队的软、硬件设备条件,以及团队的人力资源和财力资源,也要兼顾计算机硬件升级和大多数用户的计算机运行环境。再次,责任编辑要考虑到技术落后的产品会很快被市场淘汰,同时过度追求技术超前也会导致成本增加、用户范围狭小和销售困难。最后,载体的选择也是责任编辑必须要考虑的问题,例如尽力避免发生类似一张光盘容纳不下,用两张光盘又太浪费的现象等。

总之,在电子出版物的开发过程中,技术、设备、财务和销售等各个方面缺一不可,都需要责任编辑进行全面、耐心、细致地沟通、协调。

12. 电子出版物和音像制品都对浏览或观看环境有一定要求,如何保证出版物在各种浏览或观看环境的兼容性和一致性?

在完成电子出版物和音像制品的前期制作后,为了保证出版物在各种浏览或观看环境的兼容性和一致性,必须进行质量检测。

对于电子出版物,在批量复制前,必须全面检测质量,包括检测交互性,检测各种功能是否完善,检测数据库的调运和存储,检测杀灭病毒。特别是要检测运行环境,要根据当前大多数用户的计算机配置,配备多台计算机(各安装不同速度的中央处理器,不同数量的内存,不同型号的显卡、声卡以及不同的操作系统)进行检测。

对于音像制品,在批量生产前,也需要配备多台不同牌号的播放器(卡带机、CD 机、影碟机)和电脑光驱,进行试播放,测试运行环境。此外,在批量生产前后,还要检测材料品质、光盘的光电信号和印刷质量,剔除残次品,以及抽样检测产品的运行情况等。

13. 在设计开发产品过程中,如何保护自己和别人作品的知识产权?

首先,从业人员必须认真学习我国《著作权法》等知识产权法规,熟悉相关规定和条例。其次,在工作中要树立起知识产权保护意识,对所涉及的音乐、视频、文字、图片、软件等各种与知识产权相关的精神文化产品,都要依法尊重作者的权利,取得作者授权后才能使用。同时,出版者应对稿件是否确实由真正的著作权人授权使用、作品上的署名是否出自著作权人的真实意愿、作品中的内容是否存在剽窃他人作品等情况多加注意,尽量通过各种途径予以核实,并保留一定证据,以便必要时顺利履行举证责任。

另外,出版者可以利用技术手段,如加密盘、加密"狗"、专用阅读器、设置密码和时效、密匙、授权控制等多种方式,对出版物加密,以保护著作权,使之免受非法复制。出版者还可以充分运用音著协登记付费、公版素材、公版软件、合理引用等渠道合法使用作品,这样既保护了作者权益,也可尽量降低出版成本,保护自身权益。

14. 对于部分不需要外包装的音像电子出版物,如何解决相关版权信息、条码信息及出版信息的标注问题?

在实际工作中,常有配合图书或者其他营销活动而出版的音像电子出版物,外包装简单或者不需要外包装,这就要求责任编辑在进行出版物包装设计时认真细致,配合设计人员,将所有必要的版权信息、条码信息及出版信息标注在简包装、盘面或者磁带 AB

贴的显著位置;把握设计风格,尽可能突出审美,展现出版物风格。

另外,还有一种电子出版物,其内容直接植入手持阅读器,这类产品的外包装即是电子设备产品的外包装,相关版权信息、条码信息及出版信息可直接标注在设备包装上。至于只存在于出版单位的服务器中,作为售后服务通过互联网、无线通信网等提供给消费者使用的电子类产品,虽然也无需外包装,但这类出版物在我国已属于数字出版物范畴,有另行的管理办法,一般来说,可以在这类产品内容运行时,设计单独的开机界面,标明相关的出版信息。

15. 对于超过作者授权时间(或者授权范围),而在市场动销的音像电子出版物,如何避免隐藏的版权纠纷?

出版单位必须依法尊重作者的权利,包括尊重作者署名权,慎重修改作品,明确作品的使用方式和所涉权利种类,以及使用作品及时支付报酬。日常工作中,责任编辑应配合营销人员,时刻关注所负责产品的销售状况。对于已超过作者授权时间(或者授权范围),而在市场动销的音像电子出版物,首先必须暂停销售,尽可能召回产品,或与分销商约定好暂存货品办法。其次应积极与作者联络,告知产品销售的真实情况,协商续授权。在确实无法与作者就授权时间或范围达成一致的情况下,应召回市场上的全部产品,封存(待日后与作者达成一致后再行销售)、拆分原材料再利用,或销毁。

第二部分 音像电子出版政策指南

一、音像制品出版管理

1. 目前我国主要有哪些关于音像制品出版的法律法规?

《音像制品管理条例》《图书、期刊、音像制品、电子出版物重大选题备案办法》《音像制品出版管理规定》《音像制品制作管理规定》《音像制品进口管理办法》《关于〈音像制品制作管理规定〉的补充规定》《关于进一步加强音像制品重大选题备案工作的通知》《关于加强音像制品、电子出版物和网络出版物审读工作的通知》等。

2. 设立音像出版单位须具备哪些条件?

设立音像出版单位,应当具备下列条件:

(1)有音像出版单位的名称、章程;

(2)有符合国家新闻出版行政部门认定的主办单位及其主管机关;

(3)有确定的业务范围;

(4)有适应业务范围需要的组织机构和符合国家规定资格条件的出版专业技术人员,其人数不得少于 10 人,其中从事音像出版业务 2 年以上并具有中级以上出版专业技术人员职业资格的不得少于 5 人;

(5)有 30 万元以上的注册资本;

(6)有适应业务范围需要的设备和工作场所,其固定工作场所面积不得低于 200 平方米;

(7)法律、行政法规规定的其他条件。审批设立音像出版单位,除符合上述所列条件外,还应当符合国家关于音像出版单位总量、布局和结构的规划。

3. 申请设立音像出版单位时应提交哪些材料?

申请设立音像出版单位应提交以下申报材料(一式 3 份):

(1)主办单位向所在地省、自治区、直辖市新闻出版行政部门提交请示文件(应有文头、正式文号,加盖公章;简要介绍单位基本情况及业绩,充分说明申请理由和所具备的条件);

(2)《设立音像出版单位申请表》;

(3) 主办单位及主管机关的有关证明材料:

对于申请设立独立音像出版单位:有关证明材料是指主办单位、主管机关应符合《关于出版单位的主办单位和主管机关职责的暂行规定》中的要求,拟同意作为该音像出版单位主办单位或主管机关的书面材料。

关于图书、报纸、期刊、电子出版单位申请增加音像出版权:由于主管单位和主管机关与图书、报纸、期刊、电子出版单位相同,可不另外提交主办单位及其主管机关的证明材料,提供出版单位的出版许可证、事业单位法人或营业执照以及主办单位的事业单位法人或营业执照复印件等。

其他单位增加音像出版权,按新设立独立音像出版单位报送材料。

(4)音像出版单位的章程和规章制度;

(5)法定代表人或者主要负责人及有关人员的资格证明和身份证明;

(6)由依法设立的验资机构出具的注册资本验资证明及资金信用证明文件[由银行出具的帐户信用情况,明确存款余额,并注明其中用于音像出版业务具体金额(不少于30万元)];

(7)工作场所使用证明(申请单位注明其中用于音像出版业务的面积,不得低于200平方米);

(8)可行性论证报告(内容包括单位简介、申请事项背景、申请事项必要性、市场分析、经济效益与社会效益分析、项目风险分析及控制、结论);

(9)音像出版单位的主办单位及其主管单位的批准文件及事业单位法人证书或营业执照复印件。

4. 申请设立音像出版单位有哪些时间上的规定?

(1)省、自治区、直辖市新闻出版行政部门自正式受理申请之日起20个工作日内审核完毕,向新闻出版广电总局提交正式请示文件;

(2)新闻出版广电总局自收到申请之日起60个工作日内作出行政许可决定;

(3)省、自治区、直辖市新闻出版行政部门自收到新闻出版广电总局正式批件之日起,在2个工作日内通知主办单位。

5.《音像制品出版许可证》上标识了哪些内容?

《音像制品出版许可证》上标识了:有效期限、单位名称、地址、法定代表人、出版者码、主办单位、主管单位、出版范围。

6. 音像制品出版单位的主办和主管单位的职责分别是什么?

主办单位对所办出版单位负有下列职责:

(1)领导、监督出版单位遵照中国共产党的基本路线、方针、政策和国家的法律、法规、政策以及办社方针、宗旨、专业范围,做好出版工作及有关各项工作;审核出版单位的重要宣传、报道或选题计划,审核批准重要稿件(书稿、评论、报道等)的出版或发表;决定所属出版单位的出版物发行或不发行;对出版单位在出版物内容等方面发生的严重错误和其他重大问题,承担直接领导责任。

(2)依照国家的有关规定为出版单位的设立提供和筹集必要的资金、设备,并创造其他必要条件,办理核准登记手续,依法取得企业法人或者事业单位法人资格。

(3)依照国家的有关规定,决定出版单位经营管理国有资产的责任制形式;遵循国家有关规定和责、权、利相统一的原则,保证出版单位的经营自主权,但应对出版单位各项经营活动切实担负监督职责;监督出版单位严格执行国家财政、税收和国有资产管理的法律、法规,定期进行审计,确保出版单位财产的保值、增值。出版单位为实现社会效益目标而形成政策性亏损,主办单位应当给予相应的补贴或者其他方式的补偿。

(4)审核出版单位的内部机构的设置,考核并提出任免出版单位的负责人的建议,报主管单位批准。

(5)向主管单位汇报出版单位的工作情况,贯彻落实主管单位的有关决定和意见。

(6)承担出版单位或出版物停办后的资产清算、人员安置和其他善后工作。

(7)国家规定的和上级主管部门规定的其他职责。

主管单位对所属的出版单位及其主办单位负有下列职责:

(1)监督出版单位及其主办单位贯彻执行中国共产党的基本路线、方针、政策和国家的法律、法规、政策;采取行政措施和经济措施保证出版单位的出版工作坚持为人民服务、为社会主义服务的方向,坚持以社会效益为最高准则;有权决定所属出版单位的出版物发行或不发行;对出版单位在出版物内容等方面发生的严重错误和其他重大问题,承担领导责任。

(2)审核批准出版单位的重大宣传、报道或选题计划,批准有重要影响的稿件的出版或发表;决定出版单位或出版物停办或变更,并向新闻出版行政管理部门提出书面报告。

(3)对主办单位对出版单位的领导和管理工作进行检查、监督、指导,并可提出意见或作出决定。

(4)扶持、协助主办单位为出版单位提供或筹措资金、购置设备。

(5)与主办单位共同负责出版单位或出版物停办后的资产清算、人员安置和其他善后工作。

(6)国家规定的其他职责。

7. 音像出版单位如何变更注册登记项目或终止音像制品出版?

音像出版单位变更地址、法定代表人或者主要负责人,或者终止音像出版经营活动的,应当到原登记的工商行政管理部门办理变更登记或者注销登记,并在30日内向新闻出版广电总局备案。

8. 音像出版单位对从业人员有什么要求?

音像出版单位中从事编辑、出版、校对等专业技术工作的人员,必须通过国家出版专业技术人员职业资格考试,取得规定级别的出版专业职业资格,持相应的《中华人民共和国出版专业技术人员职业资格证书》上岗。

9. 如何管理音像制品中的非卖品？

用于无偿赠送、发放及业务交流的音像制品属于音像非卖品，不得定价，不得销售或变相销售，不得收取任何费用。

委托复制音像非卖品，须向委托方或者受托方所在地省、自治区、直辖市人民政府出版行政部门提出申请，其申请书应写明非卖品使用目的、名称、制作单位、主要内容、发送对象、复制数量、节目长度和载体形式等内容，并附样本。

省、自治区、直辖市人民政府出版行政部门，应当自受理委托复制音像非卖品申请之日起 20 日内予以审查，对符合本规定的，向委托复制单位核发音像制品复制委托书。

10. 什么是音像制品的复制委托书？

从 1995 年 11 月 1 日起，音像出版单位复制加工音像制品须使用统一的《录音录像制品复制委托书》。《录音录像制品复制委托书》由国家新闻出版广电总局统一印制。音像出版单位每委托复制一次音像制品（包括再版）填写一份《录音录像制品复制委托书》，并在《录音录像制品复制委托书》使用后 10 日内，将其中第二联交回发放机关。音像复制单位须根据音像出版单位签发并盖章的《录音录像制品复制委托书》复制音像制品。

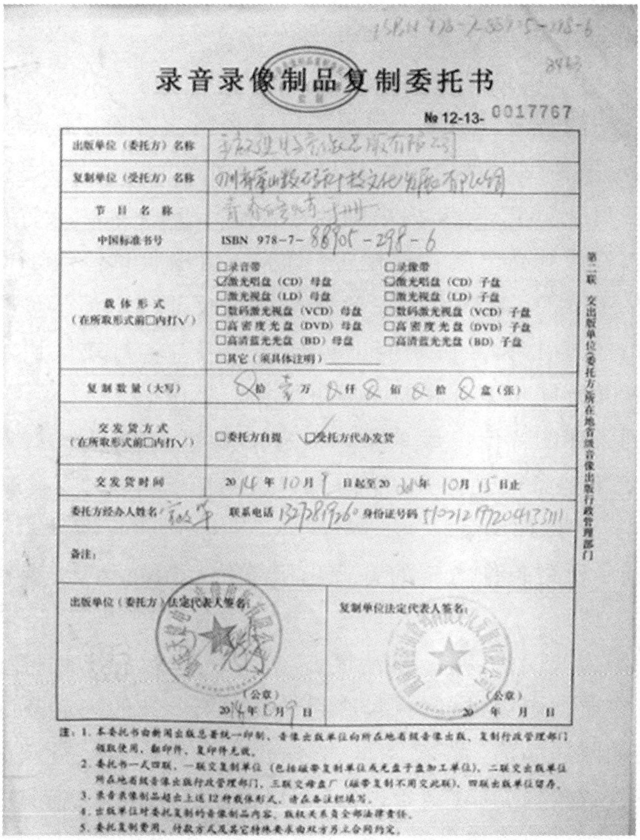

录音录像制品复制委托书

№12-13-0017767

出版单位（委托方）名称	
复制单位（受托方）名称	
节目名称	
中国标准书号	ISBN 978-7-88705-298-6
载体形式（在所取形式前□内打√）	□录音带 □录像带 ☑激光唱盘（CD）母盘 □激光唱盘（CD）子盘 □激光视盘（LD）母盘 □激光视盘（LD）子盘 □数码激光视盘（VCD）母盘 □数码激光视盘（VCD）子盘 □高密度光盘（DVD）母盘 □高密度光盘（DVD）子盘 □高清蓝光光盘（BD）母盘 □高清蓝光光盘（BD）子盘 □其它（须具体注明）____
复制数量（大写）	拾 万 仟 佰 拾 盒（张）
交发货方式（在所取形式前□内打√）	□委托方自提 ☑受托方代办发货
交发货时间	20 年 月 日起至20 年 月 日止
委托方经办人姓名： 联系电话 身份证号码	
备注：	
出版单位（委托方）法定代表人签名：（公章） 20 年 月 日	复制单位法定代表人签名：（公章） 20 年 月 日

第二联 交出版单位（委托方）所在地省级音像出版行政管理部门

注：1. 本委托书由新闻出版总署统一印制，音像出版单位向所在地省级音像出版、复制行政管理部门领取使用，翻印件、复印件无效。
2. 委托书一式四联，一联交复制单位（包括磁带复制单位或光盘子盘加工单位），二联交出版单位所在地省级音像出版行政管理部门，三联交母盘厂（磁带复制不用交此联），四联出版单位留存。
3. 录音录像制品超出上述12种载体形式，请在备注栏填写。
4. 出版单位对委托复制的音像制品内容、版权关系负全部法律责任。
5. 委托复制费用、付款方式及其它特殊要求由双方另立合同约定。

录音录像制品复制委托书

11. 音像制品的复制有哪些要求？

（1）音像复制单位接受委托复制音像制品的，应当按照国家有关规定，与委托的出版单位订立复制委托合同；验证委托的出版单位的《音像制品出版许可证》、营业执照副本、盖章的音像制品复制委托书以及出版单位取得的授权书；接受委托复制的音像制品属于非卖品的，应当验证委托单位的身份证明和委托单位出具的音像制品非卖品复制委托书。

音像复制单位应当自完成音像制品复制之日起 2 年内，保存委托合同和所复制的音像制品的样本以及验证的有关证明文件的副本，以备查验。

（2）音像复制单位不得接受非音像出版单位或者个人的委托复制经营性的音像制品；不得自行复制音像制品；不得批发、零售音像制品。

（3）从事光盘复制的音像复制单位复制光盘，必须使用蚀刻有国务院出版行政主管部门核发的激光数码储存片来源识别码的注塑模具。

（4）音像复制单位接受委托复制境外音像制品的，应当经省、自治区、直辖市人民政府出版行政主管部门批准，并持著作权人的授权书依法到著作权行政管理部门登记；复制的音像制品应当全部运输出境，不得在境内发行。

12. 如何对音像出版单位进行审核登记？

音像出版单位实行审核登记制度，审核登记每 2 年进行 1 次。

（1）申请审核登记的音像出版单位应提交以下材料：《音像出版单位审核登记表》、音像制品出版业务情况报告（应当包括：执行出版管理的法律、法规和规章的情况，出版经营情况，人员、场所、设施情况）、2 年内出版的音像制品登记表、出版许可证的复印件。

（2）申请时间：《音像制品出版管理规定》要求音像出版单位应于审核登记年度 1 月 15 日前向所在地省、自治区、直辖市人民政府出版行政部门申请年度审核登记并提交相应材料。各省、自治区、直辖市人民政府出版行政部门对本行政区域内申请登记的音像出版单位进行审核，并于同年 2 月底前完成审核登记工作。

（3）对符合下列条件的音像出版单位，省、自治区、直辖市人民政府出版行政部门予以登记：符合本规定第七条的规定；2 年内无违反出版管理法律、法规和规章的情形；2 年内出版音像制品不少于 10 种。

（4）对不符合前条所列条件之一的音像出版单位，省、自治区、直辖市人民政府出版行政部门予以暂缓登记。

暂缓登记的期限为 3 个月。省、自治区、直辖市人民政府出版行政部门应当责令暂缓登记的出版单位在此期限内进行整顿，达到本规定第七条的规定条件。

在暂缓登记的期限届满前，省、自治区、直辖市人民政府出版行政部门应对暂缓登记的出版单位进行审查，对于达到规定条件的，予以登记。对于未达到规定条件的，提出注销登记意见报新闻出版广电总局批准。对注销登记的出版单位，由所在地省、自治区、直辖市人民政府出版行政部门缴回其出版许可证。

(5)各省、自治区、直辖市人民政府出版行政部门应于同年 3 月 20 前将审核登记情况及有关材料复印件汇总后报新闻出版广电总局备案。

二、音像制品制作管理

1. 申请设立音像制作单位应具备哪些条件?

申请设立音像制作单位应当具备下列条件:

(1)有音像制作单位的名称、章程;

(2)有适应业务范围需要的组织机构和音像制作专业技术人员,从事音像制作业务的专业技术人员不得少于 5 人;

(3)有必要的技术设备;

(4)有固定经营场所;

(5)法律法规规定的其他条件。

审批设立音像制作单位,除依照前款所列条件外,还应符合本地区音像制作单位总量、布局和结构的规划。

经报新闻出版广电总局同意,各省、自治区、直辖市新闻出版行政部门可以根据本地情况,对设立音像制作单位所需注册资本和经营场所面积另行规定。

2. 如何申请设立音像制作单位?

申请设立音像制作单位,由所在地省、自治区、直辖市新闻出版行政部门审批。省、自治区、直辖市新闻出版行政部门应当自收到申请设立音像制作单位的申请书之日起 60 日内,作出批准或者不批准的决定,并通知申请人。批准的,发给《音像制品制作许可证》;不批准的,应当说明理由。

3. 音像制作单位如何变更登记项目和注销许可证?

音像制作单位变更名称、业务范围,或者兼并其他音像制作单位,或者因合并、分立而设立新的音像制作单位的,应当依照申请设立音像制作单位的规定办理审批手续,并到工商行政管理部门办理相应的登记手续。

音像制作单位变更地址、法定代表人或者主要负责人,或者终止音像制作经营活动的,应当到原登记的工商行政管理部门办理变更登记或者注销登记,并在 10 日内向所在地省、自治区、直辖市新闻出版行政部门备案。

4.《音像制品制作许可证》上有哪些内容?

《音像制品制作许可证》上的内容有:单位名称、地址、法定代表人、经济性质、制作范围、有效期限、编号等。

5. 音像制作单位在制作音像制品时有哪些规定?

主要有以下规定：

(1)不得制作含有《音像制品管理条例》第三条第二款禁止内容的音像制品。

(2)音像制作单位必须有健全的内部管理制度,并填写制作文档记录。制作文档记录须归档保存2年以备查验。

(3)音像制作单位接受委托制作音像制品的,应当按照国家有关规定,与委托方订立制作委托合同,并验证委托方《营业执照》或者身份证明材料。合同、《营业执照》及身份证材料复印件,音像制作单位应当归档保存2年以备查验。

(4)音像制作单位未经授权,不得以任何形式将接受委托制作的音像制品提供给委托方以外的单位或者个人。

(5)音像制作单位制作的音像制品,应当符合国家有关质量、技术标准和规定。

(6)依法设立的音像制作单位有权在出版的音像制品及其包装上署名。其他单位或者个人不得以制作单位名义在音像制品上署名。

6. 如何对音像制作单位进行年度核验?

(1)音像制作单位每2年履行一次年度核验手续。

(2)核验内容:人员、资金及设备配备状况;音像制品制作经营情况;制作内容是否符合国家有关规定;是否严格履行了音像制品出版物复制委托管理。

(3)核验方法:填报《音像电子制作单位年度核验表》,按要求写出工作总结、自查报告,经单位负责人签署意见盖章后,持《音像制作经营许可证》到所在地省、自治区、直辖市新闻出版行政主管部门办理核验登记手续,并同时提交制作的产品供查。

7. 音像制作单位如何与境外组织或个人合作制作音像制品?

(1)音像出版单位可以与香港特别行政区、澳门特别行政区、台湾地区或者外国的组织、个人合作制作音像制品,但应由音像出版单位在制作完成后10日内向所在地省、自治区、直辖市新闻出版行政部门备案。

(2)允许香港、澳门服务提供者在内地设立独资、合资或合作企业,从事音像制品制作业务。

(3)香港、澳门服务提供者在内地投资音像制品制作企业的其他事项,按照《音像制品制作管理规定》执行。

三、音像制品进口管理

1. 国家对音像制品成品进口业务经营有哪些规定?

《音像制品进口管理办法》第五条明确规定,“音像制品进口经营活动应当遵守宪法和有关法律、法规，坚持为人民服务和为社会主义服务的方向，传播有益于经济发展和社会进步的思想、道德、科学技术和文化知识。”同时规定了国家禁止进口有下列内容的音像制品：

(1)反对宪法确定的基本原则的；

(2)危害国家统一、主权和领土完整的；

(3)泄漏国家秘密、危害国家安全或者损害国家荣誉和利益的；

(4)煽动民族仇恨、民族歧视，破坏民族团结，或者侵害民族风俗、习惯的；

(5)宣扬邪教、迷信的；

(6)扰乱社会秩序，破坏社会稳定的；

(7)宣扬淫秽、赌博、暴力或者教唆犯罪的；

(8)侮辱或者诽谤他人，侵害他人合法权益的；

(9)危害社会公德或者民族优秀文化传统的；

(10)有法律、行政法规和国家规定禁止的其他内容的。

国家对设立音像制品成品进口单位实行许可制度。音像制品成品进口业务由国家新闻出版行政部门批准的音像制品成品进口单位经营；未经批准，任何单位或者个人不得从事音像制品成品进口业务。

2. 设立音像制品成品进口经营单位应当具备哪些条件？

设立音像制品成品进口经营单位，应当具备以下条件：

(1)有音像制品进口经营单位的名称、章程；

(2)有符合国家新闻出版行政部门认定条件的主办单位及其主管机关；

(3)有确定的业务范围；

(4)具有进口音像制品内容初审能力；

(5)有与音像制品进口业务相适应的资金；

(6)有固定的经营场所；

(7)法律、行政法规和国家规定的其他条件。

3. 如何设立音像制品成品进口经营单位？

根据相关法律规定，设立音像制品成品进口经营单位，应当向国家新闻出版广电总局提出申请，经审查批准，取得国家新闻出版广电总局核发的音像制品进口经营许可证件后，持证到工商行政管理部门依法领取营业执照。设立音像制品进口经营单位，还应当依照对外贸易法律、行政法规的规定办理相应手续。

4. 如何进口音像制品成品？

国家对进口音像制品实行许可管理制度，应在进口前报国家新闻出版广电总局进行内容审查，审查批准取得许可文件后方可进口。进口音像制品成品，由音像制品成品进口经营单位向国家新闻出版广电总局提出申请并报送以下文件和材料：

(1)进口录音或录像制品报审表；

(2)进口协议草案或订单；

(3)节目样片、中外文歌词；

(4)内容审查所需的其他材料。

国家新闻出版广电总局自受理进口音像制品申请之日起 30 日内作出批准或者不批准的决定。批准的，发给进口音像制品批准单；不批准的，应当说明理由。

5. 如何进口用于出版的音像制品？

进口用于出版的音像制品，应当向国家新闻出版广电总局提出申请并报送以下文件和材料：

(1)进口录音或录像制品报审表；

(2)版权贸易协议中外文文本草案，原始版权证明书，版权授权书和国家版权局的登记文件；

(3)节目样片；

(4)中外文曲目、歌词或对白；

(5)内容审查所需的其他材料。

国家新闻出版广电总局自受理进口音像制品申请之日起 30 日内作出批准或者不批准的决定。批准的，发给进口音像制品批准单；不批准的，应当说明理由。

6. 如何进口用于展览展示的音像制品？

进口用于展览、展示的音像制品，由展览、展示活动主办单位提出申请，并将音像制品目录和样片报国家新闻出版广电总局进行内容审查。海关按暂时进口货物管理。

7. 什么是进口音像制品批准单？

进口音像制品批准单指音像制品进口批准文件，是指国家新闻出版广电总局依法对进口音像制品签发准予进口的许可证件。

8. 如何使用进口音像制品批准单？

进口音像制品批准单内容不得更改，如需修改，应重新办理。进口音像制品批准单一次报关使用有效，不得累计使用。其中，属于音像制品成品的，批准单当年有效；属于用于出版的音像制品的，批准单有效期限为 1 年。

9. 出版进口音像制品须注意哪些问题？

出版进口音像制品，应当符合国家新闻出版广电总局批准文件要求，不得擅自变更节目名称和增删节目内容，要使用经批准的中文节目名称；外语节目应当在音像制品及封面包装上标明中外文名称；出版进口音像制品必须在音像制品及其包装的明显位置标明国家版权局的登记文号和国家新闻出版广电总局进口批准文号；利用信息网络出版进口音像制品必须在相关节目页面标明以上信息。在经批准进口出版的音像制品版权授权期限内，音像制品进口经营单位不得进口该音像制品成品。同时，出版进口音像制品使用的语言文字应当符合国家公布的语言文字规范。

四、电子出版物出版管理

1. 设立电子出版物出版单位须具备哪些条件?

设立电子出版物出版单位,应当具备下列条件:

(1)有电子出版物出版单位的名称、章程;

(2)有符合国家新闻出版行政部门认定条件的主管、主办单位;

(3)有确定的电子出版物出版业务范围;

(4)有 200 万元以上的注册资本;

(5)有适应业务范围需要的设备和工作场所,其固定工作场所面积不得少于 200 平方米;

(6)有适应业务范围需要的组织机构,有 2 人以上具有中级以上出版专业职业资格;

(7)法律、行政法规规定的其他条件。

除依照前款所列条件外,还应当符合国家关于电子出版物出版单位总量、结构、布局的规划。

2. 申请设立电子出版物出版单位时应提交哪些材料?

申请设立电子出版物出版单位,应当提交下列材料:

(1)按要求填写的申请表,应当载明出版单位的名称、地址、资本结构、资金来源及数额,出版单位的主管、主办单位的名称和地址等内容;

(2)主办单位、主管单位的有关资质证明材料;

(3)出版单位章程;

(4)法定代表人或者主要负责人及有关人员的资格证明和身份证明;

(5)可行性论证报告;

(6)由依法设立的验资机构出具的注册资本验资证明;

(7)工作场所使用证明。

3. 申请设立电子出版物出版单位有哪些时间上的规定?

(1)国家新闻出版广电总局自受理设立电子出版物出版单位的申请之日起 90 日内,作出批准或者不批准的决定,直接或者由省、自治区、直辖市新闻出版行政部门书面通知主办单位;不批准的,应当说明理由。

(2)设立电子出版物出版单位的主办单位应当自收到批准决定之日起 60 日内,向所在地省、自治区、直辖市新闻出版行政部门登记,领取国家新闻出版广电总局颁发的《电子出版物出版许可证》。

4.《电子出版物出版许可证》上标识了哪些内容？

《电子出版物出版许可证》上标识的内容有：单位名称、地址、主办单位、主管单位、法定代表人、出版范围、许可证的有效期限。

5. 电子出版物出版单位的主办和主管单位的职责分别是什么？

主办单位是指出版单位的上级领导部门，主办单位所办的出版单位的专业分工范围，应与主办单位的业务范围相一致。主办单位所办的出版单位的办公场所应与主办单位在同一城市或同一行政区域。两个或两个以上单位联合申办出版单位，应确定其中一个单位为主要的主办单位以及相应的主管单位。

主办单位对所办出版单位负有下列职责：

(1)领导、监督出版单位遵照中国共产党的基本路线、方针、政策和国家的法律、法规、政策以及办社(报、刊)方针、宗旨、专业范围，做好出版工作及有关各项工作；审核出版单位的重要宣传、报道或选题计划，审核批准重要稿件(书稿、评论、报道等)的出版或发表；决定所属出版单位的出版物发行或不发行；对出版单位在出版物内容等方面发生的严重错误和其他重大问题，承担直接领导责任。

(2)依照国家的有关规定为出版单位的设立提供和筹集必要的资金、设备，并创造其他必要条件，办理核准登记手续，依法取得企业法人或者事业单位法人资格。

(3)依照国家的有关规定，决定出版单位经营管理国有资产的责任制形式；遵循国家有关规定和责、权、利相统一的原则，保证出版单位的经营自主权，但应对出版单位各项经营活动切实担负监督职责；监督出版单位严格执行国家财政、税收和国有资产管理的法律、法规，定期进行审计，确保出版单位财产的保值、增值。出版单位为实现社会效益目标而形成政策性亏损，主办单位应当给予相应的补贴或者其他方式的补偿。

(4)审核出版单位的内部机构的设置，考核并提出任免出版单位的负责人的建议，报主管单位批准。

(5)向主管单位汇报出版单位的工作情况，贯彻落实主管单位的有关决定和意见。

(6)承担出版单位或出版物停办后的资产清算、人员安置和其他善后工作。

(7)国家规定的和上级主管部门规定的其他职责。

主管单位对所属的出版单位及其主办单位负有下列职责：

(1)监督出版单位及其主办单位贯彻执行中国共产党的基本路线、方针、政策和国家的法律、法规、政策；采取行政措施和经济措施保证出版单位的出版工作坚持为人民服务、为社会主义服务的方向，坚持以社会效益为最高准则；有权决定所属出版单位的出版物发行或不发行；对出版单位在出版物内容等方面发生的严重错误和其他重大问题，承担领导责任。

(2)审核批准出版单位的重大宣传、报道或选题计划，批准有重要影响的稿件的出版或发表；决定出版单位或出版物停办或变更，并向新闻出版行政管理部门提出书面报告。

(3)对主办单位对出版单位的领导和管理工作进行检查、监督、指导,并可提出意见或作出决定。

(4)扶持、协助主办单位为出版单位提供或筹措资金、购置设备。

(5)与主办单位共同负责出版单位或出版物停办后的资产清算、人员安置和其他善后工作。

(6)国家规定的其他职责。

6. 电子出版物出版单位如何变更注册登记项目或终止电子出版物出版?

电子出版物出版单位改变地址、主要负责人或者法定代表人的,应当经主办单位及其上级主管部门审查同意后,向所在地省、自治区、直辖市新闻出版行政部门申请变更登记,并由省、自治区、直辖市新闻出版行政部门报国家新闻出版广电总局备案。

电子出版物出版单位终止出版活动的,应当自终止经营活动之日起30日内到所在地省、自治区、直辖市新闻出版行政部门办理注销登记手续,并报国家新闻出版广电总局备案。

7. 如何申请出版连续型电子出版物?

连续型电子出版物,是指有固定名称,用卷、期、册或者年、月顺序编号,按照一定周期出版的电子出版物。

(1)申请出版连续型电子出版物,经主管单位同意后,由主办单位向所在地省、自治区、直辖市新闻出版行政部门提出申请;经省、自治区、直辖市新闻出版行政部门审核同意后,报国家新闻出版广电总局审批。

(2)申请出版连续型电子出版物,应当提交下列材料:申请书,应当载明连续型电子出版物的名称、刊期、媒体形态、业务范围、读者对象、栏目设置、文种等;主管单位的审核意见。

(3)申请出版配报纸、期刊的连续型电子出版物,还须报送报纸、期刊样本。

8. 如何变更连续型电子出版物登记项目?

电子出版物出版单位改变名称、业务范围、经济性质、主办单位、主管部门,合并或者分立,新增或者改变连续型电子出版物的名称、刊期、媒体形态的,应当依照申请设立电子出版物出版单位的程序,重新由主办单位向所在地省、自治区、直辖市新闻出版行政部门提出申请,经省、自治区、直辖市新闻出版行政部门审核同意后,报国家新闻出版广电总局审批。

9. 对电子出版物制作单位的管理有何特殊规定?

出版行政部门对从事电子出版物制作的单位实行备案制管理。其具体管理要求和实施办法参照《音像制品制作管理规定》。

10. 对电子出版物中的非卖品的制作有何要求?

(1)委托复制电子出版物非卖品,须向委托方或受托方所在地省、自治区、直辖市新闻出版行政部门提出申请，申请书应写明电子出版物非卖品的使用目的、名称、内容、发送对象、复制数量、载体形式等，并附样品。

(2)电子出版物非卖品内容限于公益宣传、企事业单位业务宣传、交流、商品介绍等，不得定价，不得销售、变相销售或与其他商品搭配销售。

(3)省、自治区、直辖市新闻出版行政部门应当自受理委托复制电子出版物非卖品申请之日起20日内，作出批准或者不批准的决定，批准的，发给电子出版物复制委托书；不批准的，应当说明理由。

(4)电子出版物非卖品载体的印刷标识面及其装帧的显著位置应当注明电子出版物非卖品统一编号，编号分为四段：第一段为方括号内的各省、自治区、直辖市简称，第二段为"电子出版物非卖品"字样，第三段为圆括号内的年度，第四段为顺序编号。

11. 出版电子出版物须注明哪些版权信息？

出版电子出版物，必须按规定使用中国标准书号。同一内容，不同载体形态、格式的电子出版物，应当分别使用不同的中国标准书号。

出版连续型电子出版物，必须按规定使用国内统一连续出版物号，不得使用中国标准书号出版连续型电子出版物。

12. 电子出版单位如何申请出版境外著作权人授权的电子出版物？

电子出版物出版单位申请出版境外著作权人授权的电子出版物，须向所在地省、自治区、直辖市新闻出版行政部门提出申请；所在地省、自治区、直辖市新闻出版行政部门审核同意后，报国家新闻出版广电总局审批。

申请出版境外著作权人授权的电子出版物，应当提交下列材料：申请书，应当载明电子出版物名称、内容简介、授权方名称、授权方基本情况介绍等；申请单位的审读报告；样品及必要的内容资料；申请单位所在地省、自治区、直辖市著作权行政管理部门的著作权合同登记证明文件。

出版境外著作权人授权的电子游戏出版物还须提交游戏主要人物和主要场景图片资料、代理机构营业执照、发行合同及发行机构批发许可证、游戏文字脚本全文等材料。

13. 电子出版单位如何与境外机构合作出版电子出版物？

电子出版物出版单位与境外机构合作出版电子出版物，须经主管单位同意后，将选题报所在地省、自治区、直辖市新闻出版行政部门审核；省、自治区、直辖市新闻出版行政部门审核同意后，报国家新闻出版广电总局审批。

国家新闻出版广电总局自受理合作出版电子出版物选题申请之日起20日内，作出批准或者不批准的决定；不批准的，应当说明理由。

电子出版物出版单位申请与境外机构合作出版电子出版物，应当提交下列材料：申请书，应当载明合作出版的电子出版物的名称、载体形态、内容简介、合作双方名称、基本情况、合作方式等，并附拟合作出版的电子出版物的有关文字内容、图片等材料；合作意向书；主管单位的审核意见。

电子出版物出版单位与境外机构合作出版电子出版物，应在该电子出版物出版 30 日内将样盘报送国家新闻出版广电总局备案。

14. 电子出版单位对从业人员有什么要求？

电子出版单位中从事编辑、出版、校对等专业技术工作的人员，必须通过国家出版专业技术人员职业资格考试，取得规定级别的出版专业职业资格，持相应的《中华人民共和国出版专业技术人员职业资格证书》上岗。

15. 如何对电子出版单位进行年度核验？

(1)电子出版物出版单位实行年度核验制度，年度核验每两年进行一次。省、自治区、直辖市新闻出版行政部门负责对本行政区域内的电子出版物出版单位实施年度核验。核验内容包括电子出版物出版单位的登记项目、设立条件、出版经营情况、遵纪守法情况、内部管理情况等。

(2)电子出版物出版单位进行年度核验，应提交以下材料：电子出版物出版单位年度核验登记表；电子出版物出版单位两年的总结报告，应当包括执行出版法规的情况、出版业绩、资产变化等内容；两年出版的电子出版物出版目录；《电子出版物出版许可证》的复印件。

(3)核验程序：电子出版物出版单位应于核验年度的 1 月 15 日前向所在地省、自治区、直辖市新闻出版行政部门提交年度核验材料；各省、自治区、直辖市新闻出版行政部门对本行政区域内电子出版物出版单位的设立条件、开展业务及执行法规等情况进行全面审核，并于该年度的 2 月底前完成年度核验工作；对符合年度核验要求的单位予以登记，并换发《电子出版物出版许可证》；各省、自治区、直辖市新闻出版行政部门应于核验年度的 3 月 20 日前将年度核验情况及有关书面材料报国家新闻出版广电总局备案。

(4)电子出版物出版单位有下列情形之一的，暂缓年度核验：

①不具备《电子出版物出版管理规定》第六条规定条件的；

②因违反出版管理法规，正在限期停业整顿的；

③经审核发现有违法行为应予处罚的；

④曾违反出版管理法规受到行政处罚，未认真整改，仍存在违法问题的；

⑤长期不能正常开展电子出版物出版活动的。

暂缓年度核验的期限由省、自治区、直辖市新闻出版行政部门确定，最长不得超过 3 个月。暂缓期间，省、自治区、直辖市新闻出版行政部门应当督促、指导电子出版物出版单位进行整改。暂缓年度核验期满，对达到年度核验要求的电子出版物出版单位予以登记；仍未达到年度核验要求的电子出版物出版单位，由所在地省、自治区、直辖市新闻出版行政部门提出注销登记意见，新闻出版广电总局撤销《电子出版物出版许可证》，所在地省、自治区、直辖市新闻出版行政部门办理注销登记。

(5)不按规定参加年度核验的电子出版物出版单位，经书面催告仍未参加年度核验的，由所在地省、自治区、直辖市新闻出版行政部门提出注销登记意见，新闻出版广电总局撤销《电子出版物出版许可证》，所在地省、自治区、直辖市新闻出版行政部门办理注销登记。

16. 如何设立电子出版物成品进口经营单位？

设立电子出版物进口单位应当具备下列条件：

(1)有进口单位的名称、章程；

(2)有符合新闻出版广电总局认定的主办单位及其必要的上级主管部门；

(3)有确定的业务范围；

(4)有必需的资金和设备；

(5)有固定的工作场所；

(6)有适应业务范围需要的组织机构和八人以上熟悉电子出版物进口业务并具有中级以上职称的专业人员，其中三人以上应当具有高级职称。

审批设立电子出版物进口单位，除依照前款所列条件外，还应当符合电子出版物进口单位总量、结构、布局的规划。

设立电子出版物进口单位，应当由主办单位向所在地省、自治区、直辖市新闻出版行政部门提出申请，经省、自治区、直辖市新闻出版行政部门审核同意后，报国家新闻出版广电总局审核。

17. 如何审批进口电子出版物？

电子出版物进口单位进口电子出版物制成品，应当将内容资料报省、自治区、直辖市新闻出版行政部门审核同意后，报国家新闻出版广电总局审批，经批准后方可进口。国家新闻出版广电总局应当自收到申请材料之日起20日内，作出批准或者不批准的决定。

18. 进口电子出版物在包装上有何要求？

进口电子出版物的外包装上应贴有标识，载明批准进口文号及用中文注明的出版者名称、地址、著作权人名称、出版日期等有关事项。

19. 什么是电子出版物的复制委托书？

从1996年1月1日起，电子出版单位委托激光数码储存片复制单位复制加工电子出版物，须使用统一的《电子出版物复制委托书》。《电子出版物复制委托书》由新闻出版广电总局统一印制，电子出版单位每委托复制一次电子出版物，须填写《电子出版物复制委托书》(一式三联)，并在《电子出版物复制委托书》签发后十日内，将其中第二联交发证机关备案。激光数码储存片复制单位须凭电子出版单位签发并盖章的《电子出版物复制委托书》复制电子出版物。

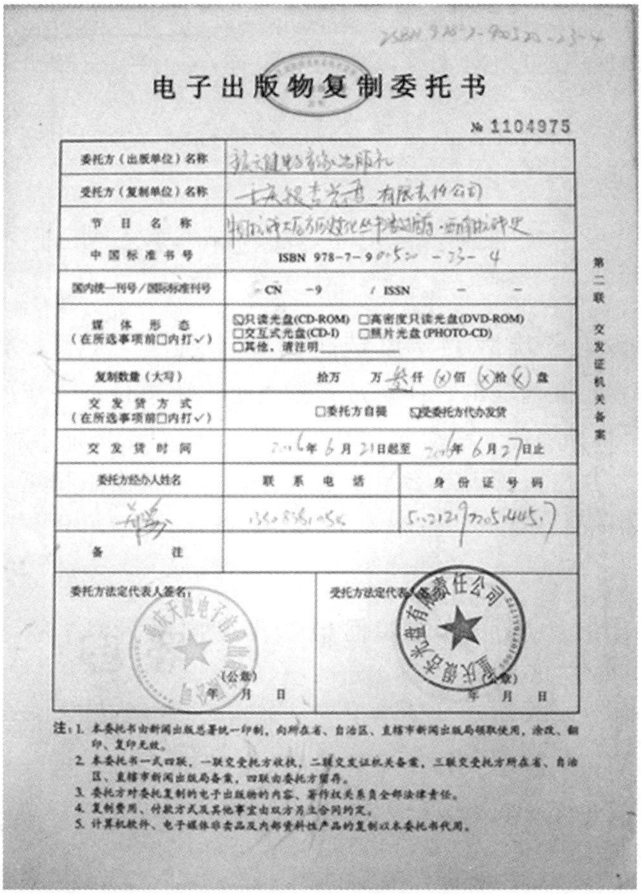

电子出版物复制委托书

№ 1104975

委托方（出版单位）名称	
受托方（复制单位）名称	有限责任公司
节目名称	
中国标准书号	ISBN 978-7-9
国内统一刊号/国际标准刊号	CN -9 / ISSN - -
媒体形态（在所选事项前□内打✓）	☑只读光盘(CD-ROM) □高密度只读光盘(DVD-ROM) □交互式光盘(CD-I) □照片光盘(PHOTO-CD) □其他，请注明
复制数量（大写）	拾万 万 仟 佰 拾 盘
交发货方式（在所选事项前□内打✓）	□委托方自提 ☑受委托方代办发货
交发货时间	年 月 日起至 年 月 日止
委托方经办人姓名	联系电话 / 身份证号码
备注	

委托方法定代表人签名：（公章） 年 月 日

受托方法定代表人签名：（公章） 年 月 日

第二联 交发证机关备案

注：1. 本委托书由新闻出版总署统一印制，向所在省、自治区、直辖市新闻出版局领取使用，涂改、翻印、复印无效。
2. 本委托书一式四联，一联交受托方收执，二联交发证机关备案，三联交委托方所在省、自治区、直辖市新闻出版局备案，四联由委托方留存。
3. 委托方对委托复制的电子出版物的内容、著作权关系负全部法律责任。
4. 复制费用、付款方式及其他事宜由双方另立合同约定。
5. 计算机软件、电子媒体非卖品及内部资料性产品的复制以本委托书代用。

电子出版物复制委托书

20. 电子出版物的复制有哪些要求？

电子出版物、电子出版物非卖品应当委托经新闻出版广电总局批准设立的复制单位复制。

委托复制电子出版物和电子出版物非卖品，必须使用复制委托书，并遵守国家关于复制委托书的管理规定。

复制委托书由新闻出版广电总局统一印制。

委托复制电子出版物、电子出版物非卖品的单位，应当保证开具的复制委托书内容真实、准确、完整，并须将开具的复制委托书直接交送复制单位。

委托复制电子出版物、电子出版物非卖品的单位不得以任何形式向任何单位或者个人转让、出售本单位的复制委托书。

委托复制电子出版物的单位，自电子出版物完成复制之日起 30 日内，须向所在地省、自治区、直辖市新闻出版行政部门上交本单位及复制单位签章的复制委托书第二联及样品。

委托复制电子出版物的单位须将电子出版物复制委托书第四联保存 2 年备查。

委托复制电子出版物、电子出版物非卖品的单位，经批准获得电子出版物复制委托书之日起90日内未使用的，须向发放该委托书的省、自治区、直辖市新闻出版行政部门交回复制委托书。

五、音像电子出版选题和内容管理

1. 什么是音像电子出版物年度选题出版计划？

音像电子出版物年度选题出版计划是音像电子出版单位下一年度准备安排出版的选题规划，是出版单位开展业务活动的一项基础性工作，对于保证出版质量，推进出版繁荣，促进产业发展，加强出版管理具有重要意义。音像电子出版物年度选题出版计划主要内容包括：选题名称、制作单位、主创人员、类别、载体、出版形式、节目长度、计划出版时间、内容提要等。

2. 音像电子出版物出版单位如何报送年度出版计划？

（1）报送程序

各音像电子出版单位一般于当年度年底之前将选题计划分析报告及选题按照属地管理原则上报至各省级新闻出版行政主管部门。军队系统音像电子出版单位选题计划由解放军总政治部宣传部新闻出版局负责，中央在京音像电子出版单位选题计划由北京市新闻出版广电局负责。

（2）报送材料

音像电子出版单位要向省级新闻出版行政主管部门报送选题计划分析报告，省级出版行政主管部门向国家新闻出版广电总局报送本辖区的出版选题分析报告。报告主要内容包括：本地区（系统或单位）选题总量、类别分析、结构布局、趋势特点等；主题出版、重点选题及重大选题情况；存在问题及建议、意见等。

选题相关信息数据通过音像电子专用书号实名申领系统报送。

3. 什么是音像电子出版物补报选题计划？

音像电子出版物补报选题计划是指出版单位填报了年度选题计划之后，根据本单位日常选题工作的需要，在本年内临时申请增加补充的选题计划。

4. 音像电子出版单位如何补报选题计划？

音像电子出版单位在年度选题审核、备案后还要增补选题的，须在发稿前一个月将选题计划报送省级新闻出版行政主管部门审核。特殊急件须随时报批。

5. 什么是重大选题？

重大选题，是指涉及国家安全、社会安定等方面的内容，对国家的政治、经济、文化、军事等会产生较大影响的选题，具体包括：

(1)有关党和国家的重要文件、文献选题;

(2)有关党和国家曾任和现任主要领导人的著作、文章以及有关其生活和工作情况的选题;

(3)涉及党和国家秘密的选题;

(4)集中介绍政府机构设置和党政领导干部情况的选题;

(5)涉及民族问题和宗教问题的选题;

(6)涉及我国国防建设及我军各个历史时期的战役、战斗、工作、生活和重要人物的选题;

(7)涉及"文化大革命"的选题;

(8)涉及中共党史上的重大历史事件和重要历史人物的选题;

(9)涉及国民党上层人物和其他上层统战对象的选题;

(10)涉及前苏联、东欧以及其他兄弟党和国家重大事件和主要领导人的选题;

(11)涉及中国国界的各类地图选题;

(12)涉及香港特别行政区和澳门、台湾地区图书的选题;

(13)大型古籍白话今译的选题(指 500 万字以及 500 万字以上的项目);

(14)引进版动画读物的选题;

(15)以单位名称、通讯地址等为内容的各类"名录"的选题。

前款所列重大选题的范围,国家新闻出版广电总局将根据情况适时予以调整并另行公布。

6. 涉及重大选题的音像电子出版物如何备案?

各出版单位拟安排属于重大选题范围的音像电子选题,首先要向当地新闻出版行政部门申报;再由主管部门向国家新闻出版广电总局提出书面备案申请,同时须报送下列材料:

(1)出版单位的申请报告;

(2)重大选题申报表;

(3)节目样片、样带及相关图片和文字材料;

(4)主创人员情况介绍;

(5)出版单位主管部门或省(市)委宣传部门的具体审核意见;

(6)对于公开播出或播映的广播、电视、电影节目,已经通过有关部门审定的,一并附审核意见。

上述材料一式二份,随备案申请报告报送国家新闻出版广电总局。前款备案材料不齐备时,将不予受理。

国家新闻出版广电总局自决定受理备案之日起 30 日内,对备案申请予以答复或者提出意见,逾期未予答复或者提出意见的,备案即自动生效。

国家新闻出版广电总局对备案的重大选题进行审核,必要时可以转请有关部门协助审核。出版单位违反本办法,未经备案出版属于重大选题范围内的出版物的,省级新闻出版行政部门责成其上级主管部门对出版单位的主要负责人员给予行政处分;停止出版、发行该出版物,并责令该出版单位按照本办法的规定办理申报备案手续;违反《出版管理条例》的,依照有关规定处罚。

7. 音像电子出版物在语言文字方面有什么要求?

音像电子出版物内文应当符合国家通用语言文字的规范和要求,严格执行《出版物汉字使用管理规定》,必须使用规范汉字,禁止使用不规范汉字。尊重并遵循汉语言文字及使用的外国语言文字的结构规律和词汇、语法规则。禁止出现随意夹带使用英文单词或字母缩写等外国语言文字;禁止非中非外、含义不清的词语;禁止任意增减外文字母、颠倒词序等违反语言规范的现象。需要使用外国语言文字的,应当用通用语言文字作必要的注释。外国语言文字的翻译应当符合翻译的基本原则和惯例。外国人名、地名等专有名词和科学技术术语要按有关规定翻译成国家通用语言文字。

8. 图书出版单位如何出版配合本版出版物的音像制品和电子出版物?

(1)《音像制品管理条例》(2011 年国务院令第 595 号)第十四条:"图书出版社、报社、期刊社、电子出版物出版社,不得出版非配合本版出版物的音像制品;但是,可以按照国务院出版行政主管部门的规定,出版配合本版出版物的音像制品,并参照音像出版单位享有权利、承担义务。"

(2)《音像制品出版管理规定》(2004 年新闻出版总署令第 22 号)第二十一条:"图书出版社、报社、期刊社、电子出版物出版社,出版配合本版出版物的音像制品,须向所在地省、自治区、直辖市人民政府出版行政部门提交申请书和样本。"第二十二条:"出版配合本版出版物的音像制品申请书,须写明本版出版物的名称、制作单位、主创人员、主要内容、出版时间、节目长度、复制数量和载体形式等内容。"

(3)《电子出版物出版管理规定》(2008 年新闻出版总署令第 34 号)第三十三条:"出版单位配合本版出版物出版电子出版物,向所在地省、自治区、直辖市新闻出版行政部门提出申请,省、自治区、直辖市新闻出版行政部门审核同意的,发放电子出版物中国标准书号和复制委托书,并报新闻出版总署(编者注:现新闻出版广电总局)备案。"

(4)经批准出版的配合本版出版物的音像制品,其名称须与本版出版物一致,并须与本版出版物统一配套销售,不得单独定价销售。

(5)音像出版单位及经批准出版配合本版出版物音像制品的其他出版单位,应在其出版的音像制品及其包装的明显位置,标明出版单位的名称、地址和音像制品的版号、出版时间、责任编辑、著作权人和条形码。出版进口的音像制品,还应当标明进口批准文号。

9. 音像制品质量检测包括哪些内容?具体标准是什么?

(1)编制质量

审查禁止出版与限制出版的内容,以及国家有关政策规定控制出版的内容。对内容的政治性、思想性、科学性、艺术性、知识性等全面审查评改。特别需要注意语言文字规范，录像节目制品画面质量是否符合要求，镜头的连接是否准确、自然、流畅，文字与画面、音乐之间是否搭配协调，片头、片尾内容是否符合规定等。录音节目要看语言文字表达方式是否适合不同听众对象的特点和口味，是否口语化、个性化、富于意境，语调是否抑扬顿挫俱备，语序是否便于理解等。

(2)盘面印刷质量

光盘信息面重点关注是否有复制水印和划痕、金属反射层不圆整等缺陷。印刷面重点关注盘面标识信息是否齐全，多色印刷套正精度，是否有黑点和气泡等缺陷。只读类数字音频光盘 CD 详见标准 CY/T64-2009，视频压缩光盘 VCD 详见标准 CY/T65-2009，高密度数字视频光盘 DVD 详见标准 CY/T66-2009。

(3)包装质量

讲求整体性、艺术性、经济性。一般包括录音带、录像带的 A、B 面盒贴、光盘的表面图文，内装说明书，有时还包括录音带、录像带、光盘塑料盒的面封、封底，外套纸盒的面封、底封、彩印卡纸袋等。光盘塑料盒等的尺寸一般较小，要特别注意选择合适的图文比例和字级等。此外，要特别注重包装标识，要在包装的明显位置标明出版单位名称、地址和音像制品的版号、出版时间、著作权人等事项。出版进口的音像制品，必须在音像制品及其包装的明显位置标明文化部进口批准文件号，要使用批准的中文节目名称，外语节目应当标明中外文名称；还应当注明国家版权局登记认证的登记号。

10. 电子出版物质量检测包括哪些内容？具体标准是什么？

电子出版物的质量检测与音像出版物的质量测检测一样包括编制、技术、装帧三个方面。

(1)编制检测是检查文字、图片、声音、动画、影视是否正确。然后进行下列五个环节的工作：

①检测交互性。如产品对鼠标动作、用户操作的反应和效果是否符合预定的设计目标。

②检测各种功能。如超链接、文字检索、书签安放、标注、计时、计分、阅读过程跟踪、打印等功能可否实现，容错功能是否完善等。

③检测数据库。如数据的调用和存储是否准确、顺利。

④测试运行环境。电子出版物根据内容的不同，对计算机的软、硬件配置有不同的要求，测试需要根据当前大多数用户的计算机配置、配备多台计算机(各安装有不同速度和中央处理器，不同数量的内存，不同型号的显卡、声卡以及不同的操作系统)进行。

⑤检测与杀灭病毒。对电子出版物要进行彻底的计算机病毒查杀，防止将病毒带给用户。

(2)技术：检测产品质量环节的主要任务是检测材料品质、光盘的物理规格和印刷质量。只读类数据光盘 CD-ROM 详见标准 CY/T63-2009，只读光盘 DVD-ROM 详见标准

CY/T67-2009。

(3)装帧：须在电子出版物及其装帧的显著位置载明出版单位的名称、地址、版号、出版日期、著作权人姓名以及其他有关事项。以著作权贸易方式引进的电子出版物，还应当载明引进出版许可证号和著作权合同登记号。具体详见电子出版物外观标识CY/T 36-2001。

包装方式有精装、简装之分。光盘表面设计、塑料盒面封、底封设计、说明书设计、外包装盒设计等与图书装帧设计大致相同。光盘表面要载明规定的内容，封面、封底设计的美术要求高于对光盘表面印刷内容的设计，而外包装盒设计不但要有好的艺术创意，还要兼顾电子出版物的界面风格，也必须注明规定内容。

六、音像电子出版著作权及稿酬管理

1. 在我国著作权法中，关于音像电子出版物作品的著作权归属有哪些规定？

音像电子出版物作品的著作权归属根据《著作权法》第十一条“著作权属于作者，本法另有规定的除外。创作作品的公民是作者。由法人或者其他组织主持，代表法人或者其他组织意志创作，并由法人或者其他组织承担责任的作品，法人或者其他组织视为作者。如无相反证明，在作品上署名的公民、法人或者其他组织为作者。”

改编、翻译、注释、整理已有作品而产生的作品，其著作权由改编、翻译、注释、整理人享有，但行使著作权时不得侵犯原作品的著作权。

两人以上合作创作的作品，著作权由合作作者共同享有。没有参加创作的人，不能成为合作作者。

合作作品可以分割使用的，作者对各自创作的部分可以单独享有著作权，但行使著作权时不得侵犯合作作品整体的著作权。

汇编若干作品、作品的片段或者不构成作品的数据或者其他材料，对其内容的选择或者编排体现独创性的作品，为汇编作品，其著作权由汇编人享有，但行使著作权时，不得侵犯原作品的著作权。

电影作品和以类似摄制电影的方法创作的作品的著作权由制片者享有，但编剧、导演、摄影、作词、作曲等作者享有署名权，并有权按照与制片者签订的合同获得报酬。电影作品和以类似摄制电影的方法创作的作品中的剧本、音乐等可以单独使用的作品的作者有权单独行使其著作权。

公民为完成法人或者其他组织工作任务所创作的作品是职务作品，著作权由作者享有，但法人或者其他组织有权在其业务范围内优先使用。作品完成两年内，未经单位同意，作者不得许可第三人以与单位使用的相同方式使用该作品。

有下列情形之一的职务作品，作者享有署名权，著作权的其他权利由法人或者其他组织享有，法人或者其他组织可以给予作者奖励：

（1）主要是利用法人或者其他组织的物质技术条件创作，并由法人或者其他组织承担责任的工程设计图、产品设计图、地图、计算机软件等职务作品；

（2）法律、行政法规规定或者合同约定著作权由法人或者其他组织享有的职务作品。

受委托创作的作品，著作权的归属由委托人和受托人通过合同约定。合同未作明确约定或者没有订立合同的，著作权属于受托人。

美术等作品原件所有权的转移，不视为作品著作权的转移，但美术作品原件的展览权由原件所有人享有。

著作权属于公民的，公民死亡后，其财产权在本法规定保护期内，依照继承法的规定转移。

著作权属于法人或者其他组织的，法人或者其他组织变更、终止后，其财产权在本法规定的保护期内，由承受其权利义务的法人或者其他组织享有；没有承受其权利义务的法人或者其他组织的，由国家享有。

2. 在我国著作权法中，关于音像电子出版物作品的权利保护期是如何规定的？

作者的署名权、修改权、保护作品完整权的保护期不受限制。

公民的作品，其发表权及其财产权的保护期为作者终生及其死亡后五十年，截止于作者死亡后第五十年的 12 月 31 日；如果是合作作品，截止于最后死亡的作者死亡后第五十年的 12 月 31 日。

法人或者其他组织的作品、著作权（署名权除外）由法人或者其他组织享有的职务作品，其发表权及其财产权的保护期为五十年，截止于作品首次发表后第五十年的 12 月 31 日，但作品自创作完成后五十年内未发表的，本法不再保护。

电影作品和以类似摄制电影的方法创作的作品、摄影作品，其发表权及其财产权的保护期为五十年，截止于作品首次发表后第五十年的 12 月 31 日，但作品自创作完成后五十年内未发表的，不再受法律保护。

3. 在我国著作权法中，关于音像电子出版物作品的权利限制是如何规定的？

根据《著作权法》的规定，在下列情况下使用作品，可以不经著作权人许可，不向其支付报酬，但应当指明作者姓名、作品名称，并且不得侵犯著作权人依照本法享有的其他权利：

（1）为个人学习、研究或者欣赏，使用他人已经发表的作品；

（2）为介绍、评论某一作品或者说明某一问题，在作品中适当引用他人已经发表的作品；

（3）为报道时事新闻，在报纸、期刊、广播电台、电视台等媒体中不可避免地再现或者引用已经发表的作品；

(4)报纸、期刊、广播电台、电视台等媒体刊登或者播放其他报纸、期刊、广播电台、电视台等媒体已经发表的关于政治、经济、宗教问题的时事性文章，但作者声明不许刊登、播放的除外；

(5)报纸、期刊、广播电台、电视台等媒体刊登或者播放在公众集会上发表的讲话，但作者声明不许刊登、播放的除外；

(6)为学校课堂教学或者科学研究，翻译或者少量复制已经发表的作品，供教学或者科研人员使用，但不得出版发行；

(7)国家机关为执行公务在合理范围内使用已经发表的作品；

(8)图书馆、档案馆、纪念馆、博物馆、美术馆等为陈列或者保存版本的需要，复制本馆收藏的作品；

(9)免费表演已经发表的作品，该表演未向公众收取费用，也未向表演者支付报酬；

(10)对设置或者陈列在室外公共场所的艺术作品进行临摹、绘画、摄影、录像；

(11)将中国公民、法人或者其他组织已经发表的以汉语言文字创作的作品翻译成少数民族语言文字作品在国内出版发行；

(12)将已经发表的作品改成盲文出版。

为实施九年制义务教育和国家教育规划而编写出版教科书，除作者事先声明不许使用的外，可以不经著作权人许可，在教科书中汇编已经发表的作品片段或者短小的文字作品、音乐作品或者单幅的美术作品、摄影作品，但应当按照规定支付报酬，指明作者姓名、作品名称，并且不得侵犯著作权人依照本法享有的其他权利。

4. 怎样签订音像电子出版物著作权许可使用合同？

音像电子出版物著作权许可使用合同应包括下列主要内容：

(1)许可使用的权利种类；

(2)许可使用的权利是专有使用权或者非专有使用权；

(3)许可使用的地域范围、期间；

(4)付酬标准和办法；

(5)违约责任；

(6)双方认为需要约定的其他内容。

5. 音像电子出版物使用他人未发表和已发表的作品制作录音制品，有什么不同的规定？

录音录像制作者使用他人作品制作录音录像制品，应当取得著作权人许可，并支付报酬。录音录像制作者使用改编、翻译、注释、整理已有作品而产生的作品，应当取得改编、翻译、注释、整理作品的著作权人和原作品著作权人许可，并支付报酬。

录音制作者使用他人已经合法录制为录音制品的音乐作品制作录音制品，可以不经著作权人许可，但应当按照规定支付报酬；著作权人声明不许使用的不得使用。

6. 如何避免音像电子出版物侵权现象的发生?

为避免音像电子出版物侵权现象的发生,使用音像电子出版物作品时应当同著作权人、表演者等订立合同,并支付报酬。

7. 什么是音像电子出版物的稿酬?

根据国家版权局的规定,音像制品的稿酬按基本稿酬加印数稿酬付酬。具体认算,基本稿酬可按每分钟若干元计算,印数稿酬可按复录盒、盘数计算。电子出版物稿酬按照《使用文字作品支付报酬办法》的规定支付。

8. 音像电子出版单位应向哪些人支付稿酬?

制作出版音像制品应向演绎作品的著作权人支付70%稿酬,向原作品著作权人支付30%稿酬。制作出版电子出版物的付酬方式参照有关作品的付酬标准。

9. 音像电子出版物稿酬一般通过什么方式支付?

音像电子出版物稿酬一般通过版税方式、基本稿酬加印数稿酬方式、一次性付酬方式支付。

10. 如何计算音像电子出版物稿酬的税费?

根据《个人所得税法》规定,"稿酬所得,适用比例税率,税率为20%,并按应纳税额减征30%"。实际税率即为14%。稿酬所得每次收入不超过4000元的,减除费用800元;4000元以上的,减除20%的费用,其余额为应纳税所得额。

11. 如何向教科类音像电子出版物的汇编者支付稿酬?

根据《教科书法定许可使用作品支付报酬办法》的规定,教科书汇编者支付报酬的标准如下:

(1)文字作品:每千字300元,不足千字的按千字计算;

(2)音乐作品:每首300元;

(3)美术作品、摄影作品:每幅200元,用于封面或者封底的,每幅400元;

(4)在与音乐教科书配套的录音制品教科书中使用的已有录音制品:每首50元。

支付报酬的字数按实有正文计算,即以排印的版面每行字数乘以全部实有的行数计算。占行题目或者末尾排印不足一行的,按一行计算。诗词每十行按一千字计算;不足十行的按十行计算。非汉字的文字作品,按照相同版面同等字号汉字数付酬标准的80%计酬。

12. 在无法与作者取得联系的情况下,如何向音像制品的作者支付稿酬?

《著作权法》规定的表演权、放映权、广播权、出租权、信息网络传播权、复制权等权利人自己难以有效行使的权利,可以由著作权集体管理组织进行集体管理。因此在无法与作者取得联系的情况下,使用者可以向著作权集体管理组织支付报酬,由著作权集体管理组织向音像制品的作者支付。

七、音像电子出版业的人事管理

1. 出版行业岗位培训持证上岗制度的基本内容是什么？

出版行业开展岗位培训，实施持证上岗制度是国家对出版行业从业人员的要求。其基本内容是：按照出版行业的岗位规范和培训要求，对出版单位主要岗位的工作人员进行培训，使受培训者按相应教学计划学完规定的全部课程并考试、考核合格，取得该岗位的岗位培训合格证书，持该证书上岗（在岗）。这里所指的主要岗位，在电子音像出版单位主要是指出版社社长、总编辑、编辑室主任。

岗位培训与持证上岗是此项制度的主要环节，在岗位培训中取得合格证书是持证上岗的前提，是上岗任职的必备条件。出版单位在聘任或任命本单位各主要岗位职务时，应从已取得该岗位《岗位培训合格证书》的人员中选拔，或派送拟任命人员参加岗位培训并取得相应《岗位培训合格证书》。

2. 电子音像出版业目前开展的全国性岗位培训工作是如何组织实施的？

目前，电子音像出版业开展岗位培训主要是由国家新闻出版广电总局和省（市、区）新闻出版广电行政部门组织实施。国家新闻出版广电总局委托新闻出版广电总局教育培训中心负责组织全国出版社社长、总编辑，中央部门在京出版社编辑室主任的培训。同时负责组织制定和颁发出版行业岗位规范、培训要求，制定和颁发指导性教学计划和教学大纲；组织编写培训教材；制定岗位培训教学单位的资格认定标准和教学质量检查评估标准；制定全行业岗位培训规划和年度计划；对全行业岗位培训进行指导和监督。各省（区、市）新闻出版广电行政部门组织在本地区的出版社编辑室主任的培训，并负责制定本地区岗位培训计划，建立培训基地，检查认定培训教学单位，对全地区出版行业岗位培训工作进行指导和检查。

3. 电子音像出版行业对领导岗位持证上岗有什么要求？

电子音像出版行业实施持证上岗的领导岗位主要是出版社社长、副社长、总编辑、副总编辑。《新闻出版行业领导岗位持证上岗实施办法》要求：以上领导岗位人员在任职时，须持国家新闻出版广电总局统一印制的《岗位培训合格证书》上岗。各电子音像出版单位要根据国家新闻出版广电总局的规定，定期向总局书面报告本单位领导持证上岗情况。电子音像出版单位领导岗位持证上岗情况列入电子音像出版单位年检。

年检规定：

①电子音像出版单位领导持证上岗率达不到80％的（非本单位原因除外），电子音像出版单位年检主管机关将视不同情况给予警告。②电子音像出版单位领导持证上岗率达不到50％的，暂缓年检。对受到警告、暂缓年检的电子音像出版单位，要在电子音像出版单位年检主管机关规定的时间内，达到持证上岗要求。

4. 电子音像出版行业《岗位培训合格证书》在管理上有哪些规定？

《岗位培训合格证书》是参加岗位培训人员的岗位培训凭证。该证在管理上有以下要求：

①《岗位培训合格证书》由国家新闻出版广电总局统一印制并用印，分别由国家新闻出版广电总局和各省、自治区、直辖市新闻出版行政部门指定的培训机构颁发，在全国电子音像出版行业有效。

②电子音像出版相关人员按规定参加由国家新闻出版广电总局或各省（区、市）新闻出版行政部门组织或指定培训机构举办的相应岗位的岗位培训班，学完规定的全部课程，并经考试、考核合格后，方可获得《岗位培训合格证书》。

③《岗位培训合格证书》有效期为五年，持有岗位培训合格证书的人员要在有效期满后的第一年内，参加岗位培训，并重新取得岗位培训合格证书。

④持有《岗位培训合格证书》的人员，调离原单位，但不改变任职岗位性质的，其《岗位培训合格证书》继续有效；脱离原岗位工作，并改变岗位性质三年以下，又回原岗位工作的，其《岗位培训合格证书》要经新闻出版管理机关核验，方可有效；脱离原岗位工作并改变岗位性质三年以上的，其《岗位培训合格证书》自行失效。

⑤任何单位和个人不得伪造、涂改、出借、转让《岗位培训合格证书》。《岗位培训合格证书》如有遗失，须由本人提出书面申请，经本单位确认，方可由国家新闻出版广电总局或省（区、市）新闻出版行政部门指定的培训机构按相关规定审核补发。

5. 电子音像出版专业技术人员职业资格分为哪几类？

电子音像出版专业技术人员包括在电子音像出版单位内承担内容加工整理、装帧和版式设计等工作的编辑人员和校对人员。国家对从事电子音像出版专业技术工作的人员实行职业资格制度，对职业资格实行登记注册管理。

电子音像出版专业技术人员职业资格分为初级、中级和高级。初级、中级职业资格通过全国出版专业技术人员职业资格考试取得，高级职业资格通过考试，按规定评审取得。

6. 国家对电子音像出版专业技术人员在职业资格上有哪些要求？

根据《出版专业技术人员职业资格管理规定》：①凡在出版单位从事出版专业技术工作的人员，必须在到岗 2 年内取得出版专业职业资格证书，并按《出版专业技术人员职业资格管理规定》办理登记手续。否则，不得继续从事出版专业技术工作。在出版单位担任责任编辑的人员必须在到岗前取得中级以上出版专业职业资格，并办理注册手续，领取责任编辑证书。②在电子音像出版单位担任社长、总编辑、编辑室主任（均含副职）职务的人员，除应具备国家规定的任职条件外，还必须具有中级以上出版专业职业资格并履行登记、注册手续。③出版专业技术人员应按照规定参加继续教育。

7. 出版专业技术人员如何进行职业资格登记手续？

《出版专业技术人员职业资格管理规定》指出：中央在京出版单位出版专业技术人员

职业资格登记注册工作由国家新闻出版广电总局负责。各省(区、市)新闻出版行政部门负责本行政区域内的出版专业技术人员职业资格登记注册及管理工作。规定指明:①已取得出版专业技术人员职业资格证书的人员应当在取得证书后3个月内申请职业资格登记;未能及时登记的,在按规定参加继续教育的情况下,可以保留其5年内申请职业资格登记的资格。②职业资格首次登记,应提供以下3种材料:出版专业职业资格证书原件;身份证复印件;职业资格登记申请表。③职业资格登记材料由申请人所在出版单位统一报送,登记部门应在受理后20日内办理职业资格登记手续。

8. 出版专业技术人员如何进行职业资格续展登记?

《出版专业技术人员职业资格管理规定》指明:①职业资格登记有效期为3年,每3年续展登记一次。续展登记时,由申请人所在出版单位于有效期满前30日内申请办理续展登记手续;如有特殊情况,登记有效期可适当延长,但最长不超过3个月,逾期仍不办理续展登记手续的,原登记自动失效。职业资格登记失效后,按规定参加继续教育的,可以保留其5年内申请职业资格续展登记的资格。②已按规定办理责任编辑注册手续并取得责任编辑证书的人员,无需办理续展登记。③职业资格续展登记需要提3种材料:出版专业职业资格证书原件;职业资格续展登记申请表;近3年继续教育证明。④已登记的出版专业技术人员变更出版单位或取得高一级职业资格的,应在3个月内重新进行职业资格登记。

9. 什么是责任编辑?从事责任编辑工作须具备哪些条件?

责任编辑是指在出版单位为保证出版物的质量符合出版要求,专门负责对拟出版的作品内容进行全面审核和加工整理并在出版物上署名的编辑人员。从事责任编辑的人员必须具有中级以上出版专业职业资格,并进行职业资格登记,办理责任编辑注册,取得责任编辑证书后,方可从事责任编辑工作。

10. 责任编辑如何进行首次注册?

《出版专业技术人员职业资格管理规定》要求:①申请责任编辑注册的人员应具备与责任编辑岗位相适应的政治素质、业务能力和职业道德,出版单位应对拟申请责任编辑注册人员的上述情况进行审核。②责任编辑首次注册应当提交4种材料:中级以上出版专业职业资格证书原件;身份证复印件;责任编辑注册申请表;继续教育证明材料。缺少以上任何材料,均不能进行注册。③责任编辑注册材料由申请人所在出版单位统一报送。国家新闻出版广电总局负责受理中央在京出版单位的注册材料,其他出版单位注册材料由所在地省、自治区、直辖市新闻出版行政部门受理。注册部门应在受理后20日内办理责任编辑注册手续,为同意注册者颁发责任编辑证书。

11. 责任编辑如何进行续展注册?

责任编辑注册有效期3年,每3年续展注册一次。续展注册时,《出版专业技术人员职业资格管理规定》要求:①由申请人所在出版单位于有效期满前30日内申请办理续展注册手续;如有特殊情况,注册有效期可适当延长,但最长不超过3个月,逾期仍不办理续展注册手续的,原注册自动失效。②责任编辑注册失效后,按规定参加继续教育的,可以保留其5年内申请责任编辑续展注册的资格。③申请责任编辑续展注册应提以下3种材料:责任编辑证书原件;责任编辑续展注册申请表;近3年继续教育证明材料。若不符合以上要求,则不能进行责任编辑的续展注册。④责任编辑受到出版行政部门警告情节严重的或连续2次年度考核达不到岗位职责要求的,国家新闻出版广电总局认定不予续展注册的其他特殊情形的,不予续展注册,并注销责任编辑证书。

12. 责任编辑证书有哪些管理上的要求?

《责任编辑证书》是新闻出版行政部门对取得中级以上出版专业职业资格的技术人员进行职业资格登记,同意其注册申请时所颁发的证明该人员具有责任编辑资格、可从事责任编辑工作的证书。

《责任编辑证书》由国家新闻出版广电总局统一印制,须在持证人照片加盖全国或省级出版专业技术人员职业登记注册机构钢印后方有效。《责任编辑证书》有效期为3年,每满3年进行一次审核。有参与买卖书号、刊号、版号等违反出版法规行为,或所编辑出版物出现内容质量、编校质量等违法问题,情节严重的,将被注销《责任编辑证书》。被注销责任编辑证书的人员,3年内不得注册责任编辑。责任编辑调离出版单位并不再从事责任编辑工作的,由原所在的出版单位收回《责任编辑证书》,并交原注册机构统一销毁。国家新闻出版广电总局定期向社会公布取得责任编辑证书的人员姓名、所在单位、证书编号等信息,接受社会监督。

13. 什么是出版专业技术人员继续教育?

出版专业技术人员继续教育是指对出版专业技术人员进行的以政治理论、法律法规、业务知识、技能训练和职业道德等为内容的教育活动,其目的是促进出版专业技术人员坚持正确出版方向,不断增加、补充、拓展专业知识,提高业务技能,提高创新水平和专业技术水平。

14. 国家对出版专业技术人员参加继续教育的时间有什么要求?

出版专业技术人员每年参加继续教育的时间累计不少于72小时。其中,接受国家新闻出版广电总局当年规定内容的面授形式继续教育不少于24小时。其余48小时可自愿选择参加省级以上新闻出版行政部门认可的继续教育形式,这些教育形式主要包括:参加省级以上新闻出版行政部门公布的继续教育机构组织的各类培训活动;参加省级以上新闻出版行政部门认可的全国出版专业技术职业资格考试考前培训;被省级以上新闻出版行政部门认可的其他形式,包括参加国际出版培训活动、国内专业研讨活动等。

15. 哪些形式的在职自学时间可折合为出版专业技术人员继续教育时间?

根据《出版专业技术人员继续教育暂行规定》,在职自学是出版专业技术人员继续教育的重要补充。国家鼓励出版专业技术人员参加在职自学。在职自学时间可折合继续教育时间，省级以上新闻出版行政部门视具体情况确定折合方式。在职自学形式主要包括：参加普通高等院校或成人院校举办的国家承认相关专业学历、学位的教育；接受省级以上新闻出版行政部门认可的与出版业务相关的远程教育和网上培训；省级以上新闻出版行政部门认可的其他在职自学形式。

16. 支持和促进专业技术人员参加继续教育有哪些政策措施？

根据《出版专业技术人员继续教育暂行规定》：①出版单位应当按照有关规定足额提取职工工资总额的1.5%～2.5%作为职工教育经费，应当将出版专业技术人员参加继续教育情况作为其任职、晋升的依据之一，应当加强出版专业技术人员业务档案、诚信档案建设，如实记载出版专业技术人员接受继续教育情况。②出版专业技术人员由于伤、病、孕等特殊原因，无法在当年完成继续教育时间的，可由所在出版单位提供证明，经归口管理的省级以上新闻出版行政部门审核确认后，其应参加继续教育的时间可以顺延下一年度合并完成。省级以上新闻出版行政部门将在下一年度的继续教育合格证书中予以注明。③省级以上新闻出版行政部门负责对出版专业技术人员参加继续教育情况进行考核。对未按规定参加继续教育或者无正当理由未完成继续教育规定时间的出版专业技术人员，不予进行出版职业资格的登记、注册或续展登记、注册；对未按规定参加继续教育或者无正当理由未完成继续教育规定时间的出版专业技术人员所在出版单位，视情节轻重，采取通报批评、责令改正等处理措施。

17. 出版单位总编辑有什么任职条件？

国家相关文件要求，出版单位必须设置总编辑岗位，中小型出版社可由符合总编辑任职条件的社长兼任总编辑。出任出版单位总编辑的人员必须符合四大任职条件：①政治立场坚定，坚持正确的出版方向，有强烈的事业心和责任感。②具有出版专业副高级以上专业技术职务，具备对编辑出版业务把关和管理的能力，熟悉国家有关出版的法律、法规及相关政策。③一般应具有5年以上编辑工作实践经验，3年以上出版单位副职领导工作经历。④须经过新闻出版行政部门组织的岗位培训，取得岗位培训合格证书后持证上岗。

18. 出版单位总编辑的职责是什么？

出版单位总编辑属于行政职务，负责业务工作，其工作职责是：

①把握出版导向和出版方向，坚持以社会效益为最高准则，努力实现社会效益与经济效益的有机结合。

②负责组织制订并落实中长期选题规划、年度选题计划和出版计划；负责组织选题策划和产品研发，特别是加强具有原创性内容的选题策划和产品研发；组织选题的论证和审批；组织重点选题的立项工作。

③组织、指挥、协调出版物特别是重点出版物的组稿、编辑、校对、生产等工作，确保出版业务流程各环节畅通有序；负责组织实施新技术在出版业务中的运用，促进出版主业的科学发展和提升。

④负责出版物质量工作，实施出版物质量保障体系，落实出版物责任编辑制度和三审责任制度，组织制定并落实出版物质量管理办法，确保出版物质量。

⑤协助法定代表人进行经营管理工作，提出出版物营销方案建议，并且推动营销计划的实施。

⑥负责版权管理工作，受法定代表人的委托，代表出版单位与作者签订“约稿合同”及“出版合同”，做好作者队伍建设工作。负责出版业务的对外交流与合作工作。

⑦负责出版单位编辑等出版专业技术人员的人力资源建设工作，指导出版专业技术人员的业务培训和考核工作。

⑧负责完成法定代表人授权、交办的其他工作任务。

19. 全国新闻出版行业领军人才的遴选条件是什么？

遴选新闻出版行业领军人才是国家新闻出版广电总局组织实施新闻出版行业领军人才工程所开展的一项工作。其旨在联系、宣传、培养适应国家新闻出版事业发展需要的领军人才。新闻出版行业领军人物的遴选条件如下：

(1)热爱祖国，热爱人民，认真学习贯彻邓小平理论和“三个代表”重要思想，牢固树立科学发展观和社会主义荣辱观，拥护党的路线、方针、政策，具有强烈的事业心和高度的社会责任感，有良好的思想品德和职业道德，遵守国家的法律法规。

(2)具有本科以上文化程度，被评聘为新闻出版或相关专业副高级(含)以上专业技术职务，身体健康，年龄在50周岁以下(个别资深专家和各领域的代表人物不受此限)。其中，45周岁以下的要占一定的比例。

(3)工作实绩突出，专业成果显著，在本领域拥有较高的知名度，在全行业具有一定的影响力。

①学术领军人才条件：有较高的新闻或出版理论研究水平，出版或发表过有较高水准和较大影响的学术专著、论文，主持完成或正在主持国家或省部级以上与本行业发展密切相关的科研课题，担任省部级以上理论研究和学术创新团队学术带头人。

②业务领军人才条件：有较高的新闻采编或出版选题策划与编辑业务水平，有同行公认的高水平业绩，其成果在国家政治文明、社会文明及和谐文化建设等方面发挥了重要作用，获得过国家级新闻或出版奖项。

③管理领军人才条件：有较强的行政管理能力和领导水平，深刻了解新闻、出版领域状况，积极探索创新国家和地方新闻出版行政管理与执法的思路和方式，在国家和地方新闻出版体制改革进程中取得了突出成绩，在行业建设、人才培养、事业发展等方面发挥了重要作用。

④经营领军人才条件：有较强的经营管理和市场开发能力，大胆探索出版单位经营体制机制改革，把社会效益和经济效益有机结合起来，在出版单位自身经营管理和国际化营销工作中业绩突出，在产业化建设和版权贸易工作中成果显著，引领本单位健康、协调和可持续发展，打造出为同行所公认的品牌产品和经营模式。

⑤技术领军人才条件:有较高的印刷、复制、校对、发行技能水平,在生产技术和工艺流程创新,采用科学管理和先进技术,提高出版物生产和发行质量等方面取得显著成绩。

(4)获得国务院政府特殊津贴及省部级以上新闻出版等业务奖项的可优先推荐。不具备上述个别条件,但德才素质好、发展潜力大、近年来工作业绩突出的优秀中青年人才可适当放宽条件。

(5)新闻出版行业领军人才遴选与培养工作要坚持优中选优、涵盖各领域及专业方向的原则,每年在全国遴选 25～30 人,以构成新闻出版行业领军人才的"国家队"。

八、其他管理

1. 中国标准录音制品编码在使用中有什么要求(ISRC 号)?

(1)新版 ISRC 编码仅在录音节目和音乐录像节目上使用。

(2)每一可独立使用的录音制品或音乐录像制品均须分配一个单独的中国标准录音制品编码(以下称 ISRC 编码)。该编码只标识被编码对象,不能作为出版物标识。

(3)ISRC 编码的登记者应当是向中国 ISRC 中心申请并获得登记者码的机构或组织。

(4)登记者在录音制品或音乐录像制品录制完成后,通过中国 ISRC 中心分配的系统账户在线填报制品元数据信息表,并提交符合规定的制品,申请获得制品的 ISRC 编码。

(5)未取得登记者资格的出版机构或组织,因业务需要申领 ISRC 编码的,可直接向中国 ISRC 中心申领 ISRC 编码,相关申请材料在中国 ISRC 中心网站下载。

(6)自登记者提交符合本办法规定的 ISRC 编码申请之日起 7 个工作日内,由中国 ISRC 中心予以分配制品 ISRC 编码。

(7)以数字形式制作的录音和音乐录像制品,ISRC 编码应当对应于录音制品或音乐录像制品永久性地加载到所有复制品中,通过计算机设备可以识别和读取。

(8)ISRC 编码应当在录音制品或音乐录像制品的所有复制品中明确标识。

以实物为载体的,ISRC 编码应当标识在所有复制品载体或附带资料上。

音乐录像制品,还应当在复制品内容中的片头位置对应加载可播放显示的 ISRC 编码。

配合书、刊等本版出版物出版的,应在本版出版物或其附带资料中明确标识相关 ISRC 编码信息

(9)录音制品或音乐录像制品通过信息网络出版的,ISRC 编码应以制品文件的属性信息方式予以显示。

(10)加载及标识的 ISRC 编码应当清晰、完整。

(11)从外国和中国香港特别行政区、澳门特别行政区和台湾地区进口的录音制品或

音乐录像制品，已携带有符合 ISO3901:2001《信息与文献——国际标准录音制品编码(ISRC)》规范的 ISRC 编码的，无须再向中国 ISRC 中心申领。未携带 ISRC 编码或携带的 ISRC 编码不符合规范的，应按照本办法规定申领 ISRC 编码。

2. 音像电子出版物专用书号在使用中有什么要求(ISBN 号)?

(1)全国所有正式出版、发行的音像制品或电子出版物，均应使用中国标准书号(以下简称 ISBN)作为出版物标识。用于音像制品的，为音像制品专用书号；用于电子出版物的，为电子出版物专用书号。在音像制品、电子出版物载体或包装的显著位置须标识 ISBN。

(2)ISBN 的申领和核发原则，以各音像、电子出版单位年度选题计划为核发依据，参考以往年度核发数量，确定分配和核发年度 ISBN 额度。

(3)对涉及录音节目和音乐录像节目的音像制品或电子出版物，须先向中国 ISRC 中心申请分配新版 ISRC 编码后，再申请配发 ISBN。申领 ISRC 是申领 ISBN 的前置条件。

(4)经省级新闻出版行政主管部门批准出版的配合本版出版物出版音像制品或电子出版物，涉及录音制品和音乐录像制品需要前置申领 ISRC 的，持批准文件直接向中国 ISRC 中心申领 ISRC 编码。

(5)出版单位出版不同版本的音像制品或电子出版物，须使用不同的 ISBN。具体如下：

载体形式不同或采用不同格式出版的音像制品或电子出版物，应使用不同的 ISBN。

套装中每一节目单独销售，则每一节目均需要分配一个 ISBN。

同一版本出版物有不同产品形式并单独销售，每一出版物均应分配一个 ISBN，不同产品形式或格式应在末尾括号中注明。

(6)对于涉及录音制品或音乐录像制品再版或重印的音像制品或电子出版物，内容、载体形式和包装均未作改变的，可使用原 ISBN，不需要重新申请。

(7)由新闻出版广电总局条码中心发放 ISBN(条形码)后出版单位撤销选题的，已配发的 ISBN 作废。出版单位不得将其使用在其他出版物上。

3. 连续型电子出版物如何使用国内统一连续出版物号(CN 号)?

出版连续型电子出版物，必须按规定使用国内统一连续出版物号，不得使用中国标准书号出版连续型电子出版物。

4. 如何在网上实名申领音像电子出版物号?

进入国家新闻出版广电总局音像电子出版物专用书号实名申领系统——出版单位选题报送(年度选题报送和平时选题报送)——所属新闻出版广电行政部门批复选题(选题跟踪管理查询)——出版单位申请 ISBN 号——所属新闻出版广电行政部门核准——条码中心配发书号条码(核发结果查询)——出版单位下载条码——出版单位成品信息上传(应与成品信息一致)

5. 如何缴送音像制品和电子出版物样品？

(1)缴送样本范围。缴送样本为新版音像制品和电子出版物，对于再版的音像制品和电子出版物，凡是节目内容有变动、包装有更换或使用新的条形码的，均需缴送样本。此外，对于配合本版出版物出版的音像制品和电子出版物，也要按规定缴送样本。

(2)样本缴送要及时、完整。音像制品和电子出版物出版发行后，30 日内须向国家新闻出版广电总局音像电子出版物样本征集办公室、国家图书馆和中国版本图书馆缴送样本各 1 套，所缴送的样本必须完整，不得有缺失。

(3)凡缴送的出版物样本，应附有单位盖章的《音像制品缴送样本清单》或《电子出版物缴送样本清单》，一式三份。各样本征集办公室核收后，应在清单上签字、盖章，并在 10 天内将清单返回出版单位，以备查验。出版单位应同时将《清单》电子版(以 EXCEL 表格形式)发送到以下邮箱：yangbenguanli@126.com。

附录

一、音频节目常用技术术语

1. 立体声

是指具有立体感的声音。自然界发出的声音是立体声，但如果我们把这些立体声经记录、放大等处理后而重放时，所有的声音都从一个扬声器放出来，这种重放声（与原声源相比）就不是立体的了（单声道）。如果从记录到重放整个系统能够在一定程度上恢复原发生的空间感（不可能完全恢复），那么，这种具有一定程度的方位层次感等空间分布特性的重放声，就是立体声。

2. 环绕立体声

通常是与双声道立体声相比，是指声音好像把听者包围起来的一种重放方式。这种方式所产生的重放声场，除了保留着原信号的声源方向感外，还伴随产生围绕感和扩展感（声音离开听者扩散或有混响的感觉）的音响效果。在聆听环绕立体声时，聆听者能够区分出来自前后左右的声音，即环绕立体声可使空间声源由线扩展到整个水平面乃至垂直面，因此可以逼真地再现演出厅的空间混响过程，具有更为动人的临场感。如果与大屏幕的电视或电影的图像结合起来，使视觉和听觉同时作用，则这种临场感就更逼真，更生动，更具感染力。

3. 低音

低音（Bass）指在音频低段的声音，通常低于 500Hz（另一说则指低于 160Hz 的声音）。

4. 分贝(dB)

测量声压变化的单位，当有 1dB 的变化时，便能听出来差别。0 分贝的标准设定，是根据听力正常的人所能听到的最小声音而设定的。每增加 10dB 等于强度增为 10 倍，增加 20dB 增为 100 倍，30dB 则增为 1000 倍。一般声音在 30dB 左右时，不会影响人们正常的生活和休息。而达到 50dB 以上时，人们对声音有较大的感知，很难入睡。

5. 频率

频率，是单位时间内完成周期性变化的次数，单位为赫兹（Hz）。

通常将频率高的声音称为高音，将频率低的声音称为低音，人耳可听到的声频范围在 16Hz 到 20kHz 之间。

6. 颤动

指录音磁带或唱片因转速的快速变化时而使音调产生起伏的现象，多由运转不灵所引起。

7. 抖晃

指录音机或录音座转速的缓慢变化所导致产生的不稳定的畸形声音。

8. 轰隆声

指在 125Hz 左右的低音过重，特别是在相当宽的一段频率范围内。它是由于对低频或低频谐振的阻尼不够所引起的。

9. 现场感

指乐器或人声就像真的出现在听音室内的那种感受。

10. 杜比 B，C，S

美国杜比公司研制的系列磁带降噪系统，用于减少磁带录音时产生的“嘶嘶”声，扩展动态范围。B 型降噪系统能降噪 10dB，C 型降噪系统能降噪 20dB，S 型降噪系统则可降噪 24dB。

11. 杜比 HX Pro

不是降噪系统，而是一种改善磁带高频记录失真的技术，通常也称为“上动态余量扩展”。

12. 杜比环绕声（Dolby Surround）

一种将后方效果声道编码至立体声信道中的声音。重放时需要一台解码器将环绕声信号从编码的声音中分离出来。

13. 杜比定向逻辑（Dolby Pro-Logic）

在杜比环绕声的基础上增加了一个前方中置声道，以便将影片中的对白锁定到屏幕上。

14. 杜比数字（Dolby Digital）

也称为 AC-3，杜比实验室发布的新一代家庭影院环绕声系统。其数字化的伴音中包含左前置、中置、右前置、左环绕、右环绕 5 个声道的信号，它们均是独立的全频带信号。此外还有一路单独的超低音效果声道，俗称 0.1 声道。所有这些声道合起来就是所谓的 5.1 声道。

15. THX

美国卢卡斯影业公司制定的一种环绕声标准，它对杜比定向逻辑环绕系统进行了改进，使环绕声效果进一步增强。THX 标准对重放器材例如影音源、放大器、音箱甚至连接线材都有一套比较严格而具体的要求，达到这一标准并经卢卡斯认证通过的产品，才授予 THX 标志。

16. THX 5.1

基于杜比数字系统的 THX。

17. DTS

数字化影院系统(Digital Theatre System)，它也采用独立的 5.1 声道，效果可达到甚至优于杜比数字环绕声系统，是杜比数码环绕声强劲的竞争对手。

18. SRS

美国 SRS 公司的一种用两只音箱产生环绕声效果的系统。

二、录像节目常用技术术语

1. 白平衡

白平衡，字面上的理解是白色的平衡。白平衡是描述显示器中红、绿、蓝三基色混合生成白色后精确度的一项指标。白平衡是电视摄像领域一个非常重要的概念，通过它可以解决色彩还原和色调处理的一系列问题。

白平衡是随着电子影像再现色彩真实而产生的，在专业摄像领域应用得较早，现在家用电子产品(家用摄像机、数码照相机)中也被广泛地使用，有手动白平衡和自动白平衡等调整方式。

2. 黑平衡

黑平衡是摄像机的一个重要参数，它是指摄像机在拍摄的画面没有亮度时，输出的 3 个基色电平应相等，使监视器屏幕上重现出黑色。一般有自动、手动等模式。因为调整过程要在无光情况下进行，所以自动调整时会自动关闭光圈，若光圈无法控制，需要用户手动盖上镜头，否则调整结果不准确。手动模式可以按 R、G、B 各个通道或整体调整黑基电平。

3. 灰度

灰度，使用黑色调表示物体，即以黑色为基准色，用不同饱和度的黑色来显示图像。每个灰度对象都具有从 0%(白色)到 100%(黑色)的亮度值。

在计算机领域中，灰度(Gray Scale)数字图像是指每个像素只有一个采样颜色的图像。使用黑白或灰度扫描仪生成的图像通常以灰度显示,使用灰度还可将彩色图稿转换为高质量黑白图稿。在这种情况下,Adobe Illustrator 放弃原始图稿中的所有颜色信息;转换对象的灰色级别(阴影)表示原始对象的亮度。将灰度对象转换为 RGB 时,每个对象的颜色值代表其之前的灰度值。也可以将灰度对象转换为 CMYK 对象。

自然界中的大部分物体的平均灰度为 18%。

4. 色度

视频信号中包含的颜色信息,包括(颜色本身的)色相和饱和度(亮度)。

5. 色相

即各类色彩的相貌称谓,是色彩的首要特征,是区别各种不同色彩的最准确的标准,也表示某种颜色色别的名称。

6. 抠像

去除一幅图像中某个特定区域,比如去除图像中的背景,然后将图像的剩余部分与其他图像合成的一种操作。用户可以按照片段的明暗或颜色信息进行抠像。

7. 像素

也称为图像元素,是分辨率的尺寸单位而不是画质,是指在由一个数字序列表示的图像中的一个最小单位。

8. RGB

红色、绿色和蓝色的缩写,它们是构成彩色图像的三原色。

9. 非线性编辑(NLE)

非线性编辑(NLE,Nonlinear Editing)是指使用计算机硬盘来随机访问相应媒体的一种视频编辑过程。它使编辑人员能够很快地找到相关的片段并且对其中的某些部分进行更改,而不需要重新生成整个节目。

10. 扫描线

电视的画面清晰度是以水平清晰度作为单位。通俗地说,我们可以把电视上的画面以水平方向分割成很多很多扫描线,分得越细,这些画面就越清楚,而水平线数的扫描线数量也就越多。清晰度的单位是“电视行(TVLine)”,也称线。

11. 解析度

解析度又叫做分辨率。光学鼠标的分辨率是技术参数中极为重要的一项。一个 800dpi 解析度的鼠标意味着它每移动 1 英寸就回传 800 次坐标。也就是说解析度越高,为了传回坐标信息所需要的最小移动量就越低。随着显示器解析度的提高,这种现象就越明显,也就是说在高解析度下,解析度越低,鼠标的拖拽表现就显得更迟钝。通俗的讲,高解析度的鼠标可以提供更快的移动速度。

12. 逐行扫描

通常显示器包括隔行扫描和逐行扫描两种扫描方式。逐行扫描相对于隔行扫描是一种先进的扫描方式，它是指显示屏显示图像进行扫描时，从屏幕左上角的第一行开始逐行进行，整个图像扫描一次完成。因此图像显示画面闪烁小，显示效果好。目前先进的显示器大都采用逐行扫描方式。

13. 隔行扫描

隔行扫描就是每一帧被分割为两场，每一场包含了一帧中所有的奇数扫描行或者偶数扫描行，通常是先扫描奇数行得到第一场，然后扫描偶数行得到第二场。

14. γ校正(伽马校正)

γ校正(伽马校正)，也叫灰度校正，就是对图像的伽马曲线进行编辑，以对图像进行非线性色调编辑的方法。γ校正能检出图像信号中的深色部分和浅色部分，并使两者比例增大，从而提高图像对比度效果。

15. 顺光

也叫做“正面光”，指光线的投射方向和拍摄方向相同的光线。

顺光时，被摄体受到均匀照明，景物的阴影被景物自身遮挡住，影调比较柔和，能拍出被摄体表面的质地和带来较好的色彩还原，但不利于在画面中表现大气透视的效果，表现空间的立体感效果较差。

16. 逆光

逆光是一种被摄主体恰好处于光源和照相机之间的状况，这种状况极易造成被摄主体曝光不充分。在一般情况下，摄影者应尽量避免在逆光条件下拍摄物体，但是有时候逆光拍摄产生的特殊效果也不失为一种艺术摄影的技法。

17. 侧光

侧光是指光源从被摄体的左侧或右侧射来的光线。

18. 蒙太奇

蒙太奇(法语：Montage)是音译的外来语，原为建筑学术语，意为构成、装配。

运用到电影中指创作的主要叙述手段和表现手段，导演根据影片的主题思想，分别拍摄许多镜头，然后将这些不同的镜头有机地组织、剪辑在一起，使之产生连贯、对比等联系和快慢不同的节奏。

三、音像电子出版审稿工作中常用专业术语

1. 音量

音量又称响度、音强，是指人耳对所听到的声音大小强弱的主观感受，其客观评价尺度是声音的振幅大小。这种感受源自物体振动时所产生的压力，即声压。物体振动通过不同的介质，将其振动能量传导开去。人们为了将对声音的感受量化成可以监测的指标，就把声压分成“级”——声压级，以便能客观地表示声音的强弱，其单位称为“分贝”(dB)。在制作录音节目时，最接近现场实际聆听的音量，是最合适的音量。

2. 音色

音色是指声音的感觉特性。不同的人声和不同的声响都能区分为不同的音色。音调的高低决定于发声体振动的频率，响度的大小决定于发声体振动的振幅，但不同的发声体由于材料、结构不同，发出声音的音色也就不同，这样我们就可以通过音色的不同去分辨不同的发声体。音色是声音的特色，根据不同的音色，即使在同一音高和同一声音强度下，也能区分出是不同乐器或人发出的。同样的响度和音调配上不同的音色就好比同样的饱和度和色相配上不同的明度的感觉一样。

3. 音质

需要把音色和音质区别开来。“音质”这个词，一般笼统的意义是声音的品质，但是在音响技术中它包含了三方面的内容：声音的音高，即音频的强度或幅度；声音的音调，即音频的频率或每秒变化的次数；声音的音色，即音频泛音或谐波成分。所谓声音的质量，是指经传输、处理后音频信号的保真度。目前，业界公认的声音质量标准分为4级，即数字激光唱盘质量，其信号带宽为10Hz～20kHz；调频广播FM质量，其信号带宽为20Hz～15kHz；调幅广播AM质量，其信号带宽为50Hz～7kHz；电话的话音质量，其信号带宽为200Hz～3400Hz。可见，数字激光唱盘的声音质量最高，电话的话音质量最低。另外，声音的类别特点不同，音质要求也不一样。如，语音音质的保真度主要体现在清晰、不失真、再现平面声像；乐音的保真度要求较高，营造空间声像主要体现在运用多声道模拟立体环绕声，或虚拟双声道3D环绕声等方法，再现原来声源的一切声像。对声音质量要求过高，则设备复杂；反之，则不能满足应用。一般以“够用，又不浪费”为原则。

4. 声音层次

声音高、中、低频频响均衡，高音谐音丰富，清澈纤细而不刺耳；中音明亮突出，丰满充实而不生硬；低音厚实而无鼻音。

常用的形容录音效果的词汇：失真、闷声、尖刺、含混、丰满。

5. 发音规范

一般是指节目中使用的语言发音应当符合普通话或其他语言的语音标准和读音规范。

6. 声道

声道(Sound Channel)是指声音在录制或播放时在不同空间位置采集或回放的相互独立的音频信号，所以声道数也就是声音录制时的音源数量或回放时相应的扬声器数量。声道可分为：单声道、立体声、四声环绕、5.1声道、7.1声道。

7. 声音平衡

音像电子出版物所指的声音平衡，即左右声道音量均衡，音色一致。当然，对于具备环绕立体声的影视作品，声音平衡则是作品的音效符合环绕立体声效果的标准。

8. 复音、断音、漏音

在音像电子出版物审稿中指的复音，是指没有经过特殊安排的，同一段音频文件在节目相邻的距离内重复出现；而音频文件整段丢失，出现声音空白，就叫做断音；部分音频丢失则会出现语音暂停，造成漏音。这些编辑制作失误，都会给选题的完整性带来损害，引起读者听觉不适，影响其收听、收看。

9. 杂音

泛指节目进行中，任何与节目配唱、配音和周围环境声音不协调，或者有所差别的声音。包括由于设备故障混入的电流声等多种声音。

10. 静音

指视频画面完全没有声音。这种情况有时候是制作者为了节目效果有意为之，但有时是编辑制作的失误，审稿时要根据具体情况区分对待。

11. 声效(音效)

为了让节目的效果更精彩，通常都会配上音效。简单地说，声效(音效)就是指由声音所制造的效果。这里的声音则包括了乐音及效果音。

制作的方法，有的可以找现成的音效，有的就要靠音效师利用一些简单的道具来模仿效果声。不过，由于科技的进步，大多利用电子合成器的音效来取代传统的音效，配音起来更方便。

12. 音频采样率

音频采样率是指录音设备在一秒钟内对声音信号的采样次数，采样频率越高，声音的还原就越真实、越自然。

13. 常用的采样频率

在当今的主流采集卡上，采样频率一般分为22.05KHz、44.1KHz、48KHz三个等级,22.05KHz 只能达到 FM 广播的声音品质,44.1KHz 则是理论上的 CD 音质界限。

为了达到"万分精确",我们还会使用 48KHz 甚至 96KHz 的采样频率,不过一般来讲,96KHz 采样频率和 44.1KHz 采样频率的区别绝对不会像 44.1KHz 和 22KHz 那样区别如此之大。当然,采样频率的提高应该是一件好事,部分业界人士认为 96KHz 将是未来录音界的主流。

14. 音频编码

音频信号编码按照压缩原理不同,分为波形编码、参数编码以及多种技术相互融合的编码形式。主流的编码格式有:

PCM 编码的 WAV 格式文件被大量用于音频编辑、非线性编辑等领域。音质非常好,被大量软件所支持。适用于多媒体开发、保存音乐和音效素材。

MP3 具有不错的压缩比,使用 LAME 编码的中高码率的 MP3,听感上已经非常接近源 WAV 文件,具有流媒体的基本特征,可以做到在线播放。音质好,压缩比比较高,被大量软件和硬件支持,应用广泛。

OGG 可以用更小的码率达到更好的音质,用更小的存储空间获得更好的音质。

MPC 在中高码率下,具有有损编码中最佳的音质表现;在高码率下,高频表现极佳。适用于在节省大量空间的前提下获得最佳音质的音乐欣赏。

WMA 低码率下的音质表现难有对手,适用于数字电台架设、在线试听、低要求的音乐欣赏。

MP3PRO 作为 MP3 的改良版本,低码率下有更好的音质,适用于低要求的音乐欣赏。

APE 无损音频编码,可以做到真正的无损,不仅是听起来无损,压缩比也比类似的无损格式要好。

15. 音频压缩

音频压缩技术指的是对原始数字音频信号流(PCM 编码)运用适当的数字信号处理技术,在不损失有用信息量,或所引入损失可忽略的条件下,降低(压缩)其码率,也称为压缩编码。它必须具有相应的逆变换,称为解压缩或解码。音频信号在通过一个编解码系统后可能引入大量的噪声和造成一定的失真。

在音频压缩领域,有两种压缩方式,分别是有损压缩和无损压缩。常见到的 MP3、WMA、OGG 被称为有损压缩,有损压缩顾名思义就是降低音频采样频率与比特率,输出的音频文件会比原文件小。另一种音频压缩被称为无损压缩。无损压缩能够在 100%保存源文件的所有数据的前提下,将音频文件的容量空间压缩得更小,而将压缩后的音频文件还原后,能够实现与源文件相同的大小、相同的码率。无损压缩格式有 APE、FLAC、WavPack、LPAC、WMALossless、AppleLossless、La、OptimFROG、Shorten,而常见的、主流的无损压缩格式有 APE、FLAC。

16. 画面的宽高比

宽高比是指视频图像的宽度和高度之间的比率。传统影视的宽高比是 4∶3,宽屏幕电影的宽高比是 1.85∶1,高清晰度电视是 16∶9,全景式格式电影是 2.35∶1。改变宽高比的方法有遮蔽(屏幕)和重叠画面。

17. 帧

影像动画中最小单位的单幅影像画面。一帧就是一副静止的画面,连续的帧就会形成动画,如电视图像等。我们通常所说的帧数,简单地说,就是在 1 秒钟时间里传输的图片的帧数,也可以理解为图形处理器每秒钟能够刷新的次数,通常用 FPS(Frames Per Second)表示。每一帧都是静止的图像,快速连续地显示帧便形成了运动的假象。高的帧率可以得到更流畅、更逼真的动画。每秒钟帧数 (FPS) 愈多,所显示的动作就会愈流畅。一般电影放映的标准是每秒放映 24 帧,PAL 制式电视播放每秒 25 帧,NTSC 制式每秒 29.97 帧。

18. 关键帧

任何动画要表现运动或变化,前后至少要给出两个不同的关键状态,而中间状态的变化和衔接,电脑可以自动完成。在 Flash 中,表示关键状态的帧叫作关键帧。

19. 丢(失)帧

由于视频画面剪辑时的失误,造成连续画面出现跳跃和断裂感,这种情况就是部分帧数丢失了。

20. 夹帧

由于视频画面剪辑时的失误,两个连接的画面之间夹杂了其他几帧甚至一帧画面,就会造成视觉上的跳跃感,需要修订。

21. 蓝屏

屏幕呈现全部蓝色。录像制品出现蓝屏与电脑蓝屏并不是一回事,进行节目编辑制作的时候,一般会在节目开始前和结束后各录制 5～10 秒钟蓝屏,标识节目的开始与结束的位置;或者在编辑制作过程中,有部分视频资料缺失时,暂时也会插入蓝屏占位,留待之后补充。

22. 彩条

由于彩条信号能正确反映出各种彩色的亮度、色调和色饱和度,因此它是检验视频通道传输质量最方便的手段。常用于以下几个方面:

(1)电视台开播前的电子图像。

(2)录像带带头录制 1 分钟彩条:可供调整录像机视频通道的增益、时延、副载波相位等参数,以便信号进入切换台时与其他信号保持一致。

（3）摄像机内置彩条发生器：可录制在磁带开始处，也可输出供信道调试用。

（4）用于同步锁定信号，由机器彩条发生器产生的由三基色、三补色以及黑白八种颜色按照亮度递减的顺序，从左至右依次排列的竖条纹标准测试信号：白——黄——青——绿——紫——红——蓝——黑。

23. 黑（白）场

画面全黑或者全白，多用于场景转换。

24. 淡入、淡出

淡入、淡出合称淡。电影画面的渐显、渐隐。画面由亮转暗，以至完全隐没，这个镜头的末尾叫淡出，也叫渐隐；画面由暗变亮，最后完全清晰，这个镜头的开端叫淡入，又叫渐显。

25. 硬（软）切

硬切换是视频切换（镜头切换）的一种方式，指两个镜头直接对接，不使用其他技巧。相对应的就是软切换，也就是叠化。

26. 叠化

是视频切换的一种技巧性转场特技。叠化具体体现为上个镜头消失之前，下个镜头已逐渐显露，两个画面有若干秒重叠的部分。叠化方式可以是前一画面叠化后一画面，也可以是主体画面内叠加其他画面，最后结束在主体画面上。不同的叠化方式具有不同的表现功能，可归纳如下：

（1）可以表现明显的空间转换和时间过渡，常用于不同段落或同一段落中不同场景的时间、空间的分割，强调前后段落或镜头内容的关联性和自然过渡。

（2）在表现时间流逝感方面作用突出，这不仅体现在段落转场中，也体现在镜头连接后的情绪效果上。

（3）表现丰富的视觉效果，尤其是一组镜头的连续叠化，视觉流动感强，便于营造氛围、深化情绪。

（4）前后镜头长时间叠化可以强调重叠内容之间的对列关系。

（5）叠化速度不同，产生的情绪效果不同，叠化速度的快慢实际上体现为镜头重合的时间长度。

（6）叠化有时也称为“软过渡”，因为当前后镜头组接不畅、镜头质量不佳时，比如镜头运动速度不均、起落幅不稳等，都可以借助叠化冲淡缺陷影响，同时避免了切换镜头的跳跃感。

27. 色彩还原

色彩还原指彩色胶片经过拍摄和洗印加工，彩色摄影画面的色彩大体上和原景物的色彩相一致，作品的色彩接近于原物，其真实、自然的效果会给人一种舒适感，这在摄影中称色彩还原准确。影响色彩还原的因素有胶片的性能、摄影镜头的质量、光线的色温、洗印条件、印片光号等。在数字时代，用于色彩还原调控的手段很多，相机上可以设定白平衡，Photoshop 对色彩平衡有很多种调整办法，打印或扩印输出也可以调整色彩。

28. 色彩的饱和度

所谓的饱和度，指的其实是色彩的纯度，纯度越高，表现越鲜明；纯度较低，表现则较黯淡。

29. 黑白对比(对比度)

对比度指的是一幅图像中明暗区域最亮的白和最暗的黑之间不同亮度层级的测量，差异范围越大代表对比越大，差异范围越小代表对比越小。好的对比率如 120∶1 就可容易地显示生动、丰富的色彩，当对比率高达 300∶1 时，便可支持各阶的颜色。但对比率遇到了和亮度相同的困境，现今尚无一套有效又公正的标准来衡量对比率，所以最好的辨识方式还是依靠使用者的眼睛。

30. 偏色、失色(色彩平衡)

画面的偏色、失色很容易辨别，这些失误都是相对于画面的色彩平衡而言。色彩平衡是图像处理的一个重要环节。通过对图像的色彩平衡的处理，可以校正图像色偏、过饱和或饱和度不足的情况；也可以根据选题制作的需要，调制需要的色彩，更好地完成画面效果。

31. 声画对位

指镜头画面与声音对列，它们按照各自的规律彼此表达不同的内容，又在各自独立发展的基础上有机结合起来，形成单是画面或单是声音所不能完成的整体效果。声画对列的结构形式是声音和画面组合关系的一种升华飞跃。它使声音和画面不再互为依附，重复表现同一事物，而能各自发挥作用，大大增加了电视传播的容量，打破了画面的时空局限。

32. 画面效果常会出现的失误

在音像出版物的编辑制作过程中，由于前期拍摄的失误，或者编辑过程中信号的衰减，视频画面会出现各种非特效效果的失误。如：锯齿形毛边，即在画面的边缘部分出现锯齿状的抖动；马赛克，画面上出现非特效效果的小方格状色斑或色块；光斑(光晕)，画面上出现非特效效果的圆点状色斑或者色块。

33. 曝光过度和曝光不足

曝光过度，指由于光圈开得过大、底片的感光度太高或曝光时间过长所造成的影像失常。在曝光过度的情况下，画面会发白。反之，曝光不足则指在拍摄过程中，因对被摄物体亮度估计不足，对于数码摄影的影像传感器来说，会使画面细节损失。

34. 视觉效果

视觉特效是一种通过创造图像和处理真人拍摄范围以外镜头的各种处理。特效往往涉及真人镜头和计算机生成图像(CGI)的合成以创造虚拟的逼真场景。

35. 字幕安全区域

视频通过电视机播放,由于电视机的显示器和电脑的显示器不同,所以制作在电视上播放的字幕视频如果超出了安全区域,在电视上就显示不出来或只显示部分,而在电脑上则不会出现这样的情况。

36. 视频编码方式

所谓视频编码方式就是指通过特定的压缩技术,将某种视频格式的文件转换成另一种视频格式文件的方式。视频流传输中最为重要的编解码标准有国际电联的 H.261、H.263、H.264,运动静止图像专家组的 M-JPEG 和国际标准化组织运动图像专家组的 MPEG 系列标准。此外,在互联网上被广泛应用的编解码标准还有 Real Networks 的 Real Video、微软公司的 WMV 以及 Apple 公司的 QuickTime 等。

37. 封装格式

封装格式(也叫容器),就是将已经编码压缩好的视频轨和音频轨按照一定的格式放到一个文件中,也就是说仅仅是一个外壳;或者把它当成一个放视频轨和音频轨的文件夹也可以。说得通俗点,视频轨相当于饭,而音频轨相当于菜,封装格式就是一个碗,或者一个锅,是用来盛放饭菜的容器。

38. 常见视频文件(封装)格式

AVI:微软在 90 年代初创立的封装标准,是当时为对抗 QuickTime 格式(MOV)而推出的,只能支持固定 CBR 恒定比特率编码的声音文件。

FLV:用于 H.264 家族的格式。

MKV:万能封装器,有良好的兼容和跨平台性、纠错性,可带外挂字幕。

MOV:MOV 是 QuickTime 封装。

MP4:主要应用于 Mpeg4 的封装 。

RM/RMVB:Real Video,由 Real Networks 开发的应用于 rmvb 和 rm 的视频格式。

TS/PS:PS 封装只能应用于 HD DVD 原版。

WMV:微软推出的视频格式。

39. 视频的码率

码率也叫比特率,表示经过压缩编码后的视音频数据每秒需要用多少个比特来表示,即把每秒显示的图像进行压缩后的数据量,一般采用的单位是 kbps 即千位每秒。所以几乎所有的编码格式重视的都是如何用最低的码率达到最少的失真。围绕这个核心衍生出来的cbr(固定码率)与vbr(可变码率),都是在这方面做的文章,不过事情总不是绝对的,举例来看,对于一个视频,其码率越高,被压缩的比例越小,画质损失越小,画面越清晰。

40. 视频的分辨率

分辨率是用于度量图像内数据量多少的一个参数,通常表示成ppi(每英寸像素Pixel per inch)。例如:720×480就是指图像在横向和纵向上的有效像素。窗口缩小时ppi值较高,画面看起来清晰;窗口放大时,由于没有那么多有效像素填充窗口,有效像素ppi值下降,画面就模糊了。我们习惯上说的视频分辨率是指图像的宽/高像素值;严格意义上的分辨率是指单位长度内的有效像素值ppi。差别就在这里。图像的宽/高像素值的确和尺寸无关,但单位长度内的有效像素值ppi和尺寸就有关了,显然尺寸越大,ppi值越小。视频分辨率是各类显示器屏幕比例的常用设置,常见的屏幕比例有三种:4∶3、16∶9和16∶10,再加上一个特殊的5∶4的屏幕比例。

41. 高清

高清没有严格意义上的标准,一般评判高清的两个重要因素是码率和分辨率,并且两者必须都较高才行,如果码率极高,但是分辨率低,则图像在大屏幕下还是显示不清晰。反过来讲,相同的屏幕下(分辨率下),码率越高,图像越清晰。高清的建议参数如下:

视频大小	分辨率	建议码率
480P	720×480	1800Kbps
720P	1280×720	3500Kbps
1080P	1920×1080	8500Kbps

此外,随着技术的进步,又陆续出现了4K高清和8K高清。

4K高清多数情况下特指4096×2160分辨率。而根据使用范围的不同,4K分辨率也有各种各样的衍生分辨率,例如Full Aperture 4K的4096×3112、Academy 4K的3656×2664以及UHDTV标准的3840×2160等,都属于4K分辨率的范畴。8K高清是一种实验中的数字视频标准,由日本放送协会(NHK)、英国广播公司(BBC)及意大利广播电视公司(RAI)等机构所倡议推动。2012年8月23日,联合国旗下的国际电讯联盟通过以日本NHK电视台所建议的7680×4320解像度作为国际的8K超高画质电视(SHV)标准。8K超高清分辨率(7680×4320)足足比1920×1080分辨率大了16倍,清晰度将是蓝光版的16倍。目前,4K电视还面临着片源匮乏的问题,而日本为了配合东京申办2020年奥运会,声明在2020年开始8K数码广播。

42. 视频的压缩格式

压缩格式是一种标准，也是一种算法，包括：H.263，H.264，Mpeg-2，rmvb 等。其中，H.264 的算法比较优秀，人们日常提起高清的时候也都会提到 H.264。

采用 H.264 压缩格式的文件，其格式可以是 MP4、MKV，也可以是 FLV。总体来说，采用什么样的文件格式，跟压缩格式没有太大关系，即：FLV 文件也可以使用 H.264 格式进行压缩。

出版物印刷

本书针对出版物印刷中所遇到的常见问题，采用循序渐进的讲解方法，从出版物印刷过程中所需解决的常见问题入手，逐步针对出版物印刷流程中所涉及印刷材料、出版物印刷、出版物印刷质量、数字印刷、绿色印刷、出版物印刷行政管理等方面的常见问题，一一做了解答。本书内容翔实，结构清晰，语言通俗易懂，既突出了出版物印刷的相关流程，又重视出版物印刷中的实践应用。

第一部分 印刷材料

一、纸张

1.纸张的主要成分是什么？

纸张主要由植物纤维和胶料、填料、颜料等辅料组成。当然，也有使用人工合成的高分子化合物（如聚丙烯等）作为主要原料，并经过“纸状化”处理，从而制成的新型纸种——合成纸。植物纤维是构成纸张的主要成分，构成了纸张的基本骨架。图 1-1 为新闻纸表面放大显微图，图 1-2 为胶版纸表面放大显微图。

图 1-1　新闻纸纸表放大显微图

图 1-2　胶版纸纸表放大显微图

2.用于造纸的植物纤维主要有哪几类？

用于造纸的植物纤维主要分为木材纤维和非木材纤维两大类。

木材纤维可以直接从树木中获得。木材纤维原料又分为针叶木和阔叶木两类。针叶木，其质地疏松，故又称为软木，如常见的松树、杉树等。阔叶木，质地偏坚硬，故又称硬木，如杨木、桦木、枫木、桉木等。

非木材纤维即不是直接从树木中获得的纤维，但仍可用于造纸。非木材纤维原料主要有草类、韧皮、籽毛等纤维原料。草类纤维原料有稻草、麦草、芦苇、玉米秆等。韧皮纤维原料有各种麻类及某些树皮等。籽毛纤维原料有棉纤维等。

此外，废纸也可作为原料用于造纸。从废纸中获得的纤维称为再生纤维。用再生纤维生产的纸张又称再生纸。再生纤维的利用，一定程度上可以减少对天然植物林木的砍伐。

3.植物纤维原料的化学成分是什么？

植物纤维原料的化学成分主要有碳水化合物、苯酚类物质、萜烯类物质、脂肪酸、醇类、蛋白质及无机物等。碳水化合物主要是指多糖，约占原料的50%，主要包括纤维素、半纤维素。苯酚类物质，主要组分是木素，约占原料的15%～35%。萜烯类物质主要是指挥发性物质（如松节油）及松香酸等，在针叶木制成的植物纤维原料中萜烯类物质约占5%，而在阔叶木及草类制成的植物纤维原料中含量极低。显然，植物纤维原料中，纤维素、半纤维素及木素为主要组分，也是构成成品纸的主要成分。

4.纤维素、半纤维素及木素的特点是什么？

纤维素的分子式为$(C_6H_{10}O_5)_n$，n为葡萄糖基的数目，又称为聚合度，其数量为几百至几千甚至上万。纤维素属于大分子物质，化学性质相对稳定，但其构成决定了其具有吸水润胀、极性和方向性的特点。纸张中含纤维素越多，则纸张的形稳性越好。

半纤维素是多种复合聚糖的总称，也是一种多糖物质，是在植物中除纤维素外的碳水化合物，通常的聚合度较低一些，n值在200左右，其吸水性和润胀能力均比纤维素大许多。纸张中含半纤维素越多，则纸张的强度相对就高一些，但形稳性就差一些。

木素是一种网状结构的天然高分子化合物，它的分子结构与纤维素和半纤维素不同，是一种非线性的高分子。它存在于植物中，起黏结纤维、增强强度的作用。造纸工艺中为了得到纤维，就得尽量去除木素。由于木素不易吸水润胀，故木素含量较高的成品纸就显得硬而脆，同时木素在光照下易形成发色基团，故木素含量高的纸（如新闻纸）放久后易发黄变色。

5.造纸工艺中施胶的目的、方式和作用是什么？

对纸张施胶处理，目的就是要使纸张获得憎液性能。纸张具有一定的憎液性，就可减少液体在纸表的扩散和向纸里的渗透。

对于未施胶的纸张，由于纤维素和半纤维素为极性亲水性物质，液滴在纸面上将完全扩散，向里渗透也十分迅速。对于施过胶的纸张，纸张表面或里面就会沉积胶料物质，液体再接触纸面，其扩散就会大大减少，渗透也变得更慢。施过胶的纸张印刷油墨后，因图文油墨在纸表和纸里的扩散渗透率低而能保持色彩较真实和亮丽。

根据施胶要求的效果不同，施胶主要有在纸张内部施胶和纸张表面施胶两种。

内部施胶是将胶料加入纸浆中，再抄制成内部具有较强憎液性的成品纸。如轻型纸为保持表面粗糙且松厚度较高，需要进行纸张内部施胶，这样轻型纸印刷后油墨印迹才不会渗透到背面。再如一些食品包装纸，也需要进行内部施胶，这样胶料在纸表的沉积就极少，不会污染食品，同时也能阻止水分渗透，起到了保鲜防潮的作用。

纸表施胶是在纸张抄制基本成型后对纸张表面进行的胶料涂布处理。纸表施胶能改善纸张印刷性能，提高纸张表面强度，减少纸表毛细孔，提高抗油抗水性，减少渗透性等。

6.纸张生产中加入填料的目的及影响是什么?

纸张生产中加入填料的目的主要有以下几点:

(1)提高纸张的白度和不透明度;

(2)提高纸张平滑度;

(3)增大纸页总孔隙率;

(4)增加对油墨的吸收能力;

(5)提高紧度;

(6)降低成本。

但填料添加太多会导致纸张的机械强度下降,并且在印刷中容易出现掉粉掉毛的现象。填料在纸张中的含量一般为10%~15%。常用的填料有滑石粉、硫酸钡、碳酸钙、钛白粉、高岭土等。

7.纸张生产中加入色料的目的及影响是什么?

纸张生产中加入色料的目的主要是为了调色和染色。

植物纤维本身略呈黄色或灰色,即便漂白处理后,也不是纯白色。为了提高纸张的白度,通常会在纸浆中加入蓝紫色、红蓝色或品蓝色等染料。

另外,生产有颜色的纸张需要加入相应颜色的色料。

除漂白染色提高纸张白度以外,还可以在纸浆中加入荧光增白剂,可较容易提高纸张白度。人体接触过量的荧光增白剂后易在体内残留,成为潜在致癌因素。

8.造纸工艺主要有哪些环节?

造纸工艺主要有制浆、漂白、打浆、调料、抄造和涂布等环节。

(1)制浆

传统的制浆方式主要有化学法和机械法两种。

化学法制浆就是利用化学药品的水溶液在一定温度和压力下处理植物纤维原料,将原料中的木素溶解出,尽可能保留纤维素和部分半纤维素。化学法中最具代表的是硫酸盐法和亚硫酸盐法。硫酸盐法多用于牛皮纸制浆。

机械法制浆就是利用机械方法对纤维原料进行纤维分离处理,通常是将原木等用机械力压在磨石表面,通过磨石旋转而使木材磨解为纤维,再用水从磨石上冲洗下来,即制得木浆,又叫磨木浆。若制浆原料是草类等植物,则制得的浆为机械草浆。

当然,也有用化学药品对原料进行预处理,然后再用机械方法进一步磨解,则称为化学机械法制浆。

(2)漂白

为满足纸张的使用要求,需要对纸浆进行漂白处理,使纸张达到一定白度。通常是在纸浆中加入漂白剂,使纸浆中的木素溶出,或使有色物质褪色,这样就达到了纸浆漂白的目的。

(3)打浆

用机械的方法处理水中的纤维，使其能满足造纸生产的特性，使成品纸张能达到预期的质量指标。

(4)调料

向纸浆中加入各种辅料，如胶料、填料、色料等，使生产的纸张能满足不同用途的需要。

(5)抄造

纸浆通过流浆箱，以均匀、稳定的出浆速度喷到造纸机网部的网面上，经网部成型后脱去大部分水分，然后送到造纸机压榨部进一步脱水，接着送到干燥部利用热能再脱水，并进行施胶处理，然后对纸张进行压光处理，最后将纸张卷成与纸机幅宽一致的大纸卷，再按要求分切为单张纸或用复卷机卷成卷筒纸。

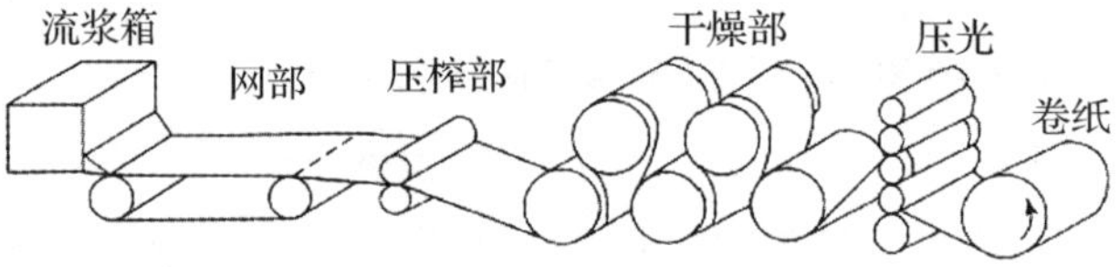

图 1-3 长网造纸机示意图

(6)涂布

为了改善纸张的印刷性能，即增加纸张的平滑度、光泽度、形稳性和不透明度等，需对纸张两面用相应的涂料，通过涂布机进行均匀涂布，干燥后再压光处理，即可完成纸张涂布流程。

9.涂料纸与非涂料纸的表面情况有什么差异？

涂料纸与非涂料纸表面的具体差异如表 1-1 所示。

表 1-1 涂料纸与非涂料纸的性能对比

性能	平滑度	光泽度	形稳性	不透明度	表面放大凹凸情况
涂料纸	纸表平滑度好，适于印刷精细产品	好	形稳性好	有所提高	
非涂料纸	纸表凹凸不平，只能印刷较粗网线的产品，易导致印品层次丢失，图像实地部分均匀性下降，印刷效果一般	差	形稳性差，纸张易吸潮发长	一般	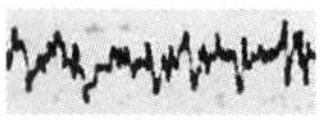

10.涂料纸易产生哪些印刷问题？

构成涂料的主要成分有颜料、胶黏剂和助剂。胶黏剂在涂料中的作用是使颜料粒子间相互黏结，同时也使涂层与原纸牢固黏结。

若黏结不牢固，就会导致印刷问题。若颜料粒子间的黏结不牢，就会发生掉粉掉毛现象，纸粉纸毛过多堆积在橡皮布上，就会使印刷后的图像不清晰，颗粒变得粗糙；若涂层与原纸黏结不牢，在印刷中就会产生拉毛现象。故要求涂料中的胶黏剂必须足量使用，否则极易导致上述问题的发生。

11.纸张的两面性及其影响是什么？

纸张有正反两个面，正面为毛布面，反面为网面。纸张出现正反面是因为在造纸过程中，纸浆中的水是从正面向反面移动。反面起到过滤作用，浆料中的部分填料及细小纤维会随着脱水流失，因而总是比较粗糙和疏松，相反正面就比较紧密和平滑，纸张这种两面不均的现象即常说的纸张两面性。

纸张正面平滑度高，着墨效果好，但表面强度较低，在印刷中易出现拉毛现象；纸张反面比较粗糙，着墨效果差，但表面强度高，在印刷中不易出现拉毛现象。

减小纸张两面性差别的方法有：采用立式夹网造纸机、采用化学助留剂、合理使用压光设备等。表 1-2 为几种常见胶版纸的正反面差别情况：

表 1-2　常见胶版纸正反面差别对比表

测试纸张品牌及克重	晨鸣 70g/m²	晨鸣 80g/m²	银鸽 70g/m²	银鸽 80g/m²	金太阳 70g/m²	金太阳 80g/m²
粗糙度(正面) PPS 值(μm)	3.55	4.48	3.75	3.75	3.68	4.38
粗糙度(反面) PPS 值(μm)	4.01	4.54	6.10	5.19	4.13	4.86
临界拉毛速度(m/s)(正面)	2.93	2.96	2.33	2.18	2.46	2.78
临界拉毛速度(m/s)(反面)	2.98	2.98	2.47	2.33	2.89	2.94

12.如何区分纸张的正反面？

常用以下三种方法区分纸张的正反面。

(1)用手摸。手感光滑的一面为正面，手感粗糙的一面为反面。

(2)光下看。将纸张放在光下面看，反光强的一面为正面，反光弱的一面为反面。

(3)烘干法。将纸张在烘箱内烘干，纸张会发生卷曲，向里卷的一面是反面，另一面是正面。

13.纸张的方向性及其印刷选择是什么？

在纸张的抄造过程中，与造纸机运行方向一致的方向为纸张的纵向，与纸机运行方向垂直的方向为纸张的横向，在纸张的纵横两个方向上纸张纤维排列有显著差别。这是因为在纸机运转时的牵引力的作用下，纤维大多数按纵向排列。因此纸张在纵向和横向上的性能是有差异的，这就是通常所说的纸张的方向性。

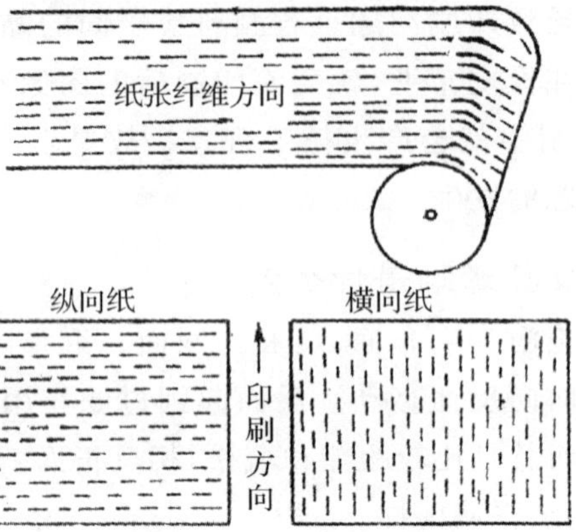

图 1-4　纸张的方向

纸张纤维在吸湿润胀后，纤维直径方向膨润的幅度比其长度方向要大，故纸张吸湿时，横向伸长率比纵向大，一般大 2～8 倍。因此，对于单张纸印刷，通常选择纸张纵向为纸张的长边，横向为纸张的短边，这样垂直于印刷方向（即滚筒轴向）的伸长率相对低一些，多色套印效果就要好一些。而且伸长较长的短边造成的套印不准可以通过调整印版滚筒衬垫来补偿，而滚筒轴向的套印不准则无法通过这种方法来补偿。

对于单张纸印刷，除要求使用同一批次的纸张外，纸张的方向更需要保持一致，这样装订成册的书才不至于出现书页长短不齐的情况。

14.如何判断纸张的方向性？

对于卷筒纸，纸张的方向性很容易确定，因生产的原因纸张纵向就是纸卷的圆周方向。而单张纸的方向就不十分明确，除造纸厂专门标注外，就需要仔细确认。

（1）纸页卷曲法

将测试纸切成 50 mm×50 mm 的试样，并分别对应记录下原纸张的长边和短边，然后放在水面上，再观察纸张的卷曲方向，与卷曲轴平行的方向即为纸张的纵向，这样即可对应确定原纸长边或短边的纵横方向。

（2）抗张强度分辨法

通过确定纸张的抗张强度来分辨纸张纵横向的一种方法，即为抗张强度分辨法。通常，纸张的纵向强度高，耐折度和抗张强度均较大。通过折纸实验即可很快确定纸张的纵横方向。在实验室中，这种方法往往便捷也很可靠。

（3）纸条弯曲法

在测试纸的相互垂直的方向上各取一条 200 mm×15 mm 的纸条，将其平行重叠，再用手指捏住一端，使其另一端自由地弯向手指的左方或右方。如果两个纸条重合，则上面的纸条为横向；如果两个纸条分开，则下面的纸条为横向。

（4）纤维定向鉴别法

即在显微条件下观察纸表纤维的排列方向。

另外还可以采用膨胀法、翻执法、湿水伸长测定法、水滴法、拉扯法、撕裂法、观察等方法判断纸张的纵横方向。

15.纸张的匀度及其影响是什么?

纸张匀度是指纸张纤维分布的均匀程度。匀度好的纸张,其外在质量、物理和光学性能均较良好,对于非涂料纸而言,其印刷效果也较好一些。

通常,纸张匀度是通过目测比较而得,无具体数据。一般将纸张对着均匀的光线观察,通过观察者的感觉来判断匀度的差情况。如要得出具体纸张匀度数据,则可通过三种仪器观测确定,这三种仪器分别是 STFI 匀度仪、QNSM 匀度仪和 MK 公司的三维纸页结构分析仪,其中以三维纸页结构分析仪应用较为广泛。

16.纸张的外观质量缺陷主要有哪些?

纸张的外观质量缺陷主要是指通过肉眼可以观察到的纸表存在的较明显问题。如较大较多的尘埃点、孔洞、针眼,较大的透明点、皱纹褶子、脏迹斑点、纸疙瘩、条纹、裂口,色泽不一,以及单张纸的尺寸大小不一等问题。

17.纸张的主要质量指标有哪些?

纸张的主要质量指标分为四类,分别是基本指标、光学指标、强度指标和表面性能指标。

基本指标主要有定量、厚度、紧度、伸缩率、尘埃度、挺度、pH 值、水分等指标。

光学指标主要有白度、不透明度、光泽度等指标。

强度指标主要有抗张强度、伸长率、耐折度、撕裂度等指标。

表面性能指标主要有施胶度、表面强度、吸收性、平滑度等指标。

18.什么是纸张的定量?

纸张的定量(W)是指纸张单位面积的质量,其单位是“克/平方米”(g/m^2),即通常讲的纸张克重。印刷行业中通常将定量的单位省略仅用“克”(或“g”)来表示。常见的纸张定量(克重):28 g 打字纸、40 g 字典纸、55 g 胶印书刊纸、60 g 书写纸、70 g 双胶纸、80 g 轻型纸、80 g 轻涂纸、80 g 压光纸、105 g哑粉纸、157 g 铜版纸、200 g 铜版纸等。

19.纸张厚度对印刷有何影响?

厚度表示纸张的厚薄程度。厚度会影响纸张的不透明度和可压缩性。纸张过薄,在印刷中会发生透印,网点转移困难。厚度不均匀的纸张在印刷中受到的压力也不均匀,造成上墨不匀,影响印刷质量。而且在出版物印刷过程中,厚度不均匀还会影响印后装订。

20.什么是纸张的紧度?

纸张的紧度(D),是指纸张单位体积的质量,其单位是“克/立方米”(g/m^3)。

紧度的计算公式为：

$$D=\frac{W}{T}$$

W 表示纸张定量(单位：g/m^2)，T 表示纸张厚度(单位：m)。

21.纸张的紧度和纸张的松厚度有什么关系？

同一定量下，紧度大的纸张厚度越小，纸张结构紧密；反之，紧度小的纸张厚度大，纸张结构疏松。通常，紧度值低于 0.55 g/m^3 的为低紧度纸，在 0.55～0.75 g/m^3 的为中紧度纸，高于 0.75 g/m^3 的为高紧度纸。

一般情况下，纸张的紧度和耐破度、抗张强度成正比，但当紧度增大到一定值时，耐破度又会下降。紧度越大，纸张的吸墨性越小，不透明度越小。因此纸张的紧度要在适合的范围内。一般普通胶版纸紧度在 0.8 g/m^3 左右，铜版纸紧度在 1.25 g/m^3 左右。

紧度值的倒数为纸张的松厚度，单位为"立方米/ 克"(m^3/g)。纸张的紧度越大，其松厚度越小；相反紧度越小，其松厚度越大。常见的轻型纸、纯质纸及部分特种纸，其松厚度较大，通常在 1.3～1.5 m^3/g 之间，有的甚至能达到 1.8 m^3/g。用这些纸做同样厚度的书，其手感较其他纸相对较轻。

22.纸张伸缩与其形稳性的关系是什么？

用于印刷的纸张，应具有良好的形稳性，这样才能确保印刷套印效果。纸张的形稳性是指纸张尺寸的稳定性。由于构成纸张的纤维在吸湿后会产生一定程度的润胀，且纤维直径方向(即横向)的膨润的幅度比纵向大得多，故纸张的伸缩情况对其形稳性会产生极大影响。

纸张伸缩既有多少的度量即伸缩率，也有快慢的度量即伸缩速度。有的纸张伸缩率虽然大一些，但其伸缩速度却较慢，在连续的四色印刷中，套印效果就要好一些。而有的纸张，疏松多空隙，吸湿后会迅速伸长，虽然伸缩率并不是很大，但仍十分影响套印效果。

通常认为，横向伸缩率在 3%以上的，为形稳性极差；横向伸缩率在 2.6%～3.0%的，为形稳性差；横向伸缩率在 2.0%～2. 5%的，为形稳性一般；横向伸缩率在 2.0%以下的，为形稳性相对较好。

23.纸张卷曲变形对印刷的影响及如何预防？

纸张印刷前，若吸湿不均，就会出现不规则的卷曲，或因环境太过干燥而散失水分出现纸张紧边，均会影响印刷的正常进行，不仅影响输纸装置不能正常输纸，也会导致套印不准确，甚至会使部分纸张出现打皱和印成扇形页，结果造成大量的纸张浪费和废品产生。

为避免纸张出现影响印刷的卷曲和紧边情况，需要在车间控制好相对恒定的湿度。经研究发现，车间环境的相对湿度控制在 40%～60%，纸张的含水量即可保持在 5%～7%，此时的纸张形变较小。

24.出版物常用纸张种类及其特性有哪些？

（1）字典纸

字典纸主要用于印刷字典辞典、工具书、页数较多的手册等读物。通常有30 g、35 g、40 g、42 g等几种定量。由于字典纸的定量较低，印制的产品文字较细小，故字典纸要洁白细腻、不透明度高，虽薄而柔软但机械强度要高且韧性要大。具体使用时，特别要注意，因字典纸吸湿性强，故易卷曲从而影响印刷。

图1-5　字典纸

（2）新闻纸

新闻纸主要用于印刷报纸和部分期刊，通常有40 g、43 g、45 g、49 g等几种定量。成品纸一般是卷筒纸，因为报纸和期刊常采用速度较快的轮转机印刷。新闻纸纸质松软挺度差，白度和平滑度也较低，但不透明度高，水墨吸收性强。长时间与空气和阳光接触，新闻纸易变脆发黄，故不宜长久保存。

图1-6　新闻纸

（3）书写纸

书写纸是一种消费量很大的文化用纸，适用于表格、练习簿、账簿、记录本等，供书写用，常见定量有55 g、60 g、70 g等。成品纸有单张和卷筒两种包装。单张纸的规格通常有787 mm×1092 mm、889 mm×1194 mm、890 mm×1240 mm等。卷筒的幅宽常有770 mm、780 mm、880 mm等。书写纸大多为本色纸，抗张强度好，质地紧密，其抗水性也有所提高。用钢笔在这类纸张书写时，墨迹扩散较小、渗透较弱。

图 1-7　书写纸

(4)胶版纸

胶版纸通常两面施胶,且施胶量大于书写纸,故又叫双胶纸。胶版纸适于印刷普通彩色产品、较高质量的黑白教材和期刊等。定量通常有 70g、80g,也有更高的定量如 120 g 等。成品纸的包装也有单张和卷筒两种。单张纸的规格通常有 787 mm×1092 mm、889 mm×1194 mm、890 mm×1240 mm 等。卷筒纸的幅宽常有 787 mm、770 mm、870 mm 等。除用于印刷中小学教材的胶版纸常为本白色外,胶版纸的白度通常较高;其质地更紧密,平滑度好,印刷效果相对较好;其纸张形稳性好,抗水性强,吸收性小,油墨在纸张上能呈现一定光泽;其抗张强度和表面强度均较好。

(5)轻型纸

轻型纸是一种紧度低松厚度大的纸张,有浅米黄和白色等颜色,市场上以浅米黄为主,适于印刷市场类图书,或艺术性强的及古色古香的读物,因其纸厚质轻及不透明度高等特点,有时被选作中小学教材用纸。轻型纸叫法较多,早些时候叫蒙肯纸,后又叫轻质纸,也有叫松型纸、超厚纸等。普通胶版纸的松厚度在 1.1～1.2 m^3/g,轻型纸的松厚度更高,能达到 1.3～1.8 m^3/g。因轻型纸质地疏松,纸表通常较粗糙,平滑度较低。为尽量弥补这个缺陷,工厂在轻型纸两面加涂料和压光处理,于是便得到市场上新出现的另一纸种——纯质纸。纯质纸既有轻型纸的纸厚质轻的特点,又兼有双胶纸的表面平滑细腻的特点,适于印刷图片较多的市场类图书和期刊。

(6)铜版纸

铜版纸又叫涂布纸或涂料纸,是一种在原纸上进行最大限度涂布得到的纸张,其定量通常较大,有 90 g、105 g、128 g、157 g、180 g、200 g、230 g 等,除低定量可为卷筒纸外,高定量的铜版纸基本上都是单张纸,常见规格有 787 mm×1092 mm、889 mm×1194 mm 等。

根据对纸张表面的处理情况,铜版纸又分为亮光铜版纸和哑光铜版纸(也称为哑粉纸)。纸表涂布量也可适当减少,所得纸张即为轻量涂布纸(也称为轻涂纸)。

25.出版物如何选用纸张?

主要根据印刷品的要求及印刷机类型来选择使用何种纸张。

若印刷开本小字数多的字典、辞典、手册等工具书,宜选择字典纸印刷,印量较大的可选择用卷筒纸采用轮转机印刷,而印量较小的宜采用单张纸印刷。

若印刷黑白大中专教材、普通期刊等读物，宜选择书写纸印刷，量大的期刊和教材，可选择卷筒纸用轮转机印刷，量小的或非标准开本的教材、期刊等读物，为避免纸张浪费，宜选用单张纸采用单张纸胶印机印刷。

若印刷市场类图书或期刊，宜采用轻型纸或纯质纸印刷。对量大的开本规范的市场类图书或期刊，可采用卷筒纸用轮转机印刷。

若印刷学术专著及重要期刊，宜采用胶版纸印刷。因这类读物通常量小故宜采用单张纸胶印机印刷。

若印刷普通彩色期刊或图片效果有较高要求的报纸彩色插页，宜选择轻涂纸或超级压光纸印刷。

若印刷高档画册、书刊封面、彩色插图等，宜采用铜版纸用单张纸胶印机印刷。

为确保同一批出版物的纸张品质，在选用时应尽量确保同一批产品用同一批纸张印刷，否则会因批次的不一致，导致同一批出版物中的书页出现“色差”现象，纸张颜色深浅不一，十分影响产品外观效果。

26.纸张入库时如何检查验收?

(1)检查外包装是否完好

通常，单张纸是用包装纸包装好后，再在每件纸的上下用木板夹装，并用打包带捆好。在外包装上，应贴有产品合格证标签，并标明产品的名称、品牌、尺寸、定量、令重、净重、毛重、件令数、质量等级、执行标准、生产日期及生产企业名称等信息，有的还标明了纸张的纵横方向。而卷筒纸，通常在最外层封上 2～4 层的包装纸，并在两端封头，贴上圆形商标纸。在商标纸上印有产品名称、品牌、定量、净重等信息。

检查外包装，主要检查是否有破损、变形和纸张暴露等问题，若有比较严重的包装问题，收货方应向供纸方说明，待沟通协商好再办理收货手续，以免事后不便处理，或造成不必要的损失。通过检查外包装，可以识别收到的纸张是否为同一批次，对单张纸还可以识别不同件的纸张是否为同一方向，以便分类管理和使用。

生产批次上，可以从生产日期来判断，为同一生产日期或相连一两天的生产日期，应为同一生产批次。纸张方向上，可从规格标注来判断，如同一批纸，规格为 890 mm×1240 mm 与 1240 mm×890 mm 的，应为纵横两个方向。也有纸厂在标签上注明纸张的横向或纵向的。

(2)检查纸相是否良好

对于单张纸，正常的纸外形应具有良好的平整度。检查纸相时主要看一件纸开件后是否出现波浪形或碟形情况，有时也会发现山形、谷形、卷曲形、马鞍形等变形情况。

对于卷筒纸，正常的纸相应是标准的圆柱体。检查时主要看卷筒纸是否存在内松外紧、两端松紧不一或两端大小不一等问题。

(3)检查纸张外观质量是否合格

主要检查比较明显的纸病问题，如尘埃点、孔洞、针眼、透明点、皱纹褶子、脏迹斑点、纸疙瘩、条纹、裂口、色泽不一、尺寸大小不一等问题。

(4)检查纸张规格及定量是否达到标准

合格的纸张其尺寸和偏斜度误差应在允许范围内。全开纸的尺寸允许误差±3 mm,偏斜度允许误差3～5 mm。纸张定量允许误差±5%。

定量的测量通常可用电子秤测得,测出结果应与产品合格证上的定量标注接近,不能超出允许范围。简单的定量测量也可这样处理,从一张大纸上切下一张规则的小纸(如210 mm×297 mm),测量好小纸的尺寸后,即可放在电子秤上称出质量,这样即可计算出样品的实际定量。

27.纸张对印刷车间环境的温度和湿度要求是什么?

车间的温度湿度变化过大,就会使纸张的水分发生较大变化,在白料投入至完成印刷装订的生产过程中,会造成纸张不同程度的形变,这给印刷、装订带来较大影响,成品书的书页也会出现伸缩长短不齐的现象。为此,印刷车间温度和湿度应尽可能稳定,不能出现超过规定范围的波动。通常印刷车间温度和湿度范围如表1-3所示。

表1-3 印刷车间温度和湿度范围对照表

温度范围(℃)	16～20	21～25	26～30
湿度范围(%)	45～50	53～58	60～65

为控制好印刷车间的温度和湿度,应对车间的门窗、地面进行规范的设置和管理。印刷车间一般处于楼房底层,需要采用双层门的设计。印刷车间经常有纸张运进运出,开敞门的次数较多,通过开关双层门,就能有效地防止外界空气直接流入车间。窗户打开次数也应严格控制。车间应安装好空调,以调节车间的温度和湿度。印刷车间的地面结构,应采用水磨石地面,以利于防潮。而水泥地面及硬质面砖地面,在气候变化较大时,常常产生大量潮气,在春夏季节,由于气候温、湿度变化,即使不下雨,地面也会浸出水珠,使整个车间的湿度变大。

28.印后半成品如何管理?

印刷人员常有这样的误解,认为印刷完毕,纸张就没有问题了,所以常见到车间中印刷后的半成品裸露堆放,没有对印后半成品进行必要的正确的保护。其实不然,因印后半成品裸露堆放,结果造成纸张产生较大形变,从而影响到之后的折页、装订、覆膜、上光、烫压等工序的正常进行,极易导致质量问题。也有的因长时间裸露堆放,面上的印刷品常会附着较厚一层纸粉灰尘。因此,对于印后半成品,仍需要正确及时地保护起来,直至送到下一环节。通常可用塑料薄膜或防潮布将印后半成品覆盖好,不至于裸露出来,这样既防止了纸张因车间的温度湿度和变化而引起的变形,也可使印刷后的半成品始终保持干净整洁。

29.纸张的开切方法有哪些?

(1)几何级数开切法

未开切的纸叫全张纸。从全张纸的长边对折开切后的纸为对开纸，从对开纸的长边对折开切后的纸为4开纸。依此法开切下去的纸为8开纸、16开纸、32开纸、64开纸等等。按上述方法开切出来的纸简称对开、4开、8开、16开、32开、64开等等。几何级数开切法既便于机器折页，也便于装订，还能充分利用纸张，避免了浪费。

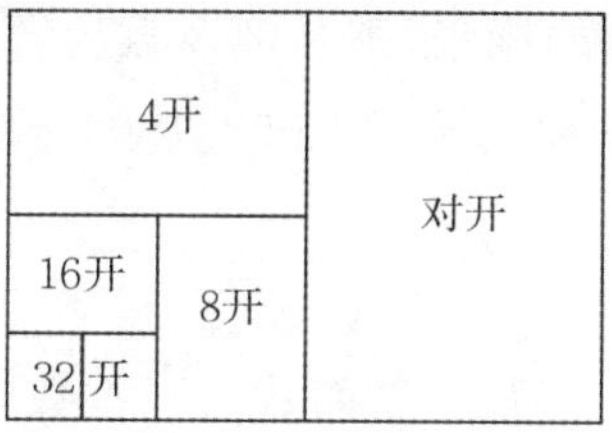

图1-8 **几何级数开切法**

(2)直线开切法

这种开切法是按纸张的长宽边均匀等分开切，虽然不是几何级数开切，但仍不浪费纸张，不过开切出的页数有单有双，不便于机器后期折页，如12开、20开、25开、36开、40开等。

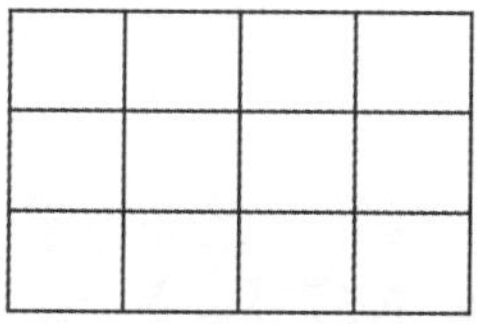

(1)直线12开开切法

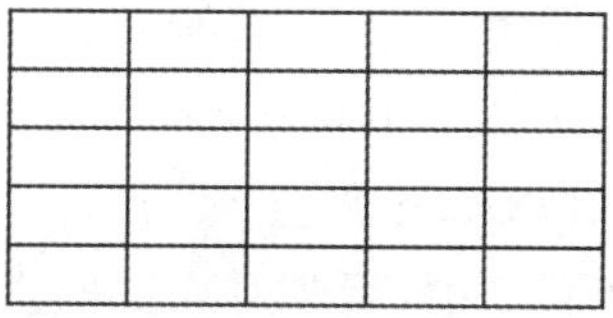

(2)直线25开开切法

图1-9 **直线开切法**

(3)纵横混合开切法

这种方法能切出前两种方法不能切出的开本大小，但并不常用，主要是对印后加工不便，较难操作，且易出错，不能充分利用纸张幅面。

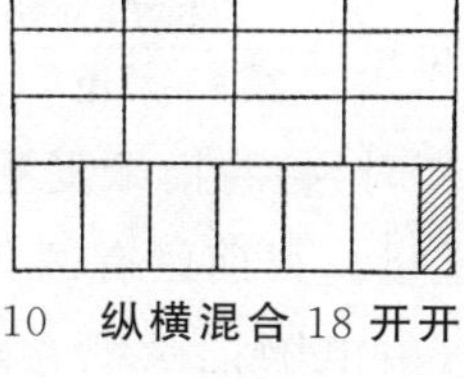

图1-10 **纵横混合18开开切法**

30.纸张是如何计量及计算的？

(1)“令”和“方”

1方纸即1张对开纸，1令纸为500张全开纸，也就是1000张对开纸，即1000方纸。

(2)令重

令重(Q)即1令纸的重量，单位为“千克”(kg)。

$$Q=0.5LBW$$

其中，L表示单张纸长度(单位：m)，B表示单张纸宽度(单位：m)，W表示纸张定量(单位：g/m^2)。

如 60 g787 mm×1092 mm 的纸张，则其令重为：

$$Q=0.5\times0.787\times1.092\times60\approx25.782(\text{kg})$$

（3）单张纸的吨令数计算

$$\text{吨令数}=1000\div Q$$

如 60 g787 mm×1092 mm 的纸张，则其吨令数为：

$$1000\div(0.5\times0.787\times1.092\times60)\approx38.787(\text{令})$$

（4）单张纸的用量计算

书刊印张的计算公式为：

$$\text{印张}=\text{总面数}\div\text{开本数}$$

通常，使用不同种类纸张的插页页码不计算在印张内，但应在版权页上标示。

例如，一本 16 开的书，印数为 10000 册，正文使用 60 克双胶纸。书的页码顺序情况为：①前环衬 2 页，②插图 2 页，③扉页/版权，④序言/白，⑤目录 4 面，⑥正文 1－284，⑦后环衬 2 页。其中：①、⑦为特种纸，②为铜版纸，③～⑥为 60 克双胶纸。

则：印张＝③～⑥总面数÷开本数＝292÷16＝18.25

用纸令数＝印张×印数÷1000

＝18.25×10000÷1000

＝182.5（令）

实际印刷和装订中，纸张有相应的损耗，故实际用纸时，应再加上一定的放数。

（5）卷筒纸的计量方法

① 直接重量法：是指扣除筒芯重量后的卷筒纸净重计量法，该净重标注在外包装上，纸厂与纸张用户按此净重结算。

② 定量换算法：用实测定量计算出符合标准定量时的应有重量（标定重量）的方法，以此标定重量作为购销双方的结算重量。

$$\text{标定重量}=\frac{\text{标准定量}}{\text{实测定量}\times\text{净重}}$$

③ 标准长度法：是指纸厂在生产时，将卷筒纸复卷为标准长度，然后根据标准定量换算出标定重量，购销双方按此结算重量。目前已有部分造纸厂采用这种办法生产销售。

④ 长度计量法：在纸张生产时，由电脑记录纸卷总长度，并将长度标注在纸卷端面上，再通过总长度的换算，计算出标定重量。

$$\text{标定重量}=\text{总长度}\times\text{幅宽}\times\text{标准定量}\div1000$$

（6）卷筒纸的用量计算

$$\text{卷筒纸用量}=\frac{\text{总令数}}{\text{吨令数}}=\frac{\text{总令数}}{1000\div Q}=\frac{\text{总令数}\times0.5LBW}{1000}$$

其中，Q 表示令重（单位：kg），L 表示折算为单张纸的长度（单位：m），B 表示卷筒纸幅宽度（单位：m），W 表示纸张定量（单位：g/m^2）。

例如，60 g770 mm 幅宽的卷筒纸，折算长边为 1092 mm 的单张纸的需要 182.5 令，那么需要卷筒纸多少吨？

$$卷筒纸用量=\frac{182.5\times0.5\times0.77\times1.092\times60}{1000}\approx4.604(吨)$$

因卷筒纸的在运输、装卸车等过程中，以及印刷装订中，都有一定的耗损，故实际使用时，需要一定的加放数量。

31.计算书籍印张数的注意事项有哪些？

在计算书籍印张数时需要注意以下三点：(1)封皮(四封)不计入印张数；(2)插页不计入印张数；(3)不论正文有无页码都须计数，计数单位是“面”，1 页＝2 面。

例如，一本书 16 开，白页 2 面，扉页 1 面，版权页 1 面，目录 4 面，正文内容 228 面，共有 236 面，除以开本数 16，共有 14.75 印张。

32.如何计算书籍的用纸量？

计算书籍用纸量可使用以下公式：

用纸量(令)＝册数×印张数×(1＋纸张加放率)÷1000

纸张加放率又称为放数，主要用于印刷、装订过程中的耗损，从而确保需要的成品数量，用千分数表示。加放率是指每个印刷色次的加放比例，单色产品加放率因为正背都要印刷需要乘以 2；单面四色印刷，加放率就乘以 4；双面四色印刷，加放率就乘以 8。

例如，一本大 16 开的书，单色内文 320 面、70 g 书写纸，四色双面彩插 32 面、105 g铜版纸，印数 5000 册，印刷加放率为每色 9‰，装订加放率为 14‰，封面为 8 开、200 g铜版纸，四色单面印刷。计算该书总的印刷用纸量：

①70 g 书写纸用量＝5000×(320÷16)×(1＋9‰×2＋14‰)÷1000＝103.2(令)；

②105 g 铜版纸用量＝5000×(32÷16)×(1＋9‰×8＋14‰)÷1000＝10.86(令)；

③200 g 铜版纸用量＝5000×(2÷8)×(1＋9‰×4＋14‰)÷1000≈1.31(令)。

33.纸张的出纸率是什么？

纸张供应商一般提供纸张的吨价，但计算纸价时经常用到令价，因此需要知道 1 吨纸包含多少令。出纸率即 1 吨纸出多少令纸。

出纸率＝1000÷(纸长×纸宽×定量×0.5)

＝2000÷纸长÷纸宽÷定量

(注意：纸长、纸宽的单位为“m”，定量的单位为“g/m^2”)

以 70 g 889 mm×1194 mm 书写纸为例：

出纸率＝2000÷(0.889×1.194×70)≈26.917(令/吨)

假设该纸张吨价为 5500 元/吨，那么令价就是：

5500 元/吨÷26.917 令/吨＝204.33 元/令

也可以将出纸率公式简化为：

出纸率＝系数÷克重

表 1-4　各纸型出纸率系数

规格(mm)	出纸率系数
787×1092	2327.2
850×1168	2014.5
889×1194	1884.19
880×1230	1847.75

同样以 70 g 889 mm×1194 mm 书写纸为例：

出纸率=1884.19÷70 =26.917(令/吨)

以上为平板纸出纸率的计算方法，跟平板纸不一样的是，卷筒纸的出纸率要考虑机器设备，印刷滚筒周长不一样，同一克重同一幅宽纸型的出纸率就不一样。印刷滚筒这个圆柱体侧面展开就是长方形，这个长方形就是一张对开，跟平板纸用全开纸计算的概念正好小一半。故卷筒纸出纸率的公式为：

卷筒纸出纸率=1000÷滚筒周长÷幅宽÷定量

(注意：周长和幅宽的单位为“m”，定量的单位为“g/m^2”。)

34.印刷类特种纸的种类及特点有哪些?

特种纸主要是指具有特殊用途的纸张。特种纸种类繁多，印刷类特种纸主要有：玻璃纸、合成纸、压纹纸、花纹纸等。

玻璃纸是一种以棉浆、木浆等天然纤维为原料，用胶黏法制成的薄膜。它透明、无毒无味。因为空气、油、细菌和水都不易透过玻璃纸，使得其可作为食品包装使用。

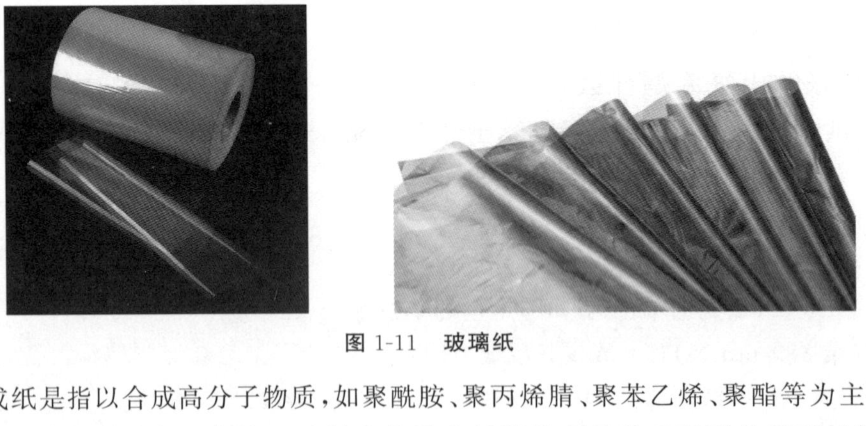

图 1-11　玻璃纸

合成纸是指以合成高分子物质，如聚酰胺、聚丙烯腈、聚苯乙烯、聚酯等为主要原料，通过添加填充料并进行纸化处理后制成的具有纸张外观且易于印刷的平面材料。与普通纤维纸比较其具有显著的特点，因其内部几乎无孔隙，故一般不会吸湿受潮，在干燥和潮湿的环境下依然结实平整，形稳性良好；很环保，在生产过程中不会造成环境破坏，在废旧处理中也不会造成二次污染；方便印刷，能很好再现印刷效果，网点清晰，色调柔和；比普通纸张有更大的适应性，其强度大、抗撕裂、耐折耐虫蛀、可模切、压花、烫印等；可制成较高的白度，且不透明性好；其缺点是挺度不够、易带静电、油墨附着力弱等。

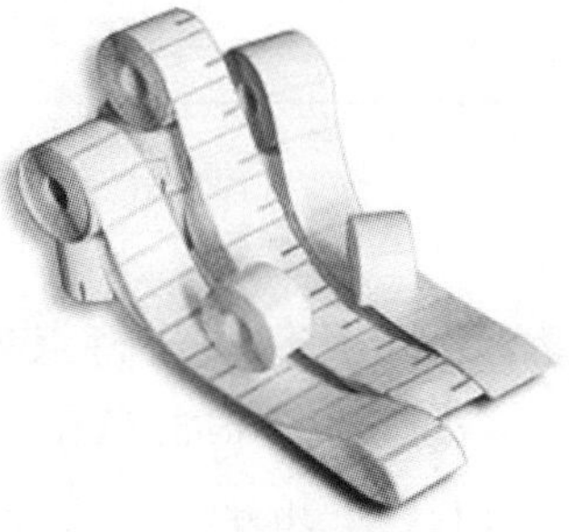
图 1-12 合成纸

压纹纸是指表面凹凸具有明显纹路的特殊纸张。压纹纸在生产过程，采用机械压花或皱纸的方式，对纸张进行了工艺处理。这种纸张因纸表具有明显的质感，故常用它来提高书刊的装饰效果，其表现力较强。

花纹纸是指纸表能呈现一定花纹或斑点，或有折光效果等的纸张。花纹纸外观华美，手感柔软，适合用于印刷装帧。花纹纸通常有刚古纸、“凝采”珠光花纹纸、掺杂物效果纸、“星采”金属花纹纸等类别。

图 1-13 压纹纸

图 1-14 花纹纸

35.出版物选用特种纸应考虑哪些因素？

第一，应考虑收益与成本的关系。特种纸相对普通纸张，能较好表现图文，也能因其质感而使书报刊具有一定美感，但生产特种纸的工艺及材料相对较复杂，故其成本也较高，价格较普通纸贵。对于普通的书报刊，不必选用特种纸来印刷装帧的，如普通的大中专教材或刊行较久的期刊。而对于某些书报刊，选用了特种纸，就能美化装帧效果，提高读者的认识度，促进市场销售，哪怕成本高些，选用特种纸也是值得的。

第二，应考虑书报刊的生产周期问题。有些特种纸，因其涂层较厚重，吸水性差，印刷后的干燥时间长，那么对于生产周期要求较短的产品是不适合的。

第三，应考虑印刷装订工艺问题。例如，封面设计了勒口的产品，则不能选择折勒口后易爆边的特种纸作封面；封面设计的图案较精细，则不能选择纹路较深的压纹纸作封面。

第四，应考虑产品在生产、运输、上架和销售中的保洁问题。通常用特种纸印刷的产品，不能做覆膜处理，但不覆膜又极易导致上下两册书的封面封底在生产、运输、上架和销售过程中被相互擦花，故应要求印刷企业在生产时，增加一道封面过光油的工艺，或对单本书进行吸塑包装。

二、其他承印材料

1.纸板有哪些特点？

按照国际标准组织的建议，定量在 225 g 及以上的纸张叫纸板。纸板与纸张的区别，主要有以下几方面：①定量高且厚度大；②挺度大，抗弯曲能力强，折后有明显痕迹甚至断裂；③有多层结构；④正反面在平滑度、光泽度、白度等方面差异大。

2.常用纸板有哪些性能和用途？

(1)单面白板纸

单面白板纸的一面较光滑，由面层、衬层、芯层和底层构成，面层具有良好的印刷适性，衬层起保护面层的作用，芯层起填充增加厚度挺度的作用，而底层则起到改善外观、进一步提高强度的作用。

单面白板纸可用于印刷画册正文、一般图书的封面封套，以及挺阔平直的插页；也可用于印刷香烟、药品、文具、化妆品等的包装盒。

(2)单面涂布白板纸

在原纸板上涂布白色涂料后经整饰加工，即可制成单面涂布白板纸。它比单面白板纸多了一层涂布层，因而其白度更高，有更好的印刷适性。它可以印刷较高质量的色彩效果，常用于化妆品、食品及工艺品的外包装。

(3)铸涂白板纸

铸涂白板纸是以单面涂布白板纸为原料，经加重铸涂而得的一种纸板。为此，其纸表有似镜面一样的平整光滑，吸墨性好不易掉粉且松厚度又好于铜版纸，适于印刷精细产品，常用于高档礼品盒，有时也用于高档的书刊、挂历和画册中。

3.瓦楞纸板的结构是什么？

瓦楞纸板是将瓦楞原纸制成瓦楞状后，再与两层或多层箱纸板用胶黏剂黏结在一起而成的加厚多层纸板，其上下两层为面纸，中间弯曲如瓦楞状的原纸为瓦楞芯纸，中间若干层平板纸为夹芯纸。瓦楞纸板的结构如图 1-15 所示。

图 1-15　瓦楞纸板的结构情况

4.瓦楞纸板有什么性能及用途?

瓦楞纸板因其具有较高的强度,且有一定的延展性,经印刷有关信息后,常用来制造纸盒纸箱,广泛用于包装运输行业。图书成品的大包包装常用到纸箱,在纸箱外层通常也会印上出版社的有关信息。

5.印刷包装中常用的塑料薄膜有哪些?

(1)聚乙烯薄膜,简称 PE,有低密度、中密度和高密度三种类型,是由乙烯聚合生成的热塑性高分子聚合物,其在 $-70℃$ 也能保持良好的柔软性和化学稳定性,无色、无味、无毒,薄膜呈半透明状,可透过氧气和二氧化碳,对水蒸气的阻隔性好,不与油脂等发生反应,但其热稳定性差。

由于聚乙烯无极性,化学性质稳定,故其不溶于大部分溶剂,对油墨的吸附力很弱,印迹干燥后也不牢固,因而聚乙烯薄膜是一种难于印刷的材料,在印刷前需要对这种材料进行印刷适性的专门处理。

(2)聚丙烯薄膜,简称 PP,与聚乙烯相比,其耐热性较好,而耐寒性差,也无色、无味、无毒,其化学稳定性、机械强度、透明性、抗水性均比聚乙烯强。通常聚丙烯表面要进行处理,否则也难于印刷,不过目前已生产出可直接在聚丙烯膜表面印刷的专用油墨。

(3)聚氯乙烯薄膜,简称 PVC。添加有增塑剂和稳定剂的聚氯乙烯薄膜是一种有毒高分子聚合物,不能用于食品包装。其耐水性、透明性较好,经延伸处理后可用于收缩包装,如塑封图书等。可直接用于印刷,对于硬质 PVC 薄膜,能满足彩色印刷要求,常用于装饰品和广告印刷。

(4)聚酯薄膜,简称 PET,也是一种高分子聚合物。其无毒、无色、透明、耐磨、耐热、耐寒、耐油,化学稳定性好,对水蒸气及其他气体的阻隔性较好,可用于冷冻和蒸煮食品的包装。印刷前,需要对聚酯薄膜进行电晕处理,在印刷过程中,也需要保持静电消除状态,否则会因薄膜的极强绝缘性,导致无法进行正常印刷。

三、油墨

1.油墨的组成与分类是怎样的?

油墨由主剂和助剂构成,其中主剂又由颜料和联结料组成,助剂主要包括各种添加剂,以改善和调节油墨的印刷适性。添加在油墨中的助剂,主要起到调节油墨的流动性、干燥性和色调方面的作用。油墨基本组成如图 1-16 所示。

- 油墨
  - 主剂
    - 颜料
    - 联结料
  - 助剂
    - 流动性调节剂
    - 干燥性调节剂
    - 色调调节剂

图 1-16 油墨的基本组成

油墨按印刷方式可分为：平版墨、凸版墨、凹版墨、孔版墨等；按干燥方式可分为：氧化结膜型墨、渗透干燥型墨、挥发干燥型墨、光固化干燥型墨、热固化干燥型墨等；按用途分类详见表 1-5。

表 1-5 油墨按用途分类

干燥类型	平版	凸版	凹版	孔版
氧化结膜	单张纸胶印墨	书刊墨	雕版凹版墨	丝网版墨
渗透	轮转纸胶印墨	新闻墨		丝网版墨
挥发		柔性版墨	照相凹版墨	丝网版墨
光固化	紫外墨	柔性版墨		丝网版墨
热固化	印铁墨			

2.油墨黏度对印刷有什么影响？

油墨黏度是油墨中流体分子间相互吸引而产生的阻碍分子间相互运动能力的量度，实质上是油墨内聚力强弱的表现。油墨黏度是油墨流动性的极重要指标。选择黏度值常常应与使用的纸张结合起来考虑，疏松型纸张，油墨黏度应低一些，否则易出现纸张严重拉毛现象；而质地紧密的纸张，可选择黏度值高一些的油墨，这样既可防止油墨乳化，也可防止油墨印刷条纹现象。当然，油墨黏度也与印刷速度有关，油墨的黏度值并不固定，当印刷机的转速提高油墨的黏度就会随之下降。

3.什么是油墨的触变性能？

一定温度下，油墨受外力后，逐渐变稀变软，其流变性变好，当外力停止时，油墨又逐渐变稠变硬，这种属性叫作油墨的触变性。因为油墨有这种性质，所以在印刷过程中，应经常搅拌墨斗中的油墨，以使油墨在墨斗中能正常下墨。

4.什么是油墨的转移性能？

油墨的转移性是指油墨转移过程中墨层在两个接触面之间分离时，由一个表面向另一个表面传递油墨量的多少的能力。油墨的转移性在印刷过程中关系到油墨在传递过程中墨层分离时墨量分配的状况，决定了油墨在多次转移后传递到承印物表面上的墨量的多少及均匀程度，因而影响到印品上墨膜的厚薄程度、墨色的饱满程度、色彩的鲜艳程度和光泽度。

5.什么是油墨的干燥性能?

油墨从流体状态变为固体状态的能力,即为油墨的干燥性能。油墨的干燥过程大体分两个阶段:油墨印刷到纸张上,由液态变为半固态,即固着阶段,为油墨的初期干燥阶段;当半固态的油墨中的联结料发生物理、化学变化,而使油墨完成干固成膜,这是油墨的彻干阶段。

在印刷中,油墨是否固着良好,是以印刷品背面不发生粘脏作为判断标准的。

6.如何评价油墨颜色质量?

油墨颜色的质量情况,对印刷品的色彩效果起决定作用。通常有以下几种方法对油墨质量进行测定和评价。

(1)刮样法

各取少量的标准墨和试样墨,调匀后在标准白纸上,用刮刀自上而下刮成长条薄墨膜层,约 5 分钟后再目测观察试样墨与标准墨的颜色差异,以做出评价。

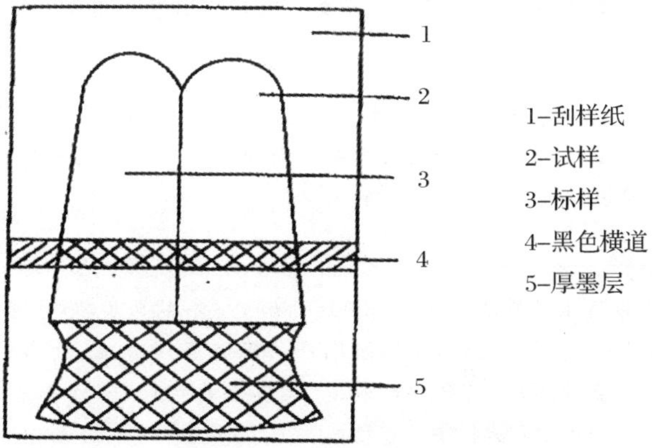

图 1-17 刮样形状示意图

(2)分光光度曲线法

记录油墨颜色最有效的办法应是通过标准光源去照射油墨膜层,然后测出它对不同波长色光的反射率,以色光的波长为横轴,反射率为纵轴,将所测数据标注在坐标系中,并将所测点连带成一条光滑的曲线,从而得到所测油墨的分光光度曲线。分光光度曲线能够精确地描述颜色的三个基本属性。

7.常用的胶印油墨有哪些?

书刊印刷常用的胶印油墨主要有:单张纸胶印油墨和卷筒纸胶印油墨。其主要类型和应用情况及注意事项见表 1-6。

表 1-6　常见胶印油墨应用情况及注意事项

		主要应用情况及注意事项
单张纸胶印油墨	普通型树脂胶印油墨	适用于转速 3000～5000 r/h 的单、双色机或多色机，可用于书写纸、胶版纸、铜版纸等纸张的印刷。由于氧化结膜仍是普通型树脂油墨的主要干燥方式，所以印刷速度不能太快，多色印刷时，应在油墨中加入约 2％的催干剂。该油墨可以用调墨油或稀释剂来调整黏度和流动性。通常 6 号调墨油即可较好调墨，剂量最大不超过 8％，而稀释剂的用量不宜超过 2％。该油墨印刷后的半成品背面易粘脏，故半成品堆码不能过高。
	亮光型树脂胶印油墨	亮光型树脂胶印油墨简称胶印亮光墨，适用于转速 3000～5000 r/h 的单色、双色胶印机，可用于铜版纸等涂料纸和白板纸印刷。该油墨具有较好的印刷适性，印后固着迅速、光泽高、颜色鲜艳。该油墨干燥性与普通型树脂油墨相似，在使用催干剂、调墨油等时，剂量可参照普通型树脂胶印墨的调配情况。使用该墨印刷时，尤其应注意防止印刷品背面粘脏，通过控制好半成品的干燥时间来解决叠印中墨膜晶化现象。
	快干型树脂胶印油墨	该油墨简称快干油墨，适用于转速 8000 r/h 以上的印刷机，其固着时间通常为 5～10 分钟，结膜时间通常为 2～8 小时，其他技术指标大部分参照胶印亮光墨。
	快干亮光型树脂胶印墨	该油墨适用于转速 8000～15000 r/h 的印刷机，主要用于涂料纸、玻璃卡纸等高级纸张的印刷；所印产品颜色表现力强、色彩艳丽、光泽度好、图像网点清晰；有良好的印刷适性：机上稳定性好、油墨转印好、适用于多色快速印刷、印后干燥固着迅速。
卷筒纸胶印油墨	非热固型轮转胶印油墨	该油墨不需要加热处理即可快速固结在纸面上。轮转墨又分为高速、中速和低速油墨，高速轮转墨适于 40000～50000 r/h 的高速印刷，中速轮转墨适于 25000～35000 r/h 的中速印刷，低速墨适于 25000 r/h 以下的印刷速度。油墨以渗透干燥为主，其着色力和表现力一般。原墨通常不需要添加辅助剂即可上机印刷。
	热固型轮转胶印油墨	该油墨在印刷到纸张上后需要加热处理才能快速干燥和固结在纸张上。热固型油墨适于高级胶版纸、轻涂纸、铜版纸等结构较紧密或纸表进行涂布处理的纸张。油墨以溶剂挥发干燥为主兼部分渗透干燥，当油墨经过 200℃～250℃的烘烤，其 90％以上的溶剂将会挥发掉。正常印刷的条件下，热固原墨也不需要添加辅助剂即可上机印刷。

8.油墨辅助剂的作用是什么？

油墨辅助剂主要有去黏剂、稀释剂、防蹭脏剂、干燥调节剂、冲淡剂、罩墨油、调墨油、防潮油、耐摩擦剂等。为改善不同油墨的印刷适性以适应相应的纸张材料的印刷，在印刷前，需要在油墨中相应加入一定量的油墨辅助剂。

9.去黏剂的作用是什么？

当印刷中发现纸张纤维结合力较差，易出现拉毛、掉粉，以及铜版纸的涂料层易与原纸分离，出现剥纸现象时，即可在油墨中加入适量的去黏剂，但当加入量达到油墨的2%以上时，油墨本身的干燥性会受到明显影响，故还需加入适当的催干剂以确保油墨的正常干燥时间。由于去黏剂的使用会使墨层加厚，同时还会使印刷品表面出现油墨晶化，故多色印刷中一般不使用去黏剂来调节油墨的黏度。

10.稀释剂有哪些类型？

按作用和组成分，稀释剂可分为油脂型、树脂型、矿物油型和溶剂型4种类型。油脂型稀释剂通常称为油型调墨油，根据其黏度的不同，分为0号到6号共7个品种。因6号的黏度最小，故印刷中常用的稀释剂为6号调墨油。为取代6号调墨油，树脂型稀释剂应运而生，因其黏度略高，故其用量应控制在2%～8%之间。因矿物油型稀释剂具有的渗透性，故常用于树脂型胶印油墨中的稀释调节。为加速凹版印刷、塑料印刷及柔性版印刷的油墨挥发性，使印刷油墨快速干燥，油墨中通常需加入溶剂型稀释剂。

11.防蹭脏剂在印刷中的作用是什么？

印刷过程中，一张印刷品正面上的油墨有时会蹭脏到另一张印刷品的背面上去，而堆放在一起的印刷品也可能出现相互粘连的现象，故印刷中的防蹭脏剂的应用十分有必要。目前，常采用喷雾法使用防蹭脏剂，喷雾法又分为喷粉和喷液体两种，均是在印刷过程中通过喷雾的方式喷洒到纸张上，使纸张上的油墨快速干燥固结。另外，也有一种液状防蹭脏剂，它主要由有机硅油、香蕉水、松节油和二甲苯组成。印刷前先把这种防蹭脏剂加入油墨中，印刷时就有一些挥发性物质挥发出来，而使硅油析出留在墨层表面，这样即可起到防止印刷品相互蹭脏的作用。

12.常用的干燥性调整剂有哪些？

干燥性调整剂是促进或延缓油墨干燥速度的油墨辅助剂，分别为催干剂和止干剂。催干剂即常说的干燥剂或燥油，其加入油墨中有加速油墨氧化聚合干燥。催干剂通常有红燥油和白燥油两种，油墨加入红燥油后，印后的墨层干燥方式是由外到里的干燥，因而适合加到深色墨中催干，以免印刷品出现明显相互蹭脏。而白燥油加入油墨，后印后的墨层干燥方式正好相反，是由里向外的方式干燥，因而比较适合加入浅色油墨中催干，这对浅色墨的色相无影响。

止干剂又称为反干燥剂、抗氧化剂和抗干燥剂。当油墨干燥速度过快，或在中途需要长时间停机时，即可将止干剂喷洒在印刷机的胶辊上。

13.冲淡剂的主要作用是什么？

冲淡剂主要用于调配浅色油墨，包括透明油、亮光浆、白墨等。使用透明油对油墨冲淡时应注意随调随用，且需要单独放置。亮光浆适于调配高档浅色树脂胶印油墨，还可作表面上光使用。白墨也可作冲淡剂使用，调配后的浅色墨具有良好的遮盖力，但容易导致印刷故障，故常与亮光浆配合使用。

14.如何进行专色墨的调配？

为了确保某一颜色的印刷稳定性，甚至是为了降低成本且又能使图书印刷美观漂亮，出版物印刷中常有专色印刷的要求。印厂可向油墨厂商定制标准专色油墨，但也常因批量小、成本高、浪费大、时间长和不经济等因素而使这一方式难以执行，而对于大量非标准专色油墨，几乎不便购买，因而，印厂自己调配专色油墨印刷是极普遍的现象。

印刷厂常见配色法有经验配色法和色谱配色法两种。经验配色法主要依靠印刷师傅根据专色墨的要求而进行的依靠主观经验判断的配色方法，这对师傅的要求极高，同时也易导致配色失败而造成不必要的浪费。色谱配色法相对简单也便于工厂操作，但往往配色后的效果与色谱的参考色有一定差异，原因是色谱的色彩效果是四色叠印后呈现的，而调配成的专色是单色实地印刷效果，同时色谱制作时的四色油墨品牌、产地等也与调配时实际采用的油墨不一致。因而，色谱调色需要注意以下几个方面：

(1)为确保印刷适性，专色墨应用同一类型甚至同一品牌的油墨进行调配。

(2)应先调配专色墨小样，待与印刷的专色墨色基本一致后记下比例再扩大调配量。

(3)调配时应尽量使用搅拌机，以确保调色的油墨能充分搅拌均匀。

(4)调配后若出现专色偏色情况，应采用补色法加以纠偏。如偏红则可加入少许绿色墨纠偏，若偏紫了可加少许黄色墨纠偏等。

(5)调配深色专色墨与浅色专色墨方法并不一样。调配深色墨时应将深色中的主色墨称取一定比例后倒入容器中再逐渐加入辅助色墨搅拌均匀，而调配浅色墨则是在减淡剂中逐渐加入原色油墨搅拌均匀。

(6)调配专色墨的量应比实际需要量适当多出部分，否则再次调配油墨极可能导致色相不一致。

15.什么是PANTONE(潘通)油墨？

PANTONE 油墨即专色油墨，其颜色是由美国标准认证的色彩，它将颜色以数字的方式进行统一描述，如 PANTONE 252 C、PANTONE 252 U 等，且具有极高的色浓度和色纯度，印后产品颜色色彩一致、纯正、鲜艳。因其对专色的标准化管理，故极大地方便了出版物及包装物品的专色印刷，也便于客户与设计师及印厂间的专色使用方面的沟通，尤其是对于连续出版的期刊或系列图书，尽管在不同时间印刷，其专色印刷效果能保持高度一致。

对于不同纸张，PANTONE 油墨也分别提供了不同的方案，其对应的色卡分别有 C 系列、U 系列，其中 C 系列为油墨印在光面铜版纸上的效果，而 U 系列为油墨印在无光胶版纸上的效果。因此，对于不同纸张的印刷效果，在选择色卡时就应特别注意。

新版本 PANTONE 油墨色卡 GP1601 比原版新增了许多新色彩，按色谱顺序进行全新排列，共有 1755 种专色，选用非常方便。

四、平版印刷中的橡皮布和润版液

1.橡皮布的作用是什么？

橡皮布即胶印机上转印滚筒的包覆物。在间接平版印刷中，需要将来自 PS 版上的图文信息转移到承印物上，这就需要橡皮布来完成印版和承印物之间的中转作用。

2.橡皮布如何进行分类？

橡皮布通常由表面胶层、弹性胶层和织布层组成。橡皮布按结构分，有普通型橡皮布和气垫型橡皮布；按用途分，有转印用橡皮布和压印滚筒衬垫橡皮布；按印刷机分，有单张纸印刷机橡皮布和卷筒纸印刷机橡皮布。

3.橡皮布有哪些规格？

橡皮布的规格可从三个方面描述：包装形式、尺寸、厚度。包装形式有平板状和卷筒状两种。平板状的尺寸是指其长和宽，而卷筒状是指其幅宽。橡皮布的厚度一般在 1.6～1.9mm 之间，主要根据印刷机滚筒间距和衬垫高度来设定。

4.橡皮布的主要性能有哪些？

（1）平整度

通常用千分尺测量橡皮布的中心部位和边缘部位，测量结果之差小于 0.04 mm 的即认为平整度较好。如果平整度差，就会造成印刷压力不均，进而出现墨色不匀，网点变形，图文模糊不清等问题。

（2）表面光滑度

橡皮布表面不宜过分光滑，否则易产生吸墨性差、吸附纸毛等问题。在印刷一段时间后，若出现橡皮布表面极光滑的情况，应用清洁剂把表面的那层亮膜清洗掉，以便使橡皮布表面保持无数的细小砂目。

（3）硬度

橡皮布的硬度应适中，过硬的橡皮布印刷质量相对好，但易导致印版磨损严重。一般，印短版件可选择较硬的橡皮布，长版件则要避免使用过硬的橡皮布。而过软的橡皮布虽对印版影响小但易导致印刷网点质量不好。

（4）厚度

根据不同印刷方式和机型，橡皮布的厚度要求也不一样，转印橡皮布的厚度通常在 1.6～1.9 mm 之间，而衬垫橡皮布的厚度一般在 0.5～2.6 mm 之间。

（5）抗张强度

抗张强度是指橡皮布在张力的作用下抵抗拉伸变形的能力。抗张强度不足的橡皮布，易在张紧状态下突然断裂，有的会在滚筒的滚压周期内不能瞬间恢复弹性，以至于增加压缩形变量就会被扯断。橡皮布的抗张强度可采用橡胶抗拉实验仪来测定。

(6)伸长率

伸长率是指橡皮布在一定拉力作用下被扯断时所伸长的长度与原长度的百分比。一般要求橡皮布的伸长率不超过2%,否则易导致图文印刷中的网点不够清晰完整和套印精度不符合要求。

5.橡皮布应具备哪些印刷适性?

橡皮布的印刷适性主要是指橡皮布与其他印刷材料以及印刷条件的匹配性,以适于印刷作业。橡皮布的印刷适性主要包括以下几个方面:

(1)拉伸变形性

拉伸变形性是指橡皮布在拉力的作用下产生形变的能力,主要表现在受力方向上的长度增加、横向尺寸的缩短和厚度的减小。

(2)回弹性

回弹性是指橡皮布在去除外力的作用下恢复到原来状态的能力,即瞬间复原性。当橡皮布回弹性变差时,应及时更换新的,否则易导致橡皮布表面无法正常吸附和传递油墨,以至于出现前后印刷墨色不匀等问题。

(3)吸墨性

吸墨性是指橡皮布在印刷压力作用下表面吸附油墨的能力。通常,橡皮布成型前需要精磨处理,使其表面获得一定的砂目,以增强表面的吸墨性。长时间使用后,橡皮布表面就会形成一层亮膜,这极不利于油墨的吸附,所以应定期将这层亮膜清除掉。

(4)传墨性

传墨性是指橡皮布在印刷压力的作用下,将油墨转移到承印物表面上的能力。传墨量在印刷过程中是递减的,当然,橡皮布的传墨性还与印刷压力、印刷速度、纸张表面情况以及橡皮布本身情况有关。

(5)剥离性

剥离性是指在印刷压力作用下,橡皮布与纸张等承印物间的剥离能力。在橡皮布与纸张等的剥离过程中,由于存在剥离张力,所以时有引起纸张伸长或起皱、拉毛甚至纸块剥落现象,在选用橡皮布时,需要考虑其剥离性。

6.常用的橡皮布有哪些类型?

常用的橡皮布主要有两种类型,即普通型橡皮布和气垫型橡皮布。

(1)普通型橡皮布

常用于一般书刊和图书印刷,有时也用于普通彩色图片和包装纸盒的印刷,印刷的图文通常为色块或线条,故普通型橡皮布又称为实地型橡皮布。

从结构和组成上看,普通型橡皮布有3～4层,由表面胶层、弹性胶层和织布层组成,厚度在1.8～1.95mm之间。

性能和特点上,普通型橡皮布具有良好的弹性和瞬间复原性,吸墨性也较好,但在动态压印状态下，易出现“凸包”现象，容易使网点和印迹发生位移及变形。

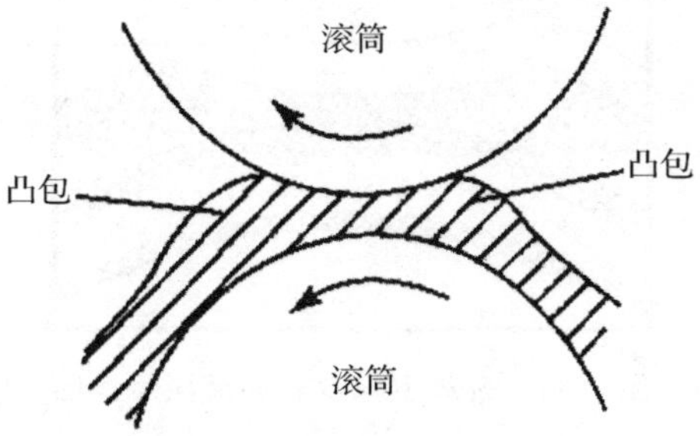

图 1-18 普通型橡皮布受挤压出现的“凸包”现象

普通型橡皮布的规格通常有 1220 mm×1220 mm、915 mm×915 mm、710 mm×680 mm 等。表面颜色有蓝色或绿色等。

普通型橡皮布主要适用于速度在 10000 r/h 以下的单张纸单双色印刷，与普通 PS 版、树脂型普通或亮光油墨、普通胶版纸及涂料纸相匹配使用。

(2)气垫型橡皮布

气垫型橡皮布是一种高级橡皮布，常用于印刷精美画册、艺术图片、彩色书报刊，以及要求较高的商标和包装。

从结构和组成上看，气垫型橡皮布由表面层、气垫层、弹性胶层和纤维织布层组成，厚度在 1.65～1.90 mm 间，如图 1-19 所示。由于气垫层是由 0.40～0.60 mm 的微球体组成的，故这种气垫型橡皮布具有良好的可压缩性。

同时，气垫型橡皮布还有优良的吸墨性、传墨性和抗酸性，对印版的磨损极小，使其发生的形变的外力撤除后能瞬间还原。气垫型橡皮布在印刷过程中形变小，不出现“凸包”现象，印刷网点还原性好，能适应多种规格的产品印刷。

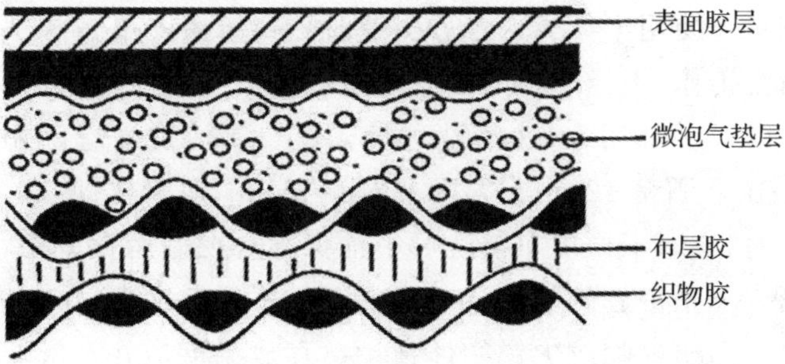

图 1-19 气垫型橡皮的组成与结构示意图

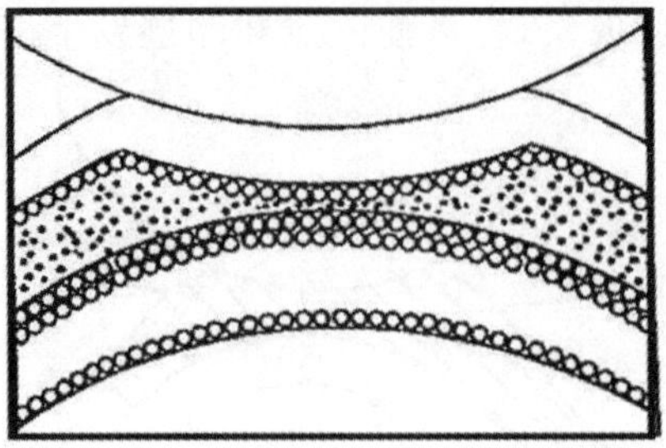

图 1-20 气垫型橡皮布的受压示意图

气垫型橡皮布的规格通常有 915 mm×1050mm、915 mm×915 mm、1200 mm×900 mm 等。表面颜色为蓝色或绿色。

气垫型橡皮布主要适用于速度在 20000 r/h 以下的单张纸或轮转机印刷，可与普通 PS 版、快干亮光型或非热固型油墨、普通胶版纸及涂料纸等匹配使用。

7.橡皮布如何使用和维护？

（1）对于新橡皮布

裁切时要选择正确的受力方向。一般可在橡皮布背面找到标志彩色线或箭头。橡皮布的尺寸须大于衬垫尺寸，以防止油墨及润版液渗透到橡皮布背面。打孔时应注意孔径略小于夹板螺丝的直径，同时应保持两排孔的中心连线与橡皮布背面的标记线垂直。

应正确去除橡皮布表面的防氧化层。可用汽油或浮石粉蘸取的煤油擦拭橡皮布表面。要检查和修正橡皮布的平整性。方法是先印刷实地版，发现低凹处，再通过加衬垫的办法进行纠正。安装时应注意逐步收紧，以消除橡皮布的滞弹性变形。

（2）对于已经使用的橡皮布

使用中应注意压力适中，包衬厚度符合要求，两块橡皮布轮流使用，避免纸张中的砂粒及硬块进入印刷机。使用半年或一年后需及时更换新橡皮布。

注意日常的清洗工作，不让干燥的油墨停留在橡皮布上。停机时间较长时也应及时清洗橡皮布。清洗时双手都用上，边清洗边擦干。自制清洗液应随用随配。其配方为：120＃汽油 300 ml；工业酒精 125 ml；异丙叉丙酮 75 ml；氢氧化钾 5.6 g。

长时间不开机时，应取下橡皮布清洗后平铺保存。在搬运存放中，表面层朝里卷放。避免重物挤压变形。单张平放的橡皮布，面对面或背对背放置，并在表面间洒一些滑石粉。不得在橡皮布上用粗糙物或尖锐物体拖动。存放温度应在－35℃～35℃之间，空气相对湿度应小于 70％。应远离热源，避免暴晒裸露，不接触油、酸、碱、盐等化学物质。

8.润版液的种类有哪些？

根据成分的不同，润版液主要普通润版液、酒精润版液和含非离子表面活性剂的润版液。使用时将原液用水稀释调配而成。每种润版液有其不同的组成成分。

（1）普通润版液，主要成分为弱酸、弱酸盐、氧化剂、水溶性胶体及有机酸等。

（2）酒精润版液，是在普通润版液加入一定量的乙醇或异丙醇，即制成了酒精润版液。

(3)含非离子表面活性剂的润版液，是指把非离子表面活性剂加入到普通润版液中配制而成的润版液。

9.润版液的作用是什么?

(1)在印版的空白部位形成均匀的水膜，以抵制图文上的油墨向空白部分浸润，能有效防止脏版。

(2)在印刷过程中，由于摩擦等原因导致印版空白部分受到磨损，印版空白部分的亲水性就会逐渐减弱。为了弥补这一点，通过润版液中的电解质与印版裸露出来的版基金属铝逐渐发生化学反应，从而逐渐恢复空白部分的亲水性。

(3)通过向印版供送润版液，在一定程度上控制了供墨系统的温度。印刷机的印刷流程中，在无润版液的状态下，供墨系统中的油墨温度会逐渐升高，油墨黏度下降，出现严重铺展。

10.润版液主要技术参数有哪些?

(1)pH 值

润版液的 pH 值过低和过高都会使印刷产生故障，印版空白部分会出现深度砂目化，甚至会使图文部分也因感光胶的溶解而出现“掉版”现象。pH 值过低，则润版液的酸性过强，会使油墨的干燥时间延长，易导致印刷品背面蹭脏，印刷品叠印时效果较差。而 pH 值过高，又会加剧油墨的乳化。因而，通常调配润版液的 pH 值最好在 5～6 之间。当然，为了增加和减弱油墨的黏度，对于不同纸张，润版液的 pH 值控制也应区别对待，即非涂布纸(双胶纸、书写纸、轻型纸等)，因纸张掉毛掉粉较重，需要减弱油墨黏度，故润版液的 pH 值可适当降低一些。相反，润版液的 pH 值可以高一些。而对于实地版的印刷，润版液的 pH 值就可低一些，网点版的印刷，其 pH 值就可高一些。

(2)电导率

电导率是电阻的倒数，其高低可以间接表示润版液中离子浓度的高低。由于在调配稀释润版液的过程中，通常是往润版液的原液中加入自来水进行调配稀释的，而自来水中又含有一定量的钙、镁离子，即自来水自带一定的硬度，于是润版液也表现出一定的硬度。当硬度过高时，就会严重影响印刷作业，如沉积物在湿润系统中出现堆积，严重影响润版液的正常传输;如沉积物在供墨系统堆积，就会严重阻碍油墨的传递，造成印版图文部分发花，空白部分起脏。为确保润版液的硬度值不能过高，可在调配润版液时用软化水代替自来水。同时，须经常检测润版液的电导率，即检测其离子含量情况，以监测润版液硬度值的变化。

(3)表面张力

实验表明，表面张力略大于油墨的润版液，即可用较少的水量实现平版印刷的水墨平衡。由于普通润版液在调制中加入了电解质，从而增加了其一定的表面张力，这就有必要通过在润版液中加入一定量的乙醇或非离子表面活性剂，以达到适当降低润版液张力的需要。

(4)油墨乳化

由于印刷过程中,油墨和润版液同处于印版上,不可避免出现相互作用,进而形成"乳状液"。油墨适度乳化有利油墨的正常转移,但应防止油墨过度乳化。经实验得知,对于不同的油墨,在印刷中对水分的摄入量也是不同的,青墨摄入量最大,黑墨摄入量最小。为此,应对不同油墨控制好润版液水量大小,以防止油墨出现严重乳化现象。

五、胶辊

1.胶辊的分类有哪些?

按辊芯结构分,有重型和轻型胶辊。

按辊面材料分,分别有橡胶、塑料、尼龙和合成树脂胶辊。

按胶层硬度分,有硬质和软质胶辊。

按工作性质分,有输墨用和润湿用胶辊。

按机型分,有打样机和印刷机胶辊。

2.胶辊的规格参数有哪些?

(1)直径

因印刷机的机型差异而有不同的变化,同一机型的同一类胶辊直径也存在差异,胶辊的直径大小直接影响输水输墨的均匀性,通常误差不超过 0.5 mm。

(2)长度

是指胶辊面胶长度,国产全开机使用的胶辊长度为 1250 mm,对开机使用的胶辊长度为 910 mm,四开机使用的胶辊长度为 650 mm。

(3)厚度

与辊芯的直径和胶层结构尺寸有关。通常辊芯直径在 40～60 mm 时,胶层厚度在 10～25 mm。

3.胶辊有哪些基本性能?

(1)外观性能

胶辊外观为标准的圆柱形状,不应出现弯曲、偏心、变形等现象。胶辊表面光滑细腻,手触无粗糙感,同时表面洁净、无气泡、无针孔、缺胶、杂质、裂纹、损伤、凹塌及凸起等现象。

(2)物理化学性能

胶辊应具备良好的机械精度、硬度、强度、回弹性和耐磨性能,以确保正常的传墨传水。同时胶辊还应能抵抗外界的化学溶剂、光照、热量和温湿度的变化而不发生显著变化。

(3)印刷性能

胶辊是用于传墨传水的,在印刷机的整个印刷过程中,胶辊必须能适应相应的印刷方式、印刷环境、油墨及纸张材料,以满足印刷的需要,因而应具备良好的亲墨性、转移性、弹塑性、耐磨性等基本的印刷性能。

4.胶辊的主要印刷适性是什么?

(1)湿润性

胶辊的湿润性即胶辊与油墨或润版液接触时,其表面被液体或墨膜浸润的能力。在具体使用中,出现表面硬化、龟裂等自然老化时,胶辊的湿润性将大大降低,这非常影响胶辊对润版液和油墨的传递转移能力。

(2)传递性

胶辊的传递性是指胶辊对油墨、润版液的吸附、传递和转移的能力。墨层通过胶辊间隙后,即在两个胶辊间对等分离。通过控制辊间接触压力和宽度,即可保持油墨在胶辊间稳定的传输。传墨胶辊的表面状态、弹性、硬度以及油墨的流动性因素,均影响胶辊对油墨的传递性。

(3)耐气候性

胶辊的耐气候性是指胶辊耐抗外界温度、湿度及摩擦生热而保持自身物理化学性能的能力。在印刷过程中,不可避免会使胶辊摩擦生热,而机器长时间运转会加速胶辊胶层老化、软化,进而改变外形和尺寸。通常,胶辊的工作温度在20℃~70℃间,若温度过低也会使胶辊胶面硬化而失去弹性。

(4)耐磨性

胶辊的耐磨性是指胶辊在印刷过程中抵抗磨损而保持自身物理化学性能的能力。因印刷过程中的摩擦磨损,致使其外形及尺寸发生变化,进而影响其传递性能。耐磨性与胶层材料有关,通常聚氨酯橡胶的耐磨性总体好一些。而耐磨性还与工作温度有关,低于15℃时,用天然橡胶做的胶层耐磨性较好,而高于15℃时,丁苯橡胶做的胶层耐磨性较好。

5.常用的胶辊有哪些?

(1)橡胶胶辊

单张纸和卷筒纸胶印机湿润系统的传水辊、润湿辊和传墨辊、匀墨辊及着墨辊等主要为橡胶胶辊。其结构为三层,辊面有一定的粗糙度、黏性和爽滑性,弹性好,机械强度高,耐油、耐溶剂、耐气候性好,形稳性好,但清洗有点困难。由于其硬度好,故在印刷时易对印版造成较大磨损,同时也影响油墨的转移性,老化速度快。使用时应注意避免阳光直射和高温烘烤,也不应在低温环境中使用,故需要保持车间的正常温湿度。

(2)聚氨酯胶辊

聚氨酯胶辊应用于平版印刷主要是输墨系统的着墨辊和匀墨辊。辊面为单层或双层,而双层中的里胶层通常为再生时留下的橡胶层或聚氨酯胶层。辊面光滑细腻,具有良好的柔韧性和黏性。其弹性良好，机械强度高，耐气候性好，耐磨性好，印刷性能稳定，也便于清洗。

6.如何正确选择胶辊？

（1）平版印刷用胶辊

大多采用天然橡胶辊，适合快固着油墨，但其表面黏度不够好，承载油墨能力有限。若印刷大面积实地版和网目调，则宜采用聚氨基甲酸酯胶辊。

（2）柔性版印刷用胶辊

通常采用天然橡胶辊或合成橡胶辊。

（3）凹版印刷用胶辊

通常采用天然橡胶辊，但清洗较不易且易发黏。

7.使用胶辊时要注意什么？

（1）印前胶辊要安装好，不得出现摆动摇晃，以免产生磨损过大。

（2）要调试适当的压力，以确保辊间的正确传墨和匀墨。

（3）印刷停止时，应及时使胶辊与印版脱离，以防止静压变形，且应及时清洗表面油墨。

（4）注意油墨中不得含有损坏腐蚀胶辊的溶剂。

8.如何对胶辊进行保养和维护？

（1）在印刷机上安装胶辊应注意顺序和牢靠程度，不得出现滑动，否则易损坏胶辊。取下时也应轻拿轻放。

（2）注意胶辊间的压力适中，并在胶辊长度方向上均匀受力。

（3）不得用尖锐的刀具或工具在胶辊上铲墨。

（4）及时清理胶辊上滞留的纸毛纸粉。

（5）应控制好车间温度和湿度，以免胶辊弹性变化过大。

（6）印刷结束或长时间停机应及时清理胶辊上的油墨并取下妥善保存。

（7）存储时应远离热源，避免光照直射，并将胶辊用纸或塑料薄膜包裹好。

（8）应尽量平放，不得挤压，以免胶层变形。

（9）长时间存放的胶辊应在2～3个月交换一下存放方向，并在胶辊两端的金属部位涂上黄油，以免长时间保存金属生锈。

（10）禁止与酸、碱、油及溶剂等物质接触。

（11）按需要及时购买，不存储过多胶辊，以免出现自然老化。

六、胶片和印版

1.胶片的感光原理是什么？

印刷用胶片通常是银盐感光胶片，即我们常说的菲林，由 PC/PP/PET/PVC 材料制作而成。胶片曝光前通常为黑色或灰色，其一面为药膜面。在胶片的药膜面中，即胶片的明胶层中，悬浮着可进行光敏反应的卤化银颗粒。

胶片经过曝光，胶片明胶层的卤化银便发生化学反应，形成胶片中的潜影像。再将胶片通过显影液的显影处理，胶片则产生明显的影像。而未曝光部分则通过定影液的处理，随着水洗而清除去，呈现浅灰色或透明。

2.胶片的种类主要有哪些？

用于印刷的胶片，根据照排机的输出需要，常见的有两种轴心大小，小轴心为 2.0 英寸(约 51 mm)，大轴心为 2.8 英寸(约71 mm)；按药膜面的卷向，有内卷式和外卷式两种，以适应不同照排机的需要。

根据制版和用途的不同，胶片还有正片、负片及反转片等种类。正片是用来印制照片、幻灯片和电影拷贝的感光胶片的总称。它能把胶片上的负像印制为正像，使影像的明暗或色彩与被摄物体相同；负片是经曝光和显影加工后得到的影像，其明暗与被摄体相反，其色彩则为被摄体的补色，它需经印放在照片上才还原为正像；而彩色反转片则是一种经过反转冲洗后直接得到彩色透明正像的胶片。

3.胶片的质量标准是什么？

对于胶印而言，制成有网点的胶片，其网点中心的密度值应比透明胶片的密度值(片基加灰雾)高 2.50。而透明网点中心的透射密度值不得高于透明胶片的密度值(片基加灰雾)0.10 以上。透明胶片的密度值(片基加灰雾)应不高于 0.15。

胶片上网点不应有明显的碎裂，网点边缘宽度不得超过网线宽度的 1/40。为使印刷的各色版曝光量一致，各色版的胶片透明密度值差异不应超过 0.10。胶片版面应清洁无划痕、脏迹和折痕。

4.如何使用和保存胶片？

胶片是印刷制版的母版，使用前应注意检查是否有折痕、脏迹及粘连等现象；在晒版制版中，应避免尖锐工具和桌柜棱角划伤，并保持胶片正反面干燥清洁；在传递取拿胶片中，应轻拿轻放，对卷曲包装的胶片勿用重物挤压其上。

对于使用后的胶片应及时整理保存。对于气候潮湿的地区，需要用密封袋封装胶片，并在胶片间分别夹放一张打字纸，避免胶片受潮后相互粘连。整理存放胶片时，确保胶片膜面朝里，以防止胶片上的图文信息被划伤。胶片存放室应通风排气，避免阳光直射。

5.什么是PS版?

"PS"是英文"Presensitized"的缩写,PS版是将感光胶预先涂布在版基表面上所制成的一种印版。1950年,由美国3M公司(Minisota Mining & Manufacturing Company)首先开发。

PS版由版基、空白基础和感光层组成。PS版版基为金属铝。空白基础为版基经砂目化处理后的亲水部分,保湿性好,坚硬耐磨。感光胶层为预涂层,具有良好的亲油疏水性、耐磨性和耐酸性。感光胶层感光分辨率高,网点还原性好,吸墨传墨性能优良。

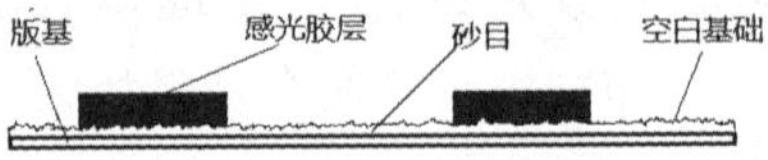

图1-21 PS版结构示意图

6.如何制作胶印PS版?

PS版有阳图型和阴图型之分。阳图型PS版的制版是用阳图胶片晒版,即非图文部分的感光层经曝光后分解,再经显影液溶解去除,便露出版基即带砂目的空白基础,留在版基上的感光层即为图文部分。阴图型PS版的制版过程正好相反。胶印中常用的是阳图型PS版。

7.小胶印印版有哪些特性?

小胶印印版常选用氧化锌纸基印版,通过直接静电制版可得。氧化锌纸基印版由感光层、预涂层、纸基层和背涂层组成。氧化锌纸基印版制版简单,操作方便,制版速度快,成本低廉,但耐印力差,一般只能印刷1000~2000份,且分辨力低,印刷效果较差。

8.CTP版的种类及特性有哪些?

CTP版即应用计算机直接制版技术(Computer to Plate),将图文信息通过计算机直接发送到制版机上,并在CTP版材上直接成像,经显影冲洗后形成可供印刷的印版。

按成像原理,CTP版目前分为3类,即光敏型CTP版、热敏型CTP版和喷墨型CTP版。光敏型CTP版又分为银盐扩散型和光聚合型CTP版。热敏型CTP版又分为热熔解型和热交换型CTP版。而喷墨型CTP版则分为PS版型和裸版型喷墨CTP版。

与PS版比较,CTP版的制版过程中,不需要胶片晒版,故而信息传递环节少,传递损失小,对印刷高精度产品有较好的保证。而在整个制版过程中,因环节的减少,印刷成本也会有一些下降,印刷周期也能得到一定的缩短。不足之处在于因不再输出胶片,质量检查只能通过印刷后的大样来核对付印清样,故而相对较困难一些。另外,一旦印刷中发现CTP版有损伤,若印刷厂没有CTP制版机,则重新补制CTP版也会费时费力。

9.柔性版的种类及特性有哪些?

柔性版主要有橡胶柔性版和感光树脂柔性版,而现在大多使用感光树脂柔性版。感光树脂版根据感光前树脂的状态可分为固体树脂版和液体树脂版两种。

固体树脂版是预制柔性版材,制版操作简便,印刷分辨率及原稿再现较好,适于印刷质量较高的包装物、商标、装潢等彩色印刷品。

液体树脂版成本低，制版也简单，比固体树脂版制版时间更短，容易冲洗，但分辨率低，适于印刷质量不高的塑料、报纸、书刊、信笺、表格、笔记本等单色印刷品。

10. 丝网印版的组成、使用及保养是怎样的？

丝网印版由丝网、版膜和网框组成。要求丝网要薄且强度高，伸缩性小，网孔均匀。版膜即感光胶膜，版膜质量直接影响印刷效果。网框要能满足绷网张力的需要，要坚固耐用，轻便价廉，耐水耐溶剂。丝网印版应正确使用和适当保养。

(1)在绷网时，应注意张力均匀适度；

(2)印刷时，应注意刮墨板的刮墨角度和压力，一般选取 60°～80°角；

(3)要注意承印物与网版的距离，不宜过大，否则会影响网版的回弹和印刷套印精度；

(4)丝网版使用后应立即清洗印版上的残留物及油墨；

(5)丝网版应保存在干燥通风处，不宜堆码过高，以免重压变形。同时也应注意防尘防潮，避免油污。

11. 凹版的结构及特性有哪些？

凹版外形通常是制成的金属滚筒。其制作过程是在金属钢管的外层镀上镍后，再在镍上镀上一层铜，然后在铜表面雕刻信息，再镀上一层铬，即完成制版过程。

凹版的结构由里向外由 4 层组成：辊体、镍层、铜层和铬层。如图 1-22 所示。辊体是凹版滚筒的支撑体，镍层增强铜层与滚筒的结合力，铜层是印版的图文基础，可刻录图文信息，铬层是为了提高印版的表面硬度和耐磨耐印性能。

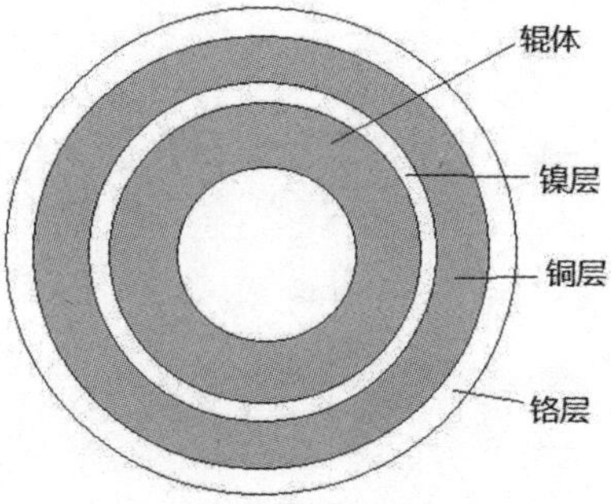

图 1-22　凹版滚筒结构示意图

凹版与其他印版相比，耐印力相当高，一般能达到 100 万印以上，同时也有以下特性：

(1)网穴。凹版的图文部分是由大大小小的网穴(凹孔)组成，网穴内储墨多少将影响印刷品的层次和密度情况。电子雕刻的网穴呈“V”形，激光雕刻的网穴呈“U”形。目前，凹版制版以激光雕刻为主。

(2)网墙。为了避免刮墨刀将网穴中正常的油墨部分刮走，在凹版制版时在网穴间形成了“网墙”

图 1-23 凹版网墙与网穴示意图

(3)网穴形状。有三种,方形网穴、扁菱形网穴、菱形网穴。

(4)网穴角度。为了防止“龟纹”的出现,网穴也有几种角度。常见的网穴角度有:30°、45°和 60°。

(5)网穴线数。方形网穴线数一般有 50 线/厘米、60 线/厘米、70 线/厘米。激光雕刻的网穴线数变化幅度较大,一般在 30～100 线/厘米不等。

第二部分
出版物印刷

一、图像输入技术

1.扫描作业前应该对扫描仪和稿件进行哪些处理?

(1)扫描仪要预热

若想获得更好的结果,应提前30分钟打开扫描仪的电源进行预热处理。有些扫描仪在没有达到正确的温度时,能自动提醒,并且执行预热程序,直到完全准备好为止。

(2)擦除污点和指纹

不要使用面巾纸,因为面巾纸是由纸浆做成的,会非常细微地划伤平台扫描仪上的玻璃片或滚筒扫描仪上的滚筒,或在胶片和印刷品上留下痕迹。可以用一次性的特制棉布擦净玻璃,轻轻地擦除待扫稿件上的灰尘。留在胶片上的指纹是不能直接擦除的,可以从摄影器材商店购买一种清洁液,但绝对不能用水。

(3)平整要扫描的材料

有人认为如果扫描原稿没有垫平可以在稍后的图像处理软件中修整,那将大错特错,因为扫描没有卷曲的正方形材料要比稍后使用软件修整更容易些,结果也更好一些,若使用软件修整会降低图像的清晰度和质量,因此一般要求将扫描原稿垫平扫描。

2.如何对扫描仪进行颜色校准?

不同扫描仪厂家生产的产品都有其独特的色彩校准系统,如:MICROTEK的DCR动态色彩校准软件,爱克发的FotoTune色彩管理软件,清华紫光的ImageCalibration色彩管理软件等,通过这些色彩管理软件,自动进行色彩补偿,有效地解决了扫描图像的色彩失真问题,从而使扫描得到的图像有最佳的色彩效果。扫描仪色彩管理软件的使用很简单,以DCR为例,首先将MICROTEK提供的标准色表Agfa－IT8(用于扫反射稿)和KODAK Q－60(用于扫透射稿)放在扫描仪中,执行MICROTEK CALIBRATION程序,再选择CALIBRATE按键启动DCR彩色校正系统,就可完成操作。当以后扫描一般图像时,只要简单地查看是否选中DCR,一经选中后,DCR就会自动的应用在所有扫描的彩色图像中。

3.如何创建平面扫描仪的 Profile 文件？

首先选择平面扫描仪标准色标，目前常用的色标系列是 Kodak、Fuji、Agfa 的 IT8 系列，色标由 264 个色块组成，代表了整个 CIE LAB 颜色空间的采样，底部为 23 级中性灰梯尺。在生成扫描仪 Profile 特征文件时，需要关闭所有扫描软件里面的色彩管理功能，不要使用任何内嵌的色彩特性文件。创建时先由扫描仪在测试状态下进行扫描，将扫描仪产生的色标上的每一块的 RGB 值与原标准色标测量的 $L^*a^*b^*$ 值进行比较。建立一个扫描仪的转换表，转换表实质是一个速查表，可用来将扫描仪上生成的 RGB 文件的某一点对照到 $L^*a^*b^*$ 参照颜色空间中。RGB 文件与转换表一起用于色彩管理软件，赋予来自扫描仪的图像实际意义。平面扫描仪的 CCD 光电耦合器灵敏度、滤色片的透光率及光源都会随着时间的推移而有所降低，因此，扫描仪的 Profile 文件要定期创建一次，以保证文件的正确性。

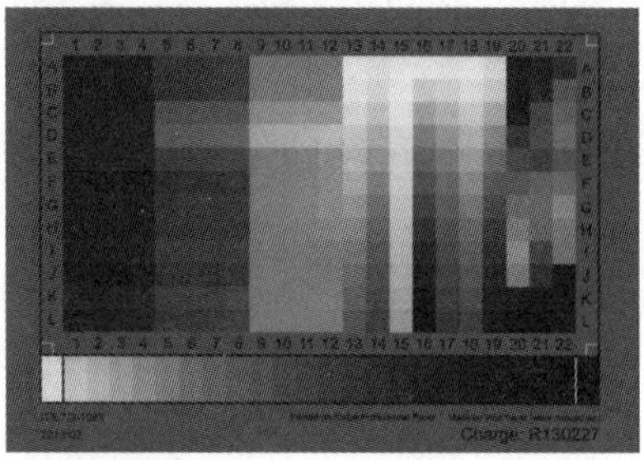

图 2-1　IT8 标准色标

4.平面扫描仪的工作过程是什么？

扫描仪启动后，扫描件不动，安装在扫描仪内部的可移动光源通过扫描仪的传动机构作水平移动，发射的光线投射到原稿上，光线经反射（正片扫描）或透射（负片扫描）后，由光学透镜聚焦并进入分光镜，经过棱镜和红绿蓝三色滤色镜得到的 RGB 三条彩色光带分别照到各自的 CCD 上，CCD 将 RGB 光带转变为模拟电子信号，此信号又被模拟/数字转换器转变为数字电子信号，然后将它送往驻留在计算机中的软件。简单来说，扫描仪的工作过程就是利用光电元件将检测到的光信号转换成电信号，再将电信号通过模拟/数字转换器转化为数字信号传输到计算机中。

5.如何消除扫描透射稿时的牛顿环？

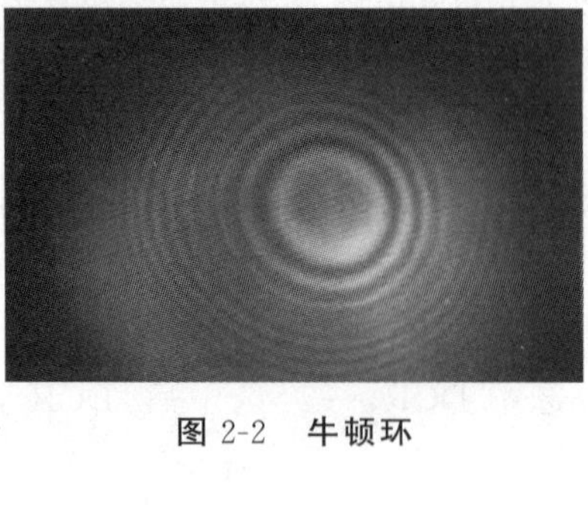

图 2-2　牛顿环

针对滚筒扫描仪和双平台扫描仪而言，扫描透射原稿时，经常会出现牛顿环。清洁扫描滚筒或平台可以减少它的产生。但如果仍然存在，那么就要使用一些特殊的方法，即用装有玉米粉的喷粉器，走到远离扫描仪的地方，将玉米粉从喷粉器中挤出来，让它从空中散开，当大颗粒的粉粒落下后，拿住透射稿的一角，让它穿过喷粉区域，这样空中的细粉就落在稿件上了，以达到消除牛顿环的目的。

6.如何解决扫描过程中龟纹出现在图像特定区域的现象？

当人们拿放大镜观察印刷品时，将会发现任何图案都是由许多很细小的网点按照特定的组合排列而成，这些网点一般有 4 种颜色，即青色、品红色、黄色与黑色。网点的排列规律在扫描的时候会被灵敏的感光组件所侦测出来，于是扫描的结果会让整张图片出现各种纹路，这些纹路在印刷品中称为玫瑰斑，严重时称为龟纹。扫描后，玫瑰斑或龟纹会变得更明显，严重影响扫描图像的品质。

可以采用以下几种方案来避免龟纹的产生：

(1)在扫描软件中去龟纹。几乎所有的扫描界面都有去龟纹的功能，选中这个功能即可。

(2)在 Photoshop 中使用高斯模糊，取值 1，对图片进行模糊处理。

(3)单通道去龟。在 CMYK 四个通道中，Y 通道龟纹最严重，可在 Y 通道中进行单独处理以进一步去除龟纹。

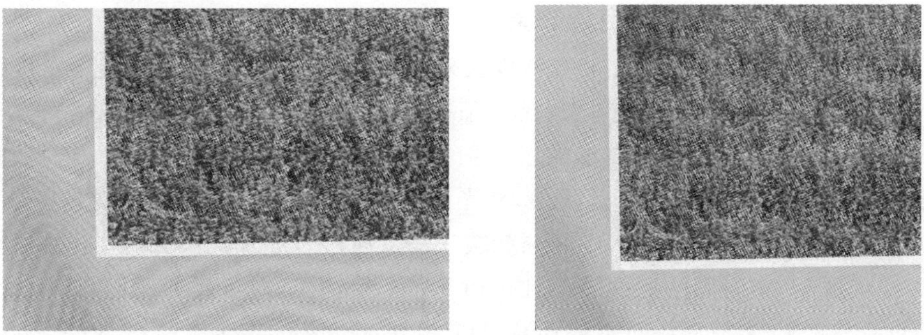

去龟纹前　　去龟纹后

图 2-3　去龟纹前后对比

7.图像黑白场定标的原则是什么？

在对原稿的高光区和中间调区进行扫描时，不同的黑白场会产生不同的亮度层次，高光区和中间调区直接影响到图像的层次和颜色，被看作是原稿的基调。只有正确地选择黑白场，扫描后的图像才会非常清晰、色阶分布均匀、层次分明。黑场是指原稿中具有层次的最暗处，但不一定是原稿的最暗处。白场是指原稿中具有层次的最亮处，但不一定是原稿中的最亮处。白场不应选成原稿中已没有层次的最亮处。总体来说，黑白场之间的密度范围涵盖了原稿的所有层次，因此黑白场应选在原稿需要扫描的主体部分。例如，一张彩色照片，包含人物与风景，原则上黑白场应选在人像上，为了突出人物主体，一般不应选在作为背影的风景上。

白场定标原则是：对于曝光正常，密度反差标准的原稿，应把极高光部分定为绝网。对于曝光过度，密度小的原稿，极高光部分网点值应定在3%～5%，以加深亮调层次。对于曝光不足，密度大的原稿，首先将极高光部分定为绝网，其次应提亮中间调，丰富高光和中间调层次。

黑场定标原则是：黑场设定时，选点应尽量选在黑色物体的中性黑部位，并且准确设定网点值。黑场设定时值不能过小，不然会造成图像发灰，也不能过大，太大会使暗调层次并级，一般将网点值定为95%即可。

8.如果用铜版纸印刷，扫描时应该怎样确定黑白场？

一般情况下，在印刷图像的高光部分，3%～5%的网点会丢失，印刷品的高光部分是由纸张的颜色决定的。因此纸张的白度不同就会影响画面主亮处的颜色亮度和饱和度，进而影响画面的色彩对比度。铜版纸表面光滑，具有较高的白度和光线反射能力，在铜版纸上进行印刷，网点变形小，网点扩大率可以控制在15%左右，因此使用铜版纸进行印刷的产品颜色鲜艳饱和度高，具有较好的层次和反差。

企业根据自身晒版能力和印刷能力，一般将白场CMYK网点值定为5%、3%、3%、0，黑场CMYK网点值大致为95% 、85%、85%、75%。如果图像上没有白场点，可以将纸色作为白场的参考点，将纸色反调节到CMYK各色网点小于3%以下即可。

9.如何根据密度值来确定黑白场？

黑白场除了根据网点百分比的数值设置外，还可以根据密度值来确定。密度值和网点百分比是对应的，网点百分比越大，密度值越大，反之则小，定标方法与用网点百分比定标的方法类似。用D_{min}表示白场的密度值，D_{max}表示黑场的密度值，D_{min}越大，则亮调部分提升越多，层次损失越多；D_{min}越小，高光部分亮度越高，层次也体现得越多。D_{max}越大，暗调部分的层次体现得就多，中间调就被压缩得越多；D_{max}越小，暗调就会被压缩得越多，层次体现就少，中间调的层次多而且拉得开。一般情况，对于反射稿而言，D_{min}为0.02～0.05，D_{max}为1.5～1.8；对于透射稿而言，D_{min}为0.2～0.4，D_{max}为2.0～2.50。

10.对偏色原稿进行黑白场定标和扫描处理的方法是什么？

偏色原稿分为整体偏色原稿和局部偏色原稿两类，如果原稿由于拍摄冲洗的原因而整体偏色，则在扫描时，就不能按照常规定标方法选择黑白场，尤其是白场选点，不能选择在高光白色区域处，而要选择在高光偏色区域处，再进行常规定标。当然，人们也可以通过扫描后采用调整整个层次曲线或色阶的方法来校正。扫描时要调整色彩平衡，如果图像有些偏色，可以利用色彩平衡选项改变图像的整体色调。偏色不严重时可以选择“自动色彩平衡”选项，让软件自动校正，偏色严重时就要进行手动调整。扫描仪为这三种基本色都分别提供了调整功能，调整选项中有红、绿、蓝三个滑动条。要调整图像颜色，只需要将滑动条上的滑块拖向要在图像中增加的颜色，或将滑块拖离要减少的颜色即可。

而对于局部偏色的原稿，则根据它是高光偏色、中间调偏色或暗调偏色来进行不同段的层次曲线调整，也可用选校色彩来进行局部校正。校色中视画面具体情况尽量做足基本色，降低相反色。对于严重偏色的原稿，用滚筒扫描仪处理要比平台扫描仪处理的效果好，而对较标准的原稿则两者差别不大。此外还可以根据客户要求对原稿进行选取局部夸张校色、变色等处理。

11.如何扫描逆光照片？

通常在扫描逆光照片时，如果使用扫描仪默认的设置来扫描，生成的图像整体色调会偏暗。为了改善扫描效果，可以通过调整扫描仪设置参数，适当减浅照片中的色彩层次曲线，以便获得较好的扫描分色效果。调整好参数后，重新扫描图像一次，以便让扫描仪按照校正操作要求，重新对照片采样，使扫描仪生成符合需要的图像效果。

如果已经使用了默认设置扫描图像，可以使用 Photoshop 中的调整层次曲线功能来减轻色彩中的中间调部分。

12.曝光处理不当的原稿如何扫描？

曝光处理不当的原稿扫描时要调整亮度和对比度，曝光过度的图片由于亮度太高，看上去发白；曝光不足的图片由于亮度太低，看上去发黑。曝光过度和曝光不足的图像都缺乏层次，细节不丰富。这时可以拖动亮度和对比度滑动条上的滑块使图像的亮度适中，对比度合适。由于亮度和对比度的调节是对图像中所有像素都起作用的，因此，调节中应注意不要顾此失彼。比如，图片的主要信息位于较暗的区域，使其变得亮一些可以使细节更明显。但运用亮度调整功能把所有区域都变亮时，会丢失亮度大的区域内的一些细节。

13.如何正确扫描人物彩照？

在进行人物彩照扫描时，想要得到清晰自然的人像，就必须设置合适的扫描参数。第一步需要正确设置阶调和层次曲线，确保图像中的高中低调部分过渡自然。第二步对照片中的人像进行局部锐化，重点突出人像的轮廓、人体重要部位的层次等，而对人体的皮肤等不需要增强显示，以确保人体皮肤间的色调达到柔和过渡效果。同时，在人物照肤色处理时，还应遵循下列规律：

(1)黄色人种的肤色应该以黄、品红版为主，黄版略高于品红版，在中间调部分，品红版不得超过黄版 10%，最好是黄版大于品红版 10%，青版应为品红版的一半以下，作为层次版，黑版只在中暗调出现，作为暗调骨架版。

(2)黑色人种的肤色中以青版和黑版较重，品红版和黄版基本处于平衡状态，肤色成灰色略偏红。

(3)白色人种的肤色中黄版、品红版的网点百分比基本相同，青版为层次版，黑版与黄色人种所用的相同，只在暗调区域出现。

14.如何对条码、票据进行扫描？

扫描条码如同扫描细小文字一样，扫描的分辨率一般要比图像原稿的扫描分辨率高些，要保证大于 600dpi。扫描色彩模式设为灰度模式比较好，若用线条稿扫描的话，可能会出现边缘锯齿。

通常的票据大多为针式打印机打印出的单色印刷品，使用通常的扫描仪很容易将背面的文字痕迹扫描下来，从而影响整体扫描效果，所以对于票据可以使用专用扫描仪扫描。

15.对应用于彩报印刷的图片如何进行扫描？

由于彩报印刷具有它的独特性，如新闻纸白度、平滑度差，没有光泽，吸墨大；原稿大多是新闻照片，存在色偏及人物、景观不清晰等现象；印刷多使用卷筒纸轮转印刷机，印刷速度快，造成彩报印刷中有或多或少的质量问题，如偏色、色彩不鲜艳、清晰度差、套印不准等。那么根据彩报的印刷特点，正确处理对不同原稿的扫描分色，是提高彩报质量的首要环节。彩报印刷对扫描分色的基本要求有以下几点：

(1)色彩鲜艳明快

为了体现彩报的宣传效果，并考虑到彩报的印刷适性，应适量使颜色纯净饱和，可在 photoshop 中用提高饱和度和在专色纠正中提高基本色，降低相反色来实现。

(2)反差强烈

新闻纸印刷最大密度仅有 1.2 左右，纸张的高光绝网处带有纸张的底色，最深处也由于高速轮转印刷的关系而显得薄淡，扫描分色时可适当补偿，白场处可放弃部分高光层次，兼顾纸张的底色，黑场最深处各色版做足，四色墨叠印达到 360%以上，有时甚至可单独加深黑版在暗调处的网点值。

(3)强调清晰度

高速印刷常产生虚晕，造成细微层次损失，所以在锐化蒙版时可稍微过量，人物原稿可弱一些，风景和建筑物等可强一些。

(4)底色去除

在彩报印制工艺中同样可采用底色去除减少油墨量，便于轮转机的快速套印，有利于中性灰平衡，使版面显得干净明亮。

(5)合理设定黑白场

由于各种原稿受时间、传输、设备许多因素的影响，要求操作者具有一定的审美观，应使彩色图片整体不失真，颜色接近其真实效果，设定好图片的黑白场，小面积的极高光处可以绝网，但大面积部分切忌绝网，暗调处应保留层次。

16.如何扫描诸如地图类大幅面原稿？

通常使用的扫描仪，绝大部分都是 A4 和 A3 规格的，要使用这种型号的扫描仪，去扫描一些尺寸比扫描仪幅面还要大的图像或者普通文稿时，就无法将需要扫描的原稿一次性扫描完，此时就需要将原稿分成多次来完成扫描，扫描后再将各个部分拼合起来，就能生成完整的大幅图像了。

在分次扫描前，必须先将需要扫描的原稿放在扫描仪平面玻璃上，来横竖测量一下，以便决定到底横着扫描方便，还是竖着扫描效果好。为了便于将生成的图像进行无缝拼接，必须在扫描的过程中，时刻保证原稿能够水平地摆放在平面玻璃上。要是原稿由于厚度不一而无法实现水平放置时，就必须在比较薄的地方垫一点东西，以便让原稿能水平放稳，并且还要确保垫的东西不能遮挡住原稿中需要扫描的内容。

扫描结束以后，必须将扫描得到的分块图像，复制到同一个新文件中，这样可以方便地检查各个部分中的明暗度是否相同，不相同的，可以借助专业的图像处理工具，例如Photoshop来处理，将各个图像中的色彩明暗度调整到一致。最后，再使用Photoshop，来调整各个图像的位置，使每一张图像的边缘之间能够相互吻合，以便生成一幅完整的图像。

17.如何扫描图像可以得到理想的灰度图像？

对于黑白原稿，扫描色彩模式可选灰度模式。扫描黑白原稿的首要问题是注意图像中的层次再现，一般地说，人眼对亮调区域比较敏感，所以我们在黑白原稿的扫描时可以适当压缩暗调，确保中间调、高光层次不损失。对于彩色原稿，可以直接选择灰度模式进行扫描，但这不是最佳方案。最佳方案是用彩色模式进行扫描，然后在Photoshop中将图像转换成灰度模式，因为彩色图像饱和度高，层次丰富。如果直接选择灰度模式扫描，扫描前图像的色彩就已丢失，调整的余地非常小，扫描后的灰阶图像层次显然没有彩色扫描再转换成灰阶图像的层次丰富。

18.扫描时对图像进行清晰度增强应注意什么？

在图像的边缘处，光学密度或亮度随位置的变化快、反差大，则图像边缘就越清晰。在扫描过程中为了增强图像的清晰度，一般采用“虚光蒙版”技术来提高边缘的反差，从而达到增强清晰度的效果。通常“虚光蒙版”有“强度”“宽度(半径)”和“阈值(起始点)”等几个参数设置。“强度”调节清晰度增强的效果，“宽度”调节图像密度突变轮廓的宽度，宽度越大，浮雕感越强。“阈值”的设置可以保护某些密度变化不大的细节不受强调。

按照原稿图像的主体内容，一般情况下风景和静物原稿可以采用较高的强度，人像为了避免皮肤被处理得粗糙则采用较小的强度。分辨率低且幅面小的原稿由于对清晰度作用敏感，应采用较小的强度和宽度。如果在人像中有一些需要较高清晰度处理的部分，则可以根据其颜色和阶调特点，利用扫描软件的功能，区别处理肤色区域和清晰度强调区域，达到圆润而清晰的效果。

19.扫描仪扫描图片时速度特别缓慢的原因可能有哪些？

(1)检查一下当前系统资源是否被其他应用程序占用太多，建议关闭系统中的其他无关应用程序。

(2)检查一下是否在扫描仪应用程序窗口中设置了扫描区域。如果没有设置，扫描仪会自动扫描整个平面玻璃板所在的区域，这样扫描大区域的时间自然要比扫描小区域的时间长。用户可以重新将扫描区域设置得更合适一些，然后重新扫描一次，看看速度是否有变化。

(3)检查一下扫描设置窗口中,扫描仪的分辨率是否设置得比平时大,如果这样,扫描仪会花费很多时间去扫描。一般情况下,将分辨率设在300～600 dpi就足够了。

(4)在开机时进入计算机的BIOS设置,将并行口设置为EPP或ECP模式。若计算机不支持EPP或ECP模式,那么用户就无法使用高速扫描功能。

(5)检查一下扫描仪所在的计算机系统是否运行缓慢。如果是,查看究竟是什么原因引起的。大多数情况下,计算机系统突然运行缓慢,很可能是感染了病毒,可以用最新版本的杀毒工具对系统进行全面查杀。如果这样还不能解决,可以重新安装操作系统。

20.如何正确选择数码相机的拍摄模式?

数码相机是一种重要的图像输入设备,在大多数数码相机里,一般会提供Auto模式(全自动模式)、P模式(程序自动曝光模式)、A/AV模式(光圈优先模式)、S/TV模式(快门优先模式) 、M模式(全手动模式),以及一些情境拍照模式,这些模式都预设了拍摄参数,不同场合可使用不同的拍摄模式。

全自动模式适合抓拍,比如在户外拍摄活蹦乱跳的小朋友,只要专注对焦即可。程序自动曝光模式和全自动模式差不多,适合抓拍或光线快速变化的场合,唯一的不同是程序自动模式可以调整曝光补偿,比自动模式能获得更准确的曝光。光圈优先模式适合需要控制景深的场合,如在拍摄一些珠宝饰品时可以通过景深的控制来突出商品的主体。如果想获得背景虚化效果,可用大光圈拍摄;如果希望得到前景和背景都清晰的效果,可用小光圈拍摄。快门优先模式通常用于运动物体的拍摄,例如赛车、运动员或是瀑布等。想定格运动目标,用高速快门;想获得运动感强烈的效果,用慢快门。全手动模式是最灵活的模式,可以根据自己的拍摄意图精确调节,能最大限度地获得精准的曝光,适合在光线稳定的场合拍摄静止的物体,不适合抓拍。

21.如何正确运用数码相机的分辨率?

分辨率是数码相机中一个重要的参数,其数值大小将直接影响到最终图像的质量。图像的分辨率越高,图像文件所占用的磁盘空间也就越多,从而图像的细节表现得越充分。出版物印刷对图像有很高的要求,一般对于图像精度最低要求为300像素/英寸,那么数码相机的分辨率起码要在500万像素以上,所拍摄的照片才能用于印刷。

22.拍摄照片模糊的原因是什么?

如果想要获得清晰的照片,除了在拍摄时保持相机的稳定外,还需要掌握正确的对焦方式。导致照片模糊的主要原因有以下两方面:

(1)相机晃动

一切准备就绪时,在按动快门的瞬间相机发生的晃动就会使整个画面变得模糊。防止因相机晃动而引起失焦的方法有:①拿稳相机,采用正确的拿相机的姿势;②尽量选用高速快门进行拍摄,一般快门速度不要低于1/80;③使用三脚架等固定相机的工具。

(2)对焦位置错误

对准了焦距,但是对焦的位置出现了偏差。对焦位置靠前或对焦位置靠后都会导致这种情况的出现。防止对焦位置靠前或对焦位置靠后所导致的失焦有以下几种方法：①将需要对焦的部分（被拍摄物）放在画面的中间（画面的四周不进行对焦）；②不要拍到位于需要对焦部分前面的其他多余物体（可能会在对焦时将焦点集中在前面的物体上而导致对焦位置靠前的情况出现）；③不要将快门一下子按到底（应半按快门确定焦距是否对准再按下快门进行拍摄）。

23.拍摄的照片偏暗或偏亮的原因是什么？

若拍摄出来的照片中的物体过亮且亮部细节和层次缺失，意味着曝光过度（过曝）；相反，照片中的被摄物过暗且看不清物体的色泽和细节，意味着曝光不足（欠曝）。那么不同的情况需要使用不同的测光方式，才能得到被摄对象正确的曝光。如针对尼康相机的测光模式来说，对于画面光强差别不大的情况可以采用矩阵测光模式；如果将最重要的拍摄内容放在取景器的中间，可采取中央重点测光模式；如果当拍摄对象与背景间的亮度差异非常大，可以采用点测光模式。

24.如何合理设置数码相机的白平衡？

在不同的光线下应采用不同的白平衡值，从而使拍摄出来的图片不偏色。在大多数光源下推荐使用自动白平衡；在P、S、A和M模式下，若有需要，可根据光源类型选择其他值。白平衡主要有以下几种：①自动：照相机自动调整白平衡，在大多数情况下推荐使用；②白炽灯：在白炽灯灯光下使用，白炽灯是一种偏暖的光源，如果不进行校正，你的图像会偏黄色或橙色；③荧光灯：用于消除以普通荧光灯作为主光源而产生的蓝绿色调；④晴天：在拍摄对象处于直射阳光下时使用；⑤闪光灯：与闪光灯一起使用，可以校正闪光灯偏冷的光；⑥阴天：在白天多云时使用，可以消除图像中偏蓝的色调；⑦背阴：在白天拍摄对象处于阴影下时使用；⑧PRE手动预设：根据特定的光源手动设置白平衡，可从现有照片测量白平衡或复制白平衡。

25.如何正确设置ISO(感光度)值？

在数码相机中ISO值代表着CCD（电荷耦合元件）或者CMOS（互补金属氧化物半导体）感光元件的感光速度，ISO值范围越大就说明该感光元件的感光能力越强。ISO值设定的越高，对曝光量的要求就越少。设定ISO值时应注意以下技巧：①由于高ISO值会产生噪点和杂色，所以当拍摄光线较暗时可以首先考虑辅助光（闪光灯和反光板）的应用，在无法使用辅助光时再考虑三脚架的使用和延长曝光时间，最后才考虑提高ISO值的办法，以得到最佳的图片画质。②白天室外的光线较为充分，通常会选用较低的感光度（ISO100），室内可调至ISO200；阴天光线偏暗，室外建议用ISO200，室内用ISO400；下雨天建议调高ISO值（ISO400以上），以保证快门的速度，确保成像的稳定。拍摄动态物体时，为保证图片的清晰，快门速度要保证在1/500以上，那么ISO也相应要调高，在光线较为充足的地方可选择ISO400到ISO800，而光线较暗的地方就应选择ISO800到ISO1600了，看物体和光线而定。

26.调节曝光补偿的技巧有哪些?

曝光补偿就是有意识地改变相机的曝光参数,让照片更明亮或者更昏暗的拍摄手法。调节曝光补偿时应注意以下技巧:①拍摄环境比较昏暗时需要增加亮度,此时可进行曝光补偿,适当增加曝光量。②被拍摄的白色物体在照片里看起来是灰色或不够白的时候,要增加曝光量,因为相机的测光往往以中心的主体为测光点,白色的主体会让相机误以为环境很明亮,导致曝光不足。然而,拍摄的黑色物体在照片里看看起来变色发灰的时候,应该减小曝光量,使黑色更纯。这就是经典的“白加黑减”定律。③当在一个很亮的背景前拍摄的时候,比如向阳的窗户前,逆光的景物等要增加曝光量或使用闪光灯。当你在海滩、雪地、阳光充足或一个白色背景前,拍摄人物的时候,要增加曝光量并使用闪光灯,否则主体反而偏暗。拍摄雪景的时候,背景光线被雪反射得特别强,相机的测光偏差特别大,此时要增加曝光量,否则白雪将变成灰色。④当在一个黑色背景前拍摄的时候,也需要降低一点曝光量以免主体曝光过度。但是拍摄夜景时,应该关闭闪光灯,提高曝光值,靠延长相机的曝光时间来取得灯火辉煌的效果。⑤阴天和大雾的时候,环境虽然是明亮的,但是实际物体的照度明显不足,如果不加曝光补偿则可能造成照片昏暗,适当的曝光补偿,加 0.3 到 0.7 可以使得景物亮度更加自然。⑥在某些艺术摄影中,比如拍摄高调的照片,要增加曝光补偿,形成大对比度的照片,更好地表现作者的拍摄意图。同样的,在某些时候,需要刻意降低照片亮度的,就应降低曝光补偿。

善于应用、合理使用曝光补偿,可以大大提高摄影作品的成功率,拍出画面清晰、亮度合适的照片。

27.如何判断照片的曝光是否正确?

一般情况下,我们可以通过照片的直方图来判断曝光的情况,直方图的横轴从左到右表示亮度从低到高,纵轴从下到上表示像素从少到多。亮度值从 0 到 255,0 表示黑,255 表示白。如果某个地方的峰越高,表示在这个亮度下的像素越多。直方图可以分为五种类型,分别是平滑型、左坡型、右坡型、中凸型、中凹形。

(1)平滑型

直方图曲线形状看上去比较平滑,显示分布非常均匀,说明各个亮度区间的像素分布是很均匀的。以 128 为中间值,直方图中的平均值越高,照片整体就越偏亮。

(2)左坡型

过曝照片的直方图曲线波形偏重于右侧,像素集中于右侧,而左侧的像素很少,从 0(最暗处)到曲线波形的起始处像素很少甚至没有像素,照片的色调很亮,或有大面积的反光源。

(3)右坡型

曝光不足照片的直方图曲线波形偏重于左侧,多数的像素集中在左侧,波形图的右侧有较明显的下降,并且其右侧到 255(最亮处)位置处像素很少甚至没有像素,这种照片看上去过于暗淡,暗的部位较多,亮调不足。

(4)中凸型

直方图上的像素集中在曲线的中间部位，波形在中间凸起，两边下降，靠近 0 和 255 位置处没有像素，缺少暗调和亮调，对比度不足，照片看上去模糊、灰蒙蒙，这种直方图很常见，主要是拍摄时天气等环境因素影响造成，比如有雾、沙尘、太阳光太强等。

(5)中凹型

这种照片的直方图曲线波形是两边高、中间凹陷，像素主要集中在左右两侧，中间很少，照片有明显的暗调和亮调部分，但中间中等亮度部分比较缺少，明暗反差大，这种直方图除了特意进行剪影或高反差创作外，主要是没有掌握好测光部位及测光方式，可以将测光点定位在明暗交接部位进行调节。

但是曝光是否准确并不能完全数据化，没有一个绝对的正确曝光值，直方图只是一个参考工具，具体曝光是否准确还要结合拍摄意图来判断。

二、图文处理技术

1.什么是色温？显示器的色温值应该设定为多少？

色温是以温度数值表示光源的颜色特性，在色彩学上将某一光源发出光的颜色与黑体被加热到一定温度下发出的光的颜色相比较来描述光源的色温。因此，色温可以理解为：当某一光源的色度与某一温度下的黑体的色度相同时，黑体的温度就是光源的色温。计算机显示器的白光也有一个色温值，它指的是白色颜色的色度特征，印前制版领域中，显示器的色温值最好设在 5500～6500K，只有这种条件下显示器显示的颜色才符合印刷制版的要求。

2.如何对显示器进行校准？

显示器校准的目的是使显示的图像和最终输出的图像颜色之间尽可能地接近，常用的软件有 Adobe 的 Gamma 校准程序和 QuickGamma 校准程序等。通常的校准步骤如下：①将显示器打开预热半小时，使显示器处于稳定状态；②将室内光源调整到一个可以经常保持的水平，关掉额外光源，以免这些动态变化影响视觉，然后设定显示器的亮度和反差；③关掉所有桌面图案，将显示器的背景色改为中性灰，这样就不会在校正过程中对视觉造成影响，有助于调节灰平衡；④设定 Gamma 值，先调出 Gamma 控制面板，在对话框的上方选择适当的目标 Gamma 值，一般图像推荐使用的是“1.8”，如果要用录像机或胶片记录以输出图像，Gamma 值设定为“2.2”；⑤校正白场，先在 Photoshop 中建立一个空白新文件，然后选一张与印刷用同样白度的纸张，点击“WhitePoint”按钮，拖动三角形滑块直到显示器中的白色与纸样中的白色尽可能的匹配；⑥校正 Gamma 值，用 Gamma Adjustment 调整，直到三角形滑块上方的双色灰色条中的两种色块视觉效果相近，没有明显界限为止；⑦校正色彩均衡度及灰平衡，点击“Balance”，调整 RGB 三色滑标，直至滑标下方的灰梯尺中没有色彩，成为灰色的色阶；⑧校正黑场，点击“BlackPoint”按钮，拖动RGB三色滑标直至滑标下方灰梯尺的暗部与印刷灰梯尺的暗部感觉一致。

经过以上的步骤，显示器的校色过程就完成了，校色结果马上会对显示器的显示起作用。以后每次启动计算机时，Gamma窗口的设定就会自动生效。当然，我们也可以针对不同的纸张、不同的显示器等各种要求，点按“Save Setting”（存储设置）按钮，在“Control Panel”（控制板）中存储若干个Gamma文件。设置存储后，重新启动机器，点按Gamma对话框中的“Load Setting”（载入设置）按钮，选择合适的Gamma设定值即可。

3.如何选择合适的色彩管理系统？

使用者应根据自己的需要来选择最适合的色彩管理系统，选择时应考虑以下几方面因素：①使用者必须确定是在哪些设备上需要获得一致的色彩。②确定色彩管理系统中自带的描述文件，以及是否支持在开放式系统中建立描述文件；若属封闭式系统，则必须由厂方建立描述文件，这样就需要确定是否能够承受建立描述文件所需的费用。③对各种色彩管理系统进行性能比较，针对使用者的具体情况，可以对系统的可靠性、支持能力、可扩充性、兼容性和易用性等多种性能进行比较。④对选择的色彩管理系统进行测试，用同一彩色原稿对系统进行测试，观察哪一种系统在具体操作环境下，能获得与原稿最吻合的效果。

4.如何在Photoshop中设置油墨选项？

由于各种品牌油墨颜色实际上是存在差异的，因而再现同一颜色时，其网点百分比并不一定相同。所以，应该在分色前选择在实际生产中应用的油墨，使色彩的复制更具针对性。

在“自定CMYK”对话框中，点按“油墨颜色”，选择一个适合的油墨标准以及印刷用纸，因为纸张对油墨的吸收性会对最终结果有很大影响，其中默认设置是美国标准油墨在涂料纸（铜版纸）上印刷的“SWOP (Coated)”标准，此设置比较适合我国大多数印刷要求。网点扩大的预置代表了在指定纸张上图像中间调的网点扩大率，Photoshop再根据此数据建立一个网点扩大曲线来调整图像各阶调的网点扩大率。将网点扩大设定为较小的数值，图像偏亮；设定较大的数值，图像偏暗。使用反射密度计测量打样中的校色条，可根据测试结果来调整网点扩大值。

5.如何在Photoshop中设置分色选项？

在Photoshop的分色选项中提供了如何对CMYK四色版的产生进行控制的选项，包括：“分色类型”“黑版产生”“黑色油墨限制”“油墨总量限制”和“底层颜色添加量”。

（1）可根据需要及印刷厂的生产质量选择分色类型，即GCR或UCR，由于技术因素，GCR常会造成高光部分有脏点，而UCR只是对暗调部分的替代，不会有太大的偏差，使用比较多。

（2）在选择GCR时，还要设置“黑版产生”，黑版产生的程度有“无”“较少”“中”“较多”“最大值”和“自定…”几种选择，自定义是可以在图像中任意调节黑版曲线，其他色版会自动计算出自身的替代量。

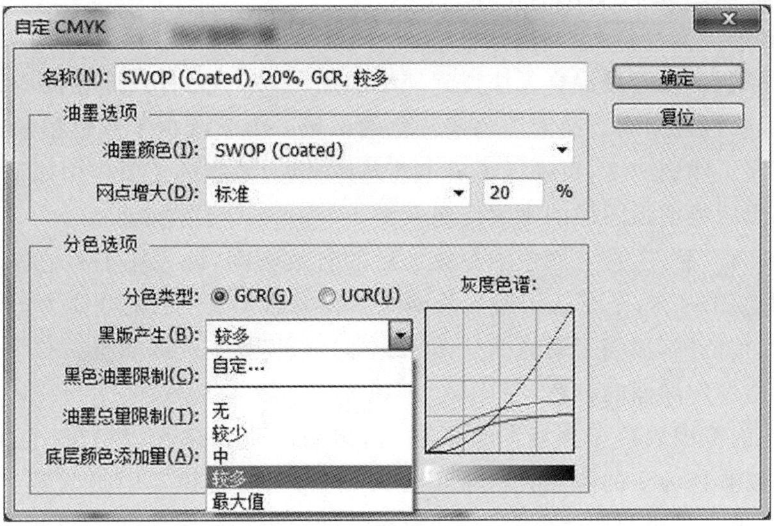

图 2-4 设置黑版产生

(3)黑版墨量限制是指 UCR/GCR 中黑版所用油墨量限制,Photoshop 中默认设置是 100%,通常将其设置为 80%~90%就基本上能够压住其他颜色。

(4)总墨量限制表示印刷机所能支持的最大油墨密度,Photoshop 中默认设置是 300%。

(5)"底层颜色添加量"是指采用 GCR 分色类型后,在图像的暗调区域再增加一定量的青、品红、黄油墨。如果在暗调区域只用黑版代替,有时会造成过于平淡的调子,适当地加入青、品红、黄油墨,会使图像暗部更加丰富。只有在选择 GCR 黑版产生方式时,才可调节此选项。"底层颜色添加量"可以调节的范围是 0~1000%,随着数值的增加,青、品红、黄油墨的量逐渐增大。

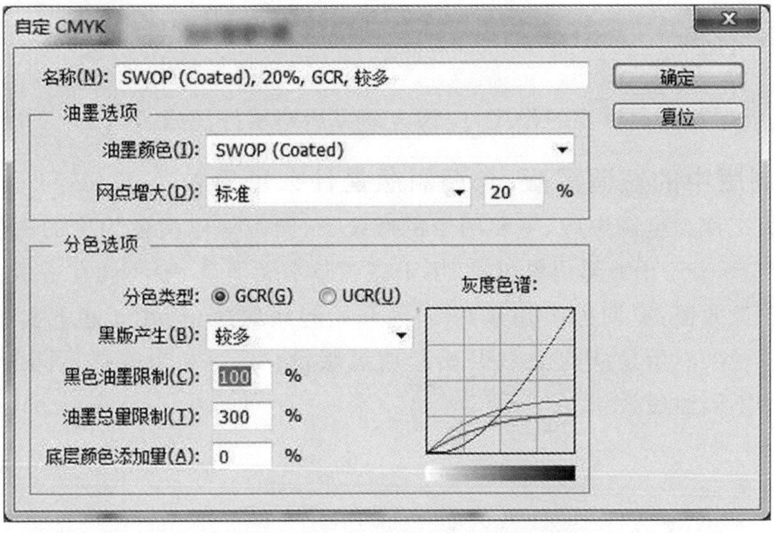

图 2-5 Photoshop 中的分色选项

6.黑版在彩色复制中的作用是什么?

理论上青色(C)、品红色(M)、黄色(Y)三原色油墨叠印能够再现成千上万的颜色,包括黑色,但三原色油墨等量混合无法得到纯净的黑色,为了弥补三原色油墨的缺陷,需要使用黑色油墨来再现印刷产品上黑色或灰色的区域。由于减少了彩色墨量,也减少了总墨量,从而提高了印刷速度,也降低了成本。总体来说,黑版的主要作用如下:

(1)使用黑版能增强图像的密度反差

一般来说,黄、品红、青三原色油墨叠加后的有效密度,最大在1.8左右,而视觉分辨率能力可达到1.8～2.0,于是选用适当阶调的黑版来加大纸张的吸收能力,从而增大了图像整体密度反差范围,加强了图像的立体感、空间感、提高了产品质量。

(2)黑版能稳定图像的颜色

稳定颜色的范围取决于黑版阶调的长短,黑版的阶调越长,稳定颜色的范围越大。一般情况下,以彩色为主的图像大都采用骨架黑版,主要是稳定中暗调颜色和加强图像轮廓。具体实施要分析图像颜色和阶调的特性,确定黑版阶调的起始点和曲线特点。对于以黑、灰色为主的国画和中性色调的图像黑版阶调应相对长些,但除此之外,黑版阶调长了,图像色调容易变得灰暗。大多数图像制版软件都有自动生成黑版的功能,如果原稿色调是标准的,分色加网的结果一般也是符合实际的,问题是用来制版的原稿符合标准的比例很小,分色加网时绝大部分都要进行调整,一般对彩色版比较重视,而对黑版就有所忽视,所以应该根据原稿的特点和印刷适性条件,调整黑版阶调值。

(3)黑版能加强图像中至暗调的层次

由于印刷适性条件和人的视觉适应能力的限制,彩色复制的一般规律是保持亮调,有的略作强调,尽可能保持中间调或略作适当压缩,一般是压缩暗调。绝大部分图像进行的底色去除,三个色版暗调均不同程度的减少色量,暗调的色量就不足,再加上视觉对暗调的分辨力相对较强,只用彩色叠加,中至暗调层次明显不好,轮廓或线条虚混,阶调拉不开。因此,需要增加黑版,有的黑版还要进行底色增益,这样就能加强或补偿暗调的层次。

总之,黑版起着非常重要的作用,应该合理灵活地用好黑版。

7.印前制版中的短调黑版、长调黑版是什么意思?

长调黑版又称为全调黑版,主要用于机械设备、国画等以消色为主的图像原稿;中调黑版是从20%～30%开始起用黑版量,用于亮调基本无消色,中间调有适量的灰色,暗调消色较重的图像原稿;短调黑版是从约50%开始起用黑版量,用于色彩鲜艳、明亮的人物、风景画等;骨架黑版是从约70%开始起用黑版量。图2-6为选择不同的“黑版产生”参数时产生的不同黑版效果。

(1)黑版产生为“无”

(2)黑版产生为“较少”

(3)黑版产生为“中”

(4)黑版产生为“较多”

图 2-6 相同图像的不同黑版产生对比

8.对于风景类彩色原稿在印刷制版中如何正确地选用黑版?

一般来说,风景类图像大多具有色泽艳丽、颜色饱和度高等特点,因此,对于这一类彩色原稿的复制适宜采用长阶调的三原色版,青版阶调可长达5%～95%,并且黄、品红与青版三色版之间进行色彩平衡,接着在画面的暗调区域选择补偿印刷密度的骨架黑版,便可以达到视觉所能适应的要求,如高、中调层次显得十分饱满,色彩鲜艳厚实。鉴于这类印刷物采用高速多色机印刷,三原色黑版应作较多的底色去除,减少暗调消色区墨量堆积,以达到快速干燥的目的,至于饱和状态的深度原色,调子损失部分黑版要作相应补偿,黑版网点给定值的深浅、调子长短,应视三原色版底色去除范围和去除量而定,因而有时人们将它们做成短调黑版。

9.对于以人物肤色为主体的照片原稿在印刷制版中如何正确地选用黑版?

对于以人物肤色为主体的照片原稿一般在具体实际生产中有两种情况,其一,正面布光的人物照;其二,人物面部逆光照。对于正面布光的照片,为了使人物肤色中固有色与中调色之间有较为软化的过渡,以适应人物面部调子的需要,可采用长调黑版扫描,图像的复制层次曲线的起始点可适当延长,在加强人物面部暗调层次的同时将固有肤色黑版减至绝网,并向中调色过渡,促使黑版在面部肤色区网点极小而层次却结实有力,边缘不硬化,以这种长调短做的手段,可以使黑版达到既保护阶调又不影响颜色的目的。

对于人物面部逆光照为中心题材的画面,由于肤色位处于阴影区域,色彩偏冷带灰,应选择骨架黑版,并将暗调层次提升,黑版的网点大小相应增加,以补偿三原色版阶调下降造成的印刷密度损失,强化了暗调,加大了网点给定值,从而使黑版暗调在增强了陡度的同时又降低了中调色量,使灰暗的逆光照片有所改观。

10.对于黑白照片原稿在印刷制版中如何正确地选用黑版?

黑白照片原稿具有黑白分明,层次清晰,质感强烈,调子齐全等特点。过去通常的做法是暗调部分黑版不超越八成、高光点做出几个点,而现在随着设备的升级,黑版的暗调层次不仅可以做到九成,甚至局部区域可达实地。考虑到防止印刷时暗调层次并级糊版,可以将中间层次按常规复制曲线进行移位使高光点绝网。

11.对于高反差原稿在印刷制版中如何正确地选用黑版?

有部分彩色片原稿密度反差达到3.0以上,这一类原稿在印刷上称为高反差原稿,在印前制版中适宜采用短调高反差工艺,黑版网点给定值可高达85%而不会产生任何副作用,并且能达到画面中间调提亮、暗调厚实、轮廓清晰、精神饱满的目的。

12.对于国画原稿在印刷制版中如何正确地选用黑版?

国画是我国的传统绘画艺术,在世界美术领域自成体系,并享有很高的声誉。国画的作画原理属于散点透视,构图视野广阔,气势磅礴,国画用墨色(焦、浓、重、淡、清)和线条来表现形体,有的再涂以色彩,因此,它是“以墨为主,以线为骨,以色为辅”。明暗、虚实与节奏达到形神兼备、气韵生动的造型要求。印刷复制时应选用高调凸、中调直、低调陡的复制层次曲线,获得能反映国画情趣的全阶调黑版。

13.对于版画原稿在印刷制版中如何正确地选用黑版?

版画是运用刀和笔,在版材上进行刻画。版画一般以线条为主,现在也有晕染色调的。木版画的色彩有厚、薄、虚、实的特点,画面以刚劲有力的黑色线条为主。复制时黑版应采用网点版,但给定值要深,宽容度要小,曲线特别陡,黑色线条三色版应作大幅度底色去除,以避免套印不准及黑版层次并级等现象发生。

14.对于油画原稿在印刷制版中如何正确地选用黑版?

油画是通过丰富厚实的色调和明暗的强烈对比来充分地表现一种气氛,极为逼真地表现万物的质感和立体感。油画多数画在布上,因此,涂料轻薄的地方有布纹显现,这是油画特有的风格。它是用颜料堆积起来的,有立体感,这种特有的气氛使整个画面生动。从油墨的笔触里,可以看出其颜色千变万化,丰富多彩的思想。在油画的深处要求深而不黑,淡处要求亮而不薄,多数画面的混合色比重较大,而仅以少数几笔鲜明的原色点缀,就是这几笔明度往往是最吸引人视线的部分,在印刷复制时必须牢牢抓住,不能复制成灰色效果。对于油画黑版复制曲线应等同于彩色风景画的骨架黑版,油画复制应与摄影照片同样立足于三原色黑版只对暗调细节起作用,体现原稿暗调隐约丰富的色彩变化。

15.对于其他绘画原稿在印刷制版中如何正确地选用黑版?

水彩画是使用半透明颜料制作的,清淡别致、具有半透明性。色彩有轻涂、浓涂两种,长于表现轻快明朗的写生。它可以排除黑版采用三原色制版,对于水彩画年画应采用骨架黑版才能保证画面色彩的纯度与明度,复制时调子只能短不能长。水粉画一般具有油画般的刚劲和水彩画般妩媚艳丽,它是用水溶性、不透明的广告颜料作画,因此画面色泽娇柔艳丽、遮盖力强。水粉画复制时黑版调子可比油画稍长,黑版网点给定值也比油画稍深,以突出精神,复制曲线可以采用长调黑版。

素描是用单一色料绘成的画稿,如铅笔画、钢笔画等,其中以铅笔素描为多,它是用单线条的疏密和铅笔的浓淡晕染层次来表现景物的。对于这一类原稿黑版版面阶调要窄,曲线要陡。

16.如何利用反差系数来调节图像的中间调再现?

反差系数的主要功能是通过调节复制曲线的斜率来调整图像的中间调,在扫描过程中调节反差系数有助于补偿因曝光不足或曝光过量而造成的图像失真现象,同时也可以借助于调节反差系数来增强以亮调为主或以暗调为主的原稿图像的细节和反差。对于以亮调为主和曝光不足的图像,反差系数一般调节为1.8～1.9;对于以暗调为主和曝光过度的图像,反差系数一般调节为1.2～1.3;对于正常图像,反差系数一般调节为1.5～1.6。

17.如何使用Photoshop修复破损的照片?

可以使用Photoshop的修复画笔工具和仿制图章工具来修复破损的照片。它们都是通过图像中的取样点来复制修复图像的。但是修复画笔工具除了能够修复图像外,还可以保留被修复区域的像素的纹理、光照、透明度和阴影与源像素进行匹配,从而使修复后的像素不留痕迹地融入图像的其余部分。在使用这些工具时,先设置相应画笔大小和硬度,再按住Alt键定义一个取样点,松开鼠标,然后在需要修复的图像上拖动,鼠标呈现画笔圆圈和十字号,十字号为取样点,画笔圆圈下为修复点。

18.在Photoshop中如何处理通常的天空颜色?

纯净、美丽的天空应该基本上以蓝色和白色为主,画面中蓝色应该是含有青、品红为主的颜色,并且青的网点要比品红的网点大,其差值要大于20%以上为佳。但要注意对天空的蓝色来说品红的含量应比水的蓝色高些为好。同样,对天空蓝色的相反色黄和黑要注意,除非为了表现层次,应让黄和黑的值较小为好。

19.在 Photoshop 中如何使用“暗调/高光”调整图像？

“暗调/高光”命令适用于校正由强逆光而形成剪影的照片，或者校正由于太接近相机闪光灯而有些发白的焦点。在用其他方式采光的图像中，这种调整也可用于使暗调区域变亮。

“暗调/高光”命令基于暗调或高光中的周围像素（局部相邻像素）增亮或变暗，该命令允许分别控制暗调和高光。默认值设置为修复具有逆光问题的图像。

20.在 Photoshop 中如何使用“色阶”调整图像？

“色阶”工具可以调整图像的暗调、中间调和高光等强度级别，校正图像的色调范围。在 Photoshop 中依次点击“图像”→“调整”→“色阶”，打开“色阶”调整对话框。

在“色阶”对话框中，“输入色阶”黑色和白色滑块将黑场和白场映射到“输出色阶”滑块的位置。如果将黑场滑块向右移动到色阶 5，就会通知 Photoshop 将色阶不高于 5 的所有像素映射到色阶 0。同样，如果将白场滑块向左移动到色阶 243，就会通知 Photoshop 将色阶不低于 243 的所有像素映射到色阶 255。默认情况下，“输出色阶”滑块位于色阶 0(像素为全黑)和色阶 255(像素为全白)。如果需要进行中间调校正，拖动“输入色阶”中间的滑块进行灰度系数调整。向左移动中间的灰色滑块可使整个图像变亮；向右移动中间的灰色滑块可使整个图像变暗。

也可以使用“色阶”对话框中的吸管工具快速地设置图像的高光和暗调。方法是将黑色吸管在图像的暗调处单击，用白色吸管在图像的高光处单击；用灰色吸管在图像中性灰的位置点按可以校正图像的色彩平衡；点按“自动”按钮，将会自动调整图像。

图 2-7　色阶工具

21.在 Photoshop 中如何使用“曲线”调整图像?

与“色阶”工具一样,“曲线”也可以调整图像的整个色调范围。但“曲线”与“色阶”相比,利用“曲线”可以在图像的整个色调范围(从暗调到高光)内设置 14 个不同的点进行调整,所以调整起来比“色阶”更精确。

在 Photoshop 中依次点击“图像”→“调整”→“曲线”,打开“曲线”对话框。“曲线”对话框打开时曲线是一条直的对角线。图表的水平轴表示像素的“输入”色阶,垂直轴表示“输出”色阶。默认情况下,“曲线”对于 RGB 图像显示强度值从 0～255,黑色 0 位于左下角,对于 CMYK 图像显示百分比从 0～100,高光 0 位于左下角。如果要反向显示强度值和百分比,点按曲线下方的双箭头。

使用“曲线”工具,可以对图像的亮度、反差、色彩进行调整。

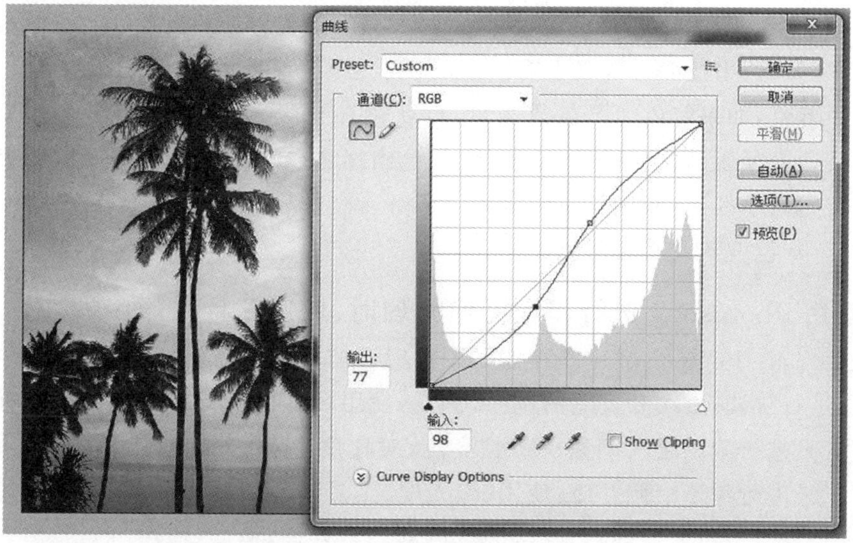

图 2-8 曲线工具

22.在 Photoshop 中制作阴影应该选择什么颜色?

为物体或文字制作阴影时,一般应在 Photoshop 等点阵图像软件中进行,因为它所形成的阴影有一定虚边,较为形象和真实。而在矢量图像软件中制作阴影一般达不到这种效果。一般阴影颜色是灰色,并且最好是四色灰,即由 C、M、Y、K 组成的灰色。这样在印刷时边缘会过渡得较好,不会出现“硬边”。

别外,阴影的深浅也是应该引起重视的一个问题,不能随便选择一个颜色就来做阴影。虽然阴影的深浅与周围颜色有一定关系,但阴影颜色最深处(阴影一般由深往浅过渡)的灰度值 K 为 40%～70%较好。如果太小,则阴影太浅,不明显;如果太大,则显得太浓重。

23.图像“发闷”是什么意思?该如何处理?

做印刷图像分析有一个说法是“发闷”,是指图像整体的亮调较少,该亮的地方不亮,就像透不过光线似的，给人一种不透气的感觉，像给图像罩上了一层灰色一样。产生这种现象的原因有两种：一是亮调不亮，反差不够；二是图像颜色的饱和度低，灰分较重。对这类图像要想办法提高图像颜色的饱和度并使图像的亮调亮起来。经用“色相/饱和度”工具提高饱和度，经“色阶”工具提高亮调亮度和“可选颜色”对“白色”降低 C、M、Y、K 的网点。

24.Photoshop 中制作图像黑版能不能压印？

所有 Photoshop 中制作的黑色(包括灰色)，如果是 CMYK 模式的图像，都不能产生压印，即使在排版软件、图形软件中输出胶片时设置了黑版压印也是如此。排版软件中置入的 Photoshop 中的 CMYK 模式图像中黑色内容不会产生压印，出现黑色或灰色的地方就会在 Y、M、C 版相应位置挖空。这也是黑色文字应在排版软件制作的原因之一。但是，有一点应该注意的是，如果是灰度图像，并且存储为 TIFF 格式，则在排版或图形软件中能够压印。这里在颜色定义上有一定的说法：即满足上述条件的图像可以在排版或图形软件中着色，如果着色为黑色或灰色，也就是在排版、图形软件中着上的黑色，输出胶片时可进行黑版压印，这时该图像的黑、灰色当然可以压印。这里有一点要提醒的是：如果要保持图像中的灰色，在黑版输出为压印时，设定黑色一定设置成 K100%、Y1%，否则一经压印，灰色就不成其为灰色了。

25.使用 Photoshop 进行印刷图像处理时，应遵循什么顺序？

一般地说，在 Photoshop 中处理印刷图像应遵循下列顺序，否则，将影响图像处理效果。首先，进行阶调、层次和反差的调整，例如：使用“色阶”工具进行黑白场定标处理；使用“曲线”工具进行阶调层次调整；使用“亮度/对比度”工具进行纠正反差不足；使用“阴影/高光”工具进行纠正暗调并级；使用“曝光度”工具进行纠正中间调厚闷；使用“色彩平衡”工具进行纠正偏色处理等。其次，进行色彩调整处理，例如：使用“色相/饱和度”工具修正色相和饱和度；使用“选择性校色”工具加强或减弱颜色饱和度；使用“减淡/加深”和“海绵”工具局部修正图像明暗等。最后，是进行清晰度调整，例如：使用“锐化”工具加强清晰度；使用“模糊”工具减弱清晰度等。

26.如何解决 CorelDraw 输出时涉及的字体问题？

如果仅仅是一两个页面的文件，可以将所有的文字转换成曲线后输出，但这种方式不适用于多页码的文件；另一种方法是将所有文件转存为 EPS 格式的文件，不过这种方法虽好，却有时可能会带来一些其他的问题，同时也加大了文件的物理储存问题；最好的方法就是，在一个存储体中(如光盘或移动硬盘)，既存 CorelDraw 默认的 CDR 文件，又存业界通用的 EPS 文件，同时将文件中所用到的字体也复制到存储体中，这样文件经转移之后，就不用担心会因缺字体而出现不必要的麻烦了。

27.CorelDraw 中的段落文字如何转成曲线？

CorelDraw 中的段落文字转成曲线有多种方法可以使用：

（1）使用滤镜冻结转曲的方式实现文字转曲功能实现段落文字转曲：①按 Alt＋F3 打开“滤镜泊坞窗”；②用矩形工具画一个比段落文本框稍大的矩形，并填充同文本相同的色彩；③选择此矩形，滤镜效果选择“透明度”；④比例选择 100％，勾选冻结及移除表面的选项，按“应用”即可；⑤转曲的文字会自动覆盖在段落文本框的上面。

（2）上述方法对于段落中有上标或下标的文本有时会出错，比如上标、下标会变小等。相比之下，用“输出 WMF 文件”转曲线这种方法更保险，单击菜单“文件”→“输出成 WMF 或 AI 格式”，再新建一空白文件，导入这个 WMF 文档，就是全曲线格式。

（3）CorelDraw 11 以后的版本均可以按 Ctrl＋Q 直接转曲线。

（4）在 CorelDraw 软件内：①选择要转曲线的段落文本，彩色文本也可以；②选择“菜单”→“输出”，文件类型选择 EPS；③重新输入此 EPS 文件（副标题 prn 的 PS 文件类型），就可以将此文件转成曲线。

28.为什么 CorelDraw 文字在转曲线的时候会跑位？

因为文字段落的第一行前面空的是全角的空格，所以文字转曲时会跳掉。解决方法是：把每段的第一行全角的空格改为半角空格，转曲时就不会跳掉。

29.CorelDraw 中设置渐变有哪些注意事项？

（1）如红色→黑色的渐变，设置为“M100→K100”中间会很难看，正确的设置应该是“M100→M100K100”，其他情况类推；

（2）透明渐变是适用于网络图形的办法，灰度图也可，但完稿输出不能用，因为空间混合模式为 RGB，屏幕混合色彩同印刷 CMYK 差异太大；

（3）黑色部分的渐变小不要太低，如 5％黑色，由于输出时有黑色叠印选项，低于 10％的黑色通常使用替代而不是叠印，叠印易导致问题。同样，使用纯浅色黑也要注意。

30.在 Illustrator 中如何将矢量图转换为位图？

将矢量图形转换为位图的处理过程称为栅格化。在栅格化处理过程中，Illustrator 会将图形路径转换成像素。还可以设定栅格化选项来控制所得的像素的大小和其他特性。

将矢量图转换为位图的方法是选择“对象”→“栅格化”。在“颜色模式”选项中选择要转换的位图的颜色模式，有 RGB、CMYK、Bitmap、Grayscale；在“分辨率”选项设定要转换位图的分辨率，一般用于屏幕显示的分辨率为 72 ppi；“背景”选项决定向量图形的透明区域如何转换成像素。选取白色，用白色像素来填充透明区域，或是选取透明，让背景变透明；“消除锯齿”选项决定在栅格化过程中，要使用何种消除锯齿的效果。消除锯齿可以在栅格化后减少锯齿边缘；“制作蒙版”选项会建立一个栅格化影像为透明的背景遮色片。

31.在 Illustrator 中彩色图像转灰度有哪几种方法？

把 Illustrator 文件转化为灰度模式常有三种操作方法：

（1）直接用菜单转化为灰度。选择图形，然后选择菜单“编辑”→“编辑颜色”→“转换为灰度”。

（2）调整色彩平衡。选中图形，选择菜单“编辑”→“编辑颜色”→“调整色彩平衡”。从下拉菜单中选择“灰度”，点击预览和转换的复选框，即可使用滑动条调整黑色的百分比。这种方法可对黑色进行更多的控制。也可以在下拉菜单中选择全局调整，把饱和度滑动条向左拉到－100％。拉动亮度、色温和明度滑动条，可以获得不同的效果。

（3）重新着色图稿。如果以上方法均无足够的控制项，可以尝试一下重新上色图稿选项。在色板面板的底部左边打开色板库菜单，选默认色板。打开后，把灰度色板拖人色板面板中。如果默认的打印色板没有打开，必须先把它打开。

选中图形，然后选择“编辑”→“编辑颜色”→“重新着色图稿”，或点击控制面板中的色轮标识，在重新着色对话框中选择右侧颜色组中的灰度色板集即可。

32.如何在 Illustrator 中设置陷印值？

在 Illustrator 中选择两个或更多的对象，选择“窗口”→“显示路径管理器”。在“路径管理器”调板中，单击对话框右下角的“陷印”按钮（如果没有显示“陷印”图标，则从弹出式菜单选择“显示选项”）将出现对话框。

在对话框中可设置陷印的厚度、高/宽、色调降低等值。此外，对话框中还存在两个有关陷印的选项，是否使用“用印刷色陷印”和是否使用“反向陷印”，选择“用印刷色陷印”项，将建立较亮的颜色陷印到较暗的颜色中，选择“反向陷印”用来把较暗的颜色陷印到较亮的颜色中。

33.如何在 Illustrator 页面输出时添加印刷标记？

具体操作是：①选择“文件”→“打印”。②选择“打印”对话框中左侧的“标记和出血”。③选择欲添加印刷标记的种类。可以在西式和日式标记之间选择。④如果选择“裁切标记”，请指定裁切标记的粗细以及裁切标记相对于图稿的位移。为避免把印刷标记画到出血边上，输入的“位移”值一定要大于“出血”值。

三、印前输出技术

1.在激光照排机上应用的胶片有什么要求？

在激光照排机上应用的胶片有下列要求：①尺寸稳定；②遮盖力强（光学密度 D≥4）；③非曝光时间极短，因为必须满足可以接受的逐点曝光和整幅面曝光时间要求；④非曝光区域透明度高，无灰雾（光学密度 D≤0.05）；⑤边缘清晰度好；⑥解像力高；⑦可用机器冲洗。

2.照排胶片在使用中应注意哪些问题？

每一批次的激光照排胶片在投入使用前，都应进行基本密度测试及胶片线性化，然后根据测试结果采取相应的工艺措施，如调整曝光量，以及显影定影的温度和时间等。每天都对线性化进行抽测，合理调整显影液定影液的浓度、温度及时间。一般用国产的显影液冲洗胶片，要将药液按 1∶4～1∶3 稀释。要注意显影温度设定过高会使显影液因蒸发、氧化速度过快而失效，造成胶片灰雾度过高，推荐显影温度为 34℃～36℃。一般要将定影液按 1∶4 稀释，推荐定影温度为 28℃～32℃，定影时间为 30～35s。否则会导致胶片灰雾度过高，且密度也达不到要求，更为严重的是形成药液结晶附着在定影辊上，划伤胶片。激光照排的胶片中含有防晕层，在定影、水洗的过程中有一些会脱落，在片基上形成淡蓝色的水斑，可在定影液中加入适量的坚膜剂消除。水洗槽要保持清洁，保证每天更换一次水。

3.进行胶片线性化的步骤是什么？

胶片线性化是指将在计算机中图像信号的显示值与曝光记录在分色片上获得的密度值或网点百分比达到完全对应的工作。不同激光照排系统的胶片线性化的菜单略有不同，但操作原理都是一样的。具体线性化步骤如下：

(1)进行胶片线性化的前提是必须固定感光材料的品牌，显影液、定影液的型号和浓度，及显影、定影的时间，温度、自动补充量等参数；对激光照排机进行基本密度测试、光强值微调、焦距测试，否则线性化是没有意义的。

(2)选择所需的加网系统、加网线数、分辨率、网点形状及胶片的阴阳性。

(3)预先制作或用照排机系统固有的由 0～100%网点(一般级差为 5%或 10%)组成的网点梯尺文件通过照排机输出，此时，照排机未校准。

(4)用透射密度计对胶片网点梯尺上各级的网点值进行测量并记录，再把这些网点面积实测值输入胶片线性化控制器的实测值输入域中，胶片线性化控制器将自动计算出灰度曲线以控制胶片线性化函数。这个函数实际上是一种查找表，照排机使用该表能保证输出的网点与前端排版软件设定值一致，并针对胶片类型、输出分辨率、加网线数和网点形状的结合创建不同的线性化函数。

(5)胶片线性化函数经过激活应用后，首先对接收到的灰梯网点数据进行补偿，并以此数据控制实际曝光量，使胶片梯尺的输出网点值得到校准。

(6)使用生成的传递函数输出测试样张，测量网点梯尺各级网点值，检查是否达到要求，如果没有达到，还应重复输出并测试未经校正的网点梯尺各级网点百分比，重新生成一个胶片线性化函数，建立线性转换曲线或灰度转换曲线，并可存储多种格式以供调用。

4.进行胶片线性化有哪些注意事项？

在进行胶片线性化时应注意以下几点：

(1)先检查所使用的胶片的感光波长与激光照排机光源的波长是否一致。

(2)在做胶片线性化前要保证冲片机状态正常，即显影、定影药液固定，药液浓度正确，显定影时间、温度固定，这种情况下才可做胶片线性化。

(3)在做胶片线性化之前还要检查图像的实地密度是否适合印刷。一般来说，铜版纸印刷要求实地密度为4.0以上，报纸印刷要求实地密度为3.4以上，因此，先要调整照排机的光值，以达到要求密度。

(4)调整密度值时，并非密度越高越好，密度太高，会造成线性偏离太远。以网屏3050照排机为例，柯尼卡胶片密度一般调整为4.0～4.2间，高于4.2后，网点应为50%的地方会升到60%以上，再用线性化调整，效果不好。密度合适的情况下，网点应为50%的地方实际值在50%～56%较好。

(5)冲片机中药液的浓度每天都会发生变化，会影响网点的还原，因此，对于高要求的输出单位应该每天都要做胶片线性化，对于有条件的输出单位也应该每天都做胶片线性化。

(6)更换药液或更换胶片一定要重新做胶片线性化。

5.如何检测激光照排机的输出质量？

照排机检验有以下几个重要指标：①对位精度；②绝对误差率；③网点扩大率；④网点形状；⑤渐变过渡与平网的均匀性。其中前三个指标可以由仪器测得，可以定量描述，后两个指标主要靠目测凭经验判断。对位精度采用测量四周的对位线的方法来控制。网点的扩大率主要是测定1%、2%、3%……到99%的网点的再现情况，同时可以用放大镜来观察网点形状的好坏。渐变过渡与平网的均匀性借助于0～100%的渐变过渡及50%、60%、70%、80%、90%的平网色块来判别。特别要求四色胶片都要做上述测定，因为不同颜色，其网点的角度不同，其效果也会有不同，所以只有每张胶片都检测，才能正确地判断出这台设备输出质量的好坏。

6.如何创建输出设备的Profile文件？

按原定标准打样，用已经校正过的扫描仪或测色仪读入打样稿的RGB值，与标准原稿相比较，输入新的参数到输出转换表中，进行校准，多次重复，得到准确的色彩信息，生成输出设备的Profile文件。

色彩管理系统在编辑和使用这些设备特征化文件时，均会按照源目标RGB/CMYK图像文件到目标显示器RGB形式来表现。显示RGB源目标到目标彩色打印机CMYK之间，均以CIE Lab形式来进行颜色管理。因此，这些设备特征文件的正确性和稳定性，直接影响彩色管理系统的工作质量。

7.在印版或胶片输出前应该检查哪些方面的内容？

在输出前应注意检查如下问题：①检查输出时字库是否正常；②检查所使用的汉字字体是否在排版软件中使用有效果；③检查陷印；④检查图像质量，看图片是否存在精度问题，譬如边缘是否有锯齿；⑤检查图像颜色模式；⑥检查文件的完整性；⑦检查版面尺寸；⑧检查出血；⑨检查角线；⑩检查磁盘的存储空间。

8.如何选择输出挂网角度?

为了避免撞网,理论上来说,相邻两分色版之间的网线角度差应大于22.5°,但实践证明15°、45°、75°、和90°(或0°)这四个角度效果很好。黄版对视觉的刺激比较弱,视觉敏感度较差,因此一般定为90°。视觉对45°角最为敏感,一般将原稿的主色调品红或青定为45°。例如,对于蓝天白云的画面而言应将青版定为45°,对于朝霞、落日的画面就应将品红版定为45°,品红版和青版中的非45°角的一个即可定为15°,黑版定为75°。

9.如何根据图像的特点来选择不同的网点形状?

网点在由小到大的过程中,总有相邻的网点搭接的现象。通常,方形网点在面积率为50%处相邻网点搭接;圆形网点在面积率为78%处相邻网点搭接;菱形网点在面积率为35%~40%处相邻网点出现第一次搭接(菱形的长边搭接),在面积率为60%~65%处相邻网点出现第二次搭接(菱形的短边搭接)。由于网点搭接,会导致印刷品密度的突然上升,因而破坏了印刷品的连续性,造成某些阶调的明显损失。因此,印前工作者可以根据图像的特点来选择不同的网点点形来避开某一区域的密度跳跃。

对于暗调丰富图像,最好不要选择圆形网点;对于中间调丰富的图像,最好不要选择方形网点;菱形网点的图像质量不错,它的搭接部位避开了中间调,并且搭接分成了两次,减弱了密度跳升程度。如果图像反差小、柔和,如人物图像,可用菱形网点;如果图像反差大,可用方形或圆形网点。

10.为什么黑版出现镂空的现象,而不是黑版压印?

黑版压印在印刷上是一个常识问题,如果发排时,黑色文字、线条或色块没有直接压在底色上,轻微的套印偏差就会导致露白边的现象。为了避免这种现象,发排时,在相应的选项中要选"不镂空"或"黑版压印"。在文件发排前检查压印处理情况,通常PageMaker中黑色文字自动压印,但一些色块、线条则需自己做,FreeHand、Illustrator等软件需要设定黑版压印。对于其他颜色需要压印在软件中都需要自己设定,尤其要注意的是设定黑版压印后要检查灰色的地方不可压印。

11.怎样正确选择方正世纪RIP中的"用户定义挂网参数"和"网点类型"?

方正世纪RIP中,在输出时应慎重选择用户定义挂网参数,如果选择"允许",输出胶片上的网形就不是方正世纪RIP中提供的网形,而是用户在扫描得到或图像处理软件中提供的点形,这将不能保证输出胶片网点的质量,甚至会出现莫尔条纹或撞网现象。如果用户在应用程序中选择了蒙版打印,就应该在用户定义挂网参数中选择"不允许",否则就会出现输出的四色胶片网点都是45°网角而出现撞网,一般情况应该选择"禁止用户网形"。

方正世纪RIP网点类型的缺省设置为圆形网点,该网点适于胶印,PSPNT2.0对圆形网点的输出使用了最新技术,能提高圆形网点的输出质量,对于以人物为主的挂历、画册等图像不要挂方形网点，因为方形网点在50%处容易产生突变而影响肤色的还原。如果是用于丝网印刷，可选择方正调频网点，然后根据精度和线数选择调频网点的网点尺寸大小。对于凹版印刷，可选择凹印网点，它是方正世纪 RIP 特有的网形，适合于凹印工艺。在选择好网型和挂网目数及挂网角度之后，一定要选上“使用方正精确加网”和“用户定义挂网参数”里的“禁止用户网形”，这样才能使设置的网点各参数(网形、网角、挂网目数)生效。

12.在方正世纪 RIP 中，怎样正确设置“图形镂空参数”？

在方正世纪 RIP 中，“图形镂空参数”的缺省设置为“黑版不镂空”。有的软件称之为“Overprint”，就是指黑色、灰色的文字、线条、色块等压印区域不露白，如果没有特殊要求，应该在选择对话框中不选“允许用户自定义镂空参数”。如果用户在应用软件中设置了其他的镂空参数，或者因为有其他的专色需要进行镂空处理，务必要选中“允许用户自定义镂空参数”。

13.怎样正确地设定“挂网灰度层次数”？

印前输出时，在 RIP 挂网参数设置中增加挂网灰度层次数可以提高渐变的输出质量，但也不是越高就越好。因为人的视觉的分辨能力是有限度的，太高的层次没有太大的意义，层次数越高，RIP 的运行速度也会越慢，在增加挂网灰度层次的同时，必须同时勾选“产生更多网点层次”。根据实践经验建议设置的灰度层次最高不要超过1024，因为层次高于1024以后，也会对 RIP 的运行速度有较大影响。

14.什么是陷印？

陷印原理的最简单解释就是通过内缩和外扩的方法使前景色和背景色产生相互重叠的效果，这样就可以确保两个不同颜色之间不会产生白边现象。外扩对应着前景色对象尺寸扩大，背景色块尺寸保持不变，使前景色块外边叠印在镂空的背景上。内缩对应着前景色块保持尺寸不变，让背景色的镂空部分缩小，让前景色块叠印在背景色块镂空部分缩小的边沿上。通常在陷印处理中，采用内缩还是外扩主要取决于前景色与背景色颜色的对比。

15.在方正世纪 RIP 中输出调频网点时应该注意哪些内容？

方正世纪 RIP 提供了两种调频网点可供选择，使用调频网点可以获得更好的印刷质量，但由于调频网点的印刷工艺与调幅网点有较大不同，如果使用调频网点输出胶片，一定要事先通知后工序，否则会出现晒版时丢网点，导致印刷质量下降的恶性事故。在方正世纪 RIP 中缺省的调频网点大小为 $2\mu m \times 2\mu m$，不过我们也可以根据印刷工艺的不同需要调节调频网点的大小。

16.Windows 系统自带的字体能否用于排版和输出？

Windows 系统自带字体是 TrueType 字体，如果要使用必须将其转换成路径才能正确输出。所以原则上讲,在排版和输出时最好是使用计算机中安装的 PostScript 字体。使用 TrueType 字体易导致发排死机或照排出片时出现乱码。

17.输入稿件内的 RGB 色块未转 CMYK 便输出,其结果和解决办法是什么?

RGB 色彩模式作为一种显示色模式,往往是胶片输出时产生问题的根源。初学者在做印前设计时经常会发现 RGB 色在计算机中色彩显示以及彩喷输出时都没有问题,从而忽略了色彩模式转换。如果 RGB 模式没有转为 CMYK 模式,这样的后果就是在分色片上只有黑版上有图或 4 个色版都有等值的灰度图,而不是所需的彩色图。所以在发排前一定要检查,版面中的图像是否为 CMYK 模式。除此之外还要注意,在 Photoshop 中将图处理好,并将图层合并之后,一定要删除通道。否则发排时,图像信息会有缺失。

有的扫描仪支持 CMYK 扫描模式,而有的扫描仪仅支持 RGB 扫描模式,这时 RGB 模式图像要在图像处理软件 Photoshop 中转化成 CMYK 模式,然后再调入组版软件发排输出。由于印刷时是用 CMYK 四色油墨,而 RGB 的色域大于 CMYK 的色域,所以四色油墨不能完全体现 RGB 所表达的颜色。如果输出中心收到的用户图片都是 RGB 模式,应在应用软件中进行分色打印,以尽可能保证色彩还原准确。同时,方正世纪 RIP 内置有空间转换功能,可对图片进行从 RGB 到 CMYK 的模式转换及色彩管理,选中"允许对设备相关颜色的校色"和"使用 ICC 校色",并选择适当的 ICC 文件,在"呈色意向"上选择"视觉压缩"即可。

18.怎样正确设置"输出页面"?

对于印刷而言,输出的胶片模式一般为彩色模式或灰度模式,在没有特殊要求的情况下,色版顺序按 C、M、Y、K 的顺序输出。如果用复合色输出,一般不是用于胶片,而是用于彩打或喷绘,因为彩打或喷绘不用像输出胶片那样进行分色,因此也没有色序之分。如果文件制作除了 CMYK 四色以外还有更多别的专色或所有颜色仅做专色输出,此时勾选"允许输出专色",如果专色之间存在叠印,此时应考虑色版顺序的先后,先后顺序不同可能会导致不同的叠印效果。

19.输出胶片时,怎样正确设置"拼页参数"?

拼页参数是为了更好地利用输出胶片的最大尺寸来对输出文件进行拼页以有效地利用和节省胶片资源。"禁止拼页"将不管文件尺寸大小都会以每个文件(对于单色文件)或每个单色(对于多色文件)占用一行,如果文件尺寸很小,对于大幅面的照排机来说是一种巨大的浪费,因此很少用"禁止拼页"功能。

"允许同一作业拼页"是指允许一个彩色文件的各单色进行拼页输出,"允许任意方式拼页"是指不同的文件之间也可以进行拼页,以上的两种情况可以依据文件尺寸大小和文件是单色还是彩色等情况来计算排列方式,以便节省胶片。

20.FreeHand 文件在输出时常会碰见哪些问题？如何解决？

(1)跳字现象。在排版时有时会遇到简、繁字混排的情况，某些字体中简、繁字的字距、行距描述不同会导致出现跳字现象，解决方法是将简、繁字分开处理、定位。

(2)跳图现象。FreeHand 有图像文件的自动更新功能，对于"插入文件里面"的图在某些时候不起作用(如 FreeHand 文件较大时)。因此，当我们改变图像尺寸后，在计算机内检查文件时，并不能发现异常现象，但在输出时就会发现图的位置已经改变。解决方法是在修改图像后，把图重新置入。

(3)灰度图变成了四色图。在 FreeHand 软件中置人 EPS 的灰度图，输出时会把图自动分成四色，解决的方法是需要将图存成 TIFF 格式。

21.FreeHand 中字体采用"加粗"功能后输出时出现糊字现象，如何解决？

这种字体"加粗"功能适合于西文，对于中文应尽量避免使用，如果实在需要加粗中文字体，应选用相应的中文字体，如选粗宋体或大黑体。如没有相应的粗体字，则可在 FreeHand 中利用"Fill and Stroke"来做，即在汉字周边加入不超过原字号大小的 3%，如字体本身就是粗体字，则这个比例应该适当减小。

22.在报业印刷中，异地输出时在字体方面应该注意什么？

(1)对代印点的环境要有细致的了解，了解代印点的飞腾版本、RIP 版本、前端的 TrueType 字库、后端的字库；并要及时知道代印点这些情况的变化，以做相应的字体配置。

(2)代印的方式有两种：即把 PS 文件传到代印点或把 FIT 文件传到代印点，为了保证准确无误地印刷，要明确不同代印方式应该注意的问题。①对传 PS 文件的，客户打样的 RIP 环境最好要和代印点照排的 RIP 环境完全一致。如果不一致，将有可能出现大量重复的校样和修改。②对传 FIT 文件的，客户的飞腾版本、字体配置和环境配置等要和代印点用来生成 PS 文件的飞腾版本、字体配置和环境配置保持一致。如果不一致，将会出现复杂的字体替换，替换错了，就会导致印刷错误，即使替换是对的，如果客户所设的字体代印点没有，也会导致印刷错误。

(3)设置下载字体。如果在 Windows 系统里安装了方正的兰亭字库，要根据后端是否安装了对应的后端字库来设置下载属性。最好是在 RIP 端装上与之对应的后端字库。如果没有安装对应的后端字库，就要通过下载字体来实现。下载字体会导致 PS 文件较大、降低输出的速度、降低字的精度、占用系统的资源较多和出现其他一些不确定的因素，这就可能会产生错误。为此，对品质要求高的客户应该安装对应的后端字库。否则必须花费更多的校对时间。

23.照排机输出时文字沿出片方向缩短或四色胶片对位不准的原因及解决方法是什么？

照排机在使用一段时间后，发生四色胶片对位不准，严重时发生胶片上的版面比激光印字机出的纸样版面明显缩短，胶片上的文字被压扁的情况。出现这类问题一般与胶片传动速度不均匀有关。此外，灰尘以及胶片药膜上脱落的细微颗粒长期粘在胶辊上，造成胶辊打滑，使胶片不能匀速传动，也会导致文字被压扁。遇到这类问的解决办法就是必须用胶辊专用清洁剂将胶辊擦拭干净。

24.使用照排机输出时，出现黑线怎么办？

使用照排机在进行胶片输出时出现黑线，这可能是由以下几个原因造成的：①冲片机在冲片过程中出现划片子现象。定影前划药膜面是出黑线，定影后划片子或定影前划片基是出白线。将未经过照排机的胶片直接放人冲片机中冲洗，如果出黑线则表明问题出在冲片机的进片口和显影槽内，仔细擦拭进片口，并将槽内各辊认真清洗直至没有黑线出现为止。②收片夹存在划片子现象。可将未经过照排机的胶片装入收片夹，再送入冲片机内冲洗，有黑线说明是收片夹的问题，可将收片夹上的两个螺丝拧下，打开收片夹擦拭导片辊及出片口，直到黑线消失。③送片夹存在划片子现象。直接拿一卷新片子，不经送片夹直接经照排机入冲片机冲洗，没有黑线则表明送片夹划片子，打开擦拭。④照排机本身出黑线现象，需要擦拭所有导片辊，检查裁刀，必要时联系设备提供商。⑤将室内湿度加大，如果能解决，尤其是在室内地面湿润时黑线消失或减少，就一定要加大室内湿度。

25.在输出胶片上有不规则的断线、划痕、黑点、脏点等现象，原因分别是什么？

发排时胶片出现不规则的断线，如果是沿着激光扫描线方向发生的，则可能是激光扫描系统出现问题。如果胶片上出现“道子”和“杠子”现象，则说明是胶片问题。

对于胶片出现的划痕，如果划痕发生在药膜面，则会影响胶片质量；如果划痕在防光晕面，则可以用纱布蘸酒精擦拭去。造成这一现象的原因大多是照排机或冲洗设备的走片通道上有毛刺现象。因此，可以检查装片盒、收片盒和走片通道。

输出时发现印刷胶片上出现许多杂乱无章的黑点或者黑道，这是由于光点扫描起始位置，或者光栅锁相电路偶尔发生异常，使激光的扫描线相互之间不能严格对齐而产生了黑点、黑道现象。这种故障一般要请专人修理，原因一般是照排机本身造成的，譬如照排机的供电电源、接地质量不合格。如果胶片上出现的黑点可以使用蘸酒精的纱布擦去、说明这类黑点为脏点，原因可能是水洗不干净、不彻底；或是水洗的水不干净、含有药水；或是输片滚轮有药液结晶。

26.如果印刷胶片冲洗出来，发现底灰过大或光学密度不够，原因分别是什么？

印刷胶片冲洗出来略带底灰就是通常所说的“灰雾”现象，如果胶片上局部灰度过大，则可能是漏光造成的，如果整张胶片上灰度均匀地过大，则可能是由于胶片保存过期;或是冲洗过程中冲洗速度过慢、显影温度过高、显影时间过长;或是暗室有散光或安全灯不符合要求造成的。

印刷胶片的光学密度不够主要是指经过曝光处理后的文字图像或实地区域的黑化程度不够,也就是印刷行业俗称的"太薄",造成这一现象主要有胶片本身、照排和冲洗过程三方面原因。照排机造成的原因有:激光功率不足,即曝光强度不够;声光调制器移位;光路问题等。

27.如何正确识别胶片的药膜面?

生产现场对胶片药膜的识别方法一般有:人工刮膜识别法和肉眼观测识别法。人工刮膜识别胶片药膜面就是在胶片上对应印刷成品以外的部位采用刀片刮,如果所刮的一面药膜有损坏,刮痕处出现透光现象,说明该面就是药膜面。用肉眼观测识别的方法是观察比较正反两面的区别,胶片的药膜面比较暗,而非药膜面(基面)则比较光亮,有明显镜面效果。如果对同一块网纹版的胶片进行识别,当胶片的药膜面向上进行目测时,胶片有昏暗的感觉,并且感觉网点密度比较大,而将胶片药膜面向下进行目测检查时,则感觉胶片比较明亮、有光泽,并且网点密度也显得小。如果判断不正确,晒制网纹版时,胶片药膜面没有与印版表面直接接触,晒制出来的网点就会出现变小的现象,影响印刷复制的质量。

28.如何正确识别胶片的网点大小?

一般 1～10 成的网点比较常用,并且也易于肉眼的识别。鉴别 5 成以内网点的成数,是根据对边两网点之间的空隙能容纳同等网点的颗粒数来辨认的。即在对边的两颗网点之间的空隙内,能放置三颗同等大小的网点,就是 1 成的网点;若在两颗网点间的空隙内,能容纳两颗同样大的网点,则是 2 成网点;而在两颗网点间的空隙内,能容纳 1.5 颗同样大的网点,则是 3 成网点;要是在两颗网点之间能容纳 1. 25 颗同样大小的网点,就是 4 成网点;倘若在两颗网点之间能容纳 1 颗同样大小的网点,也就是说,单位面积内印刷网点与白点各占一半,就是 5 成网点。而 5 成以上网点的判别,则是以对边两白点之间能容纳多少同样大小的白点来衡量的。从网点成数的规律表现情况来看,两白点间距内所容纳的网点数,正好 6 成与 4 成相同;7 成与 3 成相同;8 成与 2 成相同;9 成与 1 成相同。10 成网点就是实地版,若版面是实地版的,由于没有网点间隙,不存在斜向透光现象。

29.如何正确识别胶片的颜色信息?

一般情况下,在印前输出时应该标注各分色版的色标便于之后晒版印刷过程的正常进行,但如果有些胶片上不带色标,我们可以用胶片上特征色块对照彩色原稿上特征色块做出对比后进行辨认,并用油性笔标注。也可以根据加网角度进行判断,通常黄版角度为 0°、黑版为 75°、主色版为 45°。此外,还可以根据图像版面信息来判断,如果图像版面信息大,多为黄版;如果图像版面信息少,文字多,大多为黑版。

30.导致印刷胶片意外曝光的原因有哪些？

导致印刷胶片意外曝光的原因很多，有胶片本身的问题，也有装片、收片、冲洗时操作不当造成的。如果漏光现象频繁，则可能是装片盒或收片盒密封不严，或者是片盒与照排机结合处不严造成的。

31.胶片输出时发现版面内容不全的原因是什么？

如果胶片的版面内容出现局部空白现象，往往是激光扫描光路受到意外遮挡造成的，应该检查光路中是否有异物，或者激光管、反光镜是否有松动、位置发生变化的情况。

如果胶片的版面内容出现局部黑块现象，其主要原因是胶片局部漏光，或者显影时胶片出现了相互重叠的情况。

32.文件输出后只有黑版才有角线，其他版没有角线，怎么办？

造成这一现象的原因是角线的颜色设置为黑色，而不是套准色，针对这一现象最好的解决办法是重新输出胶片，并要将角线的颜色从 K100% 改为 C100%，M100%，Y100%，K100%，即将单色黑改成四色黑。当然，如果印刷品要求不是很高，可以考虑对准图像，手工加角线。

33.输出时发现黑版尺寸有误，补出的黑版与原来的色版套不准，怎么办？

两次输出时由于操作的环境温度、机械张力大小存在差异，可能会导致输出胶片存在尺寸误差，从而使补出的黑版与原来的色版套不准，解决问题的最佳方案是将所有的色版重新输出一遍。这种方法虽然比较浪费，但也是最保险的办法。如果印刷品要求不是很高，也可以考虑对准图像手工加角线。

34.如何解决 CTP 印版输出时暗调糊版的问题？

造成这一现象的原因可能是在曝光和显影两个环节。

(1)曝光环节：曝光不足；解决对策：①在正确设置下曝光；②重做线性调整。

(2)显影环节：①显影液过稀；②补充显影液不足；③补充泵存在问题；④显影液疲劳；⑤电导率传感器表面脏或出现问题；⑥显影温度太低；⑦冲洗不充分；⑧传送速度过快。对应的解决对策：①按正确比例重配显影液；②重新设置正确的补充条件；③检查管道、水泵是否存在问题；④更换药液；⑤清洁、修理传感器；⑥设置温度为 30℃；⑦检查喷淋孔是否堵塞，确保水量合适；⑧确保传送速度正确。

35.如何解决 CTP 印版输出时平网不均匀的问题？

造成这一现象的原因可能是在曝光和显影两个环节。

(1)曝光环节：①在室内光源下久置造成灰雾；②焦距不正确。解决对策：①室内应使用紫外线过滤光源；②请制版机厂商调整焦距。

(2)显影环节：①显影机刷子压力不足；②串棍、辊子脏。解决对策：①调整显影机刷子的压力；②清理串棍、辊子。

此外，由于曝光不足造成失焦也是平网不均匀的原因。解决对策：①调整曝光时间；②清理滚筒表面。

36.如何解决使用外鼓式CTP机输出印版时平网粗糙、出现线条状的问题？

目前大多数外鼓式CTP机激光头通常都是由丝杆和步进电机控制，激光头的底座放在滑道的V型槽内，所以使用一段时间后，由于缺油等情况，机器容易出现平网上深浅不一的问题，如果在正常使用情况下出现，可以做如下操作解决：①清洁丝杆和滑道残留的油污；②在滑道和丝杆上分别加上不同的润滑油，同时来回运行丝杆，保证充分润滑。

37.如何解决CTP印版输出时高光处网点丢失的问题？

造成这一现象的原因可能是在曝光和显影两个环节。

(1)曝光环节：①过度曝光；②在室内光源下曝光造成灰雾；③线性调整不正确；④调焦不正确；⑤真空泵抽真空不完全，致使印版没有紧靠滚筒表面。对应的解决对策：①在正确设置下曝光；②使用紫外线过滤光源；③重新做线性调整；④请制版机厂商调整焦距；⑤调整真空泵。

(2)显影环节：①显影液过浓；②显影液补充过多；③电导率传感器表面脏或出现问题；④显影温度过高；⑤传送速度过慢。对应的解决对策：①按正确比例重配显影液；②重新设置正确的补充条件；③清洁、修理传感器；④设置温度为30℃；⑤检查和调整传送速度。

38.如何解决CTP印版输出时印版上残留药膜的问题？

造成这一现象的原因可能是在以下几个方面。

(1)制版机因素：①曝光不足；②由于鼓表面的脏点而造成的模糊。对应的解决对策：①检查曝光设置；②检查输出(校准激光)；③清洁鼓的表面。

(2)显影环节：①显影液过稀；②补充液过稀；③显影液补给不足；④补充泵出现问题；⑤显影液疲劳；⑥电导率传感器表面脏或出现问题；⑦显影温度太低；⑧冲洗不充分；⑨传送速度过快。对应的解决对策：①按正确比例重配显影液；②重新设置补充液的浓度；③增加显影液的补给；④检查管道、补充泵是否存在问题；⑤更换药液；⑥清洁、修理传感器；⑦设置温度为30℃；⑧检查喷淋孔是否堵塞，确保水量合适；⑨检查传送速度。

(3)版材储存环境：环境温度过高。对应的解决对策：建立适合存储的环境。

39.如何解决CTP印版输出时印版上出现划痕的问题？

造成出现直线状单方向规律间隔划痕这一现象的原因可能是以下几个方面：

(1)制版机因素：制版机内部造成的划痕。对应的解决对策：清洁传送系统(带子、辊子等)。

(2)显影环节：①辊子上的脏点；②印版和浮盖的接触。对应的解决对策：①清洁辊子，除去脏点；②提高浮盖的位置避免与印版接触。

(3)由于保护胶过多造成条纹，误认为是划痕。对应的解决对策：用水擦洗来辨别是保护胶造成的还是真正的划痕。

造成出现不规则方向和形状划痕这一现象的原因可能是以下几个方面：

(1)未显影版材的处理：①处理时的划痕；②衬纸造成的划痕。对应的解决对策：①处理时用衬纸，并戴手套，注意轻拿轻放；②轻轻除去衬纸。

(2)显影环节：显影过度。对应的解决对策：检查并且调整显影条件。

(3)制版后的处理：①处理时的划痕；②胶液过稀。对应的解决对策：①处理时轻拿轻放；②正确稀释保护胶。

40.如何解决 CTP 印版输出时印版上出现条杠的问题？

CTP 印版上出现条杠是很常见的问题，能够引起条杠现象的原因一般有：①CTP 激光头移动受阻，如丝杆和步进电机之间存在故障。②CTP 版材问题，一般地说，如果版材本身存在缺陷，也可以导致这一故障出现，可以不曝光，冲一张版测试一下实际情况，如果测试情况良好，应该可以排除版材原因。③显影方面的原因，目前这方面引起这一故障的现象比较多，查看显影时间、温度以及显影液的浓度和电导率等参数是否正确，在不改变 CTP 曝光参数的情况下，减少显影时间，测试版材，正常后，可使用。

四、印刷方式及工艺

1.什么是凸版印刷？

使用凸版(图文部分凸起的印版)进行的印刷简称凸印。是主要印刷工艺之一。凸版印刷的原理比较简单。在凸版印刷中，印刷机的给墨装置先使油墨分配均匀，然后通过墨辊将油墨转移到印版上，由于凸版上的图文部分高于印版上的非图文部分，因此，墨辊上的油墨只能转移到印版的图文部分，而非图文部分则没有油墨。印刷机的给纸机构将纸输送到印刷机的印刷部件，在印版装置和压印装置的共同作用下，印版图文部分的油墨则转移到承印物上，从而完成一件印刷品的印刷。柔性版印刷是凸版印刷中很有发展前途的工艺，由于其绿色环保的生产方式，柔性版印刷已应用于各类印刷产品，能够满足各类纸与纸板包装和塑料薄膜等产品的印刷需要。典型的产品应用有：扑克牌、牛奶盒、烟包、药包、化妆品盒、铝箔标纸、方便面碗盖、圆筒包装贴、纸杯、产品标识用吊牌标签、医用包装袋、清洁袋、茶叶袋、铝塑牙膏软管、笔记本、信封、瓦楞纸箱等。

2.什么是平版印刷？

由于平版印刷印版上的图文部分与非图文部分几乎处于同一个平面上，在印刷时，利用油水不相容的原理来区分印版的图文部分和非图文部分。首先由供水装置向印版的非图文部分供水，从而保护了印版的非图文部分不受油墨的浸湿。然后，由印刷部件的供墨装置向印版供墨，由于印版的非图文部分受到水的保护，因此，油墨只能供到印版的图文部分。最后是将印版上的油墨转移到橡皮布上，再利用橡皮滚筒与压印滚筒之间的压力，将橡皮布上的油墨转移到承印物上，完成一次印刷，所以平版印刷是一种间接的印刷方式，人们也将这种印刷方式称为“胶印”。这种印刷方式网点清晰、层次丰富且色彩的再现性比较好，一般应用于杂志、报纸、书籍、广告、金属印刷等方面。

3.什么是凹版印刷？

凹版印刷简称凹印，是一种直接的印刷方法，它将凹版凹坑中所含的油墨直接压印到承印物上，所印画面的浓淡层次是由凹坑的大小及深浅决定的，如果凹坑较深，则含的油墨较多，压印后承印物上留下的墨层就较厚；相反如果凹坑较浅，则含的油墨量就较少，压印后承印物上留下的墨层就较薄。凹版印刷的印版是由一个个与原稿图文相对应的凹坑与印版的表面所组成的。印刷时，油墨被充填到凹坑内，印版表面的油墨用刮墨刀刮掉，印版与承印物之间有一定的压力接触，将凹坑内的油墨转移到承印物上，完成印刷。凹印制品墨层厚实、颜色鲜艳、饱和度高，印版耐印率高、印品质量稳定、印刷速度快等优点在印刷包装及图文出版领域内占据极其重要的地位。凹印主要用于杂志、产品目录等精细出版物及钞票、邮票等有价证券的印刷，随着国内凹印技术的发展，已经在纸张包装、木纹装饰、皮革材料、药品包装上得到广泛应用。

4.什么是孔版印刷？

孔版印刷又叫丝网印刷，即采用丝网做版材的一种印刷方式。具体的方法是在印版上制作出图文和版膜两部分，版膜的作用是阻止油墨的通过，而图文部分则是通过外力的刮压将油墨漏印到承印物上，从而形成印刷图形。其原理为在平面的板材上挖割孔穴，然后施墨，使墨料透过孔隙漏印到承印物上。孔版印刷是一种灵活的印刷方式，印制范围广泛，主要有玻璃瓶、塑胶瓶、陶瓷、电路板、铁皮、布花、纸张印刷及其他立体面的印刷等。

5.需要印刷的出版物有哪些？

需要印刷的出版物包括：报纸、期刊、书籍、地图、年画、图片、挂历、画册，以及音像制品、电子出版物的装帧封面等。

6.什么是出版物印刷？

与报纸、期刊、书籍、地图、年画、图片、挂历、画册，以及音像制品、电子出版物的装帧封面等相关的印刷经营活动，包括排版、制版、印刷、装订等。

7.出版物印刷工艺有哪些流程？

印前工艺包括出片、打样和制版，上机印刷完后进行印后加工、检验出厂。

8.什么是付印样核检？

付印样核检指对那些即将打印或印刷的图文信息进行的最后一次清样检查。如果质量在合格以上，就可以付印了；不合格的付印样则就视为差错，需要重新进行校正。

9.什么是印装工艺审核？

一本出版物的生产工艺要求，通常是在印前制作环节由设计师与社方编辑确定下来的，往往没有征求印刷单位的意见，因而不能避免有的设计不符合印刷装订的技术要求，如分色制版加网线数在175 lpi以上，却要求用纸表相对粗糙的轻型纸印刷；封面图案墨层设计厚实且面积较大，却选用了纸表涂布较多且不易干燥的特种纸来印刷；勒口后纸张易破裂却在勒口处设计了实地印刷色块；内文设计叠印图案过多却使用高速轮转机印刷；分色制版时没有做陷印处理等。通过印刷装订工艺的审核，就能在开机印刷前检查出不当的工艺设计，从而避免印后的质量事故和不必要的损失。同时，通过工艺审核，还能明确之后的工艺重点和难点，从而确保印装质量符合出版物的设计要求。

10.什么是拼版工艺？

拼版是指将要印刷的页面按其折页方式按页码顺序排列在一起，其大小由印刷幅面及印刷纸张的大小来定。

11.拼版工艺注意事项有哪些？

常言道“七分制版三分印刷”，说的是制版极其重要，版都制不好，再好的机器再好的技术，印刷效果也不会好。拼版环节是印前制作的重要环节，所以应注意以下几点：

(1)严格按照折手页码规律拼贴胶片；

(2)严格按照折手位置准确拼贴胶片，误差控制在标准要求之内，以确保多色印刷的套印精确程度；

(3)拼版中要检查所拼胶片的图文质量和胶片本身的完好程度，不能将图文残损的胶片，以及本身有折痕毁损的胶片拼在大版中；

(4)拼好后的对开大版胶片应保持整洁干净，胶片上所用的胶带粘贴位置也应远离图文部分7 mm以上，以便晒版后除脏。

12.晒版工艺注意事项有哪些？

晒版是将载有图文的胶片、硫酸纸等其他有较高透明度的载体上的图文，通过曝光将图文信息转移到PS版上的工作。

晒版应注意以下几点：

(1)晒版时间的控制，应根据晒版光源、感光材料、显影液浓度等之间的关系确定正确的曝光时间。确定网版最佳曝光时间的方法有几种，一般地说，感光乳剂的生产厂家会针对自己的产品提供曝光的基本参数，可以参照这些参数选择适合自己的最佳曝光时间，或采取分级曝光测试法、曝光测试条测试法确定曝光时间。

(2)显影条件的控制，正确的曝光要有正确的显影来配合，显影条件包括显影液的化学成分、温度、显影时间及机械搅拌等，并应经常补充和更换新液。

13.印刷要素有哪些？

(1)原稿：即出版社提供的付印样(签字付印清样)。

（2）印版：用于传递油墨到承印物上的图文载体。

（3）承印材料：是承接印刷过程中的油墨并呈现图文信息的各种物质，通常为各种纸张，如新闻纸、书写纸、双胶纸、轻型纸、铜版纸等。当然随着发展，印刷载体也呈现非纸类的变化。

（4）油墨：是在印刷过程中按照原稿要求被转移到印刷载体并呈色的着色物质。油墨由色料、联结料及辅助剂构成，是一种带色泽、细腻且稳定的胶状物，具有一定的流动性，能在纸张等载体上着墨后干燥结膜。

（5）印刷机械：是用于印刷生产的各种机器总称。印刷机械一般由给纸部件、收纸部件、输墨部件、印刷部件组成，胶印机一般还有一个输水部件。

14.出版物印刷注意事项有哪些？

（1）单张纸印刷时

①应保持车间恒温恒湿，注意印刷纸张开料后密封保持，避免其吸水受潮，否则极易导致印刷中出现纸张打皱，或单面印后纸张边沿起“荷叶边”现象，以致影响第二面正常印刷。

②监控好印刷过程，避免出现两张纸同时通过印刷机的情况，一旦发现应及时从收纸垛中全部剔除，否则极易导致成品出版物中某印张全部是白页的现象。

③注意正确备纸，不将有“纸病”的纸张用于批量印刷，否则有破洞、残缺、油污的纸页将混杂在成品出版物中。

④印刷中一旦发现残纸现象，应立即停机剔除全部残纸，同时还要扩大检查已印部分，检查其是否因其他残纸的影响导致已印部分出现图文残缺。

⑤应确保印件的印刷质量达到出版社和行业质量要求，注意勤停机擦除橡皮滚筒上的纸粉，以使成品印刷图文清晰和墨量饱满。

（2）卷筒纸印刷时

①注意在不同季节应更换相适应的油墨，确保轮转机印刷折页完成后，在后续的工序中，不会因挤压打捆或装订裁切中的压力而使相连书页出现印迹相互粘脏的现象。

②勤查印刷品质的稳定性，一旦发现墨色偏差过大应立即调整，以使其尽快恢复到正常值范围内，否则将因质量问题将导致大量的纸张浪费。

③双色套印设计的出版物，若精度要求较高，如人物双色套印，文字双色套印、图形中的双色套印等，则通常不选择轮转双色机印刷，否则会出现套印偏差大导致出版物质量不合格的情况。

④印量太小的出版物也要慎重选轮转机印刷，一是纸张本身浪费大，二是墨色深浅浓淡一致性较差。

⑤卷筒纸印刷所用纸张，要接头少抗拉系数大的纸张，否则印刷效率会受到较大影响。

五、印刷设备

1.印刷机如何命名？

(1)国产印刷机的命名

印刷机的型号名称一般要能表示机器的类型、用途、结构特点、纸张规格、印刷色数、自动化程度等特性。产品型号由主型号和辅助型号两部分组成。主型号表示产品的分类名称、印版种类、压印结构形式等，用大写汉语拼音首字母表示。辅助型号表示产品的主要性能规格和设计顺序，用阿拉伯数字或字母表示。分类名称(印刷机)代号用“印”字的拼音的第一个字母“Y”表示，版种类代号字母含义见表 2-1。

表 2-1　印版的对应代号字母

印版种类	凸版	平版	凹版	孔版	特种
代　号	T	P	A	K	Z

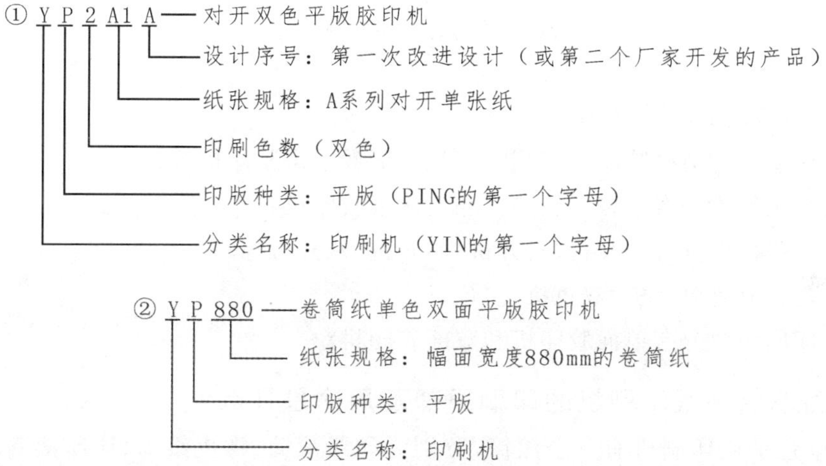

图 2-9　国产印刷机的命名

(2)国外印刷机的命名

国外生产的印刷机每个公司都有自己的命名方法，并没有统一的命名规则可循，在我国常见的进口印刷机型号有海德堡 Speedmaster 102－4 型机、海德堡 Speedmaster CD 102－4LYYL(X)型机、海德堡 M 600 型机、罗兰 704 型机、高宝利必达 105－4 型机、小森丽色龙 S 440 型机、三菱钻石 3000－4 型机、秋山 J Print 4p440 型机等。命名中字母及数字的含义如图 2-10 所示。

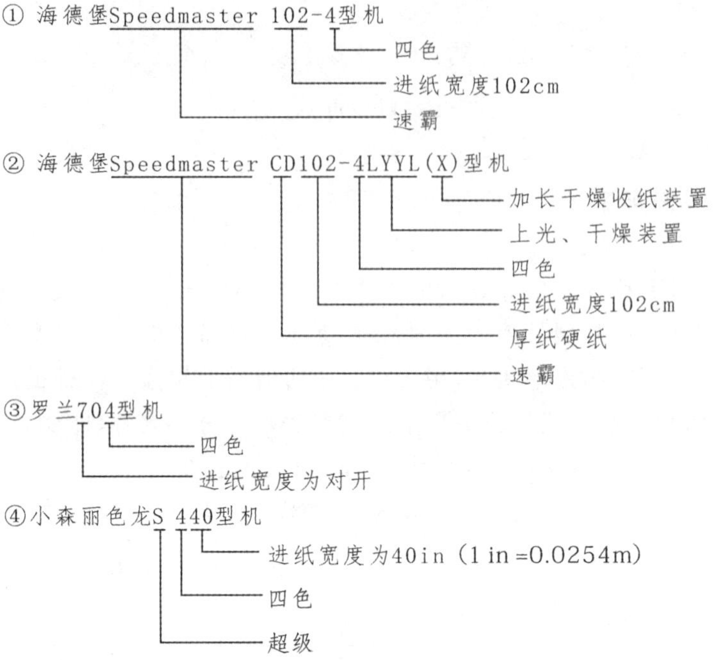

图 2-10 国外印刷机的命名

2.胶印机如何进行分类？

(1)按用途分有书报胶印机、包装胶印机、证券票据胶印机等；

(2)按纸张形式分有单张纸胶印机和卷筒纸胶印机；

(3)按纸张幅面分有全开机、对开机、四开机、八开机等；

(4)按色组分有单色机、双色机、多色机；

(5)按印刷面数分有单面胶印机和双面胶印机。

3.单面单色平版印刷机的印刷原理及用途是什么？

单面单色平版印刷机有三个滚筒，分别为印版滚筒、橡皮滚筒、压印滚筒。印刷时，印版上的图文先转印到橡皮滚筒上，承印物在橡皮滚筒与压印滚筒之间通过，完成图文的印刷。这种印刷机印出的网点结实，主要用于印刷单色印刷品。

4.三滚筒单色胶印机的滚筒排列方式有哪几种？

常见滚筒排列方式有垂直排列、水平排列、直角排列和七点钟排列，如图 2-11 所示。

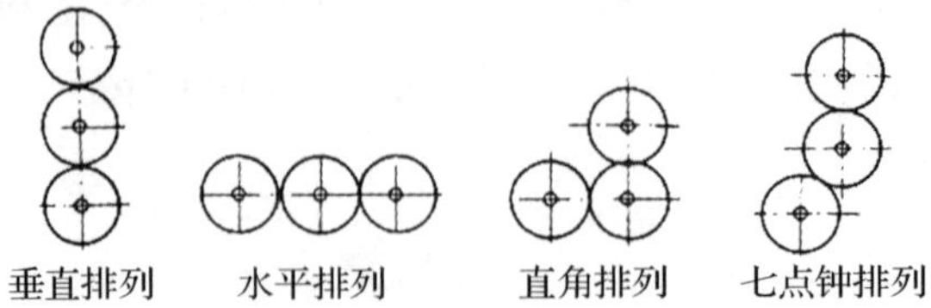

图 2-11 三滚筒单色胶印机的滚筒排列方式

从滚筒更换、调节、使用、维修以及占地面积、受力均匀性和工作稳定性等方面考虑，垂直排列和水平排列已经淘汰。直角排列占地面积较小，且易于更换印版、橡皮布、衬垫，便于清洗和调压。七点钟排列除了具备直角排列的优点外，还有利于布置前规定位部件，既能保证操作方便又占有较小的空间，因而被广泛采用。

5.单面多色胶印机有哪几种常见结构？

单面多色胶印机常见结构有五滚筒多色胶印机、机组式多色胶印机和卫星式多色胶印机。

(1)五滚筒多色胶印机两个色组共用一个压印滚筒，且滚筒直径相等。按照滚筒的排列形式有横“V”型和正“V”型两种，如图 2-12 所示。横“V”型滚筒排列结构紧凑、简单、套印准确、占地面积小、易于操作和维修，因而被广泛采用。

五个滚筒分别是两个印版滚筒、两个橡皮滚筒、一个压印滚筒。两个印版上的图文转印到两个橡皮滚筒上，承印物先在第一个橡皮滚筒和压印滚筒之间通过，然后在第二个橡皮滚筒和压印滚筒之间通过，共享一个压印滚筒完成单面两个颜色的套色印刷。如果只有一个机组就是双色印刷机，有两个机组就是四色印刷机。五滚筒多色印刷机的优点是占地面积小、印刷效率高，制造成本也相对较低；缺点是每个机组两种颜色容易产生混色。这种印刷机主要用于单面印刷，与机组型三滚筒平版印刷机一样，也非常适合印刷色彩精美的画册、挂历和精致的封面等印刷品。

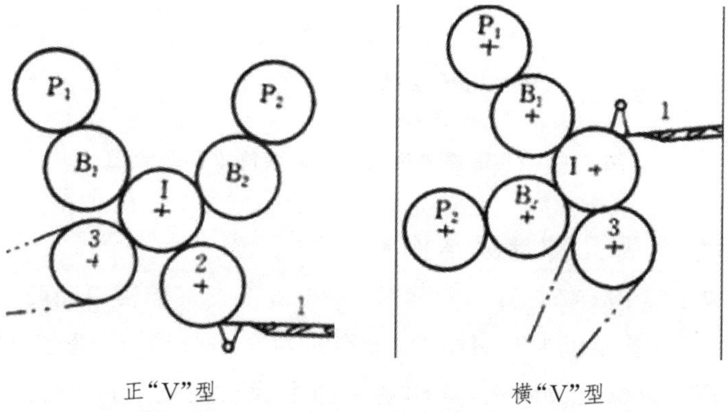

图 2-12 五滚筒多色胶印机滚筒排列形式

(2)机组式多色胶印机每个机组有三个滚筒，分别是印版滚筒、橡皮滚筒和压印滚筒，每个机组的印刷原理类似单面单色平版印刷机。如果只有一个机组，就是上述的单面单色平版印刷机，有两个机组称为双色印刷机，有两个以上机组称为多色印刷机。机组型印刷机通过翻纸滚筒也可以完成双面印刷，但主要用于单面印刷。三滚筒多色印刷机的优点是印出的网点结实，一次就可以完成印刷品的全部套色，印刷效率高，最适合印刷精美的画册、挂历和精致的封面等印刷品。图 2-13 所示为机组式四色胶印机的滚筒排列示意图。

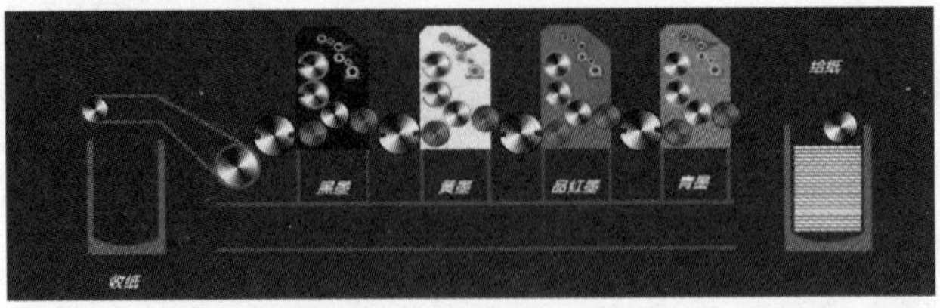

图 2-13　机组式四色胶印机的滚筒排列示意图

(3)卫星式多色胶印机是在一个共用的压印滚筒周围配置四组印版滚筒、橡皮滚筒以及输墨和润湿装置，纸张经过一次交接，压印滚筒转一圈，即完成了四色印刷。其结构如图 2-14 所示。这种结构的印刷机套印准确，但是结构庞大且复杂，印刷品比较容易混色。因此，一般用于彩色报纸印刷，很少用于书刊印刷。

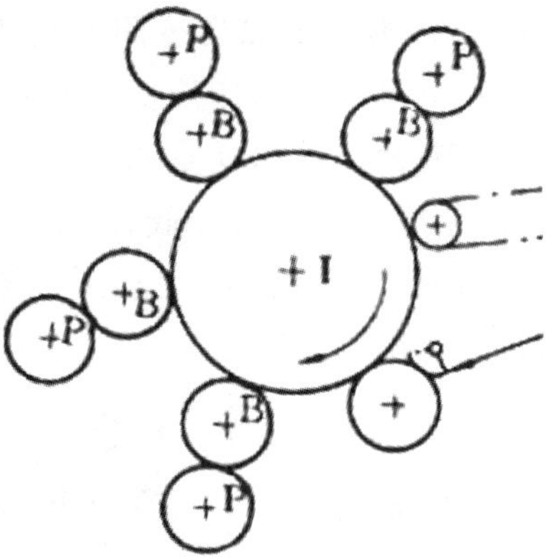

图 2-14　卫星式多色胶印机的滚筒排列示意图

6.双面胶印机有哪几种常见结构?

双面胶印机常见结构有 B—B 型双面胶印机、机组式可翻转双面胶印机。

B—B 型(对滚式)胶印机为四滚筒型，分别是两个印版滚筒、两个橡皮滚筒。两个印版上的图文转印到两个橡皮滚筒上，承印物在两个橡皮滚筒之间一次通过，即完成双面印刷。由于没有专用的压印滚筒，承印物是在橡皮滚筒与橡皮滚筒之间完成印迹转移，故称为“B—B 型”。其结构如图 2-15 所示。这种印刷机的最大特点是一次通过，双面印刷。如果有四个机组，一次就能完成正反两面八个颜色的套色，大大加快了书刊印刷的速度，特别适合印刷一般书刊的正文、彩色期刊、普通彩色画册等。但是，由于承印物是在两个橡皮滚筒的压力下完成印迹转移，压力较小，所以网点扩大相对较大，印制精美画册不如机组型单面平版印刷机。

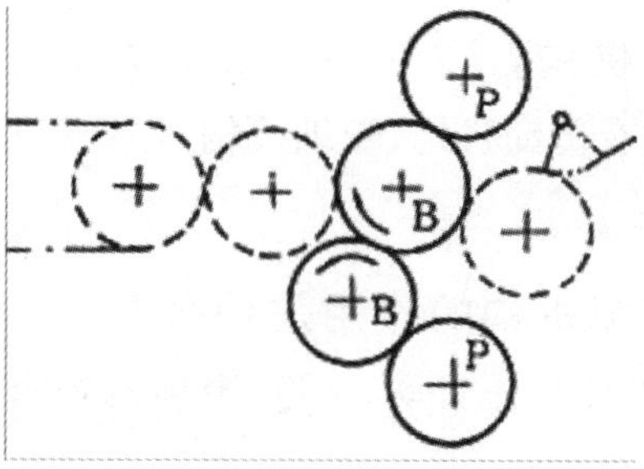

图 2-15 B—B 型双面胶印机的滚筒排列示意图

机组式可翻转双面胶印机是在多机组胶印机之间加上纸张翻转机构，纸张通过滚筒翻转印刷另一面，纸张传送时噪声小、平稳且套印准确。如图 2-16 所示。

图 2-16 机组式可翻转双面胶印机

7.单张纸印刷机和卷筒纸印刷机的特点是什么?

按照输纸方式分类，平版印刷机可以分为单张纸印刷机和卷筒纸印刷机。

单张纸印刷机都有一个输纸器，纸张呈堆叠状态，通过连续式输纸装置完成纸张的分离，并将分离的纸张平稳准确地送到滚筒之间。单张纸印刷机的特点是印刷精度高、承印物种类多、纸张浪费少，但是印刷速度比卷筒纸印刷机慢，主要用于印刷精度高、印数不大的书刊等。

图 2-17 单张纸印刷机

卷筒纸印刷机采用卷筒纸印刷，绝大部分都是一次通过、双面印刷，印刷速度比单张纸印刷机要快得多，特别适合印刷印数大的书刊。

图 2-18 卷筒纸印刷机

8.平版印刷机有几大机构？

平版印刷机的主要机构有传动机构、输纸机构、印刷机构、输墨机构、润湿机构、收纸机构。

9.单张纸胶印机中输纸机构的作用是什么？

在胶印机中，输纸机构的作用是自动、平稳、准确地按照输纸工艺的要求有节奏地将纸张一张一张地输送到印刷机构。

10.输纸的工艺要求有什么？

(1)能保证准确地、可靠地、连续地将每一张纸从输纸台的纸堆上分离出来；(2)在输送过程中不能损坏纸张，不会弄脏图文部分；(3)能按照实际情况自动地调整纸堆表面高度，保证输纸工作正常进行；(4)保证纸张达到前规的时间正确，不允许早到或晚到，在整个输送过程中纸张平稳运行，不能出现双张、断张和歪张现象；(5)能方便地补充或更换纸堆纸张，使机器不停机运行。

11.输纸机构的分类有哪些？

按照纸张分离方法输纸机构可分为摩擦式和气动式；按照纸张输送方式输纸机构可分为间歇式和连续式。摩擦式输纸机构只适用于小型的输纸精度要求较低的印刷机上，印刷速度和精度要求高的印刷机则全部采用气动式输纸装置。

12.胶印机输纸机构中分纸头的作用是什么？

分纸头的作用是准确、及时地从纸堆中分离出单张纸，并将分离出来的纸张传递到接纸辊处。

13.分纸头上有哪些结构？

有分纸吸嘴结构、递纸吸嘴结构、压纸吹嘴结构、配气阀和其他辅助结构。如图2-19所示。

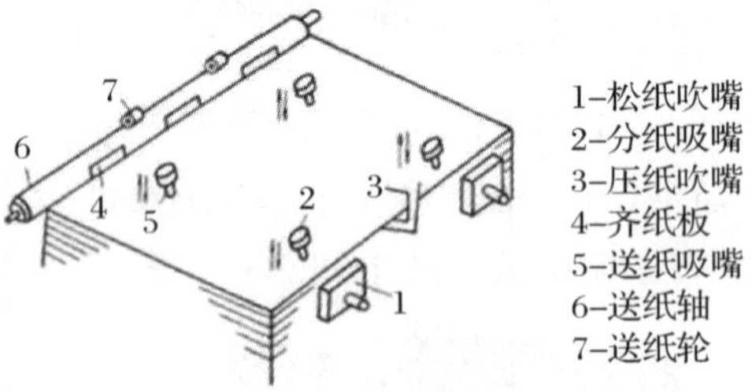

图 2-19 分纸头结构示意图

14.分纸头上的三大主要结构的作用分别是什么？

(1)分纸吸嘴的作用是从纸堆中分离出单张纸，并交给递纸吸嘴。

(2)递纸吸嘴的作用是将分离出的纸张输送到后端。

(3)压纸吹嘴的作用是当纸堆最上面一张纸被分纸吸嘴吸走后，它立即向下压住纸堆，避免递纸吸嘴将下面的纸张带走；在它压住纸堆后进行吹风，使分纸吸嘴分离出来的单张纸完全与纸堆分离，以便输送；探测纸堆高度，当纸堆降低到一定程度，分纸头不能正常工作时，发出信号，使堆纸台自动上升。

15.单张纸胶印机中输纸台上的纸张如何准确定位？

输纸台上纸张靠规矩来对轴向和周向两个方向来定位，使纸张在印刷前相对于印版有一个固定的、正确的位置，在印刷后得到固定位置的图文，从而保证印张之间、色组之间的套印准确。规矩包括前规、侧规、递纸结构等，如图 2-24。

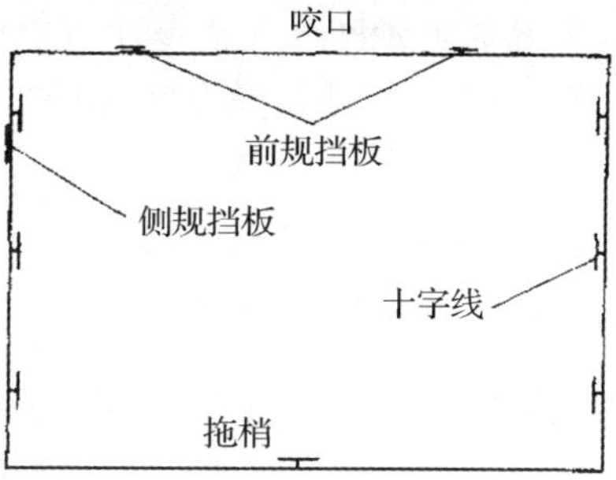

图 2-20　前规和侧规定位示意图

16.前规主要由哪些部件组成？

前规一般由规矩挡板、压纸舌、传动装置和检测装置组成。

17.前规定位有什么基本要求？

(1)前规摆动准确，前规轴灵活转动，无轴向晃动；(2)不能对纸张进行碰撞和干扰；(3)控制前规的各个部件配合良好；(4)前规的相对运动时间可调节；(5)前规的上挡规间隙大约三张纸的厚度；(6)前挡规受纸张冲击容易磨损，发现后要及时处理。

18.侧规定位有什么基本要求？

(1)前规定位时对纸张有一定的推送力，有利于纸张的准确定位，侧规则没有；(2)侧规属于第二定位，定位时不应破坏前规定位的准确性；(3)侧规的相对定位时间包含在前规的定位时间之内。

19.什么是递纸机构？

递纸机构是指将经过前规、侧规定位后的纸张向压印滚筒上的叼纸牙进行传递的机构。

根据递纸方式的不同可以分为直接递纸、间接递纸和超越递纸。

20.输纸过程中出现空张的原因及排除方法有哪些？

(1)压纸脚压纸面积过大，压纸脚踏在吸起来的纸上。调整飞达头前后位置，使压纸脚压住纸张 8～12 mm。

(2)分纸吹气不能有效吹开纸张,压脚吹风不能使纸张有效分离。调节各吹气元件的吹风压力,检修气路或更换气泵。

(3)吸嘴吸不起纸张或吸纸时出现颤动,吸嘴距离纸面太远。调节吸嘴的高度或纸堆的高度。

(4)纸堆过低,挡纸板阻碍纸张传送。向下调整飞达头位置或调节压纸脚的高低。

21.输纸过程中出现双张的原因及排除方法有哪些?

(1)压纸脚不能有效地压住纸张。可调整飞达头前后位置,使压纸脚压住纸张8～12 mm。

(2)分纸吹风吹起纸张太多或将纸张吹乱。可减小分纸吹风的风量。

(3)挡纸板不能有效将纸张挡住。可调整压纸脚的高低,使挡纸板高于纸堆表面5～8 mm。

(4)纸张不能被有效地分离,一般是由于分纸弹簧片、分纸毛刷不合适或对其调节不当。可更换分纸毛刷及分纸弹簧片,并按照要求进行调节。

22.输纸过程中出现歪张的原因及排除方法有哪些?

(1)纸张在一侧下纸有阻碍,两侧纸堆高低不一致。调垫高一侧纸堆。

(2)有一侧吸嘴吸纸不利落,两侧递纸吸嘴高低不一致。调整一侧吸嘴的高低位置。

(3)纸张经过接纸轮后歪斜,接纸轮落下时间不一致,接纸轮磨损或不正。调整接纸轮的下落时间,更换接纸轮。

(4)纸张在输纸带上产生歪斜,输纸带松紧不一致;输纸板上的压纸轮压力或位置不合适。调整输纸带的松紧;调整压纸轮的位置及压力。

(5)两个前规前后位置调节不一致,互不成直线。校正前规前后位置使其在一条直线上。

23.输纸过程中出现纸张早到的原因及排除方法有哪些?

(1)下纸时间与前规动作时间不匹配,飞达与主机的时间不匹配。应调整飞达下纸时间。

(2)压纸轮或毛刷轮距离纸尾太近或直接压在纸尾上。应调整压纸轮或毛刷轮的位置。

24.输纸过程中出现纸张晚到的原因及排除方法有哪些?

(1)下纸时间与前规动作时间不匹配,飞达与主机的时间不匹配。应调整飞达下纸时间。

(2)纸尾距离压纸轮或毛刷轮太远。应调整压纸轮或毛刷轮的位置。

(3)输纸带太松或纸张在输纸板上失控。应调整布带的松紧程度或调节压纸轮、毛刷轮的压力及位置。

(4)前规挡纸舌太低,输纸受阻。应调整挡纸舌高度至合适的位置。

25.输纸过程中出现侧规拉纸不到位的原因及排除方法有哪些?

(1)纸张离侧规过远。应调整侧规距纸张 4～6 mm 。

(2)侧规拉纸的时间太短。增加拉纸时间。

(3)侧规拉纸轮压力太小。增大撑簧压力。

(4)输纸台上的压纸球、毛刷等压力大。调高压纸球、毛刷至压力合适。

26.印刷机构由哪些基本构件组成?

印刷机构包括印版滚筒、橡皮滚筒、压印滚筒、离合压结构、传纸装置及有关的控制装置。

27.滚筒由哪几部分结构组成?

滚筒由轴颈、滚枕和筒身组成,如图 2-21 所示。

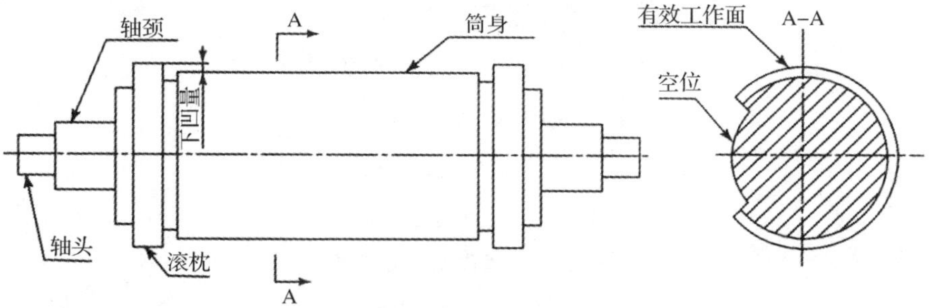

图 2-21 滚筒结构

28.什么是滚枕?

滚枕也称肩铁,是滚筒两端用以确定滚筒间隙的凸起铁环,调节滚筒中心距和确定包衬厚度的依据。

29.印版滚筒的装版装置有哪几种?

装版装置又称卡版夹,按照装版的形式可以分为套入式卡版夹、固定式卡版夹、快速卡版夹。

30.橡皮滚筒由哪几部分组成?

橡皮滚筒由传动齿轮、轴承、偏心套、滚筒体,以及安装在上面的橡皮布装置组成。

31.压印滚筒由哪几部分组成?

压印滚筒由传动齿轮、轴承套、滚筒体、叼纸牙排、控制递纸牙排和滚筒离合压的凸轮组成。

32.输墨机构的作用是什么?

输墨机构就是实现把油墨均匀、定量地传给印版表面的装置,传递油墨的均匀程度、给出油墨量的大小直接影响印品的质量。

33.输墨机构由哪几部分组成?

输墨机构一般由三部分组成:(1)供墨装置:由墨斗、墨斗辊、传墨辊及其控制结构组成,作用是把墨斗内的油墨定量地向匀墨装置供墨,可以通过调整墨斗出墨间隙或墨斗辊的转动速度来改变供墨大小;(2)匀墨装置:由上串墨辊、中串墨辊、下串墨辊和若干匀墨辊组成,作用是将油墨在周向和轴向方向上打匀,均匀地进行传输。(3)着墨装置:由着墨辊和自动起落机构组成,作用是向印版正常着墨。

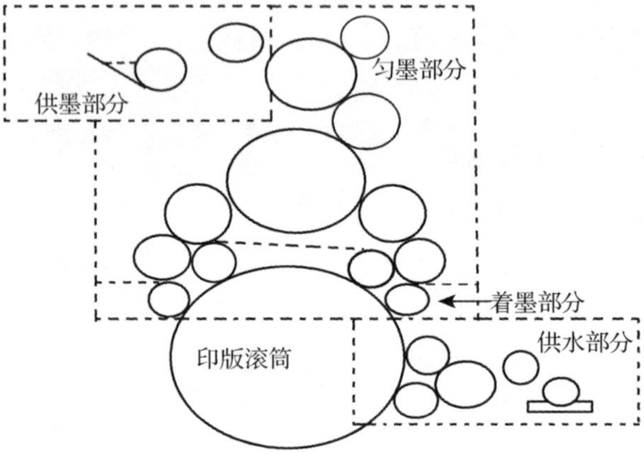

图 2-22 输墨机构示意图

34.对输墨机构有哪些基本要求?

(1)具有良好的接触关系。为了使墨辊和墨辊、墨辊和印版之间完全接触,有效地传墨,必须利用弹性体的受压变形,因此墨辊之间接触要符合软硬相间的原则。而墨辊之间既存在周向同步运动,也存在摩擦传动,因此齿轮传动要有稳定的传动比,也应具备适当的接触压力。

(2)串墨辊和印版滚筒的线速度应保持一致。

(3)保证输墨的均匀。

(4)保证对印版适量着墨。

35.如何评价输墨机构的工作性能?

输墨机构的工作性能可以用几个参数来评价:着墨系数、匀墨系数、贮墨系数、打墨线数、着墨率。

(1)着墨系数是指所有着墨辊面积之和与印版面积的比值,表示墨辊对印版着墨的均匀程度。着墨系数越大,均匀着墨性能越好。

(2)匀墨系数是指所有匀墨辊面积之和与印版面积的比值,表示墨辊油墨迅速打匀的程度。匀墨系数越大,匀墨性越好。一般增大匀墨系数的方法是适当增加墨辊数量,而不是增大墨辊直径。同时所有墨辊直径比值为除不尽的小数,这样两墨辊的接触点能经常发生变化而打匀油墨。输墨部分的墨辊既起到传墨作用,又起到匀墨作用。

(3)贮墨系数是指全部墨辊的面积总和与印版面积的比值。贮墨系数既不能过大也不能过小。贮墨系数过小墨层均匀度不高；贮墨系数过大也有缺点，墨辊过多，会造成墨辊上贮墨量过大，在需要改变墨色深浅时，不能迅速得到反映。一般贮墨系数在5.5～6.5之间。

(4)打墨线数反映输墨机构的墨辊在匀墨和传输油墨过程中接触、分离的次数，也称接触线数。打墨线数越大，表示墨辊上油墨层分割的区域越多，油墨越易于打匀。在匀墨系数不变的情况下，增加墨辊数量比增加墨辊直径好，不仅匀墨部分体积增大，也增加了打墨线数，提高了匀墨性能。

(5)着墨率表示着墨辊供给印版的墨量占印版上总墨量的百分比。输墨性能的好坏要以印版上油墨的均匀程度来判别，每根墨辊着墨量的大小，直接影响印版上墨层的均匀程度。

36.润湿机构的作用是什么?

胶印机上的润湿机构的作用是向印版提供润湿液以保护非图文部分，同时起到给印版冷却降温的作用。

37.润湿机构有哪些基本分类?

根据水斗辊和各水辊是否接触分为接触式润湿和非接触式润湿；根据润湿液的种类可以分为水润湿和酒精润湿。

38.润湿机构由哪几部分组成?

润湿机构包括供水机构、传水机构、串水机构和着水机构组成。

39.单张纸胶印机收纸机构的作用是什么?

单张纸胶印机收纸机构的作用是把已完成印刷的印张从压印滚筒上接过来，传到齐纸机构闯齐后，送到收纸台堆叠成垛。收纸时印品的印刷面一般朝上，一是便于操作者观察印品质量，二是避免未干燥的图文蹭脏。

40.收纸机构由哪些部件组成?

收纸机构一般由收纸滚筒、传纸机构、传送装置、齐纸机构、收纸台和辅助装置组成。

41.卷筒纸胶印机有哪些类型?

根据印刷品的用途和印品种类可以分为新闻印刷用卷筒纸胶印机、商业印刷用卷筒纸胶印机、书刊印刷用卷筒纸胶印机；根据胶印机滚筒的排列方式可以分为B－B型、卫星型、半卫星型、混合型卷筒纸胶印机。

42.卷筒纸胶印机的输纸机有哪些机构和要求?

(1)纸卷的安装机构。这种机构能迅速安装和更换纸卷，能准确、灵活地进行纸带轴向位置调整。

(2)自动接纸机构。缩短接纸时间，提高印刷效率。

(3)调整和控制纸带张力的机构。包括纸卷制动机构、控制纸卷动力矩的传感机构、起到减震作用的浮动辊机构、控制纸带速度并将纸带平稳送出的送纸辊机构。

(4)用于改变穿纸路线的过纸辊。

(5)其他特殊机构。如纸带毛刷机构。

43.卷筒纸两种自动接纸方式有何不同?

卷筒纸自动接纸方式有高速自动接纸、零速自动接纸两种。两者之间的不同主要体现在以下几方面。

(1)高速接纸接头胶带是“八”字形,零速接纸接头胶带是“一”字形。零速自动接纸比高速自动接纸的接头短。

(2)高速接纸容易将新纸卷带弄坏,零速接纸的可靠性较高。

(3)高速接纸适用于高速胶印机,零速接纸受储纸架的影响,速度不宜过高,且接纸时间也受储纸量的限制。

(4)高速接纸机结构复杂,控制系统也比较复杂,零速接纸结构比较简单。

44.卷筒纸胶印机的收纸系统由哪些部分组成?

卷筒纸胶印机的收纸系统包括烘干、冷却、折页、收帖装置。

45.卷筒纸胶印机折页装置的作用是什么?

卷筒纸折页装置是卷筒纸轮转印刷机的重要组成部分。它的作用是将正反面已经印刷好的纸带,根据印刷品规格要求进行裁切、折叠和输出。

46.卷筒纸胶印机折页装置有哪些技术要求?

(1)折页装置应与印刷滚筒的转速相协调,能准确、可靠地将印刷好的纸带进行裁切和折叠,以得到不同规格的书帖。

(2) 为保证裁切、折叠精度要求,应设有必要的调整装置。

(3)当书帖规格发生变化时,能方便地进行调整,并便于维修。

(4)采用减噪和隔噪装置,以利于印刷环境的改善。

47.卷筒纸胶印机烘干装置的作用是什么?

卷筒纸印刷多采用热固性油墨,必须经过加热和冷却才能干燥。纸带印刷后经过烘干箱加热,使其油墨内的溶剂等成分快速挥发,再经冷却固化。

48.卷筒纸胶印机冷却装置的作用是什么?

冷却装置一般由 2～3 根中空的冷却辊组成,与冷水循环系统相连,通过控制冷水的温度来实现纸带表面的降温冷却。

49.卷筒纸胶印机收帖装置的作用是什么?

收帖装置是卷筒纸印刷机上收集折叠印张的装置。对于出版物印刷而言,一般有两组收帖装置,32 开收帖装置和 16 开收帖装置,作用是对书帖进行计数、收集、输出和堆积。

50.印刷机的维修工作有哪几种？

印刷机的维修可以分为小修、中修和大修。

(1)小修一般指日常的维修工作，只需数小时或数日即可完成。只更换已损坏的小件，维修时间较短。

(2)中修是对印刷机的关键部件进行更换或修补。维修时间较长，一般需要 15 天左右。

(3)大修是对印刷机进行全面彻底的检查和修理，更换或修补所有超过磨损标准的零部件。维修时间更长一些，一般需要 3～6 个月。

51.印刷机大修的主要依据是什么？

印刷机大修的三个主要依据是：印刷产品的质量、印刷机的使用时间、印刷机的精度指数。

52.印刷机在保养时要注意哪些方面？

(1)擦机器时，必须将电门关闭，以保证安全。

(2)不宜用零星碎布做擦布，以防遗落在机内。

(3)擦机器时应同时检查机器上的油眼是否堵塞，并及时疏通。

(4)检查螺丝、螺帽、键、销等零件是否松动或脱落，并及时紧固。

(5)擦完机器后，应检查机器内是否有遗留物，以防造成机器损坏。

(6)启动机器时，应先发出信号。

(7)保持机器四周环境整洁。

53.印刷机有哪几种保养制度？

(1)日常维修保养。

(2)一级保养。以操作工人为主，维修工人为辅，根据一级保养细则要求认真做好保养工作。一级保养完成后要填写一级保养作业单，并由车间或班组设备员验收。

(3)二级保养。以维修工人为主，操作工人为辅，根据二级保养细则要求认真做好保养工作，完成后填写二级保养作业单，并由车间设备员、印厂设备管理员验收。

六、印后装订

1.什么叫印后装订？

印后装订指印刷完成以后对印张的订装加工。它是将印刷好的一批批分散的半成品页张(包括图表、衬页、封面等)，根据不同规格和要求，采用订、锁、粘等方法，使其连接起来，再选择不同的装帧方式进行包装加工，成为便于使用、阅读和保存的印刷品的加工过程。书籍(含本册)的加工实际上是先订(联)后装(帧)的，由于在加工中是以装为主，故称装订。订联的过程(折、配、订、锁、粘等)称书芯加工;将订联成册的书芯,包上外衣封面的过程称书封加工,也称装帧加工。总之将印好的页张,经过订和装的过程。就可以成为一本可以阅读、使用和保存的印刷品了。

2.印后装订的特点是什么?

印后装订是一个工种多、机器种类多、材料使用范围广、工艺加工方法多变的工序,同时又是一个印品艺术加工的操作工序。这个工序加工的优劣关系到印品效果的成败。随着印刷工业的不断发展与变革,现在装订工序已由落后的手工操作工序逐步发展为具有机械化、联动化、自动化的操作工序。

3.装订工序对出版物质量有什么影响?

书籍内文页张、版面顺序是否正确无误,订联(黏结等)是否牢固整齐,封面装帧是否正确干净、牢固平服、翻阅平整不变形等都对阅读效果及保存期限有影响。

书籍加工的工艺设计,特别是书封的装帧设计与加工,对印品的整体效果有直接影响。书籍一般要通过外封面的设计与工艺加工来反映其品级、内容和水平,装帧的设计与造型工艺水平高,质量好,书籍就能受到读者的欢迎和青睐。如果印前、印刷都达到了精耕细作的水平,而到最后一道完成工序的装订出现加工不当、外观不佳,不能表现书籍的档次,那么再好的内容也无法反映出来,甚至前功尽弃。因此,在书籍制作过程中不但印前、印刷重要,印后装订工序更为重要,因为这个工序是印品的包装工序,只有优质的后加工,才能获得理想的效果,因为一本书的制作过程是一个整体概念。

装订工序不仅要保证质量,还要配合前工序按时完成任务、保证或缩短出版周期。印刷品中有很大一部分书刊在加工时,时间性要求很强,从道理上讲印前、印刷都应保证各自的准确加工时间和流水程序,但实际往往达不到预想的结果,而最后将压力集中到后工序的装订。因此装订工序既要保证质量又要加快速度,还要弥补印刷工序可能出现的某些问题,以保证出版周期的稳定性。

4.什么叫骑马订?

一种简单的书籍装订形式。加工时封面与书芯各帖配套在一起成为一册,经订联、裁切后即可成书,装订后的骑马订书册钉锔外露在书刊的折缝上。由于订书时书芯是骑在订书机上装订的,形似骑马状,故称骑马订。

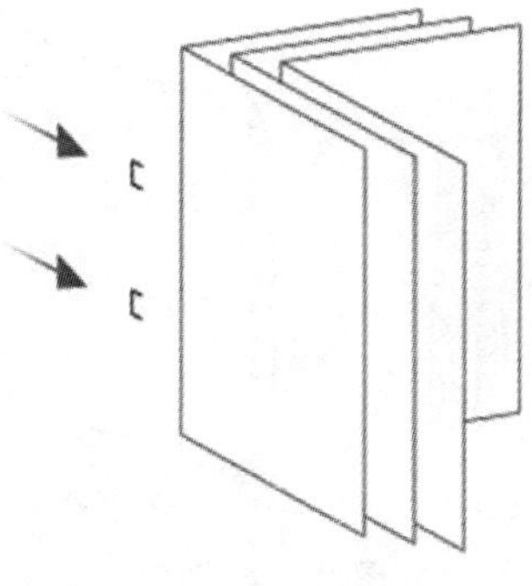

图 2-23 骑马订

5.什么叫无线胶订?

无线胶订工艺是利用胶粘剂使书芯联结成册的一种书刊装订方法。采用这种工艺加工的书刊外观平整,且具有省工省料、装订质量好、加工速度快、适用范围广的特点。

6.什么叫精装?

精装指书籍的一种精致制作方法。精装书籍主要是在书的封面和书芯的脊背、书角上进行各种造型加工后制成的。加工的方法和形式多种多样,如书芯加工就有圆背(起脊或不起脊)、方背、方角和圆角等;封面加工又分整面、接面、方圆角、烫箔、压烫花纹图案等。

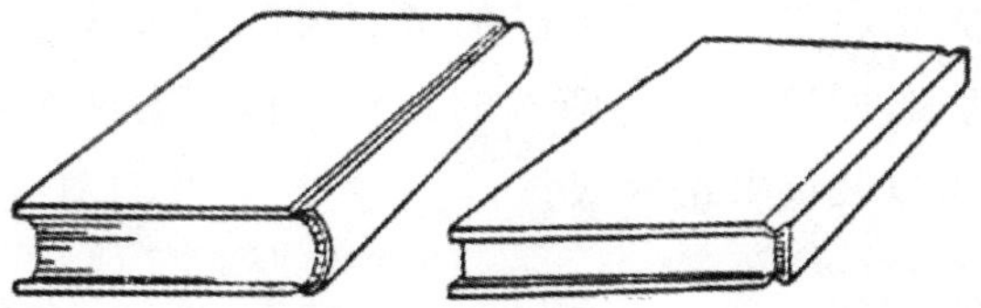

圆背　　方背

图 2-24 精装书

7.什么叫烫印?

烫印即指在纸张、纸板、织品、涂布类等物体上,用烫压的方法将烫印材料通过烫版转移在被烫物上的加工过程。装订中的烫印加工一般在封面上应用较多,其形式多种多样,如单一料的烫印、无烫料的烫印、混合式烫印、套烫等。

8.什么叫勒口?

勒口是平装装帧的一种加工形式。主要是指封面的前口边宽于书芯前口边,包完封面后将宽出的封面边沿书芯前口切边向里折齐在封二和封三内的加工形式。

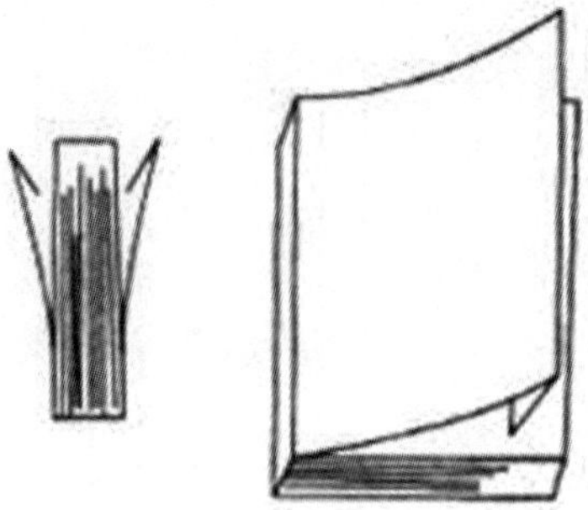

图 2-25 勒口

9.什么叫书槽?

书槽也称书沟或槽沟。指精装书套合后封面、封底与书脊连接部分被压进去的两个沟槽。书槽的宽度与纸板厚度有直接关系。

10.什么叫飘口?

指精装书的书封壳大出书芯(切口)的 3 个边。飘口的宽度是以书刊幅面大小所决定的,国家行业标准中有明确的规定。一般 32 开的书飘口宽为 2.5～3.5 mm,16 开的书飘口宽度为 3.0～4.0 mm。

11.什么叫堵头布?

堵头布也称花头布、堵布等。是一种经加工制成的带有线棱的布条,用来粘贴在精装书芯背脊处的上下两端,即堵住书背两端的布头。作用有两个:一是可以将书背两端的书芯牢固粘连;二是可以装饰书籍外观。

12.什么叫护封?

指套在书封面外的包封纸。作用有两个,一是保护书籍不易被弄脏损坏;二是可以装饰书籍,以提高其档次。

13.什么叫锁线订?

锁线订是一种用线将配好的书册按顺序一帖帖逐帖在最后一折缝上将书册订联锁紧的联结方法。锁线形式有平锁和交叉锁两种(平锁也称实锁、交叉锁也称跳锁)。锁线订用途广,适合精装、平装等各种加工形式,牢固易保存。

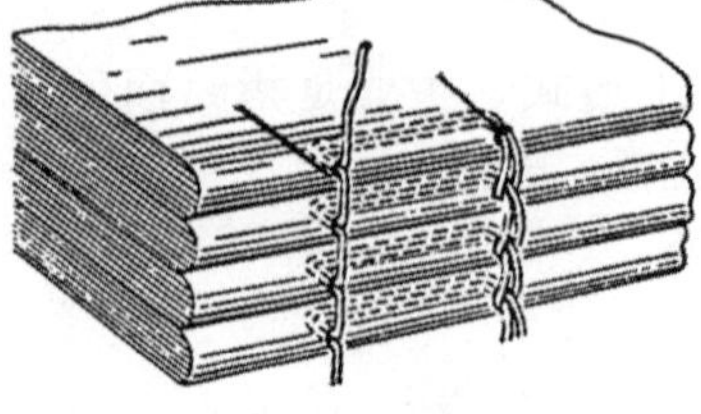

图 2-26 锁线订

14.什么叫开料?

将撞齐的大幅面页张、图表、封面等,根据工艺要求及规格尺寸,用切纸机裁切成所需幅面的过程。开料的方法一般有正开、偏开和变开三种。

15.配页方法有哪两种?

配页方法有套帖法和配帖法两种,这两种方法均可用手工或机器进行加工。其中手工配页有分拣、打、拉、撒、双手拉配等几种方法。

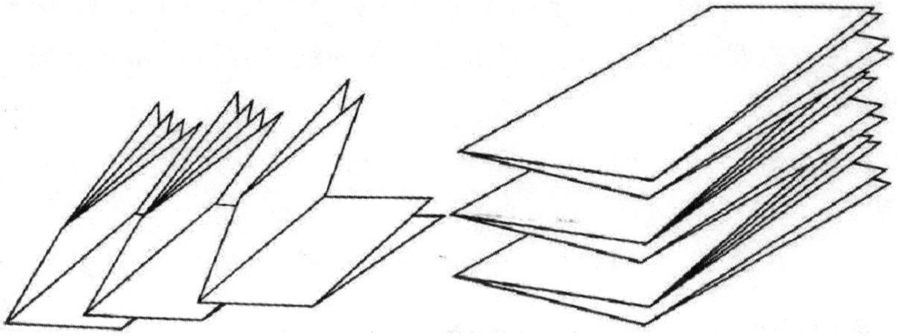

图 2-27 配页

16.什么叫浆背?

浆背是指将配好的书册撞齐、捆实后,在书背上涂抹一层黏合剂,使零散的书册各帖粘连在一起,以便于下道工序的加工。

17.什么叫铣背?

将配好的书册在书背上用铣刀将其铣成散页状或沟槽状,以待涂胶渗进后黏结成书册的加工方法。

18.配页机有哪几种形式?

配页机是代替手工配页进行配帖的设备。配页机的形式有三种,即辊式、钳式和极少数的摩擦式。

19.无线胶订的工艺流程是什么?

从半成品印张开始:撞页→开料→折页→套插页→配页→撞、捆、浆,干燥分本后准备上胶包机→储书→震齐→书芯夹紧定型→铣背拉槽→涂胶→粘封面→书册夹紧成型→出书→冷却干燥→切书→成品检查。

20.锁线订的工艺流程是什么?

从半成品印张开始:撞页→开料→折页→粘套页→粘贴环衬→配页→锁线→半成品检查→压平→涂黏合剂→粘纱布或卡纸→干燥分本→涂黏合剂→包封面(有勒口的书先切前口,包封面后再切两端)→烫背(或在包本机上用热熔胶包封面)干燥→切书→成品检查。

21.骑马订的工艺流程是什么?

从半成品印张开始:撞页→开料→折页→套配页→撞齐→订书→捆书或压平→切书→成品检查。

22.精装书的工艺流程是什么?

精装书工艺流程比较复杂,由书芯加工、书壳加工和套合加工三大部分组成。

(1)书芯加工流程

从半成品印张开始:撞页→开料→折页→粘套页→配页→锁线→半成品检查→压平→涂黏合剂→裁切半成品→扒圆→起脊→粘丝带和堵头布→粘书背纱布和书脊纸。

(2)书壳加工流程

计算书壳各料尺寸→开料→组壳→包壳塞角→压平→自然干燥→烫印。

(3)套合加工流程

涂中缝黏合剂→套壳→压槽定型→扫衬→压平→自然干燥→包护封→成品检查。

23.精装书为何要扒圆?

一般较厚的精装书均要扒圆(有的薄精装书也有扒圆),因为如果书的厚度很厚,经多次翻阅后的切口就容易变形,切口凸出,影响书籍外观。另外,扒圆后的书籍能增加艺术感。

24.精装书常用纸板厚度应是多少?

精简书纸板厚度是根据所加工书籍的厚度和幅面大小进行选择的,一般所用纸板厚度在 1.5～3 mm 之间,最常用的厚度是 2 mm。

25.精装书制成后为何要堆放 12 小时后才可进行检查与包装?

精装书加工的最后一道工序是扫衬定型,扫衬时黏合剂中的水分不易散发,因此必须要有一段自然干燥时间,自然干燥后书籍才能基本定型,水分基本散发完。此时,再进行检查与包装,可保证书籍平服定型。

26.什么叫覆膜?

覆膜又称过塑、裱胶、贴膜等,指用覆膜机将塑料薄膜涂胶后覆盖黏着在印品纸张表面,形成一种纸塑复合的加工技术。有即涂膜、预涂膜两种工艺,其中即涂膜又分油性膜和水性膜两种。即涂膜是一种用即涂膜机在薄膜上涂胶后,随即与纸张进行黏结的一种纸塑复合工艺。预涂膜是将薄膜事先用涂布设备将胶黏剂涂布、干燥后卷起,再用预涂膜机加热将纸张黏着复合的工艺。

27.油性溶剂型即涂膜工艺有哪些缺陷?

因为油性溶剂型即涂膜所用胶黏剂中的溶剂(甲苯类)是一种有害物质,它不但污染空气环境,且对人身体危害很大,因此国家发改委已明令禁止使用。

28.开料的质量标准与要求是什么？

(1)开大张版误差不超过±2 mm。

(2)开封面料误差不超过±1.5 mm。

(3)开精装纸板料误差不超过±1 mm。

(4)开双联书帖误差不超过±1.5 mm。

(5)开精装封面软料误差不超过±2 mm。

29.折页的质量标准与要求是什么？

(1)书帖折后无反页、双张、套帖、白版、折角、大跑版等。

(2)书帖折后相邻页码误差不超过±3 mm，折齐边不超过±2 mm，全书页码游动不超过±5 mm。

(3)带有接版的书帖，接版位置误差不超过±1.5 mm。

(4)垂直交叉折的 3 折或 4 折书帖，要在第 2 折或第 3 折的折缝上破口，以排除书帖内空气，避免出现“八”字形折痕。

(5)折后书帖页面整洁、无死褶、无“八”字形皱褶、折缝跑空、串帖、串版等，保证书帖平服整齐。

(6)书帖折后必须捆紧捆齐，每捆数量准确，堆放整齐，不串捆。

30.配页的质量标准与要求是什么？

配页质量检查的方法是检查折标的阶梯是否混乱，折标是在书帖最外页订口处，按帖序印上的一个小黑方块。折标的作用是防止配页时发生错误。配成书芯后，折标在书背处应成阶梯形排列。折标的阶梯混乱，说明可能有重帖、少帖、多帖和乱帖等错误出现。如图 2-28 所示。

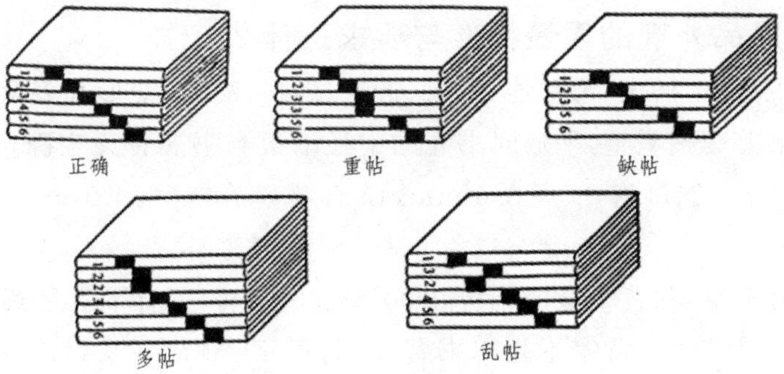

图 2-28 配页常见错误

31.切书的质量标准与要求是什么？

(1)正确选用切刀的 α 角。

(2)所切书册尺寸规格正确，不歪斜，无马蹄状，无破头和连刀页，切口光滑无刀花。

(3)切成品的尺寸允差为±1.5 mm，歪斜允差为±1.5 mm，切前口的允差为±1 mm。

32.锁线订的质量标准与要求是什么?

(1)锁线时要依书册开本的长度,定好针位与针距(见表 2-2)。

表 2-2 锁线订针距与针数

开本	上下针位与上下切口距离(mm)	针数	针组
≥8	20~25	10 针以上	5 组以上
16	20~25	8 针以上	4 组以上
32	15~20	6 针以上	3 组以上
≤64	10~15	4 针以上	2 组以上

(2)锁线后的书册顺序正确,松紧适度、线结平整、无断线脱针,无线圈套、错帖、穿隔层等,缩帖不超过±2.5 mm;

(3)锁线的针眼一律扎在订缝线上不歪斜,书册平服整齐、厚度(松紧)基本一致。

33.骑马订的质量标准与要求是什么?

(1)配页正确、整齐,订位为钉锯外钉眼距书芯长上下各 1/4 处,允许误差±3.0 mm。

(2)钉锯订在折缝线上,无坏钉、漏钉、重钉,钉脚平直、牢固。

34.无线胶订的质量标准与要求是什么?

(1)铣背深度一致,保持在 1.5±0.5 mm,以能将每一帖最里面的页张粘住、粘牢为准,侧胶宽度为 3~7 mm。

(2)包封面后书背平面无皱褶,马蹄状岗线不超过 1 mm,无油脏、破损、空泡、掉页、露胶底等。

(3)正确选用黏合剂,使用前必须预热,用胶温度适当。

35.精装书成品外观的质量标准与要求是什么?

(1)成品外观平整、洁净,无粘连、划痕、折皱、破损、溢胶、变形和多余压痕等。

(2)书壳与书芯套粘平整,平放时书壳的中径纸板与书芯背无空隙,三面飘口宽度一致。32 开及以下开本飘口为 2.5~3.5 mm,16 开飘口为 3.0~4.0 mm,8 开及以上飘口为 3.5~4.5 mm。

(3)方背书背平直,圆背书背的圆势在 90°~130°之间,书脊平直且其高度与书壳表面一致。成品书背字居中,书背字不超出书背面,封面字、书背字及封面图案歪斜允差≤1 mm。封面打开时能自然落到台面。

(4)书槽外观平直,槽型牢固、整齐,宽窄、深浅一致无气泡。

(5)书芯页码顺序正确,锁线无脱线,内页无粘连,无严重刀花、连刀页和破损,书芯四角垂直。书芯圆背的圆势在 90°~130°之间,起脊高度为 3~4 mm。

(6)纱布、内封与书壳内表面粘连牢固、平实、无空泡、无皱褶。封面与内页方向不颠倒,胶黏剂使用得当,着胶均匀、不花、不溢。方背堵头布的长以书背宽为准,误差≤

1.5 mm，圆背堵头布的长以书背弧长为准，误差≤1.5 mm，堵头布粘贴牢固、无歪斜，外露线棱整齐，注意正反方向。

(7)成品护封勒口的折边至书背尺寸的误差为±1.0 mm。

36.覆膜的质量标准与要求是什么？

(1)覆膜后表面平整无气泡、皱褶。

(2)无明显卷曲和脱离，无亏膜、划痕和破口。

(3)膜层透明度好、印迹清晰、美观。

37.为什么要加强印后装订的工艺管理？

印后装订是一个工种多、机型多、材料品种多、工艺繁杂的加工工序，装订有10多种工艺流程，有的一种流程就有30多道工序。因此要使印后加工工艺能顺利进行，必须建立和健全科学的管理制度，才能使加工有条不紊地进行。

38.印后装订应建立和健全哪些工艺管理制度？

根据印后装订工序的特点应建立和健全以下各种工艺管理制度：①加工方案制；②工人生产日报制；③调度工作制；④定额管理制；⑤质量检验制；⑥工艺档案制；⑦设备档案制；⑧设备检查维修制；⑨交接班制；⑩安全文明生产制。用以上制度控制和管理生产，才能保证装订工序加工的顺利进行。

39.质量检验员应具备哪些条件？

质量是企业的生命，产品质量的优劣是企业生存的保证，质检员肩负着为企业产品质量把关的重任，因此应具备以下几个条件：

(1)要熟悉和掌握印后装订工序和相关的各项质量标准，如国家的、地区的和企业的各项优质品、合格品的标准；

(2)要熟悉所管辖工序的工艺流程和工艺技术，因为质量问题与工艺技术是分不开的；

(3)质量问题应解决在半成品加工中，不要等到成品制出或出厂后才发现有问题，每道工序都要严把质量关，成品才能有保证；

(4)做质检工作要有正义感，好坏分明，秉公执法，并应帮助车间对出现的质量问题查找原因并采取措施解决，使车间能顺利加工。

40.装订之前需做哪些准备工作？

一般装订之前需要做以下几项准备工作：①承接生产任务、下达加工任务；②确定加工工艺的方式、方法；③估工、计料。

41.切纸机的操作规程是什么？

用切纸机进行开料加工等操作时必须以保证人身和机器的安全为前提，切纸机的操作规程主要有以下几点：

(1)操作切纸机前要先上润滑油,检查有无机器失灵、螺丝松动、规矩移动等现象,并擦净刀盘上的污渍。

(2)切纸机运转时要发信号,空切几刀无误后试切一沓,检查尺寸正确后方可正常裁切。

(3)机器正常运转中,严禁两人同时操纵手触闸或脚踏闸。当发现纸沓不整齐或裁切尺寸有误时要及时停机处理,切忌将手伸入刀盘内抢刀(即运转中用手急速触动纸沓的处理动作),避免造成人身伤害。

(4)下班后要清理工作场地,做到文明生产,完成交接班手续,保证下一个班次生产的顺利。

(5)切纸机在正常运转的情况下,每两周擦检一次(单班)或每周擦检一次(双班或三班)。

42.折页机的操作规程是什么?

折页机的操作规程主要有以下几点:

(1)开动折页机前要做好一切准备工作,如粗查各主要部位是否异常、螺丝是否松动、规矩是否移动、过帖通道是否有油渍等,并添加好润滑油。

(2)开机时,先开电动机,使机器空转,无误后再开动气泵给气使纸张进入折页机开始折页。

(3)机器在正常运转中,要随时检查,发生故障要及时分析,停车进行排除,切忌开机排除故障或乱动任何部位,排除后仍要先发信号再开机。

(4)机器运转期间操作人员要坚守工作岗位,精力集中,随时关注机器的运转情况,保证折页机顺利折页。

(5)折页机在运转正常的情况下,单班每两周擦检一次;双班或三班每周擦检一次。机器要擦净,风路要通畅,以保证擦检后能正常开机生产。

43.配页机的操作规程是什么?

配页机的操作规程主要有以下几点:

(1)开机前领机和助手要先上润滑油和擦净过帖通道的油渍等,再粗查各主要部件有无螺丝松动、脱落,气路是否通畅等,储贴人员要将书帖按顺序准备好,并在书帖斗内储齐。

(2)配页前(或每换一次品种的配页前),领机应将书帖斗内的书帖依顺序各拿一帖,配成册后与样书核对,核对时由领机、助手、班组长三方确定无误后方可进行开机配页。

(3)开机时要先发信号,点车无误后再挂长车正常运转。

(4)配页机正常运转中领机与助手要相互配合,经常检查新配书册是否正确。当配页机出现故障时要及时停车进行排除,切忌开机排除,以免造成事故。

(5)下班或停机后要清理工作场地,并完成好交接班手续,保证下一班次生产的顺利进行。

(6)配页机在正常运转的情况下，单班每两周擦检一次，双班或三班每周擦检一次。机器要擦净，风路要通畅，以保证擦检后能正常开机生产。

44.锁线机的操作规程是什么？

锁线机操作规程包括自动和半自动、手续单机的内容。

(1)开机前要做好一切准备工作，如注油、粗查设备情况、检查过帖路线是否有油脏等。

(2)根据书帖幅面正确调整针距、针数，选用订缝线的种类和型号应符合国家标准要求。

(3)锁线机在储帖时要严守上工序原则差错，手续书帖(在靠台板上的续帖)时要在手抬起后方可踏闸，防止出现人身事故。

(4)锁线后的书册不可堆积过多，以免造成撞车现象。

(5)自动锁线机的前、后车(搭页机与锁线机)要配合得当，避免撕帖或撞车。

(6)锁线过程中一旦发生故障或质量问题，就要及时停机处理，严禁开机处理，以免造成事故。

(7)单班每两周擦检一次，双班或三班每周擦检一次，擦检时间一般为4小时。

(8)做好交接工作，保证下一班的正常生产。

45.无线胶订单机的操作规程是什么？

无线胶订单机操作规程主要有以下几点：

(1)开机前要做好一切准备工作，包括加胶料、预热胶、加润滑油、检查主要部件及过书路线是否有油脏等。

(2)根据书册幅面、厚度调整好书夹托板等规矩，调定检查无误后方可运转。

(3)正常工作过程中，要随时检查机器的运转情况，听到异声、发现故障就要停机处理(包括检查胶的温度)。

(4)搞好班后清理工作，如刷洗夹紧板、清理工作场地等，并做好交接班工作。

(5)按时清理胶锅，正常运转情况下，预热胶锅每季度清理一次，工作胶锅每周清理一次，保证胶锅内清洁无碳化现象。

(6)设备正常运转情况下，单班每两周擦检一次，双班或三班每周擦检一次，擦检中发现问题应及时调整或更换易损零件。

46.单面、三面切书机的操作规程是什么？

单面、三面切书机的操作规程主要有以下几点：

(1)开机前要做好一切准备工作，如加润滑油、检查主要部件、各规矩、刀盘输送轨道是否有油渍等。

(2)开机切书前要先发信号，再开空车，空切无误后再试切，检查所切书册尺寸正确后方可进行切书。

(3)两人同时操纵切书机时要相互配合,并严禁两人同时操纵手闸或脚踏闸。

(4)切书时,一旦发现书沓不齐,就要立即停机处理,严禁出现抢刀现象(即在不停机的情况下用手触书册)。

(5)随时检查所切书册的尺寸,以保证所切书册尺寸正确无误。

47.无线胶订联动生产线的操作规程是什么?

无线胶订联动生产线的操作规程包括前述配页机、无线胶订单机和切书机的操作规程。

七、书籍印后装订材料及设备

1.印后装订材料分几部分?

印后装订材料分四大部分:书籍本册的主体材料;书籍本册的装帧材料;订缝连接材料;黏结材料。其中书籍本册的主体材料主要为纸张和纸板,以及织物、皮革、塑料等,这些内容在本书第一部分中已有介绍,此处不再重复。

2.什么是烫印材料?

烫印材料是指在纸张、织品、皮革、塑料、木材、涂布料等材料的表面,用热压方法通过烫印版烫印各种图文的材料,烫印材料有多种,如金属箔、色片、电化铝、色箔等。

3.装订用黏结材料有哪些?

装订用黏结材料是指书册装订使用的具有优良黏结性能的物质。其黏结机理有渗透黏结、半渗透黏结和吸引黏结。装订用黏结材料种类很多,来源极为广泛,大致有以下几大类,即动物类、淀粉基类、干酪素类、天然树脂类、纤维素类和人工合成树脂类等。

4.装订用黏结剂有哪些要求?

(1)润湿性要求

润湿性是指黏结剂对被黏结物体的润湿程度。黏结剂使用时必须将其涂抹在被黏结物需要黏结的部分,才能达到黏结要求。如果被黏结物体表面不能完全被润湿,就会造成两个黏结面接触不良,出现黏结后不牢、起泡、分离等,造成次品出现,因此黏结剂在使用中要有良好的润湿性。

(2)流动性要求

黏结剂的流动性是指黏结剂在使用中的流动性能。要根据被黏结物的质地等具体情况去选择不同的流动性的黏结剂,一般情况下黏结剂流动性越好,黏结剂就越稀,黏度与黏结强度也就越低;黏结剂流动性差,黏度和黏结强度就高(热熔性黏结剂例外)。不论流动性如何,黏结剂本身必须要保证均匀一致、适度。

(3)黏度要求

黏度一般指黏结剂的稠稀程度(热熔性黏结剂例外)。黏度反映黏结剂的流动性能。在实际使用中,无论何种黏结剂,其黏度值都应控制在一定范围内,不能因黏结不良而任意增加其黏度值,要根据被黏结物体的性质、黏结剂种类、性能,对黏结剂黏度进行适当的控制,才能达到良好的黏结效果。

(4)黏性要求

黏结剂的黏性是指两个物体黏结后的牢固性能,黏性主要取决于黏结剂的内聚强度,黏结剂内聚强度大就能保证被黏结物在黏结后不会脱落分开。内聚强度大小要根据被黏结物所需决定,内聚强度过大也不好,会出现涂层凹凸不平,无法涂抹,黏结后纸张出现皱褶,翘曲不平等;内聚强度过小则无法黏结牢固。

(5)黏结强度要求

黏结强度是黏结材料的重要标准,即黏结的牢固程度。黏结强度可用下述简单方法测试:如用涂布类材料或织品等与纸板黏结,在黏结干燥后的一定时间,将其揭撕开时,应能把被黏结的纸板表面也撕带下一层,即撕不开或撕下一层仍被黏结在上面,说明黏结强度达到要求。

(6)黏结剂用量要求

黏结剂的用量指涂抹在被黏结物上的厚度。当黏结剂的润湿性、流动性、强度、黏性等均符合要求时,黏结剂的用量则成为主要环节。因此要求:涂抹黏结剂时应少蘸且涂抹均匀,因为黏结剂的强度、流动性等都合格时,只要涂抹的胶层薄而均,完全可以达到黏结牢固的效果,薄而均远比厚而不均的涂抹优越得多,且减少黏结剂用量。遇到黏度不够时,不要用加量的方法弥补,应重新调制或更换黏结剂。也不要为了省事将黏结剂一下大量堆积后再分散涂抹,造成水分过多渗透、溢出或分散涂抹不均等,出现溢胶黏坏书册和黏结不牢的现象,影响书册质量。

(7)颜色的要求

黏结剂的颜色直接影响书刊本册的外观,因此黏结剂应以透明、半透明、本白色、白色为宜。但由于有些热熔性黏结剂需要加温热熔,如常用的 EVA 热熔胶,在使用时必须按技术参数的标准加温,不能随便将胶温升高,否则胶温过高或轮番加热、长期不清理胶锅等,造成胶黏剂老化,颜色变深,影响书册外观质量,甚至造成燃烧现象。

5.什么叫 EVA 热熔胶?

EVA 热熔胶是一种不需溶剂、不含水分,100%固体可熔性聚合物,在常温下为固体,加热熔融到一定程度成为能流动的且有一定黏性的液体,即胶黏剂,熔融后的 EVA 热熔胶呈浅棕色半透明或呈乳白色。

6.使用 EVA 热熔胶为何要先预热?

因为 EVA 热熔胶在使用时对温度控制和流体的均匀性(即流动性)要求极为严格,如果对固体的热熔胶不进行预热,便直接使用将会造成:①降低和破坏工作胶锅内的正常使用温度，出现黏结不牢或掉页等不合格品；②胶体不均匀，其流动性被破坏，造成书页不黏结或涂抹不均、书背不平（胶的颗粒被涂在书背上）及孔眼状等。因此 EVA 热熔胶使用前必须先预热。

7.怎样预热 EVA 热熔胶？

预热时先将胶块放入预热胶锅内，经加热熔融到一定温度，再经过热输送管，流入工作胶锅内方可使用。预热方法有两种：一种用油浴预热，即用夹套锅直接预热；另一种用热板预热，即用电热板装置在预热锅内直接加热的方法。预热的时间一般为 2 小时。预热的温度应不低于使用温度或比使用温度高 5℃～10℃，给输入时造成的冷却留有余地。因为输胶过程中有时出现冷却现象，因此温度可略高些，但不可低于此范围，因胶温过低时拉力值下降会影响黏结强度，并浪费胶。

8.EVA 热熔胶在使用时应注意掌握哪几个温度？

使用时应注意掌握 EVA 热熔胶软化点（即胶块熔融温度），预胶和涂胶时的温度。其中软化点应在 80℃左右，预胶温度应比涂胶温度相同或略高 5℃～10℃；涂胶温度应按热熔胶的技术参数要求掌握，范围±5℃，特殊情况下可±10℃。

9.EVA 热熔胶的使用温度与书刊黏结拉力有何关系？

有资料表明，在普通书版纸上施胶，胶温在 170℃时，热熔胶的拉力测试值可达到约 8.83 N/cm；当胶温上升到 180℃时，热熔胶的拉力测试值下降到约 7.33 N/cm；胶温下降到 155℃时，热熔胶的拉力测试值约为 5.22 N/cm。由此可见，热熔胶的温度与书刊的黏结强度和抗拉力有直接关系，因此必须将热熔胶的温度控制在一定范围内，才能达到预想的黏结效果。

10.EVA 热熔胶的温度与书刊纸张质地有何关系？

由于纸张质地不同，对胶体的导热性及反应也不同，可致使胶的固化、冷却速度发生变化。以铜版纸和胶版纸为例，铜版纸中所含的无机物要比胶版纸高 10 倍左右，无机物具有良好的导热性，它可以加速热熔胶的固化和冷却速度，如果上胶温度同样都是 170℃时，其拉力测试值在书版纸上可达到 8.83 N/cm；而铜版纸的拉力值只能达到 1.83～1.46 N/cm。显然书刊纸质地的不同对热熔胶的使用温度也要有所变化，才能达到良好的黏结牢度。

11.使用 EVA 热熔胶需要何种环境和条件？

EVA 热熔胶是一种热熔性黏结材料，只能在科学的规范化的环境与条件下使用，才能使这种胶黏材料达到预想的效果。

（1）车间温度与湿度要求

EVA 热熔胶涂抹后的开放时间和固化时间都受车间内温度与湿度的影响，一般车间的温度保持在 17℃～27℃为宜，相对湿度保持在 50%左右。

（2）无线胶订成品储存条件要求

储存成品的库房或厂房，应保证温度在 1℃～40℃，严禁长时间堆放在靠墙、靠窗、靠暖气处和室外，以防纸张受潮或受热，破坏内部合理水分后变形、胶黏起变化，造成无法挽救的损失。

(3)加强管理

由于使用材料的变化，对印后装订车间的要求越来越严格，管理人员要重视使用热熔性黏结材料的必要环境与条件，保证加工质量的可靠性。

12.使用 EVA 热熔胶的注意事项有哪些？

(1)应认识和掌握各种型号 EVA 热熔胶的技术性能(技术参数)。型号不同的热熔胶，其熔点、开放、固化、冷却时间等都有所不同，会发生不同变化。

(2)使用 EVA 热熔胶，切记用明火直接加热，一定要用夹套锅油浴加热或用密封的电热板加热装置热胶。

(3)固体的热熔胶在使用前，必须先用预热装置预热，待合格后，再将其释放到涂胶的工作胶锅内使用。预热时间一般为 2 小时，严禁在工作胶锅内直接掺入固体胶块而破坏胶体温度及均匀性。

(4)预热胶锅内的胶量要掌握适当，不可过多，加胶量过多则使用不完，造成胶体轮番熔融，使其变质老化，黏度降低；也不可加胶量过少而不够用，造成等候熔融影响正常生产进行。

(5)在热熔胶的开放时间内(即 7～ 14 s 内)，要完成全部黏合夹紧定型的过程；如遇停机，书夹内正要涂胶或在涂胶轮上面的书芯、刚涂完胶的书芯(没粘封面的)要立即取出，不得继续使用。

(6)在无线胶订机长时间修理阶段，应关闭预热胶锅和工作胶锅，防止胶体轮番熔融不使用而老化。

(7)EVA 热熔胶的胶体使用温度一定要按技术参数标准执行，严格控制在使用温度范围内。

(8)预热胶锅和工作胶锅要定期清理，保证胶锅内的清洁，防止胶液中杂质沉淀、淤积而影响温度控制的精确性，严重时会造成恒温器失灵导致胶体冒烟、燃烧的现象。

13.什么是聚氨酯(PUR)热熔胶？

聚氨酯热熔胶即 PUR 热熔胶，是一种近年在国外使用的黏结书刊本册的材料，这种胶黏剂是一种强度极高、拉伸度好、耐高寒、耐高热、干燥后为象牙色(乳白色)的热塑料胶黏材料。聚氨酯热熔胶以蜡状密封形式包装，使用方法与 EVA 热熔胶基本相同。

14.如何使用 PUR 热熔胶？

PUR 热熔胶使用时需经过预热、涂(或喷)胶、均胶后，将书册黏结并包上封面，夹紧定型完成其工作过程。

PUR 热熔胶买来时是用特制胶桶包装，且必须密封，不可进入空气。预热有两种方法：一种用加热管插入桶内做局部预热(桶内的胶体为石蜡状)，即加热管放入桶内中心加热，待达到所需温度后胶液从加热管中流到使用位置后进行喷或涂抹；另一种是整桶全部预热(用量必须大),即将整桶胶体进行加热,待加热到所需温度后注入加热的工作胶锅内进行涂抹使用,PUR 热熔胶预热和使用时都要密封,遇空气胶液会逐渐凝固。

15.PUR 热熔胶的温度与黏度怎样控制?

PUR 热熔胶用涂胶轮上胶的胶温为 115℃～130℃;用喷胶嘴上胶的胶温一般为115℃～120℃。PUR 热熔胶对温度非常敏感,所以使用胶温必须按其参数严格控制,才能正常进行生产。

PUR 热熔胶的黏度、拉力与干燥时间有直接关系,如涂胶包本定型 3 小时以后裁切时拉力测试值为 3～6 N/cm,20 小时以后拉力测试值为 16 N/cm,72 小时以后效果最好,拉力测试值可达到 40 N/cm。如果用于高速联动生产线也可裁切,但会出现掉胶沫的现象。

16.使用 PUR 热熔胶怎样掌握室内温湿度?

使用 PUR 热熔胶的工作厂房对温湿度要求极为严格,工作厂房的温度必须保持在20℃～23℃;湿度保持在 50%左右。

17.PUR 热熔胶有何特点?

PUR 热熔胶的黏度高,黏结性能好,涂层薄,涂胶轮与书背间距一般为 0.5～1 mm,干燥后的胶层一般在 0.4 mm 左右。虽然涂抹的胶层很薄,但黏结强度很高,牢固不断裂,有很好的柔韧性,可以黏结精装书籍且不影响扒圆起脊。

PUR 热熔胶的耐寒温度可达到－40℃,耐热温度可达到 180℃,但 PUR 热熔胶不易干燥,无再粘性,涂胶后的纸张不能回收。

18.无线胶订单机使用哪种黏结剂比较好?

无线胶订单机一般使用 EVA 热熔胶,可选用中、低速的 EVA 热熔胶。

无线胶订单机运转速度较慢,不需要更快的固化与冷却,所以使用中、低速胶即可,且可降低成本。

19.无线胶订联动生产线如何选用黏结剂?

无线胶订联动生产线使用的黏结剂有两种:一种是热熔性胶,即 EVA 热熔胶或 PUR 胶;另一种是冷胶,即 PVAC 或 PAV 胶。通常使用的是 EVA 热熔胶。

无线胶订联动生产线由于速度快(最高时速可达 10000 本/时),需要的固化时间和冷却硬化时间要短,才能配合全线正常生产,所以要选用高速胶进行黏结;也可用冷胶,但要有高频介质加热装置,才能配合全线的高速生产。

20.常用印后装订单机有哪些?

常见的有:切纸机(单面)、切书机(三面)、折页机、粘页机、撞页机、配页机、捆书机、压平机、涂蜡机、铁丝订书机、锁线机、缝纫机、胶订包本机、分切机、糊壳机、烫印机、扒圆起脊机、压槽机、勒口机、覆膜机等几十种。

21.栅栏式折页机的工作原理是什么?

栅栏式折页机采用输纸辊和栅栏挡规进行折页。工作原理是:将要折叠的页张逐张分别送入两个同时向内侧旋转的输纸辊之间,由于输纸辊对纸张的摩擦,使纸张也产生一个与输纸辊相同的运动速度,纸张沿上栅栏轨道向前运动,并被送至挡规处,再经输纸辊摩擦运动,纸张被送到下栅栏挡规内,完成一折或二折的工作过程。

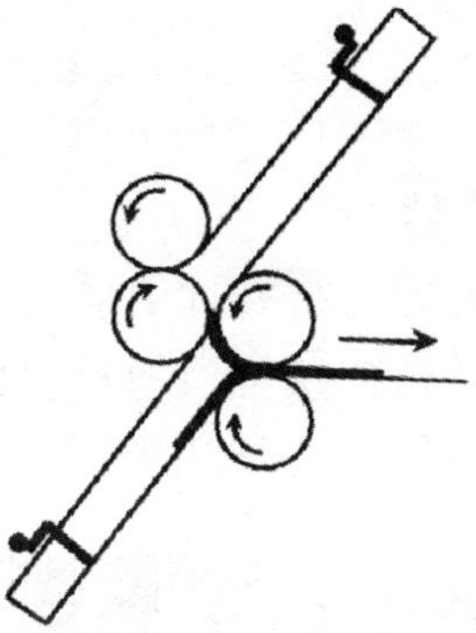

图 2-29 栅栏式折页机工作原理示意图

22.刀式折页机的工作原理是什么?

刀式折页机采用折刀与折页辊进行折页。工作原理是:利用折刀的刀刃将页张压入不断相对运动的两折页辊之间,给纸张以摩擦力,这个摩擦力即带动页张通过折页辊,同时又与折刀的下压力配合,再带动页张通过折页辊的同时,将折缝压实完成折页工作。

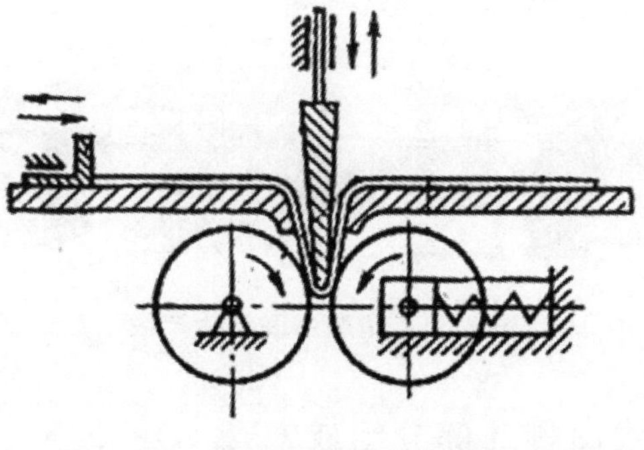

图 2-30 刀式折页机工作原理示意图

23.无线胶订联动生产线由哪几个机组组成?

无线胶订联动线主要由配页机组(含检测和坏书抛出装置)、主机包本机组、分切机组、自动堆积机组、三面切书机组、成品堆积机组组成。

图 2-31 无线胶订联动生产线

24.什么是骑马订联动生产线？

骑马订联动生产线是一种专为装订骑马订书册的联动生产线，它是由 4 个机组（也有 3 个机组）组成的，即搭页机和集帖传送带、折封面机、订书机、切书机；如果是 3 个机组，则没有折封面机。

图 2-32 骑马订联动生产线

25.精装书联动生产线由哪些部分组成？

由书芯压平机、涂胶烘干机、压紧定型机、切书机、加丝带机、扒圆起脊机、涂背胶机、三粘机（粘书背布、书背纸和堵头布）、书壳输送机、扫衬机、套壳机、夹紧压平压槽机、翻转机等组成。

图 2-33 精装书联动生产线

26.配锁联动生产线由哪几部分组成？

配锁联动生产线，是一条将配页机配出的书帖，自动传送到高速自动锁线机进行锁线成册的生产线。它是由配页机组、自动传送装置和高速自动锁线机组组成的一条比较先进的生产线。

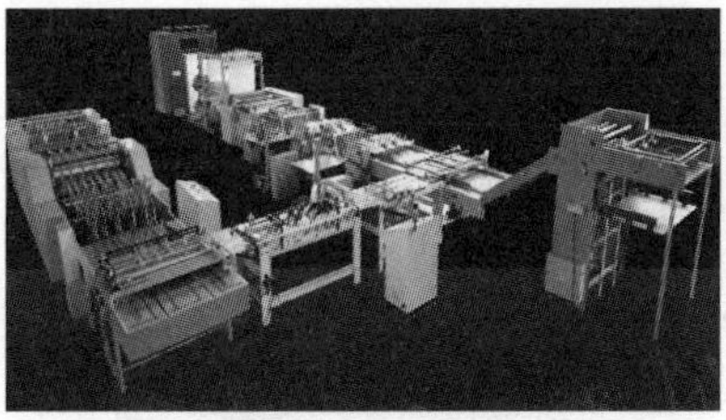

图 2-34 配锁联动生产线

27.什么是长条式包本机？

长条式包本机也称直线式包本机，因其对书芯的加工轨迹为一条直线而得名。

图 2-35 长条式包本机

28.什么是圆盘式包本机？

圆盘式包本机因其外形（平面图）呈圆盘状而得名。圆盘式包本机曾经是平装无线胶订加工中使用数量最多的一种设备，但这种设备在十几年的使用中出现了许多弊病，目前基本已被淘汰。

图 2-36 圆盘式包本机

29.什么是椭圆式包本机？

椭圆式包本机是在圆盘式包本机的基础上改进升级的一种新型包本机，它很好地解决了圆盘包本机的缺陷，速度更快，产品外观更好。这种包本机的工作过程是：进书、传送、夹紧、铣背、涂黏合剂、上封面、夹紧定型、传送、出书。

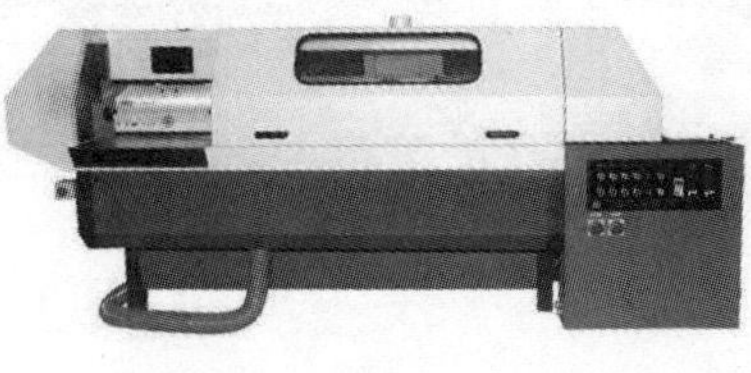

图 2-37 椭圆式包本机

30.什么是勒口机？

勒口机也称折前口机，是一种将包好封面的（平装书）前口多余的封面纸边折进书芯内的机器。勒口机有两种，一种是将切完前口包上封面的书册放入勒口机内，将封面的前口边折进；另一种是将包好封面的书册放入勒口机内，完成裁切前口和勒口的加工。

图 2-38 勒口机

31.什么是三面切书机？

三面切书机是一种将书册三面毛边同时切光的切书机，主要类型有半自动、自动、切双联等。

图 2-39 三面切书机

32.什么是 PUR 胶全自动覆膜机？

是一种用 PUR（聚氨酯）胶进行覆膜的全自动高速即涂覆膜机，也是目前世界上一种先进的覆膜工艺设备。这种设备有两种形式，一种是进行大幅面全部涂布覆膜形式；另一种是进行局部覆膜和 UV 上光的形式。大致转数在 10000 张/时。

图 2-40 PUR 胶全自动覆膜机

第三部分 出版物印装质量

一、出版物印装质量的基本内容

1.出版物质量体系包含哪些内容?

出版物(印刷类,后同)质量既有同其他产品一样的物质质量属性,更有与其他产品不同的精神文化质量属性。我国出版管理法规明确规定,出版物的质量包括内容、编校、印刷或复制、装帧设计等多方面的要求,管理部门应对其实施监督检查。特别是对于内容质量,法规明确规定了禁止出版的内容和限制出版的内容。法规还对出版物的规格、开本、版式、装帧、校对等做出了必须符合国家标准和规范要求的规定。2010 年,新闻出版总署和国家环保部共同提出实施绿色印刷,出版物产品要实现绿色环保,环保质量也列入出版物产品质量内容。内容质量、编校质量、印刷复制质量、设计质量和环保质量构成出版物产品质量体系。根据《图书质量管理规定》,凡存在内容质量、印刷质量、编校质量、设计质量之一不合格的均为不合格产品。

内容质量是国家有关法律(如《宪法》)、行政法规、规章、政策文件,以及一些标准规范要求对出版产品内容的规范。

编校质量即编辑加工和校对质量,包含文字、语法加工、历史事件、专业技术知识等常识性内容的正确性与准确性。

设计装帧质量,主要是指图书、期刊等出版物的封面和内文设计(内容和形式)、版式、标识等方面的质量。

印刷复制质量、绿色印刷环保质量是出版产品的外在质量或载体质量,通过对产品的批质量或单册质量检测认定其物理特性及性能状况。

内容质量是出版物的内涵质量和核心质量,编校质量是内容质量的基础保障。印刷复制质量、设计质量和环保质量是出版产品的外在质量或载体质量,是出版物的物理质量(外在质量)。

出版物质量的基本要求是导向正确,内容健康有益,设计美观,印制精良,低碳环保。

2.绿色印刷环保质量的基本要求是什么?

2011年10月8日,新闻出版总署、国家环境保护部联合发布《关于实施绿色印刷的公告》,2011年10月17日国务院发布《国务院关于加强环境保护重点工作的意见》,开始在全国推广绿色印刷。绿色印刷是指对生态环境影响小、污染少、节约能源和资源的印刷方式。实施绿色印刷的范围包括印刷的生产设备、原辅材料、生产过程,以及出版物、包装装潢等印刷品,涉及印刷产品生产的全过程,强调印刷原辅材料的选择与生产过程中低污染、省资源、可回收。其核心内涵为环境友好、健康有益、顾及当代、兼顾下一代。根据2011年环保部颁布的《环境标志产品技术要求 印刷 第一部分:平版印刷》,环保印刷的基本要求为:印刷产品质量符合GB/T7705和CY/T5等国家和行业标准要求;企业排污达到国家或地方规定的排放要求;企业加强清洁生产。并对印刷原辅材料、生产过程、环境控制等作了要求。印刷用原辅材料及产品的环保要求是:油墨、上光油、橡皮布、胶粘剂不得添加6种邻苯二甲酸酯类物质(DBP 、BBP 、DEHP 、DNOP 、DINP 、DIDP);严格限定印刷产品中有害成分(16种挥发性有机化合物和8种可迁移元素),油墨溶剂中的苯、酯、酮等不允许存在,重金属铅、铬、铜、汞等的含量不得超标。印刷企业对生产过程的控制符合环保标准要求,强调节约能源资源,印前、印中、印后及废旧物的回收利用等。印刷企业的生产环境达到环保要求,对周围环境不造成污染。

3.出版物的印刷质量有哪些要求?

出版物的印刷质量的基本要求,以前定性要求较多,以文字描述为主如:画面整洁,无水迹、油迹和条痕;无墨皮、纸毛、背面粘脏、重影、飞墨、浮脏等;文字、线条轮廓清晰完整,网点光洁,失真少;充分体现和反映原稿的风格和特点,质地感强;墨色色泽柔和,层次分明,景深清楚,拼接整齐,墨色协调一致;无褶皱、折角、糊版和花版,不堆墨;不偏色,不发闷,人物肤色自然,真实感强,实地平服;套印准确,边框正反面对齐等。

现在多以定量要求为主如:墨色的实地密度;表征图像阶调、层次、反差的印刷相对反差和网点扩大值;呈现同色效果的同色密度偏差、同批同色色差;叠印率、灰平衡,以及油墨的色偏、色效率、灰度、色强度等;影响图文清晰度的套印误差等。

4.出版物的装订质量有哪些基本要求?

书刊装订的工序包括折页配帖、订书、裁切等环节。

折页配帖的质量要求为:书帖页码和版面顺序正确,相邻页码误差≤4.0 mm,全书页码误差≤7.0 mm,接版误差≤1.5 mm;书帖平服整齐,无明显褶皱、死折、折角、残页和套帖;配帖不能出现重帖、缺帖、多帖以及乱帖错帖。

常见的订书方式主要有锁线订、无线胶订和骑马订。锁线订的质量要求为:锁线后的书帖排列正确、整齐,无破损、掉页;针孔光滑,无扎裂书帖;锁线松紧适当,锁定后书帖厚度要基本一致,平服整齐;无大卷帖和歪页;无漏针、折角、断线和线圈。无线胶订的质量要求为:背胶厚度适中,黏结牢固,不掉页、散页;侧胶黏度适当,侧胶宽度为3～7 mm,书背和封面粘贴牢固,胶黏剂无溢出或缺胶;无空背,无气泡,无褶皱。骑马订的质量要求为：订位为外钉眼距书芯长上下各 1/4 处，误差≤3.0 mm；钉脚订在折缝线上，无坏钉、漏钉、重钉，钉脚平直、牢固。

裁切的质量要求为：裁切方正，歪斜误差≤1.5 mm；成品尺寸误差≤1.5 mm；成品裁切后无严重刀花，无连刀页，无严重破头。

5.出版物质量如何划分等级？

按照《印刷产品质量评价和分等原则》的规定，印刷品质量水平划分为优等品、一等品和合格品三个等级。其中没有不合格品等级，所谓不合格品，是指达不到现行相应标准的产品，原则上是不能出厂的，因此在产品质量分等中无须将其列入。

优等品的质量标准必须达到国际先进水平，实物质量水平与国外同类产品相比达到近 5 年内的先进水品。

一等品的质量标准必须达到国际一般水平，实物质量水平应达到国际同类产品的一般水平或国内先进水平。

合格品按我国一般水平标准（国家标准、行业标准、地方标准或企业标准）组织生产，实物质量水平必须达到相应标准要求。

6.什么是批次产品质量检测？

根据相关规定，对出版印刷批次产品的印装质量监督和检测，采用批次产品抽检的方式。《图书质量抽检办法》依据现行有关国家标准及行业标准，综合历年图书抽检工作制定，对批次产品抽检过程和方法进行了规定，是主管部门和相关从业单位所依据的主要办法。

办法规定了本版图书和教材样本抽取方法及判定方案：

表 3-1　本版书一次抽样、判定方案（检查水平为 S—4，AQL 值为 4.0）

批量	501～1200	1201～10000	10001～35000	35001～500000
样本大小	20	32	50	80
合格判定数	2	3	5	7
不合格判定数	3	4	6	8

表 3-2　教材一次抽样、判定方案（检查水平为 S—3，AQL 值为 6.5）

批量	501～3200	3201～35000	35001～500000	≥500001
样本大小	13	20	32	50
合格判定数	2	3	5	7
不合格判定数	3	4	6	8

根据规定，对抽出的样本的印装质量采用综合判定原则进行质量判定，样本不合格数超过不合格判定数者，即判定本批次产品为不合格。

二、出版物印装质量主体与印装质量

1.我国在加强出版物产品质量管理采取的措施有哪些?

我国在加强出版物印刷产品质量管理的主要举措有:加强质量监督管理,加强质量监督检测机构建设,完善质量管理制度规范和技术标准,加强质量体系建设工作,加强质量管理人才培训等。

(1)加强质量监督管理

通过出版产品质量管理年活动,"3.15"出版产品质量监督检测活动,对出版物印刷企业实施监督抽查,出版(印刷)产品质量专项检查、公布不合格产品、责令收回销毁,实行出版资质管理。

(2)加强质检中心建设,推动各地质检机构发展

2007年以来,新闻出版总署提出了新闻出版行业要搞"大质检"的思路,要求建立权威的、覆盖所有出版产品种类的、质量工作内容完善的、专业的质量监督管理和检验鉴定机构。2007年11月27日"新闻出版总署出版产品质量监督检测中心"正式成立。目前已经在上海、江苏、辽宁、福建、江西、陕西等地设立分中心。目前全国各地已有30多个质量检测中心(站)。

(3)完善质量管理制度规范、技术标准

建立出版和出版产品准入退出机制(如养生保健类图书和教辅资料出版资质管理),实施不合格产品召回办法,修订、出台质量标准和规范(如制定质量监督检测办法,参与制定、修订印刷、复制、数字出版标准规范),推进出版、印刷、复制企业建立和完善质量保障体系等。

(4)加强质检体系建设工作

目标是要建立一个权威性、全网络、全天候、全品种、全覆盖的质量管理体系。质检工作做到"五统一":统一标准、统一规范、统一检查、统一管理、统一公告。质检程序做到事先有标准,事中有规范,事后有检查。

(5)加强质量管理人才培训

每年举办培训班,为新闻出版管理部门和印刷企业培养质量管理、质量技术和质量监督检测人员。

2.出版社应如何看待出版物印装质量?

出版社应充分重视出版物印装质量,印刷质量也是出版物的竞争力。图书印装质量说到底就是图书等精神产品的实体呈现的物理属性状态和水平,是出版物质量体系的五大组成部分之一。在当下"看脸"的时代,印装质量决定着出版物给读者的第一印象,影响着读者的购买欲望,甚至在某些情况下决定着读者的购买欲望。

在图书的生产线上，出版社和印厂是上下工序、前后流程的关系，上下工序、前后流程必须紧密联系，密切配合，才能生产出令人满意的产品来。在出版物印装质量管控体系中，出版社是质量要求的发出者，规定着对出版物印装质量的理想和要求；而印刷厂是质量要求的完成者。一种出版物，出版社编辑的设计和对质量高低的要求，是决定出版物最终印装质量的根本因素。同时我们必须看到，出版社编辑的设计也必须充分考虑印装设备等条件，体现在编辑设计方案中的对出版物印装质量的理想与要求，如果脱离了印装设备等条件的限制，那么，其作用只会是适得其反，生产不出高质量的产品，甚至可能造成产品质量的不合格。

3.出版社对出版物印装质量有何影响？

出版物的印装质量问题不仅和承印单位密切相关，也和出版社有着重要联系。出版社的编辑设计、工期要求、工价以及质量要求都对出版物的印装质量有重要影响。

编辑设计是对出版物的物理形态的设计，是对出版物最终成品形态的规定。出版社从接稿开始，编辑、美编的工艺设计，以及材料的选择，是不是为印刷、印后加工做了好的准备，对出版物印装质量有深刻影响，前期编辑设计等上工序和后期加工的沟通协调十分重要，上工序永远要为下工序着想，才能更好地实现设计理想，才能生产制作出优质的产品。由于市场的需要，多样性复杂性是趋势，我们应该鼓励创新，但是创新必须有生产加工可行性的支持，必须有根基。不和后期加工者沟通，忽视印装设备、现行技术和加工的限定，其设计实现的可行性低，或没有实现的可能，再好的设计看上去再美，也只是天马行空，最终必然影响到印刷品的质量。

出版社的工期要求也必然会影响到出版物的印装质量。工期是一种加工物需要的加工时间和期限，是由特定加工物的特点、繁简程度而决定的。工期安排需要有科学性，如果任意缩短工期，就可能造成难以想象的质量问题，比如覆膜，必须在彩印完成后经过恒温条件（16℃～30℃）下至少 6 小时的自然干燥期才能进行，否则会引起纸张收缩变形。精装书必须保证 12 小时自然干燥后才能压槽。

出版社的工价要求，决定了承印单位的利润空间，从而决定承印单位的原辅材料、工艺的选用，进而影响到印刷品的质量。印刷工价从 20 世纪 80 年代开始开放，现在人工成本、原辅材料成本等呈上升趋势，过低的工价容易造成恶性循环。印厂为了保证必要的利润，降低成本，就买差的材料，工艺也得到不保证，从而影响产品的最终质量。

出版社的质量要求也决定着印刷品的最终质量效果。

4.出版社应如何把握节约成本与印装质量的关系？

出版社尤其是编辑，是出版项目的具体实施者，在出版物生产过程中，不仅要考虑产品的社会效益，同时要考虑产品的经济效益，要考虑项目的投入与产出比。在此过程中，印装作为前期投入的主要部分，必然也应当充分考虑节约成本的问题。印装技术的不断进步也为降低印装成本提供了客观可能性。但同时我们要看到，出版物的印装质量是以相应质量的原材料和必要的人力资源甚至是需要相应的硬件设备为支撑的，缺少了必要的成本支出，就不能保证高质量的原材料、人力资源和硬件设备的支持，就缺少了必要的基础来保证出版物的印装质量。

5.编辑、设计人员应从哪些方面入手，掌握图书印装知识？

从图书生产流程看，出版社和承印单位是上下工序、前后流程的关系，而编辑、设计人员是出版社图书生产工作的主要承担者，他们对图书物理形态的要求和想法，对图书的印装有很大影响。编辑、设计人员掌握一定的图书印装知识，对于图书生产的顺利展开，乃至于充分保证图书的印装质量非常重要。编辑和设计人员可以从以下几方面入手，掌握和提高图书印装知识。一是图书本身的物理属性。图书是物化的精神文化产品，是精神文化物化的主要的方式，也是精神文化传播的主要载体。应掌握好图书的物理属性，诸如图书外观、图书组成要素等。二是图书印装的专业基础知识。包括图书生产的原辅材料尤其是纸张的各方面性质、图书印刷装订整饰加工流程等。三是图书印装的发展趋势，包括图书产品形态的发展趋势、印装工艺的发展动态水平等。四是图书印装质量的要求。

6.什么是书籍装帧设计？

书籍装帧设计是指从文稿到成书出版的整个设计过程，是书刊造型设计的总称，也是完成从书籍形式的平面化到立体化的过程，它包含了艺术思维、构思创意和技术手法的系统设计，是书籍的开本、装帧形式、封面、腰封、字体、版面、色彩、插图，以及纸张材料、印刷、装订及工艺等各个环节的艺术设计。在书籍装帧设计中，只有从事整体设计的才能称之为装帧设计或整体设计，只完成封面或版式等部分设计的，只能称作封面设计或版式设计等。

一般而言，书籍的装帧设计至少包括三个方面的内容：封面设计和版式设计、原材料选用以及加工工艺的选择。封面设计和版式设计是对书籍内容的立体化、物质化展示的期望，也是后期加工的蓝图，是书籍装帧设计的中心工作；原材料是书籍以及装帧设计走向物质化的基础和依托，选择不同原材料，会带来不同的物化效果和审美效果；加工工艺的选择是书籍装帧设计走向物质化的方式方法的选择。三者缺一不可，共同使书籍的精神内容走向物质化，并最终决定这种物质化的细节和具体形态，形成定型的物化效果和审美效果。

7.为保证出版物印装质量，出版物装帧设计要注意哪些原则？

（1）根据书刊的内容、品级、档次和价值来进行设计和选材

设计风格和材料的选定，其中心依据应该是书刊的内容、品级、档次和价值，设计不是设计者天马行空的想象，也不单纯是设计者个人风格和审美情趣的体现，它必须依据书刊的内容等要素而定，不同内容的书刊，所要求的总体风格和审美情趣是不相同的。同样，不同材料的选择，也必须和书刊的内容、品级、档次和价值相一致。

（2）在设计的过程中始终要注意整体与局部的和谐统一

书籍装帧设计是一项综合的系统工程，要追求书籍整体美。书籍是文化商品，是从

整体到局部的和谐统一来感染读者的。所以书籍的品位高低决定了书籍在读者心中的位置。书籍的高品位来自于整个规划中每个部分严谨而不可忽视的组织形式。

书籍的外部设计有函套、护封、封面等，它们起着宣传和保护的作用；书籍的内部设计有环衬、扉页、正文、插图、版权页等；书籍整体形态及材料的设计有开本、精装、平装、纸张、印刷、装订等；对书籍运输及销售的设计有书盒、包装箱、手提袋、广告、宣传册等。这些都是书籍整体统一的形象。设计者必须仔细考虑每一个细部环节，任何一个细小的环节都不可大意或省略，要对每一个细节之间的互相配合统筹考虑，才能打造出一本优秀的书籍装帧设计。

在书籍的整体设计中，封面是书籍整体设计的代表形象，因为它是一本书的第一视觉形象，所以封面设计必须反映出书籍整体的内涵，在设计中要采用整体对比效果、富有创意的图形、个性化的版式构成，达到强烈的视觉效果。书籍在书架上摆放时大多是书脊面对读者，书脊虽然是一小窄条，但也是非常重要的设计环节，要和封面的设计统一协调起来。另封底、勒口、环衬等每一个局部，都会给读者连续性的视觉感受，要让读者在翻阅的过程中领悟到每一个细小局部给整体设计带来的精彩，使得整体有更充实的内涵。

(3)选择相适应的材料与手段表现设计意图

根据书籍内容选择相适应的材料，采用相适应的手段，才能有效地表现出书籍设计内涵。如果运用材料得当，即便是廉价的材料也能设计出高品位的书籍，这需要依靠形式手段来完成，其中包括印刷手段和装订手段，以及设计的艺术形式。书籍设计实际上是一种风格的体现，首先要根据书的内容，了解写书者的个性特征，最后融合设计者的设计风格，这既不会失去设计者设计风格的一贯性，也能体现图书的特点或作者的意图。形式手段是书籍风格的决定因素，定位准确就能事半功倍，以最小的代价获得比较满意的艺术效果。

(4)根据加工的可行性进行设计

一方面，随着设备的更新，技术的发展，目前的技术水平给设计人员留下了很大的发挥空间，但同时也还存在一定的限制，设计与工艺的选择必须充分考虑到后期印刷和加工的可行性。比如封面材质不平的图书，烫版重了容易糊，轻了发虚。比如该用骑马订就用骑马订，该用无线胶订就用无线胶订。太厚的书选择骑马订容易破头。太薄的书不宜在背脊上设计文字，否则容易造成书背字歪斜。

8.为保证出版物印装质量，出版物印前设计中的注意事项有哪些？

出版物印前设计要考虑到制版、印刷乃至印后加工的各个工序，须注意以下问题。

(1)出血位

为了使裁切后不留下白边，页面边缘上有图片或颜色的地方一定要向外延伸出去 3 mm，多出去的部分在裁切成品时会被裁掉。

(2)图片

①胶印使用的图片分辨率一般都在300 dpi以上,太低了印刷不清楚,太高了浪费制作时间和存储空间。

②不能在排版软件中将图片尺寸放大超过20%。

③图片的色彩模式一定要转换成CMYK模式。

④专色的调整还原。

(3)文字

要确保出片中心有设计者使用的字体,矢量软件中最好将文字转换为路径,转换后要仔细检查是否产生乱码。

(4)套印

套色印刷时,下面几种情况会很容易产生套印不准,印前设计要检查校对,并给客户提供修改建议。

①两色以上很细的线。解决办法为细线条尽量使用单色,而且要注意压印。

②图片或两色以上底色上的细反白线。解决办法为建议客户使用稍粗一点的反白线。

③小于8磅的套色文字。解决办法为加大字号或使用单色文字。

(5)色彩

实际批量生产时,能否印刷再现原来的颜色对于印前设计很重要。这是个理论联系实际的过程,如果设计的颜色在实际印刷中会发花、会偏色、会过暗或过亮,尽量在印前设计就加以避免,使后工序还原复制最真实的颜色。

①面积过大的实地色块印刷出来后很容易发花,这是印刷水平和技术的问题,设计时可根据印厂的技术水平选择。

②设计时没有用整数的颜色数值,比如C43、M68、Y27、K36等等,这样的颜色在制版和实际印刷时有可能会变化。

③过小的颜色差别,比如M52和M54之间,有可能印成一个颜色,也有可能印出来颜色差别太大,设计时应尽量避免这样设计。

④色彩模式从RGB转换成CMYK后一定要仔细检查,有时候转换后变化非常大,需要在印前进行调整。

(6)咬口

印刷时纸张靠叼纸牙来带动,因而纸张的咬口边有一定的宽度是不能印刷上图文的,不同印刷机咬口宽度也不一样,一般为10 mm。印前设计一定注意检查是否留有咬口位。

(7)排版

不同的排版方式所要求的印前设计也不同,并且会直接影响到印后的折页和装订等。另外,使用不同的印刷机、印后设备也会有不同要求的排版方式,一定要注意排版是否正确,避免由于排版出现问题导致印刷或印后无法进行生产,这些问题在印前设计的时候就要及时处理。

(8)书脊设计

一般可以通过纸张厚度和图书页数计算出书脊的厚度,但是由于实际中纸张厚度存在偏差,导致计算书脊厚度与实际不符,故设计中要考虑这个因素,尽量避免在书脊的两边有明显界线,书脊的背景最好能与封面封底融为一体。封面毛尺寸与装订方式相吻合。

9.印刷企业应如何看待印装质量?

印刷企业是图书印装工作的承担者,对图书印装质量负有主要责任和直接责任,承接图书印装任务后,应按照委托单位的要求和国家的质量标准,保证和提高印装质量。在当前情况下,图书生产呈现短、平、快的发展趋势,图书生产周期要求越来越短,在这种情况下,承印方更不能掉以轻心,应保质保量地完成生产。现在的另一个趋势是,印制企业的内部考核,往往采取计件制,形成工人更注重"看得见""可量化"的生产速度,相对忽视"看不见"的印装质量,长此以往,必然形成重量轻质的局面,图书的印装质量得不到保证,生产水平得不到提高,最后受影响的必将是承印单位。承印单位应加强质量意识,建立健全质量管理和考评制度,在印前、印中、印后等各个具体生产环节加强节点质量检测,确保每一关口的质量,将质量管理做深做细,这样才能保证图书的印装质量,提高生产水平,最终受益的也将是印制企业。

10.印刷企业应掌握哪些质量管理原则?

ISO/TC176/SC2/WG15 结合 ISO9000 标准制定工作的需要,通过广泛的顾客调查制定成了质量管理八项原则,是一个组织在质量管理方面的总体原则,这八项原则也适用于印制企业的质量管理体系的建立。

(1)以顾客为中心

对员工进行培养训练,了解顾客现有的和潜在的需求和期望。测定顾客的满意度并以此作为行动的准则。

(2)领导作用

建立以质量为中心的领导方针和企业目标。明确企业的前景、方向,价值共享。设定具有挑战性的目标并加以实现。

(3)全员参与

划分技能等级,对员工进行培训和资格评定,明确权限和职责。利用员工的知识和经验,使得他们能够参与决策和对过程的改进,让员工以实现企业的目标为己任。

(4)过程方法

建立制度化的过程方法、质量控制和保持过程。着眼于过程中资源的使用,追求人员、设备、方法和材料的有效使用。

(5)系统管理

建立并保持实用有效的制度化的质量体系。识别体系中的过程,理解各过程间的相互关系。将过程与组织的目标相联系。针对关键的目标测量其结果。

(6)持续改进

通过管理评审、内外部审核,以及纠正、预防措施,持续地改进质量体系的有效性。设定现实的和具有挑战性的改进目标,配备资源,向员工提供工具、机会并激励他们持续地为改进过程做出贡献。

(7)以事实为决策依据

以审核报告、纠正措施、不合格品、顾客投诉及其他来源的实际数据和信息作为质量管理决策和行动的依据。把决策和行动建立在对数据和信息分析的基础之上,以期最大限度地提高生产率,降低消耗。通过采用适当的管理工具和技术,努力降低成本,改善业绩和市场份额。

(8)互利的供方关系

适当地确定和满足供方的要求并将其制度化。对供方提供的产品和服务的情况进行评审和评价。与供方建立战略伙伴关系,确保其在早期参与确立合作开发以及改进产品、过程和体系的要求。相互信任、相互尊重,共同承诺让顾客满意并持续改进。

11.印刷企业应采取哪些质量管理措施?

印制企业实施质量管理的具体措施主要有以下几方面:

(1)增强质量意识,实施全员质量管理。

(2)严格依法、依标准生产。

(3)建立和完善内部质量管理体系。

(4)严把质量关口,把好原材料、制版、印刷、装订、出厂检验等关口。

(5)加强质量技术、质量管理、质量检测人才培养。

(6)妥善处理物价、工价、市场、出版周期与质量的关系。

12.什么是印刷标准化?

印刷标准化就是对印前、印刷、印后等各个环节的工艺要求、过程、要素制定一个标准,设定一个符合企业本身的容差范围,然后严格地按照操作规范执行。一个印刷企业实施标准化可以从以下几方面着手。

(1)人员

构建初期首先应该让企业的领导建立起标准化意识,然后对企业员工进行数字化、标准化的培训。让员工建立起标准化、数字化的意识以后,成立印刷标准化工作小组。将印刷标准化的各项措施落实到位,并且严格按照操作规范执行,并设定监督机制进行监督。

(2)构建企业标准化数字化作业体系

在员工建立起了一定标准化的意识以后,就可以对企业进行深度剖析,解析包括印前、印刷、印后每一个工艺环节控制的关键点,通过对现代印刷企业工艺流程结构及岗位设置的全面了解,制定每个岗位的基本作业技能要求和作业规范,并制作相应的培训课件、操作视频或动画,从而构建起企业的标准化、数字化的作业体系。

(3)标准化认证

在建立企业标准化的过程中，一些全新的数字化认证方法对企业实施标准化、数字化也是必不可少的。目前印刷行业内比较权威的G7认证就是一种全新的数字化评测、控制、优化的方法。G7认证测试对印前物料、CTP、生产环境、印刷质量评价参数都有明确的控制标准以及容差。整个测试过程就是一个标准化的印刷过程，只有在该标准下的容差范围内才能成功地通过G7认证测试。G7认证测试包含了对油墨、纸张、环境、CTP、印刷机整个印刷工艺流程的测试，从而建立对整个印刷工艺流程的标准化。

13.印刷过程控制有哪些环境要求？

印刷过程对环境有较高的要求，主要体现在以下方面：

(1)控制好纸张缓冲区、印刷、质检、装订、表面整饰等区域的温度和湿度。印刷质量在很大程度上取决于印刷车间的温度、湿度，作业环境的温度、湿度对纸张的变形、油墨的流动与传输等影响是很大的，同时，在某种程度上还会影响到操作人员的情绪。一般，温度允许范围为18℃～28℃(全天变化不超过5℃)，相对湿度允许范围45%～70%(全天变化不超过10%)。

(2)照明要使用标准光源。照明的要求包括以下几方面：透射光源为D50(色温为5000K)，反射光源为D50或D65(色温为6500K)；显色系数大于等于90%；照度为500～1500 lx，特殊场合需大于等于2000 lx；观察条件：0°/45°或45°/0°，环境无偏色干扰。

14.如何对印刷品质量进行流程控制？

印刷品质量流程控制的环节有：印刷材料的质量控制、印前质量控制、印刷过程质量控制、印后质量控制。

15.印刷材料质量控制主要内容有哪些？

(1)采购控制

建立"原辅材料采购控制程序"并对生产用的原辅材料进行分类管理，特别是主要原辅材料的管理。对产品质量有直接影响的称为主要原辅材料，主要原辅材料有纸张、油墨、润版液、印版、橡皮布、上光油、胶黏剂等。

主要原辅料材料供应商应稳定，所使用的材料型号应基本固定。应根据产品质量需求，"用什么，买什么"，不能"买什么，用什么"。

所有生产材料在进行批量使用前都应进行工艺测试、技术参数测试、稳定性测试等。

生产材料的稳定，是实施质量控制标准化、数据化的前提条件。例如油墨的改变，必须重新进行色彩管理的测试，这就一定会带来生产过程控制方法的改变，从而带来工艺参数的改变。即当生产材料发生变化时，生产机台的工艺技术参数要同时发生改变。

(2)质量控制

建立"原辅材料质量检验控制程序"并对进厂的主要原辅材料进行质量检验。

制定各种原辅材料的来料检验规程及检验项目。例如纸张检验项目主要有出厂日期、生产批次、质量等级、规格、定量、厚度、不透明度、白度、色度、色差、光泽度、含水量、纤维均匀度、尘埃度等;油墨检验项目主要有色相值、色灰度值、黏度等;热熔胶检验项目主要有软化点、熔融黏度、开放时间、固化时间、硬化时间、杂质含量等。

建立“绿色环保生产材料标准”并对进厂的主要原辅材料进行质量检验。

通过绿色认证的企业,应对用于产品本身的生产材料进行“绿色环保”指标的确认。一般生产材料的“绿色环保”指标很难在入库前进行检验,可通过与供应商签订“绿色环保”保证书和提供相应的材料检验报告的方式,对供应商加以控制。

(3)试用材料控制

建立“材料试用控制程序”,在试用过程中对原辅材料进行科学控制,防止在试用过程中造成质量事故。

针对每种产品制定出具体的“生产过程材料测试方法”,以确保测试过程的科学性、规范性,使得测试数据具有对比性。

建立“生产过程材料测试报告”,对生产材料的测试结果进行性能分析、成本分析。

16.印前质量控制主要内容有哪些?

印前质量控制主要包括以下环节:

(1)建立文件检查、图像处理、文件排版、文件修改、数码打样、打样检查、电子拼大版等工作的标准化、数据化工作流程。

(2)对客户自来文件进行全面检查,为客户做好把关工作。

(3)定期对印前设备进行校准,确保印版分色设备、打样设备的稳定性。

(4)胶片、晒版质量控制及检验,确保印刷质量符合要求。

胶片上的黑色实地的密度值应达到3.5,若低于这个值,在晒版时,网点就透光,从而引起感光层曝光,造成印版上的网点不坚实,则印刷时密度偏低,而且网点容易掉落,造成掉网。在印刷前对胶片质量进行严格的检验,可以在第一时间发现问题,解除后期印刷的重大隐患,否则,等到印制过程中或印制完成后才发现问题,那将会带来很大的损失。

晒版时,要按照要求严格控制曝光量,如果曝光时间过长,将会造成印版上网点不坚实甚至丢失,印刷时掉网。晒版时,要保证3%的小网点不丢失,95%的网点不糊,这样,才能保证印刷过程中层次和阶调的完美再现。操作者应根据情况,配合测试条在不同条件下确定出不同的曝光量。晒版的环境要规范、整洁,晒版前要清洁原版和晒版玻璃,以免微小异物造成抽气不均匀,图文发虚。其次,对显影过程的控制也是晒版质量的重要因素。显影液浓度必须严格按要求配制并控制好显影速度,以免因显影液浓度高、温度高或速度快而使小网点丢失,或因为显影液浓度低,速度慢或温度低而造成版上脏、糊版的现象。

17.印刷过程质量控制注意事项有哪些?

网点、颜色复制的真实程度,以及印刷过程的稳定性是印刷质量控制的关键点。其中叠印区的网点大小是最重要的控制要素。影响印刷质量的其他因素还有环状白斑、糊版、起脏、套印不准等。对于客户，令其不满意的原因是原稿与印刷图案存在色差。一般而言，在印刷工作当中产生这种原稿与印品之间的差异的主要原因是不适当的印刷工艺。所以，印刷过程质量控制主要需要注意水墨平衡及印刷压力控制。

三、印装质量问题及规避办法

1.印装质量的评判方法有哪些？

目前对于印刷类出版物的评价方法主要可分为：主观评价法、客观评价法、综合评价法。

(1)主观评价法

基于评价者的经验，对照原稿或样张，依据一定标准，根据评价者的感受对印刷品做出评价。影响主观评价的因素还有照明条件、观察条件和环境、背景色等。主要针对印刷品的美学因素，对表观质量的评价。

(2)客观评价法

借助于特定工具，利用某些检测方法，对印刷品的各个质量特性进行检测，用数值表示，用恰当的物理量(质量特性参数)进行量化描述和评价。主要包括阶调(层次)再现、色彩再现、清晰度等，可使用密度计、分光光度计、控制条、图片处理手段等。常用的检测方法主要有：①测量法，用规定的仪器和工具检测印刷品质量。②计算法，用专门的数学模型检验印刷品质量。③目测法，目测或借助工具检验印刷品质量。④比较法，以常规条件印刷的色标、梯尺和测控条为参照物，检验印刷品质量。

(3)综合评价法

印刷品的评价，因为受到很多主观、客观因素的影响，要真正判定质量的优劣并不是容易的事情。所以在质量评价的实践中，往往采用综合评价法。综合评价是以客观评价得出的数值为基础，与主观评价的各种因素相对照，以得到共同的评价标准。综合评价方法具有以下特点：首先确定产品主观评价印象的一致性，这是综合评价法的基础；再根据客观评价手段，对产品质量性能参数指标进行测量；最后将测试数据通过计算、做表，得出印刷质量的综合评价分，判定质量等级。

2.什么是严重质量缺陷？

对于印刷类出版物，严重质量缺陷是指那些严重超出现行国家标准及行业标准中合格产品技术指标范围，产生严重的不良视觉，甚至影响阅读和使用的质量问题。按照我国质量标准的相关规定，只要满足以下任意一项条件，该样品即认定为不合格品。按照质量标准的规定，出版物的严重质量缺陷有：

(1)散页、掉页或背胶断裂；

(2)错帖、少帖、倒头帖等；

(3)白页,即不应出现空白页的位置出现空白页;

(4)废页,即出现与本书内容无关纸页或印刷过版纸页等;

(5)残页,即纸页破损,致使图像、文字或页码缺失;

(6)裁切成品后有效图文局部缺失,如封面、正文、页码、书眉等图文缺失;

(7)图文区域出现“死折”,皱褶打开后,图文断开宽度大于等于 1.0 mm;

(8)文字或网点重影,重影超过版心面积 50%以上;

(9)糊字、坏字,造成一个及以上文字不能识别或影响阅读;

(10)明显脏迹,影响阅读的油污、水污或粘脏、蹭脏等;

(11)覆膜起泡、起皱或起膜造成严重不良视觉的;

(12)书背字不完整,平移或歪斜至封面、封底上;

(13)接版误差超过 2.0 mm;

(14)成品裁切歪斜,边长差或对角线长差超过 2.5 mm;

(15)溢胶遮盖或粘连图文(扉页、末页、封二或封三的图文);

(16)套印误差过大,封面套印误差大于 0.25 mm、正文套印误差大于 0.4 mm;

(17)骑马订坏钉、漏钉,以及平移或歪斜至封一或封四;

(18)精装环衬断裂或书背开裂露出书背布等。

3.什么是一般质量缺陷?

一般质量缺陷是指那些超出现行国家标准及行业标准中合格产品技术指标范围,产生一定的不良视觉,但不影响阅读和使用的质量问题。单个的一般质量缺陷虽不至于使样本评判为不合格,但单册图书存在 4 项及以上一般质量缺陷,也可综合判定为不合格品。

印刷类出版物经常出现的一般质量缺陷,在印刷工序中,主要有墨色不匀、色差较明显,图像套印误差超标,正反面套印误差超标,实地、文字或网点虚花,页面脏迹(墨皮、墨点、砂眼白点、小面积粘脏、蹭脏等)。

在印后工序中的一般质量缺陷主要有:书背不平直(呈弧形),书背空泡、空背,书背字歪斜或平移,页码位置误差大,背胶不匀,侧胶溢胶,内页有皱褶、折痕但不影响辨识或阅读,裁切毛边、刀花、破头,成品裁切尺寸误差在 1.5~2.5 mm 以内,骑马订钉位超标,小面积覆膜起泡、起皱、起膜,封面(底)UV 局部上光套印误差超标,模切毛边或套准误差超标,压凹凸套准误差超标、烫印图文不实(虚花)或糊版,精装书飘口误差超标、书背布过窄过短等。

4.出版物印装质量问题大致可以分为几类?

印刷品按照加工的程序和加工的性质,大致可以分为印刷、装订和加工整饰环节。各个环节都可能出现质量问题,因此,出版物印装质量问题可归纳为印刷质量问题、装订质量问题(包括折页、订书和裁切等方面的质量问题)和加工整饰质量问题(包括 UV、上光、烫印、覆膜等方面的质量问题)三大类。

5.印刷过程中的质量问题有哪些?

就当前大量书刊产品检测分析总结来看,印刷品常存在文字虚、花、糊,缺笔断画,图像网点不饱满、均匀度差,图边不完整,平网底色发花、不平,实地、大号标题字着墨不饱满,透印严重,掉粉、掉毛或纸张本身存在黑斑点,墨迹扩散,荷叶边,起皱等问题。为解决这些问题,在书刊印刷中应该选用有优良的表面强度、理想的吸墨特性、良好的拉力、较好的平整均度、均匀一致的白度,以及不产生严重透印、掉粉、掉毛,没有明显的黑斑点等缺陷的纸张,只有这样才可以满足高品质印品的需求。

6.水墨平衡对印刷质量有什么影响?

在印刷过程中,水墨平衡控制掌握不当会给印品质量带来很大的影响,导致印品套印不准、色彩还原失真、出现"花版""糊版"等现象。

(1) 影响套印准确

由于版面水分过大,转印后纸张吸收过量水分而伸长,待准备套印下一色时,又由于纸张四边散发出水分而收缩,导致纸张无规则地伸缩变形,造成套印不准。

(2)阻碍油墨正常传输

在印刷过程中,由于版面水分过大,使版面水分在机械压力和墨辊间作用下,挤压进油墨内部,造成油墨过度乳化。过量的水分还会积聚在油墨表面,严重时,使墨辊与墨辊、墨辊与版面、版面与橡皮布之间存在水层。当水层达到一定程度时,就会严重影响油墨的正常传递,从而对产品质量造成影响。

(3)导致印品墨色变浅,光泽度下降

印刷时由于版面水分过量,水分往往呈细小珠状分布于墨辊表面,并受机械力作用分散于油墨中,从而减小了单位面积上的颜料颗粒的数量,使油墨的颜色饱和度降低,乳化值增大,墨色变浅。不仅使产品墨色灰平,而且印版"花版""浮脏"等现象相继产生,造成印刷故障。同时当油墨中含有过量水分时,印品墨膜便不能充分氧化结膜,表面粗糙、不光滑,使墨膜暗淡无光,印品印迹光泽度下降,影响到印品网点呈色和色彩的还原效果。

(4)糊版起脏

当版面墨大水小时,造成版面墨量过多,墨层过厚,在挤压力作用下,图文网点铺展、糊版起脏,致使印品出现质量问题。

7.印刷过程中如何控制水墨平衡?

在日常操作中,除了根据版面图文大小和分布情况及印刷用纸的性质、油墨的性能等实际情况正确掌握外,还应特别注意以下几点:

(1)开机前,必须在干燥的水辊上均匀地加足水分。

(2)机器空转时,应立即停止供水供墨,避免因水大墨大而使水墨失去平衡。

(3)新换的水绒套要紧而平,并且要两端缝合牢固。上机前,首先要将水辊充分润湿,印刷时,还要将水分控制在最低程度。新换的水辊往往比老水辊含水量高,容易造成水分过大的故障。

(4)调墨时千万不要把油墨调得过稀。如果油墨过稀，其流动性偏大，黏度和内聚力自然降低，导致抗水性能下降易引起严重乳化，使墨迹在滚筒的压力下铺展扩大，严重时将产生糊版，影响产品质量。所以调墨油的用量最好控制在10%以下。

(5)在印刷过程中，油墨往往容易黏附在水辊表面，且越积越厚，面积越来越大。停机后，墨迹又会很快干燥固结，如不及时清除，就会造成上水不匀，使水墨失去平衡，且影响印版和水辊的使用寿命，因此应引起足够的重视。

(6)正确调整水辊、墨辊的压力是保证水墨平衡的先决条件。如果压力调节不当，往往会引起输水输墨不畅。

总之在印刷过程中，操作者必须坚持三勤操作，即勤检查印样并观察版面水分，勤掏墨斗内油墨，勤洗橡皮布和印版，把版面水分控制在最低限度(空白部分不挂脏)，使水墨始终处于正常稳定状态，只有这样才能保证整个印刷过程质量的稳定和印刷工作的顺利进行。

8.印刷压力对印刷质量有什么影响?

印刷压力应当是以印品具有网点结实、图文清晰、色泽鲜艳和浓淡相适宜为前提，施加得越小越好。印刷压力的过大或者过小，都会导致印品质量的降低。而且印刷压力过大，所带来的弊病就会更多。

当印刷压力过大时，将会引起：图文线条失真，印迹扩大；油墨局部“过满”，导致印品色调不协调；纸张拉毛；使印刷机的主要承压部件和传动部件产生较大变形，影响零部件的工作寿命；与正常的压力和摩擦条件相比，加速了印版的磨损；印迹的网点容易扩大；印品层次不清，并且橡皮布的耐用率受到影响；印刷压力大，会降低印版的耐印力；由于机器载荷增大，耗电量也会增大。

当印刷压力过小时，将会出现：印刷图文的转移不够完整；网点不实，色泽灰淡；使印版、包衬、纸张和印刷机等的原有缺陷和毛病更加显露。

9.印刷过程中如何控制印刷压力?

印刷压力的大小是可以调节的，其调节手段是：

(1)滚筒中心距调节法：通过调节两个滚筒之间的中心距离，来增加或者减少印刷压力，这是一种最常见和最主要的调节方法；

(2)包衬厚度调节法：通过增加或者减少滚筒包衬的厚度，来加大或减小印刷压力。要注意的是，轻易地增减橡皮滚筒包衬厚度，往往会引起滚筒直径的改变，从而造成圆周速度的不等，其结果必然导致网点变形和套印不准确，甚至会产生“墨杠”的现象。

10.如何测定印刷压力?

(1)面压力，单位为 kg/cm^2。它的优点是能反映接触压力的分布情况，但是在实际生产中较难以掌握与测定。

(2)线压力，单位为 kg/cm。单位长度的受力用线压力表示，是两滚筒接触加压的总压力，也就是作用在轴承上的压力除以滚筒的有效长度，即得到单位长度上的平均压力。这种方法有局限性，不能正确地表示接触区宽度上压力分布情况，并且测定和实际使用都很困难。

(3)印刷的压力常用“压缩量”来表示。压缩量就是两相压滚筒的半径之和，再加上垫纸等的厚度与两滚筒实际的中心距之差。

理想的印刷压力，目前也没有一个定量。并不是固定不变的概念，而是应该在有利于产品质量的前提下，根据各种客观的印刷条件来适当调整的，并且压印滚筒与橡皮滚筒之间压力大于印版滚筒与橡皮滚筒之间的压力。必须强调说明理想的印刷压力，就是在一定的印刷面压缩变形的情况下，使印版的图文部分的印迹在纸张上足够的结实，网点清晰完整的基础上面均匀地采用最小的压力。

11.怎样解决折页中出现的“八”字形皱褶?

产生“八”字形皱褶的主要原因是折页时书帖内的空气没被排除出去，如折页机输送辊或折页辊及顶规调整不当、手工折页操作不规范等都会造成书帖产生这个问题。解决方法如下：①正确调整折页机输送辊与折页辊的间距，使其平行不歪斜；②输送辊或折页辊与顶规（或挡规）必须平行和垂直；③折三折书帖或四折书帖必须在第二、三折上破口排除书贴内的空气；④破口刀的间距以能将空气排除掉且不散页为宜；⑤手工折页要按紧刮平，三、四折书帖均应在倒数第二折缝上割口排除空气。

12.折齐边误差超标的原因是什么?

①机器折页时栅栏式输页辊传送与挡规不垂直或歪斜；②刀式输纸传送歪斜或挡规调整不平行；③手工折页人为的拉边不齐或没按压、折后错位。

解决方法：①正确调整折页机的各规矩，使其达到理想状态；②手工折页要拉齐边按实不移动错位。

13.如何解决配页所出现的各种差错?

配页出现的多帖、少帖、错帖、串帖、串册等均属原则差错，有这些差错的产品是不允许出厂的，因为这些差错都会直接影响读者的阅读，并且直接影响加工厂的名誉和效益。

解决方法如下：①首先要建立严格的质量把关和检验制度；②严格控制折页工序的各种差错；③对贮帖人员要有严格的贮帖检查制，以保证贮帖的正确无误；④每个贮帖都应安装错帖装置，以控制贮错帖、串帖等差错。

14.骑马订的钉脚将书页扎破导致落页的原因是什么?

原因有三点：①书帖松暄；②测厚轮过松；③紧钩爪推板过高。

解决方法：①折后的书帖要捆标准；如堆积要达到四边整齐，保证书帖的平实整齐、书帖内少存空气；②将测厚轮略调紧，以使松暄书帖被压紧平实；③紧钩爪以调整到最高点为平行状即可。

15.无线胶订后掉页的原因有哪些?

①铣(拉)槽过浅、胶液没有渗透到最里面的页张;②折页时折缝跑空,导致最里面的页张没被铣着无法粘胶;③书帖没有撞齐;④纸毛或纸屑没去掉,将拉槽口堵塞;⑤没有区别书版纸与铜版纸的用胶不同;⑥没有掌握用胶的温度或胶质不佳;⑦书夹边有胶黏剂拉掉前后页张;⑧室内温度与湿度离要求过大等。

16.无线胶订书背不平的原因有哪些?

导致书背不平的主要原因有:①书背本身在上夹板时就不平齐(即没有碰撞整齐便上书夹了);②托书板调整不当;③胶层涂抹过厚,或有二次释放的造成夹紧不得当;④夹书板夹书过紧而书芯又过于松暄、夹合出现书背变圆弧状;⑤下书时间过早而下书板又设计得不合理,书籍没定型便掉下被撞歪斜。

17.无线胶订后书芯断裂的原因有哪些?

导致书芯断裂的主要原因有:①胶黏剂(热熔胶)老化或轮番熔融不换新胶;②用胶不当或胶质不佳(松香过多而变脆);③书芯所用纸张不同,使用的胶也应不同;④两种胶混合使用;⑤封面纸张过厚、书芯纸张过薄,面与芯薄厚悬殊,相互拉力不等造成封面封底与相邻书页断裂漏胶。

18.无线胶订后书背两端有孔眼的原因有哪些?

导致产生孔眼的原因主要有:①书背厚度上下不一致,造成夹书板夹书无法平行,涂胶时顶书无法均匀;②胶轮调整不当,涂胶后有钟乳石状,无法控制胶液塞满;③均胶辊没起作用;④下书板坡度过大、下书不平行。

19.无线胶订溢胶、拉丝和脏带的原因有哪些?

导致问题的原因有:①涂胶部分没有断胶装置;②封面长小于书芯长,造成一端露胶;③涂抹胶液过多过厚,夹紧后胶液溢出脏书脏带(弄脏传送带)。

20.精装书飘口不一致的原因是什么?如何解决?

导致精装书飘口大小不一的原因是:①书壳各料尺寸计算或裁切有误;②套壳不标准。

解决方法:①书壳各料应以标准规定进行计算和裁切;②精装书套壳时应以飘口三面一致和开本规格为准。

21.书刊裁切成品的过程中常出现的问题有哪些?

书刊裁切一般使用三面切书机,它具有裁切精度高、速度快、劳动强度低等优点。三面切书机装有三把切纸刀,其中侧刀两把,用于裁切书籍的天头和地脚;前刀一把,用来裁切书籍切口。工作时,先将要裁切的书叠放到夹书器的压书板下面,然后压书板自动将书夹紧,夹书器将书叠推到压纸器下面的裁切位置,紧跟着压书器下降,将书叠压住,夹书器退回原位。接着,左右侧刀同时下落,切齐书籍天头和地脚,侧刀切完上升时,前刀下落，裁切书籍切口，前刀切完后上升复位，切好的书叠由出书机构自动推至收书位置，完成一叠书籍的裁切。

(1)一叠书裁切后尺寸不一

导致尺寸不一的原因是切书压力过大或过小，应根据具体情况调整压力。

(2)斜角

切出的书角不呈 90°，呈斜角。主要原因在于推书器的位置调节不当而引起，如推书器与两侧挡板不垂直。应根据实际情况进行调整。

(3)刀花

书本切口出现凹凸不平的刀痕，称为刀花。出现刀花的原因是切刀刀刃磨损或出现缺口。需要及时更换刀片或进行磨刀。

(4)破头

书背两端撕裂叫作破头，这是由于无划口或划口刀规矩不合适造成的，书背不干燥也可能造成破头。应调整划刀口，书背要干燥。

(5)书册歪斜

主要是后挡规不合适或侧规与后挡规调节不当引起的。应调整后挡规和侧规。

22.应如何规避折页不当造成的质量问题?

书刊折页的质量将直接影响书刊的成品质量，折页过程中应注意以下问题：

(1)页码顺序正确，无折反页、颠倒页，无双张，书刊正文版心外的空白边每页都要相等。

(2)书帖页码整齐，误差不超过±1 mm。

(3)为了检查折页的质量，折完的书帖外折缝中黑色折标要居中一致。配书帖后，折标在书背处形成阶梯状排列。

(4)破口刀要正确地划在折缝中间，破口要划透、划破，以不掉页为宜。

(5)书帖要保持清洁，无油迹、破损、折角，折叠要平服，无“八”字形褶皱现象。

23.应如何规避胶粘不当造成的质量问题?

上胶方法有手工刷胶法、辊涂法、喷涂法和热熔枪法。手工刷胶使用刷子将胶直接刷到书背上。这种方法上胶不均匀，易污染不应上胶部位。辊涂法是通过定量辊连续地直接将胶涂到书背表面，这种方法上胶均匀，上胶效果好，广泛应用于无线胶订设备中。喷涂法是将热熔胶在预热槽内熔化，用泵送到一个带阀门的喷嘴，调节喷嘴使热熔胶均匀快速喷出。这种方法适用于较大面积的黏合表面。热熔枪法是先将热熔胶制成棒状或颗粒状，使用时放入专用热熔枪内，通电加热，当温度上升到一定值时，即可施涂，把熔融的热熔胶挤到被黏合表面。

书背上胶操作要注意以下几点：

(1)预热

热熔胶需要预热到 170℃～180℃，才能开胶订机组。

(2)书背上胶

背胶的厚度一般控制在 0.6～2 mm 之间，胶层要均匀。背胶上得薄，影响黏结强度；上得厚，增加成本。背胶的长度应略短于封面规格尺寸 1～2 mm。过长易造成余胶堆积于机械传动部件，使之出现故障；过短则会造成书背空胶，影响书本质量。

(3)上侧胶

为了保证书本外观质量，书芯与封面之间要上侧胶，侧胶的宽度一般为 3～7mm，侧胶要求上得越薄、越均匀越好，这就要求热熔胶的流动性要好，温度必须控制在 180℃左右。切忌用背胶做侧胶用，不然会使书本封面上起杠线，影响书本质量。

24.应如何规避骑马订不当造成的质量问题？

采用骑马订，书刊内文部分事先并不订合成书芯，而是配上封面后再整本书刊一起订合、一起切齐。采用骑马订装的书刊成品，封面的面封、底封部分也与书芯的纸页大小完全相同并且齐整，而书脊则既窄又呈圆弧形且明显露出订书所用的铁丝，所以不能印刷文字。

骑马订的装订周期短、成本较低，但是装订的牢固度较差，而且使用的铁丝难以穿透较厚的纸页。一般情况下，书页超过 32 页(64 面)的书刊，不适宜采用骑马钉装。

因骑马订的特点，每页的版心位置会有相对变化，称为爬移量，故拼版时应考虑爬移量对版心位置的影响，才能确保成书版心位置的相对一致。

在实践操作中，骑马订出现质量问题较多的是订位误差，现行的质量标准要求订位为外钉眼距书芯长上下各 1/4 处，允许误差±3.0mm；另外，骑马订常见问题还有坏钉、漏钉及重钉等，以及钉脚偏移，未在折缝线上。另外，由于骑马订装订的书芯和封面配帖方式比较特殊，故骑马订图书在裁切时，更容易破头，对裁切提出了更高的要求。

25.应如何规避精装书装订过程中的常见问题？

精装是一种书的装订形式，配有具保护性的硬壳封面(普遍采用硬纸板，外覆以织物、厚纸或小牛皮等皮革)。精装书是一种美观，易保存的图书、具有极高的收藏价值。它与平装书的差异主要体现在装订而不是印刷方面。

在精装书装订的实际操作中，容易出现的问题及解决方法如下。

(1)扒圆起脊后书背开裂

精装书书背用胶应选用动物类胶黏剂中的骨胶或合成树脂类胶黏剂，不能使用面粉糨糊等植物类胶黏剂，涂抹时应薄而均匀，胶量不宜过多、过厚，砸脊时用力要得当，要先轻后重，扒圆时应将书背胶润湿，不可干扒。

(2)烫印材料烫不上或烫后脱落

应根据被烫物质地正确选择烫印材料，正确调整烫印版温度，确定适当的烫印版厚度与烫印压力，如遇到烫印材料无黏结能力的情况时，应在被烫物的相应位置涂布助黏材料，以保证黏结的牢固。

(3)书壳烫印后糊版

根据烫印材料和被烫物质地，正确调整烫印版温度，选取最佳烫印压力，确定最佳烫印版厚度。

(4)飘口不达标

裁切各种材料的书封壳时，必须依照书芯开本尺寸，书芯实际厚度及造型进行，裁切尺寸一旦误差超标就不能再使用，组壳时应有规矩板框。

26.应如何规避烫印不当造成的常见问题？

烫印有金属箔烫印、电化铝箔烫印和粉箔烫印。目前大部分采用电化铝烫印。电化铝烫印是以电化铝箔通过热压转印到印刷品或其他物品表面上的特殊工艺，可以得到金色、银色等多种颜色的装饰效果。

电化铝烫印工艺可以分为先烫后印和先印后烫两种形式。大多数电化铝烫印是在印刷品上直接烫印，也有在 UV 上光油的表面烫印和在不干胶薄膜材料上烫印等。在 UV 上光油的表面烫印的工艺对 UV 上光油和电化铝箔的要求非常高，烫印时要保证两者良好附着，具有良好的烫印适性。在不干胶薄膜材料上烫印又分为在薄膜上直接烫印和在墨层表面上烫印，这种工艺要防止墨层或电化铝箔脱落及烫印不实等情况，所以要对薄膜表面进行处理，以保证烫印质量。电化铝烫印的主要步骤为电化铝箔裁切、装版和烫印。电化铝烫印的常见故障及排除方法见下表：

表 3-3 电化铝烫印的常见故障原因及排除方法

故障现象	可能产生的原因	排除方法
烫印产品发花、露底甚至烫印不上	烫印温度低	调高电热板温度
	烫印压力轻	增大烫印压力
	输送电化铝过轻或过重	调节电化铝输送的松紧程度
	墨层晶化	承印物印刷后应尽快烫印；对墨层晶化表面进行除油、打毛处理
	电化铝箔选用不当	换用其他型号的电化铝箔
糊版	烫印温度过高	调低电热板温度
	电化铝安装松弛	调整压卷滚筒的压力及收卷滚筒的拉力
烫印图文印迹不整齐	压力过大或轻重不匀	调整印版压力
	烫印温度过高	调低电热板温度
烫印图文印迹不完整	电化铝箔尺寸小或裁切不齐	改用尺寸大小合适的电化铝箔
	印版部分损坏或掉版	校正印版
	衬垫物移位或脱落	校正衬垫物
反拉	印刷品墨层未干透	将产品置于通风干燥处，推迟烫印
	浅色墨用了过量的白墨冲淡剂	用 991＃撤淡剂加 3％白燥油罩印一遍再烫印

27.应如何规避覆膜不当造成的常见问题?

影响覆膜质量的因素较多,除纸张、墨层、薄膜、黏合剂等客观因素外,还受温度、压力、速度、胶量等主观因素影响。这些因素处理不善,就会产生各种覆膜质量问题。覆膜常见故障原因及处理方法见下表:

表 3-4 覆膜常见故障原因及排除方法

故障	原因分析	排除方法
产品上有雪花	印刷品喷粉过多	适当增大上胶量,或在覆膜前扫去印刷品上的喷粉
	上胶量太小	适当增大涂胶量
	施压辊压力不合适	正确调整施压辊的压力
	涂胶辊上有干燥的胶皮	将涂胶辊擦干净
	施压辊上有胶圈	及时揩擦施压辊
	黏合剂中有杂质	应当特别注意环境卫生;黏合剂用不完应倒回胶桶内密封好,或在上胶前先过滤
覆膜产品有气泡	印刷墨层未干透	先热压一遍再上胶,也可以推迟覆膜日期,待油墨彻底干燥
	印刷墨层太厚	可适当增加黏合剂涂布量,增大压力及复合温度
	复合辊表面温度过高	采取风冷、关闭电热丝等措施,尽快降低复合辊温度
	覆膜干燥温度过高	适当降低干燥温度
	薄膜有皱褶或松弛现象、薄膜不均匀或卷边	调整张力大小,或更换合格薄膜
	黏合剂浓度高、黏度大或涂布不均匀、用量少	稀释剂降低黏合剂浓度,或适当提高涂覆量和均匀度
	施压辊压力太小	适当加大施压辊的压力
覆膜产品卷翘	印刷品过薄	尽量避免对薄纸进行覆膜加工
	张力不平衡	调整覆膜张力,使之达到平衡
	复合压力过大	适当减小复合压力
	温度过高	降低复合温度
	薄膜拉力过大	调节给膜张力,调整螺钉旋入深度,减小制动力
	收卷拉力太大	减小收卷动力轮的摩擦力
	环境湿度大	控制好车间湿度
	干燥时间短	延长干燥时间

续表

故障	原因分析	排除方法
产品黏结不牢	黏合剂选用不当,涂胶量设定不当,配比计量有误	重选黏合剂牌号和涂覆量,并准确配比
	印刷品表面状况不良	可用干布轻轻地擦去喷粉,或增加黏合剂涂布量、增大压力,以及采用热压一遍再上胶,或改用固体含量高的黏合剂,或增加黏合剂涂布厚度,或增加烘干道温度等办法解决
	黏合剂被油墨及纸张吸收,而造成涂覆量不足	可考虑重新设定配方和涂覆量
	上胶量太少	增大上胶量
	印刷品印刷面积大	加大黏合剂的固体含量和胶层厚度,提高覆膜的外界温度
搭边处黏结不实	刚出施压辊还未干燥的覆膜产品在搭边处被卷曲的纸张顶开,造成此处黏结不实	应尽量减小搭边宽度,以保证黏结不实的宽度在模切叼口范围内
覆膜产品出现皱褶	薄膜传送辊不平衡、薄膜两端松紧不一致呈波浪边、胶层过厚或是电热辊与橡胶辊两端不平、压力不一致、线速度不等	分别采取调整传送辊至平衡状态、更换薄膜、调整涂胶量并提高烘干道温度、调整电热辊与橡胶辊的位置及工艺参数等措施

第四部分 数字印刷

一、数字印刷简介

1.什么是数字印刷?

数字印刷就是将数字化的图文信息直接记录到承印材料上的过程,是有别于传统印刷烦琐的工艺过程的一种全新印刷方式。也就是说输入的是图文信息数字流,而输出的也是图文信息数字流,它是在打印技术基础上发展起来的一种综合技术,以电子文本为载体,通过网络将数据传递给数字印刷设备,实现直接印刷。印刷生产流程中无印版和信息可变是其最大特征,涵盖印刷、电子、计算机、网络、通信等多种技术领域。

2.数字印刷与传统印刷的区别是什么?

传统印刷流程:设计→审稿→出片→晒版→打样→审验→晒板→印刷→成品。

数字印刷流程:设计→审稿→印刷→成品。

数字印刷与传统印刷相比,省去了制版过程,将原稿输入、图像处理、文字处理、设计制作、分色加网、打样输出等印前工艺全部结合在一起。在数字印刷中,输入的是图文信息数字流,而输出的也是图文信息数字流。相较于传统印刷模式的彩色桌面出版系统(DTP)来说,只是输出的方式不一样,传统印刷是将图文信息输出记录到胶片上,而数字印刷则是将数字化的图文信息直接记录到承印材料上。

3.与传统印刷相比数字印刷的优势是什么?

(1)方便快捷

数字印刷因为省去了出片、拼版及晒版等烦琐的工序,在少量印刷及急件印刷上有着绝对的优势。所有的排版、设计软件和办公应用软件生成的电子文档,均可直接输出至数字印刷机。

(2)灵活高效

数字印刷的全面数字化,能为客户提供更灵活的印刷方式,即边印边改,边改边印,今天印50份，明天印100份，用多少印多少，真正实现零库存。这种灵活快速的印刷方式，增强了客户在分秒必争的竞争环境中的优势。

(3)无须起印量

享受高品质印刷品，不用受起印量的限制，一份也可以印。数字印刷完全可以满足一张起印、立等可取的要求。

4.数字印刷的主要特点是什么？

数字印刷是通过数字信号直接控制呈色剂在承印物上附着的位置和强度，从本质上来说属于一种无版、信息可变的印刷方法。因此数字印刷具有无版、无压和非接触的特点。无版，即无须制版，不需要任何中介的模拟过程或载体的介入，省去了相应设备、耗材、人力以及其他成本的投入；无压，是指可以在不同材质、机械强度的介质上成像；非接触是指喷墨和承印物之间处于不接触的状态，这使数字印刷(特别是基于喷墨成像的数字印刷系统)可以在不同厚度的平面介质甚至曲面介质上成像，可以在不同幅面的介质上成像。

以上特点决定了数字印刷技术具有信息可变、个性化生产能力，适合于按需印刷生产和服务。由于数字印刷没有制版及相关成本的投入，最终印品无须分担相关成本，因此数字印刷在短版尤其在极短版市场具有价格优势。

5.数字印刷的主要局限是什么？

(1)适合个性化、按需印刷的数量较少的印刷及图文多变的印品的印刷，不适应大量印刷。

(2)不能满足精细印刷品对质量的要求。

(3)数字印刷机的印刷幅面目前以A4、A3、A2为主，最大为A1。

(4)数字印刷设备及配套设备、耗材价格高。

(5)在皱折纸上印刷会产生裂痕。

(6)大面积满版印刷时效果不太理想。

(7)受限于可接受的PostScript档案格式。

(8)印纹微凸，亦有文字边缘呈锯齿形状。

6.数字印刷对图书出版的意义是什么？

目前受大环境的影响，图书的品种越来越多，每种书的印量却越来越小，某些畅销书的加印量也达不到传统印刷的起印量，加之网络和电子载体图书迅速发展，单品种纸载体图书正在逐步减少出版印刷量。此时，按需出版应运而生，它的技术基础，正是数字印刷所能提供的按需印刷。按需印刷是指按照不同时间、地点、数量、内容的需求，通过数字印刷技术获得的个性化、短版化、高效率的印刷品。由此可见，图书的小批量订制在数字印刷的基础上可以得以完全实现。

对于出版社而言，传统的出版模式是先生产后销售，而按需出版首先改变了图书的流通模式，可以实现先销售后生产。也就是说，出版社可以先在社会上进行征订，然后再按照征订数向印刷厂下生产订单，这样可以减少库存积压和资金的冒险投入，更充分的把握市场。有利于实现内容效益最大化，在一定程度上解决了图书出版行业存在的痼疾——库存、退货及货款结算等风险。

再者，按需出版对于著作权人而言，彻底打破了图书的“最低印数”的限制，并可以使图书永不脱销和断版，让更多的读者了解并获得所需求的图书。

7.数字印刷对于企业商务的意义是什么？

(1)一张起印

现在已经进入信息时代，各种商务活动中，不论是商务文件还是企业的宣传品，都要求其信息内容准确、新颖，而用传统印刷方式所印刷的宣传品，大都因为“起印量”的限制，不得不印几千份，单张成本虽然便宜，但很多的企业还没等用到一半甚至才用几十张，印刷的内容和信息就发生了改变，不用觉得浪费，用笔改一改再用，又觉得有损企业形象，以至于很多企业只有把崭新成堆的印刷品当废纸来处理，最后实际上是“印起来便宜用起来贵”。

当有了数字印刷，企业在印制宣传用品时，就可以按需要的用量进行印刷，因为数字印刷的特点之一，就是一张起印，对于企业而言，这是减少不必要浪费的最佳印刷途径。

(2)立等可取

数字印刷由于无须传统胶印的繁杂工序，只需带上电脑文件，或者是网上传送，明天开会、投标或是商务谈判，今天晚上最后定稿都为时不晚。

(3)内容可变

数字印刷可以印刷出每张不一样的个性化内容，如张张人名不一样的请柬、印有客户名称的直邮信件、可变条码的印刷等等，这都是传统印刷根本无法实现的。

8.数字印刷在印刷加工方面具有什么显著特点？

数字印刷机是数字印刷过程中的一个核心硬件，负责将数字页面高速转换成所需的印刷品，在印刷过程中不需要印版和压力，直接通过计算机控制数字印刷机。目前，数字印刷机成像技术主要有静电照相成像技术、喷墨成像技术、电凝聚成像技术、磁成像技术、离子成像技术、热升华及转移成像技术等 6 种方法，其中静电照相(激光成像、干粉显影)和喷墨成像是数字印刷的主要成像方式。

二、数字印刷的现状和发展趋势

1.数字印刷的定位是什么？

数字印刷的印刷速度快，质量高。另外，数字印刷对于印量完全没有要求，单张的成本固定，这些使得数字印刷机的投资低、回报高。数字印刷虽然出现较晚，但是它的技术已经基本成熟，它的应用空间也在逐渐地扩大。

从市场的实际应用情况，数字印刷应清晰地定位在快速短版、按需、个性化、可变数据等印刷领域。

(1)个性化礼品市场

国内礼品市场规模大，在礼品上印上自己的照片或者喜欢的图片、图标、文字，已经成为礼品流行趋势，摆脱礼品千篇一律的面孔，更能体现礼品的价值和送礼者独具匠心。

(2)家庭装修及家具市场

国内家庭装修市场达数百亿，家庭个性化的装修也正在悄然流行。用户按照自己喜好的家居风格，在装饰画、瓷砖、家具、地板上印制自己喜欢的照片或者图像，用自己喜爱的风格装饰自己的家，营造真正属于自己的个性空间。

(3)个性化用品市场

时下流行的手机和数码产品市场的用户中相当一部分是年轻时尚的群体，在这些产品上印制自己的标志是彰显个性的最好体现。一些随身携带的物品，如化妆镜、打火机、钱包、背包等也是这些用户体现自我个性的很好方式。

(4)个性化影像消费品市场

数码影像飞速发展，人们已经不再局限在把自己的照片印在相纸上。万能数码印制系统可以将任何图像印在水晶、玻璃、压克力、金属、陶瓷、油画布等等各种材质上。不同材质上印制的产品效果和给人的感觉是不一样的，人们可以将自己的照片印制在不同的材质上，丰富了照片的表现形式和效果。

(5)流行文化周边产品市场

万能数码印制系统还可以根据当前流行趋势，方便地将当前流行一些电影、动漫、HIP－HOP等图片或流行元素印制在一些物品上。

(6)广告及标牌市场

高质量、高价格、中小批量广告及标牌制作，如各种金属会员卡、考勤卡、胸牌、挂牌、授权牌等全彩色印制，这是传统印刷技术难以达到的。

(7)专业打样

一次成型，无须制版，部分材料可反复使用，成本低；电脑直接排版、修改、制作，操作简单，效率高，大幅降低成本。

(8)专业高质小批量印刷

直接印刷，无须制版出片，绝非转印和贴膜，图像质量高，色彩定位准确；可打印介质丰富，客户群广。

2.目前数字印刷发展中存在哪些认识误区？

数字印刷发展迅速，但是在从业者当中却存在着不少认识上的误区。

误区一：数字印刷成本高。

成本通常由三要素组成：折旧、材料、人工。但是数字印刷系统的高度自动化，将在一定程度上减少人工费用的开支；设备的折旧，由购买设备时的投资所决定；材料成本，以墨粉式介质为例，数字印刷机多是鼓粉分离的，而多数设备鼓的寿命都在几十万张以上，粉的价格也随着应用的扩大而逐步降低；相对传统胶印，数字印刷无须制版，所以将省去制版费用。值得一提的是，随着用户的增多、技术的成熟，数字印刷机的整体价格水平已有所下降。这也使得数字印刷的成本得到控制，促使更多客户去接受数字印刷。

误区二：数字印刷产品不能长期保存。

首先，大家可以自己做一下实验，看看不同类型数字印刷机印刷出的印品保存时间的差异。将采用传统油墨、电子油墨、墨粉印刷的印品放在日光下，几天后你会发现数字印刷机印刷的印品比传统油墨的印品颜色耐久性更好。

其次，传统激光打印机的印张和复印机印品保存时间不是很长，不少人认为数字印刷机的印品也是如此。然而实际情况并非如此，以干式碳粉为例，随着数字印刷机的加网线数不断提高，数字印刷机使用的碳粉比传统复印机和激光打印机使用的颗粒更细，在高温熔化过程中，碳粉能像墨滴一样溶在纸张的缝隙之中。

误区三：数字印刷机就是简单的数字化过程。

由于数字印刷过程是通过计算机控制将信息直接印刷或打印到纸张上，所以要求数字印刷机应具备拼版、校正、装订等全过程的自动化功能。因此系统的软件功能至关重要。

误区四：数字印刷机的印刷质量不高。

尽管由于机械结构、使用耗材不一样而导致数字印刷的质量暂时还不能和传统印刷完全看齐，但是总体来说，随着成像系统的不断改进、成像精度和输出分辨率的提高、介质宽容度的增强，各厂商推出的数字印刷机已能满足高档印刷的需求，并且还在向更高质量方向发展。尤其是多色数字印刷系统越来越多，可同时印刷四色甚至六色，专色印刷也能够满足。

3.数字印刷在中国的发展存在什么问题？

（1）数字印刷地域发展不平衡

我国的经济发展水平在地域上存在着不平衡，数字印刷的分布也存在着较大差异，在上海、北京、广州、深圳等地发展迅速，在其他城市和地区则相对落后，有的地区甚至是一片空白。从目前的应用情况来看，北京、上海、广州、深圳等重点城市，数字印刷大显身手。这些城市正在向国际化大都市转型，集中了国内外许多大中型公司，人们观念较新，接受新事物更加容易，对个性化印刷品、按需印刷的需求正在迅速增长。值得注意的是，当数字印刷在重点城市取得市场突破后，必将随着贸易互动与人才流动，向其他城市进军。

(2)数字印刷行业发展不平衡

数字印刷的用户群可以分为工作型与经营型两种，使用数字印刷机来完成日常工作中繁重的打印任务的银行、电信、邮政系统等行业用户都属于工作型用户；而对于经营型用户群，数字印刷设备是赖以谋生发展的工具，如图文中心、商务打印中心等，这一市场刚刚起步，有待规范，总的说来经营型的数字印刷企业，还缺乏足够的财力资源、行业知识和管理技巧，还需要进一步发展。

(3)数字印刷发展水平相对落后

印前处理技术水平不高，从业人员的素质不高，专业人员少。同时可变数据软件、数据库技术以及与数字印刷相配套的印后加工技术和设备还不能全面满足数字印刷的需要，尤其是印后加工，大部分都采用半自动化手工操作，以至于很难出精品。随着技术的不断提高，这个差距在逐渐缩小。

4.在中国影响数字印刷发展的因素有哪些？

(1) 市场定位不清

有许多数字印刷经营者，把经营重点放到与传统印刷竞争短版订单。固定图文的短版印刷市场上，国内小胶印机的价格和人工费用都很低，传统印刷与数字印刷的平衡点比国际惯行的1000份更低，甚至500份以下使用数字印刷机印刷才是经济的，因此这样的定位不能发挥数字印刷可变、快捷的优势。

(2)印刷质量还有一定差距

由于数字印刷机目前所使用的墨粉及液体油墨与印刷油墨所表现的色域并不相同，再加之数字印刷机的结构等原因，对于有些客户来说，数字印刷的印刷色彩过于鲜亮，同时清晰度，暗调和高光处的细节表现能力不如传统印刷，在专色复制方面，传统印刷要优于数字印刷。另外，由于墨粉，液体油墨对介质有特殊要求，因此数字印刷的承印物范围比传统印刷相对要窄。但是随着技术的进步与发展，印刷质量的差距正在明显地缩小。

(3)价格，特别是耗材价格偏高。

(3) 数字印刷技术与可变数据处理软件及数据库的结合开发还有待拓展。

(4) 从业人员的技术水平还比较低。

(5)数字化工作流程的建设还有欠缺。

5.数字印刷的发展趋势是什么？

数字印刷是印刷技术数字化和网络化发展的一个新生事物，也是当今印刷技术发展的一个焦点，数字印刷行业与互联网不仅是在技术上的结合，更是在经营和商业模式上的融合。随着移动互联网的普及，人们对图书等出版物的消费模式发生了很大转变，从长远来看，零库存是出版商所追求的理想出版模式，它不仅能降低库存压力，也能帮助出版商实现定制化服务。在这样的背景下，数字印刷将会给出版印刷行业带来更多的机遇和希望，使得出版业走向更加辉煌的道路。

开拓高端印刷多元化与个性化发展。在未来的发展中，客户的需求将逐渐占据主导地位，决定了印刷从业者必须充分了解客户需求与市场变化，搜集尽可能多的商业信息，印刷技术的创新必须以市场需求为导向。现代社会对于印刷品的需求已经具有多元化、个性化、批量灵活性等特点，而这些正好与数字印刷技术的优势相契合，这是行业面临的重要机遇，同时也对技术水平和创新能力提出了挑战。这对于改变国内市场结构、扩展业务深度具有重要意义。

致力按需印刷，用户使用体验受重视。互联网技术将不断发展，按需印刷技术与传统出版业进一步融合已成必然趋势。按需印刷兼具传统出版及电子出版二者的特征，对处于转型期的出版业和消费者来说，按需印刷比电子图书更容易被人们所接受，也为传统印刷企业向完全电子化转型提供了缓冲期。因此，未来相当长的时间内，按需印刷都将作为多元化出版与信息服务的一部分而存在。

目前，国内的出版社、印刷厂都在关注数字印刷技术对书刊出版、印刷的影响，因我国书刊库存居高不下，按需出版印刷将是出版社今后的必由之路。用户的使用体验将超越原有产品的品质和周期的需求，快速、便捷、高效、舒适的用户体验将成为未来数字印刷的重要服务目标。企业可根据自身配备的设备开展市场个性化印刷业务，推出创新产品，多地印刷企业可以形成印刷联盟，搭建电商平台，实现即时数据传输，就近印刷产品，省内或同城物流，达成零库存，完全实现按需出版。

6.数字印刷设备的发展方向是什么？

全球各主要印刷设备制造商，都争相发展数字印刷机，其发展方向主要是：

(1) 印刷幅面逐步增大。数字印刷印版图文在印刷机上直接形成，制版效率直接影响数字印刷机的效率和印刷幅面。为了提高数字印刷的幅面和印刷速度，扩大数字印刷机的应用范围，不少厂商都在设法提高制版速度，加大印刷幅面，A1 幅面数字印刷机已经进入市场。

(2)提高质量，提高效率，不断完善。针对数字印刷目前印刷质量不尽人意和效率较低的问题，不断改进和完善。

(3)数字印刷是印刷的重要发展方向之一。各种数字印刷机，不论是不变图文印刷、可变图文印刷，还是不变和可变图文印刷，各有其适合的市场需求，且将在较长的时期内并存。

总体来说，各种数字印刷技术，目前仍然处于萌芽期或成长期，经过实践的检验，有的将继续发展，走向成熟期，有的将逐步消亡。至于哪种数字印刷技术会成为发展方向和主流，目前还难以下结论，只能由实践去检验和决定。业内一般认为，既适合小批量又适合大量印刷的数字胶印机，应该是印版图文可记录又可擦去的新的数字胶印机。数字胶印机将是数字印刷机的重要发展方向之一。

三、数字印刷对材料和企业的要求

1.哪些纸张不适合用于数字印刷?

(1)导电纸张

传导性较好的纸,如铝箔衬纸,绝对不适用于数字印刷系统。有铝箔的地方会产生电弧现象(不导电部分或空气意外地充电现象)而导致机器的损坏和较差的印刷质量。高水分含量或高盐分含量的纸张也是由于传导性太强不能使油墨有效迁移,有可能导致图像低色密度和少网点。当使用传导性的油墨预印时,传导性问题也会发生。传导性油墨含有炭黑或金属粉末,炭黑或金属粉末能与纸张作用,使纸张具有为适当调色剂迁移保持充足电荷的能力。

(2)含有滑石粉的纸张

滑石粉有时用于控制纸张中树脂(木材中含有的有机混合物,如果不从纸浆中抽提出来,这些有机物能够积聚并且会造成造纸机的抄造问题)的影响。然而,含有滑石粉的纸张,即使含量很少,也会在数字印刷机上造成严重的问题。印刷时,这些纸张会脱落滑石粉颗粒,导致纸张与进纸传送带之间的摩擦。在小型印刷机上,经过少量印刷就有可能发生频繁的进纸阻塞。在大型印刷机上,这种影响则很难分析。

滑石粉引发的问题的一些特征:①增加进纸器、进纸间歇站、记录口和传输区域阻塞及进纸错位的概率。②脱落的滑石粉粒子造成印刷品背景上的污点。③即使是在装备很好的实验室,滑石粉问题也很难确切地判断。通过使用专门为数字印刷而优选的纸张有可能避免与滑石粉相关的故障。

(3)含有蜡、硬脂酸盐或增塑剂的纸张

纸张中含有的蜡、硬脂酸盐(有润滑和稳定作用的一种白色粉末)和增塑剂能够造成纸张传送问题,因为它们减小了纸张和进纸传送带之间表面摩擦力。这些物质也会使数字印刷机感光器上存在污点,从而造成印刷品质量的缺陷。在很多种纸张中都能发现硬脂酸和增塑剂,如压光纸,一些牛皮纸和涂布纸。然而,这些种类的纸张可以是数字印刷优选的类型,经过优化后它们能够安全地通过数字印刷机。

2.数字印刷用纸在储存和运输过程中有什么特殊要求?

即使为数字印刷经过专门优化设计的纸张,如果没有适当保护的措施,也会在数字印刷中产生问题。正确的运输和储存对于保护纸张性能是必要的。

纸张一般要求用纸箱包装,如果订货量很大,则要用木制货盘运输。对这些货盘和纸箱应该小心操作,防止它们被扔、推、跌落、撞击而损坏。

纸张的储存地点也很重要。纸箱绝对不应当直接放在地板上,这可能会受潮。纸张应当存放在货架、货盘上,避免纸张边缘的变形或导致的其他破坏。

对大多数纸张来说，夏季的炎热天气是一个实际的考验。纸张存放和印刷操作的最佳温度是 20℃～25℃，相对湿度为 35%～55%。湿度的增大会导致纸张形成波浪形边缘，当空气湿度大幅度降低时，纸张边缘就会蒸发出水气而收缩“绷紧”。这些都会导致印刷过程中出现阻塞、记录错误以及皱褶。

市场上可供选择的纸张各式各样，选择时要考虑到它的特性，如尺寸、定量、是否涂布等。如果想避免麻烦的话就直接选择数字印刷专用纸。

3.数字印刷的油墨有哪些类别？

数字印刷设备在印刷质量、速度及承印物范围上的提高，离不开数字印刷材料，特别是数字油墨、墨粉的发展。随着数字印刷市场竞争的日益激烈，数字印刷设备供应商纷纷加大了对新油墨、墨粉的研发投入。除了水基油墨继续保持着一贯以来的优势，并且耐用性加强之外，溶剂型油墨、生态油墨、热升华油墨、UV 油墨等多种电子油墨的发展使得可供选择的油墨呈现多样化发展态势。而墨粉在喷墨印刷上的创新应用，也给我们带来了关于喷墨印刷未来的更多想象空间。

（1）水基油墨

随着人们环保意识的日益提高，水基油墨的使用也越来越广泛。水基油墨可以复制的色域几乎是所有油墨系统中最大的，因而水基油墨在色彩表现上具有天然的优势。但是由于水基油墨一般都基于染料和颜料配方，故其使用寿命在数日到一个月之间，并且需要与专门的涂布喷墨承印物配合使用，这就制约了水基油墨的推广。

（2）墨粉

通常墨粉都用在用静电感光成像的数字印刷机上，而奥西公司的 CrystalPoint 工艺墨粉却创新了墨粉的应用途径。该工艺采用了微球墨粉，这种墨粉可以转化成胶状，成墨粉胶之后再以喷墨的方式精确地打印到纸面上，并且打印的效果为半光，图像遇水不会发生变化。由于墨粉在打印过程中并没有溶解，所以 CrystalPoint 工艺能获得高精度的细节再现，而且在锐利的边缘不会出现因为墨水铺展而产生的羽化现象。

（3）UV 固化油墨

施乐公司正在研发的专门用于数字印刷机的凝胶固化油墨将可以用于金属薄片、表面平滑的塑料以及硬纸板的印刷，适用的介质范围非常广泛。这种凝胶固化油墨的黏稠性类似花生酱，被加热后成为犹如车用机油般的液体。在加热状态下，液状油墨通过喷墨的方式从打印头挤出，转移到金属薄片、塑料等承印物的表面，待冷却后再次恢复花生酱般的黏稠性，通过 UV 光固设备，使油墨固化干燥。

4.开展数字印刷，传统印刷企业应当怎样再造生产加工流程？

随着计算机技术和网络技术的发展，传统印刷企业的印前生产已进入数字化生产模式，彩色桌面出版系统已成为印前部门的主要生产工具。而数字印刷机的引入，对生产加工流程又提出了新要求，主要体现在以下几个方面。

（1）色彩管理

采用数字印刷后，印刷成本相对较高，颜色可控性要求也相对提高，这就要求传统印刷企业的数字化工作流程在文件规范检查的基础上具备统一的色彩管理功能，能够针对不同纸张、不同数字印刷机进行精细化的色彩管理。

(2)自动拼版

数字印刷品大多量少、种类繁多，如果仍然采用传统拼版方式，难免会影响生产效率，因此，数字化工作流程应具备自动拼版功能，这样只要在数字化工作流程中设置好批量文件的处理方式，其就会根据要求把批量文件自动拼成可供数字印刷机识别的拼版文件。

(3)自动拆分拼版文件

对于传统印刷品，有时需要采用数字印刷机进行打样或补版，而原有的拼版文件并不适合数字印刷机印刷，这时就需要重新制作符合数字印刷机的拼版文件，十分烦琐。因此，数字化工作流程应该具备可将原有数字化工作流程生成的拼版文件拆分重组成数字印刷机可识别的拼版文件的功能。

(4)支持 JDF/JMF 标准

目前，多数数字印刷机支持 JDF/JMF 标准，为了实现生产流程的自动化，数字化工作流程也应支持开放的 JDF/JMF 标准，以便直接将处理完的文件发送到数字印刷机上进行印刷。

(5)整合 ERP

为了提高数字印刷的生产效率，更直观地监控产品的生产状态，数字化工作流程应能够与 ERP 系统良好整合，否则，当文件进入数字化工作流程后，ERP 系统不能实时监控文件的处理进度，就会影响生产调度。目前，市场上大部分 ERP 系统都无法与数字化工作流程实现实时通信，这就需要相关供应商统一标准。

5.开展数字印刷，要求传统印刷企业在运营、营销模式上进行怎样的改变？

过去印刷服务供应商一直被认为仅仅是传播链上的一个环节，只在生产最终文本、宣传册或直邮产品的时候才起作用，而且他们还必须和客户的采购部门或其广告代理公司打交道。

如今的营销人员必须面对的问题包括如何更有效地细分市场，如何用有效的活动来吸引新顾客，如何根据每一个特定渠道的要求，全面利用资源来支持多分销渠道，如何捕捉交叉营销和向上营销的机遇，以及如何将顾客的终生价值最大化。

这些问题都是印刷服务供应商所不能忽略的。他们必须从印刷服务供应商转变为通讯服务供应商或营销服务供应商。

写真集制作就是个典型的例子。消费者对数字成像与日俱增的信心使数字印刷相簿变得越来越流行。原来人们喜欢保存电子照片的习惯正在逐渐改变，而且随着为消费者提供高度个性化产品的联网 24×7 全天候印刷服务的推出，这种变化还将继续加深。一本相簿可以成为一本真正的照片故事书或一本私人独享的书；寄送问候卡或派对邀请函也可以让终端消费者从头到尾自己操作。

当印刷供应商转变成 24×7 全天候的通讯服务供应商后，下一步挑战就是如何与客户建立紧密的匹配关系。

要做到这一点他们首先必须清楚知道：市场已经成熟，要进入跨媒体营销领域时不我待。多种市场趋势都证明了这点：消费者需要更多的沟通方式，营销人士必须为其产品找到能够提高市场表现力的正确方案，因此他们必须介入跨媒体领域，积极寻找可以帮助他们提高营销效率与投资回报的技术和合作伙伴。当印刷服务供应商完全转变为营销服务供应商后，他们便有能力提供相应的解决方案了。

以正确的文本形式提供正确的信息（内容匹配），传递给正确的人（联系匹配），以正确的格式发送至正确的设备（渠道匹配），在正确的时间内满足客户的需求（时间匹配）。为了实现这种高度匹配，印刷商必须利用先进的基础设施（技术、销售、咨询能力）来开发高效的通讯解决方案。

总的说来，技术进步和市场意识满足了不断增长的客制化需求。数字色彩技术在速度和质量上的进步，以及自动化和在线技术的加速运用都促进了应用软件的发展。同时随着客制化通讯的价值和市场意识的提升，数字彩印的成本则在不断下降。最后一点，有针对性的、高匹配的跨媒体营销方式正在逐渐抢占市场。

身兼营销服务供应商的印刷商必须通过提供有针对性的、高匹配的、可量化的产品和服务来满足客户的需求。他们通过提供高价值的产品和服务来使自己脱颖而出；他们利用客制化通讯服务来创造新的盈利机遇，与此同时客制化通讯也能推动数字印刷量的提升。

印刷与数字通讯的融合是大势所趋，只有顺应趋势才能取得成功。

6.数字印刷的客户群有哪些？

（1）直接客户

直接客户是快印产品的直接用户，他们是无须赚取差价或其他利益的机构，主要包括企业、学校及培训机构、政府机构、研究所、科研单位、律师事务所、商标事务所、行业协会、有需求的各类公司、设计院、个人个性出书及个人影像客户。这类客户的特点包括价格敏感度低、合作周期长、结款信用较好，但手续相对复杂多元、开发难度大、对服务要求高，往往希望能提供设计、印刷、送货全程服务，除工业型企业产品外，订单间隔周期长。

（2）中介机构

是指通过承接快印业务间接赚取差价或其他利益的机构，主要包括广告公司、展览公司、会务公司、印刷厂（小批量印刷订单外包）、菲林输出公司、小型图文快印店、喷绘公司、私人抄单公司等，这类客户价格敏感度高、结款手续较简单，但拖款较严重、开发较容易，但不稳定、对品质要求高、订单较多，订单间隔周期短、产品类型广。

第五部分 绿色印刷

一、绿色印刷概述

1.什么是绿色印刷?

绿色印刷是指采用环保材料和工艺,印刷过程中产生污染少、节约资源和能源,印刷品废弃后易于回收再利用再循环、可自然降解、对生态环境影响小的印刷方式。绿色印刷要求与环境协调,包括环保印刷材料的使用、清洁的印刷生产过程、印刷品对用户的安全性,以及印刷品回收处理及可循环利用。即印刷品从原材料选择、生产、使用、回收等整个生命周期均应符合环保要求。

2.绿色印刷有哪些内涵?

绿色印刷包含“环境友好”与“健康有益”两个核心内涵,它强调在顾及当代人的同时也要兼顾下一代人的生存发展。绿色印刷的产业链主要包括绿色印刷材料、印刷图文设计、绿色制版工艺、绿色印刷工艺、绿色印后加工工艺、环保型印刷设备、印刷品废弃物回收与再生等。通过绿色印刷的实施,可使包括材料、加工、应用和消费在内的整个供应链系统步入良性循环状态。绿色印刷要求企业近期利益与国家的长远利益相结合,绿色效益与经济效益接轨,并以实现绿色环保事业与市场经济双赢为目标。不仅体现可持续发展理念,以人为本、先进科技水平,也是实现节能减排与低碳经济的重要手段。

3.什么是绿色印刷标识?

绿色印刷标识本质上就是中国环境标志,是一种贴在或印刷在产品或产品的包装上的图形,是产品的证明性商标。中国环境标志图形由中心的青山、绿水、太阳及周围的十个圆环组成,又称“十环标志”。有中国环境标志的产品表明该产品在生产、使用及处理过程中符合环境保护的要求,与同类产品相比,具有低毒少害、节约资源等环境优势。

图 5-1 中国环境标志

4.绿色印刷有哪些特征?

一般而言,绿色印刷有以下基本特征:

(1)减量与适度

绿色印刷在满足信息识别与保护、方便销售等条件下,应是用量最少、工艺最简化的适度印刷。

(2)无毒与无害

印刷材料中不应含有有毒物质或有毒物质的含量应控制在有关标准以下,总之,印刷产品对人体和生物应是无毒与无害的。

(3)无污染与无公害

在印刷产品的整个生命周期中,均不应对人体及环境产生污染或造成公害。

5.实施绿色印刷要达到怎样的目的?

制定和完善绿色环保印刷标准,开展绿色印刷产品认证,通过在印刷行业实施绿色印刷战略,建立绿色印刷环保体系,印刷产品的环保指标达到国际先进水平,淘汰一批落后的印刷工艺、技术和产能。促进印刷行业实现节能减排。引导我国印刷产业加快转型和升级。

二、实施绿色印刷

1.绿色印刷的范围有哪些?

实施绿色印刷的范围包括印刷的生产设备、原辅材料、生产过程以及出版物、包装装潢等印刷品,它涉及印刷产品生产的全过程。

实施绿色印刷的生产设备涵盖平版印刷、凸版印刷、凹版印刷、孔版印刷、数字印刷等印刷工艺所涉及的印刷生产设备。

2.实施绿色印刷需要具备哪些条件?

绿色印刷标准体系包含绿色印刷产品技术标准和绿色印刷企业标准的建设,因此企业要依据环境标志产品保障措施指南,建立、完善一套与产品和生产过程相关的技术文件。文件主要包括组织机构、明确职责、管理目标,符合绿色印刷产品的技术要求。同时企业排放的废水、废气、噪声必须在当地环保规定的标准内,生产过程不得污染环境。文件旨在满足绿色印刷认证标准规范要求。

总之,认证是推动标准实施的重要工具,标准是实施绿色印刷的重要依据和评价体系,而检测方法是标准中对企业以及产品进行有效评价的根本。因此,企业应按绿色印刷标准建立绿色印刷保障措施,以证明有持续实施能力,并满足认证审核。

3.我国推动绿色印刷经历了哪几个阶段?

新闻出版总署和环境保护部联合发出《关于实施绿色印刷的公告》部署了“十二五”

期间实施绿色印刷的工作进程。确立了我国“十二五”期间实施绿色印刷的阶段性目标，并将其分为三个阶段。

(1)启动试点阶段

2011 年，在印刷全行业动员和部署绿色印刷工作，大力宣传、学习绿色印刷标准，使广大从业人员了解并掌握绿色印刷的基本要求。率先在中小学教科书上进行绿色印刷试点，鼓励骨干印刷企业积极申请绿色印刷认证。

(2)深化拓展阶段

2012～2013 年，在印刷全行业构筑绿色印刷框架。陆续制定和发布相关绿色印刷标准，逐步在票据票证、食品药品包装等领域推广绿色印刷，建立绿色印刷示范企业，出台绿色印刷的相关扶持政策；基本实现中小学教科书绿色印刷全面覆盖，加快推进绿色印刷政府采购。

(3)全面推进阶段

2014～2015 年，在印刷全行业建立绿色印刷体系，完成绿色印刷标准的制定、发布工作。力争使绿色印刷企业的数量占到我国印刷企业总数的 30%；淘汰一批落后的印刷工艺、技术和产能，促进印刷行业实现节能减排，引导我国印刷产业加快转型和升级。

4.绿色印刷认证的主要途径是什么?

实施绿色印刷认证，实质上是对产品从设计、生产、应用到废弃处置全过程的环境行为进行控制。实施绿色印刷工作的重要途径是在印刷行业开展绿色印刷环境标志认证(简称绿色印刷认证)。

绿色印刷认证按照“公平、公正和公开”的原则进行，在自愿的原则下，鼓励具备条件的印刷企业申请绿色印刷认证。它由国家指定的机构依据标准及有关规定，对产品的环境性能及产生过程进行确认，并以标志图形(证明性商标)的形式告知消费者哪些产品低毒少害、节约资源，符合环境保护要求，哪些产品对生态环境更为有利。

5.绿色印刷认证有哪些内容?

绿色印刷认证检查的主要内容包括：企业的管理要求、产品的环境行为要求、生产企业生产过程中的环境管理要求，以及产品质量的符合性和提交材料的真实性。而申请绿色印刷认证的相关程序为：资料准备(当年年检的营业执照、组织机构代码证、印刷经营许可证，以及环境守法文件：“三同时”验收合格文件；当年废水、废气、噪音环保监测达标报告；按照认证的产品单元提供印刷产品质量检测报告；原辅材料的证明文件；油墨等材料没有邻苯二甲酸酯类物质检验报告；纸张按克重提供纸张亮(白)度报告；油墨提供符合 HJ/T370 要求认证书；润版液无甲醇的检验报告；提供上光油、喷粉、预涂膜、胶粘剂的安全技术说明书；纸张的森林认证书；合格材料供应商名录；危险废弃物处理协议书及处理单位的相关资质文件)、内部培训、认证申请、认证合同签订以及认证机构现场认证检查、检查结果处理、获证后工作。

6.绿色印刷认证有哪几种方式？

（1）第三方认证

目前实行的是通过第三方认证机构——“中环联合（北京）认证中心有限公司”进行绿色印刷认证。认证步骤是：

①企业向认证机构申请认证，认证机构同认证企业签订认证合同，并向企业下发认证受理通知书；

②认证机构对企业的申请材料进行文件审核，向企业下发文件审核意见；

③认证机构向企业发出组成现场检查组的通知，企业按检查要求备好相关资料；

④认证机构按认证要求现场检查；

⑤检查组对现场检查情况做出综合评价报告，提交技术委员会审查。技术委员会根据相关资料提出能否通过认证的意见；

⑥认证机构对技术委员会审查意见确定是否通过认证，对不符合认证要求的，书面通知申请者，对于符合认证要求的，认证机构向申请者颁发认证证书，组织公告和宣传。

（2）第一方评定

即将推行的“自我声明”是指企业通过向监管机构提交证实性材料、证实满足了标准规范要求，承诺产品及其过程符合标准规范情况，如违背承诺，企业承担相应惩罚。通常简称为第一方评定。

合格评定是世界贸易组织《技术性贸易壁垒协议》中规定的旨在消除技术贸易壁垒影响，降低成本，便利国际贸易的技术途径。“自我声明”是合格评定的一种形式。在绿色印刷合格评定领域推进自我声明模式，围绕建立自我声明制度，重点开展以下几个方面的工作：

① 以企业为主体，坚持政府宏观指导、行业协会实施、企业自愿采用的原则，在行业内营造珍惜信誉的良好氛围；

② 建立完善绿色印刷行业自我声明规范和制度；

③ 明确形式审查与信息发布机制；

④ 完善标志使用及市场引导机制；

⑤ 建立企业年度自我检查、行业监管和社会监督制度；

⑥ 建立失信惩罚机制，惩罚失信行为。

三、实施绿色印刷对印刷企业和产品的要求

1.绿色印刷的标准是什么？

由于印刷范围较为广泛，目前并没有全部出台关于绿色印刷的所有标准，已发布实施的主要标准有：

(1)2011 年 3 月 2 日发布的《环境标志产品技术要求　印刷　第一部分:平版印刷》;

(2)2012 年 11 月 16 日发的《环境标志产品技术要求　印刷　第二部分:商业票据印刷》;

(3)2014 年 9 月 28 日发的《环境标志产品技术要求　印刷　第三部分:凹版印刷》。

2.绿色印刷对产品的要求是什么?

(1)对原辅材料的强制要求

① 邻苯二甲酸酯类物质的限制要求:

对油墨、上光油、橡皮布、胶黏剂等原辅材料强制要求不得添加邻苯二甲酸酯类物质。邻苯二甲酸酯类物质是一种脂溶性人工合成有机化合物,其中邻苯二甲酸二酯、邻苯二甲酸丁酯、邻苯二甲酸丁苄基酯是碳含量在 8 以下的低分子量邻苯二甲酸的酯类化合物,对人体健康有着不同程度的危害,并且也是全球性的环境污染物。

② 对纸张亮(白)度的要求:

纸张亮(白)度的降低可减少纸浆中的漂白剂用量和漂白次数,减少增白剂等化学品的使用,也就减少了污染物的排放,纸张过白对人体健康有不良影响。中小学教材所用纸张亮(白)度应达到 GB/T 18359 的要求:A 等要求在 78%~85%,B 等要求在 72%~80%,C 等要求在 70%~75%。

③ 对平版印刷油墨的要求:

平版印刷(胶印)油墨属于印刷和印刷产品中主要环境污染源。油墨不但在印刷过程中污染环境,危害人的健康,且在印刷产品上的有机残留物还会继续污染环境,与此同时,这些有机残留物所含有的铅、汞等有害物质还会继续危害印刷品使用者的身体健康。为此《环境标志产品技术要求　印刷　第一部分:平版印刷》要求所有印刷环境标志产品的油墨必须到达 HJ/T 370 的标准要求。

④ 对上光油的要求:

上光油是一种无色的透明漆,其作用主要有两个:一是起保护作用;二是提高印品的光度亮度,摸起来手感很好。目前市场主要有三种上光油:UV 上光油、水性上光油、溶剂型上光油。其中溶剂型上光油属于危险品,在生产和使用过程中受到极大的限制,因此《环境标志产品技术要求　印刷　第一部分:平版印刷》禁止在环境标志印刷品中使用溶剂型上光油。

⑤ 对喷粉的要求:

喷粉的作用主要是防止印刷品背面粘脏,提高印刷质量和效率。其中由于植物型喷粉对接触人员没有危害,也不带来环境问题,所以在《环境标志产品技术要求　印刷　第一部分:平版印刷》中要求只能使用植物型喷粉。

⑥ 对润版液的要求:

传统的润版液为含醇类产品,目前所用的醇类一般为甲醇、乙醇等。众所周知,甲醇有较强的毒性,如果人一旦误食,将在体内不易排出,并会发生蓄积。所以在《环境标志

产品技术要求　印刷　第一部分：平版印刷》中禁止在润版液中添加甲醇。

⑦对覆膜胶黏剂的要求：

覆膜胶是印刷产品在进行纸塑复合时所使用的一种胶水。目前国内主要使用两大类胶水：溶剂型胶水与水性胶水。其中溶剂性胶水主要使用的是苯类溶剂，毒性大且危害性强，因此《环境标志产品技术要求　印刷　第一部分：平版印刷》禁止在覆膜中使用溶剂型覆膜胶。

(2)对印刷产品的限制要求

①对可溶性元素的要求：

《环境标志产品技术要求　印刷　第一部分：平版印刷》根据平版印刷品的特点和涉及的产品，参考相关国家标准对印刷品中八种可溶性元素锑(Sb)、砷(As)、钡(Ba)、铅(Pb)、镉(Cd)、铬(Cr)、汞(Hg)、硒(Se)提出限制要求，为的是保护使用者的安全。

② 对挥发性物质的要求：

印刷成品的味道对人体健康的影响一直是人们关注的焦点。异味主要来源于一些具有刺激性气味的化合物。这些化合物主要来源于油墨、覆膜胶、上光油等印刷过程所使用的化学品。由于部分化合物属于有毒有害物质，如苯、乙醇、异丙醇、丙酮、乙酸乙酯、乙酸异丙酯、正丁醇、丙二醇甲醚等，因此有必要对此进行控制。《环境标志产品技术要求　印刷第一部分：平版印刷》中对挥发性物质的限值都作了具体的规定。

(3)印刷用原辅材料的环境行为评价要求

①对纸张的要求：

为了保证森林资源的有效和可持续使用，《环境标志产品技术要求　印刷　第一部分：平版印刷》鼓励印刷企业采购有可持续森林认证的纸张用于印刷，或采购再生纸浆占30%以上的纸张用于印刷。

本色纸指整个生产过程中不使用任何化学漂染剂的纸。这类纸由于不使用荧光增白剂，白度在70%～74%，可保护视力，因此教科书及学生作业本中已有较多应用。另外，本色纸张中部分产品的纸浆为非木浆，对于木材资源的保护有较大的支撑作用，而生产过程不使用漂染试剂(特别是氯气)，大大降低了环境负荷。因此《环境标志产品技术要求　印刷　第一部分：平版印刷》鼓励企业使用本色纸张。

②对润版液的要求：

在平版印刷机上广泛使用的润版液有酒精润版液和非离子表面活性剂润版液。降低润版液中醇类的使用是各国环境保护工作的重要攻关课题。目前酒精润版液的替代方案已经成熟，因此标准鼓励在使用醇类添加量应小于5%的润版液基础上，提倡使用无醇润版液。

③对橡皮布的要求：

橡皮布是平版印刷中重要的原辅材料，油墨通过橡皮布由印版转印到纸张，因此所有平版印刷均需要使用橡皮布，但橡皮布在高速印刷过程中会有磨损，磨损后即需要更换。由于部分企业不太注重资源的回收利用，经常出现整块丢弃的现象。因此标准中规定大幅面印刷机换下来的橡皮布可在单色机上或小幅面印刷机上使用。

④对表面处理要求：

对于印刷品的表面处理一般分为两大类：覆膜或者上光。根据《环境标志产品技术要求　印刷　第一部分：平版印刷》，上光中支持使用对污染物排放小的紫外上光和水性上光。覆膜采用环保的水性即涂膜或预涂膜，溶剂型即涂膜已经禁止使用。

⑤使用专用擦布清洗橡皮布：

胶印机自动清洗橡皮布装置专用的擦布是由细密纤维和纸浆构成的一种卷筒式无纺布，其中含有清洗剂成分，清洗橡皮布时无须使用清洗剂，避免清洗剂中的VOC(挥发性有机化合物)的排放和使用后废弃物的排放。

⑥使用免处理的CTP印版：

平版印刷免处理的CTP版材是指在直接制版设备上曝光成像后，不需后续处理工序，免去了版材显影、定影、清洗化学药品处理，即可上机印刷，并且不产生任何形式的液体或固体废料。

⑦对热熔胶的要求：

使用聚氨酯(PUR)型热熔胶从环保的要求上有节能、减排两方面的优势，也可使用EVA热熔胶，但要符合HJ/T 220中的要求。

(4)对平版印刷产品生产过程中环保措施的要求

《环境标志产品技术要求　印刷　第一部分：平版印刷》对印前、印刷及印后加工各工序所涉及的资源节约、节能和回收再利用提出指标要求。这些指标是通过实际核算制定出的，涉及各工序的生产工艺过程和使用的原辅材料及其消耗、废弃物回收、危废处理等项目，通过这些控制指标来考核企业贯彻节能减排的情况。

3.绿色印刷标准实施的环境效益有哪些?

绿色印刷标准实施后，将对我国印刷业产生重大的影响，可以极大程度推动我国印刷业实现节能减排与发展低碳经济的目标，改善并提高我国印刷业的环境保护水平。

由于众多印刷企业沿用传统印刷工艺，在有些生产环节仍存在一些对人体有毒有害及造成空气污染的溶剂挥发、破坏水质及污染土壤的废水排放等造成的环境问题。通过绿色印刷标准的实施可以逐步强化环境管理，实现企业环境进步。

第六部分 出版物印刷行政管理

1.什么是印刷业经营者?

根据《印刷业管理条例》《印刷业经营者资格条件暂行规定》,印刷业经营者是指从事出版物、包装装潢印刷品、其他印刷品印刷经营活动的企业、单位或者个人和从事专项排版、制版、装订经营活动的企业或者单位,以及从事复印、打印经营活动的单位或者个人。

2.印刷企业的管理类别有哪些?

印刷企业的管理类别包括出版物印刷、包装装潢印刷品印刷、其他印刷品印刷和专项排版、制版、装订。

3.单位内部设立印刷厂(所),如何办理手续?

单位内部设立印刷厂(所),必须向所在地县级以上地方人民政府出版行政部门办理登记手续;单位内部设立的印刷厂(所)印刷涉及国家秘密的印件的,还应当向保密工作部门办理登记手续。

单位内部设立的印刷厂(所)不得从事印刷经营活动;从事印刷经营活动的,必须依照《印刷业管理条例》的规定办理手续。

4.申请设立出版物印刷企业应当具备哪些条件?

根据《印刷业管理规定》和《印刷经营者资格条件规定》的规定,申请设立出版物印刷企业应当具备以下条件:

(1)已完成工商注册登记,具有法人资格,且经营范围包括从事印刷经营活动;

(2)有适应业务需要的固定生产经营场所;

(3)有能够维持正常生产经营的资金;

(4)有必要的出版物印刷设备,具备1台以上最近10年生产的且未列入《淘汰落后生产能力、工艺和产品的目录》的自动对开胶印、柔印印刷设备,或1台生产型数字印刷设备;

(5)有适应业务需要的组织机构和人员;

(6)有健全的承印验证、登记、保管、交付、销毁等经营管理、财务管理制度和质量保证体系。

(7)有关法律、行政法规规定的其他条件。

(8)从事印刷经营活动申请,除依照前款规定外,还应当符合国家有关印刷企业总量、结构和布局的规划。

5.经营包装装潢印刷品印刷业务、其他印刷品印刷业务等的企业,需具备什么条件?

根据《印刷业管理条例》《印刷业经营者资格条件暂行规定》的规定,经营包装装潢印刷品印刷业务的企业,经营其他印刷品印刷业务的企业,从事专项排版、制版、装订业务的印刷企业、单位以及经营复印、打印业务的单位应当具备以下条件:

(1)有企业或单位的名称、章程;

(2)有确定的业务范围;

(3)有适应业务需要的固定生产经营场所,厂房建筑面积应当符合相关要求;

(4)有适应业务需要的生产设备。其中,经营包装装潢印刷品印刷业务的,应具备2台以上最近十年生产的且未列入《淘汰落后生产能力、工艺和产品的目录》的胶印、凹印、柔印、丝印等及后序加工设备;经营专项排版、制版、装订业务的,应具备2台以上最近十年生产的且未列入《淘汰落后生产能力、工艺和产品的目录》的印前或印后加工设备;经营复印、打印业务的,应具备复印机、计算机、打印机、名片印刷机等设备(不应有八开以上轻印刷设备);

(5)有适应业务范围需要的组织机构和人员。

(6)有健全的承印验证、登记、保管、交付、销毁等经营管理、财务管理制度和质量保证体系;

6.外商投资印刷企业是指什么?

根据《设立外商投资印刷企业暂行规定》的规定,外商投资印刷企业是指外国机构、公司、企业(以下简称外方投资者)按照平等互利的原则和中国公司、企业共同投资设立的中外合营(包括合资、合作)印刷企业和外方投资者投资设立的外资印刷企业。香港特别行政区、澳门特别行政区、台湾地区的投资者在大陆投资兴办印刷企业的,参照《设立外商投资印刷企业暂行规定》执行。

7.设立外商投资印刷企业,应当具备什么条件?

根据《印刷业管理条例》和《设立外商投资印刷企业暂行规定》的规定,设立外商投资印刷企业,应当具备以下条件:

(1)申请设立外商投资印刷企业的中、外方投资者应当是能够独立承担民事责任的法人,并具有直接或间接从事印刷经营管理的经验;

(2)外方投资者应当符合下列要求之一:①能够提供国际先进的印刷经营管理模式及经验;②能够提供国际领先水平的印刷技术和设备;③能够提供较为雄厚的资金;

(3)申请设立外商投资印刷企业的形式为有限责任公司;

(4)从事出版物、其他印刷品印刷经营活动的中外合营印刷企业,合营中方投资者应当控股或占主导地位。其中，从事出版物印刷经营活动的中外合营印刷企业的董事长应当由中方担任，董事会成员中方应当多于外方；

(5)经营期限一般不超过30年；

8.出版行政管理部门受理设立从事印刷经营活动的企业申请审批时间为多少天？

出版行政部门受理设立从事印刷经营活动的企业申请，应当自收到申请之日起60日内做出批准或者不批准的决定。批准设立申请的，应当发给印刷经营许可证；不批准设立申请的，应当通知申请人并说明理由。

9.设立外商投资印刷企业，应提供哪些材料？

申请设立中外合资、中外合作或外商独资印刷企业，申报材料应提供以下材料：

(1)外商投资印刷企业申请书；

(2)项目建议书；(格式为：①各方投资者的名称、住所、经营范围和法定代表人的姓名；②申请设立外商投资印刷企业的名称、法定代表人、住所、经营范围、注册资本和投资总额；③各方投资者的出资额、出资比例、出资方式和出资额缴付期限；④经营期限。)

(3)项目可行性报告；

(4)预购设备清单(并作为验收检查依据)；

(5)拟设立印刷企业《名称预先核准通知书》；

(6)各方投资者的注册登记证明；

(7)各方投资者及拟设立企业的法定代表人任职文件及简历、身份证明，从事出版物、其他印刷品印刷经营活动的还需提供拟设立印刷企业的董事长和董事会成员的任职文件及简历、身份证明；

(8)各方投资者的资信证明(外方投资者由资金往来账户行出具，中方投资者由基本账户行出具)；

(9)中方投资者及拟设立企业的验资报告；

(10)国有资产管理部门对拟投入国有资产的评估报告确认文件；

(11)资产评估报告等有关证明文件；

(12)拟设立企业住所使用证明。

以上(1)至(4)项内容，要求各方投资者法人代表签字并加盖公章。

10.印刷企业如何办理变更主要登记事项或者终止印刷经营活动？

根据《印刷业管理条例》办理变更主要登记事项或者终止印刷经营活动应当按照如下程序：

(1)印刷业经营者申请兼营或者变更从事出版物、包装装潢印刷品和其他印刷品经营活动，或者兼并其他印刷业经营者，或者因合并、分立而设立新的印刷业经营者，均按照印刷企业设立的行政许可程序办理。

(2)印刷企业变更名称、法定代表人或者负责人、住所或者经营场所、企业类型、注册资本等主要登记事项,或者终止印刷经营活动的,按照规定,分权限在新闻出版行政部门按照程序办理。

11.印刷企业办理变更主要登记事项备案应提供哪些材料?

根据《印刷业管理条例》,办理变更企业名称、经营场所、法定代表人(负责人)、企业类型、注册资本主要登记事项备案应提供以下材料:

(1)印刷企业报批事项申请表(一式两份);

(2)变更经营场所的,自有房屋须提供房屋产权证明复印件,租赁房屋须提供租赁合同(双方盖章)及出租房屋产权证明复印件(复印件由原发证单位盖章确认)。

12.《印刷业管理条例》对印刷经营活动的管理有何规定?

《印刷业管理条例》对印刷经营活动的管理作了如下规定:

(1)要求印刷业经营者建立、健全内部管理制度,即"承印验证制度、承印登记制度、印刷品保管制度、印刷品交付制度、印刷活动残次品销毁制度",印刷业经营者在印刷经营活动中发现违法犯罪行为,应当及时向公安部门或者出版行政部门报告;

(2)明确印刷经营许可证不得出售、出租、出借或者以其他形式转让;

(3)要求出版物印刷企业留存出版物样本 2 年,以便于对印刷企业印刷出版物活动的事后监督。此外,还对印刷企业印刷宗教内容的印刷品、布告、通告、证件以及印刷境外文件、资料、证件、名片等印刷品提出了明确的要求。

13.根据《印刷业管理条例》的规定,禁止印刷哪些印刷品?

根据《印刷业管理条例》的规定,印刷业经营者应禁止印刷含有反动、淫秽、迷信内容和国家明令禁止印刷的其他内容的出版物、包装装潢印刷品和其他印刷品。

14.从事出版物印刷的企业,不得印刷哪些印刷品?

根据《印刷业管理条例》《印刷品承印管理规定》的规定,出版物印刷经营者不得印刷国家明令禁止出版的出版物和未经批准非出版单位出版的出版物。

15.承印验证制度的内容是什么?

(1) 印刷业经营者接受委托印刷各种印刷品时,应当依照《印刷业管理条例》等法规、规章的规定,验证委印单位及委印人的证明文件,并收存相应的复印件备查。

证明文件包括印刷委托书或者委托印刷证明、准印证、出版许可证、商标注册证、注册商标图样、注册商标使用许可合同、广告经营资格证明、营业执照以及委印人的资格证明等。

(2) 印刷企业接受委托印刷图书、期刊的,必须验证并收存由国务院出版行政部门统一格式,由省、自治区、直辖市人民政府出版行政部门统一印制并加盖出版社公章的"图书、期刊印刷委托书"原件。

"图书、期刊印刷委托书"必须加盖出版社所在地省、自治区、直辖市人民政府出版行政部门和印刷企业所在地省、自治区、直辖市人民政府出版行政部门的备案专用章。

(3) 印刷企业接受委托印刷报纸的，必须验证由国务院出版行政部门统一制作，由省、自治区、直辖市人民政府出版行政部门核发的“报纸出版许可证”，并收存“报纸出版许可证”复印件。

印刷企业接受委托印刷报纸、期刊的增版、增刊的，还必须验证并收存国务院出版行政部门批准出版增版、增刊的文件。

(4)出版社委托出版物的排版、制版、印刷(包括重印、加印)、装订各工序不在同一印刷企业的，必须分别向各接受委托印刷企业开具“图书、期刊印刷委托书”。

(5) 印刷企业接受委托印刷内部资料性出版物的，必须验证并收存由省、自治区、直辖市人民政府出版行政部门统一印制，并由县级以上地方人民政府出版行政部门核发的“内部资料性出版物准印证”。

印刷企业接受委托印刷宗教内容的内部资料性出版物的，必须验证并收存由省、自治区、直辖市人民政府宗教事务管理部门的批准文件和出版行政部门核发的“内部资料性出版物准印证”。

(6) 印刷企业接受委托印刷境外出版物的，必须验证并收存省、自治区、直辖市人民政府出版行政部门的批准文件和有关著作权的合法证明文件；印刷的境外出版物必须全部运输出境，不得在境内发行、散发。

(7)印刷企业接受委托印刷注册商标标识的，必须验证“商标注册证”或者由商标注册人所在地县级工商行政管理部门签章的“商标注册证”复印件，并核查委托人提供的注册商标图样；接受注册商标被许可使用人委托，印刷注册商标标识的，还必须验证注册商标使用许可合同。

印刷企业接受委托印刷广告宣传品、作为产品包装装潢的印刷品的，必须验证委托印刷单位的营业执照及个人的居民身份证；接受广告经营者的委托印刷广告宣传品的，还必须验证广告经营资格证明。

(8)印刷企业接受委托印刷境外包装装潢印刷品和其他印刷品的，必须验证并收存委托方的委托印刷证明，并事先向所在地省、自治区、直辖市人民政府出版行政部门备案，经所在地省、自治区、直辖市人民政府出版行政部门加盖备案专用章后，方可承印；印刷的包装装潢印刷品和其他印刷品必须全部运输出境，不得在境内销售。

(9)公安部门指定的印刷企业接受委托印刷布告、通告、重大活动工作证、通行证、在社会上流通使用的票证的，必须验证并收存委印单位主管部门的证明。

印刷企业接受委托印刷机关、团体、部队、企业事业单位内部使用的有价票证或者无价票证，印刷有单位名称的介绍信、工作证、会员证、出入证、学位证书、学历证书或者其他学业证书、机动车驾驶证、房屋权属证书等专用证件的，必须验证委印单位的委托印刷证明及个人的居民身份证，并收存委托印刷证明和身份证复印件。

(10)印刷业经营者应当妥善留存验证的各种证明文件 2 年，以备出版行政部门、公安部门查验。

前款所称证明文件包括印刷委托书或者委托印刷证明原件、准印证原件、出版许可证复印件、商标注册证复印件、注册商标图样原件、注册商标使用许可合同复印件、广告经营资格证明复印件、营业执照复印件、居民身份证复印件等。

16.印刷企业接受委托印刷出版物时，必须注意什么？

印刷企业不得盗印出版物，不得销售、擅自加印或者接受第三人委托加印受委托印刷的出版物，不得将接受委托印刷的出版物纸型及印刷底片等出售、出租、出借或者以其他形式转让给其他单位或者个人。

17.承印登记制度的内容是什么？

（1）印刷业经营者应当按承印印刷品的种类在《出版物印刷登记簿》《包装装潢印刷品印刷登记簿》《其他印刷品印刷登记簿》《专项排版、制版、装订业务登记簿》《复印、打印业务登记簿》（以下统称为《印刷品登记簿》）上登记委托印刷单位及委印人的名称、住址，经手人的姓名、身份证号码和联系电话，委托印刷的印刷品的名称、数量、印件原稿（或电子文档）、底片及交货日期、收货人等。

《印刷品登记簿》一式三联，由省、自治区、直辖市人民政府出版行政部门或者其授权的地（市）级出版行政部门组织统一印制。

（2）印刷业经营者应当妥善留存《印刷品登记簿》，以备出版行政部门、公安部门查验。

18.印刷品保管制度的内容是什么？

（1）印刷业经营者对承印印件的原稿（或电子文档）、校样、印版、底片、半成品、成品及印刷品的样本应当妥善保管，不得损毁。印刷企业应当自完成出版物的印刷之日起2年内，保存一份接受委托印刷的出版物样本备查。

（2）印刷企业印刷布告、通告、重大活动工作证、通行证、在社会上流通使用的票证，印刷机关、团体、部队、企业事业单位内部使用的有价或者无价票证，印刷有单位名称的介绍信、工作证、会员证、出入证、学位证书、学历证书或者其他学业证书、机动车驾驶证、房屋权属证书等专用证件，不得擅自留存样本、样张；确因业务参考需要保留样本、样张的，应当征得委托印刷单位同意，在所保留印件上加盖“样本”或“样张”戳记，并妥善保管，不得丢失。

（3）印刷业经营者在执行印刷品保管制度时，应当明确保管责任，健全保管制度，严格保管交接手续，做到数字准确，有据可查。

19.印刷活动残次品销毁制度的内容是什么？

（1）印刷业经营者对印刷活动中产生的残次品，应当按实际数量登记造册，对不能修复并履行交付的，应当予以销毁，并登记销毁印件名称、数量、时间、责任人等。其中，属于国家秘密载体或者特种印刷品的，应当根据国家有关规定及时销毁。

（2）印刷业经营者使用电子方法排版印制或者打印国家秘密载体的，应当严格按照有关法律、法规或者规章的规定办理。

20.印刷品交付制度的内容是什么?

(1)印刷业经营者必须严格按照印刷委托书或者委托印刷证明规定的印数印刷,不得擅自加印。

印刷业经营者每完成一种印刷品的印刷业务后,应当认真清点印刷品数量,登记台账,并根据合同的规定将印刷成品、原稿(或电子文档)、底片、印版、校样等全部交付委托印刷单位或者个人,不得擅自留存。

(2)印刷业经营者应当建立印刷品承印档案,每完成一种印刷品的印刷业务后,应当将印刷合同、承印验证的各种证明文件及相应的复印件、发排单、付印单、样书、样本、样张等相关的资料一并归档留存。

21.出版物的委托印刷单位和印刷企业之间应签订什么合同?

委托印刷单位和印刷企业应当按照国家有关规定签订印刷合同。

22.出版物委托印刷必须在出版物上刊载哪些信息?

根据《印刷业管理条例》的规定,委托印刷单位必须按照国家有关规定在委托印刷的出版物上刊载出版社的名称、地址,书号、刊号或者版号,出版日期或者刊期,接受委托印刷出版物的企业的真实名称和地址,以及其他有关事项。

23.印刷企业是否需要报送统计资料?

根据《印刷业管理条例》的规定,从事印刷经营活动的单位和个人应当按照《中华人民共和国统计法》等法律、法规,向所在地出版行政部门如实报送统计资料,不得拒报、迟报、虚报、瞒报以及伪造和篡改统计资料。

出版物发行

本书以一问一答的形式，系统简要地介绍了出版物发行涉及的相关知识和技能。内容包括：出版物基本知识，出版物发行业务术语与出版物分类，出版物发行人员和发行企业，出版物进货、储运和管理，出版物陈列、销售，出版物公共服务及政府采购，出版物发行活动管理，国内、国际书展。本书可为出版物发行从业人员提高业务技能、行业管理者加强管理、人民群众了解出版物发行工作提供有益的参考。

第一部分
出版物

一、出版物

1.什么是出版物?

出版物,是指以传承和传播为目的,存储知识信息,并具有一定物质形态的文化产品。本书所称出版物,是指图书、报纸、期刊、音像制品、电子出版物等。

出版物包括定期出版物和不定期出版物两大类。定期出版物主要是指报纸和杂志(也称期刊);不定期出版物主要是指图书。报纸、杂志和图书等印刷品,是我们常说的传统出版物或印刷出版物。伴随留声机、缩微成像技术、录音技术、录像技术和计算机的发明与应用,唱片、缩微胶片、录音带、录像带、光盘等新型的、非印刷的音像制品和电子出版物不断涌现,这就是我们所说的新兴出版物。随着现代技术的进步,我们相信,出版物的物质形态和它所负载的内容必将又会有许多新的发展,比如网络出版物。

2.什么是正式出版物?

正式出版物,是出版单位严格遵照法律、法规规定的程序出版的出版物。

3.什么是内部发行出版物?

内部发行出版物,是指限定在一定范围内发行的正式出版物。主要是在某些领域具有一定研究价值,但不宜公开发行和传播,仅供部分特定读者阅读的出版物。内部发行出版物不得公开宣传、陈列、销售。

4.什么是内部资料性出版物?

内部资料性出版物,是指在本行业、本系统、本单位内部,用于指导工作、交流信息的非卖性单本成册或连续性折页、散页印刷品,但不包括机关、企事业单位日常公文性简报等信息资料。内部资料性出版物分为一次性内部资料出版物和连续性内部资料出版物。印制内部资料性出版物必须按要求报经有批准权限的新闻出版行政管理部门批准。内部资料性出版物不得公开发行、销售。

5.什么是多卷出版物?

多卷出版物,是指具有统一名称,以分册形式组合出版的出版物。多卷出版物的题名是由共同题名和从属题名共同构成的,各分册共同组成该出版物。各分册内容上联系比较紧密,围绕一个主题形成一个整体。各分册出版物之间互具系统性、严密性、逻辑性,不同于连续出版物、系列出版物。

6.什么是系列出版物?

系列出版物,是指一段时间内连续出版、不限定顺序且以统一题名为标识的系列产品。系列出版物通常具有相似的产品形式,并共享独特的品牌或设计风格。

7.什么是连续出版物?

连续出版物,是指具有固定名称,编有序号,无预定结束日期,连续分期、分册或分部分出版的出版物。连续出版物主要包括期刊、报纸、年鉴、年刊、指南、学会报告丛刊和会刊、连续出版的专著丛书和会议录等,但不包括在一个预定有限期内以连续分册形式出版的著作,这也是连续出版物与多卷出版物的区别。

8.什么是专题出版物?

专题出版物,是指由出版者将作品或该作品的一部分或几部分作为一个单行本出版,且可以任何产品形式公开发行的出版物。有别于连续性出版物和整合性出版物。

9.什么是非法出版物?

非法出版物,是指出版程序违反相关法律、法规的出版物。非法出版物主要包括未经批准擅自出版、印刷或者复制的出版物,伪造、假冒出版单位或者报刊名称出版的出版物,非法进口的出版物,侵犯他人著作权或者专有出版权的出版物,新闻出版行政部门明令禁止出版、印刷或者复制、发行的出版物。

10.什么是淫秽出版物?

淫秽出版物,是指宣扬传播淫秽色情行为的出版物。淫秽出版物整体上宣扬淫秽行为,挑动人们的性欲,足以导致普通人腐化堕落,毫无艺术价值和科学价值。主要包括:淫亵性地具体描写性行为、性交及其心理感受的;公然宣扬色情淫荡形象;淫亵性地描述或者传授性技巧的;具体描写乱伦、强奸或者其他性犯罪的手段、过程或者细节,足以诱发犯罪的;具体描写少年儿童的性行为的;淫亵性地具体描写同性恋的性行为或者其他性变态行为,或者具体描写与性变态有关的暴力、虐待、侮辱行为的;其他对性行为的淫亵性描写的。

11.什么是违禁出版物?

违禁出版物,就指内容违反《出版管理条例》有关规定的出版物。主要包括:反对宪法确定的基本原则的;危害国家统一、主权和领土完整的;泄露国家秘密、危害国家安全或者损害国家荣誉和利益的;煽动民族仇恨、民族歧视,破坏民族团结,或者侵害民族风俗、习惯的；宣扬邪教、迷信的；扰乱社会秩序，破坏社会稳定的；宣扬淫秽、赌博、暴力或者教唆犯罪的；侮辱或者诽谤他人，侵害他人合法权益的；危害社会公德或者民族优秀文化传统的；有法律、行政法规和国家规定禁止的其他内容的。

12.什么是伪书？

伪书，是指在出版单位、书名、作品内容、作品年代及宣传等方面含有虚假信息的图书。包括：伪称根本不存在的出版单位印制的图书；盗用国家批准的出版单位名称印制的图书；在社会上公开发行而不署名出版单位或署名非出版单位的图书；使用被撤销或停办的出版单位名称出版发行的图书；非出版单位印制的供公开发行的图书；篡改出版单位、书名、作者、作品年代，或是删除敏感段落重新翻印的书；等等。

伪书大多打着国外图书的旗号，一是伪造外国作者或国际知名媒体、人物评论，伪造该书畅销信息；二是盗用国外有影响或畅销图书的书名、获得的荣誉等信息，文中内容完全由自己或组织人员编写。

13.什么是盗版？

盗版，即俗语“D 版”，是指在未经版权所有人同意或授权的情况下，对其拥有著作权的作品、出版物等进行跟源代码完全一致的复制的行为。

在绝大多数国家和地区，此行为被定义为侵犯知识产权的违法行为，甚至构成犯罪，会受到所在国家和地区的处罚，我国也不例外。盗版出版物通常包括盗版书籍、盗版软件、盗版音像制品以及盗版网络知识产品。盗版行为侵犯法律，购买盗版者也无法得到法律的保护。

二、图书

1.什么是图书？

联合国教科文组织对图书的定义是：凡由出版社（商）出版的不包括封面和封底在内 49 页以上的印刷品，具有特定的书名和著者名，编有国际标准书号，有定价并取得版权保护的出版物称为图书。图书由书脊、书口、封面、书页等组成，装订的一侧为书脊，可翻开的一侧为书口。

2.什么是大众类图书？

大众类图书，是指受众面广，内容与人民群众的日常生活、休闲阅读、知识普及等相关的图书。一般来讲，大众类图书中，面向大众、与读者工作生活结合紧密的图书最受欢迎。比如，文学类、财经类、历史类、健康类等，最受广大读者关注，因此，这些类别的图书也常常出现在各级各类畅销书排行榜前列。

3.什么是一般图书?

一般图书,就是指非教材图书。一般图书主要面向具备一般阅读能力的大众读者,具有通俗性,超越专业分工,跨越地域限制,生动可读,是一般读者所能接受的。对一般图书可采取完全市场化运作,通过一般书店的柜台进行销售。

4.什么是专业类图书?

专业类图书,是指内容涉及某一行业、职业或专业学科领域的图书。相比其他种类的图书,专业类图书重点突出一个“专”字,比如科研、金融、财会、建筑、律师等。

5.什么是普及读物?

普及读物,是指以通俗易懂的文字传播知识的大众类出版物。包括政治、法律、军事、历史、地理、中外文学、医药卫生、农业、工业技术、生活休闲等各种类别的出版物,只要通俗易懂,受众广泛,都是普及读物。

6.什么是学术著作?

学术著作,是指围绕某一学科或某一专题,将有关知识归纳成理论,进行系统论述的著作。

7.什么是教育类图书?

教育类图书,主要是指内容与教学活动相关的图书。教育类图书大致可分为家庭教育类,教育理论、事业类,幼儿教育类,等等。近年来,随着我国教育改革的不断深化,素质教育成为全社会都在关注的重要话题,教育类图书市场也同步取得持续发展。

8.什么是教材?

教材,是指供教学活动使用的出版物。教材的定义有广义和狭义之分。广义的教材指课堂内外教师和学生使用的所有教学材料,比如课本、练习册、活动册、故事书、补充练习、辅导资料、自学手册、录音带、录像带、计算机光盘、复印材料、报刊、广播电视节目、幻灯片、照片、卡片、教学实物等等。教师自己编写或设计的材料也可称为教学材料。另外,计算机网络上使用的学习材料也是教学材料。因此,广义的教材不仅指装订成册或正式出版的书本,凡是有利于学习者增长知识或发展技能的材料都可称为教材。狭义的教材就是指教科书,也就是我们出版发行行业讲的教材。

9.什么是平装书?

平装书,一般就是指简装本、纸皮书,即封面用软质纸的图书。这种书的印刷和生产比较普遍,常用于一般的书籍与杂志。平装又称“简装”,是总结了包背装和线装的优点后进行改革的一种常用书籍装帧形式。简装主要工艺包括折页、配页、订本、包封面和切光书边,一般采用纸质封面,方法简单,成本低廉,携带方便。

10.什么是精装书?

精装书,是封面用硬质纸或其他硬质材料的图书。精装是一种书的装订模式,是书籍的一种精致制作方法，配有保护性的硬底封面，在书的封面和书芯的脊背、书角上进行各种造型加工后制成。“精装”是书籍装帧形式之一，与“平装”相对，一般用硬纸、皮革、织物、塑料等做封面，有的书脊上包布，工艺要求较高。精装又分为全纸面精装、纸面布脊精装、全面料精装等，有圆脊和平脊两种形态，其加工方法和形式多种多样，如书芯加工就有圆背(起脊或不起脊)、方背、方角和圆角等；封面加工又分整面、接面、方圆角、烫箔、压烫花纹图案等等。

11.什么是豪华本？

豪华本，是指专门设计，装帧考究，材料特殊，通常开本较大的精装书。

12.什么是线装书？

线装书，顾名思义就是用线将书页连封面装订成册，订线露在外面的中国传统方式装订的图书，又称古线装。

线装书有简装和精装两种形式。简装用纸质封面，订法简单，不包角，不勒口，不裱面，不用函套或用简单的函套；精装则采用布面或用绫子、绸等织物褙在纸上作封面，订法也较复杂，订口织物包角，有勒口、复口，成书有函套或书夹。传统线装书有多种订联形式：四目骑线式、太和式、坚角四目式、龟甲式、唐本式、麻叶式、四目式。唐本式和四目式订联方法基本相同，坚角四目式就是在四目式的基础上对书角加固。

13.什么是畅销书？

畅销书，是指在一定时期内销量很大的一般图书。在某一个时期，或者某一个时间段，非常受读者欢迎的书，就是畅销书。

14.什么是常销书？

常销书，是指一个较长的时间段内在出版物市场动销频率较高、保持稳定销量的图书。常销书不受季节、时间的影响，常年能销售，在读者的心目中有一定的影响。

15.什么是长销书？

长销书，是指较长一段时间内在出版物市场动销的图书。和畅销书相比，长销书更是书中之宝。长销书一般都是从畅销书中脱颖而出的，也就是说，通过一段时间的畅销，最后能长期在书市上站稳脚跟，不会为时间和读者所抛弃的图书就是“长销书”。

16.什么是滞销书？

滞销书，是指在出版物市场上不动销或基本不动销的图书。也就是说，滞销书销售量不多，销售趋势不看好，基本上不能销售。

17.什么是残破书？

残破书，是指在出版发行过程中，因包装或操作不当等原因，导致残缺、破损或污损的书。

18.什么是特价书？

特价书，是指因滞销、残损或促销需要等原因，低于定价销售的图书。

19.什么是常备书？

常备书，是指书店为满足读者需求而常年备货的图书。比如《新华字典》《辞海》《英汉词典》《中国大百科全书》《中国经济年鉴》等工具书，再比如《诗经》《论语》《史记》《百家姓》《三字经》等国学经典。常备书对书店来说就像人的骨架一样，起着非常重要的支撑作用。

20.什么是库存书？

库存书，是指处于仓库储存、门店在架待销和运输途中等状态的图书。简而言之，就是尚未销售的书籍。

库存书大致有两类：一类是生产库存，也就是出版单位为了满足不间断供应而储存的书籍；另一类是流通库存，也就是发行单位（书店）进货以后尚未销售的书籍，包括销售需要的合理库存和滞销积压的滞销库存。

21.什么是样书？

样书，是指用以展示、看样订货、检查质量、赠送作者和缴送有关单位收藏的图书样本。随着出版发行方式、手段、平台、载体等的日新月异，样书的概念更加广泛，所有在出版发行过程中用作样品的图书都可称作样书。

22.什么是开本？

开本，是指书刊幅面的规格大小。一张全开的印刷用纸裁切成多少页，即为多少开。对一本书的正文而言，开数与开本的含义相同，但以其封面和插页用纸的开数来说，因其面积不同，则其含义不同。通常将单页出版物的大小，称为开张，如报纸、挂图等就有全张、对开、4 开和 8 开等规格。

由于国际国内的纸张幅面有几个不同系列，因此虽然它们都被分切成同一开数，但其规格的大小却不一样。装订成书后，它们都统称为多少开本，不过书的尺寸却不尽相同。我们通常将幅面为 787mm×1092mm 的全张纸称为正度纸；将幅面为 889mm×1194mm 的全张纸称为大度纸。

23.什么是印张？

印张，是书籍出版术语，用以说明印这本书需多少纸张。因为一张纸可以两面印，所以两个印张才算一个全张。一令纸是 500 张，1000 个印张就是一令纸。

三、报刊

1.什么是报纸?

报纸,是指有固定名称、刊期、开版,以新闻为主要内容,定期出版的散页连续出版物。报纸内容时效性较强,较短周期连续出版,内容按版面顺序编排,主要是针对近期发生的有关社会、政治、经济、文化教育、科学技术以及体育卫生等各方面的事件进行报道、评论。

报纸按出版周期划分,有日报、周报、旬报及半月报、月报等;按出版时间划分,有晨报、日报、晚报等;按幅面大小划分,有对开报、四开报等;按内容划分,有机关报、都市报、行业报、文摘报等;按读者对象划分,有少年报、青年报、老年报等;按文种划分,有中文报、外文报等;按主管单位划分,有中央级报纸,省(自治区、直辖市)级报纸,地市级和县(市)级报纸等;按发行范围划分,有国内发行、国外发行等。

2.什么是副刊?

副刊,是指报纸上刊登文艺作品、学术论文或其他专题的专页或专栏。常见于各种报纸区别于新闻的版面和栏目。一般有刊名,固定版面,定期出版。

3.什么是号外?

号外,是指为刊载突发性重大事件或特别重要的新闻,在连续的出版期号之外临时增加出版的报纸。

4.什么是机关报(刊)?

机关报(刊),是指由国家机关、政党、群众组织主办的报纸(期刊)。

5.什么是期刊?

期刊又称杂志,是指有固定名称,用卷、期或年、季、月顺序编号,按照一定周期出版的成册的连续出版物。期刊开本多为16开、大32开,骑马订装,以周期为序,是内容有一定范围的连续出版物。

6.什么是增刊?

增刊,是指根据特殊需要,增加的报纸版面或增出的期刊。

7.什么是专刊?

专刊,是指报纸用相当篇幅或者期刊用一期的全部篇幅,刊载某一学科或某一方面内容的文章,并标有“专号”“专刊”字样。

8.什么是丛刊?

丛刊,是指一组各自独立又相互有关联的连续出版物,每种有其自身的题名,还有适用于整组出版物的题名。丛刊可以有编号，也可以没有编号。

9.什么是学报?

学报，是指由高等院校、研究机构、学术机构、学术团体主办的学术性期刊。

10.什么是创刊号?

创刊号，是指报刊开始刊行的一期。

11.什么是邮发报刊?

邮发报刊，是指编列邮发代号，通过邮政企业分支机构征订发行的报刊。

12.什么是期刊合订本?

期刊合订本，是指将某种期刊一定时期内已出版的各期合册出版的出版物。

13.什么是期刊精华本?

期刊精华本，顾名思义是指精选某期刊一定时期内刊载的内容优秀、反响良好的重要文章，汇辑成册、另行出版的出版物。

四、音像制品及电子出版物

1.什么是音像出版物(音像制品)?

音像出版物(音像制品)，是指主要应用录音录像技术手段，把经过创作、表演的声音、形象录制在磁带、光盘等载体上，并借助专用设备播放使用的视听出版物，包括录音制品和录像制品两大类。其载体主要有录有内容的录音带(AT)、录像带(VT)、唱片、密纹唱片(LP)、激光唱盘(CD)、激光视盘(LD)、数码激光视盘(VCD)、高密度激光视盘(DVD)等，还有移动硬盘、U盘、云储存等新兴信息载体。

2.什么是录音带?

录音带，是指以录音磁带为载体，录有音频节目的出版物。录音带是磁带的一种，按外形结构的不同可分为盘式、卡式和盒式三种。录音带在干燥、低温环境下大概可保存10年左右，优质录音带可以保存30年音质不变。

3.什么是激光唱盘?

激光唱盘，是指将数字化音频信号记录在光存储介质上的一种光盘，通常直径为12cm和8cm。

4.什么是录像带?

录像带，是指以VHS录像磁带为载体，录有视频和音频节目的出版物。录像带一般以录、放像机来录制和播放，它是一种线性式的影像储存方式。

5. 什么是数码激光视盘？

数码激光视盘（VCD），是指以 MPEG1 编码压缩格式存储音、视频信息的 CD 光盘制品。其单面播放时间约 74 分钟，图像水平清晰度约 250 线。数码激光视盘可以在个人电脑或 VCD 播放器以及大部分 DVD 播放器中播放。

6. 什么是高密度激光视盘？

高密度激光视盘（DVD-V），是指以 MPEG2 编码压缩方式处理数字音、视频信号，以 Dolby AC-3 和（或）DTS 音频编码压缩方式处理多声道环绕声音频信号的视频节目光盘。高密度激光视盘是一种视频多用途数字光盘。

7. 什么是电子出版物？

电子出版物，是指以数字代码方式，将图、文、声、像等信息编辑加工后，存储在磁、光、电介质上，可复制发行，通过计算机或具备类似功能的设备进行播放使用的大众传播媒介产品。电子出版物载体主要有软磁盘（FD）、只读光盘（CD-ROM）、交互式光盘（CD-I）、图文光盘（CD-G）、照片光盘（Photo-CD）、集成电路卡（IC 卡），以及移动硬盘、U 盘、云储存等。

8. 什么是只读光盘？

只读光盘（CD-ROM），又称只读存储光盘，指用于计算机的只读 CD 格式光盘。只读光盘是一种能够存储大量数据的外部存储媒体，被写入数据后，只可读取而不能再次写入。读取只读光盘上的数据，是利用激光束扫描光盘，根据激光在小坑上的反射变化得到数字信息。

9. 什么是交互式光盘？

交互式光盘（CD-I），是指具有对音视频信息交互操作功能的 CD 光盘制品。交互式光盘的功能与 CD-ROM 类似，但除了将影像、声音、图形和计算机数据形式存在的多种媒体的信息融合一体传达给使用者外，还能够让使用者以交互方式索取到有意义的信息。

10. 什么是多媒体电子出版物？

多媒体电子出版物（MEP），是指综合表现音频、视频、图形、图像、动画和文本等信息组合的电子出版物。多媒体电子出版物是计算机、视频、通信以及其他多媒体技术与现代出版业相结合的产物，其载体包括软盘、只读光盘、交互式光盘、图文光盘、照片光盘和集成电路卡等。

11. 什么是磁盘？

磁盘，是以磁形式储存并通过电磁脉冲读写信息的一种圆盘形存储介质。磁盘按其制造材料区分，可分为软磁盘、硬磁盘两种；按使用功能分，可分为固定式和可移动式两种。

12.什么是集成电路卡？

集成电路卡，又称 IC 卡，是以半导体存储器为存储介质的出版载体。

13.什么是照片光盘？

照片光盘(Photo-CD)，是指用于记录数字化照片信息的 CD 光盘制品，也可用于储存文字、图形、音频信息。

14.什么是网络出版物？

网络出版物，是指将文字、声音和(或)图像信息编辑加工成数字信息后，以一定的编排方式存储在网络服务器上，通过计算机或类似功能的联网设备调阅使用的大众传播媒介。

15.什么是网络游戏？

网络游戏(online game)，是指基于计算机网络(包括互联网和局域网)运行的，具有多重交互功能的游戏出版物。又称“在线游戏”，简称“网游”。

16.什么是有声读物？

有声读物，广义上指音像制品的一部分；狭义上指采取某种特殊复制技术，借助某种工具，可以发声的纸介质出版物。顾名思义，有声读物就是有声音的读物。

五、出版物版印

1.什么是版本？

版本，是指在不同时期内容相同或基本相同的作品在同一出版社或不同出版社形成的各种出版物形态。

2.什么是版次？

版次，是指图书版本的次序。就图书而言，第 1 次出版印刷的书写有“某年某月第 1 版第 1 次印刷”，这叫初版；如内容不变动，第 2 次印刷就注明第 1 版第 2 次印刷，这种书叫重印书；如第 3 次印刷发行时内容经过重大修改，版次就要重新算，则要称为“第 2 版第 3 次印刷”。

3.什么是修订版？

修订版，是指对图书原版内容进行修改订正，改动范围超过三分之一的图书版本。

4.什么是增订版？

增订版，是指在图书原有版本基础上进行增补和修订的图书版本。

5.什么是增补版？

增补版，是指在原书以外，按原书内容及体裁进行延伸创作，与原书配套出版的版本。

6.什么是限量版？

限量版，是指限定发行数量的图书、音像制品和电子出版物等版本。

7.什么是印次？

印次，是指同一版本的图书印刷的次序。从第1版第1次印刷起连续计算。如果书的内容经过重大修订而再版，仍然要在原印次基础上累计印次。

8.什么是重印书？

重印书，是指书名不变，内容未做修改或仅做少量修改，重新印制的图书。

9.什么是再版书？

再版书，是同一个出版社对原书做较大修改后重新排版印制的书。

10.什么是绝版书？

绝版书，是指书版已毁、不再印制的某版本图书。

11.什么是影印本？

影印本，是指用拍照、扫描、复印等方法制版印制的图书。影印本分线装、平精、精装等形式，是对原版的复制。

第二部分
出版物发行业务术语与出版物分类

一、出版物发行业务术语

1.什么是出版物发行?

出版物发行,就是指经出版单位发行部门、出版物经销商等将出版物提供给消费者的活动。简单地说,就是将出版物销售给消费者的经营活动。

2.什么是公开发行?

公开发行,是指对发行地区和读者对象不做限定的发行方式。

3.什么是内部发行?

内部发行,是指对发行地区和读者对象有限定的发行方式。内部发行是相对于公开发行而言。内部发行的出版物,其内容在某些领域具有一定的研究价值,但不宜公开发行和传播,仅供部分特定读者阅读。

4.什么是自办发行?

自办发行,就是指出版单位自己办理本单位出版的出版物的发行业务。自办发行的出版物可以由出版单位直接销售给消费者,也可以批发给书店等发行单位,再通过这些发行单位销售给消费者。

5.什么是系统发行?

系统发行,就是指通过行业系统销售出版物的发行方式。

6.什么是发行渠道?

发行渠道,是指出版物从生产领域向消费领域转移过程中所经历的交易路径。或者说,是出版物从生产者向消费者转移所经过的通道或途径。它是出版物由生产者到消费者的流通过程中所经历的各个环节连接起来形成的通道。

发行渠道的起点是出版物生产者,终点是消费者,中间环节包括各种批发商、零售商(无店铺零售、店铺零售)等。

7.什么是征订？

征订，就是指出版单位向发行单位征求出版物订购数量，以及发行单位向消费者征求出版物订购数量的活动。征订一般采取的形式有：

第一，目录征订（寄目征订），就是通过目录向发行单位或者消费者征求出版物订数；

第二，发样征订，就是通过样本或样张向发行单位或者消费者征求出版物订数。

第三，逐级征订，就是按照发行组织系统逐级发送订单、汇总订数后，统一向供应商购货的征订方式。

第四，系统征订，就是通过行业系统协助征订出版物的方式。

出版物征订一般采用填写征订单的形式进行。征订单有可能是传统纸质的，也可能是电子的，征订单的内容主要包括出版物形式、名称、出版单位、国际标准书号、国内统一刊号、国际标准刊号、邮发代号、单价、汇款方式，以及由订购人或订购单位来填写的电话、联系方式、订购人、详细地址、订购数等，简洁了当。

8.什么是包销？

包销，是指发行者买断出版物所有权，在全国市场范围或特定区域市场范围内享有专有销售权，且不退货的购销形式。

9.什么是征订包销？

征订包销，是指发行单位承担全部征订的出版物的销售。除因出版者原因外的出版物问题，征订包销一般不能退货。其操作程序是：包销者对将要出版的出版物先行征订，出版者按包销者订数将出版物交包销者销售，包销者按协议时间与出版者结算。

征订包销与包销的主要区别在于，包销是包销者买断了出版物的所有权，出版者不能将被包销的出版物再发售给第三方，而征订包销则是出版者在满足征订包销发行企业需要之外，还可将出版物交由其他发行企业发行。

10.什么是征订经销？

征订经销，就是指出版者负责总发行，发行者根据自己需要的订数，向出版者进货销售，非因出版物质量问题，经销的出版物一般不能退货。

经销出版物需签订经销合同（协议），合同（协议）内容包括双方合作期限、合作内容及方式、订货方式、发货方式、不同种类出版物（一般图书、教材、教辅、音像制品等）的折扣、结算方式（包括保证金支付方式）、违约责任、争议解决途径等等。签订经销合同（协议）必须符合《中华人民共和国合同法》要求，并受法律保护。

11.什么是特约经销？

特约经销，就是指出版单位邀请在某一地区发行行业中比较有实力的发行企业，代理自己生产的出版物，以便更快地在这一个地区打开销路的行为。

特约经销商会享受到邀请方的各种优惠政策。

12.什么是经销包退?

经销包退，最早是新华书店向供销社批发图书的一种形式，起源于20世纪50年代。其基本操作方式是：省、市、自治区新华书店和供销社双方签订经销图书协议，书店按一定的批发折扣向供销社发书，收取货款；供销社对批进的图书，如经过一段时间尚未售出，除污损者外，可以退回新华书店，收回货款，或者调换同等书价的其他图书，退货率事先商定。经销包退可以减少供销社发行图书的经济损失，方便农村读者就近买书。渐渐地，一些出版单位和发行商、批发商和零售商也开始尝试和采用这种模式经销出版物。目前，国有新华书店、实力稍强的发行企业大都要求出版单位采取这种模式。

13.什么是寄销?

寄销，是指出版物所有者委托发行企业销售出版物，双方按照协议约定对实际销售的出版物转移所有权，允许退货的购销形式。

出版物寄销业务中，出版物所有者（寄销人）虽将商品交付给了发行企业（承销人），但并未转让该商品的所有权，寄销的出版物仍应列为出版物所有者的存货，直至发行企业将其售出为止。发行企业对寄销的出版物负有保管责任，直到寄销的出版物被售出为止。寄销的出版物既不是发行企业的存货，也不是负债。出版物寄销业务中的出版物所有者和发行企业之间的关系是一种委托和代理关系，双方应先订立合同，受法律约束。

14.什么是批发?

出版物批发，是指出版物供应商向其他发行者销售出版物的活动。批发与零售相对。

出版物批发是出版物生产与零售之间的中间环节，批发业务一般由批发企业来做，每次售出的出版物数量较大，并按批发价格销售。出版物的批发价格低于零售价格，也就是说存在着批零差价，这个差额由零售企业所耗费的流通费用、税金和利润构成。

出版物批发活动使出版物从生产领域进入流通领域，起到组织和调动出版物流通的作用。批发的另一个作用是通过出版物储存发挥“蓄水池”作用，平衡和调节出版物市场供求矛盾。

15.什么是零售?

零售，是指发行者直接向消费者销售出版物的活动，是批发的对称。

出版物零售的特点是，每笔交易的数量不一定很大，但交易次数频繁；交易结束后，出版物即离开流通领域，进入消费领域。出版物零售不一定只在实体书店进行，也可通过网络销售、邮购、电话订购等进行。近年来，随着互联网的发展，网络零售快速增长，比如亚马逊、当当、淘宝、京东等网上商城，出版物零售近年来一直保持着高速的增长，新华书店也开设了网上书店。

16.什么是出租?

出租，是指出版物经营者以收取租金的形式向消费者提供出版物的活动。

17.什么是展销?

展销,是指主办者在一定场所和时间内,组织出版物经营者集中展览、销售、订购出版物的活动。

18.什么是发行折扣?

发行折扣,是指在出版物销售过程中卖方给予买方的折让,用以定价为基准减价的比率或金额表示。或者说,发行折扣是批发商或零售商向出版单位、零售商向批发商、消费者向发行单位购买出版物时,享受到的一定价格优惠的比例。主要形式有:

第一,政策折扣,就是国家有关部门对某些特殊性出版物明确规定的发行折扣,比如中小学教材,定价统一由各省、自治区、直辖市的物价管理部门审定,并在全国范围内统一规定发行折扣标准,政策折扣出版单位只能不折不扣地执行,无权擅自变动;

第二,市场折扣,就是以同类出版物在市场上的平均发行折扣为标准确定的发行折扣。

制定发行折扣一定要考虑出版物市场特点,科学合理,如果定得过高,可能会使出版物遭受客户的冷遇,错失良机,甚至丢掉原有客户;如果定得过低,甚至采取"高定价,低折扣"的做法,则可能面临收不抵支的风险,或直接损害读者利益,扰乱出版物市场公平竞争秩序。

19.什么是订货?

订货,是指买方向卖方订购出版物。

出版物贸易双方就相关事项协商后,签订订货合同,合同内容包括出版物名称、规格型号、数量、价格、包装、装运方式、付款条件、结算方式、违约责任、争议解决途径等内容,合同一般一式两份,双方盖章生效,各存一份。

20.什么是订单?

订单,是指记录出版物订货相关信息的单证。出版物订单是出版物发行企业采购部门向供应商发出的订货凭据。

21.什么是目录(书目)?

目录(书目),是指描述一批相关出版物,按照一定次序编排组织而成的揭示和报道出版物信息的工具。

出版物目录类型多样,小者列出部分出版物,大者集合成为工具书;简单者只列出一批出版物名录,详细者编辑出各出版物内容提要、作者介绍等许多信息。优秀的书目能反映某一时期某一学术领域的概貌,具有重要的参考价值。

22.什么是征订书目?

征订书目,就是指图书出版单位向发行机构或消费者、发行机构向消费者征求图书订货量所使用的书目。

23.什么是脱销?

脱销，是指出版物供不应求而导致的商品缺货状态。当库存的出版物销售完后，仍有消费者有购买需求，供不应求的数量就是脱销的数量。造成脱销的原因很多，比如库存量过小、品种不全、进货调拨不及时、出版赶不上需要等等。

24.什么是滞销?

滞销，就是指进入市场的出版物因为种种原因不受消费者欢迎而导致不动销或基本不动销。

25.什么是积压?

积压，就是指因各种原因造成的出版物滞销状态。

26.什么是退货?

退货，是指买方将出版物退还给卖方的过程。退货原因很多，比如质量或包装问题、存货量太大或出版物滞销、因卖方原因的损坏变质等等。

27.什么是流动销售?

流动销售，是指发行者选择消费者比较集中的区域，设立临时摊位展示销售出版物的零售方式。

28.什么是图书展销?

图书展销，就是指图书发行者在特定时间、特定地点内，将出版物集中展示，以吸引消费者购买的销售方式，是一种图书展览和销售结合进行的发行方式。

小型图书展销，只需要在书店门市(或其他场所)辟出部分场地，陈列、销售有关图书；大型的图书展销，则需要租用展览馆等临时场地组织展出和销售。

大型综合性图书展销，主办单位要提前制订周密计划，组织货源，选择场地，精心布置，尤其要做好宣传工作，如通过新闻、广播、电视发布消息，编印、分发各种海报、宣传品等；小规模或专题性图书展销，图书品种、数量不多，不受场地大小或人力安排等条件约束，可随时开展，比较灵活。

二、出版物分类

1.什么是出版物分类?

出版物分类，是指根据出版物所涉猎的学科内容或者其他方面的特征，将出版物科学、合理地分门别类组织起来，以方便出版物在出版发行过程中的管理、识别以及后期使用的方法。

2.出版物分类有哪些方法?

图书分类是一个专门的学科。对图书进行分类,有许多不同的方法。在我国,使用较多的是《中国图书馆分类法》,简称《中图法》。大多数图书馆、资料室以及新华书店系统都使用这种分类方法。当然,并不是所有的图书馆、资料室都是按照《中图法》来分类的,也有一些图书馆、资料室,按照自己的实际情况,使用其他的分类法。

除《中图法》外,我国图书馆仍在使用的分类法还有《中国科学院图书馆图书分类法》《中国人民大学图书馆图书分类法》等。《中国科学院图书馆图书分类法》,简称《科图法》,这种分类方法在自然科学类专业图书馆有一定的使用。《中国人民大学图书馆图书分类法》,简称《人大法》,个别大学图书馆仍使用这种分类方法。近年来推出的《图书、音像制品、电子出版物营销分法法》(简称《营销分类法》),是一种以阿拉伯数字为标记符号对出版物进行市场营销分类的方法。此外,国家新闻出版广电总局在实施农家书屋工程过程中,基于农村实际情况,推出了便于查找、简单实用的农家书屋图书分类法。

3.什么是《中国图书馆分类法》?

《中国图书馆分类法》原名《中国图书馆图书分类法》。《中国图书馆图书分类法》初版于 1975 年,由于使用范围不断扩大,1999 年出版的第 4 版更名为《中国图书馆分类法》,是一种根据图书的学科属性对图书进行分类的方法,目前我国绝大部分图书馆对图书分类使用这种方法。

4.《中国图书馆分类法》对图书是如何分类的?

《中国图书馆分类法》以科学分类为基础,结合图书资料的内容和特点,对图书进行分类。《中图法》将知识门类分为“哲学”“社会科学”“自然科学”三大部类;将作为指导我们思想的理论基础马克思主义、列宁主义、毛泽东思想,作为一个基本部类,列于首位;将内容庞杂、类无专属,无法按某一学科内容性质分类的,概括为“综合性图书”,也作为一个基本部类,列于最后。部类下再展开学科大类(一级类目),每学科大类下再逐级细分。其分类的体系结构概况,见本书后所附《中国图书馆分类法》(第五版)简表。

5.什么是部类?

部类,也称基本部类,是分类法编制中为建立知识分类体系,对知识门类所进行的最概括、最本质的划分,是确立基本大类的基础。《中国图书馆分类法》基本部类分为马克思主义、列宁主义、毛泽东思想,哲学,社会科学,自然科学,综合性图书 5 大部类。5 大部类进一步划分为 22 个基本大类,其分类号情况见《中图法》基本部类与基本大类分类号对应表。

《中图法》基本部类与基本大类分类号对应表

部类	对应基本大类的分类号
马克思主义、列宁主义、毛泽东思想	A
哲学	B
社会科学	C、D、E、F、G、H、I、J、K
自然科学	N、O、P、Q、R、S、T、U、V、X
综合性图书	Z

6.什么是一级类目？

一级类目，也称分类大纲或基本大类，是分类法中划分的第一级类目，是在基本部类的基础上展开的知识分类体系框架，是对学科或知识领域进行的概括的划分与排列，是类目表的纲目，是稳定的、较为概括的学科或知识领域。《中国图书馆分类法》一级类目分为22个基本大类，分别用22个大写英文字母为代号。

《中图法》基本大类类目表

A	马克思主义、列宁主义、毛泽东思想、邓小平理论	N	自然科学总论
B	哲学、宗教	O	数理科学和化学
C	社会科学总论	P	天文学、地球科学
D	政治、法律	Q	生物科学
E	军事	R	医药、卫生
F	经济	S	农业科学
G	文化、科学、教育、体育	T	工业技术
H	语言、文字	U	交通运输
I	文学	V	航空、航天
J	艺术	X	环境科学、安全科学
K	历史、地理	Z	综合性图书

7.什么是二级类目？

二级类目，是对一级类目的进一步细分。比如，为适应文献分类需要，一级类目“工业技术”又进一步展开为16个二级类目。具体分法见本书后所附《中国图书馆分类法》(第五版)简表。

8.部类、一级类目和二级目类是什么关系？

在分类法中，每一个类目都不是孤立的，在类目体系中，它们相互关联，互为有机组成的要素。在概念中，部类是依据一定的世界观，对知识门类所做的概括。一级类目是在部类划分的基础上，展开的对科学门类的划分，二级类目是对一级类目的进一步细分。

9.什么是《中国科学院图书馆图书分类法》？

《中国科学院图书馆图书分类法》是图书分类方法的一种。《科图法》1958年由中国科学院图书馆编写而成，1970年开始修订，1974年出版第2版自然科学、综合性图书类表及附表，1979 年出版第 2 版马克思列宁主义、毛泽东思想，哲学和社会科学类表，1982 年出版第 2 版索引，1987 年再次修订，1994 年出版第 3 版。

10.《中国科学院图书馆图书分类法》是如何分类的？

《中国科学院图书馆图书分类法》将图书按知识门类分为 5 大部类、25 个基本大类，各级类目分类号码采用单纯阿拉伯数字标记。分类号码分为两部分，第一部分采用顺序制，从 00—99 分配 25 个大类及其主要类目。第二部分采用小数制，以容纳细分类目。在号码编制技术上采用双位法、借号法等方法，组配灵活，伸缩性强。基本大类名称见《科图法》基本大类类目表。

《科图法》基本大类类目表

00	马克思列宁主义、毛泽东思想
10	哲学
20	社会科学
21	历史、历史学
27	经济、经济学
31	政治、社会生活
34	法律、法学
36	军事、军事学
37	文化、科学、教育、体育
41	语言、文字学
42	文学
48	艺术
49	无神论、宗教学
50	自然科学
51	数学
52	力学
53	物理学
54	化学
55	天文学
56	地球科学(地学)
58	生物科学
61	医药、卫生
65	农业科学
71	工程技术
90	综合性图书

00、10、20、50、90 为 5 大部类，以这 5 个部类为基础，组成 25 个基本大类。

11.什么是《中国人民大学图书馆图书分类法》?

《中国人民大学图书馆图书分类法》是由中国人民大学图书馆集体编著,1952 年编成草案,1953 年出版,1954 年初稿第 2 版,1955 年增订第 2 版,1957 年增订第 3 版,1962 年增订第 4 版,1982 年出版第 5 版。

12.《中国人民大学图书馆图书分类法》是如何分类的?

《中国人民大学图书馆图书分类法》分为总结科学、社会科学、自然科学、综合图书 4 大部类,总共 17 个大类。

《人大法》基本大类类目表

00	马克思主义、列宁主义、毛泽东思想
2.	哲学
3.	社会科学、政治
4.	经济
5.	军事
6.	法律
7.	文化、教育、科学、体育
8.	艺术
9.	语言、文字
10.	文学
11.	历史
12.	地理
13.	自然科学
14.	医药卫生
15.	工程技术
16.	农业科学
17.	综合参考

《中国人民大学图书馆图书分类法》包括主表和复分表两部分,主表有大纲、简表、基本类目表和详表;复分表包括综合复分表、中国民族复分表、中国时代复分表、中国地区复分表、苏联加盟共和国复分表、国家复分表之一、国家复分表之二、国际时代复分表、世界地区复分表。类目标记符号采用阿拉伯数字,以展开层累制作为标记制度。

13.什么是《营销分类法》?

《图书、音像制品、电子出版物营销分类法》简称《营销分类法》,是出版物发行业的第二项行业标准,于 2008 年 12 月 29 日开始实施。该标准规定了图书、音像制品及电子出版物营销分类的类目体系和类目代码。

长期以来,我国的出版发行行业在出版物营销分类上没有统一的标准,在实际出版和销售工作中，出版和发行环节各自为阵，根据自身情况对出版物进行营销分类，由此导致出版社对出版物的营销分类和发行企业对出版物的营销分类之间存在较大差异。《图书、音像制品、电子出版物营销分类法》的实施正是为了解决这一矛盾和问题。该分类法用于统一指导出版社、书店（包括网络书店）的编辑、市场营销人员、营业员对出版物进行分类。此外，《图书、音像制品、电子出版物营销分类法》还可作为大中专院校进行出版物营销分类研究的参考。

14.《营销分类法》是如何分类的？

《营销分类法》包括图书、音像制品和电子出版物 3 个部类，图书部类下设 27 个一级类目，以两位阿拉伯数字为类目代码，并通过小圆点后再加阿拉伯数字划分一级类目的下级类目。图书、音像制品、电子出版物基本大类分别见图书基本大类类目表、音像制品基本大类类目表、电子出版物基本大类类目表。

图书基本大类类目表

01	马列主义、毛泽东思想、邓小平理论		
02	政治	15	少儿读物
03	法律	16	文学
04	军事	17	艺术
05	经济	18	体育
06	管理	19	生活休闲
07	哲学	20	自然科学
08	宗教	21	医药卫生
09	文化	22	农业
10	历史、地理	23	工业技术
11	社会科学	24	计算机
12	语言文字	25	建筑
13	教育、科学研究	26	交通运输
14	中小学教材、教辅	27	综合性图书

图书基本大类之下的细分，比如，01 马列主义、毛泽东思想、邓小平理论，之下还有 01.01 马恩列斯著作、01.02 毛泽东著作、01.03 邓小平著作、01.04 著作汇编、01.05 学习和研究、01.06 生平和传记等。

音像制品基本大类类目表

51	艺术	57	语言学习
52	时事政治	58	教育
53	军事	59	少儿音像

续表

51	艺术	57	语言学习
54	经济管理	60	文学
55	文化、体育	61	科技
56	历史、地理	62	生活百科

音像制品基本大类下的细分，比如，53 军事，之下还有 53.01 世界军事、53.02 中国军事、53.03 兵器知识、53.04 战争战役、53.05人物谋略等。

电子出版物基本大类类目表

71	软件	73	教育
72	游戏	74	电子图书

电子出版物基本大类下的细分，比如，71 软件，之下还有71.01系统工具、71.02 网络软件、71.03 计算机安全、71.04 设计开发、71.05 图形图像、多媒体、71.06 商务软件、71.07 办公软件、71.08 电子地图、71.09 其他应用软件等。

15.什么是农家书屋图书分类法？

农家书屋图书分类法是特别针对农家书屋图书进行分类的一种方法。农家书屋配置的图书主要是针对农村读者，数量不多，品种有限，内容相对集中。为方便农家书屋管理员操作管理和农村读者借阅，本着简单、实用的原则，原新闻出版总署农家书屋工程处建议将农家书屋图书分为政经、科技、生活、文化、少儿、其他六个大类。

16.农家书屋图书是如何分类的？

农家书屋图书政经、科技、生活、文化、少儿、其他六个大类的基本分类方法是：

政经类——哲学、社会科学总论、政治、法律、军事、经济等类图书；

科技类——自然科学总论、数理科学和化学、天文学、地球科学、生物科学、农业科学、工业技术、交通运输、航空航天、环境科学、安全科学等类图书；

生活类——医疗卫生、生活常识等类图书；

文化类——文化教育、语言文字、文学、艺术、历史、地理等类图书；

少儿类——各学科类别图书中的少儿读物；

其他类——丛书、百科全书、词典、年鉴等图书及无法确定类别的其他内容的图书。

17.什么是马克(MARC)数据？

马克(MARC)数据，即“机器可读目录”，就是以代码形式和特定结构记录在计算机存储载体上的、用于计算机识别与阅读的目录。马克(MARC)数据可一次输入，多次使用。

马克(MARC)数据最早产生于美国，美国国会图书馆提出的 MARCⅡ格式，被称为US-MARC，即美国机器可读目录，是目前使用的各种机读目录格式的母本。这一格式字段数量多，著录详尽，可检索字段多，定长与不定长字段结合，灵活实用，保留主要款目及传统编目的特点，扩充修改功能强，并能在实践中不断发展完善，比较充分地照顾到图书馆书目数据在文献形式描述、内容描述、检索等方面的需要。国际图书馆协会联合会在US-MARC基础上制订了UNIMARC，即国际机读目录通信格式，现在许多国家都采用UNIMARC进行文献编目。

18.什么是中国机读目录(CN-MARC)？

中国机读目录(CN-MARC)是为方便中国国家书目机构同其他国家书目机构以及中国国内图书馆与情报部门之间，以标准的计算机可读形式交换书目信息，参照国际机读目录通信格式(UNIMARC)，研制和生产的中国国家标准机读目录。它收录的中国出版物包括图书、连续出版物、地图、乐谱、音像文献等，是建立中国文献数据库、开展文献检索服务和国际书目信息交换的重要数据资源。CN-MARC格式为中国机读目录实现标准化、与国际接轨，从数据结构方面提供了保障。

19.综合卖场出版物如何分类？

综合卖场的出版物，一般是以《中图法》或其他分类法为基本依据，结合卖场经营的出版物品种、数量以及消费者购买习惯、社会热点等因素进行分类。虽然《营销分类法》本应是综合卖场出版物分类首选，但因种种原因，其使用范围仍不太广泛。不论采取哪种分类方法，都要做好以下几点。

一是科学制定年度销售陈列计划。销售陈列计划要紧密结合重大节日、庆典主题等，预测不同时间段出版物市场销售目标，科学安排上架陈列的重点出版物的比例。

二是有针对性地确定展示主题。要针对不同消费群体，关联组合不同种类、不同风格的出版物，并根据封面、规格、价格等有效搭配同类出版物。

三是坚持有利于消费者选购的原则。要搭配好那些试销的、可能畅销的、表现力强的、能提高卖场格调的出版物。

此外，还应做好各类出版物的分类陈列和内容涉及多类出版物的跨类陈列，最大限度方便消费者查找选购。

20.专业卖场出版物如何分类？

专业卖场出版物分类，一般是以《中图法》或其他分类法为基本依据，结合卖场专业特征，根据出版物发行的深度进行分类。不论采取哪种分类方法，都要做好以下几点。

一是科学制定年度销售陈列计划。销售陈列计划要根据不同时间段卖场出版物所涉猎专业的考试、培训等活动，预测市场销售目标额，科学安排上架陈列的重点出版物的比例。

二是有针对性地确定展示主题。针对该专业不同层次消费者，要有不同级别内容的出版物展示；按照封面、规格、价格等有效搭配同类出版物。

三是坚持有利于消费者选购的原则。要搭配好那些出版社重点推介、专业性较强、能提高卖场格调的出版物。

此外，专业店出版物发行分类陈列要讲究分区定位，力求简洁，搭配好出版物按内容进行的陈列和按封面进行的陈列。大型专业零售店最好在入口处配置布局图,方便消费者了解出版物区域分布。

21.零售卖场出版物如何分类?

零售卖场出版物分类重点要结合自身经营规模、经营特色以及所面对的消费者的阅读和购买习惯,要清晰、明了、有特点。其基本做法是:

第一,选定出版物分类方法。要综合考虑卖场规模布局、经营出版物品种特色、消费者阅读购买习惯等因素,选择适合自身特点的分类方法。

第二,确定出版物分类结构。按照选定的出版物分类方法,根据柜组大小、经营规模、经营特色、所处地域、消费对象的不同,结合销售出版物的结构,合并或细分出版物类别。

第三,设计出版物分类标牌。按照出版物分类结构,设计制作用于设置在陈列柜、台等出版物陈列设备上的标牌,标牌要突出特色、美观大方、清晰醒目、利于导购。

第四,分类陈列出版物。按照选定的分类方法对出版物进行分类,并按要求陈列。

22.书报刊亭出版物如何分类?

一般来讲,书报刊亭规模较小,出版物品种较少,因此,分类不必太过复杂,大多选择一种方法,按大类划分即可,甚至不需要摆放分类标牌。需要注意的是,一定要考虑书报刊亭规模小的实际,分类要尽量简单、明了,要充分利用有限的空间,尽量多地展示出版物,要将畅销、新到、重点推介的出版物优先摆放在突出位置。

23.流动销售的出版物如何分类?

流动销售服务受场地、规模等影响更大,出版物品种非常少,针对的消费群体更狭窄,分类更加简单,甚至只需要做个大致的划分即可。需要注意的是,最好以发行员本人为中心,将出版物按其贵重程度,由内向外依次陈列,既便于取拿、销售,又可防止损坏、丢失。

24.什么是出版物发行分类标识?

出版物发行分类标识是指根据不同出版物的特点,分别归类表明每一类出版物特征的一个记号。

25.出版物发行分类标识的区分有哪些?

出版物发行分类标识的区分有三种,类分、级分和特分。其中,类分是出版物不同类别之间的区分,可以表现在柜组之间,也可以表现在柜组内部,比如:如果每一个柜组陈列一类出版物,那么柜组与柜组之间不同分类的标识就是类分;级分是出版物发行分类中不同级别的区分,主要表现在柜组内部,也就是在一个柜组一级类目之下的二级类目、三级类目的区分;特分就是根据出版物的特殊性进行的区分,没有固定的模式,比如一些热销、促销、特销的出版物,分类标识不一定要按照规范性分类法表示,有时甚至可以直接用书名展现。

第三部分 出版物发行人员和发行企业

一、出版物发行人员

1.对发行人员有哪些基本要求?

第一,政治素质要高。要拥护党的领导,拥护党的路线、方针、政策,有正确的人生观、价值观,遵纪守法。

第二,业务能力要强。熟悉行业政策法规,熟悉出版物相关知识,熟悉发行工作流程,懂得市场营销方法和技巧,善于观察分析、协调沟通、交际应变,胜任本职,开拓创新。

第三,职业道德要好。爱岗敬业,吃苦耐劳,乐于奉献,服从领导,团结同事,有强烈的事业心、责任感。

2.发行员仪表形象有哪些要求?

出版物发行员要服饰整洁、发型端庄、化妆恰当,仪态自然得体、高雅大方。

第一,外观形象要端正。发行企业选用发行员,特别是选用那些直接与客户接触的岗位人员时,一般都将容貌端正与否列为主要条件之一。

第二,衣着服饰要得体。发行员的服装要与出版物发行工作相适应,与不同时间、地点、主题的发行工作保持协调一致。发行企业为员工统一订制的工作装,要美观、雅观,显示文明、高雅的气质,既不过分宽松,也不过分瘦小,既不过分朴素,也不过分艳丽。

第三,出版物发行员的妆容修饰一定要自然大方、合乎常情。

3.什么是接待礼仪?

出版物发行员的接待礼仪,就是通过发行员的仪表、动作和语言体现出来的彬彬有礼的服务。优秀的出版物发行员肯定是那些举止大方、谈吐文雅和气、态度谦逊礼貌、动作敏捷文明的发行员。人们常说"礼多人不怪",用亲切礼貌的语言同消费者交谈,更加容易取得消费者的好感,事半功倍地实现出版物"促销"。

4.接待礼仪有哪些基本内容?

第一,仪表。出版物发行员的仪表应做到容貌装扮整洁朴素、和谐稳重、美观大方,有气质、有风度，神情质朴庄重，精神饱满，给消费者以和蔼可亲的感觉。

第二，动作。发行员的动作，主要包括站姿、行姿、手姿和言谈等，一举一动、一颦一笑都应自然得体、庄重文雅。

第三，出版物发行员的语言一定要文明第一，回答消费者询问和介绍出版物时，要特别注意谈吐和修养。首先，态度诚恳亲切，声音大小适宜，语调平和沉稳；其次，要用敬语表示尊敬和礼貌。良好的语言表达，容易得到消费者的信任，使其愿意接受所提出的意见和建议。

5.什么是形体动作？

发行员的形体动作，就是指出版物发行员在服务过程中，通过其站、坐、行、蹲以及手势、眼神、表情等展现出来的直观形象。高水准、符合职业形象要求、适应社会交往礼仪标准的形体动作，展现出来的才是礼仪美。

6.发行员形体动作有哪些规范要求？

第一，站姿要端正。

要做到头正、肩平、挺胸、收腹、目光平视、表情自然等基本要求。

第二，坐姿要正确。

基本要领包括：轻稳入座、面带笑容、双目平视、嘴唇微闭、微收下颌，双肩平正放松，两臂自然弯曲放于膝上或椅子、沙发扶手上，挺胸，上体自然挺直，双膝自然并拢，双腿正放或侧放，坐满椅子三分之二以上，脊背轻靠椅背。

第三，蹲姿要雅观。

第四，手姿要协调。

出版物发行员在接待客人、介绍他人、推荐出版物、指引方位等时，手姿运用得体恰当，语言表达就会更直观、更形象、更富感染力。

第五，行姿要稳健。

7.出版物发行服务用语大致有哪些？

服务用语是发行员服务过程中的基本工具，发行员服务用语必须讲究语言艺术，根据岗位服务要求和特点，灵活掌握和运用。一般情况下，发行员服务用语大致有以下一些。

一是迎来送往。比如，开门迎客时说："您好！""大家好！""女士好！""先生好！""女士早安！""过节好！""您好，欢迎光临！""欢迎您的光临！""见到您很高兴！"等等；送别他人时说："再见！""慢走！""欢迎再来！""一路平安！""一路顺风！""保重！"等等。

二是征询应答。比如，"您需要帮助吗？""我能为您做点什么？""请随便看。""请慢慢看。""是这个吗？好！请您看一看。""是的。""好。""很对不起，我没听清楚，请重复一遍好吗？""对不起！请问贵姓？""对不起，请您留下地址好吗？""请问您需要哪一种？""我想，这个比较好，您看看。""我知道了。""好的。""随时为您效劳。""很高兴为您服务。""我明白您的意思。""我会尽量按照您的要求去做的。""一定照办。"等等。

三是致谢道歉。比如,“谢谢!”“十分感谢!”“谢谢您的理解!”“谢谢您的支持!”“有劳您了!”“费心了!”“上次给您添了不少麻烦。”“让您操心了!”“这是我的荣幸。”“别客气。”“这是我应该做的。”“请多指教。”“您太客气了。”“您过奖了。”“抱歉!”“对不起!”“对不起,让您久等了。”“请原谅!”“失礼了!”“失陪了!”“失迎了!”“不好意思!”“请多包涵!”“真过意不去!”“实在抱歉! 马上为您退换。”等等。

四是收银开票。比如,“您好! 欢迎光临。”“您拿的是×元钱。”“您拿的钱正好。”“对不起! 因为您使用的是信用卡付款,请稍等一会。”“应找补您×元,请清点一下。”“谢谢! 请收回您的信用卡(票据)。”“对不起! 我立刻核查一下,请稍等。”“让您久等了,我们经过核查,收您×元,已找补×元,没有错,请您再仔细回忆一下好吗?”“实在抱歉,是我的失误,耽搁您的时间,请您原谅!”“对不起! 请大家依次排队,我尽量把收款速度加快点,谢谢合作!”“这是找补给您的钱和票据,欢迎再次光临!”等等。

8.出版物发行服务禁忌用语大致有哪些?

出版物发行服务用语切忌语气急躁、简单、粗暴、生硬、轻慢,否则,既会丧失顾客资源,也影响行业和自身形象。比如,“喂,你找什么?”“不知道!”“抓紧时间,快下班了!”“自己找吧,我还有别的事。”“到底想不想买?”“挑够了没有?”“没有就是没有!”“公司就是这么定的,有疑问找我们经理去!”“着什么急呀?”“喊什么喊?”“等着!”“废话!”“别乱动!”“真麻烦!”“你到底想买什么?”“你问我,我问谁去?”“刚才不是跟你说了吗,怎么又问?”“你知道吗?”“你见过吗?”“看清价格再说。”“你买得起吗?”“没有! 啥时候有就不知道了。”等等。

此外,“喂”“哎”“怎么啦”等不礼貌用词和其他粗话、脏话、人身攻击、触犯宗教民族禁忌以及可能引起顾客生气、尴尬的言语也不能使用。

9.营业前应做好哪些服务准备?

开门营业前,要做好人员、物资和环境三个方面的服务准备。

第一,人员的准备。仔细检查出版物发行员的仪表和行为规范,督促出版物发行员严格遵守上下班时间,不迟到,不无故缺勤,不私调班次,着装整齐洁净,标牌佩戴到位,精神热情饱满,微笑迎候消费者到来。

第二,物资的准备。主要是检查宣传广告、出版物上架陈列和服务措施的准备情况,特别是书架、书柜、书台等,重点查看是否有出版物短缺、堆积不符合要求、出版物上架陈列不稳等情况,对短缺出版物及时补充,对其他问题及时解决。

第三,环境的准备。一是检查环境卫生,特别要做好店堂、业务设施、办公室、库房、营业场所周边环境的清洁卫生。二是检查灯光照明设备,要确保照明能够清楚显现出版物,展现出版物魅力,吸引消费者进入,达到促销目的。至少要保证基本照明。三是准备背景音乐,按照悦耳动听、吸引消费者注意、愉悦消费者心情、有益出版物销售的要求,准备那些柔和的、节拍稍慢的轻音乐。

10.营业过程中的接待有哪些技巧？

营业过程中发行员的接待要重点把握好三点：接待热情、业务熟练、精力集中。

第一，接待要热情。出版物发行员要主动迎接消费者，按发行员礼仪要求，热情大方地招呼消费者，讲好接待过程中的每一句话。要注意观察和揣摩消费者的身份、爱好和来意，有的放矢地推荐介绍出版物。

第二，业务要熟练。一是对出版物要熟悉，出版物发行员平时要多看、多学、多问、多记，注意积累，拓展知识面，经常阅读出版物目录、熟记出版物名称、作者、出版社以及著名作家的代表作，以提高服务质量和对出版物的鉴赏力。二是操作要熟练，配递迅速，收账计算准确，出版物当面点清，量大时可请其他发行员一起复核。三是打包要熟练，尽量按消费者要求妥善包扎出版物，做到美观、牢固。四是开票要仔细，开具的票据字迹规范，收款找零唱收唱付，并双手将零钱递到消费者手中。

第三，精力要集中。要时刻注意观察消费者，接待完一位消费者后，立刻准备接待下一位消费者，做到“接一、问二、联系三”。要认真倾听和答复消费者的提问，千万不能眼光游弋，心不在焉，问牛答马。

11.营业结束时有哪些接待技巧？

作为出版物发行员，每次上岗营业一定要从头到尾、自始至终保持良好的接待礼仪，做到善始善终。

一是打烊提醒方式要得当。营业时间结束前 15～30 分钟，门店应通过广播通知或出版物发行员语音提醒等方式提醒顾客打烊时间，广播提醒表达方法要得当，发行员提醒要声轻、委婉，千万不能生硬轰客。不能在顾客尚未离店时就打扫卫生或关灯，不能提前撤离营业场所。

二是对特殊情况的处理要人性化。若在营业结束时，尚有顾客没有离店，一定要留下一名或几名发行员接待。对离店不太方便的老年人、残疾人和购买出版物较多的顾客，应主动提供帮助和服务。

三是顾客离店送别要礼貌。顾客交款完毕离开时，收银员及顾客离开路线上视力范围内的其他发行员，要面带微笑，目视顾客，致谢道别，直至送走最后一名顾客。

12.门市(店堂)服务应重点注意些什么？

门市(店堂)服务的发行员，在注重接待礼仪的同时，还应注意揣摩消费者意图，做好出版物推介。

第一，揣摩消费者意图。一旦消费者步入货物陈列区，出版物发行员就要注意观察，要通过消费者的动作，比如其下意识寻找出版物、突然在某类出版物前停住脚步、触摸某出版物等，判断消费者是否有购买意图。如果感觉消费者只是浏览，就以自然、关注的表情目视消费者；如果感觉消费者有购买意图，就要找准时机主动接近，热情推介，做好接待。

第二，做好出版物推介。推介工作做得好，仅有浏览之意的顾客可能也会成为消费者。因此，对于对某出版物表现出兴趣的消费者，出版物发行员要很专业地向其展示、介绍出版物，正确回答消费者的提问，询问了解消费者需求。同时，要从消费者角度考虑问题，不能一味为了出版物销售而损害消费者利益。

13.摊亭服务应注意些什么？

摊亭服务销售网点一般面积都较小，所售出版物以报纸、期刊为主，有的摊亭也有少量图书，因此要特别注意以下几点。

第一，要选好出版物。到摊亭服务销售网点选购出版物的消费者，其需要的出版物大都是内容贴近大众、贴近百姓的，时效性较强，无须太专业，很有针对性。

第二，要摆放好出版物。出版物摆放要便于消费者翻阅，基本能让消费者一目了然。

第三，要搞好“一站式服务”。摊亭出版物销售一手交钱一手交货，发行员取递出版物时一定要迅速，价格计算要准确，收钱找零要无误，接待态度要和蔼，迎来送去要有声。通过热情周到的服务，把每一位消费者培养成摊亭的“常客”。

14.流动服务应注意些什么？

近年来，为方便人民群众选购出版物，很多发行企业开展了出版物进校园、进社区、进企业、进农村等多种形式的流动销售服务。流动销售服务不需要固定的场所，但针对性很强，服务过程中要特别注意以下几点。

第一，选择出版物要有针对性。流动销售服务本身是针对有需求的具体消费群体而进行的上门服务，销售的出版物一定要对路。比如，到校园销售要侧重选择教师、学生适用的书籍，到社区销售则要侧重选择休闲养生等普通民众关心的内容的书籍，等等。

第二，摆放出版物要方便选购。流动销售场所有的是临时摊点，有的是流动车辆，一定要结合实际条件，以方便消费者翻阅选购为原则，科学合理陈列出版物。

第三，接待消费者要热情周到。要热情接待每一位消费者，耐心解答各种问题，做到百问不厌、百拿不烦。同时，要眼观六路、耳听八方，动作灵敏大方，取递熟练迅速，价格计算准确，收钱找零无误，包扎装袋麻利，一边宣传一边销售。

15.开架销售服务应注意些什么？

出版物开架销售，就是对出版物以超市模式进行销售。开架销售方式既顺应消费者购物心理，也方便消费者翻阅选购，有条件的发行企业，一般都采用开架销售。由于开架销售是不设售货员的销售，因此，出版物发行企业要加强管理，落实责任；出版物发行员更要主动服务，做好接待。开架销售服务大致有三个方面的内容。

第一，要做到“三定”。一是定人，要根据门市书架的多少、销售情况的好坏，甚至不同区域的忙闲情况，合理确定出版物发行员人数。二是定岗，要根据部门、柜组、书架、柜台以及店堂口、楼梯口、服务台等设置情况，按实际工作需要，对发行员、导购（接待）等所有人员进行定岗。三是定责，要根据每个不同部门、区域和岗位，科学界定区域范围和岗位责任，确保每一项工作、每一项服务都责任到岗、责任到人。

第二，要做到“四勤”。一是眼要勤，要通过观察消费者，及时发现其需求，主动提供针对性服务。同时，还要随时注意整个卖场的情况，以便及时发现、报告、处理突发情况。二是口要勤，要以礼貌、恰当、消费者容易接受的方式保持与消费者的交流。通过交流，既可宣传推广最新出版物、重点出版物，也能随时提醒消费者，减少出版物污损和丢失。三是手要勤，及时发现出版物掉落、串架（台）或其他不整齐、不规范的情况，及时整理书架、书台、书堆等，摆正戳齐出版物，随时注意出版物的填缺补漏，确保出版物整洁。四是腿要勤。要在所定岗位范围内，勤走动，多观察，及时发现情况，及时处理问题，特别是消费者较多、人流量较大的时候，更要加强疏导，确保安全。

第三，要建章立制。要通过制定和落实奖罚具体的岗位责任制等管理制度进行管理，加强带班巡查，规范岗位考核，确保管理有序、运转正常。

16.如何了解消费者需求？

了解消费者需求，首先得了解消费者的性格类型。从消费者控制能力和交际能力两个方面来讲，消费者一般有四种性格类型。

一是主观型。这种消费者常被认为缺乏“耐心”，重点感兴趣的是所购产品能否满足其所需的最低标准。发行员接待这种类型的消费者时，要对消费者的提问很快答复，且言辞简单明了，切中要害。

二是情感型。这种消费者不一定重视产品的性能，重点关注的是产品是否符合他的身份。发行员接待这种类型的消费者时，要注意以轻松愉快的方式交流，答复问题要尽量与消费者购买意愿、认知观点保持一致。

三是分析型。这种消费者习惯精心筹划，重点关注的是产品的实用性。发行员接待这种类型的消费者时，要对出版物质量做出应有的承诺，并给消费者以充分考虑的时间和适当的鼓励，千万不能操之过急。

四是随和型。这种消费者极易相处，容易接受别人的意见。发行员接待这种类型的消费者时，要把处理好人际关系放在首位，当然，也要对出版物质量做出应有的承诺。如果消费者有人同行，最好侧面说服同行者，因为这类消费者很愿意听随同人员的意见。

知道了消费者类型特征，又该如何了解每位消费者属于哪种类型呢？这就需要通过长期的观察、积累和思考了。通常，有以下四种方法。

一是看。看消费者服饰、举止，对消费者层次大致有个初步概念；看消费者进店后的走向，那可能代表其购买意向；看消费者眼神、视线或者手中之物，那可能代表他对出版物的兴趣类型；看消费者面部表情，那代表他对你的介绍是否满意，对你的观点是否赞同，等等。

二是问。一方面，出版物发行员要主动询问消费者需求，但提问不要太多，不要让消费者产生被审问的感觉；另一方面，出版物发行员要认真回答消费者的询问，从问答中了解消费者。

三是听。一定要聆听，认真、用心去听。要听出消费者关心的重点，要适当恭维和鼓励，要找到切入点给予认同，不要随意打断消费者的话。

四是思。就是要思考，要对看、问、听得到的信息进行综合分析，从而判断消费者类型，采取有针对性的推销策略，实现既让消费者满意，又成功销售出版物的双赢目的。

17.如何做好导购服务？

消费者购买出版物是否满意主要体现在四个方面：期望值、感知的出版物价值、感知的服务价值、购买成本。导购服务一定要围绕这四个方面开展。出版物发行员首先要具备相关基本知识，包括企业知识、出版物知识、营销知识、心理学知识、公关礼仪知识等，这样才能做好导购工作。具体导购过程中，重点要做好三方面的工作。

第一，接待热情周到。消费者到来后，发行员要礼貌接待，并尽快与顾客交流，表现形象要专业。同时，接触的过程中，要与消费者保持一定距离，给消费者留出自己的空间和时间，并兼顾消费者的同伴。

第二，沟通诚心实意。做到接触顾客有信心，观察顾客要留心，关心顾客要真心，与顾客沟通有耐心，对待异议要用心。要通过与消费者的沟通，掌握消费者心理，针对消费者需求，提出合理化建议。

第三，成交水到渠成。看准时机，巧妙促成购买。同时，做好开单、付款、欢送顾客等工作，让消费者满意而归。对消费者做出是否购买的决定要抱平常心态，良好的印象自然会促成下次的买卖。

18.如何做好咨询服务？

咨询服务就是为消费者提供答难释疑的服务。一般来讲，咨询服务有三种方式：一是发行员直接作答，二是设立专门的服务台，三是建立登记本。无论采用哪一种方式，让消费者满意都是咨询服务的落脚点。

第一，发行员直接作答。一般比较小的门店采用这种方法，以节约成本。采用这种方法要求出版物发行员一定要熟悉门店和出版物情况，掌握与出版物有关的知识和技能，回答消费者要态度热情，语气委婉，实事求是。

第二，设立专门服务台。很多中、大型的发行企业一般采取这种方法，通过设立总服务台、咨询台、消费者接待室等，为消费者提供咨询和导购服务。有的甚至延伸到提供小孩推车、残疾人轮椅、礼品包装、代办业务、消费者留言、广播寻人等多项人性化服务。

第三，建立登记本。主要是缺书登记本、意见建议簿等。如果消费者需要的出版物一时没货，在做好耐心解释工作的同时，可通过登记在册、预留电话等形式，在有货时及时通知消费者，或为消费者提供电话咨询等服务。对于消费者提出的意见建议，一定要择优采纳，并对提出意见建议的消费者表示感谢。

19.推介出版物重点要做好哪些工作？

一是了解出版物。只有对出版物有深入的了解，才能有针对性地为消费者进行推介。发行员在推介出版物前，首先要对出版物有较为全面深入的了解，包括作者、出版社、出版物主要内容、业界影响、社会反响、版本以及与内容相关相近的其他出版物的区别和联系，甚至作者的基本情况、研究写作方向、还有哪些知名作品，等等。

二是了解消费者。按照前面讲到的方法，通过观察、询问、交谈等了解消费者需求，综合判断消费者购买意图，根据消费者购买意图，有针对性地向消费者介绍、推荐出版物。否则，出版物推介就会与消费者意图南辕北辙，适得其反。

20.如何开展出版物预订？

发行企业开展的出版物预订工作，既可提前为出版物发布促销信息，也能为企业备货提供信息依据。出版物预订工作一般有三个步骤。

一是传递出版信息。出版物出版前，要尽早将有关信息传递给消费者。对熟客、常客，或预约购书提前留下联系信息的消费者，可采取电话、短信、QQ、电子邮件等形式通知；对普通消费者，可通过在门市张贴广告或其他方便的媒体形式通知预约。

二是办理预订手续。按照通知约定的方式，办理预订手续，预订一般采取信用预订和收费预订两种方法。信用预订不预收货款，消费者支付通知过程中产生的成本费，出版物出版后凭通知单购买；收费预订需预收部分或全部货款，出版物出版后凭相关凭证领取出版物。多卷集出版物预订，可分卷、分集收款，或销售上卷（集）时预收下卷（集）货款，也可预收全部货款。

三是到货及时通知。出版物出版后，发行企业要及时通知已有预订的消费者，并按预订品种数量优先供应，千万不可言而无信，随便将已经预订的出版物卖与他人。

21.如何进行缺货代办？

出版物缺货代办是发行企业为培育稳定的消费群体而开展的方便消费者的一项服务。缺货代办要注意三点。

一是要定人负责。发行企业要确定专人负责缺货代办服务，避免代办过程中出现差错和失误。

二是要做好登记。要建立专门的售缺出版物登记台账，及时登记消费者需要的已经售缺的出版物，并交相关部门人员采购。

三是要及时反馈。出版物到货后，要及时通知消费者前往领取或购买；如确实解决不了，要及时将情况反馈给消费者。

22.如何做好配套供应？

出版物配套供应，就是根据销售需要，把按单册（盘、集）分开定价的多卷（盘、集）出版物组合起来成套销售。但这并不等于必须成套销售，如果消费者出于补缺配套的需要，只需购买其中某一卷（盘、集）时，只要单册（盘、集）有定价，就应以方便消费者为原则，拆零出售。

23.如何对待摘抄资料的消费者？

近年来，在大多数实体书店特别是新华书店，随时都会看到许多读者到书店后不一定购买出版物，仅仅阅读甚至摘抄资料，实体书店在一定程度上履行了公共图书馆的职能。对待这部分读者，发行企业和发行员一定要有正确的认识，培育阅读习惯正是培育潜在的消费者。因此，发行企业要尽量为这些读者阅读和抄录提供方便。一些明智的发行企业甚至开辟了专门的阅读体验区，延伸提供茶饮、咖啡、复印等增值服务。

24.如何发展基本消费者?

发行企业发展基本消费者包括两个方面的内容。

一是巩固已有消费群体。发行企业在经营过程中，要通过自身的优质服务，如：定期寄送目录、传递信息，提供代订、代查、代找出版物，送货上门等，与一部分消费者建立长期的供销关系。对这部分消费者不仅要信守承诺，还应给予优惠，确保关系稳定。

二是发展新的消费群体。近年来，从国家相关部门公布的全民阅读方面的数据来看，我国公民阅读习惯尚未全面养成，阅读还没有真正成为人们日常生活的需要。因此，发展新的消费者，首先需要培育消费者的阅读习惯。要通过举办签名售书、新书发布、读书讲座等形式多样、丰富多彩的活动，培养消费者的阅读兴趣，吸引消费者读书、购书。

二、出版物发行企业

1.出版物发行企业有哪些种类?

按现行有关法律法规规定，出版物发行企业主要包括出版物批发企业、出版物零售企业这两类。

2.什么是出版物批发企业?

出版物批发企业，就是从事出版物批发业务的企业。

3.什么是出版物零售企业?

出版物零售企业，就是从事出版物零售业务的企业。

4.设立出版物批发企业需要哪些条件?

《出版物市场管理规定》第七条规定，单位从事出版物批发业务，应当具备下列条件：

(一)已完成工商注册登记，具有法人资格；

(二)工商登记经营范围含出版物批发业务；

(三)有与出版物批发业务相适应的设备和固定的经营场所，经营场所面积合计不少于50平方米；

(四)具备健全的管理制度并具有符合行业标准的信息管理系统。

其中，经营场所是指企业在工商行政主管部门注册登记的住所。

同时，第八条规定，单位申请从事出版物批发业务，可向所在地地市级人民政府出版行政主管部门提交申请材料，地市级人民政府出版行政主管部门在接受申请材料之日起10个工作日内完成审核，审核后报省、自治区、直辖市人民政府出版行政主管部门审批；申请单位也可直接报所在地省、自治区、直辖市人民政府出版行政主管部门审批。

5.申请从事出版物批发业务需要提交哪些申请材料?

《出版物市场管理规定》第八条规定,申请从事出版物批发业务需要提交以下材料:

(一)营业执照正副本复印件;

(二)申请书,载明单位基本情况及申请事项;

(三)企业章程;

(四)注册资本数额、来源及性质证明;

(五)经营场所情况及使用权证明;

(六)法定代表人及主要负责人的身份证明;

(七)企业信息管理系统情况的证明材料。

6.设立出版物零售企业需要哪些条件?

《出版物市场管理规定》第九条规定,单位、个人从事出版物零售业务,应当具备下列条件:

(一)已完成工商注册登记;

(二)工商登记经营范围含出版物零售业务;

(三)有固定的经营场所。

同时,第十条规定,单位、个人申请从事出版物零售业务,须报所在地县级人民政府出版行政主管部门审批。

7.申请从事出版物零售业务需要提交哪些申请材料?

《出版物市场管理规定》第十条规定,申请从事出版物零售业务需要提交以下材料:

(一)营业执照正副本复印件;

(二)申请书,载明单位或者个人基本情况及申请事项;

(三)经营场所的使用权证明。

8.设立外商投资出版物发行企业需要哪些条件?

《出版物市场管理规定》第十四条规定,国家允许外商投资企业从事出版物发行业务。

设立外商投资出版物发行企业或者外商投资企业从事出版物发行业务,申请人应向地方商务主管部门报送拟设立外商投资出版物发行企业的合同、章程,办理外商投资审批手续。

申请人持外商投资企业批准证书到所在地工商行政主管部门办理营业执照或者在营业执照企业经营范围后加注相关内容,并按照《出版物市场管理规定》第七条至第十条及第十三条的有关规定到所在地出版行政主管部门履行审批或备案手续。

9.设立从事出版物发行的书友会、读者俱乐部或者其他类似组织需要哪些条件?

《出版物市场管理规定》第十六条规定,书友会、读者俱乐部或者其他类似组织申请从事出版物零售业务,按照本规定第九条、第十条的有关规定到所在地出版行政主管部门履行审批手续。

10.设立出版物临时销售点有哪些要求?

《出版物市场管理规定》第十七条规定,从事出版物发行业务的单位、个人可在原发证机关所辖行政区域一定地点设立临时零售点开展其业务范围内的出版物销售活动。设立临时零售点时间不得超过10日,应提前到设点所在地县级人民政府出版行政主管部门备案并取得备案回执,并应遵守所在地其他有关管理规定。

备案材料包括下列书面材料:

(一)出版物经营许可证和营业执照正副本复印件;

(二)单位、个人基本情况;

(三)设立临时零售点的地点、时间、销售出版物品种;

(四)其他相关部门批准设立临时零售点的材料。

11.出版物发行单位设立不具备法人资格的发行分支机构需要哪些条件?

《出版物市场管理规定》第十八条规定,出版物批发、零售单位设立不具备法人资格的发行分支机构,或者出版单位设立发行本版出版物的不具备法人资格的发行分支机构,不需单独办理出版物经营许可证,但应依法办理分支机构工商登记,并于领取营业执照后15日内到原发证机关和分支机构所在地出版行政主管部门备案。

备案材料包括下列书面材料:

(一)出版物经营许可证或者出版单位的出版许可证及分支机构营业执照正副本复印件;

(二)单位基本情况;

(三)单位设立不具备法人资格的发行分支机构的经营场所、经营范围等情况。

12.变更出版物经营许可证登记事项应履行哪些手续?

《出版物市场管理规定》第十九条规定,从事出版物发行业务的单位、个人变更出版物经营许可证登记事项,或者兼并、合并、分立的,应当依照本规定到原批准的出版行政主管部门办理审批手续。

申请材料包括下列书面材料:

(一)出版物经营许可证和营业执照正副本复印件;

(二)申请书,载明单位或者个人基本情况及申请变更事项;

(三)其他需要的证明材料。

13.终止出版物经营活动应履行哪些手续?

《出版物市场管理规定》第十九条规定,从事出版物发行业务的单位、个人终止经营活动的,应当于15日内持出版物经营许可证和营业执照向原批准的出版行政主管部门备案,由原批准的出版行政主管部门注销出版物经营许可证。

第四部分 出版物进货、储运和管理

一、出版物进货

1.购进出版物一般要注意把握哪些原则?

第一,质量第一,精品至上。要注重把好出版物的内容和质量关,千万不能购进内容不好、质量低劣、粗制滥造的出版物和违禁、非法出版物。在同一种类的出版物中,要以常销、长销、畅销、常备为标准,尽量选取精品,同时,还要注意出版时间、印装质量、图书定价、购销折扣等。

第二,按需订购,兼顾品种。选购的出版物要符合目标市场需要,一边组织货源,一边关注销售市场,随时把握销售情况,了解读者客观需要,确保精准进货。此外,进货品种一定要丰富,以满足消费者多元化的需求。当然,每一个品种要购进适量,进货品种与数量最大可能符合目标市场消费者需求,力争供求基本平衡。

第三,统筹供需,讲求效益。进货时,既要结合出版物内容考虑目标市场消费者的文化层次、购买能力,还要兼顾各类出版物进货比例,在保证重点需求的同时,照顾一般需求,必要时,还要满足某些特殊需求。此外,还要特别注意降低进货成本,保持合理的出版物周转次数和存货结构,勤进快销,少进勤添,尽量减少仓库占压、资金积压和人工浪费,提高经济效益。

2.如何尽可能减少进货工作失误?

首先,要搞好市场调查。出版物进货人员要通过多方面的观察、分析和调研,了解目标市场需要的实际情况,把握市场动态,做到心中有数。

其次,要收集分析信息。出版物进货人员平时就要注意积累业务资料和信息收集,比如同类出版物销售、存货、退货资料,比如目标市场相同或类似出版物满足程度资料,比如读者阅读习惯、爱好、倾向等等,通过对这些资料信息的分析,做出准确的进货判断。

最后,要坚持群众路线。确定进货品种前,一定要充分听取一线柜组、摊亭、主管发行员、库管人员的意见,特别是对重点品种、学术著作、科技著作,还要尽量向懂行的专家学者请教。只有这样，才能减少进货工作的失误。

3.供货渠道有哪些类型？

我们常说的供货渠道也就是进货渠道。一般来讲，根据采供双方所采取的不同的合作方式，出版物发行企业的供货渠道按合作时间可分为短期型、长期型，按合作深入程度可分为渗透型、联盟型，等等。

短期型——采供双方的关系就是单纯的交易关系，双方都希望做成买卖，都希望获得利益。在具体交易过程中，双方重点关注的是如何谈判，如何获得阶段性益利，基本不关心或很少关心如何改善自己的工作，如何实现双方共赢。因此，这一类型供货渠道的最大特点是利益短期性、交易临时性，业务量一般来说不会很大。

长期型——采供双方都认为，长期保持合作伙伴关系十分重要。正因如此，双方都有可能为了共同和长远利益而主动改进自己的工作，甚至还能建立起超越采供关系的其他方面的合作。一般来讲，双方都能主动想办法降低成本，提高竞争力。建立长期型的供货渠道，对于采供双方来讲，是比较理想的合作模式。

渗透型——实际上就是发展得更为深入的长期型。当采供双方合作深入到一定程度的时候，互相参与对方的业务活动，供货方生产的产品与市场需求结合得更为紧密，采购方也能对供货方生产的品种提出有针对性的建议。因此，建立这一类型供货渠道的最大特点是双方利益趋同，相互将对方看成自己的延伸，有的甚至相互投资、相互参股等等。

联盟型——实际上就是发展得最为深入的长期型。建立联盟型供货渠道的采供双方，大多会采取资本联结或全面合作的方式，实现双方在供货链上的紧密合作，采供双方都会从更长的链条上管理和协调关系。这种类型的关系，往往需要采供双方有更深层次的合作。

4.出版物进货的主要渠道有哪些？

一般来讲，出版物进货的主要渠道就两条，一是生产商，也就是出版单位，包括图书出版社、报社、期刊社、电子音像出版社等等。二是批发商，也就是出版单位之外的拥有批发权的发行企业，包括省、自治区、直辖市新华书店，邮政报刊发行局，各级基层新华书店以及其他出版物批发单位。

5.选择供货渠道的方法有哪些？

科学地选择供货渠道，对于实现出版物流转良性循环，达到预期目标，起着非常重要的作用。进货人员在熟悉和掌握供货渠道的同时，首先要明白自身企业的经营规模、目标、模式、所经营的出版物类型，再根据自身企业的特点组合进货渠道。一般来讲有以下方法。

一是招标法。采购出版物数量较大、市场竞争激烈时，一般采取这种方法。出版物招标采购的具体方法后面介绍。

二是研判法。采购人员通过征询有关各方意见，进行市场调查，并在准确掌握包括经营状况、出版物结构、服务范围等能具体反映供货商能力与货物质量的大量一手资料的基础上，进行分析判断，择优选择供货渠道。

三是比较法。重点是进货成本的比较，事先测算从各个不同供应商处了解到的进货成本，综合计算、分析，选择成本较低的进货渠道，一定要注意综合分析，不能仅限于经济指标。比如，在重点考虑出版物价格、采购费用、运输费用等的同时，还要比较考虑出版物质量、售后服务，甚至是否会影响长期合作关系和长远利益，等等。

6.如何做好集中进货管理？

有多家销售门店的大型出版物发行企业或出版物连锁经营企业，一般都要设立专门的、统一负责出版物进货的部门，实行集中进货，比如新华书店。这些企业通过集中进货实现规模化经营，通过集中进货实现统一配送、统一核算、统一促销策划，发挥企业优势。一般来讲，集中进货要注意做好以下管理。

一是要注重制度建设，规范进货行为。实行集中进货，一定要制度先行，通过制度规范进货各个环节，约束业务人员进货行为，营造良好的交易秩序。

二是要注重降低出版物运营成本。物流统一配送必然要求集中进货，因此，要对进货和配送都实行集约化管理，才能有效地降低出版物发行运营成本。

三是要注重提高业务人员谈判议价的能力。大批量进货，能在出版物数量规模效应下，最大限度地享受进货价格优惠，有效保证企业的价格优势地位，也能很好地满足消费者物美价廉的心理需求。

7.分散进货一般采取哪些形式？

我们这里所讲的分散进货，是指有总部的发行单位将出版物进货权按一定方式分散到不同部门或连锁门店，由不同部门或连锁门店在一定范围内，直接向供货商购进出版物的进货方式。一般来讲，有两种实施方式。

一是部分分散的进货方式。出版物发行企业总部对各门店销售的诸如地方性教辅材料等地域性强的出版物，由各连锁门店自行组织进货，由企业总部对其他常销、长销、常备、畅销等出版物集中进货。部分分散的进货方式灵活性较强，不同门店可根据自身特点制定弹性营销策略。

二是完全分散的进货方式。出版物发行企业总部根据自身企业构架、门店分布、销售方式等情况，将所有出版物的进货权下放给部门或门店，由部门或门店根据自己的情况灵活进货。完全分散进货的最大优点是能迅速把握消费者的阅读需求，利于竞争。

8.单店进货一般采取哪些形式？

单店，就是指一个单独的出版物发行门店。在这样的门店里，出版物进货常由一个人或一个部门负责，由于进货量较小，所以配送成本较高，积压风险较大。因此，需要根据自身情况，确定最优进货形式。一般来讲，有以下几种形式。

一是由经理本人全权负责。这种店一般较小，大都是私营店，出版物进货的权力完全集中在经理手中，其他人可能有建议权，也可能没有。进货权包括选择供货商、决定购进的时间和数量等等。

二是由专门的进货部门负责。这一般是大一点的企业采用的方式,分工比较明确,出版物进货权力放给进货部门,由进货部门根据市场销售情况进行进货。

三是由销售、进货部门共同负责。这一般也是大一点的企业采用的方式,销售部门负责提供出版物销售、促销情况,拿出进货品种数量基本意见,进货部门根据销售部门的意见,结合库存、进货周期等其他情况进行调整,形成最后的进货安排。

9.进货需要把握的基本要领有哪些?

进货是一门学问,直接影响销售,进货人员在实践过程中一定要勤于思考、善于总结。一般来讲,进货要把握以下要领。

一是要跟踪了解消费者的阅读需求。消费者的阅读需求就是进货的风向标,因此,一定要通过跟踪了解消费者的需求来决定购进出版物的品种和数量。了解消费者阅读需求的方法很多,最重要的就是要定期分析出版物销售结构,比如,建立联系卡、会员卡,设立意见簿等,通过收集、整理、研判这些信息,准确预测并购进品种对路、数量适当的出版物。

二是要注意比较出版物。不同的出版物其适用的地域、行业、等级不一样,针对的目标消费人群的阅读习惯、购买能力有差别,销售的时间周期有长短,等等。另外,有的出版物或同名称不同内容,或内容相似名称不同,或同名称不同著译者,或同名称同内容不同装帧和定价,或同品种不同对象,等等。因此,比较出版物,不能只比较征订目录,一定要做全面、深入的比较。

三是要注意比较供货商,择优选择进货渠道。在确定了进货品种、数量、质量之后,为了得到最优惠的价格和服务,可以要求供货商先提供价格表和优惠服务条款,然后进行比较,从中挑选合适的供货商。一般来讲,初次合作成本较高,所以,一定要慎重选择,力争将一次合作发展成为长期合作、深度合作,这样的话,逐渐就会得到供货商更多的优惠,实现双赢。

四是要注意选择付款方式。规模不大、实力不太雄厚的发行企业,最好能够通过谈判,让供货商提供账期,也就是说,约定在进货后某一时间内付款。对于中小型发行企业而言,账期付款可避免一定的风险,加速资金周转。当然,账期付款一定要付款及时,讲求信誉,以便实现长期合作、深度合作。

此外,作为企业内部的经营计划,进货计划一定要保密,否则,一旦提前泄露,就可能会造成进货谈判的被动。

10.进货的基本流程有哪些?

第一步,收集分析市场信息。这是最重要的一步,所以一定要认真、全面地梳理出版物目录内容,研判出版物作者、内容、装帧、定价、出版时间、发行折扣、购销形式、发行范围、消费者对象等,对所订出版物有较为准确的认识。同时,要全面调查分析市场需求,汇总各方意见,为进货决策提供参考。

第二步，审核订单，做出决策。将各门店、各部门提出的零售订购数量和从不同渠道得到的消费者预订数量汇总，组织进货人员或相关部门负责人审核分析。同时，根据购销形式、已有库存、计划备货等其他因素，做出进货决策。

第三步，谈判签约。做出进货决策后，接下来就要与供货商谈判和签约，这一步也非常关键，直接关系到优惠程度与进货成败。一般来讲，大型发行企业或连锁经营企业，通常采取集中谈判的方式；小型发行企业或零星进货，通常是谈品种和折扣，以订单的方式进货。谈判成功后即可签约。

第四步，验收付款。谈判签约后，供货商开始供货，采购方一定要核对进货合同，对到货出版物进行认真验收，违约情况要及时反馈给供货商。采购方根据合同约定，在签约结束或供货开始、供货到一定程度或全部结束时，要进行货款支付，不论什么时候支付货款，采购方都一定要信守承诺，按约支付。

第五步，后续工作。上面四步结束后，就已基本完成一次进货流程，但从企业科学管理、长远发展的角度看，还要对当次进货进行整体分析总结，以便在以后的进货工作中扬长避短，同时，将有关档案资料梳理归档，以备查阅。特别是进销货清单等有关非财务票据，一定要妥善保存两年以上，否则，按照《出版物市场管理规定》，会被警告并处 3 万元以下罚款。

11.如何收集进货信息？

收集进货信息是把握出版物市场动态的必要环节，对于科学、准确地制定进货计划，实现预期销售目标至关重要。因此，收集进货信息是进货人员的基本功，一般采取以下办法。

一是建立信息系统。就是以实现企业管理目标为着力点，建立持续收集出版物市场信息的系统，通过设计数据模式、明确调查内容、开展市场调查、调查数据校验、结构化归纳储存等程序和环节，全面准确把握出版物市场信息。发行企业建立信息系统，有利于提高信息使用效率，提升整体管理和业务服务水平。但由于收集内容不易确定，储存比较复杂，工作量往往很大。

二是通过业务调查。就是根据自己进货业务的要求，通过设定调查目标、明确调查内容、开展调查工作、校验调查结果等程序和环节，围绕进货收集信息，以满足业务需要。不过，由于这种方法很难形成一个整体系统，容易造成数据的重复或遗漏。

三是集中归纳梳理。一方面要集中，就是想方设法把大量的市场信息按目的汇集起来，做到既能反映整体又能反映某方面的情况和问题。另一方面要归纳梳理，就是要重点把反映市场销售的信息集中在一起，加以全面、系统的归纳梳理，完整、清晰地呈现出版物消费市场变化的全貌，为进货决策提供依据。

12.如何制定进货计划？

制订进货计划一般有以下几个步骤。

一是准确定位。就是根据不同出版物的不同特性，确定其经营位置。定位方法很多，要根据情况自行选择。比如，针对不同的消费群体调整购进出版物的结构，在学校集中的地区开书店，就要多经营教育类出版物。又比如，针对书店本身的定位调整购进出版物的结构，是科普读物专卖店就多购进科普读物，是文学期刊专卖店就多购进文学读物，等等。但总的来说，市场业绩是最基础、最根本的标准。

二是合理组合。就是合理确定你所经营的出版物的结合方式。首先要清楚自身条件，如门店面积多大、交通是否便利、周围有哪些商业等。其次，要了解出版物市场需求，要重点结合时政趋势、季节变化、经济背景、消费群体、消费习惯等。第三，要明白自己在市场竞争中所处的位置，如果购进的出版物将要遇到强大的竞争对手，利润空间很不确定，那么，就要考虑是继续增加原有的出版物系列还是新购品种对你的经营更为有利。第四，要定期调整出版物组合，准则就是“贡献度”，而不是营业额，一般是以“毛利额”排名为依据，审视和调整出版物组合，创造最高价值。当然，要首先淘汰滞销品种。

三是科学配额。就是按照已经确定的结构标准，科学确定各类别出版物的份额。首先，确定重点出版物配额。重点出版物在数量和资金上都占据主要地位，其销售情况决定着出版物整体经营情况，同时，还能体现发行企业的经营方针、经营特点及经营性质。其次，确定一般出版物配额。一般出版物是对重点出版物的补充，能使整体种类更加丰富，吸引消费者，为不同需求的消费者提供更多选择。一般出版物配额要符合企业经营定位、有利于经营。同时，要考虑其季节性、流动性，尽量少进、勤添，避免积压。第三，确定相关出版物配额。相关出版物在内容上与重点出版物关系密切，但又有别于一般出版物。它一方面可以方便消费者购买，另一方面，还可以起到促进重点出版物销售的作用。比如，在购进畅销小说的时候，还可以同时准备音像制品，也可以准备不同的版本，甚至是与其有关联的出版物，以满足不同读者的需求。

13.出版物订货方式有哪些？

随着科技飞速发展、物流方式不断更新，出版物市场进一步活跃，出版物进货方式越来越多样化。出版物发行企业往往因其经营规模、营销方式、专业特色等差异而选择不同的进货方式，并各有特点、各显神通。这里介绍几种常用的进货方式。

第一，目录订货。就是按照征订目录订货。征订目录传递信息及时，按征订目录订货费用较低，出版物门类、品种比较集中，进货人员可以有充足的时间思考比较，同时还能发动群众，集思广益，适合各类出版物的订货。但是存在所订出版物出版周期不确定、周转环节多等因素，供货速度慢。专函征订、单页征订、电传征订、封面征订等方式也是由此派生出来的。

第二，看样订货。就是出版单位或批发企业以订货会等方式，将品种丰富的出版物样本集中，邀请客户单位进货人员看样选订。这种方式便于进货人员比较、选订同类品种，但活动成本较高，决策时间较短，容易出现印象订货、兴趣订货、激情订货的情况。

第三，现货批销。就是进货人员以随时、自选等形式，到出版单位或批发企业的仓储或卖场直接选订出版物。这种方式配送快捷、把握性大，但有时因到达现场不及时，往往会耽误一些数量有限的畅销品种的订购。

第四,发样订货。就是出版单位或批发企业将出版物样品或成品、半成品缩样发给客户单位,客户单位根据样本进行订货。创刊报纸杂志、音像制品、电子出版物等一般采用这种方式。

第五,主动配送。就是出版单位或批发企业按照其同客户单位签订的购销合同,主动以适当比例为客户单位配送出版物,期刊或专业出版物一般采用这种方式。以这种方式订货能较好地保证新品种在第一时间上市,但很难控制出版物的品种和数量。

第六,网上订货。就是出版单位或批发企业自己在网上发布或通过第三方网站发布出版物目录等信息,客户通过网络直接在网上实现订货。

第七,调剂。就是发行者成员单位之间相互调配库存余缺出版物的活动。教材调剂一般采用这种方式,其他出版物调剂较少。

14.如何洽谈进货业务?

洽谈进货业务就是出版物供需双方就交易涉及的实质问题进行磋商和谈判。洽谈进货业务是能否实现交易的关键所在,直接关系到企业的经济利益。因此,洽谈人员不但需要有较高的出版物专业知识和出版物发行业务水平,而且还要有较强的公关能力和谈判技巧。一般来讲,洽谈进货业务需要做好以下工作。

第一,搞好信息收集。首先,要认真开展市场调查,主要内容包括:市场需求状况,就是调查分析市场分布情况、市场容量、市场潜力等等;出版物情况,就是拟购出版物出版者、作者、内容、品质、价格、折扣以及与其他同类出版物的比较、市场反应等等。其次,要大量了解供方信息,特别是供方供货能力、服务水平、市场反应、谈判方式等等。三是要熟悉掌握与进货有关的法律条款,确保谈判在法律许可范围内进行,签订的购销合同受法律保护。

第二,做好谈判预案。首先,要选好谈判人员,包括应急替换人员。选人的时候一定要有针对性,要在对项目本身和对方情况充分了解的基础上,选择适合该项目的谈判人员,同时,要注意传、帮、带,培养后备人才。其次,要模拟谈判过程,预想谈判中可能出现的情况,尽可能穷尽地设置拟发问题、对答方式。三是要有保底思维,在力争最好结果的情况下,设置谈判底线,这个底线要绝对保密,不能有半点泄漏。

第三,把握谈判原则。一是要平等磋商,双方都在争取各自的经济利益,难免会出现意见分歧,一定要做到平等相待、友好磋商。二是要合作共赢,不能只重视自身利益,也要关注对方利益,换位思考,互利互惠。三是要维护核心利益,折扣、运费等自己的主要利益点,就是核心利益,不能轻易让步。四是要全面均衡,不能只注重某项利益而忽视其他条件,要综合权衡,综合获利。比如,供货商在价格让利的同时要求增加进货数量,就要综合考虑增加的数量是否是市场需要,其退货条件怎样,占用的资金是否划算,等等。千万不能只贪图眼前利益,捡了芝麻丢了西瓜。

第四,讲究谈判技巧。谈判是一门艺术,谈判技巧运用得好,复杂的事情也会变得简单；不会运用谈判技巧，简单的事情也会被搞复杂。所以，谈判技巧至关重要。

第五，依法签订合同。这一步也很重要，谈了半天，最后签订合同的时候出了错，一切都是白搭，甚至会造成无法挽回的经济损失。所以，拟定合同一定要依法，要忠实谈判结果，要善于使用合同中有关权利、义务的条款，文字表述要字斟句酌，严谨缜密，绝不可模棱两可，以致履约困难，甚至诉诸公堂。

二、出版物储运

1.如何收货？

收货，就是出版物到达目的地以后，收货方进行验收并办理入库的过程。出版物进货人员在物流部门或库房收到出版物后，一定要及时跟踪采购合同执行情况，确保收到的出版物符合按时、按质、按量的要求。收货的主要内容包括：

第一，验数量，即查验实到出版物品种、数量与收货凭证是否一致，是否有漏发、错发、少发、夹带等问题，码洋、折扣是否相符，等等；

第二，检质量，检验到货出版物是否存在残次品种、以次充好，是否有残破、污损、风黄、受潮等问题；

第三，看服务，一是看出版物到货时间是否与采购合同（订单）要求一致，因为有的出版物销售的时效性较强，一旦错过最佳销售时间，可能就会成为滞销品，造成库存积压；二是看整个履约过程的服务，是否有不到位、不满意的地方。

2.如何处理收货中出现的问题？

货物验收的重点，往往就是容易出现问题的环节。通常收货出现的问题无非是在数量、质量、服务三个方面。

第一，数量方面的问题。一般容易出现漏发、错发和少发等问题。对于这些问题，一是可以让供货商补发漏发、少发的出版物；二是可以减除漏发、少发的出版物，按实收货物结算；三是可以将漏发、少发部分向供货商开具空退凭证；四是可以对错发部分补开采购单后做退货处理。

第二，质量方面的问题。如果出版物有残次品种、以次充好，有残破、污损、风黄、受潮等问题，要及时联系供货商，或调换，或退货，或赔偿。

第三，服务方面的问题。对到货不及时、供货满足率低、服务质量差、履约不到位等方面的问题，要及时与供货商协调沟通，可改进的改进，该补偿的补偿，必要时，可放弃合作。

3.如何退货？

这里讲的退货，是合同约定范围内的正常退货。合同约定不能退货的经营方式不在此列。一般来讲，退货工作也由进货人员实施，主要内容包括：

第一，发行商主动退货。对那些临近退货期限，或滞销、积压的出版物，都可考虑退货；退货前，先进行清点造册，并主动与供货商联系沟通，协商退货；

第二，供应商要求退货。由于政策、形势、出版物质量等种种原因，有的出版物可能供应商会要求下架停售。发行企业在接到停售或下架通知后，要立即组织下架停售和清点造册，再按供货商要求做好退货、报废等后续处理工作。

为减少企业损失，降低运行成本，提高经营效率，一定要尽量控制退货率。做到科学进货、经常促销、合理退货。

4.如何处理退货中出现的问题？

退货工作比较烦琐，容易出错。只有及时发现和解决问题，才能确保后续对账、结算等工作顺利进行。

退货中容易出现的问题包括：数量算错的问题、折扣算错的问题、退错供应商的问题等。因此，首先要加强企业管理，规范内部流程，确保各环节严谨、周密；退货前，一定要按合同约定与供应商协调、沟通到位；退货后，要及时与供应商核对往来账目，发现问题立即纠正。

5.怎样做好出版物入库工作？

出版物入库非常重要，做不好就会造成出版物订、到不符，账、实不符等诸多问题，甚至会诱发监守自盗等违法犯罪行为，直接影响发行企业经济效益和经营秩序。

出版物入库的基本要求是：手续齐全，入库及时，质量保证，数量准确，账实相符，码放合理。

第一步，验收。出版物送达后，库管人员必须严格按照收货凭证检查核对出版物品名、定价、数量等，同时按订货标准检查出版物质量。

第二步，记录。库管人员要准确地把入库出版物供货单位、收货日期、订货依据、出版物编号、出版者、品名、出版日期、作者、价格以及应收、实收数量等详细信息录入卡片或输入计算机管理系统。

第三步，堆码。出版物入库后，要根据其种类、数量、包装形状以及仓储条件等确定摆（堆）放架位，合理利用仓容，科学堆码，将出版物堆放稳固、整齐，并预留出一定墙距、垛距、顶距和通道，做到储存安全、码放合理、货位清楚、标志明显、井然有序、进出库方便。

6.如何码放管理库存出版物？

出版物码放的基本原则是：安全、方便、迅速、准确、节约、整洁。为充分利用仓库的空间，一般来讲，会根据实际情况，采取码垛、上架（箱）两种形式码放出版物。

第一，要合理编制货位号。可根据仓库条件区分货区，分别存放不同种类的出版物，也可分区、分类、分版存储，但都要注明货位编号，做到标志明显。

第二，图书、图片平放，盲文书刊立放，成捆书竖放。特殊装帧和规格的出版物以安全为前提，采用特殊码放方法保护。

第三，图书封头朝外，同一品种的出版物要集中，严格区分不同品种的出版物，防止乱放混放，要便于查找、核对、配发。

第四，书垛高度一般在2m～2.5m(约10～13层书包)，上下层交叉压缝，每三层放一层垫纸，以防倾斜。书垛每层码放包数一般为：小32开本11包、大32开本或24开本10包、16开本6包或8包。此外，还要在书垛底部加放垫板，垛底四角打保护脚，确保码放稳固。

第五，要方便进出仓库。根据出版物动销程度、出库频率、预计库存时间等安排货位，将动销率高、出库频繁、数量较大的品种放在便于提取的货位。

第六，要及时准确登记录入。出版物码入货位后，要及时将存放位置(货位编号)登记在卡片上或录入计算机，货位一旦调整，要及时变更登记，确保出库、盘存等管理有序。

7.如何分发待运出版物？

分发待运出版物一定要严格遵照工作流程，一旦出错，会直接影响门店销售和仓储管理。

第一步，核验分发凭证。分发凭证是出版物出库的依据，由指定业务部门负责制作，仓库保管员进行出版物出库操作前，先要认真核验分发凭证。其内容主要包括：发货单位名称、出版物编号、品名、出版者、价格、发货数量、收货日期等，一般都是格式化制作。如果是通过计算机系统管理分发，那么就要在计算机系统中存储分发记录。

第二步，核销记录卡片。要及时根据分发凭证从卡片上核减存货数量，逐笔登记出版物出库流水；如果是实行码洋管理，就要核减账上码洋。使用计算机系统管理做分发记录的，一般系统会自动完成核销备货，大多不需要人工核销。

第三，选配出版物。仓库保管员根据分发凭证到出版物存货位置配货，配货时，一定要认真核对分发凭证，特别要注意出版物的品名、定价与实物是否相符，同时，严格按照发货数量准确选配出版物。

第四，复核出库。复核人员要根据分发凭证，对出库出版物品名、定价、数量等进行再次核对，以确保出版物分发的准确性，防止发生差错。复核准确无误后，交验收部门核对清点，办理出库交接手续。

8.拣配出版物的主要方法有哪些？

拣配出版物，就是按照发货清单，准确、快捷地将出版物拣出仓库等待分发的过程。一般有两种方式。

一种是按出版物品种拣配。就是先将同一品种的出版物发货数量汇总，按照汇总数量一次性拣出出版物，并将其堆放到待发区域，然后，再根据发货清单，将出版物按需逐品种分发。

另一种是按采购商(店)订单拣配。这种方式就像配一副中药，直接按给各采购商(店)的发货清单逐一拣配。

9.如何复核拣配打包的出版物？

拣配工作完成后，复核人员要按照发货清单，认真仔细地对打包出版物进行复核。复核时，一定要对出版物名称、编号、定价、数量、包数等一一核对。特别需要注意的是：成套销售的出版物一定要按套发货；配有光盘、磁带的图书一定要确定没有丢失光盘、磁带；破损出版物一定要调换后出库。此外，如果发现整包整捆短少的情况，要马上通知相关部门和人员查验，得到确认后，有关人员要在标签上签名，注明短少数量、日期，盖上检验印章，到仓库补书。

10.储运出版物应如何包装？

出版物包装是否科学，直接关系到出版物储运过程中的安全，同时，也会影响到货物查验、仓库利用和储运费用核算。一般来讲，储运出版物包装有以下一些要求。

第一，关于图书打包。

首先，将包装材料平摊，外包一张牛皮纸和一张复合纸，里面衬上灰板纸，然后，将出版物平放到包装材料上。通常，包装平装书时，要码正、放平、靠紧，上下两层书脊朝里，最上面一层封面朝下，最下面一层封面朝上；包装精装图书时，上下两层书脊朝外、书口朝内。一定要将包装纸包紧裹严，包装纸两边叠接处一般不少于 10cm，实在不行就用双份包装纸。最后，将包件两端纸边折平压实，绑绳先打横道，再打竖道，交叉压成“井”字形，带与带、带与边之间距离相等。

第二，关于运输包装。

一般来讲，短距离运输采用箱装，装箱后，将对应票签夹进该箱最上面一本书中，票签头外露；运输距离较远的最好打包，打好包后贴上票签。如果是清单包件，一定要将发货清单随货同行联放入包件内，并在包件外加贴“清单”票样，若是急件，则还要在标签上加盖红色醒目的“急”字。通常情况下，图书、教材用纸包装；音像制品和电子出版物用包装箱包装，不能平放，排列整齐，松紧适度，防止运输中破碎。

此外，为防止外层书面污损，包装时，每捆书两端要用 250 克以上的纸板或较厚的纸张进行衬垫，衬纸面积应略大于书的面积。包捆的时候，在尺寸允许的情况下，每捆内图书以 5 本或 10 本为一叠(俗称一划)，书脊朝里朝外交替叠放，做到整齐结实、提拎不散、托盘下部不发生歪斜。如果一个出版物品种有两家以上厂家装订送货，一定要加强联系沟通，做到包捆完全一致。包好后，要在每捆书的一端衬纸上贴上票签，票签必须为印刷品，规格不小于 9cm×6cm，格式如下：

书名			
标准书号		定价	
出版单位		数量	
印刷单位		开本	

11.如何调剂出版物？

调剂出版物大致有两种情况，一种是出版物发行企业内的调剂，大都发生在门店与门店之间、部门与部门之间；另一种是出版物发行企业外的调剂。出版物发行企业内调剂时，要在出版物转移的同时，开具相应的内部转移清单；出版物发行企业外的出版物调剂时，要将出版物随同开具的转移清单退回相应业务部门，再由该业务部门开具发货单，随同被调剂的出版物发往移入单位。

12.如何更换问题出版物？

出版物发行企业在收验出版物时，一旦发现供货单位的到货出版物有风黄、污损、残损、残次、混错等与供货要求不符的情况，要及时与供货单位联系，协商换货事宜，并将问题出版物与供货单位发货单的复印件(并注明换货原因)一起寄回供货单位，供货单位收到问题出版物和相关单据后，应及时为发行企业做换货处理。

13.停售出版物如何封存？

发行企业在接到供货单位或行政管理部门关于某种出版物停售封存的处理通知后，应立即组织人员，及时将所有陈列和存放在不同位置的该种出版物全部收齐清点并登记造册，在指定时间内退回仓库，仓库开具相关凭证转移业务部门，最后，业务部门按要求做出退货、销毁等处理，并与供货单位做好往来账目清算工作。

14.如何处理报废出版物？

对于因停售而报废的出版物或经企业负责人批准作为报废处理的滞销出版物，仓库人员应及时按企业规范流程办好相关手续，仔细清理核实后集中统一处理。一般情况下，报废纸质出版物送造纸厂化浆销毁处理，音像制品和电子出版物交由专业回收单位粉碎销毁处理。报废出版物严禁再次进入市场流通。

15.如何处理残次出版物？

凡因供货方原因造成的残次出版物，都要集中起来向供货单位办理退货；因发行企业自身原因造成的残次出版物，报经企业负责人批准后，一般按报废出版物处理程序处理。

三、出版物管理

1.如何做好出版物仓储管理？

做好出版物仓储管理，能有效防止出版物霉变、残损、污损、变色、丢失等，最大限度地降低发行企业的经济损失。一般来讲，仓储管理要重点做好以下工作。

一是要控制好库房温度、湿度。要按照所储出版物温度、湿度要求，根据天气、季节变化，及时采取通风散潮、吸潮或者转移出版物等方式，严格控制库房内的温度、湿度。有条件的发行企业，最好安装相关设备，以实现精准控制，严防出版物霉变、粘页、变色。

二是要注意保持清洁卫生，做好防虫、防鼠工作。要定期对仓库内外进行消毒杀菌、灭鼠堵洞，防止虫蚁滋生，消除不良环境对出版物的影响，严防虫蛀、鼠咬。

三是要注意避光防晒。出版物特别是塑料覆膜的图书，长时间受日光照射，容易变质变色，封面卷角老化，页面纸张发黄变脆。

四是要完善管理制度。要严格规范岗位责任和操作规程，避免工作人员由于野蛮包装、随意拿放、手有脏污、操作不当、保管不善等原因，造成出版物书口勒痕、包装盒破裂、油渍污损、被盗丢失等人为残损。

2.周转仓出版物如何管理？

周转仓出版物管理，主要有上架、下架两方面工作。

第一，上架。大多数出版物进入周转仓时已拣配打包，可直接上架。需要拆包上架的出版物，验货人员一定要认真清点后再上架，按照同品种同位、先纵后横、内高外低、稳固整齐、以零压整、取放方便、整洁有序的基本要求叠放。

第二，下架。周转仓的出版物下架，原则上按出版物出库程序操作，若遇需在整包中取出出版物的情况，则应先将外包装完整拆除，将所需数量出版物取出，剩余出版物按上架要求叠放归位。

3.备货仓出版物如何管理？

备货仓出版物管理主要包括两方面，即入库存放和摆放管理。

第一，入库存放。

一般来讲，备货仓中的出版物，需要根据单一品种多少，采取堆垛或货架存放。堆垛又称码垛，备货仓中的码垛，是将单一出版物在货位上交叉堆放，通过增加单位面积堆放高度和数量，减少堆放面积，提高仓容效能。通常，堆垛有两种方法。

一是交叉压缝堆码。就是将包装好的出版物纵横排列，相互咬紧，逐层交错，压缝堆高。发行业大都采用这种方法。一般每个托盘存放 50 包，方便及时下架。二是行列式堆码。就是背靠背地将出版物排成双行以上的行列，便于收发和检查，适于小批量出版物，但堆垛不够牢固，不节省库房。

第二，摆放管理。

一是大宗架位上的出版物管理养护。出版物包件上架大宗架位时，同一品种应先横后纵，拆除零包件外包装，小数量品种放在外面，内高外低，确保能看清每个品种。同系列、同书号的书一般不放同一货架上，成套的书及配盘、带等附赠品的书，要仔细核对配好，避免出库错误和遗漏。

二是小宗架位上的出版物管理和养护。出版物上架小宗架位时，应首先去除外包装或票签等纸张，保持架位干净整齐，摆放整齐一致。16 开图书在架位右边竖向摆放，32 开图书在架位左边横向摆放，套书一套一划，单本图书每 5 本或 10 本一划，由内至外、内高外低摆放，小数量图书可放在其他图书上面，确保每个品种都能看清。尽量不将音像制品和电子出版物放在同一货位，避免下架出错。

不论哪种货架，出版物下架出库都要严格按照前面介绍的出版物出库（周转仓出版物下架)方法实施。

4.如何运用账卡管理出版物?

出版物账卡管理主要用于记录库存出版物的数量动态,实时反映出版物库存量,便于清查和盘存,是出版物日常管理的一种重要方法。库存出版物一品一卡,悬挂在货垛或货架明显处。账卡主要内容包括名称、收发货日期、购买单号码、入库数量、出库数量、结存数量、存放货位等。

一般来讲,大多数发行企业,特别是品种较多、数量较大的仓库,都会根据自身经营需要,统一建立电子化库存出版物账卡,超过 1000 个品种的出版物配送中心,必须建立电子化库存出版物账卡。经办人员手工制作库存出版物账卡,只适用于仓储出版物品种很少的情况。

5.出版物物流管理信息系统需要具备哪些功能?

对于出版物发行企业来说,建立高效完整、全面覆盖物流配送中心作业过程的出版物物流管理信息系统,是适应现代物流飞速发展和出版物物流配送趋势的必然要求,势在必行。一般来讲,出版物物流管理信息系统至少应有以下基本功能。

一是基础数据管理功能。基础数据是整个管理信息系统应用的基础,主要包括全系统人员、货位、运输方式等基础信息的录入、管理和维护。

二是出版物入库管理功能。这个系统支持出版物入库作业,可以对出版物进行检验和复核,能处理不同形式与要求的入库指令,自动生成入库单,并通过内部链接,将相关信息反馈给业务、财务等部门。

三是出版物库存管理功能。卡片管理、货位管理、盘存管理等出版物库存一体化管理,就是通过这个系统来实现,同时,通过内部链接,将相关信息反馈给业务、财务等部门。

四是出版物出库管理功能。系统应能处理不同的出库指令,支持不同形式的出库方式,科学合理地选择和分发出库拣配任务,同时,通过内部链接,将相关信息反馈给业务、财务等部门。

五是费用结算管理功能。系统可集合仓储、配送、运输等全过程与费用有关的业务信息,并负责汇总费用和业务单据、相关报表的打印。

此外,根据配送方式的不同,管理系统还应具备科学调度交通工具、合理安排运输方式等功能;为满足经营管理的需要,应具备日常统计、信息查询等功能。

6.出版物物流管理信息系统基本查询功能有哪些?

出版物物流管理信息系统的主要任务是完成物流作业支撑,为了最大限度地挖掘利用其数据资源,还应能实现物流管理过程中的统计、查询功能,包括出版物出入库查询,库存台账查询和综合查询,以及与物流管理相关的其他查询。就是说,操作人员根据需要而指定不同查询条件,系统就能自动查出符合相应条件的出版物入库、出库、库存台账及其他各类详细信息。

7.如何按类别分析出版物库存总量?

以销售数据为依据,分别计算各类别销售数据与销售总量的比率、库存数据与库存总量的比率,然后进行比率分析。时间跨度以一年为宜,计算公式为:

$$销售比率=\frac{某类别销售}{总销售}\times 100\%$$

$$库存比率=\frac{某类别库存}{总库存}\times 100\%$$

理论上,除艺术类等特殊类别库存比率可能高于销售比率外,这两组数据应大致相等或相近。如果某一类别或几个类别的比率明显不对称、不平衡,就说明这些类别库存量偏高或偏低,需要分析调整。

8.如何按品种分析出版物库存总量?

按品种分析重点是分析两项指标。

一是品种比。就是对品种中各类别(版别)的比率与销售数据中各类别(版别)的比率进行分析,针对不对称、不平衡情况提出调整意见。计算公式为:

$$类别品种占总品种比=\frac{某类别品种}{总品种}\times 100\%$$

二是动销率。通过对一个时间段品种动销率的分析,调整和处理动销率不高或滞销的类别或版别。计算公式为:

$$品种动销率=\frac{动销品种数}{总品种数}\times 100\%$$

9.如何按库存周转次数分析出版物库存总量?

一般来讲,零售卖场出版物年周转 2 次以上为正常。如果低于 2 次,库存总量和结构就可能有问题;低于 1 次,库存总量明显过大。但是,如果高于 4 次,可能因库存不足,影响销售。计算公式为:

$$平均库存=\frac{期初库存+期末库存}{2}$$

$$年平均库存=\frac{本年各月平均库存之和}{12}$$

$$周转次数=\frac{计算期销售量}{计算期平均库存}$$

$$周转天数=\frac{计算期天数}{计算期周转次数}$$

10.如何按出版或印刷年限分析出版物库存总量?

按出版或印刷年限分析出版物库存总量是最常用最简单的一种分析办法,通常在年底进行,因为此时当年品种的实际库存比较准确。一般来讲,在出版物库存总量中,每个出版或印刷年限的出版物所占码洋有一个比较合理的比例,出版物越新占比越大。习惯标准是当年品种码洋占 40%左右，上一年占 30%左右，上两年占 20%左右，三年前占10%左右。

11.如何做好库存出版物盘存清库？

出版物盘存清库对于出版物发行企业发现管理问题、堵塞管理漏洞、加强内部管理非常重要，应形成制度，定期进行。一般来讲，盘存清库有以下方法和步骤。

第一，做好盘存前的准备。一是发出盘存通知，通知相关业务部门按时完成报废等业务审批确认，并确定盘存时间，提出相关要求。二是全面处理收货、发货、退货、调剂的实物和货账，做到账、实一致。三是按分类、品种归整库存出版物。四是确定盘存人员、划分库存区域，并对盘存人员分组、分区、明责。五是准备计算机、打印机、纸张、笔墨等必要工具。六是做好计算机系统管理盘存前的数据准备，成立数据维护小组，按仓、版、类、单品、货位等确定盘存区域、盘存批次，制作盘存清单，锁定电脑库存。

第二，手工盘存的实施。盘存人员对应划分区域，按顺序逐个类别、品种清点实存数量和码洋，登记盘存表，计算实存数量和码洋。

第三，计算机系统管理清单盘存的实施。盘存人员依据清单，对划分的区域按货位逐品清点、登记、核对实存数量，将有实物无清单的出版物抄写下来，单独放置，统一处理。实物清点结束后，将盘存清单交数据维护小组录入计算机系统。

第四，计算机数据采集设备盘存的实施。盘存人员应对划分区域，按货位逐品清点，按工作程序输入清单号、货架条码、出版物编号等盘存信息；按系统提示信息，准确核对实物，录入实存数据；复点盘存数与账面数不符的出版物，将有实物无清单的出版物抄写下来，单独放置，统一处理。实物清点结束后，通知数据维护小组处理数据。

第五，做好盘存复核和结果确认工作。盘存结束后，要全面核对盘存汇总数，比较实盘数与账面数的差异，列出清单，进行复核，查找原因，解决问题。不管以何种方式盘存，都要复核。最后，将盘存清单和复核清单整理归类，以便复查。同时，将盘存反映的盈亏情况报财务部门。

12.造成盘存账实不符的原因有哪些？

造成盘存账实不符的原因多种多样，主要有以下一些原因。

一是失窃，可能是外来不法分子盗窃，也可能是内部管理人员监守自盗、顺手牵羊。

二是入库验收不严，进货清单和登录数据出错，或供货商包装时短斤少两，或未严格按规程操作，造成出版物损坏、丢失，等等。

三是出库管理不规范，出库货单和登录数据不一致，或未严格按规程操作，发送出版物数量与出库单数量有偏差，或出库出版物夹带其他出版物，等等。

四是出版物编码重复，不规范，造成品种混淆，导致出库过程中发生差错。

五是盘存前基础数据资料不清，账面不准，盘存时发生错盘、重盘、漏盘等情况。

第五部分 出版物陈列、销售

一、出版物陈列

1.出版物发行分类陈列有哪些方法?

出版物分类主题明确、陈列清晰,既能方便消费者选购,又有利于企业销售管理。发行企业根据其经营方式、专业属性、面对受众等的不同,会采取不同的方式分类陈列出版物。陈列方式一般有以下几种。

一是根据出版物版别分类陈列。

二是根据主题需要分类陈列。就是根据销售主题需要,将一类或几类出版物归并命名一个突出的主题陈列。零售店柜组可以为其所承担的类别命名一个主题,也可以为其所承担类别的一个或几个下级类命名一个主题。

三是根据消费群体分类陈列。地域不同,消费对象就不同,消费对象不同,购买需求和购买习惯也不同。如果按消费群体分类陈列,发行企业一定要对其所在地区消费者的构成做深入的调查,确定一般消费群体有哪些类,特色消费者群体有哪些类,并据此细分陈列出版物。

四是根据出版物流通需要分类陈列。一般来讲,商家会把进货量最大、销售码洋高,或者有意主推的出版物陈列在最为醒目的位置,作为大类展示或以此细分。

2.如何分类和陈列同类出版物?

同一类别的出版物,特别是品种较多的同一类别的出版物,陈列时还应进行进一步细分,以方便读者查找和选购,同时,也有利于销售管理。

第一,分类方法。陈列前,可以根据该类别出版物品种的多少、基本属性等,按照消费者查找习惯,采取不同的角度进行细分。比如,文学类的出版物,可以按文学体裁细分;心理学类的出版物,可以按普通心理学、人类心理学、实验心理学、生理心理学等分类。有的出版物可以多级细分,比如教辅材料类,可以按语文、数学、物理、化学、英语等学科分类,然后按小学、初中、高中分类,也可以按小学、初中、高中分类,再按学科分类或者按年级、年限、出版社等分类。

第二，陈列方法。同类出版物一般按照出版物品种的排列顺序陈列，比如畅销在前，一般放后；出版年限晚的在前，出版年限早的放后；普及读物在前，理论专著放后；等等。

3.如何陈列出版物跨类品种？

出版物分类没有固定的模式，消费对象不同，对分类的理解也各不相同。跨类品种陈列，就是为了适应不同消费者对出版物分类的不同理解而扩大出版物陈列面，将同种出版物在两类或几类中同时陈列的方式。比如，对于医学类的辞典书籍，有的消费者认为应该作为工具书陈列，而有的消费者则认为应该作为医学类图书陈列。跨类品种陈列的基本原则和要求大致有以下四点。

一是交叉学科、边缘学科的品种，同类出版物归并时，要根据跨类价值来确定跨类品种。

二是要注意跨类品种的知识和有关学科的关联性，科学界定跨类品种之间知识或学科的可融点。

三是不要单纯为了扩大陈列面、扩大销售业绩而不讲规则胡乱跨类，跨类陈列时，要对同时跨入几个类的品种做好跨类记录。

四是要符合消费者选购习惯，利于促销；陈列后，随时观察消费者反映，及时调整跨类效果不佳的品种。

4.出版物陈列的基本原则是什么？

出版物陈列的直接目的就是向消费者展示和宣传出版物，从而吸引消费者的注意力，激发消费者的购买欲。

首先，陈列的形式要新颖、时尚、醒目。特别是零售卖场，不论是总体的布局还是标识牌的制作，不论是形状的摆放还是色彩的搭配，都要与时尚元素相融合，体现文化的进步，体现时代的节奏，营造时尚的氛围，新颖醒目，拴心留人，并具有良好的导购功能。

其次，要方便消费者选购。陈列出版物，一定要以促进销售为重点，站在消费者的角度，贴近消费者意愿，为消费者选购提供便利，最大限度满足消费者的需求。

再次，要符合安全规范。要严格按照《中华人民共和国安全生产法》等法律法规要求陈列出版物，确保设施设备之间、出版物与出版物之间通道畅通，确保经营场所用电安全、人员疏导安全。

5.如何陈列不同形态的出版物？

这里所说的不同形态的出版物，是指或载体不同，或开本、装帧、包装不同，或封面色彩不同的出版物。这些出版物陈列的时候，应根据其形态差异，采取不同方式。

第一，载体不同的出版物的陈列。一是分类要清晰；二是书刊、音像出版物、电子出版物等不要混合陈列；三是内容有关联的出版物陈列要协调。

第二，开本、装帧、外包装不同的出版物的陈列。不同开本、装帧的出版物陈列的基本原则是先按类陈列。同类出版物中，相同尺寸开本的摆放在一起陈列，不同开本的出版物，一般按开本大小分格或分台陈列；线装、精装、平装图书分开陈列；精装图书再按纸精、布精、绢精等分开陈列；装帧不同内容相同的图书，精装在上，平装在下；较贵重、易损坏的图书保护性陈列。外包装不同的出版物一般按包装规格分架、分格、分台陈列，最好按外包装大小由大至小陈列。

第三，不同封面色彩的出版物的陈列。基本原则仍是按类陈列。同一类别中，将色彩基调相同的出版物摆放在一起陈列，不同色彩封面的出版物，要在既照顾区域色彩又讲究环境色彩的前提下，要么按照同一色系渐进顺序陈列，要么按不同色块陈列，确保色彩协调，气氛活跃。

6.如何在书架上陈列出版物?

出版物陈列使用最多的设备就是书架。不论是图书、期刊，还是音像制品、电子出版物，书架陈列的方法基本相同。这里，以图书为例介绍几种方法。

第一种方法，书脊立式陈列。就是将图书书脊朝外并垂直于书架陈列。

第二种方法，封面立式陈列。就是将图书封面朝外并垂直于书架陈列。

第三种方法，书脊立式、封面立式相结合陈列。就是将同品种图书的复本按书脊立式、封面立式有规律、有秩序地摆放。

第四种方法，书脊卧式陈列。就是将图书书脊朝外，平摊成摞摆放。

不论使用哪种方法，都要遵守先类分，同类书再以开本、装帧、外包装等进行排列的基本顺序；每个独立书架摆放方法要相对一致；特殊类别出版物陈列在用于特别摆放的书架中。同时，要随时整理，将放乱的出版物及时归位。

7.如何在书台上陈列出版物?

陈列出版物的书台一般为平台，尺寸不一，形状各异，但都能满足大多数消费者在站立状态取到出版物。书台陈列出版物一般为平摊，封面面对消费者，选购直观，拿取方便。书台陈列的出版物要以台清楚分类，出版物复本厚薄应基本相等，要及时整理，保持类目清楚、码放整齐。

一是要科学分类。无论台面大小，最好一台一类，在台面中间或边缘竖立分类标识牌；一台摆类超过两个，则在类与类之间设置分类标识牌。

二是要以摆促销。通过摆台，突出促销品种，一台一突出，一台一促销，让出版物品种活跃，为整体促销提供适时推荐和主动推荐机会。

三是要突出主题。要及时跟进时令季节、时代主题、销售主题等，创新摆台形式，通过摆台达到广告宣传的作用和效果。

8.如何在柜台上陈列出版物?

柜台陈列的出版物，主要是特别推荐的样本。摆放基本方法有：

出版物封面向上，平摊摆放；精装书、厚本书、丛书、系列书以及成套音像制品，以绸带竖立捆扎摆放；使用书托，将出版物封面朝外，立体摆放。

需要注意的是，柜台陈列出版物样本要突出重点，不宜过多，柜内样本与书架陈列出版物对应；摆放时，最好在出版物下面铺上金丝绒或红绸布衬布，或用彩色绸带捆扎；经常更换样本，保证出版物整洁、最新、突出，同时要有备货。

9.大开张图片等出版物如何陈列？

地图、宣传画、年画、挂历、人体挂图等大开张图片，一般通过张贴、张挂、悬吊和展板等方式吊挂宣传陈列，统称挂式陈列。挂式陈列方法比较简单，先将出版物放在书托上，再将书托悬挂在选定的墙面或柱面上。对于单张的图和画来说，直接吊挂在专门设计制作的展架上或吊顶上即可。

挂式陈列需要注意以下几点：

一是不同大类要分开吊挂，将地图、宣传画、年画、挂历、人体挂图等分开吊挂，每大类又可按色彩、主题、版本、价格等有序排列，最好将大类内开张相同的放在一起陈列；

二是要讲究色彩和效果，吊挂时，注意画面和色彩协调，讲究高低、远近和光线效果，要赏心悦目，错落有致，既方便消费者观赏，又能激发其购买欲望；

三是不要重叠吊挂，不管有多少品种，都不要重叠吊挂，否则就失去了陈列的意义，也会因此丧失消费者；

四是吊挂要稳固，吊挂的出版物既要方便取拿、更换，又要稳固，否则容易掉落、损坏，又极不安全；

五是要标明定价，特别是吊挂较高的出版物，不仅要标明定价，而且要用大字号标签。

10.立体码放(书墩)有哪些基本要求？

立体码放(书墩)多用于单品种多复本出版物的陈列，陈列方式一般有立柱式、螺旋式、错位式等。立体码放(书墩)能很好地发挥堆码人员的空间想象力，艺术感、立体感强，视觉效果好。其基本要求是：

第一，选择好出版物。立体码放(书墩)应尽量选择极具推荐价值的出版物，最大限度发挥这种码放陈列形式的作用；

第二，用好陈列空间。由于这种出版物码放方式是立体的，一般来讲占用空间较大，码放人员需要结合场地条件，科学合理设计码放形状；

第三，码放稳固安全。码放时一定要注意书墩的稳定性，高度一般不超过一米，否则容易倒塌。

二、出版物销售

1.门市组织一般有哪些构架？

近年来，随着物流的发达、电商以及相关产业的融合发展，门市组织构架逐渐变得不再清晰。但总体来讲，大致有以下几种形式的构架。

第一，二级管理结构。这是一种最基础、最简单的扁平组织结构，这种结构的企业只有纵向两个层次，人、事、资产、经营等决定权都集中在一个人手中。适合员工较少、卖场规模较小的小型独立零售门市。

第二，三级管理结构。这也是一种扁平组织结构，与二级管理结构不同的是，这种结构的企业有三个纵向层次，决策者通过划分不同的销售部门或区域，实行分级管理。适合员工相对较多、卖场规模相对较大的中型零售门市。

第三，职能型结构。就是门市按照不同的职能导向来组织其管理结构。这种组织结构的管理更趋专业化，各职能部门横向责任明确，也正因如此，各职能部门独立性强、局限性大，难以顾及职能目标，容易忽略全局利益。

第四，矩阵型结构。就是在职能型结构基础上，通过与产品（项目）小组混合而形成的一种组织结构。这种组织构架通过对其员工设置所属职能部门的经理（主管）和对应产品（项目小组）的经理（主管）两个上司，从而实现兼具职能部门化和产品部门化优点、避免各自缺点的效果。

第五，分店型结构。一般来讲，这种组织构架的发行企业，每一个分店都是自治的，由分店经理对绩效全面负责，并同时具有分店运营的决策权。因此，分店型结构实际上就是自我管理、相对独立的多个门市的集合，其内部包含着职能型结构。

实践中，一个发行企业采取哪种组织构架方式，取决于企业本身的性质、规模、经营方式等等，没有统一固定的模式。

2.如何制订销售计划？

销售计划是发行企业为实现收入目标而进行的销售工作预安排，包括确定销售目标、销售预测、分配销售配额和编制销售预算等。按照时间长短，销售计划可分为周销售计划、月销售计划、季度销售计划、年度销售计划等；按范围大小，销售计划可分为企业销售总计划、分公司（门市）销售计划、个人销售计划等；按市场区域，销售计划可分为整体销售计划、区域销售计划等。

制订销售计划，一定要切合实际情况。凭空想象、闭门造车、不切实际的销售计划，无益销售不说，还会打击员工积极性，给销售活动带来负面影响。因此，制定销售计划，必须要有根据、有的放矢。

一是要结合本公司（门市）长期以来的营业情况。比如，上年（季、月、周）的销售实绩、近几年的销售情况等。

二是要结合市场情况。包括市场需求情况、竞争情况等。

三是要结合上一销售计划的实现情况。

四是要结合销售队伍的建设情况。

要通过对以上情况的分析、研判，同时科学预测计划期内各种影响因素的变化程度，制订切实可行的销售计划。

3.如何做好岗位管理？

岗位管理是发行企业通过科学设岗、定岗定人、动态管理，实现人与岗、人与人之间的最佳配合，实现企业效益的最大化。发行企业的岗位管理一般以岗位责任制的形式体现出来，主要包括三方面的内容。

一是科学设岗。对发行企业来讲，设置岗位有四个原则：最低数量原则，就是要以尽可能少的岗位承担尽可能多的任务，需要多少岗位就设多少岗位，需要什么岗位就设什么岗位；目标任务相统一原则，设置的岗位既要保证正常经营所必需的功能，又要保证企业运转的高效与灵活；责权相等原则，有权无责，必滥用职权，有责无权，必难尽其责；有效配合原则，各岗位与相邻岗位之间要能实现有效配合，岗位能级之间、层次之间要相互协调。总之，一定要因事设岗，而不能因人设岗。

二是定岗定人。要根据企业或门市、楼层（柜组）经营管理等不同岗位的需要，科学确定各岗位工作任务、人员职数、任用条件等，结合现有人力资源，用人所长，避人所短，合理安排各岗位人员配备。

三是动态管理。要突出品德、知识、能力、业绩等要素，结合目标管理责任制考评，制定不同层级、不同岗位的工作程序、行为要求、劳动纪律、职能责任和考核标准，制订销售额、利润额等经营指标，完善、规范和落实岗位考核制度，形成"庸者下、能者上"的激励机制。

4.如何规范门市、卖场、柜组负责人的岗位作业？

门市、卖场、柜组负责人主要包括门市或卖场经理（店长）、楼层主任、柜组长等，其作业管理规范的基本内容包括以下三方面。

一是既要指挥又要执行。要指挥门市营运和卖场经营活动，履行好出版物控制、现金控制、信息控制等职责，监督和审核会计、收银等工作，监督和改善包括出版物在内的各种物资的损耗管理，带领团队完成上级下达的经营目标和指标。

二是既要管理又要培训。要认真监督出版物进货、仓储、陈列、销售等业务动态，做好引进新品、淘汰滞销出版物的工作，配合上级制定营销计划，做好员工考勤、仪表监督和服务规范执行工作，提出员工考核、聘用和调动等建议，进行有效的目标管理，对员工业务知识和工作技能进行培训。

三是既要协调又要指导。做好上情下达、下情上传、内外沟通等工作，收集听取消费者意见和建议，妥善处理消费者投诉，观察和收集有关情报和业务数据，预测市场销售趋势，指导各项业务开展。

5.如何规范出版物发行员的岗位作业？

出版物发行员岗位作业管理规范的基本内容包括两个方面。

一是要熟悉业务。要熟悉所在工作部门（门市、区域）的出版物及其销售规定；熟练掌握出版物陈列及货物补充的原则和方法；熟悉各种促销活动及其开展方法。

二是要遵守规定。要严格遵守仓储、销售和出版物进发货有关管理规定，控制作业流程；要遵守清洁管理规定，搞好责任区域卫生；要遵守安全管理规定，做好防火、防潮和防盗等工作，确保出版物安全。

6.如何规范收银员的岗位作业?

一是做好营业前准备。开门营业前,要将收银作业区打扫干净,认领、清点并确认备用金,调试好收银机,整理和补充笔墨、纸张、票据、印泥等相关备用品,按要求着装和佩戴工号牌,熟悉当日特价出版物和促销活动,不随身携带现金,不在收银台上放置私人物品。

二是做好收银工作。货款结算要准确、快速和礼貌。接待消费者要主动打招呼,回答消费者提问要耐心,要清晰报与消费者出版物金额总数,收款找零要唱收唱付。收银期间,不任意打开抽屉查看数字和清点现金。

三是搞好账款清算。营业结束后,要立即结清账款,填制营业收入结账表,并将营业现金、票据交回金库。

四是不擅离收银台。若因特殊情况需暂离收银台,要在收银台上显眼处放置“暂停收款”标识牌,将现金全部放入抽屉锁定,随身带走钥匙,要征得领班人员同意并协调好其他收银人员。若有消费者等候结账,收银员不得离开。

7.如何确认员工个人工作业绩?

一般来讲,员工个人工作业绩的评估采取定性评估与定量评估相结合的方式。

第一,定性评估。定性评估较为抽象,评估者往往全靠印象来评估。比如员工的思想境界、服务态度、学习能力、主观能动性、创造力等等,很难有统一、明确、可衡量的考核标准。有的是考核者凭对被考核者的总体感觉给出的印象分,有的通过民意调查或员工公识来评估,人缘好的可能分数就高,有时甚至有把好说成差,把差说成好的情况。因此,定性指标所反映的被考核者的业绩往往是笼统的,企业一般不采用,即便采用其所占比例也不大。

第二,定量评估。定量评估是通过数量分析、数学计算得出结论的方法,比如员工的业绩、毛利、净利等各项经营指标。定量指标比较客观、有效,结果更加直观、具体。一般来讲,定量评估有加减分法和规定范围法两种,加减分法通常用于目标任务较明确,任务完成较稳定,鼓励员工多做贡献的情况。加减分法最大值不应超过权重规定数值,最小值不应出现负数。规定范围法是经过数据分析和测算后,评估双方就标准达成的范围进行评估得分。定量评估能使含糊的概念精确化,有效避免主观随意性,因此,大多企业都采用定量评估法认定员工个人工作业绩。

8.如何拟定进销比例?

拟定出版物进销比例,就是通过对出版物进销过程中的各种信息的分析、研判,科学确定出版物进货与销售的最佳比例。拟定最佳的进销比例,需要企业管理人员在业务实践中不断积累和总结,要紧密结合门市、柜组(楼层)的实际经营水平和能力。一般情况下,进销比例中出版物进货计划数应略高于销售计划数,高出的具体数额和比例没有定论,不同的门市、柜组标准可能不一样,不同种类的出版物也不一样。

9.如何拟定进销平衡计划?

出版物进销平衡,就是掌握出版物进货门类与品种的平衡。拟定出版物进销平衡计划时,要注意三点。

一是要综合分析。要在全面分析门市、柜组(楼层)近年来出版物进货、销售、退货、库存等流转历史数据,借鉴参考其他同类型门市、柜组(楼层)出版物流转历史数据,综合考虑各种因素的基础上,拟定当年总量指标。

二是要数据细分。在制定总量指标的基础上,进一步分析近年来出版物进货、销售、退货、库存类别结构历史数据,将总量指标从上到下、由粗而细分解成更多、更细的类别指标。大型门市还要根据卖场区域分类的销售特点,分别拟定各柜组(楼层)部门指标。

三是要跟踪调整。执行过程中,要按月度、季度对进销平衡情况进行跟踪、分析,如有必要,及时调整。

10.如何进行常备、常销出版物需求总量分析?

一般来讲,常备、常销出版物在一个较长的时段内销售稳定,并具有一定的规律性,对销售收入影响较大,因此,发行企业很有必要对常备、常销出版物需求总量进行分析,以提前准备,及时备货。在需求总量分析过程中,运用最多的是类推法和因素法,且常常结合使用。

所谓类推法,实际上就是通过对已经实现的销售数据的计算,推导某一时间段内可能的需求量。计算公式为:

预测期需求量=上年同期实际销售量×预测期前期的实际销售量/预测期前期上年同期实际销售量

所谓因素法,实际上就是预测市场、经营等不同因素变动情况对正常销售的影响,比如,打折、促销、书市、节庆等,通过对这些因素的分析比较,综合进行需求分析。

不论类推法还是因素法,都是一种预测、估算,因此,使用的数据一定要全面、准确,考虑的因素一定要充分、实际,要结合本地区消费者结构情况,充分考虑出版物的出版信息、主要内容、供应范围、消费对象、可能需求、潜在需求等等。对于较长时间段内的需求分析多采用因素法,辅以类推法,对于较短时间段内的需求分析多采用类推法,辅以因素法。

11.如何做好销售结构变化分析?

出版物销售结构变化分析,就是按照出版物类别、品种,分析年度销售的绝对数和各类别、品种销售所占的比例差异,通过分析,发现出版物市场的变化趋势,预判出版物市场消费方向,调整出版物经营品种。

销售结构变化分析要注意两点:一是要搜集、整理、测算相关数据,发现变化发展趋势;二是要从内部和外部两个方面分析产生这种变化发展趋势的原因,制定应对之策。

12.如何做好销售对象增减分析?

销售对象增减分析,就是通过对不同类别、品种的出版物所占比率及变化趋势,分析销售对象的增减变化趋势。销售对象增减分析的主要依据是出版物销售类别、品种的绝对数和各类别、品种销售所占的比例差异及变化趋势等。

销售对象增减包括绝对人数增减和相对人数增减两个方面的内容。比如,虽然所在区域内总人口数没有变化,但由于消费者兴趣改变、工作需要等因素造成阅读方向发生了变化,即是相对人数增减的情况。

13.如何做好销售方式运用分析?

销售方式运用分析,就是有多种销售渠道的发行企业,通过对门市、团购、邮购、网购、展销、批发、流动售书等各种销售方式所实现的销售进行统计,结合人力成本、财务成本等成本因素,分析每种销售方式实现的销售比例、运用情况、成本收益情况,从而扬长避短,在以后的销售中更多采用既受消费者欢迎又能促进销售、创造经济效益的方式。

14.如何开展市场调查?

市场调查,就是运用科学方法,有目的、有系统地收集、记录、整理有关出版物市场的信息和资料,把握市场现状、了解发展趋势,为市场预测和营销决策提供客观依据。市场调查一般有四个步骤。

第一,制定计划。包括调查时间、地点、范围、方法等,重点是调查方法。一般来讲,市场调查主要有观察法、实验法、访问法和问卷法。观察法,就是以直接观察调查研究对象的方式进行考察和搜集资料。实验法,就是用实验的方式,观察调查对象在特定环境条件下获得的信息。访问法,就是调查人员按事先设计好的调查表或访问提纲,通过访问、交谈、座谈等方式获得被访问者的想法。问卷法,就是通过让被调查者填写调查问卷获得需要的调查信息。调查人员一定要根据调查主题,结合研究市场变化所需的信息确定具体的调查方法。

第二,开展调查。制定好调查计划后,就可以按计划开展调查了。一般开展调查前,要对调查人员进行适当的培训,以确保顺利完成调查任务。做好调查工作的关键是调查人员的事业心、责任感、工作能力和工作经验。

第三,整理分析。调查过程中所收集到的各种资料和数据比较散乱,必须通过科学的整理和实事求是的分析,才能得到可靠的调查结论。整理分析前,要对资料和数据的来源及可靠程度进行审核,再按照要求筛选分类、统计分析。尽量用计算机处理调查数据,既可减少和避免差错,又可提高工作效率。

第四,形成报告。市场调查报告是根据市场调查收集、记录、整理和分析形成的反映或揭示市场运行规律和本质的文书,是市场调查人员以书面形式反映市场调查内容及工作的过程并提供调查结论和建议的报告,是市场调查研究成果的集中体现,是企业经营决策的重要依据。调查报告的撰写情况,直接体现市场调查工作的成果质量。

15.如何掌握供求相对平衡?

供求相对平衡,就是出版物市场供应量及其构成与市场上的出版物需求量及其构成之间保持的基本平衡。掌握供求相对平衡,让出版物供应与需求之间保持相互适应的关系，对于发行企业的发展具有十分重要的意义。掌握供求相对平衡主要应做好三方面的工作。

一是要搞好资金平衡。如果备货过多，资金占用肯定就多，利息损失肯定就大，因此，资金平衡的关键是信贷资金占用要控制在合理的范围，提高资金利用率，否则就会破坏收支平衡，影响经济效益。

二是要搞好收支平衡。收支平衡的关键是讲究经济核算，做好成本管理，管控费用支出。要充分利用现代信息管理技术，选择适合自身企业发展的先进销售模式，量入为出，减少人力、物力和财力消耗，降低销售成本，及时足额收回货款，否则就难以实现供求相对平衡。

三是要搞好进销平衡。可以说，出版物的进销平衡，就是发行企业出版物流转的平衡，发行企业的经济效益，很大程度上取决于能否做到出版物进销基本平衡。因此，出版物的进货、销售、库存必须面向市场、面向需求，做到进货适度、勤进快销。既要防止脱销，出现供不应求的情况，又要防止积压，产生运行不畅的情况。

16.如何分析所获取的出版物发行市场经营环境信息？

分析所获取的出版物发行市场经营环境信息，目的是为了准确把握市场经营环境状况和变化趋势，及时调整经营方式和营销策略。获取市场经营环境信息的渠道多种多样。

第一，综合分析。各种媒体上的出版物广告、出版行业以及同事、同学、朋友、社交圈甚至普通民众等对出版物消费趋势的反应和大众阅读习惯的变化，都是我们获取、分析、判断出版物市场经营环境的信息源，因此，出版物发行工作人员应具有相当的职业敏感度，要随时对听到的、看到的信息进行归纳、整理、分析，取舍运用，做出判断。

第二，集思广益。必要时，可通过开座谈会、发调查表、单个询问等形式，听取出版物发行企业相关部门人员的意见和建议，借智借力，集思广益，对获取的信息进行分析、判断，从而了解市场经营环境总体状况及变化情况。

第三，经验直觉。经验丰富的发行人员，往往凭直觉就能对出版物发行市场经营环境做出判断。当然，这种直觉实际上也是建立在平时大量信息积累、综合分析和工作经验的基础上的。

17.如何分析市场机会？

市场机会就是企业的发展机遇，机会分析准了，机遇把握好了，企业才能很好发展。分析市场机会要注意三个结合。

一是要结合企业经营目标。重点要结合企业特色、经营范围和消费对象等，如果市场机会与企业经营目标相契合，就要尽全力争取将市场机会转化为企业机会，反之，则要慎重决策。

二是要结合企业自身实力。重点要结合企业资金、人员、技术、设备、经营能力等，如果这些条件太差，企业缺乏控制市场机会的能力，就没必要强己所难，否则会适得其反。

三是要结合市场环境因素。重点要结合消费者结构、市场竞争状况以及市场潜力、营销成本等，对市场机会转变为企业机会的分析一定要客观、可行，切不可妄断盲动。

18.如何捕捉市场机会？

出版物市场机会，就是出版物市场上存在的尚未满足或尚未完全满足的出版物需求。市场机会分析准了，还要捕捉和把握得住。捕捉市场机会要注意三个方面。

一是树立市场机会意识。要有较强的市场敏感性，随时注意和分析出版物市场变化发展情况，绷紧“机会”弦，为把握市场机会和创造市场机会提供思想保证和智力保证。

二是把握已有市场机会。机会，是有时间性的有利情况，稍纵即逝。因此，要善于捕捉环境变化、环境因素、市场细分、市场空隙、消费者需求动向，甚至在与出版物有关的日常生活信息中，发现和把握那些已经出现但又容易被忽视的市场机会。

三是主动创造市场机会。实力是基础，成功是目的，机会是关键。要善于通过创造性的营销活动，诱导和激发消费者需求；要时刻关注竞争对手动向，比较优势劣势，学人之长，补己之短，扬己之长，避己之短，主动创造市场机会。

19.如何细分出版物市场？

出版物市场细分，就是出版物营销者通过对出版物市场的调研，依据消费者需求、购买行为和购买习惯等差异，把出版物市场整体划分为若干个子市场。每一个子市场即是一个细分的市场。出版物市场的细分标准可以有多种，这里介绍四种。

第一，按人口统计分。包括年龄、性别、职业、收入、民族、宗教、教育、家庭成员等等。比如，不同年龄、性别、性格、爱好、经济状况的消费者，对出版物的需求存在差异；高收入、中等收入、低收入各个群体因需求欲望和支出模式不同，对出版物的消费差异也很大；不同职业、受教育程度不同的消费者，知识水平、工作条件、生活方式、文化素养、价值观念等均有所不同，其出版物消费需求也有差异。

第二，按地理条件分。包括门店所处的地理位置、城镇大小、气候状况、交通状况、人口密集度等。比如东北、华北、西北、西南、华东、华南，省、市、县、乡镇，内地、沿海、城市、农村，一线城市、二线城市、小城市，等等。不同地区文化、不同规模城镇的消费者需求也各不相同。

第三，按消费行为分。包括购买时间、购买数量、购买频率以及对服务、价格、渠道、广告的敏感程度等。比如，寒暑假期间，可能与旅游有关的地图、旅游指南等出版物需求量要大一些；举办出版物展销、书市、博览会等促销活动期间，销售额可能会更大；春秋两季开学之后，可能中小学教辅材料销售会火爆一段时间；等等。

第四，按消费心理分。包括生活方式、性格兴趣、购买动机等。比如，有的消费者注重实用性，要物美价廉，可能对平装书感兴趣；有的消费者注重高大上，要上档次，可能对精装书感兴趣；有的消费者追求文化品位，或是爱好收藏，可能对线装书感兴趣；等等。

20.如何运用出版物促销推动策略？

全面了解出版物的内容、形式、生命周期等特征，是制订和运用出版物促销推动策略的基础，一般有三种方法。

第一，针对出版物内容制订促销策略。对于知识性、普及性的大众读物，特别是青少年读物，可采取以广告为主，其他营销推广为辅的促销推动策略；对于学术水平高、内容专业、消费面窄的学术著作，一般通过专业报刊登载广告或评介文章，或对口寄发书目、征订单、宣传品等形式促销。

第二，针对出版物形态制订促销策略。比如图书，大部头、高价码的豪华本，可采用以人员直销为主的促销策略；低价位图书采用人员直销则成本太高。比如音像制品，除常用促销方式外，还可辅助采用手机彩铃、手机音乐付费下载、视频点播等形式促销。

第三，针对出版物生命周期制订促销策略。出版物的生命周期就是出版物在市场上营销的延续时间，是出版物从投放市场到最终被淘汰的全过程。出版物刚上市时，可通过广告、书评、签名售书等多种形式大力推介，让尽量多的消费者了解和熟悉，随之跟进人员推销、营销推广活动等促销组合，扩大影响，扩大销售。出版物进入成熟期的时候，同类品种明显增多，竞争加大，就要重点进行防御性宣传，努力稳定现有市场，降低生产成本，以增强出版物竞争力。出版物进入衰退期时，可停止其他促销方式，以优惠折扣促销。

21.出版物促销方式有哪些？

促销，就是营销者向消费者传递有关出版物的各种信息，吸引或说服消费者购买出版物。常用的出版物促销手段有广告宣传、人员推销、营业推广和公共关系等。

第一，广告宣传。随着互联网的飞速发展，全媒体时代已然到来，广告形式日趋多样。比如，可以利用征订书目、报纸、期刊等刊登广告；利用广播、电视、收音机等播放广告；在街道、广场、机场、车站、码头等设置霓虹灯、电子显示牌、橱窗、灯箱广告；利用APP、微信、微博等新形式推送广告；等等。

第二，人员推销。人员推销的优点在于有选择性、灵活性、和情感性，对出版物的介绍直观完整。促销人员可根据消费者的不同需要，设计针对性强的推销策略，并随时调整。需要注意的是，推销人员语言把握要到位，言谈举止要得体，整体形象要大方，否则会适得其反。

第三，营业推广。营业推广是企业结合营销任务，给消费者提供特殊优惠的购买机会，刺激消费者购买的营销活动。比如，给潜在消费者发放优惠券、赠送礼品等，以此增强出版物对消费者的吸引力。

第四，公共关系。比如，通过报纸、杂志、电台、电视台、网络等加强新闻宣传，扩大影响；开展出版物捐赠等公益活动，树立服务形象；建立与政府机构、社会团体的长期联系，争取支持；组织新书首发、签名售书、联谊等活动，提高消费者兴趣，达到推广出版物的目的。

22.如何设计出版物分销渠道？

出版物分销渠道，是指出版物从最初的出版者向最后的消费者移动时，直接或间接转移所有权所经过的路径，是连接出版物生产者和消费者的桥梁和纽带。分销渠道和营销渠道是两个不同的概念。发行企业出版物分销渠道设计主要有以下步骤。

第一，分析目标市场。也就是要分析消费者需要，要结合门市地理位置、人群结构等特点，分析目标市场消费者的出版物购买品种、购买方式、购买数量等，为有针对性地设计出版物分销渠道提供科学依据。

第二，确定渠道模式。也就是确定渠道的长度和宽度，这主要取决于出版物特点、市场容量和需求面。通常，出版物消费者对象较宽，选用多级渠道；出版物专业性强、消费者对象较窄，或价格偏高，消费者对象明确，选用零级渠道。大型综合卖场一般选用零级渠道；集团构架发行企业，可选用多级渠道。总之，要结合实际，灵活设计。

第三，选择渠道成员。渠道成员由出版商、批发商、零售商、消费者组成。确定了渠道模式之后，就要比较出版商的历史、业绩、声誉等，批发商和零售商的经营范围、协作精神、营销能力、增长潜力以及人员素质、店面地域等，消费者的消费类型、需求特点、购买能力等，选择最佳渠道成员组合。

第四，明确相关权责。确定了渠道模式、选择了渠道成员之后，还要明确规定出版商、批发商、零售商彼此之间的权利和责任。比如，根据所在地区、出版物类型、购买量、促销方式等的不同，要规定不同的结算折扣、交货方式、结算条件等，甚至还要规定彼此承诺的服务、市场信息的提供等。这些，都要通过签约的形式明确下来。

23.如何组织人员推销？

人员推销，就是发行企业通过派出销售人员与可能成为购买者的潜在消费者交谈，以推销出版物，促进和扩大销售。人员推销是销售人员说服购买者购买出版物的过程，基本形式有三种。一是建立自己的推销队伍，使用发行企业自身推销人员推销出版物。二是签约代理商、经纪人等专业推销员，按销售额比例支付其佣金。三是雇佣兼职推销员，按销售额比例支付其佣金。

人员推销是一种交际活动，因此，推销人员首先应具备良好的素质。比如，具有出版物专业知识，了解营销策略、市场情况、相关法规以及潜在顾客数量和分布、购买意愿、购买能力等。同时，要对所代表的发行企业有全面深入的了解，要熟悉所推销的出版物，要了解不同顾客的心理、习惯、爱好和要求等。

发行企业要对推销人员进行合理的组合和布局。比如，对销售地区广、消费者需求差异小的出版物，可以地理范围划分组织；类别差异较大的出版物推销，可按出版物类别划分组织；类别复杂、消费者人多面广、销售量较大的出版物推销，要综合考虑地理和类别划分组织。总之，要结合实际选择推销方式，以最小成本换取最大效益。

24.如何组织促销活动？

出版物促销活动一般有：展销、书市、签名售书、新书首发、优惠销售、特价销售、图书博览会、图书订货会、读书活动、读书沙龙等。组织促销活动主要有以下步骤。

第一，确定形式。确定促销形式，一定要结合出版物特点和企业实际，既要考虑社会效益，又要考虑经济效益，既要考虑眼前需要，又要考虑远期回报。

第二，制定方案。活动方案就是开展活动的剧本，要通过制定方案，明确活动的组织构架（主办单位、承办单位、合作单位等）、参与对象、时间地点、推广形式以及物资准备、应急措施、人员分工等等，方案内容要全面详细，避免遗漏。

第三，宣传造势。要通过各种媒体或广告渠道，发布活动信息，要让活动参与各方包括目标群体尽可能早和多地了解活动内容，激发其参与热情，使其踊跃参加活动。

第四，组织实施。按照已定方案，周密组织实施。对活动开展过程中出现的新情况、新问题，要及时、妥善解决，确保活动安全有序进行，实现预期目标。

第五，总结提高。活动结束后，要及时总结，大型活动可以召开总结大会的形式进行，总结经验、表彰先进、发现不足，从而不断提升活动质量。

25.POS系统管理进销存业务的功能有哪些？

POS系统即销售时点信息系统，是通过自动读取设备在销售出版物时直接读取出版物销售信息，并通过通信网络和计算机系统传送至有关部门，对营销管理、存货盘存、财务分析、采购订货等进行分析加工的信息管理系统。其主要功能有以下几方面。

第一，销售管理。销售出版物的同时，采集出版物名称、单价、销售数量、销售时间、销售店铺等信息，即时了解出版物适销、滞销等销售情况，掌握出版物库存情况，及时做出进货、促销、淘汰等决策，调整进货指标，控制存货数量，优化品种结构，完成库存管理。

第二，财会管理。利用POS机加快收款速度，自动打印票据，节约人工成本，生成财务报表，处理应付账款。

第三，订货管理。通过POS信息管理系统，可实现高效、高速和低误差向供货商订货等操作。

第四，报表统计。通过POS信息管理系统，可在规定时间结转各种相关报表，为各部门业务需要加工报表提供服务。

26.进销业务往来有哪些票据？

进销业务往来票据主要有：送货单、进货单、退货单、销售单、消费者退货单、消费者换货单、零售价调价单、进货调价单等。这些票据都是进销业务往来的凭证，一定要按规定履行签字等程序，妥善保管，随时备查。

27.如何做好应收账款管理？

对应收账款的管理主要应做好三方面的工作。

一是要定制度。企业要制定赊销政策，要对赊销客户的信誉度、赊销期限、赊销审批权限和程序以及实物离场的管理、呆账坏账的清账处理、欠款责任人的处罚、财务监督的实施等做出明确的规定。

二是要明责任。要把应收账款管理每个环节的工作责任落实到岗、落实到人，比如确定赊账销售担保人、欠款催讨责任人等，确保各项工作不脱节、不缺位。

三是要抓落实。应收账款催讨责任人在赊销期限内要积极催款，尽量避免出现拒付、呆账、坏账等情况。财务等管理人员要定期检查催款工作，并督促责任人做出说明。

28.如何处理进销业务信息资料？

出版物进销业务信息资料包括业务指导文件、征订目录、合同契约以及各种社会调查资料等。对于这些资料，一定要参照档案管理办法，按照简便易行、方便查阅的原则，分类编号，统一规格，归档入卷，妥善保管。

29.如何做好进销存分类统计和管理？

出版物发行企业进销存统计管理就是从出版物的采购（进）到入库（存）到销售（销）的动态管理过程。

第一，进销存分类统计。一是统计采购、销售数据，比较各类别出版物进销比例是否合理。二是统计各类别采购、销售、库存在相应总量中的占比，分类比较采购、销售、库存比重是否基本一致。三是统计销售、库存数据，比较类别结构是否合理、数量是否恰当。四是分别统计本期、过去同期采购、销售、库存数据，比较增减绝对量和增减比例。分析比较数据一般利用 Excel 自带工具进行。

第二，进销存分类管理。一般通过编制业务表单来实施，包括采购业务表单、销售业绩表单和库存管理表单。其中，采购业务表单主要包括采购日期、货物编号、供货商、规格、单位、数量、价格等；销售业绩表单主要包括销售日期、货物编号、规格、单位、数量、客户等；库存管理表单主要包括上期库存数量、本期库存数量、本期发出数量、本期结存数量及其对应金额等。然后，利用 Excel 自带工具分析计算出版物库存量、加权平均采购价格、销售收入、毛利润等相关数据。

30.如何编制征订目录？

征订目录编制有三个主要步骤。

第一，确定范围。要结合企业经营范围、销售方式、消费对象、发行渠道、重点时段等，有针对性地确定需要重点征订、推荐的出版物范围。

第二，选择品种。要根据确定的重点征订、推荐的出版物范围，结合新书目录、综合目录、专题目录和现有品种、畅销品种等，精选适销对路的出版物品种。

第三，编制目录。出版物征订目录、推荐目录主要内容包括目录名称、期号、说明和正文。其中，说明包括征订单位、联系人、联系电话、征订时间、注意事项等；正文包括出版物名称、著作者、版别、定价、销售价、出版时间、内容简介等。用于网络发布的电子征订目录，还可增加封面和精彩内容图片等丰富多彩的内容。

31.如何制订年度计划销售指标？

广义上的销售指标，是指一定期限内的销售量、销售费用、销售收入、利润、利润率等。这里所说的年度计划销售指标，仅指年度营业额指标。对于原有出版物发行企业，其计算公式为：

本年度计划销售额＝（上年计划销售额＋上年实际销售额）÷2×（1＋近三年平均销

售递增率）

新开的出版物发行企业则要根据所在位置、卖场规模、投资规划、经济形势、市场状况以及潜在消费者收入水平、文化程度、消费理念等合理预测。

32.如何制订库存指标？

库存周转次数是反映库存出版物流动速度的一项指标。其制订方法是，首先，根据近三年数据计算年平均库存周转次数。计算公式为：

年平均库存周转次数＝销货成本/年平均库存

其中：

销货成本＝期初库存＋本期进货－进货费用－退货－折让－期末库存

平均库存＝（期初库存＋期末库存）/2

然后，根据年计划销售指标、年平均库存周转次数计算年库存总量指标。计算公式为：

平均库存总量指标＝计划销售指标/平均库存周转次数

33.如何制订进货指标？

年度进货指标计算公式为：年度进货量＝年度销售指标×进销比例。比如，如果年度销售指标为1000万元，进销比例为1.1∶1，则：年度进货量＝1000万元×（1.1∶1）＝1100万元。

34.如何确定劳动生产率定额？

劳动生产率，是指劳动者在一定时期内创造的劳动成果与其相适应的劳动消耗量的比值。对于发行人员来说，单位时间内出版物销售额越多，劳动生产率就越高，计算公式为：

劳动生产率＝销售额（或出版物数量）/销售时间

确定劳动生产率定额的方法主要有三种：一是将同行业同类型的劳动生产率平均数加同行业同类型的劳动生产率最高数除以2，这种方式较权威，具有说服力。二是以本单位最高劳动生产率为依据，结合现实条件和预计目标，确定劳动生产率定额，这种方式适合门市。三是现场计时测定劳动生产率，以确定劳动生产率定额，这种方式一般只适合单人可独立完成作业的岗位。

35.如何核定盘亏率？

盘亏率就是实际盘点库存与系统理论库存相差的比率。盘亏的原因一般有：错盘、漏盘；收银员收银未入账；出版物丢失；收货错误或空收；报损不及时、不规范；等等。

盘亏率既可以时间段为盘存期，计算亏损率，也可以计算盘存时实际库存与账面库存相比的亏损率，计算公式为：

盘亏率＝亏损总量/库存总量　　　　或

盘亏率＝（账面库存量－盘点库存量）/账面库存量

如果盘亏率超出一定范围或出现重大差异，就要启动核查程序，对进销存各个环节进行仔细核查，及时查清和纠正问题，并追究相关人员责任。

36.如何计算分析年度利润？

狭义上讲，利润包括收入和费用的差额，以及其他直接计入益损的利得、损失。广义上讲，利润是收入和费用的差额。包括营业利润、利润总额和净利润三个不同层次的概念。

第一，营业利润。这是企业利润的主要来源。它是指发行企业在销售出版物、提供劳务等日常活动中所产生的利润。

营业利润＝营业收入－营业成本－营业税金及附加－销售费用－管理费用－财务费用－资产减值损失＋公允价值变动收益（－公允价值变动损失）＋投资收益（－投资损失）

第二，利润总额。就是税前利润。是指营业利润加上营业外收入，减去营业外支出后的余额。计算公式为：

利润总额＝营业利润＋营业外收入－营业外支出

其中，营业外收入主要包括：投资收益、非流动资产处置利得、非货币性资产交换利得、出售无形资产收益、债务重组利得、企业合并损益、盘盈利得、因债权人原因确实无法支付的应付款项、补贴收入等。

第三，净利润。是指利润总额减去所得税后的金额，是一个企业经营的最终成果。净利润多，企业的经营效益就好；净利润少，企业的经营效益就差。计算公式为：

净利润＝利润总额－所得税费用

37.如何处理出版变更？

出版变更就是指预订的出版物因种种原因不能按期出版、供货，甚至不出版的情况。出版变更常常发生在教材、图书馆订货等期货供应中，现货供应的出版物不存在出版变更问题。出版变更不可避免地会给经营者带来不利影响，严重时会引发供货合同违约。

发生出版变更时，一般采取以下方法处理：

一是迅速问清变更的原因、能否出版及何时出版等情况，及时与有关各方联系沟通，以尽量减少损失；

二是部分或全部放弃原订单；

三是更换其他现货或期货出版物品种；

四是若条件允许，可继续等候。

38.如何处理供货脱期？

出版物供货脱期就是订购的出版物脱离了供货期限，甚至无法确定何时履约。避免供货脱期需要销售方与供货方的共同努力。

销售方发出订货请求一定要及时，要经常通过计算机管理系统和人工检索等环节，提前预防供货脱期。

供货方要随时密切关注市场需求动态，及早预测，及早备货，确保及时供货。特别要尽可能保证重点品种、常备品种不出现供货脱期。

39.如何处理发货差错？

出版物发货过程中经常出现的差错包括货单不同行、品种差错、数量差错、收货单差错等。处理时一般有两个步骤。

一是查明原因，保存证据。出现发货差错时，收货单位要通过逐级倒查的办法，查明问题症结所在。比如，是发货单位的品种漏发、数量少发，还是品种错发、数量多发；是包装问题，还是串包差错；是供货单位原因，还是运输部门责任；等等。要把相关环节的证据收集齐全，以备追责和解决。

二是及时联系，协商解决。品种漏发、数量少发，又有存书的，发货单位应及时补发；无书可补的，可开具凭证空退。品种错发、数量多发的，需补开调拨单或请收货单位将错发、多发的出版物退回发货单位。包装差错的，能补发则补发，无法补发的按缺货封签抄列清单，由出版单位补发或收货单位做空退处理。因运输单位责任，造成出版物包件全部或部分丢失、破损、包装污损、受潮、破包缺书或包件有明显拆过痕迹的，由收货单位或发货单位向运输单位索赔；若收货时未能发现问题，则由收货单位承担损失，或由收货单位向运输单位索赔。因运输单位责任造成串包差错的，换包运费由运输单位承担；因发货单位责任造成串包差错的，换包运费由发货单位承担。

40.如何解决出版物质量引起的矛盾和纠纷？

出版物是一种特殊的商品，其生产要经过许多环节，程序烦琐复杂，难免出现文字差错、倒装缺页等各种质量问题。处理因出版物质量而引起的矛盾和纠纷，重点要做到两点：守法、诚信。要严格遵守《消费者权益保护法》《产品质量法》等相关法律、法规，维护消费者权益，该调换的调换，该退货的退货，该补偿的补偿，绝对不能扩大矛盾，更不能迫使消费者诉诸法律手段，否则将严重损害企业形象。

41.如何解决店堂服务引发的矛盾和纠纷？

在店堂服务过程中矛盾和纠纷在所难免，出现了矛盾和纠纷，不能回避，要防止事态扩大，合理、妥善予以解决。

第一，因企业管理理念或制度缺陷造成的矛盾。这类矛盾一般以消费者投诉的形式出现，发行企业处理这类矛盾一定要站在消费者角度检讨管理理念或制度问题，合情、合理、合法地接受消费者的意见或建议，该修改的规定要及时修改，该解释的要解释，要通过多种途径取得消费者的谅解。

第二，因员工的服务态度或业务技能问题引发的纠纷。这类纠纷大多会引起消费者与员工正面的言语甚至肢体冲突，作为企业管理者，一定要果断处置，要对员工进行批评教育并承担管理责任，要主动向消费者赔礼道歉，合情合理迅速解决纠纷，取得消费者谅解。

42.如何解决消费者无理取闹引起的矛盾和纠纷?

个别消费者由于种种原因可能会无理取闹,从而出现不可理喻的矛盾和纠纷。面对这样的矛盾和纠纷,企业管理者一定要冷静处置。既要坚决维护企业的合法权益,也要继续保持良好的服务态度。一方面,对无理取闹者要动之以情,晓之以理,摆事实,讲法理;另一方面,也要维护员工的人格尊严,保护员工的工作积极性,争取妥善解决。同时,要有最坏的准备,一旦僵化,就要考虑运用法律武器保护企业和员工的利益。

43.如何避免或减少门市出版物丢失?

造成门市出版物丢失的原因无非是制度缺失、外偷内盗。因此,避免或减少门市出版物丢失需要从两方面入手。

一是要定制度。要制定包括发货工作标准流程的收发货记录制度,明确责任人,做好收发货记录表;要制定涵盖库房管理在内的各个环节的管理制度,确保出版物堆放整齐、分类清楚、品种不串位;要制定严格的收银监督管理制度,严禁公款、私款相混,确保营业款及时清算、及时存入银行;要制定规范的出版物进出门登记制度以及应收款登记、回款登记、责任人制度;等等。

二是要抓落实。要对制定的制度严抓落实。要走动巡视、添货理架,随时观察,防止外偷;要在门市开门和关门时多人监督作业;要对收银差错严格理赔;要确定盘亏率,实行按码洋超盘亏率全赔、低盘亏率全奖等。要严厉惩罚内盗,出现内盗,要将相关人员调离岗位,甚至终止劳动合同,移送司法机关,决不能姑息养奸。

44.发行企业如何参与出版物展销活动?

《出版物市场管理规定》第二十七条规定,省、自治区、直辖市新闻出版行政部门和全国性出版、发行行业协会,可以主办全国性的出版物展销活动。主办单位应提前两个月报国家新闻出版广电总局备案。全国性出版、发行行业协会可以主办跨省专业性出版物展销活动;市、县级新闻出版行政主管部门和省级出版、发行协会可以主办地方性的出版物展销活动,主办单位应提前两个月报上一级出版行政主管部门备案。

发行企业参与出版物展销活动一般有以下步骤。

第一,了解展销活动信息。包括时间、地点、主承办单位、参展对象、主要活动、展位设置、相关要求等等。

第二,报名。要根据展销活动主题,结合自身业务需要,明确参展目的,确定是否参展。

第三,预订展位。要按主办方要求,及时报送展位申请回执。

第四,预付展位订金。按主办方要求,预付一定比例展位订金。

第五,挑选确认展位。一般来讲,主办方会根据活动需要,制定展位挑选办法,通过排序、抽签等方式确定展位。

第六,组织参展出版物并报审。结合参展主题和企业需要,选择参展出版物,并制作参展出版物目录,报主办方审核。

第七，参展。发运出版物，组织参展人员，缴纳保证金，办理相关手续，装修布置展位，开展展销活动。

第八，撤展。按规定时间和要求，结清相关费用（有的会在确认展位后付清展位租赁费等相关费用），参展人员有序撤回未售参展出版物。

三、网上书店

1.什么是网上书店？

网上书店，是指以互联网为媒介进行出版物交易活动的书店。1995 年，世界上第一家网上书店亚马逊正式在美国成立，20 多年来，网上书店发展迅速。

2.开设网上书店需要哪些条件？

《出版物市场管理规定》第十五条规定，单位、个人通过互联网等信息网络从事出版物发行业务的，应当按规定取得出版物经营许可证。

已经取得出版物经营许可证的单位、个人在批准的经营范围内通过互联网等信息网络从事出版物发行业务的，应自开展网络发行业务后 15 日内到原批准的出版行政主管部门备案。

3.与实体书店图书销售相比网上图书销售有哪些优势？

网上销售图书品种齐全，打破了图书展示的物理空间限制。同时，网上销售还打破了时空局限，可在任意时间，任意地点，通过多种工具，选择任意书店，购买任意图书。网上图书销售还能提供多种形式低成本的增值服务，如新书推荐、畅销书排行、读者评论、作者访谈、专家点评、一对一的沟通和追踪服务等。它的多种检索方式使查找图书更加便捷迅速。网上图书销售出货快速，送货及时。由于无须大的卖场、库房和大量的员工，经营成本低，图书的售价更加优惠。

4.出版物网络销售渠道建设主要有哪些方式？

做好网络销售，对于实体书店营销渠道的拓展至关重要。一般来讲，网上销售渠道建设有三种主要方式。

第一，做网上零售商的供应商。这种方式主要适用于出版单位和批发企业。做网上零售店的供货商跟传统的销售模式并无多大的区别，出版单位或批发企业不需要增加额外的投入。但这种方式的缺点是主动权掌握在网上零售商手里，销售业绩会受到诸多因素的限制，供应商对网上零售商难以控制。

第二，自建销售网站。这种方式主要适用于自办发行的出版单位和有实体门店的发行企业。这种方式对资金和技术要求较高，开发时间稍长，需要同时涉及网上支付、网络安全、商品配送等一系列问题，需要专人经营管理。

第三，开设网上书店。这种方式可以不设实体书店，直接在网上出售出版物。网上书店可以合理利用电子商务平台提供的强大功能，不必一次性投入大量的资金，避免了复杂的技术开发，适用范围更加广泛，风险较小。当然，利用网上书店获得理想的收益也不是一件容易的事情。

5.国内图书销售电商主要有哪些？

国内目前图书销售电商影响最大的有：当当、亚马逊、京东商城等。

6.电商初级运营基础岗位有哪些？

电商初级运营基础岗位主要有六个：

一是设计策划岗位，包含美工、网站编辑、网页设计人员等；

二是运营管理岗位，包含电子商务运营总监、店长、客服主管等；

三是推广销售岗位，包含营销文案策划、市场主管、采购主管、运营主管等；

四是客服岗位；

五是技术经理和网站维护技术人员岗位；

六是仓储岗位，包含仓库主管、打包员、配货员等。

7.电商各个岗位考核要点有哪些？

各个岗位共同的考核有工作态度和工作能力两个要点。工作态度不外乎主动性、责任心、纪律性、团队协作和执行力，工作能力包含专业能力、判断力、应变能力、创新能力和管理协调能力。除此之外，岗位考核最重要的是绩效考核部分。

第一，设计策划岗位，主要考核工作量、点击率、设计完成率等。

第二，运营管理岗位，主要考核销售额、市场覆盖率、市场占有率等整体指标。

第三，推广销售岗位，主要考核指标完成量、访客数、浏览量、支付买家数、支付转换率、支付金额、客单价、收藏人数、加入人数、详情页跳出率、平均停留时长、UV平均获取成本、投资回报率(ROI)、商品到货率、商品到货时间、商品折扣、商品账期、商品付款比例等。

第四，客服岗位、主要考核指标完成量、响应时间、服务态度、咨询转换率等。

各个考核要点所占权重根据各企业实际情况而定。

8.传统书店拓展电商渠道要注意哪些问题？

一是要明确目标，是做品牌还是做销售，是要销量还是要利润。

二是要安排熟悉产品的人做。

三是要有打破现有业务流程和管理架构的思想准备。

9.店铺运营需要哪些辅助软件？

店铺运营辅助软件总的来说有三种：

一是数据分析类软件，比如天猫的生意参谋，京东的商智；

二是运营工具类软件，比如快递面单打印、店铺装修、商品批量管理等软件；

三是管理类软件，比如会员管理的客户关系管理(CRM)类、客服绩效类软件。

10.店铺数据分析有哪些关键指标？

店铺数据分析关键指标主要有四项：

一是访客数(UV)，访客数代表进店的人数；

二是浏览量(PV)，代表进店的顾客看了多少产品；

三是客单价，即每一个顾客平均购买商品的金额，也即是平均交易金额；

四是转化率，就是所有到达店铺并产生购买行为的人数和所有到达店铺的人数的比率。计算方法为：

转化率＝(产生购买行为的客户人数/所有到达店铺的访客人数)×100％

其他指标根据各网上书店具体情况而定。

11.店铺如何进行商品规划？

根据自身情况确定经营范围，找准目标客户，优化商品结构，引入新品，淘汰滞销品，培养畅销品种，优化调整商品价格体系，合理设置库存量，寻求潜在客户，为客户提供各种增值服务。

12.线上营销与线下营销各有何优劣？

线上营销是利用互联网平台来进行推广，手段多样，信息传播力度很强，而且可以为企业带来更广的知名度，同时能迅速有效地了解客户需求。优点是突破地域和时空限制，顾客可以来自全球；缺点是顾客无法获得对商品的真实体验。线下营销则是针对有限范围的顾客群体来进行营销，常常用会议会展等方式来吸引顾客。优点是客户看得见摸得着，比较真实；缺点是需要大量人力物力财力，成本较高。

13.新开线上店铺如何获取流量？

一是优化图书商品，将关键字搜索范围扩大到最大，充分考虑关键字前后排名位置的合理性。

二是优化图书上架时间，利用好推荐。

三是优化手机客户端，好标题能带来大流量，好的详情页能留住流量。

四是用内容营销引导买家。

五是利用好后台免费营销活动，如送红包、购物车营销等。

六是淘宝店铺可参加淘宝金币活动。

七是加入消费者保障服务。

八是利用辅助工具获取流量，如淘宝助理、百度等。

14.如何解读店铺流量来源？

店铺流量的来源包含自然流量、直接点击流量、直通车流量、淘宝客或者其他少量的流量。自然流量需要研究平台排名规则，选择适合自身的关键词去竞争排名。直接点击流量需要做好店铺收藏和关注的工作。直通车则是花钱打广告。其他活动多参加，也能提高店铺流量。

15.如何提升上架商品搜索排名?

一是做好在平台上的推荐。

二是类目相关性要好。

三是标题相关性要好。

四是调整好商品上架时间。

五是提高店铺的信用度。

六是提高销量。

16.线上店铺手机端装修要点有哪些?

第一,吸引,留住消费者。

第二,导购,方便消费者购物。

第三,突显网店个性与魅力。

17.线上店铺日常营销方式有哪些?

线上店铺日常营销方式主要有以下几种。

第一,店内促销。利用冲量、团购、会员制、满就送、限时打折、优惠券、包邮、换购、抽奖、送抵价券或积分等多种促销手段来促销。店内促销需要买家进店才知道。

第二,平台推广。如淘宝店铺可利用直通车、钻石展位、淘宝客、超级卖霸等,把活动推广到线上交易平台上。

第三,软性营销。通过人物访谈、书评、组织阅读与评选出版物等活动进行营销。

18.如何考核售前客服?

考核重点:业绩、服务、效率、准确性。

整体考核:服务态度、卖家发货速度、店铺销售额。

单个考核:引导销售额、询单转化率、客单价、客件数、接待量、响应时长、响应率、好评和差评数、投诉和纠纷数等。权重根据实际情况而定。

19.如何考核售后客服?

考核重点:服务、质量、效率。

整体考核:服务态度、纠纷率、退款率、处理时长。

单个考核:接待量、响应时长、响应率、好评和差评、投诉笔数、纠纷笔数、处理时长、退款笔数、平台消费者客服介入自主完结率、误退笔数等。权重根据实际情况而定。

20.客服团队自建好还是外包好?

自建团队的优点是沟通时效性高,有助于快速地实施和调整,了解书店的整体情况,更能切合实际操作,学习的经验能直接被吸收;缺点是人员和管理成本高。外包的优点是成本低,可控,专业度高;缺点是学习不到第一手经验,设想操作与书店实际情况需要磨合。

21.客服主要工作职能有哪些?

售前客服是网店的形象,是和客户直接交流的重要角色,其首要的工作就是要做好消费者购物的引导工作,做到"不放过每个进店的客户",并且尽可能提高客户进店购物的客单价,提高全店的询单转化率。只要出版物寄出,所有的问题就归售后客服来处理,售后客服的职能包括退换货,解决物流问题,处理客户的反映和投诉、中差评等。售后客服要做到所有的售后问题都不是问题,要让客户感觉到优质的售后服务,从而提高客户的忠实度。

22.什么是 CRM 系统?

CRM 系统指的是客户关系管理系统,CRM 的意思是客户关系管理。CRM 系统可通过对客户详细资料的深入分析,来提高客户的满意程度,从而提高企业竞争力。CRM 系统将客户资料及跟进信息全部记录在系统内,形成强大的客户资源库。企业可据此将客户资源牢牢地掌握住,支持根据销售人员的跟进情况回收客户,避免资源浪费。员工离职后,公司可以冻结其账号,保护客户资料不流失。且方便新的业务员了解客户跟进情况,及时跟进客户,避免客户资源流失给企业带来损失。

23.CRM 系统针对网店能解决哪些问题?

CRM 系统可实现与电商平台的数据互通。将电商平台中的买家联系信息、商品信息、交易订单及商品评价信息自动导入 CRM 系统,CRM 系统可帮助电商对买家的完整下单过程进行跟进,记录与买家的沟通联系记录、定时联系提醒、异常情况等信息。CRM 系统可帮助电商实现对买家的购买行为进行分析,包括买家的购买频率、购买次数、购买总金额、购买客单价等信息。CRM 系统通过对买家订单情况的分析,可以帮助商城实现对商品热度的分析,了解商品好评度及合理安排店铺销售的产品清单。CRM 系统帮助商城记录客户问题反馈,包括处理者、处理结果,整理归纳异常情况的解决方法,存储知识文档,形成统一的知识库,可方便下次同类问题的解决。

第六部分
出版物公共服务及政府采购

一、公共图书馆和基层书屋

1.什么是公共图书馆?

公共图书馆,是指由各级政府管理、资助和支持,免费为社会公众服务的图书馆。公共图书馆是人类社会文明发展的产物。在我国,公共图书馆一般是指由国家、人民团体或人民群众组织建立、支持和资助,为人民大众服务,按行政区划设置,受各级文化行政部门领导的图书馆,主要包括国家图书馆,省、自治区、直辖市图书馆,地区、市、州、盟等行政区图书馆,县(区)图书馆,乡镇图书馆,街道图书馆,少儿图书馆等等。公共图书馆内收藏的出版物学科广泛,面对读者成分多样,既可以为一般群众服务,也可以为儿童、工人、农民等特定读者群体服务。公共图书馆主要有三个特征:设立经营依法、政府税收支撑、向所有公民开放。

2.公共图书馆的主要职能是什么?

1975 年,国际图书馆协会联合会(简称国际图联)将传统的公共图书馆的职能概括为四条。

一是保存人类文化遗产。这是一项最古老的职能,现代图书馆不但保存手写和印刷形态的文献,还保存其他载体形式的资源。进入信息社会以后,这项职能又被赋予了新的内涵,形成了多载体、全方位保存的新格局。

二是开展社会教育。这项职能主要是要教育广大读者知道猎取文献资源的过程和方法,掌握终身学习的技能。进入信息社会以后,如何让读者通过网络环境获取新知识,掌握新技能,培养自觉能力,如何了解和利用信息资源,又成为这项职能的新内容。

三是传递科学信息。图书馆通过书刊借阅、宣传报道、参考咨询、馆际互借、讲座等途径,使读者能迅速、准确地获得所需的科学信息。进入信息社会以后,图书馆借助于遍布全国,乃至全球的计算机网络,速度更快、范围更大地传递海量信息。

四是开发智力资源。图书馆通过对馆内文献进行分类编目、馆外资源搜集过滤、馆藏文献数字化以及信息资源整理、分析、综合、引导等，形成有秩序、有规律、源源不断的用于交流和传递的信息流，实现资源共享，使文献资源最大限度为读者所用。

近年来，随着科学技术的飞速发展和人民群众文化需求的不断增长，公共图书馆又被赋予了新的职能。比如，一些图书馆成为引导大众阅读的风向标，成为一个区域社会活动的主阵地，成为社会信息咨询的中心。

3.我国公共图书馆大致有哪些？

在我国，公共图书馆大多是以省（自治区、直辖市）、市、县、乡等行政区域划分为基础的。按行政区域分，主要包括：国家图书馆、省级图书馆、市级图书馆、县级图书馆等等。

4.我国公共图书馆发展状况如何？

总体看，改革开放以来，随着经济的飞速发展，文化事业的发展也取得了长足的进步，公共图书馆事业欣欣向荣，财政投入稳步增加，设施设备明显改善，文献资源日益丰富，服务能力不断提高，社会效益显著增强，信息化水平快速提升，基本实现全覆盖。但是，总量不足、资源偏少、设施落后、地区发展不平衡等问题仍很突出，特别是人均图书馆占有量和人均图书占有量两项指标与国际标准相比差距明显。近年来，国家大力推进公共服务均等化，对公共图书馆的投入不断增加，我国公共图书馆发展空间还非常大，发行企业积极参与各级各类公共图书馆建设，既能为公共文化事业建设贡献力量，也能为企业自身发展赢得新的机遇。

5.什么是基层书屋？

基层书屋，就是指设在企业、农村、机关、学校、科研院所、街道社区、社会组织、人民解放军连队和其他基层单位的具有出版物公共服务性质的图书室、阅览室等。与公共图书馆相比，基层书屋面积较小、出版物拥有量较少，面对的读者群较窄。比如，农家书屋、社区书屋、机关书屋、职工书屋、医院书屋、学校图书室、连队阅览室、监狱图书室等等，都属于基层书屋。

6.公共图书馆和基层书屋出版物采购有哪些方式？

公共图书馆和基层书屋出版物采购主要有四种方式。

一是政府采购。通过公平、公开、公正的招标程序，引入竞争机制，可以获得较大折扣，从而以较少资金获得更多的出版物和服务。同时，增强采购过程透明度，可有效避免采购过程中的腐败现象。国有书店、民营书店以及其他具备资质的发行企业都可参与竞标。

二是现场采购。一般是通过图书订货会或展销会（书市）进行采购，或者采购人员直接到书店、批销中心现场采购。近年来，全国知名的图书博览会、书市大都开设了图书馆馆配专场，采购现场就有出版物样本，采购的直观性、时效性、针对性强，出版物质量一目了然，但成本相对较高。

三是预订购书。即通过书目预订。

四是网上订购。网络的发展，为出版物采购提供了更大范围、更为快捷的选择条件。网上订购，资源共享、信息互通、下载快捷、数据全面，使出版物采购工作更为科学。

近年来，基层书屋出版物基本通过政府招标采购方式采购，其他三种采购方式作为特殊情况下的补充采购。

7.如何做好馆配服务？

经过多年的发展，馆配市场已经从大而全的粗犷发展阶段进入逐渐精细化、细分化、专业化的发展阶段。但不论怎么发展，做好图书馆出版物配送和服务才是馆配企业赢得市场的主要法宝。

一是要诚实守信。发行企业在通过投标或其他方式获得图书馆馆配业务后，要严格按照合同要求，进行出版物选购和配送。不得随意更换书目，不得以次充好，不得延迟送货。如因特殊情况确需更换书目或延迟送货，必须事先征得采购人同意，有些还需要通过法定程序签订补充协议。

二是要服务专业。近年来，馆配业务已延伸至出版物分类、编目、录入、上架等相关服务领域。专业服务是馆配商发展的方向。参与馆配的发行企业必须建立一支专业的技术团队，高质量地为图书馆做好服务工作。无论是大型馆配企业还是中小型馆配企业，只有全方位满足客户需求，才能在竞争激烈的馆配市场占有一席之地，可以说，服务专业与否决定成败。

三是要跟进回访。参与馆配的发行企业应指定专人，对有业务往来的图书馆定期进行回访，听取意见建议，及时采纳，改进工作，并对馆配过程中出现的问题及时予以解决。良好的合作关系有利于再次馆配业务的获得。

二、政府采购

1.什么是政府采购？

政府采购，是指各级国家机关、事业单位和团体组织，使用财政性资金采购依法制定的集中采购目录以内的或者采购限额标准以上的货物、工程和服务的行为。政府采购不仅是指具体的采购过程，而且是采购政策、采购程序、采购过程、采购管理的总称，是一种对公共采购管理的制度，是一种政府行为。

2.政府采购有哪些方式？

政府采购一般采用以下六种方式：

第一，公开招标；

第二，邀请招标；

第三，竞争性谈判；

第四，单一来源采购；

第五,询价;

第六,国务院政府采购监督管理部门认定的其他采购方式。

3.政府采购有哪些程序?

政府采购中,不同的采购方式有不同的采购程序,一般来讲,要经历以下几个步骤。

第一步,制定采购计划,公开采购需求。

采购计划必须细致、周全,要明确采购政策、采购目标、采购程序、人员组成、采购方式、采购规则,有的甚至合同主要内容都要在计划中确定下来。采购计划确定以后,采购机构应通过合适的渠道向社会公开采购需求信息。

第二步,选择采购方式。

政府采购选择哪种方式,主要取决于能否通过合理的竞争方式实现效益最大化。一般而言,采购数额达到一定额度,实行公开招标方式采购;涉及紧急情况的采购,或涉及高科技应用产品和服务的采购,可采用竞争性谈判方式采购;垄断行业或保密行业,可采用单一来源或询价方式采购。总之,要结合采购的性质、数量、质量、时间要求等多种因素,以符合法规要求的方式和公开、有效竞争的原则实施政府采购。

第三步,签订采购合同。

采购机构按照法定的采购方式要求,通过资格审查、专家评审、公告公示等环节后,与中标供应商签订采购合同。一般来讲,中标供应商签订合同时需按标准交纳一定数额的履约保证金,作为履约义务的必要保证。

第四步,执行采购合同。

这个阶段,采购机构或采购人必须监督供应商履行合同,包括考察供应商生产、交货等情况,一旦发现有违反合同的问题,要及时指出和解决,做好验收、结算和效益评估等工作。履约完毕,注意收集反馈信息。

4.出版物政府采购有哪些主要特点?

近年来,国家大力投入公共文化服务基础设施建设,出版物政府采购有持续性,涉及面广,资金量大,体现出三个主要特点。

一是权威性。出版物政府采购,在一定意义上说,代表了政府立场,对出版物的指向性强,要求较高。

二是公共性。出版物政府采购,是国家财政支持下的采购,采购的出版物是公共物品,全体公民共同享有。

三是服务性。政府采购的出版物,基本用于各级各类公共图书馆(室、屋),免费为全体公民提供服务。

5.如何获取出版物政府采购信息?

出版物政府采购信息是以招标公告的形式,通过招标人依法指定的媒介,比如政府采购网站或采购单位门户网站等对外发布,有时,也通过报纸、互联网等媒体发布。《中华人民共和国招标投标法》第十六条第一款规定:“招标人采用公开招标方式的,应当发布招标公告。依法必须进行招标的项目的招标公告，应当通过国家指定的报刊、信息网络或者其他媒介发布。”

出版物政府采购招标一般采取两种模式实施：集中采购和分散采购。集中采购又分集中采购机构采购和部门集中采购，主要针对政府采购目录内的采购项目，比如近年来实施的农家书屋工程，大都委托集中采购机构代理采购；各级图书馆出版物馆配，大都实行部门集中采购。分散采购主要针对政府采购目录外的采购项目，也必须按照政府采购程序实施，并不是随意采购，既可由采购单位自己组织，也可委托招标公司实施。

6.什么是公开招标？

公开招标是政府采购的主要方式，属于无限制性竞争招标。就是招标人通过依法指定的媒介发布招标公告，邀请所有不特定的潜在投标人参加投标，并按照法律规定程序和招标文件规定的评标标准和方法确定中标人。符合招标项目规定的资格条件的投标人，不受所在地区、行业限制，均可申请参加投标。公开招标竞争充分，不容易串标、围标，有利于从广泛的竞争者中选择合适的中标人并获取最佳竞争效益，能最大限度地体现公开信息、规范程序、公平竞争、客观评价、公正选择、优胜劣汰等市场机制的本质要求。

依法必须公开招标的主要有三类。

一是国家重点项目和省、自治区、直辖市人民政府确定的地方重点项目。

二是国有资金占控股或者主导地位的依法必须进行招标的项目。

三是其他法律法规规定必须进行公开招标的项目。

因需求条件和市场供应限制而无法实施的依法必须公开招标的项目，在法规允许范围内，报经政府采购监督管理部门审批、核准、认定，可以邀请招标方式实施。

7.什么是邀请招标？

邀请招标，就是招标人通过投标邀请书直接邀请特定的潜在投标人参加投标，并按照法律程序和招标文件规定的评标标准和方法确定中标人，属于有限竞争性招标，也称选择性招标。邀请招标的主要优点是，招标人可以按照项目需求特点和市场供应状态，有针对性地选择资格能力、价值目标以及对项目重视程度等最相近的潜在投标人，并通过科学的评标标准和方法实现招标，其工作量和招标费用相对较小，可获取基本或者较好的竞争效果。但与公开招标相比，投标人数量相对较少，竞争开放度相对较弱，招标人掌握投标人信息相对局限，有可能得不到最合适的投标人和最佳竞争效益。

下列情形之一，经批准可以邀请招标：

一是涉及国家安全、国家秘密或者抢险救灾，适宜招标但不宜公开招标的；

二是项目技术复杂或有特殊要求，或者受自然地域环境限制，只有少量潜在投标人可供选择的；

三是采用公开招标方式的费用占项目合同金额的比例过大的。

非依法必须公开招标的项目，由招标人自主决定公开招标还是邀请招标。

8.什么是竞争性谈判?

竞争性谈判,就是采购人或者采购代理机构直接邀请三家以上供应商就采购事宜进行谈判的采购方式。其主要特点:一是缩短了准备期,采购项目能尽快得以完成,早日发挥作用。二是减少了工作量,通过供求双方灵活的谈判实施,省去了开标、投标等工作环节,提高了工作效率,减少了采购成本。三是能够降低采购风险。此外,一些项目还有利于对民族工业的保护。

《中华人民共和国政府采购法》规定,采用竞争性谈判方式进行的政府采购应当具备以下四项条件之一:

一是采用招标的方式后没有供应商投标,或者没有合格标的,或者重新招标未能成立的;

二是技术复杂或者性质特殊,不能确定详细规格或者具体要求的;

三是采用招标所需时间不能满足用户紧急需要的;

四是不能事先计算出价格总额的。

此外,根据财政部规定,投标截止时间结束后参加投标的供应商不足三家的,或在评标期间出现符合专业条件的供应商或者对招标文件做出实质响应的供应商不足三家的,报经政府采购监督管理部门批准,可以采用竞争性谈判方式采购。

9.什么是单一来源采购?

单一来源采购是采购人向特定的一个供应商采购的一种政府采购方式,单一来源采购只同唯一供应商、承包商或服务提供者签订合同。客观地讲,采购方处于不利地位,有可能增加采购成本,同时,谈判过程中也容易滋生索贿受贿等腐败现象,对此,《中华人民共和国政府采购法》做了相应的规定。下列情形之一,可以采用单一来源采购:

一是只能从唯一供应商处采购的;

二是发生了不可预见的紧急情况,不能从其他供应商处采购的;

三是必须保证原有采购项目一致性或者服务配套的要求,需要继续从原供应商处添购,且添购资金总额不超过原合同采购金额10%的。

10.什么是询价采购?

询价采购,顾名思义就是通过采取询问供应商价格的方式进行政府采购,是指对几个供货商(至少三家)的报价进行比较,以确保采购价格具有一定竞争性的一种采购方式,一般适用采购的货物规格、标准统一,现货货源充足且价格变化幅度小的政府采购项目。询价有以下特点:

一是邀请报价的供应商数量至少要有三家;

二是不得同某一供应商或承包商就报价进行谈判,供应商或承包商只允许提供一个报价,而且不得改变;报价可以采用电传、传真、信函等方式提交;

三是一般与符合采购实际需求、质量和服务相等且报价最低的供应商或承包商签订采购合同。

11.什么是招标?

招标,就是指招标人(买方)发出招标公告或投标邀请书,说明招标的工程、货物、服务的范围、标段(标包)划分、数量、投标人(卖方)的资格要求等,邀请特定或不特定的投标人(卖方)在规定的时间、地点按照一定的程序进行投标的行为。招标是一种国际上普遍运用的、有组织的市场交易行为,是工程、货物、服务贸易方式的一种,相对于投标,称之为招标。《中华人民共和国招标投标法》规定,招标方式分为公开招标、邀请招标。

12.什么是招标人?

招标人是指在招标投标活动中提出招标项目、进行招标的法人或者其他组织。

第一,根据《中华人民共和国民法通则》的规定,法人是指具有民事权利能力和民事行为能力,并依法享有民事权利和承担民事义务的组织,包括企业法人、机关法人和社会团体法人。法人必须具备的条件包括:必须依法成立,必须具有必要的财产(企业法人)或经费(机关、社会团体、事业单位法人),有自己的名称、组织机构和场所,能够独立承担民事责任。

其他组织,是指不具备法人条件的组织。主要包括:法人的分支机构;企业之间或企业、事业单位之间联营,不具备法人条件的组织;合伙组织;个体工商户等。

第二,招标人必须提出招标项目,进行招标。提出招标项目,就是采购需要依据《中华人民共和国招标投标法》规定,提出拟招标项目,办理有关审批手续,落实资金来源等。进行招标,就是提出招标方案,决定招标方式,编制招标文件,发布招标公告,审查潜在投标人资格,主持开标,组建评标委员会,确定中标人,签订合同,等等。

13.什么是招标代理机构?

招标代理机构,就是指依法设立、受招标人委托代为组织招标活动,并提供相关服务的社会中介组织。

第一,招标代理机构的性质。招标代理机构既不是行政机关,也不是从事生产经营的企业,而是为招标人提供服务的,独立于任何行政机关的组织。招标代理机构可以作为有限责任公司等多种组织形式存在,自然人一般不能从事招标代理业务。

第二,招标代理机构需依法登记设立。招标代理机构的设立不需有关行政机关的审批,但其从事有关招标代理业务的资格需要有关行政主管部门审查认定。

第三,招标代理机构的业务范围。主要是从事招标代理业务,即接受招标人委托,组织招标活动。具体工作包括:帮助招标人或受其委托拟定招标文件,审查投标人资质,组织评标、定标,提供与招标代理业务相关的咨询、代书及其他服务。

14.什么是标的?

标的,是法律行为所要达到的目的,是指合同双方当事人权利和义务所共同指向的对象,比如工程项目、货物、劳务等。标的是一切合同的必备条款,是合同成立的必要条件。

15.什么是标底?

标底,就是对准备实施招标采购的项目计算出的合理基价。标底不等于概(预)算,也不等于合同价格。如果采用暗标暗投的方法,那么标底就是招标单位的绝密资料,不能向任何无关人员泄露。现在多采用明标暗投的方法,标底事先公布,以控制投标的报价,所有投标报价不得超过标书中规定的范围,否则无效。评标时参考标底,如果是综合评标,一般按其报价与标底的比值计算得分;如果单纯以价格评标,则最低报价中标。

16.公开招标公告具体内容有哪些?

公开招标最显著的特征,就是招标人以招标公告的方式邀请不特定的法人或者其他组织投标。因此,招标公告极为重要,其内容必须真实、准确、完整,一经发出,即构成招标活动的要约邀请,招标人不得随意更改。一般来讲,招标公告基本内容包括:

第一,招标项目所具备的招标条件说明,包括招标项目名称、项目审批、核准或备案机关名称、资金来源等;

第二,招标项目规模、招标范围、标段划分或标包数量等;

第三,招标项目的实施时间,工程施工工期,或货物交货日期,或提供服务时间等;

第四,招标项目的实施地点,或交货地点,或服务地点;

第五,投标人或供应商或服务商资质、资格等级要求;

第六,获取招标文件的时间、地点、方式,以及招标文件售价;

第七,递交投标文件的地点和投标截止日期;

第八,联系方式,包括招标人、招标或采购代理机构项目联系人的名称、地址、电话、传真、网址、开户银行及账号等;

第九,其他需要明确的事项。

17.邀请招标资格预审公告基本内容有哪些?

邀请招标资格预审公告基本内容包括:

第一,招标文件编号;

第二,招标内容,包括具体项目名称、用途、实际采购数量、简要技术要求或招标项目性质等;

第三,供应商资格要求及需提交的资格证明文件内容;

第四,提交资格申请及证明材料的截止时间及地点;

第五,资格审查的时间及地点;

第六,联系人姓名及电话等联系方式;

第七,其他需要明确的事项。

18.什么是招标文件?

招标文件,就是招标人向潜在投标人发出的,告知项目需求、招标投标活动规则和合同条件等信息的要约邀请文件。招标文件是项目招标投标活动的主要依据,对招标投标活动各方都具有法律约束力。根据功能作用不同，招标文件可以分成三部分。

一是阐述招标项目需求概况和招标投标活动规则的招标公告或投标邀请书、投标人须知、评标办法、投标文件格式等，对参与项目招标投标活动各方都有约束力，但一般不构成合同文件。

二是全面描述招标项目需求的工程量清单、设计图纸、技术标准和要求、合同条款等，这是合同文件构成的重要内容，是招标投标活动的主要依据，对招标人和中标人具有约束力。

三是项目地址、水文、地质、气象、交通等参考资料，以供投标人了解分析与招标项目相关的信息。

19.招标文件的主要内容有哪些？

招标文件至少应包括以下两个方面的内容。

第一，招标公告。

第二，投标人须知。这一部分内容较多、较细，主要是具体制定投标商在投标时须遵循的投标规则，主要内容有：

（一）投标费用；

（二）投标商资格要求；

（三）货物、技术、服务要求；

（四）招标文件和投标文件的澄清程序；

（五）投标文件的内容要求；

（六）投标语言（特别是国际性招标，必须规定投标语言）；

（七）投标价格和货币规定；

（八）修改和撤销投标的规定；

（九）标书格式要求；

（十）投标保证金要求；

（十一）评标标准和程序；

（十二）优惠规定；

（十三）投标程序；

（十四）投标有效期和投标截止日期；

（十五）开标时间、地点等。

20.什么是投标？

投标，就是指投标人应招标人特定或不特定的邀请，按照招标文件要求，在规定的时间和地点主动向招标人递交投标文件，并以中标为目的的行为，投标与招标相对应。

21.什么是投标人？

《中华人民共和国招标投标法》第二十五条规定："投标人是响应招标、参加投标竞争的法人或者其他组织。依法招标的科研项目允许个人参加投标的，投标的个人适用本法有关投标人的规定。”

22.法律法规对投标人有哪些具体要求?

《中华人民共和国招标投标法》第二十六条至三十三条对投标人进行了明确的法律规范,主要内容包括以下几方面。

第一,投标人应当具备承担招标项目的能力;国家有关规定对投标人资格条件或者招标文件对投标人资格条件有规定的,投标人应当具备规定的资格条件。

第二,投标人应当按照招标文件的要求编制投标文件。

第三,投标人应当在招标文件要求提交投标文件的截止时间前,将投标文件送达投标地点。

第四,投标人在招标文件要求提交投标文件的截止时间前,可以补充、修改或者撤回已提交的投标文件,并书面通知招标人。补充、修改的内容为投标文件的组成部分。

第五,投标人根据招标文件载明的项目实际情况,拟在中标后将中标项目的部分非主体、非关键性工作进行分包的,应当在投标文件中载明。

第六,两个以上法人或者其他组织组成联合体,以一个投标人的身份共同投标的,联合体各方均应当具备承担招标项目的相应能力;国家有关规定或者招标文件对投标人资格条件有规定的,联合体各方均应当具备规定的相应资格条件。由同一专业的单位组成的联合体,按照资质等级较低的单位确定资质等级。联合体各方应当签订共同投标协议,明确约定各方拟承担的工作和责任,并将共同投标协议连同投标文件一并提交招标人。联合体中标的,联合体各方应当共同与招标人签订合同,就中标项目向招标人承担连带责任。

第七,投标人不得相互串通投标报价,不得排挤其他投标人的公平竞争,损害招标人或者其他投标人的合法权益。投标人不得与招标人串通投标,损害国家利益、社会公共利益或者他人的合法权益。禁止投标人以向招标人或者评标委员会成员行贿的手段谋取中标。

第八,投标人不得以低于成本的报价竞标,也不得以他人名义投标或者以其他方式弄虚作假,骗取中标。

23.什么是投标文件?

投标文件,就是指投标人应招标文件要求编制的响应性文件。投标文件一般包含三个部分,即商务部分、技术部分、价格部分。

第一,商务部分。主要包括公司资质、公司业绩、各种证件、报告等一系列介绍公司情况的内容。

第二,技术部分。主要包括工程的描述、设计和施工方案等技术方案,以及与技术相关的工程量清单、人员配置、图纸、表格等资料。

第三,价格部分。主要包括投标报价说明、投标总价、主要材料价格表等。

24.开标有哪些法定要求?

《中华人民共和国招标投标法》第三十四条至三十六条规定,开标应当在招标文件确定的提交投标文件截止时间的同一时间公开进行;开标地点应当为招标文件中预先确定的地点。开标由招标人主持,邀请所有投标人参加。开标时,由投标人或者其推选的代表检查投标文件的密封情况,也可以由招标人委托的公证机构检查并公证;经确认无误后,由工作人员当众拆封,宣读投标人名称、投标价格和投标文件的其他主要内容。招标人在招标文件要求提交投标文件的截止时间前收到的所有投标文件,开标时都应当当众予以拆封、宣读。开标过程应当做记录,并存档备查。

由此可以看出,开标主要包括密封情况检查、拆封、唱标及记录存档等程序和内容。

第一,密封情况检查。

投标文件密封情况检查由投标人或者其推选的代表当众进行,也可由招标人委托的公证机构检查并公证。若投标文件未密封,或者有拆开痕迹,则不能进入后续程序。

第二,拆封。

招标人或其委托的招标代理机构工作人员,在开标现场当众拆封所有在招标文件要求提交投标文件的截止时间之前收到的合格的投标文件。

第三,唱标。

招标人或者其委托的招标代理机构工作人员,根据法律规定和招标文件要求,宣读投标人名称、投标价格等投标文件的主要内容。

第四,记录存档。

招标人或者其委托的招标代理机构当场记录开标时间、地点、参与人、唱标内容等情况,制作开标记录,经参加开标的投标人代表签字确认后,存档备查。

25.评标有哪些法定要求?

《中华人民共和国招标投标法》第三十七条至四十四条对评标进行了明确的法律规范,概括起来,主要包含四个方面的要求。

第一,公平、公正、科学、择优。

第二,严格保密。

第三,独立评审。

第四,严格遵守评标标准和方法。

评标由招标人依法组建的评标委员会负责。与投标人有利害关系的人不得进入相关项目的评标委员会;已经进入的应当更换。评标委员会成员的名单在中标结果确定前应当保密。

招标人应当采取必要的措施,保证评标在严格保密的情况下进行。任何单位和个人不得非法干预、影响评标的过程和结果。

在确定中标人前,招标人不得与投标人就投标价格、投标方案等实质性内容进行谈判。

评标委员会成员应当客观、公正地履行职务，遵守职业道德，对所提出的评审意见承担个人责任。评标委员会成员不得私下接触投标人，不得收受投标人的财物或者其他好处。评标委员会成员和参与评标的有关工作人员不得透露对投标文件的评审和比较、中标候选人的推荐情况以及与评标有关的其他情况。

26.中标后如何签订和履行书面合同？

《中华人民共和国招标投标法》第四十五条至四十八条对招标人与中标人订立和履行书面合同进行了明确的法律规范，概括起来，主要包含以下内容。

第一，中标人确定后，招标人向中标人发出中标通知书，并同时将结果通知所有未中标的投标人。中标通知书发出后，招标人改变中标结果的，或者中标人放弃中标项目的，应依法承担法律责任。

第二，中标通知书发出之日起三十日内，招标人和中标人应按招标文件和中标人的投标文件订立书面合同，并不得再行订立背离合同实质性内容的其他协议。中标人按要求提交履约保证金。

第三，自确定中标人之日起十五日内，招标人应向有关行政监督部门提交招标投标情况书面报告。

第四，中标人应按照合同约定履行义务，完成中标项目。中标项目不得向他人转让，也不得肢解后分别向他人转让。按合同约定或经招标人同意，中标人可将中标项目的部分非主体、非关键性工作分包给具备相应的资格条件的他人完成，接受分包的人不得再次分包。中标人就分包项目向招标人负责，接受分包的人就分包项目承担连带责任。

27.如何确定和收取履约保证金？

履约保证金是买卖双方确保履约的一种财力担保。确定和收取履约保证金标准应该遵循以下原则。

第一，履约保证金数额要大于合同预付款数额，以规避风险。

第二，履约保证金数额要与投标保证金持平或稍高。对于技术含量高，若不能准时履约将会给采购人带来巨大损失的项目，履约保证金数额要适当提高。

第三，履约保证金数额要与合同付款条件相关联。一般来讲，两者成反比关系，分阶段付款对供应商有利时，履约保证金多收，反之少收。

28.政府采购合同包括哪些主要内容？

政府采购合同的主要内容包括：第一，产品清单及付款方式，包括产品清单及价格、招标文件附件、付款时间、延期付款情形、质保金以及罚金等；第二，交货时间及地点，包括延期交货罚金缴纳方式、因不可抗拒力所致延期的处理、送货方式、交货地点、安装调试等，交货时间一般为投标文件承诺时间；第三，包括保修条款，包括售后服务保修措施、免于保修范围等；第四，双方的权利和义务；第五，争议解决途径；第六，其他需要明确的事项。

29.对政府采购如何质疑和投诉?

《中华人民共和国政府采购法》第五十一条至五十八条对政府采购的质疑和投诉进行了明确的法律规范,概括起来,主要包含以下内容。

第一,供应商可以针对疑问问题询问采购人,采购人应及时答复,但答复内容不得涉及商业秘密。

第二,供应商认为自己权益受损的,可以在知道或者应知其权益受损之日起七个工作日内,以书面形式向采购人提出质疑。采购人应在收到供应商的书面质疑后七个工作日内做出答复,并以书面形式通知质疑供应商和其他有关供应商,但答复内容不得涉及商业秘密。

第三,采购人委托采购代理机构采购的,供应商可向采购代理机构提出询问或者质疑,采购代理机构应在委托授权范围内做出答复。

第四,供应商对答复不满意,或者采购人、采购代理机构未在规定时间内做出答复,供应商可在答复期满后十五个工作日内向同级政府采购监督管理部门投诉。政府采购监督管理部门应在收到投诉后三十个工作日内,对投诉事项做出处理决定,并以书面形式通知投诉人和与投诉事项有关的当事人。

第五,政府采购监督管理部门在处理投诉事项期间,可视情况书面通知采购人暂停采购活动,暂停时间最长不得超过三十日。

第六,投诉人对政府采购监督管理部门的投诉处理决定不服或政府采购监督管理部门逾期未做处理的,可依法申请行政复议或者向人民法院提起行政诉讼。

30.投诉处理决定公告应当包括哪些内容?

投诉处理决定公告主要包括以下内容:第一,投诉人,包括名称、地址、法定代表人、授权代表或委托代理人等;第二,被投诉人,包括名称、地址、法定代表人、项目负责人等;第三,投诉事项,凡与招标文件、投标文件、书面合同不一致的事项,均可成为投诉内容;第四,调查核实情况,政府采购监督管理部门根据相关法律法规规定,针对投诉事项进行审查、调查,实事求是做出结论;第五,处理决定,根据调查核实情况,依法做出处理决定。

第七部分 出版物发行活动管理

一、出版物识别和发行活动规范

1.如何识别非法图书?

一是看国际标准书号(ISBN)。2006年前(含2006年),书号共10位数字,由国别和地区代码、出版社代码、书序码、校验码四部分组成。

如:书号为ISBN 7-01-005674-9,其计算验证方法是将前9个数码按顺序分别乘以10、9、8、7、6、5、4、3、2,将各乘积相加,总和除以11得余数,再用11减去余数所得差,即为校验码数。当校验码为10时,以X代替。上述书号按此计算总和是156,按上述计算方法计算,得出校验码为9。

2007年1月1日起,每个国际标准书号由10位增至13位。由EAN·UCC前缀、组区号、出版者号、出版序号、校验码五部分组成。

EAN·UCC前缀:目前使用978,使用979的时间由国际ISBN中心决定。

组区号:中国为7;中国香港地区为988和962;中国澳门地区为99937;中国台湾地区为986和957。

出版者号:我国的出版者号由中国标准书号管理机构设置和分配,长度为2至5位数。比如:人民出版社为01、重庆出版社为229、西南师范大学出版社为5621、重庆大学出版社为5689。

二是看特征。比如,看封面、插图和广告,黄色图书的封面大多有色情、淫秽、凶杀、暴力等刺激画面,其内部插图也往往印有色情、淫秽、恐怖、凶杀画面。看版权页的版本记录项目是否符合规定,著录是否准确、完整。看是否盗用社名,非法出版物的版本记录,往往盗用边疆省(区)出版社或已经撤销的出版社的名义,甚至编造出版单位名称。看是否标明印刷单位,合法出版物的印刷单位一般均为定点的出版物印刷厂家,非法出版物往往不标明印刷单位,或标以非出版物印刷厂甚至地下印刷厂。看发行(经销)单位是否含糊不清,如:有的非法出版物只含混注上“新华书店发行”,究竟是哪家新华书店,不明确标出。看纸质及印装质量,许多非法出版物纸张发黄发脆、手感粗糙,印刷质量低劣、版心不正、错别字多，透印、黏脏现象普遍，油墨着色时深时浅，装订质量很差，折页不正，刀花、短页、连刀页较多，订口不牢，有些书的封面与整个书瓤能分离、脱落。

三是寄往其标注的出版单位甄别。

2.如何识别非法报刊？

一是看中国标准连续出版物号（刊号）。刊号是国家出版行政部门批准注册的出版者所出版的每一种连续出版物的代码标识。它由国际标准连续出版物号（ISSN）和国内统一连续出版物号（CN）两部分组成。《中国标准连续出版物号》标准发布之前，连续出版物使用的是“中国标准刊号”，因此，习惯上称“刊号”。

中国标准连续出版物号由国际标准连续出版物号和国内统一连续出版物号两部分组成。其结构格式为：

$$\frac{\text{ISSN XXXX-XXXX}}{\text{CN XX-XXXX/YY}}$$

国际标准连续出版物号由前缀 ISSN 和 8 位数字组成，由 ISSN 中心负责分配。ISSN 与 8 位数字之间，有半个汉字空，8 位数字分两段，每段 4 位数字，中间用半字线“-”隔开；其中前 7 位数字为顺序号，最后一位为校验码。

校验码的计算方法：

取国际标准连续出版物号的前 7 位数分别乘以 8、7、6、5、4、3、2 后，乘积相加的和除以 11 得出余数，用 11 减去余数所得的差即为校验码。当差为 10 时，以“X”表示，余数为 0 时校验码为 0。

比如：期刊《小康》的国际标准连续出版号 ISSN 1672-4879，前 7 位数分别乘以 8、7、6、5、4、3、2 后相加和为 156，156÷11＝14……2，11－2＝9，所以该刊校验码为“9”。

国内统一连续出版物号由前缀 CN 和 6 位数字以及 1～2 位分类号组成，6 位数字由国家出版行政部门负责分配。CN 与 6 位数字之间有半个汉字空，6 位数字前 2 位与后 4 位间用半字线“-”隔开，分类号置在 6 位数字之后，用斜线“/”隔开。

CN 为中国国名代码；6 位数前 2 位为地区号，依据《中华人民共和国行政区划代码》给出；后 4 位为地区连续出版的序号，一律从 0001～9999 中给出，其中，0001～0999 为报纸的序号，1000～5999 为印刷版连续出版物的序号，6000～8999 为网络连续出版物序号，9000～9999 为有形的电子连续出版物（如光盘）的序号。

比如，《小康》的中国标准连续出版物号是：

$$\frac{\text{ISSN 1672-4879}}{\text{CN11-5053/Z}}$$

ISSN 1672-4879 是由 ISSN 中心分配的连续出版物代码标识；CN 11-5053/Z 中 CN 为中国国别，11 为北京市代号，5053 是其所在地为其分配的序号，Z 表示该刊的学科范畴为综合类。

二是通过权威渠道鉴别。比如，国家新闻出版广电总局网站、中国知网、扫黄打非网、中国记者网等。

三是寄往其标注的出版单位甄别。

3.如何识别非法音像制品?

第一,我国音像制品。

一是看包装和彩封。凡是简装(塑料袋加纸片包装)光盘,外包装的制作、印刷粗糙,塑料薄膜粘贴不紧,容易脱落,彩封颜色不正,字迹模糊或有双影等,即有盗版嫌疑。由于借助了新的设备,有的盗版音像制品包装和彩封已可乱真,因此还要结合其他因素去鉴别。

二是看价格。非法音像制品成本低,售价远低于正版产品。

三是看防伪标识。凡未加贴防伪标识的音像制品,都是非法音像制品。

四是看标准音像制品编码。外包装和光盘上都应有中国标准音像制品编码,否则即为非法音像制品。

五是看光盘来源识别码(SID码)。我国复制加工的激光数码储存片的内圈表面上都压制有一组SID码,SID码首先是小写英文字母(ifpi),字母顶上有一道弧线,后三位是阿拉伯数字。SID码世界通用,凡无此码即为非法光盘。

六是看音像出版单位识别。未标明音像出版单位的音像制品一定是非法音像制品;标明非音像出版单位出版的音像制品一定是非法音像制品;编造不存在的音像出版单位出版的音像制品一定是非法音像制品;超出其出版范围的图书出版社、音像出版单位出版的音像制品也是非法音像制品。

七是寄往其标注的出版单位甄别。

第二,进口音像制品。

一是凡"打孔"、"锯口"的国外音像制成品一定是非法音像制品。

二是凡没有同时加贴"音像制品防伪标识"(进口音像制成品一律加贴A—Ⅲ号段的防伪标识)和"中国图书进出口总公司"防伪标识的国外音像制成品,一定是非法音像制品。

三是凡彩封上有"中国图书进出口总公司总经销""中国图书进出口总公司×××分公司进口""中国图书进出口×××分公司总经销"字样的进口音像制成品,一定是非法音像制品。

四是凡是进口的录像制品成品标明中国图书进出口总公司进口的,一定是非法音像制品。

4.如何识别非法电子出版物?

以下情况均为非法电子出版物:

含有禁载内容的;未经批准出版、进口的;假冒出版单位或出版物名称的;侵犯他人著作权的;无专用标准书号、刊号及条形码的;光盘无来源识别码的;中小学教材未经审定的。

5.从事出版物发行的单位和个人必须遵守哪些规定？

《出版物市场管理规定》第二十二条规定，从事出版物发行业务的单位和个人在发行活动中应当遵循公平、守法、诚实、守信的原则，依法订立供销合同，不得损害消费者的合法权益。

从事出版物发行业务的单位、个人，必须遵守下列规定：

（一）从依法取得出版物批发、零售资质的出版发行单位进货；发行进口出版物的，须从依法设立的出版物进口经营单位进货；

（二）不得超出出版行政主管部门核准的经营范围经营；

（三）不得张贴、散发、登载有法律、法规禁止内容的或者有欺诈性文字、与事实不符的征订单、广告和宣传画；

（四）不得擅自更改出版物版权页；

（五）出版物经营许可证应在经营场所明显处张挂；利用信息网络从事出版物发行业务的，应在其网站主页面或者从事经营活动的网页醒目位置公开出版物经营许可证和营业执照登载的有关信息或链接标识；

（六）不得涂改、变造、出租、出借、出售或者以其他任何形式转让出版物经营许可证和批准文件。

6.出版物发行单位年度核验（年检）如何实施？

出版物发行单位年度核验一般在每年3月底前完成。

第一，年度核验的主要内容。包括：发行单位一年来是否有违反国家法律、法规及各项发行管理规定的行为，有无被处罚记录；发行单位是否仍具备从事出版物发行业务的各项基本条件；发行单位一年来的经营状况，包括出版物发行品种、数量、销售收入、利润总额、纳税总额及库存等情况。

第二，发行单位需报送的材料。包括：年度核验登记表、年度总结（包括自查报告）、《出版物经营许可证（副本）》和《营业执照（副本）》复印件、《外商投资企业批准证书》复印件（外商投资出版物分销企业须提供）、网上年度核验填报回执等。上述有关材料一式三份，由负责年度核验的新闻出版行政管理部门、上一级新闻出版行政部门、发行单位各留存一份。

第三，暂缓年度核验的情况。包括：经核验发现有违法行为应予处罚的；正在限期停业整顿的；未按规定报送统计报表的；不能在规定时间内递交年度核验材料的；报送的核验材料经查与事实不符的；等等。暂缓年度核验的期限最长不超过6个月。暂缓年度核验的企业要进行认真整改，待问题得到解决后，写出申请，报所在地新闻出版行政管理部门审批。缓验期满，按规定重新办理年度核验。

第四，不予年度核验的情况。包括：违法行为被查处后拒不改正或者无明显整改效果的；不具备《出版物市场管理规定》中规定的资格条件的。

未通过年度核验的发行单位，不得继续从事出版物经营活动，由原审批的新闻出版行政管理部门收回其《出版物经营许可证》。不按规定参加年度核验的发行单位，省级新闻出版行政管理部门在规定的年度核验时间结束后一个月内向其送达年度核验催告函。经催告一个月内仍未参加年度核验的，由原审批的新闻出版行政管理部门注销登记。

二、违法违规发行活动处罚

1.规范出版发行活动的业内法规主要有哪些？

规范出版发行活动的业内法规主要有：《中华人民共和国著作权法》《出版管理条例》《音像制品管理条例》《出版物市场管理规定》《报纸出版管理规定》《期刊出版管理规定》《音像制品出版管理规定》《电子出版物出版管理规定》《订户订购进口出版物管理办法》《音像制品进口管理办法》《出版物进口备案管理办法》等等。

2.未经批准，擅自设立出版物发行单位，或者擅自从事出版物发行业务的，应受何种处罚？

《出版管理条例》第六十一条规定，未经批准，擅自设立出版物的出版、印刷或者复制、进口、发行单位，或者擅自从事出版物的出版、印刷或者复制、进口、发行业务，假冒出版单位名称或者伪造、假冒报纸、期刊名称出版出版物的，由出版行政主管部门、工商行政管理部门依照法定职权予以取缔；依照刑法关于非法经营罪的规定，依法追究刑事责任；尚不够刑事处罚的，没收出版物、违法所得和从事违法活动的专用工具、设备，违法经营额1万元以上的，并处违法经营额5倍以上10倍以下的罚款，违法经营额不足1万元的，可以处5万元以下的罚款；侵犯他人合法权益的，依法承担民事责任。

3.发行违禁出版物，应受何种处罚？

《出版管理条例》第六十二条规定，发行违禁出版物，触犯刑律的，依照刑法有关规定，依法追究刑事责任；尚不够刑事处罚的，由出版行政主管部门责令限期停业整顿，没收出版物、违法所得，违法经营额1万元以上的，并处违法经营额5倍以上10倍以下的罚款；违法经营额不足1万元的，可以处5万元以下的罚款；情节严重的，由原发证机关吊销许可证。

4.发行侵犯他人著作权或者专有出版权的出版物，应受何种处罚？

《出版物市场管理规定》第三十三条规定，发行侵犯他人著作权或者专有出版权的出版物的，依照《中华人民共和国著作权法》和《中华人民共和国著作权法实施条例》的规定处罚。

《中华人民共和国著作权法》第四十八条规定，发行侵犯他人著作权或者专有出版权的出版物的，应当根据情况，承担停止侵害、消除影响、赔礼道歉、赔偿损失等民事责任；同时损害公共利益的，可以由著作权行政管理部门责令停止侵权行为，没收违法所得，没收、销毁侵权复制品，并可处以罚款；情节严重的，著作权行政管理部门还可以没收主要用于制作侵权复制品的材料、工具、设备等；构成犯罪的，依法追究刑事责任。

《中华人民共和国著作权法实施条例》第三十六条规定，有著作权法第四十八条所列侵权行为，同时损害社会公共利益，非法经营额 5 万元以上的，著作权行政管理部门可以处非法经营额 1 倍以上 5 倍以下的罚款；没有非法经营额或者非法经营额 5 万元以下的，著作权行政管理部门根据情节轻重，可处 25 万元以下的罚款。

5.出版物发行单位未依照规定办理变更审批手续，应受何种处罚？

《出版管理条例》第六十七条规定，出版物发行单位未依照规定办理变更审批手续的，由出版行政主管部门责令改正，给予警告；情节严重的，责令限期停业整顿或者由原发证机关吊销许可证。

6.被吊销出版物经营许可证，其法定代表人或主要负责人将受到何种处罚？

《出版物市场管理规定》第三十六条规定，单位、个人违反本规定被吊销出版物经营许可证的，其法定代表人或者主要负责人自许可证被吊销之日起 10 年内不得担任发行单位的法定代表人或者主要负责人。

7.不能提供近两年出版物发行进销货清单等有关非财务票据或者清单、票据未按规定载明有关内容的，应受何种处罚？

《出版物市场管理规定》第三十七条规定，未能提供近两年的出版物发行进销货清单等有关非财务票据或者清单、票据未按规定载明有关内容的，由出版行政主管部门责令停止违法行为，予以警告，并处 3 万元以下罚款。

8.超出新闻出版行政主管部门核准的经营范围经营，应受何种处罚？

《出版物市场管理规定》第三十七条规定，超出出版行政主管部门核准的经营范围经营的，由出版行政主管部门责令停止违法行为，予以警告，并处 3 万元以下罚款。

9.张贴、散发、登载有法律、法规禁止内容的或者有欺诈性文字、与事实不符的征订单、广告和宣传画，应受何种处罚？

《出版物市场管理规定》第三十七条规定，张贴、散发、登载有法律、法规禁止内容的或者有欺诈性文字、与事实不符的征订单、广告和宣传画的，由出版行政主管部门责令停止违法行为，予以警告，并处 3 万元以下罚款。

10.擅自更改出版物版权页，应受何种处罚？

《出版物市场管理规定》第三十七条规定，擅自更改出版物版权页的，由出版行政主管部门责令停止违法行为，予以警告，并处 3 万元以下罚款。

11.出版物经营许可证未在经营场所明显处张挂或者未在网页醒目位置公开出版物经营许可证和营业执照登载的有关信息或者链接标识的,应受何种处罚?

《出版物市场管理规定》第三十七条规定,出版物经营许可证未在经营场所明显处张挂或者未在网页醒目位置公开出版物经营许可证和营业执照登载的有关信息或者链接标识的,由出版行政主管部门责令停止违法行为,予以警告,并处3万元以下罚款。

12.出售、出借、出租、转让或者擅自涂改、变造出版物经营许可证,应受何种处罚?

《出版物市场管理规定》第三十七条规定,出售、出借、出租、转让或者擅自涂改、变造出版物经营许可证的,由出版行政主管部门责令停止违法行为,予以警告,并处3万元以下罚款。

13.公开宣传、陈列、展示、征订、销售或者面向社会公众发送规定应由内部发行的出版物,应受何种处罚?

《出版物市场管理规定》第三十七条规定,公开宣传、陈列、展示、征订、销售或者面向社会公众发行规定应由内部发行的出版物的,由出版行政主管部门责令停止违法行为,予以警告,并处3万元以下罚款。

14.委托无出版物批发、零售资质的单位或者个人销售出版物或者代理出版物销售业务,应受何种处罚?

《出版物市场管理规定》第三十七条规定,委托无出版物批发、零售资质的单位或者个人销售出版物或者代理出版物销售业务的,由出版行政主管部门责令停止违法行为,予以警告,并处3万元以下罚款。

15.未从依法取得出版物批发、零售资质的出版发行单位进货,应受何种处罚?

《出版物市场管理规定》第三十七条规定,未从依法取得出版物批发、零售资质的出版发行单位进货的,由出版行政主管部门责令停止违法行为,予以警告,并处3万元以下罚款。

16.提供出版物网络交易平台服务的经营者未按《出版物市场管理规定》履行有关审查及管理责任,应受何种处罚?

《出版物市场管理规定》第三十七条规定,提供出版物网络交易平台服务的经营者未按本规定履行有关审查及管理责任的,由出版行政主管部门责令停止违法行为,予以警告,并处3万元以下罚款。

17.应按规定进行备案而未备案,应受何种处罚?

《出版物市场管理规定》第三十七条规定,应按本规定进行备案而未备案的,由出版行政主管部门责令停止违法行为，予以警告，并处3万元以下罚款。

18.不按规定接受年度核验，应受何种处罚？

《出版物市场管理规定》第三十七条规定，不按规定接受年度核验的，由出版行政主管部门责令停止违法行为，予以警告，并处3万元以下罚款。

三、中小学教科书发行管理

1.从事中小学教科书发行业务需要哪些条件？

《出版物市场管理规定》第十一条规定，单位从事中小学教科书发行业务，应取得国家新闻出版广电总局批准的中小学教科书发行资质，并在批准的区域范围内开展中小学教科书发行活动。同时具备下列条件：

（一）以出版物发行为主营业务的公司制法人；

（二）有与中小学教科书发行业务相适应的组织机构和发行人员；

（三）有能够保证中小学教科书储存质量要求的、与其经营品种和规模相适应的储运能力，在拟申请从事中小学教科书发行业务的省、自治区、直辖市、计划单列市的仓储场所面积在5000平方米以上，并有与中小学教科书发行相适应的自有物流配送体系；

（四）有与中小学教科书发行业务相适应的发行网络。在拟申请从事中小学教科书发行业务的省、自治区、直辖市、计划单列市的企业所属出版物发行网点覆盖不少于当地70%的县（市、区），且以出版物零售为主营业务，具备相应的中小学教科书储备、调剂、添货、零售及售后服务能力；

（五）具备符合行业标准的信息管理系统；

（六）具有健全的管理制度及风险防控机制和突发事件处置能力；

（七）从事出版物批发业务五年以上。最近三年内未受到出版行政主管部门行政处罚，无其他严重违法违规记录。

2.从事中小学教科书发行业务必须遵守哪些规定？

《出版物市场管理规定》第二十八条规定，从事中小学教科书发行业务，必须遵守下列规定：

（一）从事中小学教科书发行业务的单位必须具备中小学教科书发行资质；

（二）纳入政府采购范围的中小学教科书，其发行单位须按照《中华人民共和国政府采购法》的有关规定确定；

（三）按照教育行政主管部门和学校选定的中小学教科书，在规定时间内完成发行任务，确保“课前到书，人手一册”。因自然灾害等不可抗力导致中小学教科书发行受到影响的，应及时采取补救措施，并报告所在地出版行政和教育行政主管部门；

（四）不得在中小学教科书发行过程中擅自征订、搭售教学用书目录以外的出版物；

（五）不得将中小学教科书发行任务向他人转让和分包；

（六）不得涂改、倒卖、出租、出借中小学教科书发行资质证书；

（七）中小学教科书发行费率按照国家有关规定执行，不得违反规定收取发行费用；

（八）做好中小学教科书的调剂、添货、零售和售后服务等相关工作；

（九）应于发行任务完成后 30 个工作日内向国家新闻出版广电总局和所在地省级出版行政主管部门书面报告中小学教科书发行情况。

3.中小学教辅材料发行有哪些要求？

《新闻出版总署关于进一步加强中小学教辅材料出版发行管理的通知》（新出政发[2011]12 号）规定，中小学教辅材料必须由新闻出版行政主管部门根据有关规定批准的发行企业发行，任何部门、单位和个人未经批准一律不得从事中小学教辅材料的发行活动。对未经批准擅自设立的发行站、工作站必须依法予以取缔。从事中小学教辅材料发行业务的企业必须从依法设立的出版发行单位进货，并依法签订供销合同。中小学教辅类报刊发行严格实行一报一刊一个邮发代号。严禁出版发行单位委托不具有发行资质的部门、单位和个人代理发行销售中小学教辅材料，严禁出版发行单位与教育行政主管部门、学校、老师进行地下交易和一切形式的商业贿赂行为，严禁出版发行单位在中小学教辅材料出版发行活动中违规收取费用或向中小学生和家长统一征订、搭售教辅材料。

4.中小学教辅材料质量要求有哪些？

《新闻出版总署关于进一步加强中小学教辅材料出版发行管理的通知》（新出政发[2011]12 号）规定，中小学教辅材料必须符合《中华人民共和国产品质量法》《图书质量管理规定》《报纸质量管理标准（试行）》《期刊出版形式规范》《书刊印刷产品质量监督管理暂行办法》《音像制品质量技术要求》《中华人民共和国图书书名页国家标准》等有关法律法规和标准的要求，规格、开本、版式、装帧、校对等必须符合国家标准和规范要求。各级新闻出版行政主管部门要按照上述要求，加强对中小学教辅材料的质量检查。各省、自治区、直辖市新闻出版局要在每年春季和秋季，组织对本地市场上中小学教辅材料的内容质量、编校质量、印装质量进行专项检查，新闻出版总署（现国家新闻出版广电总局）每年组织一次中小学教辅材料质量抽样检查，检查结果均向社会公布。对不符合质量规定和标准的中小学教辅材料，由新闻出版行政主管部门依据有关规定，责令停止出版发行、全部召回销毁，并对有关单位给予警告处理，对问题严重的给予限期停业整顿处理或由原发证机关吊销许可证。

5.中小学教辅材料定价要求有哪些？

《新闻出版总署关于进一步加强中小学教辅材料出版发行管理的通知》（新出政发[2011]12 号）规定，出版单位要严格执行国家有关价格政策，根据出版发行合理成本，按照保本微利的原则，科学确定中小学教辅材料价格，并主动向社会公示。严禁出版单位采取高定价、低折扣形式推销中小学教辅材料。严禁任何部门、单位和个人在中小学教辅材料编写、出版、印刷复制、发行等环节，以拿取回扣、索要赞助等方式违规收取费用。

6.发行单位发行未经依法审定的中学小学教科书，应受何种处罚？

《出版管理条例》第六十五条规定，发行单位发行未经依法审定的中学小学教科书，由出版行政主管部门没收出版物、违法所得，违法经营额1万元以上的，并处违法经营额5倍以上10倍以下的罚款；违法经营额不足1万元的，可以处5万元以下的罚款；情节严重的，责令限期停业整顿或者由原发证机关吊销许可证。

7.未经法定方式确定的单位从事中学小学教科书的发行业务，应受何种处罚？

《出版管理条例》第六十五条规定，未经法定方式确定的单位从事中学小学教科书的发行业务，由出版行政主管部门没收出版物、违法所得，违法经营额1万元以上的，并处违法经营额5倍以上10倍以下的罚款；违法经营额不足1万元的，可以处5万元以下的罚款；情节严重的，责令限期停业整顿或者由原发证机关吊销许可证。

四、进口出版物发行管理

1.什么是进口出版物？

《出版物进口备案管理办法》及《订户订购进口出版物管理办法》规定，进口出版物，是指由出版物进口经营单位进口的，在外国以及在中国香港特别行政区、澳门特别行政区和台湾地区出版的图书、报纸（含过期报纸）、期刊（含过期期刊）、电子出版物等。

2.什么是出版物进口经营单位？

《出版物进口备案管理办法》及《订户订购进口出版物管理办法》的定义是，出版物进口经营单位，是指依照《出版管理条例》设立的从事出版物进口业务的单位。

3.进口出版物是如何管理的？

《出版物进口备案管理办法》规定，出版物进口经营单位应当按照《出版管理条例》及本办法的要求，向省级以上出版行政主管部门办理进口出版物备案手续。出版物进口经营单位提供备案材料不齐备或不真实的，不予备案。

进口音像制品（成品）及电子出版物（成品），出版物进口经营单位应当按照《音像制品进口管理办法》《电子出版物出版管理规定》的要求，履行相应进口审批手续。出版物进口经营单位应当向海关交验批准文件，海关按规定办理报关验放手续，没有批准文件海关不予放行。

进口报纸、期刊，出版物进口经营单位应当按照《订户订购进口出版物管理办法》的要求，履行相应进口审批手续。出版物进口经营单位应当向海关交验批准文件，海关按规定办理报关验放手续，没有批准文件海关不予放行。

通过信息网络进口到境内的境外数字文献数据库，必须由国务院出版行政主管部门批准的有境外数字文献数据库网络进口资质的出版物进口经营单位进口。出版物进口经营单位办理境外数字文献数据库进口时，应当严格按照《出版管理条例》《音像制品管理条例》《订户订购进口出版物管理办法》等法规规章及相关规定，对其进口的境外数字文献数据库进行内容审查（含进口前内容审查和进口后更新内容审查），分类办理数字文献数据库进口备案、审批手续。

出版物进口经营单位应当对实际进口出版物进行内容审查并每月定期向国家新闻出版广电总局提交审读报告。

4.进口图书备案申请包括哪些信息？

《出版物进口备案管理办法》规定，进口图书的，出版物进口经营单位应当于进口前向省级以上出版行政主管部门申请办理进口备案手续。申请备案时，需提交备案申请和出版物进口经营单位出具的审查意见，备案申请包括以下信息：

（一）图书名称；

（二）出版机构；

（三）进口来源国家（地区）；

（四）作者；

（五）国际标准出版代码（ISBN）；

（六）语种；

（七）数量；

（八）类别；

（九）进口口岸；

（十）订购方；

（十一）需要提交的其他材料。

5.进口音像制品（成品）及电子出版物（成品）备案申请包括哪些信息？

《出版物进口备案管理办法》规定，出版物进口经营单位进口音像制品（成品）及电子出版物（成品）后 15 个工作日内报国家新闻出版广电总局备案。报送备案时，需按音像制品（成品）及电子出版物（成品）的实际进口情况提交以下信息：

（一）名称；

（二）出版机构；

（三）进口来源国家（地区）；

（四）国际标准音像制品编码（ISRC）或电子出版物编码等；

（五）语种；

（六）数量；

（七）类别；

（八）进口口岸；

（九）载体形式；

(十)进口通关放行日期；

(十一)进口批准文号；

(十二)订购方；

(十三)需要提交的其他材料。

6.进口报纸、期刊备案申请包括哪些信息？

《出版物进口备案管理办法》规定，出版物进口经营单位进口报纸、期刊后，每季度报国家新闻出版广电总局备案，同时抄送所在地省、自治区、直辖市出版行政主管部门。报送备案时，需按照实际进口情况提交以下信息：

(一)报刊名称；

(二)出版机构；

(三)进口来源国家(地区)；

(四)国际标准连续出版物号(ISSN)；

(五)语种；

(六)数量；

(七)类别；

(八)进口口岸；

(九)刊期；

(十)进口通关放行日期；

(十一)订户；

(十二)需要提交的其他材料。

7.进口境外数字文献数据库备案申请包括哪些信息？

《出版物进口备案管理办法》规定，出版物进口经营单位进口境外数字文献数据库后，于每个自然年年末报国家新闻出版广电总局备案。报送备案时，需按境外数字文献数据库实际进口信息提供以下材料：

(一)名称；

(二)境外供应商；

(三)进口来源国家(地区)；

(四)语种；

(五)用户数量；

(六)类别；

(七)开通时间；

(八)当前合同起止年月；

(九)进口金额；

(十)国内订购单位；

(十一)动态监管人员；

（十二）监管设施的IP地址；

（十三）监管方式；

（十四）需要提交的其他材料。

8.出版物进口经营单位未履行审读责任将受到何种处罚？

《出版物进口备案管理办法》规定，出版物进口经营单位未履行审读责任，进口含有《出版管理条例》第二十五条、第二十六条禁止内容的，根据《出版管理条例》第六十二条的规定，由省级以上出版行政主管部门责令停止违法行为，没收出版物、违法所得，违法经营额1万元以上的，并处违法经营额5倍以上10倍以下的罚款；违法经营额不足1万元的，可以处5万元以下的罚款；情节严重的，责令限期停业整顿或者由原发证机关吊销许可证。

9.出版物进口经营单位备案时提交的材料不齐备、不真实或违反《出版物进口备案管理办法》其他规定将受到何种处罚？

《出版物进口备案管理办法》规定，出版物进口经营单位备案时提交的材料不齐备、不真实或违反本办法其他规定的，由省级以上出版行政主管部门责令停止进口行为，并给予警告；情节严重的，处3万元以下罚款。

10.进口出版物发行管理中的订户指的是什么？

《订户订购进口出版物管理办法》规定，订户是指通过出版物进口经营单位订购进口出版物的国内单位和个人、在华外国机构、外商投资企业和在华长期工作、学习、生活的外籍人士以及港、澳、台人士。

11.进口出版物发行管理中的订购指的是什么？

《订户订购进口出版物管理办法》规定，订购是指订户为满足本单位或者本人的阅读需求，向出版物进口经营单位预订购买进口出版物。

12.进口出版物如何分类管理？

《订户订购进口出版物管理办法》规定，进口出版物分为限定发行范围的进口出版物和非限定发行范围的进口出版物两类，国家对其发行实行分类管理。

进口限定发行范围的报纸、期刊、图书、电子出版物等实行订户订购、分类供应的发行方式；非限定发行范围的进口报纸、期刊实行自愿订户订购和市场销售相结合的发行方式；非限定发行范围的进口图书、电子出版物等实行市场销售的发行方式。

13.限定发行范围的进口出版物如何发行？

《订户订购进口出版物管理办法》规定，订户订购限定发行范围的进口报纸、期刊、图书、电子出版物的业务，须由新闻出版总署（现国家新闻出版广电总局，下同）指定的出版物进口经营单位经营。

未经新闻出版总署批准，任何单位和个人不得从事订户订购进口出版物的经营活动。

出版物进口经营单位委托非出版物进口经营单位代理征订或者代理配送进口出版物，须事先报新闻出版总署同意。

14.订户订购非限定发行范围的进口报纸、期刊应如何办理？

《订户订购进口出版物管理办法》规定，国内单位订户订购非限定发行范围的进口报纸、期刊，持单位订购申请书，直接到新闻出版总署（现国家新闻出版广电总局）批准的报纸、期刊进口经营单位办理订购手续。国内个人订户应通过所在单位办理订购手续。

15.订户订购限定发行范围的进口报纸、期刊、图书、电子出版物等应如何办理？

《订户订购进口出版物管理办法》规定，国内单位订户订购限定发行范围的进口报纸、期刊、图书、电子出版物等，中央单位订户由所属中央各部委审批；地方单位订户经所在地省、自治区、直辖市新闻出版行政部门审核后报送同级党委宣传部审批。获得批准的订户持单位订购申请书和有关批准文件，到新闻出版总署（现国家新闻出版广电总局）指定的出版物进口经营单位办理订购手续。

16.在华外国机构、外商投资企业和在华长期工作、学习、生活的外籍人士和港、澳、台人士订购进口报纸、期刊，应如何办理？

《订户订购进口出版物管理办法》规定，在华外国机构、外商投资企业和在华长期工作、学习、生活的外籍人士和港、澳、台人士订购进口报纸、期刊，应持单位订购申请书或者本人身份证明，到新闻出版总署（现国家新闻出版广电总局）批准或者指定的报纸、期刊进口经营单位办理订购手续。

17.订购限定发行范围的进口报纸、期刊、图书、电子出版物的订户如何审核？

《订户订购进口出版物管理办法》规定，出版物进口经营单位负责对订购限定发行范围的进口报纸、期刊、图书、电子出版物的订户进行审核，并将审核后的订户名单、拟订购进口报纸、期刊、图书、电子出版物的品种和数量报送新闻出版总署（现国家新闻出版广电总局）批准。出版物进口经营单位依照批准后的订户名单及进口报纸、期刊、图书、电子出版物的品种和数量供应订户。

18.未经批准，擅自从事进口出版物的订户订购业务，应受何种处罚？

《订户订购进口出版物管理办法》规定，未经批准，擅自从事进口出版物的订户订购业务，按照《出版管理条例》第六十一条处罚："由出版行政主管部门、工商行政管理部门依照法定职权予以取缔；依照刑法关于非法经营罪的规定，依法追究刑事责任；尚不够刑事处罚的，没收出版物、违法所得和从事违法活动的专用工具、设备，违法经营额1万元以上的，并处违法经营额5倍以上10倍以下的罚款，违法经营额不足1万元的，可以处5万元以下的罚款；侵犯他人合法权益的，依法承担民事责任。"

第八部分 国内、国际书展

1.全国图书交易博览会

全国图书交易博览会，原名全国书市，创始于1980年。2006年，被列入《国家"十一五"时期文化发展规划纲要》，并更名为"全国图书交易博览会"。2007年，在重庆市举办第十七届，正式使用"全国图书交易博览会"新名。

全国图书交易博览会是我国图书业界三大盛会(其他两个为北京图书订货会、北京国际图书博览会)之一。至2017年，全国图书交易博览会已成功举办27届，并由最初单一的图书交易活动，发展为融出版物展销、信息交流、行业研讨和倡导全民阅读等功能为一体的文化盛事。每一届图书交易博览会的成功举办，都是对出版界最新成果的检阅，对中国出版业繁荣发展的促进。对于举办城市的经济、社会发展都会产生积极的影响。

2.北京国际图书博览会

北京国际图书博览会(Beijing International Book Fair)，简称"图博会"或"BIBF"，1986年经国务院批准创办，每两年举办一次，2002年开始改为一年一届，一般8月或9月在中国首都北京举行，为期一周，是展示中文图书规模最大的国际性书展。博览会由国家新闻出版广电总局、国务院新闻办公室、教育部、科技部、文化部、北京市人民政府、中国出版协会、中国作家协会等主办，国内500多家出版单位及来自英、法、美、日等70多个国家和地区的2000多家中外出版机构参展，参观人数约20万人次。

北京国际图书博览会的宗旨是"把世界优秀图书引进中国，让中国图书走向世界，以促进国际科技文化交流，增强各国人民的相互了解和友谊，扩大中外合作出版和版权贸易，发展图书进出口贸易"。

3.北京图书订货会

北京图书订货会创办于1987年，一般在每年元旦后举办。2014年起，北京图书订货会改由中国出版协会和中国书刊发行业协会主管主办，以对接国际会展制度。

北京图书订货会本着为行业服务、为会员单位服务、为基层服务、为读者服务的原则，通过丰富多彩的展订活动，为全国各图书、音像、电子与网络、期刊出版单位，各出版物发行单位和广大读者提供六大服务：一是图书、音像制品、电子与网络出版物及期刊出版成果现场展示和看样订货；二是图书馆看样采购；三是图书行业高峰论坛；四是书稿版权交易；五是评书荐书活动，业务研究交流等活动；六是面向普通读者开设零售与淘宝旧书专区，既满足图书出版商、经销商清库愿望，也方便读者低折扣淘购旧书。

4.上海书展暨“书香中国”上海周

上海书展暨“书香中国”上海周由国家新闻出版广电总局、上海市人民政府指导，中共上海市委宣传部和上海市新闻出版局主办，上海市静安区人民政府和上海展览中心协办。每年 8 月举办，为期一周。上海书展暨“书香中国”上海周以“我爱读书，我爱生活”为主题，秉承“立足上海，服务全国，服务读者”的理念，从一个区域性的地方书展，逐渐发展为一个全国性的重要文化盛会，也成为全国知名的文化品牌和全民阅读活动示范平台。

多年来，上海书展不断探索创新、追求卓越，致力于推动城市阅读，逐步成为面向广大读者，以零售为主，涵盖出版物展销、图书订货团购、出版产业信息发布、高峰论坛、新品首发、作品研讨和阅读推广等的多功能综合性文化活动。2017 年，参展出版单位 500 多家，参展图书约 15 万余种，文化活动 600 余项，参加活动的嘉宾、作者、学者和文化名人近千位。上海书展暨“书香中国”上海周以其独特的定位、丰富的精品力作、浓郁的文化气息，每年吸引超过 30 万市民读者热情参与，成为老百姓的阅读嘉年华，读书人的文化黄金周。

5.香港书展

香港书展创办于 1990 年，由香港贸易发展局主办，每年 7 月在香港会议展览中心举行，是香港每年夏天的一项文化盛事，也是亚洲最为大型的书展之一。香港书展以现场售书为主，每年都会与多家出版社与专业机构合作，确定一个独特主题，并围绕主题举办各项活动，为出版界推广新书提供平台，为读者接触新书和与作者见面提供机会。

6.法兰克福图书博览会

法兰克福图书博览会即法兰克福书展（Frankfurt Book Fair），是德国举办的国际性图书展览，是世界上规模最大、最享盛誉的书展，被誉为“世界出版人的奥运会”“世界文化风向标”。法兰克福书展 1949 年由德国书业协会创办，德国书商及出版商协会的子公司法兰克福书展会展公司筹办，每年 10 月第一个星期三至第二个星期一在法兰克福举行，为期 6 天，主要为来自世界各国的出版商、代理商以及图书馆人员提供洽谈版权交易、出版业务、展书订书的平台。

书展的主要功能是推进版权贸易。既有出版机构的版权负责人前来洽谈、购买国外版或翻译版版权，也有大批文学代理人寻找海外出版公司。每年，会有 100 多个国家、7000 多家出版商和书商、30 多万个新品种参加法兰克福书展。参展人员包括出版商、书商、版权经理人、图书批发商、新闻杂志业者、文稿代理商与文探、作者、图书管理员与案卷保管人、印刷制造商、大学与研究协会等。数据显示，书展达成的版权交易占世界全年版权交易总量的 75%以上。此外，每届书展正式开展前一天的下午两点，固定举办“国际版权经理大会”，以深入探讨版权贸易中的有关问题。

从1988年开始，书展每年会邀请一个国家作为主宾国。主宾国成为每届博览会人们关注的焦点，也是书展的最大亮点。一旦成为主宾国，书展主办方便会花一年的时间在德国及书展上全力推广该国的文化和历史，以增强该国在德国及欧洲的影响力。2009年，中国成为第61届法兰克福书展主宾国。此次书展中，中国以“让世界品味中国书香，让中国领略世界风采”为创意主题，图书版权贸易输出达2417项。随后两年，中国出版界连续在这一国际最大书展上版权输出超过2000项。

7.伦敦书展

伦敦书展(London Book Fair，简称LBF)，是最重要的国际图书展之一，也是欧洲春季最重要的出版界盛会。伦敦书展每年举办一届，为期3天，展出图书品种繁多，各种与图书贸易有关的服务应有尽有。

伦敦国际书展属于版权交易型博览会，众多业内人士称其为版权交易最重要的春季国际书展，是各国出版商进行版权洽谈的重要活动场所。展览以业内人士为主，既有资深人士主持的专题讲座，也有多种学术交流活动，既是行业人士商务往来、相互交流、招揽业务的平台，也为学习新技术提供绝佳机会。此外，伦敦书展还单独设立Remainders(库存图书)展区收集库存图书，以批量形式销售给目标客户，并代销一些出版社的畅销图书，同时，书展也为印刷商、装订商、运输商提供专门的展区。

近年来，随着世界著名展览组织者——里德展览公司(Reed Exhibitions)的加盟，伦敦书展整体组织工作更为高效合理，从展位预订、展区划分、展位设定到海外参与者的网上注册、资料寄送，再到展出中宣传品分发、展商情况咨询等，所有的程序都有条不紊，国际影响日益扩大。

8.博罗尼亚国际儿童图书展

意大利博洛尼亚国际儿童图书展(Bologna Children's Book Fair)，始创于1964年，是世界少儿图书和多媒体行业中最为重要的展会之一，也是世界上规模最大的儿童图书博览会。书展每年4月在博洛尼亚举行，为期4天，只展出儿童图书，不对公众开放。每届展会都会吸引来自世界各地的图书作者、插图作者、专业代理人、许可人、被许可人、节目制作人、印刷商、分销商、书商、图书管理员等众多专业人士参加。展会的主要功能是进行版权交易，挖掘少儿图书及多媒体行业中最为出色的新品力作。

博洛尼亚书展作为最大的儿童书展，每年展出的童书极为丰富多样。有婴幼儿启蒙的教育书，也有丰富多彩、主题各异的儿童绘本，还有适合青少年阅读的文学读物；有校园、青春、玄幻、科幻等各类故事书，也有上至天文，下至地理以及动物百科的科普读物；有小到40开的漫画书，也有大到8开的童话故事书；有传统的儿童图书，也有玩具书、布书、立体书、有声书、触摸书、游戏书、壁挂书等形式新奇、充满乐趣的新兴产品。

书展另一个重头戏，就是颁发著名的“博洛尼亚国际儿童书展最佳童书奖”(Bologna Ragazzi Award)，该奖项受到全球儿童图书出版界瞩目，奖项的评选以创意、教育价值、艺术设计为标准，分小说、非小说、少年三类评选，获奖图书都被冠以优质图书标章。

9.莫斯科国际图书博览会

莫斯科国际图书博览会于1977年创办，迄今已经有四十年的历史，每年9月在莫斯科举办，为期一周。莫斯科国际图书博览会是原苏联时期创办的国际性图书博览会，最早的组织者是苏联国家出版、印刷与图书发行委员会、苏联版权局和苏联国际图书公司。苏联解体后，莫斯科国际图书博览会仍继续举办，有人将其简称为俄罗斯书展，是俄罗斯规模最大、最具代表性的图书展。

莫斯科国际图书博览会是一个非常专业的盛会，是国际图书行业的一个重要的组成部分，为全球的业内人士所普遍认可和肯定。莫斯科国际图书博览会旨在支持与推动俄罗斯乃至东欧的图书市场发展，并借此与国际出版市场建立紧密的业务联系，为全方位的交流与合作创造良好契机。每届书展期间，组委会不但会安排极其多元的展品参展，还会安排各项专题会议、展览、座谈会、文艺沙龙、美食秀等丰富多彩的活动。

10.美国书展

美国书展(Book Exposition of American 简称BEA)，原名美国书商协会会议与贸易展销会，即ABA书展，1996年更名为美国书展，是美国图书界最为盛大的一项活动，同时也是全球最重要的版权贸易盛会之一，以及全世界规模最大的英文书籍展示活动。书展由美国书商联合会及美国出版商联合会主办，励展展览集团承办，于每年五六月份召开，地点不定，为期3天，年交易额超过250亿美元。

BEA原为美国出版社针对全美书商的一项采购性书展，后逐渐发展为所有英语国家共同参与，进而演变成具有版权洽购及图书订购双重功能，向与会者提供洞悉美国图书出版市场全貌，了解全球图书出版行业发展趋势的机会的盛会。每年，加拿大、英国、日本、澳大利亚、德国、荷兰、韩国、巴西等超过80个国家和地区的出版界人士云集于此，进行业务交流与合作。

美国书展主要以图书类别区分，比如电脑与科技出版区、儿童读物区、电子书区、工具书区、漫画书区、艺术及文物区等等。书展期间，安排有论文发表会、座谈会、同业聚会等各种专题会议、专题展览、文艺沙龙、颁奖典礼等活动。同时，每天一个主题，如书商日、独立出版日、作家日等。此外，书展期间还颁发众多奖项，比如，编辑最高奖——柯蒂斯·本杰明奖、最佳书商奖——查尔斯·S.哈斯兰姆奖、最佳新书商奖——法拉·斯特罗斯和吉罗克斯新书商奖、年度最佳业内新人奖等等。

11.澳大利亚国际图书博览会

澳大利亚国际图书博览会始于1999年，每年在悉尼举办一届，是亚太地区的一个版权贸易型书展，侧重澳大利亚本土出版物。历届澳大利亚国际图书博览会都会吸引来自澳大利亚本土、日本、新加坡、马来西亚、美国、加拿大、意大利、英国、法国、中国等诸多国家与地区的参观者，为世界各地出版商、图书销售商寻求合作创造良好机会。书展期间，澳大利亚与国际图书出版商、供应商进行谈判、贸易、网络服务、电子商务等交流。通过该博览会，可了解亚太地区出版业动态。

展览期间，还组织开展以数据库、书店软件、出版发行状况等为主要内容的研讨会，举行图书设计奖、澳大利亚教育出版优秀奖等奖项颁奖仪式。

12.莱比锡书展

德国莱比锡书展(Leipziger Buchmesse)历史悠久，可追溯至17世纪。甚至可以说，近代国际书展就是发源于德国莱比锡书展。

莱比锡书展独具特色。教育类图书、青少年文学、视听读物和面向儿童的幽默漫画读物是书展的拳头产品，享有特殊的地位。书展特别重视鼓励和培养青少年阅读行为，及时对青少年的需求做出反应。书展也是全德视听图书展示最集中的地方，有效为制作人、营销员与消费者之间的公开交流营造环境。同时，书展还同期举行莱比锡古旧图书博览会，数十家旧书店带着各自的珍藏参展，别具价值的图书和印刷品成为焦点，图书手稿、亲笔签名、过去大师们的作品是收藏家的主要目标。

书展期间颁发奖项众多，包括促进欧洲和解事业书本奖、欧洲公认的著名图书奖——德国图书奖(终生成就奖、最佳纯文学奖、最佳非虚构类作品奖、最受读者欢迎的作家奖等)、出版业与文学作品方面的Kurt Wolff奖、视听图书奖以及图书业界最佳宣传推销与公共关系方面的奖项——图书市场奖等等。

13.首尔国际书展

首尔国际书展(SIBF)是韩国规模最大的图书展览会，每年五六月份在韩国首尔举办。首尔书展原为韩国国内图书展，1995年试办国际书展，沿用展名首尔书展(Seoul Book Fair)，1996年正式更名为首尔国际书展(Seoul International Book Fair)。书展在韩国文化旅游部和韩国书商联盟协会支持下，由韩国出版协会(Korean Publishers Association)、韩国文化广播公司(Munhwa Broadcasting Corporation)、韩国展览中心(COEX)联合举办。

每年首尔国际书展期间，都有来自中国、印度、越南和马来西亚等20个左右的国家和地区的出版单位参展，展出图书、期刊、电子出版物等上万个品种。书展期间贸易活动以版权贸易为主。展会现场的活动包括出售和购买版权、建立新的合作关系、开发新的业务机会、了解行业内最新的发展趋势、发现优质力作新品等等。

14.开罗国际图书博览会

开罗国际图书博览会是埃及举办的国际性图书博览会，创始于1969年，由埃及文化部图书总局负责主办，埃及图书总会负责组织实施，每年1月下旬至2月初在开罗举行，为期14天，是宣传埃及政治、经济和文化的重要窗口，也是展示阿拉伯文图书的重要活动。

开罗国际图书博览会展出各种类型的图书，来自非洲各国的书商可以选购，同时，也对一般公众销售。埃及对这项国际文化交流活动非常重视。我国自1979年第11届书展开始，每年派团参加。

15.巴黎图书沙龙

巴黎图书沙龙,是法国举办的国际性图书展览会,始于1981年,每年3月底在法国巴黎举行,为期4至5天,是欧洲规模最大的公众文化活动之一,也是国际图书和出版领域的重要书展之一。

巴黎图书博览会展出面积超过1.5万平方米,展出各种类型的图书。来自世界各国的书商可在书展上选购图书,一般公众也可购买图书。

16.东京国际图书博览会

东京国际书展(TIBF),每年4月在日本东京举行,是全球出版界、书商、情报行业者群英荟萃之盛会,为来自世界各地的出版业界人士进入日本出版市场创造机遇。随着出版技术应用范围的不断拓展,东京国际书展的规模越来越大,近年来,每年都有超过25个国家和地区的近600家出版社、书商以及与出版相关联的企业前来参展。日本本土颇具出版实力的出版社和企业,如讲谈社、小学馆、大日本绘画、大日本印刷、读卖新闻、文艺春秋社等,都在博览会上各显神通,推出各自的强项产品系列图书。

附录

《中国图书馆分类法》(第五版)简表

部类	一级类目	二级类目
一、马克思主义、列宁主义、毛泽东思想	A 马克思主义、列宁主义、毛泽东思想、邓小平理论	A1 马克思、恩格斯著作
		A2 列宁著作
		A3 斯大林著作
		A4 毛泽东著作
		A49 邓小平著作
		A5 马克思、恩格斯、列宁、斯大林、毛泽东、邓小平著作汇编
		A7 马克思、恩格斯、列宁、斯大林、毛泽东、邓小平生平和传记
		A8 马克思主义、列宁主义、毛泽东思想、邓小平理论的学习和研究
二、哲学	B 哲学、宗教	B0 哲学理论
		B1 世界哲学
		B2 中国哲学
		B3 亚洲哲学
		B4 非洲哲学
		B5 欧洲哲学
		B6 大洋洲哲学
		B7 美洲哲学
		B80 思维科学
		B81 逻辑学(论理学)
		B82 伦理学(道德哲学)
		B83 美学
		B84 心理学
		B9 宗教

续表

部类	一级类目	二级类目
三、社会科学	C社会科学总论	C0 社会科学理论与方法论
		C1 社会科学概况、现状、进展
		C2 社会科学机构、团体、会议
		C3 社会科学研究方法
		C4 社会科学教育与普及
		C5 社会科学丛书、文集、连续性出版物
		C6 社会科学参考工具书
		[C7]社会科学文献检索工具书
		C79 非书资料、视听资料
		C8 统计学
		C91 社会学
		C92 人口学
		C93 管理学
		[C94] 系统科学
		C95 民族学、文化人类学
		C96 人才学
		C97 劳动科学
	D政治、法律	D0 政治学、政治理论
		D1 国际共产主义运动
		D2 中国共产党
		D33/37 各国共产党
		D4 工人、农民、青年、妇女运动与组织
		D5 世界政治
		D6 中国政治
		D73/77 各国政治
		D8 外交、国际关系
		D9 法律
		DF 法律

续表

部类	一级类目	二级类目
三、社会科学	E 军事	E0 军事理论
		E1 世界军事
		E2 中国军事
		E3/7 各国军事
		E8 战略学、战役学、战术学
		E9 军事技术
		E99 军事地形学、军事地理学
	F 经济	F0 经济学
		F1 世界各国经济概况、经济史、经济地理
		F2 经济管理
		F3 农业经济
		F4 工业经济
		F49 信息产业经济
		F5 交通运输经济
		F59 旅游经济
		F6 邮电通信经济
		F7 贸易经济
		F8 财政、金融
	G 文化、科学、教育、体育	G0 文化理论
		G1 世界各国文化与文化事业
		G2 信息与知识传播
		G3 科学、科学研究
		G4 教育
		G8 体育

续表

部类	一级类目	二级类目
三、社会科学	H 语言、文字	H0 语言学
		H1 汉语
		H2 中国少数民族语言
		H3 常用外国语
		H4 汉藏语系
		H5 阿尔泰语系(突厥—蒙古—通古斯语系)
		H61 南亚语系(澳斯特罗—亚细亚语系)
		H62 南印语系(达罗毗荼语系、德拉维达语系)
		H63 南岛语系(马来亚—玻里尼西亚语系)
		H64 东北亚诸语言
		H65 高加索语系(伊比利亚—高加索语系)
		H66 乌拉尔语系(芬兰—乌戈尔语系)
		H67 闪—含语系(阿非罗—亚细亚语系)
		H7 印欧语系
		H81 非洲诸语言
		H83 美洲诸语言
		H84 大洋洲诸语言
		H9 国际辅助语
	I 文学	I0 文学理论
		I1 世界文学
		I2 中国文学
		I3/7 各国文学

续表

部类	一级类目	二级类目
三、社会科学	J 艺术	J0 艺术理论
		J1 世界各国艺术概况
		J19 专题艺术与现代边缘艺术
		J2 绘画
		J29 书法、篆刻
		J3 雕塑
		J4 摄影艺术
		J5 工艺美术
		[J59] 建筑艺术
		J6 音乐
		J7 舞蹈
		J8 戏剧、曲艺、杂技艺术
		J9 电影、电视艺术
	K 历史、地理	K0 史学理论
		K1 世界史
		K2 中国史
		K3 亚洲史
		K4 非洲史
		K5 欧洲史
		K6 大洋洲史
		K7 美洲史
		K81 传记
		K85 文物考古
		K89 风俗习惯
		K9 地理

续表

部类	一级类目	二级类目
四、自然科学	N 自然科学总论	N0 自然科学理论与方法论
		N1 自然科学概况、现状、进展
		N2 自然科学机关、团体、会议
		N3 自然科学研究方法
		N4 自然科学教育与普及
		N5 自然科学丛书、文集、连续性出版物
		N6 自然科学参考工具书
		[N7] 自然科学文献检索工具
		N79 非书资料、视听资料
		N8 自然科学调查、考察
		N91 自然研究、自然历史
		N93 非线性科学
		N94 系统科学
		[N99] 情报学、情报工作
	O 数理科学和化学	O1 数学
		O3 力学
		O4 物理学
		O6 化学
		O7 晶体学
	P 天文学、地球科学	P1 天文学
		P2 测绘学
		P3 地球物理学
		P4 大气科学(气象学)
		P5 地质学
		P7 海洋学
		P9 自然地理学

续表

部类	一级类目	二级类目
四、自然科学	Q生物科学	Q1 普通生物学
		Q2 细胞生物学
		Q3 遗传学
		Q4 生理学
		Q5 生物化学
		Q6 生物物理学
		Q7 分子生物学
		Q81 生物工程学(生物技术)
		[Q89] 环境生物学
		Q91 古生物学
		Q93 微生物学
		Q94 植物学
		Q95 动物学
		Q96 昆虫学
		Q98 人类学
	R医药、卫生	R1 预防医学、卫生学
		R2 中国医学
		R3 基础医学
		R4 临床医学
		R5 内科学
		R6 外科学
		R71 妇产科学
		R72 儿科学
		R73 肿瘤学
		R74 神经病学与精神病学
		R75 皮肤病学与性病学
		R76 耳鼻咽喉科学
		R77 眼科学
		R78 口腔科学
		R79 外国民族医学
		R8 特种医学
		R9 药学

续表

部类	一级类目	二级类目
四、自然科学	S 农业科学	S1 农业基础科学
		S2 农业工程
		S3 农学(农艺学)
		S4 植物保护
		S5 农作物
		S6 园艺
		S7 林业
		S8 畜牧、动物医学、狩猎、蚕、蜂
		S9 水产、渔业
	T 工业技术	TB 一般工业技术
		TD 矿业工程
		TE 石油、天然气工业
		TF 冶金工业
		TG 金属学与金属工艺
		TH 机械、仪表工业
		TJ 武器工业
		TK 能源与动力工程
		TL 原子能技术
		TM 电工技术
		TN 电子技术、通信技术
		TP 自动化技术、计算机技术
		TQ 化学工业
		TS 轻工业、手工业、生活服务业
		TU 建筑科学
		TV 水利工程
	U 交通运输	U1 综合运输
		U2 铁路运输
		U4 公路运输
		U6 水路运输
		[U8] 航空运输

续表

部类	一级类目	二级类目
四、自然科学	V航空、航天	V1 航空、航天技术的研究与探索
		V2 航空
		V4 航天(宇宙航行)
		[V7] 航空、航天医学
	X环境科学、安全科学	X1 环境科学基础理论
		X2 社会与环境
		X3 环境保护管理
		X4 灾害及其防治
		X5 环境污染及其防治
		X7 行业污染、废物处理与综合利用
		X8 环境质量评价与环境监测
		X9 安全科学
五、综合性图书	Z综合性图书	Z1 丛书
		Z2 百科全书、类书
		Z3 辞典
		Z4 论文集、全集、选集、杂著
		Z5 年鉴、年刊
		Z6 期刊、连续性出版物
		Z8 图书报刊目录、文摘、索引

著作权
与版权贸易

本书以介绍著作权与版权贸易相关实务的知识为主要内容，立足服务于著作权人、图书出版行业等著作权使用者和传播者以及想了解著作权相关实务知识的读者，从而作为协调作品传播和使用与作者自身权益保护的矛盾、协调社会利益和个人利益之间的矛盾时的理论支撑。内容包括：著作权概述、著作权管理实务、著作权保护和著作权贸易等等。全书采用问答式编写，通过对问题的具体回答逐步解读著作权与版权贸易的方方面面，条理清晰，言简意赅。

第一篇 著作权概述

一、著作权基本概述

1.什么是著作权,著作权是一种什么权利?

著作权,是指自然人、法人或者其他组织对其创作的文学、艺术和科学作品依法享有的财产权利和精神权利的总称。

著作权是一种特殊的民事权利。从广义上看,著作权既包括法律赋予作品创作者的权利,也包括法律赋予作品传播者的权利,例如表演者、录音录像制作者、广播电台、电视台或出版者对其表演活动、录音录像制品、广播电视节目或版式设计享有的与著作权有关的权利。

著作权也是一种混合权利。根据我国著作权法律制度的规定,著作权是一种包含若干特殊的人身权和财产权的混合权利,行使著作权中的财产权往往会涉及其中的人身权。例如,著作权人将他的作品首次提交出版社出版时,不仅是在行使复制权与发行权(也称为出版权,系著作财产权的一种),往往也是在行使发表权(系著作人身权的一种)。

2.著作权有何特征?

著作权除了具有知识产权所共有的独占性、地域性和时间性的特征外,其主要特点还表现为权利内容的双重性。著作权权利内容的双重性,是指文学、艺术或者科学作品的作者能依法同时享有财产权和人身权两个方面的权利。

著作财产权旨在让权利人通过控制作品的利用而获取经济利益。著作人身权则是指与作品的创作者的身份密切相关的权利,且在多数情况下只能由创作者本人行使,不得让与他人。

3.著作权和版权有什么区别?

“版权”一词来自英美法系国家,系英文“Copyright”一词翻译而得,从英文“copy”的含义中可以看出,“版权”的本义更多的是指“复制权”,这凸显了英美法系国家的版权法更重视保护作者的财产权利。“著作权”一词来自大陆法系国家,原义是“Author's

Right”，即“作者权”。从字面上看，大陆法系国家更加重视保护作者的人身权。因此，版权强调的是利用作品(copy)的权利，而著作权强调的是作者(author)的权利。但是，随着各国纷纷加入《保护文学艺术作品伯尔尼公约》(简称《伯尔尼公约》)，“版权”与“著作权”在制度上的差别也在逐渐减少。

《中华人民共和国著作权法》(简称《著作权法》)第五十七条规定：本法所称的著作权即版权。因此，在我国，“著作权”与“版权”含义相同，属同一概念。

4.著作权自何时产生？如何判断？

著作权自作者创作完成作品之日起依法自动取得。判断著作权产生的关键就是作品是否完成。作品的完成包括全部完成和部分完成，只要一件作品能够表达作者一定的思想和感情，或作品能够为人们所欣赏，就可以被认定为已创作完成。

有些时候，作者的创作思路不是单一、完整的，而是分阶段逐步完成的，在这种情况下，只要每一个阶段的构思可以完整地表达出来，即可视为该阶段的作品已完成。即便作者只是构思了作品中的一个部分，但这个部分可以单独使用，同样可视为该部分的创作已完成。

比如，在写一篇文章的时候，虽然文章没有全部完成，但文章的整体框架已成形，且部分章节可以单独使用，那么这些章节可视为已经完成。如果有人在未征得创作人同意的情况下传播或使用这部分作品，就构成侵权。

5.构思和创作思路受《著作权法》保护吗？

作品一般包括内在和外在两个部分，内在是指作品的构思和创作思路，外在就是作品具体的表现形式。作品的外在表现是我们可以感受到、理解到的，而作品的内在构思是除作者外其他人很难知晓的。根据《与贸易有关的知识产权协定》(TRIPs)第九条第二款之规定，版权的保护仅延伸至表达方式，而不延伸至思想、程序、操作方法或数学概念本身。

我国是世界贸易组织(WTO)成员国，故我国《著作权法》对作品进行保护亦是保护作品的外在表现形式，而不及于作品的构思和创作思路。

从《著作权法》的宗旨来看，法律保护著作权的根本目的在于促进知识增长。因此，保持作品创作者、作品传播者、作品使用者之间利益的平衡是《著作权法》恒定的目的。如果对著作权的保护不仅涉及表达，而且涉及构思等内容，则会限制文化的传播，造成思想的垄断。

对于客观存在的事实，任何人都无权独占和垄断，即任何人不得对其作品所描绘的客观事实主张著作权。而作品所描述的思想内容多是以客观事实为依据的。因此，不能因为有人描述了某件事实，就限制他人对同样事实的表述。据此，《著作权法》并不保护作品的思想内容。

6.著作权由哪一个行政机关主管？

根据我国《著作权法》规定，国务院著作权行政管理部门主管全国的著作权管理工作,各省、自治区、直辖市人民政府的著作权行政管理部门主管本行政区域的著作权管理工作。2013 年,国家新闻出版总署与国家广播电影电视总局合并,组成“国家新闻出版广电总局”,并加挂“国家版权局”牌子,主管全国的著作权管理工作。

7.著作权登记的作用是什么?

著作权登记是为了维护作者或其他著作权人和作品使用者的合法权益,有助于解决因著作权归属造成的著作权纠纷,并为解决著作权纠纷提供初步证据。作品实行自愿登记,作品不论是否登记,作者或其他著作权人依法取得的著作权不受影响。同时,作品登记申请者应当是作者、其他享有著作权的公民、法人或者非法人单位和专有权所有人及其代理人。

由此可见,我国著作权登记并不是著作权产生的必要条件,之所以进行登记,是为了有助于解决因著作权归属造成的著作权纠纷,并为解决著作权纠纷提供初步证据,维护作者、其他著作权人或作品使用者的合法权益。

8.什么是创作?

《中华人民共和国著作权法实施条例》(简称《著作权法实施条例》)第三条规定:著作权法所称创作,是指直接产生文学、艺术和科学作品的智力活动;为他人创作进行组织工作,提供咨询意见、物质条件,或者进行其他辅助工作,均不视为创作。

创作有两点要素,一是为表现本人对客观世界的认识而采取的行动,二是行动的结果直接产生文学、艺术或科学作品。也就是说必须是实际的通过语言、文字、符号、线条、色彩或者声音等媒体表现作者对客观世界的认识才是进行了创作。

9.什么是作品的独创性?

独创性,是指作品是作者独立创作出来并具有一定创造性的,不是或者基本不是对现有作品的复制、抄袭、剽窃或模仿。具有独创性的作品是创作者独立构思的产物,其外在表现形式和内容与现有作品不同,不是现有作品的翻版。

独创性并非是指作品由单个人创作完成,两个或者两个以上的创作者共同完成的作品,只要是原创的,不是抄袭现有作品的,同样具有独创性。

独创性针对的是作品的外在表现形式,而非作品的内在思路。比如一部学术著作,创作者借鉴了另一部著作的构思和写作方法,但只要没有对其写作结构和语言语句进行完全或实质性的模仿,就具有独创性。

10.著作权保护期届满后的作品如何处理?

著作权保护期限届满,作品就会进入“公共领域”,所有人都可以不经许可直接使用该作品,对该作品进行复制、改编等。虽然社会成员可以对保护期限届满的作品进行使用,但使用时仍需保证原作品的署名及完整性不受篡改。在我国的《著作权法》中,作者的署名权、修改权和保护作品完整权的保护期不受限制。使用人擅自改变作品名称、原作者署名的,都构成侵权。

11.出版者的版式设计是否受到保护?

版式设计看似简单,从表面上看似乎主要就是字体字号的排列问题,实则不然。不同的排版人员排出来的书稿迥然不同,不同出版社的版式风格也存在差异。一本社科学术专著和一本影视明星画传,其版式风格也不相同。版式设计贯穿了排版和编辑人员对作品的理解、领会和自身的审美意识和创意,具体体现在页眉、页脚、标题、级题、正文、引文、注释字号的排列上,因此,其整体设计同样也应受到版权保护。根据《著作权法》第三十六条之规定,出版者有权许可或者禁止他人使用其出版的图书、期刊的版式设计。该条款规定的权利的保护期为十年,截止于使用该版式设计的图书、期刊首次出版后第十年的12月31日。《著作权法》第四十七条第九项还规定,未经出版者许可,使用其出版的图书、期刊的版式设计的,为侵权行为,应当承担相应的民事责任。版式设计对于学术专著而言区别不大,对于社科类畅销书却比较重要,因为这类选题不论是正文还是装帧形式都容易遭到同行竞争者的觊觎。编辑在实务工作中可以参考其他出版社的图书版式,吸收他人的长处和合理因素,但应避免直接套用。

12.著作权人遇到出版格式合同或条款时,应当如何处理?

格式合同或条款通常是指合同的条款已由一方当事人事先拟定好,另一方当事人不能协商、只能全部接受或者放弃。《中华人民共和国合同法》(简称《合同法》)第三十九条、第四十条、第四十一条对格式合同从三个方面予以限制:第一,提供格式条款的一方有提示、说明的义务,应当采取合理的方式提请对方注意免除或者限制其责任的条款,并按照对方的要求对该条款予以说明;第二,免除提供格式条款一方当事人的主要责任、加重对方责任、排除对方当事人主要权利的格式条款无效;第三,对格式条款的理解发生争议的,应当按照通常理解予以解释,对格式条款有两种以上解释的,应当做出不利于提供格式条款一方的解释。

著作权人出版作品遇到格式合同或条款时,如发现合同中的部分条款对自己不利,可在签合同前与出版社进行协商,在合同中增加新的条款或者对前面的有争议的条款进行修改,又或者可以另行签署补充协议,以维护自己的合法权益。

13.著作人身权属于一般人身权吗?

著作人身权,指作者基于作品创作所享有的各种与人身相关联而无直接财产内容的权利。一般而言,著作人身权具有永久性、不可分割性和不可剥夺性。其大部分特征都符合一般人身权的特征。

但需要说明的是,民法上的人身权一般可以分为人格权和身份权。首先,著作人身权并非民法意义上的一般人格权。民法上的一般人格权是自然人与生俱来的权利,而作者的著作人身权却是基于创作作品而产生的,因此,与一般人格权不同,著作人身权只有作者基于创作才能享有。其次,民法意义上的人身权是指自然人基于某种身份而产生的权利,而著作人身权并不基于自然血缘关系产生而是基于创作而产生,故其只能是一种特殊的人身权。

14.著作权与一般财产权利有什么不同?

著作权与财产权均为《中华人民共和国民法通则》(简称《民法通则》)确认的民事权利,二者的区别在于:(1)财产权是一种以经济利益为内容的权利,包括有体物、无体物、权利等,著作权则是一种关于无形财产的权利;(2)财产权是一种单纯的财产所有权,著作权不仅有财产权的内容还有人身权的内容,例如可以通过买卖拥有一幅画的所有权,但并不能通过买卖拥有该画的署名权;(3)财产权没有地域性,著作权有地域性,例如一本书的所有权不受地域限制,而一本书要在其他国家得到著作权保护就应遵循其他国家相应的法律或国际规则;(4)财产权是没有期限的而著作权有期限,例如拥有一本书的所有权,该所有权是无限期的,但作者对于一本书的著作财产权则根据我国《著作权法》规定的期限予以保护;(5)财产权通常无须法律逐一明确规定就受到承认和保护,著作权的具体内容往往必须经法律明确规定才受到承认和保护。

15.图书封面设计和插图是否有著作权?

封面设计和插图属于《著作权法》及《著作权法实施条例》规定的"美术作品",受著作权法律法规的保护。书稿的封面设计应为设计者本人的合法创意产品,也就是说,封面设计过程应贯穿美术编辑本人的独立创意,而非抄袭或套用别人的设计方案,或没有未经许可直接使用别人的图片资料。正常情况下,如果要使用他人的设计作品,应事先获得版权所有人的许可,向对方支付行业惯例认可的使用费用。实践中,有的设计公司和图片公司"秋后算账",专门收集图书封面中未经许可使用其图片的证据进行维权,这时,出版社只有向图片公司或设计公司支付一定的使用费,才能达到解决纠纷的目的,并尽量避免诉讼的发生。

与封面设计类似的还有书稿的插图使用问题。插图的版权所有人很可能是正文书稿和封面设计者以外的第三方。不论书稿使用的是已有摄影图片、私人照相作品或美编专绘插图,均须获得原始权利人的同意或许可,并且一般需注明权利所有人,如某某摄影、某某绘图、某某提供,必要时还应支付合理费用。

16.报社、期刊社能否取得作品的专有出版权?

根据《著作权法》第三十三条第二款之规定,报社、期刊社能否取得作品的专有出版权,取决于作品著作权人的声明。报刊是否可以转载其他报刊的文章,取决于著作权人是否声明保留转载权。作者声明是正常行使权利,不违反法律和社会公共利益。报社、期刊社为取得专有出版权而要求作者声明保留转载权,也不违反法律和社会公共利益。因此,只要双方意思表示真实,约定由报社、期刊社取得专有出版权的合同就是有效的。

根据该条款之规定,作品刊登后,除著作权人声明不得转载、摘编的外,其他报刊可以转载或者作为文摘、资料刊登,但应当按照规定向著作权人支付报酬。在这种情况下,原报社、期刊社的专有出版权利益就无法实现。为了避免这种情况出现,报社、期刊社需要借助作者的声明来维持自己的专有出版权。根据《著作权法实施条例》第三十条之规定,著作权人依照《著作权法》第三十三条第二款声明不得转载、摘编其作品的,应当在报纸、期刊刊登该作品时附带声明。也就是说只有著作权人才有禁止转载权，而且必须在作品首次发表时就附带声明。如果没有声明，那么人们可以按法定许可制度对作品进行转载，无须取得报刊、期刊社的口头或书面授权。

17.通过信息网络向公众提供作品，可以不经著作权人许可的情形有哪些？

《信息网络传播权保护条例》对可以不经著作权人的许可、通过信息网络向公众提供其作品的情形做了具体规定。

通过信息网络提供他人作品，属于下列情形的，可以不经著作权人许可，不向其支付报酬：为介绍、评论某一作品或者说明某一问题，在向公众提供的作品中适当引用已经发表的作品；为报道时事新闻，在向公众提供的作品中不可避免地再现或者引用已经发表的作品；为学校课堂教学或者科学研究，向少数教学、科研人员提供少量已经发表的作品；国家机关为执行公务，在合理范围内向公众提供已经发表的作品；将中国公民、法人或者其他组织已经发表的、以汉语言文字创作的作品翻译成的少数民族语言文字作品，向中国境内少数民族提供；不以营利为目的，以盲人能够感知的独特方式向盲人提供已经发表的文字作品；向公众提供在信息网络上已经发表的关于政治、经济问题的时事性文章；向公众提供在公众集会上发表的讲话。

图书馆、档案馆、纪念馆、博物馆、美术馆等可以不经著作权人许可，通过信息网络向本馆馆舍内服务对象提供本馆收藏的合法出版的数字作品和依法为陈列或者保存版本的需要以数字化形式复制的作品，不向其支付报酬，但不得直接或者间接获得经济利益。当事人另有约定的除外。

为通过信息网络实施九年制义务教育或者国家教育规划，可以不经著作权人许可，使用其已经发表作品的片段或者短小的文字作品、音乐作品或者单幅的美术作品、摄影作品制作课件，由制作课件或者依法取得课件的远程教育机构通过信息网络向注册学生提供，但应当向著作权人支付报酬。

为扶助贫困，通过信息网络向农村地区的公众免费提供中国公民、法人或者其他组织已经发表的种植养殖、防病治病、防灾减灾等与扶助贫困有关的作品和适应基本文化需求的作品，网络服务提供者应当在提供前公告拟提供的作品及其作者、拟支付报酬的标准。自公告之日起三十日内，著作权人不同意提供的，网络服务提供者不得提供其作品；自公告之日起满三十日，著作权人没有异议的，网络服务提供者可以提供其作品，并按照公告的标准向著作权人支付报酬。网络服务提供者提供著作权人的作品后，著作权人不同意提供的，网络服务提供者应当立即删除著作权人的作品，并按照公告的标准向著作权人支付提供作品期间的报酬。

18.什么是网络服务提供者的“避风港原则”？如何适用该原则？

避风港原则是指在发生著作权侵权案件时，网络服务提供商只提供技术服务（如自动接入或传输服务、网络自动存储服务、信息存储空间出租服务、搜索引擎服务等），并不制作或上传侵权内容，如果其服务器不存储侵权内容，那么网络服务提供商一般不承担侵权责任。

在上述情形下，当权利人向网络服务提供商发出有效通知，要求删除侵权内容、断开侵权链接，网络服务提供商及时采取删除、断开或屏蔽措施的，不需要承担侵权责任。

根据《信息网络传播权保护条例》第十四条之规定，对提供信息存储空间或者提供搜索、链接服务的网络服务提供者，权利人认为其服务所涉及的作品、表演、录音录像制品，侵犯自己的信息网络传播权或者被删除、改变了自己的权利管理电子信息的，可以向该网络服务提供者提交书面通知，要求网络服务提供者删除该作品、表演、录音录像制品，或者断开与该作品、表演、录音录像制品的链接。通知书应当包含下列内容：(1)权利人的姓名(名称)、联系方式和地址；(2)要求删除或者断开链接的侵权作品、表演、录音录像制品的名称和网络地址；(3)构成侵权的初步证明材料。权利人应当对通知书的真实性负责。

根据《信息网络传播权保护条例》第二十三条之规定，网络服务提供者为服务对象提供搜索或者链接服务，在接到权利人的通知书后，根据本条例规定断开与侵权的作品、表演、录音录像制品的链接的，不承担赔偿责任；但是，明知或者应知所链接的作品、表演、录音录像制品侵权的，应当承担共同侵权责任。

19.计算机软件为什么要单独保护？

计算机软件作为一种特殊的作品，与其他作品的区别在于：计算机软件语言是一种符号化、形式化的语言，其表现力十分有限；软件是无形的，即没有质量，也没有体积及其他物理性质，只运行在某种有形的电子载体中，如硬盘、光盘等介质；软件几乎不存在有形损耗，但存在无形损耗，软件的整个生存期中，一直处于改变(维护)状态。

国务院根据《著作权法》制定了《计算机软件保护条例》，对计算机软件著作权予以单独保护，从而保护计算机软件著作权人的权益，调整计算机软件在开发、传播和使用中发生的利益关系，鼓励计算机软件的开发与应用，最终促进软件产业和国民经济信息化的发展。

20.如何享有软件著作权？

软件著作权自软件作品开发完成时产生，同时必须由开发者独立开发，并已固定在某种有形物体上。《计算机软件保护条例》第五条对中国公民、法人或者其他组织对其所开发的软件，以及外国人、无国籍人的软件如何享有软件著作权做出了规定。

中国公民、法人或者其他组织对其所开发的软件，不论是否发表，依照《计算机软件保护条例》享有著作权。外国人、无国籍人的软件首先在中国境内发行的，依照《计算机软件保护条例》享有著作权。外国人、无国籍人的软件，依照其开发者所属国或者经常居住地国同中国签订的协议或者依照中国参加的国际条约享有的著作权，受《计算机软件保护条例》保护。

21.软件著作权的内容是什么？

《计算机软件保护条例》第八条第一款规定了软件著作权的内容，同样分为人身权和财产权。

(1)软件著作权中的人身权

软件著作权中的人身权，是指软件著作权人基于其软件作品而享有的以人格利益为内容的专有权利。软件著作权的人身权包括发表权、署名权和修改权。

发表权，即决定软件是否公之于众的权利。发表权是软件著作权人的人身权利中最基本的权利。比如，法人或其他组织的软件著作权在软件开发完成后，如果其著作权人不行使发表权，其他权利则无从行使。尽管软件著作权自软件开发完成之日起产生，但法人或其他组织的软件著作权的保护期限是从软件首次发表开始计算的。

署名权，即表明开发者身份，在软件上署名的权利。开发者还有权选择署名的方式，如可以署真名、假名或笔名等。

修改权，即对软件进行增补、删节，或者改变指令、语句顺序的权利。

(2)软件著作权中的财产权

软件著作权中的财产权，是指软件开发者对其软件作品享有的占有、使用、收益和处分的权利。软件著作权中的财产权包括复制权、发行权、出租权、信息网络传播权和翻译权等。

复制权，即将软件制作一份或者多份的权利。

发行权，即以出售或者赠与方式向公众提供软件的原件或者复制件的权利。

出租权，即有偿许可他人临时使用软件的权利，但是软件不是出租的主要标的的除外。

信息网络传播权，即以有线或者无线方式向公众提供软件，使公众可以在其个人选定的时间和地点获得软件的权利。

翻译权，即将原软件从一种自然语言文字转换成另一种自然语言文字的权利。

另外，根据《计算机软件保护条例》第八条第二款、第三款的规定，软件著作权人可以许可他人行使其软件著作权，也可以全部或者部分转让其软件著作权，并有权获得报酬。

22.软件著作权的保护范围是什么？

我国《著作权法》只保护思想观念的表达，而不保护思想观念本身。同样，软件著作权保护的是表达而非思想。根据《计算机软件保护条例》第四条之规定，受《计算机软件保护条例》保护的软件必须由开发者独立开发，并已固定在某种有形物体上；第六条规定，本条例对软件著作权的保护不延及开发软件所用的思想、处理过程、操作方法或者数学概念等。软件著作权保护的是计算机程序和文档，无论是计算机程序的源程序和目标程序，还是作为软件文档的程序设计说明书、流程图、用户手册等，其表现形式与传统的文字作品近似，是为实现软件功能的表达，属于软件著作权的保护范围。相反，对于软件开发过程中所用的思想、处理过程、操作方法或者数学概念等，则不属于软件著作权的保护范围。

23.能否以学习和研究为目的免费使用软件？

根据《计算机软件保护条例》第十七条之规定，为了学习和研究软件内含的设计思想和原理,通过安装、显示、传输或者存储软件等方式使用软件的,可以不经软件著作权人许可,不向其支付报酬,这属于合理使用情形。该条规定保护学习和研究软件内含的设计思想和原理的行为,旨在促进软件开发技术的发展。

二、著作权的主体

24.著作权的主体包括哪些?

著作权主体也称著作权人,是对文学、艺术或者科学作品享有著作权的自然人、法人或者其他组织。通过不同的标准可以将著作权主体分为不同的种类。

(1)按自然人、法人或者其他组织成为著作权主体的权利基础分类,可以将著作权主体分为原始主体和继受主体。

(2)根据著作权人所享有著作权的完整性分类,可以将著作权主体划分为完整主体和不完整主体。

(3)按著作权主体所属国籍为标准分类,可以将著作权主体划分为本国主体、外国主体和无国籍主体。

(4)以著作权人之体征为标准划分,可以将著作权主体划分为自然人主体、法人或者其他组织主体。

25.什么是原始主体?

著作权原始主体就是指根据法律规定或者合同约定,在作品创作完成时,即刻享有著作权的人。根据我国《著作权法》的相关规定,自然人、法人或者其他组织成为原始主体的方式有三种。

(1)创作。即直接产生科学、艺术或者科学作品的智力活动。

(2)法律规定。如《著作权法》第十五条第一款规定:电影作品和以类似摄制电影的方法创作的作品的著作权由制片者享有。

(3)合同约定。如《著作权法》第十七条规定:受委托创作的作品,著作权的归属由委托人和受托人通过合同约定;合同未作明确约定的或者没有订立合同的,著作权属于受托人。

26.什么是继受主体?

继受主体指除原始主体以外,其他依法享有著作权的公民、法人或者其他组织。继受主体取得著作权的主要情形有三种。

(1)因继承、遗赠、遗赠抚养协议而取得著作权,只能取得著作财产权。

(2)因合同而取得著作权。

①依委托合同取得著作权。受委托创作的作品,其著作权的归属由委托人和受托人通过合同约定。如合同约定著作权由委托人享有,委托人即享有著作权。

②著作权的转让。著作权人可将其享有的著作权中的财产权利全部或部分转让给他人，著作财产权的受让人也是著作权的主体。

(3)国家因以下原因而取得著作权：

①购买著作权。即国家出于某种特殊的需要，从著作权人那里购买著作权，从而成为法律关系的主体。

②接受赠送。即作者将其受保护的作品赠送给国家，国家接受其赠送而成为著作权人。

③依法律规定。即法律规定某一作品在受保护有效期限内，其著作权由国家行使。

27.什么是完整主体与不完整主体？

著作权完整主体，就是依法享有著作财产权与著作人身权之全部的自然人、法人或者其他组织。与此相对，著作权不完整主体，就是依法享有著作财产权或者著作人身权之部分的自然人、法人或者其他组织。

著作权完整主体与不完整主体的法律意义在于：完整主体有权全面支配其著作权的行使，决定著作权的命运；而不完整主体在行使其著作权时，一是要看自己的权利范围及种类，二是要注意尊重他人的著作权，不得因行使自己的权利而侵犯他人的著作权。根据《著作权法》第十三条第二款之规定，合作作品可以分割使用的，作者对各自创作的部分可以单独享有著作权，但行使著作权时不得侵犯合作作品整体的著作权。根据第二十七条之规定，转让合同中，著作权人未明确转让的权利的，未经著作权人同意，另一方当事人不得行使。

由于著作人身权不得转让，所以，只有原始主体才可能成为完整主体，继受主体则为不完整主体。但是，著作权原始主体不一定是完整主体，如《著作权法》第十六条第二款规定的职务作品情形，作者享有署名权，著作权的其他权利由法人或者其他组织享有。此种情况下，创作作品的自然人是原始主体，该作者所属单位也是原始主体，但作者和其所属单位都不是完整主体。

28.本国主体、外国主体的区别是什么？

按著作权主体所属国籍分类，可以将著作权主体划分为本国主体与外国主体。在著作权保护方面，尽管有关国际公约规定了“国民待遇原则”“不歧视原则”等原则，但是，本国主体与外国主体的著作权所受到的保护仍存在一定的差异。

(1)保护条件不同。中国公民、法人或者其他组织的作品无论是否发表，依据《著作权法》直接获得保护；外国人、无国籍人的作品若首先在中国境内出版，依照我国《著作权法》享有著作权。外国人、无国籍人在中国境外出版的作品，根据其作者所属国或者经常居住地国与中国签订的协议或者共同参加的国际条约确定其著作权，并决定是否受我国法律保护。

(2)作品首次发表出版的规定不同。中国公民、法人或者其他组织的作品的首次发表，指作品首次在中国境内或境外发表。对外国人、无国籍人来说，其作品首次在中国境内出版，指：外国人、无国籍人未发表的作品首先在中国境内出版；或外国人、无国籍人的作品在中国境外首先出版后，三十日内又在中国境内出版的，也视为该作品同时在中国境内出版；或外国人的作品未发表，但经授权改编，编译后在中国境内出版的，也视为该作品首先在中国境内出版。

(3)著作权保护期的起算不同。中国公民、法人或者其他组织的作品，其著作权从作品创作完成之日起产生。外国人、无国籍人的作品首先在中国境内出版的，其著作权保护期自首次出版之日起计算。外国人、无国籍人在中国境外出版的作品，其保护期根据其所属国或者经常居住地国同中国签订的协议或共同参加的国际条约及我国《著作权法》的规定来确定。

29.中国公民特别是香港地区、澳门地区的中国公民，都是由我国《著作权法》保护的吗？

我国《著作权法》对受该法保护的著作权主体进行了限制：

(1)《著作权法》对人的效力，根据《著作权法》第二条第一款之规定，只要属于中国公民都依照该法享有著作权。

(2)《著作权法》在空间上的适用范围，国籍是连接点，只要有中国国籍，即使民事主体在外国或者其他地区，依然适用我国《著作权法》。

(3)对于香港地区、澳门地区的中国公民，根据区际冲突法，其著作权关系保护由当地的著作权法律调整，不由《著作权法》保护。

30.国家与自然人、法人或其他组织同为著作权的主体，有何特殊之处？

国家作为著作权的主体，与自然人、法人或其他组织作为著作权主体相比，特殊之处就在于国家无法成为著作权的原始主体。

而国家只有在某些特殊情况下才能成为著作权的主体。例如根据《著作权法》第十九条第二款之规定，著作权属于法人或者其他组织的，法人或者其他组织变更、终止后，由承受其权利义务的法人或者其他组织享有；没有承受其权利义务的法人或者其他组织的，由国家享有。同时，国家也可以通过继受的方式取得著作权。

三、著作权的客体

31.著作权的客体是什么？有哪些种类？

著作权的客体是作品，作品就是文学、艺术或者科学领域内具有独创性并能以某种有形形式复制的智力成果。根据我国《著作权法》第三条之规定，作品包括下列形式：

(1)文字作品；

(2)口述作品；

(3)音乐、戏剧、曲艺、舞蹈、杂技艺术作品；

(4)美术、建筑作品；

(5)摄影作品；

(6)电影作品和以类似摄制电影的方法创作的作品；

(7)工程设计图、产品设计图、地图、示意图等图形作品和模型作品；

(8)计算机软件；

(9)法律、行政法规规定的其他作品。

32.不受《著作权法》保护的作品有哪些？

不受《著作权法》保护的作品包括：

(1)依法禁止出版、传播的作品。

(2)不适用《著作权法》保护的作品。根据我国《著作权法》第五条之规定，本法不适用于：①法律、法规，国家机关的决议、决定、命令和其他具有立法、行政、司法性质的文件，及其官方正式译文；②时事新闻；③历法、通用数表、通用表格和公式。

33.什么是文字作品？

文字作品是指小说、诗词、散文、论文等以文字形式表现的作品。这是文学、艺术或者科学领域内最广泛的一种作品形式，几乎与文字的发明同步诞生。其构成要素主要是各国或各民族文字、数字、符号、字母等，能为普通民众所认识、理解。无论作者采用的是手写、打字、印刷还是磁盘、光盘等书写记录方式，都是文字作品。

34.什么是口述作品？

口述作品是指即兴的演说、授课、法庭辩论等以口头语言形式表现的作品。口述作品实际上是文字作品的一种特殊形式。如果作品首次表现出来的形式是口述形式，那么这一作品就是口述作品。口述作品的创作常常发生在即兴创作的过程中，比如即兴表演的 RAP 音乐。

35.什么是摄影作品？

摄影作品是指借助器械，在感光材料或者其他介质上记录客观物体形象的艺术作品。关于照片能否作为作品受著作权的保护，在 19 世纪末 20 世纪初，国际上进行过激烈的讨论。直到 1928 年 6 月 2 日，《伯尔尼公约》修订时，才正式将照片作为摄影作品纳入，使其受到著作权的保护。不过到目前为止，各个国家或地区的著作权法给摄影作品或照片提供的保护有很大差异。但对摄影作品的保护有一点是一致的，即对摄影作品的保护期与一般作品的保护期不同。一般作品的保护期为作者终生及其死亡后五十年，而摄影作品的保护期则仅为五十年，截止于作品首次发表后第五十年的 12 月 31 日，但作品自创作完成后五十年内未发表的，不再受我国《著作权法》保护。

36.什么是建筑作品？

建筑作品也称为“建筑物作品”，是指以建筑物或者构筑物形式表现的有审美意义的作品，比如鸟巢、水立方等就是建筑作品。建筑作品不包括建筑物设计图、建筑物模型等，建筑物设计图是一种图形作品，建筑物模型是一种模型作品，在《著作权法》中分别适用不同种类作品著作权的保护。由于建筑作品具有不可移动、置于露天、供人居住或使用等特点，所以建筑作品主要按其所在地国的法律规定为标准来确定其保护，依使用者的需要而修缮改建。

37.什么是音乐作品？

音乐作品指歌曲、交响乐等能够演唱或演奏的带词或不带词的作品。音乐作品由音符、节奏、旋律等要素构成，可以是不带词的纯乐曲作品（如贝多芬的《田园交响曲》），也可以是带词的歌曲作品（如光未然作词、冼星海谱曲的《黄河颂》）。音乐作品总体上可分为声乐、器乐、戏剧音乐（包括歌剧音乐、舞剧音乐、戏剧配乐等）三类。其中戏剧音乐的音乐部分也通常可以分别归入声乐和器乐中。

38.什么是美术作品？

美术作品是指绘画、书法、雕塑等以线条、色彩或其他方式构成的有审美意义的平面或立体的造型艺术作品，如吴冠中的《长江三峡》。在此要注意美术作品与图形作品的区别，美术作品与图形作品所运用的要素基本相同，都是线条、色彩、文字、符号等，都是诉诸人之视觉的作品，但美术作品侧重于其所具有的"审美意义"，而图形作品则侧重于其所具有的指示性。例如，地图属于图形作品，其基本价值在于其所具有的指示性，而不在于其是否具有审美意义，因此不是美术作品。

39.什么是电影作品和以类似摄制电影的方法创作的作品？

电影作品和以类似摄制电影的方法创作的作品是指摄制在一定物质媒体上，由一系列有伴音或无伴音的画面组成，并借助适当装置或设备再现或播放的作品。

需要注意的是，电影作品与电影文学剧本、电影分镜头剧本等分属于不同的种类。电影文学剧本是电影作品所依据的底本或脚本，电影分镜头剧本是电影各镜头所依据的底本，两者都是文字作品。

40.什么是计算机软件？

计算机软件是指计算机程序及其有关文档。计算机程序是指为了得到某种结果而可以由计算机等具有信息处理能力的装置执行的代码化指令序列，或者可以被自动转换成代码化指令序列的符号化指令序列或符号化语句序列。文档是指用自然语言或形式化语言所编写的文字资料和图表，用来描述程序的内容、组成、设计、功能规格、开发情况、测试结果及使用方法，如程序说明书、流程图、用户手册等。

计算机软件虽然也是一种作品，但由于其所具有的特殊性，国务院专门制定了《计算机软件保护条例》对其进行保护。计算机软件与一般作品有诸多不同，如：一般作品的创作者称作者，而计算机软件的创作者称开发者；一般作品存在的价值在于可供人们欣赏阅读，计算机软件的存在却是为了解决实际问题；计算机软件中包含很多技术性因素，是一种实用的功能性作品，而计算机软件的这种技术性强、自动化程度高的特点也使得计算机软件侵权简单、迅速、方便，从而法律对一般作品著作权的限制与对计算机软件著作权的限制有诸多差异。

41.什么是民间文学艺术作品？

民间文学艺术作品，是指由特定的民族、族群或者社群内不特定成员集体创作和世代传承，并体现其传统观念和文化价值的文学艺术的表达。民间文学艺术作品包括但不限于以下类型：

(1)民间故事、传说、诗歌、歌谣、谚语等以言语或者文字形式表达的作品；

(2)民间歌曲、器乐等以音乐形式表达的作品；

(3)民间舞蹈、歌舞、戏曲、曲艺等以动作、姿势、表情等形式表达的作品；

(4)民间绘画、图案、雕塑、造型、建筑等以平面或者立体形式表达的作品。

42.未做著作权声明的作品能否受到著作权相关法律的保护？

著作权声明是指权利人对自己创作或获得许可作品的权利的一种口头或书面主张，一般包括权利归属、作品使用许可方式、责任追究等方面的内容。但作品是否受保护由法律规定，与声明无关，作品即使未印载这种声明也受著作权相关法律的保护。

43.未发表的作品能否受到著作权保护？

作品是否经过了发表并不妨碍其受到《著作权法》的保护。我国《著作权法》第二条规定：中国公民、法人或者其他组织的作品，不论是否发表，依照本法享有著作权。发表权即决定作品是否公之于众的权利，该权利由作者决定是否行使，但无论作品是否发表，均不影响著作权人得到著作权相关法律的保护。

44.作品受保护是否要求一定要以有形形式固定？

我国《著作权法》没有要求作品必须以某种有形形式固定下来，但必须是某种有形形式的表达。根据《著作权法》对作品的定义，尽管作品没有固定在有形载体上，但只要其具有独创性，并是能以某种有形形式复制的智力成果，就可以受《著作权法》保护。因此，在我国，作品受著作权相关法律保护无须以有形形式固定为前提。

45.对于不符合有关出版规定或未履行报批手续的作品，我国《著作权法》是否予以保护？

《著作权法》及其实施条例没有明确规定作品受《著作权法》保护的实质性条件，而仅仅是对作品的含义以及受保护的作品种类进行了规定，并明确排除了不保护的对象。根据《著作权法》的规定及相关理论，一般认为，作品要获得《著作权法》的保护需要其具有独创性。《著作权法》在2010年修改后，除《著作权法》明确不保护的作品外，对于具有独创性但是不符合有关出版规定或未履行报批手续的作品，同样受到我国《著作权法》的保护，但是这类作品不能出版。

46.科技作品能否受《著作权法》的保护？

对于反映科学技术成果的科技作品，《著作权法》保护的仅仅是作者通过文字、符号、图形等媒介来表现其思想和观点的外在表达形式，如科技成果研发过程中形成的研究报告、图纸等。其中反映的科学技术成果本身，并不受《著作权法》保护，如果符合专利构成条件的，应当受到《中华人民共和国专利法》(简称《专利法》)的保护。

47.思想内容本身是著作权的客体吗？

《著作权法》只保护思想和情感的表达形式，不保护思想和情感本身，即思想内容本身不受《著作权法》的保护。根据《著作权法》第三条之规定，该法所保护的客体均为能以某种有形形式复制的作品，而存在于人们脑海里的思想，由于其不能以某种有形形式复制和表现出来，不能受到《著作权法》的保护。

48.互联网上数字化的作品受《著作权法》保护吗？

互联网数字化作品仅仅只是作品的载体产生变化。只要作品属于我国《著作权法》第三条规定的作品范畴，属于文学、艺术和科学领域内具有独创性并能以某种有形形式复制的智力成果，《著作权法》均予以保护。所以，互联网上数字化的作品受《著作权法》保护。

49.实用艺术品受《著作权法》保护吗？

实用艺术品，指既具有美感，又具有实用功能的物品，涵盖装饰、家居、壁纸、服饰、工艺品等。实用艺术品如果要作为“美术作品”受《著作权法》的保护，应具备三个条件：

(1)实用功能与具有美感的艺术设计在物理上或者形态上相互独立；

(2)独立存在的艺术设计具有独创性；

(3)艺术设计部分具有一定水平的艺术设计程度。

50.如何正确地引用他人的作品？

个人引用他人作品时须注意以下几点：

(1)明确引用的目的，是为了个人学习、研究或欣赏，还是为了介绍、评论某一作品或说明某一问题；

(2)引用他人作品时应当注明作者的姓名、作品名称，并且不得侵犯著作权人依《著作权法》享有的其他权利；

(3)引用的他人作品必须是已经发表的，否则会侵犯著作权人的发表权；

(4)引用他人作品的比例必须适当，即不能将原作主要部分或者实质部分直接搬用且没有新的观点，否则就可能被认定为侵犯他人的著作权。

51.使用他人作品进行演出应当遵循何种规定？

表演他人作品，多是通过著作权集体管理组织取得著作权人的许可。如歌手演唱他人作品，根据我国《著作权法》第三十七条之规定：使用他人作品演出，表演者(演员、演出单位)应当取得著作权人许可，并支付报酬。即表演者进行营利性演出，无论是使用他人已发表的作品，还是未发表的作品，均需取得作品著作权人的许可。

在实践中，如表演者使用他人的音乐作品，一般是向中国音乐著作权协会交费获得使用许可。

四、邻接权

52.什么是邻接权？有哪些种类？

邻接权是指传播者或其他在传播作品过程中添加创造性劳动成果的主体，对其传播行为的成果享有的专有权利。邻接权的存在旨在保护未达到作品独创性标准，但又具备特定价值的客体。邻接权一般分为四种：出版者权、表演者权、录音录像制作者权和广播电视组织权。

53.邻接权与著作权之间有什么样的联系和区别？

著作权有狭义和广义之分：狭义上的著作权是指创作者对作品所享有的一系列权利；广义上的著作权还包括邻接权，即作品传播者或其他在传播过程中添加创造性劳动成果的主体，对其传播行为的成果享有的专有权利。

两者的区别主要表现在：

(1)主体不同。狭义上的著作权的主体是智力作品的创作者，包括自然人、法人或其他组织；邻接权的主体是出版者、表演者、录音录像制作者、广播电视组织，其中除表演者以外，几乎都是法人。

(2)保护对象不同。狭义上的著作权保护的对象是文学、艺术和科学作品本身；邻接权保护的对象是经过传播者加工后的作品。前者体现了作者的创造性劳动，后者主要体现了传播者的创造性劳动。

(3)内容不同。狭义上的著作权主要指作者对其作品享有发表、署名等人身权和复制、发行等财产权；邻接权的内容主要是出版者对其出版的书刊的权利，表演者对其表演的权利，录音录像制作者对其录音录像制品的权利，广播电视组织对其广播、电视节目的权利等。

(4)受保护的前提不同。作品只要符合法定条件，一经产生就可获得著作权保护；邻接权在于在作品传播过程中传播者投入了一定的资金和劳动。

54.出版者权的内容有哪些？

出版者权是出版者对其出版的图书、报刊享有的专有权利，出版者权来自两个方面：(1)著作权人的授权；(2)法律的规定。如《著作权法》第三十一条规定：图书出版者对著作权人交付出版的作品，按照合同约定享有的专有出版权受法律保护，他人不得出版该作品。

出版者权包括以下内容：(1)在合同约定的期限和地域范围内，图书出版者有权出版并发行约定的作品；(2)在合同约定的期限和地域范围内，图书出版者享有以同种文字的原版、修订版出版图书的专有权利，但该书脱销后图书出版者拒绝重印、再版的，著作权人有权终止合同;(3)图书出版者对其出版的图书的版式设计,享有专有使用权,即有权许可他人使用其版式设计,也有权禁止他人使用其版式设计。

55.表演者权的内容有哪些?

表演者权以表演权为其产生的法律基础,即表演者权以表演权作为其权利来源。

表演者权的内容包括:(1)表明表演者身份;(2)保护表演形象不受歪曲;(3)许可他人从现场直播和公开传送其现场表演,并获得报酬;(4)许可他人录音录像,并获得报酬;(5)许可他人复制、发行录有其表演的录音录像制品,并获得报酬;(6)许可他人通过信息网络向公众传播其表演,并获得报酬。被许可人以前面第(3)项至第(6)项规定的方式使用作品,还应当取得著作权人许可,并支付报酬。

56.录音录像制作者权的内容有哪些?

录音录像制作者权,是指录音录像制作者对其制作的录音录像制品享有的专有权。录音录像制作者权以录音录像制作人对录音录像制品的剪辑、制作等创造性的劳动成果为权利的来源。

录音录像制作者权的内容包括:(1)录音录像制品复制权、发行权;(2)录音录像制品出租权;(3)录音录像制品信息网络传播权。

57.广播电视组织权的内容有哪些?

广播电视组织权是广播电台、电视台对其播放的广播、电视节目依法享有的专有权利。广播电视组织权的权利来源有四个方面:(1)来源于著作权;(2)来源于录音制品制作者权;(3)来源于电影作品、录像制品作者的权利;(4)自制节目。广播电视组织权的内容包括:(1)转播权;(2)录制权;(3)复制权。

58.邻接权如何取得?

作品传播者对作品进行加工和传播,必须经过作品著作权人的许可或授权,所以邻接权的取得以作品著作权人的许可或授权为基础。例如,表演者进行表演并取得表演者权,应先取得原作品作者授予的表演权;出版者出版某部小说并因此而取得出版者权,需要先获得作品作者授予的出版权才可以出版。

同时,应该注意传播权和传播者的权利不同,前者属于著作权人的一项财产权,而后者属于邻接权,传播权是联系著作权人和邻接权人的桥梁。

59.邻接权应当如何使用才不侵犯著作权人的合法权益?

我国《著作权法》第四章"出版、表演、录音录像、播放"中对于邻接权的合法使用做出了具体规定:

一是取得著作权人许可使用,并支付报酬。如《著作权法》第四十条第一款规定:录音录像制作者使用他人作品制作录音录像制品,应当取得著作权人许可,并支付报酬。

二是在法定许可使用的情形下,可不经著作权人的许可但应支付报酬。如《著作权法》第四十条第三款规定：录音制作者使用他人已经合法录制为录音制品的音乐作品制作录音制品，可以不经著作权人许可，但应当按照规定支付报酬；著作权人声明不许使用的不得使用。

三是合理使用的情形。如报纸、期刊、广播电台、电视台等媒体刊登或者播放其他报纸、期刊、广播电台、电视台等媒体已经发表的关于政治、经济、宗教问题的时事性文章，但作者声明不许刊登、播放的除外。

第二篇 著作权的内容

一、著作人身权

60.著作人身权与民法上的人身权利有何异同?

著作人身权与民法上的人身权利,即一般人身权,最大的不同之处在于,著作人身权对作品的依赖。正是因为著作权人创作出了作品,才使得具有特定身份的人具有了与作品密切相关的权利(即著作权)。也可以说,没有了作品,著作人身权就没有赖以存在的基础。也正是著作人身权对作品的依赖,才使得其相对于一般人身权而言,具有了自己独特的受到作品限制的不同之处。而作品从其产生的目的而言,除了少数作者的自娱自乐外,更多的是为了作为一项财产来体现著作权人的价值。在作品创造后,一些作者为了实现创作作品的目的,就有可能会转让发表权、署名权、修改权和保护作品完整权,从而在最大程度上达到创作作品的目的。

61.什么是作者身份权?

作者身份权是著作人身权的一种,是指作者表明其作者身份的权利。这种权利只能由创作行为产生,并不由作品的署名产生,也不因作品未署名而丧失。作者匿名或同意他人匿名发表作品,也不表明其放弃作者身份和作者身份权。《伯尔尼公约》第六条之二第一款规定:不受作者经济权利的影响,甚至在上述经济权利转让之后,作者仍保有主张对其作品的作者身份的权利。

62.如何理解发表权?

依据我国《著作权法》第十条第一款第一项之规定,发表权,即决定作品是否公之于众的权利,是作者完成创作后,决定是否将自己的创作公之于众,在何时、何地将作品公之于众的权利,是著作人身权的基础性权利。将作品公之于众,是指作者向自身以外的不特定的人公开自己的作品,使之在较多的人中间传播,满足公众的合理需要。

著作权人的发表权,包括决定发表和决定不发表两个内容,即便著作权人决定不发表自己的创作,他仍然有权将自己的作品全部或部分许可他人使用。

63.如何理解署名权?

根据《著作权法》第十条第一款第二项之规定,署名权,即表明作者身份,在作品上署名的权利。换言之,署名权即是著作权人在自己创作的作品上注明自己的名字、名称的权利。

署名权是确认该作品作者身份的重要法律依据,属著作权人的人身权利范畴,该权利不能转让、抵押、继承、赠与,作品的署名权由创作人永远享有。

64.前言或引言提名是否等于署名?

署名权是作者的一项重要权利,作者有权决定是否在作品上署名或以何种方式署名。署名的方式有很多种,其中最常见的是在作品封面上直接署名。

但当作品由多名作者共同完成时,不便将全体作者的姓名全部列在作品封面上,通常会让部分作者代表在作品封面上署名,其余作者在前言或引言中署名。这种方法大多能被作者接受,在前言中提及也起到了署名的作用。

65.如何理解修改权?

《著作权法》第十条第一款第三项规定了著作权人对自己创作的作品享有修改权,即对自己创作的已发表或者没有发表的作品,享有修改或者授权他人修改的权利。修改权表现为两方面:作者有权修改作品或授权其他人修改其作品,同时作者也有权禁止他人未经许可而修改自己的作品。修改,是指对作品进行的实质性修改,如对作品的内容或表现形式的修改。修改权产生于创作作品之时,灭失于著作权人死亡之时。著作权人生前未对继承人、受赠人或者第三人授权修改自己的作品,修改权随著作权人的死亡而消亡。

修改权可以转移,经著作权人同意或者许可,他人也可享有对作品的修改权。《著作权法》第三十四条规定:“图书出版者经作者许可,可以对作品修改、删节。报社、期刊社可以对作品作文字性修改、删节。对内容的修改,应当经作者许可。”

66.什么是保护作品完整权?

根据《著作权法》第十条之规定,只有作者有权修改或者授权他人修改自己的作品,并享有作品不受歪曲、篡改的保护作品完整权。该权利的目的在于保护作者的名誉、声望及其人格权益不受侵害。

此规定的实际意义在于作者可以授权他人修改其作品,因为作品的传播方式各种各样,如电影、报纸、图书等。每种方式都有其各自的特点,作者未必熟悉每种传播方式。为了作品能够更好地传播,不可避免地需要赋予他人适当修改作品的权利,这正是为了保护作者的著作权不受侵害。

二、著作财产权

67.什么是著作财产权?

著作财产权,又称经济权利,是指著作权人自己使用或者授权他人以一定方式使用作品而获得物质利益的权利。著作财产权主要包括复制权、发行权、展览权、广播权等权利。其性质明显不同于著作人身权,其可以转让、继承或者放弃,但同样不同于一般财产权,受到地域、时间等因素的限制。

68.什么是复制权?

根据《著作权法》第十条第一款第五项之规定,复制权,是指以印刷、复印、拓印、录音、录像、翻录、翻拍等方式将作品制作成一份或多份的权利。

复制有广义、狭义之分。狭义之复制,是指以印刷、照相、复写、影印、录音、录像或其他行为做成与原作品同一形态的复制,如将文书加以手抄、印刷、照相,将绘画、雕刻加以摹拓,将录音带、录像带加以翻版录制,等等。广义之复制,还包括对作品加以若干改变,即不是与原著作之形态完全相同之物,而是保存作品核心价值而改变其形态,如将草图、图样做成美术品与建筑物,将音乐作品录制为录音,将小说改编成剧本、拍成电影,将影视作品编辑为数篇论文,将本国文字翻译成外国文字,将雕刻制成绘画,将绘画制成照片或风景明信片,将模型制成美术工艺品,等等。复制权是著作财产权中最重要的一项权利,几乎没有一类作品的使用能够离开复制。复制权往往和发行权或者广播权、表演权连在一起适用。仅仅获得复制权一般很难产生经济效益。比如出版社取得出版作品的许可,出版权中至少要包括复制与发行两种权利。因此,作者在许可他人使用作品的时候,要明确究竟许可其使用哪些权利。

69.网络环境下个人观看盗版作品构成对复制权的侵犯吗?

根据《世界知识产权组织版权条约》第一条中的“约定声明”,在电子媒体中以数字形式存储受保护的作品,构成《伯尔尼公约》第九条意义下的复制。在线观看作品,会在用户电脑内存中形成临时复制件,也属于复制。

但此类临时复制并不构成对作者复制权的侵犯:首先,内存中临时复制件没有独立的经济价值;其次,此类临时复制是技术现象,并非受到人的意志的控制;最后,在线作品都是由第三人上传提供,侵犯著作权人权利的应为第三人。因此,网络用户并不因为在线观看盗版作品过程中出现临时复制而成为侵权人。

70.什么是发行权?

根据《著作权法》第十条第一款第六项之规定,发行权,即以出售或者赠与方式向公众提供作品的原作或者复制件的权利。《著作权法》中发行权的内涵较日常生活及出版业所使用的发行概念更为宽泛。《著作权法》中的发行，不仅包括图书、报刊发行，还包括电影拷贝、录音录像制品的发行。

71.如果合法购买某一电子书再通过网络提供给他人，属于侵犯著作权人的发行权吗？

《著作权法》将发行权定义为“向公众提供作品的原件或者复制件的权利”，如果将作品的传播方式扩展到网络上，侵犯的是信息网络传播权，而不是侵犯发行权。根据《信息网络传播权保护条例》第二十六条之规定，信息网络传播权是指以有线或者无线方式向公众提供作品、表演或者录音录像制品，使公众可以在其个人选定的时间和地点获得作品、表演或者录音录像制品的权利。信息网络传播权是信息技术发展的产物。其主要内容是传统作品的数字化和网络传播。信息网络传播权与传统发行权的行使环境完全不同，因此也就没有类似“发行权穷竭”原则的规定。

72.什么是出租权？

根据《著作权法》第十条第一款第七项之规定，出租权，即有偿许可他人临时使用电影作品和以类似摄制电影的方法创作的作品、计算机软件的权利，计算机软件不是出租的主要标的的除外。该规定确定：(1)出租权是独立于发行权以外的单独权利，即作品合法购买者如希望出租其购买的作品，仍需要取得著作权人的许可，否则构成侵权；(2)出租权仅适用于电影作品和以类似摄制电影的方法创作的作品、计算机软件，这是由于它们与同类其他作品相比极易被复制，如果不在出租环节加强对著作权人的保护，著作权人的损失将非常惨重。

73.什么是展览权？

根据《著作权法》第十条第一款第八项之规定，展览权，即公开陈列美术作品、摄影作品的原件或者复制件的权利。从字面看，只有美术作品、摄影作品两类作品的著作权人才享有展览作品的专有权利。但实际上，当文字作品的手稿、舞蹈作品的手绘舞谱、电影作品的单个画面等具有艺术价值并进行展览的时候，它们也可以被视为美术作品或摄影作品。所以，从理论上讲，各类作品的作者都有可能享有展览权。

74.什么是表演权？

根据《著作权法》第十条第一款第九项之规定，表演权，即公开表演作品，以及用各种手段公开播送作品的表演的权利。表演分为两类：一类由表演者面向公众现场表演；一类是通过技术设备公开再现作品。这两类都指的是公开表演，而不包括非公开表演。表演权对于音乐作品、戏剧作品等艺术作品十分重要，因为这些作品的使用主要是通过现场表演、机械表演、广播等方式。

75.什么是放映权？

根据《著作权法》第十条第一款第十项之规定，放映权，即通过放映机、幻灯机等技术设备公开再现美术、摄影、电影和以类似摄制电影的方法创作的作品等的权利。《著作权法》对于放映权的规定与表演权中使用机械设备公开播放作品没有实质差别，严格来讲放映权属于机械表演权。《著作权法》规定放映权的意义在于电影著作权人有权禁止未经许可公开放映其电影的行为，避免此类行为严重损害电影著作权人的利益。

76.什么是广播权？

根据《著作权法》第十条第一款第十一项之规定，广播权，即以无线方式公开广播或者传播作品，以有线传播或者转播的方式向公众传播广播的作品，以及通过扩音器或者其他传送符号、声音、图像的类似工具向公众传播广播的作品的权利。《著作权法》关于广播权的规定，直接来源于《伯尔尼公约》第十一条，该公约将广播解释为通过无线电波传播声音和（或者）图像，以使公众收听、收看。

综上，广播权包括三部分内容：第一，以无线方式公开广播，不包含有线广播；第二，对第一部分广播的后续使用，强调的是对首次无线广播作品的转播；第三，通过扩音器、电视屏幕等设备公开传播，通过收音机、电视机接收的作品。

77.什么是信息网络传播权？

根据《著作权法》第十条第一款第十二项之规定，信息网络传播权，是指以有线或者无线方式向公众提供作品，使公众可以在其个人选定的时间和地点获得作品的权利。

《著作权法》还特别强调了表演者和录音录像制作者等邻接权人的信息网络传播权。如《著作权法》第三十八条第一款第六项规定，表演者对其表演享有许可他人通过信息网络向公众传播其表演并获得报酬的权利；第四十二条第一款规定，录音录像制作者对其制作的录音录像制品享有许可他人复制、发行、出租、通过信息网络向公众传播并获得报酬的权利。由上述规定可以看出，信息网络传播权的主体是享有该项权利的作者及表演者、录音录像制作者两类邻接权人。

78.什么是摄制权？

根据《著作权法》第十条第一款第十三项之规定，摄制权，即以摄制电影或者以类似摄制电影的方法将作品固定在载体上的权利。

从原则上讲，该权利是一切作者具有的权利，文字作品、音乐作品、舞蹈作品、戏剧作品等各类作品的作者都有这项权利。实践中，文字作品、口述作品、音乐作品、戏剧作品、曲艺作品、舞蹈作品、美术作品、摄影作品被拍摄成电影作品的机会多一些。

79.什么是改编权？

根据《著作权法》第十条第一款第十四项之规定，改编权，即改变作品，创作出具有独创性的新作品的权利。所谓“改编”，是指以不同的表现形式再现作品的创作活动。改编应该是改编者的创造性劳动，不是简单的重复原作品的内容，在表现形式上要有所创新，达到新的效果或新的创作目的。改编权可以由作者行使，也可以授权他人行使。

改编主要包括两种情况：一是不改变作品的原来类型而改编作品，如将长篇著作缩写为简本；二是在不改变作品基本内容的情况下将作品由一种类型改编成另一种类型，如将小说改编成剧本。

改编者对改编作品享有著作权，但是其行使著作权时不得损害原作品作者的著作权。

80.什么是翻译权?

根据《著作权法》第十条第一款第十五项之规定，翻译权，即将作品从一种语言文字转换成另一种语言文字的权利。翻译权也是作者的一项专有权利，即作者有权决定其作品被译成什么样的语言出版。

为了个人学习、研究或者欣赏可以自由翻译他人作品，但是如果要出版、发表，除满足《著作权法》第二十二条第一款第十一项“将中国公民、法人或者其他组织已经发表的以汉语言文字创作的作品翻译成少数民族语言文字作品在国内出版发行”、第十二项“将已经发表的作品改成盲文出版”的规定以外，必须经被翻译的作品的著作权人许可。译者对自己的译作享有著作权，但是在行使著作权时不得侵犯原作者的著作权。

81.什么是汇编权?

根据《著作权法》第十条第一款第十六项之规定，汇编权，即将作品或者作品的片段通过选择或者编排，汇集成新作品的权利。其独创性反映在两个方面：第一，汇编人要将收集到的资料进行筛选，筛选工作体现了汇编人的汇编目的；第二，要将选用的资料进行排列，排列工作既要为汇编目的服务，也要符合科学性。

汇编作品的种类很多，常见的有词典、百科全书、教材、报纸、期刊、文集等。《著作权法》赋予作者汇编权的本意在于，若他人汇编已经创作的作品，须经被汇编作者的许可，方式因情况不同而异。对于词典、教材等非定期出版物，汇编人应通过书面合同取得著作权人的许可。对于报刊等定期出版物，通常认为只要作者向报刊投稿，就等于作者已同意报刊刊登其作品。

三、著作权保护期限

82.著作权的保护期限是多久?

著作权的内容很宽泛，不同权利的保护期限也不尽相同。

首先，作者除发表权外的著作人身权保护期不受限制。根据《著作权法》第二十条之规定，作者的署名权、修改权、保护作品完整权的保护期不受限制。

其次，公民的著作财产权以及发表权的保护期为作者终生及其死后五十年。根据我国《著作权法》第二十一条之规定，著作权人的发表权、复制权、发行权、出租权、展览权、表演权、放映权、广播权、信息网络传播权、摄制权、改编权、翻译权、汇编权以及除了署名权、修改权、保护作品完整权的权利保护期限为作者终生及其死亡后五十年，截止于作者死亡后第五十年的 12 月 31 日；如果是合作作品，其著作权的保护期限则截止于最后死亡的作者死亡后第五十年的 12 月 31 日。

法人或者其他组织的作品、由法人或其他组织享有著作权(署名权除外)的职务作品,其相关著作权的保护期限截止于作品首次发表后第五十年的 12 月 31 日,但作品自创作完成后五十年内都未发表的将不再受我国《著作权法》的保护。

电影作品、以类似摄制电影的方法创作的作品、摄影作品的著作权保护期限与前者类似,同样截止于作品首次发表后的第五十年的 12 月 31 日,作品自创作完成后五十年内未发表的不再受我国《著作权法》的保护。

83.如何确定作者身份不明的作品的保护期?

根据我国《著作权法实施条例》第十八条之规定,作者身份不明的作品,其复制权、发行权、出租权、展览权、表演权、放映权、广播权、信息网络传播权、摄制权、改编权、翻译权、汇编权以及除了发表权、署名权、修改权、保护作品完整权之外的上述未列举到的其他权利的保护期,截止于作品首次发表后第五十年的 12 月 31 日。

84.著作权的保护期能否延长?

著作权的保护期限不可以延长。我国《著作权法》规定的发表权以及著作权中财产权的保护期限一般为作者终生及其死亡后五十年;职务作品,其发表权以及著作权中财产权的保护期为五十年,截止于作品首次发表后第五十年的 12 月 31 日,但作品自创作完成后五十年内未发表的,《著作权法》不再保护。因此,我国《著作权法》并没有可以延长著作权保护期的相关规定。

85.作品保护期届满是否可以随意使用?

著作权保护期限届满产生的法律后果是著作权消灭,作品进入公共领域,任何人可以自由、无偿地使用作品,著作权人不能再对该作品的使用进行控制。所以,针对保护期届满的作品,公众和单位可以在合法的范围内使用。

需要注意的是,根据《著作权法》第二十条、第二十一条的相关规定,著作权权利期限届满仅涉及著作权中的财产性权利以及发表权,作者的署名权、修改权、保护作品完整权的保护期不受限制。因此,对保护期限届满的作品进行使用,不得侵犯著作权人除发表权外的其他人身权利。

四、著作权的限制

86.什么是著作权的限制,为什么要对著作权进行限制?

所谓著作权的限制,通常是指对著作权人专有权利行使的限制,其功能在于通过对著作权的适当限制,平衡创作者、传播者和使用者的利益,确保公众能接触和使用作品,以促进整个社会科学文化事业的进步。例如为个人学习、研究或者欣赏,使用他人已经发表的作品的行为是可以不经著作权人许可,不向其支付报酬的。

对著作权进行限制是因为:(1)著作权人在创作作品的过程中,不可避免地吸收前人的劳动成果,在作品完成后,也应在一定程度上为社会所利用;(2)任何权利都不是绝对的,权利人在享受权利时,也应承担一定的义务,反映在著作权中,就是公众尊重权利人的劳动成果,也应分享权利人的劳动成果给社会带来的利益;(3)对著作权进行限制,可防止因权利滥用而妨碍、束缚科学技术的进步和文化的繁荣。

87.著作权限制的类型有哪些?

根据世界各国著作权权能限制通行标准,著作权限制的类型主要包括合理使用、法定许可和强制许可三种。我国《著作权法》根据我国的具体国情规定了"合理使用"和"法定许可"两类限制条款。

88.什么是著作权的合理使用?

合理使用是指在特定条件下,法律允许他人自由使用享有著作权的作品而不必征得著作权人的同意,也不必向著作权人支付报酬的合法行为。从限制著作权的几种方式来看,合理使用是对著作权的一种最大程度的限制。通过合理使用,著作财产权已经体现不出专有性和财产内容。我国《著作权法》第二十二条,《计算机软件保护条例》第十六条和第十七条,《信息网络传播权保护条例》第六条、第七条和第十一条,分别就不同情况制定了有关合理使用的规定。

89.合理使用的必备条件是什么?

合理使用的作品须是已经发表的作品,未发表的作品不属于合理使用的范围。使用他人作品时,不得侵犯著作权人的其他权利,并且必须注明作者姓名、作品名称。根据《著作权法实施条例》第二十一条之规定,使用可以不经著作权人许可的已经发表的作品的,不得影响该作品的正常使用,也不得不合理地损害著作权人的合法权益。因此,合理使用的条件有:(1)一般应是非商业使用;(2)使用作品的方式必须符合法律的规定;(3)尊重作者的精神权利和其他财产权利;(4)是已经发表的作品。

90.合理使用中的个人使用需满足何种条件?

为个人学习、研究或欣赏,使用他人已经发表的作品的情形属于著作权合理使用范畴。根据我国《著作权法》第二十二条之规定,为了个人学习、研究或者欣赏使用他人已经发表的作品,可以不经著作权人许可,不向其支付报酬。可见,符合这项规定须具备两个条件:第一,使用作品的目的必须是为了个人学习、研究或者欣赏,不能为经营目的或为大量复制传播;第二,使用的作品须是著作权人已经发表的,未发表的作品即使是为了个人学习、研究或者欣赏的目的,也不能进行合理使用。

91.合理使用的具体情形有哪些?

根据我国《著作权法》第二十二条之规定,在下列情况下使用作品,可以不经著作权人许可,不向其支付报酬,但应当指明作者姓名、作品名称,并且不得侵犯著作权人依照本法享有的其他权利(见表1)。

表1 合理使用的情形

序号	合理使用的情形	具体描述
1	个人使用	为个人学习、研究或者欣赏,使用他人已经发表的作品
2	评论或说明使用	为介绍、评论某一作品或者说明某一问题,在作品中适当引用他人已经发表的作品
3	报道时事新闻	为报道时事新闻,在报纸、期刊、广播电台、电视台等媒体中不可避免地再现或者引用已经发表的作品
4	刊登或播放时事性文章	报纸、期刊、广播电台、电视台等媒体刊登或者播放其他报纸、期刊、广播电台、电视台等媒体已经发表的关于政治、经济、宗教问题的时事性文章,但作者声明不许刊登、播放的除外
5	刊登或播放公众集会上发表的讲话	报纸、期刊、广播电台、电视台等媒体刊登或者播放在公众集会上发表的讲话,但作者声明不许刊登、播放的除外
6	学校课堂教学或者科学研究使用	为学校课堂教学或者科学研究,翻译或者少量复制已经发表的作品,供教学或者科研人员使用,但不得出版发行
7	国家机关执行公务中使用	国家机关为执行公务在合理范围内使用已经发表的作品
8	复制本馆内收藏的作品	图书馆、档案馆、纪念馆、博物馆、美术馆等为陈列或者保存版本的需要,复制本馆收藏的作品
9	免费表演中使用已经发表的作品	免费表演已经发表的作品,该表演未向公众收取费用,也未向表演者支付报酬
10	艺术作品的使用	对设置或者陈列在室外公共场所的艺术作品进行临摹、绘画、摄影、录像
11	翻译作品中使用已经发表的作品	将中国公民、法人或者其他组织已经发表的以汉语言文字创作的作品翻译成少数民族语言文字作品在国内出版发行
12	盲文出版物	将已经发表的作品改成盲文出版

上述12种合理使用的情形也适用于对出版者、表演者、录音录像制作者、广播电台和电视台的权利的限制。

92.什么是“三步检验标准”?

《伯尔尼公约》《与贸易有关的知识产权协定》和《世界知识产权组织版权条约》均允许成员国对“专有权利”规定限制和例外情形,但只能在满足三个前提下做出:

(1)只能在特殊情况下做出;

(2)与作品的正常利用不相冲突;

(3)没有无理损害权利人的合法权益。

这就是“三步检验法”或“三步检验标准”。

我国已加入上述三个国际条约，应履行遵守“三步检验标准”的国际义务，同时根据国务院2002年对《著作权法实施条例》的修订，第二十一条的规定已经将“三步检验标准”转换为我国的国内立法，成为法院审理案件时必须依据的标准。

93.什么是著作权的法定许可？

法定许可是《著作权法》给予作品使用者的一种特别许可，即可以不经作者或其他著作权人许可而使用其已发表作品的行为。依据法定许可而使用他人作品时，应当按照规定，向作者或其他著作权人支付报酬，并注明作者姓名、作品名称和出处。

94.法定许可使用的情形有哪些？

根据我国《著作权法》第二十三条、第三十三条第二款、第四十条第三款、第四十三条第二款、第四十四条的规定，法定许可包括以下5种情形，即使用他人已发表的作品，可以不经著作权人许可，但要向著作权人支付报酬的情形（见表2）。

表2　法定许可使用的情形

序号	法定许可使用的情形	具体描述
1	教科书中使用的作品	为实施九年制义务教育和国家教育规划而编写出版教科书，除作者事先声明不许使用的外，可以不经著作权人许可，在教科书中汇编已经发表的作品片段或者短小的文字作品、音乐作品或者单幅的美术作品、摄影作品，但应当按照规定支付报酬，指明作者姓名、作品名称，并且不得侵犯著作权人依照《著作权法》享有的其他权利
2	作品的转载、刊登	作品刊登后，除著作权人声明不得转载、摘编的外，其他报刊可以转载或者作为文摘、资料刊登，但应当按照规定支付报酬
3	录音制品的使用	录音制作者使用他人已经合法录制为录音制品的音乐作品制作录音制品，可以不经著作权人许可，但应当支付报酬；著作权人声明不许使用的不得使用
4	广播电台、电视台播放已发表的作品	广播电台、电视台播放他人已发表的作品，可以不经著作权人许可，但应当支付报酬
5	广播电台、电视台播放已发表的录音制品	广播电台、电视台播放已经出版的录音制品，可以不经著作权人许可，但应当支付报酬；当事人另有约定的除外

95.什么是报刊转载、摘编的法定许可？

报刊转载、摘编的法定许可，是指作品在报刊上刊登后，除著作权人声明不得转载、摘编外，其他报刊在按规定向著作权人支付报酬的前提下，可以转载或作为文摘、资料刊登。我国《著作权法》第三十三条第二款规定的报刊转载、摘编的法定许可旨在限制文字作品著作权人的复制权，为优秀文字作品的传播提供法律上的便利条件，以避免层层许可阻碍作品的传播。

96.学习用的教科书可不可以未经允许使用他人的作品？

根据《著作权法》第二十三条之规定，为实施九年制义务教育和国家教育规划而编写出版教科书，除作者事先声明不许使用的外，可以不经著作权人许可，在教科书中汇编已经发表的作品片段或者短小的文字作品、音乐作品或者单幅的美术作品、摄影作品，但应当按照规定支付报酬，指明作者姓名、作品名称，并且不得侵犯著作权人依照《著作权法》享有的其他权利。

故为实施九年制义务教育和国家教育规划而编写出版的教科书，可以使用除作者事先声明不许使用外的作品，其他教科书（如商业教育机构编撰的）则不可以未经允许使用他人的作品。

97.录音制作者可否使用他人的音乐作品制作录音制品？

根据《著作权法》第四十条第一款之规定，录音录像制作者使用他人作品制作录音录像制品，应当取得著作权人许可，并支付报酬。该条第三款规定：录音制作者使用他人已经合法录制为录音制品的音乐作品制作录音制品，可以不经著作权人许可，但应当按照规定支付报酬；著作权人声明不许使用的不得使用。

可见，除著作权人声明不许使用外，录音制作者可以不经著作权人许可，使用其已经合法录制为录音制品的音乐作品制作录音制品，但应该按照规定支付报酬。

98.广播电台、电视台能否播放他人未发表的作品？

《著作权法》第四十三条明确规定：广播电台、电视台播放他人未发表的作品，应当取得著作权人许可，并支付报酬；广播电台、电视台播放他人已发表的作品，可以不经著作权人许可，但应当支付报酬。

99.能否通过网络传播学习课件？

学习课件构成《著作权法》所保护的作品时，其全部权利受《著作权法》保护。在互联网上的传播属于信息网络传播权保护的范畴，未经著作权人同意在网络上传播其制作的学习课件，则构成侵权。

当学习课件系九年制义务教育或者国家教育规划所制作时，可以不经著作权人许可通过网络传播学习。《信息网络传播权保护条例》第八条对此进行了明确规定，为通过信息网络实施九年制义务教育或者国家教育规划，可以不经著作权人许可，使用其已经发表作品的片段或者短小的文字作品、音乐作品或者单幅的美术作品、摄影作品制作课件，由制作课件或者依法取得课件的远程教育机构通过信息网络向注册学生提供，但应当向著作权人支付报酬。

100.图书馆能否通过信息网络向大众提供本馆收藏的数字化作品？

图书馆可以通过信息网络提供本馆收藏的数字化作品，但是对服务对象有一定的限制，并非面向全部大众，而是面向图书馆馆舍内的服务对象。根据《信息网络传播权保护条例》第七条第一款之规定，图书馆、档案馆、纪念馆、博物馆、美术馆等可以不经著作权人许可，通过信息网络向本馆馆舍内服务对象提供本馆收藏的合法出版的数字作品和依法为陈列或者保存版本的需要以数字化形式复制的作品，不向其支付报酬，但不得直接或者间接获得经济利益，当事人另有约定的除外。

101.能否对室外艺术品进行复制，并将复制品用于其他用途？

根据《著作权法》第二十二条第一款第十项之规定，对设置或者陈列在室外公共场所的艺术作品进行临摹、绘画、摄影、录像，可以不经著作权人许可，不向其支付报酬，但应当指明作者姓名、作品名称，并且不得侵犯著作权人依照《著作权法》享有的其他权利。该情形属于著作权的合理使用，其中所指的艺术作品只能是设置或陈列在室外公共场所的艺术作品，室内公共场所、室外私人场所中的艺术作品不在此范围内。

此外，对艺术作品合理使用的方式仅限于《著作权法》所允许的临摹、绘画、摄影、录像等非接触性的复制，对于直接接触性的复制方式（如拓印），则必须经著作权人的许可。根据《最高人民法院关于审理著作权民事纠纷案件适用法律若干问题的解释》第十八条之规定，艺术作品的临摹、绘画、摄影、录像人，可以对其成果以合理的方式和范围再行使用，不构成侵权。

102.报纸上能否刊登会议上的讲话？

根据《著作权法》第二十二条第一款第五项之规定，报纸、期刊、广播电台、电视台等媒体刊登或者播放在公众集会上发表的讲话，除作者声明不许刊登、播放的外，可以不经著作权人许可，不向其支付报酬，但应当指明作者姓名、作品名称，并且不得侵犯著作权人依照《著作权法》享有的其他权利。此种情况即属于著作权的合理使用。

报纸可以刊登除作者声明不许刊登、播放之外的公众集会上发表的讲话。这里所讲的公众集会，指的是群众性的政治集会、庆祝活动或纪念性的集会，而其他会议上的讲话并不属于公众集会上发表的讲话，故不属于著作权合理使用的范围。

103.媒体为了报道时事新闻能随意使用已发表的作品吗？

报道时事新闻的过程中，不可避免地再现或者引用已经发表的作品，这属于著作权的合理使用。根据《著作权法》第二十二条第一款第三项之规定，为报道时事新闻，在报纸、期刊、广播电台、电视台等媒体中不可避免地再现或者引用已经发表的作品，可以不经著作权人许可，不向其支付报酬，但应当指明作者姓名、作品名称，并且不得侵犯著作权人依照《著作权法》享有的其他权利。

因此，新闻媒体为报道时事新闻引用他人已发表的作品，应基于不可避免的情况。对作品的使用必须符合报道时事新闻的目的，不允许为制作广播电视节目而使用他人的作品，更不允许出现将他人作品无休止地在新闻节目中播放等规避法律的行为。

104.网络服务提供者能否自动存储从其他网络服务提供者获得的作品、表演、录音录像制品?

网络服务提供者自动存储从其他网络服务提供者获得的作品、表演、录音录像制品,在不改变作品形式和内容、不影响原网络服务提供者掌握服务对象获取该作品的情况,或者与原网络服务提供者操作作品保持同步操作步骤,可以不承担赔偿责任。

根据《信息网络传播权保护条例》第二十一条之规定,网络服务提供者为提高网络传输效率,自动存储从其他网络服务提供者获得的作品、表演、录音录像制品,根据技术安排自动向服务对象提供,并具备下列条件的,不承担赔偿责任:(1)未改变自动存储的作品、表演、录音录像制品;(2)不影响提供作品、表演、录音录像制品的原网络服务提供者掌握服务对象获取该作品、表演、录音录像制品的情况;(3)在原网络服务提供者修改、删除或者屏蔽该作品、表演、录音录像制品时,根据技术安排自动予以修改、删除或者屏蔽。

105.能否免费表演已经发表、出版的作品?

根据《著作权法》第二十二条第一款第九项之规定,免费表演指表演已经发表的作品,该表演未向公众收取费用,也未向表演者支付报酬。此种情况可不经著作权人许可使用其作品并不向其支付报酬,但应指明作者姓名、作品名称,并且不得侵犯著作权人享有的其他权利。

106.在法定许可的情况下如何向著作权人支付报酬?

《著作权法》规定了法定许可使用制度,即在法律法规规定的条件下使用他人已经发表的作品,可以不经其许可,但应向其支付报酬。在执行过程中,使用者有可能不知道著作权人是谁或者著作权人在何处,根据《著作权集体管理条例》第四十七条之规定,依照《著作权法》第二十三条、第三十三条第二款、第四十条第三款的规定使用他人作品,未能依照《著作权法实施条例》第三十二条的规定向权利人支付使用费的,应当将使用费连同邮资以及使用作品的有关情况送交管理相关权利的著作权集体管理组织,由该著作权集体管理组织将使用费转付给权利人。

107.能否合理使用已发表的少数民族语言文字作品翻译成汉语言文字作品进行出版发行?

将已发表的少数民族语言文字作品翻译成汉语言文字作品进行出版发行不属于合理使用范畴,应事先取得著作权人的许可,并向其支付报酬。

108.经过法定许可的录音制品制作者可以不经过著作权人许可发行音乐作品吗?

由于录音制品制作的法定许可并不涉及音乐作品著作权人的复制权与发行权,所以经过法定许可的录音制品制作者可以不经过著作权人许可发行音乐作品。根据《著作权法》第四十条之规定,录音制品制作的法定许可,是指录音制作者使用他人已经合法录制为录音制品的音乐作品制作录音制品时,在按照规定支付报酬的前提下,可以不经过著作权人的许可，但著作权人声明不许使用的除外。

109.出版者转载、摘抄报纸文章需要作者许可吗？

根据《著作权法》第三十三条第二款之规定，报刊文章发表后，只要著作权人未声明不得擅自转载、摘编，其他报刊可以转载、摘编，但应按规定向著作权人支付报酬。同时，根据《著作权法实施条例》第三十条的规定，著作权人依照《著作权法》第三十三条第二款声明不得转载、摘编其作品的，应当在报纸、期刊刊登该作品时附带声明。当然，经著作权人同意，首次刊登作品的报社、期刊社可以代著作权人声明保留转载、摘编的权利。

第三篇 著作权的管理

一、著作权行政管理

110.著作权的行政管理包括哪些内容?

著作权行政管理,是指国家著作权行政管理部门运用行政手段对著作权工作进行管理的行为。其目的是为了更好地实施《著作权法》,保护著作权人的合法权益不被他人侵犯。

著作权行政管理的内容主要包括两部分:一是《著作权法》实施的管理,包括指导和监督著作权登记管理、著作权集体组织管理、法定许可管理、法定稿酬管理,以及著作权涉外合同的审批、登记和涉外版权贸易活动等内容;二是著作权行政执法,包括受理权利人及社会公众对发生在本地区的侵权、盗版行为的投诉、举报,组织检查本地区发生的侵权盗版行为,查处本地区发生的重大著作权侵权案件,主持调解本地区发生的著作权纠纷等内容。由于著作权属于民事权利的范畴,国际上利用行政权力执法的情形极为少见。作为私权范畴的著作权纠纷属于平等主体的民事纠纷,可以通过司法途径予以解决。但根据我国的具体情况,司法的力量尚不足以遏制侵犯著作权的盗版活动,因此,法律赋予著作权行政管理部门行政执法权以及采取必要的管理措施来建立并维护良好的著作权法治环境的权力。

111.国家版权局主要有哪些职责?

国家版权局是国务院著作权行政管理部门,主管全国的著作权管理工作,其主要职责是:(1)拟订国家版权战略纲要和著作权保护管理使用的政策措施并组织实施,承担国家享有著作权作品的管理和使用工作,对作品的著作权登记和法定许可使用进行管理;(2)承担著作权涉外条约有关事宜,处理涉外及港澳台的著作权关系;(3)组织查处著作权领域重大及涉外违法违规行为;(4)组织推进软件正版化工作。

112.地方著作权行政管理机关主要有哪些职责?

地方各级著作权行政管理机构的职责如下:

(1)在本地区实施、执行著作权法律、法规，制定本地区著作权行政管理的具体办法；

(2)查处本地区发生的严重侵犯著作权以及与著作权有关的权利的行为；

(3)组织本地区的著作权合同纠纷仲裁；

(4)监督指导本地区的著作权贸易活动；

(5)监督、指导著作权集体管理机构在本地区的活动。

113.行政处罚事先告知书应以何种方式送达当事人？

著作权行政管理部门拟做出行政处罚决定的，应当由本部门负责人签发行政处罚事先告知书，告知当事人拟做出行政处罚决定的事实、理由和依据，并告知当事人依法享有的陈述权、申辩权和其他权利。行政处罚事先告知书应当由著作权行政管理部门直接送达当事人，当事人应当在送达回执上签名、盖章。当事人拒绝签收的，由送达人员注明情况，把送达文书留在受送达人住所，并报告本部门负责人。著作权行政管理部门也可以采取邮寄送达方式告知当事人。无法找到当事人时，可以以公告形式告知。

114.当事人如何向著作权行政管理部门申请陈述、申辩？

根据《著作权行政处罚实施办法》第二十七条之规定，当事人要求陈述、申辩的，应当在被告知后七日内，或者自发布公告之日起三十日内，向著作权行政管理部门提出陈述、申辩意见以及相应的事实、理由和证据。当事人在此期间未行使陈述权、申辩权的，视为放弃权利。采取直接送达方式告知的，以当事人签收之日为被告知日期；采取邮寄送达方式告知的，以回执上注明的收件日期为被告知日期。同时，《著作权行政处罚实施办法》第二十八条规定，办案人员应当充分听取当事人的陈述、申辩意见，对当事人提出的事实、理由和证据进行复核，并提交复核报告。著作权行政管理部门不得因当事人申辩加重处罚。

115.著作权转让流程及登记需要提供哪些文件？

著作权转让需经历以下转让流程：提交申请→登记机构查询→登记机构受理→登记人员审查→登记完成，共五个阶段。为完成上述流程，著作权转让登记需提供的文件有：(1)合同登记申请表并盖章；(2)转让或专有许可合同并盖章；(3)转让双方的身份证明文件，企业提供营业执照副本复印件并盖章，自然人提交身份证或护照等。

116.著作权转让是否可以不经备案？

根据《著作权法实施条例》第二十五条之规定，与著作权人订立专有许可使用合同、转让合同的，可以向著作权行政管理部门备案。依此判断，进行著作权转让可以不经备案。

117.著作权登记与否对著作权的取得有什么影响？

我国对著作权登记实行自愿登记制，也就是说作品无论是否登记，作者或其他著作权人依法取得的著作权不受影响。经过著作权登记的作品的作者或著作权人将会获得《著作权登记证书》，该证书可以直接证明权利归属，在发生纠纷时，该证书可以作为有力的证明材料。

118.哪些人可以申请著作权登记?

根据《作品自愿登记试行办法》第四条之规定,作品登记的申请者应当是作者、其他享有著作权的公民、法人或非法人单位和专有权所有人及其代理人。简单来说,可以申请著作权登记的人除了享有著作权的人之外还包括其代理人。对于自然人而言,其代理人包括了法定代理人和委托代理人。

119.著作权登记由哪个机构负责?

根据《作品自愿登记试行办法》的有关规定,我国的著作权登记工作统一由版权局进行管理。省、直辖市、自治区的版权局负责本辖区的作者或其他著作权人的作品登记工作;国家版权局负责外国以及我国台湾、香港和澳门地区的作者或其他著作权人的作品登记工作。

国内的作者或其他享有著作权的公民原则上根据身份证上记载的住所地的所属辖区选择相应的版权局,合作作品中的多个作者则以实际进行登记工作的登记者所属的辖区为准,法人及其他组织以其营业场所所在地的所属辖区为准选择相应的版权局进行著作权登记。在许多地区还可以在经授权的版权保护中心进行登记。

120.著作权登记需要准备哪些材料?

进行著作权登记时需要准备以下材料:

(1)申请人的身份证明(自然人主要是身份证、户口簿、护照;法人或其他组织应准备营业执照副本、组织机构代码证等);

(2)表明作品权利归属的证明文件;

(3)作品的样本(可以提交纸介质或者电子介质作品样本);

(4)作品说明书(主要从创作意图、创作过程、独创性三方面进行阐述);

(5)委托他人代为申请时,代理人应提交申请人的授权书;

(6)代理人的身份证明;

(7)保证作品登记的真实性、合法性的《权利保证书》。

121.著作权登记需要填写什么资料?

著作权登记需要填写"作品著作权登记表"(见表3),内容包括作品信息(作品名称、作品类别),著作权人信息(姓名或名称、类别、证件类型、署名等),作品基本信息(作品创作性质、作品创作完成时间、创作完成地点、发表状态等),作品权利状况说明(权利取得方式、权利归属方式及说明、权利拥有状况及说明),留存样本(电子介质、纸介质),申请办理信息等。具体内容以各地版权登记机构的具体要求为准。

表 3　作品著作权登记表(示例)

<table>
<tr><td rowspan="2">作品信息</td><td>作品名称</td><td colspan="7"></td></tr>
<tr><td>作品类别</td><td colspan="7">◇文字◇口述◇音乐◇戏剧◇曲艺◇舞蹈◇杂技艺术◇美术◇建筑◇摄影◇电影和类似摄制电影方法创作的作品◇图形 ◇模型 ◇其他
说明：</td></tr>
<tr><td rowspan="2">著作权人信息</td><td>姓名或名称</td><td>类别</td><td>证件类型</td><td>证件号码</td><td>国籍</td><td>省份</td><td>城市</td><td>署名情况</td></tr>
<tr><td></td><td></td><td></td><td></td><td></td><td></td><td></td><td></td></tr>
<tr><td rowspan="8">作品基本信息</td><td colspan="4">作者姓名或名称</td><td colspan="2">作品署名</td><td colspan="2"></td></tr>
<tr><td colspan="4">作者姓名或名称</td><td colspan="2">作品署名</td><td colspan="2"></td></tr>
<tr><td colspan="4">作者姓名或名称</td><td colspan="2">作品署名</td><td colspan="2"></td></tr>
<tr><td>作品创作性质</td><td colspan="7">◇原创 ◇改编 ◇翻译 ◇汇编 ◇注释 ◇整理
◇其他说明：</td></tr>
<tr><td>创作/制作完成日期</td><td colspan="2"></td><td colspan="2">创作/制作完成地点</td><td colspan="3"></td></tr>
<tr><td>发表状态</td><td colspan="7">◇已发表 ◇未发表</td></tr>
<tr><td>首次发表日期</td><td colspan="7"></td></tr>
<tr><td>发表地点</td><td colspan="7">国家：　　　　城市：</td></tr>
<tr><td rowspan="3">权利状况说明</td><td>权利取得方式</td><td colspan="7">◇原始 ◇继承 ◇承受 ◇其他说明：</td></tr>
<tr><td>权利归属方式及其说明</td><td colspan="7">◇个人作品 ◇合作作品 ◇法人作品 ◇职务作品
◇委托作品 ◇其他说明：</td></tr>
<tr><td>权利拥有状况及其说明</td><td colspan="7">○全部
○部分
◇发表权 ◇署名权 ◇修改权 ◇保护作品完整权
◇复制权 ◇发行权 ◇出租权 ◇展览权 ◇表演权
◇放映权 ◇广播权 ◇信息网络传播权 ◇摄制权
◇改编权 ◇翻译权 ◇汇编权 ◇其他说明：</td></tr>
<tr><td rowspan="2">存留样本</td><td>电子介质</td><td colspan="7">共____件</td></tr>
<tr><td>纸介质</td><td colspan="7">共____张</td></tr>
</table>

续表

<table>
<tr><td rowspan="5">申请人信息</td><td>申请方式</td><td colspan="3">◇由著作权人申请　◇由代理人申请</td></tr>
<tr><td>姓名或名称</td><td></td><td>电话</td><td></td></tr>
<tr><td>详细地址</td><td></td><td>邮编</td><td></td></tr>
<tr><td>联系人</td><td></td><td>手机</td><td></td></tr>
<tr><td>E－mail</td><td></td><td>传真</td><td></td></tr>
<tr><td rowspan="5">代理人信息</td><td colspan="4">申请人委托下述代理人办理登记事宜,代理人具体信息如下</td></tr>
<tr><td>姓名或名称</td><td></td><td>电话</td><td></td></tr>
<tr><td>详细地址</td><td></td><td>邮编</td><td></td></tr>
<tr><td>联系人</td><td></td><td>手机</td><td></td></tr>
<tr><td>E－mail</td><td></td><td>传真</td><td></td></tr>
<tr><td colspan="5">申请人认真阅读了填表说明,准确理解了所需填写的内容,保证所填写的内容真实。
申请人签章:
(盖　章)
年　月　日</td></tr>
<tr><td colspan="2">承办人意见</td><td colspan="3">年　月　日</td></tr>
<tr><td colspan="2">审批意见</td><td colspan="3">(公　章)
年　月　日</td></tr>
<tr><td colspan="2">备注</td><td colspan="3"></td></tr>
</table>

122.著作权登记的流程是怎样的?

著作权登记的具体流程如下:

填写登记申请表→确认登记类型→准备登记材料→提交登记申请材料→登记机关核查接收材料→通知缴费→申请人缴纳登记费用→登记机关受理申请→审查(需补正材料的由登记机关通知补正)→制作发放登记证书→公告。

123.著作权登记需要缴费吗?

著作权登记需要缴费。文字作品、口述作品、音乐作品、戏剧作品、曲艺作品、舞蹈作品、杂技艺术作品、美术作品、摄影作品、工程设计图、产品设计图、地图、示意图、模型作品以及建筑作品等以"件"计价;电影作品和以类似摄制电影的方法完成的作品因时长的不同价格也有所不同。不同省市的登记机关的收费标准不尽相同,具体收费标准按照实际选择的登记机关的收费标准为准。

124.什么叫著作权质权?

著作权质权就是指通过著作权质押形成的权利。著作权质押不仅是著作权人运用著作权的重要方式,也是著作权人进行债务担保和融资的主要手段,对于著作权的商品化、市场化、产业化具有重大意义。

125.什么情况下著作权质权将不予登记?

根据《著作权质权登记办法》第十二条之规定,当出现以下几种情形时,登记机构将不予登记著作权质权:第一,出质人不是著作权人的;第二,著作权质权合同违反法律法规强制性规定的;第三,出质著作权的保护期届满的;第四,债务人履行债务的期限超过著作权保护期的;第五,出质著作权存在权属争议的;第六,法律法规规定的其他不符合出质条件的。

126.哪些情况可能导致计算机软件著作权登记申请失败?

根据《计算机软件著作权登记办法》第二十一条,有下列情况之一的,不予登记并书面通知申请人:(1)表格内容填写不完整、不规范,且未在指定期限内补正的;(2)提交的鉴别材料不是《计算机软件保护条例》规定的软件程序和文档的;(3)申请文件中出现的软件名称、权利人署名不一致,且未提交证明文件的;(4)申请登记的软件存在权属争议的。

127.著作权登记申请递交后可以撤回或者撤销该登记申请吗?

申请人在收到受理通知书后至登记申请被批准之前都可以请求撤回登记申请。

根据《作品自愿登记试行办法》第五条、第六条的相关规定,出现下列情形时,作品登记机关将对著作权登记予以撤销:

(1)登记后发现是不受《著作权法》保护的作品;

(2)登记后发现是超过著作权保护期的作品;

(3)登记后发现是依法禁止出版、传播的作品;

(4)登记后发现与事实不相符的;

(5)登记后发现属于重复登记的;

(6)申请人申请撤销原作品登记的。

128.著作权登记的撤回与撤销有什么区别?

申请人在著作权登记未完成时可以随时请求撤回著作权登记申请,登记机关可以在著作权登记已经完成之后撤销著作权登记申请。两者的区别在于:

(1)主体不同。著作权登记的撤回的申请主体是原申请人,著作权登记的撤销主体一般是登记机关。

(2)时间不同。撤回申请是发生在申请人收到受理通知书后至登记申请被批准之前,也就是说还未完成著作权的登记时,而撤销申请是发生在著作权登记已经完成之后。

(3)发生的原因不同。著作权登记的撤回往往是申请人出于个人意愿,而著作权登记的撤销是因为申请人所提交的作品不符合著作权登记的相关条件,而由著作权登记机关决定撤销。

(4)法律后果不同。著作权登记申请撤回后,申请人如果认为符合申请条件还可以再次申请,但著作权撤销申请是因为作品不符合登记的条件,该作品就不能再次进行登记。

129.撤回著作权登记申请需要准备什么材料?

撤回著作权登记申请需要提交的材料包括:作品著作权撤回申请表;申请人的身份证明或营业执照;申请人出具的委托他人代为申请的授权委托书以及代理人的身份证明。

130.撤回软件著作权登记的条件有什么?

(1)撤回软件著作权登记申请的申请人应当是软件著作权登记的申请人;

(2)申请人应当提交撤回登记申请表、申请人身份证明、受理通知书、撤回理由说明;

(3)软件著作权是共有状态的,由共同申请人在申请表中签署撤销意见及签章;

(4)申请人应当书面陈述撤回登记申请的理由,理由需阐述合理、充分、真实;

(5)委托代理人申请的,应当提交代理人的身份证明及复印件,应明确委托事项、委托权限范围等内容。

131.对已登记的作品如何查询相关信息?

作品登记申请人、其他社会公众、司法机关、行政管理机关等对已登记的作品可以申请查询相关信息。申请人和社会公众查询应缴纳费用。

申请人申请查询应提交查询申请书,写明需查询的作品名称、查询理由、查询内容,并提交身份证明复印件。

公众申请查询应提交的材料与申请人申请查询所提交的材料相同,但其可查询内容限于查看登记申请表格内记载的基本信息和登记证书的真伪。

司法机关、行政管理机关申请查询时应出示查询公函,公函中应写明需查询的作品名称和查询内容。

132.登记机关不确定申请人所申请的著作权的归属时应该如何处理?

国家版权局在《关于作品自愿登记工作有关问题的通知》中明确指出,各地方版权局应建立作品登记例会制度,对难以确定是否属于《著作权法》保护的作品,应通过例会讨论研究决定。如果经讨论研究仍难以确定的,应向国家版权局请示。

133.同一作品可以多次进行著作权登记申请吗?

具体来说,如果申请人主动撤回申请,或因缺少材料或未缴费而被登记机关要求撤回申请的,在登记申请材料完善后可以再次进行登记申请。但如果该作品已经完成著作权登记或曾被申请机关撤销登记,则不能再重复申请。

134.著作权登记申请有时间限制吗?

著作权的登记申请没有时间限制,作者在完成作品后或其他著作权人在合法取得著作权后随时可以申请著作权登记。需要注意的是,根据《作品自愿登记试行办法》第五条的规定,超过著作权保护期限的作品不予登记。即著作权登记申请没有时间限制,但必须在该作品的著作权的保护期限终止之前进行登记。

135.进行著作权相关登记时信息填写错误可以修改吗？

著作权登记时会填写著作权登记申请表，著作权质权登记时会填写著作权质权登记申请表，“出版境外影视作品合同”及“出版境外录音制品合同”登记时也会填写相应的登记表格。这些表格如果在提交申请之前便发现有误可重新填写，如果在提交申请后才发现填写错误可以撤回申请，修改正确后再次提交。

136.申请人发现登记机关的登记有误可以采取什么救济方法？

当申请人发现登记机关的登记有误时，如果还未完成作品的著作权登记可以请求撤回申请，修改信息后再行申请；如果此时已完成作品的著作权登记，则申请人可以要求登记机关修改信息。如果登记机关拒绝修改也拒绝申请人的撤回申请的，申请人可以向同级监督机关或上级登记机关进行举报，要求将信息修改正确。

二、著作权集体管理

137.著作权集体管理组织成立的条件有哪些？

根据《著作权集体管理条例》第七条之规定，依法享有著作权或者与著作权有关的权利的中国公民、法人或者其他组织，可以发起设立著作权集体管理组织。

设立著作权集体管理组织，应当具备下列条件：

(1)发起设立著作权集体管理组织的权利人不少于50人；

(2)不与已经依法登记的著作权集体管理组织的业务范围交叉、重合；

(3)能在全国范围代表相关权利人的利益；

(4)有著作权集体管理组织的章程草案、使用费收取标准草案和向权利人转付使用费的办法草案。

138.著作权集体管理组织设立的程序是什么？

关于著作权集体管理组织设立的程序，《著作权集体管理条例》第九条至第十二条对其进行了规定。

申请设立著作权集体管理组织，应当向国务院著作权管理部门提交证明其符合设立著作权集体管理组织规定条件的材料。国务院著作权管理部门应当自收到材料之日起六十日内，做出批准或者不予批准的决定。批准的，发给著作权集体管理许可证；不予批准的，应当说明理由。

申请人应当自国务院著作权管理部门发给著作权集体管理许可证之日起三十日内，依照有关社会团体登记管理的行政法规到国务院民政部门办理登记手续。

依法登记的著作权集体管理组织，应当自国务院民政部门发给登记证书之日起三十日内，将其登记证书副本报国务院著作权管理部门备案；国务院著作权管理部门应当将报备的登记证书副本以及著作权集体管理组织章程、使用费收取标准、使用费转付办法予以公告。

著作权集体管理组织设立分支机构，应当经国务院著作权管理部门批准，并依照有关社会团体登记管理的行政法规到国务院民政部门办理登记手续。经依法登记的，应当将分支机构的登记证书副本报国务院著作权管理部门备案，由国务院著作权管理部门予以公告。

139.著作权人如何加入著作权集体管理组织？

根据《著作权集体管理条例》第十九条第二款之规定，权利人与著作权集体管理组织以书面形式订立著作权集体管理合同并按照章程规定履行相应手续后，即成为该著作权集体管理组织的会员。

目前，我国的著作权集体管理组织主要包括中国文字著作权协会、中国音乐著作权协会、中国音像著作权集体管理协会、中国摄影著作权协会、中国电影著作权协会等协会，这些协会均实行会员制，并有相应的著作权集体管理组织章程。根据各协会的章程规定，著作权人加入著作权集体管理组织须具备以下条件：(1)拥护该著作权集体管理组织的章程；(2)提出加入该著作权集体管理组织的申请；(3)依法享有某类作品的著作权或者与著作权有关的权利；(4)与该著作权集体管理组织签订某类作品著作权集体管理合同。

140.著作权的权利人加入著作权集体管理组织后主要有什么权利和义务？

《著作权集体管理条例》第十九条至第二十一条对著作权的权利人加入著作权集体管理组织的权利和义务进行了规定。

权利人可以与著作权集体管理组织以书面形式订立著作权集体管理合同，授权该组织对其依法享有的著作权或者与著作权有关的权利进行管理。权利人符合章程规定加入条件的，著作权集体管理组织应当与其订立著作权集体管理合同，不得拒绝。

权利人与著作权集体管理组织订立著作权集体管理合同后，不得在合同约定期限内自己行使或者许可他人行使合同约定的由著作权集体管理组织行使的权利。

权利人可以依照章程规定的程序，退出著作权集体管理组织，终止著作权集体管理合同。但是，著作权集体管理组织已经与他人订立许可使用合同的，该合同在期限届满前继续有效；该合同有效期内，权利人有权获得相应的使用费并可以查阅有关业务材料。

综合各著作权集体管理组织章程的规定，著作权人加入著作权集体管理组织后具体享有以下权利：

(1)选举权、被选举权和表决权；

(2)参与本团体会员大会及本团体举办的活动；

(3)依照使用费转付办法，获得其享有著作权的作品的使用费；

(4)对本团体的工作有批评建议权和监督权；

(5)入会自愿，退会自由；

(6)协会规定的其他权利。

著作权人加入著作权集体管理组织后具体承担以下义务：

(1)遵守国家法律法规，遵守该著作权集体管理组织的章程和规定，执行该著作权集体管理组织的决议；

(2)积极参加该著作权集体管理组织的活动，维护该著作权集体管理组织的合法权益；

(3)依法享有著作权的作品向该著作权集体管理组织登记，在会员与该著作权集体管理组织签订著作权集体管理合同后，不得在合同约定期限和约定范围内，就同一作品的同一权利另行授权他人管理或行使；

(4)对于收取会费的著作权集体管理组织，按规定交纳会费。

141.著作权集体管理组织主要有什么权利和义务?

根据《著作权集体管理条例》的相关规定，著作权集体管理组织主要有以下权利和义务：

(1)集中行使权利人的有关权利并以自己的名义与使用者订立著作权或者与著作权有关的权利许可使用合同，向使用者收取使用费，进行涉及著作权或者与著作权有关的权利的诉讼、仲裁等。

(2)著作权集体管理组织应当根据国务院著作权管理部门公告的使用费收取标准，与使用者约定收取使用费的具体数额。

(3)著作权集体管理组织可以从收取的使用费中提取一定比例作为管理费，用于维持其正常的业务活动。著作权集体管理组织收取的使用费，在提取管理费后，应当全部转付给权利人，不得挪作他用。

(4)著作权集体管理组织转付使用费，应当编制使用费转付记录。使用费转付记录应当载明使用费总额、管理费数额、权利人姓名或者名称、作品或者录音录像制品等的名称、有关使用情况、向各权利人转付使用费的具体数额等事项，并应当保存十年以上。

(5)著作权集体管理组织应当建立权利信息查询系统，供权利人和使用者查询。权利信息查询系统应当包括著作权集体管理组织管理的权利种类和作品、录音录像制品等的名称、权利人姓名或者名称、授权管理的期限。

(6)使用者以合理的条件要求与著作权集体管理组织订立许可使用合同时，著作权集体管理组织不得拒绝。

(7)著作权集体管理组织应当依法建立财务、会计制度和资产管理制度，并按照国家有关规定设置会计账簿。著作权集体管理组织应当在每个会计年度结束时制作财务会计报告，委托会计师事务所依法进行审计，并公布审计结果。

(8)权利人和使用者对著作权集体管理组织管理的权利的信息进行咨询时，该组织应当予以答复。

(9)使用者提供的有关使用情况涉及该使用者商业秘密的，著作权集体管理组织负有保密义务。

(10)著作权集体管理组织应当对下列事项进行记录，供权利人和使用者查阅：作品许可使用情况、使用费收取和转付情况、管理费提取和使用情况。

(11)权利人有权查阅、复制著作权集体管理组织的财务报告、工作报告和其他业务材料；著作权集体管理组织应当提供便利。

142.外国人可以加入我国的著作权集体管理组织吗？需要符合什么条件？

外国人可以加入我国的著作权集体管理组织。根据《著作权集体管理条例》第二十二条之规定，外国人、无国籍人可以通过与中国的著作权集体管理组织订立相互代表协议的境外同类组织，授权中国的著作权集体管理组织管理其依法在中国境内享有的著作权或者与著作权有关的权利。

143.著作权集体管理组织有哪些行为是违反《著作权集体管理条例》的？

根据《著作权集体管理条例》的相关规定，著作权集体管理组织的以下行为是违反该条例规定的：

(1)著作权集体管理组织未将与境外同类组织订立的相互代表协议报国务院著作权管理部门备案的；

(2)未建立权利信息查询系统的；

(3)未根据公告的使用费收取标准约定收取使用费的具体数额的；

(4)著作权集体管理组织超出业务范围管理权利人的权利的，由国务院著作权管理部门责令限期改正，其与使用者订立的许可使用合同无效；给权利人、使用者造成损害的，依法承担民事责任。

144.著作权集体管理组织的负责人在什么情况下可能会被罢免或解聘？

根据《著作权集体管理条例》第四十条的规定，著作权集体管理组织有下列情形之一的，由国务院著作权管理部门责令限期改正；逾期不改正的，责令会员大会或者理事会根据本条例规定的权限罢免或者解聘直接负责的主管人员：

(1)违反规定拒绝与权利人订立著作权集体管理合同的，或者拒绝会员退出该组织的要求的；

(2)违反规定拒绝与使用者订立许可使用合同的；

(3)违规提取管理费的；

(4)违规转付使用费的；

(5)拒绝提供或者提供虚假的会计账簿、年度预算和决算报告或者其他有关业务材料的。

145.在哪些情况下著作权的权利人、使用者及其他人可以检举著作权集体管理组织？

《著作权集体管理条例》第三十三条至第三十五条对可以检举著作权集体管理组织的情形进行了规定。

权利人认为著作权集体管理组织有下列情形之一的，可以向国务院著作权管理部门检举：

(1)权利人符合章程规定的加入条件要求加入著作权集体管理组织，或者会员依照章程规定的程序要求退出著作权集体管理组织，著作权集体管理组织拒绝的；

(2)著作权集体管理组织不按照规定收取、转付使用费，或者不按照规定提取、使用管理费的；

(3)权利人要求查阅《著作权集体管理条例》第三十二条规定的记录、业务材料，著作权集体管理组织拒绝提供的。

使用者认为著作权集体管理组织有下列情形之一的，可以向国务院著作权管理部门检举：

(1)著作权集体管理组织违反《著作权集体管理条例》第二十三条规定拒绝与使用者订立许可使用合同的；

(2)著作权集体管理组织未根据公告的使用费收取标准约定收取使用费的具体数额的；

(3)使用者要求查阅《著作权集体管理条例》第三十二条规定的记录，著作权集体管理组织拒绝提供的。

权利人和使用者以外的公民、法人或者其他组织认为著作权集体管理组织有违反本条例规定的行为的，可以向国务院著作权管理部门举报。

146.著作权集体管理组织与著作权的使用者订立合同时有什么条件？

《著作权集体管理条例》第二十三条对著作权集体管理组织与使用者订立许可使用合同做出了具体规定。著作权集体管理组织许可他人使用其管理的作品、录音录像制品等，应当与使用者以书面形式订立许可使用合同。同时，该许可使用合同还应满足以下条件：

(1)著作权集体管理组织不得与使用者订立专有许可使用合同；

(2)使用者以合理的条件要求与著作权集体管理组织订立许可使用合同，著作权集体管理组织不得拒绝；

(3)许可使用合同的期限不得超过两年，合同期限届满可以续订。

147.著作权集体管理组织的主管单位可以通过哪些方式对著作权集体管理组织进行监督？

根据《著作权集体管理条例》第三十七条之规定，国务院著作权管理部门可以采取下列方式对著作权集体管理组织进行监督，并应当对监督活动做出记录：

（1）检查著作权集体管理组织的业务活动是否符合《著作权集体管理条例》及著作权集体管理组织的章程的规定；

（2）核查著作权集体管理组织的会计账簿、年度预算和决算报告及其他有关业务材料；

（3）派员列席著作权集体管理组织的会员大会、理事会等重要会议。

148.在什么情况下著作权集体管理组织会被撤销或取缔？

根据《著作权集体管理条例》第四十一条、第四十二条、第四十四条之规定，著作权集体管理组织将被撤销或取缔的情况有：

（1）著作权集体管理组织自国务院民政部门发给登记证书之日起超过六个月无正当理由未开展著作权集体管理活动，或者连续中止著作权集体管理活动六个月以上的，由国务院著作权管理部门吊销其著作权集体管理许可证，并由国务院民政部门撤销登记。

（2）著作权集体管理组织从事营利性经营活动的，由工商行政管理部门依法予以取缔，没收违法所得；构成犯罪的，依法追究刑事责任。

（3）擅自设立著作权集体管理组织或者分支机构，或者擅自从事著作权集体管理活动的，由国务院著作权管理部门或者民政部门依照职责分工予以取缔，没收违法所得；构成犯罪的，依法追究刑事责任。

第四篇 著作权的保护

一、著作权的侵权行为

149.侵犯著作权的行为有哪些?

《著作权法》第四十七条列举了十一项侵犯著作权的行为,如表 4 所示。

表 4 侵犯著作权的行为

1	未经著作权人许可,发表其作品的行为
2	未经合作作者许可,将与他人合作创作的作品当作自己单独创作的作品发表的行为
3	没有参加创作,为谋取个人名利,在他人作品上署名的行为
4	歪曲、篡改他人作品的行为
5	剽窃他人作品的行为
6	未经著作权人许可,以展览、摄制电影和以类似摄制电影的方法使用作品,或者以改编、翻译、注释等方式使用作品的行为,《著作权法》另有规定的除外
7	使用他人作品,应当支付报酬而未支付的行为
8	未经电影作品和以类似摄制电影的方法创作的作品、计算机软件、录音录像制品的著作权人或者与著作权有关的权利人许可,出租其作品或者录音录像制品的行为,《著作权法》另有规定的除外
9	未经出版者许可,使用其出版的图书、期刊的版式设计的行为
10	未经表演者许可,从现场直播或者公开传送其现场表演,或者录制其表演的行为
11	其他侵犯著作权以及与著作权有关的权益的行为

构成上述侵权行为的,应当根据情况,承担停止侵害、消除影响、赔礼道歉、赔偿损失等民事责任。

150.著作权侵权行为应当如何认定?

根据著作权保护的特点,著作权侵权行为的认定可分为以下几步:

(1)对原告作品的分析。按照我国法律的规定,著作权的产生采取自动保护原则,即作品一经创作完成，著作权即告产生。因此，与专利、商标等其他类型的知识产权侵权认定不同，著作权侵权认定还涉及权利的有效性问题。一部拥有有效著作权的作品必须同时具备下述条件：属于《著作权法》保护的作品范围；具备独创性；能以某种有形形式复制。只要有任何一个条件不具备，原告作品就不受《著作权法》保护。如果原告作品同时符合上述条件，则该作品受到《著作权法》的保护。

(2)对原告作品权属的分析。即确认原告对作品享有著作权。

(3)对被控作品是否构成侵权的分析。对被控侵权作品的分析，可适用以下两个标准：一是“接触”，即接触前一作品的机会；二是“实质相似”，即应受著作权保护的部分实质相似。其中，后者是认定的重点。在认定原、被告的作品是否“实质相似”时，应将原告作品中受著作权保护的部分与被告作品的相应部分进行对比，判定两者是否实质相似。

151.互联网环境下著作权的直接侵权和间接侵权有何区别？

互联网环境下的著作权侵权主要是侵犯著作权人的复制权和信息网络传播权，具体表现为将著作权人的作品上传到网络服务器供他人浏览、下载或以其他方式获得，以及从网络服务器上免费下载享有著作权的作品等。互联网上著作权的直接侵权是指网络用户和网络服务提供者等任何可能的行为人，没有合法理由将受保护的作品上传到互联网上或从互联网上下载使用，有主观的故意并造成侵权后果的发生。而互联网上著作权的间接侵权是指网络信息传输接入商、网络信息服务存储商、网络空间服务提供商、网络搜索定位服务商等行为人虽未直接实施侵犯受《著作权法》保护的作品的行为，但其行为构成帮助、引诱、教唆直接侵权行为人进行直接侵权，此时，间接侵权的行为人应当承担共同侵权的责任。

152.侵犯计算机软件著作权的行为有哪些？

计算机软件属于我国《著作权法》规定的作品类型之一，《著作权法》关于一般作品的保护同时适用于计算机软件。除此之外，《计算机软件保护条例》第二十三条和第二十四条对于侵犯计算机软件著作权的行为做出了具体规定：

(1)未经软件著作权人许可，发表或者登记其软件的；

(2)将他人软件作为自己的软件发表或者登记的；

(3)未经合作者许可，将与他人合作开发的软件作为自己单独完成的软件发表或者登记的；

(4)在他人软件上署名或者更改他人软件上的署名的；

(5)未经软件著作权人许可，修改、翻译其软件的；

(6)复制或者部分复制著作权人的软件的；

(7)向公众发行、出租、通过信息网络传播著作权人的软件的；

(8)故意避开或者破坏著作权人为保护其软件著作权而采取的技术措施的；

(9)故意删除或者改变软件权利管理电子信息的；

(10)转让或者许可他人行使著作权人的软件著作权的；

(11)其他侵犯软件著作权的行为。

153.将已发表的合作作品经过改编或加工后以本人名义发表，对其他合作作者是否构成侵权？

将已发表的合作作品经过再次改编或加工形成一部新的改编作品，未经原合作作者的许可就以个人名义发表，这种行为对其他合作作者构成侵权，发表人侵害的是其他合作作者的改编权。如果改编作品发表时没有指名原作者和其他合作作者，则同时侵害了原作者和其他合作作者的署名权。

154.部分研究人员将集体讨论的思路、创意撰写成文字作品发表，是否侵害其他共同研究人员的著作权？

对于集体讨论的思路、创意，部分研究人员将其撰写成文字作品进行发表，不属于侵害其他共同研究人员著作权的行为。因为《著作权法》不保护思想和创意，只保护思想和创意的具体表现形式。若发表的文字作品仅有一人或几人创作完成，不包含他人提供的语言文字资料，则不涉及他人著作权的问题。但是，将集体讨论的思路、创意据为己有，损害了其他研究人员的正当利益，可通过内部纪律等方式予以规制。

155.作者将已出版的图书重新编写后再次出版，是否侵犯原图书出版者的专有出版权？

专有出版权，是指出版单位通过和作者订立合同，在预定的期限或地域内，获得出版作者作品的一种专有权利；也指图书的出版者依据图书出版合同享有的在一定期限内独占出版他人作品的权利。专有出版权属于著作邻接权，是一种可以依法处分、依法转移的民事经济权利。我国《著作权法》规定："图书出版者对著作权人交付出版的作品，按照合同约定享有的专有出版权受法律保护，他人不得出版该作品。"据此，出版者享有的专有出版权是依据与著作权人之间的合同获得的，专有出版权受法律保护的时间、范围也依据出版合同的约定。

图书出版后，作者又将该图书编写成另外的图书在其他出版社再次出版时，如果作者对再出版的图书只是进行结构上的变化，其基本内容、使用的素材没有变化，或者作者的观点与前书基本相同，此种情况属于侵犯原出版者相关权利的行为，受到著作邻接权的制约。但如果新作的主题、主要观点与前作不同，仅在论述个别问题时使用了部分与前作相同的素材资料，或者个别地方观点相同，这种情况没有侵犯原图书出版者的专有出版权。

156.冒用他人名义发表作品是否构成侵权？

冒用他人名义发表作品侵犯了被冒用人的姓名权及其相应的著作权，构成侵权。常见的冒用他人名义发表作品包含以下几种情况：(1)冒用他人名义发表第三人的作品，此时在侵犯他人姓名权的同时，也侵犯第三人的著作权；(2)冒用他人名义发表仿冒作品，即利用他人知名度销售质量低劣的作品以获取非法利益，侵犯了他人的姓名权，同时因仿冒品的流通败坏原作者声誉而侵害其财产权;(3)作者擅自将自己创作的作品改署或加署他人姓名,以达到出版或增加销量的目的,虽然作者仍是作品的著作权人,但还是侵犯了他人的姓名权。

157.不同作者创作相同主题的作品会构成侵权吗?

"主题"属于观念的范畴,不属于著作权保护的对象,不享有著作权。通常情况下,由于每个人的思维方式、经历及创作水平不同,对同一主题可能有不同的表达形式,允许不同作者对同一主题进行创作,才能促进文学艺术创作发展。因此,不同作者创作同一主题的作品,只要是各自独立创作完成,不存在抄袭、剽窃的情况,那么不同作者都对各自的作品享有著作权,而不会构成侵权。

158.可否以创作历史性、纪实性的作品为由,对他人就同一史实或事实创作的作品进行完全或实质的模仿?

《著作权法》只保护作品的表现形式,对于作品反映的思维、观点、客观事实等不予保护。历史事件和现实社会发生的客观事件不能为任何人所垄断,任何人都可以以此作为作品素材进行创作。但是历史性、纪实性的作品作为描述史实或客观现实的作品,与被描述的史实或客观现实本身不同,作品本身融汇了作者对史实资料或现实素材的选择、编排以及对其内容的概括、演绎、评述等,不只反映历史事件或客观社会现实,其中还包含了作者的独创性劳动,如作者往往会设置一些人物和事件,或同时虚构一些情节,以使作品更加生动自然,这些独创的文学性内容受到《著作权法》的保护。

因此,历史事实与客观现实虽不能为任何人所垄断,作者在创作时可以使用历史事件或客观事件等不受《著作权法》保护的素材,但创作同类历史性、纪实性的作品时应尊重他人就同一史实或事实创作的作品的著作权,不能对他人的创作成果进行完全或实质的模仿。

159.在何种情况下使用自己的作品也会构成侵权?

当著作权中的部分权利不属于作者的情况下,作者擅自使用自己的作品就有可能构成侵权。一般而言,当作品的著作财产权不由作者享有而由他人享有时(如电影作品的著作权由电影制片人享有,编剧、导演等作者仅拥有署名权;再如委托创作的作品,通过合同约定的形式将著作权转移给委托人等),作者再擅自使用或许可他人使用其作品,就会侵害享有该作品著作权的他人的权利。此外,作者将某项专有使用权授予他人之后,若本人再使用自己的作品也会构成侵权。

160.公开表演作品不指明作者姓名是否构成侵权?

公开表演作品不指明作者姓名构成侵权。表演者公开表演作品实际上就是使用该作品,依据《著作权法》的规定,使用作品进行表演须经过原作者的许可并向其支付报酬。但是,《著作权法》也规定了例外情况,即免费表演已经发表的作品,该表演未向公众收取费用,也未向表演者支付报酬,可以不经著作权人许可,不向其支付报酬,但应当指明作者姓名、作品名称,并且不得侵犯著作权人依照《著作权法》享有的其他权利。由此可见,无论是在何种情况下,公开表演作品都须指明作者姓名,否则将构成侵权。

161.随意更改歌曲中的词或曲是否侵害原歌曲著作权?

这样的行为构成侵权。歌曲中的词和曲是词作者和曲作者的创造性劳动,反映了作者的思想情感,具有独创性。若歌曲的词曲作者是共同合作创作,随意更改歌曲中的词或曲可能会违背创作者的原意,更有甚者会歪曲或篡改原歌曲,这就侵害了著作人身权中的保护作品完整权。若歌曲的词曲作者并非共同合作创作,而是为某乐曲填词或为某诗词谱曲,那么填词或谱曲必然涉及原作者的人身权,须取得原词作者或曲作者的许可。即便在词曲著作权已过保护期的情况下,也要注意不能破坏原词曲作品的完整性。

162.媒体为报道时事新闻能随意使用已发表的作品吗?

《著作权法》和《著作权法实施条例》中所述的时事新闻,是指通过报纸、期刊、广播电台、电视台等媒体报道的单纯事实消息,是与国际民生、社会建设、人民生活密切相关的领域里发生的重要新闻。根据《著作权法》第二十二条第一款第三项之规定,为报道时事新闻,在报纸、期刊、广播电台、电视台等媒体中不可避免地再现或者引用已经发表的作品,可以不经著作权人许可,不向其支付报酬,但应当指明作者姓名、作品名称,并且不得侵犯著作权人依照《著作权法》享有的其他权利。但是,媒体在报道时事新闻时不能随意或无限量地使用他人已发表的作品,再现他人作品时也一定要紧紧围绕新闻报道的目的,且对于新闻报道过程中出现的作品必须指明出处。

163.报刊能否随意转载他人的作品?

报刊转载他人作品时有一定的限制:

(1)对于时事报道和公开讲话,报纸、期刊可以进行转载,但根据《著作权法》第二十二条第一款第三项、第五项之规定应指明作者姓名、作品名称,并且不得侵犯著作权人享有的其他权利。公众集会上发表的讲话,作者声明不需刊登、播放的除外。

(2)对作者已经发表的作品,根据《著作权法》第三十三条第二款之规定,作品刊登后,除著作权人声明不得转载、摘编的外,其他报刊可以转载或者作为文摘、资料刊登,但应当按照规定向著作权人支付报酬。

(3)如果转载未注明被转载作品的作者和最初登载的报刊出处的,应当承担消除影响、赔礼道歉等民事责任。

164.报刊单方刊登对其发表的作品享有专有出版权的启事,是否符合《著作权法》的规定?

国家版权局1991年发布的《关于报刊社声明对所发表的作品享有专有出版权的意见》中明确指出:

著作权法施行后,一些报刊社刊登启事,声明对其发表的作品享有专有出版权。

关于报社、杂志社刊登作品,《著作权法》(1990年版)第三十二条规定,“作品刊登后,除著作权人声明不得转载、摘编的外，其他报刊可以转载或者作为文摘、资料刊登，但应当按照规定向著作权人支付报酬。”

据此，报刊发表作品，仅获得非专有出版权，只有著作权人有权声明不得转载、摘编和授权刊登此类声明。因此，未经著作权人授权，报刊刊登对其发表的作品享有专有出版权的启事，不符合《著作权法》的规定。

165. 出版社出版的图书被证实存在抄袭，是否要承担侵权责任？

《著作权法》未就著作权侵权规定无过错责任，当出版社出版的图书被证实存在抄袭时，如果出版社明知稿件是侵权作品，或者因疏忽而未能预见稿件可能存在侵权，再或因懈怠而轻信稿件不可能存在抄袭的情况下，出版社构成侵权，需承担侵权赔偿责任。如果出版社尽到了应尽的注意义务，仍然未能得知稿件存在抄袭，则出版社不构成侵权，但存在承担停止侵权等民事责任。

166. 出版社出版有作者担保的侵权作品，是否要承担侵权责任？

若出版社明知某一作品是侵权作品，或者对其权属存疑的情况下，出版了该作品，这种故意或者重大过失行为，具备侵权的构成要件。若有作者声明自己是其作品的著作权人，并提供担保要求出版社出版其著作，出版社尽到其审查义务后出版该著作，但在其作品出版过程中，有人举报该著作是侵权作品，出版社应立即停止出版并对此进行调查核实。此种情况下，出版社通常不承担侵权责任。如果出版社在明知该著作为侵权作品的情况下，继续出版该著作，出版社构成著作权侵权，与侵权人共同承担赔偿责任。

167. 出版社擅自将专有出版权转让，是否构成侵权？

出版社获得的是图书的专有出版权，而不是图书的著作权。自然，出版社所能行使的只能是专有出版权。专有出版权的获得是在特定主体之间产生的，并不意味着作者对图书的专有出版权完全丧失，只是约定期间内的让予。出版社在重印或者再版图书时，还“应当通知著作权人，并支付报酬”。这里的通知不仅仅是知会的意思，应理解为出版社对作者是否行使著作修改权的尊重。如果图书脱销后，图书出版者拒绝重印、再版的，著作权人有权终止合同，收回专有出版权。此时，如果出版社未经著作权人的同意擅自转让专有出版权，则构成侵权。著作权人有权解除专有出版合同，收回专有出版权。

168. 出版社能否因出版合同中的瑕疵担保条款而免除侵权责任？

出版社出版了侵权作品是否应承担侵权责任，取决于出版社有无过错，是否符合承担侵权责任的条件，而不是取决于出版合同中是否订立瑕疵担保条款。此种条款不是免责条款，且免责条款也只能免除合同当事人一方的违约责任，而不能免除合同当事人对第三人的侵权责任，故出版社不能因出版合同中的瑕疵担保条款而免除侵权责任。

169. 编辑人员在编辑工作中对作品进行修改、删节是否属于侵权行为？

根据《著作权法》第三十四条第二款之规定，报社、期刊社可以对作品做文字性修改、删节，对内容的修改，应当经作者许可。因此，编辑人员在编辑工作中可以对一些逻辑、语法、文字、标点符号、引述数据等的错误加以改正，但若涉及作者的错误观点则需征得作者的同意后方可修改；就删节作品内容而言，因报刊篇幅限制而删节作品次要部分属于法律认可的行业惯例，但若删节不当歪曲了作者的原意又未经作者许可，则构成著作权侵权，侵害了作者修改权和保护作品完整权。在实践中，编辑人员进行编辑加工前往往与作者订立相关约定，以指导或约束编辑工作，此时编辑人员不能超越职责擅自对作品进行实质性的修改或删节，否则将构成违约。

170.编辑人员利用职务之便抢先发表译作是否构成侵权？

编辑人员利用职务之便，利用译者投寄出版社的译作及原文另外翻译后抢先发表，此举尽管缺乏职业道德，但倘若未抄袭原译作，则不构成对原译作著作权的侵害。但实践中，编辑人员在另外进行翻译时往往要参照作者的原译作，难免会构成某种程度的借鉴和抄袭，而抄袭行为一经证实，则构成著作权侵权，应受到法律制裁。

171.印刷厂受委托复制侵权作品的行为是否构成侵权？

印刷厂受出版社委托与之签订加工承揽合同，印刷出版社出版发行的作品，若印刷的作品属侵权作品（如出版社擅自出版作者的作品或擅自出版另一出版社享有专有出版权的作品），此时印刷厂往往就因复制涉案作品被视为共同侵权，不能绝对免责。但印刷厂倘若在接受委托时要求出版社提供对该作品的出版发行权证明等资料，且能证明自己已尽到应尽义务的情况下，即便印刷复制的作品属于侵权作品，印刷厂也属于无过错方，可不承担赔偿责任。

172.商场、宾馆等经营场所播放背景音乐的行为是否构成侵权？

这种行为已经侵犯了著作权。根据《著作权法》第十条的规定，表演权是著作权的一部分。所谓表演权，即公开表演作品，以及用各种手段公开播送作品的表演的权利。音乐著作权人享有对其音乐作品的表演权。商场、宾馆等经营场所属于营利性单位，公开播放背景音乐的行为属于其营利行为的一部分。同时，此行为不属于《著作权法》规定的不用征得著作权人许可、不用支付使用报酬的情形，如果没有取得音乐著作权人的同意而播放其音乐作品，也没有支付报酬，显然构成了对他人著作权的侵犯。

173.音像制品销售商为顾客刻录歌曲 CD、出租音像制品的行为是否构成侵权？

这种行为已经构成侵权。录音录像制品销售的经营范围应当是销售合法的录音、录像制品，其所销售商品或直接来源于录音录像制作者，或来源于其他的经销商。音乐作品是否以录制 CD 的方式发行，是作品著作权人的权利，即使是录音制作人，也不能超越著作权人授权的范围使用其作品。根据《著作权法》第十条的规定，为顾客刻录歌曲 CD 等行为侵犯了著作权人对作品的复制权和发行权，也侵犯了录音制作者对录音制品的复制权和发行权。同样，出租音像制品的权利属于音像制作者，销售商未经授权将音像制品出租给顾客的行为属于侵权行为。

174.出版者将盗版误认为是正版而进行商业性使用，是否构成著作权直接侵权？

这种行为已经构成直接侵权。行为人的心理状态如何、是否具有主观过错，只影响损害赔偿数额或救济方法，并不影响对行为构成侵权的认定。如果侵权者确无主观过错，其承担法律责任的方式与有过错的侵权者有所不同，不用承担损害赔偿责任。

《最高人民法院关于审理著作权民事纠纷案件适用法律若干问题的解释》第二十条明确指出："出版物侵犯他人著作权的，出版者应当根据其过错、侵权程度及损害后果等承担民事赔偿责任。出版者对其出版行为的授权、稿件来源和署名、所编辑出版物的内容等未尽到合理注意义务的，依据著作权法第四十八条的规定，承担赔偿责任。出版者尽了合理注意义务，著作权人也无证据证明出版者应当知道其出版涉及侵权的，根据民法通则第一百一十七条第一款的规定，出版者承担停止侵权、返还其侵权所得利润的民事责任。"

175.公民转录录音磁带进行销售的行为是否违法？

公民转录录音磁带进行出售的行为是违法行为。录音磁带属于录音制作者制作的录音作品，录音制作者根据《著作权法》第十条的规定享有复制、发行、出租等权利，同时也有许可或禁止他人复制或者发行的权利。转录磁带人以营利为目的，将转录的磁带投放市场牟利，应事先与著作权人签订合同，并征得录音制作者许可，并向著作权人和录音制作者支付报酬。如果没有获得录音磁带合法制作者的许可，则构成对制作者复制权和发行权的侵犯，应承担法律责任。

176.网络服务提供者如何应对服务对象侵权的行为？

(1)接到权利人的侵权通知书时，应及时"移除"侵权作品及其链接。根据《信息网络传播权保护条例》第十五条之规定，网络服务提供者接到权利人的通知书后，应当立即删除涉嫌侵权的作品、表演、录音录像制品，或者断开与涉嫌侵权的作品、表演、录音录像制品的链接，并同时将通知书转送服务对象。

(2)收到服务对象的书面说明后，恢复"移除"的侵权作品及其链接。根据《信息网络传播权保护条例》第十七条之规定，网络服务提供者接到服务对象的不侵权书面说明后，应当立即恢复被删除的作品、表演、录音录像制品，或者可以恢复与被断开的作品、表演、录音录像制品的链接，同时将服务对象的书面说明转送权利人。

(3)网络服务提供者因"移除"可免责。根据《信息网络传播权保护条例》第二十三条之规定，网络服务提供者为服务对象提供搜索或者链接服务，在接到权利人的通知书后，根据本条例规定断开与侵权的作品、表演、录音录像制品的链接的，不承担赔偿责任。

(4)网络服务提供者因明知侵权而承担责任。《信息网络传播权保护条例》第二十三条同时规定，网络服务提供者明知或者应知所链接的作品、表演、录音录像制品侵权的，应当承担共同侵权责任。

177.《著作权法》中侵害邻接权的行为有哪些?

侵害邻接权的行为是指在《著作权法》未特别准许的情况下,未经出版者、表演者、录音录像制作者和广播电台、电视台的许可,擅自使用受《著作权法》保护的图书或期刊的版式设计、表演、录音录像制品和广播电视节目的行为。侵害邻接权的行为主要有:

(1)未经出版者许可,使用其出版的图书、期刊的版式设计;

(2)使用表演者的表演时未指明其表演者身份或歪曲其表演形象;

(3)未经表演者许可,从现场直播其表演,或者对其表演进行录音录像、制作录音录像制品,并复制、发行、通过信息网络传播等;

(4)未经录音录像制作者许可,出租、复制、发行,或者通过信息网络传播其制作的录音录像制品;

(5)未经广播电台、电视台许可,转播其播放的广播电视节目,或者复制发行其播放的广播电视节目。

二、著作权救济措施

178.我国目前关于著作权保护的法律法规主要有哪些?

我国目前关于著作权保护的法律法规主要有:《中华人民共和国宪法》《中华人民共和国刑法》《中华人民共和国著作权法》《中华人民共和国著作权法实施条例》《计算机软件保护条例》《著作权集体管理条例》《信息网络传播权保护条例》《实施国际著作权条约的规定》以及知识产权地方性法规、自治条例和单行条例、相关司法解释和我国加入的《世界版权公约》《伯尔尼公约》等。

179.著作权侵权责任形式有哪些?

著作权的侵权责任形式有民事责任、行政责任以及刑事责任。根据《著作权法》第四十八条之规定,侵犯著作权应当根据情况,承担停止侵害、消除影响、赔礼道歉、赔偿损失等民事责任。另外,著作权侵权行为同时损害公共利益的,可以由著作权行政管理部门责令停止侵权行为,没收违法所得,没收、销毁侵权复制品,并可处以罚款;情节严重的,著作权行政管理部门还可以没收主要用于制作侵权复制品的材料、工具、设备等;构成犯罪的,依法追究刑事责任。以上著作权侵权责任形式,可以单独判处,也可以合并判处。

180.著作权受他人侵犯时可以通过哪些途径解决?

著作权受侵犯时,著作权人可以通过以下途径解决:

(1)自力救济。即当事人在自愿平等的基础上,协商解决纠纷。

(2)仲裁。当事人有书面仲裁协议或者著作权合同中有仲裁条款时,可以向仲裁机构申请仲裁。

(3)行政救济。属于著作权行政管理部门处理的，当事人可以向当地著作权行政管理部门投诉，请求处理。著作权行政管理部门包括国务院著作权行政管理部门和各省、自治区、直辖市的地方著作权行政管理部门，如国家版权局、各地方的版权局等。

(4)刑事救济。侵犯著作权的行为构成犯罪的，当事人可以向公安机关报案，作为刑事案件处理。

(5)民事救济。因侵犯著作权发生民事纠纷的，当事人可以向有管辖权的人民法院提起民事诉讼。

181.人民法院受理哪些著作权民事纠纷案件？

根据《最高人民法院关于审理著作权民事纠纷案件适用法律若干问题的解释》第一条的规定，人民法院受理以下著作权民事纠纷案件：

(1)著作权及与著作权有关权益权属、侵权、合同纠纷案件；

(2)申请诉前停止侵犯著作权、与著作权有关权益行为，申请诉前财产保全、诉前证据保全案件；

(3)其他著作权、与著作权有关权益纠纷案件。

182.哪些人有权提起著作权侵权诉讼？

首先，就财产权而言，享有作品著作权的著作权人可以成为著作权诉讼的当事人，如果是合作作品，任何一名合作作者都可以以自己的名义提起侵权诉讼，但侵权损害赔偿应当是对所有合作作者的赔偿。

其次，就人身权而言，作者死亡后有权提起侵权诉讼的应是其继承人或受遗赠人，若作者没有继承人和受遗赠人，有权提起侵权诉讼的则是著作权行政管理部门。

最后，因法律赋予了专有使用权某种程度的绝对权性质，故除了著作权人和邻接权人外，取得专有使用权的使用者也可以提起侵权诉讼。

183.发生著作权纠纷，应当向哪一级人民法院起诉？

中级以上人民法院管辖为主，基层法院管辖是例外情形。

根据《最高人民法院关于审理著作权民事纠纷案件适用法律若干问题的解释》第二条规定："著作权民事纠纷案件，由中级以上人民法院管辖。各高级人民法院根据本辖区的实际情况，可以确定若干基层人民法院管辖第一审著作权民事纠纷案件。"

184.著作权纠纷如何确定地域管辖？

根据《最高人民法院关于审理著作权民事纠纷案件适用法律若干问题的解释》第四条之规定，因侵犯著作权行为提起的民事诉讼，由《著作权法》第四十六条、第四十七条所规定侵权行为的实施地、侵权复制品储藏地或者查封扣押地、被告住所地人民法院管辖。其中，侵权复制品储藏地，是指大量或者经常性储存、隐匿侵权复制品所在地；查封扣押地，是指海关、版权、工商等行政机关依法查封、扣押侵权复制品所在地。

该解释第五条还规定，对涉及不同侵权行为实施地的多个被告提起的共同诉讼，原告可以选择其中一个被告的侵权行为实施地人民法院提起诉讼；仅对其中某一被告提起的诉讼，该被告侵权行为实施地的人民法院有管辖权。

185.网络著作权侵权如何确定地域管辖？

《中华人民共和国民事诉讼法》(简称《民事诉讼法》)第二十八条对于侵权行为的地域管辖有专门规定，由侵权行为地或者被告住所地人民法院管辖。

网络著作权侵权行为，较传统侵权有其自身特殊之处。网络著作权侵权纠纷案件由侵权行为地或者被告住所地人民法院管辖。侵权行为地包括实施被诉侵权行为的网络服务器、计算机终端等设备所在地。对难以确定侵权行为地和被告住所地的，原告发现侵权内容的计算机终端等设备所在地可以视为侵权行为地。

186.著作权侵权行为人需承担的民事责任主要有哪些？

著作权属于民事权利的一种，侵害著作权会损害著作权人的利益，需承担相应的民事责任。根据《著作权法》第四十八条之规定，对侵害著作权和与著作权有关的权益的人，应依侵权情况主要承担“停止侵害、消除影响、赔礼道歉、赔偿损失”这几种民事责任。

(1)停止侵害。责令侵权人停止正在进行的侵权行为，防止被害人的利益受到更大的损失。

(2)消除影响。主要适用著作权人的人身权受到侵害时，是恢复名誉所采取的一种措施。消除影响的方式和范围，根据侵权行为的方式和范围而定，一般而言，侵权行为人在多大范围内给著作权人造成不利影响和损失，就应在多大范围内消除影响。

(3)赔礼道歉。责令侵权人向被侵权人承认错误，是一种保护权利人人身权的有效措施。这种赔礼道歉的具体方式应根据侵权人给著作权人造成的不利影响的范围来决定，包括登报道歉、在一定范围内口头致歉、借助其他媒体道歉等。侵权人拒绝赔礼道歉的，法院可以强制执行。

(4)赔偿损失。侵权行为给著作权人造成了经济损失的，责令侵权人给予经济赔偿。例如，使用他人作品未按规定支付报酬等。这是一种补偿性的侵权责任形式，不带有惩罚性质，因此在计算赔偿的数额时，应以著作权人的实际损失为限。

187.发生著作权侵权纠纷时如何申请诉前责令停止侵权？

在著作权侵权纠纷(包括计算机软件)中，著作权人或者与著作权有关的权利人可以向法院申请诉前责令停止侵犯其著作权的行为。申请人向人民法院申请诉前责令停止侵犯其著作权的行为时，应当提交以下证明材料：

(1)申请书。申请书应当载明当事人及其基本情况、申请的具体内容、范围和理由等事项，申请的理由应具体说明有关行为如不及时制止会使申请人的合法权益受到难以弥补的损害。

(2)申请人的权利证明。申请人应当提交能证明其权利真实有效的文件，包括权利证书等凭证，如作品底稿、作品原件、合法出版物、著作权登记证书等等。利害关系人提出申请的，还应当提供独占使用许可合同、排他使用许可合同及其相关材料。排他实施许可合同的被许可人单独提出申请的，应当提交权利人放弃申请的证明材料。著作财产权的继承人提出申请的，应当提交已经继承或者正在继承的证据材料。

(3)被申请人实施侵权行为的证据。申请人应当提交能证明被申请人正在实施或者即将实施侵犯其权利的行为的证据，包括被控侵权产品等。

(4)申请人应提供有效的担保。申请人应当提供担保，申请人不提供担保的，人民法院将驳回申请。在执行停止有关侵权行为的裁定的过程中，被申请人可能因采取该项措施造成更大损失的，人民法院可以责令申请人追加相应的担保。申请人不追加担保的，人民法院可以解除该项措施。人民法院采取的上述措施，不因被申请人提供担保而解除，但申请人同意的除外。

188.著作权行政管理部门可对哪些著作权侵权行为人给予哪些行政处罚？

根据《著作权法》第四十八条的规定，只有在侵权行为损害公共利益时，著作权行政管理部门才可以依法对侵权行为人给予行政处罚，这些行为包括：

(1)未经著作权人许可，复制、发行、表演、放映、广播、汇编、通过信息网络向公众传播其作品的，本法另有规定的除外；

(2)出版他人享有专有出版权的图书的；

(3)未经表演者许可，复制、发行录有其表演的录音录像制品，或者通过信息网络向公众传播其表演的，本法另有规定的除外；

(4)未经录音录像制作者许可，复制、发行、通过信息网络向公众传播其制作的录音录像制品的，本法另有规定的除外；

(5)未经许可，播放或者复制广播、电视的，本法另有规定的除外；

(6)未经著作权人或者与著作权有关的权利人许可，故意避开或者破坏权利人为其作品、录音录像制品等采取的保护著作权或者与著作权有关的权利的技术措施的，法律、行政法规另有规定的除外；

(7)未经著作权人或者与著作权有关的权利人许可，故意删除或者改变作品、录音录像制品等的权利管理电子信息的，法律、行政法规另有规定的除外；

(8)制作、出售假冒他人署名的作品的。

189.著作权行政管理部门可以对著作权违法行为做出哪些行政处罚？

根据《著作权行政处罚实施办法》第四条之规定，对本办法列举的违法行为，著作权行政管理部门可以依法责令停止侵权行为，并给予下列行政处罚：

(1)警告；

(2)罚款；

(3)没收违法所得；

(4)没收侵权制品；

(5)没收安装存储侵权制品的设备；

(6)没收主要用于制作侵权制品的材料、工具、设备等；

(7)法律、法规、规章规定的其他行政处罚。

190.如何确定行政处罚的地域管辖?

根据《著作权行政处罚实施办法》第五条之规定,除法律、行政法规另有规定外,侵犯著作权的违法行为由侵权行为实施地、侵权结果发生地、侵权制品储藏地或者依法查封扣押地的著作权行政管理部门负责查处。侵犯信息网络传播权的违法行为由侵权人住所地、实施侵权行为的网络服务器等设备所在地或侵权网站备案登记地的著作权行政管理部门负责查处。

191.哪些侵犯著作权的行为需要承担刑事责任?

根据《中华人民共和国刑法》(简称《刑法》)第二百一十七条之规定,将被追究刑事责任的侵犯著作权的犯罪行为具体包括:

(1)未经著作权人许可,复制发行其文字作品、音乐、电影、电视、录像作品、计算机软件及其他作品的;

(2)出版他人享有专有出版权的图书的;

(3)未经录音录像制作者许可,复制发行其制作的录音录像的;

(4)制作、出售假冒他人署名的美术作品的。

以营利为目的,有以上侵犯著作权情形之一,违法所得数额较大或有其他严重情节的,处三年以下有期徒刑或者拘役,并处或者单处罚金;违法所得数额巨大或者有其他特别严重情节的,处三年以上七年以下有期徒刑,并处罚金。

192.侵犯著作权的违法行为何时构成“情节严重”?应如何处理?

根据《著作权行政处罚实施办法》第三十一条之规定,违法行为情节严重的,著作权行政管理部门可以没收主要用于制作侵权制品的材料、工具、设备等。具有以下情况之一的属于“情节严重”的侵犯著作权违法行为:

(1)违法所得数额(即获利数额)二千五百元以上的;

(2)非法经营数额在一万五千元以上的;

(3)经营侵权制品在二百五十册(张或份)以上的;

(4)因侵犯著作权曾经被追究法律责任,又侵犯著作权的;

(5)造成其他重大影响或者严重后果的。

193.如何确定权利人的实际损失?

根据《最高人民法院关于审理著作权民事纠纷案件适用法律若干问题的解释》第二十四条之规定,权利人的实际损失,可以根据权利人因侵权所造成复制品发行减少量或者侵权复制品销售量与权利人发行该复制品单位利润乘积计算。发行减少量难以确定的,按照侵权复制品市场销售量确定。

194.著作权侵权应如何赔偿?

根据《著作权法》第四十九条之规定,侵犯著作权或者与著作权有关的权利的,侵权人应当按照权利人的实际损失给予赔偿；实际损失难以计算的，可以按照侵权人的违法所得给予赔偿。赔偿数额还应当包括权利人为制止侵权行为所支付的合理开支。权利人的实际损失或者侵权人的违法所得不能确定的，由人民法院根据侵权行为的情节，判决给予五十万元以下的赔偿。

由以上规定可以看出，侵犯著作权案件的损害赔偿可以分为传统民事赔偿制度和法定赔偿制度两种。按照权利人的实际损失或者侵权人的违法所得来确定赔偿额属于传统民事赔偿制度，适用这种损害赔偿形式时，除考虑被侵权人的实际损失和侵权人的违法所得外，还应考虑权利人为制止侵权行为所支付的合理开支。此外，人民法院在一定情况下依据法律所规定的数额或幅度确定赔偿额，即适用法定赔偿，主要用于权利人实际损失或侵权人违法所得不能确定的情况。

195.遇有侵权纠纷时，出版者、制作者应承担何种举证责任？

遇有侵权纠纷时，出版者、制作者应对复制品的合法授权和合法来源承担举证责任。

复制品的出版者、制作者应当对其出版、制作有合法授权承担举证责任，不能证明其出版、制作有合法授权的，应承担法律责任。复制品的发行者或者电影作品、以类似摄制电影的方法创作的作品、计算机软件、录音录像制品的复制品的出租者应当对其发行或者出租的复制品有合法来源承担举证责任，不能证明其发行、出租的复制品有合法来源的，应承担法律责任。

196.如何认定侵犯著作权犯罪案件中的“以营利为目的”？

最高人民法院、最高人民检察院、公安部颁发的《关于办理侵犯知识产权刑事案件适用法律若干问题的意见》规定了可以认定为“以营利为目的”的几种情形（见表5）。

表5 可以认定为“以营利为目的”的情形

序号	情形	表现形式
1	销售	销售侵犯著作权的作品以牟利
2	收费广告	在他人作品中刊登收费广告、捆绑第三方作品等方式直接或者间接收取费用的；通过信息网络传播他人作品，或者利用他人上传的侵权作品，在网站或者网页上提供刊登收费广告服务，直接或者间接收取费用的
3	会员制	以会员制方式通过信息网络传播他人作品，收取会员注册费或者其他费用的
4	其他	其他利用他人作品牟利的情形

197.侵犯著作权犯罪中“未经著作权人许可”如何认定？

根据最高人民法院、最高人民检察院、公安部颁布的《关于办理侵犯知识产权刑事案件适用法律若干问题的意见》的规定：

“未经著作权人许可”一般应当依据著作权人或者其授权的代理人、著作权集体管理组织、国家著作权行政管理部门指定的著作权认证机构出具的涉案作品版权认证文书，或者证明出版者、复制发行者伪造、涂改授权许可文件或者超出授权许可范围的证据，结合其他证据综合予以认定。

在涉案作品种类众多且权利人分散的案件中，上述证据难以一一取得，但有证据证明涉案复制品系非法出版、复制发行的，且出版者、复制发行者不能提供获得著作权人许可的相关证明材料的，可以认定为"未经著作权人许可"。但是，有证据证明权利人放弃权利、涉案作品的著作权不受我国《著作权法》保护，或者著作权保护期限已经届满的除外。

198.对侵权行为人能否同时追究不同的法律责任？

当侵权行为同时违反著作权民事法律、行政法律和刑事法律时，侵权行为人在承担行政责任或刑事责任的同时，不能免除其应承担的民事责任。在著作权行政管理部门对侵权行为人给予行政处罚后，被害人仍然可以要求侵权行为人承担停止侵害、消除影响、赔礼道歉、赔偿损失等民事责任。构成犯罪的，应追究其刑事责任。被害人如果因侵权行为人的犯罪行为遭受损失，可以在刑事诉讼中提起附带民事诉讼，要求赔偿。

综上，因行为性质的不同，对侵权行为人可以同时追究不同的法律责任。

199.著作权侵权如何计算赔偿的金额？

根据《著作权法》第四十九条及《最高人民法院关于审理著作权民事纠纷案件适用法律若干问题的解释》第二十五条之规定，计算赔偿金额时应区分不同的情形（见表 6）。

表 6 计算赔偿金额的类型及方法

序号	类型	计算方法
1	权利人所受损失能够计算清楚	按照权利人的实际损失给予赔偿（包括权利人为制止侵权行为所支付的合理开支）
2	权利人因侵权所遭受的实际损失难以计算	按照侵权行为人的违法所得给予赔偿（包括权利人为制止侵权行为所支付的合理开支）
3	权利人的实际损失或者侵权人的违法所得不能确定	①根据当事人的请求或者根据侵权行为的情节，判决给予五十万元以下的赔偿（考虑作品类型、合理使用费、侵权行为性质、后果等情节综合确定金额） ②当事人按照以上规定就赔偿数额达成协议的，应当准许

200.何为诉前禁令？适用的前提是什么？

诉前禁令，是指在诉讼过程中当侵权行为明显成立时，司法机关根据当事人的申请，责令侵权人实施某种行为或禁止其实施某种行为的诉讼制度。其针对的是那些即将或正在发生的侵权行为，目的是在实质争议解决前，防止侵权行为的重复或预期发生，避免或有效减少权利人因侵权行为造成的损失，有利于化解纠纷。知识产权与其他权利相比具有其特殊性，及时制止侵权行为对于著作权保护具有重要意义。

根据《著作权法》第五十条之规定，著作权人或者与著作权有关的权利人有证据证明他人正在实施或者即将实施侵犯其权利的行为，如不及时制止将会使其合法权益受到难以弥补的损害的，可以在起诉前向人民法院申请采取责令停止有关行为和财产保全的措施。

司法实践中适用诉前禁令，一般应满足以下四个前提：

(1)被申请人正在实施或即将实施的行为构成著作权侵权；

(2)不采取有关措施，会给申请人的权益造成难以弥补的损害；

(3)申请人向法院提供担保；

(4)法院做出禁令不会损害公共利益。

201.何为财产保全？需要满足何种条件？

财产保全，是指人民法院在利害关系人起诉前或者当事人起诉后，为保障将来的生效判决能够得到执行或者避免财产遭受损失，对当事人的财产或者争议的标的物，采取限制当事人处分的强制措施。

根据《民事诉讼法》第一百条、第一百零一条的规定，财产保全分为诉前财产保全和诉中财产保全，条件有所不同。

诉前财产保全属于应急性的保全措施，目的是保护利害关系人不致遭受无法弥补的损失，其适用条件是：

(1)需要采取诉前财产保全的申请必须具有给付内容，即申请人将来提起案件的诉讼请求具有财产给付内容。

(2)不立即采取相应的保全措施，可能使申请人的合法权益受到难以弥补的损害。

(3)由利害关系人提出诉前财产保全申请。利害关系人，即与被申请人发生争议，或者认为权利受到被申请人侵犯的人。

(4)诉前财产保全申请人必须提供财产担保。申请人如不提供担保，人民法院驳回申请人在起诉前提出的财产保全申请。

诉中财产保全，是指人民法院在受理案件之后、做出判决之前，对当事人的财产或者争执标的物采取限制当事人处分的强制措施。采用诉讼中财产保全应当具备如下条件：

(1)需要对争议的财产采取诉讼中财产保全的案件必须是给付之诉，即该案的诉讼请求具有财产给付内容。

(2)可能因当事人一方的行为或者其他原因，使将来的生效判决因为主观或者客观的因素导致难以执行或者不能执行。

(3)诉讼中财产保全发生在民事案件受理后、法院尚未做出生效判决前。

(4)诉讼中财产保全一般应当由当事人提出书面申请。当事人没有提出申请的，人民法院在必要时也可以裁定采取财产保全措施。

(5)人民法院可以责令当事人提供担保。

202.何为诉前证据保全？著作权侵权案件中的诉前证据保全措施有哪些？

证据保全是民事诉讼中的一种非常措施，是为防止可能因自然或人为的原因造成证据的灭失或损坏，而采取一些必要的措施对证据实行有条件的固定或保护。诉前证据保全是证据保全的一种，《民事诉讼法》2012年修订时明确了证据的诉前保全制度，因情况紧急，在证据可能灭失或者以后难以取得的情况下，利害关系人可以在提起诉讼或者申请仲裁前向证据所在地、被申请人住所地或者对案件有管辖权的人民法院申请保全证据。

根据《著作权法》及其实施条例的有关规定，著作权侵权案件申请诉前证据保全时，申请人应当提供担保，不提供担保的由人民法院驳回申请。人民法院接受申请后，必须在四十八小时内做出裁定；裁定采取保全措施的，应当立即开始执行。申请人在人民法院采取保全措施后十五日内不起诉的，人民法院应当解除保全措施。其中，可以作为证据使用的物品包括：当事人提供的涉及著作权的底稿、原件、合法出版物、著作权登记证书、认证机构出具的证明、取得权利的合同等，以及当事人自行或者委托他人以定购、现场交易等方式购买侵权复制品而取得的实物、发票等。

公证人员在未向涉嫌侵权的一方当事人表明身份的情况下，如实对另一方当事人按照上述方式取得的证据和取证过程出具的公证书，可以作为证据使用，但有相反证据的除外。

203.什么是著作权纠纷仲裁？

根据《著作权法》第五十五条之规定，著作权纠纷可以调解，也可以根据当事人达成的书面仲裁协议或者著作权合同中的仲裁条款，向仲裁机构申请仲裁。

著作权纠纷仲裁是当事人根据订立的仲裁协议，自愿将其争议提交仲裁庭进行裁判，并受该裁判约束的一种纠纷解决机制，主要用于处理著作权合同纠纷。在履行著作权合同过程中，发生当事人不履行合同义务，或者履行合同义务不符合约定条件的情况，合同双方当事人可以根据仲裁条款向著作权仲裁机构申请仲裁。

204.著作权侵权纠纷能否通过调解协商解决？

根据《著作权法》第五十五条之规定，著作权纠纷可以调解。该条规定所指的调解不同于法院调解，不是诉讼必经程序，而是在向人民法院提起侵权诉讼前的调解。这是在双方自愿的基础上，由著作权行政管理部门对侵权双方进行调解，促使双方解决纠纷并达成自觉履行的协议。这种调解不具有强制力，故如果当事人不愿调解或调解未果，均可向人民法院提起诉讼。

205.著作权侵权的诉讼时效为多长时间？

所谓著作权侵权的诉讼时效，是指法律规定的著作权人或其他当事人有权请求人民法院对其被侵犯权利予以保护的期间，当时效期间届满后，其权利不再受到法院的保护，著作权人或其他当事人丧失胜诉权。著作权纠纷属于民事纠纷，因此在诉讼程序上同样适用民事诉讼时效的规定。

根据《最高人民法院关于审理著作权民事纠纷案件适用法律若干问题的解释》第二十八条之规定，侵犯著作权的诉讼时效为两年，自著作权人知道或者应当知道侵权行为之日起计算。权利人超过两年起诉的，如果侵权行为在起诉时仍在持续，在该著作权保护期内，人民法院应当判决被告停止侵权行为；侵权损害赔偿数额应当自权利人向人民法院起诉之日起向前推算两年计算。

206.《著作权法》对侵权行为有无溯及力？

根据《著作权法》第六十条第一款之规定，《著作权法》规定的著作权人和出版者、表演者、录音录像制作者、广播电台、电视台的权利，在本法施行之日尚未超过本法规定的保护期的，依照本法予以保护。但这种保护还不能说是追溯性保护，因为依照该条第二款的规定，《著作权法》施行前发生的侵权或者违约行为，依照侵权或者违约行为发生时的有关规定和政策处理。

第五篇 著作权的利用

一、著作权的归属

207.如何判断作品的权利归属?

根据《著作权法》之规定,作品著作权的归属根据主体不同而有所区别:

(1)由公民个人创作完成的作品,创作该作品的公民即为作者,该公民对作品享有著作权。

(2)由法人或者其他组织主持,代表法人或者其他组织意志创作,并由法人或者其他组织承担责任的作品,法人或者其他组织视为作者。该法人或其他组织对作品享有著作权。

(3)两人以上合作创作的作品,著作权由合作作者共同享有。合作作品可以分割使用的,作者对各自创作的部分可以单独享有著作权。

(4)电影作品和以类似摄制电影的方法创作的作品,著作权由制片者享有,但编剧、导演、摄影、作词、作曲等作者享有署名权,剧本、音乐等可以单独使用的作品的作者有权单独行使其著作权。

(5)美术作品原件的展览权由原件所有人享有。

(6)作者身份不明的作品,由作品原件的所有人行使除署名权以外的著作权。

208.什么是演绎作品?如何确定演绎作品的著作权归属?

演绎作品,是指经改编、翻译、注释、整理的作品,是作者在已有作品的基础上经过创造性的劳动而派生出来的作品,其著作权归改编、翻译、注释、整理人所有。

根据《著作权法》第十二条之规定,改编、翻译、注释、整理已有作品而产生的作品,其著作权由改编、翻译、注释、整理人享有,但行使著作权时不得侵犯原作品的著作权。该条明确了演绎作品的作者,对原作品进行再创作时,应事先征得原作者的同意,并依照规定支付报酬,同时原作者仍享有署名权,再创作人不得对原作品进行歪曲、篡改等。如果演绎作品的创作人是对已超过保护期的作品进行再创作,可以不征得原作者的同意,同时可以不支付报酬,但仍不得侵犯原作者的署名权和保护作品完整权。

209.公民死亡后，其作品的著作权如何处理？

公民死亡后，其作品著作权的处理要视权利的性质而有所区别：

(1)根据《著作权法》第二十条的规定，作者的署名权、修改权、保护作品完整权系永久保护，不得继承。

(2)根据《著作权法实施条例》第十五条的规定，作者死亡后，其著作权中的署名权、修改权和保护作品完整权由作者的继承人或者受遗赠人保护；著作权无人继承又无人受遗赠的，其署名权、修改权和保护作品完整权由著作权行政管理部门保护。

(3)作品著作权中的财产性权利在保护期内依照《中华人民共和国继承法》(简称《继承法》)的规定转移。

(4)合作作者其中之一死亡后，对合作作品享有的各项权利无人继承又无人受遗赠的，其作品著作权中的财产性权利由其他合作作者享有。

(5)作者生前未发表的作品，如果作者未明确表示不发表，作者死亡后五十年内，其发表权可由其继承人或者受遗赠人行使；没有继承人又无人受遗赠的，其发表权由作品原件的所有人行使。

210.著作权如何取得？有哪些分类？

对于著作权的取得，我国采用自动保护原则，根据《著作权法》第二条及《著作权法实施条例》第六条的规定，作者自作品创作完成之日起则自动取得该作品的著作权。

按照著作权权属的来源可以将著作权的取得分为原始取得和继受取得。

原始取得的主体分为自然人、法人及其他组织，不同主体原始取得著作权的条件不尽相同。自然人作为作者的，自作品完成之日起即取得作品的著作权。法人及其他组织作为作者则要满足以下几个条件：第一，作品的完成由法人及其他组织主持；第二，该作品代表法人及其他组织的意志；第三，由法人及其他组织承担相应的责任。满足这三个条件的法人及其他组织，其著作权自作品创作完成之日起取得。

著作权的继受取得是指因公民死亡、遗赠、订立合同、法人及其他组织变更或终止而从原著作权人处取得著作权的情形，主要分为约定取得、继承取得和法律规定取得。

211.汇编作品的著作权如何归属？

汇编作品是由若干作品、作品的片段、不构成作品的数据或者其他材料组成的。对于组成汇编作品的作品、作品片段，其著作权由原作者享有。但是汇编作品在其编排以及内容的选择上都添加了汇编人的智力成果，具有独创性。因此，根据我国《著作权法》第十四条之规定，汇编作品的著作权由汇编人享有，但行使著作权时，不得侵犯原作品的著作权。

212.职务作品的著作权如何归属？

职务作品著作权归属的判断根据作者是否在职而有所不同。

(1)作者在单位任职的，其职务作品归属分为以下两种：

①一般情况下,作者为完成法人或者其他组织工作任务所创作的作品,其著作权由作者享有。在这种情况下,法人或其他组织在其业务范围内享有优先使用权,并且在作品完成两年内,未经单位同意,作者不得许可第三人以与单位相同的使用方式使用该作品。

②作品的创作主要是利用法人或其他组织的物质技术条件,并由法人或其他组织承担责任的工程设计图、产品设计图、地图、计算机软件等职务作品,以及法律、行政法规规定或者合同约定著作权由法人或其他组织享有的职务作品,其著作权都归法人或其他组织享有。但在这种情况下,作者享有署名权和获得奖励的权利。

(2)作者已经与用人单位解除劳动关系或雇佣关系。作品成为职务作品的构成要件之一是作品的创作人与用人单位存在劳动关系或雇佣关系,而劳动者离职后用人单位与其原有的劳动关系或雇佣关系已经解除,此时,劳动者创作出的作品是否属于职务作品不能一概而论,应视情况而定。如果是劳动者在离职前利用原单位的资源完成的作品则属于《著作权法》第十六条第二款规定的特殊职务作品,该作品的著作权由原单位所有。如果是劳动者在离职后才完成的作品,该作品的著作权就应该只属于创作者单独享有。

213.委托作品的著作权如何归属?

《著作权法》第十七条规定:"受委托创作的作品,著作权的归属由委托人和受托人通过合同约定。合同未作明确约定或者没有订立合同的,著作权属于受托人。"由此可见,委托作品的著作权权属,有约定的,依约定;未明确约定或者没有订立合同的,著作权属于受托人(即创作人),此时,委托人在约定的使用范围内享有使用作品的权利,双方没有约定使用作品范围的,委托人可以在委托创作的特定目的范围内免费使用该作品。

双方通过合同约定著作权属于委托人的,由于著作权的人身权不能通过合同进行转移,故委托人通过约定享有的权利仅限于著作权中的财产权,但委托人可以和受托人在合同中约定著作人身权的行使方式,以确保委托人使用该作品时不致受到妨碍。

另外需要注意的是,依据《最高人民法院关于审理著作权民事纠纷案件适用法律若干问题的解释》第十三条的规定,由他人执笔,本人审阅定稿并以本人名义发表的报告、讲话等作品的著作权归报告人或者讲话人享有。报告人或者讲话人可以依据约定向执笔人给予适当的报酬。同时,该司法解释第十四条规定,当事人合意(约定)以特定人物经历为题材完成的自传体作品,当事人对著作权权属没有约定的,著作权归该特定人物享有。

214.合作作品的著作权如何归属?

合作作品是由两个或两个以上的作者共同完成的作品,《著作权法》第十三条规定,两人以上合作创作的作品,著作权由合作作者共同享有。没有参加创作的人不能成为合作作者。在实践中,不能仅仅根据创作结果来判断合作作品的作者,还应该根据是否存在创作合意等方面进行判断。因此,合作作品的著作权应为有共同创作合意并且共同完成了作品创作的全体作者享有。

另外，合作作品可以分为可分割使用的合作作品和不可分割使用的合作作品。对于可分割使用的合作作品，各个作者可以对其单独创作的部分独立行使著作权，但前提是不得侵犯合作作品整体的著作权。对于不可分割使用的合作作品，其著作权由各合作作者共同享有，通过协商一致行使，不能协商一致，又无正当理由的，任何一方不得阻止他方行使除转让以外的其他权利，但是所得收益应当合理分配给所有合作作者。

215.电影作品的著作权如何归属？

电影作品或者以类似摄制电影的方法创作的作品，其创作人一般包含了制片人、导演、编剧、作曲、摄影、剪辑等，谁才是这类作品的著作权人呢？根据《著作权法》第十五条之规定，电影作品和以类似摄制电影的方法创作的作品的著作权归制片者享有，但这其中可以单独使用的剧本、音乐等作品的作者有权单独行使其著作权。同时，导演、编剧、摄影、作词、作曲等作者享有署名权及按照与制片者订立的合同获得报酬的权利。

216.境外作品在我国可以取得著作权吗？

依照我国法律法规以及我国加入的国际条约的规定，以下几种情况的境外作品可以在我国取得著作权：

(1)在我国首先发行的境外作品；

(2)在我国与其他国家同时发行的境外作品；

(3)制片人或制片人之一是在我国有经常居住地的自然人或主营业场所的法人的电影及类似摄制电影作品的方法创作的境外作品；

(4)建造于我国境内的境外建筑作品或原件与建造于我国境内的建筑物或其他构筑物合为一体的境外美术作品。

217.政府文件的制定单位是否对其制定的文件享有著作权？为什么？

《著作权法》第五条第一项明确规定，本法不适用于法律、法规，国家机关的决议、决定、命令和其他具有立法、行政、司法性质的文件，及其官方正式译文。政府文件属于法条中明确规定的具有立法、行政、司法性质的文件这一类型，因此政府文件不适用于《著作权法》保护，其制定单位不享有著作权。

218.法人或其他组织变更、终止后其享有的著作权如何归属？

根据《著作权法》第十九条第二款之规定，著作权属于法人或者其他组织的，法人或者其他组织变更、终止后，其著作财产权在规定的保护期内，由承受其权利义务的法人或者其他组织享有；没有承受其权利义务的法人或者其他组织的，由国家享有。

由此可见，法人或其他组织变更、终止后，承受其权利义务的法人或者其他组织，可以享有的著作权限于复制权、发行权、出租权、展览权、表演权、放映权、广播权、信息网络传播权、摄制权、改编权、翻译权、汇编权以及除了署名权、修改权、保护作品完整权之外的未列举到的其他权利。需注意的是对于发表权，有学者认为继承人对发表权的继承并非是享有该权利而是代为原作者行使该权利。

219.遗作的著作权如何取得和行使？

作者身份明确但生前未发表的作品称为遗作。遗作的著作权在《著作权法》的保护期限内，根据《继承法》的规定移转至继承人，没有继承人或者受遗赠人的，遗作的著作权由国家享有并行使。

另外，根据《著作权法实施条例》第十七条之规定，作者生前未发表的作品，如果作者未明确表示不发表，作者死亡后五十年内，其发表权可由继承人或者受遗赠人行使；没有继承人又无人受遗赠的，由作品原件的所有人行使。

220.一张CD的著作权人、作品的表演者、录音录像制品的制作者分别享有什么权利？

CD中收录的作品，其著作权归属于其作者所有，《著作权法》第十条罗列的各种人身权和财产权都由著作权人享有，包括了发表权、署名权、修改权、保护作品完整权、复制权、发行权、出租权、展览权、表演权、放映权、广播权、信息网络传播权、摄制权、改编权、翻译权、汇编权。

作品的表演者在经著作权人同意并支付报酬的情况下可以演绎作品，并对其表演享有表明表演者身份、保护表演形象不受歪曲、许可他人从现场直播和公开传送其现场表演并获得报酬、许可他人录音录像并获得报酬、许可他人复制或发行录有其表演的录音录像制品并获得报酬以及许可他人通过信息网络向公众传播其表演并获得报酬的权利。

录音录像制品的制作者在取得著作权人许可并支付报酬的情况下可以录制录音录像制品，如果录制的是他人的表演作品，还应与表演者订立合同并支付报酬。录音录像制品制作者对其制品享有许可他人复制、发行、出租、通过信息网络向公众传播并获得报酬的权利。

221.广播电台、电视台对自己播放的含有他人作品的节目享有著作权吗？

广播电台、电视台对自己播放的含有他人作品的节目不享有著作权，但享有邻接权。根据《著作权法》第四十五条之规定，广播电台、电视台有权禁止未经其许可的下列行为：(1)将其播放的广播、电视转播；(2)将其播放的广播、电视录制在音像载体上以及复制音像载体。此项权利的保护期为五十年，截止于该广播、电视首次播放后第五十年的12月31日。

222.作者身份不明的作品其著作权如何归属？

作者身份不明是指无人知道该作品是由谁创作的，但无论作者隐名、匿名还是用的假名或笔名，或者作品是口头流传的，其著作权都属于作者本人。同时，由于作者不明，作品的使用往往很不方便。根据《著作权法实施条例》第十三条之规定，对于作者身份不明的作品，其著作权在作者或其继承人、受遗赠人身份被披露并证实前，都由作品原件的所有人行使除署名权以外的其他权利。即当作品原件的持有人同时也是该作品原件的所有权人时，可以主张因持有而享有著作权。但是当作品原件的持有人不是该作品原件的所有权人时，则不可以主张因持有而享有著作权。

223.时事新闻享有著作权吗？

《著作权法实施条例》第五条第一项规定，时事新闻是指通过报纸、期刊、广播电台、电视台等媒体报道的单纯事实消息。另据国家版权局办公厅《关于规范网络转载版权秩序的通知》之规定，“《著作权法》第五条所称时事新闻，是指通过报纸、期刊、广播电台、电视台等媒体报道的单纯事实消息，该单纯事实消息不受著作权法保护”。因此，单纯的事实消息类的时事新闻不享有著作权，这也是避免将已经发生的事实禁锢为某一作者的权利从而使事实不能真实有效地向公众传播的情形。

但是，该通知也明确说明，“凡包含了著作权人独创性劳动的消息、通讯、特写、报道等作品均不属于单纯事实消息，互联网媒体进行转载时，必须经过著作权人许可并支付报酬”。即对时事新闻进行的相关分析、解说或者评论，添加了作者的智力成果，具有独创性，此时这类作品享有著作权。

224.教师对自己授课的过程是否享有著作权？

教师授课内容是口述作品的一种，受《著作权法》保护。教师讲授的课程虽是以相关的大纲、教材为基础，但具体的授课内容系教师独立构思并口头创作完成，故其授课内容具有独创性，符合《著作权法》关于作品的规定。

同时，教师授课内容也是职务作品。根据《著作权法》第十六条之规定，公民为完成法人或者其他组织工作任务所创作的作品是职务作品，著作权由作者享有，但法人或者其他组织有权在其业务范围内优先使用。作品完成两年内，未经单位同意，作者不得许可第三人以与单位相同的使用方式使用该作品。有下列情形之一的职务作品，作者享有署名权，著作权的其他权利由法人或者其他组织享有，法人或者其他组织可以给予作者奖励：(1)主要是利用法人或者其他组织的物质技术条件创作，并由法人或者其他组织承担责任的工程设计图、产品设计图、地图、计算机软件等职务作品；(2)法律、行政法规规定或者合同约定著作权由法人或者其他组织享有的职务作品。

225.自传体作品的著作权如何归属？

自传体作品，是叙述人物的生平和经历的作品。关于自传体作品的著作权归属，《最高人民法院关于审理著作权民事纠纷案件适用法律若干问题的解释》第十四条规定：当事人合意以特定人物经历为题材完成的自传体作品，当事人对著作权权属有约定的，依其约定；没有约定的，著作权归该特定人物享有，执笔人或整理人对作品完成付出劳动的，著作权人可以向其支付适当的报酬。由此可见，一般而言，在无约定时，自传体作品的著作权归该特定人物所有。

二、著作权的许可

226.如何理解著作权许可使用合同?

著作权许可使用合同是指著作权权利人许可他人使用作品的合同。根据《著作权法》第二十四条关于著作权许可使用合同的相关规定可以看出,著作权许可使用合同并非关于著作权的转让,而仅为作品的许可使用。因此,著作权许可使用合同许可的并非作品的著作权,而是作品本身的使用权。

著作权许可使用合同可以使著作权权利人在享有著作权的同时更好地传播作品。订立著作权许可使用合同的目的一方面在于广泛传播作品,推进社会文化的进步,另一方面在于使著作权权利人享有著作权的经济收益,推进社会经济的发展。同时,通过订立著作权许可使用合同还可以有效地维护著作权及对应作品的权利环境和使用秩序。由此可见,著作权许可使用合同不仅是合同种类之一,更是保障著作权的有效制度之一。因此,国家版权局制定了各类型的著作权许可使用合同的标准样式,以便该项制度更加顺利地施行。

227.著作权许可使用合同主要包括哪些内容?

著作权是一种专有权利,除法律有特别规定外,使用受《著作权法》保护的作品应当取得著作权人的许可,否则将构成侵权。故同著作权人签订许可使用合同,通过许可使用的方式才可以合法使用他人受《著作权法》保护的作品。

根据《著作权法》第二十四条之规定,著作权许可使用合同包括下列主要内容:

(1)许可使用的权利种类;

(2)许可使用的权利是专有使用权或者非专有使用权;

(3)许可使用的地域范围、期间;

(4)付酬标准和办法;

(5)违约责任;

(6)双方认为需要约定的其他内容。

著作权许可使用合同属于民事合同的一种,应当遵循《合同法》等相关法律规定。关于合同的形式,根据《著作权法实施条例》第二十三条之规定,使用他人作品应当同著作权人订立许可使用合同,许可使用的权利是专有使用权的,应当采取书面形式,但是报社、期刊社刊登作品除外。除此之外,《著作权法》并未做特殊要求。因此,当事人订立许可使用合同既可以采用书面形式,也可以采用口头形式或者其他形式。

228.著作权许可使用的权利种类有哪些?

在著作权许可使用合同中,因作品的权利种类和使用方式多种多样,许可人需根据作品性质和被许可人对作品的实际需要,明确其授权的著作权权利种类。《著作权法》规定的复制权、发行权、出租权、展览权、表演权、放映权、广播权、信息网络传播权、摄制权、改编权、翻译权、汇编权等著作财产权，均可作为许可使用作品的权利种类。

229.著作权许可包含哪些种类?

著作权许可使用包含专有使用权和非专有使用权两类。专有使用权是指许可人只许可一个被许可人在合同约定的期限和范围内以一定的方式使用作品，包括许可人本人在内的其他任何人均不得使用该作品。许可双方根据作品的性质、潜在市场价值等因素决定许可使用权是否为专有，这样不仅能减少因授权不明产生的纠纷，而且也有利于在发生纠纷后依法取证。

230.著作权许可使用的付酬标准和办法如何约定?

为更好实现著作财产权的经济价值，著作权人许可他人使用其作品时需明确付酬标准和办法。就付酬标准而言，为准确履行合同、减少纠纷产生，《著作权法》第二十八条规定，使用作品的付酬标准可以由当事人约定，也可以按照国务院著作权行政管理部门会同有关部门制定的付酬标准支付报酬。当事人约定不明确的，按照国务院著作权行政管理部门会同有关部门制定的付酬标准支付报酬。付酬办法是支付报酬的具体方式，当事人可自行约定，如现金支付、支票支付，或是人民币支付、可兑换的某种国际硬通货支付等。

231.著作权许可使用是否改变著作权的权属?

著作权许可使用不会改变著作权的权属。在著作权的许可使用中，并没有发生著作权主体的变更，著作权仍然全部属于许可人(著作权人)，被许可人获得的并不是著作权本身，而仅仅是在一定期限、范围内以一定的方式对作品使用的权利，即被许可人可以行使著作权中某一种或一种以上财产性权利。

232.被许可人取得专有使用权时有何权利保障和限制?

著作权人将许可使用的著作权授权给被许可人专有使用，在合同有效期内，既不能将同一权利再授予第三人使用，也不能自己使用。根据《著作权法实施条例》第二十四条之规定，著作权专有使用权的内容由合同约定，而这一规定旨在保障通过合同取得专有使用权的被许可人能够切实实现其专有使用权。但同时，该法条也规定了除合同另有约定外，被许可人许可第三人行使同一权利，必须取得著作权人的许可，兼顾了被许可人与著作权人之间利益的平衡。

233.著作权人的著作权在专有许可的情况下能否许可第三人使用?

在著作权许可使用中，被许可人的权利受制于合同的约定，即只能以约定的方式在约定的地域和期限行使著作权，不能擅自行使超出约定的权利，也不能擅自将自己享有的权利许可他人使用。

著作权人授予专有使用许可后，任何人(包括著作权人)都无权以同样的方式使用作品。在著作权专有使用许可的条件下，被许可人是否有权再向第三人授予专有使用许可或一般使用许可，即是否享有从属许可权，应当以合同的约定为准。如果许可使用合同没有明示的约定，未经著作权人的许可，被许可人只能自己行使权利，不能再许可第三人行使。

234.如何对待著作权许可使用合同中未约定许可使用权的性质的情况？

《著作权法》为了保障被许可人的正当利益，要求被许可人在与著作权人签订合同时必须注明约定使用权的性质，如果合同中未约定许可使用权的性质，通常法律只能认为被许可人取得的是非专有使用权。也就是说著作权人将某一项或几项著作权许可他人使用之后，若在合同的有效期内可以将同一权利再许可第三人使用，那么就认为被许可人取得的是非专有使用权。

235.被许可人对第三人侵犯自身权益的行为能否以自己的名义提起诉讼？

著作权被许可人不是著作权的主体，故其对第三人侵犯著作权的行为一般不能以自己的名义对侵权者提起诉讼，而需要以著作权人的名义提起诉讼。但在著作权人许可专有使用权的情况下例外，专有被许可人可以不通过著作权人而以自己的名义独立向侵权第三人提起诉讼。

三、著作权的转让

236.著作权转让可通过哪些方式完成？

著作权人在著作权有效期内将著作权中的全部或部分财产权利有偿或无偿地让渡给他人所有的法律行为就是著作权转让，这种转让可以通过赠与、遗赠等无偿转让的方式完成，也可以通过买卖、互易等有偿转让的方式完成。

237.著作权转让合同一般采用何种形式？

根据《著作权法》第二十五条之规定，转让本法第十条第一款第（五）项至第（十七）项规定的权利，应当订立书面合同。同时，《最高人民法院关于审理著作权民事纠纷案件适用法律若干问题的解释》第二十二条规定，著作权转让合同未采取书面形式的，人民法院依据《合同法》第三十六条、第三十七条的规定审查合同是否成立。因此，著作权转让合同应采用书面形式。

238.著作权转让合同包括哪些主要内容？

根据《著作权法》第二十五条之规定，权利转让合同包括下列主要内容：

（1）作品的名称；

（2）转让的权利种类、地域范围；

（3）转让价金；

（4）交付转让价金的日期和方式；

(5)违约责任;

(6)双方认为需要约定的其他内容。

239.著作权转让合同中应如何标明作品名称?

作品名称能够体现作品的"身份",明确作品名称也有利于明确著作权转让的具体标的物。在著作权转让合同中,为了避免日后发生纠纷,作品名称应当使用全称,还应载明著作权人的姓名或名称。此外,若转让全部作品,需明确是否使用原作品名称;若转让部分作品,则需标明部分作品的起止位置和名称。

240.著作权转让的权利种类有哪些?

著作权中能够转让的仅为财产权,而财产权的诸多分支权利都可以单独被转让,因此在著作权转让合同中应当明确约定是转让全部财产权利,还是转让其中的部分权利。能够转让的权利种类包括复制权、发行权、出租权、展览权、表演权、放映权、广播权、信息网络传播权、摄制权、改编权、翻译权、汇编权等。

241.约定著作权转让费时应注意什么?

转让费是著作权人因转让权利而获得的报酬,也是著作权转让合同中最为实质性的内容。双方当事人在约定转让价金时,应考虑被转让权利的种类和性质、使用的地域范围和期限、作者声誉、作品质量和社会影响程度、作品市场盈利能力以及同类市场状况等因素。

242.著作权中的各项财产权能否分别转让给不同的受让方?

著作权中的各项财产权可以分别进行转让,单独的某一项财产权也可根据使用方式转让给不同的受让方。例如,可将一段舞蹈作品的表演权、录制权、播放权分别转让给表演团体、音像公司、广播电台,或者可将一部文字作品的不同国家语言的翻译权转让给不同的出版社等。

243.著作权转让与著作权许可使用最主要的区别有哪些?

著作财产权在经济上实现的重要形式之一便是著作权的许可使用与转让,两者具有较大的区别,体现在:

(1)权利主体和权利性质不同。著作权转让会使权利主体发生变更,受让人成为著作权人,取得对作品的所有权;而在著作权许可使用中,权利主体并未发生变更,被许可人只能在约定的使用方式和条件下拥有对作品的使用权。

(2)侵权性质不同。著作权转让中受让人有权以著作财产权受侵害向人民法院提起诉讼,原著作权人则因权利转让丧失该项权利;而在著作权许可使用中,非专有许可的被许可人因不是著作权人,故无权提起侵权诉讼,该权利仍掌握在许可人手中,只有专有许可使用时专有被许可人可以提起侵权诉讼。

(3)给付报酬的性质和数额不同。著作权转让时受让人给付原著作权人的是购买著作权的价金,而著作权许可使用中被许可人给付许可人的则是著作权使用费。同时,著作权转让的付酬一般高于著作权许可使用的付酬。

244.图书的出版应订立什么合同?

图书出版应订立出版合同。出版合同即著作权人许可出版者行使其作品的出版权的协议,一般包括复制权和发行权。根据《著作权法》第三十条之规定,图书出版者出版图书应当和著作权人订立出版合同,并支付报酬。同时,该法第三十二条、第三十四条对此提出了一些限制:著作权人应当按照合同约定期限交付作品,图书出版者应当按照合同约定的出版质量、期限出版图书;图书出版者经作者许可,可以对作品修改、删节。

图书在重印、再版时,也应订立合同。《著作权法》第三十二条第三款规定:"图书出版者重印、再版作品的,应当通知著作权人,并支付报酬。图书脱销后,图书出版者拒绝重印、再版的,著作权人有权终止合同。"而关于脱销,《著作权法实施条例》第二十九条有专门解释,著作权人寄给图书出版者的两份订单在六个月内未能得到履行,即视为脱销。简单说就是著作权人一经发现脱销不能立即单方面终止合同,而是要给对方重印和再版的机会。

245.出版社可否同外商签订翻译出版合同?

根据《著作权法实施条例》第二十八条的规定,图书出版合同中约定图书出版者享有专有出版权但没有明确其具体内容的,视为图书出版者享有在合同有效期限内和在合同约定的地域范围内以同种文字的原版、修订版出版图书的专有权利。该条强调了出版者出版图书只能以同种文字的原版、修订版出版,也就是说翻译权、改编权等其他权利不属于专有出版权范围。出版合同中除约定专有出版权外未约定被许可人取得其他权利的,其在行使翻译权等其他权利时应事先取得著作权人的许可。

246.著作权人可否向报社、期刊社一稿多投?

报社、期刊社刊登作者文章,双方实际上形成了合同关系,《著作权法》第三十三条第一款规定:"著作权人向报社、期刊社投稿的,自稿件发出之日起十五日内未收到报社通知决定刊登的,或者自稿件发出之日起三十日内未收到期刊社通知决定刊登的,可以将同一作品向其他报社、期刊社投稿。双方另有约定的除外。"也就是说,一般情况下,在法律规定期限内作者不能将同一稿件同时投给若干刊物刊登。但在双方约定的情况下著作权人有权指定答复期限,即指定承诺期限,而在此期间内若著作权人未得到报刊、期刊社答复,期满后,可将稿件投向另一家报刊、期刊社。

247.出版单位在何种情况下构成共犯,应如何论处?

根据《最高人民法院关于审理非法出版物刑事案件具体应用法律若干问题的解释》第十六条之规定,出版单位与他人事前通谋,向其出售、出租或者以其他形式转让该出版单位的名称、书号、刊号、版号,他人在使用实施中构成犯罪的,对该出版单位应当以共犯论处。

《最高人民法院关于审理非法出版物刑事案件具体应用法律若干问题的解释》第九条规定:"为他人提供书号、刊号,出版淫秽书刊的,依照《刑法》第三百六十三条第二款的规定，以为他人提供书号出版淫秽书刊罪定罪处罚。为他人提供版号，出版淫秽音像制品的，依照前款规定定罪处罚。明知他人用于出版淫秽书刊而提供书号、刊号的，依照《刑法》第三百六十三条第一款的规定，以出版淫秽物品牟利罪定罪处罚。”

四、著作权的其他使用

248.出版境外音像制品如何进行登记？

根据国家版权局发布的《关于对出版境外音像制品合同进行登记的通知》的相关规定，音像出版单位出版境外音像制品，应当取得境外作品著作权人或音像制品制作者的授权，并签订合同。合同签订后应将合同报国家版权局进行登记。由境外音像制品权利人授权或转让其他人后再授权音像出版单位出版的，还应出示原授权或转让合同。

音像出版单位向国家版权局申请登记时，应呈送合同正本和副本各一份。国家版权局登记后在合同上加盖国家版权局合同登记章，将合同正本退还音像出版单位。在出版急需的特殊情况时，音像出版单位也可用传真方式将合同报国家版权局，同时将合同正本寄送国家版权局。音像出版单位还应将一份合同副本交所在地的省、自治区或直辖市版权局备案。

国家版权局在收到合同之日起七个工作日内完成合同登记，并定期将登记合同主要事项（双方当事人、授权内容）予以公告。

为配合出版外国图书而出版外国音像制品的合同，由出版单位所在地的各省、自治区、直辖市版权局进行登记，具体规定按国家版权局《关于对出版外国图书进行合同登记的通知》执行。

249.出版境外影音制品进行登记时应提交什么材料？

根据中国版权保护中心《出版境外音像制品合同登记指南》之规定，登记时应提交下列材料：

（1）填写完备的登记表格。表格应打印提交，并在“出版单位栏”处加盖公章，附表各项内容应当用中英文填写齐备。

（2）与境外作品著作权人或音像制品制作者签订的有关授权合同。

（3）凡属国家版权局指定境外认证机构（国际唱片业协会、香港影业协会、美国电影协会）事先认证范围的，音像出版单位还应要求对方提供由认证机构开具的权利证明书。

（4）提交自原始授权人至出版单位的一系列版权证明和授权书。

250.著作权出质需要满足哪些条件？

出质，也就是质押，分动产质押和权利质押，就是把自己所有的物品或权利交付债权人作为抵押。出质在质押行为中，是指债务人或第三人（出质人）将其动产或权利移交给债权人的民事法律行为。《中华人民共和国物权法》（简称《物权法》）中明确规定了财产性权利可以出质,著作权作为一种人身权和财产权并存的权利,其财产权可以出质。根据《著作权质权登记办法》的有关规定,著作权出质应符合以下条件:

(1)著作权出质人必须是合法著作权所有人。著作权为两人以上共有的,出质人为全体著作权人。

(2)《著作权法》规定的著作权以及与著作权有关权利中的财产权可以出质。以共有的著作权出质的,除另有约定外,应当取得全体共有人的同意。

(3)以著作权出质的,出质人和质权人应当订立书面质权合同,并由双方共同向登记机构办理著作权质权登记。出质人和质权人可以自行办理,也可以委托代理人办理。

(4)著作权质权的设立、变更、转让和消灭,自记载于《著作权质权登记簿》时发生效力。

(5)著作权出质期间,未经质权人同意,出质人不得转让或者许可他人使用已经出质的权利。出质人转让或者许可他人使用出质的权利所得的价款,应当向质权人提前清偿债务或者提存。

(6)著作权出质期间,申请人的基本信息、著作权的基本信息、担保的债权种类及数额、担保的范围等事项发生变更的,申请人持变更协议、原《著作权质权登记证书》和其他相关材料向登记机构申请变更登记。

251.著作权质权登记成功后将产生什法律后果?

著作权质权自登记之日起设立,著作权质权登记成功后,登记机关将向出质人和质权人发放《著作权质权登记证书》,该证书就是质权人的权利证明,其他人不可侵害质权人的权利,出质人也不能再次出质。同时,著作权质权登记成功后,在出质期间,未经质权人的同意,出质人不得转让或许可他人使用已经出质的权利。如果出质人转让或者许可他人使用出质的权利,其所得的收益,应当向质权人提前清偿或者提存。

252.申请著作权质权登记应提交什么材料?

根据《著作权质权登记办法》第六条之规定,申请著作权质权登记的应提交下列文件:

(1)著作权质权登记申请表;

(2)出质人和质权人的身份证明;

(3)主合同和著作权质权合同;

(4)委托代理人办理的,提交委托书和受托人的身份证明;

(5)以共有的著作权出质的,提交共有人同意出质的书面文件;

(6)出质前授权他人使用的,提交授权合同;

(7)出质的著作权经过价值评估的、质权人要求价值评估或相关法律法规要求价值评估的,提交有效的价值评估报告;

(8)其他需要提供的材料。

提交的文件是外文的,需同时附送中文译本。

253.《著作权质权登记证书》与《著作权质权登记簿》有何异同?

《著作权质权登记办法》第十一条和第二十一条对这两个文件进行了规定。

《著作权质权登记证书》的内容包括:

(1)出质人和质权人的基本信息;

(2)出质著作权的基本信息;

(3)著作权质权登记号;

(4)登记日期。

《著作权质权登记证书》应当标明:著作权质权自登记之日起设立。

《著作权质权登记簿》应当包括以下内容:

(1)出质人和质权人的基本信息;

(2)著作权质权合同的主要内容;

(3)著作权质权登记号;

(4)登记日期;

(5)登记撤销情况;

(6)登记变更情况;

(7)登记注销情况;

(8)其他需要记载的内容。

根据《著作权质权登记办法》第二十条之规定,登记机构应当设立《著作权质权登记簿》,记载著作权质权登记的相关信息,供社会公众查询。《著作权质权登记证书》的内容应当与《著作权质权登记簿》的内容一致。记载不一致的,除有证据证明《著作权质权登记簿》确有错误外,以《著作权质权登记簿》为准。

254.著作权出质期间可以将原著作权变更登记吗?

根据《著作权质权登记办法》第十六条的相关规定,著作权出质期间,申请人的基本信息、著作权的基本信息、担保的债权种类及数额、担保的范围等事项发生变更的,申请人持变更协议、原《著作权质权登记证书》和其他相关材料向登记机构申请变更登记。

根据该办法第十七条的规定,申请变更登记的,登记机构自受理之日起十日内完成审查。经审查符合要求的,对变更事项予以登记。变更事项涉及证书内容变更的,应交回原登记证书,由登记机构发放新的证书。

255.什么情况下著作权质权登记会被撤销?

著作权质权登记的撤销包括两种情况:一是申请人申请注销,二是登记机关予以撤销。

根据《著作权质权登记办法》第十八条之规定,申请人应当申请注销质权登记的情况包括:

(1)出质人和质权人协商一致同意注销的;

(2)主合同履行完毕的;

(3)质权实现的；

(4)质权人放弃质权的；

(5)其他导致质权消灭的。

根据该办法第十九条之规定，申请注销质权登记的，应当提交注销登记申请书、注销登记证明、申请人身份证明等材料，并交回原《著作权质权登记证书》。登记机构应当自受理之日起十日内办理完毕，并发放注销登记通知书。

根据《著作权质权登记办法》第十五条之规定，登记机构应当撤销质权登记的情形包括：

(1)登记后发现存在该办法规定的不予登记情形的；

(2)根据司法机关、仲裁机关或行政管理机关作出的影响质权效力的生效裁决或行政处罚决定书应当撤销的；

(3)著作权质权合同无效或被撤销的；

(4)申请人提供虚假文件或者以其他手段骗取著作权质权登记的；

(5)其他应当撤销的。

第六篇
著作权国际保护与国际贸易

一、著作权国际保护

256.著作权国际保护的主要方式有哪些？

著作权国际保护的主要方式有：

(1)通过互惠原则给予外国人作品对等的著作权保护，即外国法律给本国的作者著作权保护，那么本国也给予该外国的作者著作权保护；

(2)通过签订双边协议对外国作者进行著作权保护，双边协定一般会规定著作权保护的原则、对象及期限等内容；

(3)通过缔结多边公约建立国际联盟以保护外国作品著作权，缔结多边性国际公约能够弥补双边协定不能及于第三国的情况，从而获得更大范围的国际保护。

257.著作权国际保护有哪些基本原则？

著作权国际保护的主要基本原则有：

(1)国民待遇原则，即缔约双方或各方应根据各自的法律和规章给对方或其他各方国民以与本国国民相同的著作权保护。如《伯尔尼公约》第五条第一款：就享有本公约保护的作品而论，作者在作品起源国以外的本同盟各成员国中享有各该国法律现在给予和今后可能给予其国民的权利，以及本公约特别授予的权利。以及《世界版权公约》第二条第一款：任何缔约国国民出版的作品及在该国首先出版的作品，在其他各缔约国中，均享有其他缔约国给予其本国国民在本国首先出版之作品的同等保护，以及本公约特许的保护。以上公约都将国民待遇原则作为公约的首要基本原则。

(2)自动保护原则，即作者享有及行使依国民待遇所提供的有关权利，无须履行任何手续而自动获得保护。

(3)独立保护原则，即在符合公约最低保护标准的条件下，作品所受到的保护程度以及为保护作者权利而向其提供的救济方法完全由被要求给予保护的国家的法律规定。

(4)最低限度保护原则，即缔约一方对其他各方的著作权保护，不能低于公约规定的最低标准。

258.我国《著作权法》是否保护外国人、无国籍人的作品?

根据《著作权法》第二条之规定,外国人、无国籍人的作品要想受到我国《著作权法》的保护,必须符合以下三个条件之一:

(1)根据作者所属国或者经常居住地国同中国签订的协议或者共同参加的国际条约享有的著作权。他们的著作权受保护的前提是其所属国家或经常居住地国与中国签订有协议或共同参加有国际条约,若没有,则不受保护。目前国际性的著作权公约有《伯尔尼公约》《世界版权公约》等。

(2)作品首先在中国境内出版。作品首次出版地是在中国境内的即为首先在中国境内出版,作品在中国境外首先出版后,三十日内在中国境内出版的,视为同时在中国境内出版。只要该作品首先或同时在中国境内出版,不管该作品的作者是哪国人,不管该作者有无国籍,也不论该作者所属国家有没有与我国签订协议或共同参加国际条约,该作品都受到我国《著作权法》的保护。

(3)该作品的作者所属国虽然未与我国签订协议或者共同参加国际条约,或该作品的作者是无国籍人,但该作品首次在中国参加的国际条约的成员国出版,或者在成员国和非成员国同时出版,按照规定享有国民待遇,受我国《著作权法》保护。

259.对境外著作权人的保护是否有追溯性?

我国未就国际著作权条约的追溯保护条款做出保留声明,条约也未就追溯保护确立对等原则。因此,来源于国际著作权条约的其他成员国的作品,若尚未因来源地法律规定的保护期届满而进入公有领域,于国际著作权条约在我国生效后,我国应依照我国法律规定的保护期予以其保护直至保护期届满。

260.境外著作权人的作品在我国享有保护的期限是否与我国公民相同?

根据我国《著作权法》和我国加入的国际著作权条约,境外著作权人的作品在我国享有保护的期限与我国公民、法人或其他组织享有的保护期限相同。

261.《保护文学艺术作品伯尔尼公约》是何时制定的?公约的核心内容是什么?我国于哪一年加入该公约?

《保护文学艺术作品伯尔尼公约》,简称《伯尔尼公约》,于1886年9月9日制定于瑞士伯尔尼,1886年12月生效。这是世界上第一个国际版权公约,其产生标志着国际版权保护体系的初步形成,在国际著作权保护中处于主导地位。

其核心内容体现在公约第五条第一款和第二款。就享有本公约保护的作品而论,作者在作品起源国以外的本同盟各成员国中享有各该国法律现在给予和今后可能给予其国民的权利,以及本公约特别授予的权利。享有和行使这些权利不需要履行任何手续,也不论作品起源国是否存在保护。因此,除本公约条款外,保护的程度以及为保护作者权利而向其提供的补救方法完全由被要求给予保护的国家的法律规定。

中国于1992年加入《保护文学艺术作品伯尔尼公约》,成为该公约成员国。

262.《保护文学艺术作品伯尔尼公约》的基本原则有哪些?

《保护文学艺术作品伯尔尼公约》的基本原则有:

(1)国民待遇原则,即以某一成员国国民为作者的作品,其作品首次在某一成员国出版,则该作者在其他所有成员国均享有这些国家给予其本国国民作品的同等保护。

(2)自动保护原则,即作者在成员国中享受和行使《保护文学艺术作品伯尔尼公约》规定的权利不需要履行任何手续,任何作者的作品一经在成员国首次出版,便自动受到有关成员国的保护。

(3)最低保护限度原则,即各成员国对著作权的保护必须达到公约规定的最低标准,即公约特别规定的作者所享有的各项权利。

(4)独立保护原则,即根据《保护文学艺术作品伯尔尼公约》第五条第二款的规定,各国依据本国法律对外国作品予以保护,不受作品来源国版权保护的影响。

263.《保护文学艺术作品伯尔尼公约》对著作权内容有何规定?

《保护文学艺术作品伯尔尼公约》既保护精神权利,又保护经济权利。根据公约规定,署名权和作品完整权均属于精神权利,而各成员国必须授予的经济权利有以下八项:翻译权、复制权、公开表演权、广播权、公开朗诵权、改编权、电影摄制权、受益权。此外,公约还规定了追续权,该项权利不可让渡,也并非最低保护要求。

264.《保护文学艺术作品伯尔尼公约》对保护范围如何规定?

根据《保护文学艺术作品伯尔尼公约》第二条第一款之规定,"文学艺术作品"一词包括科学和文学艺术领域内的一切作品,不论其表现方式或形式如何,诸如:书籍、小册子及其他著作;讲课、演讲、讲道及其他同类性质作品;戏剧或音乐戏剧作品;舞蹈艺术作品及哑剧作品;配词或未配词的乐曲;电影作品或以电影摄影术类似的方法创作的作品;图画、油画、建筑、雕塑、雕刻及版画;摄影作品以及与摄影术类似的方法创作的作品;实用美术作品;插图、地图;与地理、地形、建筑或科学有关的设计图、草图及造型作品。此外,《保护文学艺术作品伯尔尼公约》第二条第三、四、五款也有所体现,如:翻译作品、改编作品、改编乐曲以及某件文学或艺术作品的其他改变;各成员国有关立法、行政或司法性质的官方文件及这些文件的正式译本;文学或艺术作品的汇集本,诸如百科全书和选集等。

265.《保护文学艺术作品伯尔尼公约》对作品的保护期如何规定?

对于精神权利的保护期,根据《保护文学艺术作品伯尔尼公约》第六条之二第二款之规定,作者享有的精神权利在其死后至少应保留到作者经济权利期满为止,并由被要求给予保护的国家的本国法所授权的人或机构行使。但在批准或加入本公约文本时其法律并未包括为作者死后提供精神权利保护的国家,有权规定对其权利在作者死后不予保留。

对于经济权利的保护期,根据《保护文学艺术作品伯尔尼公约》第七条之规定:一般作品的保护期为作者有生之年及其死后五十年;电影作品的保护期为自作品在作者同意下公之于众后五十年期满，如自作品摄制完成后五十年内尚未公之于众，则自作品摄制完成后五十年届满；对于不具名作品和具笔名作品，保护期自其合法公之于众之日起五十年内有效；摄影作品和作为艺术品加以保护的实用美术作品的保护期不应少于自该作品完成时算起的二十五年。除一般作品外，上述作品的保护期应从作者死亡日或所述事件发生之后次年的一月一日开始计算。合作作者共有的作品保护期应从最后死亡的作者死亡时算起。

266.《保护文学艺术作品伯尔尼公约》是否具有追溯力？

《保护文学艺术作品伯尔尼公约》具有追溯力。公约第十八条规定：本公约适用于在本公约开始生效时尚未因保护期满而在其起源国成为公共财产的所有作品；但是，如果作品因原来给予的保护期满而在向之提出保护要求的国家成为公共财产，则该作品不再重新受该国保护；新加入本联盟时以及因适用第七条或放弃保留而扩大保护范围时，以上规定也同样适用。

267.《世界版权公约》是何时制定的？公约的核心内容是什么？我国于哪一年加入该公约？

《世界版权公约》是关于著作权保护的国际性公约，于 1952 年 9 月在联合国教科文组织的主持下在日内瓦签订，1955 年生效。

公约的核心内容有：对文学、科学和艺术作品的作者及其他版权所有者提供充分有效的保护；对作品的保护期限定为不少于作者有生之年加死后二十五年，或作品首次出版之日起不少于二十五年；要求在出版的作品上有一定的版权标记等。

中国于 1992 年 7 月正式加入《世界版权公约》。

268.《世界版权公约》的客体范围如何规定？

《世界版权公约》的缔约各国对文学、科学、艺术作品——包括文字、音乐、戏剧和电影作品，以及绘画、雕刻和雕塑——的作者及其他版权所有者的权利，提供充分有效的保护。与《伯尔尼公约》相比，《世界版权公约》对其保护的客体并没有很详细的规定，而是随着各成员国国内法的承认，受保护作品的类型可自动扩大，其目的是有利于一些保护范围较窄的且刚刚建立国内版权保护制度的国家顺利加入该公约。

269.《世界版权公约》规定的权利内容有哪些？

对于著作权的精神权利，《世界版权公约》未做明文规定，但在公约对发展中国家的优惠条款内，含有禁止篡改他人作品，以及作者有权收回已进入市场的作品等相当于保护精神权利的规定。对于著作权的经济权利，公约强调要保证作者的经济利益，根据公约第四条之二第一款及第五条第一款，经济权利包括了复制权、公开表演权、广播权、翻译权、改编权等专有权利。

270.《世界版权公约》中国民待遇原则如何体现？

《世界版权公约》中的国民待遇原则兼顾作者国籍与作品国籍。根据公约第二条以及1971年的两个议定书中的规定归纳如下：

(1)任何成员国国民的已出版作品，无论在何地出版，均在各成员国内享有与该国国民已出版的作品的同等保护；

(2)凡在成员国中首次出版第一版的作品，不论作者是否为成员国国民，均享有各成员国给予该国国民已出版作品同等的保护；

(3)任何成员国国民未出版的作品，在其他各成员国中均享有该国给予该国国民之未出版的作品的同等的保护。

271.何为《世界版权公约》的非自动保护原则？

《世界版权公约》的"非自动保护"即要求在需要得到著作权保护的作品上做一定的标记。根据公约第三条第一款，对于根据本公约加以保护并在该国领土以外首次出版而其作者又非本国国民的一切作品，只要经作者或版权所有者授权出版的作品的所有各册，自首次出版之日起，标有c的符号，并注明版权所有者之姓名、首次出版年份等，其标注的方式和位置应使人注意到版权的要求，就应认为符合该国国内法关于履行手续的要求，公约给予保护。

272.《世界版权公约》对保护期限如何规定？

《世界版权公约》规定作品的保护期不得少于作者有生之年及其死后的二十五年；若保护期按首次出版计算，则版权保护期自首次出版之日起，不得少于二十五年。若任何成员国如在本公约对该国生效之日尚未根据作者有生之年确定版权保护期限，则从作品首次出版之日或从出版前的登记之日起计算版权保护期，且保护期不得少于二十五年。若成员国对摄影作品或实用美术作品作为艺术品给予保护时，保护期不得少于十年。

273.《世界版权公约》是否具有追溯力？

《世界版权公约》不具有追溯力，只适用在其生效之后处于受保护状态的作品。根据公约第七条之规定：本公约不适用于公约在被要求给予保护的缔约国生效之日已完全丧失保护或从未受过保护的作品或作品的权利。此举减少了非成员国在加入公约后承担的保护义务。

二、著作权国际贸易

274.开展国际著作权贸易的必要条件有哪些？

开展国际著作权贸易的必要条件有：

(1)进行国际著作权贸易的人必须是享有著作权的人；

(2)要有保护著作权的法律或规章，如我国颁布的《著作权法》，也有其他相关的规章条例，使著作权贸易能够依法进行；

(3)开展国际著作权贸易还要有国家间的双边或多边的著作权保护协定,或参加国际著作权公约,否则就不具备进行国际著作权贸易的基本条件。

275.国际版权贸易的基本原则有哪些?

国际版权贸易的基本原则主要有以下几点:

(1)平等协商和互惠互利原则。国际版权贸易和其他贸易一样,是商业性活动,所以贸易双方的关系就应当是平等的。为了各自的利益,洽谈双方可以讲条件,讨价还价,只要双方认为对自己有利时,就能达成协议。

(2)诚实信用原则。诚实信用原则要求贸易双方必须讲究商业信用,尤其在履行版权贸易合同过程中,一定要讲信誉,不能唯利是图。

(3)国家利益原则。国家间的任何交往都要维护本国的利益,在对外版权贸易中也必须遵循这条原则。这主要是由版权问题更多地涉及国家安全和机密以及社会公共利益所决定的。因为国际版权贸易不仅涉及当事人双方的利益,而且与一个国家的对外政策、经济战略和国家安全有着极为密切的关系,所以,对于重要的版权贸易,尤其是涉及国家安全或国家政治经济重大战略的版权贸易,应以国家利益为重,采取限制或禁止的政策。

(4)遵循国际惯例原则。所谓国际惯例原则,就是凡合同中未做明确规定而后来发生的事,一般按惯例处理。由于国际惯例是易于为当事人采用的国际通行做法,是商人间的自治性规则,反映了国际版权贸易的一般规律,它在规范国际版权贸易活动和在约束当事人方面具有相当重要的作用,不仅可以填补法律漏洞,而且有利于纠纷的解决。因此,在国际版权贸易中理应遵循国际惯例。

276.以我国为来源国的境外作品主要有哪些?

以我国为来源国的境外作品主要包括:在我国首先发行的境外作品,在我国与国际著作权条约的其他成员国同时发行的境外作品,在我国与非国际著作权条约的成员国同时发行的作品。

277.我国使用者能否对境外作品进行合理使用?

我国使用者能够对境外作品进行合理使用。对于受国际著作权和邻接权条约保护的境外作品和录制品,以及境外表演者在我国境内的现场表演、境外录音制作者在我国境内制作并发行的录音制品,我国使用者一般可以依照我国《著作权法》及有关的行政法规进行合理使用。

278.我国使用者能否对境外作品适用法定许可相关规定?有何限制?

我国使用者能够对境外作品适用法定许可的相关规定。对于受国际著作权和邻接权条约保护的境外作品和录制品,我国使用者一般可以依照我国《著作权法》及有关的行政法规进行法定许可使用。但同时也存在以下例外情况:使用已经发表的境外音乐作品制作或复制发行录音制品,可以不经其著作权人许可,但应按照法律规定向其支付报酬,并仅限于在我国境内发行；除国际条约准许的合理使用外，转载、摘编境外报刊文章，应经境外著作权人授权并支付报酬。

279.我国使用者对境外作品能否取得强制许可？

我国使用者对境外作品能够取得强制许可。根据我国政府在加入《伯尔尼公约》时的声明，援用该公约附件中关于发展中国家的特别条款，我国使用者可以在符合特定条件的情况下，就翻译或复制来源于《伯尔尼公约》其他成员国的作品，按照特定程序申请并取得强制许可。与之类似的是，根据我国政府在加入《世界版权公约》时的声明，援用该公约附件中关于发展中国家的特别条款，就翻译或复制来源于世界版权公约其他成员国的作品，按照特定程序申请并取得强制许可。

使用者对取得强制许可的境外作品在使用时应进行准确的翻译或复制，并按照国家版权局规定的标准和办法向外国著作权人支付报酬，没有相应标准和办法的，应按国际惯例支付报酬。

280.出版外国图书是否需要进行著作权合同登记？

为完善涉外出版合同工作的管理，国家版权局于1995年1月15日发布了《关于对出版外国图书进行合同登记的通知》(简称《通知》)，对以图书形式出版外国以及我国台湾、香港和澳门地区作品的合同登记办法做了重新规定，明确了出版外国或我国台湾、香港和澳门地区的图书需要进行著作权合同登记。

《通知》第一条规定凡图书出版单位出版外国图书(包括翻译、重印出版)，应与外国作品的著作权人签订出版合同，并将合同报著作权行政管理部门进行登记。第二条规定各省、自治区、直辖市版权局(以下简称地方版权局)负责对本地区的(包括中央级出版社)出版外国作品合同进行登记。且《通知》第三条和第四条对登记时间也做了明确规定：图书出版单位应在合同签字之日起七日内将出版合同正本送地方版权局登记；地方版权局在合同上加盖合同登记章后，退回国内出版单位；地方版权局应在七个工作日内完成登记，并在完成登记后七日内将合同复印件和所发合同登记号报国家版权局。

281.复制境外音像制品委托合同登记表格和合同登记章是否有统一规格样式？

国家版权局于1994年9月30日发布《关于对复制境外音像制品委托合同进行登记的通知》。根据该通知精神，为使合同登记工作进一步规范化，保证登记工作的顺利进行，国家版权局统一制作了合同登记表格和合同登记章的规格式样，同时对其做出了必要说明。

282.在著作权国际贸易和保护中可依照哪些国际条约？

在著作权国际贸易和保护中可依照的国际条约有：《保护文学艺术作品伯尔尼公约》《世界版权公约》《与贸易有关的知识产权协定》《世界知识产权组织表演和录音制品条约》《保护表演者、音像制品制作者和广播组织罗马公约》《保护录音制品制作者防止未经许可复制其录音制品公约》《关于播送由人造卫星传播载有节目的信号的公约》《世界知识产权组织版权条约》等。

283.《保护文学艺术作品伯尔尼公约》对发展中国家有何特殊待遇?

《保护文学艺术作品伯尔尼公约》保护的作品是文学、科学和艺术领域内的一切作品,受公约严格约束,在作者拒绝发放翻译许可证时,发展中国家可以向其国民颁发翻译或复制受保护作品的强制许可证,但仅限于发展中国家的学校进行教学或研究之用,且须按国际标准向版权人付酬。

284.《与贸易有关的知识产权协定》的核心内容是什么?我国于哪一年加入该协定?

《与贸易有关的知识产权协定》,简称《TRIPs 协定》,是世界贸易组织管辖的一项多边贸易协定,也是迄今为止在知识产权法律和制度影响最大的国际公约,代表着发达国家知识产权保护水平的高标准。

其核心内容是:提出和重申了保护知识产权的基本原则,确立了知识产权协定与其他知识产权国际公约的基本关系。

我国自 2001 年加入世界贸易组织,意味着同时加入了《与贸易有关的知识产权协定》。

285.《与贸易有关的知识产权协定》的目标和原则是什么?

《与贸易有关的知识产权协定》第七条明确了其目标是:知识产权的保护和实施应有助于促进技术革新及技术转让和传播,有助于技术知识的生产者和使用者的相互利益,并有助于社会和经济福利的增长及权利与义务的平衡。

第八条明确了其原则有:

(1)在制订或修正其法律和规章时,各成员可采取必要措施以保护公众健康和营养,并促进对其社会经济和技术发展至关重要的部门的公共利益,只要这些措施与本协定的规定相一致;

(2)只要符合本协定的规定,必要时可以采取与本协定规定相一致的适当措施以防止知识产权持有人滥用知识产权或采取不合理地限制贸易或影响国际技术转让的做法。

286.《与贸易有关的知识产权协定》的保护范围有哪些?

《与贸易有关的知识产权协定》保护的范围包括:版权及相关权利、商标、地域标志、工业设计、专利、集成电路的外观设计、未公开的信息包括商业秘密等七种知识产权。该协定规定了最低保护要求,并涉及对限制竞争行为的控制问题,规定和强化了知识产权执法程序,有条件地将不同类型的成员加以区别对待。该协定的宗旨为:促进对知识产权在国际贸易范围内更充分、有效的保护,以使权利人能够从其创造发明中获益,受到激励,在创造发明方面继续努力;减少知识产权保护对国际贸易的扭曲与阻碍,确保本协定的程序和实施不对合法贸易构成壁垒。

287.最惠国待遇在《与贸易有关的知识产权协定》中如何体现？

根据《与贸易有关的知识产权协定》第四条之规定，对于知识产权保护，一成员方授予任一其他国家国民的任何利益、优惠、特权或豁免，均应立即无条件地给予所有其他成员方的国民。也就是说一成员国应无条件给予所有成员国同等的优惠待遇，不得歧视任何一个成员国，而这也是在众多知识产权国际公约中的一大亮点，将促进公平竞争的原则引入了知识产权国际保护的领域。

但同时，一成员国提供给其他成员国国民下述利益、优惠、特权或豁免的，免除此项义务：

(1)源于国际司法协助协定或一般性的并非专门限于保护知识产权的法律实施的协定；

(2)依《伯尔尼公约》或《罗马公约》的规定给予的，它们授权所给予的待遇不是国民待遇性质而是另一国给予的待遇；

(3)本协定下未做规定的有关表演者、录音制品制作者以及广播组织的权利；

(4)源于世界贸易组织协定生效前已生效的有关知识产权保护的国际协定，只要该等国际协定已被通知给 TRIPs 理事会并对其他成员的国民不造成武断或不公正的歧视。

288.《世界知识产权组织版权条约》是哪一年制定的？制定目的是什么？在我国何时生效？

《世界知识产权组织版权条约》，是 1996 年 12 月 20 日由世界知识产权组织主持，在瑞士日内瓦召开的关于版权和邻接权若干问题的外交会议上缔结的，主要为解决国际互联网络环境下应用数字技术而产生的版权保护新问题。

我国第十届全国人民代表大会常务委员会第二十五次会议决定加入《世界知识产权组织版权条约》，同时声明在中华人民共和国政府另行通知前，《世界知识产权组织版权条约》不适用于中华人民共和国香港特别行政区和澳门特别行政区。2007 年 3 月 6 日，中国政府向世界知识产权组织正式递交加入书。同年 6 月 9 日，《世界知识产权组织版权条约》在我国正式生效。

289.《世界知识产权组织版权条约》的重点内容有哪些？

(1)《世界知识产权组织版权条约》的保护客体主要是计算机程序和数据汇编(数据库)两方面。

(2)新增加了向公众传播的权利，作者有权许可将其作品以有线或无线方式向公众传播，包括将其作品向公众提供，使公众中的成员在其个人选定的地点和时间可获得这些作品。

(3)要求缔约各方应在法律中规定，未经权利人许可或法律准许，规避(包括破解)由权利人为实现版权保护而采取的技术措施为侵权行为。

(4)条约规定必须对技术措施和权利管理信息加以保护。未经权利人许可擅自去除权利管理的电子信息属侵权行为；未经许可发行、为发行目的进口、广播、向公众传播明知已被未经许可去除或改变权利管理电子信息的作品或复制品也属于侵权行为。

290.《世界知识产权组织表演和录音制品条约》是哪一年制定的？其制定的目的是什么？

《世界知识产权组织表演和录音制品条约》，是由世界知识产权组织主持，于1996年12月20日召开的外交会议上缔结的，主要为解决国际互联网络环境下应用数字技术而产生的版权保护新问题，可以理解为“邻接权”条约。

该条约序言中明确指出：缔约各方出于以尽可能有效和一致的方式发展和维护保护表演者和录音制品制作者权利的愿望，承认有必要采用新的国际规则，以提供解决由经济、社会、文化和技术发展所提出的问题的适当办法，承认信息与通信技术的发展和交汇对表演和录音制品的制作与使用的深刻影响，承认有必要保持表演者和录音制品制作者的权利与广大公众的利益尤其是教育、研究和获得信息的利益之间的平衡，达成本协议。

291.《世界知识产权组织表演和录音制品条约》中规定表演者和录音制品制作者的权利分别有哪些？

《世界知识产权组织表演和录音制品条约》第五条至第十条依次规定了表演者的权利，包括精神权利、对其尚未录制的表演的经济权利、复制权、发行权、出租权以及提供已录制表演的权利。

该条约第十一条至第十四条规定了录音制品制作者的权利，包括复制权、发行权、出租权以及提供录音制品的权利。

292.《世界知识产权组织表演和录音制品条约》如何规定保护期？

根据《世界知识产权组织表演和录音制品条约》第十七条第一款之规定，依本条约授予表演者的保护期，应自表演以录音制品录制之年年终算起，至少持续到五十年期满为止。第十七条第二款规定：依本条约授予录音制品制作者的保护期，应自该录音制品发行之年年终算起，至少持续到五十年期满为止；或如果录音制品自录制完成起五十年内未被发行，则保护期应自录制完成之年年终起至少持续五十年。

293.《保护录音制品制作者防止未经许可复制其录音制品公约》是哪一年制定的？我国于哪一年加入该协定？其制定目的是什么？

《保护录音制品制作者防止未经许可复制其录音制品公约》，简称《唱片公约》，是在世界知识产权组织主持下于1971年10月29日于日内瓦缔结的一个国际公约，我国于1992年11月7日加入。

其制定的目的是为了防止普遍和不断增加的对录音制品的未经许可的复制以及由此给作者、表演者和录音制品制作者利益带来损害的行为，同时也有利于将其表演和作品录制在录音制品上的表演者和作者，承认联合国教育、科学及文化组织和世界知识产权组织在这方面所做工作的价值，也在一定程度上促进《罗马公约》得到更广泛的承认。

294.《保护录音制品制作者防止未经许可复制其录音制品公约》如何规定保护范围和保护期限？

《保护录音制品制作者防止未经许可复制其录音制品公约》中受保护的是“录音制品制作者”，即首次将表演的声音或其他声音固定下来的自然人或法人，且此制作者必须是缔约国的国民。此外，以下三种为公开发行之目的的复制品不受该公约保护，且对其生产经营者要进行法律制裁：未经录音制品制作者或其他权利人的许可而制作的非法复制品；进口的此类复制品；发行的此类复制品。

而对于录音制品制作者保护的期限，该公约第四条进行了规定：给予保护的期限应当由各缔约国国内法律规定；但是，如果国内法律规定一具体保护期，此保护期不应短于自录音制品载有的声音首次被固定之年年底起，或从录音制品首次出版之年年底起二十年。

295.《保护录音制品制作者防止未经许可复制其录音制品公约》中规定在何种情况下可颁发强制许可证？

根据《保护录音制品制作者防止未经许可复制其录音制品公约》第六条之规定，只有符合下述所有条件，才允许颁发强制许可证：

(1)复制品仅用于教学和科学研究的目的；

(2)许可证仅适用于在颁发许可证的主管当局管辖的领土内进行的复制，不适用于复制品的出口；

(3)根据许可证制作复制品，应支付由上述主管当局考虑要制作的复制品的数量和其他因素而确定的合理报酬。

任何通过版权或其他专项权利的方式或通过刑事制裁的方式提供保护的缔约国，可以在其国内法律中为录音制品制作者的保护规定与允许对文学和艺术作品作者的保护所做的相同的限制。

296.世界主要国际书展有哪些？

世界四大国际书展为法兰克福书展、伦敦书展、美国书展、意大利博洛尼亚国际儿童书展。

法兰克福书展(Frankfurt Book Fair)是世界上最大规模、最享盛誉的书展，被誉为“世界出版人的奥运会”。该书展于1949年由德国书业协会创办，每年10月第一个星期三至第二个星期一在法兰克福举行，为期六天。展会的宗旨是：允许世界上任何出版公司展出任何图书。在书展上达成的版权交易可达世界全年版权交易总量的75%以上。参展者的主要活动是展示图书、洽谈版权交易、洽谈合作出版业务。从1988年开始，书展每年会邀请一个国家作为特别嘉宾国(主宾国)。书展为来自世界各国的出版商、代理商以及图书馆人员提供一个洽谈版权交易、出版业务及展书订书的场所。2009年，由中国担当第61届法兰克福书展主宾国。在此次书展中，中国图书版权贸易输出达2417项。当年书展的创意主题是：让世界品味中国书香，让中国领略世界风采。

伦敦书展(London Book Fair)由英国工业与贸易博览会于1971年创办,是仅次于法兰克福书展的世界第二大国际图书版权交易会,也是每年欧洲春季最重要的出版界盛会。每年4月在伦敦西区Earls Court展馆举行,历时三天,与秋季的德国法兰克福书展遥相呼应。伦敦国际书展主要属于版权型博览会,被众多业内人士认为是版权交易的最重要的春季国际书展,是各国出版商进行版权洽谈的重要活动场所。展览以业内人士为主,资深人士主持的专题讲座、多种学术交流活动,最新论题的研讨会等更强化了其专业氛围。伦敦书展为图书经销商、版权商、出版商和印刷商提供了一个完美的贸易平台,并使每位参展人员获得最大化的信息资源。中国作为2012年伦敦书展的主宾国,是继2009年作为法兰克福书展主宾国活动之后,中国在国际重要书展上的又一次大型国际文化出版交流活动。

美国书展(Book Exposition of American)是全美最大的年度书展,是美国最大的国际图书年度展览会,其前身是美国书商协会会议与贸易展销会,原仅为美国出版社对全美书商的一项采购性书展,后发展为所有英语国家共同参与,进而演变成具有版权洽购及图书订购双重功能的书展,其功能主要为版权贸易国零售。本书展被誉为全世界最大的英文书籍展示活动,同时也是美国最大的图书交易场所。有业内人士说,这里的编辑虽没有法兰克福书展多,但能拍板版权贸易的人都在这里。展会于每年5～6月期间在美国的不同城市举行。展会期间,来自加拿大、英国、日本、澳大利亚、德国、荷兰、印度、韩国、中国、墨西哥等全球80多个国家和地区的1000多家参展单位到场参展,出版界业内人士云集于此,展示新书、进行业务交流与合作。2015年中国作为主宾国参加本届书展,有约150家出版机构和近万种图书参展并举办多场交流活动,专门推介中国图书和中国作家,可谓规模空前。

意大利博洛尼亚国际儿童书展(Bologna Children's Book Fair)始创于1964年,是世界少儿图书和多媒体行业中最为重要的展览会之一。博洛尼亚书展以高度的专业性著称,并以展示业界最新动态以及全面俯瞰出版业产品而吸引着世界各地的出版商。书展严格要求所有参与者均为印刷出版行业的展业人士,每届展会由来自世界各地的图书作者、插图作者、专业代理人、许可人和被许可人、节目制作人、印刷商、分销商、书商和图书管理员等众多专业人士齐聚意大利博洛尼亚,进行版权买卖,发现少儿图书及多媒体行业中最为出色的新作品,收集新的信息以及加固在行业中的关系和地位。展会现场活动包含:出售和购买版权、建立新的合作关系、开发新的业务机会、了解行业内最新的发展趋势、发现优质的作品等。

297.从事出版物进口业务的主体及设立条件是什么?

《出版管理条例》第四十一条至第四十三条对能从事出版物进口业务的主体及设立条件进行了具体规定。

出版物进口业务应由出版物进口经营单位经营,其他单位和个人不得从事出版物进口业务。

设立出版物进口经营单位，应当具备下列条件：

(1)有出版物进口经营单位的名称、章程；

(2)有符合国务院出版行政主管部门认定的主办单位及其主管机关；

(3)有确定的业务范围；

(4)具有进口出版物内容审查能力；

(5)有与出版物进口业务相适应的资金；

(6)有固定的经营场所；

(7)法律、行政法规和国家规定的其他条件。

同时，设立出版物进口经营单位，应当向国务院出版行政主管部门提出申请，经审查批准，取得国务院出版行政主管部门核发的出版物进口经营许可证后，持证到工商行政管理部门依法领取营业执照。

此外，设立出版物进口经营单位，还应当依照对外贸易法律、行政法规的规定办理相应手续。

298.出版物进口经营单位对进口出版物的内容有何注意事项？

《出版管理条例》第四十五条第二款和第四十六条就出版物进口经营单位对进口出版物的内容需要注意的事项进行了具体规定。

出版物进口经营单位负责对其进口的出版物进行内容审查。省级以上人民政府出版行政主管部门可以对出版物进口经营单位进口的出版物直接进行内容审查。出版物进口经营单位无法判断其进口的出版物是否含有《出版管理条例》所禁止内容的，可以请求省级以上人民政府出版行政主管部门进行内容审查。省级以上人民政府出版行政主管部门应出版物进口经营单位的请求，对其进口的出版物进行内容审查的，可以按照国务院价格主管部门批准的标准收取费用。

出版物进口经营单位应当在进口出版物前将拟进口的出版物目录报省级以上人民政府出版行政主管部门备案；省级以上人民政府出版行政主管部门发现有禁止进口的或者暂缓进口的出版物的，应当及时通知出版物进口经营单位并通报海关。对通报禁止进口或者暂缓进口的出版物，出版物进口经营单位不得进口，海关不得放行。出版物进口备案的具体办法由国务院出版行政主管部门制定。

后 POSTSCRIPT 记

“新闻出版实用知识丛书”是重庆市出版工作者协会组织重庆新闻出版业界的专家和资深从业人员共同编写的一套以介绍新闻出版业基本知识为主的实用性丛书，丛书编委会主任由重庆市出版工作者协会主席缪超群同志担任。丛书按图书出版、报刊出版、数字出版、音像电子出版、出版物印刷、出版物发行、著作权与版权贸易七大类分册，逐一梳理和介绍新闻出版业的基本知识、基本技能和服务指南，其核心在于实用，旨在使从业人员或希望了解新闻出版业的人士一读就懂，一学就会，学以致用，学而能用。

参加丛书编写的人员为从事多年图书出版工作、报纸和期刊出版工作、数字出版工作、音像电子出版工作的一线责任编辑、一线采编人员、正副编审和从事多年管理工作的人员，从事多年出版物印刷生产的一线管理者和相关职业学院的研究人员，从事多年出版物发行工作的一线发行人员、业内专家和从事多年出版物发行管理工作的人员，从事多年著作权法律与实务研究工作的大学教师和从事多年版权管理工作的人员。此外，杨恩芳、郭翔、缪超群、雷平、王增恂、谢宾、陈兴芜、米加德、刘春卉、冉光学等领导、专家在各分册的组织策划、统稿、审读书稿中，对相应分册的编写体例、内容修改完善等方面提出了许多宝贵的建议。重庆市文化委、西南师范大学出版社、重庆出版集团、重庆市大学出版社、重庆新华书店集团、重庆日报报业集团、重庆市期刊协会、中国新闻出版研究院数字研究所、重庆商务职业学院、重庆新金雅迪艺术印刷有限公司、重庆新华印刷厂、重庆五洲世纪文化产业投资集团、天健电子音像出版社、重庆电子音像出版社、西南师范大学电子音像出版社、重庆大学电子音像出版社、重庆邮电大学知识产权中心和重庆市版权保护中心等的有关人员均对本丛书的出版做出了指导。对以上单位和个人对于本丛书的关心和帮助，在此表示衷心感谢。

希望丛书的出版能有助于新闻出版从业人员专业素养的提高，有助于新闻出版企事业单位人才队伍的建设，有助于新闻出版业的社会服务，有助于新闻出版管理部门加强对行业的监管。在编写过程中，因知识水平有限，难免有不尽如人意之处，还恳望读者不吝指正。

编　者

2018 年 5 月